BOUQ

COLLECTION

GUY SC

SIMON LEYS

ESSAIS SUR LA CHINE

ROBERT LAFFONT

Première édition 1998
Première réimpression 1998

ISBN 2-221-08539-6

Ce volume contient :

pour Hanfang

AVANT-PROPOS

par Simon Leys

Fray Luis de León, qui enseignait à l'université de Salamanque au XVIe siècle, eut maille à partir avec l'Inquisition. On le jeta en prison. Quand il reparut après plusieurs années, il commença son cours de rentrée avec ces mots : « Je vous disais l'autre jour… »

Cette anecdote (chère à Unamuno) m'est irrésistiblement revenue en mémoire il y a trois semaines, comme je suivais à la télévision une conférence de presse donnée par Wei Jingsheng peu après son arrivée en exil aux États-Unis. Auparavant, cet homme n'avait jamais mis le pied hors de Chine ; et dans son propre pays, il avait passé la plus grande partie de son existence adulte en prison — dix-huit années d'une captivité durant laquelle il manqua plusieurs fois mourir ; puis, un beau matin, on l'a tiré de son oubliette, on l'a mis dans un avion à destination de l'Amérique, et le voilà placé sans transition sous les feux de la rampe, face aux caméras, aux micros, aux projecteurs, bombardé de questions sous les yeux du monde entier. Il aurait pu trébucher ; le tumulte de ses émotions aurait pu le désarçonner — mais il n'en fut rien. Avec une pointe de tranquille ironie, d'une voix ferme et posée, il reprit le fil de son propos, exactement au point où les policiers l'avaient interrompu dix-huit ans plus tôt.

Son thème principal est d'autant plus éloquent qu'il est plus simple : pour pouvoir enfin occuper la place qui lui revient dans le monde moderne, la Chine devrait commencer par respecter les Chinois, et par devenir démocratique. Le despotisme est une coûteuse extravagance qu'elle n'a plus les moyens de se permettre.

Cette vérité qu'il vient une fois encore de nous rappeler est évidente, raisonnable, convaincante et *contagieuse*. Et c'est bien pourquoi cet homme, même bâillonné et enfermé, continuait à inspirer une véritable épouvante aux tout-puissants dirigeants de l'État le plus populeux de notre planète…

Mais d'où sort donc ce Wei Jingsheng — ainsi que ses innombrables compagnons, connus et inconnus —, et de quoi peut bien se nourrir leur détermination ? A quelle Histoire répond leur protestation ? Les pages qui suivent s'efforcent de cerner cette dernière question ; et si, en fin de compte, elles pouvaient inciter le lecteur à prêter une oreille plus attentive à ces voix auxquelles notre monde est demeuré longtemps sourd, mon trop long rabâchage n'aura pas été vain.

S. L.
Canberra, Noël 1997

PRÉFACE

par Jean-François Revel

Si je place ces quelques lignes en tête de cet ouvrage [1], ce n'est pas que ma compétence sinologique bien limitée m'y autorise, c'est au contraire, justement, pour attirer l'attention sur la dimension de ce livre qui transcende à la fois la Chine et notre Temps.

Le phénomène socialiste totalitaire est le résultat d'une catégorie de l'esprit humain qui est parvenue à s'appliquer dans des contextes aussi différents que l'Amérique précolombienne des Incas, l'Amérique espagnole des Jésuites du Paraguay, la Mésopotamie du IIIe millénaire avant notre ère, l'ancienne Égypte, la Russie du XXe siècle, le Bénin, le Cambodge, l'Albanie, la Corée, Cuba ou l'Éthiopie. Donc, dans des sociétés appartenant à des périodes et des aires géographiques aussi éloignées les unes des autres que peuvent l'être leurs niveaux respectifs de développement économique, technologique et politique, aussi étrangères les unes aux autres par leurs antécédents que par leur culture, leur religion, leurs systèmes de parenté, peut surgir un même type d'organisation où se retrouvent avec une exactitude confondante des traits identiques. Cette seule constatation suffit à faire justice du matérialisme historique, selon lequel le socialisme serait lié à un stade précis des « forces productives » et des « contradictions du capitalisme ». Dans *Le Phénomène socialiste* [2], apport inestimable à la science politique, Igor Chafarévitch montre le caractère anhistorique et répétitif du totalitarisme. Il ne manque pas, d'ailleurs, après Simon Leys et Mao Zedong lui-même, de faire le rapprochement qui s'impose, au sein même de l'histoire de la Chine et à plus de deux millénaires de distance, entre le régime de terreur de Qin Shihuang (259-210 av. J.-C.) et celui du Grandiose Timonier.

Que le socialisme totalitaire soit l'application d'une catégorie mentale — ou de l'instinct de mort — est corroboré par la lecture des utopistes. En effet, Chafarévitch met en évidence ce paradoxe : Thomas More ou

1. Préface écrite à l'origine pour la réédition d'*Ombres chinoises*, Paris, Robert Laffont, 1978.

2. Paris, Le Seuil, 1977.

Campanella, Platon ou Gracchus Babeuf partent de la critique d'une société dont ils dénoncent les injustices et les contraintes, pour tracer avec une terrifiante minutie le plan de sociétés encore plus injustes et encore plus contraignantes, caractérisées en particulier par un nivellement total (vêtements semblables, maisons semblables, villes semblables) et par une terreur policière absolue, avec idéologie unique, planification autoritaire de la culture, travail forcé et camps de déportation. Jusqu'à présent, on a expliqué le totalitarisme socialiste, à la manière de Jean Elleinstein dans *Le Phénomène stalinien*, par une « déviation », voire une trahison, analysées comme les effets indésirables de la résistance de la pratique à la théorie. Mais, si cela était vrai, comment comprendre que les écrits *théoriques*, précapitalistes ou récents, prévoient avec complaisance la terreur policière ? « Que l'on tente d'instaurer au moyen de fusillades la société heureuse de demain, écrit Chafarévitch, cela peut à la rigueur s'expliquer par l'incompatibilité existant entre le rêve et la réalité. Mais que penser d'une doctrine dont l'IDÉAL contient tout à la fois un appel à la liberté et un programme d'asservissement ? »

Ce qui confère à l'œuvre de Simon Leys sa valeur permanente (outre un rare talent d'écrivain) est qu'elle surgit de la rencontre d'une connaissance approfondie de la civilisation chinoise avec la saisie exceptionnellement perspicace et exhaustive du phénomène totalitaire.

L'après-maoïsme, pas plus que l'après-stalinisme, ne peut modifier les principes fondamentaux du système. En effet, un système totalitaire ne saurait se libéraliser en profondeur sans s'autodétruire. Il ne peut pas, en particulier, restituer son autonomie à l'activité économique sans sacrifier son monopole du pouvoir politique. Il ne peut pas laisser revivre la pensée, les lettres et les arts au-delà d'un certain point vite atteint, sans voir se dissoudre son monopole idéologique. Et il ne peut pas octroyer au peuple de droits politiques, ce qui supposerait l'autorisation d'autres partis que le parti communiste ; or, le parti unique est l'essence même du système et ce qui le fait tenir debout.

Ce que les naïfs et les propagandistes appellent « libéralisation » d'un ensemble socialiste totalitaire n'est en fait que l'une de ses phases, destinée à le réinstaller sur des bases solides et réalistes. Dans son *Court Traité de soviétologie*[1], Alain Besançon a fait, dans le cas de l'URSS, la théorie de ces oscillations entre ce qu'il appelle le « communisme de guerre » et le communisme « de type NEP » (du nom de la période de « nouvelle politique économique » soviétique de l'entre-deux-guerres). La première phase réduit à rien l'autonomie de la société civile, au point que le pouvoir totalitaire se trouve menacé par son succès même, ses ressources disparaissent, la production régresse, l'anarchie s'installe, la

1. Paris, Hachette, 1976.

vie intellectuelle et l'éducation s'éteignent, la branche sur laquelle est assis l'État meurt et risque de rompre. Pour la faire reverdir, la direction totalitaire est alors bien obligée de mettre en route la deuxième phase : il laisse le tissu économique se reconstituer au moyen de diverses incitations et de quelques expériences limitées et provisoires de gestion moins bureaucratique, elle rétablit les examens dans les universités, elle fait appel à l'aide technologique et financière de l'étranger.

Mais la « phase NEP » n'est en aucune manière l'amorce d'une évolution irréversible, car la période dite « libérale » est uniquement destinée à reforger les outils et les moyens matériels du totalitarisme et ainsi à sauver le système.

Après Khrouchtchev, nous avons vu le regel de Brejnev. Et le « réalisme » des successeurs de Mao n'exclut pas la répression massive, tout au contraire, et n'inclut à aucun degré le renoncement au triple monopole qui définit tout pouvoir totalitaire : monopole global de l'initiative économique, monopole global de l'initiative politique, monopole global de l'initiative idéologique. Ce triple monopole, en Chine, aujourd'hui, est intact. Je dirai mieux : il est sauvé. C'est la poursuite des extravagances du Grand Timonier qui l'eût irrémédiablement condamné.

Un système totalitaire peut s'effondrer, il ne peut pas s'améliorer. C'est ce qui, au-delà des vicissitudes du combat des diverses « bandes » qui se disputent le pouvoir à Pékin, confère à l'œuvre de Simon Leys sa valeur hélas ! permanente.

Simon Leys, au milieu de l'océan de bêtises et d'escroqueries intellectuelles qui baignait les côtes poissonneuses de la maolâtrie intéressée de l'Occident, nous a un jour fait parvenir le message de la lucidité et de la moralité. Sa trilogie, *Les Habits neufs du président Mao*, *Ombres chinoises*, *Images brisées*, est bien l'« acquis à jamais » dont parle Thucydide. Car, observateur, historien et penseur, Leys reste au long de ces pages surtout un homme, et un écrivain chez qui la science et la clairvoyance se mêlent merveilleusement à l'indignation et à la satire. Ne cessons pas de relire ces œuvres, pour constater qu'au siècle du mensonge, parfois, la vérité relève la tête et éclate de rire.

J.-F. R.

AVERTISSEMENT

Pour la transcription des noms chinois, on a en principe adopté partout le nouveau système chinois, dit « pinyin ». Il n'a été fait exception à cette règle que pour les noms Sun Yat-sen et Chiang Kai-shek, qui sont basés à l'origine sur des prononciations dialectales ; pour un nombre restreint de noms de lieux entrés dans l'usage français (Pékin, Nankin, Canton, Tientsin) ; et pour un terme tel que « Kuomintang », consacré par trois quarts de siècle de pratique journalistique.

LES HABITS NEUFS DU PRÉSIDENT MAO

Chronique de la « Révolution culturelle »

Précédé de : *Vingt ans après*

(*1971*[1])

« Mais Papa, l'Empereur est tout nu », s'écria l'enfant.

Hans-Christian Andersen

(*Les Habits neufs de l'Empereur*).

1. Le texte reproduit ici est celui de la dernière édition revue par l'auteur en 1989.

Préface de 1989

VINGT ANS APRÈS
De la « Révolution culturelle » aux massacres de Pékin

L'historien de la Chine contemporaine qui considère rétrospectivement les événements d'il y a trois ans, d'il y a dix ans, d'il y a vingt ans, est pris de vertige : c'est chaque fois la même histoire — le scénario est identique, il suffit seulement de changer les noms de quelques acteurs. Le sinistre carrousel ne mène nulle part, il tourne en rond, de plus en plus grinçant et délabré ; sa machine sanglante se contente de broyer toujours plus brutalement une population de plus en plus assoiffée de liberté.

En juin 1989, les massacres de Pékin ont révolté l'opinion mondiale. Notre époque, qu'on aurait pu croire blasée en fait d'atrocités, a découvert une nouvelle dimension dans l'horreur en assistant à ce spectacle apparemment inédit [1] : un gouvernement qui déclare la guerre à son peuple et qui lance une armée de meurtriers contre les foules désarmées et pacifiques de sa capitale.

Ces massacres ont sidéré le monde entier, et pourtant ils n'auraient dû surprendre personne. Les bouchers de Pékin seraient parfaitement en droit d'éprouver de la perplexité devant l'indignation de l'opinion internationale. Pourquoi ce soudain revirement des étrangers à leur égard ? Qu'y a-t-il donc de nouveau dans ces atrocités de juin — dont les proportions sont d'ailleurs demeurées bien modestes, si on les compare à tant d'autres opérations similaires, effectuées précédemment par ce même régime ?

En fait, ce n'est pas la nature du régime communiste chinois qui a soudain empiré en juin ; c'est seulement l'Occident qui a commencé enfin à y voir un peu plus clair.

1. En fait, il n'est, hélas ! pas nouveau — ni en Chine, comme je vais m'efforcer de le montrer ici, ni ailleurs dans le monde. Mais qui se souvient encore des massacres de Hama, en Syrie, où le président Assad massacra 25 000 de ses concitoyens en 1982 ? Peut-être n'a-t-on pas vraiment oublié la façon dont, l'an passé, le gouvernement irakien entreprit d'anéantir des villages de sa minorité kurde, au moyen de gaz et d'armes chimiques — pourtant, la seule réaction de Washington fut de doubler les crédits d'exportation accordés à l'Irak, cependant que la France, l'Allemagne de l'Ouest et l'Angleterre maintenaient leurs relations amicales avec Bagdad…

Bien avant de s'être emparés du pouvoir, les communistes considéraient déjà le meurtre comme une élémentaire technique politique — et je parle du meurtre dans ses modalités les plus diverses : à chaud, à froid, en masse, au détail, en secret, en public, avec mise en scène ou à la sauvette, visant des contestataires pour déraciner l'opposition, ou visant des innocents pour terrifier la population entière. La méthode était déjà vigoureusement appliquée vingt ans avant l'établissement de la république dite « populaire » (les fameux massacres de Futian, par exemple, datent de 1930).

A ses débuts, le mouvement communiste chinois a été animé d'un authentique idéal révolutionnaire ; il avait soif de justice et il réussit à mobiliser la générosité et le courage d'une élite morale et spirituelle du pays entier. Mais dès le départ, il portait aussi en lui un germe de perversion : les communistes ont toujours pensé que l'humanité importait plus que les hommes. Pour les dirigeants du Parti, les vies individuelles n'ont jamais constitué qu'un matériau abondant, bon marché et aisément remplaçable. Il était dès lors inévitable qu'ils en viennent bien vite à considérer l'exercice de la terreur comme une forme fondamentale de la conduite du pouvoir. Si un gouvernement communiste ne pouvait pas massacrer ses citoyens de temps à autre, comment voudriez-vous qu'il gouvernât ?

M. William Hinton, auteur bien connu de divers livres sur la Chine contemporaine, se trouvait à Pékin au moment des massacres. Je lis dans les journaux qu'il a vigoureusement dénoncé ces atrocités. On ne peut naturellement que partager son indignation, mais le langage dans lequel il l'exprime, semble trahir une étonnante confusion d'idées — hélas ! très répandue. Selon lui, en effet, les dirigeants qui ont ordonné les massacres « *ne sont pas des communistes ; ce sont des fascistes* ».

On peut formuler bien des accusations à l'endroit des dirigeants chinois, la seule chose qu'on ne saurait leur reprocher, c'est de ne pas s'être comportés en communistes. Le fond du problème, précisément, c'est qu'ils ont agi purement et exclusivement en communistes. Les comparer à des « fascistes », c'est recourir à un bien chétif lumignon pour éclairer le tableau. On pourrait aussi bien comparer la férocité d'un tigre du Bengale à celle d'un chat de gouttière.

D'un point de vue communiste, on ne saurait même pas condamner la *sottise* des massacres. Non seulement ils étaient nécessaires, mais leur logique apparaît impeccablement léniniste.

La flexibilité tactique du communisme est considérable, mais elle est entièrement subordonnée à un impératif stratégique, unique et invariable : en toute circonstance et à tout prix, il s'agit de conserver la totalité du pouvoir politique. Ce principe est absolu, il ne tolère aucune dérogation et prime toute autre considération. La banqueroute économique du pays, la ruine de son crédit à l'étranger, la destruction du prestige national, l'anéantissement des efforts d'ouverture et de modernisation — rien de tout cela ne saurait entrer en ligne de compte, du moment que l'autorité du Parti est en jeu. (Sous le chapitre des relations économiques et diplomatiques avec l'Occident, remarquons d'ailleurs que les dirigeants chinois ne prenaient pas de bien grands risques ; dans d'autres domaines, ils peuvent avoir commis des fautes de calcul, mais en ce qui concerne les facultés d'indignation et de mémoire de nos démocraties, il y a longtemps que Pékin a pris l'exacte mesure de leurs limites.)

Comme l'a remarqué Bernanos, « on ne massacre jamais que par peur ». La grande peur des moribonds qui gouvernent la Chine a tourné à la panique quand ils ont vu le peuple entier qui se ralliait autour des manifestants de Tian'anmen, et du jour où ceux-ci ont réussi à mettre la loi martiale en échec et à faire vaciller la résolution de l'armée, leur sort fut scellé. Il fallait, par une violence sans retour, creuser un fleuve de sang entre les soldats et le peuple. (Il restera à étudier ce que fut le rôle joué en coulisses par la Sécurité, pour qui on a tiré les marrons du feu ; il se pourrait bien qu'en ordonnant les massacres, Deng Xiaoping, dans sa sénilité, ait lui-même été manipulé par les policiers qui apparaissent maintenant comme les vrais bénéficiaires de toute l'opération.)

Aux violences à chaud succède maintenant la terreur à froid, bien plus redoutable encore — méthodique, impitoyable. Dans ce second stade, l'ordre se trouve apparemment rétabli, on a récuré les dernières traces de sang sur les boulevards à nouveau nets et pimpants, et déjà on voit réapparaître les premiers visiteurs étrangers, hommes d'affaires et politiciens, qui reviennent s'asseoir au banquet des assassins ; pendant ce temps, dans les caves de la Sécurité, d'une balle dans la nuque, on liquide l'intelligence, la jeunesse et l'espoir de la Chine. Vingt ans après les coupes sévères de la « Révolution culturelle », une fragile élite de critiques intellectuels et politiques avait réussi à se reconstituer ; elle vient maintenant de s'engloutir d'un seul coup, car la police qui, depuis longtemps, tenait toutes les têtes pensantes en observation, n'avait attendu que cette occasion pour les décapiter. Les talents dont la Chine aurait tant besoin pour se moderniser se cachent, ou ne survivent plus qu'en exil ; des dizaines de milliers d'universitaires qui se trouvaient à l'étranger au moment des massacres, n'osent plus rentrer au pays, sachant trop bien le sort qui les y attend.

La Chine est aujourd'hui une nation décervelée. Quel peut encore être l'avenir d'un grand pays en voie de modernisation, après une pareille lobotomie ? La question ne semble pas autrement préoccuper les policiers qui contrôlent maintenant ses destinées. Leur seul souci est d'appliquer la recette de Lénine : « Un régime qui est prêt à exercer une terreur illimitée ne saurait être renversé. » Et il ne s'agit de plus rien d'autre, en effet : la répression brute et nue ne songe même plus à se couvrir du moindre haillon d'idéologie. Ce despotisme sénile est incapable de sécréter une seule idée neuve ; les éditoriaux du *Quotidien du peuple* en sont réduits à recycler un jargon qui date de la « Révolution culturelle », et pour dénoncer l'ennemi du jour, ils emploient les accusations mêmes dont Mao avait jadis accablé Deng Xiaoping…

Dans leur principe, les massacres de Pékin furent donc entièrement conformes à ce que l'on devait attendre du communisme chinois. En fait, l'étonnant eût été qu'ils ne se fussent pas produits : ceci aurait équivalu pour le gouvernement à prononcer sa propre déchéance. Ils n'innovèrent que sous un seul rapport, mais cette innovation devait avoir des répercussions énormes : de bout en bout, les atrocités se déroulèrent devant les caméras de la télévision étrangère et sous les yeux de la presse internationale. Précédemment, pour toutes les opérations de ce type, les dirigeants communistes avaient toujours eu soin d'observer à l'égard des témoins extérieurs le principe traditionnel qui préconise de « battre le chien derrière une porte close » (*guan men da gou*). En juin 1989 à Pékin, pour la toute première fois, la porte de la boucherie est demeurée grande ouverte[1]. (Peut-être est-ce là ce qu'on appelle « la politique d'ouverture » ?)

Ce prodigieux impact de la télévision a du reste quelque chose qui effraie. Pour des millions de spectateurs, les événements qui apparaissent sur l'écran prennent chair et réalité, ils bouleversent l'opinion mondiale, ils infléchissent la politique des gouvernements démocratiques — mais inversement aussi, tout ce qui échappe à l'œil des caméras paraît oblitéré du réel, ou voué à végéter dans les limbes de la conscience, sans pouvoir mobiliser effectivement l'intelligence et les émotions du public. On dirait que rien de ce qui arrive hors du champ des caméras n'est vraiment arrivé. Ainsi par exemple, au fil des années, le communisme chinois a pu liquider *un bon million* de Tibétains ; cela n'a jamais sérieusement affecté son prestige moral ni son crédit international. Pourquoi ? La télévision n'était pas là. La télévision n'était pas là non plus pour nous montrer les massacres de la « Révolution culturelle » qui firent plus de 500 000 victimes : en 1968, lorsque l'armée réprima le mouvement des gardes rouges, des boucheries du type de celle qu'on vient de voir à Pékin se produisirent dans des dizaines de villes. (Après une de ces vagues d'exécutions, les rivières de Chine méridionale étaient encombrées de tant de corps de suppliciés, que sur les plages de Hong Kong, à

1. Il est difficile de déterminer les raisons de cette attitude. Peut-être, au sein de la bureaucratie, des officiels opposés à la répression ont-ils délibérément saboté l'application des mesures destinées à contrôler les activités des journalistes étrangers. Peut-être aussi la gérontocratie de Pékin est-elle tellement anachronique qu'elle n'a jamais pris vraiment conscience du rôle joué par les médias en cette fin du XXe siècle. Pour Deng Xiaoping et Yang Shangkun, sans doute la télévision n'est-elle qu'une espèce de machine qui permet de regarder Mickey Mouse à domicile.

quelque quatre-vingts milles de là, chaque matin, le flot venait nous apporter de nouvelles troupes de cadavres.) Pour l'essentiel, tous ces faits étaient bien connus ; les informations que j'ai rapportées dans *Les Habits neufs du président Mao* étaient toutes dans le domaine public, aisément accessibles pour quiconque lit la presse chinoise. Dix ans après ces événements, leur réalité n'avait toujours pas vraiment pénétré dans la conscience collective — tant et si bien qu'à la mort de Mao, la plupart des personnalités dirigeantes du monde démocratique occidental pouvaient encore rendre un respectueux hommage au despote défunt, en qui elles croyaient voir « un phare de la pensée humaine [1] ».

Peu avant de mourir dans un tragique accident, le contestataire soviétique Andreï Amalrik avait commencé à s'intéresser particulièrement à la politique chinoise. Lors d'une rencontre, il y a une douzaine d'années, je l'entendis formuler une observation frappante. Il estimait que la Chine était beaucoup plus *avancée* politiquement que l'Union soviétique. (Entendez ce mot dans le sens particulier où l'on dit d'un fromage, ou d'un cadavre, qu'il est « avancé ».) Selon lui, le malheur de l'Union soviétique était d'avoir gagné la guerre, tandis que la chance de la Chine était d'avoir perdu la « Révolution culturelle ». Sa victoire sur l'Allemagne nazie avait conféré à l'URSS de Staline une confiance en soi et une assurance morale qui devaient longtemps entraver toute prise de conscience plus nette des vices du système ; le régime se trouva confirmé dans ses pires erreurs, et les nécessaires réformes furent indéfiniment différées. En Chine, au contraire, l'effroyable catastrophe de la « Révolution culturelle » a prodigieusement accéléré le processus de désintégration du communisme. Le Parti a été détruit, on l'a reconstruit tant bien que mal, mais son prestige et son autorité ont été irrémédiablement discrédités. La crise de la « Révolution culturelle » n'a pas seulement exposé la faillite morale et politique du régime, elle a aussi eu des effets positifs ; elle a créé un nouveau type de citoyens, audacieux et agressifs ; des gens de cette trempe peuvent devenir des héros ou des bandits, mais certainement le régime ne saura plus jamais les réduire à l'état de docilité passive des générations précédentes.

Les manifestations de mai 1989 ont représenté le point culminant d'une longue évolution qui, à l'origine, fut issue de la « Révolution culturelle », puis qui s'est exprimée dans une série de mouvements spontanés, de plus en plus vastes et de plus en plus significatifs. Ce fut d'abord, le 5 avril 1976, la première grande manifestation de Tian'anmen qui, peu avant la mort de Mao, osa dénoncer sa tyrannie ; puis, en 1979, survint le « Printemps de Pékin » avec les activités du « mur de la démocratie » qui marquèrent l'élargissement et l'approfondissement du mouvement

1. L'expression, on s'en souvient, était de M. Valéry Giscard d'Estaing. (Notez que ce n'est même pas ce qu'on a dit de plus bête à l'époque.)

démocratique. Sans l'expérience de la « Révolution culturelle », ce mouvement n'aurait jamais pu se développer avec autant d'ampleur, de rapidité et d'audace — mais son plus grand mérite fut d'avoir largement réussi à se libérer de ses origines. A cet égard, l'itinéraire de Wei Jingsheng apparaît particulièrement exemplaire : lors du « Printemps de Pékin », il devait s'illustrer comme héros et martyr dans la lutte pacifique pour la démocratie — dix ans auparavant, il avait été un chef des gardes rouges…

Mais par un cruel paradoxe, alors que l'élite de la jeunesse chinoise parvenait à dépouiller et dépasser cette « Révolution culturelle » qui lui avait donné le jour, Deng Xiaoping et ses collègues, eux, après en avoir été les victimes, en sont restés définitivement prisonniers. Ils redoutent et haïssent la « Révolution culturelle », mais en même temps, ils en ont conservé le langage et les mœurs, comme le montre le massacre de Pékin avec ses séquelles de délation, de mensonge et de terreur. La férocité avec laquelle ils ont écrasé les jeunes manifestants de Pékin ne s'explique pas seulement par le souvenir des humiliations qu'ils avaient subies aux mains des gardes rouges. Comment aurait-on pu confondre les foules pacifiques et souriantes de mai 1989 avec les hordes fanatisées de 1967 ? Qu'y a-t-il de commun entre la jeunesse rebelle qui avait réussi à les désarçonner il y a vingt ans, et les démocrates non violents d'aujourd'hui ? Au-delà de cette métamorphose d'une génération à l'autre, ce que Deng et ses acolytes ont confusément pressenti — et que leur aveugle obstination n'a fait que précipiter — c'est l'irrésistible surgissement du grand raz de marée qui va demain les balayer, eux et les derniers débris du communisme chinois.

S. L.
3 juillet 1989

Avant-propos

> Du parti communiste ou du Kuomintang, lequel des deux redoute-t-il la critique ? Le Kuomintang redoute la critique ; il interdit la critique, et en conséquence n'a pu échapper au naufrage.
>
> Mao Zedong,
> (*Zai Zhongguo gongchandang quan guo xuanchuan gongzuo huiyi shang di jianghua*, in *Mao Zedong zhuzuo xuandu*, Pékin, 1965, vol. 1, p. 506).

De génération en génération, l'Occident a systématiquement ignoré les forces révolutionnaires qui se manifestaient en Chine, préférant à chaque fois soutenir l'ordre pourri contre lequel ces forces s'insurgeaient. Ainsi dès le milieu du XIXe siècle, l'Occident choisit d'épauler la croulante dynastie mandchoue contre l'insurrection Taiping. A l'aube du XXe siècle, il opposa son hostilité et son mépris aux premiers artisans révolutionnaires du mouvement républicain, préférant encore une fois miser sur l'empire fossile. Il ne considéra jamais Sun Yat-sen que comme une sorte de clown pittoresque, mi-dangereux, mi-idiot mais se montra disposé à prendre un Yuan Shikai au sérieux [1]. Il se méfia de Chiang Kai-shek tant que celui-ci présenta les apparences d'un révolutionnaire, mais lui donna sa confiance et son appui dès qu'il eut révélé sa nature. Durant toute la phase proprement révolutionnaire de sa carrière — depuis les années 20 jusqu'au début des années 50 — Mao Zedong tour à tour fut inexistant pour le public occidental, puis fit figure d'épouvantail. Par contre maintenant, depuis que l'issue de la « Révolution culturelle » a révélé le caractère archaïque et réactionnaire de son pouvoir, faisant de lui, à trois quarts de siècle de distance comme une sorte d'héritier de la vieille impératrice douairière Cixi, un revirement d'opinion s'opère en Occident, et c'est en foule que l'on se rend à sa Cour : politiciens en fonction ou en chômage, financiers, industriels, compradores, pensionnés de la Révolution, dévots en quête d'un dieu, dames d'œuvres, philosophes et

1. Sur la personne de Sun et le préjugé extraordinairement défavorable dont il est victime en Occident, voir ci-dessous, « Sur l'importance historique de Sun Yat-sen », p. 210.

touristes divers jouent des coudes pour venir lui présenter leurs hommages [1].

Incapables (ou refusant délibérément) de déceler le levain révolutionnaire qui continue à travailler la Chine en profondeur et qui, dans l'éclatement de la « Révolution culturelle », faillit éclore au grand jour — ces divers pèlerins rendent simplement un culte commun au *Pouvoir* (ou à ce qui leur en présente les apparences). En ayant victorieusement écrasé la révolution et imposé l'ordre des fusils, l'autorité maoïste leur apparaît dorénavant consacrée : elle seule est maintenant qualifiée pour redorer le crédit des politiciens-touristes, pour octroyer des contrats aux commis-voyageurs du capitalisme et pour pourvoir en bureaux de tabac les retraités de la révolution. Comment ne point encenser ses autels ?

D'un autre côté, des esprits généreux mais faibles qui, en Occident, rêvent de révolution sans comprendre qu'elle reste à réinventer sur place par ceux qui veulent la faire et ne saurait se cueillir comme une pomme mûre dans un verger exotique, ont lancé à la figure de leurs dirigeants le nom de Mao de la même manière que les philosophes du siècle des lumières brandissaient celui de Confucius. Ce que signifiait exactement Confucius leur importait peu : moins ils en étaient informés, mieux ils le pouvaient accommoder à leurs propres songeries. Nos philosophes d'aujourd'hui semblent également peu désireux d'enquêter sur la vérité historique du maoïsme, craignant sans doute qu'une confrontation avec la réalité ne soit dommageable à ce mythe qui les dispense si confortablement de penser par eux-mêmes.

Mais cette confrontation avec les évidences, si pénible et démoralisante soit-elle, est difficilement évitable pour quiconque a vécu la « Révolution culturelle » aux portes de la Chine, sans être protégé contre la vérité par une bienheureuse ignorance de la langue chinoise [2]. L'auteur de ces lignes, qu'aucun intérêt ne portait initialement vers les questions politiques, et qui aurait eu tendance à vaguement confondre le maoïsme dans la sympathie et l'admiration que la Chine passée et présente n'a jamais cessé de lui inspirer, s'est trouvé poussé sous la pression de l'évi-

1. Inutile de dire que l'auteur ne conteste pas la reconnaissance de la Chine populaire, qui relève du bon sens diplomatique. Ce qu'il veut simplement souligner ici, c'est ce phénomène du pouvoir maoïste qui, cessant d'être révolutionnaire, devient *respectable*. Les indices baroques, sinistres ou cocasses de cette nouvelle respectabilité abondent dans l'actualité récente : la Chine offre d'indemniser la Grande-Bretagne pour le feu de joie que les gardes rouges avaient fait durant la « Révolution culturelle » de l'immeuble du chargé d'affaires britannique à Pékin ; la Chine soutient chaleureusement le massacre des masses populaires du Bangladesh perpétré par la clique militaire du Pakistan, etc., etc. Tout ceci amène l'opinion occidentale à découvrir que Mao, après tout, est un homme décent et civilisé. Déjà célébré comme penseur et poète, ne voilà-t-il pas maintenant que l'influente revue de mode londonienne *Tailor and Cutter* vient encore de le désigner comme l'un des « cent hommes les mieux habillés » !...

2. Cette expression ne vise que la grande presse française (dans la presse étrangère, certaines agences ont accompli un travail remarquable, en particulier les agences japonaises et l'agence yougoslave).

dence issue des textes, des faits et des témoignages personnels qui l'ont quotidiennement assailli toutes ces dernières années à Hong Kong, à s'exclamer comme l'enfant du conte : « L'Empereur Mao est tout nu ! » Les pages qui suivent ne sont qu'une glose autour de ce cri naïf et irrépressible. Maladroites, partielles et partiales, elles se donnent pour ce qu'elles sont : le témoignage d'une conscience forcée hors de sa retraite par le spectacle de ce qui lui semble être une gigantesque imposture. Malgré la véhémence qui perce parfois dans son propos, l'auteur ne croit détenir nulle certitude définitive. Il est conscient des limites de son information, des carences de son enquête et de la subjectivité de son point de vue. On pourra récuser ses jugements et opinions, mais il sera difficile d'ignorer entièrement les faits et les documents sur lesquels il étaie son interprétation. A d'autres, doués d'un jugement pondéré et mieux exercés à la réflexion politique, d'intégrer ces données matérielles dans leurs tentatives d'exégèse de la « Révolution culturelle » ; s'ils parviennent, en tenant compte des diverses évidences matérielles présentées ici, à démontrer que la « Révolution culturelle » était bien culturelle, et une révolution, l'auteur sera le premier à s'en réjouir et répudiera de grand cœur ses impudentes conclusions.

TENTATIVE DE DÉFINITION ET REMISE EN PERSPECTIVE DE LA « RÉVOLUTION CULTURELLE »

> Je le déclare, cette histoire n'est point impartiale. Elle ne garde pas un sage et prudent équilibre entre le bien et le mal. Au contraire elle est partiale, franchement et vigoureusement pour le droit et la vérité. Si l'on y trouve une ligne où l'auteur ait atténué, énervé les récits ou les jugements par égard pour telle opinion ou telle puissance, il veut biffer tout cet écrit. — Quoi ! dira-t-on, nul autre n'est sincère ? Réclamez-vous donc pour vous un monopole de loyauté ? Ce n'est pas ma pensée. Je dirai seulement que les plus honorables ont gardé le respect de certaines choses et de certains hommes, et qu'au contraire l'Histoire qui est juge du monde, a pour premier devoir de perdre le respect.
>
> Jules Michelet,
> (*Histoire de France,* X, p. 300).

Le corps de cet ouvrage (deuxième partie) est formé par une chronique de la « Révolution culturelle » rédigée de février 1967 à octobre 1969. Plutôt que de recomposer cette chronique sous la forme d'un exposé synthétique qui aurait repris le mouvement à partir de ses origines (1965), on a préféré lui conserver sa forme originelle : les événements y sont simplement enregistrés au jour le jour, tels qu'a pu les saisir le champ de vision limité d'un individu pendant une période déterminée. Toute tentative de synthèse supposerait une sorte d'omniscience a posteriori, *à laquelle ce modeste témoignage ne saurait en aucune façon prétendre. Comme on ne pouvait toutefois abruptement embarquer le lecteur dans une séquence d'événements saisis ainsi à mi-course, il a semblé nécessaire de faire précéder cette chronique d'une introduction qui tenterait de définir la « Révolution culturelle », de décrire ses motifs et ses origines, et qui replacerait le phénomène dans sa perspective historique.*

La « Révolution culturelle » qui n'eut de révolutionnaire que le nom, et de culturel que le prétexte tactique initial, fut une *lutte pour le pouvoir*, menée *au sommet* entre une *poignée d'individus*, derrière le rideau de fumée d'un fictif mouvement de masses (dans la suite de l'événement, à la faveur du désordre engendré par cette lutte, un courant de masse authentiquement révolutionnaire se développa spontanément à la base, se traduisant par des *mutineries militaires* et par de *vastes grèves ouvrières* ; celles-ci, qui n'avaient pas été prévues au programme, furent impitoyablement écrasées). En Occident certains commentateurs persistent à s'attacher littéralement à l'étiquette officielle et veulent prendre pour point de départ de leurs gloses le concept de « révolution de la culture », voire même « révolution de la civilisation » (le terme chinois *wenhua* laisse en effet place à cette double interprétation). En regard d'un thème aussi exaltant pour la réflexion, toute tentative pour réduire le phénomène à cette dimension sordide et triviale d'une « lutte pour le pouvoir » sonne de façon blessante, voire diffamatoire aux oreilles des maoïstes européens. Les maoïstes de Chine, eux, ne s'embarrassent pourtant plus de telles délicatesses : la définition de la « Révolution culturelle » comme une *lutte pour s'emparer du pouvoir* (*quanli douzheng*) n'est en effet pas une création des adversaires du régime, c'est la définition officielle proposée par Pékin et constamment répétée dans les éditoriaux du *Renmin ribao* (*Le Quotidien du peuple*), *Jiefang jun bao* (*Journal de l'Armée de libération*) et *Hong qi* (*Le Drapeau rouge*) dès le début de 1967 au moment où le mouvement était suffisamment avancé pour pouvoir définitivement abandonner le paravent culturel derrière lequel il avait abrité ses premiers pas. Que Mao Zedong eût effectivement *perdu le pouvoir* a pu paraître, à distance, difficile à admettre par des observateurs européens. C'est pourtant bien pour le récupérer qu'il déclencha cette lutte. Ce qui est stupéfiant, c'est qu'il soit encore nécessaire (après quatre années de « Révolution culturelle » !) de rappeler de pareilles évidences. En effet, en Europe et en Amérique il se trouve encore des spécialistes de la politique chinoise contemporaine pour minimiser, mettre en doute ou nier le fait que Mao ait été écarté du pouvoir. Quel besoin Mao avait-il alors de saborder le Parti et le régime, de bouleverser le pays entier pour s'emparer du pouvoir, s'il l'avait toujours possédé ? Pire, c'est ignorer délibérément la montagne de preuves accumulée par la « Révolution culturelle » tant dans ses documents officiels (éditoriaux de la presse de Pékin) que dans ses documents officieux (inscriptions murales, publications des gardes rouges) : le principal chef d'accusation lancé contre les détenteurs du pouvoir à tous les échelons, jusqu'à et y compris l'échelon suprême de secrétaire général du Parti et de président de la République, étant précisément qu'ils monopolisaient la totalité du pouvoir et qu'ils l'exerçaient d'une manière devenue imperméable au contrôle et à l'influence de Mao.

Pourquoi et comment Mao Zedong en était-il arrivé à cette situation ?

Avant de répondre à cette question, il nous faut faire un retour en arrière, jusqu'au « Grand Bond en avant » (1958), et même dans une certaine mesure jusqu'au mouvement des « Cent Fleurs » (1957), et éclairer en passant certains aspects caractéristiques du style politique maoïste.

En 1958, Mao Zedong avait déclenché le « Grand Bond en avant », mouvement qui, à l'instar de l'épisode des « Cent Fleurs » survenu un an auparavant, n'était pas le résultat d'une décision collective des instances supérieures du Parti, mais bien essentiellement un produit de sa propre inspiration visionnaire. Le principe du « Grand Bond en avant » était de résoudre le sous-développement industriel et économique du pays en substituant à l'équipement de base qui lui faisait encore largement défaut, ou ne s'implantait qu'avec une trop grande lenteur, les ressources humaines du pays entier, galvanisées par une impulsion unanime d'enthousiasme révolutionnaire. En un mot le rêve de Mao Zedong était, pour catapulter la Chine vers le communisme, de remplacer le facteur matériel par un facteur spirituel : au lieu de l'énergie électrique (dont parlait Lénine), l'énergie révolutionnaire. Nous retrouvons ici une des idiosyncrasies les plus remarquables de Mao, et qui s'exprime en d'innombrables endroits de ses écrits et en de nombreux épisodes de sa carrière : une approche idéaliste et volontariste des problèmes, qui est en fait une démarche d'artiste ou de poète [1] pour qui la réalité ne s'impose

1. Il ne faut pas se faire d'illusions sur la qualité des créations artistiques de Mao. Ses poèmes ne doivent leur célébrité qu'à celle de l'homme politique ; si Mao n'avait pas joué un tel rôle sur la scène de l'histoire, sa production poétique, mince et souvent gauche, se serait difficilement distinguée de celle de ces centaines de milliers de poètes amateurs que la Chine compte à chaque génération de lettrés ; certes il y a eu une rencontre exceptionnelle entre l'inspiration poétique et le destin historique du politicien dans le cas du poème chanté *Neige* (sur l'air *Qinyuan chun*) qui restera mémorable au même titre que la *Chanson du grand vent* de Liu Bang, le fondateur de la dynastie des Han, ou les poèmes du chef de guerre et homme d'État Cao Cao (encore que, si l'on en croit les mauvaises langues, ce poème de Mao aurait en fait été corrigé et mis en forme par Liu Yazi), mais mis à part cette unique occurrence, on souscrira volontiers au jugement d'Arthur Waley qui, prenant une comparaison picturale, qualifiait très exactement la qualité de cette poésie « moins mauvaise que la peinture de Hitler, mais pas aussi bonne que celle de Churchill ». La calligraphie de Mao présente un fascinant miroir de sa personnalité : agressivement hétérodoxe, elle reflète la flamboyance d'un *ego* qui n'accepte d'autres règles que celles qu'il tire de sa propre invention ; pareille attitude produit en calligraphie les créations supérieures lorsque le calligraphe se trouve à même de fonder ses licences sur une maîtrise préalable de la discipline du métier ; celle-ci fait entièrement défaut chez Mao, ce qui donne à sa calligraphie son déplaisant caractère d'audace arbitraire et d'enflure (l'impression d'enflure est encore aggravée du fait qu'il s'agit d'originaux de petites dimensions agrandis artificiellement par la reproduction).

Mais la qualité des productions artistiques de Mao importe peu ici ; ce qui mérite d'être relevé, c'est la mesure dans laquelle sa démarche d'homme d'action est conditionnée par son attitude et son impulsion d'artiste. Le même phénomène se retrouve chez plusieurs hommes d'État fameux dont la création politique était sous-tendue par, ou servait de substitut à une création artistique inarticulée ou semi-avortée ; le langage littéraire ou les formes plastiques restant rebelles à leur contrôle, pour extérioriser leur vision, ces individus ont pris pour matériau les peuples et les empires. Le phénomène, bien entendu, revêt des formes d'intensité variable : la prose de Jules César, les poèmes et la musique de Frédéric II de Prusse, le roman inachevé de Napoléon, la prose historique et la peinture de Churchill, les essais et mémoires de De Gaulle, la poésie de Cao Cao et de Mao Zedong, sont riches en révélations sur la nature particulière du génie politique de ces divers personnages ; mais

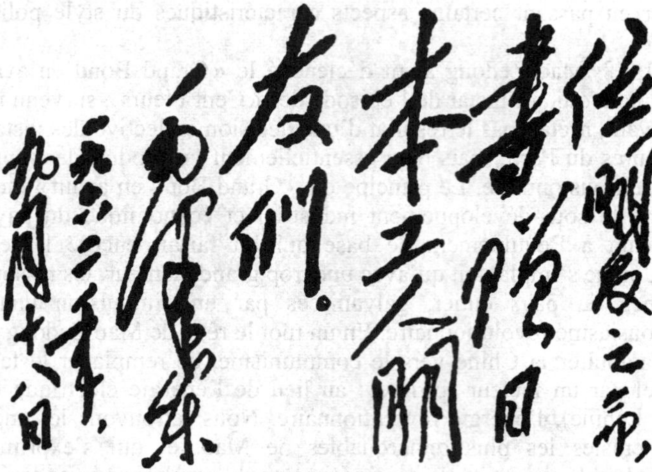

pas comme une donnée préalable mais doit s'inventer, se façonner, suivre et épouser les impératifs d'une vision purement subjective et intérieure.

(Dans ce sens, très significative est la place qu'occupe dans l'œuvre de Mao la fameuse anecdote reprise de Lie Zi sur le vieux fou qui avait résolu de déplacer les montagnes à force de bras [1] : c'est avec raison que l'exégèse officielle l'a mise en évidence comme un thème central de la pensée maoïste.) Un second trait caractéristique de l'orientation du « Grand Bond » fut son refus du monde extérieur, son refus de la modernité, son désir de réintégrer le giron familier de la vieille province chinoise autarcique, ce terroir archaïque dont Mao lui-même est le pur produit. Mao, on le sait, n'a presque pas été exposé aux influences du monde moderne ; à peine a-t-il même connu cette face intellectuelle et urbaine de la Chine qui s'ouvrait aux courants d'idées contemporaines. Dans la formation de sa pensée, les ouvrages de doctrine marxiste n'ont

chez eux, cette impulsion esthétique tout en expliquant leurs plus brillantes réussites (et aussi leurs plus singuliers égarements) dans l'ordre politique, restait encore largement subordonnée aux lois rationnelles de ce projet politique. Chez un Hitler (dont on peut supposer que, eût-il réussi à s'illustrer comme peintre et architecte, la politique ne l'aurait peut-être jamais tenté), le phénomène était poussé au paroxysme, entraînant dans ses campagnes militaires tour à tour de fulgurantes intuitions stratégiques, et un délire totalement séparé de la réalité objective. Au contraire chez Néron, Louis II de Bavière, le dernier souverain des Tang méridionaux Li Yu, et l'empereur Song Huizong, le projet de l'artiste (manqué chez les deux premiers, accompli chez les deux autres) se substitue entièrement à celui de l'homme d'État. Et enfin, resterait à examiner le cas d'artistes de vocation ultérieurement aimantés par l'illusion politique (Chateaubriand, d'Annunzio, Malraux, Guo Moruo, etc.). La psychologie esthétique de la politique reste encore à faire…

1. *Yugong yi shan*, voir *Mao Zedong xuanji*, vol. III, p. 1101. L'anecdote vient de *Lie Zi*, chap. V, « Tang wen ».

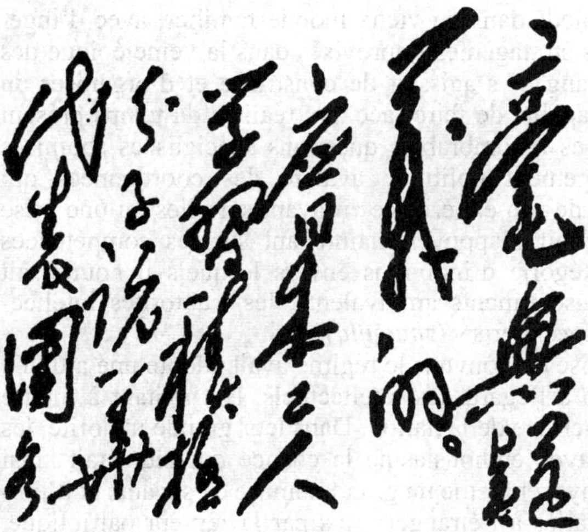

Dédicace calligraphique de Mao Zedong, écrite pour une délégation d'ouvriers japonais, 18 septembre 1962 (détail de la partie inférieure).

jamais pesé lourd en regard de ces lectures chinoises classiques qui depuis son enfance n'ont cessé de nourrir son inspiration ; de nombreux biographes ont relevé avec pertinence l'influence exercée sur Mao par les romans classiques du type épique, *Shuihu* (*Les Bords de l'eau*) et *San guo* (*La Chronique des Trois Royaumes*), mais une autre de ses lectures favorites, bien plus importante et significative, n'a pas été suffisamment soulignée : il s'agit du *Zizhi tongjian* (*Miroir universel de l'histoire pour servir aux gouvernants*) écrit par Sima Guang au XIe siècle. Que Mao ait pris cet antique manuel politique de la bureaucratie impériale pour son livre de chevet — et qu'il ait même jugé approprié, pour un portrait officiel tout récent, de se faire photographier à sa table de travail avec à son côté, de préférence à tout autre ouvrage, cette pierre angulaire de l'ancien ordre bureaucratique, est un éloquent symbole ! C'est dans cet univers ancien et fermé que Mao se sent le plus totalement chez lui ; c'est là que s'est déroulée toute la part la plus brillante de sa carrière ; là il ne se connaît point de rival, l'intuition subjective de son génie coïncidant spontanément avec la nature objective des réalités. Mais ce même enracinement psychologique dans l'antique province chinoise qui avait fait sa force avant 1949, devait devenir son plus lourd handicap après cette date : ceci fut pleinement mis en lumière par la crise des « Cent Fleurs » sur laquelle il nous faut ouvrir maintenant une parenthèse.

La prise du pouvoir en 1949 avait soudain placé Mao dans une situation entièrement neuve, le confrontant à un ordre de problèmes pour la solution desquels son expérience antérieure non seulement ne pouvait plus lui être d'aucun secours, mais même allait bientôt freiner tout l'élan de la machine qu'il avait mise en place. Il ne s'agissait plus de guérilla paysanne menée nus pieds dans un vieux monde familier, avec d'ingénieux bricolages et des stratagèmes improvisés dans la veine épique des Cao Cao et Zhuge Liang, il s'agissait de construire et d'organiser un grand État moderne, capable de faire face aux réalités du temps présent et au défi extérieur. Les innombrables questions spécialisées soumises dorénavant à son jugement politique avaient des coordonnées qui échappaient au champ de son expérience ; n'ayant sur elles qu'une prise incertaine, il allait devoir s'appuyer maintenant sur les compétences particulières d'une catégorie d'individus envers lesquels il nourrissait depuis longtemps des sentiments ambivalents, les « autorités intellectuelles » (*quanwei*), les « experts » (*zhuanjia*) [1].

Au moment de la prise du pouvoir, le régime avait adopté une attitude accueillante et libérale à l'égard des intellectuels, les invitant à mettre leurs compétences au service de la nation. Dans leur grande majorité, les intellectuels saisirent avec enthousiasme la chance qui leur était ainsi offerte de servir leur pays, et même un grand nombre de savants et d'universitaires chinois installés à l'étranger, mus par la ferveur patriotique, regagnèrent volontairement la Chine.

Mao Zedong cependant ne supportait qu'avec une extrême impatience cette nécessité d'avoir recours aux services d'une élite intellectuelle moderne pour qui il éprouvait une méfiance et une antipathie spontanées, qui échappait dans une certaine mesure à son contrôle, et qui dans le cadre de chaque discipline particulière, se trouvait à même de mettre son jugement en question. Durant un premier temps toutefois il avait encore pu se faire illusion, et croire au ralliement inconditionnel de cette élite à sa propre personne. La crise des « Cent Fleurs » (fin 1956-début 1957) vint brutalement le désabuser. Il serait faux de croire que le lancement du

1. Ces sentiments ont en effet chez lui des racines très anciennes. Animé d'une dévorante curiosité intellectuelle, le jeune Mao Zedong admirait et enviait ceux de ses camarades qui eurent l'occasion de poursuivre des études supérieures, et en particulier ceux qui eurent la possibilité de partir étudier à l'étranger (à Shanghai en 1919, conduisant un groupe d'amis au bateau qui devait les emmener en France, il fit à l'un d'eux — qui m'a rapporté ses propos — des confidences exprimant le découragement et la légitime amertume qu'il éprouvait en voyant que pareille chance d'épanouissement était refusée à ses talents). Ces sentiments furent encore exacerbés par ses humiliantes expériences d'employé subalterne à la bibliothèque de l'université de Pékin. On se rappelle le célèbre passage des confessions qu'il fit à Edgar Snow, trahissant à près de vingt ans de distance l'existence d'une blessure d'amour-propre pas encore cicatrisée : « Mon emploi était si humble que les gens m'évitaient. Une de mes tâches était d'inscrire les noms des personnes qui venaient consulter les journaux, mais pour la plupart d'entre eux je n'existais pas en tant qu'être humain. Parmi ces lecteurs, il m'arrivait de reconnaître les noms des célèbres animateurs du mouvement de renaissance, des hommes tels que Fu Sinian, Luo Zhailong et d'autres qui suscitaient mon intense intérêt. J'essayai d'engager la conversation avec eux sur des sujets politiques et culturels, mais c'étaient des personnages très occupés. Ils n'avaient pas le temps d'écouter un assistant bibliothécaire qui parlait en dialecte méridional. » (E. Snow, *Red Star Over China*, 1938, rééd. New York, 1961, p. 150.) Sa frustration le poussa à mythifier le prestige de ces êtres inaccessibles, prêtant aux universitaires un pouvoir auquel ceux-ci ne sauraient prétendre, et simultanément son éclatante réussite accomplie en dehors de toute formation académique le porta par manière de revanche à dénier toute valeur à celle-ci.

mouvement des « Cent Fleurs » ait été une sorte de piège machiavéliquement tendu par le régime pour amener ses opposants à jeter le masque et à se désigner ainsi d'eux-mêmes à la répression ; la répression sur laquelle le mouvement s'acheva n'était pas le dernier acte d'un scénario préparé d'avance, mais une mesure d'urgence hâtivement improvisée pour couper court à un développement imprévu et catastrophique.

Le mouvement des « Cent Fleurs » avait été déclenché à l'initiative personnelle de Mao Zedong, et contre l'avis de ses collaborateurs, lesquels sachant mieux à quoi s'en tenir sur l'état d'esprit des cadres et des intellectuels, prévoyaient un dangereux fiasco. L'expérience prouva qu'ils avaient eu raison : l'élite du pays utilisa la liberté d'expression qui lui était subitement accordée, non pas dans le sens qu'avait attendu Mao — et qui aurait été celui d'une critique positive, destinée à épurer et renforcer le régime en lui apportant l'élan d'une adhésion libre et spontanée —, mais dans le sens d'une critique de plus en plus frondeuse et destructrice, qui mettait en question l'autorité du Parti, voire même la personne du leader suprême.

Les « Cent Fleurs » laissèrent des cicatrices ineffaçables. Pour Mao, cette aventure le confirma définitivement dans les préjugés qu'il nourrissait à l'égard des intellectuels, et l'amena à considérer désormais l'intelligence moderne comme l'ennemie naturelle et irréductible de son pouvoir. Pour les historiens qui étudieront l'ascension, la décadence et l'effondrement du maoïsme, les « Cent Fleurs » resteront une date essentielle, tournant d'une évolution et premier germe de désagrégation. Cette première secousse, d'amplitude apparemment faible, sera suivie par la violente secousse du « Grand Bond en avant », puis par la secousse fatale de la « Révolution culturelle » ; si, à l'époque, la fêlure initiale des « Cent Fleurs » put être maquillée pour un temps sous un vernis qui fit illusion aux observateurs superficiels, elle se poursuit cependant jusqu'à la brèche ouverte du « Grand Bond » et l'éclatement final de la « Révolution culturelle ».

La conclusion brutale des « Cent Fleurs » a détruit une fois pour toutes l'illusion libérale qui avait permis aux premières années du régime d'être une période d'enthousiasme et de dynamisme intense. Le régime s'est ainsi définitivement aliéné les intellectuels ; ceci à court terme pouvait paraître de faible conséquence — cette élite intellectuelle ne représentant après tout qu'une infime minorité en regard de l'ensemble de la population — mais marquait une orientation du maoïsme qui à long terme devait lui devenir fatale. Avec les « Cent Fleurs » se clôt l'ère constructive et révolutionnaire de Mao et commence la phase négative et rétrograde de son action. La répression dont il va désormais frapper toutes les forces vives de critique, de modernisation et d'ouverture, rappelle assez la politique aveuglément réactionnaire de l'impératrice douairière Cixi s'efforçant, au crépuscule de la dynastie mandchoue, d'exterminer la petite élite des intellectuels progressistes, disséminateurs d'idées modernes[1].

Une autre conséquence importante de l'aventure des « Cent Fleurs » fut l'apparition d'un clivage entre Mao et ses fidèles collaborateurs et exécutants : ceux-ci pour la première fois surprenaient le jugement de leur maître en défaut ; pour la première fois, ils avaient vu plus clair que lui, et, le mal une fois fait, ce furent leurs efforts qui durent être mobilisés d'urgence pour rétablir la situation. Mao ne pourra le leur pardonner, et eux n'oublieront pas cette chaude alerte : ils commencent maintenant à observer leur chef avec surprise et inquiétude.

Leurs inquiétudes trouveront leurs pires confirmations un an plus tard avec le lancement du « Grand Bond en avant », mouvement qui cristallisa de façon plus redoutable encore les impulsions les plus négatives et les plus destructrices de l'*ego* maoïste : subjectivité lyrique de l'esthète visionnaire qui ignore les contingences du réel, impatience de l'artiste inspiré à l'endroit de la matière rebelle, idéalisme volontariste qui cherche à substituer une énergie mystique aux leviers de la science et de la technique, hostilité paysanne pour les innovations modernes et valorisation systématique des aspects les plus archaïques et retardataires du terroir chinois. Trois thèmes de la pensée maoïste donnent en effet la clef de la « philosophie » du « Grand Bond » : 1. la force de la Chine réside dans son dénuement même : la Chine est une « page blanche » qui s'offre à l'inspiration de Mao pour qu'il y calligraphie le poème inouï de sa révolution[2] ; 2. la seule ferveur révolutionnaire peut et doit efficacement surmonter l'obstacle des choses et transformer la matière (primauté du « rouge » sur l'« expert ») ; 3. l'improvisation villageoise, le « bricolage

1. Cette analogie entre Mao et Cixi ne doit pas être entendue dans un sens unilatéralement offensant pour le premier. Cixi était loin d'être une personnalité médiocre ; elle était douée en réalité d'un brillant génie politique ; son drame (et les catastrophes qu'elle attira sur la Chine) provint de ce que ce génie parfaitement adapté aux coordonnées de l'univers traditionnel qui était exclusivement le sien, ne pouvait trouver son orientation dans le monde nouveau auquel le tournant de l'histoire l'affrontait. La comparaison n'est pas arbitraire non plus : en un sens elle fut suggérée par les maoïstes eux-mêmes dans la fameuse controverse menée autour du film *Un épisode secret à la cour des Qing* (*Qing gong mi shi*, voir ci-dessous, « Chronique de la "Révolution culturelle" »). Dans le jugement porté par les maoïstes sur la crise historique du règne de Cixi, c'est le mouvement primitif et superstitieux des Boxers mobilisés par l'impératrice douairière qui fait figure de force révolutionnaire, cependant que Guangxu et le groupe des intellectuels progressistes écrasés par Cixi se voient rangés dans le camp de la trahison…

2. « … Les deux caractéristiques les plus évidentes des six cents millions de Chinois sont premièrement leur état de dénuement et deuxièmement leur état de candeur. Ceci n'est pas un mal, au contraire c'est un avantage. Arrivé à ce point extrême, il faut nécessairement qu'un changement survienne, il faut agir, faire la révolution. Une page blanche est libre de toute charge, elle se prête à ce que l'on y inscrive les mots les plus neufs et les plus beaux, à ce que l'on y peigne la peinture la plus neuve et la plus belle. » (Mao Zedong, *Jieshao yige hezuoshe*, p. 1-2, cité in *Mao zhuxi yulu*, p. 33.) Le choix de cette image de la « page blanche » est à nouveau caractéristique de cette attitude esthétique de l'homme politique (déjà soulevée plus haut à la note 1, p. 15-16) pour qui les peuples ne sont qu'un matériau vierge au service de sa création subjective.

indigène» (*tu fangfa*) peuvent et doivent efficacement remplacer les moyens scientifiques, techniques et industriels. En fait ce que nous retrouvons ici, ce sont les vieilles recettes de la guérilla menée dans l'isolement primitif des provinces intérieures, recettes qui avaient jadis assuré à Mao ses plus éclatantes victoires. Ce qu'il perd de vue, c'est que les problèmes de l'édification d'une Chine moderne dans les années 50 sont radicalement différents. Et c'est ici que le maoïsme dévoile son caractère pathétiquement *anachronique* : Mao s'accroche désespérément à son ancienne formule de lutte, la seule qu'il connaisse vraiment. Mal à l'aise et perdant pied devant l'autorité des «spécialistes» lorsque les problèmes sont posés en termes neufs, et pour lui étrangers, d'économie et de technologie, il cherche à tout prix à ramener la lutte sur le seul terrain qui lui soit familier, ce terroir paysan, théâtre de l'épopée de sa jeunesse. Il préfère freiner et bloquer l'évolution du pays plutôt que de voir celui-ci échapper à son contrôle ; non seulement il l'immobilise, mais *il le ramène délibérément en arrière.*

Le postulat du «dénuement» et de la «vacuité» (*yi kong er bai*) de la Chine, s'il pouvait s'appliquer dans une certaine mesure aux zones dans lesquelles avait opéré la guérilla communiste quarante ans auparavant, ne saurait évidemment pas rendre compte de la véritable et complexe réalité chinoise. Et le principal obstacle rencontré par le maoïsme depuis la Libération, est toujours provenu précisément de ce que la page n'était pas «blanche» : plutôt que d'adapter le maoïsme à la réalité chinoise, on forcera alors la réalité chinoise à s'adapter au maoïsme ; ainsi la seule part proprement «culturelle» de la «Révolution culturelle» consistera, nous le verrons plus loin, en un immense effort pour badigeonner, gommer et gratter sur la «page» chinoise la trace innombrable, riche et vivante des siècles, de façon que, dans le «blanc» ainsi aménagé, le président puisse enfin écrire son poème (et son épouse, trouver une scène pour installer son fameux piano).

A l'origine, cette idée de suppléer à la carence de l'équipement moderne par l'ingénieuse improvisation locale, et le recours, *faute de mieux*, à l'arsenal des «moyens du bord», partait d'une politique intelligente et réaliste ; dans les situations d'urgence, elle produisit des résultats remarquables. Les révolutionnaires s'enorgueillissent à juste titre d'être montés pieds nus à la victoire : leur dénuement ajouta une dimension supplémentaire à leur héroïsme. Tout ceci correspond à la phase positive et créatrice du maoïsme. Où le maoïsme entre dans sa phase sénile et rétrograde, c'est lorsque ces carences se voient érigées en avantages, lorsque le sous-développement se trouve présenté comme un facteur positif, lorsque l'ingénieuse solution de fortune n'est plus considérée comme un pis-aller temporaire faute de pouvoir faire mieux, mais proposée comme la solution idéale, et délibérément préférée à la solution scientifique des «experts».

Dans le « Grand Bond en avant », il s'agissait pour Mao tout à la fois de réduire et ramener la Chine à ce modèle local et archaïque qui avait servi de champ de bataille à la geste romantique de sa jeunesse, *et* de catapulter ainsi la Chine en avant de toutes les nations modernes : ce songe fantastique et contradictoire engendra la catastrophe que l'on sait. Non seulement les objectifs délirants que s'était assignés le mouvement ne furent pas atteints, mais l'économie chinoise entière fut plongée dans le chaos, l'effort de construction du pays se retrouva paralysé et brisé. Des catastrophes naturelles vinrent parachever le désastre ; la population déjà épuisée par les efforts frénétiques et stériles qu'on lui avait imposés, se mit à endurer les affres de la famine. Le crédit et le prestige que s'était acquis le Parti auprès des paysans souffrit un irréparable dommage ; l'autorité du régime se trouva directement menacée par le mécontentement et le désespoir des masses.

Au sommet de l'appareil du Parti, cette nouvelle embardée infiniment plus grave que celle des « Cent Fleurs », provoquée encore une fois par une initiative irresponsable de Mao, sema la consternation. Il fallait cette fois prendre des mesures urgentes pour sauver le régime et prévenir tout retour d'une semblable aventure.

Dès décembre 1958, lors de la conférence de Wuchang, Mao fut forcé d'abandonner son poste de chef d'État au profit de Liu Shaoqi (décision qui devint officielle en mars 1959). La conférence de Shanghai (septième session plénière du VIIIe Comité central, avril 1959) amorça un premier examen critique du « Grand Bond en avant » ; une première série d'amendements fut apportée à la conception des communes populaires. L'appareil du Parti commençait ainsi à faire peser sur Mao le poids de sa désapprobation, mais sans que ce mécontentement prenne encore la forme d'une attaque directe.

Celle-ci devait survenir aussitôt après, menée par le maréchal Peng Dehuai, et culminant dans la fameuse conférence de Lushan (juillet-août 1959).

Peng Dehuai était une formidable figure[1] : personnalité fruste, chaleu-

1. Sur Peng Dehuai on trouvera un portrait vivant et une esquisse biographique assez complète dans E. Snow, *Red Star Over China*, p. 285-305. En 1961, E. Snow dans *The Other Side of the River* prit la peine de démentir formellement que Peng eût organisé une conspiration contre Mao deux ans plus tôt et eût fait l'objet de sanctions : « The Chinese party leadership does not work that way » (p. 642) — étant bien entendu que pareils règlements de comptes ne sauraient exister dans une si admirable élite dirigeante et doivent donc être nécessairement un produit de l'imagination perverse de la presse étrangère. En fait, *deux ans plus tôt (16 août 1959) le Comité central avait précisément dénoncé Peng comme étant le chef d'une « conspiration anti-Parti »*, et malheureusement pour M. Snow, le document du Comité central qui faisait état de son crime (*Zhongguo gongchandang ba jie ba zhong quan hui guanyu yi Peng Dehuai wei shou di fandang jituan di jueyi* — « Décision de la huitième session plénière du huitième Comité central du parti communiste chinois concernant le groupe anti-Parti qui avait Peng Dehuai pour chef ») fut finalement rendu public à l'initiative même de Pékin (voir *Renmin ribao*, 16 août 1967) ! M. Snow peut à juste titre se flatter d'être l'un des observateurs étrangers le mieux informés et l'un des témoins les plus expérimentés

reuse et truculente, dont l'héroïsme et le génie militaire avaient joué un rôle décisif d'abord dans la guérilla du Hunan-Jiangxi, puis dans le succès de la Longue Marche, il jouissait auprès des masses d'un prestige légendaire presque égal à celui de Mao, cependant que sa popularité dans l'armée était à peine surpassée par celle de Zhu De. Accoutumé à partager familièrement la vie de ses soldats, toute sa formation depuis sa petite enfance s'était faite sur les grands chemins, à l'école de la vie. Dénué de toute éducation académique, les sophistications et les détours de la tactique politique lui étaient toujours restés étrangers. A la différence de tant de ses collègues qui, après la Libération, s'étaient détachés des masses pour jouir de tous les privilèges matériels d'une nouvelle classe bureaucratique, Peng avait conservé un style d'existence simple et frugal et était resté en contact direct avec la vie des milieux populaires [1] ; aussi, durant le « Grand Bond en avant », put-il mieux que les autres hauts dignitaires du régime, recueillir la plainte des paysans. Il résolut de parler pour eux, de faire entendre leur voix auprès du souverain ; pour ce faire, non seulement il se sentait fort de sa propre position dans l'appareil du régime, mais surtout il nourrissait la naïve confiance qu'entre anciens compagnons de lutte il devait toujours rester possible de conserver un franc dialogue (— « N'avons-nous pas tous mangé dans la même gamelle ? » s'écriera plus tard Zhu De, plaidant la cause de Peng devant le Comité central), il ne comprenait pas que pour Mao il ne pouvait désormais plus exister de compagnons, mais seulement des valets. (Ceci expliquera d'ailleurs l'extrême indigence de l'équipe dirigeante qui sortira de la « Révolution culturelle », équipe que Mao recrutera dans sa domesticité privée — Chen Boda —, dans le gynécée — Jiang Qing, Ye Qun —, parmi quelques généraux — Lin Biao, Huang Yongsheng — et autres policiers — Kang Sheng, Xie Fuzhi.)

En juillet 1959, à Lushan, durant les réunions préparatoires à la huitième session plénière du VIIIe Comité central, Peng fit circuler un mémorandum [2] qu'il avait adressé à Mao, mémorandum dans lequel il critiquait sans ambages la politique du « Grand Bond en avant » ; il accusait la ligne maoïste de pécher par subjectivisme et par « exaltation petite-bourgeoise » et montrait comment cette politique, dans son mépris et son ignorance des réalités objectives, faisait peser un insoutenable fardeau sur les épaules du peuple chinois.

---

du communisme chinois ; que, sur une affaire aussi importante que l'épuration de Peng Dehuai, il ait pu se fourvoyer avec une telle candeur et de façon aussi absolue, voilà qui donne à réfléchir sur la qualité de l'information occidentale concernant les problèmes chinois…

1. Durant la « Révolution culturelle », cette austérité de mœurs dont il avait toujours témoigné (et qui devenait comme un reproche pour la nouvelle classe dirigeante) lui fut imputée à crime : on y vit une manifestation supplémentaire de son « hypocrisie ». Quant aux prouesses héroïques qui avaient jalonné sa carrière, elles se retournèrent également contre lui, et devinrent autant de preuves de son « caractère opportuniste » d'« aventurier ambitieux » et de « seigneur de la guerre » !

2. On trouvera le texte de ce mémorandum en annexe, p. 195-201.

La masse croissante d'inquiétude et de mécontentement que le style de gouvernement autocratique et imprudent de Mao avait fait naître au sommet, se cristallisa derrière le manifeste de Peng, celui-ci ayant eu l'audace de crier avec une brutale franchise ce que la plupart pensaient dans leur for intérieur.

Durant la conférence de Lushan, Mao se trouva ainsi confronté à une opposition formidable : Peng disposait d'un grand crédit dans l'armée, dans le Parti et auprès des masses ; ses fonctions officielles étaient élevées : en quatorzième position dans la hiérarchie suprême du régime, membre du Bureau politique du Comité central, vice-président du Conseil des ministres, et ministre de la Défense nationale. Il avait le soutien déclaré d'autres figures considérables, telles que Huang Kecheng, membre du Comité central, vice-ministre de la Défense, chef du grand état-major, et Zhang Wentian, membre suppléant du Bureau politique et vice-ministre des Affaires étrangères, ainsi que le soutien tacite d'une majorité des membres du Comité central.

Dans cette passe critique, pour conjurer le péril le plus pressant, Mao fut acculé à quémander l'aide de son second, Liu Shaoqi, lequel tenait en main une bonne partie des fils de l'appareil bureaucratique. Liu se trouva ainsi placé dans la position privilégiée d'arbitre du conflit : il manipula la majorité et fit condamner la ligne politique de Peng, Huang et Zhang qui se trouvèrent déchargés de leurs fonctions dans le Parti et dans le gouvernement. Mais si Mao Zedong se vit ainsi épargner dans l'immédiat cette mort politique qu'aurait entraînée sa mise en minorité au sein du Comité central, le prix qu'il avait eu à payer pour se débarrasser de son opposant le plus redoutable n'en était pas moins exorbitant : le pouvoir réel était passé maintenant entre les mains de Liu Shaoqi.

Ici il nous faut aussitôt ouvrir une parenthèse pour prévenir tout malentendu, et nettement dénoncer un certain mythe liuïste qui a trouvé créance en Occident : Entre Mao Zedong et Liu Shaoqi, il serait aussi vain de chercher à découvrir les traces d'un affrontement « idéologique » ou d'une contradiction « philosophique », qu'entre, disons, de Gaulle et Pompidou. La carrière de Liu avait été celle d'un second un peu terne, mais fidèle et efficace. Les dossiers d'accusation que la « Révolution culturelle » dressera plus tard contre lui sont des falsifications si grossières qu'elles tromperaient difficilement un enfant. Ainsi par exemple on s'y sert de textes fragmentaires, privés de leur contexte (ou de propos tenus oralement, dont la source est invérifiable) pour tenter de démontrer que Liu avait jadis adopté une politique de trahison en préconisant une collaboration avec le KMT, alors qu'en réalité Liu n'avait jamais fait que *répéter docilement les instructions de Mao* : cette politique de collaboration, jugée expédiente pour des raisons tactiques fut en effet *formulée avec le plus de force par Mao lui-même* dans un célèbre opuscule (*Lun xin jieduan, De la nouvelle étape*) qui fut ultérieurement retiré de la circulation et soigneusement effacé de l'édition définitive des *Œuvres choisies de Mao Zedong*[1]. On accuse encore Liu d'avoir, après la Libération, pactisé avec les ennemis de classe, industriels capitalistes et intellectuels bourgeois. Encore une fois il ne faisait qu'appliquer la ligne politique définie par Mao lui-même[2]. On accuse Liu de connivences avec le révisionnisme soviétique, et l'on oublie que c'est *sous le règne de Liu que se consomma la rupture avec l'Union soviétique*. Cette notion d'un « révisionnisme » de Liu est un mythe fantastique, forgé de toutes pièces — et de façon fort grossière — par la propagande de la « Révolution culturelle » ; ce mythe ne saurait résister à la moindre tentative d'analyse historique. Mais comme en Occident les commentateurs de l'actualité chinoise ne se soucient guère d'analyse historique, le mythe s'est généralement accrédité, fort du simple volume sonore avec lequel les haut-parleurs de Pékin l'ont impudemment rabâché. Les observateurs les plus hostiles au régime de Pékin rejoignent d'ailleurs ici les maoïstes occidentaux dans une même crédulité : les seconds voient dans le « révisionnisme » de Liu un signe de noirceur criminelle, les premiers y découvrent soudain un indice de ses vertus libérales, et ce faisant, les uns et les autres oublient ainsi d'un coup, sous

1. Cet opuscule était constitué par le texte d'un discours que Mao avait prononcé en octobre 1938 devant la sixième session plénière du VIe Comité central. Considéré initialement comme un des ouvrages importants de Mao, A. Strong le présentait à l'époque comme l'une de ses « six grandes œuvres » ; à la veille de la Libération il fut encore réédité en fascicule indépendant par la *Xin minzhu chubanshe* (Hong Kong, 1948) ; après la Libération il fut entièrement retiré de la circulation, et les traces de son existence furent soigneusement effacées. Des huit chapitres qu'il comportait, un seul, le chapitre VII, se trouva repris dans l'édition définitive du *Mao Zedong xuanji*, mais d'une façon qui le rendait méconnaissable, ayant été soumis à de considérables remaniements et ayant vu son titre transformé en *La Place du parti communiste chinois dans la guerre nationale* (*Zhongguo gongchandang zai minzu zhanzheng zhong di diwei, Mao Zedong xuanji*, Pékin, 1952, vol. II, p. 507-524). Le texte original, aujourd'hui prohibé, parlait de Jiang Jieshi (Chiang Kai-shek) dans les termes les plus respectueux et les plus élogieux, le traitant de « leader suprême de la nation » ; il évoquait « l'avenir lumineux du KMT » et lançait des exhortations comme celles-ci : « Tous ensemble, avec une sincérité unanime, soutenons le président Chiang (*Jiang weiyuanzhang*), soutenons le gouvernement national, soutenons la collaboration du KMT et du parti communiste, opposons-nous à toutes les entreprises de l'ennemi qui seraient préjudiciables à cette collaboration du parti communiste avec le président Chiang et le gouvernement national. » Il célébrait encore « la direction unifiée du suprême leader de la nation et suprême général en chef, le président Chiang » ainsi que « la république fondée sur les trois principes du peuple »... (Sur toute cette affaire, voir Gu Xiong, « Yi ben bu yuan zai jian ren di shu », in *Ming bao yuekan*, n° 18, juin 1967.)

2. Voir par exemple le rapport de Mao Zedong devant la deuxième session du VIIe Comité central (*Mao Zedong xuanji*, vol. IV, p. 1425-1440) : « ... pendant une fort longue période après la victoire de la révolution, il faudra utiliser au maximum les aspects positifs du capitalisme privé des villes et des campagnes pour faire bénéficier le développement de l'économie nationale. Durant cette période, tous les éléments capitalistes privés des villes et des campagnes qui ne sont pas préjudiciables à l'économie nationale, mais au contraire lui sont avantageux, doivent être autorisés à survivre et à se développer... », etc. « Nous devons traiter la grande majorité des démocrates extérieurs au Parti comme nos propres cadres [...] nous devons leur donner du travail et leur confier position et autorité... », etc.

l'influence des falsifications de la « Révolution culturelle », tout ce qu'ils savaient précédemment de la personne et de l'action de Liu. Si la « Révolution culturelle » avait véritablement été une « lutte contre le révisionnisme », le groupe qu'elle aurait dû logiquement abattre était celui des Zhou Enlai et Li Xiannian (dont les positions ont été en fait renforcées à l'issue de toute cette aventure !), et personne n'aurait jamais songé à accoler les noms de Liu Shaoqi et Deng Xiaoping à ce concept de pragmatisme libéral. Depuis toujours l'équipe de Liu s'est trouvée associée au stalinisme le plus pur, le plus étroit et le plus sectaire. Par quel miracle Liu devrait-il se transformer maintenant en une sorte de Dubcek chinois ? Toute tentative sérieuse pour cerner une « philosophie » liuïste qui aurait un contenu spécifique et qui serait opposée à la pensée maoïste, est nécessairement vouée à l'échec, pour la simple raison qu'*il n'a jamais existé de philosophie liuïste*. En dehors des communications de service et allocutions diverses dans lesquelles Liu Shaoqi faisait simplement fonction de courroie de transmission pour les instructions de son maître, on ne connaît de lui qu'un seul ouvrage théorique, *Sur la formation spirituelle du communiste* (*Lun gongchandangyuan di xiuyang,* Yan'an, 1939). Ce mince opuscule rédigé dans une langue laborieuse (à l'inverse de Mao, Liu est un homme de médiocre culture et écrit fort mal) présente un contenu parfaitement quelconque ; s'il fallait absolument en déduire une ligne idéologique, tout au plus pourrait-on le caractériser comme un petit catéchisme traitant des vertus staliniennes de discipline et d'obéissance aveugle [1], ce qui est parfaitement naturel pour un ouvrage émanant de l'entourage maoïste (et devrait plutôt donner à réfléchir aux âmes candides d'Occident qui s'imaginent qu'une Chine placée sous la houlette de Liu plutôt que de Mao, s'engagerait sur les chemins fleuris du « révisionnisme » ; ils oublient seulement que la Chine *a effectivement été sous la houlette de Liu* — de 1959 à 1965 ; où furent les fleurs ?). Le catéchisme en question était d'ailleurs si parfaitement orthodoxe qu'il parut avec l'imprimatur de Mao, et, constamment

1. Cette théorie de l'obéissance aveugle fut condamnée durant la « Révolution culturelle » non dans son principe, mais en tant qu'elle émanait de Liu. A l'égard de Mao Zedong la « Révolution culturelle » recommanda précisément et littéralement l'obéissance aveugle : voir par exemple l'article de Wu Weidong dans le *Jiefang jun bao*, repris par l'agence Chine nouvelle le 30 octobre 1967 : il faut résolument obéir à la pensée du président Mao, résolument s'opposer à tout ce qui va à l'encontre de cette pensée ; il faut obéir aux instructions du président Mao *même quand on ne les comprend pas* (voir également *Da gong bao*, 1er novembre 1967). Le serment de fidélité à Mao prêté par la marine au début de décembre 1967 va dans le même sens : « Nous suivrons étroitement pas à pas, nous saisirons en profondeur, nous appliquerons phrase à phrase, nous appliquerons mot à mot chaque instruction du président Mao ; celles que nous comprenons, nous les exécutons, celles que nous ne comprenons pas, nous les exécutons résolument aussi, et dans le processus d'exécution nous en approfondissons la compréhension ; nous ferons de la pensée du président Mao la substance de notre âme, de façon qu'elle commande chacun de nos nerfs, chacun de nos gestes. » Et l'on reproche à Liu Shaoqi d'avoir voulu, par sa théorie de l'obéissance, transformer les membres du Parti en outils d'une docilité inconditionnelle…

réédité [1], *il resta pendant plus de vingt-cinq ans* une lecture de base recommandée à tous les membres du Parti, *sans que personne s'aperçût jamais qu'il s'agissait d'une «plante vénéneuse [2]»* !

Le malaise et les difficultés que la «Révolution culturelle» éprouvera en cherchant à établir un dossier à charge contre Liu, sont très symptomatiques. Les raisons réelles de son épuration ne peuvent être mentionnées, car elles ont trait à la controverse du «Grand Bond en avant», et sur ce point, l'énoncé des «crimes» de Liu risquerait trop de le rendre populaire auprès des masses. On ne peut dès lors utiliser que des prétextes d'une futilité grotesque (l'affaire du film *Un épisode secret à la cour des Qing*, voir ci-dessous), ou falsifier des événements anciens ; cette dernière tâche s'est avérée particulièrement délicate : l'établissement d'un acte d'accusation contre Liu, étayé sur des faits anciens, équivaudrait en effet à l'établissement d'un dossier à charge contre Mao, car les paroles et les actions de l'un s'étaient par le passé toujours étroitement confondues avec celles de l'autre, Liu n'ayant jamais été que le porte-parole et l'exécutant docile de Mao, et n'ayant eu d'existence politique que par la grâce de Mao. On se rappelle le fameux jugement d'un chef d'État sur son ministre : «Ayant éprouvé depuis longtemps sa valeur et son attachement, je l'ai jugé capable et digne d'occuper ces hautes fonctions [...]. Il est porté par nature à considérer le côté pratique des choses. Tout en révérant l'éclat dans l'action, le risque dans l'entreprise, l'audace dans l'autorité, il incline vers les attitudes prudentes et les démarches réservées, excellant d'ailleurs dans chaque cas à en embrasser les données et à dégager une issue. Ainsi ce néophyte du forum s'est vu soudain de mon fait et sans l'avoir cherché, investi d'une charge illimitée [....]. Ainsi couvert par le haut et étayé par le bas, mais en outre confiant en lui-même malgré sa circonspection, il se saisit des problèmes, *etc.*» Ce jugement que posait de Gaulle sur Pompidou [3], c'est dans les grandes lignes celui que Mao aurait pu porter sur Liu. Le mécanisme des rapports qui associèrent puis brouillèrent les deux couples, présente un remarquable parallélisme : dans l'un et l'autre cas, l'idéologie n'a joué aucun rôle. Il était donc exclu que le disciple usurpant la place du maître reniât la philosophie de ce dernier : c'eût été scier la branche sur laquelle il était assis. Dans les deux cas, nous voyons un esprit génial et anachronique, égocentrique, ne souffrant ni la critique ni la contradiction, artiste créateur dont les inspirations sont nourries de culture historique, ignorant les problèmes de l'«intendance», impatient et brouillon en ce qui

1. La réédition de 1962 fut même entreprise à l'initiative de Kang Sheng, ce qui jette une curieuse lumière sur la personnalité de ce champion maoïste de la «Révolution culturelle»... (voir *Xingdao ribao*, 17 août 1967 et *Ming bao*, 20 décembre 1967).

2. La pensée de Liu Shaoqi ne devait pas paraître tellement «vénéneuse» à l'origine, puisque Mao Zedong lui-même lui fit l'honneur de la citer, et que cette citation fut encore reprise dans le *Mao zhuxi yulu* de 1966 (p. 208)...

3. Ch. de Gaulle, *Mémoires d'espoir*, tome II, *L'Effort*, Paris, 1971.

regarde les trivialités techniques d'administration, d'organisation et les détails d'exécution, qui se trouve un Sancho Pança dévoué ; le zèle de ce dernier est total : ce qu'il est et tout ce qu'il possède, il le tient de son maître ; sa soumission est complète : incapable de concevoir, il ne s'occupe que d'exécuter. Mais il exécute si bien, qu'il se rend bientôt indispensable ; il finit par posséder et contrôler dans le détail cette complexe mécanique du gouvernement à laquelle son maître ne touche plus qu'avec agacement et maladresse. L'exercice quotidien de la manœuvre politique, l'expérience pratique des solutions concrètes à apporter aux problèmes immédiats, le maintiennent à ras de terre, en contact étroit avec la fluctuante réalité des hommes et des circonstances, cependant que son maître, libéré de ces tâches vulgaires, s'enferme dans son univers de vision. Survient la crise : voyant, malgré toutes ses objurgations, son maître qui va se casser le nez contre les moulins, il découvre soudain et le degré d'égarement de celui-ci et l'étendue de ses propres talents.

Que va faire Liu Shaoqi une fois installé aux commandes ? Rien surtout qui puisse porter directement atteinte à cette continuité maoïste sur laquelle se fonde son propre crédit et qui justifie la légitimité de son pouvoir (un intéressant parallèle historique de ce type d'usurpation feutrée du pouvoir à l'intérieur d'un mouvement politique, et sans en altérer la ligne idéologique générale, pourrait être fourni par l'histoire des Taiping : Yang Xiuqing, exécutant capable mais dépourvu d'une vision personnelle, finit par confiner Hong Xiuquan, le leader inspiré, génial et délirant, dans une position symbolique et isolée de prophète, cependant qu'il s'approprie lui-même la totalité du pouvoir réel ; Hong, comme Mao dans sa « Révolution culturelle », réussira ensuite une contre-attaque victorieuse, mais sa lutte pour la reprise du pouvoir se fera au prix d'une si large épuration de l'élite dirigeante du mouvement, qu'il précipitera par cette hémorragie la ruine finale de son propre régime). Ceci explique la condamnation portée officiellement contre la ligne de Peng Dehuai, ainsi que le maintien de Mao dans sa dignité de président du Comité central du Parti (dignité purement formelle, l'autorité réelle appartenant non pas au président, mais au secrétaire général — Deng Xiaoping en l'occurrence).

Mais Liu est monté au pouvoir pour résoudre de toute urgence une crise qui menace la survie même du régime. Il est mieux placé que quiconque pour savoir que la description faite par Peng des résultats catastrophiques du « Grand Bond en avant » ne relève pas de la « calomnie contre-révolutionnaire » mais constitue un diagnostic réaliste de la situation. De la tête aux pieds homme de l'appareil, Liu qui avant toute chose veut sauver le régime, doit louvoyer entre deux écueils : il faut éviter à tout prix une démaoïsation prématurée et spectaculaire (ce que l'initiative brutale et maladroite de Peng avait risqué de provoquer) qui, devant le pays, priverait le système déjà si dangereusement ébranlé, de son crédit et de son ciment ; mais il faut aussi immédiatement renverser la vapeur et sortir le pays de l'embardée démente du « Grand Bond ». Autrement dit, il faut *en fait* donner raison à Peng et neutraliser l'initiative de Mao, et *pour la forme* condamner Peng et sauvegarder le prestige de Mao. Cette double manœuvre se trouva exécutée en tous points, avec une grande habileté. La ligne politique de Peng, Huang et Zhang fut officiellement dénoncée à l'issue de la conférence de Lushan ; Peng fut obligé de s'humilier publiquement en adressant à Mao une lettre dans laquelle il confessait ses fautes et demandait humblement son pardon [1]. Mais, trait remarquable, Peng, Huang et Zhang *ne firent l'objet d'aucune sanction* ; ils furent seulement déchargés de leurs fonctions effectives dans le Parti, l'armée et le gouvernement, mais *purent par ailleurs conserver leurs titres* respectifs de membre du Bureau politique (Peng), membre suppléant du Bureau politique (Zhang) et membre du Comité central (Huang) [2]. Cette clémence qui paraît extraordinaire quand on la compare au sort réservé précédemment à la fronde de Gao Gang et Rao Shushi par exemple, et quand on considère la gravité des faits, nous donne en réalité une bonne idée du soutien que les vues de Peng avaient rencontré dans le Comité central. Dès avant la conférence de Lushan, Peng s'était d'ailleurs assuré déjà de larges appuis : c'est le 16 juin en effet que Wu Han avait publié (sous le pseudonyme de Liu Mianzhi) son retentissant article « Hai Rui semonce l'empereur », transparente parabole historique, où l'on pouvait reconnaître une image de Peng sous les traits de Hai Rui, le courageux et intègre haut fonctionnaire Ming qui osa plaider auprès de l'empereur Jiajing la cause des paysans opprimés [3]. Cet article, remarquons-le, avait paru dans rien moins que *Le Quotidien du peuple*, le moniteur officiel du régime. Autrement dit, les organes centraux du Parti, et surtout le département de la propagande qui en est l'un des points les plus névralgiques, devaient être déjà largement acquis aux vues de Peng et le soutenaient dans sa dénonciation des erreurs de Mao. Non moins remarquable, la disgrâce officielle de Peng et de ses associés immédiats n'entraîna nullement la mise au silence de leurs divers avocats : ceux-ci allaient bientôt se faire entendre à nouveau, avec une audace et une éloquence encore accrues.

---

1. On trouvera ce texte en annexe, p. 201-202.

2. Peng se retira pour un temps dans sa province natale du Hunan ; à la veille de la « Révolution culturelle » il avait retrouvé un emploi officiel, encore que d'un rang très subalterne : troisième vice-directeur du comité de construction du bureau sud-ouest du Comité central. Zhang Wentian fut recasé en 1962 comme chercheur spécial à l'institut de recherche économique de l'Académie des sciences. Huang Kecheng lui, avait effectué un rétablissement plus spectaculaire, et juste avant la « Révolution culturelle » occupait le poste de vice-gouverneur de la province du Shanxi. Dès le début de 1967, la « Révolution culturelle » les dépouilla à nouveau de leurs fonctions et les remit tous trois au pilori (cf. annexes p. 206-208 et 208-209).

3. On trouvera ce texte en annexe, p. 202-206.

La disgrâce de Peng ne représentait donc pour Mao qu'une très mince satisfaction d'amour-propre. D'autant plus mince que, simultanément, sur le terrain concret des mesures politiques, la conférence de Lushan entreprenait aussitôt d'apporter une confirmation officielle aux critiques formulées par Peng : dans son communiqué du 26 août, elle reconnut que les chiffres précédemment publiés des résultats économiques de la première année du « Grand Bond » *avaient été artificiellement gonflés de 40 à 50 %*, et en particulier que la récolte de blé n'avait été que de 250 millions de tonnes (chiffre probablement encore gonflé) au lieu des 375 millions antérieurement proclamés [1]. Revers plus grave encore pour Mao, la conférence de Lushan renversa entièrement la vapeur en ce qui regardait la poursuite du « Grand Bond » et entreprit de dépouiller de leur contenu originel les institutions neuves que ce mouvement avait voulu imposer : les « communes populaires » furent progressivement réduites à l'état de simples organes administratifs, tandis que leur fonction productrice était successivement transférée à l'échelon inférieur de la « brigade », puis à celui plus restreint encore de l'« équipe de production ». Dès le début de 1961, après la décision de la neuvième session plénière du VIIIe Comité central qui rendait officiels les amendements successifs apportés au « Grand Bond » et aux communes, il ne restait plus de l'ancienne initiative maoïste qu'un nom dépourvu désormais de tout contenu réel.

Il ne faut pas croire que Liu Shaoqi, en démantelant ainsi tout le mouvement du « Grand Bond », ait bifurqué idéologiquement et se soit engagé dans une voie « révisionniste ». Le problème, répétons-le encore une fois, n'avait rien d'idéologique, mais se présentait simplement comme une brutale alternative de vie ou de mort pour le régime : il fallait de toute urgence adopter toutes les mesures concrètes, quelles qu'elles fussent, propres à redresser la situation économique et à réactiver la production des denrées agricoles de base, de façon à nourrir une population que des privations excessives avaient acculée au désespoir.

Mais ce coup de barre sauveur à lui seul n'était pas suffisant ; pour Liu Shaoqi, il fallait encore consolider la position de force qu'il s'était acquise, et surtout prévenir définitivement tout danger de récidive dans l'« improvisation lyrique » de la part de Mao Zedong. Ce dernier devait donc se trouver progressivement confiné dans le rôle d'une sorte de vieux totem universellement encensé, mais parfaitement impuissant dans son immobilité de bois. Que cette mise à la retraite lui ait été très efficacement imposée, la « Révolution culturelle » encore une fois, nous en a apporté des preuves : Deng Xiaoping dans la confession de ses « crimes » qui lui fut extorquée durant la « Révolution culturelle » n'a-t-il pas reconnu que durant toutes ces dernières années il avait tranché direc-

1. S. Schram, *Mao Tse-tung*, Harmondsworth, 1966, p. 299.

tement de toutes les affaires du Parti sans plus jamais en référer à Mao [1] ? Et Mao lui-même, dans une remarquable allocution de 1967 [2] évoqua rétrospectivement cet état d'isolement et d'impuissance auquel on l'avait réduit, rappelant qu'à cette époque *il ne pouvait même plus faire publier dans la presse officielle de Pékin des articles défendant ses positions, tant et si bien qu'il dut finalement se rabattre sur un journal de Shanghai* (le *Wenhui bao*) *pour faire paraître (10 novembre 1965) le fameux article de Yao Wenyuan* qui devait allumer — mais avec que de peine, de ruses et de détours ! — la bombe à retardement de la « Révolution culturelle ». Du reste, tout l'historique des préparatifs et des premiers pas de la « Révolution culturelle », que nous esquisserons plus loin, illustre à suffisance les extraordinaires difficultés rencontrées par Mao dans les débuts de son entreprise de reconquête du pouvoir, et montre donc combien réel avait été son éloignement forcé des années 1959-1965.

Pour plus de sécurité, Liu Shaoqi entreprit de renforcer sa propre équipe : ainsi par exemple il fit entrer Lu Dingyi et Luo Ruiqing au secrétariat du Comité central. En même temps il finit par reprendre directement à son compte les critiques que Peng avait formulées contre le « Grand Bond », déclarant en janvier 1962 devant une session de travail élargie du VIIIe Comité central (dite « conférence des Sept Mille ») : « Le "Grand Bond" a été lancé trop hâtivement et manquait d'équilibre. Trois années de "Grand Bond" exigeront peut-être ensuite huit ou dix ans d'efforts pour rétablir l'ordre : à ce train, le jeu ne valait pas la chandelle. [...] Les communes populaires étaient une initiative prématurée. [...] Les hauts fourneaux de campagne ne se sont soldés que par du vent. [...] Les difficultés présentes dans le domaine économique et financier sont graves. [...] Le gaspillage d'énergie a été trop grand ; même en sept ou huit ans, il sera difficile de revenir à la normale [...] [3]. »

Depuis la fin de l'année 1959 jusqu'à la fin de l'année 1962, les autorités du Parti pour consolider leur normalisation, colmater les brèches ouvertes par le « Grand Bond » et conjurer tout risque d'un retour offensif des délirantes improvisations maoïstes, n'hésitèrent pas à enrôler la collaboration des intellectuels. Un équivoque « dégel » régna durant ces trois années, *équivoque* car il était le fruit d'une rencontre toute temporaire d'intérêts qui à long terme restaient irréconciliables : si pour les intellectuels la libre recherche de la vérité, la dénonciation de la tyrannie et du mensonge constituent une mission d'un caractère absolu et permanent, pour l'équipe qui détenait le pouvoir, il ne s'agissait de mobiliser ces voix qu'à une fin tactique, limitée, concrète et particulière :

1. Cité dans un éditorial du *Ming bao*, 18 août 1967.
2. Texte reproduit par le *Ming bao* du 5 juillet 1968, voir ci-dessous, « Chronique de la "Révolution culturelle" ».
3. *Jinggangshan bao* (organe des gardes rouges de l'université Qinghua), 18 avril 1967, reproduit in *Ming bao* 17-30 juillet 1967 ; voir également version anglaise in *Survey of China Mainland Press*, n° 3946 et *Current Background*, n° 834.

d'une part jeter un discrédit définitif sur la ligne politique autocratique et subjective de Mao Zedong, et d'autre part remettre en marche l'activité scientifique et universitaire paralysée par le « Grand Bond », de façon à pourvoir de nouveau le pays en « experts », ces experts dont le développement moderne de la Chine avait tant besoin, et dont Mao avait si follement cru pouvoir se dispenser. Il serait donc tout à fait erroné de déduire, redisons-le sans nous lasser, qu'un Liu Shaoqi ait pu nourrir un véritable désir de « libéraliser » l'activité intellectuelle : pareil désir cadrerait fort peu avec toute sa carrière de strict stalinien, et correspondrait plus mal encore au tempérament et au style de bureaucrates dogmatiques et sectaires comme Lu Dingyi et Zhou Yang que Liu avait confirmés dans leur poste de dictateurs des arts et des lettres. Dès que ces buts tactiques eurent été atteints, c'est-à-dire dès la fin de 1962, l'administration de Liu Shaoqi ne se fit d'ailleurs nul scrupule de remettre leur muselière aux intellectuels et les renvoyer dans leur niche. Mais les voix que ceux-ci avaient fait entendre entre-temps n'allaient pas être oubliées de sitôt.

Laissons de côté les discussions de théorie philosophique et littéraire, de même que les travaux universitaires dans le domaine des études classiques, histoire, littérature, philologie, beaux-arts, archéologie, etc. (l'étonnante floraison qui surgit durant cette courte trêve fait rêver : quel pourrait devenir le rayonnement de la Chine contemporaine dans la culture mondiale, si son potentiel d'intelligence, de savoir et de talent trouvait enfin son libre et plein emploi !), ces domaines ne relevant pas de notre présente enquête, pour jeter un coup d'œil sur les œuvres à caractère directement politique et polémique. Deux personnalités se signalent principalement à l'attention, et par leur talent et par leur audace : Wu Han et Deng Tuo. Il n'est peut-être pas excessif de dire que, pour les historiens futurs qui se pencheront sur cette période de la tyrannie bureaucratique, des hommes tels que Wu Han et surtout Deng Tuo apparaîtront comme ceux qui, dans ces années honteuses, auront véritablement sauvé l'honneur et la dignité des intellectuels chinois. Le prix qu'ils durent finalement payer fut lourd. Ils le savaient d'avance, mais ils ne voulurent pas se dérober à leur mission. Ainsi Deng Tuo qui prenait pour modèle moral les lettrés du Donglin (un groupe d'intellectuels qui entreprirent à la fin des Ming, au risque des pires supplices, de faire la critique politique d'un régime impérial corrompu) prévoyait son propre destin en écrivant ces vers :

> Ne croyez pas que les hommes de plume ne
> [s'entendent qu'à de vains bavardages ;
> Sous la hache du bourreau, ils savent montrer
> [qu'ils ont le sang bien rouge [1] !

1. *Hymne au lac Taihu*, in *Guangming ribao*, 7 septembre 1960.

Sur la lancée de son court article de 1959, « Hai Rui semonce l'empereur », Wu Han composa en 1960 un livret d'opéra (opéra classique de Pékin) *La Destitution de Hai Rui*. La figure historique de Hai Rui (1515-1587) démis de ses fonctions sur ordre de l'empereur, parce qu'il avait pris fait et cause pour le paysannat opprimé, sert encore une fois de prête-nom à Peng Dehuai, et la pièce se présente en fait comme un plaidoyer pour la réhabilitation de celui-ci. Ce recours à l'apologue historique pour critiquer le présent est une tradition chinoise aussi antique que l'historiographie elle-même (déjà la *Chronique des printemps et des automnes* attribuée à Confucius, était interprétée par les glossateurs anciens comme un véritable langage codé recélant sous chaque mot de cinglants jugements de morale politique) et à travers les siècles d'autocratie et de censure impériales, les lettrés chinois n'ont guère disposé que de ce seul mode d'expression allusif pour braver l'orthodoxie et faire entendre leurs libres opinions.

Cette forme de l'apologue, arme traditionnelle des polémistes chinois, fut utilisée avec une dextérité et une verve supérieures dans les écrits politiques de Deng Tuo. Depuis le début de 1961 jusqu'en septembre 1962, Deng Tuo publia dans divers journaux de Pékin (*Beijing ribao*, *Beijing wanbao*, *Guangming ribao* et le périodique *Qianxian*) une série de courts articles qui, sous le couvert de fables morales, anecdotes historiques tantôt graves, tantôt humoristiques, commentaires littéraires et artistiques, récits divers, présentaient une critique dévastatrice du maoïsme. Dans le large éventail de questions traitées par ces articles, se dégagent quelques grands thèmes :

Plaidoyer pour la réhabilitation de Peng Dehuai, sous la forme de portraits de diverses figures historiques qui, dans leurs tentatives pour alléger les souffrances du peuple, avaient encouru le déplaisir du souverain [1] ;

Attaques contre la personne et le style de Mao : son goût des slogans creux, sa tendance à substituer le verbe à la réalité, sa soif de gloire personnelle, sa vanité, son intolérance à la critique, son manque de réalisme, son incapacité à prendre l'avis des gens compétents, son entêtement aveugle ; Mao n'est qu'un faux grand homme, un « Zhuge Liang pleurnichard » ; c'est un « amnésique » qui oublie ses propres promesses et renie sa parole ; il devrait de toute urgence « se taire et prendre du repos » sous peine de voir son déséquilibre psychologique tourner à la « folie furieuse [2] » ;

---

1. Voir par exemple « Plaidoyer pour Li Sancai » (*Beijing wanbao*, 29 mars 1962). « A propos de Li Shan et de ses peintures » (*Guangming ribao*, 14 février 1961), « Zheng Banqiao et son style » (*Guangming ribao*, 21 novembre 1963), « Mi l'aîné et Mi le jeune » (*Beijing wanbao*, 9 novembre 1961).

2. Voir par exemple « Anecdotes à propos de hâbleries » (*Beijing wanbao*, 11 juin 1961), « Trois sortes de Zhuge Liang » (*Beijing wanbao*, 1er mars 1962), « Traitement spécial de l'amnésie » (*Qianxian*, nº 14, 1962), « Les grandioses paroles creuses » (*Qianxian*, nº 21, 1961), « Étudier plus et critiquer moins » (*Beijing wanbao*, 24 août 1961).

Critique de la ligne politique maoïste : Mao avec sa ligne politique subjective et arbitraire ressemble aux empereurs d'antan entourés de leur petit cercle d'eunuques corrompus ; sa politique est élaborée sans aucune considération pour les suggestions venues de la base ; elle ignore et méprise l'opinion des masses. Mao, manquant de connaissances spécialisées et d'expérience pratique, poursuit des chimères irréalisables ; il substitue la ruse à l'intelligence véritable, il pratique un despotisme fondé sur la violence et la coercition au mépris des principes de morale politique et de morale sociale [1] ;

Critique du « Grand Bond en avant » : celui-ci s'est effectué sans considération pour les limites naturelles des forces humaines, et a imposé un fardeau trop lourd aux paysans ; il constitua une politique du style « Perrette-et-le-pot-au-lait » : en rêvant de multiplier fantastiquement un modeste capital de départ, il n'aboutit qu'à l'anéantissement de ce capital ; l'illusion s'y substituait à la réalité comme base de départ ; la substitution irréaliste du « facteur moral » aux conditions matérielles objectives, amena toute l'entreprise à se briser contre le mur des réalités [2] ;

Dans l'ordre positif, Deng Tuo rappelle aux intellectuels leurs responsabilités et leur mission : ils doivent être des redresseurs de torts, comme les chevaliers errants d'antan, ils doivent crier la vérité et « opposer une indomptable résistance à la tyrannie des méchants », fût-ce au risque de leur vie ; ils doivent rester attentifs à l'univers qui les entoure, et se sentir constamment concernés par la politique ; leurs études et leur enseignement doivent déboucher sur un engagement politique ; dans leurs écrits, qu'ils apprennent à faire flèche de tout bois pour faire entendre directement ou indirectement leur vérité [3].

A côté de ces attaques publiques, commença un secret travail de sape d'une nature encore plus grave et plus audacieuse, destiné à détruire définitivement l'existence politique de Mao. Il s'agit de la fameuse « affaire du Changguanlou » dont la « Révolution culturelle » révéla pour la première fois les détails [4]. Sous l'égide de Peng Zhen (maire de Pékin,

1. « Peut-on s'appuyer sur la ruse ? » (*Beijing wanbao*, 22 février 1962), « Étudier plus et critiquer moins » (cité ci-dessus), « La voie royale et la voie despotique » (*Beijing wanbao*, 25 février 1962).

2. « Deux fables étrangères » (*Beijing wanbao*, 26 novembre 1961), « L'art de ménager les ressources humaines » (*Beijing wanbao*, 30 avril 1961), « Une fortune bâtie sur un œuf » (*Beijing wanbao*, 16 juin 1961).

3. « Que toute chose nous concerne » (*Beijing wanbao*, 8 novembre 1961), « La création poétique selon Jia Dao » (*Beijing wanbao*, 18 juin 1961), « Hymne au lac Taihu » (*Guangming ribao*, 7 septembre 1960), « La mort de Lin Baishui » (*Beijing wanbao*, 26 août 1962), « Caricatures anciennes » (*Beijing wanbao*, 2 novembre 1961).

4. « Les tenants et aboutissants de l'affaire contre-révolutionnaire du Changguanlou — dévoilons avec colère les abominables agissements criminels du groupe putschiste contre-révolutionnaire de l'ex-comité de la municipalité de Pékin. » (*Dongfang hong*, organe des gardes rouges de l'institut des mines de Pékin, 20 avril 1967 ; reproduit in Ding Wang, *Deng Tuo xuanji, Zhonggong wenhua da geming ziliao huibian*, vol. II, Hong Kong, 1969, p. 548-566.)

secrétaire général du comité du Parti de la municipalité de Pékin, membre du Bureau politique et secrétaire du secrétariat du VIIIe Comité central), un petit groupe de travail se réunit au Changguanlou, dans un parc de l'ouest de Pékin, à partir de novembre 1961, pour procéder de façon secrète à un minutieux réexamen critique de la politique maoïste des dernières années, examen principalement centré sur le « Grand Bond en avant ». D'une part en recueillant les conclusions d'enquêtes menées dans les campagnes, et d'autre part en analysant les documents des organes centraux du Parti, il s'agissait de *compiler un dossier sur les erreurs de Mao* ; Deng Tuo se trouva chargé par Peng Zhen de l'organisation de ce dossier.

Mao, déjà écarté des leviers de commande, risquait donc de se voir infliger de son vivant même, le sort qui fut réservé à Staline après sa mort. Finalement ce dernier pas ne fut toutefois pas franchi. Le dossier ne fut pas utilisé à cette fameuse « conférence des Sept Mille » (janvier 1962) en vue de laquelle il avait été préparé. Devant cette assemblée, Liu Shaoqi se contenta de stigmatiser la faillite du « Grand Bond » sans transformer sa critique en un procès public de la personne même de Mao. Comme nous l'avons déjà remarqué plus haut, Liu étant par excellence un homme de l'appareil, dut craindre qu'un tel procès n'ébranlât le système tout entier, et en premier lieu ne mît en péril sa propre position : tout son crédit politique lui venait uniquement de sa qualité de bras droit et d'héritier de Mao, toute attaque dirigée contre ce dernier risquait nécessairement de l'atteindre lui-même par ricochet. Qu'il ait pu y avoir une divergence entre l'attitude extrême de Peng et la prudence de Liu nous est d'ailleurs suggéré par la différence frappante entre le sort implacable que la « Révolution culturelle » réserva à Peng et les relatifs ménagements dont elle usa envers Liu[1].

Un autre facteur entravait l'entreprise de démaoïsation : même dépouillé du pouvoir direct, Mao conservait un prestige considérable, et pouvait encore compter sur certaines fidélités non négligeables : au cours de la « conférence des Sept Mille » de janvier 1962, deux avocats se levèrent pour défendre Mao contre les critiques émanant de l'appareil : *Lin Biao* et *Zhou Enlai*[2]. Quelques années plus tard, la « Révolution culturelle » devait d'ailleurs les récompenser l'un et l'autre de n'avoir point abandonné Mao dans cette passe difficile ; en particulier cette fidélité personnelle manifestée alors par Zhou peut expliquer dans une large mesure l'étonnante immunité avec laquelle celui-ci réussit ensuite à traverser les plus dangereuses péripéties de la « Révolution culturelle ».

Mao, loin de se résigner à cette retraite qu'on lui avait imposée, entreprit dès la première heure de mettre discrètement en place les divers

1. Ces relatifs ménagements ne durèrent pas. Liu mourut en prison, dans des conditions atroces qui ne nous furent révélées que bien des années plus tard. (Note de 1989.)

2. Sur cette intervention de Lin et Zhou, voir source citée ci-dessus, note 4, p. 34.

jalons qui, par un itinéraire long et détourné, allaient lui permettre d'effectuer son victorieux retour au pouvoir. La confrontation directe qui, à Lushan, avait opposé Peng Dehuai et Mao Zedong, avait abouti, on l'a vu, à une défaite réciproque : Peng se trouvant formellement condamné et démis de ses fonctions, Mao perdant le pouvoir réel, cependant que Liu, tierce partie et arbitre du conflit, recueillait tout l'avantage. Peng n'était toutefois pas entièrement vaincu puisque, dans les années suivantes, il allait voir le Parti ratifier en fait les critiques qu'il avait formulées, cependant qu'un mouvement d'opinion de plus en plus éloquent se dessinait en faveur de sa réhabilitation officielle. Mais Mao en abandonnant le pouvoir n'avait pas tout perdu non plus ; il s'était au préalable conservé une tête de pont au sommet : Lin Biao. En obtenant de faire nommer Lin Biao au poste de ministre de la Défense (à la place de Peng Dehuai), Mao s'était assuré un atout majeur, gage de son retour futur au pouvoir. Sans doute les adversaires de Mao sous-estimèrent-ils à l'époque les effets que cette promotion de Lin Biao allait entraîner à longue échéance ; comme de médiocres joueurs d'échecs en face d'un tacticien supérieur, tout obsédés par la chance d'un avantage majeur dans l'immédiat — la neutralisation de Mao — ils prêtèrent insuffisamment attention à ce mouvement d'un pion d'apparence si quelconque, mouvement qui, en dernière analyse, allait faire tourner toute la configuration du jeu et finalement précipiter leur propre chute.

Lin Biao, personnage chétif et secret, de médiocre culture, dépourvu de prestance et d'éloquence, d'une nervosité extrême et d'un aspect terne et timide, mais doué d'autre part d'une intense capacité de travail, de concentration et de calcul, était un militaire de profession qui, dans les bornes de son métier, s'était acquis la réputation d'un stratège exceptionnellement compétent. Dans l'armée, il s'était constitué un réseau de fidélités solides, mais assez étroitement limité à ses anciens subordonnés (IVe armée) ; pour le reste, il pouvait difficilement rivaliser en prestige avec des personnalités plus affirmées comme celles de Peng Dehuai ou He Long[1]. Son influence dans le Parti était presque nulle. Mais sous un dehors souffreteux et effacé, il était animé d'une ambition dévorante, dont il ne devait finalement donner la pleine mesure que plus tard, durant la « Révolution culturelle ». Une vieille rivalité l'opposait à Peng Dehuai ; cet aîné trop prestigieux se tenait depuis longtemps en travers de son avancement. En 1954, dans le nouveau cabinet de Zhou Enlai, le poste de ministre de la Défense pour lequel Lin nourrissait déjà des prétentions, fut attribué à Peng. En avril 1955, après une énigmatique éclipse de la vie publique qui dura un an et, ayant coïncidé avec la purge

1. Lin Biao ne réussit guère à faire impression, même sur les témoins les plus favorablement disposés ; en 1961, E. Snow le décrivait, par comparaison avec Peng Dehuai, comme « a more compliant and less colorful figure » (E. Snow, *The Other Side of the River*, rééd. Londres, 1963, p. 642).

de Gao Gang, reste une page très ambiguë de sa carrière [1], Lin réintègre le Bureau politique, où il figure en douzième position de la hiérarchie, immédiatement après Peng. A partir de ce moment son ascension s'accélère : en 1956, après la VIIIe Assemblée du Parti, Lin monte en septième position dans le nouveau Bureau politique, cependant que Peng rétrograde en quatorzième position. Le VIIIe Comité central avait quatre vice-présidents (Liu Shaoqi, Zhou Enlai, Zhu De et Chen Yun) ; au printemps 1958, Lin Biao qui s'était distingué l'année précédente dans la campagne de rectification contre la droite, est fait cinquième vice-président. En 1959, l'affaire Peng Dehuai va définitivement souder les intérêts respectifs de Mao et de Lin ; se voyant offrir cette chance d'éliminer son vieux rival, Lin Biao va se distinguer comme le principal animateur de l'épuration de Peng : la disgrâce de ce dernier sera prononcée à l'issue d'une conférence élargie de la Commission militaire du Comité central, *conférence présidée par Lin Biao* (août 1959 [2]). En récompense de ses efforts, Lin se voit alors attribuer les dépouilles de sa victime : il devient ministre de la Défense à la place de Peng (17 septembre 1959).

Sitôt installé dans cette nouvelle position, il va s'appliquer à forger pour Mao l'outil qui, quelques années plus tard, permettra à celui-ci de mener à bien son coup d'État contre le Parti : une armée idéologiquement réorganisée qui sera capable, aux heures décisives de la « Révolution culturelle », de *se substituer* à cet appareil du Parti sur lequel Mao avait perdu tout contrôle. En fonctions depuis douze jours à peine, il publie un article, « Marchons de l'avant à grands pas en brandissant haut l'étendard rouge de la ligne générale du Parti et de la pensée militaire de Mao Zedong ». Pour Lin Biao maintenant les jeux sont faits : il a une fois pour toutes misé son avenir politique sur la carte Mao Zedong, dont il va s'afficher inconditionnellement le serviteur, le défenseur, le thuriféraire et le prophète. Les expériences que Mao se voit dorénavant empêché de poursuivre dans le Parti et de réaliser à l'échelle du pays entier, vont maintenant, par le truchement de Lin Biao, être tentées à l'échelle réduite de l'armée ; on applique à l'intérieur de celle-ci, en vase clos, cette « philosophie » du « Grand Bond » et des communes, par ailleurs battue en brèche, dénoncée et abandonnée à l'extérieur : substitution de la vertu révolutionnaire au professionnalisme expert, primauté du facteur spirituel

1. Gao Gang, à l'instigation de Beria semble-t-il, avait entrepris en 1951-1953 de jeter en Mandchourie les bases d'un « fief indépendant ». Il fut épuré en février 1954. Lin Biao qui fut en association étroite avec Gao Gang durant la campagne de Mandchourie (1947), fit de longs séjours en URSS (1939-1942, 1951-1953) et jouissait de la faveur de Staline. Immédiatement après l'épuration de Gao Gang, *Lin Biao disparut de la scène politique pendant un an* (mars 1954-mars 1955) (voir Huang Zhenxia, *Zhonggong junren zhi*, Hong Kong, 1968, p. 207-218). Telles sont les pièces de ce puzzle ambigu.

2. *Renmin ribao*, 17 août 1967 ; voir également *China News Analysis*, n° 685, 17 novembre 1967.

sur le facteur matériel et technique, retour aux principes archaïques de la guérilla paysanne. Dans les années 1960-1962, Lin Biao s'emploie à développer les milices populaires et implante la base idéologique de la « guerre populaire ». Il lance successivement le mouvement des « trois-huit » (*san ba zuofeng*[1], mai 1960), des « quatre primautés[2] » (*si ge di yi*, octobre 1960) et organise les compagnies d'élite *si hao liandui* : le sens profond de ces diverses initiatives ne se découvrira qu'au moment de la « Révolution culturelle », lorsque le Parti s'étant désintégré, les organisations de masse seront obligées de se calquer sur ces modèles militaires soigneusement préétablis ; quant aux « compagnies d'élite », elles serviront de prototype aux fameux « détachements de soutien à la gauche » (*Zhi zuo budui*), ces détachements d'élite qui seront « parachutés » aux quatre coins du pays durant la « Révolution culturelle » pour écraser les initiatives révolutionnaires locales, briser les grèves, imposer l'ordre dans les écoles et les usines, encadrer la jeunesse rebelle dans des bataillons disciplinaires, protéger le mandarinat local, exercer les pouvoirs de police et assurer le fonctionnement des industries et des chemins de fer[3]. Enfin, en janvier 1962, comme nous l'avons déjà indiqué plus haut, il prend publiquement la défense de la ligne maoïste critiquée par Liu Shaoqi lors de la « conférence des Sept Mille ».

Durant tout ce premier acte de la nouvelle carrière politique de Lin Biao se distinguent déjà les deux traits fondamentaux qui caractériseront plus tard son ascension dans la « Révolution culturelle » : une ambition jalouse qui ne souffre le voisinage d'aucun rival (ceci comptera pour beaucoup dans les coupes sévères des épurations de la « Révolution culturelle » et sera largement responsable de l'extrême médiocrité de la nouvelle équipe dirigeante : Lin Biao ne peut tolérer autour de lui que des comparses ou des figures falotes, toute personnalité d'envergure présentant pour lui une menace), une flatterie sans vergogne et sans limite à l'égard de Mao : l'unique capital politique de Lin qui est par ailleurs incapable de concevoir ou de formuler une pensée personnelle, sera de se poser comme le confesseur privilégié de la Révélation maoïste : il n'est de vérité que maoïste, *et Lin en est l'unique prophète* (à un moment de la « Révolution culturelle » on verra s'esquisser d'ailleurs une tentative audacieuse, et quelque peu prématurée, de la part de Lin

1. *San ba zuofeng*, le « style des trois-huit », s'inspirant d'une instruction de Mao formée de *trois principes* (1. orientation politique résolue et correcte ; 2. style de travail âpre et austère ; 3. tactique souple et mobile) et de quatre termes en *huit caractères* (union, intensité, sérieux, vivacité).

2. Les « quatre primautés » formulées par Lin Biao sont : la primauté du facteur humain sur le facteur armement ; la primauté du travail politique sur les autres travaux ; dans le travail politique, la primauté de la tâche idéologique sur les autres ; dans la tâche idéologique, la primauté de la pensée vivante sur la pensée livresque.

3. Ceci dans le cadre des « trois soutiens et deux militaires » (*san zhi liang jun*), c'est-à-dire soutien à la gauche, soutien aux ouvriers, soutien aux paysans ; administration militaire, éducation militaire.

pour porter le dieu aux nues *et l'y confiner* tandis que le prophète s'occuperait, lui, de prendre personnellement en charge les affaires d'ici-bas ; mais Mao Zedong mit rapidement le holà ! à cette tentative d'éviction par le haut).

Le 10 novembre 1965, le quotidien *Wenhui bao* de Shanghai publiait l'article de Yao Wenyuan « Critique de la récente pièce historique *La Destitution de Hai Rui* ». Cet article devait marquer le coup d'envoi de ce qui allait ultérieurement être appelé la « Révolution culturelle ».

Cette étincelle qui déclencha la formidable réaction en chaîne à la faveur de laquelle Mao Zedong devait réussir son coup d'État contre le Parti et parvenir à reprendre le pouvoir, ne jaillit pas du néant comme un accident fortuit. Elle avait été préparée et entourée par un lent et laborieux travail de sape, et précédée par plusieurs autres tentatives de mise à feu qui, elles, étaient restées infructueuses, ayant été à chaque coup éventées et désamorcées par les hommes du pouvoir.

Examinons d'abord l'histoire de ces tentatives manquées qui jalonnèrent la période 1960-1965.

Dans les années 1960-1962, la destinée politique de Mao atteignit le point le plus bas de sa courbe ; il n'est pas exclu d'ailleurs que le revers essuyé à Lushan ne se soit aggravé pour lui d'un effondrement physique, l'un ayant pu provoquer l'autre [1]. Mais dès septembre 1962 (dixième session plénière du VIIIe Comité central), il semble sortir de son accablement et ressaisir ses énergies. En sa qualité honorifique de président du Parti, à défaut de pouvoir, il lui reste une tribune ; s'il est réduit à l'impuissance, il n'est du moins pas encore réduit au silence. Le seul prestige de son verbe sera-t-il un levier suffisant pour renverser la situation en sa faveur ? L'histoire des années 1962-1965 illustre l'étroite limite de son influence : les hommes qui détiennent le pouvoir le laissent lancer dans le vide les appels les plus incendiaires, tranquillement assurés qu'en fin de compte les mesures d'exécution resteront toujours de leur seul ressort. A chaque coup, l'application des diverses initiatives politiques lancées par Mao sera placée sous la supervision et abandonnée au contrôle de ses adversaires qui en neutraliseront sans peine le potentiel explosif.

En septembre 1962, Mao redescend donc dans l'arène en prenant la parole devant la dixième session plénière du VIIIe Comité central. Dans son discours, il aborde trois thèmes dont les intentions profondes se comprendront mieux dans la lumière rétrospective de la « Révolution

---

1. Des rumeurs incontrôlables ont fréquemment rapporté que Mao à Lushan se voyant soudain mis dans la position d'un accusé, s'emporta si violemment qu'il fut frappé d'une défaillance physique. Le texte de l'allocution qu'il improvisa le 23 juillet 1959 est en tout cas d'une incohérence saisissante (voir Ding Wang, *Peng Dehuai wenti zhuanji, Zhonggong wenhua da geming ziliao huibian*, vol. III, Hong Kong, 1969, p. 19-25).

culturelle », mais dont à l'époque les germes subversifs se verront rapidement étouffés par l'appareil. Il traite premièrement du problème de la jeunesse dont il faut assurer la formation révolutionnaire sous peine de voir un jour la Chine changer de couleur ; deuxièmement, du problème des campagnes où l'immobilisme des cadres et l'instinct de propriété des paysans compromettent le développement du socialisme ; troisièmement, du problème de la culture, laquelle est monopolisée par des intellectuels qui, réfractaires à l'idéal socialiste, anesthésient l'opinion pour préparer une restauration capitaliste. Ces trois mèches devaient toutes mener au baril de poudre « Révolution culturelle », mais à peine Mao les avait-il allumées, que les hommes de l'appareil s'arrangeront pour les éteindre. Toutefois, profitant de ce que le thème culturel était d'importance relativement mineure, Mao réussira à tromper la vigilance du pouvoir pour réattiser soudain ce dernier brandon et déclencher enfin l'explosion (qui sera alors baptisée « culturelle » précisément à cause de son prétexte initial ; elle aurait aussi bien été appelée « révolution de la jeunesse » ou « révolution des campagnes », si l'un ou l'autre de ces premiers essais avait pu aboutir).

De ces tentatives menées sur trois terrains différents, la première fut le plus rapidement rendue inoffensive : aucune chance ne fut laissée à Mao de soulever la jeunesse. L'initiative maoïste, manipulée par une bureaucratie experte fut convertie en une dose de chloroforme administrée tout au long de l'année 1963 avec les fameuses campagnes d'émulation des héros modèles, Lei Feng et autres. Quant au système d'éducation, il ne fut amendé que d'une façon purement formelle, et dans l'enseignement on continua en fait à encourager la prépondérance de l'« expert » sur le « rouge ». Le second thème, lui, avant d'aboutir au même avortement final, fut beaucoup plus riche en péripéties et rebondissements. C'est sur lui incontestablement que Mao avait fondé ses plus grands espoirs. Il donna naissance dans les années 1963-1965 au fameux *mouvement d'éducation socialiste dans les campagnes* qui fut rien moins qu'une première « Révolution culturelle » manquée (dans la suite, la « Révolution culturelle » devait d'ailleurs reconnaître officiellement le rôle de précurseur que ce mouvement avait joué pour elle[1]). L'histoire du *mouvement d'éducation socialiste dans les campagnes* illustre de façon exemplaire la contradiction entre Mao et l'appareil : dans ce conflit entre l'inspiration et l'exécution, c'est la seconde qui a toujours le dernier mot, déviant, sabotant et neutralisant toutes les tentatives de relance amorcées par la première. Le mouvement ne parvenant pas à décoller, Mao tente de lui imprimer un élan plus virulent avec la campagne des « quatre nettoyages » : il s'agit en théorie d'organiser des associations de paysans pauvres et moyens-inférieurs, et d'utiliser ces associations comme un

1. Voir « Brandissons haut le grandiose étendard rouge de la pensée de Mao Zedong », éditorial du *Jiefang jun bao*, 18 avril 1966.

instrument pour purger les cadres locaux. Cette idée maoïste d'agiter la base contre l'appareil s'oppose aux intérêts du Parti qui entend maintenir la base sous l'étroit contrôle de l'appareil. Mais les « dix articles » qui définissaient cette conception maoïste du mouvement, sont bientôt suivis d'une seconde série de « dix articles » dictés par les hommes au pouvoir, et qui annulent pratiquement l'effet des premiers en rendant la priorité aux impératifs économiques de production et en consolidant l'autorité de l'appareil. En 1964, les « associations de paysans pauvres et moyens-inférieurs » se trouvent entièrement replacées sous le contrôle des comités du Parti à l'échelon de la préfecture. Les paysans ne seront plus « soulevés » que sous la stricte supervision des autorités.

Devant ce sabotage de son entreprise, Mao contre-attaque en janvier 1965, en édictant les « vingt-trois articles ». Cet extraordinaire document contenait déjà en germe toute la « Révolution culturelle » : il constatait en effet « l'existence d'une lutte de classes aiguë, les ennemis du socialisme cherchant à profiter d'une "évolution pacifique" pour restaurer le capitalisme ; cette lutte de classes *se réfléchit dans le Parti où divers leviers de commande ont été corrompus ou usurpés* » (article premier). « Il s'agit de rectifier et épurer ceux qui, *détenant l'autorité dans le Parti*, ont pris la route capitaliste — certains d'entre eux *étant très haut placés et ayant sous le masque, changé leur nature véritable* » (article 2). Il faut audacieusement soulever les masses, leur passer la main et ne pas vouloir les contrôler d'en haut (article 5). Sur la question des cadres, « là où le pouvoir est détenu par des cadres qui se sont rendus coupables de fautes graves, *il faudra s'emparer du pouvoir de vive force* ; en cas de nécessité, si les milices locales ne sont pas sûres, il faudra les désarmer et *donner leurs armes aux paysans pauvres et moyens-inférieurs* » (article 9). On le voit : toutes les données de la « Révolution culturelle » étaient déjà rassemblées dans ce premier programme : on y trouve en effet cette idée centrale que le Parti lui-même est gangrené *jusqu'à la tête*, et qu'il devra, dans la personne de certains de ses responsables les plus élevés, constituer la cible du mouvement ; le principe de la *prise du pouvoir* menée par la violence s'il le faut et effectuée au détriment des autorités du Parti par des masses qui sont elles-mêmes en dehors du Parti, est clairement énoncé. Tous les objectifs et méthodes de la « Révolution culturelle » se trouvaient donc déjà définis ; et l'on remarquera au passage qu'il n'était nullement question de « culture » dans tout ceci, l'idée originelle de Mao ayant été d'amorcer son coup d'État à partir du terrain qui lui était le plus familier : les campagnes. Si au contraire la véritable « Révolution culturelle » prit finalement le prétexte culturel comme point de départ et revêtit la forme d'un mouvement essentiellement urbain, c'est qu'elle ne constitua en fait qu'une solution de rechange après l'avortement du mouvement paysan initialement envisagé par Mao.

A première vue, il peut paraître surprenant que Liu Shaoqi et ses associés n'aient à l'époque pas su déchiffrer leur *mane-thecel-phares* qui s'étalait ainsi dans ces « vingt-trois articles ». En réalité, ils n'auraient guère eu de raisons d'inquiétude : loin de constituer une fragile petite clique d'usurpateurs, ils représentaient une force majoritaire et disposaient d'un contrôle complet sur les organes du Parti et du gouvernement : en face de leur pouvoir, Mao n'incarnait plus guère qu'une opposition impuissante et isolée. Comment auraient-ils pu prendre au sérieux les menaces que contenaient ces initiatives maoïstes puisque, en dernière analyse, la mise à exécution de celles-ci dépendait toujours entièrement de leur autorité ? Et dans l'immédiat l'expérience montra d'ailleurs que cette confiance qu'ils avaient dans leur propre pouvoir n'était pas exagérée : avec toute leur charge de dynamite, les « vingt-trois articles » firent long feu, les masses paysannes étroitement tenues par le Parti ne manifestèrent aucune velléité de « soulèvement », et il fallut attendre les révélations apportées par la « Révolution culturelle » pour entrevoir rétrospectivement quel genre d'explosion avait alors été évité.

En fin de compte, c'est donc le dernier des trois thèmes mentionnés plus haut — le problème culturel — qui fournira à Mao l'occasion favorable pour mettre en branle tout le mécanisme de son coup d'État. Mais sur ce terrain culturel, la progression de Mao encore une fois commença par rencontrer de nombreuses traverses et manqua souvent de s'enliser. Dans son discours de septembre 1962, Mao avait ouvert le feu en direction des écrivains et des artistes qui prenaient prétexte de leur activité créatrice pour se livrer à des manœuvres « anti-Parti », et ménager dans l'opinion un climat favorable à la « restauration du capitalisme ».

Cette première déclaration de guerre fut suivie en 1963 de campagnes dirigées contre divers intellectuels, artistes et littérateurs. Ces campagnes dans l'ensemble manquèrent de mordant et ne parvinrent pas à prendre un véritable élan. En 1964 et 1965 les critiques dirigées d'une part contre le philosophe et théoricien marxiste Yang Xianzhen sur la question de la « synthèse des contraires » et d'autre part contre le romancier et critique Shao Quanlin sur sa théorie littéraire des « personnages ambigus » tournèrent au pur byzantinisme, les autorités ayant réussi à confiner la discussion dans le cadre d'une querelle purement académique, sans lui laisser la chance d'engendrer les développements proprement politiques qu'avait souhaités Mao.

Mao cependant s'efforçait désespérément de donner de l'aiguillon : en juin 1964, dans son allocution prononcée devant un congrès de la Fédération panchinoise des écrivains et artistes, il dénonça encore une fois les intellectuels comme étant les plus dangereux fauteurs du révisionnisme en Chine. Simultanément Mme Mao (Jiang Qing), sortant pour la première fois des coulisses où elle avait été si longtemps reléguée [1], tâchait dans le domaine spécifique du théâtre de seconder l'offensive culturelle de son mari. Son entreprise de réforme de l'opéra sera elle aussi célébrée rétrospectivement comme une des premières amorces de la « Révolution culturelle ». En attendant, cette tentative d'« opéra révolutionnaire » fut sabotée par les autorités responsables, depuis le niveau ministériel jusqu'à l'échelon des acteurs. Le fiasco rencontré par cette entreprise de réforme de l'opéra fut un camouflet pour Mao lui-même, et encore une fois illustre l'état d'impuissance auquel il se trouvait réduit. Le discours prononcé par Mme Mao en juillet 1964 sur la réforme de l'opéra (*Tan jingju geming*) n'obtint même pas les honneurs de la publication, et dut attendre jusqu'en 1967 pour se voir enfin réexhumer à son de trompes par la « Révolution culturelle ». (Mme Mao n'oubliera pas ces affronts que lui avaient fait subir les personnalités du monde culturel, cinématographique et théâtral : aux jours de la « Révolution culturelle », pas une n'échappera à sa vengeance.)

Mais cependant que Mao voyait ainsi ses diverses initiatives successivement traduites en mouvements purement formels qui les vidaient de leur contenu et désamorçaient leur potentiel subversif, sur un autre terrain, celui de l'armée, il préparait et consolidait en sous-main, par l'intermédiaire de Lin Biao, ce qui allait devenir le véritable levier de son coup d'État.

Nous avons déjà esquissé plus haut, en décrivant le rôle de Lin Biao dans les années 1960-1962, la façon dont l'armée fut progressivement préparée à son futur rôle d'intervention politique, comme substitut du Parti. Cette préparation se poursuivit intensivement dans les années 1963-1965. Les campagnes d'émulation de Lei Feng (1963), tout insipides qu'elles furent, imposèrent du moins à l'opinion cette notion neuve que les militaires pouvaient présenter un modèle *politique* dont la portée dépassait le cadre particulier de l'armée et devait devenir susceptible d'application universelle. Plus explicitement encore, dès le début de 1964, une campagne nouvelle fut lancée, invitant l'ensemble de la population à étudier et imiter l'exemple politique de l'armée. Ce type de préparation psychologique permettra au moment de la « Révolution culturelle » de présenter l'armée comme la source de la doctrine correcte et la détentrice légitime de l'autorité politique en lieu et place du Parti renversé. Simultanément, cette même année vit la mise en place progressive dans le secteur gouvernemental et administratif d'un réseau de « départements de travail politique » *calqué sur le système des commissaires politiques de l'armée*, et fonctionnant indépendamment de la hiérarchie normale des bureaux du Parti [2] ; ces réseaux dont la fonction

---

1. Sur Mme Mao, *alias* Jiang Qing, on se reportera aux notices biographiques en fin de volume.
2. Voir Ch. Neuhauser, « The Chinese Communist Party in the 1960's : Prelude to the Cultural Revolution », in *China Quarterly*, octobre-décembre 1967, n° 32.

était purement politique allaient jouer le rôle d'un appareil maoïste parallèle à l'appareil régulier. Ce réseau politique fut animé par une *injection massive de cadres militaires* : dès le début de 1965, plus de deux cent mille de ces cadres s'étaient ainsi trouvés parachutés dans le civil [1]. Également en 1965, on voit des officiers de l'armée venir occuper des postes dans le domaine de la propagande — normalement un secteur clef et une chasse jalousement gardée du Parti [2]. Dans le domaine de l'industrie et des finances où il sera vital de maintenir un certain niveau d'activité normale une fois que le coup d'État aura plongé le pays dans le chaos, dès 1965 des précautions sont prises pour assurer une future prise en charge par l'armée : des officiers sont installés à des postes de responsabilité normalement réservés à des civils, cependant qu'un certain nombre de cadres civils sont envoyés dans des instituts militaires pour y être soumis à des sessions d'éducation [3].

A ce point, les deux mouvements parallèlement menés par Mao — d'une part ses interventions publiques dans le domaine culturel, apparemment vouées à l'impuissance ; et d'autre part sa patiente et occulte mise en place de réseaux parallèles, prélude à un coup d'État militaire —, vont bientôt pouvoir se rejoindre et se refermer en tenaille.

Les événements se précipitent et prennent un tour décisif en automne 1965 : en septembre, au cours d'une réunion du Comité central, Mao prononce un discours pour dénoncer encore une fois le mode de pensée bourgeois. Bien que dans la suite la « Révolution culturelle » fera dater son impulsion initiale de ce discours, sur le moment même il parut d'abord voué au même sort que tous les autres appels antérieurement lancés par le vieux prophète du milieu de son désert. Les termes du discours semblent d'ailleurs manquer de feu ; sans doute une forte opposition se sera-t-elle une fois de plus levée dans le Comité central contre cette intempestive relance de la « lutte des classes ». Le mois suivant, un éditorial du *Hong qi* (« Adoptons la vision prolétarienne du monde pour bâtir notre monde nouveau »), sous prétexte de développer le thème maoïste de la critique du monde ancien, entreprend en fait de le dépouiller de son caractère offensif, en insistant sur le fait que la lutte contre la vision traditionnelle du monde sera longue et devra donc être menée de façon nuancée et patiente, en évitant tout excès.

Une fois de plus, Mao allait-il voir s'évanouir ses chances de déclencher l'offensive qu'il préparait depuis si longtemps ? On aurait pu le croire, quand, le 10 novembre 1965, éclata soudain la première bombe qui devait précipiter l'explosion en chaîne de la « Révolution culturelle » : le quotidien *Wenhui bao* de Shanghai publie un article dû à un

1. *Renmin ribao*, 18 mai 1965, cité *in* B. Bridgham, « Mao's Cultural Revolution : Origins and Development », in *China Quarterly*, janvier-mars 1967, n° 29.
2. J. Gittings, *The Role of the Chinese Army*, Oxford, 1967, p. 256, cité par Neuhauser.
3. *Da gong bao*, 27 mars 1965, cité par Neuhauser.

scribe encore obscur, du nom de Yao Wenyuan, et intitulé « Critique de la récente pièce historique *La Destitution de Hai Rui* » (*Ping xin bian lishi ju « Hai Rui ba guan »*).

Pour le lecteur non initié, l'article en question n'offrait guère que l'aspect d'une de ces laborieuses dissertations cousues de clichés et de slogans, comme la presse officielle en produit des milliers. De plus, le sujet manquait singulièrement d'actualité : la pièce de Wu Han prise à partie par cet article ne datait-elle pas de quatre années déjà ? La majeure part de l'article développait d'ailleurs une discussion d'ordre historique, délibérément à côté de la question (que l'on imagine une critique des *Fables* de La Fontaine qui se fonderait sur la zoologie, ou une réfutation des *Voyages de Gulliver* entreprise au nom de la géographie). Les véritables implications politiques du *Hai Rui* ne sont abordées que de façon indirecte et enveloppée, mais pour aboutir à une conclusion fort explicite : « … nous estimons que la pièce *La Destitution de Hai Rui* loin d'être une fleur parfumée, est en fait une herbe vénéneuse. » Quant aux initiés, eux, cette lecture les foudroya de saisissement : Wu Han était vice-maire de Pékin ; il avait publié sa pièce sous la caution générale des organes du Parti et sous celle personnelle de Peng Zhen. Et le voici maintenant attaqué publiquement et par surprise, en dehors de toute délibération préalable au sein de l'appareil, sans emprunter les voies normales des organes officiels de propagande, sur la seule initiative d'un quotidien officieux de province ! Que pouvait-il donc y avoir derrière cette impensable audace qui frisait la sédition ? La première réaction des milieux officiels de Pékin fut de prendre directement contact avec le comité du Parti de Shanghai pour lui demander en termes comminatoires : « Qu'y a-t-il derrière votre décision de publier l'article de Yao Wenyuan ? Pourquoi ne nous en avez-vous pas prévenus ? Et votre esprit de Parti [1] ? »

Ce qu'il y avait derrière le défi séditieux de Shanghai, Pékin devait bientôt le découvrir : Mao Zedong réduit à l'impuissance dans la capitale, s'était replié sur Shanghai qu'il avait progressivement réussi à convertir en un bastion politique à sa dévotion. Plus grave, moins de trois semaines plus tard (29 novembre), l'organe officiel de l'armée, le *Jiefang jun bao*, apportait sa caution aux attaques lancées contre Wu Han. Et Lin Biao qui venait de publier (septembre) son opuscule *Vive la victoire de la guerre populaire* en défense et illustration des principes maoïstes et en réfutation des conceptions techniciennes de la guerre préconisées par He Long et Luo Ruiqing, continue de presser la maoïsation de l'armée en promulguant en décembre ses « cinq instructions » sur la « prééminence du politique » (*tuchu zhengzhi*).

1. Qi Benyu, « Ping "Qianxian" "Beijing ribao" di zichanjieji fandong lichang » (« Critique de la position bourgeoise du *Qianxian* et du *Beijing ribao* »), *Hong qi*, nº 7, 11 mars 1966.

Commençant à entrevoir que cette fois l'opposition organisée par Mao dispose de forces réelles, Pékin décide de louvoyer pour un temps, mais sans encore s'inquiéter outre mesure, les hommes du pouvoir restant confiants que, comme par le passé, le plus sûr moyen pour désarmer Mao sera d'éviter un affrontement ouvert ; il suffira de donner formellement satisfaction à Mao en organisant une purge des milieux culturels ; cette purge sera soigneusement orientée et contrôlée par les organes directeurs du Parti qui pourront facilement s'arranger pour maintenir toute l'affaire dans les limites d'une inoffensive comédie.

Comédie n'est pas un terme excessif : en janvier 1966, le Comité central établit un groupe restreint de cinq membres pour superviser cette épuration culturelle (qui à ce moment dans les communications intérieures du Parti s'appelle déjà « Révolution culturelle ») : l'individu placé à la tête de cette commission exécutive *n'est autre que Peng Zhen* — autrement dit, la tâche d'instruction du dossier de l'accusation est *confiée à la discrétion du principal accusé* (puisque, à travers Wu Han et ensuite Deng Tuo, c'était Peng Zhen que visaient les maoïstes) !

Or c'est précisément à ce tournant-là que Mao, le tacticien incomparable, attendait ses adversaires. Trop sûrs d'avoir le plein contrôle de la situation, aveuglés par une excessive confiance dans leur pouvoir, ceux-ci vont donner tête baissée dans le piège qui leur avait été patiemment tendu. La prudence aurait dû suggérer à Peng de désavouer ses protégés et de les livrer à l'épuration pour sauver sa propre position. Ayant tout l'appareil du Parti derrière lui, il crut au contraire pouvoir contre-attaquer : le 7 février 1966, il adresse au Comité central un *schéma* [1] sur le travail du groupe des Cinq. Ce schéma était un texte d'une insolente habileté : il commence par rappeler les propos jadis tenus par Mao lui-même en 1957 au moment des « Cent Fleurs », sur la nécessité d'une « large ouverture » et d'une « expression de toutes les différentes sortes d'opinions, incluant même celles qui sont non marxistes » ; il suggère de ne développer le mouvement de rectification qu'avec lenteur et prudence, « les problèmes d'ordre culturel étant complexes et ne pouvant être circonscrits en un clin d'œil ». Le principe directeur doit être « la recherche de la vérité à partir des faits, et l'égalité de tout un chacun devant la vérité ». Il lance en passant un trait féroce en direction de Mao : « Nous ne devons pas nous comporter comme ces tyrans intellectuels qui agissent toujours de façon arbitraire et recourent à la force pour emporter

1. *Wenhua geming wu ren xiaozu guanyu dangqian xueshu taolun di huibao tigang* (Schéma de rapport sur la présente discussion académique, par le groupe des Cinq de la Révolution culturelle), en abrégé *er yue tigang* (schéma de février). Voir *Zhonggong zhongyang wenjian huibian (guanyu Wenhua da geming)* 1966-1967/*CCP Documents of the Great Proletarian Cultural Revolution*, Hong Kong, 1968, p. 3-12. Ce schéma soumis le 7 février 1966 au Comité central fut ratifié pour diffusion à l'intérieur du Parti le 12 février, puis abrogé le 16 mai par une circulaire du Comité central (*wu yi liu tongzhi*, la circulaire du 16 mai).

l'adhésion des autres ; nous devons encourager le maintien de la vérité, et rester toujours prêts à corriger nos fautes. » L'idée centrale du *schéma* est que le problème posé par les œuvres de Wu Han relève avant tout des études historiques ; *il faut donc détourner la discussion du terrain politique, et la ramener dans la sphère universitaire et académique où elle pourra être analysée à loisir* (pour ce qui est de la mauvaise foi, Peng Zhen rend ici à Yao Wenyuan la monnaie de sa pièce) et si, au terme de cette discussion, les opinions continuent à différer, il faudra réserver le jugement et remettre la conclusion à plus tard. Une fois de plus les hommes de l'appareil allaient-ils réussir à manipuler les aiguillages pour envoyer le mouvement maoïste sur la voie de garage ? Tout pouvait le donner à croire : ne détenaient-ils pas la majorité au sein du Comité central ? Et en effet quelques jours plus tard (12 février), le *schéma* était approuvé par le Comité central.

Mais Peng Zhen abusa impudemment de son avantage : il autorisa la presse de Pékin à prendre la défense de Wu Han et à contre-attaquer Yao Wenyuan. Ce faisant, il se mit à découvert ; au moment où le vent tournera, nul ne voudra ni n'osera plus venir à sa rescousse.

Trois mois plus tard ce même Comité central qui avait ratifié le *schéma, l'abrogeait*, et accompagnait cette abrogation d'une circulaire (la fameuse « circulaire du 16-Mai », *wu-yi-liu tongzhi* [1]) ouvrant les écluses de la grande purge dont Peng allait être la première victime.

Que s'était-il donc passé entre la ratification du schéma (12 février) et sa dénonciation, le 16 mai ? Entre-temps la véritable « Révolution culturelle » avait pris son essor public et irréversible. Comment, dans l'espace de ces trois mois, Mao réussit à renverser l'équilibre des forces pour frayer sa percée, est une histoire dont l'armée détient la clef. Si le détail de ce coup d'État militaire est encore obscur, les grandes lignes nous en sont cependant déjà connues. Lin Biao, on l'a décrit plus haut, avait depuis plusieurs années préparé l'armée en vue d'une intervention directe sur la scène politique. Il lui restait à surmonter un obstacle considérable : son emprise sur l'armée n'était pas totale ; elle était avant tout contrée au sommet par un personnage d'une considérable puissance : Luo Ruiqing, le chef de l'état-major général, soutenu lui-même par He Long, lequel avait depuis 1961 la haute main sur toutes les activités de la Commission militaire du Comité central. Cet obstacle fut finalement éliminé au début de 1966 : Luo fut arrêté sous un prétexte obscur (complot contre l'État) en février ou mars (soumis à des séances d'autocritique, il tenta de se suicider le 18 mars en sautant par la fenêtre d'un

1. Document mentionné à la fin de la note précédente : *Zhongguo gongchandang zhongyang weiyuanhui tongzhi* (« circulaire du Comité central du parti communiste chinois », en abrégé *wu yi liu tongzhi* ; « circulaire du 16 mai »). Datée du 16 mai 1966 et destinée initialement au seul usage intérieur du Parti, elle fut portée à la connaissance générale du public un an plus tard (*Renmin ribao*, 17 mai 1967).

étage, mais ne réussit qu'à se briser les jambes [1]). Luo fut ainsi la toute première victime de la « Révolution culturelle » ; son épuration exécutée en coulisses ne fut portée que bien plus tard à la connaissance du public (ce n'est qu'en décembre 1966, les 21 et 24, qu'il fut traîné devant un meeting de masse à Pékin : on voit ce qu'il en fut de l'« initiative spontanée » des « masses » maoïstes, le gibier lui était présenté abattu et troussé d'avance).

Cette opération secrète laissait dorénavant la voie libre à Lin Biao. Avec le concours de Yang Chengwu (premier vice-dirigeant de l'état-major général) qui fit faire mouvement aux troupes de la région militaire de Chine du Nord, et la collusion de Fu Chongbi (commandant en second de la région militaire de Pékin) Lin Biao va pouvoir s'assurer le contrôle militaire de la ville de Pékin [2].

Lin Biao ayant ainsi disposé ses troupes derrière la scène, la « Révolution culturelle » peut commencer. Le soin d'annoncer officiellement son lancement revient comme de juste *à l'armée* : c'est en effet le *Jiefang jun bao* (*Journal de l'Armée de libération*) qui publie l'un après l'autre les deux articles marquant le commencement du mouvement : « Brandissons haut le grandiose étendard rouge de la pensée de Mao Zedong, participons activement à la grande révolution culturelle socialiste » (éditorial du 18 avril) et « N'oublions jamais la lutte des classes » (éditorial du 4 mai).

Dans ce contexte, la répudiation par le Comité central de ce même *schéma* de Peng Zhen qu'il avait approuvé trois mois plus tôt, s'explique aisément. Après les troupes de Lin Biao, Mao se rallie avec la personne de Kang Sheng et de Xie Fuzhi les services de la police et des dispositifs secrets de la Sécurité. Peng Zhen se retrouve seul, nul maintenant n'a

1. La date exacte à laquelle Luo fut arrêté reste incertaine. La seule certitude chronologique que nous ayons porte sur la date de sa tentative de suicide (18 mars 1966) survenue après son arrestation ; cette dernière date est en effet attestée par un document du Comité central : *Zhonggong zhongyang pizhuan zhongyang gongzuo xiaozu guanyu Luo Ruiqing cuowu wenti baogao* (note du Comité central pour la transmission du rapport du groupe de travail du Comité central concernant le problème des erreurs de Luo Ruiqing), 16 mai 1966 (voir *Zhonggong zhongyang wenjian huibian*, p. 29).

2. Yang Chengwu et Fu Chongbi furent récompensés de cette action décisive qui remit Mao en selle : le premier fut mis à la tête de l'état-major général et le second fut promu commandant de la région militaire de Pékin. Mais leur moment de gloire ne dura guère : en 1968 ils se retrouvèrent l'un et l'autre impitoyablement éliminés sous une obscure accusation de complot… en vue d'un coup d'État ! Dans l'incroyable valse éclair des promotions et des épurations de la « Révolution culturelle », non seulement on chercherait vainement à voir une expression de la « volonté spontanée des masses » — celles-ci sont chaque fois mises devant le fait accompli et jouent le rôle du chœur ou de la claque, sans avoir aucun pouvoir de décision sur l'événement et sans même qu'on se donne la peine après coup de leur en révéler les tenants et aboutissants —, mais on n'y pourrait même pas déchiffrer une cohérence idéologique : les quilles sont utilisées pour se culbuter les unes les autres en succession ; les seuls impératifs tactiques des influences à se concilier ou à neutraliser, et du pouvoir à contrôler, le jeu mouvant des marchandages, des alliances, des compromis et des rivalités personnelles commandent tous les mouvements de cet étrange ballet.

plus l'audace de se compromettre pour venir à son secours ; il tombe en juin, et la culbute de cette première quille entraîne aussitôt celle de Lu Dingyi, le chef de la propagande. La grande hécatombe commence, plus rien ne pourra colmater cette brèche ouverte par Mao, brèche qui va s'agrandir avec une rapidité vertigineuse pour tout engloutir.

Devant cette situation, que font les hommes au pouvoir, Liu Shaoqi, Deng Xiaoping et tout leur appareil ? Ils se rendent compte que le vaste ébranlement maintenant déclenché ne pourra plus arrêter son élan, mais ils persistent à croire qu'ils sauront en contrôler eux-mêmes l'orientation, et dans une certaine mesure en limiter les proportions. Dans cette volonté de contrôle des événements à partir du sommet, ils délèguent sur le terrain des « groupes de travail » qui se trouvent naturellement amenés à réprimer la « révolution » — et ce faisant vont arrêter leur propre condamnation, de la même façon que Peng Zhen s'était dénoncé lui-même par la rédaction de son *schéma*. Ils s'illusionnent et croient que, la part du feu une fois faite (les Peng Zhen, Lu Dingyi, Zhou Yang sont définitivement sacrifiés) l'incendie ne saurait guère monter plus haut. Cette illusion était fort compréhensible : une extension de la purge jusqu'au sommet de l'appareil constituait une hypothèse *impensable*, puisqu'elle aurait entraîné la destruction du Parti et le sabordage du régime. Or c'est ici que leur logique fut prise en défaut : Mao précisément *fit l'impensable*, et coinça ses adversaires à revers en détruisant le Parti et en sabordant le régime. Lui qui, lors du « Grand Bond en avant » avait déjà montré qu'il était prêt à sacrifier les intérêts de la Chine à ceux du régime, montrera lors de la « Révolution culturelle » qu'il était prêt à sacrifier les intérêts du régime à ceux de son pouvoir personnel.

Le coup d'État militaire assurait les maoïstes du contrôle de Pékin ; mais l'appareil disposait encore du vaste réseau des provinces. Celui-ci va toutefois se trouver aussitôt entamé par un coup de maître de Mao qui réussit à appâter Tao Zhu hors de sa puissante citadelle de Chine méridionale en lui offrant à Pékin la direction de la propagande et une vertigineuse promotion en quatrième position de la nouvelle hiérarchie ; Tao qui aurait pu faire de ses provinces méridionales une inexpugnable base de résistance, succombe à la tentation ; il monte à Pékin en juillet 1966. L'ayant ainsi détaché de sa base, ce sera un jeu pour Mao de l'abattre quelques mois plus tard. Liu et Deng avaient cru qu'il leur suffirait de se délester des Peng Zhen et Lu Dingyi pour sauver leur position ; Tao Zhu s'était imaginé qu'il lui suffirait de trahir Liu et Deng pour s'assurer d'un superbe avancement ; Yang Chengwu et Fu Chongbi croiront avoir bien mérité du nouveau pouvoir en lui ayant ouvert par les armes sa percée initiale ; Wang Li, Qi Benyu et les gardes rouges, confiants en la parole de Mao Zedong, se dévoueront en première ligne de sa « révolution » ; tous, les uns après les autres, collègues et rivaux, traîtres et trahis, victimes et bourreaux, amis et ennemis, ils se retrouveront finalement rejetés dans les ténèbres extérieures, n'ayant pas compris que dans cette loterie où tous les dés étaient pipés il ne pouvait y avoir qu'un seul gagnant, et que celui-ci avait été désigné à l'avance : Lin Biao. Où est-il encore question de « culture » et de « révolution » dans ces sombres règlements de compte qui se jouent aux détours des couloirs du palais ? Dans l'ivresse de sa toute première victoire, la faction maoïste a d'ailleurs un instant laissé tomber le masque et avoué elle-même que toute la machine de la « Révolution culturelle » n'avait été *qu'un piège ingénieux* pour abattre la série d'individus qui détenait le pouvoir : après la chute de Peng Zhen et de ses acolytes, le *Hong qi* écrivait : « La pleine révélation de leur nature révisionniste requérait un certain laps de temps et l'aménagement d'un certain climat favorable. Même un serpent venimeux ne sort de son trou qu'à la faveur de certaines circonstances climatiques. Au moment où ces serpents venimeux sortirent de leur trou, ils furent capturés par le président Mao [...]. » (*Hong qi,* n° 9, juillet 1966.)

Disposant donc des forces de la garnison de Pékin pour contrôler le siège du pouvoir, Mao se sent enfin de taille à convoquer une session plénière du Comité central (onzième session du VIIIe Comité central, 1er-12 août 1966), la première convoquée depuis 1962. A Pékin même, le coup d'État a déjà irrévocablement scellé le sort des hommes de l'appareil : en ce sens, la « Révolution culturelle » est finie avant que d'avoir vraiment commencé. Le gigantesque problème qui va occuper Mao pendant les trois années suivantes sera celui de la prise du pouvoir dans les provinces, la résorption des innombrables et puissantes poches de résistance locale. La discipline et la force de cohésion du Parti étaient trop grandes pour permettre au sein de cet organisme monolithique de soulever la base contre le sommet. L'ensemble du Parti étant sinon resté activement fidèle à Liu Shaoqi, du moins demeuré hostile et délibérément passif devant les injonctions de « soulèvement », son réseau rigide qui couvrait tout le pays empêchait celui-ci de répondre à l'appel de Pékin. Il devenait donc nécessaire d'improviser d'urgence, simultanément et en tous lieux, une force nouvelle capable de reproduire à l'échelle locale le coup opéré dans la capitale. L'armée qui avait permis à Mao de s'emparer du pouvoir à Pékin, ne pouvait se voir confier la même tâche en province : les troupes dont Lin Biao pouvait attendre une fidélité inconditionnelle n'étaient pas encore en nombre suffisant pour permettre d'envisager une action simultanée dans toutes les parties du pays. Au sein de l'armée, ne l'oublions pas, subsistaient de puissants groupes dont les fidélités se polarisaient autour de chefs comme He Long et Luo Ruiqing, groupes largement imperméables à l'influence de Lin Biao, et disposant dans plusieurs régions militaires d'une base territoriale susceptible de se transformer en camp retranché sourd aux ordres de Pékin. A ce moment il aurait donc été périlleux de confier la tâche de la prise de pouvoir provincial aux garnisons locales ; dans plusieurs régions militaires, ceci aurait démesurément accru le pouvoir de certains commandants dont Mao et Lin n'étaient précisément pas sûrs, et aurait joué à l'avantage des hommes de l'appareil en les pourvoyant de bastions autonomes. Pour un temps, il fallait donc confiner l'armée dans une position de témoin neutre. Le bélier dont Mao allait se servir pour démanteler l'appareil du Parti fut donc constitué par les « masses révolutionnaires », et au premier rang de celles-ci, par la jeunesse. La façon dont Mao mobilisa et utilisa les gardes rouges est très semblable à celle dont l'impératrice douairière Cixi manœuvra les Boxers : il détourna contre ses ennemis une masse de mécontentement populaire qui avait été produite par *son propre régime*, et qui, plus lucide, aurait dû normalement se tourner contre lui-même. Les gardes rouges tout comme jadis les Boxers, étaient mus par un élan patriotique et un dynamisme révolutionnaire puissants et authentiques, mais ils étaient également dépourvus d'expérience politique et de cadres éduqués et informés. Leur mysticisme naïf et primitif se prêtait à toutes les manipulations d'un vieux politicien expérimenté qui, son objectif une fois atteint, n'eut ensuite aucun scrupule à se débarrasser de ces innocents auxiliaires. Le despotisme bureaucratique établi par Mao avait depuis longtemps engendré dans la jeunesse une insatisfaction et une frustration qui approchaient de leur point d'explosion. Il suffit à Mao de dénoncer ses adversaires personnels comme étant les seuls fauteurs d'un système dont lui-même était en réalité le premier auteur, et puis à ouvrir sur eux les vannes de la colère populaire, pour les balayer d'un coup. Mais quand la vague aura accompli son œuvre, revenant sur elle-même, elle s'apercevra qu'elle n'avait rien accompli du tout : elle avait bien noyé tous les pantins, mais le maître de marionnettes, toujours le même, était resté au sec sur la digue, et déjà il refermait les portes de l'écluse. La conscience d'avoir été joués viendra finalement aux gardes rouges, mais elle viendra trop tard : à ce moment-là, leur rôle était terminé, Mao pourra les abandonner à la répression militaire, et remettre en place une collection de mandarins identiques à leurs prédécesseurs.

Mais en attendant, en 1966, les illusions de cette jeunesse sont encore intactes, et c'est dans l'enthousiasme qu'elle saisit la liberté inouïe que lui offre la fameuse charte en seize points de la « Révolution culturelle », promulguée le 8 août par la onzième session plénière du VIIIe Comité central. Aux termes de ce document, les masses se voient octroyer le droit de dénoncer et renverser les autorités du Parti qui les opprimaient : durant toute la seconde moitié du mois d'août jusqu'à la mi-septembre, la Chine explose en proie à sa jeunesse.

Partout dans les provinces, les gardes rouges mettent les autorités locales en accusation ; mais celles-ci se défendent en organisant leurs propres gardes rouges : la confusion est bientôt totale.

Le chaos joue un temps en faveur des autorités locales qui profitent du désordre pour largement s'affranchir de Pékin. Devant cette situation, Pékin cherche à regrouper ses forces et à reprendre les gardes rouges en main : un commandement unifié est imposé à ceux-ci pour coordonner leurs activités ; leurs groupements sont dotés d'« instructeurs » militaires, de façon à convertir le mouvement en une dépendance de l'armée. Zhou Enlai à la mi-septembre lance un avertissement aux gardes rouges : leur fonction est de renverser les individus qu'on leur désignera, et non de mettre en question le système. Pékin va dorénavant s'efforcer de téléguider les gardes rouges mais avec un succès très inégal.

Dès 1967, des composantes nouvelles se dessinent : Pékin, qui n'exerce plus qu'un contrôle incertain sur les provinces, va se trouver écartelé entre des impératifs contradictoires : presser le mouvement des prises de pouvoir au risque de plonger le pays dans l'anarchie et la guerre civile, ou rétablir l'ordre en réinstallant ces autorités locales que le coup d'État s'était proposé d'éliminer ; maintenir l'armée en marge du conflit, au risque de piétiner dans le chaos, ou laisser intervenir l'armée, quitte à voir démesurément croître le pouvoir de commandants régionaux hostiles aux maoïstes.

Nous allons maintenant, avec la chronique des années 1967-1969, qui occupe la seconde partie suivre cette évolution en entrant de plain-pied dans l'aveugle mêlée de l'actualité.

CHRONIQUE DE LA « RÉVOLUTION CULTURELLE » (FÉVRIER 1967-OCTOBRE 1969)

> En Chine depuis l'Antiquité, la plupart des individus doués d'une puissante ambition ont rêvé d'être empereurs. […] Ce type d'ambitieux s'est retrouvé à tous les âges de l'histoire sans interruption. Au moment où je commençais à prêcher la Révolution, parmi ceux qui se rallièrent à cette idée, au départ six ou sept sur dix nourrissaient ce genre de rêves impériaux. Mais en répandant l'idéal révolutionnaire, notre objectif n'était pas seulement de renverser la dynastie mandchoue, mais bien d'instaurer la république. Aussi progressivement nous réussîmes à débarrasser la plupart de ces individus de leurs ambitions impériales. Parmi eux toutefois il en resta l'un ou l'autre qui treize ans encore après la fondation de la République, n'avaient toujours pas renoncé à cette vieille ambition de devenir empereur, et c'est précisément pour cette raison que même dans les rangs du parti révolutionnaire il y eut constamment des gens qui s'entr'égorgèrent […]. Si tout le monde conserve cette mentalité impériale, on en arrive à ce que les camarades se combattent mutuellement, et puis à ce que la population entière du pays se divise contre elle-même. Avec ces interminables luttes fratricides répandues dans le pays entier, le peuple se trouve accablé de calamités sans fin. […] Ainsi dans l'histoire de Chine d'âge en âge on s'est toujours battu pour le trône impérial, et toutes les périodes d'anarchie que traversa successivement le pays prirent leur source dans cette lutte pour le trône. Les pays étrangers ont fait des guerres de religion ou se sont battus pour la liberté ; en Chine depuis quelques milliers d'années on s'est perpétuellement battu pour cette seule question : devenir empereur.
>
> Sun Yat-sen,
> (*San min zhuyi*, Minquan zhuyi, I).

1967

Février-mars

L'expérience de Shanghai en janvier était supposée offrir un modèle d'action que la « Révolution culturelle » aurait à suivre dans le reste du pays. En fait les déboires et les derniers rebondissements de l'expérience shanghaïenne ont fourni le prototype des problèmes que la « Révolution culturelle » est en train de rencontrer partout. Rappelons brièvement les faits.

En novembre 1966, les activistes maoïstes de Shanghai s'étaient groupés en un organisme appelé « Quartier général des rebelles-révolutionnaires ouvriers de Shanghai ».

En opposition avec ce premier groupe, s'était aussitôt formée une puissante ligue baptisée « Quartier général des unités de défense rouge ouvrière pour la défense de la pensée de Mao Zedong ». Cette ligue, qui ne comptait pas moins de 780 000 adhérents, se trouvait en fait animée par le comité du Parti de la municipalité de Shanghai, et avait pour but de protéger celui-ci contre les entreprises des « rebelles » maoïstes.

Le 3 janvier, les « rebelles » maoïstes réussissaient à s'emparer des bureaux du quotidien *Wenhui bao*, et le 5 à prendre d'assaut le *Jiefang ribao* (*Libération*, un autre journal quotidien de Shanghai). Ceci fut officiellement salué par Pékin comme une grande victoire révolutionnaire, et le pays entier fut invité à imiter l'exemple de cette « révolution de janvier ». Ces cris de victoire étaient prématurés. Pékin avait mal jugé la situation locale ainsi que le rapport des forces en présence. Les « unités de défense rouge » passèrent à la contre-attaque, coupant l'eau, le gaz et l'électricité, organisant des grèves, paralysant le port et créant un « courant vicieux d'économisme » en distribuant des indemnités de grève et en partageant entre les travailleurs les fonds de réserve des caisses d'assistance. De sanglantes batailles de rues éclatèrent entre les « unités de défense rouge » et les maoïstes. Les événements prenaient un tour incontrôlable.

Mao Zedong s'était appuyé sur l'armée pour reprendre le contrôle de Pékin, et donc du pouvoir central. Il ne pouvait cependant envisager d'utiliser l'armée de la même manière, à grande échelle à travers le pays entier : les généraux inconditionnellement fidèles à Lin Biao étaient encore en nombre trop limité ; charger l'armée d'assumer partout le pouvoir, aurait entraîné un dangereux renforcement de l'autorité de ces chefs militaires régionaux dont l'allégeance à Mao restait plus que douteuse, et qui conservaient des liens solides avec l'appareil liuïste local du Parti. Mais devant le chaos shanghaïen, Mao n'eut bientôt plus le choix des moyens : il dut se résigner à faire intervenir les militaires.

Le 25 janvier, le *Jiefang jun bao* au nom de Mao Zedong, appela l'armée à « soutenir la gauche ». Il précisa prudemment que la « gauche » devait être soutenue *même quand elle se trouvait être minoritaire*, — ce qui en dit long sur la véritable orientation des masses shanghaïennes.

Le 5 février, ayant ainsi reçu l'appui de l'armée, et seulement alors, les maoïstes de Shanghai réussirent à s'emparer du comité du Parti de la municipalité, et annoncèrent l'établissement de la Commune de Shanghai. Le même jour, Radio-Shanghai célébra celle-ci comme étant l'héritière de la Commune de Paris, et la contribution neuve de Mao Zedong au communisme international. Deux jours plus tard toutefois (7 février) cette appellation de « Commune » se trouvait désavouée par Pékin ; elle devait être remplacée le 24 par un nouvel organe, le « comité révolutionnaire » de Shanghai, fondé sur la « triple union » (*san jiehe*) de l'armée, des cadres réhabilités et des « rebelles révolutionnaires ». (Entre-temps, trois autres « comités révolutionnaires » s'étaient déjà formés, au Heilongjiang le 31 janvier, au Shandong le 3 février, au Guizhou le 13 février ; après Shanghai, un cinquième comité révolutionnaire devait encore s'installer au Shanxi le 18 mars.)

Toutes les données qui caractériseront dorénavant les problèmes d'exécution de la « Révolution culturelle » sont maintenant rassemblées. Le mot d'ordre de « prise du pouvoir » dresse les activistes maoïstes contre les autorités locales du Parti ; celles-ci se défendent en organisant leurs propres activistes, et en tâchant de mettre en scène avec ceux-ci un simulacre de « prise du pouvoir » (ce qui s'appelle « brandir le drapeau rouge pour combattre le drapeau rouge »). La lutte entre les deux camps piétine, s'enfonce dans la violence et le chaos. Pékin lui-même a du mal à reconnaître ses propres fidèles, car souvent les oppositions se cristallisent autour d'individus, de rivalités et de problèmes strictement locaux (notons en passant le remarquable laps de temps qui s'est écoulé entre l'établissement de ces cinq comités révolutionnaires, et leur annonce officielle dans la presse de Pékin : le communiqué n'est survenu au plus tôt que plusieurs jours après la victoire, et dans certains cas, quelques semaines, voire même un mois, ce qui reflète l'état de confusion dans lequel se trouve plongé le pays, et la difficulté qu'éprouve le gouvernement central à s'assurer chaque fois de l'identité exacte des vainqueurs, — vrais ou faux partisans de Mao). L'armée arbitre le combat ; dans chaque cas, son intervention — quand elle accepte finalement d'intervenir —, est décisive. Déjà les militaires figurent en bonne place dans la direction de deux des premiers comités révolutionnaires : le vice-dirigeant du comité révolutionnaire du Heilongjiang est Wang Jiadao, commandant de la région militaire provinciale du Heilongjiang, et le vice-dirigeant du comité révolutionnaire du Shandong est Yang Dezhi, commandant de la région militaire de Jinan. Le plus souvent cette intervention de l'armée tend à faire pencher la balance des forces du côté de l'ordre établi, c'est-à-dire de l'appareil traditionnel du Parti, et tourne au désavantage de la « gauche » qu'elle était supposée soutenir. Le Guangdong nous en donne un intéressant exemple : le 22 janvier un « comité rebelle fédéré » s'est emparé du pouvoir à Canton. Aussitôt un « comité d'action » s'est dressé contre lui, l'accusant d'être manipulé en fait par les anciennes autorités provinciales, et d'avoir monté une comédie de « prise du pouvoir ». Le « comité d'action » passe à l'attaque et fait le siège du « comité rebelle » ; l'armée vole au secours de ce dernier et mate le « comité d'action ». Celui-ci ne se tient pas pour battu, et réussit plusieurs fois à envahir par la force des locaux administratifs de l'armée et des casernes, engageant les troupes à se mutiner contre leurs officiers. Ces luttes durent depuis deux mois, et l'on n'en voit toujours pas se dessiner l'issue.

Mais le gouvernement central ne peut pas se permettre de laisser se prolonger indéfiniment ces désordres qui menacent de paralyser l'économie du pays. Aussi la mobilisation de toutes les forces pour les labours du printemps est un slogan qui a récemment remplacé les mots d'ordre de rébellion. Priorité est accordée maintenant aux besoins de la production agricole sur les exigences de la « Révolution culturelle » ; un ordre du 7 mars interdit de procéder à des « prises de pouvoir » au sein des brigades de production des communes populaires durant la période des labours de printemps ; selon cet ordre « il faut considérer que la majorité des cadres agricoles sont bons ou assez bons », quant à ceux qui ont commis des erreurs, il faut s'employer à les réhabiliter et non à les abattre.

Le *Renmin ribao* du 8 mars a publié un important article pour dénoncer les dangers du « courant anarchiste ». Il devient évident que, pour promptement aboutir, la « Révolution culturelle » devrait pouvoir se concilier le soutien inconditionnel de l'armée (déjà lors de l'établissement du comité révolutionnaire de Shanghai, le *Wenhui bao* avait reconnu sans ambages que la collaboration des militaires avait été un facteur décisif de la victoire). Le problème est que la « Révolution culturelle » au départ s'est aliéné la sympathie d'une grande partie de l'armée : alors que l'ancienne blessure laissée par l'épuration de Peng Dehuai n'était pas encore cicatrisée, l'élimination récente de personnages aussi puissants que Luo Ruiqing et aussi influents et populaires que He Long, a créé de graves remous dans les états-majors. Les excès des gardes rouges qui ont envahi les casernes et pillé des dépôts d'armes, ont suscité la fureur des autorités militaires locales. Dans ces conditions, l'armée risque de devenir pour Mao Zedong un instrument à double tranchant : elle est assurément capable de rétablir l'ordre, mais cet ordre risque de n'être pas maoïste…

Au point où en sont venues les choses, Pékin n'a plus le choix. Pour amadouer les militaires, les maoïstes esquissent un virage à droite, et cherchent à remettre leurs fidèles au pas : déjà dans une allocution du 14 février, Wang Li se voyait obligé de transmettre le nouveau message aux rebelles : ceux-ci doivent adopter une « attitude correcte » à l'égard de l'armée ; il leur est défendu dorénavant d'essayer d'y introduire le mouvement de rébellion ; il faut considérer a priori que l'armée dans son ensemble est pure de toute tache, ou que ses éléments fautifs ne constituent qu'une infime minorité. D'autre part, les violences auxquelles s'étaient livrés les gardes rouges ont été à plusieurs reprises publiquement condamnées. L'instauration à Pékin d'une assemblée générale des gardes rouges étudiants (dont la réunion inaugurale fut présidée par Zhou Enlai) marque une volonté de discipliner le mouvement ; enfin et surtout, l'ordre donné le 7 mars à tous les gardes rouges « itinérants » de regagner avant le 22 leurs ports d'attache respectifs, semble bien annoncer la fin de leurs libres activités. Des mesures sont prises pour interdire la prolifération anarchique des organisations « rebelles » (et des châtiments sévères sont promis aux auteurs d'inscriptions murales divulguant des informations secrètes du Parti et de l'État, — ce qui est d'ailleurs significatif de la valeur des informations que nous avons précédemment obtenues par cette voie).

Mais la façon la plus efficace de neutraliser l'influence des rebelles, est encore assurée par la nouvelle formule de prise du pouvoir : la « triple union ». Depuis l'établissement du comité révolutionnaire de Shanghai, une insistance remarquable a été apportée dans la diffusion de ce nouveau mot d'ordre qui a fait l'objet de plusieurs articles dans la presse officielle. On oppose la prise de pouvoir par « triple union » à la prise de pouvoir unilatérale (c'est-à-dire celle qui, effectuée par les seules masses rebelles, cherchait à renverser sans discrimination toutes les autorités en place) et on la présente, sous la caution de Mao Zedong, comme la seule formule orthodoxe ; dans la « triple union », les groupements rebelles, préalablement structurés et organisés, n'agissent plus sur leur seule initiative, mais opèrent en conjonction avec d'une part les anciens cadres récupérables et réhabilités, et d'autre part les autorités militaires locales. Les tentatives de prise de pouvoir unilatérales étaient génératrices de chaos, car menaçant tous les cadres indistinctement, elles soudaient ceux-ci dans une résistance unanime et efficace ; elles tendaient à priver brusquement l'administration de tout son personnel compétent ; elles s'effectuaient dans la confusion, les rebelles se divisant eux-mêmes en factions rivales. La formule de « triple union » présente en revanche une garantie d'ordre et constitue une marche arrière déguisée : en titre, il s'agit toujours d'une « prise de pouvoir révolutionnaire », alors qu'en pratique, les masses rebelles perdent leur rôle moteur au profit des anciens bureaucrates locaux, et surtout de l'armée qui se trouve appelée à diriger et cimenter l'alliance. Avant même que les comités révolutionnaires se trouvent constitués, l'armée se voit en fait déjà au pouvoir ; elle est venue naturellement combler le vide créé par la disparition du Parti, étant la seule force organisée et disciplinée capable de se substituer à l'énorme armature bureaucratique. Les militaires assument maintenant les tâches les plus diverses : prise en charge des administrations, encadrement des usines (pour prévenir le sabotage, le gaspillage et le pillage, et surtout pour obliger les ouvriers à rester à leurs postes de travail), supervision des transports, des organes de propagande et des écoles. Reste encore à faire accepter au pays ce rigide encadrement. Zhou

Enlai s'y est employé récemment dans ses allocutions lors de deux grands meetings successifs qui rassemblèrent à Pékin, l'un des délégués paysans, l'autre des délégués ouvriers : « L'armée est là pour vous aider… »

Le rôle de premier plan dévolu récemment à Zhou Enlai illustre d'ailleurs bien ce repli tactique amorcé par la « Révolution culturelle ». Lors de la réception des délégués « rebelles-révolutionnaires » du Guizhou à Pékin, en présence de Mao et de Lin Biao, c'est lui qui a pris la parole pour définir la nouvelle politique de prudence et de tolérance qu'il convient maintenant d'adopter à l'égard des anciens cadres. Le 22 février, c'est de nouveau lui qui présidait l'assemblée générale des délégués gardes rouges à Pékin. Trait plus remarquable encore, à la fin de février, c'est lui et non le ministre de la Défense qui donna à l'armée l'ordre de marcher sur le Henan pour y apaiser les troubles (ce qui indique d'ailleurs les limites du prestige dont Lin Biao jouit dans l'armée, puisque dans cette occurrence il a été jugé plus efficace de passer par l'intermédiaire de Zhou, pourtant dépourvu d'autorité formelle sur l'armée). Certains journaux muraux sont même allés jusqu'à lui décerner le titre officiellement réservé au seul Lin Biao, d'« intime compagnon d'armes du président Mao ».

Sa position n'est pourtant pas de tout repos : il ne cesse d'être attaqué indirectement à travers ses hommes liges : Li Fuchun, Li Xiannian, Yu Qiuli, Tan Zhenlin, Gu Mu font l'objet d'attaques violentes et ininterrompues. Mais il a contre-attaqué avec vigueur en prenant publiquement la défense des intéressés. Ce qui fait sa force, c'est d'une part le fait que ses compétences sont irremplaçables, et le sont d'autant plus maintenant que l'épuration a créé un vide dramatique au sommet (sur treize membres du secrétariat du Comité central, neuf ont été épurés par la « Révolution culturelle » ; des quatre restant en fonctions, trois ont récemment fait l'objet d'attaques répétées ; des trois membres nouvellement installés, un a déjà été éliminé et un autre se trouve en mauvaise posture…). En second lieu sa fidélité personnelle à Mao ne s'est jamais démentie (on se rappelle qu'en 1962, il fut seul avec Lin Biao à prendre la défense de Mao) ; de plus, seul dans toute l'équipe dirigeante, il ne saurait être soupçonné d'ambition personnelle ; il s'est toujours volontairement confiné dans un rôle de pur exécutant, et dans le passé n'a pas cherché à saisir les occasions qui lui furent offertes de briguer la première place après Mao.

Pour le moment cependant, il manœuvre sur la corde raide : les impératifs d'ordre et de production qu'il s'évertue à rappeler contredisent directement les exigences de « prise du pouvoir » prêchées par le groupe de la Révolution culturelle de Chen Boda et Jiang Qing. Dans plusieurs ministères où la protection de Zhou s'est montrée particulièrement efficace, l'activité des « rebelles » s'est trouvée contrecarrée, la prise du pouvoir ayant été effectuée par ceux-là mêmes qui le détenaient déjà ! Le conflit qui oppose la tendance pragmatique à la tendance extrémiste est illustré par une succession d'articles parfaitement contradictoires parus dans le *Renmin ribao* et le *Hong qi* : Zhou Enlai harangue les ouvriers en leur disant : « Vous devez à tout prix maintenir huit heures quotidiennes de travail effectif ; ne vous livrez aux activités révolutionnaires qu'en dehors de vos huit heures ; durant le travail il vous est défendu de quitter votre poste. » A quoi le groupe de la Révolution culturelle rétorque, voilant à peine son accusation : « Sous prétexte de production, on cherche à étouffer la révolution. [...] Il y a des gens qui font semblant de se préoccuper des problèmes de production, et en profitent pour s'opposer à ce que les rebelles s'emparent du pouvoir détenu par la faction révisionniste. C'est la révolution qui est la force motrice de la production, toujours et en toutes circonstances, il faut placer la révolution en première place. »

Le groupe de la Révolution culturelle tire son unique force — mais elle n'est pas négligeable — de son association directe et intime avec Mao. Son action répond aux aspirations spontanées et profondes de Mao, cependant que Lin Biao et Zhou Enlai représentent respectivement l'ordre des fusils et le poids des choses, autrement dit, la force des réalités avec lesquelles la vision maoïste est bien forcée périodiquement de composer. Cette insoluble contradiction entre le dessein et la réalisation résulte en une incertitude de la direction politique faite tour à tour, et parfois simultanément, d'impulsions véhémentes et de prudents replis. Tirée par cet attelage divisé, la « Révolution culturelle » s'embourbe dans la confusion.

Parmi les innombrables épurations récentes, celle de Zhu De est particulièrement retentissante. Les griefs portés contre lui ont été publiés *in extenso* dans une publication de *Xin Beida* (organe des gardes rouges de l'université de Pékin). Les principaux chefs d'accusation portent sur des événements... vieux de trente ans ! En fait ce vieillard de quatre-vingt-un ans était pratiquement retiré de la vie active. Les accusations lancées contre lui (on le traite de « seigneur de la guerre », d'ambitieux, d'opportuniste, d'usurpateur d'une gloire militaire qui ne saurait revenir qu'au seul Mao) tournent principalement autour de l'ouvrage biographique qu'il avait fait rédiger sur lui par Liu Boyu en 1939. Mais ces calomnies récentes feront difficilement oublier qu'il fut longtemps l'aîné et le bras droit de Mao, et que durant sa période héroïque, le communisme chinois avait été un corps bicéphale dont la tête politique était Mao, tandis que Zhu en était la tête militaire. En fait l'unique et véritable faute de Zhu, celle que Mao ne peut lui pardonner — et qui ne peut être mentionnée — c'est le franc-parler que Zhu, fort de son prestige d'ancêtre, s'était permis d'avoir en 1959 en prenant la défense de Peng Dehuai.

Comme on l'a dit plus haut, les circonstances obligent les autorités centrales à faire appel à l'armée pour reprendre la situation en main, mais l'intervention militaire apparaît d'ores et déjà comme une arme à double tranchant pour les maoïstes, car elle amène à consolider la puissance des commandants des régions militaires, parmi lesquels plusieurs sont hostiles à la « Révolution culturelle ». Le problème est particulièrement aigu dans des régions comme le Xinjiang et le Tibet où, par le passé, la règle de la division du pouvoir politique et du pouvoir militaire n'avait pas été observée, le commandant de la région militaire s'y trouvant cumuler les fonctions de premier secrétaire du bureau du Parti. Partant d'une telle position de force, il est aisé pour le satrape local de profiter de la « Révolution culturelle » pour ériger son territoire en « fief indépendant ». Wang Enmao règne ainsi sur le Xinjiang : à Pékin les gardes rouges le dénoncent comme l'égorgeur de la « Révolution culturelle », ils lancent des appels pour « libérer le Xinjiang de la tyrannie de Wang Enmao », mais dans son royaume, Wang qui contrôle l'armée, l'administration et la propagande se fait encenser par la presse locale comme un « partisan exemplaire du président Mao ». Au Tibet, Zhang Guohua joue un jeu semblable : ses troupes tiennent l'administration, la presse et la radio et n'ont jusqu'à présent laissé aucune latitude de mouvement aux gardes rouges. En Mongolie intérieure l'armée a dissous par la force trois groupes de rebelles maoïstes. Dans certaines provinces comme le Sichuan et le Henan, le commandement militaire, dévoué à He Long, était étroitement associé à l'appareil local du Parti, et a pris fait et cause pour celui-ci. Ce qui a entraîné des heurts violents entre les garnisons locales et les groupes de « rebelles-révolutionnaires ».

Avril

Le retentissant article de Qi Benyu (« Patriotisme ou trahison ? », *Renmin ribao*, 1er avril) marque l'ouverture d'une offensive spectaculaire qui se concentre sur la *personne* de Liu Shaoqi. Mais dans le développement de la « Révolution culturelle » cette offensive représente en réalité moins une escalade qu'un rétrécissement de la lutte. Les efforts de « prise du pouvoir », en mettant en cause l'ensemble des cadres locaux, ont acculé ceux-ci à adopter unanimement une attitude de résistance et de sabotage qui s'est montrée d'une efficacité redoutable ; le *Renmin ribao* a lui-même souligné récemment que, si la plupart des tentatives de « prise du pouvoir » avaient jusqu'à présent échoué, c'était précisément parce que les rebelles, en attaquant sans discrimination un trop grand nombre de cadres, avaient suscité une opposition majoritaire. Également incapable et de faire marche arrière et de réduire rapidement cette énorme force de résistance de l'appareil local du Parti, la « Révolution culturelle », en concentrant maintenant ses attaques au sommet sur le seul Liu Shaoqi, cherche en fait à opérer une manœuvre de diversion. Sous prétexte de porter la lutte à son point le plus extrême, une occasion est trouvée d'effectuer un certain dégagement à la base. Sur cette signification véritable de la campagne menée maintenant contre Liu, la presse de Shanghai (*Wenhui bao* et *Jiefang ribao*) a tenu des propos éclairants : « Toutes les organisations révolutionnaires de masses qui sont en train de se livrer à des activités de "guerre civile" [entre guillemets dans le texte] *doivent immédiatement cesser ces combats locaux* pour employer dorénavant toute leur énergie à dénoncer les crimes du "Khrouchtchev chinois". » Il faut « rallier le plus grand nombre pour frapper l'infime minorité au sommet ». Autrement dit, plutôt que de s'enliser dans un combat d'issue douteuse contre une opposition innombrable et multiforme, les maoïstes substituent à leurs trop nombreux adversaires un bouc émissaire isolé et déjà réduit à l'impuissance.

Le prétexte choisi pour l'orchestration de cette campagne contre Liu est d'une ahurissante indigence : on reproche à Liu d'avoir jadis approuvé la projection du film *Qing gong mi shi* (Épisode secret à la cour des Qing) qu'il aurait estimé être une « œuvre patriotique », alors qu'il s'agit en réalité d'une « apologie de la trahison ». Pourquoi ce vieux film (tourné à Hong Kong en 1948) parfaitement quelconque et depuis longtemps enseveli dans l'oubli est-il maintenant exhumé pour servir de principale pièce à conviction dans le procès de Liu ? Dans toute la carrière de Liu, que l'on imagine mal cinéphile endurci, et dont on peut même douter qu'il ait jamais vu ou prêté attention à la bande en question, était-ce donc là le crime le plus noir et le plus exemplaire ? Ce genre d'affaire achèverait d'enlever toute crédibilité à la « Révolution culturelle » à supposer que la « Révolution culturelle » se fût jamais souciée de crédibilité. La seule raison qui puisse expliquer le choix d'un prétexte aussi baroque relève à nouveau d'un ordre mesquinement personnel : il faut coûte que coûte procurer à Mme Mao une occasion de briller sur la scène politique ; avant la « Révolution culturelle », la seule position officielle qu'elle occupait était celle de membre de la commission directrice de l'industrie cinématographique du ministère de la Culture (et c'est à ce titre qu'elle se serait jadis opposée à la projection du film en question, et aurait été mise en minorité par ses collègues de la commission) ; aussi le seul moyen de peindre maintenant Liu Shaoqi comme un adversaire de la ligne révolutionnaire défendue par Mme Mao, est de lui inventer un passé criminel *dans le domaine du cinéma*…

Mais cette mise en vedette de Jiang Qing marque une nouvelle et soudaine hausse des actions de la faction extrémiste. Les gardes rouges ont de nouveau le vent dans les voiles, et se revoient cautionnés par les autorités. Un article du *Renmin ribao* vient encore de rappeler leurs mérites révolutionnaires. Corollairement, l'armée se trouve maintenant rappelée à l'ordre ; ses interventions précédentes l'avaient trop souvent amenée à soutenir les organisations de « droite », à dissoudre par la force les groupes rebelles et à brimer les gardes rouges. Pour prévenir la récurrence de ces phénomènes, une instruction du 1er avril est venue préciser que l'armée n'est pas qualifiée pour déterminer de son propre chef quelles organisations de masse sont révolutionnaires, et lesquelles sont antirévolutionnaires ; le 2 avril un article du *Renmin ribao* lui rappelait encore qu'elle doit « traiter correctement les gardes rouges » ; le 6, un éditorial du *Jiefang jun bao* l'enjoignait de « rester modeste » ; le 6 également, la Commission militaire du Comité central édictait un ordre en dix points, interdisant entre autres à l'armée de faire usage de ses armes contre les organisations de masse, lui interdisant de procéder à des arrestations, violences physiques et brimades, lui ordonnant avant de prendre aucune initiative concrète de se référer d'abord à l'avis de la commission de la « Révolution culturelle », et lui prescrivant dans ses rapports avec les organisations de masse, de leur faire confiance, de n'user à leur égard que de procédés de persuasion intellectuelle, et d'appliquer ceux-ci avec patience.

L'armée, nous l'avons déjà signalé, est loin de présenter ce caractère d'homogénéité politique dont Lin Biao avait rêvé de la doter. Fragmentée en divers fiefs qui s'organisent selon les lignes invisibles, mais contraignantes, de fidélités personnelles cimentées au long d'anciennes campagnes, elle est traversée de courants contradictoires et en proie à un malaise qui s'est traduit par diverses épurations récentes : Xu Xiangqian promu il y a peu à la tête du groupe de la Révolution culturelle de l'armée, vient d'être évincé de ce poste au profit de Xiao Hua (Xiao Hua, bras droit de Lin Biao, s'est rendu fameux par le conflit ouvert qui l'opposa à Jiang Qing en janvier : il infligea une rebuffade à celle-ci lorsqu'elle tenta de s'immiscer dans la supervision des activités de la « Révolution culturelle » dans l'armée ; en représailles, le même mois, la résidence de Xiao fut mise à sac par une descente de gardes rouges). Ye Jianying est victime d'une éclipse. Quant à Chen Yi, bien que formellement devenu un fonctionnaire civil, il avait gardé d'étroites relations personnelles avec le monde militaire où son prestige restait considérable ; aussi les attaques virulentes dont les rebelles ne cessent de l'accabler, suscitent-elles un vif mécontentement dans l'armée.

Mais même si Pékin cherche théoriquement à esquisser une nouvelle embardée à « gauche » en bridant l'armée, il y a loin des instructions officielles du pouvoir central à l'expérience concrète des provinces. Le cas de Wang Enmao, le maître du Xinjiang, en fournit un bon exemple. Dénoncé sans trêve par les rebelles, d'octobre 1966 à février 1967, comme le responsable des massacres dont les maoïstes furent victimes au Xinjiang, le voici qui vient d'être placé à la tête de la commission de la « Révolution culturelle » pour le Xinjiang (quand on ne peut venir à bout d'un brigand, on le fait baron) ! Couvert de fleurs officielles, il vient de se rendre à Pékin, où il a eu des entretiens avec Zhou Enlai. Ceci confirmerait d'ailleurs la rumeur que Zhou (seule personnalité du clan maoïste qui reste un interlocuteur valable pour les militaires dissidents) serait en train de négocier un compromis avec les têtes oppositionnelles de l'armée ; il a d'ailleurs déjà traité de façon similaire avec Zhang Shuzhi (un fidèle de He Long), le commandant de la région militaire provinciale du Henan.

Mai

Les provinces continuent à être le théâtre de violences ininterrompues. Les heurts les plus longs et les plus sanglants se sont produits au Sichuan (à Chongqing et surtout à Chengdu). La gravité de la situation au Sichuan a entraîné des bouleversements dans l'administration locale : Li Jingquan, premier secrétaire du bureau du Parti de la région Sud-Ouest (il est également membre du Bureau politique du Comité central), rendu responsable des événements qui ont ensanglanté Chengdu depuis plus d'un mois, et accusé d'avoir voulu transformer le Sichuan en un « royaume indépendant », a été démis de ses fonctions et remplacé par Zhang Guohua. Ce dernier est une figure non moins équivoque : militaire qui régnait sur le Tibet et avait réussi à rendre sa satrapie imperméable à l'influence de la « Révolution culturelle », son déplacement au Sichuan peut avoir deux motifs : par cette promotion, Pékin réussit à l'éloigner de son camp retranché tibétain ; sa nomination peut représenter une formule de compromis pour le Sichuan où, dans l'actuel état d'effervescence, une personnalité alignée sur la « Révolution culturelle » aurait été inacceptable. Simultanément, le commandant de la région militaire de Chengdu, Huang Xinting a été déposé et remplacé par Liang Xingchu (précédemment commissaire politique en second de la région militaire de Canton).

Des conflits graves se sont également produits dans le Nord-Est : les 20 000 ouvriers des usines automobiles de Changchun sont entrés en grève et ont mis à sac deux écoles qui servaient de centrales aux gardes rouges. Au Heilongjiang, au cours d'une bataille rangée, un important groupe maoïste s'est fait écraser par une coalition d'ouvriers et de soldats. Des échauffourées sanglantes ont à nouveau éclaté au Henan (Zhengzhou et Kaifeng). Dans la même province, à Xinyang, la police a écrasé une manifestation de gardes rouges qui célébraient l'établissement du nouveau comité révolutionnaire de Pékin (établi le 20 mars) !

La Mongolie intérieure a été le théâtre de troubles : Ulanfu a été démis de ses fonctions.

Même les quelques provinces déjà « conquises » ne sont pas exemptes de désordres. Sur les cinq comités révolutionnaires provinciaux déjà établis, trois n'étaient pas représentés à Pékin pour les fêtes du 1er mai (Shandong, Guizhou et Heilongjiang). Des bagarres ont même éclaté à un jet de pierre de la capitale (à Changping).

Il est évidemment difficile de déterminer l'ampleur exacte de ces diverses échauffourées : les journaux muraux font souvent état de centaines et de milliers de morts et de blessés, et de dizaines de milliers de combattants. Une forte proportion de rhétorique entre certainement dans la composition de ces récits, mais ces violences sanglantes n'en sont pas moins bien réelles, source de grave préoccupation pour les autorités de Pékin, et reconnues sans ambages par la presse officielle. Le 22 mai, le *Renmin ribao* publiait sous le titre « Cesser immédiatement la lutte armée » un important éditorial dénonçant « le courant vicieux de violence qui vient brouiller la ligne générale de la Révolution culturelle, détruit la production, les finances de l'État et l'ordre révolutionnaire, et menace la vie et les biens de la population ».

Les heurts les plus graves et les plus violents opposent en général des coalitions de paysans, d'ouvriers et de soldats aux groupes de « rebelles » maoïstes. Un autre type de conflit est celui qui éclate entre factions maoïstes rivales luttant soit pour le pouvoir, soit pour monopoliser l'usage d'équipements divers (véhicules, dispositif de propagande, matériel d'imprimerie, etc.).

La formule de « triple union » destinée à faciliter le processus des « prises de pouvoir », et à hâter ainsi la normalisation de l'activité administrative et économique en réhabilitant les anciens cadres, reste jusqu'à présent un échec : les « rebelles » torpillent les tentatives de réintégration des cadres, tandis que ceux-ci, instruits par leurs précédentes expériences, se réfugient dans une prudente passivité. Témoin de cette répugnance des anciens cadres à répondre à l'ouverture de la « triple union », le comité révolutionnaire de la ville de Pékin, établi à la fin de mars, n'a réussi à recruter parmi ses dirigeants qu'un seul membre de l'ancien appareil (Wu De). Les attaques féroces qui se poursuivent contre Chen Yi augurent d'ailleurs assez mal de la politique de tolérance à l'égard des anciens cadres, bien que, au milieu de la tourmente il continue à refaire périodiquement surface : il était présent à la réception donnée par l'ambassade de Tanzanie le 26 avril, et a même prononcé une allocution à cette occasion ; il figurait également à la tribune du 1er mai. Toute une série de personnalités qui avaient récemment fait l'objet d'attaques, ont également assisté à ces cérémonies du 1er mai : Zhu De, Dong Biwu, Chen Yun, Tan Zhenlin, Li Xuefeng, Li Xiannian, Liu Ningyi, Zhang Guohua, etc. Ceci fait partie des manœuvres de séduction que les maoïstes déploient maintenant en direction des cadres expérimentés pour tenter d'obtenir leur ralliement et les convaincre de reprendre du service. Cette entreprise de conciliation correspond à une nécessité urgente ; au sommet, l'isolement des maoïstes a pris des proportions dramatiques, bien illustrées par la liste des absents à ce rituel du 1er Mai ; n'ont pas participé aux festivités : plus des six dixièmes des membres du Comité central, plus des huit dixièmes des membres suppléants du Comité central ; plusieurs départements du Comité central n'étaient pas représentés : An Ziwen, directeur du département de l'Organisation et ses trois vice-directeurs étaient absents ; Xu Bing, directeur du département du Front unifié et ses six vice-directeurs, les dirigeants du département de la Propagande, les membres de la commission de contrôle du Comité central, les hautes personnalités du pouvoir judiciaire et cinq des six vice-ministres de la Sécurité étaient également invisibles. En ce qui concerne l'armée, les vides n'étaient pas moins nombreux, surtout dans les rangs des états-majors de la marine, de l'aviation et de l'artillerie.

Le refus général des cadres à entrer dans la « triple union » augmente d'autant l'importance du rôle joué par les militaires. A l'échelle de chaque province, de chaque ville, l'attitude adoptée par l'armée est devenue le facteur qui décide de l'issue de la lutte ; de son activité ou de sa passivité, de la manière dont elle penche pour telle ou telle faction, dépendent entièrement la paix ou le désordre, la victoire des rebelles ou celle de l'opposition. Mais si l'armée reste partout l'ultime arbitre du pouvoir, elle est en général lente à se décider, et quand elle se décide, il lui arrive le plus souvent de le faire dans un sens qui va à l'encontre de la « Révolution culturelle ». De nouveau les autorités centrales usent à son égard des plus grands ménagements : le *Hong qi* (nº 6) rappelle que l'armée est le « pilier de la révolution » et qu'« à aucun moment, en aucune circonstance, on ne peut tourner contre elle le fer de lance de la lutte » (Zhou Enlai avait déjà insisté sur ce point dans son discours prononcé lors de l'inauguration du comité révolutionnaire de la ville de Pékin). Toujours sur le même thème, le *Renmin ribao* du 12 mai ajoute que le sort même de la « Révolution culturelle » dépend entièrement du soutien de l'armée.

Mais l'armée a ses propres exigences, et elle ne semble pas disposée à se laisser aveuglément dicter ses ordres par le groupe de la « Révolution culturelle » de Chen Boda et Jiang Qing. Jiang Qing a d'ailleurs été dépossédée de la tête de pont qu'elle s'était conquise dans l'armée en qualité de « conseiller » de la commission militaire de la « Révolution culturelle », cependant que son adversaire Xiao Hua se voyait promu directeur de cette commission. L'armée a été indignée par l'épuration de quelques-uns de ses chefs les plus prestigieux et les plus populaires, elle est exaspérée par les excès, qui se sont plusieurs fois dirigés contre elle, des rebelles maoïstes. Aussi s'agit-il pour Pékin de masquer hâtivement ces lézardes en créant maintenant dans la troupe une mystique commune de fidélité personnelle au président Mao, qui puisse en quelque sorte lui servir de ciment. Ces efforts de la propagande ont pris un tour quasi folklorique ; ainsi par ordre de la commission militaire (13 mai) une médaille spéciale à l'effigie de Mao portant l'inscription « servir le peuple » a été distribuée à chaque soldat des armées de terre, mer et air au cours de cérémonies liturgiques que l'agence Xin hua évoque en des termes empreints d'une ferveur sacrée.

Dans le domaine doctrinal et historique, l'événement du mois est constitué par la publication (17 mai) d'un très important document de la « Révolution culturelle », qui se trouve maintenant porté officiellement à la connaissance du pays, un an après sa mise en circulation secrète à l'intérieur du Parti. Une publicité toute particulière est accordée à ce texte, et sa publication a été accompagnée et suivie de nombreuses gloses doctrinales.

Le document en question, simplement intitulé *Circulaire* (il s'agissait en effet d'une circulaire du Comité central adressée à tous les échelons du Parti, en date du 16 mai 1966) jette une lumière supplémentaire sur la première étape de la « Révolution culturelle » et montre que dès mai 1966 l'entreprise de « prise du pouvoir » était déjà décidée, et le sort de Liu Shaoqi et de ses associés, irrévocablement fixé. Le but premier de la *Circulaire* était d'informer tous les échelons du Parti que le *schéma* du groupe des Cinq qui avait été ratifié par le Comité central le 12 février 1966 se trouvait dorénavant abrogé, que le groupe des Cinq se trouvait lui-même dissous, ainsi que tous les organismes qui en dépendaient, et qu'il était remplacé par un nouveau comité restreint (c'est-à-dire l'actuel groupe de la Révolution culturelle animé par Jiang Qing et Chen Boda). La *Circulaire* dénonce le *schéma* comme étant l'œuvre du seul Peng Zhen — blanchissant ainsi les autres membres du groupe, parmi lesquels se trouvait l'équivoque Kang Sheng (qui, soit avait été placé aux côtés de Peng Zhen pour délibérément servir de « mouton », soit de lui-même changea de cap au moment où le vent tourna et acheta sa grâce en vendant Peng). La *Circulaire* analyse en détail les desseins criminels qui se révélaient dans le *schéma* : volonté d'éluder les incidences politiques de la critique du *Hai Rui* en ramenant la discussion sur un plan purement académique, tentative pour faire dévier la « Révolution culturelle » de ses cibles véritables, « ces individus qui suivent la voie capitaliste et qui se sont infiltrés *dans le Comité central et dans tous les organes qui en dépendent, dans chaque province, chaque ville, chaque région autonome* [...] ; parmi ces gens il en est que nous connaissons déjà, d'autres n'ont pas encore été démasqués, *certains jouissaient de notre confiance, et nous les avions formés pour être nos successeurs, des individus qui ressemblent à Khrouchtchev et qui vivent à nos côtés !* » (Sur cette question du *schéma* du groupe des Cinq, et de la *Circulaire*, voir ci-dessus, p. 46-47.)

Juin, première quinzaine de juillet

La « Révolution culturelle » semble enlisée : voici bientôt quatre mois que le mouvement des « prises de pouvoir » reste au point mort dans les provinces dont la grande majorité est toujours dépourvue de comités révolutionnaires. Le mot d'ordre de « prise du pouvoir » n'est d'ailleurs plus guère prononcé en ce moment, et les slogans qui reviennent avec le plus d'insistance relèvent d'un ordre moins exaltant : il faut « faire la révolution avec économie » et « lutter contre le gaspillage » ; le *Renmin ribao* va jusqu'à donner en première page des recettes pour préparer à meilleur marché la colle des inscriptions murales (précédemment les affichistes révolutionnaires se servaient de colle à la farine, gaspillant ainsi de grandes quantités de cette précieuse denrée alimentaire). Le *Renmin ribao* dénonce également avec énergie (par le truchement de « lettres de lecteurs ») l'usage abusif qui est fait des haut-parleurs : le vacarme simultané des factions adverses qui se servent partout et sans trêve de haut-parleurs, empêche les travailleurs de travailler et de se reposer, et donc nuit à la production. Les gardes rouges doivent cesser d'emprunter camions et voitures pour leurs entreprises révolutionnaires, car ils accaparent ainsi un matériel nécessaire aux tâches de production et gaspillent du carburant.

Les consignes de lutte contre l'anarchie et la violence se multiplient. Le terme de « guerre civile » (employé entre guillemets) apparaît fréquemment ; il désigne souvent les querelles qui opposent les factions maoïstes les unes aux autres. La « Révolution culturelle » a en effet entraîné une extraordinaire prolifération de factions rebelles qui n'ont en commun que le dévouement inconditionnel qu'elles professent toutes pour Mao, mais qui pour le reste passent leur temps à s'entre-déchirer pour le contrôle du pouvoir local. Ces divisions internes ont achevé de paralyser la progression de la « Révolution culturelle ». En principe c'est l'armée qui est chargée d'arbitrer tous les conflits : les factions rivales viennent se dénoncer mutuellement auprès de l'autorité militaire locale qui tranche en dernier ressort.

Les violences endémiques entraînent un accroissement constant des pouvoirs dévolus à l'armée, car elle seule se montre finalement capable de maintenir un certain ordre. Dans les quelques provinces déjà conquises à la « Révolution culturelle » commence à se dessiner un véritable régime militaire (il est remarquable de constater qu'à Pékin par exemple même les directives de simple police, comme celles qui ont trait à la circulation en ville, etc., émanent maintenant de l'autorité militaire).

L'armée, même une « Armée populaire de libération », par sa nature et ses habitudes de discipline, tend spontanément à pencher du côté traditionnel de la défense de l'ordre et du respect de l'autorité ; aussi ses interventions aboutissent-elles le plus souvent à brider l'action des extrémistes et des gardes rouges ; déjà la mise des écoles sous tutelle des militaires a entraîné la dissolution d'un grand nombre d'associations « rebelles ».

Le problème pour Mao est que d'une part il est obligé de faire appel à l'armée pour endiguer le chaos, mais que d'autre part ce recours aux militaires se retourne le plus souvent contre ses propres fidèles. Le Sichuan nous en donne encore une fois un bon exemple ; province particulièrement récalcitrante car politiquement elle était un vieux et solide bastion de Liu Shaoqi et Deng Xiaoping, et militairement se trouvait depuis longtemps encadrée par les hommes de He Long, le Sichuan a été secoué par des luttes violentes. Des troubles viennent à nouveau d'éclater à Chongqing où l'armée a écrasé des factions d'activistes maoïstes ; il est significatif de relever que cette répression a précisément été *le fait de deux militaires (Lan Yinong et Bai Bin) que Pékin avait envoyés en mai dans cette province avec mission d'y organiser les bases du futur comité révolutionnaire.*

On annonce la réouverture de certains établissements d'enseignement supérieur. C'est l'École aéronautique de Pékin (dont les gardes rouges constituaient l'un des groupements les plus avancés de la « Révolution culturelle ») qui a donné le branle. Mais à juger d'après l'horaire arrêté par l'école (presque entièrement accaparé par l'étude des pensées de Mao, les séances de critique et de discussion, l'entraînement militaire, l'initiation aux tâches agricoles et ouvrières, il ne laisse pratiquement aucune place aux activités spécifiques d'enseignement) le principal objectif de cette réouverture des écoles semble être de simplement contenir les étudiants entre quatre murs, et d'entraver les activités « révolutionnaires » qu'ils poursuivaient à l'extérieur.

Les rares comités révolutionnaires qui avaient réussi à s'établir font déjà l'objet d'une campagne de rectification. Celle-ci a pour but de restaurer leur pureté et leur ardeur révolutionnaires, et de les tirer de l'ornière du mandarinisme dans laquelle ils paraissent s'être embourbés dès leur naissance. Des nouveaux règlements adoptés par divers comités révolutionnaires, l'un des plus typiques est celui du Heilongjiang (voir *Renmin ribao*, 29 juin) :

– étude de la pensée de Mao : les membres du comité s'y consacreront tous les jours une heure avant le travail, ainsi que la matinée entière des mercredis et des samedis ; durant les heures d'étude de la pensée de Mao, on ne tiendra pas de conférences, les bureaux resteront fermés, on ne recevra pas de visiteurs et on ne répondra pas au téléphone ;

– les cadres dirigeants doivent se rapprocher des masses, recevoir personnellement les visiteurs venus des masses, répondre aux lettres, accepter modestement et humblement les critiques, se critiquer eux-mêmes. Le comité se soumettra périodiquement à des campagnes de rectification ;

– par roulement, il y aura toujours un tiers des cadres administratifs du comité révolutionnaire, et en particulier de ses cadres dirigeants, qui sera envoyé en usine ou aux champs pour participer collectivement aux travaux de production ; un tiers se livrera à des enquêtes au sein des masses, et un tiers restera dans les bureaux pour expédier la besogne administrative ;

– défense de faire nommément l'éloge des membres du comité ; ils ne donneront pas de réceptions officielles, ne se feront pas photographier ou filmer, ne feront pas publier dans les journaux leur photo ou des nouvelles les concernant ; ne se feront pas applaudir à leur arrivée dans les meetings, ne se feront pas désigner par leur titre officiel, mais se feront tout simplement appeler « camarade » ;

– dans les bâtiments du comité, il n'y aura pas de personnel domestique ; les besognes de balayage et d'hygiène seront effectuées par les cadres eux-mêmes, à tour de rôle ;

– adopter une attitude frugale et austère ; ni gaspillage, ni privilèges ; les membres du comité n'auront pas droit à se faire pourvoir d'un secrétaire personnel ; que ce soit au nom du comité ou en leur nom propre, défense aux membres du comité d'offrir des banquets, d'offrir des cadeaux ou d'en accepter.

La récente explosion de la bombe à hydrogène chinoise a été présentée comme une victoire de la « Révolution culturelle » — ce qui est assez paradoxal, puisque le secteur des recherches nucléaires avait précisément été isolé de façon formelle et expresse de l'influence de la « Révolution culturelle » (voir art. 12 des « seize points »). Ce paradoxe est d'ailleurs celui du régime tout entier : les « révisionnistes », les « spécialistes », les « économistes » et les « experts » dotent le pays d'une assise politique, administrative, scientifique, technique et économique suffisante pour permettre aux doctrinaires de se payer périodiquement le luxe ruineux de dénoncer et démanteler cette infrastructure tout en se créditant eux-mêmes de ses derniers fruits. La contradiction que Mao ne parvient pas à résoudre, c'est que la Chine ne peut remporter de succès dans l'ordre matériel qu'au prix d'entorses à la pureté idéologique. Cette contradiction n'est résolue que par la formule boiteuse (et terriblement dispendieuse) d'une perpétuelle alternance : mouvement de pendule entre les honteuses vaches grasses du réalisme, et les nobles vaches maigres de l'idéologie, — les secondes ne se nourrissant que des réserves accumulées par les premières. Avec ce boulet idéologique qu'on vient périodiquement lui rependre au cou, il n'est pas étonnant que la Chine ne progresse que de façon lente et sporadique dans son développement matériel ; le miracle est que, paralysée par un tel régime, elle ait cependant réussi à effectuer un progrès certain[1]. Zhou Enlai a constamment la coquetterie de déclarer à ses visiteurs étrangers (au nombre desquels se compte l'auteur de ces lignes) qu'il ne faut point se faire illusion sur les progrès matériels de la Chine, que la Chine à beaucoup d'égards est encore un pays sous-développé, qu'il lui reste un bien long chemin à parcourir, etc. En fait, si lourd qu'eût été le passif dont hérita le régime communiste au moment de la prise du pouvoir de 1949 (et il ne faudrait pas exagérer ce passif: dans le domaine des communications ferroviaires et dans celui de l'industrie, le nouveau régime a largement vécu de l'acquis réalisé par la république nationaliste avant la guerre), qu'aujourd'hui après vingt années de gouvernement, il n'ait toujours que ce mince bilan à montrer, devrait être tout à sa honte. Le potentiel d'intelligence, d'invention, d'initiative, d'endurance, d'ingéniosité et d'activité du peuple chinois est tel qu'il s'accommode même de gouvernements ineptes pourvu qu'ils se contentent d'être simplement parasitaires (tels que le gouvernement colonial britannique à Hong Kong, ou le gouvernement KMT à Taiwan) et de législations discriminatoires (comme dans la plupart des pays de l'Asie du Sud-Est) pour produire encore des miracles. Par comparaison, les résultats dont la Chine populaire peut aujourd'hui faire état navrent les observateurs informés plutôt qu'ils ne suscitent leur admiration, car ils savent trop bien que la Chine était capable d'infiniment plus et mieux, si seulement son gouvernement n'avait pas entrepris de systématiquement inhiber et gaspiller ses ressources humaines.

Dans le domaine idéologique, le mouvement de diffusion et d'enseignement des morceaux classiques de la doctrine maoïste se poursuit intensivement. Une importance toute particulière est donnée au texte de 1957, *Sur la manière correcte de résoudre le problème des contradictions au sein du peuple*; cet article avait tiré son inspiration du triple choc de la dénonciation des crimes de Staline par Khrouchtchev, de l'insurrection hongroise, et du déraillement du mouvement des « Cent Fleurs »; développant ce point essentiel de la doctrine maoïste que constitue la théorie de la permanence des luttes de classes à l'intérieur même de la société socialiste, il marqua le point de départ de ce qui devait devenir la lutte « antirévisionniste ».

Simultanément, le culte de la personne même du « grandiose pilote, grandiose chef, grandiose général en chef, grandiose maître à penser, suprêmement bien-aimé président Mao » déborde largement le seul hommage rendu à sa pensée, et atteint une cime qui tient à la fois de la mystique et de l'hystérie; divers hymnes écrits à sa gloire (reproduits *in extenso* sur des pages entières du *Renmin ribao*, avec la partition musicale,

1. Lequel ? (Note de 1989.)

de façon que les dizaines de millions de lecteurs de cet austère moniteur officiel puissent apprendre à les chanter à domicile) célèbrent ses louanges sous forme de litanies d'une espèce de culte solaire : le rayonnement de sa personne est comparé à l'action du soleil fécondant la vie universelle, etc.

D'autre part la commémoration du quarante-sixième anniversaire de la fondation du parti communiste chinois a fourni une nouvelle occasion d'intensifier la maoïsation du Parti : le Parti n'existe que par Mao, il est « sa création personnelle » (tant pis pour la vérité historique !), « toutes les victoires que le Parti a remportées sont les victoires de la pensée de Mao Zedong » ; hors de Mao, il n'est point de salut : « s'écarter de la pensée de Mao Zedong équivaut à renier fondamentalement le marxisme-léninisme, et c'est s'interdire la possibilité d'édifier un véritable parti marxiste-léniniste » (voir *Renmin ribao*, 30 juin, et *Hong qi*, n° 11). Par la même occasion, se trouve consacrée la position unique et privilégiée de Lin Biao qui « depuis plusieurs dizaines d'années met en œuvre et défend la ligne prolétarienne révolutionnaire de Mao Zedong de la manière la plus fidèle, la plus inébranlable et la plus profonde, et brandit le grandiose étendard rouge de la pensée de Mao Zedong [...] ; le camarade Lin Biao est l'intime compagnon d'armes du président Mao, son meilleur élève, et pour le Parti tout entier, pour le pays tout entier, constitue le plus brillant modèle de l'étude vivante et de l'application vivante de la pensée de Mao Zedong ». En fait la consécration d'un Lin Biao devenait normale et nécessaire une fois que l'autorité personnelle de Mao était substituée à l'autorité intemporelle et collective du Parti. Le dépôt de la vérité absolue n'étant plus le fait du Parti mais de Mao, ce transfert d'autorité d'un organisme permanent et abstrait à un individu qui, si « immortelle » que puisse être sa pensée, n'en est pas moins mortel lui-même, constitue un péril considérable pour la continuité du régime ; d'où la nécessité de désigner dès à présent un dauphin investi lui aussi de cette unique vertu d'infaillibilité. Néanmoins l'élévation de Lin Biao n'apporte qu'un palliatif précaire à la brèche énorme que Mao a ouverte en substituant son magistère personnel à celui du Parti ; cette promotion est loin de rencontrer une approbation unanime, même au sein du clan maoïste ; s'il était encore relativement aisé de diviniser la personne de Mao dont, au départ, la figure historique ne manquait pas de carrure, pareille entreprise est beaucoup plus arbitraire en ce qui concerne Lin Biao, et tous les efforts de la propagande réussiront difficilement à persuader l'opinion populaire que l'élu est à la hauteur de sa vocation.

Deuxième quinzaine de juillet : la mutinerie de Wuhan

La mutinerie de Wuhan apparaît dès à présent comme un événement d'une gravité sans précédent dans toute l'histoire du régime.

Wuhan (complexe des trois villes Wuchang, Hankou, Hanyang,

2 500 000 habitants) occupe au centre de la Chine (province du Hubei) sur le fleuve Bleu, une position d'une importance vitale au point de vue économique et stratégique. Le pouvoir politique y était précédemment détenu par Wang Renzhong (Wang initialement maire de Wuhan et premier secrétaire du Parti pour la province du Hubei, avait été promu ensuite premier secrétaire du Parti pour la région Centre-Sud, en remplacement de Tao Zhu lorsque ce dernier fut élevé au poste de chef du département de la Propagande après l'épuration de Lu Dingyi ; Tao Zhu après cette fulgurante ascension devait lui-même se faire épurer à la fin de 1966). Wang semblait jouir de la faveur de Mao — c'est en sa compagnie que le président prit son célèbre bain dans le fleuve Bleu — mais à la fin de 1966 il fut violemment attaqué et finalement épuré. Comme partout ailleurs la tornade de la « Révolution culturelle » n'avait laissé à Wuhan que l'armée comme seule autorité organisée. Celle-ci se trouvait placée sous les ordres du général Chen Zaidao qui commandait depuis 1955 la très importante région militaire de Wuhan (englobant les régions militaires provinciales du Hubei et du Henan). Chen Zaidao qui par le passé n'avait jamais appartenu au groupe des fidèles de Lin Biao, se trouvait au contraire étroitement associé avec ces puissants commandants régionaux (Wang Enmao, commandant la région militaire du Xinjiang, Qin Jiwei, commandant la région militaire de Kunming, Huang Xinting commandant la région militaire de Chengdu) qui, anciens subordonnés de Peng Dehuai, He Long, Xu Xiangqian et Liu Bocheng, avaient, par solidarité avec leurs chefs, opposé une résistance active à la vague maoïste.

Depuis le début de 1967, Wuhan avait été le théâtre de luttes continuelles. La triple ville ne comptait pas moins de cinquante-quatre groupes de « rebelles-révolutionnaires » qui, rivalisant dans la lutte pour le pouvoir, s'opposaient constamment en des affrontements sanglants. Chen Zaidao choisit de soutenir avec ses troupes une puissante organisation appelée « le Million de héros », laquelle était principalement formée d'ouvriers d'usines (2 000 ateliers et établissements miniers se mirent en grève du 29 avril au 30 juin pour grossir ses rangs), d'ouvriers des chemins de fer et de paysans, tous ennemis jurés des gardes rouges maoïstes. Appuyée par l'armée, cette milice ouvrière entreprit d'écraser les activistes maoïstes. La crise avait atteint un premier paroxysme à la fin de juin, aboutissant à la fermeture du pont ferroviaire sur le fleuve Bleu, et à une bataille de rues qui fit 350 morts et 1 500 blessés. En juillet, répondant aux appels des maoïstes qui se voyaient sur le point d'être balayés, Pékin envoya à Wuhan deux émissaires du plus haut rang pour tenter d'imposer une trêve : Xie Fuzhi et Wang Li.

Xie Fuzhi, vice-président du Conseil des ministres, ministre de la Sécurité et dirigeant du comité révolutionnaire de la ville de Pékin, était devenu l'une des personnalités en vedette de la « Révolution culturelle ».

Son passé est ambigu ; il a longtemps été le bras droit de Deng Xiaoping, mais son ralliement de la première heure à la « Révolution culturelle » avait précisément rendu possible le développement initial du mouvement ; en plaçant les forces de sécurité à la disposition des maoïstes, il avait joué un rôle décisif dans le coup d'État militaire de Pékin qui renversa tout l'équilibre des forces en faveur de Mao.

Wang Li qui n'avait pas derrière lui une aussi riche carrière que celle de Xie, est un homme nouveau ; produit et principal porte-parole de la « Révolution culturelle », son association avec Jiang Qing et son rôle de premier plan dans le groupe de la Révolution culturelle, l'avaient catapulté dans les plus hautes sphères de la hiérarchie : depuis l'épuration de Tao Zhu, c'est lui qui se trouvait chargé du département de la Propagande, et passait à ce titre pour l'une des têtes pensantes du mouvement maoïste.

L'envoi par Pékin de deux ambassadeurs aussi considérables, pour régler les problèmes de Wuhan, donne déjà une idée de la gravité de la situation.

Xie et Wang arrivèrent à Wuhan le 14 juillet.

Ce qui se passa dans les jours qui suivirent ne fut pas connu immédiatement. La première indication qu'un grave événement était survenu à Wuhan fut brutalement révélée à Pékin dans la soirée du 21, avec le déroulement inopiné d'une manifestation (incluant des détachements de l'armée) qui défila aux cris de « *Renversez Chen Zaidao ! Libérez le Hubei ! Relâchez immédiatement Wang Li !* »

Le détail de l'affaire fut décrit un peu plus tard dans les journaux muraux et dans les publications des gardes rouges. Le 17, trois jours après l'arrivée des émissaires de la « Révolution culturelle », les maoïstes locaux voulant tirer avantage de ce soutien qui leur venait enfin de Pékin, organisèrent une manifestation pour célébrer l'arrivée de Xie et Wang ; ils se heurtèrent à une contre-manifestation du « Million de héros ». Chen Zaidao exaspéré par l'ingérence du groupe de la Révolution culturelle, et se sentant fort du soutien de ses collègues des régions militaires limitrophes, lâcha la bride à ses troupes. Le 20, un détachement militaire (l'unité 8201) secondé par les milices prolétariennes du « Million de héros » investit l'aéroport, la gare, les quais du fleuve Bleu et les principales artères de la ville. La résidence où logeaient Xie et Wang fut prise d'assaut, Wang fut enlevé, traîné devant la foule, sauvagement battu puis séquestré.

Si à ce moment les autorités de Pékin avaient cédé à la tentation d'une intervention militaire directe pour libérer Wang Li, elles auraient porté les divisions internes de l'armée jusqu'à leur point d'explosion, et presque sûrement entraîné une guerre civile. Avec habileté, elles optèrent au contraire pour une souple manœuvre de conciliation : cette même journée du 20, Zhou Enlai se rendit à Wuhan pour négocier la libération de Wang Li.

Le 22, cinq cent mille manifestants défilaient à Pékin aux cris de « A bas Wang Renzhong et Chen Zaidao ! »

Le 22 dans l'après-midi, Xie Fuzhi et Wang Li rentraient par avion de Wuhan à Pékin où ils recevaient à l'aéroport un accueil triomphal en présence de toutes les plus hautes personnalités du régime. Radio-Pékin annonça leur « retour glorieux » en une émission spéciale qui fut répétée trois fois. Le 23, le *Renmin ribao* célébra ce retour avec une emphase particulière, mais sans faire mention des détails de l'aventure ; les communiqués officiels se bornèrent à dire que Wang Li et Xie Fuzhi étaient « glorieusement rentrés de Wuhan où ils s'étaient rendus pour régler des questions de la Révolution culturelle », et que « leur retour glorieux à Pékin était un événement qui devait combler d'enthousiasme toutes les masses révolutionnaires du pays ».

Le 24, des canonnières de la flotte de mer de Chine orientale remontaient le fleuve Bleu jusqu'à Wuhan, cependant que des unités de parachutistes reprenaient le contrôle des points stratégiques de la ville et désarmaient l'unité 8201 ainsi que le « Million de héros ». Le même jour Chen Zaidao et ses principaux subordonnés étaient emmenés à Pékin.

Contrairement à certains commentateurs, nous ne croyons pas que ces mouvements de troupes aient été déterminants dans la solution de la crise. La crise avait préalablement été résolue par voie diplomatique, avec l'intervention de Zhou Enlai le 20. A preuve, la libération et le retour de Wang Li et Xie Fuzhi à Pékin s'effectuèrent le 22, c'est-à-dire antérieurement à l'envoi des troupes du gouvernement central. L'envoi de ces troupes, le désarmement des mutins, le départ de Chen Zaidao pour Pékin, et son remplacement à la tête de la région militaire de Wuhan par Zeng Siyu, ne s'opérèrent pas par un coup de force, mais représentèrent simplement les fruits d'une négociation antérieure : aussi le désarmement des mutins s'effectua-t-il sans combat, et Chen Zaidao fut simplement relevé de son commandement, sans pour le reste faire l'objet d'aucun châtiment. A quel prix Pékin avait-il réussi à acheter la soumission de l'armée provinciale, la suite de la « Révolution culturelle » le révélera progressivement : les autorités centrales sacrifieront leur extrême gauche et l'abandonneront définitivement à la répression militaire, en retour de quoi les garnisons provinciales reconnaîtront l'autorité nominale de Pékin.

Dans les jours suivants, toujours pour fêter le retour des deux *missi dominici*, de vastes manifestations sont organisées dans plusieurs grandes villes de Chine, la plus importante se déroulant à Pékin où, le 25, un million de personnes défilent devant Tian'anmen (la porte de la Paix céleste) en présence de tous les dirigeants du régime. Les slogans des manifestants : « Nous défendrons le président Mao avec notre sang et notre vie ! » ne ressemblent guère à des cris de victoire, mais plutôt aux cris de ralliement d'une minorité menacée par un ennemi puissant.

L'affaire de Wuhan marque un tournant décisif dans l'évolution de la « Révolution culturelle ». L'armée qui, par le passé, avait déjà souvent favorisé les forces de résistance, fait un pas de plus, et adopte une attitude de défi ouvert. Ceci par contrecoup amène l'aile extrémiste de la « Révolution culturelle » (Chen Boda, Jiang Qing, Wang Li, Zhang Chunqiao, Yao Wenyuan, Qi Benyu, etc.) à durcir sa méfiance et son hostilité pour les militaires ; à l'ancienne formule dénonçant « la poignée de révisionnistes qui détient le pouvoir dans le Parti », elle substitue maintenant l'expression « la poignée de révisionnistes qui détient le pouvoir dans le Parti *et celle qui le détient dans l'armée* ». C'en est donc fait de cette immunité qui plaçait l'armée au-dessus de tout soupçon et la gardait à l'abri des remous de la « Révolution culturelle ».

Mais on voit difficilement comment Mao pourrait se permettre de ratifier cette déclaration de guerre que ses trop fervents disciples lancent en direction des militaires ; s'il le faisait, il risquerait de s'aliéner cette unique force organisée qui, depuis le sabordage du Parti, reste le dernier rempart du régime contre l'anarchie. L'armée de son côté, si elle se montre partiale dans sa répression des rebelles maoïstes provinciaux, et sourde dans une large mesure aux ordres de Lin Biao (dont l'artificielle élévation au poste de dauphin reste inacceptable pour les anciens grognards de Peng Dehuai, He Long, Liu Bocheng, Xu Xiangqian, etc.) conserve dans l'ensemble sa fidélité à Mao. Même si dans certains cas cette fidélité est plus formelle que vécue, elle n'interdit pas moins la cristallisation des oppositions autour d'un pôle commun de mécontentement. Pour vaste qu'elle soit, l'opposition reste donc irrémédiablement fragmentée et impuissante, précisément parce qu'elle ne peut concevoir de dénoncer directement Mao. S'arrêtant au seuil du sacrilège, elle en est réduite à la ruse, à la fronde, au sabotage et reste privée de tout noyau organique. A cet égard, le cas de Liu Shaoqi est exemplaire : face aux accusations, il refuse la contre-attaque, et s'en tient pour toute ligne de défense à plaider l'erreur de bonne foi et à protester de son indéfectible fidélité passée, présente et future à la personne de Mao.

Août

Un an après le déclenchement de la « Révolution culturelle », le pays ne fait que s'enfoncer toujours plus avant dans un chaos et dans des violences dont maintenant presque plus aucune province n'est exempte (la situation est particulièrement grave au Hubei — les séquelles de la mutinerie de Wuhan ne sont pas encore liquidées —, au Hunan, Jiangxi, Sichuan, Guangxi, à Nankin, à Shanghai et surtout à Canton ; des troubles sont également signalés au Henan, au Shânxi, au Zhejiang, au Fujian, au Shandong, en Mongolie intérieure, au Yunnan et au Guizhou ;

plusieurs villes du Nord-Est sont le théâtre de violences ininterrompues : Shenyang, Fushun, Changchun, Harbin, et les autorités centrales viennent d'y envoyer Guan Feng en mission de pacification ; au Heilongjiang, qui constituait en principe un modèle de province maoïste, le commandant de la région militaire Wang Jiadao et son commissaire politique Pan Fusheng sont violemment pris à partie par les gardes rouges).

Les troubles sont de nature diverse ; affrontements de groupes rivaux de « rebelles-révolutionnaires » qui s'accusent mutuellement de trahir la ligne du président Mao ; heurts entre des gardes rouges venus de l'extérieur et les ouvriers et paysans organisés par l'autorité locale pour repousser ces incursions ; groupes de hors-la-loi qui profitent du désordre pour se livrer à des pillages et excès divers.

La faiblesse majeure des maoïstes est de ne pouvoir guère compter que sur les gardes rouges, jeunes et inexpérimentés, tandis que l'opposition dispose en général des milices populaires et du soutien des paysans et des ouvriers.

La faiblesse majeure de l'opposition est d'être dépourvue d'un commandement unifié, ou d'un commun cri de ralliement, en sorte que ce désordre généralisé n'en arrive jamais à revêtir la forme d'un front organisé, et ceci seul empêche la situation de virer à la guerre civile.

Pékin se trouve plus que jamais écartelé entre les exigences contradictoires des extrémistes et des militaires. Est-on vraiment décidé à freiner les premiers ? Certains indices le feraient penser : le 23, Xie Fuzhi a lancé un appel à la radio, enjoignant les gardes rouges de renoncer à la violence et de ne plus entreprendre d'expéditions à travers les provinces ; Zhou Enlai a vainement tenté d'obtenir que les factions belligérantes de Canton déposent les armes. A côté de cela par contre, en plusieurs endroits les autorités maoïstes ont décidé d'armer certains groupes d'élite des gardes rouges (tels ceux de l'École aéronautique de Pékin ainsi que certains groupes du Jiangxi et du Hunan).

Mais il est évident qu'en dernière analyse c'est l'armée qui restera l'ultime arbitre du destin de la « Révolution culturelle ». L'armée est donc au centre des préoccupations des autorités maoïstes qui se servent à son égard tantôt de la carotte et tantôt du bâton. La carotte : la fête anniversaire de la fondation de l'Armée populaire de libération (1er août [1]) vient d'être célébrée avec un éclat d'autant plus frappant qu'il

1. Cette fête commémore l'insurrection de Nanchang (1er août 1927). Les principaux artisans de cette insurrection avaient été dans le domaine politique : Zhou Enlai, Li Lisan (violemment attaqué en février, selon une nouvelle datée du 5 août, il viendrait de se pendre), Zhang Guotao (fit défection en 1938 ; après la Libération, s'installa à Hong Kong, vient tout récemment d'émigrer au Canada), Tan Pingshan (quitta le Parti dans la suite) ; sur le plan militaire : He Long (épuré par la « Révolution culturelle »), Ye Ting (décédé), Zhu De (violemment pris à partie par la « Révolution culturelle »). La « Révolution culturelle » entreprit de minimiser la signification historique de l'insurrection de Nanchang, car d'un côté Mao n'y avait pris aucune part, et de l'autre tous les héros de cet événement, à la seule exception de Zhou Enlai, sont aujourd'hui tombés en disgrâce.

avait récemment été question de la supprimer (l'an passé elle avait pratiquement été escamotée et s'était limitée en tout et pour tout à une discrète réception donnée au siège de l'état-major général). A cette occasion, de nombreuses personnalités militaires qui avaient dernièrement fait l'objet d'attaques, ont été réinstallées sur l'estrade, ainsi Zhu De par exemple. (Il est évidemment exclu que Zhu De puisse jamais plus jouer un rôle actif ; sa présence aux cérémonies du 1er août doit être interprétée comme un geste symbolique d'apaisement et de conciliation en direction de la haute hiérarchie militaire ulcérée par les attaques dont elle avait été victime.) Le bâton : la Commission militaire du Comité central a procédé à une épuration d'une ampleur sans précédent parmi les commissaires politiques de l'armée, affectant un tiers de leurs effectifs ; dans sept des treize grandes régions militaires, le premier commissaire politique s'est trouvé remplacé, ainsi que dans neuf des vingt-sept sous-régions militaires.

En fin de compte, dans quelle mesure Mao peut-il compter sur le soutien de l'armée ? Relevons quelques indices inquiétants : des dix maréchaux, deux seulement l'ont suivi (Lin Biao et Nie Rongzhen) ; les autres ont été soit épurés, soit se sont trouvés en butte à de violentes attaques, peu propres à leur rendre la « Révolution culturelle » attrayante. Lors des célébrations du 1er août, à peine plus de la moitié des commandants des régions militaires étaient présents. Les états-majors de l'aviation étaient absents dans leur quasi-totalité, et la marine était à peine représentée. D'autre part sur les treize grandes régions militaires, trois ont déjà dû être dotées d'un nouveau commandant (Mongolie intérieure, Chengdu et Wuhan) ; le commandant de la région militaire du Xinjiang (Wang Enmao) garde une attitude fort ambiguë ; la région militaire de Nankin et celle de Kunming sont dirigées par des opposants notoires (Xu Shiyou et Qin Jiwei) qui restent toujours en place sans qu'aucune tentative ait été faite pour mettre leur autorité en question. D'autre part, dans le camp maoïste lui-même, des frictions constantes se produisent entre les subordonnés de Lin Biao et le groupe de la Révolution culturelle de Jiang Qing : à cet égard les attaques contre Xiao Hua qui ont repris ce mois-ci constituent un dangereux phénomène.

Les principales causes de mécontentement des militaires proviennent, comme nous venons de le signaler, de ce que la « Révolution culturelle » s'est attaquée à plusieurs de ses chefs les plus populaires et les plus respectés ; deuxièmement, de ce que les cadres des régions militaires avaient une longue et étroite association avec l'appareil provincial du Parti ; troisièmement de ce que les excès des gardes rouges souvent dirigés contre les garnisons locales, ont suscité l'exaspération de celles-ci et l'impatient désir de réimposer l'ordre par la force.

Le comité révolutionnaire qui vient de s'établir au Qinghai (12 août) suggère assez clairement dans sa composition la seule orientation susceptible de tirer la « Révolution culturelle » de son actuelle impasse : théoriquement le fruit d'une « triple union », ce comité n'est rien de plus en fait qu'un prolongement de l'autorité militaire. La situation de contrôle militaire dans laquelle se trouvait déjà la province, n'a été nullement modifiée, on vient simplement de la recouvrir d'une étiquette « révolutionnaire » : le nouveau comité révolutionnaire est en effet présidé par le commandant de la région militaire du Qinghai (Liu Xianquan), et son vice-dirigeant n'est autre que le commandant en second de cette même région militaire (Zhang Jianglin)… Le 13 août, le *Renmin ribao* dans un article saluant l'établissement de ce comité, n'a d'ailleurs pas manqué de souligner que c'est grâce à l'armée que cette victoire de la « révolution » avait pu être remportée…

La divulgation de documents anciens du régime vient jeter une lumière de plus en plus complète sur les mécanismes qui ont produit la « Révolution culturelle » : le *Renmin ribao* a publié le 16 août une version abrégée de la *Décision de la huitième session plénière du VIIIe Comité central du parti communiste chinois concernant le groupe anti-Parti qui avait Peng Dehuai pour chef*, décision qui avait été prise le 16 août 1959 à la conférence de Lushan. Ce texte et les commentaires qui l'accompagnent (*Hong qi*, n° 13) apportent une série de révélations décisives : il apparaît clairement maintenant que la conférence de Lushan fut une crise capitale, qui entraîna l'éclipse de Mao et permit la montée de cette « faction détenant le pouvoir » que la « Révolution culturelle » s'efforce maintenant d'abattre. Autrement dit, la « Révolution culturelle » peut essentiellement se définir comme une tentative de Mao pour reprendre tout ce dont il s'était trouvé dépouillé à la suite de la conférence de Lushan et pour conjurer les menaces que faisaient peser sur sa propre survie politique les forces nouvelles nées de cette conférence (toute cette question a été analysée dans la première partie).

Septembre-octobre

La mutinerie de Wuhan qui, à la fin de juillet, avait mis le pays à un doigt de la guerre civile, a été un terrible coup de semonce pour le pouvoir maoïste. Celui-ci en tire maintenant les leçons et amorce un complet changement de cap. Cette nouvelle orientation, si elle se maintient, va bientôt achever de dépouiller la « Révolution culturelle » de tout contenu : tel est le prix exorbitant que Pékin a dû payer pour acheter le ralliement des militaires.

Non seulement les auteurs de la mutinerie n'ont pas été châtiés (Chen Zaidao, le principal fauteur, en est simplement quitte pour subir une « session d'étude de la pensée de Mao Zedong » à Pékin), mais au contraire pour achever d'apaiser les mutins, *c'est leur victime, Wang Li, qui se trouve maintenant frappée de disgrâce!* Wang Li est accusé d'avoir lancé le slogan dénonçant la « faction révisionniste qui détient le pouvoir *dans l'armée* ». Ce slogan est maintenant répudié : le sort du pouvoir maoïste étant à la merci du bon vouloir des militaires, tout est mis en œuvre pour se concilier leur collaboration ; l'armée est haussée sur un piédestal, placée au-dessus des dissensions et mise à l'abri des critiques ; on impose maintenant le mythe d'une armée pure et infaillible. La chute de Wang Li est un événement lourd de signification ; Wang Li étant un des piliers idéologiques et l'un des principaux porte-parole de la « Révolution culturelle » (depuis l'élimination de Tao Zhu, c'est lui qui se trouvait chargé du secteur clef de la propagande), son écartement indique que la « Révolution culturelle » vient en fait d'abdiquer ses objectifs extrêmes, pour ne plus subsister que comme une étiquette collée sur une précaire coalition d'intérêts.

L'élimination de Wang Li n'est pas un accident individuel, elle correspond à une nouvelle orientation politique : à sa suite, voici que les têtes pensantes de la « Révolution culturelle » se mettent à rouler les unes après les autres : Lin Jie qui, comme Wang Li, était rédacteur du *Hong qi*, tombe à son tour ; on l'accuse d'être un complice de Wang Li, de diriger en sous-main le groupe « contre-révolutionnaire » appelé « Troupe du 16 mai », d'avoir répandu le slogan qui prônait l'épuration des têtes dirigeantes de l'armée, et d'avoir rassemblé les éléments d'un « dossier noir » contre Zhou Enlai. Après lui, c'est Mu Xin, rédacteur en chef du *Guang ming ribao*, qui se fait arrêter, sous l'inculpation de « complicité avec la clique contre-révolutionnaire de Lin Jie ». Yao Dengshan, le fameux « diplomate rouge » tombe lui aussi en disgrâce : à son retour d'Indonésie en avril, il avait reçu un accueil triomphal à Pékin ; se sentant le vent révolutionnaire plein les voiles, il avait mené la « Révolution culturelle » à l'assaut de la forteresse bureaucratique du ministère des Affaires étrangères ; dirigeant les attaques contre Chen Yi, il était allé jusqu'à accuser (non sans raison) Zhou Enlai de protéger les mandarins de ce ministère ; de plus, c'est à son instigation que les gardes rouges auraient incendié l'immeuble du chargé d'affaires britannique à Pékin. Or maintenant Yao se trouve traîné en séance d'accusation publique, pour s'entendre traiter de « pickpocket de la politique » ! Tel est le salaire que la « Révolution culturelle » réservait à ceux qui avaient eu la naïveté de croire en elle et de la prendre au pied de la lettre. Car c'est bien en cela que consistait le « crime » de Wang Li et de ses compagnons : les divers points de l'accusation forment une image très cohérente : la « Troupe du 16 mai » à laquelle on associe Wang Li et Lin Jie, est une faction d'extrémistes qui préconisaient de mener la « Révolution culturelle » jusqu'au bout, refusaient de pactiser avec l'ancienne bureaucratie, et parlaient d'étendre la « Révolution culturelle » à l'intérieur de l'armée. Ces extrémistes avaient initialement été soutenus et guidés du sommet par le groupe de la Révolution culturelle; mais quand leur intransigeance se mit à faire obstacle aux compromis que le pouvoir maoïste voulait négocier avec les bureaucrates et les généraux, ils se trouvèrent impitoyablement dénoncés et mis hors la loi. Mais s'il est encore relativement aisé d'éliminer à Pékin les principales têtes du mouvement activiste de la «Révolution culturelle», c'est à l'échelon local que les problèmes sont les plus épineux, et maintenant la préoccupation majeure du pouvoir maoïste n'est plus tant de lutter contre les «révisionnistes», mais bien de mater ses propres partisans dont la sincérité et le zèle deviennent par trop dangereux. Ce souci est reflété dans la presse officielle qui a consacré de nombreux articles à la dénonciation de cette extrême gauche qui est toujours qualifiée d'«extrême gauche en apparence, mais droite en réalité»: l'orthodoxie étant de «gauche» par définition, l'opposition doit nécessairement être désignée par le terme de «droite»; aussi quand pour des raisons d'opportunité le pouvoir vire à droite et se fait contester par sa gauche, conventionnellement la droite se trouve baptisée gauche, et la gauche droite; la même valse terminologique joue pour des concepts comme «capitaliste» et «prolétarien» qui ne correspondent nullement à des réalités socio-économiques, mais constituent simplement des jugements moraux, de même que «révolutionnaire» et «contre-révolutionnaire» ne se réfèrent pas à un contenu politique, mais désignent seulement le pouvoir et l'opposition; aussi est-on «capitaliste» parce que criminel, «révolutionnaire» parce que du côté du manche, et non l'inverse — ce qui rappelle le sardonique aphorisme de Lu Xun: «L'individu que l'on condamne est coupable parce que condamné, et non condamné parce que coupable.» L'ensemble des griefs officiellement formulés contre les activistes nous révèle assez bien leurs positions: ils refusent de reconnaître avec Pékin que «la situation de la Révolution culturelle est excellente» et que «la Révolution culturelle a remporté une victoire décisive»; ils estiment au contraire (on les comprend!) que la «Révolution culturelle» n'a pas encore atteint ses objectifs et risque de se laisser étouffer; ils se plaignent de ce que le pouvoir soit maintenant replacé entre les mains des bureaucrates, cependant que les authentiques «rebelles-révolutionnaires» se font persécuter. Ils refusent de collaborer à la «grande alliance» ou la sabotent par leurs manœuvres divisionnistes. Ils pèchent par égocentrisme, n'accordent de qualité révolutionnaire qu'à eux-mêmes, et la dénient à tous les autres groupements. Ils égarent les masses et refusent d'appliquer les instructions du pouvoir central. Dans la lutte, ils se livrent à des violences physiques et cherchent à assouvir des vengeances personnelles. Ils calomnient tous ceux qui observent fidèlement les ordres du pouvoir central, en les qualifiant de droitistes. Simultanément, pour grossir leurs rangs, ils n'hésitent pas à enrôler des groupes conservateurs et de mauvais éléments. Ils doutent systématiquement de tous les anciens cadres, et accusent ceux d'entre eux qui se sont laissé remettre en selle de n'être que des opportunistes. Ils lancent des tracts menaçants en direction des autorités locales, parlant de « bombarder leur quartier général ». Ils adoptent une attitude incorrecte à l'égard de l'armée et préconisent de porter l'épuration jusque dans ses rangs.

Cet énoncé est clair : en un mot, encore une fois, ce que l'on reproche à ces activistes, c'est… d'avoir pris la « Révolution culturelle » au sérieux, de vouloir la faire pour de bon, de refuser la parodie qu'on cherche maintenant à lui substituer.

Or maintenant le seul souhait de Pékin est de liquider promptement toute l'aventure. Lors de la fête nationale (1er octobre) qui s'est déroulée cette année sur une échelle sensiblement plus modeste que l'an dernier et ressemblait plus à une cérémonie d'hommage personnel à Mao Zedong qu'à une fête nationale, l'armée s'est trouvée mise à l'honneur, et les gardes rouges relégués à l'arrière-plan. Lin Biao a célébré dans son discours « la victoire de la Révolution culturelle » comme s'il s'agissait d'une chose accomplie.

Mais suffira-t-il de déclarer ainsi aux rebelles battus et frustrés : « Vous avez gagné, vous pouvez aller vous reposer maintenant », pour obtenir d'eux qu'ils renoncent à la lutte et assistent docilement à la réinstallation de cet appareil bureaucratique contre lequel ils s'étaient insurgés ?

La formule du « comité révolutionnaire », simulacre de « prise de pouvoir », fondée sur la trinité armée-cadres réhabilités-représentants des « rebelles-révolutionnaires », avait été mise au point pour mettre en minorité et neutraliser l'élément rebelle. Celui-ci trop faible pour pouvoir ambitionner de jamais prendre le contrôle de ce nouvel organe, restait au moins suffisamment fort pour entraver sa mise en place : la maigre floraison des sept premiers comités révolutionnaires (Heilongjiang 31 janvier, Shandong 3 février, Guizhou 13 février, Shanghai 24 février, Shanxi 18 mars, Pékin 20 avril, Qinghai 12 août) ne semble pas capable de s'étendre rapidement à l'ensemble du pays. Impuissants à faire directement front à la répression militaire, les rebelles disposaient cependant de deux armes pour saboter la constitution des « triples unions » : ils exerçaient un chantage sur les cadres pour interdire à ceux-ci de participer aux comités révolutionnaires ; ce chantage se montrait fort efficace : les cadres se voyaient bien invités par Pékin à redescendre hardiment dans l'arène et à reprendre du service, mais échaudés et terrorisés par leurs récentes expériences, entre les encouragements lointains de la capitale et les menaces immédiates de leurs rebelles locaux, ils préféraient se confiner dans une prudente expectative — le pouvoir central ne les avait-il pas une première fois déjà abandonnés à la fureur des rebelles ?

En second lieu, les rebelles avaient recours à la violence pour barrer l'entrée des comités révolutionnaires aux groupements plus dociles patronnés par l'armée et par l'ancien appareil du Parti, créant ainsi un climat de « guerre civile ».

Pour tourner les obstacles ainsi créés par les rebelles, l'autorité maoïste cherche à imposer maintenant le nouveau mot d'ordre de la « grande alliance » (*da lianhe*), laquelle est conçue comme une condition préalable de la « triple union ». La « grande alliance » est un manteau de Noé jeté sur le conflit des factions rebelles et des factions faussement rebelles, de façon à instaurer un cessez-le-feu provisoire. Au lieu de résoudre les problèmes, on escamote leur existence (de la même façon que, la « Révolution culturelle » ne pouvant être poursuivie, on annonce que sa victoire est accomplie) ; l'autorité de Mao lui-même est invoquée pour déclarer qu'« au sein du prolétariat, il n'existe fondamentalement pas de conflits d'intérêt, et il n'y a dès lors aucune raison de voir s'y développer des factions rivales exclusives les unes des autres ». Par ce stratagème des « grandes alliances », les rebelles-révolutionnaires ne sont plus représentés directement dans les comités révolutionnaires ; ils ne le sont plus qu'indirectement, par le truchement d'une « grande alliance » préalable où leur virulence activiste est diluée au contact des pseudo-rebelles. Ceci devrait théoriquement permettre de hâter ce mouvement de réhabilitation des anciens cadres que Pékin cherche maintenant à presser par tous les moyens (voir *Jiefang jun bao*, 20 octobre, *Wenhui bao*, 20 octobre et *Renmin ribao*, 21 octobre : il faut témoigner de mansuétude à l'égard des cadres fautifs ; pour qu'ils puissent réintégrer leur ancien poste, il suffit qu'ils aient pris conscience de leurs erreurs passées, et soient déterminés à suivre dorénavant la pensée de Mao Zedong).

Mais les factions rebelles, comme on vient de l'indiquer plus haut, refusent précisément de s'engager tête baissée dans ce piège de la « grande alliance » ; et ce refus obstiné continue à paralyser tout le processus de normalisation.

Pour compliquer les choses, la lutte se poursuit au sommet entre les trois groupes rivaux dont la boiteuse coalition forme le camp maoïste. Avec les Wang Li et Lin Jie, le groupe de la Révolution culturelle (Chen Boda – Jiang Qing) vient en un coup de se faire souffler par l'armée quelques-uns de ses meilleurs pions, mais il a riposté en faisant tout récemment éliminer Xiao Hua, ce bras droit de Lin Biao qui avait osé interdire à Jiang Qing de s'immiscer dans les affaires de l'armée. A travers son lieutenant, c'est Lin Biao lui-même qui est touché ; mais pour amortir tant soit peu le coup, on a par mesure de compensation accordé une position officielle à son épouse, Ye Qun ; celle-ci, nommée membre du groupe de la « Révolution culturelle », a commencé ces derniers temps à figurer en bonne place sur les estrades officielles. Cette montée au pouvoir des épouses est d'ailleurs un signe inquiétant pour la santé du régime ; elle indique d'une part la crise de confiance qui sévit au sommet ; faute d'adjoints sûrs, les dirigeants en viennent à s'appuyer sur leur compagne d'oreiller, un peu comme ces empereurs des périodes de décadence qui, voyant la trahison partout, ne se fiaient plus qu'à leurs eunuques ; et d'autre part l'exemple est maintenant donné à la tête, de promotions non plus effectuées sur la base de compétences objectives, mais allouées par faveur privée.

Dans la lutte sourde qui se poursuit aux côtés de Mao, il ne s'échange encore que des coups fourrés. Dans le triangle Jiang Qing-Lin Biao-Zhou Enlai, une provisoire communauté d'intérêts ligue les deux derniers contre la première. Cette alliance aurait réussi depuis longtemps à faire basculer Jiang Qing, n'était que celle-ci dispose d'un atout unique mais décisif : l'appui personnel de Mao. En attendant, si les heurts directs sont encore évités, c'est à travers leurs subordonnés que ces trois têtes de file s'entremangent ; tandis que Jiang Qing perdait Wang Li et consorts, Lin Biao perdait Xiao Hua, et Zhou Enlai pour sa part, après plusieurs tentatives désespérées de repêchage, paraît désormais incapable de sauver son Chen Yi.

Novembre-décembre

Le tournant à droite décrit plus haut ne fait que s'accentuer ; après la chute de Wang Li, Lin Jie, Mu Xin, le groupe des idéologues radicaux de la « Révolution culturelle » achève de se faire décimer : voici maintenant que Guan Feng vient à son tour de se faire éliminer, toujours en relation avec Wang Li et les activités clandestines de la « Troupe du 16 mai » (Guan Feng était vice-rédacteur en chef du *Hong qi* ; Wang Li en était le rédacteur en chef, et Lin Jie, membre du comité de rédaction ; avec ces épurations, le *Hong qi*, qui avait rassemblé toute l'avant-garde idéologique de la « Révolution culturelle » et servi de porte-parole et de guide doctrinal au mouvement, se retrouve maintenant pratiquement réduit au silence).

Ces épurations ne sauraient aller dans le sens des vœux personnels de Mao : ce sont tous les hérauts de *sa* « révolution » qui disparaissent ainsi les uns après les autres, mais il est obligé de les sacrifier pour apaiser le mécontentement de l'armée.

Le groupe de la « Révolution culturelle » ainsi mis en veilleuse, les gardes rouges sont forcés de suspendre leurs activités, cependant que l'armée se trouve partout placée aux leviers de commande. La propagande s'emploie à soigner l'image des militaires ; une grande campagne pédagogique et morale est en cours, sur le thème « l'armée aime le peuple, le peuple soutient l'armée ». Il s'agit d'imposer le mythe d'une armée rouge, pure et infaillible, paternellement penchée sur la population, et adorée de celle-ci. Pour effacer le souvenir de l'impitoyable répression que l'armée fit peser sur la jeunesse activiste — et détourner l'attention des répressions qui en certains endroits sont encore en cours —, la presse ne cesse de conter d'édifiantes anecdotes décrivant le sacrifice héroïque de soldats se noyant pour sauver d'imprudents gardes rouges en difficulté dans une rivière, etc., etc. Des personnalités militaires qui avaient longtemps servi de cible aux gardes rouges remontent glorieusement en scène : le meilleur exemple est celui de Huang Yongsheng au Guangdong. Huang, le commandant de la région militaire de Guangzhou (couvrant les deux régions militaires provinciales du Guangdong et du Guangxi) avait été violemment attaqué par les activistes qui l'accusaient (non sans raison) d'être un suppôt de Tao Zhu et d'avoir fait malmener les groupes de gardes rouges par l'armée. Au paroxysme de la crise, c'est-à-dire en août, Huang fut rappelé à Pékin, et pendant trois mois on n'entendit plus parler de lui. Il refit enfin surface le 14 novembre : un communiqué de l'agence Xin hua mentionna sa présence parmi la suite de Mao (en compagnie d'une série d'autres rescapés : Chen Yi, Xu Xiangqian, Ye Jianying, Li Xuefeng) lors d'une audience accordée à Pékin par Mao à un groupe de diplomates et de techniciens rentrés d'Indonésie et de Birmanie. Et maintenant, aux dernières nouvelles, le voici non seulement dédouané, mais remis en selle : il a regagné Canton en qualité de dirigeant du groupe préparatoire à l'établissement du comité révolutionnaire du Guangdong, ce qui lui donne en fait les pleins pouvoirs sur la province. Dans ce groupe préparatoire, il se trouve secondé par un bureaucrate expérimenté de l'ancien appareil du Parti (Chen Yu, secrétaire du Bureau Centre-Sud) et par deux commissaires politiques de la région militaire de Canton (Kong Shiquan et Chen De). Les rebelles qui voient ainsi revenir leur ancien adversaire avec une autorité renforcée, ne disposent eux-mêmes d'aucune représentation dans la direction de ce groupe préparatoire… Des groupes préparatoires similaires ont également été constitués au Hunan, Jiangxi, Henan, Sichuan et Gansu : ils présentent tous la même combinaison des deux forces traditionnelles armée-cadres, et excluent toute représentation rebelle. Du reste les deux nouveaux comités révolutionnaires qui viennent de s'établir (Mongolie intérieure, 1er novembre, et municipalité de Tientsin, 6 décembre) illustrent clairement l'orientation définitivement prise par la « Révolution culturelle » : la « prise du pouvoir » dont l'établissement des comités révolutionnaires était censé être l'aboutissement, n'est plus qu'une formule conventionnelle : en Mongolie intérieure, le comité révolutionnaire est dirigé par un militaire (Teng Haiqing, précédemment commandant en second de la région militaire de Pékin, et maintenant faisant fonction de commandant de la région militaire de Mongolie intérieure), assisté de trois vice-dirigeants, un militaire (Wu Tao, commissaire politique de la région militaire de Mongolie intérieure), un ancien cadre de l'appareil du Parti (Gao Jinming, secrétaire du comité du Parti de Mongolie intérieure) et un délégué révolutionnaire (Huo Daoyu). A Tientsin, on ne s'est même plus donné la peine d'accorder un siège symbolique aux « rebelles-révolutionnaires » à la tête du comité : celui-ci est dirigé par une personnalité de l'ancien appareil du Parti (Xie Xuegong, secrétaire du secrétariat du bureau Chine du Nord, et premier secrétaire du comité de la municipalité de Tientsin) épaulé par trois adjoints qui ne sont autres que… le commandant de la garnison de Tientsin (Zheng Sansheng), le chef de la préfecture de police de Tientsin (Jiang Feng) et le commissaire politique de la garnison de Tientsin (Xiao Siming) ! Étrange « prise de pouvoir » qui consiste à remettre le pouvoir à ceux qui le possédaient déjà, étrange « révolution » qui dénie tout pouvoir aux révolutionnaires, pour consolider l'autorité des représentants de l'ordre traditionnel : la bureaucratie du Parti, l'armée et la police… On peut ainsi mesurer tout le chemin parcouru par un an de « révolution culturelle » : aux tentatives de « prises de pouvoir » unilatérales succéda la formule édulcorée de « triple union » ; puis la « triple union » fut encore tempérée par le stratagème préalable de la « grande alliance ». A Tientsin maintenant on s'est même débarrassé de ces derniers semblants : ni dans le long communiqué officiel de victoire (*Renmin ribao*, 7 décembre), ni dans les discours inauguraux prononcés par les dirigeants du comité, il n'a été fait mention d'une « triple union ». La raison en est bien simple : pour qu'il y ait « triple union », il faut être trois ; or dans le comité de Tientsin, entre la bureaucratie et l'armée, nulle place, même théorique, n'a été laissée à la « révolution »…

A Pékin, Jiang Qing est restée absente d'une série de réunions officielles. Selon les journaux des gardes rouges, Zhou Enlai aurait déclaré dans une allocution récente que Jiang Qing, épuisée par ses labeurs, ferait bien maintenant de prendre quelque repos… Et simultanément voici que l'insubmersible Chen Yi, qu'on désespérait de plus jamais revoir après toutes les attaques dont il avait été victime, revient à la surface (ces dernières semaines, il a déjà fait cinq apparitions publiques, et le 6 décembre il a même prononcé une allocution officielle lors d'une réception donnée par l'ambassade de Finlande). Comme sur ces baromètres paysans où l'apparition d'une commère à parapluie annonce le mauvais temps, et celle d'un bonhomme en manches de chemise le retour du soleil, la scène du guignol pékinois qui nous offre les virevoltes successives de Mme Mao et des vieux bureaucrates, reflète assez bien les variations du climat politique pour l'ensemble du pays. La réapparition inattendue de Chen Yi (après avoir été traîné dans la boue comme il le fut, on croyait qu'il ne réussirait plus jamais à se reblanchir) coïncide en effet avec un regain d'élan dans la campagne pour « libérer les cadres » : dans l'optique de Pékin, l'application de ce mot d'ordre devrait permettre de récupérer et réintégrer dans leur ancienne position tous les fonctionnaires de l'appareil, ne faisant exception que pour la petite minorité de ceux qui, au sommet, se trouvaient en relation directe et intime avec les anciens dirigeants.

Mais en trahissant ainsi tous les objectifs déclarés de la « Révolution culturelle », les autorités maoïstes ne font qu'enflammer plus encore la fureur de l'« extrême gauche » qui, en province, s'obstine dans son combat désespéré. C'est ainsi que de vives échauffourées continuent à se produire un peu partout (récemment les principales régions névralgiques sont le Liaoning, Hunan, Sichuan, Guangdong, Guizhou et Yunnan). Les sources officielles viennent d'ailleurs de confirmer l'existence de ces divisions intérieures qui déchirent le camp maoïste ; le *Renmin ribao* du 22 décembre a publié cette « nouvelle instruction du président Mao » : « Chacune des *deux factions* ne doit pas trop parler des défauts et des erreurs de l'autre ; que chacune laisse à l'autre le soin de parler d'elle-même de ses propres défauts et erreurs, que chacune fasse sa propre autocritique, de manière à obtenir une large unité au sein de laquelle ne subsistent plus que des différences minimes. » C'est la toute première fois qu'il est officiellement fait état de l'existence de *deux factions*. On peut aisément les identifier ; il s'agit de toute évidence d'une part de la coalition militaro-bureaucratique (Lin Biao-Zhou Enlai) et d'autre part des survivants du groupe de la Révolution culturelle qui refusent de se résigner à la défaite.

L'ascension de Lin Biao devient de plus en plus ostentatoire. Yang Chengwu, le chef de l'état-major général et le second personnage de l'armée après Lin (on se souvient que c'est l'intervention décisive de Yang qui avait assuré aux maoïstes le contrôle militaire de la ville de Pékin et permis ainsi le lancement de la « Révolution culturelle ») a publié le 3 novembre dans le *Renmin ribao* un long article qui, se donnant pour un réquisitoire contre Luo Ruiqing, constitue en fait une consécration de la position privilégiée qu'occupe maintenant Lin Biao. La relation Mao-Lin y est présentée d'une façon subtile qui risque de ne plaire qu'à demi au premier : l'autorité suprême ne saurait certes appartenir qu'au seul Mao, mais celui-ci se trouve si bien déifié qu'il se voit proprement reléguer dans les nuées ne laissant ici-bas que Lin Biao, son unique grand prêtre et interprète qualifié, pour déterminer la signification exacte, et le mode d'application correct de sa Pensée.

Un peu plus tard, le 18 novembre, un meeting de délégués de l'armée qui avait participé à Pékin à une session d'étude de la pensée de Mao Zedong, rendait un solennel hommage au dauphin Lin. Ceci n'était encore qu'un prélude ; cette nouvelle campagne de propagande destinée à exalter la personne et le rôle de Lin, devait bientôt atteindre une cime hystérique. A la fin de novembre, Lin Biao fit don à une délégation de la marine en session d'étude de la pensée de Mao à Pékin, d'une inscription calligraphique tracée de sa propre main : « Pour naviguer en haute mer, on s'en remet au timonier, pour faire la révolution, on s'appuie sur la pensée de Mao Zedong. » Cet événement minime en lui-même a donné lieu à des célébrations d'une singulière ampleur : le 1er décembre, le *Renmin ribao* et le *Jiefang jun bao* consacrèrent à cette affaire la totalité de leur première page. Les jours suivants, diverses festivités eurent lieu dans la marine pour saluer cet événement, et les troupes adressèrent à Lin Biao un serment de fidélité. Ces cérémonies furent décrites dans la presse en termes lyriques. La version anglaise du communiqué de l'agence Xin hua (publiée par *Peking Review*, 1967, nº 50) a été fort édulcorée pour l'usage des lecteurs étrangers. Pour donner une idée de l'orgie de superlatifs dont cette dédicace de Lin Biao fut l'occasion, il faut s'en tenir à la version chinoise originale dont voici la traduction :

La dédicace du vice-président Lin n'est pas seulement un honneur pour la marine, mais c'est aussi un honneur pour toute l'armée et pour toute la nation. Elle ne représente pas seulement la plus grande sollicitude, le plus grand encouragement, le plus grand stimulant, le plus grand enseignement pour la marine, mais elle représente aussi la plus grande sollicitude, le plus grand encouragement, le plus grand stimulant, le plus grand enseignement pour toute l'armée et pour toute la nation. […] Le vice-président Lin est le compagnon d'armes de notre grandiose chef le président Mao, c'est son meilleur étudiant, *son meilleur*

Dédicace calligraphique de Lin Biao, écrite pour les délégués activistes de la marine rassemblés en session d'étude de la pensée de Mao à Pékin, 29 novembre 1967. Lin Biao doit manier le sabre mieux que le pinceau. C'est un méchant calligraphe qui se donne le ridicule d'imiter de façon servile et maladroite le style de Mao.

successeur (*jieban ren*, littéralement, « celui qui prend la relève »). Il est le vice-général en chef de la nation entière, il a apprécié la valeur de la pensée de Mao Zedong de la manière la plus complète, la plus rigoureuse et la plus scientifique. De la manière la plus loyale, la plus résolue et la plus impavide, il a toujours défendu la place de leader suprême du président Mao, il a défendu la pensée de Mao Zedong ainsi que la ligne révolutionnaire du président Mao. Avec la plus grande pénétration et le plus grand dynamisme, il a dirigé et organisé le grand mouvement de diffusion de la pensée de Mao Zedong dans le Parti entier, l'armée entière et la nation entière. [...] Le vice-président Lin a brandi le grandiose étendard rouge de la pensée de Mao Zedong le plus haut, le plus haut, le plus haut. Il comprend la pensée de Mao Zedong de la manière la plus profonde, la plus profonde, la plus profonde, et il l'applique de la façon la meilleure, la meilleure, la meilleure. Le vice-président Lin donne au Parti entier le plus haut exemple de l'approfondissement, de la diffusion et de la défense de la pensée de Mao Zedong, et il sera éternellement notre brillant modèle dans cette étude [1].

On le voit, l'audace va vraiment très loin : non content de se faire proclamer successeur du vivant même du souverain, le prophète se met à humer un encens qui ne devrait en principe être réservé qu'à son dieu. Cette insolente exhibition est sans doute faite pour servir d'avertissement au clan Jiang Qing-Chen Boda d'une part, et à Zhou Enlai de l'autre.

Détail intéressant, Kang Sheng a dernièrement fait l'objet de dénonciations dans les publications officieuses des rebelles provinciaux. Placé par la « Révolution culturelle » dans l'entourage intime de Mao, on aurait pu le croire à l'abri de toute attaque. Kang Sheng est un personnage mystérieux et équivoque. Durant son long séjour en URSS dans les années 30, il travailla en étroite collaboration avec Wang Ming ; à la veille de la « Révolution culturelle », c'est lui qui secondait Peng Zhen dans le fameux groupe des Cinq ; il se peut qu'il ait sauvé sa tête et assuré sa promotion en vendant Peng. En 1962, quand Liu Shaoqi détenait le pouvoir c'est Kang qui prit l'initiative de faire rééditer l'ouvrage de Liu sur *La Formation spirituelle du communiste*, dénoncé aujourd'hui comme une « plante vénéneuse ». Sans doute doit-il sa coriace capacité de survie au fait que, depuis longtemps déjà, il a la haute main sur les services de renseignements et la police secrète. L'éminence de sa position actuelle (tandis que Chen Yi se faisait malmener par les gardes rouges, il fit pratiquement fonction de ministre des Affaires étrangères) est caractéristique de la « Révolution culturelle » : ce mouvement dans l'ensemble fut peu regardant quant au choix de ses principaux exécutants

1. Devant ce style illisible, le lecteur occidental pourrait incriminer le caractère trop littéral de la traduction et s'imaginer que dans l'original chinois il s'agit de tournures couramment acceptées. Il n'en est rien : pour le lecteur chinois, le texte original n'est pas moins étrange. Ces bizarres répétitions de superlatifs identiques ne se retrouvent guère que *dans la prose de Lin Biao lui-même*, ce qui ferait supposer en l'occurrence qu'il ait chargé ses propres nègres de rédiger ce morceau à sa gloire.

et les recruta de préférence soit parmi des éléments opportunistes d'une moralité douteuse (comme Tao Zhu, Guo Moruo, etc.) soit parmi des figures médiocres et falotes (comme Chen Boda, Yao Wenyuan, Qi Benyu, etc.) : ces acteurs présentaient le double avantage de pouvoir être attelés à des tâches malpropres qui auraient rebuté des personnalités d'un caractère plus ferme, et de pouvoir à tout moment être largués par-dessus bord si le vent devait tourner. En ce qui regarde Kang Sheng toutefois, sa position est beaucoup plus solide, ses fonctions policières le rendant à la fois redoutable et indispensable à l'élite dirigeante, et il y a donc tout lieu de croire que les récentes attaques, tout embarrassantes qu'elles puissent être, ne sauront sérieusement menacer son pouvoir.

L'autorité maoïste désire maintenant normaliser la situation et amener la « Révolution culturelle » à réintégrer le plus rapidement possible la légalité bureaucratique. Un signe important de cette évolution nous a déjà été livré dans un passage d'un discours que Xie Fuzhi avait prononcé le 14 octobre devant une assemblée d'étudiants activistes à Pékin, annonçant que le IXe Congrès du Parti serait convoqué l'an prochain. (Théoriquement c'est le Congrès qui constitue la source suprême du pouvoir dans le Parti : c'est lui qui vote et amende la charte du Parti, et qui élit le Comité central ; selon la charte de 1956, le Congrès doit être convoqué tous les quatre ans ; en fait il ne fut convoqué ni en 1960 ni en 1964). La nouvelle divulguée par Xie est d'une importance considérable. On conçoit aisément que Mao soit impatient de mettre fin à cette situation de coup d'État qui continue à prévaloir en ce moment, et qu'il souhaite légitimer la « Révolution culturelle ». Son pouvoir ne sera fermement assis que lorsqu'il aura pu refaire la composition du Comité central, installer ses créatures dans tous les départements qui en dépendent et faire entériner officiellement l'épuration du clan liuïste. On doute cependant qu'il puisse rapidement se trouver en mesure de procéder à cette convocation : la préparation d'une assemblée plénière du Parti requiert déjà en temps normal un considérable travail qui incombe théoriquement au Bureau des secrétaires — précisément l'un des organes les plus affectés par la « Révolution culturelle ».

La nouvelle annoncée par Xie s'est bientôt vue confirmée (le 26 novembre) par le *Wenhui bao* (remarquons en passant le rôle pilote que ce quotidien de Shanghai joue depuis le début de la « Révolution culturelle » : c'est tantôt lui, tantôt le *Jiefang jun bao — Journal de l'Armée de libération* — qui donne le ton, cependant que l'officiel *Renmin ribao* se contente souvent de reproduire leurs éditoriaux) : on prépare pour 1968 la convocation du IXe Congrès du Parti ; ce congrès, ajoute le *Wenhui bao* sera pour le Parti comme une seconde naissance, et fera véritablement de lui le Parti de Mao Zedong.

Mao Zedong, entravé dans le domaine politique par les compromis qu'il a dû conclure avec l'armée et par la nécessité de mettre un terme rapide aux violences et à l'anarchie dans lesquelles le pays entier menaçait de s'engloutir, a du moins trouvé un champ dans lequel il devrait pouvoir donner libre cours à ses vieilles obsessions : la réforme de l'enseignement. Cette fois enfin, il ne se trouve plus d'« autorités intellectuelles » pour lui mettre des bâtons dans les roues ; les militaires le laissent jouer à sa guise avec l'Université, qu'il la démolisse si cela l'amuse, le sort de l'enseignement supérieur leur est évidemment indifférent.

Le *Renmin ribao* du 3 novembre a publié un premier schéma de réforme de l'enseignement fondé sur trois expériences pilotes : celle de l'université Tongji de Shanghai (génie civil-architecture), de l'Institut forestier de Pékin et de l'Université normale de Pékin. La tentative la plus radicale est celle de Tongji qui a renoncé à sa qualité d'université pour se convertir en une commune (« Commune du 7 mai »). Le système d'enseignement traditionnel est aboli. La durée des études est ramenée de quatre à trois ans ; il n'y a du reste plus d'études au sens formel du mot, mais seulement des discussions et des travaux pratiques menés en commissions. Au traditionnel binôme enseignants-étudiants, se substitue une composition plus complexe, faisant intervenir la participation de militaires, d'ouvriers et de paysans. Les examens sont supprimés, ou auront lieu à livre ouvert, la sélection des étudiants se fera sur une base exclusivement politique, de même que l'attribution des diplômes. Cette réforme de l'enseignement est un événement d'une importance considérable, et qui risque d'exercer à long terme une influence dramatique sur l'avenir du pays. Par le passé les inventions visionnaires de Mao, tels les hauts fourneaux improvisés, etc., en opérant dans le domaine du concret quantitatif immédiatement mesurable, appelaient d'emblée leur correctif ; leur échec possédait une force d'évidence qui ne laissait nulle place à la discussion et suscitait aussitôt un changement d'orientation. Au pire, ces expériences ne s'étaient soldées que par un gaspillage de temps, de main-d'œuvre, de matière première et d'énergie. En ce qui concerne la réforme de l'enseignement par contre, ses effets immédiats resteront invisibles, et ne se feront sentir qu'à long terme, quand la présente génération de savants, d'ingénieurs, de techniciens et d'enseignants se retrouvera sans successeurs qualifiés pour prendre la relève. Une fois de plus, on reconnaît ici ce style impétueux et tranchant de Mao, toujours prêt à risquer l'avenir du pays entier sur une impulsion de son tempérament. La chance lui est enfin offerte de régler ses vieux comptes avec cette Université qu'il avait toujours regardée avec la suffisance hostile de l'autodidacte, éprouvant pour l'orthodoxie académique ce mélange de jalousie et d'aversion qui caractérise le bricoleur de génie. Dans le bilan final de la « Révolution culturelle », des mesures de ce genre pèseront sur le destin de la Chine de façon plus décisive que bien des initiatives d'ordre purement politique. Le drame est que le sort d'une nation de sept cents millions d'habitants puisse dépendre à ce point des idiosyncrasies d'un vieillard…

Dans le domaine doctrinal, plusieurs articles récents de la presse officielle méritent d'être relevés.

Le 30 octobre, le *Jiefang jun bao* a publié un article dénonçant la théorie de Liu Shaoqi sur l'obéissance inconditionnelle que doivent observer les membres du Parti. Est-ce à dire que la ligne maoïste, elle, encouragerait l'initiative et le libre jugement de l'individu ? Il n'en est rien. Dans le cours du même article, il est rappelé que l'obéissance à la pensée de Mao doit être sans réserve, que la lutte contre tout ce qui s'oppose à la pensée de Mao doit être absolue, que les instructions de Mao doivent être suivies, *même lorsqu'on ne les comprend pas*. Au début de décembre, la marine de guerre fera d'ailleurs le serment solennel de « suivre pas à pas, d'appliquer phrase à phrase et mot à mot chaque instruction du président Mao, *même si dans l'immédiat nous ne les comprenons pas* […] de façon que la pensée du président Mao forme la substance de notre âme et commande chacun de nos gestes ». Quelle différence y a-t-il alors entre la conception liuïste et la conception maoïste de l'obéissance ? Sur ce point, l'article s'embarrasse dans une phraséologie jésuitique : le propre de l'obéissance maoïste est de combiner simultanément « démocratie » et « dictature », tandis que l'obéissance liuïste ne retient que le second de ces deux termes. Mais on rappelle d'autre part qu'une véritable « démocratie » ne saurait exister que dans le cadre d'une obéissance inconditionnelle aux directives de Mao… En fait l'évidence bien simple qui se dégage de tout ceci est qu'il n'a jamais existé la moindre différence idéologique entre la théorie de Mao et celle de Liu ; le type d'obéissance exigé aujourd'hui par Mao ne se distingue en rien de celui que Liu préconisait dans sa causerie de 1939, et la meilleure preuve en est du reste que le texte de cette causerie reçut initialement l'approbation de Mao et servit pendant plus de vingt-cinq ans comme un manuel de base dans l'éducation politique des membres du Parti, sans que nul y vît jamais rien à redire… Le seul problème est finalement un problème de *personne* : *à qui* doit s'adresser cette obéissance, au profit de qui doit-elle jouer ? Tant que Liu n'était que le fidèle bras droit de Mao, l'obéissance qu'il prêchait ne pouvait que bénéficier à son maître ; du jour où Liu entreprit de voler de ses propres ailes, et où le Parti devint son instrument et cessa d'être celui de Mao, cette aveugle discipline des cadres opéra en faveur de Liu, ce qui obligea alors Mao à improviser son fameux slogan « On a le droit de se rebeller ! ». Si l'on va au fond de toute cette controverse — et il ne faut pas creuser bien avant pour y toucher —, ce qui apparaît aussitôt, c'est que le véritable crime de Liu ne fut pas d'avoir mis en place un système dictatorial, mais d'avoir détourné à *son* profit ce pouvoir dictatorial qui ne pouvait revenir qu'au seul Mao.

Le 9 novembre, le *Renmin ribao* a publié un article dénonçant l'attitude contre-révolutionnaire de Lu Dingyi (l'ancien chef du département de la Propagande, épuré par la « Révolution culturelle »). L'attaque se concentre sur une affaire particulière, la publication d'un ouvrage consacré à Wei Zheng, effectuée en 1962 à l'initiative personnelle de Lu Dingyi. L'affaire en elle-même est sans grande importance, mais elle peut nous fournir un intéressant sujet de réflexion sur la nature et les extraordinaires limites de l'opposition à Mao à l'intérieur du Parti.

Wei Zheng qui était un ministre de l'empereur Tang Taizong (VIIe), critiqua plusieurs fois avec audace la politique du souverain. Celui-ci eut la magnanimité de ne pas s'en froisser, et l'intelligence de s'en inspirer pour rectifier certaines erreurs qu'il avait commises. Comme le *Hai Rui* de Wu Han, le *Wei Zheng* de Lu Dingyi était un plaidoyer en faveur de Peng Dehuai, et une façon de suggérer à Mao d'adopter une attitude moins intolérante à l'égard de ceux qui, de bonne foi, se trouvaient en désaccord avec sa politique. Remarquons que, à l'instar de Wu Han, Lu Dingyi assimile Mao à un empereur : c'est-à-dire que, si tel point de sa politique peut être criticable, le principe fondamental de son autorité ne saurait être remis en question. Autrement dit, il n'y a pas à proprement parler d'opposants, mais *seulement des sujets* qui en sont réduits à espérer que le souverain, désabusé de son erreur, puisse prendre un jour leurs suggestions en considération (cette même attitude se retrouve maintenant chez Liu Shaoqi qui, depuis sa disgrâce, s'en est tenu pour unique ligne de défense à protester de son indéfectible fidélité à Mao). Quand on songe aux forces dont disposait Lu Dingyi, *chef de la Propagande*, couvert par l'autorité de Liu, à un moment où Mao dépouillé du pouvoir réel ne disposait plus que d'une position honorifique ! On mesure mieux l'impuissance pathétique des chefs de file du communisme chinois à réexaminer de façon critique la nature du pouvoir maoïste ; même lorsqu'ils se trouvent en opposition avec Mao, ils demeurent incapables de se libérer du sentiment d'allégeance féodale qui les lie à sa personne. Aussi le régime se montre-t-il inapte par essence à se réformer lui-même ; l'opposition à Mao, même quand elle est majoritaire, reste simplement une juxtaposition d'innombrables mécontentements individuels et locaux, qui ne savent pas identifier et dénoncer l'origine commune de leur mal. Il semble donc exclu que, du régime lui-même, puisse jamais plus jaillir un nouveau surgeon révolutionnaire. Le futur développement de la révolution chinoise sera nécessairement le fait d'une génération neuve, étrangère au présent appareil.

Enfin une série de longs articles doctrinaux ont entrepris de dénoncer les fautes précédemment commises par Liu Shaoqi et Deng Xiaoping en matière de politique agricole. Ces textes sont intéressants, car ils apportent indirectement un complément de révélations sur les motivations et les origines de la « Révolution culturelle ».

Le premier de ces articles a été publié conjointement le 22 novembre par le *Renmin ribao*, le *Jiefang jun bao* et *Hong qi*. En voici la teneur :

En 1949, Mao voulait battre le fer tant qu'il était chaud et orienter aussitôt les campagnes dans la voie de la collectivisation socialiste par le truchement des coopératives. Liu Shaoqi s'y opposa de toutes ses forces. En 1950, Liu se fit l'avocat des exploiteurs, autorisant les paysans riches à embaucher des ouvriers agricoles : « Interdire l'exploitation serait du dogmatisme ; temporairement un certain régime d'exploitation peut être bénéfique ; qu'on laisse le paysannat suivre sa pente naturelle, s'il produit un plus grand nombre de paysans riches, cela ne fera pas de tort. » En fait la collectivisation est un principe fondamental prôné par Mao dès 1943 ; Liu Shaoqi s'est constamment opposé à ce principe. En 1951, par haine des paysans pauvres, il attaqua le mouvement des coopératives. En 1953, Mao contre-attaqua victorieusement et en 1955 le mouvement des coopératives se répandit dans le pays entier. Mais au mois de mai de cette même année 1955, Liu Shaoqi et Deng Xiaoping, profitant de ce que Mao était absent de Pékin, firent encore une tentative pour freiner et saboter le mouvement. *Aujourd'hui Liu refuse encore toujours de reconnaître qu'il s'est rendu coupable de ce sabotage*, mais la meilleure preuve de sa culpabilité se trouve dans sa déclaration de 1951 : « La mécanisation de l'agriculture doit précéder sa collectivisation. » Liu préconisait pareil principe parce que, en fait, il complotait de restaurer le capitalisme. Ce principe est d'ailleurs une hérésie philosophique : Mao nous a enseigné que le facteur déterminant n'est pas constitué par l'industrialisation mais par les ressources révolutionnaires humaines. Durant la seconde moitié de 1955, la ligne opportuniste de Liu fut écrasée, et la ligne de Mao triompha, la vague des coopératives recouvrit le pays entier. En 1958, le « Grand Bond en avant » marqua une étape de plus dans la collectivisation de l'agriculture. Mais Liu, l'ennemi de classe, haïssait cette victoire et continuait à rêver d'une restauration capitaliste. Le « Grand Bond en avant » ayant rencontré des difficultés temporaires dues aux sabotages de Liu et à trois années consécutives de catastrophes naturelles, Liu en profita pour reprendre l'offensive sur tous les fronts — politique, économique, culturel, idéologique. A son instigation, on restaura un marché libre et le droit pour les paysans de cultiver des lopins privés ; les communes furent battues en brèche. Liu prétendit que la restauration du marché privé était une nécessité et qu'il ne fallait pas avoir peur de voir se répandre un certain capitalisme. Et Deng de renchérir : « Chat noir ou chat blanc, peu importe la couleur, chat qui attrape la souris est bon chat. » Mais en 1962, au plus fort de l'offensive de Liu, Mao déclencha la contre-attaque contre cette ligne opportunistedroitiste : il rappela au pays que la lutte des classes est un phénomène toujours actuel, et lui assigna une tâche nouvelle : le « mouvement d'éducation socialiste ». C'est ainsi que, sous la supervision personnelle de Mao, s'élaborèrent d'abord les « dix points » qui devaient être suivis plus tard par les « vingt-trois points ». La nature véritable de la contradiction est ainsi mise en lumière : il s'agit d'un conflit entre deux voies, la voie socialiste et la voie capitaliste. Deng Xiaoping fut le premier à réagir : quatre mois plus tard il lançait les « dix points » additionnels, en complète opposition avec les « dix points » originaux. Ensuite se déroula la fameuse expérience des « groupes de travail » de Wang Guangmei (l'épouse de Liu Shaoqi) ; sous des apparences gauchistes, cette expérience mettait en œuvre une politique de droite : classant les paysans pauvres comme contre-révolutionnaires, elle leur déroba le pouvoir. Quant à Liu Shaoqi, il s'efforça par tous les moyens de dissimuler que le fond de la lutte portait sur l'opposition entre le socialisme et le capitalisme ; il réduisit le mouvement à un simple affrontement entre les « quatre puretés » et les « quatre impuretés », et dirigea la lutte contre les paysans pauvres, les cadres bons ou relativement bons, tout cela pour éviter que ne soient démasqués les révisionnistes au pouvoir dans le Parti. Il redoutait la mobilisation des masses, et recourut à la politique d'obéissance du style KMT. Il écrasa les mouvements de masses, opprima les cadres révolutionnaires et gela le mouvement pour se protéger lui-même ainsi que ses fidèles. Mais la promulgation des « vingt-trois points » fixés personnellement par Mao vint sonner le glas de ces manœuvres capitalistes.

En ce qui regarde la séquence des événements dans la lutte pour le pouvoir, et l'identification de ses principaux épisodes et tournants, ce document est très éclairant. (Nous avons décrit plus haut — voir la première partie — toutes ces péripéties successives : le « Grand Bond en avant » et la défaite de Mao, sa première amorce de contre-attaque à partir de 1962, le « mouvement d'éducation socialiste », prodrome et première esquisse manquée de la « Révolution culturelle », avec les manœuvres et contre-manœuvres des premiers « dix points » de Mao, des seconds « dix points » de l'appareil du Parti désamorçant les premiers, et enfin des « vingt-trois points » de Mao conçus pour remettre le feu aux poudres.) Dans l'ordre idéologique par contre, cet acte d'accusation est d'une faiblesse grossière. Il ne s'appuie que sur des citations partielles, toujours prises hors contexte, et le plus souvent choisies à partir de sources incontrôlables — propos privés et correspondance personnelle. L'opposition entre la « ligne liuïste » et la « ligne maoïste » n'est qu'une création artificielle, obtenue par le moyen d'anachronismes délibérés. Ainsi tel propos de Liu, datant de 1950 est opposé à tel propos de Mao datant de 1953 ou de 1955. Ceci est un procédé classique : la ligne du

Parti ayant à fluctuer selon les exigences du moment, il est toujours aisé de se débarrasser d'un fidèle serviteur *sur la base même de ses services passés* ; c'est ainsi que l'on a déjà fait grief à Liu Shaoqi de sa politique de compromis avec le KMT au début de la guerre, politique qui en réalité ne lui appartenait pas en propre (Liu Shaoqi a-t-il jamais eu une politique ?) mais était avant tout celle du Parti et de Mao lui-même (voir note 1, p. 25).

De même, au lendemain de la Libération, la politique de tolérance à l'égard des capitalistes et de l'entreprise agricole privée, loin d'être une initiative personnelle de Liu, constituait la ligne officielle du Parti, et fut définie de la façon la plus claire par Mao lui-même (voir note 2, p. 25). L'existence d'une « ligne révisionniste » n'est rien de plus qu'un mythe forgé pour discréditer l'adversaire. S'il a jamais existé une tendance « révisionniste » en Chine, c'est du côté de Zhou Enlai et de son équipe de technocrates qu'elle se trouvait. Si la « Révolution culturelle » avait vraiment été ce qu'elle prétendait être, c'est contre ce groupe qu'elle aurait en premier lieu dû porter son assaut (et effectivement, les jeunes activistes, conséquents avec eux-mêmes, voulurent orienter la lutte dans cette direction : ceci, comme on vient de le voir, précipita leur propre condamnation !). Il faut vraiment avoir beaucoup de mépris pour l'intelligence du public, pour oser lui présenter Liu Shaoqi sous les traits d'un « révisionniste » : c'est sous le règne de ce stalinien de bonne souche que la Chine consomma sa rupture avec le révisionnisme soviétique ! Aussi la véritable ligne de partage n'est-elle pas celle qui opposerait des « révolutionnaires » à des « révisionnistes », mais bien celle qui oppose des ministres usurpateurs à des courtisans fidèles. Le nœud de la crise tient dans ce propos fameux de Liu Shaoqi : « S'opposer à Mao Zedong, c'est seulement s'opposer à un individu. » Et la bigarrure politique que l'on trouve dans le clan maoïste, n'est cousue que d'un seul fil : la fidélité commune que les personnages qui composent ce groupe, ont témoignée pour la personne de Mao. Quant à Liu et ses partisans, ils ne cherchent nullement à faire dévier le régime vers la droite, ni à renoncer à aucun de ses objectifs (la marche arrière après le « Grand Bond » n'était pas un coup de barre à droite, mais un coup de frein devant l'abîme : *Liu n'avait pas le choix*, c'était la survie même du régime qui était en jeu). En quoi d'ailleurs, de 1959 à 1965, la Chine de Liu a-t-elle donné des signes de mollissement bourgeois ? Jamais Liu ni ses partisans n'ont remis en question aucun *principe* du régime (d'où à la fois l'indigence de leur critique du maoïsme, et la pauvreté ainsi que le caractère de falsification évidente des réquisitoires qu'on dresse aujourd'hui contre eux). Le fond de leur démarche, le thème constant de leurs écrits — qu'il s'agisse du *Hai Rui* de Wu Han ou du *Wei Zheng* de Lu Dingyi — se limitent purement à une critique du *style personnel de gouvernement* de Mao, du caractère arbitraire, subjectif, arrogant, impulsif et imprudent de ses initiatives. Liu Shaoqi et Deng Xiaoping voulaient simplement neutraliser Mao (Peng Zhen et Luo Ruiqing voulaient aller plus loin, et procéder à une dénonciation publique de ses erreurs, et c'est pourquoi la « Révolution culturelle » leur a réservé le sort le plus cruel). Le problème n'était pas idéologique mais personnel : *il ne s'agissait pas de changer la destination du navire, mais son timonier*. Maintenant au contraire, la tactique des maoïstes est d'entretenir une confusion systématique entre la personne de Mao et sa pensée, ce qui permet de discréditer quiconque s'oppose à lui, et de transformer ses adversaires en « contre-révolutionnaires ».

D'autres articles se concentrent plus spécifiquement sur la question du « Grand Bond en avant », dont les autorités maoïstes cherchent maintenant à réhabiliter la notion. La référence constante qui est faite aujourd'hui aux événements des années 1958-1962 montre bien qu'il s'est agi là d'une charnière décisive dans le destin du régime. L'échec du « Grand Bond » ne fut jamais accepté par Mao ; comme on va le voir dans le texte qui suit, il eût préféré voir la Chine périr de famine, plutôt que d'amender ses visions et reconnaître ses erreurs. Il ne peut pardonner à Liu Shaoqi et Deng Xiaoping d'avoir alors sauvé le régime contre sa volonté. Un grand article paru dans le *Renmin ribao* du 3 décembre (sous le titre « Seul le socialisme est capable de sauver la Chine ») est spécifiquement dirigé contre Deng Xiaoping. Voici la teneur de cet article :

En 1962, profitant des difficultés causées par les sabotages de la faction Liu-Deng ainsi que par trois années consécutives de catastrophes naturelles, tous les monstres et démons rêvèrent de changer la face des choses et Liu et Deng lancèrent une nouvelle offensive contre le quartier général prolétarien dirigé par Mao Zedong. Liu lança le slogan *san zi yi bao*[1], préconisant l'entreprise individuelle. Deng lui fit écho d'une manière encore plus sournoise : « Pour le moment, dit-il, la question la plus importante est d'augmenter la production des vivres ; dans la mesure où elle peut favoriser cette production, l'entreprise individuelle est une bonne chose : peu importe que le chat soit noir ou qu'il soit blanc, pourvu qu'il attrape la souris. » Ainsi selon Deng, socialisme ou capitalisme, peu importe, le tout est de produire de la nourriture. Deng dit encore : « Sur la question de savoir quelle forme de production est la meilleure (collective ou individuelle), il faut adopter l'attitude suivante : la meilleure forme de production est celle qui, dans le cadre des conditions locales, est la plus propre à restaurer et développer la production. » Ainsi Deng prenait

1. « Trois libertés et un contrat » : les « trois libertés » concernent la culture des lopins privés, le débouché des marchés libres et le développement de petites entreprises directement responsables de leurs profits et pertes ; le « contrat » désigne la détermination des quotas de production au niveau de l'entreprise familiale.

prétexte de cet impératif d'augmenter la production, pour encourager l'entreprise individuelle. En fait quelle est la meilleure forme de production ? Les communes populaires : le président Mao l'a affirmé en 1958. Tandis que, à en croire Deng, les communes populaires seraient moins avantageuses pour le développement de la production que l'entreprise individuelle ! En réalité Deng décochait une flèche empoisonnée à l'adresse de notre grandiose chef le président Mao ; ce qu'il voulait, c'était exciter les paysans à s'insurger contre les communes populaires, cette initiative d'une grandiose signification mondiale. Deng se parait de belles excuses pour préconiser l'entreprise individuelle : « Il s'agit de satisfaire les aspirations des paysans. » Il se donne ainsi les airs d'un homme qui compatit aux malheurs du peuple et plaide en faveur des misérables : « Un nombre énorme de paysans, disait-il, demande qu'on leur redistribue les terres ; les paysans ont perdu confiance dans l'économie collective. » Mais en parlant ainsi, il faisait abstraction du problème des classes ; il parlait des paysans en général, mais en fait il plaidait pour les seuls paysans riches. Et d'autre part en favorisant l'entreprise individuelle, il négligeait une question essentielle : le lien entre l'agriculture et l'industrie. En réalité, le vrai fond du problème est, comme l'a indiqué le président Mao, un problème d'éducation des paysans. Il se couvrait encore d'une seconde excuse : il s'agit, disait-il, d'une situation exceptionnelle : « Ériger l'entreprise individuelle en ligne politique fondamentale serait erroné, mais on peut temporairement s'en servir comme d'un moyen provisoire pour faire face à une situation d'urgence. » Et encore : « Nous ne pourrons progresser que si nous acceptons provisoirement de reculer d'abord d'un pas. » Ainsi, selon lui, la seule manière de surmonter les difficultés est de se livrer pour un temps à l'entreprise individuelle ; quand la production sera remise à flot, on pourra se remettre à collectiviser. Quelle logique ! Ainsi quand le socialisme rencontre des difficultés, il devrait aller chercher de l'aide du côté du capitalisme ! Enfin, pour attaquer la dictature socialiste du prolétariat, il s'employa à créer une atmosphère de pessimisme : « Les maux dont souffre la production agricole sont complexes et graves, avant qu'elle soit remise à flot, il faudra au moins trois, cinq, sinon sept ans... »

Le 17 décembre, un article intitulé « Vivent les "trois drapeaux rouges" » venait à nouveau traiter les mêmes thèmes :

En 1958, lorsque le président Mao lança le mouvement des « trois drapeaux rouges » [1], ce mouvement connut un développement magnifique, accélérant la production industrielle et agricole et la production d'équipement de base, et propulsant la révolution socialiste et l'édifi-

1. Les « trois drapeaux rouges » : c'est-à-dire la « ligne générale de la construction socialiste », le « Grand Bond en avant » et les « communes populaires ».

cation socialiste. Mais après 1959, trois années consécutives de catastrophes naturelles ainsi que les sabotages commis par les révisionnistes soviétiques, entraînèrent des difficultés économiques temporaires. Le Khrouchtchev chinois en profita, et peignit la situation en noir : « Notre économie est au bord de l'effondrement. » En réalité comment fallait-il voir la situation à ce moment ? Notre grandiose leader le président Mao l'indiqua : « La situation est magnifique ; il y a un bon nombre de problèmes, mais l'avenir est brillant. » L'évolution ultérieure a confirmé la justesse de ces paroles. C'est parce que l'on a maintenu les « trois drapeaux rouges » qu'il a été possible de triompher rapidement des désastres naturels et de faire un grand bond en avant dans la voie de l'édification d'un ensemble économique autonome, complet et moderne. Mais le Khrouchtchev chinois, déformant la réalité, prétendit que les catastrophes étaient venues non de la nature, mais des hommes. Niant entièrement les « trois drapeaux rouges », il s'employa à saboter le prestige éminent du président Mao et du Comité central. Le Khrouchtchev chinois qui redoute et hait le socialisme, calomnia la ligne générale, disant qu'elle avait un « caractère aveugle », et calomnia les communes populaires, disant qu'elles étaient « prématurées ». Ses attaques contre les « trois drapeaux rouges » n'avaient fondamentalement qu'une seule motivation : désintégrer le socialisme et restaurer le capitalisme. En même temps qu'il favorisait une renaissance du capitalisme avec les entreprises individuelles, etc., il proposa de réviser le procès des opportunistes de droite : « Quant à ceux qui avaient adopté les mêmes positions que Peng Dehuai, dit-il, du moment qu'ils n'ont pas de collusion avec l'étranger, on peut réexaminer leur cas. » De plus, il préconisa qu'on autorise l'existence d'un groupe d'opposition. Les faits démontrent à suffisance que le Khrouchtchev chinois est le représentant général du capitalisme au sein de notre Parti. Si sa voie devait prévaloir, paysans et ouvriers retomberaient en esclavage, la Chine changerait de couleur et redeviendrait une semi-colonie et une semi-féodalité, et la dictature capitaliste se substituerait à la dictature du prolétariat. En 1962, lors de la dixième session plénière du VIIIe Comité central, le président Mao contre-attaqua en lançant le cri de bataille : « Ne jamais oublier la lutte des classes ! » Et ce fut la grande offensive du prolétariat contre le capitalisme…

1968

Janvier

Le programme politique pour l'année nouvelle a été défini le 1er janvier dans un éditorial conjoint du *Renmin ribao*, *Jiefang jun bao* et *Hong qi*. Cinq tâches sont proposées à la nation :

1. Développer le mouvement d'« étude et d'application vivante de la pensée de Mao Zedong ». En fait, dans le cadre des « nouvelles directives du président Mao », cette « pensée » est devenue, au service de la coalition Lin Biao-Zhou Enlai, un instrument pour réimposer l'ordre et mater les initiatives révolutionnaires : « Toute parole ou action allant à l'encontre de la pensée de Mao Zedong doit être résolument repoussée et combattue, peu importe qu'elle vienne de la droite ou *de l'extrême gauche.* »

2. Purifier le Parti, le consolider et le réorganiser. L'entreprise d'épuration en réalité ne vise pas seulement la faction liuïste, mais tout autant les extrémistes de gauche. Ce thème de la reconstruction du Parti a encore été spécifiquement repris et amplifié dans un éditorial du *Renmin ribao* du 19 janvier. Il doit être mis en relation avec le travail de préparation du IXe Congrès du Parti qui se poursuit en ce moment. En ce qui concerne ce futur congrès, une allocution de Xie Fuzhi a apporté diverses précisions officieuses : les délégués seront plus nombreux que lors des congrès précédents, pour éviter que l'assemblée ne se réduise aux dimensions d'un aréopage de vieillards et pour lui permettre d'« absorber un sang nouveau ». *Les délégués ne devront pas nécessairement être choisis par élections, mais pourront être désignés d'office.* Le Congrès aura pour mission d'amender la charte du Parti en fonction du problème central posé par la lutte contre le révisionnisme. D'autre part, une publication des gardes rouges en date du 15 janvier parle également de la poursuite des préparatifs du IXe Congrès : Pékin a déjà envoyé des instructions à ce sujet aux divers comités révolutionnaires ainsi qu'au commandement des régions militaires : là où les autorités centrales disposent d'une connaissance claire de la situation, elles désigneront d'office les délégués ; là où elles ne disposent pas de toutes les données, les délégués seront désignés

conjointement par les autorités centrales et par le comité révolutionnaire local. Autrement dit, traduit en langage clair, Pékin tâchera autant que possible de garnir l'assemblée d'éléments à sa dévotion ; ceci ne sera pas uniformément réalisable : dans diverses provinces où les autorités militaires locales se sont maintenant fermement entranchées au pouvoir, Pékin sera obligé de faire des concessions quant à la sélection des délégués. Mais pour s'assurer de toute manière une majorité au sein de l'assemblée, l'autorité maoïste s'adjuge d'avance la faculté de noyer le poisson oppositionnel dans la sauce au « sang nouveau » qu'on pourra pomper *ad libitum*, nulle limitation théorique n'étant plus mise au nombre total des délégués.

3. Continuer et approfondir la « critique révolutionnaire », dénoncer toujours plus avant les crimes du « Khrouchtchev chinois » et de sa « clique capitaliste » ; consolider la « grande alliance révolutionnaire » et la « triple union » ; rallier la majorité des anciens cadres, s'opposer aux stériles luttes de factions, éliminer le sectarisme et l'esprit de clan. Ces directives s'inscrivent dans la perspective générale de la lutte contre le « factionnalisme » qui reste le problème le plus préoccupant. Les autorités centrales cherchent à réinstaller partout l'ancien appareil bureaucratique, mais se heurtent dans cette entreprise à la résistance farouche des révolutionnaires ; elles cherchent alors à détourner l'activisme de ceux-ci des véritables champs de bataille, pour l'orienter dans la voie désormais académique et inoffensive de la dénonciation de Liu Shaoqi, espérant que, tout occupés de cogner sur ce veau mort, les activistes n'auront plus le loisir de s'occuper de ces mandarins bien vivants sous la houlette desquels on veut les replacer.

4. Consolider l'union entre l'armée et le peuple. « L'armée est le pilier fondamental de la Révolution culturelle. »

5. Développer la production industrielle et agricole, renforcer la discipline de travail, mener la « révolution » avec austérité, combattre le courant pernicieux de l'« économisme ».

Les autorités maoïstes souhaitent amener la « Révolution culturelle » à une conclusion rapide en hâtant l'établissement des comités révolutionnaires dans les provinces qui en sont encore dépourvues. Elles espèrent ainsi pouvoir proclamer dans le courant de cette année la « victoire complète » du mouvement (Zhou Enlai a révélé à deux parlementaires japonais en visite à Pékin que cette célébration devrait pouvoir coïncider avec la fête nationale du 1er octobre). L'élimination progressive des extrémistes et la consolidation de l'alliance militaro-bureaucratique Lin Biao-Zhou Enlai ont réduit la « Révolution culturelle » aux simples dimensions d'un remaniement de personnel à l'intérieur du Parti et de l'administration ; aussi l'accélération du mouvement ne devrait-elle plus poser maintenant de problèmes majeurs. On a d'ailleurs vu s'établir dans le courant de ce mois trois nouveaux comités révolutionnaires : Jiangxi (5 janvier), Gansu (24 janvier), Henan (27 janvier) ; la direction de ces comités se conforme à un modèle à peu près invariable : la présidence est attribuée au commissaire politique de la région militaire en question ; les postes de vice-présidents sont confiés au commandant de la région militaire et aux anciens bureaucrates locaux. La présence symbolique d'un ou deux délégués des « organisations de masses » est facultative. Voici le détail de la composition de ces comités :

Jiangxi. Président : Cheng Shiqing, commissaire politique de la région militaire provinciale du Jiangxi ; vice-présidents : Yang Dongliang, commandant de la région militaire provinciale du Jiangxi ; Huang Xian, ancien vice-secrétaire du secrétariat du comité provincial du Parti et vice-gouverneur de la province ; Yu Houde et Wang Lilang sont présentés comme des délégués des organisations de masses.

Gansu. Président : Xie Hengshan, commissaire politique de la région militaire de Lanzhou (remarquons que Xie est un ancien fidèle de Peng Dehuai et de He Long !) ; vice-présidents : Zhang Zhong, commandant en second de la région militaire provinciale du Gansu ; Hu Jizong, ancien secrétaire du secrétariat du comité provincial du Parti et vice-gouverneur de la province ; Qiu Yumin et Xiao Zemin sont présentés comme des délégués des organisations de masses.

Henan. Président : Liu Jianxun, commissaire politique de la région militaire de Wuhan (anciennement premier secrétaire du comité provincial [Henan] du Parti) ; vice-présidents : Wang Xin, deuxième commissaire politique de la région militaire provinciale du Henan ; Ji Dengkui, ancien vice-secrétaire du secrétariat du comité provincial du Parti ; Geng Qichang, premier secrétaire du comité du Parti du district de Xinxiang ; Yang Liyong, commissaire politique de la garnison de Kaifeng. Aucun délégué révolutionnaire ne figure à la tête de ce comité « révolutionnaire »…

Février

Comme on pouvait le prévoir, l'établissement des comités révolutionnaires s'accélère, maintenant qu'en lieu de « prise de pouvoir » il ne s'agit plus que d'entériner une situation de fait en légitimant sous l'étiquette « révolutionnaire » l'autorité exercée par les commandements militaires régionaux encadrant l'ancienne bureaucratie.

Ce mois-ci a donc vu l'installation de trois nouveaux comités : Hebei (3 février), Hubei (5 février) et Guangdong (21 février). Au risque d'être fastidieux, examinons encore une fois la façon dont se compose la direction de ces trois comités ; l'identité de leurs dirigeants est en effet riche d'enseignements.

Le comité révolutionnaire du Hebei est présidé par Li Xuefeng, un remarquable échantillon du vieil appareil bureaucratique, dont les connexions « révisionnistes » sont notoires. Ancien premier secrétaire du bureau du Parti de la région Chine du Nord, sa longue et étroite association avec Liu Shaoqi et Peng Zhen le désignait aux yeux des gardes rouges comme un représentant typique de la « faction au pouvoir » qu'il importait d'abattre. Il fut soumis à des attaques si intensives de la part des rebelles-révolutionnaires qu'à la fin de 1966 il dut renoncer à ses fonctions de premier secrétaire du comité du Parti de la municipalité de Pékin… Le premier vice-dirigeant du comité est lui aussi un vieux bureaucrate de la meilleure eau, Liu Zihou, anciennement premier secrétaire du comité provincial (Hebei) du Parti, et gouverneur de la province. Il avait été violemment attaqué par les gardes rouges qui l'accusaient, non sans raison, de saboter la « Révolution culturelle ». Les vice-dirigeants comptent trois militaires : Ma Hui, commandant de la région militaire provinciale du Hebei, Zeng Mei, deuxième commissaire politique de la région militaire provinciale du Hebei (précédemment commandant de la garnison de Pékin), et Zhang Yinghui, officier d'une unité de l'armée stationnée à Shijiazhuang. Deux derniers vice-dirigeants sont présentés comme des délégués des organisations de masses, mais le premier d'entre eux, Liu Dianchen est en fait un haut fonctionnaire (vice-président de la Fédération de l'industrie et du commerce de Pékin) ! Seul le dernier, Geng Changsuo, un « héros national de l'agriculture », pourrait éventuellement correspondre à la définition théorique d'un « représentant des masses révolutionnaires ».

Le comité révolutionnaire du Hubei compte, en queue de la liste de ses dirigeants, un nombre plus important d'hommes nouveaux qui peuvent passer pour des « représentants des masses » (Zhu Hongxia, Rao Xingli, Yang Daoyuan, Zhang Liguo), mais au sommet il est fermement contrôlé par des militaires et des mandarins. Le dirigeant du comité est en effet Zeng Siyu, commandant de la région militaire de Wuhan (en remplacement de Chen Zaidao ; Zeng était précédemment commandant en second de la région militaire de Shenyang). Zeng est un homme de Lin Biao. Il est assisté par deux militaires (Liu Feng, précédemment commandant en second des forces aériennes stationnées à Wuhan, promu commissaire politique de la région militaire de Wuhan, et Liang Renkui, un officier supérieur de la région militaire provinciale du Hubei) et deux bureaucrates (Zhang Tixue, deuxième secrétaire du comité provincial du Parti et gouverneur de la province — Zhang était le bras droit de Wang Renzhong, aux yeux des révolutionnaires, la bête puante numéro un de la région et le complice de Tao Zhu ; Ren Aisheng, directeur du département de l'agriculture du comité provincial du Parti).

Le comité révolutionnaire du Guangdong est lui aussi solidement tenu en main par l'armée et les revenants « révisionnistes ». Il est présidé par Huang Yongsheng, le commandant de la région militaire de Canton, dont nous avons déjà parlé plus haut, et qui s'était rendu fameux par les répressions qu'il avait exercées sur les gardes rouges. La faction rebelle du Guangdong, « Drapeau rouge » (*Hong qi*) l'appelait « l'homme de main de Tao Zhu », « le bourreau qui massacre les révolutionnaires », « le Tan Zhenlin de Canton ». Le 5 janvier encore, la feuille *Kan jin zhao* de Canton le prenait à partie en ces termes : « Le bourreau Huang Yongsheng après s'être prélassé quelques mois à Pékin, est rentré à Canton. Son couteau de boucher sitôt déposé, le voilà qui joue au petit saint », et elle continuait en ironisant sur les « pitres » (c'est aimable pour Lin Biao et Zhou Enlai !) qui veulent maintenant le faire passer pour un membre du quartier général du président Mao. La même publication évoquait en passant une vilaine affaire de viol que Huang se serait jadis mise sur les cornes et que Tao Zhu aurait eu la complaisance d'étouffer ; cette accusation peut fort bien ne relever que de la pure calomnie, elle n'en est pas moins significative de l'état d'esprit des rebelles à l'égard du leader provincial qui leur est maintenant imposé par Pékin. L'article se concluait par un appel à la vigilance lancé à tous les révolutionnaires, leur enjoignant d'ouvrir les yeux sur l'identité véritable de Huang, car celui-ci, une fois au pouvoir, ne manquerait pas de « faire rouler les têtes des révolutionnaires par milliers ».

Les vice-dirigeants du comité révolutionnaire du Guangdong comportent une impressionnante série de militaires : Kong Shiquan, commissaire politique de la région militaire de Canton, Qiu Guoguang, commandant en second de la région militaire de Canton, Yan Zhongchuan, chef d'état-major de la région militaire de Canton, Huang Ronghai, commandant de la région militaire provinciale du Guangdong. Ce dernier, une autre bête noire des révolutionnaires est conjointement dirigeant du comité révolutionnaire de la ville de Canton (à la tête de ce dernier comité, il est assisté par des individus comme Jiao Linyi, une créature de Tao Zhu, que les gardes rouges traînèrent il y a peu en séance d'accusation publique l'accusant d'être un « triple-anti » — anti-Mao, anti-masses, anti-Parti). Le comité révolutionnaire du Guangdong comporte encore deux bureaucrates de la vieille école : Chen Yu (précédemment troisième secrétaire du bureau du Parti de la région Centre-Sud, secrétaire du secrétariat du comité provincial du Parti, gouverneur de la province) et Wang Shoudao (secrétaire du secrétariat du bureau Centre-Sud). En queue de liste, deux hommes nouveaux : Huang Yuying, un instituteur, et Liu Jifa, un ouvrier que l'on présente comme le délégué de la faction rebelle « Drapeau rouge ».

Ces simulacres de comités révolutionnaires que les rebelles se voient maintenant imposer d'en haut et dans la direction desquels ils n'obtiennent pratiquement aucune participation effective, sont d'autant plus choquants qu'ils surviennent un an à peine après les flamboyantes proclamations qui avaient accompagné le lancement de la « Révolution culturelle » : le *Renmin ribao* du 22 janvier avait défini celle-ci comme étant avant toute chose « une lutte pour la prise du pouvoir » ; à la même époque, le *Hong qi* (1967, nº 3) développait de façon plus précise encore cette notion de « prise de pouvoir » : selon ce porte-parole officiel du mouvement (qui se trouve maintenant réduit au silence après avoir vu son équipe rédactionnelle décimée par les dernières épurations), « prendre le pouvoir » ne pouvait simplement consister à recueillir l'héritage du pouvoir antérieur ; on ne pouvait se contenter de réformes graduelles, ni escamoter les contradictions en se livrant à des manœuvres de conciliation. En un mot, le *Hong qi* prônait hardiment une destruction radicale de l'ordre existant. Ce démantèlement préalable de l'ancien appareil ne fut en fait guère réalisé que pour le seul comité révolutionnaire de Shanghai. Bientôt le principe de la « triple union » représentera déjà une première marche arrière, puisqu'il faisait officiellement place, à côté de l'élément révolutionnaire, aux anciens cadres réhabilités et à l'armée. En théorie cependant, l'élément révolutionnaire devait constituer *le noyau et le moteur des « triples unions »* (agence Xin hua, 9 février 1967) : on a vu dans la suite de quelle manière ce principe fut appliqué…

Les « rebelles-révolutionnaires » ayant peine à réaliser que Pékin les a définitivement trahis et abandonnés, continuent à mener un combat désespéré. A Canton par exemple, jusqu'à la dernière minute, ils ont tenté d'entraver l'établissement de cette caricature de comité révolutionnaire qui devait sceller leur défaite. Ils avaient déjà réussi à en retarder l'installation de plusieurs semaines. Finalement, le jour même de l'inauguration (le 21) les cérémonies officielles furent marquées par une échauffourée qui éclata au stade de Yuexiushan entre les factions rivales « Hong qi », « Chun lei » et « Dong feng ». Il s'ensuivit un tel état de confusion que le communiqué officiel de Pékin annonçant l'établissement du comité dut être différé jusqu'au 23, les autorités centrales n'ayant pas réussi à acquérir immédiatement une vue claire de la situation (cet embarrassant délai obligea d'ailleurs le *Da gong bao* à Hong Kong qui, pour publier le bulletin de victoire attendu, avait laissé vierge la première page de son édition du 22, à remplir celle-ci en dernière minute par un délayage de chansonnettes révolutionnaires accompagnées de leurs partitions).

L'indignation active et militante de la jeunesse trahie qui s'oppose à l'installation des pseudo-comités révolutionnaires, ou sabote l'activité et mine l'autorité de ceux qui se trouvent déjà constitués, est officiellement baptisée « factionnalisme ». Le mal du « factionnalisme » est constamment analysé et dénoncé, de manière très révélatrice d'ailleurs, dans la presse officielle. Qui sont les fauteurs du factionnalisme ? Le *Wenhui bao* du 15 nous éclaire à ce sujet : « Les fauteurs de factionnalisme sont souvent *des individus qui précédemment s'étaient distingués à l'avant-garde des révolutionnaires dans la lutte contre le révisionnisme.* Forts des mérites qu'ils s'étaient ainsi acquis, ils se sont laissé enivrer du sentiment de leur propre importance et sont devenus arrogants à l'égard des masses qu'ils divisent en camps irréconciliables, sabotant la production et affaiblissant ainsi la cause du prolétariat. » Les héros d'hier sont donc devenus les coupables d'aujourd'hui. La « Révolution culturelle » assumant enfin sa véritable nature, ses toutes premières et naïves troupes de choc font maintenant figure d'empêcheurs de danser en rond et de vicieux perturbateurs de l'ordre. En confirmation exemplaire de ce phénomène, les murs de Pékin se sont récemment couverts d'affiches *dénonçant les crimes de Qi Benyu,* qui fut, on s'en souvient, l'un des premiers et plus ardents hérauts de la « Révolution culturelle », avec ses retentissants articles « Du caractère réactionnaire de *Hai Rui semonce l'empereur* et de *La Destitution de Hai Rui* » (*Renmin ribao*, 4 février 1966), « Critique de la position réactionnaire capitaliste du *Qian xian* et du *Beijing ribao* » (*Hong qi*, 11 mai 1966), « Patriotisme ou trahison ? » (*Renmin ribao*, 1er avril 1966), etc. (voir plus haut). On l'accuse d'avoir soutenu en sous-main les factions d'extrême gauche *et de s'être opposé à Zhou Enlai.* Tout ceci est bien dans la ligne des épurations successives de Wang Li, Guan Feng, Mu Xin, Lin Jie, Yao Dengshan, etc. : toute l'élite activiste de la « Révolution culturelle » achève ainsi de s'engloutir.

Comme toujours, pour neutraliser l'adversaire, il faut systématiquement le calomnier. Au mépris de toute vraisemblance on entreprend maintenant de présenter les activistes d'extrême gauche qui, à l'avant-garde de la « Révolution culturelle » avaient porté les coups les plus féroces contre la faction liuïste, comme… des agents au service de Liu Shaoqi (quant à Liu Shaoqi lui-même, sans nul doute nous le verrons bientôt présenté comme un agent de Chiang Kai-shek et des Américains). Ainsi dans un article diffusé par l'agence Xin hua le 12 février on lit : « Cette division des masses révolutionnaires en deux grandes factions qui s'est produite dans le cours de la Révolution culturelle, est le fruit d'un complot de ceux qui suivent la voie capitaliste. Au commencement de la Révolution culturelle, comme les groupes révolutionnaires se rebellaient contre la faction qui suit la voie capitaliste, celle-ci a utilisé son influence pour pousser une partie des masses populaires à s'opposer au groupe des rebelles-révolutionnaires, de manière à se protéger elle-même […]. Ceux qui suivent la voie capitaliste ont encore eu recours à d'autres stratagèmes et complots : ils ont glissé certains de leurs hommes dans les rangs mêmes des groupes révolutionnaires prolétariens et par tous les moyens ont incité au factionnalisme. » Ce même article analyse ensuite les causes du factionnalisme : « Dans le cours de la Révolution culturelle, le peuple chinois a joui de droits démocratiques d'une étendue sans précédent dans l'histoire du monde. Dans ces conditions il était tout naturel que, sur certaines questions, se soient produites des divergences d'opinion. Ainsi par exemple en ce qui concerne les cadres : certains estiment qu'un tel est fondamentalement bon, tandis que d'autres le jugent mauvais et sont d'avis qu'il faut le renverser. Du fait des manigances factionnalistes, ces divergences de pensée et d'opinion amènent de nombreux organismes révolutionnaires de masse à développer en leur sein des situations d'opposition aiguë ainsi qu'une "guerre civile" [entre guillemets dans l'original] ininterrompue [...]. » Il énonce enfin le remède : « Depuis la fête nationale de l'an dernier, le mouvement de masse de lutte contre le factionnalisme s'est étendu à l'ensemble du pays. Les masses révolutionnaires, avec l'aide chaleureuse des détachements de l'Armée populaire de libération soutenant la gauche, ont organisé à grande échelle des sessions d'étude de la pensée de Mao Zedong où les membres des organisations révolutionnaires de masse qui ont des divergences d'opinion, se trouvent rassemblés et tous ensemble étudient consciencieusement les dernières instructions du président Mao concernant la Révolution culturelle. » L'article rappelle alors ce que sont ces fameuses instructions : « 1. Au sein de la classe ouvrière il n'existe fondamentalement pas de conflits d'intérêt. Sous le régime de la dictature du prolétariat, il y a encore moins de raisons pour que les divisions qui se produisent au sein de la classe ouvrière prennent le caractère d'une opposition irréductible entre deux grandes factions organisées ; 2. les gardes rouges révolutionnaires et les étudiants révolutionnaires doivent effectuer la "grande alliance révolutionnaire" ; du moment que les deux factions affrontées sont des organisations de masses révolutionnaires, il doit être possible, sur la base des principes révolutionnaires, de réaliser la "grande alliance révolutionnaire" ; 3. les deux factions doivent éviter de se reprocher mutuellement leurs manquements et leurs fautes ; laissez à chacune le soin de dénoncer elle-même ses propres manquements et ses propres fautes ; que chacune fasse sa propre autocritique, de manière à réaliser une unité fondamentale qui dépasse les divergences de détail. » L'article se termine par un nouvel appel pressant à la lutte contre le factionnalisme et un appel à la réalisation de la « grande alliance révolutionnaire » qui « seule peut créer les conditions permettant l'établissement de comités révolutionnaires, peut mobiliser les masses dans la lutte contre le "Khrouchtchev chinois" et en même temps permet de maintenir fermement la production économique ».

Le corollaire de cette lutte contre l'activisme de gauche est évidemment la réactivation de l'appareil du Parti. La préparation du IXe Congrès se poursuit ; Radio-Shanghai a annoncé que Shanghai convoquerait en mai son assemblée locale des délégués du Parti (la convocation des assemblées locales précède normalement la convocation de l'assemblée nationale). Dans cette volonté de remettre le Parti en ordre de marche doit certainement intervenir pour une part aussi le désir de faire contrepoids à la puissance démesurée que s'est acquise l'armée. Le principe fondamental de la division du pouvoir politique et du pouvoir militaire ainsi que la subordination du second au premier ayant été balayé par la « Révolution culturelle », les commandants des grandes régions militaires se sont soudain trouvés investis d'une autorité sans limites et se sont vus souvent en mesure de négocier de puissance à puissance avec le gouvernement central. Ainsi Pékin est à nouveau menacé par ce vieux spectre des autarcies militaires provinciales dont la république chinoise eut tant à souffrir dans les premières années de son histoire, et que la République populaire semblait avoir définitivement conjuré. Maintenant que le mal est fait, sera-t-il possible, dans le processus de reconstruction du Parti, de reprendre aux militaires les prérogatives qui leur ont si imprudemment été concédées ?

Parallèlement à l'entreprise de reconstruction du Parti, se manifeste une volonté de normalisation de l'activité gouvernementale. Chen Yi, l'homme baromètre, semble être entièrement réinstallé dans ses anciennes fonctions : un communiqué de Xin hua (12 février) concernant l'audience accordée par Chen au nouveau chargé d'affaires hollandais à Pékin, mentionne à nouveau son double titre de vice-président du Conseil et de ministre des Affaires étrangères.

Première quinzaine de mars

On vient de commémorer dans toute la Chine l'anniversaire de l'instruction délivrée par Mao le 7 mars 1967 concernant l'encadrement de la nation, et en particulier de la jeunesse, par l'armée : « L'armée doit, par sessions et groupes successifs, entreprendre l'entraînement militaire des universités, écoles moyennes et classes supérieures des écoles primaires, et participer à la supervision de la reprise des cours, de la rectification de l'organisation et de l'édification de la triple union. Il faut d'abord faire des expériences, en dégager les conclusions et puis les étendre progressivement ; il faudra de plus convaincre les étudiants et appliquer l'enseignement de Marx selon lequel "ce n'est qu'en libérant l'humanité entière que l'on peut finalement libérer le prolétariat lui-même". De cet entraînement militaire, il ne faut pas rejeter les professeurs et les cadres fautifs ; sauf en ce qui concerne les vieillards et les malades, il faudra permettre à tous de participer aux sessions, dans l'intérêt de leur réforme. Pour tous, il suffira qu'ils travaillent consciencieusement, et les problèmes seront aisés à résoudre. » Dans l'état actuel des choses — la reprise des cours reste très laborieuse, les tendances anarchistes et l'intransigeance des extrémistes entravent la réhabilitation des cadres —, ces instructions restent d'une pressante actualité.

Le 3 mars, l'agence Xin hua a publié les conclusions d'une « session d'étude vivante et d'application vivante de la pensée Mao Zedong » tenue par les délégués activistes de l'armée de l'air. A la suite du couplet de rigueur à la gloire de Mao, un long passage est consacré à Lin Biao : «… dans cette lutte décisive pour le sort de l'humanité entière, notre bien-aimé vice-leader Lin Biao est d'une fidélité sans limites au grandiose président Mao, il le suit étroitement et jusqu'au bout, il brandit haut le grandiose étendard rouge de la pensée de Mao Zedong, il défend sans fléchir le grandiose leader Mao Zedong, la grandiose pensée de Mao Zedong et la ligne révolutionnaire prolétarienne du président Mao, luttant directement contre les opportunistes de gauche et de droite. Le vice-président Lin, avec l'énergie révolutionnaire la plus résolue, a remporté la victoire sur la poignée de capitalistes au sein du Parti et sur les sabotages des ennemis de classe ; dans l'armée entière, dans le Parti entier et dans le pays entier, il a inflexiblement promu et développé de toutes ses forces le mouvement de masse d'étude vivante et d'application vivante de la pensée de Mao Zedong, et ouvert la voie fondamentale qui permet aux masses de saisir directement la pensée de Mao Zedong et il a apporté ainsi à la révolution chinoise et à la révolution mondiale une contribution suréminente. » Encore une fois on cherche à fabriquer une certaine image de Lin Biao, à l'imposer comme l'intermédiaire privilégié entre le commun des mortels et un Mao déjà à demi enveloppé de nuées.

La disgrâce de Qi Benyu est maintenant confirmée ; il aura eu la carrière d'un météore : sorti brusquement de l'obscurité, le 1er avril 1967, c'est à lui que revint la tâche de tirer le premier coup de canon contre Liu Shaoqi, avec le fameux article « Patriotisme ou trahison ? ». Le 1er mai, il figurait déjà en évidence dans la suite de Mao passant en revue à Pékin les militants de la « Révolution culturelle ». Lors de sa dernière apparition publique (31 décembre 1967) il figurait en huitième position de la hiérarchie suprême. Les griefs formulés maintenant contre lui, pour être fort elliptiques, ne manquent pas d'intérêt : on l'accuse de *s'être opposé à Zhou Enlai* en organisant des attaques contre les collaborateurs immédiats de celui-ci : Chen Yi, Li Fuchun, Li Xiannian et Yu Qiuli ; il aurait de plus chargé ses séides de rassembler des informations compromettantes pour compiler un « dossier noir » *contre Lin Biao* ; il aurait été de mèche avec la clique Wang Li-Guan Feng, etc., et aurait clandestinement soutenu la faction extrémiste « Seize mai » ; il aurait été avec Yao Dengshan l'un des responsables de l'incendie du bureau du chargé d'affaires britannique à Pékin. Il aurait critiqué la formule des comités révolutionnaires fondés sur la « triple union », voyant en celle-ci (non sans raison, serait-on tenté d'ajouter) une forme de compromis dépourvu de tout caractère révolutionnaire. La « Révolution culturelle » n'aura pas mis longtemps à dévorer tous ses plus zélés artisans… Si la présente orientation se poursuit, le mouvement d'épuration gagnant de proche en proche et montant toujours plus haut finira peut-être même par brûler Yao Wenyuan, Zhang Chunqiao, Xie Fuzhi et Chen Boda [1]…

Deuxième quinzaine de mars - avril

La « Révolution culturelle » fait une soudaine et déconcertante poussée de fièvre.

Au début de mars son activité avait semblé vouloir se réorienter en direction des sphères culturelles : des épurations (comme celle du célèbre écrivain Ba Jin) et même des arrestations (entre autres celle du peintre Ye Qianyu, membre du comité permanent de la Fédération panchinoise des artistes) frappaient un certain nombre de personnalités littéraires, artistiques, théâtrales et scientifiques. S'agissait-il d'une manœuvre de diversion, les autorités cherchant à apaiser les extrémistes frustrés de leur révolution, en leur abandonnant quelques intellectuels à se mettre sous la dent ?

A partir du 22, voici que de vastes manifestations dont l'ampleur rappelle les premiers jours de la « Révolution culturelle », se déploient à nouveau dans les rues de Pékin ; les murs se couvrent d'inscriptions et la presse reprend sa grande offensive contre la menace « révisionniste ». A partir du 26, les manifestants et les inscriptions murales prennent spécifiquement à partie trois importantes personnalités militaires : Yang Chengwu (qui fait fonction de chef de l'état-major général depuis l'épuration de Luo Ruiqing), Yu Lijin (commissaire politique de l'armée de l'air) et Fu Chongbi (commandant de la garnison de Pékin, vice-dirigeant du comité révolutionnaire de la ville de Pékin). Leur disgrâce est bientôt officiellement confirmée : le 27, Radio-Pékin diffuse à plusieurs reprises la nouvelle que Mao a présidé un soudain meeting de 10 000 cadres militaires ; il était accompagné de toute la petite équipe de ses auxiliaires intimes qui forment maintenant l'unique noyau directeur de la Chine : Lin Biao, Zhou Enlai, Jiang Qing, Chen Boda, Kang Sheng, Xie Fuzhi, Yao Wenyuan, Huang Yongsheng, Wu Faxian, Ye Qun et Wang Dongxing. Au cours de ce meeting, Lin Biao a fait une « importante communication », annonçant officiellement la disgrâce de Yang Chengwu et son remplacement par Huang Yongsheng (le commandant de la région militaire de Canton, président du comité révolutionnaire du Guangdong : nous avons déjà eu l'occasion de parler de lui plus haut).

Simultanément, dans les rues de Pékin, manifestants et inscriptions murales attaquent également le groupe des protégés de Zhou Enlai, grands commis du gouvernement : Li Fuchun (vice-président du Conseil, principal responsable des Affaires économiques et financières ; dans le

1. Pour les deux derniers au moins ce pronostic semble maintenant se vérifier, à trois ans de distance. (Note de 1971.) Quant à la disgrâce des deux premiers (membres de la « Bande des Quatre »), elle ne survint finalement qu'au lendemain de la mort de Mao. (Note de 1997.)

Parti, membre du Comité permanent du Bureau politique du Comité central, et ex-numéro six de la hiérarchie suprême), Tan Zhenlin (ex-ministre de l'Agriculture) et Yu Qiuli (ex-ministre de l'Industrie pétrolière).

La chute foudroyante de Yang Chengwu (avec les remous qui entourent son engloutissement) est un événement d'une importance considérable, posant de délicats problèmes d'interprétation. Pour une élucidation complète de cet épisode, il faudra attendre des révélations plus complètes qui ne surviendront sans doute pas avant plusieurs années. Indiquons dès à présent quelques données de base de la question.

Remarquons tout d'abord l'état d'ignorance totale dans lequel les masses ont été maintenues en ce qui regarde les tenants et aboutissants de l'affaire : récemment Yang Chengwu signait encore dans le *Renmin ribao* un interminable article condamnant les crimes de Luo Ruiqing, célébrant la pensée de Mao et jetant les bases d'un culte de Lin Biao ; promu par la « Révolution culturelle » en deuxième position de la hiérarchie militaire, immédiatement après Lin Biao (nous avons indiqué dans la première partie le rôle décisif qu'il avait joué à la veille de la « Révolution culturelle » : c'est son ralliement qui avait permis à Mao de faire éliminer Luo Ruiqing, de reprendre le contrôle de la capitale et de déclencher toute la « Révolution culturelle ») : il présentait donc tous les signes extérieurs de l'orthodoxie. Or le voici du jour au lendemain jeté à bas de son piédestal. Au pied levé, cent mille manifestants sont mobilisés à Pékin pour crier « A bas Yang Chengwu ! » Ils ne le font pas de leur propre initiative : qui donc au sein des masses oserait prendre sans raison la décision soudaine de dénoncer le bras droit de Lin Biao ? Et si cette foule immense était soulevée d'une impulsion spontanée, animée d'une volonté autonome, d'un irrépressible désir de vengeance, elle clamerait de cent façons ses griefs et les raisons qui la poussent à demander la tête de Yang. Nous ne voyons au contraire qu'une troupe de figurants, routiniers maintenant de ces démonstrations à grand spectacle, qui débitent mécaniquement les quelques pauvres et obscurs clichés que le metteur en scène vient de leur souffler : Yang est un « conspirateur », il s'est « opposé à Xie Fuzhi », il travaillait à « réhabiliter Tan Zhenlin [1] », il avait « saboté une exposition consacrée à la victoire de la pensée de Mao Zedong (!) »... Aussi le plongeon de Yang apparaît-il déjà comme un épisode exemplaire en ceci du moins que, mieux que tout autre, il expose

1. Tan Zhenlin, qui était un proche collaborateur de Zhou Enlai, avait en février-mars 1967 directement pris à partie le groupe de la Révolution culturelle auquel il reprochait d'ignorer l'autorité du Parti. Il avait tout particulièrement eu l'audace de dénoncer les initiatives brouillonnes de Jiang Qing et de Chen Boda, et aurait même plaidé en faveur de Liu Shaoqi et Deng Xiaoping. La « Révolution culturelle » fit de Tan une de ses principales bêtes noires. Zhou Enlai tenta à plusieurs reprises de prendre sa défense, mais finalement ne put le sauver. La dernière apparition publique de Tan datait du 31 juillet 1967. Les dernières attaques de ce mois-ci semblent avoir définitivement scellé son sort.

le mythe du maoïsme comme expression de la « ligne des masses ». Une seule chose en effet s'impose clairement : la chute de Yang a été décidée à huis clos, sur un dossier inconnu des masses, et pour des motifs qui ne peuvent leur être révélés. Elle est le résultat d'une lutte occulte à laquelle les masses n'ont aucune part et dont elles ne peuvent prendre aucune connaissance directe : le seul rôle que la « Révolution culturelle » les invite dorénavant à jouer ressemble à celui de ces chômeurs et mendiants de l'ancien régime que les notables embauchaient par troupes entières pour taper de la cymbale dans leurs cortèges de noces, et porter les couronnes de fleurs dans leurs convois de funérailles…

Quelles sont les raisons qui ont pu motiver la disgrâce de Yang Chengwu ? Certains commentateurs occidentaux croient pouvoir assimiler sa chute à celle de son prédécesseur Luo Ruiqing, et imaginent donc qu'il se serait opposé à Lin Biao ; d'autres confondent son cas avec celui des extrémistes de gauche récemment éliminés. Ces interprétations sont unanimement rejetées, avec raison nous semble-t-il, par les observateurs chinois de Hong Kong.

Yang Chengwu était en fait le protégé de Lin Biao. Depuis l'époque de la Longue Marche durant laquelle il servit comme commissaire politique dans une division appartenant au groupe de la 1re armée dirigé par Lin Biao, il a toujours travaillé sous les ordres de Lin pour devenir finalement son bras droit et son homme de confiance. C'est en s'appuyant sur Yang que Lin réussit au début de 1966 à éliminer son plus redoutable rival Luo Ruiqing, à assurer pour Mao le contrôle militaire de la ville de Pékin, et à ouvrir ainsi la voie au développement de la « Révolution culturelle ». Yang fut alors récompensé pour cette action décisive en se voyant promu au poste de chef de l'état-major général. Il devint ainsi une pierre d'angle du pouvoir maoïste : en septembre 1967 il fit même partie de la suite de quatre membres qui accompagna Mao Zedong au cours de sa tournée d'inspection des cinq provinces riveraines du fleuve Bleu. Il se montra le principal artisan du culte de Lin Biao. Dans l'hypothèse où Lin Biao devrait accéder un jour au pouvoir suprême, Yang paraissait d'avance son second tout désigné. Aussi l'hypothèse selon laquelle Yang se serait maintenant opposé à Lin Biao paraît-elle particulièrement absurde et témoigne d'une ignorance complète du passé de l'intéressé. Tout au contraire, il faut considérer la disgrâce de Yang comme *un coup direct porté à l'autorité de Lin Biao*, et par conséquent aussi comme un revers pour le pouvoir central. Ceci est encore confirmé par l'identité des deux militaires qui ont accompagné Yang dans sa chute : l'un et l'autre constituaient un atout important dans le jeu de Lin Biao : Yu Lijin, commissaire politique de l'armée de l'air, avait été l'organisateur d'une série de sessions d'étude et de meetings tenus à Pékin par les délégués activistes de l'armée (marine et surtout aviation : voir plus haut), meetings dont le principal objet avait été de *consacrer le rôle de Lin Biao* comme modèle et guide de la nation. Quant à Fu Chongbi, l'exécutant du coup de force qui avait rendu Mao maître de la ville de Pékin au printemps 1966, en sa qualité de commandant de la garnison de Pékin, il garantissait pour Lin Biao le contrôle permanent de la capitale et du siège du gouvernement.

Parmi les échos officieux qui ont filtré ces toutes dernières semaines, il en est un qui mérite tout particulièrement de retenir l'attention : dans sa communication annonçant la déposition de Yang, Lin Biao[1] aurait indiqué que l'un des crimes majeurs de Yang avait été sa « folle ambition » d'éliminer les grands commandants régionaux Xu Shiyou (région militaire de Nankin), Huang Yongsheng (région militaire de Canton) et Han Xianchu (région militaire de Fuzhou, et commandant des unités du front du Fujian [face à Taiwan]). Or on remarquera que c'est précisément Huang Yongsheng qui se trouve maintenant promu à l'ancien poste de Yang à la tête de l'état-major général. Dans la lutte pour le pouvoir, il est de pratique constante que l'on attribue au vainqueur les dépouilles de son adversaire : ainsi Lin Biao devint jadis ministre de la Défense à la place de Peng Dehuai, et Yang lui-même, chef de l'état-major général à la place de Luo Ruiqing. De plus, au moment même où Yang s'effondrait, Xu Shiyou voyait son pouvoir régional officiellement consolidé en devenant le président du nouveau comité révolutionnaire établi au Jiangsu (23 mars).

Nous avons déjà souligné précédemment que l'emprise de Lin Biao sur l'armée restait loin d'être complète et ferme. Les grands commandants régionaux que le démantèlement du Parti a rendus omnipotents chacun dans son fief, et sourds aux ordres du pouvoir central, ont formé une coalition puissante ayant ses exigences propres avec lesquelles Pékin se voit bien obligé de composer : déjà la mutinerie de Wuhan et ses séquelles en avaient donné une éclatante démonstration. C'est parce qu'il avait toute la force de ses collègues derrière lui que Chen Zaidao osa séquestrer les émissaires de Pékin. Et la nécessité de ménager cette coalition des commandants régionaux obligea alors Pékin à renoncer à la tentation d'une intervention directe ; la crise de Wuhan fut dénouée par des moyens diplomatiques ; Chen Zaidao et son principal acolyte Zhong Hanhua, loin de faire l'objet du châtiment exemplaire qu'aurait mérité leur rébellion, restent simplement à Pékin, où ils sont soumis à une session prolongée d'étude de la pensée de Mao Zedong, sort qui, sans être follement gai, n'a cependant rien de dramatique. Marchandant le prix et les conditions de leur ralliement, les grands commandants

1. Que la tâche d'annoncer officiellement la disgrâce de Yang soit revenue à Lin Biao, ne doit pas étonner ni faire croire à une opposition entre les deux hommes. Dans le régime de la Chine populaire, l'usage habituel est précisément de charger l'associé intime d'un condamné de lire publiquement la sentence de ce dernier. Ceci permet d'isoler la victime en montrant à tous que ses alliés naturels se sont déjà désolidarisés d'elle et qu'elle ne possède donc plus aucun potentiel politique.

régionaux obtinrent un complet renversement de la politique maoïste : l'ordre du 5 septembre 1967 leur donnait carte blanche, à chacun dans sa province, pour mettre les révolutionnaires au pas. Mais ceci ne leur suffit pas, ils exigèrent encore l'élimination de tous les leaders activistes de la « Révolution culturelle » à l'échelon du pouvoir central, de façon à pouvoir plus commodément disperser et écraser dans leurs provinces les militants qui osaient contester leur autorité. Que ce soient ces mêmes commandants qui aient maintenant exigé la déposition de Yang Chengwu et son remplacement par l'un des leurs, Huang Yongsheng, paraît très vraisemblable. Dans sa fonction de chef de l'état-major général, Yang Chengwu étant le bras droit de Lin Biao, devait s'employer avant tout à unifier l'armée, à faire d'elle un instrument homogène entièrement à la disposition de Lin, et donc à éliminer tous ces îlots de résistance, ces réseaux d'anciennes fidélités qui, disposant d'une forte assise régionale, restaient noyautés autour de diverses personnalités militaires victimes de l'épuration. Dans ce processus, il se heurta fatalement aux prérogatives et aux ambitions des commandants régionaux ; une épreuve de force s'ensuivit qui tourna à l'avantage de ces derniers. Avec Huang Yongsheng, ils disposent maintenant à Pékin même, au sommet de l'appareil, d'un représentant de leurs intérêts, faisant directement contrepoids à l'autorité de Lin Biao. Dire que la Chine est maintenant sous la coupe de l'armée, ce n'est encore saisir qu'une moitié de la réalité ; le fait est que cette armée est elle-même profondément divisée et travaillée de courants divers. L'issue de l'affaire Yang Chengwu montre bien les limites du pouvoir du Lin Biao ; déjà au départ, le prestige et la consécration soudaine de Lin n'apparaissaient que comme une construction arbitraire de la propagande. A l'épreuve des faits, le caractère artificiel et précaire de son autorité s'est trouvé exposé de façon encore plus évidente.

« Sans une armée populaire, le peuple n'a rien. » Ce fameux propos de Mao est cité avec beaucoup de pertinence dans les articles commentant l'établissement des récents comités révolutionnaires (Jiangsu, 23 mars ; Zhejiang, 24 mars ; Hunan, 8 avril ; Ningxia, 10 avril ; Anhui, 18 avril). Sans une armée populaire, le peuple assurément n'aurait pas de comités révolutionnaires : ceux-ci sont *tous* présidés par des militaires. Le cas de Xu Shiyou qui dirige le comité révolutionnaire du Jiangsu est particulièrement remarquable : Xu qui commande la région militaire de Nankin (il était également vice-ministre de la Défense) s'était signalé par son insolente opposition à la « Révolution culturelle ». Si l'on en croit les gardes rouges, jusqu'en juin 1966 il faisait encore étudier à ses troupes le petit manuel doctrinal de Liu Shaoqi. Il déclara publiquement qu'il ne comprenait rien aux développements de la « Révolution culturelle », et adopta une attitude d'obstruction passive, refusant même à plusieurs reprises de répondre aux autorités centrales qui le convoquaient à Pékin. Profitant de l'ordre du 5 septembre 1967 qui restaurait l'autorité des militaires sur les révolutionnaires, il s'employa activement à mater les gauchistes de sa province. Qu'un pareil personnage puisse maintenant être appelé à diriger un comité révolutionnaire, est une véritable dérision. La consécration de son pouvoir survenant au moment même de la chute de Yang Chengwu, et combinée avec l'ascension de Huang Yongsheng à Pékin et la promotion d'un bon nombre de cadres « révisionnistes » dans les équipes dirigeantes de la plupart des nouveaux comités révolutionnaires, donne une mesure de l'affaiblissement du pouvoir central et de l'émergence toujours plus affirmée des autarcies provinciales. Ce double phénomène promet de rendre la future convocation du Congrès du Parti particulièrement difficile (il paraît d'ailleurs de plus en plus douteux que le IXe Congrès puisse se tenir avant la fête nationale de cette année ; selon des propos de Zhou Enlai rapportés par une publication des gardes rouges cette convocation devrait être reportée à l'an prochain). Conscientes du péril, les autorités centrales ont lancé par le truchement du *Renmin ribao* une mise en garde officielle contre le danger d'infiltration « révisionniste » au sein des comités révolutionnaires. Plusieurs comités déjà établis rencontrent de sérieuses difficultés : au Shandong en particulier, les rebelles accusent avec véhémence le comité et l'armée de virer à droite. A Pékin, trois membres du comité viennent de se faire éliminer. Au Hunan, au Guizhou, au Guangdong, les comités restent soumis à la pression des factions rebelles qui cherchent à remettre leur composition en question. Au Shânxi, Sichuan et Tibet, des troubles persistants retardent l'établissement des comités. Au Liaoning qui ne possède même pas encore un groupe préparatoire à l'établissement du comité, Song Renqiong (premier commissaire politique de la région militaire de Shenyang, membre suppléant du Bureau politique du Comité central ; ancien subordonné de Deng Xiaoping, Song est un des principaux détenteurs du pouvoir dans les provinces du Nord-Est, où il a entravé le développement de la « Révolution culturelle ») aurait tenté un coup de force à Shenyang en s'appuyant sur des unités blindées.

La notion même de « comité révolutionnaire » est tellement discréditée aux yeux de la gauche que la propagande officielle doit maintenant s'employer par tous les moyens à la revaloriser. Ainsi le 20 mars, un éditorial conjoint du *Renmin ribao*, *Hong qi* et *Jiefang jun bao* intitulé « Les comités révolutionnaires sont une bonne chose » rappelle que cette formule du comité révolutionnaire est une création de Mao Zedong lui-même, et souligne la valeur positive de la « triple union » ainsi que le caractère révolutionnaire du rôle joué par l'armée. Remarquons en passant que depuis plusieurs mois déjà, les organes officiels de propagande souffrent d'une pathétique carence idéologique : le *Renmin ribao* ne publie plus que de très rares éditoriaux de doctrine. Ceci trahit l'état de confusion et d'incertitude dans lequel sont plongés les rédacteurs — la vérité d'aujourd'hui est le crime de demain — et résulte aussi des coupes sévères qui ont fauché le bataillon des scribes professionnels du Parti.

Phénomène remarquable, Pékin s'efforce de ranimer le vieux spectre du Kuomintang. Dans ses « toutes dernières instructions » Mao a donné une étonnante définition de la « Révolution culturelle » : « La lutte actuelle est la continuation de la lutte entre le parti communiste et le Kuomintang. » (!) Ces paroles rapportées une première fois par une émission de Radio-Hunan le 5 avril ont été reprises le 10 avril dans l'éditorial conjoint du *Renmin ribao* et du *Jiefang jun bao* célébrant la naissance du comité révolutionnaire du Hunan. Ce même thème continue à être fréquemment exploité : le 26 avril, Radio-Pékin diffusait les conclusions d'une conférence militaire tenue dans la capitale : « Bien que la libération date de plus de dix-huit ans déjà, les restes du Kuomintang n'ont pas encore été éliminés ; la lutte à mort doit se poursuivre et il faut se préparer à un combat de longue haleine. » Des actions de sabotage sont officiellement attribuées au Kuomintang et en divers endroits, des « agents du Kuomintang » ont été démasqués et condamnés. Tout ceci fait évidemment plaisir à Taiwan qui ne se croyait pas le bras si long, et est fort flattée de se voir prêter des forces qu'elle ne possédait pas. Mais la signification du phénomène est ailleurs : les maoïstes se sont heurtés à l'intérieur de leur régime à des forces d'opposition si considérables, menaçant de cristalliser les tendances centrifuges de mécontentement et d'anarchie latentes parmi les masses, qu'ils ont décidé de vider l'abcès et de procéder à une répression impitoyable. L'étiquette Kuomintang sert tout à la fois à discréditer l'adversaire et à justifier les rigueurs de cette répression ; le recours qui est maintenant fait à ce vieil épouvantail indique donc que les problèmes posés par les mouvements oppositionnels ont atteint une ampleur nationale, et que la lutte sera sans quartier. Le pronostic avancé par plusieurs observateurs de Hong Kong concernant l'approche d'une Terreur nous paraît fondé, et trouve déjà un commencement de confirmation dans les multiples exécutions capitales auxquelles il a été procédé de manière publique et exemplaire en divers points du pays.

Dans un discours prononcé en février (reproduit dans un follicule des gardes rouges de Canton), Xie Fuzhi aurait déclaré que les organes de la Sécurité étaient gangrenés à 80 % par les partisans de Liu Shaoqi. Cette affirmation est fort vraisemblable : Mao confiant en l'appel direct qu'il exerçait sur les masses, ne s'est jamais fort occupé des tâches d'organisation et de police, préférant abandonner celles-ci aux bureaucrates de l'appareil, les Liu Shaoqi, Deng Xiaoping, etc., qui eurent ainsi tout le loisir de se constituer un État dans l'État. En tout cas, depuis février, la plupart des besognes normalement dévolues à la Sécurité ont été confiées à l'armée, ce qui a entraîné un considérable relâchement dans le contrôle politique des masses ; l'armée en effet n'est capable que de maintenir l'ordre public dans les rues, et n'est nullement équipée pour étendre son inquisition dans le domaine de la vie privée. Ceci explique la réapparition et la prolifération récente de toute espèce d'activités illicites : jeu, vol, prostitution, marché noir, vengeances claniques, etc. La façon sommaire et impitoyable dont les autorités ont maintenant entrepris de traiter tous les fauteurs de troubles, traduit leur inquiétude devant ce dangereux affaiblissement de discipline qui pourrait devenir propice au développement d'une activité politique clandestine.

La situation économique ne paraît pas brillante elle non plus. Dans deux discours différents (17 janvier et 2 février) qui nous sont enfin connus maintenant grâce aux publications des gardes rouges, Zhou Enlai a déclaré que les sabotages et l'anarchie avaient entraîné des désordres dans les communications et une baisse de production dans l'industrie, en sorte que de nombreux objectifs économiques n'ont pu être atteints et que, dans l'ensemble, la production de 1967 a été inférieure à celle de 1966. Il a ajouté que le coût de la « Révolution culturelle » pouvait dans une certaine mesure se comparer à celui de la guerre civile et de la guerre de Corée.

Combien de temps la Chine pourra-t-elle continuer à se payer cet exorbitant gâchis ? Le régime n'a jamais été plus vulnérable qu'il ne l'est aujourd'hui : la Chine ressemble à une vaste poudrière ouverte : une seule étincelle — c'est-à-dire un seul cri de ralliement révolutionnaire qui serait lancé par une poignée d'hommes nouveaux — suffirait à tout faire sauter. Mais à défaut de pareille étincelle, et pourvu qu'on lui laisse le temps, on peut faire confiance à Mao : tant qu'il n'aura pas d'autres adversaires que les dinosaures de son propre parti, son agileté tactique supérieure lui permettra toujours d'avoir le dernier mot.

Mai

Lors du 1er Mai, il n'y a pas eu de défilé à Pékin et les célébrations se sont limitées à un feu d'artifice tiré dans la soirée. Si l'on songe que le 1er Mai est la plus importante fête de l'année après la fête nationale, cette suppression du défilé, sans précédent dans les annales du régime, est vraiment surprenante, surtout au moment où l'on veut faire croire que la « Révolution culturelle » a déjà remporté sa « victoire décisive ». Pareille dérogation à l'usage établi n'a pu être décidée sans raison grave : il semble en fait que les autorités maoïstes ne soient même plus certaines de pouvoir entièrement contrôler la situation dans la capitale. Fu Chongbi épuré il y a un mois à peine était, on s'en souvient, *le commandant de la garnison de Pékin* ; l'élimination soudaine d'un personnage occupant un poste d'une importance stratégique aussi essentielle, est un indice de la fragilité du pouvoir maoïste qui apparaît miné de l'intérieur jusque dans son plus fondamental bastion.

En ce qui concerne la liste des présences au feu d'artifice du 1er Mai, les huit premiers personnages du régime se présentent dans le même ordre qu'à la fête nationale d'octobre 1967, soit Mao, Lin, Zhou Enlai, Chen Boda, Kang Sheng, Zhu De, Li Fuchun, Chen Yun. Le groupe de la Révolution culturelle apparaît cruellement décimé, mais ses trois derniers survivants en compensation montent à l'avant-scène et passent avant plusieurs membres du Comité central : Jiang Qing, Zhang Chunqiao et Yao Wenyuan. Le Comité central lui-même a dramatiquement fondu : sur un total théorique de plus de cent quatre-vingt-dix membres et suppléants, il n'y avait que vingt-six présents ; autrement dit, cet organe n'existe plus guère que sur papier.

La situation politique générale est floue. Derrière cet amorphe rideau d'incertitude, une lutte intense continue à se dérouler au sommet ; mais comme elle ne peut jusqu'à présent aboutir à aucune conclusion décisive, les organes de propagande restant dépourvus d'une orientation ferme et cohérente, s'en tiennent à un prudent silence. Les nouvelles significatives se font de plus en plus rares (et filtrent de plus en plus difficilement vers l'extérieur : les autorités du Guangdong viennent de renforcer cette cloison étanche en prenant des mesures sévères pour tenter de mettre fin au passage des émigrants clandestins en direction de Hong Kong). Des sources officielles, tant sur le plan de la doctrine que sur celui des événements, il n'y a plus grand-chose à tirer. Les observateurs se rappellent qu'un brouillard analogue avait pesé sur l'information en 1959 au lendemain de la fameuse et cruciale conférence de Lushan, et voient dans le silence actuel des organes de propagande le signe d'une crise.

Le peu que nous sachions des tendances présentes de la situation politique reflète une insoluble contradiction. Théoriquement on devrait assister à un virage à gauche : l'éditorial publié par le *Renmin ribao* à l'occasion du 1er Mai développait les « nouvelles instructions » du président Mao : il faut vigoureusement contre-attaquer le courant des réhabilitations des éléments de droite, qui menace de submerger les comités révolutionnaires. Mais la gauche n'en paraît pas consolidée pour autant : Chen Boda a dû faire son autocritique et a désavoué ses relations avec Qi Benyu, cependant que les technocrates de Zhou Enlai, Chen Yun et tout particulièrement Chen Yi, très actif ces dernières semaines, semblent se maintenir fermement en selle ; ceci cadre mal avec les mots d'ordre lancés contre les réhabilitations des droitistes.

En pratique, l'application d'une nouvelle ligne de gauche à l'échelle du pays entier serait difficilement réalisable. Les comités révolutionnaires, loin de former un ensemble homogène, présentent une bigarrure politique qui va du maoïsme bon teint (dans le plus petit nombre de cas : Shanghai en est à peu près le seul échantillon) au militarisme centrifuge (Jiangsu avec Xu Shiyou par exemple) et au bureaucratisme traditionnel (tel le Hebei avec Li Xuefeng), en passant par le gouvernement militaire orthodoxe des satellites de Lin Biao (comme au Hunan avec Li Yuan). Le degré de loyauté et d'obéissance dont chaque comité révolutionnaire témoigne à l'égard de Pékin est donc très variable. Cette diversification régionale (qui correspond d'ailleurs aux vieilles et irrépressibles aspirations centrifuges des provinces, que le régime de Chine populaire avait réussi à endiguer jusqu'à l'explosion de la « Révolution culturelle ») empêche maintenant le pays de répondre docilement à chaque coup de barre du pilote. Depuis la destruction de cet appareil du Parti qui assurait l'homogénéité politique des provinces, il ne reste plus à la disposition du pouvoir central qu'une seule courroie de transmission : l'armée. Or nous avons déjà montré combien celle-ci se révèle mal équipée pour cette tâche. Lin Biao n'a pas réussi à faire uniformément accepter son autorité ; ne disposant encore que d'un nombre trop limité d'hommes de confiance, dans beaucoup de régions il a dû se contenter d'entériner le pouvoir de commandants locaux dont l'allégeance restait pourtant sujette à caution. Ailleurs, la cohésion et l'efficacité de l'armée ont été affaiblies par les épurations et les mutations. Même là où Lin Biao a réussi à mettre en place des hommes qui lui sont inconditionnellement dévoués, il s'agit le plus souvent d'éléments fraîchement parachutés à la tête d'une hiérarchie régionale qui leur est étrangère.

Phénomène plus inquiétant encore, cette armée qui est devenue l'unique pilier du pouvoir maoïste, achève de ronger la substance intérieure de celui-ci. La relation antagoniste entre les militaires et les maoïstes n'a pas dégénéré en guerre civile, pour la simple raison que les seconds ont été entièrement sacrifiés aux premiers. Après l'épuration de l'extrême gauche exigée par l'armée, pour sauver les apparences les victimes ont été désavouées par Mao et accusées d'avoir agi de leur propre initiative, en contradiction avec les instructions du « Grandiose Pilote ». Ce désaveu et ces accusations ne sauraient abuser personne : les éléments activistes de la « Révolution culturelle » brusquement portés sur l'avant-scène en 1966-1967, et maintenant non moins soudainement engloutis dans les oubliettes de l'Histoire, étaient de la tête aux pieds des créatures de Mao. Dépourvus de passé révolutionnaire, et de qualifications politiques, privés de tout appui tant dans l'appareil du Parti que dans les rangs de l'armée, défiant à mains nues toutes les autorités et tous les pouvoirs constitués, comment auraient-ils jamais pu ambitionner de jouer cavaliers seuls : leur unique force venait précisément de ce qu'ils exprimaient directement le dessein politique de Mao et agissaient sur l'ordre et avec la caution personnelle de celui-ci. L'hypothèse qu'ils auraient pu songer à se rebeller contre celui-là même de qui ils tenaient leur unique semblant d'existence politique est évidemment absurde. En fait, à travers eux, c'est Mao lui-même que l'armée a mis en échec.

Juin

L'orientation — ou plutôt la désorientation — présente de la « Révolution culturelle » est caractérisée par un mélange d'intransigeance et d'impuissance.

L'intransigeance s'exprime en particulier dans les « toutes dernières instructions du président Mao » (Renmin *ribao,* 5 juin) : « Protéger les masses ou les écraser : c'est en cela que réside la différence fondamentale entre le parti communiste et le Kuomintang, entre le prolétariat et la classe capitaliste, entre la dictature du prolétariat et la dictature du capitalisme. » Dans cette même ligne, le *Wenhui bao* de Shanghai (dont les articles continuent à se situer fort à gauche de ceux du *Renmin ribao* de Pékin) a publié le 12 un éditorial qui, tout en reconnaissant l'existence de désordres graves, dénonce l'attitude de ceux qui se montrent prêts à acheter l'ordre au prix de compromis avec l'adversaire. Pareils propos ont un effet incendiaire sur les rebelles ; ceux-ci y trouvent en effet une justification nouvelle de leurs efforts pour remettre en question l'ordre imposé par l'armée et les « comités révolutionnaires » qui s'étaient précisément employés à « écraser les masses ». Il s'ensuit donc maintenant une recrudescence de troubles. Divers comités révolutionnaires vont à la dérive sur les eaux houleuses du factionnalisme, et sont menacés de désagrégation et de paralysie. Le *Wenhui bao* du 21 a consacré un article à ces désordres, qualifiés de « guerre civile » (entre guillemets dans l'original). Les fauteurs de troubles, commodément étiquetés « agents du Kuomintang » voient leur sort réglé de façon expéditive. Les dizaines de cadavres que le flot a apportés sur les grèves de Hong Kong ces dernières semaines [1] représentent à une échelle locale et infime une macabre illus-

1. A partir du 22 juin, une série de cadavres qui avaient dérivé au gré des marées et du courant, furent découverts sur les plages de Hong Kong, des Nouveaux Territoires et des îlots dépendant de la colonie ; à la mi-juillet le total de ces cadavres se montait déjà à trente-quatre. Il s'agissait pour la plupart d'hommes appartenant à un groupe d'âge de 18-35 ans (mais incluant aussi une fillette de 13-15 ans et une femme plus âgée), vêtus comme le sont les ouvriers et les paysans du Guangdong. La plupart des corps étaient ligotés de la façon dite « grande ligature à cinq fleurs » (*wu hua da bang*), c'est-à-dire au moyen d'une corde enserrant successivement les deux pieds, les deux poings et le cou, indiquant qu'il s'agissait de suppliciés, probablement victimes d'une même exécution massive. Plusieurs massacres eurent lieu dans le Guangdong au début de juin, les plus importants ayant été perpétrés à la frontière du Guangdong-Guangxi, mais il est difficile de déterminer auquel d'entre eux avaient appartenu ces corps-ci. Les premiers corps découverts avaient déjà séjourné un certain temps dans l'eau, les derniers se trouvaient dans un état de décomposition assez avancé. Le nombre de corps repêchés sur les grèves de Hong Kong ne peut représenter qu'un pourcentage très réduit du nombre total des victimes, car le courant de la rivière des Perles au fil de laquelle ils étaient descendus vers la mer, porte droit vers le large et ne dépose qu'une petite part de ses alluvions sur les rivages de Hong Kong qui se trouvent placés de côté, fort à l'est de son embouchure.

tration d'un drame généralisé aux dimensions du pays entier. Toute révolution s'accompagne sans doute inévitablement de massacres ; mais ceux qui se perpètrent en Chine aujourd'hui sont d'une nature fondamentalement différente de ceux qui accompagnèrent l'établissement du régime il y a une vingtaine d'années. Les victimes d'aujourd'hui n'appartiennent plus à la classe minoritaire des exploiteurs et des propriétaires (mis hors jeu depuis longtemps, les derniers survivants de cette race végètent tout à fait en marge des luttes actuelles) mais sont au contraire des paysans, des ouvriers, des étudiants, des représentants de la jeunesse révolutionnaire, les fils et les filles mêmes de la Chine nouvelle. Le soleil rouge du maoïsme n'est décidément plus qu'un sanglant soleil couchant…

Un effort considérable est déployé pour galvaniser le moral des soldats. Pour privilégiée que soit leur condition, les troupiers, après tout, sont recrutés parmi les masses populaires et de plus, la besogne qu'on leur fait accomplir ces jours-ci doit leur paraître rebutante. Le 3 juin à Pékin, 20 000 activistes militaires (provenant de la région militaire de Nankin et de celle de Shenyang, venus participer à une session d'étude de la pensée de Mao Zedong) ont été gratifiés par Mao d'une audience collective. La propagande a exploité cet événement d'une façon hystérique. Voici quelques échantillons des flots de prose qui ont déferlé à cette occasion : « … les océans s'assécheront, les rochers se liquéfieront plutôt que change jamais notre rouge cœur, fidèle au président Mao. La terre peut trembler, les montagnes peuvent vaciller, mais notre volonté de conserver la ligne révolutionnaire du président Mao ne s'ébranlera jamais ! L'amour de notre père et de notre mère ne valent pas l'amour du président Mao ! Les combattants révolutionnaires qui ont été reçus par notre grandiose commandant en chef le président Mao et par son intime compagnon d'armes le vice-président Lin, sont baignés par un incomparable bonheur ; les jeunes soldats en perdent le sommeil ; dans la nuit, fébrilement ils mettent leur résolutions par écrit, jurant : président Mao, ô président Mao ! nous allons convertir l'entrevue que vous nous avez accordée en la plus formidable des énergies ; nous sommes résolus à nous conformer au lumineux modèle du vice-président Lin pour vous rester d'une fidélité éternelle, d'une fidélité éternelle à votre glorieuse pensée, d'une fidélité éternelle à votre ligne révolutionnaire. Comme le camarade Men He, nous voulons en toute chose penser à vous, vous obéir en tout, vous suivre en tout, faire tout pour vous, et faire de la défense et de la réalisation de votre ligne révolutionnaire la mission sacrée de notre existence entière… » (agence Xin hua, 5 juin). Et puis cette description du meeting lui-même (*Jiefang jun bao, 3* juin) : « L'instant le plus heureux, que, de notre vie entière, nous n'oublierons jamais, est arrivé ! L'orient est rouge, le soleil paraît ! Notre grandiose maître à penser, grandiose chef, grandiose général en chef, grandiose pilote, le président

Mao, le visage rose et radieux, le corps robuste, s'avance d'un pas ferme et prend place sur l'estrade. A cet instant les cris d'enthousiasme forment comme un raz de marée, mille et dix mille cœurs rouges se tournent vers le soleil rouge, mille et dix mille sourires de bonheur accueillent le soleil rouge […]. Ô suprêmement bien-aimé président Mao, dix mille hymnes ne suffiraient pas à chanter l'amour sans limites que les combattants révolutionnaires éprouvent pour vous. Dix mille plumes rouges n'en finiraient jamais de décrire la foi sans limites que les combattants révolutionnaires placent en vous, dix mille vagues de l'océan ne suffiraient pas à exalter l'adoration sans limites que les combattants révolutionnaires ont pour vous, les étendues infinies de l'espace ne suffiraient pas à contenir les sentiments de fidélité sans limites que les combattants révolutionnaires éprouvent pour vous… » (Suit alors une description des insomnies des soldats qui, ayant appris qu'ils verraient Mao le 3, ne pouvaient plus dormir tant ils étaient excités, etc.)

Juillet

Le 30 juin, à l'occasion du quarante-septième anniversaire de la fondation du Parti, le *Renmin ribao*, le *Jiefang jun bao* et le *Hong qi* [1] ont publié un éditorial conjoint. Ce texte traite principalement des liens étroits que le Parti doit établir et conserver avec les masses. Il annonce que la lutte contre l'adversaire révisionniste sera encore longue et ardue ; il souligne l'importance du rôle joué par les comités révolutionnaires et analyse les principales difficultés auxquelles ceux-ci se trouvent affrontés : sabotages, tentatives pour corrompre les membres de ces comités et les isoler des masses, courant de réhabilitations, factionnalisme. L'article conclut en disant que, pour les membres du Parti, la « Révolution culturelle » est une épreuve dont ils devront sortir plus forts, et, en terminant, il donne de la « Révolution culturelle » la nouvelle définition que voici : « La grande Révolution culturelle prolétarienne est un grandiose mouvement de mobilisation des masses révolutionnaires pour procéder à une rectification du Parti. »

Chose curieuse dans cet article destiné en principe à célébrer l'anniversaire du Parti, il est finalement beaucoup moins question du Parti que des comités révolutionnaires. On ne parle plus guère de la tâche de reconstruction du Parti : cet objectif paraît bien lointain maintenant. (La plupart des observateurs doutent d'ailleurs de plus en plus des possibi-

1. Le *Hong qi* venait de reprendre sa parution, et ceci correspondait bien au glissement à gauche amorcé depuis plusieurs semaines. Le *Hong qi* avait cessé de paraître depuis novembre 1967, c'est-à-dire depuis l'épuration des principaux idéologues de l'extrême gauche. Mais pendant quelques mois, on avait assisté à un phénomène bizarre ; plusieurs textes doctrinaux avaient été publiés sous la mention « éditorial conjoint du *Renmin ribao*, *Jiefang jun bao* et *Hong qi* », attestant donc une survie théorique de cette dernière publication sans qu'on la vît effectivement reparaître.

lités de voir convoquer cette année encore le IXe Congrès du Parti ; la « Révolution culturelle » est demeurée constamment en retard sur son programme ; un discours de Zhou Enlai aux membres de la commission du Plan a révélé par exemple qu'il avait initialement été prévu que toutes les « prises de pouvoir » auraient été parachevées pour le 1er mai de cette année…) Toutes les énergies sont maintenant requises pour une tâche plus urgente : imposer, maintenir et replâtrer ces chaotiques et disparates comités révolutionnaires auxquels la carence, la paralysie et la ruine de tous les autres rouages politiques et administratifs confèrent une importance vitale (trait significatif, il n'est plus jamais fait mention de cette épithète de « provisoire » qui qualifiait originellement le pouvoir des comités).

Le 1er juillet, une soirée artistique a marqué la célébration du quarante-septième anniversaire de la fondation du Parti. La liste des présences donne à penser que l'on ferait mieux de célébrer ses funérailles : le Comité central n'était plus représenté que par 19 % de ses effectifs, et plus de la moitié de l'assistance était composée de militaires… Cette soirée artistique a pris en fait l'indécent aspect d'un hommage personnel à Jiang Qing. Il fut en effet donné une représentation de l'opéra de Pékin modernisé par ses soins : l'orchestre d'instruments traditionnels se trouvait remplacé par un… piano ! Cette ridicule histoire de piano (lugubre pour tous les amateurs d'opéra de Pékin, lequel semble bien condamné à mort) ne mériterait en elle-même pas d'être relevée, n'était que la propagande officielle ait précisément entrepris de l'amplifier aux dimensions d'un événement politique. Une douzaine d'articles publiés en succession dans le *Renmin ribao* ont tiré prétexte de ce révolutionnaire piano pour consacrer le rôle dirigeant de Jiang Qing. La puérilité et l'indigence du prétexte [1] n'enlèvent rien à la gravité du symptôme : l'émergence nouvelle de Jiang Qing indique que Mao a choisi de donner à nouveau de l'éperon à la « Révolution culturelle ». A la dénonciation des extrémistes de gauche a succédé maintenant un mouvement de lutte contre les tendances de droite. Ce mouvement se traduit par une vague

1. Ce n'est pas par hasard que le piano, fétiche petit-bourgeois par excellence (ô banlieues dominicales, ô Laforgue !) ait été choisi pour devenir le symbole de la « révolution » dans le domaine artistique. La fascination exercée sur le « quartier général prolétarien » par l'esthétique putréfiée de la petite bourgeoisie européenne du XIXe siècle, pieusement recueillie et retransmise par l'Union soviétique, vint simultanément se manifester ce même mois dans le domaine de la peinture, le chef-d'œuvre proposé à l'admiration des masses étant une sirupeuse peinture à l'huile (à la margarine serait-on plutôt tenté de dire) représentant le *Jeune Mao Zedong sur la route de Anyuan*. Ainsi dans toutes les bonnes familles rouges pourra-t-on dorénavant accrocher au-dessus du piano révolutionnaire du salon, un révolutionnaire Bouguereau. L'ouvrage était d'une mièvrerie si sucrée et désuète, que l'une de ses innombrables reproductions diffusées vers l'Europe s'égara au Vatican, et fut accrochée pour un temps dans une salle d'attente pontificale par un ecclésiastique de bonne foi qui l'avait prise pour une gravure missionnaire.

d'épurations au sein de divers comités révolutionnaires, ainsi que par la destitution de plusieurs officiers supérieurs de l'armée. Plus grave encore, Zhou Enlai lui-même commence, semble-t-il, à perdre du terrain. Non seulement il se trouve indirectement atteint par les attaques qui continuent à être lancées contre Nie Rongzhen et Li Fuchun, mais même, comme en font foi des tracts ronéotypés émanant de groupes de gardes rouges, il est directement et vivement pris à partie par l'extrême gauche qui l'accuse de mener un double jeu favorable aux révisionnistes. A un moment où la situation générale est instable — non seulement les violences se multiplient dans les provinces, mais à Pékin même le régime ne parvient plus à se faire écouter des diverses factions qui s'entr'égorgent librement (en particulier à l'université Qinghua) — et où l'armée, seul soutien de l'ordre, paraît plus que jamais flottante et divisée, ce virage à gauche, s'il se poursuit, risque de hâter le processus de désintégration du régime.

Plusieurs documents intéressants sont parvenus à Hong Kong ces dernières semaines. L'un d'entre eux est un document militaire concernant les nouvelles levées de troupes dans la province du Guangdong. Les effectifs de l'armée pour l'ensemble du pays seront augmentés cette année d'une levée extraordinaire de 600 000 hommes, à laquelle la province de Guangdong contribue à concurrence de 7,2 %. Cette levée affecte les jeunes de 18 à 25 ans ; pour l'armée de terre et de mer, les recrues seront choisies à 55 % parmi les étudiants et dans le secteur tertiaire, 21 % en milieu ouvrier, 19 % en milieu paysan et 5 % parmi les cadres ; pour l'armée de l'air, la proportion est de 82 % pour les étudiants et travailleurs tertiaires, 15 % pour les ouvriers, 1 % pour les paysans et 2 % pour les cadres. Quant aux raisons officielles motivant cette levée, Lin Biao a allégué devant la commission du service militaire que la Chine se trouvait affrontée à une triple menace posée par le révisionnisme soviétique, par l'impérialisme américain qui continue l'escalade vietnamienne et pourrait même chercher éventuellement à déclencher une nouvelle agression en Corée, et par les dernières forces du Kuomintang qui, réfugiées à Taiwan, pourraient tenter une offensive en direction du continent. La menace américaine au Viêt Nam doit certes constituer une sérieuse source d'inquiétude ; mais il est très probable aussi que les responsables militaires, dépassés par leur tâche de gardiens de l'ordre improvisés, aient jugé finalement que le moyen le plus simple pour remettre les rebelles au pas, était encore de les envoyer à la caserne.

Un autre document très remarquable est constitué par le texte d'une allocution que Mao aurait adressée à un groupe de visiteurs étrangers, le 31 août 1967. Ce texte a été reproduit par un follicule de gardes rouges récemment parvenu à Hong Kong où, à son tour, le *Ming bao* l'a publié le 5 de ce mois. En voici la traduction :

En 1962 j'ai déclaré devant l'« assemblée des Sept Mille » : « La victoire dans la lutte qui oppose le marxisme-léninisme au révisionnisme est encore indécise et il se pourrait fort bien que le révisionnisme l'emporte et que nous soyons battus. » En évoquant cette possibilité de défaite, mon intention était de réveiller la vigilance de chacun pour mieux prévenir le péril révisionniste. A l'intérieur du Parti, la lutte entre les deux classes, entre les deux voies subsiste en permanence, on ne peut nier cette évidence [...].

... La Révolution culturelle a commencé en hiver 1965 avec l'article de Yao Wenyuan dénonçant la pièce *La Destitution de Hai Rui. A ce moment le pays était contrôlé par les révisionnistes, il était impossible de rien faire, ils avaient tout en main.* A l'époque j'avais d'abord proposé que le camarade XX s'arrange pour faire écrire un article critiquant *La Destitution de Hai Rui*, mais *dans cette métropole rouge* [c'est-à-dire Pékin, *N.d.T.*] *nous étions réduits à l'impuissance et il a fallu que je gagne Shanghai pour pouvoir commencer à organiser quelque chose.* Finalement, l'article ayant été rédigé, je le relus trois fois, et estimant qu'il était fondamentalement acceptable, je chargeai le camarade XX de le faire publier, et je lui suggérai de le montrer au préalable à quelques camarades dirigeants des organes centraux du Parti. Mais le camarade XX proposa de le publier aussitôt tel quel, sans le laisser lire au préalable par les camarades (Zhou) Enlai et Kang Sheng. (A ce moment Lin X intervient : « Il y a des gens qui prétendent que le camarade Mao Zedong manœuvre une faction pour en combattre une autre, et que tous les actuels camarades dirigeants, tous ceux qui ont aujourd'hui du prestige aux yeux des masses révolutionnaires, avaient tous été prévenus d'avance par le président Mao de ce que serait le fond même de la Révolution culturelle, en sorte qu'ils ont ainsi pu éviter de commettre des erreurs. Telle que je la vois, la Révolution culturelle au contraire a été pour nous une sorte d'examen à livre fermé : tous ceux qui suivaient étroitement le marxisme-léninisme et la pensée de Mao Zedong, se sont naturellement retrouvés dans les rangs prolétariens révolutionnaires. Et c'est pour cela que je dis : Il faut appliquer la pensée de Mao Zedong quand on la comprend, et même l'appliquer quand on ne la comprend momentanément pas[1]. ») Après que l'article du camarade Yao Wenyuan eut paru, le pays entier lui fit écho, *à l'exception de Pékin et du Hunan qui ne le reproduisirent pas.* Dans la suite je suggérai qu'on le publie en fascicule, *mais ce projet fut boycotté et ne put être réalisé.*

Mais l'article de Yao Wenyuan ne fut *rien de plus que le signal* de la « Révolution culturelle », aussi, à la direction centrale nous nous appliquâmes tout particulièrement à superviser la mise au point de la « Circulaire » du 16 mai. Comme l'adversaire était extrêmement subtil, l'existence du premier signal l'avait fait passer à l'action, et nous devions donc nous aussi agir. Cette « Circulaire » souleva de manière claire et explicite le problème de la lutte entre les deux lignes. *A l'époque, la majorité n'était pas d'accord avec ma façon de voir, à certains*

1. Cette bourde mémorable indique que Lin X doit certainement être Lin Biao. Voir éditorial du *Jiefang jun bao*, 7 septembre 1967 qui enchâssa définitivement cette perle pour l'édification des masses. Trahissant les limites intellectuelles de Lin, le propos en question explique aussi pour quelle raison celui-ci a pu devenir le favori du souverain. Quant au camarade XX (les deux X indiquent un nom en deux caractères, et le contexte implique un type de relation assez intime et non officiel), mon hypothèse est qu'il s'agit plus que probablement de Jiang Qing. « Il » et « elle » étant homophones en chinois, la transcription ne rend pas nécessairement compte du genre du pronom personnel.

moments je restais absolument seul, tandis que tous disaient que ma façon de voir était périmée. La seule voie qui me restait fut de soumettre mes opinions devant la deuxième session du VIIIe Comité central, pour qu'on en débatte. A l'issue du débat, j'obtins finalement un tout petit peu plus de la moitié des voix. Et même alors, beaucoup ne marchaient toujours pas : Li Jingquan ne marchait pas, Liu Lantao ne marchait pas. Le camarade (Chen) Boda alla les trouver pour discuter avec eux, mais ils répondirent chacun : « A Pékin je ne marchais pas ; rentré chez moi, il en reste de même. » Au bout du compte, la seule chose qu'il me restait à faire était de pousser l'expérience plus avant et de voir ce qu'il en adviendrait ! Après la deuxième session du VIIIe Comité central, le moment crucial se situa durant les trois mois d'octobre, novembre et décembre 1966 : en dénonçant la ligne capitaliste réactionnaire, on exacerbait publiquement la contradiction intérieure du Parti. Laissez-moi ici mentionner une question en passant : le fait est que, durant le processus de dénonciation de la ligne capitaliste réactionnaire, la grande majorité des ouvriers paysans et cadres de base du Parti se sont laissé égarer. Si nous étudions maintenant comment il faut juger ces camarades qui se sont laissé égarer : moi, j'ai toujours estimé que la grande majorité des ouvriers, paysans et soldats étaient bons, que la toute grande majorité des membres du Parti étaient bons ; à toutes les étapes de la révolution prolétarienne, ils ont toujours fourni la force principale, et il ne pouvait à plus forte raison en aller autrement en ce qui concerne la Révolution culturelle. La grande masse des ouvriers, paysans et soldats étant engagés dans un labeur concret, ne peuvent naturellement avoir qu'une compréhension limitée de ce qui se passe dans la superstructure ; ajoutez à cela que les cadres du Parti à la base ont un amour ardent pour le Parti et pour ses leaders ; aussi, comme la faction au pouvoir qui suit la voie capitaliste brandissait le drapeau rouge pour combattre le drapeau rouge, ils se sont laissé égarer, et même pendant une assez longue période ils sont demeurés incapables de revenir sur leurs pas. Il y a là des facteurs historiques qui ont joué ; qu'ils aient erré, soit ! Du moment qu'ils se sont corrigés, passons l'éponge. Dans la foulée du mouvement qui allait se développant toujours plus avant, ils sont redevenus la force principale. La « tempête de janvier » a été effectuée par les ouvriers de Shanghai. A leur suite, les ouvriers et paysans du pays entier se sont levés, c'est la règle du développement de toute révolution. La révolution démocratique s'est effectuée de cette manière ; le « mouvement du 4-Mai » avait été l'œuvre des intellectuels, et il avait pleinement manifesté la qualité de conscience prophétique des intellectuels ; mais quand il s'est agi de mener la révolution jusqu'au bout avec des expéditions de grande envergure comme l'« Expédition au nord », ceci ne put être mené à bien qu'en s'appuyant sur les véritables maîtres de l'époque, c'est-à-dire les ouvriers, paysans et soldats agissant comme force principale. Ouvriers, paysans et soldats se ramènent en fait à ouvriers et paysans, puisque les soldats ne sont au fond que des ouvriers et paysans revêtus d'un uniforme militaire. La dénonciation de la ligne réactionnaire capitaliste a d'abord été menée par les intellectuels et la masse de la jeunesse étudiante. Mais pour s'emparer du pouvoir avec la « tempête de janvier », il a fallu s'appuyer sur les vrais maîtres de notre époque. Les intellectuels ont une grande agilité d'esprit pour ce qui est d'analyser et de percevoir les problèmes, mais ils sont victimes des limitations mêmes de leur spécialité, ils sont incapables de faire la révolution jusqu'au bout, ne pouvant se débarrasser de leur nature hésitante.

La Révolution culturelle, d'un point de vue stratégique et tactique peut dans les grandes lignes se diviser en quatre étapes. La première étape va de la publication de l'article du camarade Yao Wenyuan jusqu'à la deuxième session du VIIIe Comité central. Ceci fut essentiellement l'étape de la mise en mouvement. La deuxième étape va de la deuxième session jusqu'à la « tempête de janvier » ; ce fut l'étape du tournant dans l'orientation du mouvement. La troisième étape couvre la prise de pouvoir de la « tempête de janvier », la « grande alliance » et la « triple union ». La quatrième étape couvre toute la période qui s'est ouverte avec les articles de Qi Benyu « Patriotisme ou trahison ? » et « La nocivité essentielle de la *Formation spirituelle du communiste* réside dans ce que cet ouvrage renie la dictature du prolétariat ». La troisième et la quatrième étape ont été entièrement occupées par le problème de la prise du pouvoir. La quatrième étape s'attache à enlever le pouvoir au révisionnisme et au capitalisme sur le plan idéologique. Aussi cette étape marque-t-elle une phase décisive dans la lutte à mort qui oppose les deux classes, les deux routes, les deux lignes ; elle concerne le problème majeur, le vrai problème. A l'origine, après la « tempête de janvier », la direction du Parti se faisait beaucoup de souci en ce qui concernait la « grande alliance », mais sans parvenir à un résultat appréciable. Dans la suite, on réalisa que ces désirs subjectifs ne correspondaient pas à la loi objective de la lutte des classes, car les forces politiques de chaque classe et de chaque faction avaient encore à se manifester dans toute leur obstination. La classe capitaliste et la classe petite-bourgeoise n'ont aucune force, vous les soudez ensemble et elles se disloquent ; aussi maintenant l'attitude de la direction du Parti, c'est d'encourager le processus à se précipiter, et non de lui imposer une cohésion prématurée. Tirer sur la tige n'aide pas la plante à grandir ; la volonté subjective des individus ne saurait modifier cette loi de la lutte des classes. Sur cette question, les exemples abondent, qui peuvent démontrer cette vérité : dans la municipalité de XX, il y a une assemblée des délégués ouvriers, une assemblée des délégués gardes rouges et une assemblée des délégués paysans ; à l'exception des délégués paysans qui s'entendent encore relativement, les ouvriers et les gardes rouges se bagarrent chaudement. Du train où vont les choses, il faudra encore refaire l'organisation du comité révolutionnaire de la municipalité de XX.

Originellement je rêvais de former parmi les intellectuels un certain nombre d'hommes capables d'assumer la relève ; mais maintenant à voir la situation présente, on est loin du compte. Pour ce que j'en vois, les intellectuels, y compris la jeunesse qui se trouve encore aux études, membres et non-membres du Parti, ont conservé une vision bourgeoise du monde, et ceci parce que, durant les dix-sept années qui ont suivi la Libération, le monde de la culture et de l'éducation est resté entièrement régi par le révisionnisme. Aussi la pensée bourgeoise s'est-elle coulée dans leur sang ; c'est pourquoi les intellectuels qui veulent faire la révolution doivent veiller à bien réformer leur vision du monde dans cette phase décisive de la lutte entre les deux classes, entre les deux routes, entre les deux lignes. Sans quoi ils risquent de s'embarquer à contre-courant de la révolution. A ce point, je voudrais vous poser à tous une question : à votre avis, quel est le but de la Grande Révolution culturelle prolétarienne ? (Dans l'assistance quelqu'un répond : « C'est la lutte contre la faction qui suit la voie capitaliste à l'intérieur du Parti. ») Lutter contre la faction qui suit la voie capitaliste à l'intérieur du Parti est la tâche principale, mais ce n'est pas le but. Le but c'est de résoudre ce problème de la conception du monde, c'est d'arracher les racines du révisionnisme. Les autorités centrales ont constamment insisté sur la nécessité d'une auto-éducation, car la vision du monde n'est pas quelque chose qui peut s'ajouter artificiellement de l'extérieur. La réforme de la pensée n'opère que lorsque les facteurs externes ont pénétré en contact avec les facteurs intérieurs, et ce sont ces facteurs intérieurs qui sont les plus importants. Si l'on ne réussit pas à réformer la vision du monde, la Révolution culturelle n'aura abouti qu'à éliminer quelque deux mille membres de la faction qui suit la voie capitaliste, et la prochaine fois il en renaîtra peut-être quatre mille. Cette fois-ci le prix à payer pour cette Révolution culturelle a été considérable. Bien qu'elle ait résolu le problème de la lutte entre les deux classes, entre les deux voies, ce n'est pas une ou deux, voire trois ou quatre révolutions culturelles qui sauraient résoudre les problèmes. Après la présente Révolution culturelle, il faudra au moins quinze ans pour consolider ses acquis, et dans l'espace d'un siècle, il faudra la recommencer deux ou trois fois. Aussi, l'angle sous lequel il faut voir les choses, c'est la nécessité d'arracher les racines du révisionnisme, et d'augmenter notre capacité à barrer la route à tout moment au révisionnisme.

Maintenant je voudrais encore vous poser une autre question : qu'est-ce que la « faction qui suit la voie capitaliste » ? (Silence dans l'assistance.) La faction capitaliste, eh bien ce sont ces gens qui détenant le pouvoir, se sont engagés sur le chemin qui mène au capitalisme ! Autrement dit, ces gens qui ont activement participé à la lutte contre les « trois colosses » durant la période de la révolution démocratique, mais dont l'enthousiasme est tombé quand, après la Libération, il s'est agi d'éliminer la classe bourgeoise. Ils étaient d'accord pour éliminer les propriétaires terriens et pour partager les terres, mais après la Libération, quand il fut question de collectiviser les campagnes, ils ne furent plus d'accord. Ils ne suivent pas la voie du socialisme et ils détiennent le pouvoir ; ne faut-il donc pas les appeler la faction au pouvoir qui suit la voie capitaliste ? Supposez par contre un vieux révolutionnaire qui se trouve confronté à des problèmes nouveaux ; s'il a une vision totalement prolétarienne du monde, il poursuivra résolument la voie socialiste. Un homme qui a une vision bourgeoise du monde suivra la voie capitaliste. La classe bourgeoise cherche ainsi à transformer le monde à l'image de sa vision bourgeoise du monde. Dans la Révolution culturelle il y a des gens qui ont commis des erreurs dans la ligne de leur orientation, on peut dire que certains étaient de vieux révolutionnaires confrontés à des problèmes nouveaux. Mais précisément puisqu'ils ont commis ces erreurs, ceci indique que, tout vieux cadres qu'ils étaient, ils n'avaient pas encore réussi à entièrement se débarrasser de leur vision bourgeoise du monde. Dans la suite les vieux cadres auront encore à affronter beaucoup de problèmes nouveaux ; la seule manière pour eux de garantir de façon absolue leur fidélité à la voie socialiste, c'est d'effectuer une complète révolution prolétarienne dans leur pensée. Je vous le demande à tous, à votre avis, en fin de compte comment concrètement peut-on passer du socialisme au communisme ? Ceci est la grande question qui se pose à notre pays, la grande question qui se pose au monde entier.

A mon avis, l'esprit des gardes rouges est plein d'énergie, c'est très bien. Seulement vous ne pouvez pas monter en scène ; si aujourd'hui vous montez en scène, demain vous vous en ferez chasser. Ce propos a été répété par un des vice-présidents du Conseil gouvernemental ; mais il n'aurait pas dû. En ce qui concerne les gardes rouges, le problème est de les former. Quand ils commettent certaines erreurs, il ne faut pas leur administrer une douche froide.

Il y a des gens qui prétendent que les élections sont une bonne chose, très démocratique. Les élections, à mon avis, c'est un beau mot. Je ne peux pas croire qu'il y ait de véritables élections. Supposez que la région de Pékin m'élise comme député à l'Assemblée nationale. A Pékin au bout du compte combien de personnes me comprennent-elles vraiment ? [...]

Il y a des gens qui prétendent que le peuple chinois aime passionnément la paix. A mon avis, je ne crois pas que son amour pour la paix ait atteint un tel degré, je pense plutôt qu'il aime la bagarre [1].

A l'égard des cadres, il faut en premier lieu se pénétrer de l'idée que plus de 95 % d'entre eux sont bons ou relativement bons. [...] Même ceux qui ont suivi la voie capitaliste, lorsqu'ils auront corrigé leurs erreurs après une longue période de rééducation, il faudra les autoriser à revenir participer à la révolution. Les éléments foncièrement mauvais ne sont pas nombreux ; parmi les masses ils représentent tout au plus 5 %, à l'intérieur du Parti, 1 ou 2 % ; ceux qui suivent obstinément la voie capitaliste ne représentent qu'une petite poignée, mais ils doivent être l'objet principal de nos attaques, car leur influence et leur nocivité sont profondes et immenses ; aussi notre principale tâche dans la Révolution culturelle est-elle de les abattre. Les mauvais éléments parmi les masses représentent tout au plus 5 %, mais ils sont dispersés et restent sans force. N'empêche, 5 % cela fait 35 millions d'individus ; s'ils devaient s'organiser en une armée, et s'opposer à nous de façon organisée, ceci nous poserait un sérieux problème ; mais ils sont dispersés un peu partout et sont sans force ; aussi ne forment-ils pas la cible majeure de la Révolution culturelle. Mais nous devons augmenter notre vigilance, et tout spécialement durant la phase décisive de la lutte, il faut empêcher les mauvais éléments de se faufiler à l'intérieur. C'est pourquoi les deux prémisses fondamentales de la « grande alliance » sont premièrement « éliminer l'individuel et instaurer le collectif », et deuxièmement qu'il faut passer par une phase de lutte ; sans passer par une phase de lutte, on ne saurait rien produire de valable. Maintenant cette quatrième étape de la Révolution culturelle est l'étape cruciale de la lutte entre les deux classes, entre les deux voies, entre les deux lignes. Aussi la période réservée à la critique doit-elle être assez longue. L'organe central de la Révolution culturelle a débattu la question ; certains proposaient d'arrêter la date du 1er mai de l'an prochain [1968, *N.d.T.*], mais pour ce qui est de cette question de temps, il faudra avant tout se soumettre aux lois de la lutte des classes.

Août-septembre

Le sursaut à gauche qui s'était esquissé dans les quelques mois précédents avec la dénonciation du courant des réhabilitations et la mise en garde contre les compromis avec l'adversaire, n'aura été pour la

1. Depuis « A mon avis, l'esprit des gardes rouges... » jusqu'à ce point, le texte paraît assez décousu et incohérent. Je soupçonne cette version d'être corrompue, et d'avoir à cet endroit télescopé des fragments appartenant à des allocutions différentes. Le dernier paragraphe « A l'égard des cadres... » forme un ensemble cohérent, mais je doute qu'il appartienne à l'allocution du 31 août, car le problème traité ne saurait intéresser qu'une audience chinoise.

« Révolution culturelle » que le dernier spasme de l'agonie. A la fin de juillet, le glas se mit à sonner pour les derniers survivants de l'activisme révolutionnaire, avec l'ordre donné aux « groupes ouvriers-soldats de propagande de la pensée de Mao Zedong » d'occuper les universités et d'y procéder à un nettoyage général. Et pour dissiper toute équivoque qui aurait encore pu entourer cette initiative, au début d'août, Mao envoya au premier de ces bataillons de la répression occupant l'université Qinghua, un colis de mangues. Cet acte symbolique manifestant la sollicitude personnelle du leader suprême pour les hommes de main chargés d'écraser les dernières flammèches de la révolution, fut célébré avec pompe dans le pays entier. Ordre est intimé aux gardes rouges de se soumettre entièrement et définitivement aux ouvriers et soldats qui seuls se trouvent maintenant investis de l'orthodoxie maoïste. Le 15 août, le *Renmin ribao* et le *Jiefang jun bao* publiaient la « toute dernière instruction du président Mao » : « Notre pays a sept cents millions d'habitants, et la classe ouvrière en est la classe dirigeante ; son rôle directeur dans la Révolution culturelle et dans tous les secteurs d'activité doit être pleinement mis en valeur. » Le 25, un article de Yao Wenyuan paru dans le *Hong qi* vint encore souligner que l'action des gardes rouges avait été entachée d'anarchie et avait provoqué le ressentiment des masses.

De mai à juillet, les hésitations des autorités maoïstes, qui avaient semblé un moment vouloir à nouveau lâcher la bride aux rebelles, avaient entravé l'établissement de nouveaux comités révolutionnaires ; les rebelles pouvant en effet espérer qu'une caution nouvelle allait leur venir d'en haut, reprirent un moment courage et opposèrent une résistance désespérée à l'installation de ces comités fantoches. Les autorités locales, incertaines elles-mêmes des intentions de Pékin, adoptèrent une prudente expectative. En conséquence, dans l'espace de ces trois mois, on ne vit apparaître que trois nouveaux comités révolutionnaires : Shânxi, Liaoning et Sichuan (tous formés en mai), les deux premiers comportant d'ailleurs parmi leurs vice-dirigeants une proportion tout à fait inattendue d'hommes nouveaux : six sur dix au Shânxi, cinq sur quinze au Liaoning. Bien entendu, chacun de ces comités, comme de règle, se trouve présidé soit par un bureaucrate (Shânxi), soit par un militaire (Liaoning et Sichuan) ; et dans le cas du Sichuan, la présidence ayant été confiée à Zhang Guohua, notoire mangeur de gardes rouges, toute participation des rebelles s'est naturellement trouvée exclue à l'échelon des vice-dirigeants. Mais le Shânxi et le Liaoning sans évidemment pouvoir prétendre à un authentique caractère révolutionnaire, n'en tranchaient pas moins sur la routine des comités antérieurs, et commençaient à se teinter de rose. Allait-on assister progressivement à une authentique participation révolutionnaire dans la constitution des futurs comités ? Devant pareil développement, on imagine aisément quelle dut être l'inquiétude des autorités. Aussi un brutal coup d'arrêt fut-il donné à cette dangereuse tendance : les mois de juin et juillet ne virent plus l'établissement d'aucun comité. Les maoïstes remirent hâtivement leur ménage en ordre, Mao envoya son cadeau de mangues, les rebelles furent définitivement désavoués.

Toute ambiguïté dorénavant dissipée, la « Révolution culturelle » retrouva la voie droite : en l'espace de trois semaines à peine, coup sur coup vinrent éclore les cinq derniers comités révolutionnaires du pays (Yunnan, 13 août ; Fujian, 19 août ; Guangxi, 26 août ; Xinjiang, 5 septembre ; Tibet, 5 septembre) ; cette formalité paracheva ainsi la « victoire totale » de la « Révolution culturelle ». Les cinq derniers comités présentent la plus rassurante des orthodoxies : composés exclusivement de militaires et d'anciens bureaucrates, ils ne comportent *aucun* représentant des masses révolutionnaires. Au Xinjiang et au Tibet le procédé de constitution du comité a été particulièrement expéditif : on s'est contenté de nommer le commandant de la région militaire et ses commissaires politiques, respectivement dirigeants et vice-dirigeants du comité révolutionnaire, sans même avoir recours à la collaboration des bureaucrates du Parti ! Au Tibet en particulier, ceci signifie que la direction du comité révolutionnaire est entièrement assumée par l'armée d'occupation, les Tibétains eux-mêmes se voyant dénier toute représentation, fût-elle simplement symbolique.

La double farce du Xinjiang et du Tibet ayant parachevé le 5 septembre la mise en place des comités révolutionnaires sur tout l'ensemble du pays, il ne restait plus qu'à célébrer la « victoire totale » de la « Révolution culturelle » par un large meeting qui se tint à Pékin le 7 septembre.

Au cours de ce meeting, Jiang Qing exécuta un incroyable numéro. Il n'est pas d'usage pour les figures officielles du régime d'exprimer dans des allocutions publiques leurs sentiments privés de colère et de frustration. La courte improvisation de Jiang Qing qui dura à peine cinq minutes, représente une mémorable dérogation à cette règle. Cette allocution abrupte et décousue commence ainsi : « *C'est ce matin seulement* que j'ai appris la décision de convoquer ce grand meeting pour célébrer l'établissement des comités révolutionnaires dans toute la Chine. On m'a demandé à brûle-pourpoint de prononcer ici quelques mots [...]. » La convocation d'un aussi vaste meeting s'improvise difficilement le matin même ; que l'on ait négligé d'en informer Jiang Qing la veille (elle qui est la vice-dirigeante du groupe central de la Révolution culturelle !) témoigne d'une assez remarquable insolence, et en dit long sur le crédit politique dont disposent encore les activistes de la « Révolution culturelle » !

... Elle ajouta encore quelques phrases, implorant la clémence des vainqueurs pour ses anciennes troupes, et tâchant de faire avaler à celles-ci l'amère pilule de leur défaite : « Parmi les jeunes combattants, quelques individus ont pu commettre telles ou telles fautes. Nous avons le devoir de les aider à corriger leurs erreurs. [...] Sur l'ordre de notre grand chef le président Mao, la classe ouvrière est maintenant entrée le 27 juillet dans l'arène de la lutte-critique-transformation de la superstructure. L'Armée populaire de libération la soutient. Les jeunes combattants gardes rouges et tous les enseignants et cadres qui sont prêts à faire la Révolution doivent faire bon accueil à cette action de la classe ouvrière et suivre ses directives. [...] Étant la classe dirigeante, la classe ouvrière devrait toutefois s'efforcer de protéger, d'aider et d'éduquer les jeunes combattants gardes rouges. [...] Nous avons encore beaucoup de travail à faire, nous avons à consolider et reconstruire le Parti, et à purifier les rangs de classe. Nous allons encore rencontrer beaucoup de choses que nous ne comprenons pas. Aussi nous devons suivre les enseignements de notre grand chef le président Mao et nous tenir en garde contre l'arrogance et l'impulsivité, brandir haut le grandiose étendard rouge de la pensée de Mao Zedong et progresser victorieusement ! C'est tout ce que j'ai à dire. »

En contraste avec Mme Mao, Zhou Enlai fort à l'aise, lui, et tout à son affaire, faisait figure du « chat qui présente sa chaude sympathie à la souris ».

Maintenant que cette formalité de « Révolution culturelle » a enfin atteint sa conclusion, il va falloir s'attaquer à la besogne réelle : la reconstruction du Parti. En ce qui concerne cette tâche gigantesque, on en reste toujours aux vœux pieux, sans que se dessine encore une amorce concrète d'exécution. La convocation du IXe Congrès qui aurait dû survenir avant la fête nationale n'a aucune chance de pouvoir rencontrer cette échéance et paraît remise aux calendes grecques. Mais toute l'orchestration de la propagande remettant maintenant en valeur le rôle dirigeant de la classe ouvrière constitue certainement un prélude à la reconstitution de l'appareil, — d'un appareil exempt d'influences « rebelles ». Évidemment ce n'est pas en quelques semaines qu'une entreprise de pareille envergure pourra être menée à bien. Un long temps s'écoulera avant que le Parti retrouve son ancienne et efficace emprise sur le pays — si toutefois il la retrouve jamais. En attendant, ce sont les campagnes qui profitent le plus de cette vacance de l'autorité : jamais les villages, les clans traditionnels même, n'ont été aussi libres ; tandis que les cadres inférieurs, échaudés, s'abstiennent prudemment de toute initiative pour ne pas s'attirer l'ire de leurs administrés, les paysans jouissent de leur nouvelle et provisoire autonomie pour consommer au maximum et livrer le moins possible à l'État. Cependant que Pékin célèbre religieusement la victoire de sa « révolution », dans les villages très cyniquement on tue le cochon et on *joue aux cartes* : pareil état de démobilisation des campagnes est sans précédent dans les annales du régime, et l'ironie veut que ce soit précisément cette situation qui s'avère en fin de compte la plus bénéfique pour l'économie agricole…

Si le régime n'a rien gagné dans l'aventure de la « Révolution culturelle », pour Mao Zedong par contre, celle-ci se solde incontestablement par une victoire personnelle : il a éliminé ses adversaires, récupéré les pouvoirs que depuis 1959 on lui avait progressivement ravis, et définitivement fait consacrer sa position de leader suprême. Le prix qu'il a dû payer pour parvenir à ce résultat pourrait paraître lourd, puisque le vieux potentat ne règne plus maintenant que sur une manière d'informe désert politique. En fait, pour Mao Zedong pareille situation n'est pas sans avantages : le Grand Bond en arrière de la « Révolution culturelle » a sensiblement rapproché la Chine de cet idéal de la « page blanche » à laquelle l'incorrigible artiste rêvait de la ramener.

Le domaine par excellence où Mao entreprend maintenant de faire régner le désert, est celui de l'enseignement. Nous avons déjà exposé plus haut comment, par le passé, toutes les tentatives amorcées par Mao pour détruire l'Université avaient été sabotées par ses opposants. En 1959, sous l'influence conjuguée de Lu Dingyi (directeur du département de la Propagande du Comité central ; ultérieurement épuré en 1966) et de Yang Xiufeng (ministre de l'Éducation jusqu'en 1964, épuré en 1966, tenta de se suicider en janvier 1967), les réformes proposées par Mao l'année précédente se voyaient progressivement annulées ; le niveau des études était à nouveau relevé, et la durée normale des cycles d'études rétablie. Dès 1961, il ne subsistait plus rien de la réforme maoïste, et Chen Yi pouvait alors tranquillement déclarer aux étudiants : « Dans les écoles, votre tâche première, c'est d'étudier. » En 1965, à la veille de la « Révolution culturelle », Mao manifesta de nouvelles velléités de réforme, mais celles-ci encore une fois furent efficacement contrecarrées. Aujourd'hui enfin il a les coudées franches et peut donner libre cours à son hostilité obsessionnelle pour les « compétences spécialisées » et les « autorités scientifiques ». Il est un aspect de cette obsession qui n'a peut-être pas été assez souligné par les observateurs, et c'est son caractère essentiellement traditionaliste et conservateur. Mao Zedong est imprégné de mentalité confucéenne, et de façon d'autant plus profonde qu'il en est moins conscient : le primat maoïste du « rouge » sur l'« expert » fait écho au « *junzi bu qi* » de Confucius (littéralement « l'homme de bien n'est pas un pot », c'est-à-dire que son talent n'est pas limité à une capacité déterminée, ni asservi à une fonction spécifique) ; la « vertu » révolutionnaire doit seule suffire à l'homme maoïste tout comme la vertu humanitaire (*ren*) devait seule suffire à l'homme confucéen. Le fait de détenir cette vertu dispense de toute compétence technique spécialisée. Les déclarations de Mao sur les « tigres de papier » doivent elles aussi se comprendre dans cette perspective confucéenne : cette conception idéaliste qui attribue à la seule volonté révolutionnaire de l'homme une force supérieure à celle des armes nucléaires, dérive tout droit du *Livre des rites* : « Ce qui s'accomplit par la vertu est supérieur, ce qui s'accomplit par la technique est inférieur. » Le maoïsme présente encore bien d'autres exemples de ces résurgences confucéennes ; parmi les plus remarquables, mentionnons la foi optimiste dans la perfectibilité de l'homme et la croyance en l'efficacité toute-puissante de la pédagogie. La manière dont la pensée de Mao Zedong se trouve sacralisée et utilisée par la classe dirigeante comme un instrument du pouvoir, reproduit en tous points l'avatar scolastique de la pensée de Confucius et sa transformation en idéologie au service de la bureaucratie impériale. Les écrits choisis de Mao sont appris par cœur et récités religieusement comme on le faisait jadis pour les *Quatre livres*. (Remarquons du reste que les *Citations du président Mao* sont désignées en chinois par le terme de *yulu* ; ce terme dont l'origine remonte à la littérature bouddhique des Tang, est demeuré essentiellement associé à la philosophie néoconfucéenne des Song qui en a consacré l'usage.)

Octobre

Une fête nationale assez terne n'a fait qu'entériner l'orientation récente : les ouvriers sont mis au premier plan, l'armée fait figure de pilier du régime, les gardes rouges sont réduits au rôle de figurants muets.

On continue à parler de la reconstruction du Parti, mais rien de bien substantiel ne s'est encore accompli dans ce sens. La province de Anhui s'est assigné décembre comme date limite pour achever de sélectionner les nouveaux candidats à l'entrée dans le Parti. Jusqu'à présent, à notre connaissance, c'est la seule province qui ait fait montre d'une initiative concrète.

Les observateurs qualifiés estiment que le IXe Congrès du Parti pourrait probablement se tenir au début du printemps prochain, de façon à se clôturer avant la fête du 1er Mai.

Le 16 octobre le *Hong qi* a publié un retentissant article intitulé « Absorber un sang nouveau à partir du prolétariat ». L'importance de ce texte ne réside pas tant dans la nouvelle que « le "Khrouchtchev chinois" a été déchu de toutes ses fonctions à l'intérieur et à l'extérieur du Parti » et qu'« il a été définitivement balayé dans la poubelle de l'histoire » (depuis le temps que le « Khrouchtchev chinois » est traîné dans la boue, la nouvelle perd assez bien de son impact), mais plutôt dans la dénonciation des procédures démocratiques de vote qui étaient théoriquement de règle dans le Parti : « Un pouvoir vraiment révolutionnaire doit se débarrasser de ce respect formaliste et superstitieux pour le système de vote, dont les méthodes ne sauraient répondre aux exigences de la démocratie prolétarienne. » Concrètement cela signifie (mais ne le savions-nous pas déjà ?) que Mao et ses partisans sont toujours en minorité dans les organes légaux du Parti ; l'injection de sang nouveau se fera donc non pas à partir de la base, ce qui serait beaucoup trop dangereux pour le pouvoir maoïste, mais à partir du sommet, le petit groupe dirigeant faisant sélectionner des « délégués » inconditionnellement à sa dévotion. Le nouveau Parti ainsi constitué consacrera alors officiellement le pouvoir personnel de Mao. Ce soudain mépris pour l'expression démocratique de l'opinion majoritaire est assez amusant, car il va directement à l'encontre du principe énoncé par Mao lui-même, principe considéré si important qu'on jugea bon de le reproduire dans le *Petit Livre rouge* : « Un des principes de la discipline dans le Parti, c'est que la minorité obéit à la majorité. Après que la minorité a vu son opinion repoussée, elle doit se rallier à la motion adoptée par la majorité. Sauf, si besoin est, la faculté de proposer un nouveau débat lors d'une réunion ultérieure, il est défendu de manifester la moindre opposition au niveau des actes. » (*Mao Zhuxi yulu*, chap. XXVI, p. 220.) Inutile de préciser que Mao lui-même s'est bien gardé de jamais observer cette règle. Son principe d'action pratique, bien illustré par la « Révolution culturelle », a toujours été : « Quand la majorité est de mon avis, il faut se soumettre à la majorité ; quand la majorité est contre moi, il faut obéir à la minorité » (et quand la minorité est vraiment trop faible, on l'appuie avec l'armée ! — voir Shanghai, février 1967...).

En attendant que le Parti renaisse de ses cendres, qui donc gouverne le pays ? Tout au sommet, pour la forme, les mots d'ordre lancés au pays sont généralement émis au nom du Comité central du Parti, du Conseil gouvernemental, du groupe de la Révolution culturelle et de la Commission militaire. En réalité, les deux premiers organes sont paralysés ou détruits aux trois quarts, et le troisième a été épuré dans sa presque totalité. Concrètement, la Chine n'est plus dirigée que par *une poignée d'individus* — quatorze exactement — dont la moitié ne sont même pas membres du Comité central ; ils tirent leur autorité des liens personnels les attachant qui à Mao, qui à Lin, ou des groupes de pression qu'ils représentent. Politiquement, ils forment un ensemble disparate ; leur groupe loin de constituer une entité monolithique, apparaît plutôt comme une alliance provisoire, fondée sur des compromis branlants et soudée temporairement par la force des circonstances. Suivant les accidents futurs de la lutte pour le pouvoir, la composition du groupe sera certainement sujette à de nouveaux remaniements. Voici maintenant la liste de ces quatorze personnalités, dans l'ordre hiérarchique que leur assignent toujours les communiqués officiels :

1. Mao Zedong : président du Comité central, membre du Comité permanent du Bureau politique, président de la Commission militaire.
2. Lin Biao : vice-président du Comité central, membre du Comité

permanent du Bureau politique, vice-président de la Commission militaire, ministre de la Défense.

3. Zhou Enlai : membre du Comité permanent du Bureau politique, président du Conseil gouvernemental (chef du gouvernement).

4. Chen Boda : membre du Comité permanent du Bureau politique, dirigeant du groupe de la Révolution culturelle, directeur du *Hong qi*, secrétaire privé de Mao.

5. Kang Sheng : membre du Comité permanent du Bureau politique, conseiller du groupe de la Révolution culturelle ; responsable des services secrets.

6. Jiang Qing : épouse de Mao, vice-dirigeante du groupe de la Révolution culturelle.

7. Zhang Chunqiao : protégé de Mme Mao, vice-dirigeant du groupe de la Révolution culturelle, dirigeant du comité révolutionnaire de Shanghai, premier commissaire politique de la région militaire de Nankin.

8. Yao Wenyuan : époux de la nièce de Mao (?), membre du groupe de la Révolution culturelle (et porte-plume du mouvement), vice-dirigeant du comité révolutionnaire de Shanghai.

9. Xie Fuzhi : membre suppléant du Bureau politique ; vice-président du Conseil gouvernemental, ministre de la Sécurité, dirigeant du comité révolutionnaire de la ville de Pékin.

10. Huang Yongsheng : membre suppléant du Comité central, chef de l'état-major général de l'Armée populaire de libération ; secrétaire de la Commission militaire ; dirigeant du comité révolutionnaire du Guangdong.

11. Wu Faxian : premier vice-chef de l'état-major général, vice-secrétaire de la Commission militaire ; commandant en chef de l'armée de l'air.

12. Ye Qun : épouse de Lin Biao, responsable des organes administratifs du Conseil de la défense.

13. Wang Dongxing : vice-ministre de la Sécurité, directeur des organes administratifs du Comité central (ancien « gorille » de Mao).

14. Wen Yucheng : vice-chef de l'état-major général ; responsable des organes administratifs du Conseil de la défense, commandant de la garnison de Pékin.

La présence de plusieurs survivants de la tendance « Révolution culturelle » (4, 6, 7, 8) ne doit pas faire illusion sur le degré d'influence encore détenu par ce groupe : ce sont des généraux désormais sans armée, sauvés du naufrage grâce à l'immunité que leur a value leur relation intime et personnelle avec Mao. La présence massive des militaires (qui forment la moitié du groupe) n'implique pas nécessairement une prépondérance du pouvoir de Lin Biao ; parmi eux, à l'exception de sa propre épouse, Lin ne compte aucun proche collaborateur. Zhou Enlai représentant l'appareil bureaucratique et gouvernemental, Huang Yongsheng représentant les intérêts des grands commandants régionaux, Kang Sheng incarnant l'influence occulte des services secrets et des réseaux d'information, Xie Fuzhi ayant la haute main sur la police, occupent chacun leur citadelle isolée, mais puissamment défendue ; ils forment une coalition fluide dont Zhou semble être le leader ; contrôlant les secteurs clefs, cette coalition (la « faction qui joue double jeu », pour employer l'expression forgée par ses adversaires) paraît bien avoir le vent en poupe, mais les dernières vagues de la « Révolution culturelle » n'étant pas tout à fait apaisées, elle ne peut encore se mouvoir qu'avec lenteur et prudence.

Au sommet de cette petite troupe hétéroclite, tiraillée par les jalousies et les rivalités secrètes, Mao fait de plus en plus figure de vieil empereur entouré de sa cour privée. Dans le culte de Mao imposé maintenant au pays entier il faut relever le phénomène significatif (et ahurissant) de la résurrection du vieux concept féodal de *« zhong »* (littéralement « fidélité », « loyalisme ») qui sert maintenant à qualifier les sentiments que la population doit cultiver à l'égard du leader suprême. Hors du contexte de l'histoire de Chine, il peut être difficile pour le lecteur occidental d'apprécier pleinement la portée du phénomène. Il faut savoir que cette notion de *« zhong »* est un produit spécifique de l'ancien despotisme impérial ; il caractérise le lien féodal de fidélité personnelle, inconditionnelle, unissant le sujet au souverain, le valet au maître ; que la « Révolution culturelle » en guise d'épilogue ait eu l'audace ou l'inconscience d'aller crocheter cette douteuse relique de l'ancien régime dans la poubelle où la révolution républicaine de 1911 croyait l'avoir rejetée pour jamais, — voilà qui est riche d'enseignement sur la nature « révolutionnaire » du présent régime…

Les volontés du petit groupe des quatorze sont transmises à la nation par l'armée avec une efficacité très variable selon les provinces ; comme nous l'avons déjà dit, l'autorité de Lin Biao reste contrebalancée dans une large mesure par la ligue des grands commandants régionaux : Huang Yongsheng (Canton), Xu Shiyou (Nankin), Han Xianchu (Fuzhou), Chen Xilian (Shenyang), Yang Dezhi (Jinan). Le pouvoir de l'armée ne fait que s'étendre et se consolider. Le rôle de premier plan qui est maintenant attribué en théorie aux ouvriers, sert en réalité de couverture à cette universelle emprise des militaires. Ainsi, aux « groupes ouvriers de propagande de la pensée de Mao Zedong » qui prennent les écoles en charge, sont toujours adjoints des militaires qui en assument en fait la direction. Les « détachements de soutien à la gauche » (*zhi zuo budui*) sont des troupes de choc relevant directement des autorités militaires centrales ; envoyées dans toutes les parties du pays à la moindre alerte, elles ont compétence pour rétablir l'ordre par tous les moyens que requiert la situation, et ont autorité sur l'administration et les garnisons locales. L'attitude de l'armée dans ses rapports avec la population a sensiblement changé et s'est faite plus dure — comme il était inévitable du moment où les militaires se sont trouvés investis de responsabilités policières. Vis-à-vis des factieux et des gardes rouges, à la patience stoïque d'antan a succédé une impitoyable répression.

Novembre

L'événement du mois est constitué par la publication (*Renmin ribao*, 2 novembre) du « Communiqué de la douzième session élargie du VIIIe Comité central du parti communiste chinois ». Cette session s'était tenue du 13 au 31 octobre sous la présidence de Mao. Dans l'ensemble, le communiqué se contente de ratifier la politique maoïste telle qu'elle s'est manifestée depuis 1966 dans la « Révolution culturelle », mais il présente un point saillant : il s'agit du passage concernant Liu Shaoqi, pour la première fois nommément désigné : « … la session plénière a ratifié le rapport sur les crimes du rebelle, traître et vendu Liu Shaoqi présenté par la commission d'enquête formée par le Comité central […] ; la session plénière a décidé à l'unanimité de chasser pour toujours Liu Shaoqi du Parti et de le dépouiller de toutes ses fonctions à l'intérieur et à l'extérieur du Parti… »

Quelques remarques sur cette « douzième session plénière élargie » : plusieurs singularités frappent de prime abord.

Dix-neuf jours en séance, c'est bien long pour n'accoucher que de cette unique décision. Il nous est dit que Mao et Lin ont l'un et l'autre prononcé d'importants discours en cours de session, mais *pas un mot de leur contenu ne nous est révélé*. Le communiqué est laconique et creux. La presse n'a publié aucune photo de la session. Le nombre des participants n'est pas mentionné. En fait cette session apparaît marquée d'énormes irrégularités, violant la charte du Parti. A l'examen, elle se révèle tout à la fois curieusement « élargie », mais aussi fort rétrécie : selon le communiqué officiel, ont participé à cette session : 1. *des* membres et membres suppléants du Comité central ; 2. *tous les membres* du groupe de la Révolution culturelle ; 3. les principaux membres responsables des comités révolutionnaires des provinces, municipalités et régions autonomes ; 4. des responsables de l'armée. En ce qui concerne les membres du Comité central, il paraît exclu que le nombre des présents ait pu atteindre le quorum requis pour délibérer validement : des quelque cent vingt membres du Comité, plus de quarante ont été nommément dénoncés par la « Révolution culturelle ». Des quatre-vingts restants, plus de la moitié ont fait l'objet d'attaques. Les éléments acceptables selon les critères maoïstes ne sauraient représenter tout au plus qu'un tiers des effectifs du Comité central (à titre d'indication, lors de la fête nationale, seul un quart des membres s'est montré en public). Le caractère « rétréci » de cette session prive donc ses décisions de validité.

Quant à son « élargissement », il n'est pas moins en violation des dispositions de la charte du Parti : en théorie des individus qui ne sont pas membres du Comité central peuvent assister aux réunions, mais ils n'ont pas part au vote des décisions ; normalement une distinction terminologique est faite entre « participants » (*chuxi*), c'est-à-dire membres du Comité, et simples « assistants » (*liexi*), non-membres, et donc non-votants. Cette fois-ci la distinction a été abolie, et des non-membres du Comité ont participé au vote. Enfin, ce n'est pas au Comité central mais au Congrès du Parti, et à lui seul, qu'appartient le pouvoir de déchoir Liu de ses fonctions à l'intérieur du Parti. Quant à ses fonctions de chef d'État, seule l'Assemblée nationale est qualifiée pour l'en dépouiller.

Toutes ces objections légales ont été d'avance repoussées par le fameux article du *Hong qi* (16 octobre, voir plus haut) qui dénonçait la superstition bourgeoise des procédures démocratiques de vote. Nous comprenons mieux maintenant les mobiles de cet article : en discréditant le respect des procédures arrêtées par la charte du Parti, il préparait l'opinion et muselait préventivement les critiques qui auraient pu se scandaliser de cette violation de la charte. Annonçant le 16 — alors que la douzième session n'était en séance que depuis trois jours — que « la Révolution culturelle avait depuis longtemps dépouillé Liu de toutes ses fonctions à l'intérieur et à l'extérieur du Parti et l'avait rejeté dans la poubelle de l'histoire », il mettait la douzième session devant un fait accompli, coupait d'emblée tout espoir à l'opposition, et dictait par avance les « conclusions » auxquelles la douzième session devait parvenir quinze jours plus tard par un « vote unanime ».

Le but de toute cette comédie est de barrer définitivement toutes les issues aux éléments oppositionnels de l'appareil, et de revêtir enfin le pouvoir maoïste d'une apparence de légalité. Par ce tour de passe-passe, la minorité maoïste prend maintenant une allure d'autorité légitime, tandis que l'on fait passer le groupe majoritaire des opposants pour une minuscule poignée de traîtres. Le recours à cette procédure exceptionnelle nous confirme donc que Mao, toujours en minorité, ne pouvait pas encore envisager d'affronter les organes légaux du Parti. La menace latente que continue à représenter l'opposition reste si considérable qu'il a fallu, pour la contrer, improviser dès maintenant cette parodie de légalité sans pouvoir attendre jusqu'à la convocation du IXe Congrès. La préparation du IXe Congrès doit se heurter à des obstacles considérables ; si les maoïstes ont eu maintenant recours à cette formule boiteuse de « session élargie » du Comité central pour effectuer une tâche qui revenait au Congrès, c'est que la possibilité de convoquer celui-ci devait encore apparaître par trop hypothétique et lointaine. Le communiqué de la douzième session dit bien que « les conditions sont maintenant mûres pour la convocation du IXe Congrès » et que celui-ci « sera convoqué au moment opportun » — mais aucune date n'est encore fixée.

Le 25, le *Renmin ribao* a republié le texte du rapport que Mao Zedong avait présenté à la deuxième session plénière du VIIe Comité central, le 5 mars 1949. La publication de ce texte a été saluée en fanfare dans le pays entier, et la population a été invitée à l'étudier.

Ce long document rédigé à la veille du changement de régime (l'Armée de libération n'avait pas encore franchi le fleuve Bleu) définissait les grandes lignes de la politique que suivrait le Parti sitôt qu'il se serait rendu maître du pays entier.

Ce texte nous est aujourd'hui présenté comme une preuve de ce que le conflit entre Mao et Liu avait des origines anciennes et remontait dès avant l'établissement de la République populaire. En réalité, ce point, souligné dans les gloses, est loin d'apparaître à la lecture du rapport lui-même. On se servirait plus aisément de celui-ci pour démontrer la thèse inverse.

Pour quelle raison a-t-on choisi de rediffuser maintenant ce rapport avec un tel renfort de publicité ? Ce qui est le plus remarquable dans ce texte, c'est son aspect de réalisme pragmatique. Plusieurs leçons s'en dégagent, qui pourraient bien s'appliquer aux problèmes présents et devraient aider à justifier l'actuel abandon des impératifs doctrinaires de la « Révolution culturelle ».

Le premier paragraphe du rapport souligne le rôle politique capital que l'*armée* allait être appelée à jouer une fois que le pays entier se trouverait libéré. Le Parti ne disposant pas d'un personnel suffisant pour encadrer aussitôt l'ensemble de la population, cette tâche fondamentale d'encadrement politique de la nation allait devoir être provisoirement dévolue aux militaires. Aujourd'hui ceci est à nouveau d'actualité.

Le rapport indique ensuite qu'à la phase initiale où les campagnes encerclaient les villes, allait succéder une phase inverse, et qu'il allait falloir transférer les centres de l'action politique dans la Chine urbaine. Il précise de plus que, « contrairement à ce que croient certains ahuris », l'élément moteur de la révolution *n'est pas constitué par les masses au sens large, mais bien par le seul prolétariat.* Ceci à nouveau rencontre exactement la ligne de la politique actuelle.

Il analyse la politique à adopter à l'égard des éléments hétérogènes, neutres ou théoriquement adverses, dont il serait utile et nécessaire pour le Parti de se concilier provisoirement la collaboration : les intellectuels, la bourgeoisie capitaliste nationale ; dans ce domaine, il condamne et l'erreur droitiste qui consisterait à laisser la bride sur le cou à ces divers éléments, et l'erreur gauchiste qui serait de leur fermer radicalement la porte. Il définit une politique rigide dans ses objectifs stratégiques, mais souple et réaliste dans ses mesures tactiques.

Veut-on établir un parallèle entre les tâches de reconstruction auxquelles la Chine faisait face au moment de la Libération et celles auxquelles elle se trouve confrontée au lendemain de la « victoire » de la « Révolution culturelle » ? Une des principales leçons que l'on veut sans doute tirer aujourd'hui du rapport de 1949, est la double condamnation des « opportunistes de droite » et des « aventuristes de gauche » ; l'idée centrale est qu'une absolue intransigeance dans les principes doit s'accompagner à l'occasion de certains compromis transitoires avec divers individus dont le Parti ne saurait sans dommage s'aliéner les compétences.

Décembre

Un intéressant document nous est parvenu : le texte d'une allocution prononcée par Wen Yucheng vers mars-avril de cette année devant un groupe de militaires de choc des brigades de « soutien à la gauche ». Cette allocution comporte un calendrier des opérations de la « Révolution culturelle » ; comparant rétrospectivement ce calendrier à l'évolution qui s'est effectivement déroulée, nous pouvons mesurer à quel point Pékin s'est de nouveau trompé dans son évaluation de la situation : « Les provinces qui n'auront pas réussi à établir un comité révolutionnaire pour le 1er mai seront placées sous administration militaire [1], la situation actuelle ne peut pas traîner plus longtemps, toutes les activités s'en trouvent paralysées. En mai-juin commencera un vaste mouvement de rectification, en particulier dans le domaine de l'Éducation et dans celui de la Défense. En juillet, on activera les préparatifs du IXe Congrès du Parti. En août ou septembre, le IXe Congrès sera convoqué. Ainsi selon les plans arrêtés par le Comité central et par le président Mao, les forces nouvelles occuperont la tribune au moment de la fête nationale. » On a vu ce qu'il est concrètement advenu de ces projets…

Un mouvement de transplantation de certaines couches de la population urbaine vers les campagnes est en train de se développer dans la Chine entière avec une ampleur sans précédent. Par le passé, pareil phénomène avait existé de façon plus ou moins intermittente ; maintenant, avec la publication solennelle de la « toute dernière instruction du président Mao » (21 décembre), il se trouve doté d'une impulsion neuve et semble bien amorcer la première phase d'une vaste entreprise de remodelage fondamental de la société et de l'économie chinoises. A première lecture, la « toute dernière instruction » de Mao ne présentait pourtant rien de bien frappant : « Il est très nécessaire que la jeunesse intellectuelle se rende dans les villages pour recevoir une rééducation de la part des paysans pauvres et moyens-inférieurs. Il faudra convaincre les cadres et autres habitants des villes d'envoyer leurs fils et

1. C'est finalement ce qui s'est passé en réalité, seulement par pudeur on a décoré ces administrations militaires du nom de « comité révolutionnaire »…

filles qui ont fini leurs études moyennes inférieures, moyennes supérieures ou universitaires, à la campagne en masses mobilisées. Les camarades des villages doivent partout leur faire bon accueil. »

Le *Renmin ribao* a aussitôt fait écho à cette instruction du président Mao en décrivant un commencement d'exode de la population urbaine vers les campagnes ; notons que dans l'exemple décrit (au Gansu) il ne s'agit plus d'un simple séjour aux champs affectant la jeunesse étudiante, mais d'une transplantation et installation permanente de familles entières ; une note de la rédaction enjoint la jeunesse intellectuelle et les citadins sans activité productive à imiter cet exemple, et espère que, « au lieu de rester en ville à manger le pain de l'oisiveté, ils répondront avec enthousiasme au grandiose appel du président Mao et se rendront en première ligne du front de la production agricole ».

L'agence Xin hua rapporte que le pays entier fait fiévreusement écho à l'appel du président : partout, les comités révolutionnaires ont passé la nuit entière à étudier la nouvelle directive, et arrêtent aussitôt des mesures pratiques d'application (Xin hua, 22 décembre). Les tout premiers résultats paraissaient encore relativement modestes : à Lanzhou, 18 000 élèves des écoles moyennes sont partis s'installer dans les villages. A Wuhan, un premier départ de 20 000 adolescents a été fêté par un grand meeting ; partout les parents inscrivent leurs enfants comme candidats au départ, pour exprimer concrètement leur fidélité au président Mao. A Tientsin, plus de 40 000 lycéens et plus de 10 000 étudiants sont partis pour la campagne. Mais pour prendre les vraies dimensions du mouvement, il faut se référer aux chiffres de la province du Jiangxi, proposée en modèle (Xin hua, 23 décembre) : plus de 720 000 personnes (dont 130 000 cadres, enseignants et médecins) sont allées s'installer à la campagne pour se transformer en simples paysans ; leur masse a été répartie entre 12 000 brigades de production.

De toutes les informations reçues sur cet important mouvement, on peut déjà dégager les caractères suivants : il ne s'agit pas d'une période temporaire de rééducation, mais bien d'une installation définitive ; le groupe principalement visé est la jeunesse étudiante (à partir de l'âge de quinze ans) ; sont également concernés les intellectuels en général, et, en particulier, les enseignants, les médecins et le personnel infirmier (il en résulte déjà, aux dires de certains témoins directs, un sérieux manque de personnel dans les hôpitaux urbains), les sans-travail et les travailleurs indépendants (ceux qui s'obstinaient à pratiquer en ville de petits métiers artisanaux), les éléments politiquement douteux, ou d'origine bourgeoise.

En ce qui concerne les mobiles de ce mouvement, ils paraissent tout à la fois économiques et politiques, ils répondent simultanément à une certaine philosophie et à certains problèmes concrets. Il s'agit de ramener la société chinoise dans son ensemble au stade primitif-paysan qui est le seul stade où elle soit susceptible de se trouver réceptive à la pensée de

Mao, et où cette pensée puisse trouver ses pleines possibilités d'application ; éliminer le secteur tertiaire qui, par son niveau d'éducation, la nature même de ses activités, développe des exigences spécifiques et une intelligence critique qui l'amènent naturellement à s'inscrire en faux contre les dogmes simplistes du maoïsme ; prévenir la formation d'élites urbaines ; réduire l'écart entre les villes et les campagnes ; résoudre le problème du chômage urbain et de l'approvisionnement des villes en produits agricoles ; réduire le nombre des consommateurs urbains non productifs, en les transformant en main-d'œuvre agricole ; briser et disperser les noyaux oppositionnels des villes ; faire éclater les vieux cadres sociaux en brisant les liens de famille et de terroir. On peut trouver un nombre considérable de raisons à ce mouvement ; loin de s'exclure mutuellement, elles forment plutôt une convergence.

Pour les citadins, ce départ sans espoir de retour vers des villages lointains, où les conditions de vie sont encore très primitives, est ressenti comme un exil et un châtiment. Du côté des paysans qui doivent les accueillir, le mécontentement n'est pas moindre : ces nouveaux venus démoralisés et dépourvus d'expérience, plutôt que des auxiliaires, représentent d'abord des bouches supplémentaires à nourrir, des parasites qu'il faut loger et entretenir, bref un accroissement des charges pour les villages. Dans l'immédiat, les rancœurs respectives des arrivants et des paysans ne sont pas susceptibles de s'additionner : elles se neutralisent mutuellement par l'effet d'une hostilité réciproque sur laquelle ont misé les autorités. A long terme toutefois, on peut se demander si la mise en contact dans le pays entier de centaines de milliers d'intellectuels et d'activistes frustrés avec des masses paysannes qui étaient largement demeurées en marge de la politique, ne risquera pas de former un mélange détonant, et si l'amertume critique des premiers n'agira pas sur la conscience politique endormie des seconds comme un ferment révolutionnaire.

Plus de la moitié des provinces ont tenu, ou sont en train de tenir, leur assemblée provinciale des délégués du Parti, en préparation du IXe Congrès. Nous disposons maintenant du texte de la décision sur laquelle se sont clôturées trois assemblées provinciales : celle du Henan (qui a siégé du 8 au 30 novembre), celle du Hunan (qui a siégé du 12 au 25 novembre) et celle du Guizhou (qui a siégé du 8 au 22 novembre). Dans les grandes lignes, ces trois textes sont assez semblables : ils encensent Mao, rendent hommage à Lin Biao, au groupe de la Révolution culturelle et à l'Armée populaire de libération. Le texte du Henan est le plus intéressant, car il analyse de façon assez détaillée à quel type de difficultés et d'obstruction se heurtent actuellement les comités révolutionnaires. Voici un extrait de ce document :

L'adversaire refuse de s'avouer vaincu et cherche à tout instant à tirer parti des circonstances pour mener ses contre-attaques. L'adversaire comporte d'une part les mauvais cadres, meneurs du « contre-courant de février », et d'autre part les sceptiques. Face à une situation neuve, l'adversaire a modifié sa tactique et reprend maintenant à son compte des mots d'ordre révolutionnaires dont il déforme le sens, de manière à jeter le trouble dans nos rangs. Ainsi tout récemment l'ennemi de classe a repris à son compte le mot d'ordre révolutionnaire « lutter contre la restauration du passé » et s'en est servi pour faire dévier l'orientation de la lutte et retourner le fer de lance contre les groupes ouvriers de propagande de la pensée de Mao Zedong, contre l'Armée de libération et contre les nouveaux membres des comités révolutionnaires, complotant ainsi de reprendre le pouvoir des mains des prolétaires. Sous prétexte de s'opposer à la « restauration du passé », ils s'opposent en réalité à la prise du pouvoir effectuée par le comité révolutionnaire. Prétendant soutenir la ligne révolutionnaire, ils s'opposent en fait au principe selon lequel la classe ouvrière doit tout diriger. Ils prétendent faussement que les rebelles sont opprimés, mais en réalité ils abritent eux-mêmes tous les éléments mauvais. La principale entrave à l'activité du comité révolutionnaire résulte du « polycentrisme » : celui-ci est le fait d'individus égocentriques d'extrême gauche : arrogants, ils se parent de leurs anciens mérites révolutionnaires pour se dispenser de toute contribution présente ; ils luttent pour leurs petites cliques personnelles, substituent les sentiments à la politique, substituent un esprit capitaliste de faction à l'esprit prolétarien de Parti, s'érigent des fiefs indépendants, fraternisent avec les ennemis. Dès que les masses se saisissent d'un mauvais élément, ils plaident en faveur de celui-ci, disant qu'« on ne peut pas traiter ainsi un ancien compagnon de lutte ». Ils sèment la zizanie dans les rangs révolutionnaires, excitent les masses contre les masses, font dévier l'orientation de la lutte. Le « polycentrisme » est le pire ennemi du quartier général de Mao Zedong. Il est essentiel d'adopter une attitude correcte à l'égard des masses ; il est intolérable que l'on soutienne une faction pour en écraser une autre, et surtout il est intolérable que l'on brime les masses et que l'on exerce des représailles sur elles. Aux endroits et dans les unités où la grande alliance révolutionnaire n'est pas encore solide, il faut absolument user de patience et faire un soigneux travail idéologique pour unir les masses révolutionnaires. [...] Il y a des camarades qui estiment que « la Révolution culturelle est à peu près réglée » et qui se contentent de la situation présente, s'arrêtant au lieu de poursuivre de l'avant. Il y a des camarades qui s'endorment sur les résultats acquis, qui sous-estiment l'adversaire et ne s'occupent que de développer la production, négligeant l'importance de la lutte des classes. Ils restent inertes devant les menaces provenant de la droite et de l'extrême gauche, ou déposent les armes et n'osent pas combattre. Les tâches les plus importantes pour le moment sont de purifier nos rangs de manière à jeter une base solide pour la rectification et la reconstruction du Parti ; soutenir l'armée, consolider l'armée, consolider la liaison entre l'armée et les masses, s'inspirer de l'exemple de l'armée.

Ce remarquable texte est si parfaitement éclairant dans sa description, qu'il se passe de tout commentaire. On pourrait simplement le sous-titrer, comme du reste la « Révolution culturelle » tout entière : *Le maoïsme contre la révolution.*

Coup d'œil rétrospectif sur l'année 1968

Le développement de la « Révolution culturelle » en 1968 a été essentiellement la résultante d'un tournant décisif du mouvement, survenu l'année précédente à la suite de la tentative de mutinerie militaire à Wuhan (fin juillet 1967). Ce grave incident avait montré que, si l'on n'apportait pas un terme rapide à l'anarchie des rebelles-révolutionnaires, l'armée pour sa part ne consentirait plus à en rester le témoin impassible. Pékin réussit à apaiser la menace de sédition par des moyens pacifiques, mais dut pour se concilier l'armée, faire des concessions dont les mois suivants révélèrent toute l'ampleur. L'armée reçut carte blanche pour rétablir l'ordre et remettre les gardes rouges au pas ; puis, toujours pour donner satisfaction aux militaires, les idéologues de l'extrême gauche, têtes pensantes de la « Révolution culturelle », furent épurés les uns après les autres.

Formellement, la « Révolution culturelle » poursuivait sa marche ; durant l'année 1968 les provinces continuèrent les unes après les autres à se doter de comités révolutionnaires. Mais ces « prises de pouvoir » successives n'avaient plus grand-chose en commun avec celles qui s'étaient effectuées tout au début de 1967 ; à la « triple union » théorique (militaires, cadres réhabilités et rebelles-révolutionnaires) se substituait une double alliance de fait (militaires-bureaucrates). Dans la plupart des provinces, la formule de comité révolutionnaire finissait par équivaloir ainsi à une prise en charge par l'armée (commandement de la région militaire) de l'ensemble des rouages politico-administratifs. Les organisations « rebelles » se voyaient pratiquement écartées du pouvoir, voire même brutalement écrasées, et la « Révolution culturelle » se trouvait ainsi vidée de son contenu originel.

Ce processus ne se développa toutefois pas sans une série d'oscillations qui reflétèrent les divisions internes de l'état-major maoïste. Celui-ci partagé entre le désir de relancer la « Révolution culturelle » dans ses voies initiales et d'autre part l'obligation de composer avec les exigences d'ordre émises par l'armée, se trouvant aussi devant l'impossibilité d'improviser un substitut aux compétences spécialisées de l'ancien appareil bureaucratique, et la nécessité de mettre un terme rapide à l'anarchie, mena durant toute la première moitié de 1968 une course erratique, donnant des coups de barre tantôt à droite tantôt à gauche. Ainsi tour à tour,

en janvier-février : coup de barre à droite ; dans les provinces, l'armée a reçu de larges pouvoirs pour mater les rebelles ; les textes de doctrine dénoncent les méfaits du « factionnalisme », c'est-à-dire des rebelles-révolutionnaires qui, voyant leur révolution trahie, refusent de reconnaître l'autorité des comités révolutionnaires, ou entravent leur établissement. Qi Benyu, un des plus brillants ténors de la « Révolution culturelle » est violemment attaqué, puis disparaît définitivement de la scène politique (après l'épuration de Wang Li, Guan Feng, Mu Xin, Lin Jie, etc., survenue dans les derniers mois de 1967, la « Révolution culturelle » a ainsi achevé de dévorer l'élite de ses partisans). Le culte de Lin Biao prend des proportions de plus en plus remarquables. L'armée est à l'honneur ;

fin mars-mai : coup de barre à gauche ; l'épuration de Yang Chengwu, principal auxiliaire de Lin Biao et artisan de son culte, ne paraît pas imputable à la gauche, mais plutôt à la pression des commandants régionaux ; cependant elle est accompagnée et suivie d'une reprise des attaques contre les collaborateurs de Zhou Enlai (Li Fuchun, Yu Qiuli, Tan Zhenlin). L'éditorial du *Renmin ribao* du 1er mai apporte un coup de frein au mouvement de réhabilitation des bureaucrates de l'ancien appareil du Parti. L'état-major maoïste semble écartelé. Trahissant cet état d'incertitude qui pèse sur la capitale, nul défilé n'a lieu à Pékin pour célébrer le 1er Mai (phénomène sans précédent dans l'histoire du régime) ;

fin mai-juin : un épais brouillard enveloppe l'information ; dans le domaine idéologique, carence totale d'éditoriaux de doctrine. Les luttes de factions et les violences continuent à sévir de façon endémique dans les provinces ;

fin juin : on dénonce les méfaits du factionnalisme, on cherche à replâtrer les comités révolutionnaires de plus en plus discrédités aux yeux des rebelles ;

début juillet : on prend prétexte d'un opéra réformé par ses soins (le fameux piano !) pour mettre Jiang Qing à l'honneur. A travers elle, c'est le groupe de la Révolution culturelle qui se retrouve avec le vent dans les voiles. Li Fuchun et Nie Rongzhen sont attaqués, la ligne de feu semble se rapprocher de Zhou Enlai lui-même. Une vague d'épuration dans les comités révolutionnaires vient frapper d'anciens cadres réhabilités. Le *Hong qi*, tribune de l'extrême gauche, recommence à paraître après un silence de huit mois. Va-t-on assister à une relance de la « Révolution culturelle » ?

Mais le pays reste dangereusement embourbé dans l'anarchie et les violences. Les factions rebelles-révolutionnaires d'une part ne cessent de s'entre-déchirer, et d'autre part remettent constamment en question l'autorité des comités révolutionnaires. La « Révolution culturelle » est désespérément en retard sur son calendrier (selon les projets initiaux, toutes les provinces auraient dû être pourvues d'un comité révolutionnaire pour le 1er mai !). Pour la tirer de l'ornière une seule solution : donner un coup d'arrêt à la gauche.

Ceci est effectué à la fin de juillet avec la constitution des « groupes ouvriers-militaires de propagande de la pensée de Mao Zedong», brigades de choc chargées d'écraser tous les derniers foyers d'activisme, principalement dans les universités. Au début d'août, Mao adresse un cadeau de mangues à une de ces brigades stationnées à l'université Qinghua, exprimant par cet acte symbolique qu'il approuve et soutient la répression. Ceci sonne le glas pour les gardes rouges et les rebelles-révolutionnaires dont les turbulences ne seront dorénavant plus tolérées. (Le lecteur éloigné de l'actualité chinoise s'étonnera sans doute de nous voir relever ces histoires de piano et de mangues ; contrairement à ce qu'il pourrait croire, il ne s'agit pas là d'anecdotes futiles, mais d'*événements politiques* pour la célébration desquels les masses du pays entier se trouvent chaque fois mobilisées : c'est à travers ce langage de symboles que s'expriment les fluctuations du pouvoir.) Sous prétexte de restituer à la classe ouvrière son rôle directeur (les groupes ouvriers de propagande de la pensée de Mao Zedong sont en fait encadrés et dirigés par l'armée), l'extrême gauche est définitivement désavouée et désarmée. Dans ces conditions, les derniers comités révolutionnaires qu'il restait encore à établir pour la forme, purent être rapidement installés, et au début septembre (meeting à Pékin, 7 septembre), on pouvait célébrer la «victoire totale» de la «Révolution culturelle» : toutes les provinces, municipalités et régions autonomes de la Chine se trouvaient enfin dotées de comités révolutionnaires.

Que signifie cette victoire ? Si l'on se rappelle les projets initiaux du mouvement et que l'on jette un coup d'œil sur l'ensemble de son évolution en partant de la fameuse «tempête de janvier» (Shanghai, 1967), le bilan final paraît singulièrement décevant. Comme en témoignent les premières tentatives de Shanghai, Mao Zedong avait d'abord rêvé d'un type entièrement nouveau de pouvoir révolutionnaire (inspiré de la Commune de Paris) ; ceci s'avérant irréalisable, on dut se rabattre sur une formule moins radicale : le comité révolutionnaire. Puis, dans la formule de comité révolutionnaire il devint très vite évident que si les rebelles étaient capables de s'emparer du pouvoir, ils étaient incapables de le gérer. Pour pallier leur inexpérience et leur absence de discipline, il fallut inventer la formule de la «triple union» : théoriquement les rebelles en auraient formé l'élément moteur, appuyés par le muscle des militaires et les compétences spécialisées des anciens cadres. Mais dans la triple union, les exigences de rébellion d'une part et d'autre part celles de l'ordre et de l'efficacité, se montrèrent bientôt incompatibles. Finalement, c'est la rébellion qui fut sacrifiée à l'ordre, — l'ordre des fusils. Mais les rebelles ne se résignèrent pas sans lutte, et dans plusieurs provinces, leur résistance opiniâtre réussit à retarder de plusieurs mois l'établissement des comités révolutionnaires, et même après leur installation, ces comités se trouvèrent constamment en butte aux sabotages et aux attaques de factions extrémistes.

Après cette victoire de pure forme de la « Révolution culturelle », la fête nationale du 1er octobre fut assez terne. Elle refléta dans ses célébrations et ses mots d'ordre la situation nouvelle : l'armée est consacrée comme le pilier du régime, les ouvriers sont mis en vedette, les gardes rouges sont réduits au silence. La nouvelle mission assignée au pays est la tâche de reconstruction du Parti. Concrètement ceci signifie qu'il faut activer la préparation du IXe Congrès.

Le 1er novembre, le communiqué de la douzième session plénière élargie du VIIIe Comité central annonce que Liu Shaoqi a été déchu de toutes ses fonctions à l'intérieur et à l'extérieur du Parti. Le recours à cette procédure improvisée et irrégulière indique que les maoïstes sont encore toujours en minorité dans l'actuel appareil du Parti, mais qu'ils ne peuvent plus se permettre d'attendre jusqu'à la convocation de l'hypothétique IXe Congrès pour couper une fois pour toutes la retraite à leurs opposants, et parer leur propre pouvoir d'une apparence de légalité.

Si la « Révolution culturelle » a fait long feu dans le domaine politique, n'ayant pas réussi à impartir le pouvoir aux rebelles, et n'ayant tourné en définitive qu'à l'avantage de l'armée, elle a continué à développer son action dans d'autres secteurs.

Dans le domaine de l'éducation, Mao peut enfin réaliser librement ses vieux rêves de réforme qui, deux fois dans le passé (en 1958 et en 1965) avaient été torpillés par l'appareil du régime. Primauté est donnée aux « bricoleurs rouges » sur les experts scientifiques. Les disciplines savantes sont discréditées et l'« improvisation indigène » (*tu fangfa*) proposée en exemple. L'enseignement théorique est largement réduit à la seule étude de la « pensée » de Mao ; pour le reste les « activités de production » sont substituées aux leçons et aux classes.

L'administration est remaniée et simplifiée ; dans certaines administrations, le personnel s'est trouvé réduit des quatre cinquièmes ; l'excédent est envoyé aux champs.

Une importante proportion de la population urbaine est déplacée vers les campagnes (où elle tombe à charge des communes populaires).

Les communes populaires (qui après l'échec du « Grand Bond en avant » avaient pratiquement été réduites au simple rôle de circonscriptions administratives) sont réactivées ; l'État se dégage du plus grand nombre possible de charges financières (enseignement primaire, soins médicaux, etc.) pour les faire assumer par les communes.

En conclusion : pour Mao Zedong, la « Révolution culturelle » se solde par une victoire personnelle : il a éliminé ses adversaires, récupéré le pouvoir dont depuis 1959 on l'avait progressivement écarté, et temporairement conjuré la menace d'une démaoïsation qui avait commencé à s'esquisser au début des années 60. Pour le reste, ni le pays ni le régime n'ont gagné dans cette aventure. L'appareil du Parti qui assurait la cohérence politique du pays et lui avait permis de traverser sans encombre majeur les épreuves les plus difficiles, se trouve presque entièrement ruiné et discrédité, et n'est remplacé pour le moment que par cette formule disparate, improvisée et provisoire des comités révolutionnaires. Le principe fondamental selon lequel le Parti commande à l'armée, a été renversé au profit de cette dernière. Les militaires non seulement dirigent la majorité des comités révolutionnaires, mais ils encadrent le pays à tous les niveaux, ils sont présents dans tous les secteurs d'activité, dans les écoles, aux champs, dans les usines, dans les administrations. Mais l'armée manque de compétence pour faire face à ces tâches multiples de police et d'administration dont elle se trouve maintenant investie. De plus, elle est loin de posséder cette unité monolithique qui faisait la force du Parti. Lin Biao s'est efforcé d'installer à la tête des comités révolutionnaires le plus grand nombre possible de ses créatures, mais cela n'a pas été réalisable partout ; dans de nombreuses provinces, il a fallu composer avec un commandement militaire qui, sans être à la dévotion de Lin Biao, se trouvait si solidement entranché sur place que Pékin a dû se résigner à entériner son autorité. Aussi l'influence de Lin Biao, déjà limitée à l'origine, est encore contrebalancée maintenant par le groupe des grands commandants régionaux qui, chacun dans leurs provinces, concentrent dans leurs mains le pouvoir militaire et le pouvoir politique et risquent en fait de ramener la Chine dans la voie de régionalismes relativement affranchis du contrôle du pouvoir central.

La tâche la plus urgente pour Pékin est donc maintenant de reconstruire le Parti ; cette entreprise présente des difficultés énormes — témoin les retards qui ont entravé la convocation du IXe Congrès. L'armée se laissera-t-elle dépouiller des pouvoirs qu'on lui a si dangereusement concédés ? Ou au contraire fera-t-elle consacrer définitivement ses avantages ? C'est ce que nous apprendront les développements de l'année 1969.

1969

Janvier

L'éditorial du Nouvel An publié conjointement par le *Renmin ribao*, le *Jiefang jun bao* et le *Hong qi* manque de mordant. La tendance générale est à la modération, tout particulièrement en ce qui concerne l'attitude à adopter à l'égard des cadres : il faut considérer que « l'ennemi ne constitue qu'une toute petite minorité » et pour ce qui est de la grande majorité des cadres, tout doit être mis en œuvre pour les aider à s'amender et à reprendre du service actif dans le giron de l'orthodoxie prolétarienne. L'éditorial lance de pressants appels en faveur de l'unité et dénonce la déviation empoisonnée du « polycentrisme ». Cette volonté de conciliation, ce désir de cimenter les fissures et d'aplanir les différends dans une communion unique en la pensée de Mao Zedong et sous le commandement unifié du quartier général du Président (l'éditorial est d'ailleurs intitulé « Que la pensée de Mao Zedong commande toute chose ») trahissent un souci très réel et pressant : un grand nombre de comités révolutionnaires restent paralysés et continuent à voir leur autorité remise en question par les rebelles-révolutionnaires locaux. Comme le disait assez cyniquement une émission de la radio provinciale du Hubei le mois passé, les gardes rouges devraient enfin comprendre que, dans la « prise du pouvoir », *leur rôle consiste seulement à arracher le pouvoir des mains de la faction révisionniste, et non pas à l'exercer eux-mêmes.* Mais malgré la caution de Pékin, les cadres réinstallés instruits par leurs récentes expériences, sont peu désireux de prendre maintenant à l'égard des rebelles des initiatives qui, demain peut-être, pourraient à nouveau leur être imputées à crime ; ils s'enferment donc dans une prudente apathie, ce qui ne facilite pas la normalisation des activités politiques et administratives.

L'armée est plus que jamais mise à contribution ; son omniprésence dans la vie civile ne va pas sans entraîner certaines frictions avec la population ; aussi un des grands thèmes de la propagande est-il maintenant « l'armée aime le peuple », insistant sur les relations harmonieuses de soutien et d'affection qui doivent être établies entre les militaires et les masses.

Le centre d'attention politique semble vouloir maintenant se déplacer de la ville vers la campagne. La « Révolution culturelle » avait jusqu'à présent été un phénomène purement urbain, et à la faveur de l'anarchie générale, les campagnes s'étaient trouvées largement abandonnées à elles-mêmes — ce qui, assez ironiquement, explique d'ailleurs l'assez bonne situation de l'économie agricole à l'issue de ces deux années de chaos politique. Dans le Guangdong, province sur laquelle nous sommes le mieux renseignés, de nombreux villages avaient spontanément renoué avec leurs séculaires traditions d'autarcie, se barricadant contre toutes les incursions de rebelles-itinérants et s'isolant presque entièrement du monde extérieur. Cet état d'isolement ne va maintenant plus pouvoir durer. Le mouvement de migration forcée de certaines couches de la population urbaine vers les campagnes, amorcé à la fin de l'an dernier, se poursuit sur une large échelle. Rappelons qu'il ne s'agit pas de stages de rééducation, mais bien d'installation définitive. Pour la seule ville de Canton, 100 000 personnes — dont 75 000 lycéens et étudiants (chiffres donnés par la radio provinciale du Guangdong) — ont déjà été affectées par ce mouvement. Comme on peut l'imaginer, le mouvement se heurte à une double opposition, et de la part des migrants qui redoutent cet exil (en ce qui concerne la jeunesse étudiante, il s'agit d'ailleurs essentiellement d'une mesure destinée à briser l'activisme révolutionnaire des gardes rouges) et de la part des paysans dont les charges se trouvent alourdies du fait de ces nouveaux venus. Les difficultés rencontrées par le mouvement nous sont d'ailleurs confirmées indirectement par les efforts spéciaux de la propagande qui cherche à persuader les intéressés de la haute signification politique de l'aventure qui leur échoit.

Simultanément les indices se multiplient d'une tentative de revigoration des communes populaires. Les lopins privés sont confisqués, les marchés libres supprimés, cependant que l'on mobilise les paysans pauvres et moyens-inférieurs pour déclencher une campagne de « lutte et de critique ». Cette mise des campagnes en état d'agitation politique ne va pas sans difficultés, et il faut souvent faire donner la troupe. Ainsi par exemple la radio provinciale du Zhejiang annonçait le 22 que des détachements de l'armée avaient été envoyés dans les villages pour aider les paysans à extirper les restes des forces liuïstes, et à mettre en vigueur les instructions de Mao Zedong.

Le remembrement des brigades de production en unités plus larges et plus puissantes (expérience actuellement poursuivie au Jiangxi) va également dans ce même sens d'une réactivation des communes populaires. Ces divers phénomènes conjugués font croire à certains observateurs qu'une sorte de nouveau « Bond en avant » serait peut-être en train de se préparer. Le terme même de « Grand Bond en avant » est évidemment irrécupérable pour la propagande, car dans l'esprit de la population il reste lié à des souvenirs trop déplaisants ; mais tout récemment on remarque dans les sources officielles la récurrence fréquente d'expressions assez similaires, telles que « envol économique » (*jingji feiyue*). Maintenant que Mao se retrouve au pouvoir, libre d'entraves, il doit être fortement tenté de retourner à ses vieilles obsessions. En ce moment-ci toutefois, le lancement d'un nouveau « bond en avant » serait encore plus périlleux que par le passé. Les conséquences catastrophiques du « Grand Bond en avant » avaient pu être endiguées à l'époque grâce à la discipline du Parti qui encadrait rigidement le pays entier. Par contre, si l'aventure devait à nouveau être tentée aujourd'hui, cette fois l'artiste opérerait sans filet…

L'agence Xin hua a diffusé un communiqué concernant la publication des œuvres de Mao Zedong durant la « Révolution culturelle » : de 1966 à 1968, il a été tiré 150 millions d'exemplaires des *Œuvres choisies*, 740 millions d'exemplaires des *Citations* et 96 millions d'exemplaires des *Poèmes* (ce dernier chiffre en particulier est joli, si l'on songe que ces poèmes, observant une prosodie archaïsante et écrits dans une langue abstruse, truffée d'allusions historico-littéraires, sont parfaitement inintelligibles pour l'homme de la rue). Dans une préfecture de la province de Qinghai, un record a été atteint : tous les habitants de la préfecture, de sept à soixante-dix ans possèdent un exemplaire des *Citations*[1] et chaque famille possède une série des *Œuvres choisies*. « On peut se passer de boire et manger durant un jour entier, mais on ne saurait un seul jour se passer de lire les œuvres de Mao Zedong sans que l'oreille ne devienne sourde, l'œil obscurci et que l'esprit entier ne perde son orientation. »

Février

Ces dernières semaines ont été dépourvues d'événements saillants. La mort de Li Zongren (l'ancien homme d'État était âgé de soixante-dix-huit ans), survenue le 31 janvier, ne saurait constituer un événement notable : depuis près de vingt ans déjà, Li se trouvait rejeté en marge de la politique et de l'histoire. Li s'était distingué sur le terrain militaire durant l'« Expédition au nord » et lors de la guerre de résistance contre le Japon : ce furent là les années glorieuses de sa carrière. Élu vice-président de la République au lendemain de la victoire, il entama des pourparlers avec les communistes en 1949, puis quelques mois plus tard, au moment de la Libération, il vint se réfugier à Hong Kong pour gagner ensuite les États-Unis. Il essaya vainement d'intéresser les Américains à un projet de « troisième force ». Pour l'ex-homme d'État esseulé, dépouillé de son prestige, privé d'audience et même de relations sociales

1. Dans le domaine de l'édition occidentale, nous ne voyons guère que l'hebdomadaire *Tintin* qui puisse se flatter de toucher un éventail d'âges aussi étendu.

(il ne parlait pas anglais), ce long séjour aux États-Unis devint un morne exil. En 1965, il décida de rentrer en Chine pour y finir ses vieux jours. Pékin tâcha au maximum d'exploiter ce retour à des fins de propagande, et organisa en automne 1965 une grande conférence de presse à laquelle furent conviés de nombreux journalistes de Hong Kong et de l'étranger. La valeur de propagande présentée par Li Zongren s'avéra toutefois très limitée. Eût-il choisi plus tôt de regagner la mère patrie, cette décision aurait pu éveiller un large écho. Mais le moment et les conditions de son retour indiquaient trop clairement qu'il ne s'agissait que d'une initiative dictée par des raisons d'opportunité personnelle : ces raisons étaient compréhensibles, mais sans noblesse. Dans la suite, Li Zongren mena une existence effacée ; de temps à autre, on l'exhibait sur les derniers rangs de quelque tribune officielle, comme une antique potiche décorative. La « Révolution culturelle » ne dut guère affecter son sort ; autant ce mouvement fut impitoyable pour la vieille et héroïque élite révolutionnaire, autant il fut clément pour les retraités du Kuomintang et les fossiles de la réaction.

Les slogans « préparons-nous à accueillir le IXe Congrès du Parti » sont répétés par la radio et par la presse. Sans doute le Congrès sera-t-il convoqué avant le 1er mai.

Nous avons pu lire en avant-première le projet de nouvelle charte du Parti [1]. Comparé à la charte de 1956, ce texte se présente comme un manifeste plutôt que comme une constitution. On remarque tout particulièrement la manière dont l'autorité de la pensée de Mao Zedong s'y trouve consacrée. La charte de 1956 par contre ne faisait pas mention du nom de Mao, et allait même jusqu'à préciser qu'« aucun parti politique *ni aucun individu* ne saurait être exempt de déficiences et d'erreurs ». La notion de direction collective et la condamnation du culte de la personnalité qui s'exprimaient dans la charte de 1956, avaient été essentiellement dues à l'initiative de Deng Xiaoping, et étaient venues prendre le contre-pied de la charte de 1945 dans laquelle il avait été pour la première fois fait mention de la pensée de Mao Zedong. (« Le parti communiste chinois a pour guide la pensée de Mao Zedong, laquelle unit la théorie marxiste-léniniste à la pratique chinoise de la révolution. ») Dans le projet de nouvelle charte, la mention de Lin Biao comme héritier apparent paraît particulièrement incongrue, puisque ce type de document ne devrait en théorie traiter que de principes abstraits susceptibles d'application universelle et permanente. Aucune mention n'est plus faite

1. La charte définitive qui devait être publiée officiellement le 28 avril vint entièrement confirmer l'authenticité de ce document, initialement diffusé par Taiwan. Les services de Taiwan, généralement ineptes au niveau de l'interprétation et de la propagande, sont souvent valables en ce qui regarde la publication de *documents communistes originaux* réservés à l'usage interne du Parti. Ces documents tantôt sortent clandestinement de Chine via Hong Kong, tantôt sont capturés au cours de raids de commandos sur la côte du Fujian.

du secrétariat du Parti ; cet organe sera-t-il supprimé ? Les organes de contrôle sont également passés sous silence. Le pouvoir central paraît renforcé au détriment de l'échelon local qui précédemment se voyait attribuer une aire spécifique d'autorité. En ce qui concerne les conditions d'admission dans le Parti, le délai de postulat n'est plus requis ; dans les qualifications exigées des candidats, l'origine sociale devient un facteur déterminant (la porte est pratiquement barrée aux intellectuels). Enfin, la position prééminente de l'armée se trouve consacrée : le style de travail que Lin Biao avait imposé dans l'armée est étendu à la vie civile et devient un modèle d'application universelle.

Toute la vie politique paraît suspendue dans l'attente du IXe Congrès du Parti. Les cadres sont particulièrement anxieux de le voir convoquer, car, dans la confuse situation présente, ils restent privés d'orientation précise et ne savent toujours pas sur quel compas régler leur cap. Cette attente fiévreuse est d'ailleurs cultivée et stimulée par la propagande : le chansonnier révolutionnaire vient de s'enrichir d'un hymne nouveau : « Préparons-nous à accueillir le IXe Congrès ! »

Du 7 au 9 février, une conférence se serait tenue à Pékin, rassemblant des cadres provinciaux (incluant des observateurs de Hong Kong et de Macao) pour travailler à la préparation du IXe Congrès. Pékin souhaiterait hâter le processus d'admission de nouveaux membres du Parti tout à sa dévotion, mais se heurterait sur ce point à la résistance des autorités locales. La convocation du IXe Congrès aurait d'abord été prévue pour mars, mais ensuite aurait été reportée au début d'avril [1].

Publication des Pensées de Deng Xiaoping : un follicule des gardes rouges (*Qinghua Jinggangshan*, n°s 17 et 18) avait compilé les propos les plus criminels de Deng. Il est intéressant de rappeler maintenant ces textes, au moment où se prépare la consécration solennelle et définitive du culte de Mao.

– « Une autre question fondamentale du système de concentration démocratique des pouvoirs dans le Parti est la question de la direction collective à tous les échelons de l'appareil. Le léninisme exige que sur toutes les questions importantes qui se posent au Parti, les décisions soient prises par un groupe approprié et non par un individu. [...] En ce qui concerne la dévotion pour le chef, il s'agit essentiellement d'une manifestation d'attachement aux intérêts du Parti, aux intérêts de classe, aux intérêts du peuple, et non d'une mythification de l'individu en question. Une importante contribution du XXe Congrès du parti communiste soviétique, c'est de nous avoir avertis que le culte de la personnalité peut engendrer toute espèce de conséquences néfastes. Notre Parti a toujours estimé que n'importe quel parti, n'importe quel individu dans

1. Comme on le verra plus loin, le IXe Congrès devait finalement s'ouvrir le 1er avril.

ses activités propres ne saurait être exempt de déficiences et de fautes. Ce point est maintenant explicitement noté dans le nouveau projet de charte du Parti. De cette façon, notre Parti répudie également le culte de la personnalité. » (Rapport sur le nouveau projet de charte présenté le 16 septembre 1956 devant le VIIIe Congrès du Parti.)

– « Notre devoir est de continuer à appliquer la politique du Comité central en ce qui concerne la lutte contre la mise en valeur et l'encensement de la personnalité. » (Propos tenu lors d'une réunion du Comité central, sans date.) « Seul le Parti dirige, c'est le Parti qui est notre unique chef. » (1958.) Commentaire : « Deng Xiaoping dénie vicieusement que le président Mao soit notre grandiose chef. »

– (Commentant un rapport rédigé par une commission du Comité central concernant l'étude de la pensée de Mao Zedong :) « Il n'est question là-dedans que de la pensée de Mao Zedong ; où donc est le marxisme-léninisme ? Il n'est pas nécessaire de diffuser ce rapport. [...] Il faut encourager la jeunesse à étudier certaines choses fondamentales dans les œuvres de Mao Zedong, mais on ne peut pas leur faire faire ça toute l'année durant. »

– « En ce qui concerne les "quatre essais" [c'est-à-dire les trois textes les plus lus de Mao — *lao san pian* — plus son articulet « Contre le libéralisme », N. d. T.], on peut les étudier, mais ressasser ces quelques textes toute l'année durant, ça ne sert pas à grand-chose. Si on discute et rediscute à l'infini des mêmes choses, comment voulez-vous que les gens y prennent encore de l'intérêt ? [...] [Dans les *Œuvres choisies* de Mao Zedong] il y a des textes déjà étudiés un grand nombre de fois ; pourquoi les ressasser indéfiniment ? Ce formalisme est mortel ! » (Allocution prononcée lors d'une conférence du secrétariat du Comité central, 1965.)

– En 1961, Deng ratifia un rapport du département de la Propagande du Comité central (*Examen de certaines questions soulevées par la propagande de la pensée de Mao Zedong*), rapport qui qualifiait les méthodes d'étude de la pensée de Mao Zedong à l'usage des paysans, ouvriers et soldats, de « dévaluation vulgaire », « simplisme » et « formalisme ». En 1962, il ratifia et fit diffuser un rapport de Zhou Yang concernant les matières d'enseignement littéraire dans les écoles, rapport dans lequel il était dit que « si l'on s'efforce artificiellement de composer des manuels scolaires basés sur la pensée de Mao Zedong, on ne fera qu'aggraver les tendances à la dévaluation vulgaire et au simplisme ». Il fit défense aux organismes locaux de publier de leur propre initiative des œuvres de Mao et précisa en 1964 que « pour toute édition des pages choisies de Mao Zedong, il faut d'abord l'autorisation des autorités centrales ». En mars 1966, alors que « les masses révolutionnaires suppliaient pour obtenir des textes de Mao et ses *Citations* », Deng mit son veto à toute nouvelle impression : « Le cinquième volume des

Œuvres choisies va sortir bientôt ; attendez que le cinquième volume soit sorti avant d'imprimer de nouveaux volumes. »

En politique intérieure, on accuse Deng d'escamoter la lutte des classes. A preuve :

– « L'étape précédente était celle de la révolution. Maintenant les objectifs révolutionnaires sont pratiquement atteints. Aujourd'hui et dorénavant, la tâche est une tâche de construction. Les contradictions de classes sont maintenant fondamentalement résolues. » (1956.)

– « Les classes ont déjà disparu en Chine et sont remplacées par des contradictions internes. On ne peut pas résoudre les contradictions internes en adoptant des méthodes de lutte des classes sans risquer de commettre des erreurs. » (1956.)

– « Ces derniers temps, la situation s'est fondamentalement métamorphosée ; les ouvriers et les employés ne représentent plus qu'une division du travail au sein d'une même classe. Paysans pauvres et paysans riches sont tous devenus des membres de coopératives. Très rapidement, les différences entre eux n'auront plus qu'une signification historique. » (1956.)

– « La plupart des capitalistes chinois sont partis de rien et ont réussi par leur propre énergie et à force de talent. Nous ne valons pas ces capitalistes ; allez donc voir à Shanghai comment ils organisaient les moyennes et petites entreprises. »

– « A l'égard des intellectuels bourgeois, dans nos exigences, nous ne pouvons prendre le marxisme-léninisme comme critère. Pour le moment nous avons besoin d'eux, et même s'ils passent leur temps à maugréer, l'essentiel est qu'ils sachent enseigner. »

Sur le « Grand Bond en avant » et ses conséquences :

– « Quand le président Mao dit que la situation est excellente, c'est de la situation politique qu'il veut parler. En ce qui concerne la situation économique, on ne peut pas dire qu'elle soit excellente ; en fait elle est très mauvaise. » (Conférence de travail du Comité central, 1962.)

– « Il semble qu'il nous est difficile d'ouvrir la bouche maintenant, non seulement la Ligue de la jeunesse communiste a cette impression, mais le Parti a aussi cette impression. Les gens sont mal habillés, mal nourris, les normes baissent. On a tenu trop de discours enflés ; nous avons été trop sûrs de nous, nous avons trop bluffé. » (Discours devant l'assemblée centrale de la Ligue de la jeunesse communiste, 1962.)

– « L'amélioration de la situation agricole du pays ne sera pas une affaire de trois ou cinq ans, mais bien de sept ou huit ans. » (Conférence de travail du Comité central, 1961.)

– « La question agricole doit être résolue au niveau de la production ; maintenant nous avons le système des communes, le système des brigades, au Anhui il y a encore le système des champs dont les paysans sont responsables et qui équivaut en fait à une restitution illégale de la terre… Il faut adapter en chaque endroit le système, quel qu'il soit, le plus propre à assurer le développement de la production, il faut adopter le système que les paysans eux-mêmes sont le plus désireux d'adopter, et au besoin légaliser les illégalités. [Deng visait ici les mesures d'urgence destinées à sauver la population de la famine qui avait résulté de la catastrophe du « Grand Bond en avant », N. d. T.] […] Un grand nombre de paysans demandent que l'on redistribue les terres ; les paysans ont perdu confiance dans l'économie collective. […] Depuis 1957, le Parti dans son ensemble a manqué de prudence et a développé une attitude de suffisance ; nos bonnes traditions se sont perdues, détériorées ou affaiblies. […] L'atmosphère de notre société est restée bonne jusqu'en 1958, jusqu'au début de 1958 [c'est-à-dire jusqu'au « Grand Bond en avant », N. d. T.] ; depuis ces dernières années elle s'est gâtée. » (Discours devant l'assemblée centrale de la Ligue de la jeunesse communiste, 1962.)

– « En Chine nos mules sont lentes, mais la lenteur a aussi ses bons côtés. Les autos vont vite, mais quand on en perd le contrôle on se tue. Si la mule va lentement, du moins elle va sûrement. » (1957, allocution aux étudiants de l'université Qinghua.)

– « Maintenant la question la plus importante c'est d'augmenter la production des denrées alimentaires. Peu importe que le mode de production soit individuel ou collectif, l'essentiel est qu'il contribue à augmenter cette production alimentaire ; chat noir ou chat blanc, chat qui attrape les rats est bon chat. » (Allocution prononcée lors d'une conférence du secrétariat du Comité central, 1962.)

– « Suivant les périodes, on peut tour à tour donner la priorité tantôt au politique, tantôt à l'économique. » (Discours devant l'assemblée centrale de la Ligue de la jeunesse communiste, 1957.)

Sur la politique étrangère :

– « L'URSS a la bombe atomique. Pour quoi faire ? Pour que les impérialistes aient peur d'elle. Les impérialistes ont-ils peur de nous ? Je ne le crois guère. Si les Américains ont des troupes à Taiwan, c'est évidemment parce que nous n'avons pas la bombe atomique. Mais l'URSS a la bombe atomique, et si l'URSS ne l'avait pas, les impérialistes oseraient nous attaquer. » (Allocution aux étudiants de l'université Qinghua, 1957.)

– « Nous ne sommes pas entièrement d'accord [avec le XXe Congrès du parti communiste soviétique] mais nous ne nous inscrivons pas entièrement en faux contre lui non plus. Nous reconnaissons qu'il comporte un grand nombre de bonnes choses qui seront profitables au développement interne de l'Union soviétique et à la situation internationale. […] On ne peut pas dire que la dénonciation de Staline soit entièrement une erreur. » (1960, source non indiquée.)

– En 1966, une délégation du parti communiste japonais vint en Chine et demanda que le parti communiste chinois accepte d'arrêter avec l'URSS une politique d'action commune en ce qui regarde le Viêt Nam. Liu et Deng, au mépris des principes, voulurent faire avec les révisionnistes japonais un communiqué commun.

– En juillet 1966, lors de la réunion à Pékin de la conférence des Écrivains afro-asiatiques, Deng critiqua les organisateurs de la conférence, et leur donna les conseils suivants : « Ne laissez pas vos cerveaux s'enfiévrer », « Gardez les pieds par terre », « Le ton de la conférence doit rester simplement anti-impérialiste et anticolonialiste » (sans donc faire mention du révisionnisme).

Mars

Les heurts armés entre gardes-frontières soviétiques et chinois dans l'île Zhenbao sur l'Oussouri, à la frontière sino-soviétique, monopolisent pour l'instant toute l'attention. Bien que dépourvue de liens avec la « Révolution culturelle » qui nous occupe ici, l'affaire est trop grave pour que nous n'y consacrions pas quelques lignes de commentaire.

Pour mieux comprendre le degré de sensibilisation de l'opinion chinoise à ce conflit, il est bon de rappeler d'abord quelques données d'Histoire. Entre tous les impérialismes étrangers dont la Chine fut successivement la victime, la Russie occupe la première place, et par l'ancienneté (la pression russe sur les frontières chinoises a commencé dès la fin du XVIIe siècle) et pour le degré de rapacité dans les annexions territoriales (en Asie centrale, les républiques soviétiques des Kazaks, des Kirghizes, des Uzbeks et des Turkmènes ont été taillées dans les anciens territoires de l'empire des Qing ; sur la frontière du Nord-Est chinois, les amputations territoriales au nord de l'Amour couvrent une superficie de plus de 600 000 km^2, et celles à l'est de l'Oussouri, de plus de 400 000 km^2). A la différence des autres impérialismes étrangers, la Russie n'a jamais rendu gorge, et malgré les nobles déclarations de principes faites par Lénine pour dénoncer les annexions tsaristes, l'Union soviétique n'a fait que consolider son emprise sur le butin qu'elle a hérité de la Russie impériale. La première république chinoise, faible et absorbée par ses problèmes intérieurs, n'avait pas été en état de discuter avec l'Union soviétique du problème des frontières. En ce qui concerne la Chine populaire, l'Histoire reprochera à Mao Zedong de n'avoir pas su, dans les premières années du régime, faire valoir les droits de la Chine à Moscou. Faisant passer les intérêts du Parti avant ceux du pays, Mao jugea expédient de s'appuyer totalement et inconditionnellement sur le « grand frère soviétique ». Dans une certaine mesure, les heurts sanglants dont l'Oussouri est aujourd'hui le théâtre ont été rendus possibles par les dispositions (libre utilisation du fleuve frontière) attachées au pacte d'amitié sino-soviétique signé par Mao à Moscou en février 1950.

Sitôt après la rupture sino-soviétique (la façon dont l'Union soviétique renia brutalement tous ses engagements dans le domaine de l'assistance technique, fut à juste titre considérée par les Chinois comme un odieux acte de sabotage et de trahison), l'Union soviétique reprit activement l'ancienne politique tsariste d'expansion territoriale, et, en 1962, le Xinjiang, objet par excellence des convoitises russes, fut le théâtre d'incidents graves (révoltes et exodes de minorités nationales à l'instigation des Soviétiques).

En 1964, la Chine entama des pourparlers avec l'URSS sur la question des frontières, et se montra même disposée en principe à reconnaître les frontières tracées par les traités inégaux du XIXe siècle, moyennant certains amendements de détail. La proposition était généreuse, et il n'y a pas lieu d'en mettre la bonne foi en doute (c'est sur la base des mêmes principes en effet que la Chine régla à l'entière satisfaction des parties intéressées tous les vieux problèmes de frontières avec ses différents voisins ; l'Inde seule fit exception, mais là encore une fois, les conclusions, aujourd'hui universellement acceptées, d'observateurs impartiaux, ont démontré depuis que la mauvaise foi s'était trouvée du côté indien, l'attitude chinoise s'étant caractérisée au contraire par la naïveté, puis par la raideur d'une bonne foi outragée). Ces pourparlers échouèrent ; si l'on en croit la version chinoise — elle semble digne de créance —, les Soviétiques d'une part refusèrent au niveau des principes de reconnaître la nature annexionniste des anciens traités [1], et d'autre part émirent de nouvelles prétentions territoriales inacceptables pour la Chine.

L'île Zhenbao, scène des heurts actuels entre patrouilles frontalières chinoises et soviétiques qui prétendent les unes comme les autres qu'elles évoluent sur leur propre territoire, est un minuscule îlot, probablement inhabité (chaque fois que les sources chinoises se réfèrent à des témoignages de la population, l'expression employée est « les habitants de *la région* de l'île Zhenbao » et il n'est jamais fait mention d'habitants de l'île elle-même) qui ne voyait guère que le passage occasionnel de chasseurs et de pêcheurs. On peut supposer que les Soviétiques tiraient avantage de l'état d'abandon relatif où se trouvait cet îlot sans importance, pour y effectuer d'occasionnelles patrouilles à la faveur de l'hiver (le fleuve alors entièrement gelé permet le passage d'unités motorisées), tâchant sans doute par ces actes d'occupation discrets et intermittents, de faire courir une prescription en leur faveur.

Auquel des deux pays appartient l'île Zhenbao ? Pour l'opinion chinoise *unanime* (incluant les communautés chinoises d'outre-mer, et

1. En 1858, au moment où Tientsin venait de tomber sous les coups de l'expédition franco-anglaise, la Russie profita de ce que la Chine se trouvait aux abois pour lui faire signer sous la menace du canon le traité d'Aigun. Ce traité amputait la Chine de ses territoires situés au nord de l'Amour, et plaçait ses territoires situés à l'est de l'Oussouri sous administration conjointe sino-russe. En 1860, après que les Franco-Anglais se furent emparés de Pékin, la Russie s'empressa à la curée, et se fit octroyer par le traité de Pékin la cession pure et simple de ces territoires situés à l'est de l'Oussouri.

englobant toutes les différentes tendances politiques), il ne fait aucun doute que Zhenbao soit territoire chinois, ceci non seulement pour des raisons morales et historiques (jusqu'à la spoliation des traités inégaux imposés à la Chine par violence, l'Oussouri était un fleuve *intérieur* de la Chine), mais aussi bien pour des raisons juridiques : même en adoptant la perspective du traité de Pékin de 1860, Zhenbao relève de la souveraineté chinoise, et cela, selon Pékin, aurait d'ailleurs été reconnu par les Soviétiques eux-mêmes lors des pourparlers de 1964. Selon le traité de Pékin, tous les territoires situés à l'est de l'Oussouri se trouvaient cédés à la Russie ; quant aux îles du fleuve, à défaut de stipulation expresse, la ligne de partage des souverainetés devait être déterminée par le principal chenal navigable ; selon la carte publiée maintenant par le *Renmin ribao*, Zhenbao se trouve à l'ouest du chenal, et de plus, en période de basses eaux, elle est directement reliée à la rive chinoise. En contraste avec les Chinois qui produisent toutes les pièces du dossier, il est remarquable de constater que les Soviétiques éludent la question objective de la souveraineté, et se contentent de pousser des cris stridents sur le thème passionnel et imprécis des «provocations» et des «atrocités» qu'auraient commises les patrouilles frontalières chinoises.

Mis à part la question d'îlots insignifiants tels que Zhenbao, la frontière de l'Oussouri est claire et ne prête guère à d'importantes disputes territoriales. En fait, les vrais grands problèmes de frontières se poseront plutôt au Xinjiang, territoire immense et riche en ressources naturelles, centre de l'industrie nucléaire chinoise, qui lui, ne possède que des frontières imprécises et dont la population clairsemée est composée en bonne part d'ethnies sœurs de celles qui peuplent les républiques soviétiques d'Asie centrale. Le Xinjiang a toujours excité les ambitions russes, et si un affrontement grave devait survenir entre la Chine et l'URSS, c'est certainement le Xinjiang qui en fournira et la scène et l'enjeu. Par contre, si les adversaires désirent simplement se tâter et exploiter la tension à des fins purement politiques, les îlots de l'Oussouri offrent un ring d'entraînement relativement clos, et permettent de maintenir le conflit dans des limites strictement localisées.

L'utilisation politique qui a été faite de l'incident est, inutile de le dire, hors de proportion avec les dimensions réelles de l'événement lui-même. Le 12 mars, l'agence Xin Hua annonçait que les manifestations antisoviétiques qui se sont succédé dans la Chine entière pendant une semaine, avaient déjà mobilisé quatre cents millions de participants (soit un peu plus de la moitié de la population totale de la Chine !). Et l'on a tout lieu de croire que cette fois les manifestants ont défilé avec un feu sincère. Les foules chinoises sont constamment mobilisées pour des manifestations politiques à dimensions et thèmes variables : tantôt il s'agit d'accueillir un obscur politicien africain, tantôt de dénoncer quelque tyran au nom impossible à retenir, sévissant à l'autre bout du monde. Même les manifestations de haine à l'égard de l'Amérique conservent un curieux caractère d'irréalité et d'abstraction. Une manifestation antirusse par contre (ou antibritannique !) éveille aussitôt les fibres sensibles ; ceux qui défilent dans les rues savent très concrètement pourquoi ils marchent, et ils le font d'autant plus volontiers qu'ils ont plus souffert dans les années 1950, lorsque Pékin imposait à la nation, contre les leçons de l'Histoire et l'évidence du présent, l'image d'un « grand frère soviétique » bienveillant, généreux et aimé (cette consigne de l'« inébranlable amitié sino-soviétique » fut particulièrement difficile à accepter pour les populations du Nord-Est qui avaient assisté au pillage et au démantèlement de l'équipement industriel de leur région par l'armée soviétique à la fin de la guerre, et suscita chez les militants locaux une douloureuse crise de conscience). Pour Mao Zedong, en ce moment, l'incident de Zhenbao est une véritable bénédiction : il permet de créer une unanimité [1] au moment où Pékin cherche par tous les moyens à imposer aux provinces encore travaillées par les courants anarchiques de la « Révolution culturelle », le principe du « commandement unifié ». Il pare l'armée d'une auréole de gloire et l'entoure d'une infrangible immunité au moment où l'intervention des militaires dans tous les secteurs de la vie nationale devenait une source constante de frictions et tendait à rendre l'armée impopulaire auprès des masses. Il justifie une nouvelle mobilisation industrielle et agricole ; paysans et ouvriers sont invités à redoubler d'activité et à dépasser les normes dans l'intérêt direct de la défense de la patrie. Dans le délicat processus de préparation du IXe Congrès, il vient soudainement créer une précieuse unanimité qui permettra d'éluder commodément certaines questions épineuses de politique intérieure.

De tous ces divers points de vue, s'il apparaît évident que Pékin retire un avantage considérable de l'affaire de Zhenbao, il ne faudrait cependant pas en inférer que c'est Pékin qui aurait délibérément forgé l'incident. La Chine est trop mal équipée pour pouvoir envisager de sang-froid le risque d'une confrontation militaire avec l'URSS. De plus, dans ses relations avec l'étranger en général, et en particulier avec ses voisins, le gouvernement chinois loin de faire preuve de machiavélisme, s'est au contraire toujours comporté avec une honnêteté rigide et sourcilleuse dont des pays comme la Corée du Nord, l'Inde et l'Union soviétique ont d'ailleurs abusé sans scrupules. L'Union soviétique peut fort bien s'être imaginé que l'application d'une pression militaire extérieure permettrait d'aggraver les fissures internes du régime maoïste. Pareille initiative ne pouvait en réalité aboutir qu'au résultat inverse ; mais l'Union soviétique est parfaitement capable d'une telle erreur de

1. Une unanimité qui déborde d'ailleurs les frontières. Ainsi à Hong Kong, un quotidien de droite a applaudi dans un éditorial la façon dont l'Armée populaire avait défendu le sol de la patrie.

jugement : l'expédition de Tchécoslovaquie n'a-t-elle pas montré l'an passé que la maladresse politique des dirigeants russes était à la mesure de leur brutalité ?

En politique intérieure, la grande préoccupation du moment est de réinstaller rapidement le plus grand nombre possible de cadres expérimentés de manière à hâter la normalisation de l'activité politique et administrative. Cette question qui, en jargon, s'appelle la « libération des cadres » a déjà fait l'objet d'un grand nombre de communiqués (éditorial du *Wenhui bao*, éditorial du *Henan ribao*, émissions des radios provinciales du Anhui, Jiangxi, Henan, rapport du comité révolutionnaire du Guizhou, etc.). On répète toujours les mêmes thèmes : les mauvais cadres ne représentent qu'une infime minorité, la majorité des cadres sont récupérables, il ne faut frapper qu'un petit nombre pour rééduquer et récupérer le plus grand nombre, les cadres expérimentés constituent « un trésor pour le Parti et pour le pays », ceux qui s'opposent à la réintégration des cadres sont des ambitieux et des trublions qui ne comprennent pas les problèmes politiques et agissent par passion factionnaliste, etc.

Le problème de la réforme de l'enseignement universitaire est un autre grand sujet d'actualité. Pour le moment, au lieu de révolution, l'enseignement reste simplement frappé de paralysie. Étudiants et enseignants répugnent à reprendre les cours, surtout dans les matières des sciences humaines : cette activité paraît soit inutile, puisqu'elle ne mène en fin de compte qu'à travailler aux champs (beaucoup de jeunes évitent maintenant les universités ; les positions les plus recherchées sont celles d'apprentis d'usine : politiquement, on y est à l'abri des aventures ; matériellement, on y est mieux payé que dans tout autre emploi, et surtout on y trouve la possibilité de rester en ville), soit dangereuse : en l'absence de consignes précises et d'un nouveau programme clairement établi, toute initiative risque de se retourner contre ses auteurs.

Sous le titre « Comment doivent être organisées les universités socialistes ? », le *Renmin ribao* du 29 mars a publié trois rapports de groupes d'ouvriers et soldats stationnés respectivement à l'université Qinghua, à l'université Fudan et à l'université du Liaoning, marquant le coup d'envoi et l'orientation générale d'une nouvelle campagne. A la lecture de ces trois rapports, il apparaît d'emblée que, malgré le marasme où s'est embourbée l'activité universitaire, les autorités maoïstes n'entendent en aucune manière libéraliser leur attitude dans ce domaine. Les rapports soulignent en effet que la révolution de l'enseignement universitaire ne peut en aucune manière se ramener aux proportions d'une simple réforme qui, moyennant diverses modifications de programme, permettrait aux enseignants de reprendre leurs anciennes activités sur la seule base de leur « autorité scientifique ». Les rapports rappellent plusieurs principes de base : l'admission à l'université doit se faire sur désignation par le comité révolutionnaire qui choisit les étudiants parmi les paysans pauvres, les ouvriers et les soldats. L'ancien système des examens est supprimé ; la durée des études est ramenée à deux ou à trois ans ; le travail universitaire doit être étroitement associé aux tâches de production (ainsi le rapport de l'université Fudan stigmatise le département de biologie où l'on coupait les cheveux en quatre « au lieu de s'occuper de chevaux, vaches, moutons, coton, huiles et céréales ») ; les étudiants venus des champs et des usines ne doivent passer par l'université que pour retourner ensuite à leurs champs et usines. Enfin et surtout, les universités sont et resteront placées définitivement sous la direction des paysans, ouvriers et soldats ; la notion selon laquelle il ne s'agirait là que d'une direction simplement idéologique et politique est réfutée : la compétence de cette direction paysanne, ouvrière et militaire doit s'étendre également aux matières proprement académiques, il ne saurait être question d'abandonner celles-ci à la discrétion des « spécialistes ». C'est l'actuel état d'inactivité des universités qui a poussé les autorités à porter à nouveau leur attention sur le problème de l'enseignement supérieur. Mais l'intransigeance avec laquelle se trouvent maintenant réaffirmés les principes les plus radicaux de la réforme universitaire, ne semble guère propre à favoriser la reprise d'une activité normale dans ce domaine. L'attitude de Pékin à l'égard de l'Université ressemble fort à celle de ce convive au restaurant qui commandait une omelette aux crevettes en précisant qu'il la voulait « sans crevettes ». Il eût été plus logique de se débarrasser entièrement des universités ; mais cette suggestion qui avait été avancée par la gauche, fut officiellement condamnée. Vouloir, comme on le fait en ce moment, d'une part maintenir les universités et d'autre part y substituer aux cours de biologie des causeries à bâtons rompus données par de vieux paysans à propos de vaches et de moutons, est une proposition contradictoire qui doit nécessairement perpétuer l'impasse.

1er-24 avril : le IXe Congrès du Parti

Le IXe Congrès du Parti s'est ouvert le 1er avril.

Théoriquement le Congrès est la source suprême du pouvoir dans le Parti. En pratique, son importance est subordonnée à celle du Comité central qui en émane et lui sert d'organe exécutif ; le Comité central est lui-même manœuvré par le Bureau politique, et le Bureau politique à son tour est dirigé par un Comité permanent composé d'une poignée d'individus qui constituent les véritables maîtres du régime.

Initialement, il avait été prévu que le Congrès serait convoqué chaque année ; en fait ce principe ne fut jamais observé, et depuis la fondation du Parti en 1921 jusqu'à la révision de sa charte en 1956, le Congrès ne fut convoqué que huit fois. La nouvelle charte de 1956 prévoyait que le Congrès serait convoqué une fois tous les cinq ans ; en fait le VIIIe Congrès de 1956 étala son mandat sur treize années ! Le parti communiste chinois ne s'est jamais beaucoup soucié de respecter sa charte, et l'on se demande d'ailleurs pourquoi il éprouve le besoin de s'en fixer une.

La gestation de ce IXe Congrès qui vient de s'ouvrir fut lente et difficile. Sa convocation dut être plusieurs fois différée : une circulaire que le pouvoir central avait adressée aux organes provinciaux du Parti, atteste que ce projet de convocation remonte à la fin de 1967. Une allocution de Wen Yucheng indique qu'on aurait souhaité le convoquer en mai 1968. Puis on l'attendit pour septembre : il aurait dû précéder la fête nationale du 1er octobre 1968. Finalement, dans le courant d'octobre, à défaut de Congrès, se tint cette singulière « douzième session plénière élargie du VIIIe Comité central » qui prononça dans des conditions irrégulières la destitution de Liu Shaoqi. Le recours à cette formule bâtarde de « douzième session élargie du VIIIe Comité » pour effectuer une besogne qui n'était du ressort que du Congrès, constituait un aveu d'impuissance et indiquait que les maoïstes, malgré tout leur désir, restaient encore toujours dans l'incapacité de convoquer le Congrès. Pareils délais et obstacles dans la convocation de l'assemblée plénière sont sans précédent dans l'histoire du Parti.

En général les assemblées plénières du Parti durent deux ou trois semaines (la VIIIe dura treize jours, la deuxième session de la VIIIe — 1958 —, dix-neuf jours ; la VIIe — Yan'an, 1945 — fut d'une longueur exceptionnelle : quarante-huit jours). En principe, la IXe devrait donc pouvoir se conclure avant la fête du 1er mai.

Le IXe Congrès rassemble 1 512 délégués ; ce chiffre marque une augmentation importante par rapport au VIIIe (1 021 délégués) mais reste cependant très en deçà de nos prévisions. Le procédé d'élection des délégués semble avoir été fort curieux ; le communiqué officiel le décrit de façon remarquablement obscure : « Les délégués ont été unanimement choisis en accordance avec les décisions de la douzième session plénière élargie du VIIIe Comité central [qui répudia les superstitions bourgeoises d'élections démocratiques à la majorité des voix, N. d. T.] après avoir passé par une complète consultation démocratique aux divers échelons de l'organisation du Parti et après avoir largement recueilli les opinions des masses. » Choisis « à l'unanimité » : l'unanimité de quels votants en fin de compte ? Que les masses (en jargon, les masses désignent toujours les non-membres du Parti) aient pu émettre une opinion sur une question interne du Parti, constitue une innovation remarquable. En langage clair, ce que le communiqué semble impliquer, c'est que les autorités centrales se sont efforcées de sélectionner elles-mêmes les délégués, mais se sont heurtées dans cette opération à l'obstruction provinciale des militaires et bureaucrates locaux qui entendaient présenter leur propre sélection, ce qui donna lieu à des marchandages entre le centre et les régions.

Le Praesidium du IXe Congrès compte 176 membres (chiffre considérable ; le Praesidium du VIIIe n'en comptait que 63). La composition du Praesidium mérite de retenir notre attention car, en général, elle permet d'anticiper dans une large mesure la composition du futur Comité central.

Alors que la liste du Praesidium du VIIIe suivait l'ordre des *bihua* (ordre lexicographique chinois, dont l'usage équivaut à un ordre alphabétique) en sorte que le nom de Mao n'y apparaissait qu'après celui d'un obscur sous-fifre, la liste du Praesidium du IXe est, elle, gouvernée par un jeu de hiérarchies subtiles dont la complexité est digne d'un cérémonial de Byzance. La liste est divisée en quatre degrés, et au sein des trois premiers degrés, on peut encore distinguer deux niveaux :

Premier degré, premier niveau : Mao Zedong ; dans son isolement sublime, il a droit au vœu de « longévité illimitée de dix mille années » (*wanshou wu jiang),* traditionnellement réservé aux empereurs.

Premier degré, deuxième niveau : Lin Biao ; il n'a droit qu'au vœu plus terre à terre de « bonne santé perpétuelle » (*yongyuan jiankang*).

Deuxième degré, premier niveau : Zhou Enlai, Chen Boda, Kang Sheng, Jiang Qing, Zhang Chunqiao, Yao Wenyuan.

Deuxième degré, deuxième niveau : Xie Fuzhi, Huang Yongsheng, Wu Faxian, Ye Qun, Wang Dongxing, Wen Yucheng.

(De Mao à Wen nous retrouvons en fait toute la liste des quatorze détenteurs du pouvoir suprême, déjà énumérés précédemment.)

Troisième degré, premier niveau : Dong Biwu, Liu Bocheng, Zhu De, Chen Yun.

Troisième degré, deuxième niveau : Li Fuchun, Chen Yi, Li Xiannian, Xu Xiangqian, Nie Rongzhen, Ye Jianying. (Ce troisième degré est composé à la fois des patriarches qui n'ont plus de pouvoirs réels mais conservent une certaine fonction décorative sur les estrades officielles — Dong Biwu, Zhu De — et d'hommes discrédités par la « Révolution culturelle » puis repêchés *in extremis* et exhibés aujourd'hui devant la foule pour rendre cœur aux anciens cadres — Chen Yun, Chen Yi, etc.)

Quatrième degré : le gros de la piétaille ; ici prévaut l'ordre impartial des *bihua.*

La composition du Praesidium présente plusieurs traits particuliers. Contrairement à l'usage, on n'y retrouve qu'un faible nombre de membres du précédent Comité central. Alors que le Praesidium du VIIIe Congrès était composé en majorité de membres du VIIe Comité central, maintenant des 170 membres et membres suppléants du VIIIe Comité central, 43 seulement se retrouvent dans le Praesidium du IXe Congrès. On remarque une présence massive des militaires de carrière (plus de 60 !), principalement cadres supérieurs des régions militaires et dirigeants des comités révolutionnaires provinciaux. Bon nombre d'entre eux sont des fidèles de Lin Biao. D'autre part, le nombre d'hommes nouveaux est, lui aussi, assez considérable ; cela représente une innovation : par le passé, les sièges du Praesidium étaient généralement réservés à des hommes pourvus de nombreux chevrons d'ancienneté dans le Parti. Parmi ces hommes nouveaux, on distingue : des activistes qui se sont signalés au cours de la « Révolution culturelle », dont quelques gardes rouges ; une représentation que l'on pourrait qualifier de « corporative » : ouvriers, paysans, soldats, acteurs d'opéra (révolutionnaire) et même quelques hommes de science. La présence des hommes nouveaux peut illustrer une volonté de renouvellement du Parti par la promotion de cadres inférieurs, et donc un effort pour éliminer le mandarinisme. D'un autre côté, des esprits mal intentionnés comme le nôtre ne manqueront pas de faire observer que bon nombre de ces nouveaux venus n'ont qu'un niveau d'éducation assez bas (parmi les paysans, — ce sont les sources officielles qui nous l'apprennent — certains sont complètement illettrés, d'autres le sont à demi), la majorité d'entre eux sont dépourvus d'expérience politique et, fraîchement introduits dans le Parti, ne connaissent guère les mécanismes du pouvoir. Son ignorance même voue ce groupe à n'être que la claque docile du numéro maoïste.

Si on le compare aux Congrès précédents, le IXe présente un certain nombre d'anomalies : il reste entouré d'une atmosphère de secret, le local où il se tient n'a pas été révélé au public. Aucun texte des discours n'a encore été publié. Mis à part le laconique communiqué du jour de l'ouverture, dans les jours suivants, la presse n'a publié aucun compte rendu des séances. Il n'y a pas d'observateurs étrangers (lors du VIIIe Congrès, 46 délégations communistes étrangères assistaient au titre d'observateurs). Aucune mention n'a été faite de la commission d'examen qui doit normalement être appointée pour vérifier les mandats des délégués. Nous savons qu'un secrétariat du Praesidium a été constitué, mais la liste de ses membres n'a pas été publiée. L'agenda du IXe Congrès est curieusement squelettique : 1. rapport politique par Lin Biao ; 2. discussions en commissions sur ce rapport et sur le projet de réforme de la charte du Parti ; 3. élection du Comité central. Il n'a pas été nommé de rapporteur sur la question de la réforme de la charte. Aucune question économique ne figure à l'agenda.

14 avril : communiqué de presse du secrétariat du Praesidium du IXe Congrès : le IXe Congrès a approuvé à l'unanimité le rapport politique de Lin Biao et a approuvé à l'unanimité la nouvelle charte du Parti. Mao a fait un discours qui a « bouleversé tous les cœurs », Lin Biao a fait « un important discours », Zhou Enlai, Chen Boda, Kang Sheng, Huang Yongsheng, Wang Hongwen, Chen Yonggui, Sun Yuguo, Wei Fengying, Ji Dengkui « ont successivement pris la parole ». Le rapport de

Lin Biao et la charte ont été transmis au secrétariat du Praesidium pour que celui-ci en « révise la formulation » ; ils seront ultérieurement publiés. A partir du 15, le Congrès entamera le troisième point de son agenda : élection du Comité central.

Quelques mots de commentaire : voici donc le second discours de Mao qui nous est mentionné, toujours sans être accompagné d'aucune publication. On nous promet la publication ultérieure du rapport de Lin Biao et de la charte, mais non celle des discours. Pourquoi cette censure ? En ce qui concerne les divers délégués qui ont pris la parole, remarquons le silence de Jiang Qing et de ses acolytes, Zhang Chunqiao et Yao Wenyuan. La « Révolution culturelle » a-t-elle été rendue muette ?

24 avril : séance de clôture du IXe Congrès, en présence de Mao et sous la présidence de Lin. Le communiqué final décrit de façon assez détaillée le processus qui a régi l'élection des membres du nouveau Comité central : « Chaque délégation propose librement une série de noms ; le Praesidium rassemble toutes ces suggestions et propose un projet de liste de candidats qu'il transmet aux délégations ; après délibération avec les délégations, le Praesidium produit une nouvelle liste de candidats sur laquelle on procède à une préélection au scrutin secret. Le même processus se répète plusieurs fois de suite, permettant une consultation de bas en haut et de haut en bas. Enfin le Praesidium arrête une liste définitive de candidats, et la présente au vote final du Congrès, lequel est effectué au scrutin secret. » Le communiqué donne ensuite la composition du nouveau Comité central (qui compte 170 membres et 109 suppléants).

Quelques mots de commentaire : dix jours rien que pour procéder à l'élection du Comité central, c'est bien long. L'accouchement de ce Comité paraît avoir été laborieux — tout le Congrès dans l'ensemble a d'ailleurs été beaucoup plus laborieux que prévu. Contrairement à ce que nous avions imaginé, l'assemblée ne s'est pas laissé forcer la main, et loin de contresigner les yeux fermés une liste préparée d'avance, elle semble avoir âprement marchandé les propositions du Praesidium. Et cette fois le communiqué ne parle plus de vote à l'unanimité des voix. Les « délégations » dont il est fait mention dans le communiqué laissent perplexe. Ce terme n'a jamais été employé dans les précédentes assemblées. Représentent-elles les divers groupes de pression ? les diverses citadelles régionales ?

Le nombre total des membres et suppléants du nouveau Comité central est considérable : 279 (contre 170 pour le VIIIe Comité central). En ce qui concerne la composition du Comité central, le trait le plus remarquable est la *prépondérance spectaculaire des militaires de carrière* : un premier décompte rapide nous en indique environ 110 (en comptant de la façon la plus étroite, c'est-à-dire en excluant de ce calcul d'une part ceux des commissaires politiques de l'armée qui exercent conjointement des fonctions civiles — tels Li Xuefeng, Zhang Chunqiao, Wang Xiaoyu, Liu Geping — et d'autre part les *anciens* militaires — tels Zhu De, Li Xiannian, Deng Zihui). Les trois armes sont représentées : 1. aviation : avec tous les principaux membres de son état-major (Wu Faxian, Liu Xianquan, Wang Huiqiu, Wang Bingzhang, Cao Lihuai, Luo Yuanfa, Kuang Rennong, Zeng Guohua) ; par comparaison, le VIIIe Comité central ne comptait que deux membres de l'état-major de l'armée de l'air (Liu Yalu et Liu Zhen) ; l'aviation a joué un rôle important dans les « prises de pouvoir » et semble de façon générale constituer un atout majeur dans le jeu de Lin Biao. 2. marine : bien représentée elle aussi (Xiao Jinguang, Li Zuopeng, Wang Hongkun, Wu Ruilin, Zhang Xiuchuan, Zhao Qimin, Liu Haotian) ; dans le VIIIe Comité central par contre elle n'avait qu'un seul représentant (Xiao Jinguang). 3. chaque secteur de l'armée de terre est représenté : génie (Chen Shiju), blindés (Huang Zhiyong), artillerie (Chen Renlin), communications (Huang Wenming). Enfin et surtout, le commandement des diverses régions militaires est présent en force : chacune des grandes régions militaires est représentée par au moins trois ou quatre de ses dirigeants (par exemple, pour la région militaire de Nankin : Xu Shiyou, commandant de la région militaire, Zhang Zaiqian, commandant en second, Du Ping et Tang Liang, commissaires politiques), tandis qu'au VIIIe Comité central, plusieurs régions militaires n'étaient même pas représentées par leur commandant. Les régions militaires provinciales sont bien représentées également : le Guangdong bat tous les records avec *six* membres, alors qu'au VIIIe Comité central il ne comptait qu'un seul représentant (membre suppléant). Le nouveau Parti qui était supposé naître de ce IXe Congrès paraît donc radicalement militarisé ; ceci reflète d'ailleurs très fidèlement cette situation de gouvernement militaire qui prévaut en ce moment dans tout le pays.

On remarque de plus la présence dans le Comité central de divers personnages que la « Révolution culturelle » avait violemment pris à partie, et qui s'étaient rendus fameux par la manière dont ils avaient écrasé les activistes révolutionnaires : ainsi Zhang Guohua et Wang Enmao qui avaient été accusés d'avoir saboté la « Révolution culturelle » respectivement au Tibet et au Xinjiang, et Tan Qilong (ex-secrétaire du bureau Chine-Est), la bête noire des gardes rouges du Shandong.

On avait relevé plus haut, avec un certain étonnement, la présence nombreuse d'hommes nouveaux dans le Praesidium. *Le Comité central par contre leur est resté généralement fermé* ; près de 40 d'entre eux n'ont pas réussi à y pénétrer.

On note enfin la représentation squelettique des minorités nationales ; ceci reflète bien la politique de la « Révolution culturelle » qui, sur cette question des minorités nationales, annula toutes les initiatives relativement libérales qui avaient antérieurement prévalu (principe d'une administration indigène sous tutelle chinoise plutôt qu'une administration chinoise directe ; tolérance d'usages sociaux, culturels et religieux traditionnels, etc.) et imposa de façon brutale et bornée des mesures s'inspirant d'un chauvinisme sinocentrique, propres à aliéner la loyauté des minorités.

27 avril : publication du rapport politique de Lin Biao, rapport qui avait été présenté le 1er et approuvé à l'unanimité le 14. Nous analyserons ce document plus loin.

28 avril : communiqué de presse du IXe Comité central : le IXe Comité central a tenu sa première session le 28 sous la présidence de Mao qui a fait un « très important discours » (encore une fois pas un mot de son contenu ne nous est révélé). Mao a été élu président du Comité central, et Lin vice-président. Le Comité central a élu le Comité permanent du Bureau politique : Mao Zedong, Lin Biao (puis dans l'ordre lexicographique) Chen Boda, Zhou Enlai, Kang Sheng. Il a élu ensuite le Bureau politique : Mao Zedong, Lin Biao (puis dans l'ordre lexicographique) Ye Qun, Ye Jianying, Liu Bocheng, Jiang Qing, Zhu De, Xu Shiyou, Chen Boda, Chen Xilian, Li Xiannian, Li Zuopeng, Wu Faxian, Zhang Chunqiao, Qiu Huizuo, Zhou Enlai, Yao Wenyuan, Kang Sheng, Huang Yongsheng, Dong Biwu, Xie Fuzhi ; suppléants : Ji Dengkui, Li Xuefeng, Li Desheng, Wang Dongxing. Nous tâcherons d'interpréter plus loin les nouveaux rapports de forces qui se dessinent à travers la composition du Bureau politique.

29 avril : publication de la nouvelle charte du Parti. Ce texte est essentiellement conforme à ce projet d'octobre 1968 qui avait filtré hors de Chine, et dont nous avons précédemment parlé.

Mai

La composition du nouveau Bureau politique, annoncée à la fin d'avril, mérite un examen attentif. C'est dans le Bureau politique en effet que viennent se cristalliser les actuels rapports de forces.

Tous les observateurs ont naturellement souligné la présence massive — majoritaire ! — des militaires dans le Bureau politique (13 membres sur 25). Mais inférer de là que Lin Biao possède maintenant une influence déterminante, serait commettre une erreur grave. En réalité, c'est le contraire qui est vrai. Voyons qui sont ces militaires : mettant à part Wang Dongxing qui est un homme de Mao, Zhu De qui est un octogénaire à la retraite, et Ye Jianying qui semble maintenant fort en marge de l'action, nous constatons que Lin Biao ne dispose en fait que de trois féaux : Li Zuopeng, Wu Faxian et Qiu Huizuo. En face de lui par contre, se dresse un groupe assez remarquable par sa cohérence et impressionnant par sa force, parrainé par le vieux maréchal Liu Bocheng : il s'agit des vétérans de l'ancienne IVe armée de front, Chen Xilian, Xie Fuzhi, Li Desheng et Xu Shiyou. L'Armée populaire de libération s'est trouvée historiquement partagée en quatre groupes d'influences : 1. le groupe Lin Biao ; 2. le groupe He Long ; 3. le groupe de l'ancienne IVe armée de front (qui était sous le commandement de Xu Xiangqian) ; 4. le groupe de la nouvelle IVe armée (qui fut reconstituée sous le commandement de Liu Bocheng). Le troisième groupe avait acquis une influence si considérable au début de la guerre, que Mao s'en inquiéta et le fit finalement disloquer : une moitié fut incorporée aux troupes de Lin Biao, l'autre moitié constitua le noyau de la nouvelle IVe armée sous le commandement de Liu Bocheng ; Chen, Xie, Li et Xu avaient tous quatre appartenu à ce troisième groupe et y avaient noué des liens solides avant sa dislocation. Étant donné son grand âge et son très mauvais état de santé, Liu Bocheng lui-même se trouve définitivement hors course dans la compétition pour le pouvoir, mais son ancienne équipe, elle, constitue une force bien capable de faire contrepoids à l'autorité de Lin Biao ; de plus, à travers Xu Shiyou, Chen Xilian et Li Desheng, ce groupe auquel il faut encore ajouter Huang Yongsheng, représente d'autre part la puissance insolente des grandes régions militaires qui osèrent défier directement l'autorité du pouvoir central ; la victoire de ces seigneurs régionaux a été consacrée, nous l'avons déjà relevé plus haut, par leur présence massive au sein du Comité central.

A la seule exception du secrétaire de Mao (Chen Boda) et des deux intimes acolytes de Mme Mao (Zhang Chunqiao et Yao Wenyuan), la « Révolution culturelle » n'a plus aucun porte-parole au sein du Bureau politique.

L'équipe de Zhou Enlai se trouve entièrement disloquée : ses alliés (Chen Yi, Nie Rongzhen, Li Fuchun) ont tous été éliminés du Bureau politique ; quant à Li Xiannian, il doit sans doute sa survie plus à ses solides attaches militaires qu'à l'appui de Zhou. Individuellement, Zhou lui-même reste insubmersible : il est le serviteur irremplaçable et perpétuel du pouvoir — de tout pouvoir, quel qu'il soit.

La principale conclusion qui semble donc se dégager de la composition du Bureau politique, c'est qu'aucune faction n'a réussi à prendre un avantage décisif. Cette subtile mise en équilibre de forces contradictoires joue à l'avantage personnel de Mao qui reste ainsi l'unique arbitre du pouvoir. Cette situation est d'ailleurs illustrée de façon exemplaire à l'échelon suprême du Comité permanent du Bureau politique : Mao s'y est entouré de quatre hommes (Lin Biao, Chen Boda, Zhou Enlai, Kang Sheng) *qui chacun lui sont attachés personnellement, mais qui par ailleurs ne possèdent pas de liens entre eux.*

Pour préserver l'actuel équilibre et empêcher chacune des factions en présence de marquer des points au détriment des autres, un climat d'incertitude est délibérément entretenu ; ainsi par exemple aucune liste *hiérarchique* des membres du Bureau politique n'a été arrêtée, et les membres sont toujours nommés dans l'ordre lexicographique. Contrairement à l'usage, le *Renmin ribao* n'a pas publié d'éditorial de doctrine pour le 1er mai, évitant ainsi de cautionner l'une ou l'autre tendance.

Et si, dans l'espoir d'obtenir plus de lumière, nous nous tournons maintenant vers le rapport politique de Lin Biao, nous en resterons pour nos frais : ce long texte est parfaitement terne, insipide et banal. S'il s'agit véritablement de la version originellement présentée le 1er avril devant le IXe Congrès, pourquoi donc a-t-il été jugé nécessaire d'en différer si longtemps la publication ? En quoi ont consisté les « révisions de forme » apportées entre-temps par le secrétariat du Praesidium ? S'agit-il maintenant d'une version émasculée ? Quelles pouvaient être la teneur de l'original et la nature des corrections apportées ? Toutes ces questions demeurent sans réponse pour le moment. En tout état de cause, la nature incolore du document que nous avons maintenant sous les yeux témoigne à nouveau de cette situation d'incertitude politique que, pour l'instant, les autorités centrales ne veulent pas dissiper.

Au sujet de ce rapport, contentons-nous donc de quelques remarques marginales : la dénonciation de Liu Shaoqi est couchée dans des termes d'une violence sans précédent. Depuis que Liu s'est trouvé nommément dénoncé par le communiqué de la douzième session plénière élargie du VIIIe Comité central, jamais encore il n'avait fait l'objet d'une telle véhémence dans l'injure. On ne se fatigue pas à fouetter un chien mort : Liu serait-il donc encore un si formidable adversaire ? Lui personnellement pas, sans doute, encore que son *refus obstiné à confesser ses crimes* malgré menaces et séductions, doit exaspérer Mao au plus haut point ; mais tout ce qu'il représente, son prestige, la réluctance de ses fidèles partisans à parjurer toutes leurs anciennes alliances et à faire acte de soumission inconditionnelle au nouvel et incertain pouvoir, voilà qui doit certes continuer à susciter de graves soucis pour les maoïstes.

Lin Biao rappelle que la tâche de lutte-critique-rectification doit se poursuivre. La « Révolution culturelle » n'est pas terminée. Tantôt on annonçait sa « victoire décisive », puis sa « victoire totale », et maintenant on nous apprend qu'elle continue. La « Révolution culturelle » ressemble à un mauvais orateur qui souhaiterait conclure, mais ne sait comment, qui voudrait terminer, l'annonce vingt fois, et l'annonçant, repart dans une nouvelle période. N'ayant pas réussi à instaurer le pouvoir nouveau qu'elle se proposait d'établir, elle ne peut se résoudre à rester sur sa défaite, mais en même temps elle n'a plus les moyens de revenir à la charge. Cette contradiction fondamentale du maoïsme, qui ne voulant ni sacrifier l'ordre ni sacrifier la révolution, n'arrive qu'à bouleverser l'un et écraser l'autre, se traduit bien dans le rapport de Lin Biao qui, d'une part, attise le feu du mouvement de « lutte-critique-rectification », et de l'autre, insiste sur l'urgente nécessité de réhabiliter les anciens cadres. Dans la pratique, ces deux exigences apparaissent largement incompatibles, et en fait, priorité est maintenant donnée à la seconde : le cas d'un Tan Qilong est à cet égard exemplaire : cet ancien premier secrétaire du comité provincial du Parti du Shandong qui avait été jugé trop révisionniste pour pouvoir être toléré dans le comité révolutionnaire du Shandong, vient maintenant de se voir promu membre du Comité central ! Dans le même sens, le jour même où se clôturait le IXe Congrès, l'agence Xin Hua annonçait que le comité révolutionnaire du Heilongjiang venait de réhabiliter en bloc un large groupe des responsables de l'ancien comité provincial du Parti ; cette initiative était proposée comme un exemple à suivre dans tout le pays. Toujours dans la même ligne, le 5 mai, le *Hong qi* publiait sur cette question de la politique à adopter à l'égard des anciens cadres, un article très significatif émanant du « groupe ouvriers-soldats de propagande de la pensée de Mao Zedong » stationné à l'université Qinghua. L'article prêche une large indulgence : il faut aider les pécheurs à se racheter : « Il suffit que ces réactionnaires ne fassent pas de sabotage, ne fomentent pas de troubles, et on leur ménagera une porte de sortie, de façon qu'ils comprennent que, dans notre système socialiste, il suffit que l'on corrige ses vices et que l'on s'applique au bien, pour se retrouver avec un nouvel avenir devant soi. [...] » Il ajoute ensuite ce propos remarquable : « Toutes les erreurs, qu'elles soient de droite ou de gauche, occasionnent d'énormes dommages aux entreprises de notre Parti, et à certains moments *une pensée erronée d'extrême gauche aveugle encore plus facilement les masses qu'une pensée erronée de droite* ; ce qui est extraordinaire c'est que certains camarades n'en ont pas encore reconnu le caractère destructeur. » Puis l'article stigmatise l'opinion selon laquelle « à tout prendre, il vaut mieux faire du gauchisme que se laisser entraîner à droite », et il condamne de plus l'attitude des gauchistes qui préconisent de suivre en tout point la volonté des masses : c'est là une erreur, et qui équivaudrait pour la classe prolétarienne à une « abdication de son autorité ». Les erreurs de gauche plus pernicieuses que les erreurs de droite — la volonté des masses n'a qu'une valeur relative et ne peut assumer une fonction dirigeante — : voici donc ce que l'on peut lire aujourd'hui dans le *Hong qi*, après trois années de « Révolution culturelle »... Victoire totale du mouvement ? On croit plutôt lire sa notice nécrologique.

Juin

Le grand thème développé maintenant par les organes officiels de propagande est celui de l'*unité*. Il a été tout particulièrement illustré par un important éditorial conjoint du *Renmin ribao*, *Jiefang jun bao* et *Hong qi* publié le 8.

Cet éditorial est fort intéressant, car il nous apporte un certain nombre de révélations sur la nature exacte des difficultés actuelles.

L'éditorial indique que « l'ennemi n'a pas encore désarmé » et qu'aussi il importe de « consolider et développer les comités révolutionnaires ». Remarquons en passant qu'il n'est plus jamais fait mention du caractère *provisoire* de ces organes (lequel avait été affirmé au moment de leur établissement) ; la reconstruction du Parti en est encore à un stade tellement élémentaire, que le pouvoir central en est bien réduit maintenant à s'appuyer entièrement sur cet unique semblant d'autorité locale. Mais l'efficacité des comités révolutionnaires reste fort limitée, car ils continuent à souffrir de désunion interne. Le principal facteur de désunion est constitué par l'activité des forces de gauche, ces rebelles qui, après avoir été les tout premiers artisans des Comités, s'en voient maintenant exclus au profit des militaires et des bureaucrates « révisionnistes ». Sur ce point, l'éditorial est fort explicite : « Parmi ceux qui furent les premiers à se rebeller contre la faction capitaliste, il y en a qui, dans le cours plein de détours du mouvement révolutionnaire ont eux-mêmes commis des fautes. [...] Leur façon de penser "nous seuls sommes révolutionnaires, nous seuls sommes de gauche" est fautive, non conforme à la réalité et préjudiciable à l'unité et à la révolution. [...] Faire la révolution, c'est unir le plus grand nombre... » Mais pour les gauchistes « unir le plus grand nombre » équivaut précisément à pactiser avec l'ennemi, pire, à abdiquer le pouvoir qu'ils avaient si durement conquis, en faveur de ceux-là mêmes que la « Révolution culturelle » s'était employée à abattre. On comprend donc que « dans le cours plein de détours du mouvement » les révolutionnaires ne réussissent pas à prendre gracieusement ce virage-là... Un second problème est posé par l'absence de coopération entre les nouveaux cadres et les anciens cadres réhabilités : les nouveaux considèrent que les anciens sont d'indécrottables mandarins dont on aurait mieux fait de se débarrasser définitivement, et les anciens estiment que les nouveaux sont des énergumènes incompétents. Cette nécessité d'établir un respect, une confiance et un soutien mutuels entre anciens et nouveaux cadres avait déjà été traitée dans plusieurs articles du *Renmin ribao*, et l'éditorial du 8 revient à nouveau sur cette question. Le mouvement de « libération des cadres » tend vers une ouverture de plus en plus large et est étendu maintenant même aux cadres qui ont commis de « lourdes fautes », du moment qu'il ne s'agit pas d'« agents de l'ennemi » ou d'« éléments contre-révolutionnaires » (*Renmin ribao*, 31 mai), mais dans la pratique, les effets de ce mouvement sont annulés par l'obstruction de la gauche qui vient constamment remettre en question la validité de ces réhabilitations. Aussi l'éditorial lance-t-il un appel : « En ce qui concerne les cadres déjà libérés, il faut oser audacieusement leur confier du travail, il ne faut pas, à leur moindre faux pas, recommencer le règlement de tous les vieux comptes et essayer à nouveau de les renverser. [...] Il faut leur donner l'occasion de se corriger et ne pas recommencer immédiatement à les accabler sans répit. » Ce qui vient encore compliquer le problème, c'est que les intéressés eux-mêmes semblent très peu désireux pour l'instant de reprendre leurs activités normales. Leurs expériences de la « Révolution culturelle » les ont trop profondément traumatisés. Par le passé, ils s'étaient entièrement dévoués au Parti, et pour mieux le servir, n'avaient pas hésité à se rendre impopulaires auprès des masses. Puis dans le cours de la « Révolution culturelle », le Parti les a froidement abandonnés à la rancœur de la population. Leur position jadis privilégiée, est devenue la plus ingrate, la plus périlleuse et la moins enviable qui soit. Tant que Pékin n'aura pas réussi à reconstruire et imposer à nouveau un régime unifié et cohérent, à formuler une ligne politique claire et stable avec des critères bien définis, ces cadres se sentant dépourvus de garanties, paralysés par la crainte de commettre de nouveaux faux pas et de se voir encore une fois livrés à la fureur de la foule, chercheront à prendre le moins de risques possible et se confineront dans une prudente inaction.

Enfin l'éditorial fait allusion en terminant au phénomène des embardées en chaîne, phénomène que le régime n'est jamais parvenu à contrôler et qui est une résultante inévitable de ses méthodes autocratiques de gouvernement : « Chaque mouvement doté d'une orientation donnée, recèle son contraire ; au moment où l'on mène campagne contre le droitisme, se développe un gauchisme ; au moment où on lutte contre le gauchisme, se produit un droitisme. » Le nœud du problème, c'est que, malgré la prétention de Mao à incarner la « ligne des masses » et à « libérer la spontanéité des masses » (nous avons mentionné plus haut quelle valeur le *Hong qi* attachait en fait à la volonté des masses !), l'initiative politique s'exerce unilatéralement de haut en bas, et la logique interne qui commande les coups de barre contradictoires du pilote reste inintelligible pour les galériens de la base. Aussi les diverses instructions qui tombent périodiquement du ciel sur les masses ahuries tendent à se dépouiller de leur contenu dès qu'elles touchent terre, et se trouvent bientôt réduites à un formalisme creux. Un bon exemple nous en est donné maintenant par le développement des deux mouvements théoriquement complémentaires d'« épuration des rangs de classe » (élimination des « ennemis de classe » qui subsistent parmi les cadres) et de « libération des cadres » (exonération de la toute grande majorité des cadres susceptibles de rachat, après élimination de la petite minorité irrécupérable). Dans les campagnes, la mise à exécution de ces deux mouvements a produit une inextricable confusion. Au reçu de la première instruction (« épuration des rangs de classe »), les paysans soucieux avant tout de montrer leur zèle maoïste et ne voulant pas risquer d'être soupçonnés de tiédeur, mirent d'emblée la totalité des cadres des brigades et des communes au ban de la collectivité. Il s'ensuivit une belle anarchie qui nécessita l'intervention de « groupes militaires de propagande de la pensée de Mao Zedong ». Les militaires reprennent la situation en main : les paysans sont accusés d'« aventurisme d'extrême gauche » et de « sabotage de l'application concrète de la pensée de Mao Zedong ». On leur explique qu'il faut maintenant « libérer les cadres ». Anxieux de se faire pardonner leur précédente erreur et de manifester leur bonne volonté et leur enthousiasme, les paysans s'empressent de réinstaller, immédiatement et en bloc, tous les cadres qu'ils venaient d'éliminer. Mais ce faisant, ils s'attirent de nouvelles foudres ; cette fois ils ont péché par « opportunisme de droite » et par « absence de principes » : la libération des cadres ne peut se faire de façon aveugle, il faut passer par une phase préalable de « critique ». A ce point, les paysans perplexes s'aperçoivent que le zèle peut être plus dangereux que la passivité ; prudemment, ils abandonnent aux militaires le soin d'organiser la mise en scène d'une comédie dont eux-mêmes se contenteront de fournir le chœur. Aux militaires qui connaissent leur catéchisme, mais sont étrangers à la région, on désigne quelque idiot du village qui jouera le rôle de l'ennemi de classe ; cet ennemi de classe sera dûment critiqué et démasqué au cours d'une séance publique. La formalité de la « critique » ayant été ainsi remplie, les cadres pourront réintégrer leurs fonctions et la vie reprendre son cours. A chaque dynastie, son rituel : depuis les siècles que cela dure…

Juillet-août

L'éditorial conjoint publié le 30 juin par le *Renmin ribao*, *Jiefang jun bao* et *Hong qi* pour commémorer le quarante-huitième anniversaire de la fondation du parti communiste chinois, s'efforce de rétablir théoriquement le Parti dans son ancien rôle directeur, rappelant que l'autorité du Parti doit primer sur celle de l'armée. Parallèlement à ce rappel des anciens principes, on remarque qu'une sourdine a été mise aux articles de propagande consacrés à l'armée. En pratique toutefois, le pouvoir de celle-ci, loin de diminuer, ne fait que se consolider toujours plus profondément par des mesures discrètes mais significatives : ainsi tout récemment, plusieurs comités révolutionnaires ont augmenté le nombre de leurs dirigeants : dans la majorité des cas, il s'agit de militaires de carrière. Simultanément, à l'intérieur de l'armée, il a été procédé à une série de mutations et de promotions dont la signification générale est assez claire : Lin Biao s'efforce de disloquer et réduire les principaux noyaux qui restent imperméables à son influence, en même temps qu'il installe à divers postes clefs des hommes qui lui sont dévoués. Il s'agit là d'une entreprise de longue haleine, mais tant qu'elle n'aura pas été menée à bien, le pouvoir de Lin Biao ne reposera que sur de fragiles fondations.

Une vaste campagne est lancée pour préparer le pays à « affronter la guerre et la famine » : chaque commune est invitée à stocker des vivres de façon à pouvoir, en cas de nécessité, subsister par elle-même sans devoir faire appel à une aide du gouvernement central. Cette campagne entraîne de nouvelles mesures d'austérité ; psychologiquement, la population est préparée à les accepter car elle vit maintenant sous une menace de guerre. Nous avons peu de détails sur les derniers incidents de frontière (île Bacha au Heilongjiang le 8 juillet, et surtout l'incident frontalier du Xinjiang le 13 août). Le côté chinois semble militairement dans une position défavorable, dont Pékin mesure d'ailleurs tout le péril. A la suite de l'échauffourée du Xinjiang, les communiqués chinois se sont surtout concentrés sur la description des réactions patriotiques dans l'intérieur du pays, les manifestations de masses, etc., tandis qu'ils sont restés très laconiques en ce qui concerne les combats eux-mêmes ; il n'est plus question maintenant de contre-offensives chinoises balayant victorieusement l'envahisseur, mais seulement de la « patience » stoïque des gardes-frontières qui se replient devant les incursions soviétiques « pour éviter toute effusion de sang ». Le communiqué du 15 faisant état de l'exigence des masses chinoises que « l'URSS retire immédiatement du territoire chinois toutes ses troupes d'agression » donnerait d'ailleurs à croire que le champ de bataille de l'incident du 13 soit resté aux mains des Soviétiques. La menace soviétique sur le Xinjiang doit être source des plus graves préoccupations pour Pékin ; dans cette région, peu peuplée, aux frontières immenses et mal définies, les forces blindées soviétiques disposent de l'avantage tactique. On peut imaginer que dans la clique militaire de l'URSS dont l'influence politique ne fait que croître, la faction dure doit être furieusement tentée de profiter des désordres de la « Révolution culturelle » pour tenter d'anéantir les installations nucléaires chinoises à la faveur d'une action éclair ; contre ce genre d'opération rapide, à objectif précis et limité, la stratégie défensive de la guérilla et de la guerre populaire dont dispose la Chine, n'est évidemment d'aucune protection.

Le mouvement d'exode de la jeunesse vers les campagnes se poursuit. Ainsi, par exemple dans la seule ville de Tientsin, 174 000 jeunes intellectuels et gardes rouges ont été envoyés aux champs, et l'agence Xin Hua ajoute cette intéressante précision : « *Parmi eux il y a des membres du comité révolutionnaire de la ville de Tientsin, des responsables de l'assemblée générale des délégués gardes rouges ; des dirigeants des comités révolutionnaires scolaires, des responsables de divers groupements de gardes rouges.* » Autrement dit, ce sont toutes les têtes de la jeunesse révolutionnaire, l'élite activiste de la « Révolution culturelle », que l'on a expédiées « vers les confins du pays, vers les régions les plus rudes, pour s'y faire rééduquer par les paysans pauvres et moyens-inférieurs». Les révolutionnaires de Tientsin se voyant ainsi destinés à remuer du fumier et à planter des choux au fond de lointains déserts pour tout le restant de leur carrière, les bureaucrates et les militaires qui dirigent le comité révolutionnaire de la ville trouvent leur tâche singulièrement facilitée. Mais il n'en va pas de même partout ; dans beaucoup de provinces, les factions rebelles qui n'ont toujours pas désarmé continuent à opposer une résistance désespérée. Sur la nature et l'ampleur que peuvent parfois prendre ces troubles, un très remarquable document vient maintenant de nous parvenir : il s'agit du texte d'un «avertissement» que le Comité central avait adressé à la province du Shanxi le 23 juillet. En voici la traduction intégrale :

Approuvé par le président Mao, que l'on s'y conforme !

Comité central du parti communiste chinois.

Avertissement.

Depuis la IXe assemblée plénière du parti communiste chinois, sous l'effet stimulant du mot d'ordre lancé par notre grandiose leader Mao Zedong «Unissons-nous, remportons une plus grande victoire ! », la situation dans le pays entier est excellente. Il en va dans la province du Shanxi comme dans le reste du pays, la situation y est également excellente [1]. Cependant dans la municipalité de Taiyuan et dans une partie des régions du centre et sud Shanxi, une petite poignée d'ennemis de classe et d'éléments mauvais qui se sont insinués parmi les organismes de masses, ont eu recours à des méthodes de factionnalisme capitaliste pour aveugler une partie des masses et refuser d'exécuter les ordres, communications et avertissements répétés du Comité central, et ont commis la série suivante de très graves crimes contre-révolutionnaires :

1. Organisation de groupes spécialisés dans la lutte armée, qui frappent, pillent, arrêtent, portent atteinte à la sécurité des personnes et des biens et sabotent l'ordre révolutionnaire.

2. Refus de réaliser la grande alliance révolutionnaire et d'exécuter la politique de triple union décidée par le Comité central ; sabotage des grandes alliances déjà réalisées ainsi que des comités révolutionnaires fondés sur la triple union révolutionnaire ; établissement de bastions autonomes. Ils créent des divisions, lancent le slogan contre-révolutionnaire «la prise du pouvoir doit se faire par les armes» et procèdent à une contre-prise de pouvoir antiprolétarienne.

3. Ils prennent d'assaut les installations de l'Armée populaire de libération, s'emparent d'armes et d'équipements de l'armée, commettent des sévices, des enlèvements, tuent et blessent des combattants de l'Armée populaire de libération.

4. Ils sabotent les chemins de fer, routes et ponts, attaquent les convois à main armée, s'emparent des moyens de communication, pillent les biens des voyageurs, mettent en danger la sécurité des voyageurs.

5. Ils pillent ou occupent les banques, dépôts et magasins de l'État, établissent leurs propres banques, enlèvent des quantités considérables de biens appartenant

1. «La situation est excellente» : expression conventionnelle qui sert généralement à désigner une situation grave ou désastreuse (N.d.T.).

à l'État.

6. Ils occupent et contrôlent par la force des armes des portions de territoire, établissent des bases de combat, créent des dissidences contre-révolutionnaires, persécutent la population, la soumettant à des chantages et des rançons.

7. Ils excitent ou menacent les ouvriers pour qu'ils interrompent le travail et arrêtent la production, incitent les paysans à descendre en ville pour y créer des échauffourées, sabotent la production agricole et industrielle et le Plan d'État.

Le Comité central estime que les crimes de cette petite poignée d'ennemis de classe et de mauvais éléments sabotent la mise en application des divers ordres de lutte énoncés par le IXe Congrès, sabotent la dictature du prolétariat, sabotent la Grande Révolution culturelle prolétarienne, sabotent l'édification socialiste, vont à l'encontre des intérêts de la masse de la population et suscitent la colère de la grande majorité des masses de la province du Shanxi. Aussi le Comité central prend-il les décisions suivantes :

1. Le Comité central réitère ses précédentes instructions : toutes les organisations et tous les individus doivent résolument, radicalement, intégralement les mettre à exécution et il est défendu de les enfreindre.

2. Les deux camps doivent immédiatement et inconditionnellement cesser les hostilités, dissoudre tous les groupes spéciaux de combat, de quelque forme et quelque nom qu'ils soient ; faire disparaître toutes les bases de combat, remettre les armes et équipements. Tous ceux qui auront déposé les armes soit regagneront leur poste originel, soit seront soumis collectivement à une session d'éducation organisée par l'armée. En ce qui concerne ceux qui occupent un territoire par la force des armes et qui refusent d'exécuter le présent ordre : A. ceux qui résistent : l'armée les encerclera par des moyens militaires et les attaquera par des moyens politiques pour les amener à déposer les armes ; B. ceux qui s'échappent : l'armée les poursuivra et les arrêtera, et ils seront livrés à la justice. Le fait de cacher, d'échanger ou de transmettre des armes, d'utiliser les ateliers et fournitures de l'État pour fabriquer des armes à usage personnel, sont des crimes graves et seront punis conformément aux lois.

3. Il est défendu de s'approprier des armes, munitions, véhicules et autres équipements appartenant à l'Armée populaire de libération. Tous les biens militaires qui ont été enlevés doivent être restitués inconditionnellement et au complet. En ce qui concerne les ennemis de classe qui créent des dissensions entre l'armée et le peuple, leurs agissements devront être fermement réprimés.

4. Il faut immédiatement et inconditionnellement rétablir les communications routières et ferroviaires ; il faut supprimer le convoi 19-3 illégalement organisé sur la section sud de la ligne Tong-Pu. Les attaques des gares et des convois, les sabotages des transports ferroviaires et routiers, l'enlèvement des biens dans les gares et véhicules sont des agissements de bandits. A l'égard de la toute petite minorité d'éléments mauvais et d'éléments contre-révolutionnaires, on aura recours à des mesures d'arrestation et on les traduira en justice.

5. Nul ne peut occuper ou piller les banques, dépôts, magasins et autres propriétés de l'État. Il faut sévèrement châtier les principaux fauteurs de pillage des biens de l'État et faire restituer tous les biens et liquidités dérobés.

6. En ce qui concerne les criminels qui se sont rendus coupables des crimes extrêmes de meurtre et d'incendie : il faut soulever les masses pour les faire livrer, et pour ceux d'entre eux dont les crimes auront formellement été établis, il

sera fait un énoncé public de leurs forfaits qui sera soumis aux masses pour discussion, et ils seront punis conformément à la loi.

7. En ce qui concerne les individus dépravés qui excitent ou menacent les ouvriers pour qu'ils désertent la production et leur poste de travail, ils seront punis conformément à la loi. En ce qui concerne les masses qui, aveuglées par les mensonges, ont quitté la production et leurs postes de travail : il faut procéder à leur éducation et les pousser à regagner leurs postes. A dater du jour de la publication de cet avertissement, ceux qui auront laissé s'écouler plus d'un mois sans regagner leur travail en usine ou au bureau, verront leur salaire suspendu. S'ils continuent à opposer un refus obstiné et s'absentent de façon permanente, le comité révolutionnaire de la province du Shanxi ayant examiné les circonstances concrètes de chaque cas, arrêtera des sanctions disciplinaires qui pourront aller jusqu'au licenciement. En ce qui concerne ceux qui regagneront leur poste : il faut les accueillir, garantir leur sécurité personnelle ; il est défendu de les accabler de mesures discriminatoires, de les brimer ou de leur faire subir des représailles. S'ils devaient être victimes de persécution, il faudra rechercher les responsables et les punir sévèrement.

8. Toute activité tendant à diviser la grande alliance, à saboter la triple union, à établir des bastions autonomes, est illégale et désavouée par le Comité central.

La politique du Parti a toujours été la suivante : qui est de bonne foi sera traité avec magnanimité ; qui fait de l'obstruction sera traité avec sévérité. Le meneurs seront punis, les suiveurs seront pardonnés ; qui s'est laissé aveugler sera innocenté, qui aura effectué un revirement dans le bon sens sera récompensé. Les mauvais éléments des deux factions doivent être épurés par les masses de chacune des deux factions. Il faut appliquer la politique prolétarienne du président Mao, et distinguer clairement les deux espèces différentes de contradiction, et rallier toutes les forces susceptibles d'être ralliées. Il faut frapper impitoyablement la petite poignée d'ennemis de classe, et en même temps appliquer la politique prolétarienne du président Mao, de « laisser toujours une porte ouverte ».

Le Comité central est convaincu que les deux factions du Shanxi sont également dévouées à la révolution. Le Comité central fait appel à la classe ouvrière, aux paysans pauvres et moyens-inférieurs et aux masses révolutionnaires du Shanxi pour qu'ils brandissent plus haut le grandiose étendard rouge de la pensée de Mao Zedong, et que, sous la direction du comité révolutionnaire provincial et avec le soutien de l'Armée populaire de libération, ils mettent consciencieusement en application les tâches énoncées par le IXe Congrès du Parti, développent et consolident la grande alliance révolutionnaire et la triple union révolutionnaire de façon à remporter une plus grande victoire dans la Grande Révolution culturelle prolétarienne et l'édification du socialisme.

Dans ce remarquable document qui se passe de gloses, on est avant tout frappé par l'envergure considérable des troubles auxquels il est fait allusion : l'occupation et le contrôle armé de portions de territoire, l'entraînement de groupes de combat, l'occupation et le pillage de gares, banques et locaux de l'armée, l'interruption des communications, voire même l'organisation de lignes de communication autonomes, pourraient difficilement être le fait d'une « infime poignée d'individus » comme le texte voudrait par ailleurs le faire croire. L'impuissance des autorités n'est pas moins étonnante : la bénignité des sanctions prises à l'égard des travailleurs qui désertent leur poste, l'indulgence promise à tous ceux qui voudront bien déposer les armes, tout cela indique que les autorités se trouvent confrontées à un mouvement d'une ampleur et d'une popularité telles qu'elles ne peuvent ni n'osent entreprendre de le réprimer de front par la force.

Dans le Guangdong, les autorités ont commencé un recensement de toutes les pertes et déprédations infligées aux biens des particuliers durant la « Révolution culturelle » : les intéressés sont invités à déclarer auprès de l'administration tous ceux de leurs biens qui ont été confisqués, volés ou détruits durant la « Révolution culturelle », en indiquant si possible les noms des responsables ou des groupements auxquels les responsables appartenaient. Lorsque ces instructions furent diffusées pour la première fois, il y a un mois environ, la réponse du public fut pratiquement nulle, beaucoup craignant que leur plainte ne se retourne contre eux en révélant l'existence de possessions bourgeoises ; mais entre-temps les autorités ont insisté pour que cette instruction soit effectivement suivie. Les chances de restitution des biens confisqués sont minimes (à tout le moins en ce qui concerne les non-prolétaires), mais il est possible que ces informations soient rassemblées afin de composer des dossiers qui permettront d'incriminer les responsables des mouvements de gardes rouges.

Septembre-octobre

Le 16 septembre, l'agence Xin Hua a publié les 29 slogans officiels qui seront utilisés lors des célébrations de la fête nationale du 1er octobre (qui est également le vingtième anniversaire de la fondation de la République populaire). Chaque année, l'examen de la liste des slogans officiels de la fête nationale donne d'intéressantes indications sur la ligne politique du moment (priorités, innovations, etc.). Dans la présente liste, on remarque d'emblée une nette mise en sourdine du culte de la personne de Mao ; son nom ne figure que dans trois slogans, en queue de liste (nº 23 : « Vive la victoire de la ligne révolutionnaire-prolétarienne du président Mao », nº 28 : « Vive l'invincible marxisme-léninisme-pensée de Mao Zedong », nº 29 : « Vive, vive, vive notre grand leader le président Mao »). Le ton est moins hystérique, le thème moins envahissant. Le nom de Lin Biao n'est pas mentionné. Une saisissante insistance est attachée au problème de la *guerre* dont la Chine se sent maintenant menacée ; en succession, les slogans 10, 11 et 12 traitent de ce thème « Développez la préparation contre la guerre », « Préparez-vous à affronter la guerre, préparez-vous à affronter la disette », « Augmentez votre vigilance ; défendez la patrie, soyez prêts à tout instant à anéantir l'envahisseur ennemi». Soulignons surtout le slogan 22 : «Peuples de tous les pays, unissez-vous et opposez-vous à toute guerre d'agression déclenchée par l'impérialisme ou par le social-impérialisme, surtout celle dans laquelle la bombe atomique est utilisée comme arme ! Si pareille guerre vient à éclater, les peuples du monde doivent anéantir la guerre d'agression par le moyen de la guerre révolutionnaire et les préparatifs doivent se faire dès maintenant ! » (Ce slogan 22 a encore été repris isolément et développé en une longue glose par Xin Hua le 17 septembre, ce qui montre bien qu'on y attache une importance toute particulière.) Contrairement à la plupart des commentateurs étrangers, nous ne croyons pas que pareille insistance relève simplement de la rhétorique ; elle trahit plutôt une crainte réelle (et motivée), la conscience d'une menace précise — ce coup de matraque nucléaire que l'Union soviétique pourrait asséner à l'improviste.

Sur le plan politique et idéologique, aucun compromis ne se dessine à l'égard de l'URSS révisionniste et social-impérialiste qui est placée exactement sur le même rang que l'impérialisme américain (slogan 16).

Le slogan 9 «Allez de l'avant de toute votre énergie, cherchez le dépassement, édifiez le socialisme plus largement, plus vite, mieux et plus économiquement» est une vieille connaissance : il date de l'époque du «Grand Bond en avant», et il y a longtemps qu'on ne l'avait plus entendu. Durant ces derniers mois, nous avons déjà noté quelques réminiscences caractéristiques de la phraséologie du «Grand Bond», mais il est encore trop tôt pour en tirer des conclusions. La nouvelle politique économique chinoise n'est pas encore clairement définie ; certaines lignes se dessinent (décentralisation de l'industrie, priorité à l'agriculture, effort d'élimination des marchés agricoles libres) mais bien des incertitudes subsistent (ainsi le mouvement précédemment observé de réactivation des communes comme unités de base, ainsi que le remembrement et l'agrandissement des brigades de production, semble être resté sans suite). En ce qui concerne un éventuel retour au «Grand Bond en avant», ce désir doit certainement obséder Mao, mais d'autre part il ne lui est pas possible d'ignorer entièrement les conditions objectives de la situation présente : on ne bondit pas par-dessus un précipice en prenant son élan à cloche-pied.

La fête nationale du 1er octobre s'est déroulée sans grand éclat. Le vingtième anniversaire de la fondation de la République populaire s'est célébré sans que celle-ci ait toujours de président. L'Assemblée nationale, seule habilitée pour élire un nouveau président n'a pas encore pu être convoquée.

Dans le domaine idéologique il n'y a pas grand-chose à glaner ni dans l'éditorial conjoint publié le 30 septembre par le *Renmin ribao*, *Jiefang jun bao* et *Hong qi*, ni dans le discours de Zhou Enlai de la même date, ni dans le discours de Lin Biao du 1er octobre. Remarquons seulement que Zhou Enlai et Lin Biao reprennent le vieux slogan de la coexistence pacifique fondée sur cinq principes (naguère, l'usage de ce slogan était encore reproché à Liu Shaoqi comme un crime ; on y voyait une preuve de sa volonté de pactiser avec l'ennemi…).

Un passage de l'éditorial conjoint mérite toutefois d'être spécialement relevé : « L'impérialisme américain et le social-impérialisme […] sont en train de manigancer étroitement de concert et nourrissent impudemment le rêve de déclencher une guerre d'agression contre notre pays ; *ils vont jusqu'à laisser filtrer toute sorte de bruits afin d'exercer un chantage nucléaire sur notre pays*. […] Vous rêvez impudemment d'organiser des insurrections dans nos territoires-frontières ; […] vous rêvez impudemment de déclencher une agression armée, etc. » Ce passage indique que Pékin prend au sérieux le chantage auquel l'Union soviétique s'était récemment livrée, laissant entendre par des fuites calculées auprès des agences de presse étrangères de Moscou que la possibilité théorique d'un raid nucléaire sur la Chine était envisagée [1] ; l'organisation de la subversion parmi les minorités nationales du Xinjiang est une autre menace spécifique à laquelle Pékin se montre ici fort sensible ; le vieux rêve russe reste toujours de profiter des phases de désordre politique en Chine pour tâcher de détacher d'elle ces territoires-frontières et de les ériger éventuellement en républiques fantoches.

En ce qui concerne le conflit sino-soviétique, la position chinoise a été formulée dans deux documents successifs. Le 7 octobre le gouvernement chinois a publié une déclaration sur le problème des frontières. Ce texte relativement bref résume clairement la question. Le ton, empreint de mesure et de sang-froid, est exempt de rhétorique creuse. Les points principaux de cette déclaration peuvent se résumer comme suit : le problème doit être réglé pacifiquement ; si toutefois une aventure militaire devait être déclenchée contre les centres stratégiques chinois, la Chine est résolue à se défendre. En ce qui concerne les frontières : les traités imposés à la Chine par la Russie tsariste sont des traités inégaux ; la Chine est cependant disposée à régler la totalité du problème en acceptant de se baser sur les frontières déterminées par ces traités

1. C'est ici que doit se trouver en fait la source profonde de la « diplomatie du ping-pong » à laquelle nous assistons maintenant (1971). Il serait puéril de voir en celle-ci une volte-face soudaine et improvisée. Elle découle en droite ligne de cette menace de guerre (généralement sous-estimée, sinon ignorée en Occident) que l'URSS a brutalement fait peser sur la Chine en 1969. En ce qui concerne l'avenir des relations sino-américaines, une fois que l'affaire vietnamienne sera réglée, la facilité avec laquelle Washington et Pékin retrouveront un terrain d'entente sera source de douloureuse surprise tant pour les vieux clients des USA que pour les candides maoïstes d'Occident. En réalité, autant l'affrontement sino-soviétique est profond et irréconciliable, autant les raisons d'hostilité entre la Chine et les USA sont relativement artificielles et minimes. Mao Zedong a déjà le cœur d'exprimer sa chaude amitié pour Yahya Khan ; pourquoi devrait-il être plus dégoûté en ce qui regarde un Nixon ? (Note de 1971.)

inégaux. Le gouvernement chinois n'a jamais eu l'intention de revendiquer les territoires qui lui ont été arrachés par la Russie à la faveur des traités inégaux. Les territoires actuellement disputés sont des territoires que l'URSS s'est aujourd'hui arrogés *en excédent* des frontières arrêtées par les traités inégaux. Indépendamment du problème des frontières, la Chine se réserve le droit de poursuivre sa dénonciation idéologique de l'URSS ; entre les deux pays subsiste une divergence de principes qui reste irréconciliable, et la lutte idéologique se poursuivra donc encore sur une longue période. Mais ceci ne doit pas empêcher la Chine et l'URSS de s'atteler à la tâche de normalisation de leurs relations mutuelles sur la base des cinq principes de la coexistence pacifique. Diverses mesures concrètes de détente ont déjà été adoptées à l'issue de l'entretien Kossyguine-Zhou Enlai : maintien du *statu quo* frontalier en attendant qu'on arrive à une solution ; pour éviter de nouveaux heurts armés, les deux camps se retirent des zones disputées ou renoncent à y pénétrer ; des pourparlers vont se tenir à Pékin au niveau vice-ministériel.

Le ton de cette déclaration est raisonnable et modéré. La Chine fait une concession énorme avant même de s'asseoir à la table des négociations : elle affirme très clairement qu'elle renonce à tous ses droits sur les territoires qui lui ont été arrachés par l'impérialisme tsariste. La formule d'apaisement (maintien du *statu quo,* repli mutuel des troupes hors des zones en litige) est fort en deçà des déclarations antérieures : le 24 mai en effet, la Chine avait exigé la restitution immédiate et inconditionnelle de toutes les zones illégalement occupées par l'URSS.

Le 8 octobre, le ministère chinois des Affaires étrangères a publié une longue déclaration réfutant la déclaration soviétique du 13 juin. L'agence Xin Hua s'est donné l'élégance de publier les deux textes côte à côte. Le document soviétique fait mauvaise figure à côté de cette réfutation efficace et percutante. Le texte chinois est long mais mordant, et articulé de façon extrêmement rationnelle et pertinente ; chose remarquable, *il ne contient pas une seule citation de Mao*. Il commence par rappeler des données d'histoire : par le passé, est-ce la Chine qui a commis des agressions contre la Russie, ou l'inverse ? Sur le terrain historique, la position chinoise est évidemment inattaquable. Arrivant au présent : qui de la Chine ou de l'URSS se rend coupable d'expansionnisme ? La Chine a de nouveau beau jeu de rappeler qu'elle n'a pas de troupes stationnées hors de ses frontières, tandis que l'URSS a des bases en Mongolie, occupe militairement la Tchécoslovaquie, envoie des escadres en Méditerranée et dans l'océan Indien, etc. Sur la question des frontières, la position chinoise est résumée en cinq points : 1. l'URSS doit reconnaître que, historiquement, les traités imposés par la Russie tsariste à la Chine, furent des traités inégaux ; 2. la Chine pour sa part renonce aux territoires qu'elle a perdus par suite de ces traités, et accepte que ces traités servent de base dans la détermination des frontières ; 3. les territoires que l'URSS occupe en excédent de la frontière déterminée par les traités inégaux, doivent être restitués ; des amendements de détail pourront être apportés au tracé des frontières, cela de commun accord, dans l'intérêt des population locales, et en fonction des conditions locales ; 4. un nouveau traité égalitaire sera signé en remplacement des anciens traités inégaux ; 5. en attendant qu'on arrive à une solution, le *statu quo* sera maintenu, et les forces des deux camps se retireront des zones en litige de façon à éviter les heurts armés.

Les demandes chinoises apparaissent donc très modérées ; ce que la Chine voudrait avant tout obtenir, c'est la satisfaction d'honneur d'une réparation historique. Mais l'Union soviétique refuse obstinément de faire ce geste de bonne foi, qui pourtant ne lui coûterait aucun sacrifice territorial ; elle voudrait, en préalable à tout accord frontalier, que la Chine s'engage d'abord à cesser son offensive idéologique. Cette condition est inacceptable pour la Chine qui estime que les deux questions du conflit territorial d'une part, et du conflit idéologique de l'autre, doivent être nettement séparées. De façon générale, l'Union soviétique semble aborder le problème chinois sur des bases extrêmement dangereuses : d'un côté elle surestime (comme elle l'avait fait en Tchécoslovaquie) l'influence que pourrait avoir conservée l'aile moscoutaire du parti communiste chinois, et ne comprend pas qu'en cas de conflit ces tendances prorusses loin de se trouver renforcées à l'approche de l'armée soviétique, se verraient au contraire balayées par une vague de nationalisme propre à souder autour de Mao Zedong même ses plus irréductibles opposants ; d'un autre côté, aveuglée par son écrasante supériorité dans l'ordre de la technologie et de l'armement, en présence de tout obstacle politique, elle reste irrésistiblement tentée de substituer un brutal chantage militaire à tout réel effort de négociation.

Les observateurs étrangers continuent à faire grand cas de l'ascension de Zhou Enlai et de son emprise grandissante sur la politique chinoise. Nous restons fort sceptique quant à l'importance réelle du phénomène. Si spectaculaire que soit le rôle actuellement joué par Zhou Enlai, il ne signifie nullement que le pouvoir réel de Zhou ait été augmenté d'autant. Zhou est le plus haut exécutant du régime, *mais il n'est et n'a jamais été qu'un exécutant* ; si bien qu'il chante, ne confondons pas l'acteur avec l'auteur du livret. Quand la nécessité l'impose, Mao est capable d'effectuer des replis tactiques, mais en général il s'arrange pour ne pas lier son nom à ces manœuvres sans gloire, et préfère en abandonner l'exécution à ses subordonnés.

TROIS POST-SCRIPTUM

Depuis la rédaction de ce livre, une succession d'événements est venue ces dernières années vérifier ses analyses : d'abord la disgrâce de Chen Boda, puis l'élimination violente de Lin Biao, et enfin la purge de la « Bande des Quatre » (Jiang Qing, Zhang Chunqiao, Yao Wenyuan, Wang Hongwen) — le dernier carré de la « Révolution culturelle » à qui la protection personnelle de Mao avait valu un sursis de survie, mais qui s'effondra aussitôt que le Grandiose Timonier eut rendu le dernier soupir. Parallèlement à cet enterrement progressif de la « Révolution culturelle », le mouvement de « restauration révisionniste » continua à se développer, culminant avec la réhabilitation de Deng Xiaoping. Trois post-scriptum écrits à l'occasion des rééditions successives et des éditions étrangères de ce livre font ici brièvement état de ces divers événements. Il est difficile de dire si les nouveaux dirigeants chinois iront jamais jusqu'à procéder à une « démaoïsation » explicite (pareille entreprise serait lourde de dangers pour eux : le précédent de Khrouchtchev qui, cherchant à déménager l'idole stalinienne, la laissa tomber sur son pied, est là pour leur rappeler qu'un système totalitaire ne saurait impunément bazarder ses anciens dieux) ou si Liu Shaoqi se trouvera jamais officiellement réhabilité. Ces deux initiatives seraient d'ailleurs probablement superflues, puisque, dès à présent, il apparaît plus commode d'appliquer la politique de Liu sous l'étiquette de Mao maintenant que cette dernière a été prudemment vidée de toute signification.

S. L.
Février 1977

POST-SCRIPTUM DE 1971

Entre la fin de cette chronique de la « Révolution culturelle » et la mise sous presse, il s'est déjà écoulé plus d'un an et demi.

Les événements de cette dernière période n'ont fait que confirmer de façon plus formelle encore les tendances déjà décrites dans la chronique.

Ainsi le projet de nouvelle Constitution consacre dorénavant le droit des paysans à cultiver des lopins privés : que reproche-t-on encore à Liu Shaoqi ? L'extrême « gauche » est implacablement traquée : Yao Dengshan, le « diplomate rouge » triomphalement accueilli à Pékin lors de son retour d'Indonésie, et qui avait ensuite mené les rebelles-révolutionnaires à l'assaut de la citadelle bureaucratique de Zhou Enlai, est passé récemment en procès public à Pékin, et s'est trouvé condamné à une peine exemplaire [1]. Plus remarquable encore est la purge de Chen Boda ; absent de la scène politique depuis août 1970, Chen a commencé à faire l'objet d'attaques violentes dans la presse officielle à partir du 1er mai de cette année (le *Hong qi* dont il était précédemment le directeur, a ouvert le feu, et le *Renmin ribao* lui a bientôt fait écho [2] ; il est traité de « charlatan faussement marxiste de l'espèce de Chen Duxiu, Wang Ming et Liu Shaoqi ». Chen Boda ! Lui qui fut pendant plus de trente ans l'ombre modeste et dévouée de Mao, son porte-plume et son porte-voix, son exécuteur des hautes et des basses œuvres, qui jamais n'osa prétendre à une existence, à une personnalité indépendantes de son maître, qui à l'inspiration de Mao et sur ses instructions précises organisa et supervisa pas à pas toute la mise en scène de la « Révolution culturelle » et qui, en récompense d'aussi loyaux services, se trouva finalement promu à la quatrième place de la hiérarchie suprême (immédiatement après Mao, Lin Biao et Zhou Enlai), le voilà donc maintenant, au mépris de toute crédibilité, associé à ce Liu Shaoqi dont il avait orchestré la chute ! Gageons que les thuriféraires occidentaux du maoïsme, habitués pourtant aux plus extraordinaires contorsions mentales, capables même de trouver *a posteriori* de bonnes raisons à l'épuration des Wang Li et autres Qi Benyu, auront cette fois la pudeur d'observer enfin une minute de silence… Pour notre part nous nous contenterons de saluer ici la rigueur logique d'un développement qui, inscrit dans la nature des choses, pouvait être prédit il y a bientôt trois ans. La pseudo-gauche

1. Dans cette entreprise de liquidation de l'extrême gauche, Pékin maintenant est allé jusqu'à enrôler les services de journalistes étrangers, afin de se disculper devant l'opinion internationale de tout ce que la « Révolution culturelle » avait pu initialement présenter de « révolutionnaire » : durant ces dernières semaines, la leçon a docilement été transmise non seulement par les ténors habituels — Edgar Snow, Wilfred Burchett — mais aussi par tout un moindre fretin, mobilisé pour la circonstance — Jack Chen (dans la *Far Eastern Economic Review*), K. S. Karol (dans *Le Nouvel Observateur*), etc.

2. Formulées initialement de façon cryptique, ces premières attaques sont devenues parfaitement claires à partir de l'éditorial conjoint publié le 1er juillet par le *Renmin ribao*, *Jiefang jun bao* et *Hong qi*. A la date où j'écris ces lignes (1971), Chen n'a pas encore été *nommément* dénoncé ; mais cet éditorial du 1er juillet le désigne par une périphrase (« *xiao xiao laobaixing* » un « modeste petit bonhomme ordinaire », expression fameuse que Chen avait employée pour se qualifier lui-même, et qui est maintenant retournée contre lui : « Un certain individu qui se disait "un modeste petit bonhomme ordinaire" et qui est en réalité un redoutable ambitieux »). Jiang Qing elle-même, comme il est logique d'ailleurs, ne se voit pas épargner les coups fourrés dans ces mêmes articles ; pour elle toutefois, le règlement de comptes restera sans doute d'ordre purement académique — aussi longtemps que son époux restera en vie.

rejoint la pseudo-droite, la boucle est bouclée, la « Révolution culturelle » n'est que la révolution d'une roue, comme le serpent qui se mange la queue, elle présente la figure d'un cercle parfait. Après cela, que reste-t-il encore à ajouter ? L'entreprise de reconstruction du Parti dans le pays entier s'est faite au bénéfice de la vieille garde bureaucratique partout réhabilitée, et de l'armée toujours plus influente ; la gauche, dans les rares provinces où elle avait initialement obtenu d'être représentée dans les comités révolutionnaires, s'est vu maintenant interdire l'accès des nouveaux comités provinciaux du Parti. Le Shandong en donne un bon exemple ; cette province retint l'attention toute particulière de Mao et de son épouse (Mme Mao est originaire du Shandong) et au début de la « Révolution culturelle » fut l'une des premières à effectuer un soulèvement de type maoïste : Wang Xiaoyu y prit le pouvoir en février 1967 avec la bénédiction personnelle de Mao. Dans la suite, Wang rencontra des eaux houleuses, mais au début de 1969, Mao intervint encore une fois en personne pour le tirer de ce pas difficile. Aujourd'hui par contre la composition du nouveau comité provincial du Parti nous montre que Wang a finalement été *éliminé* ; le nouveau comité est dirigé par un militaire, assisté par deux de ses collègues et deux vétérans de l'ancienne bureaucratie locale (Yang Dezhi, Yuan Shengping, Zhang Zhixiu, Bai Rubing, Su Yiran). Tous les cadres « révisionnistes » que la première vague de la « Révolution culturelle » semblait avoir définitivement balayés, reparaissent maintenant les uns après les autres et triomphent insolemment. Ainsi un homme comme Zhao Ziyang par exemple : ex-premier secrétaire du comité provincial du Parti pour le Guangdong, en février 1968 lors de l'inauguration du comité révolutionnaire du Guangdong, il fut publiquement dénoncé comme l'« agent du Khrouchtchev chinois et du contre-révolutionnaire Tao Zhu, frénétiquement engagé dans un complot criminel de restauration du capitalisme au Guangdong » (ces épithètes furent reproduites à l'époque par un communiqué officiel de l'agence Xin Hua), et le comité révolutionnaire du Guangdong envoya même un télégramme à Mao pour lui annoncer la chute définitive de ce sinistre ennemi du peuple. Chute définitive ? Il vient maintenant de refaire surface comme secrétaire du nouveau comité du Parti en Mongolie intérieure… Les exemples de cet ordre pourraient être multipliés à l'infini : ainsi au Guangxi, Wei Guoqing personnellement responsable des grands massacres de rebelles-révolutionnaires dans cette province (massacres qui en 1968 firent 100 000 morts et détruisirent la plus grande partie de la ville de Wuzhou) est devenu maintenant le premier secrétaire du nouveau comité provincial du Parti. Au Guizhou par contre, Li Zaihan qui présidait le comité révolutionnaire de la province et s'était montré un fidèle maoïste, n'a pas eu accès au nouveau comité provincial du Parti…

« Le parti communiste chinois n'est plus dans son enfance maintenant, ni même dans son adolescence : il est dans son âge adulte. Les hommes vieillissent et puis meurent. Il en va de même en ce qui concerne le Parti… Les jeunes camarades qui viennent d'entrer dans le Parti et qui n'ont pas lu Marx et Lénine ignorent peut-être cette vérité », écrivait Mao Zedong en 1949 [1]. Gageons que les « jeunes camarades » d'aujourd'hui pourraient difficilement faire preuve d'une aussi candide ignorance : l'immense cadavre étalé en travers du pays sent déjà.

POST-SCRIPTUM DE 1974

Relisant *Les Habits neufs du président Mao* quatre années après sa publication, je ne trouve à y reprendre que l'une ou l'autre faute typographique. Comme en géométrie la connaissance d'un seul segment d'une circonférence permet de déduire la circonférence entière, les événements survenus entre-temps, loin d'infirmer la description qu'on vient de lire, ne font au contraire que la confirmer et *s'inscrivent rigoureusement dans la trajectoire prévue. Les Habits neufs* décrivait une double évolution : d'une part, élimination progressive des artisans de la « Révolution culturelle », d'autre part réhabilitation successive de tous ses adversaires : ces deux mouvements complémentaires et opposés qui affectèrent d'abord des sous-fifres, montèrent ensuite toujours plus haut dans la hiérarchie et se sont conclus maintenant en apothéose, le premier avec la damnation solennelle de Lin Biao — le plus-intime-compagnon-d'armes-du-président-Mao, sans le soutien de qui la « Révolution culturelle » elle-même eût été impensable — et le second avec la glorieuse réinstallation au pouvoir de Deng Xiaoping qui avait précédemment passé avec Liu Shaoqi pour l'archi-traître de ce grand-guignol, le monstre absolu désigné pendant plusieurs années à la fureur frénétique de centaines de millions de militants…

Enfin, sur bien des points spécifiques, les plus hautes autorités de Pékin n'ont cessé d'apporter une éclatante confirmation de ce que j'avançais. Ainsi par exemple, alors que, pour les maoïstes occidentaux, les violences sanglantes, dont j'avais fait état, ne pouvaient relever que de la calomnie, le président Mao devait déclarer à E. Snow dans une interview célèbre que la presse étrangère était demeurée bien en deçà de la réalité dans son évocation de ces violences (… Ce n'est pas la première fois, ni la dernière, que le dieu aura infligé un camouflet à ses dévots !) Dans ma description du IXe Congrès du Parti, je soulignais que, derrière le huis clos, filtraient des symptômes de grabuge et que des tiraillements avaient dû surgir autour du rapport de Lin Biao. Ce diagnostic devait être confirmé de façon explicite et précise par Zhou

1. *Mao Zedong xuanji*, Pékin, 1960, vol. IV, p. 1474.

Enlai lui-même dans le rapport qu'il présenta au Xe Congrès… Plutôt que d'inscrire maintenant tous ces suppléments d'information (largement redondants d'ailleurs) dans les marges de mon livre, je préfère lui conserver sa forme originelle, sans coupures, sans additions et sans retouches : l'expérience de ces dernières années me donne confiance dans la manière dont il saura affronter l'épreuve du temps, et me fait croire que, tel quel, il constitue désormais un témoignage historique.

POST-SCRIPTUM DE 1976 : LE MAOÏSME MOMIFIÉ

Ignazio Silone, qui dirigea pour un temps le parti communiste clandestin dans l'Italie de Mussolini, a rapporté un dialogue qu'il eut à Moscou, au début de l'ère stalinienne, avec Schatzky, le chef de la Jeunesse communiste soviétique. Comme Schatzky lui confiait sa déception d'être né trop tard et de n'avoir pu participer ni à la révolution de 1905 ni à celle de 1917, Silone tâcha de le réconforter : « Il y aura encore des révolutions, on aura toujours besoin de révolutions, même en Russie. »

Désignant le mausolée de Lénine qui était encore construit en bois à cette époque et devant lequel, chaque jour, s'étirait une interminable et lente procession de pauvres paysans, en haillons, Silone continua : « J'imagine que vous aimez Lénine. Je l'ai moi-même connu également, et il m'a laissé une impression inoubliable. Vous devez reconnaître que ce culte superstitieux de sa momie est une insulte à sa mémoire et une honte pour une ville révolutionnaire comme Moscou. »

Par manière de plaisanterie, Silone suggéra alors à son ami russe terrifié qu'ils se procurent un bidon de pétrole et qu'ils commencent une « petite révolution » de leur cru en brûlant la « hutte du totem »… (Schatzky devait se suicider dix ans plus tard, au moment des grandes purges staliniennes, tandis que Silone, lui, par fidélité aux valeurs socialistes, se sentit finalement obligé de rompre avec le mouvement communiste.)

Les autorités pékinoises ont annoncé leur décision d'embaumer le corps de Mao et d'exposer sa momie en permanence à la dévotion des pèlerins. De jeunes révolutionnaires chinois reprendront-ils un jour l'idée de Silone ?

Les hommes exceptionnels ont besoin de circonstances exceptionnelles pour donner leur pleine mesure. Le seul ennui est que, la tourmente une fois passée, lorsqu'ils se retrouvent dans une situation plus routinière, leur génie même peut devenir une source de désordre pour la vie quotidienne de la nation. L'avantage du système démocratique est qu'il permet de remiser les hommes providentiels une fois qu'ils ont accompli leur mission et épuisé leur utilité.

Depuis 1959 (conférence de Lushan), les dirigeants chinois n'ont pas cessé de chercher un moyen d'aiguiller Mao sur une voie de garage : leur idée était de le consacrer comme une sorte de fétiche suprême, et, donc, de le réduire à un glorieux état de paralysie, neutralisant ainsi une fois pour toutes, par cette apothéose même, tout le potentiel destructeur présenté par son redoutable talent d'invention.

A plusieurs reprises, Mao réussit à tromper leur vigilance — dans ce domaine, le lancement de la «Révolution culturelle» constitua son dernier coup de maître — mais, en fin de compte, les efforts de la bureaucratie furent largement couronnés de succès, tant et si bien que l'on peut même dire que le maoïsme est mort avant Mao. Mao lui-même en était conscient, et cela a d'ailleurs fait de lui, dans ses dernières années, une authentique figure de tragédie. Peu avant de rendre le dernier souffle, il fit à son entourage cette observation sarcastique qu'un bon nombre d'entre eux devaient être bien impatients de le voir enfin en route pour rencontrer Marx…

Voici qu'aujourd'hui, enfin, la taxidermie semble avoir fourni aux autorités pékinoises la solution finale au vieux problème de savoir que faire de Mao. De façon semblable, le maoïsme est également en passe de se faire empailler et reléguer dans la position inoffensive d'une rituelle religion d'État, un peu à la façon du confucianisme au début de ce siècle, dans les gouvernements des seigneurs de la guerre.

Qu'il ait été essentiellement désamorcé et rendu inopérant en tant que recette politique a été dramatiquement illustré par la chute de Jiang Qing et de tout le groupe des radicaux maoïstes — un événement si bien venu tant pour les cadres que pour les masses (c'est bien la première fois que dirigeants et dirigés se sont trouvés aussi spontanément en harmonie) qu'il fit danser de joie dans les rues à peu près tout le monde. Une telle réaction n'était que trop compréhensible : pour le peuple, le maoïsme pur signifie la substitution d'une mystique politique austère et fanatique aux légitimes exigences matérielles, intellectuelles et émotives de la nature humaine, l'imposition d'un état permanent de mobilisation quasi militaire, la destruction impitoyable de toutes les valeurs traditionnelles, une désolante monotonie de l'existence, l'établissement d'un désert culturel, une universelle bigoterie, une aridité et un ennui interrompus seulement par de périodiques explosions de violence et d'activisme hystérique. Pour les cadres, constamment en butte à la critique, harcelés, apeurés, épuisés, le maoïsme était synonyme de menace et d'incertitude perpétuelles, de lutte incessante, de tension et d'insécurité, et ils aspiraient à un système de gouvernement plus stable, plus sûr et plus conventionnel.

Le destin posthume de Mao risque donc bien de se montrer remarquablement semblable à celui de son modèle historique, Qin Shihuang, le despote du IIIe siècle avant J.-C., premier unificateur de l'Empire chinois.

L'œuvre de Qin fut à la fois éphémère et durable : le caractère inhumain de son régime suscita, au lendemain de sa mort, une violente réaction populaire qui écourta sa dynastie et fit d'elle l'une des plus brèves qu'ait connues l'histoire de Chine ; mais, en même temps, il jeta les bases de deux mille ans de gouvernement impérial.

Si dramatiques et soudains qu'aient pu apparaître ce désaveu et ce démantèlement de l'orthodoxie maoïste, avec la disgrâce de l'épouse de Mao et de ses partisans et idéologues les plus dévoués (cependant que la deuxième réhabilitation de leurs adversaires et, en particulier, celle de Deng Xiaoping, n'est probablement plus qu'une question de jours), ils sont néanmoins venus s'inscrire très logiquement dans un processus commencé dès la fin de la « Révolution culturelle ».

Bien qu'interrompu à plusieurs reprises, ces dernières années, par des accidents et des revers variés (mort de Zhou Enlai, chute de Deng Xiaoping, d'une part, et, d'autre part, promotion de Wang Hongwen, lancement de la campagne anti-Confucius, maintien des radicaux à la tête des secteurs de la propagande, de la culture et de l'éducation), ce processus poursuivit cependant son cours. On pourrait le résumer dans ses grandes lignes comme une remise en question fondamentale de la philosophie de la « Révolution culturelle », une restauration globale de l'ancien appareil bureaucratique, une élimination progressive de tous les éléments radicaux et, en particulier, de tous les nouveaux leaders issus de la « Révolution culturelle » — en un mot, il s'agit d'une rupture de fait d'avec les principes fondamentaux du maoïsme.

Pour comprendre comment les bureaucrates du Parti ont pu ainsi en venir à nourrir une aussi sainte terreur du maoïsme, il suffit de considérer un instant le genre de vie auquel la politique maoïste les condamnait. Les conceptions politiques de Mao, singulier mélange de marxisme mal digéré et de taoïsme fumeux, définissaient la réalité comme un changement perpétuel, une succession ininterrompue de métamorphoses, un flot continu, une alternance de contraires ; il avait la routine et la stabilité en horreur, la voie moyenne lui était anathème.

Il souhaitait traduire dans les institutions sa contradiction interne : il était à la fois un homme de vision et un homme d'action — cela l'amenait à permettre à ces administrateurs efficaces dont les talents correspondaient à la moitié pragmatique de son esprit (les dirigeants du type de Zhou Enlai) d'opérer librement pour un temps, de façon à assurer au pays un certain degré de prospérité et de développement matériel, et puis, sur la base du capital ainsi accumulé, il se payait une extravagante orgie de radicalisme, lâchant en liberté tous ses idéologues favoris et ses derviches tourneurs, et déchaînant ses fantaisies visionnaires, à grands frais pour le pays.

Ayant ainsi gaspillé ses ressources, il se retrouvait bientôt forcé de rappeler les pragmatistes, et de licencier temporairement les extrémistes, et ainsi de suite, ad infinitum… Mao estimait — et il l'a d'ailleurs écrit — que cela constituait la méthode la mieux appropriée pour gouverner le pays. « Une mesure de Yin, une mesure de Yang, voilà le Dao », un pas vers la droite, un pas vers la gauche, voilà la voie de Mao. Ce processus « dialectique », malgré tous ses ferments de désordre, demeurait viable aussi longtemps que Mao restait en vie : lui, et lui seul, pouvait assurer, à travers tous les virages, tours, détours et revirements, la permanence d'un principe supérieur d'unité et de continuité. Toutefois, comme la vieillesse et la maladie avaient fini par affaiblir sa capacité de superviser le débat et le forçaient de relâcher son contrôle sur la vie politique du pays, chaque faction, lasse de jouer seulement un demi-rôle dans ce jeu de dialectique maoïste, se mit à rêver d'accomplir une fois pour toutes une « synthèse » aux dépens des autres joueurs.

Jiang Qing atteignit durant une courte période le sommet de son pouvoir, profitant de la décrépitude physique et mentale de Mao : en isolant le vieillard mi-paralysé, mi-comateux et pratiquement aphasique, et en utilisant au maximum l'accès privilégié qu'elle avait auprès de lui, elle réussit à interpréter et à manipuler les énigmatiques bredouillements de Mao pour fabriquer la condamnation de Deng Xiaoping et provoquer la chute de celui-ci. Mais, en exécutant ce numéro, elle se laissa emporter trop loin, perdit l'équilibre, et bascula une fois que la mort de Mao vint la priver de son unique point d'appui.

Dans la navigation maoïste, chaque embardée du bateau entraîne le plongeon d'une moitié de l'équipage par-dessus bord ; après avoir été successivement jetés à l'eau, puis repêchés, puis rejetés, puis repêchés encore, les malheureux cadres, harassés et terrifiés, ne songèrent plus qu'à s'accrocher désespérément aux glissants bastingages idéologiques sans plus oser faire le moindre mouvement, sans plus risquer la moindre initiative. Cet état de paralysie, d'incertitude et de crainte, si dommageable pour le bon fonctionnement du gouvernement, confirma la nouvelle équipe dirigeante dans sa détermination à éliminer les derniers bastions d'activisme maoïste, tout en achevant, d'autre part, de confiner la doctrine dans l'auguste et étanche isolement d'un sarcophage de musée.

Il est facile de transformer n'importe quel homme en cyclope : il suffit de le peindre avec un seul œil. Telle semble avoir été la méthode suivie par ces analystes qui ont choisi de ne retenir du maoïsme que son caractère « antibureaucratique » et « populiste ». En soulignant ce seul aspect, tout en négligeant d'observer que Mao fut aussi, simultanément, *le* suprême despote totalitaire, ils n'ont pu réussir à saisir sa contradiction centrale, et se sont ainsi condamnés à ne jamais comprendre le moteur essentiel de la politique maoïste.

Certes, Mao a toujours accordé une importance particulière à la « ligne des masses » : il ne faudrait pas oublier, cependant, que cette « ligne des masses » ne fut jamais encouragée et autorisée à se développer que dans la mesure où elle était dirigée contre les ennemis de Mao. Depuis le moment où il a réussi à s'emparer du pouvoir suprême dans le Parti et dans l'armée (1935), durant les quelque quarante années qui ont suivi, Mao n'a *jamais*, en aucune circonstance, laissé qui que ce soit exprimer impunément, sous quelque forme que ce soit, la moindre critique de sa personne ou de sa politique. Les rares individus qui, sur la base de leur passé révolutionnaire, ou mus par leur honnêteté intellectuelle, ont osé enfreindre ce tabou, ont tous subi un sort tragique. Donc, comme nous l'avons vu, les héritiers de Mao se sont montrés pressés d'enterrer une fois pour toutes l'élément «populiste» et «antibureaucratique» que comportait l'héritage du Grandiose Pilote ; pour ce qui est de son aspect despotique et totalitaire, en revanche, ils pourraient bien n'être que trop empressés de le recueillir.

Nous pouvons, certes, espérer qu'un certain degré de libéralisation se manifestera dans le domaine culturel — rien ne saurait être pire que le règne imbécile et odieux de Jiang Qing, et, maintenant qu'elle a enfin disparu, on peut s'attendre que les irrépressibles talents créateurs du peuple chinois retrouvent bientôt à s'exprimer —, dans d'autres domaines, cependant, les nouveaux dirigeants vont peut-être accentuer le caractère autoritaire du régime : les séquelles des violences et de l'anarchie de la «Révolution culturelle», surtout parmi la jeunesse, ont amené le pays au bord d'une désintégration de l'ordre public ; devant cette situation, la nouvelle équipe, avec ses connexions policières et l'appui que lui prête l'armée, pourrait bien n'être que trop tentée d'imposer de strictes mesures disciplinaires.

LETTRE OUVERTE DE PENG DEHUAI A MAO ZEDONG (14 juillet 1959)

Président,

La présente conférence de Lushan est importante.

J'ai déjà fait plusieurs interventions devant le comité restreint du Nord-Ouest, mais lors des réunions de ce comité, je n'ai pas eu l'occasion d'exposer toutes mes idées. Je veux les mettre ici par écrit, pour votre information. Je suis un homme simple, un peu dans le genre de Zhang Fei[1], ayant le côté fruste de celui-ci, mais non sa subtilité. Aussi j'ignore si ces lignes peuvent présenter un quelconque intérêt : à vous de juger. Si mes opinions manquent de pertinence, veuillez m'éclairer de vos conseils.

A. *Les accomplissements du Grand Bond en avant de 1958* s'imposent de façon évidente. Suivant la commission du Plan, la vérification de diverses normes montre que la valeur globale de la production industrielle et agricole a augmenté en 1958 de 48,4 % par rapport à 1957, incluant une croissance industrielle de 66,1 % et une croissance agricole de 25 % (pour le grain et le coton, il est certain que l'augmentation a été de 30 %). Les ressources de l'État se sont accrues de 43,5 %. Un pareil rythme de croissance est sans précédent dans le monde entier et enfonce toutes les normes établies du rythme de l'édification socialiste, surtout si l'on tient compte que notre pays ne dispose que d'une base économique faible et d'un équipement technique arriéré. Cette expérience du Grand Bond en avant a démontré la justesse de la ligne générale du « plus, plus vite, mieux, à meilleur marché ». Ceci non seulement constitue un grandiose accomplissement pour notre pays, mais encore exercera une action positive de longue durée sur tout le camp socialiste.

Toutefois, réexaminant maintenant l'édification de base qui s'est effectuée en 1958, il apparaît que dans divers domaines la hâte a été excessive, on a voulu trop faire, on a dispersé une partie des investissements, on a différé l'exécution de certaines tâches indispensables, et ceci

1. Zhang Fei : héros des *Trois Royaumes*, légendaire pour sa loyauté, sa tournure rustaude et son franc-parler.

est une faute. Cette faute provient fondamentalement d'un manque d'expérience ; ce problème n'a pas été compris en profondeur, et n'a été perçu que tardivement. Aussi en 1959, loin de ralentir la marche et d'exercer le contrôle qui aurait été nécessaire, on a poursuivi le Grand Bond en avant. En conséquence ces phénomènes de déséquilibre n'ont pu être rectifiés à temps, cependant que les nouvelles difficultés du moment se voyaient accrues d'autant. Mais comme, en fin de compte, ces tâches d'édification correspondent aux besoins du pays, d'ici un ou deux ans ou après une période tant soit peu plus longue, des résultats favorables pourront finalement être obtenus. Pour le moment il subsiste encore des lacunes et des points faibles qui empêchent la production de présenter un développement homogène. Pour certains produits et ressources, les réserves les plus indispensables font défaut, ce qui rend fort problématique le réajustement immédiat de ces phénomènes de disproportion et de ces déséquilibres nouveaux. Et c'est ici que réside le fond même des difficultés présentes.

C'est pourquoi tandis que nous prenons nos dispositions pour le Plan de l'an prochain, il est absolument indispensable de procéder d'abord à un examen sérieux de la situation, examen reposant sur des bases réalistes, stables et sûres. En ce qui concerne certains points du travail d'édification de 1958 et de la première partie de 1959, points qu'il apparaît réellement impossible de mener à bien, il faut prendre des mesures radicales, et temporairement interrompre leur exécution. Pour obtenir certaines choses, il faut accepter de renoncer à d'autres ; sans quoi les graves phénomènes de déséquilibre vont perdurer et dans certains domaines il sera difficile de retrouver l'initiative ; ceci à son tour entravera le rythme du Grand Bond en avant et le projet de rattraper et dépasser l'Angleterre en quatre ans, et malgré les dispositions de la commission du Plan, les difficultés diverses paralyseront le pouvoir de décision.

En 1958, la transformation des villages en communes est un phénomène qui a revêtu une signification grandiose ; non seulement ceci délivrera définitivement les paysans de notre pays de la pauvreté, mais encore constitue un chemin correct pour passer du socialisme au communisme. Bien entendu, en ce qui regarde les problèmes de propriété, il y eut une période de confusion, et dans le travail concret se sont manifestées des lacunes et des fautes ; tous ces phénomènes sont graves mais les conférences successives de Wuchang, Zhengzhou et Shanghai leur ont déjà apporté des rectifications fondamentales, en sorte que ces phénomènes de désordre relèvent maintenant du passé, cependant que l'on réintègre progressivement la voie orthodoxe d'une rétribution proportionnelle au travail.

Le Grand Bond en avant de 1958 a résolu le problème du chômage ; dans un pays aussi peuplé que le nôtre, et doté d'une économie aussi arriérée, la solution rapide de ce problème n'est pas une mince affaire, c'est un accomplissement considérable.

Dans le mouvement de mobilisation des masses pour la fabrication de l'acier, la multiplication des petits hauts fourneaux improvisés a entraîné un gaspillage de ressources (matières premières, investissements et main-d'œuvre) et ceci naturellement représente une perte assez considérable. Toutefois on a obtenu d'étendre une expérience sur l'échelle du pays entier, on a formé bon nombre de techniciens, la grande majorité des cadres a été trempée et aguerrie par ce mouvement ; bien entendu, cet enseignement nous est revenu fort cher (2 milliards de yuan) mais en un sens il n'aura pas été entièrement inutile.

Au seul examen des quelques points relevés plus haut, on constate que les résultats sont grandioses, mais aussi qu'ils comportent un bon nombre de frappantes leçons d'expérience qu'il serait utile et nécessaire d'analyser consciencieusement.

B. Comment tirer les conclusions des leçons d'expérience acquises à la tâche ?

Les camarades qui participent à la présente conférence sont en train de réexaminer les leçons d'expérience acquises précédemment à la tâche, et ils ont déjà formulé bon nombre d'idées utiles ; les présents débats seront extrêmement profitables pour le travail de notre Parti ; ils permettront de reprendre l'initiative dans plusieurs domaines et de mieux saisir les principes de l'économie socialiste, en sorte que les phénomènes de déséquilibre qui se sont constamment manifestés jusqu'à présent pourront être rectifiés, tandis que le concept d'équilibre positif sera enfin correctement compris. A mon avis, certaines carences et erreurs qui se sont manifestées durant le Grand Bond en avant de 1958 étaient inévitables ; comme dans tous les mouvements que notre Parti a dirigés depuis plus de trente ans, les résultats grandioses se sont nécessairement accompagnés de carences : ce sont là les deux faces de la médaille. En ce moment la contradiction principale à laquelle nous nous trouvons confrontés dans notre tâche, provient d'une tension créée dans tous les domaines par les phénomènes de disproportion ; par sa nature même, le développement de cette situation influence déjà les relations entre paysans et ouvriers et les relations entre les différentes couches de la population urbaine. En conséquence, le problème présente maintenant une nature politique, et affectera notre capacité à mobiliser les masses pour la poursuite du Grand Bond en avant.

Par le passé, les carences et les erreurs qui se sont manifestées dans notre travail, ont eu des causes multiples ; dans l'ordre des facteurs subjectifs, il faut ranger notre manque de familiarité avec le travail d'édification socialiste, le caractère incomplet de notre expérience, notre compréhension superficielle des lois de développement proportionnel planifié du socialisme, et l'application insuffisamment radicale et concrète de la politique de « marcher sur deux jambes ». Quand il s'agit de prendre des décisions dans le domaine de l'édification économique, dans l'ensemble nous sommes loin encore de posséder la sûreté de touche dont nous disposons dans le domaine politique, qu'il s'agisse par exemple de bombarder Quemoy ou de pacifier la rébellion tibétaine. D'un autre côté, en ce qui regarde les facteurs objectifs, notre pays est dans un état de dénuement (il y a encore une partie de la population qui ne mange pas à sa faim ; l'an passé la distribution de toile de coton n'a été que de 18 pieds par personne, juste de quoi tailler une chemise et deux pantalons) et d'arriération qui entraîne de la part de la population une pressante exigence de changement. A cela s'ajoutent encore les développements favorables de la situation intérieure et de la situation internationale. Tous ces divers facteurs sont venus hâter notre Grand Bond en avant ; et l'idée de profiter d'une conjoncture favorable pour répondre aux aspirations des masses, accélérer notre travail d'édification et transformer le plus rapidement possible l'état de dénuement et d'arriération de notre pays de façon à créer une situation internationale plus favorable encore, était une idée rigoureusement correcte et nécessaire.

Précédemment en ce qui concerne notre style de pensée et nos méthodes de travail, plusieurs problèmes se sont manifestés, qui méritent d'être relevés. Ce sont principalement :

1. *Un recours généralisé à de creuses fanfaronnades :* l'an dernier lors de la conférence de Beidaihe, les chiffres de la production alimentaire ont été surestimés et, ces fausses prémisses ayant donné l'illusion que le problème de la production alimentaire se trouvait déjà résolu, on a voulu alors s'attaquer à l'industrie. Mais en ce qui concerne le développement des industries de l'acier et du fer, on ne disposait que d'une connaissance dangereusement partielle des problèmes ; nul ne fit une analyse sérieuse des équipements nécessaires pour la fonte de l'acier ou le concassage des minerais, ni n'étudia la question des combustibles, matières premières, capacité d'acheminement de la production, ou le problème de l'accroissement de la main-d'œuvre, de l'augmentation de la capacité d'achat et de l'aménagement du marché. En un mot ce projet fut dépourvu du plus élémentaire équilibre, et refléta une totale absence de réalisme ; à la source de tout cela nous retrouvons cette habitude de fanfaronnade creuse qui a envahi toutes les régions du pays et tous les secteurs de l'activité. Les journaux et revues font état de miracles proprement incroyables, ce qui porte le plus grand préjudice au prestige de notre Parti ; à lire les rapports qui à l'époque affluaient de toutes parts, on avait le sentiment que l'avènement du communisme était tout proche, et ceci enfiévrait les cerveaux de bon nombre de camarades. Avec ce battage fait autour de la production alimentaire et textile auquel s'est encore ajoutée cette campagne pour la production de l'acier et du fer, les phénomènes de gaspillage et d'utilisation aveugle de ressources en fait limitées, se

généralisèrent. La récolte d'automne fut bâclée ; sans prendre en considération la question des frais d'exploitation, on se mit à vivre sur un pied que les ressources du pays ne justifiaient en aucune manière. Le plus grave fut que, durant une période d'une longueur considérable, il resta difficile de prendre une connaissance exacte de la situation ; ainsi jusqu'à la conférence de Wuchang, puis en janvier de cette année, la conférence des secrétaires des provinces et des municipalités, l'entière réalité de la situation n'avait toujours pas été complètement exposée. Ces habitudes de fanfaronnade creuse ont des racines sociales et mériteraient d'être sérieusement analysées ; elles sont à mettre en relation avec cette pratique que nous avons d'assigner des normes pour toutes les tâches, mais sans les faire suivre de mesures concrètes d'exécution. L'an passé, le président a bien donné instruction au Parti entier de combiner une « ardeur à ébranler les cieux » avec un esprit scientifique, et d'observer la politique de « marcher sur deux jambes », mais en fait il semble que ces préceptes n'aient pas encore été compris par la majorité des camarades dirigeants, y compris moi-même.

2. *Exaltation petite-bourgeoise qui nous rend trop aisément enclins aux erreurs gauchistes :* en 1958, durant le Grand Bond en avant, beaucoup d'autres camarades et moi-même nous nous sommes laissés enivrer par les résultats du Grand Bond et par la ferveur du mouvement de masse ; les tendances gauchistes ont pris un développement considérable ; dans notre impatience à trouver un raccourci vers le communisme, notre désir de prendre les devants a pour un temps fait pâlir toute autre considération, et nous avons oublié cette ligne de masse et ce style pragmatique qui caractérisaient traditionnellement notre Parti ; dans notre mode de pensée, nous nous sommes mis à confondre stratégie et mesures concrètes d'exécution, politique à longue échéance et dispositions à court terme, le tout et les parties, l'ensemble de la collectivité et les collectivités particulières. Ainsi les slogans lancés par le président Mao « semer moins pour récolter plus » et « rattraper l'Angleterre en quinze ans » relevaient seulement de la stratégie, de la politique à longue échéance. Nous avons péché par manque de réflexion, nous n'avons pas suffisamment prêté attention aux conditions concrètes du moment ; au lieu d'asseoir nos tâches sur une base positive, stable et solide, et d'élever les normes de façon progressive, pour des réalisations qui exigeraient normalement plusieurs années, voire dix ans et plus, on a soudain fixé un délai d'un an, sinon de quelques mois. Et c'est ainsi que l'on a décollé de la réalité et que l'on s'est aliéné le soutien des masses. Par exemple on a désavoué prématurément le principe d'échange à parité égale, on a promu prématurément la notion de nourriture gratuite ; dans les régions où la récolte paraissait bonne, on délaissa pour un temps les voies normales d'écoulement et l'on commença à se goberger à ventre déboutonné ; certaines techniques furent imprudemment généralisées sans

avoir été préalablement éprouvées, on rejeta à la légère des lois économiques et des principes scientifiques : voilà autant de manifestations de cette tendance gauchiste. Dans l'optique de certains camarades, il suffit de donner la « priorité au politique » et l'on a la panacée universelle. Ils oublient que donner la « priorité au politique », c'est aussi élever la conscience du travail, garantir la quantité et la qualité de la production, donner libre cours à l'énergie positive et au génie créateur des masses, et ainsi accélérer l'édification socialiste de notre économie. La « priorité au politique » ne saurait se substituer aux lois économiques, et surtout ne saurait remplacer les mesures concrètes d'exécution des tâches économiques ; au principe de la « priorité au politique » il faut joindre les mesures réellement efficaces dans l'ordre des tâches économiques ; ces deux aspects doivent faire l'objet d'une égale attention, et l'on ne saurait avantager l'un au détriment du second. Comme l'enseigne l'expérience historique de notre Parti, la rectification de ces phénomènes gauchistes peut se montrer plus ardue encore que la lutte contre la pensée conservatrice de droite. Durant les six derniers mois de l'an passé, il semble avoir régné une atmosphère à la faveur de laquelle tout le monde avait l'attention fixée sur la pensée conservatrice de droite, et ce faisant négligeait le problème du subjectivisme.

Depuis l'hiver dernier avec la conférence de Zhengzhou et toutes les mesures qui en ont découlé, plusieurs phénomènes gauchistes ont été rectifiés, et ceci constitue une très grande victoire. Cette victoire a servi d'enseignement aux membres du Parti entier, sans abattre leur énergie positive.

Maintenant en ce qui concerne la situation intérieure du pays, fondamentalement nous voyons clair ; surtout depuis la série des récentes conférences, la plupart des camarades dans le Parti en sont venus à partager fondamentalement le même point de vue. Notre tâche présente est d'unifier le Parti entier, de continuer à travailler avec zèle ; il me semble qu'il serait bon de dresser un bilan systématique de tous les résultats et enseignements obtenus depuis le milieu de l'année passée, afin de mieux éclairer les camarades dans le Parti entier. L'objectif de pareille entreprise serait seulement d'établir une claire distinction entre la vérité et l'erreur, d'élever le niveau idéologique, et nullement d'identifier des responsabilités individuelles, ce qui ne pourrait que porter préjudice à l'unité et au travail. Pour ce qui est des problèmes relevant de notre manque d'expérience dans le domaine des lois de l'édification socialiste, certains d'entre eux ont été résolus à la suite des expériences et des réévaluations effectuées depuis le milieu de l'an passé, pour d'autres il faudra encore une certaine période d'étude et de tâtonnements avant qu'on en maîtrise les réponses ; en ce qui concerne les problèmes idéologiques ou relevant du style de travail, la présente expérience a comporté un enseignement cinglant qui nous a déjà tant soit peu réveillés. Mais s'il s'agit vraiment de s'amender de façon radicale, il sera encore nécessaire de faire d'âpres efforts. Comme le Président l'a indiqué durant la présente conférence, « les résultats sont grandioses, les problèmes sont nombreux, nous avons acquis une riche expérience, notre avenir est brillant ». Pour retrouver l'initiative, il faut que notre Parti s'unisse ; du moment qu'il se montre capable de lutter avec ardeur, les conditions requises pour la poursuite du Grand Bond en avant existent toujours. Cette année, l'an prochain et durant les quatre années à venir du nouveau plan, il faudra parachever la victoire ; l'objectif de rattraper l'Angleterre en quinze ans peut être fondamentalement résolu dans les quatre années à venir, pour certains produits importants, nous pouvons à coup sûr dépasser l'Angleterre ; tels sont nos résultats grandioses, tel est notre avenir brillant.

Je vous prie d'agréer mes sentiments respectueux,

Peng Dehuai
14 juillet 1959

LETTRE D'EXCUSES ADRESSÉE A MAO ZEDONG PAR PENG DEHUAI APRÈS SA DISGRÂCE
(9 septembre 1959)

Président,

La huitième session plénière du VIIIe Comité central et la conférence élargie de la Commission militaire ont radicalement exposé et dénoncé mes fautes, et ainsi ont éliminé une plaie secrète, source de division à l'intérieur du Parti. Ceci est une grande victoire pour le Parti, et en même temps m'a fourni une ultime occasion d'amender mes erreurs ; je tiens à vous remercier sincèrement, ainsi que de nombreux autres camarades, pour la patience avec laquelle vous m'avez éduqué et aidé. La dénonciation historique et systématique de mes fautes à laquelle le Parti vient de se livrer, était absolument nécessaire. C'est seulement de cette façon qu'il était possible de me faire véritablement prendre conscience du caractère extraordinairement nocif de mes fautes et de neutraliser leur détestable influence dans le Parti. Maintenant j'ai pu mesurer à quelle profondeur se trouvaient enracinées ma vision bourgeoise du monde et ma façon bourgeoise d'approcher les choses, ainsi que le degré extraordinaire de gravité atteint par mon individualisme. Maintenant je me rends mieux compte également que c'est le Parti et le peuple qui m'ont formé au prix de sacrifices considérables ; aussi, si mes fautes n'avaient pas été radicalement exposées et dénoncées au bon moment, quel terrifiant danger n'auraient-elles pu finalement représenter ! Par le passé, sous la diabolique influence de mes conceptions bourgeoises, j'ai toujours considéré comme autant d'attaques personnelles les dénonciations sincères que vous avez eu la bonté de formuler contre moi. Aussi, de toutes les luttes successives qui ont porté sur ces questions de ligne erronée, je n'ai su retirer aucun enseignement ni profit, et mon obstination maladive dans l'erreur n'a pu être guérie. Depuis plus de trente ans, je me suis montré indigne de vos enseignements et de votre patience, et vous m'en voyez maintenant accablé de regret et confus au-delà de toute expression. J'ai offensé le Parti, j'ai offensé le peuple et je vous ai offensé vous-même. Dorénavant, il me faudra déployer les plus grands efforts pour parachever l'examen approfondi de mes fautes et étudier avec zèle la théorie marxiste, de façon à me réformer idéologiquement et à garantir que dans mes vieux jours je ne commettrai plus rien qui puisse faire tort au Parti et au peuple. Dans ce but, je prie le Comité central, une fois que la conférence élargie de la Commission militaire se sera achevée, de bien vouloir m'autoriser à me mettre à l'étude, ou de m'autoriser à quitter Pékin et à aller dans une commune populaire où je pourrai simultanément étudier et me joindre en partie au travail manuel ; de cette façon, il me sera possible, en partageant la vie collective du peuple travailleur, de me retremper le caractère et de me réformer idéologiquement. Je vous prie de bien vouloir examiner cette suggestion et de me faire connaître votre décision. Respectueusement,

Peng Dehuai
9 septembre 1959

« HAI RUI SEMONCE L'EMPEREUR » [1]

Sous l'ancien régime, l'empereur jouissait d'une inviolabilité absolue, son nom même était tabou ; tout caractère qui se retrouvait dans la composition de son nom devait être écrit avec l'un ou l'autre jambage en moins. Quiconque négligeait cet usage et par mégarde écrivait le caractère tabou dans son intégralité, se trouvait en contravention avec la loi et se voyait traîné en justice et condamné à une peine de prison. Quant à réprimander l'empereur, c'est une chose dont on a bien rarement entendu parler ! Hai Rui est un de ces rares individus qui osa véritablement semoncer l'empereur, et qui le fit avec une furieuse allégresse. Le passage le plus sévère de sa réprimande était ainsi tourné :

> Le peuple est maintenant accablé d'impôts excédant largement l'ordinaire ; il en va ainsi dans tout le pays. Vous dépensez des sommes considérables dans le domaine de la religion et de la superstition, et ces dépenses ne font qu'empirer de jour en jour. La population se trouve réduite à la misère nue, sa détresse extrême dure depuis plus de dix ans. Dans tout l'empire le peuple a fait un jeu de mots sur le nom de votre règne « Jiajing », « tondu ras » (*jie jing*) car chaque famille se trouve en effet pressurée jusqu'au dernier sou.

1. Article de Wu Han paru dans le *Renmin ribao* du 16 juin 1959, sous le pseudonyme de Liu Mianzhi.

Non seulement Jiajing au long de plusieurs dizaines d'années de règne ne s'était jamais vu pris à partie de façon aussi directe et audacieuse, mais dans tout l'ensemble des histoires dynastiques, on trouverait difficilement un exemple semblable. Chaque phrase faisait mouche ; Jiajing outré et furibond, crachait du feu.

Jiajing à ce moment se trouvait sur le trône depuis fort longtemps déjà. Négligeant les affaires de l'État, il ne se donnait plus la peine de tenir audience. Retiré dans son parc de l'Ouest, il passait ses jours à adorer les esprits, à organiser des cérémonies religieuses et à dépêcher des « missives vertes ». Les « missives vertes » étaient une forme de lettre adressée aux esprits ; la rédaction en était particulièrement compliquée, et les ministres Yan Song et Xu Jie devaient précisément la faveur impériale dont ils jouissaient, au fait qu'ils étaient spécialistes en la matière. La vie politique était corrompue au plus haut point ; ceux des courtisans qui osaient émettre un avis étaient soit exécutés, soit cassés, emprisonnés ou envoyés aux armées, et dans ce climat de terreur, plus personne n'osait ouvrir la bouche. En février de la quarante-cinquième année du règne de Jiajing (1566), Hai Rui adressa à l'empereur un mémoire sur la situation politique ; traitant des problèmes du moment, il soumettait l'empereur à un véritable interrogatoire et exigeait des réformes. Il écrivait dans ce mémoire :

Valez-vous mieux que l'empereur Wendi des Han ? Il y a plusieurs années, vous avez bien effectué un certain nombre d'œuvres utiles. Mais plus récemment vous ne vous êtes plus occupé que de dévotion taoïste et de la construction de vastes palais. Voici plus de vingt ans que vous n'avez plus tenu audience ; vous distribuez les fonctions officielles à votre caprice. Vous ne vous souciez plus de voir vos deux fils : avez-vous donc étouffé en vous tout sentiment paternel ? Vous avez fait mettre à mort vos ministres sur la foi de soupçons et de calomnies : est-ce là la bienveillance qu'un souverain doit avoir pour ses courtisans ? Vous restez enfermé dans ce parc de l'Ouest sans plus regagner votre palais : que faites-vous de l'affection de votre épouse ? Par tout l'empire, les fonctionnaires sont devenus corrompus et les généraux pusillanimes. De toutes parts les paysans se rebellent. Ces divers phénomènes existaient déjà dans les premières années de votre règne, mais sans atteindre pareille gravité. Maintenant, bien que Yan Song ait été démis de ses fonctions de premier ministre, nulle réforme n'est encore en vue, et l'empire est loin encore de présenter un aspect brillant. A mon avis, vous êtes fort en dessous de l'empereur Han Wendi.

Jiajing se comparait lui-même à Yao — il s'était donné le surnom de Yaozhai —, et voici que Hai Rui lui déclare qu'il ne vaut même pas un Han Wendi ! Comment n'aurait-il pas explosé de fureur ? Hai Rui ajoutait encore :

Vous ne vous occupez que de pratiques taoïstes, vous ne songez qu'à obtenir des secrets de longue vie : vous en avez perdu le bon sens. L'arbitraire de vos décisions passe la mesure, la partialité égare votre jugement. Quand vous croyez avoir raison, vous refusez toute critique et vous accumulez les erreurs. Toute votre attention est accaparée par ce désir de devenir un immortel et d'obtenir le secret de la longévité. Voyez plutôt Yao, Shun, Yu, Tang, le roi Wen et le roi Wu, en est-il un seul qui vive encore aujourd'hui ? Le professeur qui vous enseignait ces recettes de longévité, Tao Zhongwen, est mort maintenant : si lui-même n'a pu s'assurer l'immortalité, comment pourriez-vous y prétendre, vous ? Vous déclarez que le Souverain du Ciel vous a donné des pêches d'immortalité et des pastilles de longue vie. Comme c'est étrange ! Comment ces pêches et ces pastilles vous ont-elles été transmises ? Est-ce le Souverain du Ciel qui vous les a données lui-même, avec la main ?

Vous devriez vous rendre compte qu'il n'y a rien de bon à retirer de ces pratiques taoïstes. Ressaisissez-vous ! Tenez chaque jour audience, étudiez les affaires de l'État et les problèmes de vos sujets, réformez radicalement vos erreurs de plusieurs dizaines d'années, appliquez-vous à assurer le bonheur de votre peuple !

Le principal problème du moment, c'est que le souverain a quitté la voie droite, et ses ministres ne peuvent s'acquitter de leur office avec honneur. C'est à cela qu'il faut porter remède, car tout le reste en dépend.

A cette lecture, Jiajing ne se tint plus de colère. Il jeta le mémoire à terre et ordonna d'arrêter immédiatement Hai Rui avant que celui-ci ne puisse s'échapper. L'eunuque Huang Jin intervint alors : « D'après ce que j'ai entendu dire, cet homme s'est préparé pour le pire ; il a déjà fait ses adieux à sa femme et a confié ses affaires au soin d'un ami ; ses domestiques frappés d'épouvante, se sont tous enfuis. Il ne cherchera pas à échapper à son sort ; d'un caractère inflexible et droit, il jouit d'une grande réputation ; dans ses fonctions officielles, il a toujours fait montre d'une scrupuleuse honnêteté, et n'aurait jamais voulu léser les ressources de l'État, fût-ce d'un seul grain de riz. C'est vraiment un fonctionnaire intègre ! » Jiajing apprenant ainsi que Hai Rui ne craignait pas la mort, demeura tout interdit. Il ramassa le mémoire et le relut en soupirant, incapable de prendre une décision. Plusieurs jours s'écoulèrent ; chaque fois que l'incident lui revenait à l'esprit il s'emportait, tapait sur la table et gourmandait son entourage. Un jour dans sa colère, il frappa une servante du palais ; en cachette celle-ci murmura en pleurant : « L'empereur s'est fait semoncer par Hai Rui, et maintenant il décharge sa colère sur nous. » Jiajing dépêcha encore des émissaires pour s'enquérir si Hai Rui n'agissait pas à l'instigation de comparses. Mais les collègues de Hai Rui craignant de se compromettre, l'évitaient soigneusement. Hai Rui, pas le moins du monde affecté par tout cela, attendait chez lui qu'on vînt l'arrêter.

A certains moments Jiajing ne pouvait s'empêcher de s'exclamer : « Cet homme est vraiment de la trempe de Bi Gan ; je ne suis pourtant pas encore aussi dénaturé que le roi Zhouxin[1]. » Il traitait Hai Rui de noms

1. Bi Gan avait osé critiquer Zhouxin, le dernier souverain des Shang ; celui-ci lui fit arracher le cœur.

d'animaux ; tant dans la conversation que dans les notes qu'il écrivait en marge du dossier de Hai Rui, jamais il ne désignait celui-ci par son nom. Malade et exaspéré, il fit part à son ministre Xu Jie de son intention d'abdiquer en faveur du prince héritier : « Tout ce que Hai Rui a dit, est vrai. Mais malade depuis si longtemps, comment aurais-je pu tenir audience et expédier les affaires de l'État ? » Il ajouta encore : « Tout ceci est de ma faute ; si je m'étais mieux ménagé, ma santé ne serait pas aujourd'hui dans un tel état. Et si j'étais resté en mesure de tenir audience et d'administrer les affaires de l'empire, jamais je n'aurais prêté le flanc aux attaques de cet individu. » Il donna finalement l'ordre de jeter Hai Rui en prison, et de déterminer qui en fin de compte se trouvait derrière toute cette affaire. La commission pénale recommanda la peine de mort pour Hai Rui, mais Jiajing ne put se résoudre à signer la sentence. Deux mois plus tard, Jiajing mourait ; son successeur fit libérer Hai Rui et le réinstalla dans ses anciennes fonctions de vice-président du bureau de la Population.

La semonce adressée par Hai Rui à l'empereur suscita une sympathie et une approbation unanimes. Sa réputation ne fit que croître. En la quatorzième année du règne de Wanli (1586), Hai Rui fut calomnié auprès de l'empereur. Aussitôt les jeunes licenciés Gu Yuncheng, Peng Zungu, Zhu Shouxian prirent sa défense et sollicitèrent pour lui la clémence impériale. Dans leur pétition ils disaient entre autres : « Le nom de Hai Rui nous a été familier dès notre jeunesse ; il passait déjà alors pour un héros de notre époque. Il restera éternellement un objet d'admiration pour les hommes, car son mérite est inégalable. » Telle était l'opinion qu'avaient de lui les jeunes hommes de son temps.

Hai Rui à l'époque fut adoré des masses, et le peuple célébrait ses louanges.

Il s'opposait à la corruption, il s'opposait au luxe et au gaspillage, il encourageait la frugalité, châtiait les arrogants, soulageait les misérables ; il procéda à une juste répartition des terres ; il imposa la même loi pour tout le monde et abrogea les anciens privilèges ; il fit de grands travaux d'irrigation ; toutes ces initiatives étaient prises dans l'intérêt des paysans, aussi ceux-ci l'adoraient-ils et célébraient ses louanges. En ce qui concerne les citadins, surtout les commerçants, il réduisit les taxes et supprima les réquisitions ; ces mesures contribuèrent à alléger les charges de l'industrie et du commerce urbains, aussi les citadins eux aussi le vénéraient et chantaient ses louanges. A part cela, il prêtait encore une attention toute spéciale aux affaires de justice ; dans les procès où des vies humaines se trouvaient en jeu, il étudiait chaque dossier en détail ; il mit à profit ses fonctions de préfet, puis de gouverneur de province, pour juger personnellement chaque cas, et régler tous les anciens dossiers accumulés ; il innocenta bon nombre de personnes injustement accusées, et aussi finit-il par faire figure de sauveur pour tous les opprimés, les humiliés et les victimes de l'injustice. Son nom était sur toutes les bouches, on le bénissait, son effigie faisait l'objet d'un culte, on le célébrait en des chants et des hymnes. A sa mort, la population de Nankin suspendit toute activité ; comme le bateau qui transportait sa dépouille traversait le fleuve, une multitude en deuil, massée à perte de vue sur les deux rives, offrait des libations funèbres et se lamentait. Les épisodes de sa vie, en particulier les anecdotes sur ses décisions judiciaires, sont encore populaires aujourd'hui même parmi les masses.

Sous l'ancien régime, Hai Rui faisait figure de fonctionnaire intègre et incorruptible. Il s'opposait au mal et aux méchants, soutenait le bien et les honnêtes gens. Dans l'intérêt du peuple, il combattit résolument, envers et contre tout, les forces obscurantistes de la réaction. Il y a deux aspects de son caractère dont nous pourrions nous inspirer aujourd'hui encore ; premièrement il faisait toujours une claire distinction entre la vérité et l'erreur, et deuxièmement il entretenait une volonté de combattre jusqu'au bout les forces rétrogrades. Évidemment, Hai Rui vivait sous l'ancien régime il y a quelque trois ou quatre siècles, ses critères de valeur ne sauraient donc entièrement s'identifier aux nôtres aujourd'hui ; mais la façon éclatante avec laquelle il prenait position, ainsi que son fougueux esprit de lutte, mériteraient bien que nous les imitions.

FRAGMENTS DE LA DÉPOSITION DE PENG DEHUAI DURANT SON PROCÈS (28 décembre 1966-5 janvier 1967)

Avant la Libération, au moment du VIIe Congrès du Parti, j'ai dit : « La pensée de Mao Zedong est correcte à 99,9 %, et fautive à 0,1 %. »

Dans les premières années de la Libération, je me suis principalement inspiré du modèle soviétique. A l'initiative de He Long (et avec ma participation active), on donna la priorité au matériel ; même l'équipement militaire était entièrement soviétisé. Dans la suite nous abandonnâmes cette politique car elle était impopulaire et le Président la critiqua. En Corée, je me suis engueulé avec Kim Il-sung ; le Président me critiqua et dit que c'était du chauvinisme. Mais maintenant Kim Il-sung n'a-t-il pas viré au révisionnisme ?

En 1956, au moment du VIIIe Congrès, je proposai que l'on supprime dans la charte du Parti la mention sur la pensée de Mao Zedong. Cette motion fut immédiatement secondée par Liu Shaoqi qui dit : « On ferait bien de supprimer cette mention. » Je suis contre le culte superstitieux de la personnalité.

En 1958, je me suis trouvé drôlement occupé, tout le temps à galoper d'un coin à l'autre du pays. Pour quoi faire ? En 1958 c'était le Grand

Bond en avant, l'industrie et l'agriculture en plein essor… En ce qui concernait la capacité à produire les quantités prévues, j'avais mes doutes mais je ne dis rien à l'époque.

Après la conférence de Beidaihe, je me rendis à Lanzhou dans le Nord-Ouest. Dans le train de Zhengzhou nous tînmes également une conférence contre la « communisation ». Quand je me rendis à la conférence élargie du Bureau politique à Wuhan, j'en profitai pour pousser jusqu'au Hunan, et j'y fis une enquête : non seulement la production n'y avait pas augmenté, elle avait diminué ! Sur le coup je fis un poème :

> On a semé le grain, les feuilles des patates douces déjà se dessèchent,
> Les jeunes gens et les hommes robustes sont tous partis fondre l'acier ;
> Il ne reste que les femmes et les enfants pour faire la récolte.
> De quoi vivra-t-on l'an prochain ?
> Dans l'intérêt du peuple sonnons l'alarme !

Je ne pouvais pas garder le silence plus longtemps. Je résolus de faire comme Hai Rui.

Ensuite j'allai enquêter au Jiangxi et au Anhui ; je décidai de prendre la parole à la conférence de Lushan.

Sur la conférence de Lushan : le soir du 13 juillet 1958, j'écrivis une lettre au Président. Le lendemain 14 juillet, elle fut imprimée et distribuée à tous les camarades participant à la conférence.

Pour l'essentiel, le contenu était le suivant :

1. Le Grand Bond en avant de 1958 présentait un mélange d'échecs et de victoires ; dans la balance, les échecs pesaient le plus lourd. Les accroissements réels de production étaient inférieurs aux résultats officiellement annoncés.

2. Le grave problème du moment est un problème de déséquilibre ; chaque jour plusieurs dizaines de millions de personnes ne s'occupent plus que de fondre de l'acier. Il faut prendre des mesures et mettre un frein à ces excès.

3. Manque d'honnêteté : les rapports sont falsifiés. Dans le pays entier, dans chaque secteur d'activité, de pareils rapports sont rédigés.

4. Exaltation petite-bourgeoise, autoritarisme divorcé des masses ; on a oublié la ligne de masse cultivée depuis tant d'années. Subjectivisme, usage aveugle des ressources, gaspillage.

Mes motivations en écrivant cette lettre partaient d'une bonne intention ; mon langage avait la rudesse de Zhang Fei sans en avoir la subtilité.

Le Président reçut ma lettre le 17 ; le 23, il prit la parole pendant quarante minutes à propos de mon problème ; l'essentiel de son attaque tenait dans des propos comme ceci :

« La lettre de Peng Dehuai a un caractère général ; c'est une attaque contre notre ligne générale ; pour la forme seulement, elle soutient les communes populaires», «Peng Dehuai est subtil; là où nous avons l'habitude de dire "il y a du bon et du mauvais", lui dit "il y a du mauvais et il y a du bon" : le mauvais vient en tête», «il prétend que la mobilisation de dizaines de millions d'hommes pour fondre l'acier est de l'exaltation petite-bourgeoise, et que des habitudes de fanfaronnade creuse sévissent dans tous les secteurs de l'activité du pays entier; en fait il ne veut pas des communes populaires; il prétend encore que la démesure prévaut partout, etc., etc.», «si l'Armée populaire de libération se range aux côtés de Peng Dehuai, il ne me reste plus qu'à reprendre le maquis». J'estime que ces propos du Président sont outranciers; moi, je garde mes réserves; le Président prétend que ma lettre était une «préparation à la rébellion», «le fait d'un ambitieux», «le fait d'un hypocrite» : c'est plus que je n'en puis supporter ! Démettez-moi de mes fonctions, je n'y vois pas d'obstacle — mais je n'en pense pas moins; sans fonctions officielles, je ne me sens que plus libre. Si je ne fais plus l'affaire, il y en a d'autres qui sont mieux qualifiés que moi; faisons-leur place ! Après la conférence de Lushan, le Hai Rui que j'avais rêvé jouer s'est trouvé dans une belle déconfiture…

INTERROGATOIRE DE PU ANXIU
(FEMME DE PENG DEHUAI)
DURANT LE PROCÈS DE PENG

Commentaire de l'Enquêteur : *Pu Anxiu, la puante compagne de Peng Dehuai, est de mèche avec Peng. Elle participait activement aux complots de la clique anti-Parti du bandit Peng. Après la disgrâce du bandit Peng, Pu fit semblant en 1962 de divorcer d'avec lui pour donner l'impression qu'elle le désavouait, mais en réalité elle s'employait de toutes ses forces à le protéger dans ce pas difficile. Aujourd'hui encore la sorcière Pu refuse de démasquer le bandit Peng et s'ingénie à résister. Par tous les moyens, elle s'efforce de maquiller les forfaits du bandit Peng. Nous reproduisons ici le compte rendu de son interrogatoire, pour qu'il serve à la confondre.*

Je m'appelle Pu Anxiu; j'ai épousé Peng Dehuai à Yan'an en 1938. Je ne connais pas ses activités, je ne suis au courant de rien.

Depuis 1953, je l'ai fréquemment entendu qui se plaignait : «Je me fais vieux; le Président ne m'aime pas, il n'a pas de considération pour moi. La nouvelle génération commence à monter, je ne veux pas me tenir dans son chemin. J'ai renversé Chiang Kai-shek, j'ai battu les impérialistes : j'ai réalisé tous les vœux de mon existence, je peux rentrer au village cultiver mon jardin, et tant pis si le Président ne m'aime pas !»

Parfois quand les autorités centrales du Parti se faisaient photographier, si c'était en présence du président Mao, Peng ne voulait pas y aller. Aux conférences des organes centraux du Parti qui se tenaient après midi, il ne voulait pas se rendre non plus.

Dans la banlieue de Pékin, il y a un endroit superbement aménagé pour permettre aux autorités supérieures et au président Mao de se reposer. Parfois le dimanche, je lui suggérais d'aller s'y reposer, mais il ne voulait jamais. Il disait : « Cet endroit sert de résidence au Président. Si tu veux y aller, vas-y ; moi je n'y vais pas. Cette résidence est aménagée de façon beaucoup trop somptueuse. »

En 1958, Peng Dehuai retourna au Hunan en tournée d'inspection. Revenu à Pékin il raconta que, dans sa famille, même les casseroles avaient été détruites, ce qui était bien malcommode pour faire la cuisine, elles avaient servi à fabriquer de l'acier. Il dit qu'il n'était pas satisfait de ces mouvements de masse ; il grommelait et soupirait.

En 1958, Peng Dehuai me dit : « Le président Mao m'a cogné dessus un bon coup, et moi aussi je lui ai cogné dessus un bon coup. Si lui peut me prendre à partie, pourquoi est-ce que moi je ne pourrais pas faire de même ? »

En 1959, après la conférence de Lushan, il dit : « Plus de fonctions officielles, je suis libre ! » Il ajouta : « Si j'étais contre le président Mao, par le passé, j'aurais pu m'opposer à lui avec succès ; pourquoi aurais-je attendu jusqu'à la Libération ? » Il dit encore : « J'ai mangé le pain de la révolution démocratique, maintenant je ne fais plus l'affaire » et il acheta une série d'ouvrages techniques sur l'agriculture, s'aménagea un vivier et un lopin de terre et se mit à élever des poissons et à cultiver son potager.

Jusqu'au bout il continua à penser que le Grand Bond en avant avait perdu toute mesure, que lui-même avait vu juste, que le Comité central et le président Mao s'étaient trompés ; il disait que c'était une question de ligne politique.

En 1962, il rédigea encore un plaidoyer pour le réexamen de son dossier ; il y réaffirmait qu'il avait eu raison.

Dans la suite, il fut réaffecté à un emploi de troisième ordre ; j'allai lui rendre visite. Il me dit que le président Mao lui avait accordé une audience et lui avait conseillé de travailler consciencieusement et de se débarrasser de toutes ses vieilles idées ; mais lui-même ne désirait pas accepter cette affectation, il ne pensait qu'à rentrer au village cultiver son potager.

Par le passé Zhu De, He Long, Huang Kecheng, Zhang Wentian et également XXX, XXX, XXX[1] venaient fréquemment nous rendre visite à l'improviste, pour bavarder avec Peng.

1. Trois noms censurés dans le texte original.

SUR L'IMPORTANCE HISTORIQUE DE SUN YAT-SEN

La personnalité, la pensée et l'action de Sun constituent une clef fondamentale pour la compréhension de la Chine moderne et de sa révolution. Cette évidence est universellement acceptée en Chine. Sun est le *seul* homme politique chinois du XXe siècle qui ait réussi à susciter le respect unanime de la postérité, et l'impact historique qu'il a eu sur l'ensemble du peuple chinois est si considérable que même les aventuriers qui ensuite se sont succédé au pouvoir, de Chiang à Mao, se sont toujours sentis obligés (alors même qu'ils trahissaient son héritage) de légitimer leur autorité en se donnant pour ses héritiers spirituels. Par contraste, la volonté que les Occidentaux ont toujours manifestée — et continuent à manifester aujourd'hui encore — d'ignorer, de minimiser ou de ridiculiser le rôle de Sun, est d'autant plus frappante. Il est de mode parmi l'intelligentsia sinologique contemporaine de ne traiter Sun qu'avec une sorte de mépris amusé ou d'indulgence protectrice : les exemples de cette attitude abondent : voir par exemple un ouvrage récent comme celui de H. McAleavy : *The Modern History of China* (Londres, 1967) ; Sun y est décrit comme le « rather ineffectual patron saint of Chinese nationalism » qui « throughout his life was never to display much familiarity with the realities of Chinese society » ; les motivations de son action sont interprétées de façon aberrante ou abjecte, ainsi en 1917 quand il cherchait à former une coalition contre le gouvernement de Duan Qirui « the truth was that Sun Yat-sen by now was moved above all by resentment at his exclusion from the councils of Peking and was willing to go to almost any lengths to force his way back on the stage. If Tuan Ch'i-jui could get loans, why should a true patriot not enjoy the same benefits ? The idea appeared so reasonable that with all the dignity of his new office behind him, he was soon hawking round economic concessions in the hope of finding a Japanese or American buyer, but in neither country were men of affairs so naive to imagine that he had anything of value to sell ». Et quand, dans ce concert actuel, un savant historien qui sut mettre à profit son long séjour en Chine pour se débarrasser de cette arrogance occidentale, et envisager les problèmes chinois dans une optique intellectuelle chinoise, ose à l'encontre de la mode faire entendre un autre son de cloche et rendre à Sun l'importance qui lui revient (W. Franke : *A Century of Chinese Revolution*), il se fait aussitôt tancer par la critique : « Some of Franke's judgements now seem badly dated. *Particularly annoying is the prominent place given to Sun Yat-sen.* Franke views Sun as "idealistic and unselfish" and the leader of the Chinese revolution in the early decades of the century. In fact he can just as accurately be viewed as a naive and ineffectual politico, as willing as anybody to play warlord games and grant concessions to foreigners. That he sat out the actual revolution of 1911 in the United States casts doubts on his leadership role, and the revolution would certainly have failed if not for the opportunistic switch of Yuan Shih-k'ai to the revolutionary side. Nor are Sun's "Three People's Principles" worth the emphasis given them. They were for the most part politically unworkable and of minor intellectual value. Fortunately (*sic !*) several Western scholars are now working on Chinese intellectual and political developments of the period, and the next three or four years will see a more complete and balanced picture emerge. » (Ch. Snyder in *Far Eastern Economic Review*, nº 10, 6 mars 1971.)

Trait symptomatique, sur Sun Yat-sen, depuis l'étude compétente mais malgré tout élémentaire et ancienne (1934) de L. Sharman, *aucun travail sérieux* n'a été publié ou entrepris en Occident [1], alors que des revenants anachroniques du genre de Yuan Shikai, ou aujourd'hui d'absurdes et éphémères pantins tels que Mme Mao et autres Chen Boda, fournissent des sujets très recherchés pour thèses de doctorat… Ceci en dit long sur l'ignorance dans laquelle se maintient l'Occident en ce qui regarde les grands courants *vivants* de l'histoire chinoise contemporaine ; sur ce sujet, malgré la prodigieuse inflation des études chinoises modernes à laquelle nous assistons aujourd'hui, aucun progrès n'a été fait par rapport aux préjugés et à la suffisance aveugle qui prévalaient à la fin du XIXe et au début de ce siècle. Dès à présent, on peut être sûr que les hommes qui se lèveront bientôt en Chine pour reprendre et parachever la longue révolution interrompue et deux fois trahie, seront une fois de plus seuls devant leur tâche, seuls comme Sun l'avait été en son temps ; de l'Occident, ils ne pourront attendre qu'incompréhension et hostilité.

NOTICES BIOGRAPHIQUES

Ces notices, rédigées en 1970, reflètent la situation des intéressés au lendemain du IXe Congrès. Leur destin ultérieur (mise à jour 1977) est indiqué par les symboles suivants : ❀ réhabilité ; ✝ disgracié ; † décédé.

*Dans ces esquisses biographiques on ne trouvera pas les grands premiers rôles — Mao, Lin, Zhou, Liu, etc. — dont la personnalité et l'action fournissent la matière même de ce livre — mais seulement leurs comparses ou des figures de second plan qu'il est nécessaire de pouvoir situer pour pleinement comprendre la portée des événements décrits plus haut. Le signe * indique un membre du Bureau politique du IXe Comité central.*

---

1. L'ouvrage de H. Z. Schiffrin (*Sun Yat-sen and the Origin of the Chinese Revolution*, 1970) ne va que jusqu'en 1905.

* **Chen Boda** — *le secrétaire perpétuel.* †

Né en 1904 au Fujian. Polygraphe terne et zélé, secrétaire de Mao depuis 1937. Rédacteur en chef du *Hong qi* depuis 1958. Dans l'abondante collection de ses écrits théoriques on trouverait difficilement une pensée originale, un propos qui lui fût personnel. Il s'est toujours contenté, avec une grande abnégation, de n'être que le porte-plume de Mao. Travailleur austère, infatigable et taciturne qui ne fume ni ne boit, ses vertus et son dévouement se trouvent bien mal récompensés aujourd'hui. On lui impute maintenant à crime un article écrit en… 1936 (à l'inspiration même de son maître !) sur la fameuse querelle de la « Littérature de Défense nationale » et de la « Littérature des masses ». Derrière ce prétexte tout à fait étranger au problème véritable, c'est le dernier porte-parole de l'activisme de la « Révolution culturelle » qui est visé.

Chen Yi — *le diplomate improvisé.* ✿ †

Né au Sichuan en 1901, dans une famille mandarinale.

Partit pour la France en 1919, dans le cadre du fameux mouvement des étudiants-ouvriers ; expulsé de France en 1921 pour sa participation à l'agitation estudiantine chinoise à Lyon. Rentré en Chine, joint le parti communiste en 1923. Participe à l'Expédition vers le nord et au soulèvement de Nanchang (1927), puis rejoint Mao dans le maquis des monts Jinggang en 1928. C'est lui qui fut l'exécuteur de la grande purge de Futian (1930), qui élimina le groupe des opposants à Mao et fit de celuici le leader incontesté du Parti. Couvrit la retraite de la Longue Marche en menant d'héroïques combats d'arrière-garde au Jiangxi-Fujian. Durant la guerre, il se trouva en charge des opérations militaires au Jiangsu, la plus importante base communiste établie en zone ennemie. Il se distingua encore comme stratège durant la guerre civile de 1947-1948. Connu à l'étranger surtout comme ministre des Affaires étrangères (depuis 1958), il était en fait entièrement novice dans ce rôle diplomatique. Il ne faut pas perdre de vue qu'il fut l'un des plus illustres et des plus talentueux chefs de guerre de l'armée rouge (créé maréchal en 1955), et qu'aussi les attaques lancées contre lui par les gardes rouges durant la « Révolution culturelle », furent particulièrement mal accueillies par l'armée. Proche collaborateur de Zhou Enlai (dont il fut pour la première fois l'assistant en 1925 à l'Académie militaire de Huang-pu « Whampoa », dans le département politique), il souffrit une demi-disgrâce à l'issue de la « Révolution culturelle », perdant son poste ministériel, et surtout son siège au Bureau politique, mais conservant sa place dans le Comité central.

Deng Tuo — *la conscience et la dignité d'un intellectuel.*

Né en 1911 au Shandong. Actif dans les réseaux communistes clandestins des zones « blanches » avant la guerre, il fut emprisonné par le Kuomintang. Pendant la guerre, il gagna la région frontière du Shanxi-Chahar (zone de guérilla dirigée par Peng Zhen) et il devint directeur du journal quotidien de cette région. Après la Libération, il fut nommé rédacteur en chef du *Renmin ribao* (Quotidien du peuple), position qu'il occupa de 1953 à 1959. Depuis 1959 jusqu'à sa disgrâce (1966), il fut secrétaire du secrétariat du comité municipal du Parti de la ville de Pékin, et rédacteur en chef du *Qianxian* (organe de ce même comité). Deng Tuo est un homme d'une vaste culture, également à l'aise dans les études de philosophie marxiste et dans l'histoire de la Chine classique. Il est servi par un brillant talent d'écrivain et excelle dans le court essai en prose satirique ou polémique, rappelant la glorieuse tradition de Lu Xun. Ses écrits publiés au début des années 1960 dans le *Beijing wanbao*, *Beijing ribao* et *Qianxian* (recueillis sous le titre *Conversations du soir à Yanshan*) constituent à ce jour la plus audacieuse et la plus percutante dénonciation du maoïsme jamais entreprise en Chine. Deng Tuo devait sa liberté d'action essentiellement à la protection de Peng Zhen ; en prélude à l'élimination de Peng, Deng fut purgé en mai 1966. Il se suicida quelques jours plus tard.

* **Dong Biwu** — *une relique du passé.* ❀ †

Né en 1886 au Hubei, Dong est un vénérable monument historique ; il obtint en 1901 le degré de « xiucai » dans les examens mandarinaux du vieil empire des Qing. En 1910, au Japon, il se rallia au parti révolutionnaire clandestin de Sun Yat-sen, et prit part ensuite (au Hubei) à la révolution de 1911. En 1915 il fut arrêté alors qu'il complotait contre Yuan Shikai. Membre fondateur du parti communiste chinois à Shanghai en 1921, après la « terreur blanche » de 1927, il se réfugia à Moscou où il fit un séjour d'études de cinq années. Il participa à la Longue Marche ; durant la guerre, il fut délégué du parti communiste à Chongqing auprès du gouvernement nationaliste. Il participa aux pourparlers de Chongqing en 1945, ainsi qu'à la conférence de San Francisco qui, cette même année, créa l'Organisation des Nations unies. En 1959, il fut élu vice-président de la République populaire, position qu'il a conservée jusqu'à maintenant. Assez malmené par la « Révolution culturelle » (son deuxième fils, Dong Leixun fut même arrêté à Canton en 1967 pour « activités contre-révolutionnaires »), il s'est finalement trouvé repêché, mais mis à part ses fonctions protocolaires (accepter les lettres de créance des nouveaux ambassadeurs, etc., en l'absence du président de la République) il semble avoir perdu toute influence politique.

He Long — *un aventurier haut en couleur.* ❀ †

Né en 1896 au Hunan. Militaire de carrière, joignit le parti communiste en 1926, et fut l'un des principaux artisans du soulèvement de Nanchang. He Long est un personnage de roman : issu d'un milieu d'aventuriers et de bandits, à peine éduqué (sa carrière scolaire se termine à l'âge de treize ans, après qu'il eut rossé l'instituteur), c'est un truculent héros dans la tradition de ces bandits du *Shuihu*, et sa conscience politique se limite comme la leur à un vague idéal de justice et une farouche fidélité aux frères d'armes. Son prestige et sa popularité dans l'armée étaient considérables ; sa position dans la hiérarchie du Parti (membre du Bureau politique, et secrétaire du bureau Sud-Ouest, — ce qui lui donnait une emprise particulièrement forte sur le Sichuan) et dans la hiérarchie militaire (il était l'un des dix maréchaux du pays) n'était pas moins importante. Sa dénonciation par les gardes rouges et son épuration en janvier 1967 comme « révisionniste contre-révolutionnaire » souleva dans l'armée des remous aussi violents que la purge de Peng Dehuai en 1959.

* **Huang Yongsheng** — *le grognard promu à l'ancienneté.* †
Né au Jiangxi (ou Hubei ?) en 1906 (ou 1908). Dès 1927, il se trouvait aux côtés de Mao Zedong, faisant le coup de feu dans la première petite troupe de guérilleros des monts Jinggang. La vie militaire fut son unique école et son seul horizon ; il effectua pas à pas l'ascension progressive d'un soldat consciencieux. Commandant la région militaire de Canton, la « Révolution culturelle » le prit au dépourvu. Peu au fait des subtilités de la politique, il se rangea d'instinct du côté de l'ordre traditionnel, c'est-à-dire de l'appareil bureaucratique, et se mit à casser du garde rouge. Dénoncé par les rebelles révolutionnaires, il fut rappelé à Pékin en 1967, à la grande joie des opposants. Le triomphe de ceux-ci fut toutefois de courte durée : dès l'automne de la même année, il redescendit à Canton, avec la bénédiction de Zhou Enlai, et en février 1968 devenait le dirigeant du nouveau comité révolutionnaire du Guangdong. Son ascension ne devait pas s'arrêter là : peu après, il était promu à Pékin chef de l'état-major général de l'Armée populaire de libération.

* **Jiang Qing** — *Mme Mao.* †
Alias Li Jin, *alias* Lan Ping, *alias* Li Yunhe, s'appelait originellement Luan Shumeng ; née en 1913 ou 1914 au Shandong, elle se joignit tout enfant à une troupe d'acteurs de Jinan. A l'âge de seize ans elle entre à l'académie des arts dramatiques de Jinan ; le directeur de l'académie, Zhao Taimou fait d'elle sa maîtresse. Zhao nommé professeur à l'université nationale de Qingdao emmène Jiang Qing avec lui et la fait engager comme employée à la bibliothèque de l'université. Peu après, Zhao épouse Yu San, une actrice assez en vogue, et Jiang Qing devient la maîtresse du frère de celle-ci, Yu Qiwei, *alias* Huang Jing, un cadre communiste clandestin. Un peu plus tard Jiang Qing fait la connaissance de Tang Na (pseudonyme de Ma Jiliang), un critique cinématographique de Shanghai, et l'épouse en 1934. De 1934 à 1937, sous le nom de Lan Ping, Jiang Qing végète comme actrice de cinéma à Shanghai, n'obtenant que des rôles secondaires et mal payés. En 1937, elle se sépare de Tang

Na et en compagnie de son ancien amant Yu Qiwei, prend la route de Yan'an. Au fond de cette province rude et primitive, une actrice de Shanghai, fût-elle de cinquième ordre, devait aisément remporter tous les succès qui lui étaient déniés dans la métropole. Aussi est-elle bientôt remarquée de Mao lui-même qui jette son dévolu sur elle ; Yu Qiwei s'efface respectueusement pour laisser la voie libre au leader suprême, mais comme Mao parle d'épouser Jiang Qing, He Zizhen la seconde femme de Mao ameute la vieille garde du parti qui sympathise avec elle pour s'opposer à ce mariage. He Zizhen était une révolutionnaire authentique qui avait enduré aux côtés de son mari toutes les épreuves de la Longue Marche ; aussi le désir de Mao de répudier sa compagne des jours héroïques pour lui préférer une aventurière fraîchement arrivée des studios de Shanghai, fit-il scandale dans l'élite dirigeante du Parti qui craignait que ce caprice ne portât un grave préjudice au prestige de Mao. Ce dernier s'obstinant dans son désir, un compromis fut finalement conclu : Mao épouserait Jiang Qing, mais celle-ci se maintiendrait strictement en coulisses, ne ferait point parler d'elle et ne participerait pas à la vie publique. Jiang Qing observa cette consigne avec l'impatience que l'on peut bien imaginer chez une femme qui, ayant la vocation des planches et le goût des feux de la rampe, avait réussi à gagner d'un bond le sommet de la hiérarchie. En 1950, on lui abandonna enfin un os à ronger : elle fut nommée membre du comité directeur de l'industrie cinématographique dépendant du ministère de la Culture. Mais ses collègues lui firent sentir qu'elle ne siégeait là que par faveur privée, et accueillirent toujours ses interventions avec désinvolture (ils s'en repentiront au moment de la « Révolution culturelle » : Jiang Qing fera éliminer toutes les têtes de ce comité, Xia Yan, Tian Han, etc., ainsi que toutes les personnalités influentes du cinéma et du théâtre). L'effacement auquel elle était contrainte lui était d'autant plus pénible qu'elle voyait au début des années 60 Wang Guangmei (la femme de Liu Shaoqi) briller dans la vie publique ; au moment de la « Révolution culturelle » les dénonciations venimeuses dont Wang Guangmei sera la victime, porteront d'ailleurs une signature bien féminine : entre autres crimes, on lui reprochera l'élégance de sa toilette lors d'un voyage effectué en Indonésie aux côtés de Liu Shaoqi… En attendant, en 1964, modeste mesure de compensation, Jiang Qing est élue député à l'Assemblée nationale en même temps que sa rivale. Sa première vraie occasion de manifester un activisme politique se présenta dans l'été 1964, lors de l'entreprise de réforme de l'opéra ; mais encore une fois elle se heurta à un mur d'hostilité de la part des autorités du Parti. La « Révolution culturelle » lui permit enfin de se hisser au centre de la scène, et le rôle prépondérant qu'elle put jouer à divers moments de cette aventure est un indice, et non des moins significatifs, de l'état de décadence dans lequel a sombré le pouvoir maoïste. Le communisme chinois — c'est tout à son honneur — a toujours fait une large place aux femmes : Deng Yingchao (la femme de Zhou Enlai), Cai Chang (la femme de Li Fuchun) et tant d'autres ont, elles, une longue carrière révolutionnaire derrière elles ; elles ne doivent pas leur position à l'influence de leur mari, mais bien à leur éclatant mérite personnel. Jiang Qing au contraire ne tire son crédit politique que de sa relation privée avec Mao. Pour le reste, rien dans son action passée ni dans sa personnalité ne justifie la position privilégiée qu'elle occupe aujourd'hui sur la scène nationale. Les despotes à leur crépuscule, quand leur méfiance jalouse s'exaspère avec l'âge, écartent d'eux les ministres compétents et les hommes de caractère pour ne plus s'appuyer que sur leurs mignons, leurs concubines, leurs eunuques et leurs valets de chambre. Les coupes sévères que la « Révolution culturelle » a effectuées dans l'élite dirigeante du Parti pour installer à sa place cette actrice médiocre ainsi qu'un secrétaire privé (Chen Boda), un policier (Kang Sheng), un général falot, flatteur et ambitieux accompagné de son épouse — encore une ! — (Lin Biao et Ye Qun), voilà qui rappelle étrangement la scène classique des dynasties à leur déclin. Phénomène remarquable, Jiang Qing ne s'est pas seulement attiré la haine et le mépris des vieux révolutionnaires (cela, on pouvait s'y attendre), mais encore toutes les ressources de la propagande sont restées impuissantes à imposer son image aux masses, dont l'opinion est pourtant si aisée à manipuler. On peut dès à présent prédire que, Mao une fois disparu, le pouvoir de Jiang Qing sera le tout premier à se trouver en péril.

* **Kang Sheng** — *l'agent secret envoyé par Staline.* †

Son nom véritable était Zhao Rong, né en 1903 au Shandong (la province de Mme Mao), dans une famille de propriétaires terriens. Fit ses études à l'université de Shanghai ; aux côtés de Gu Shunzhang organisa l'insurrection ouvrière de Shanghai en 1927. Fut arrêté, puis relâché en 1930. Membre du Bureau politique en 1931, devint l'intime collaborateur de Bo Gu. Durant deux séjours successifs à Moscou (1932-1933, 1935-1937) en tant que délégué au Komintern, il se trouva en association étroite avec Wang Ming (Bo Gu et Wang Ming, on se le rappelle, furent deux des adversaires les plus acharnés de Mao). En 1937, Staline l'envoie à Yan'an en compagnie de Wang Ming et Chen Yun. A partir de cette date, il assume la direction des Services secrets, département qui jusqu'aujourd'hui continue à constituer la source occulte de son pouvoir. Ce Fouché (formé par les Russes et choisi par Staline) semble disposé à servir plusieurs maîtres : c'est à son obséquieuse initiative que l'opuscule théorique de Liu Shaoqi (*Lun gonchandangyuan di xiuyang*) fut réédité en 1962, et au début de 1966 il faisait partie du « Groupe des Cinq » organisé par Peng Zhen pour torpiller la « Révolution culturelle » (il est difficile de déterminer si sa participation aux activités de ce groupe fut dès le départ celle d'un mouchard ou ultérieurement d'un tourne-veste). Kang Sheng est un homme énigmatique mais supérieurement capable ; il détient une influence considérable, mais il est difficile de prévoir dans quel sens il l'utilisera. Il a un faciès impénétrable de flic pisse-froid, mais aussi d'imprévus talents : c'est un peintre amateur original et délicat (dans la manière de Bada Shanren) et sa calligraphie est d'une élégance très remarquable.

Li Fuchun — *un fidèle collaborateur de Zhou Enlai.*

Né au Hunan en 1900. Étudia en France de 1919 à 1924 à la faveur du fameux mouvement des « étudiants-ouvriers » (dont Zhou Enlai faisait également partie) ; durant son séjour en France, épousa Cai Chang et joignit le parti communiste. A son retour en Chine, participa à la Longue Marche. Chargé principalement de l'organisation et des affaires économiques ; après la Libération se trouva mis à la tête de la commission du Plan. Vice-président du Conseil gouvernemental, c'est un proche collaborateur de Zhou Enlai ; les attaques dont il fut plusieurs fois victime durant la « Révolution culturelle » et la perte de son siège au Bureau politique furent à l'époque autant de revers pour Zhou lui-même. Mais rien n'est définitivement compromis : Li a conservé sa place dans le Comité central, et maintenant ce sont précisément ses anciens adversaires qui se trouvent en mauvaise posture.

* **Li Xiannian** — *le guérillero transformé en technocrate.*

Né en 1905 au Hubei. Apprenti menuisier, il quitta son village dans le sillage des armées de l'Expédition vers le nord, et joignit le parti communiste en 1927. Jusqu'à 1935, date à laquelle il opéra sa jonction avec Mao Zedong, il mena des activités de guérilla au Hubei, Sichuan et Shânxi. Commandant très populaire auprès de ses troupes, il servit successivement sous les ordres de Xu Xiangqian et de Liu Bocheng. Après la Libération, il troqua soudainement la carrière des armes pour une fonction technocratique : ministre des Finances depuis 1954, et vice-président du Conseil gouvernemental, il se trouva intégré dans l'équipe des administrateurs pragmatistes menée par Zhou Enlai, et devint l'un des principaux responsables de l'économie chinoise. Dans cette position, il se montra peu réceptif aux idées de Mao Zedong, mais sa prudence naturelle lui interdit toujours de manifester complètement son hostilité ; typique de son attitude est cette réponse qu'il fit devant un aréopage de gardes rouges qui l'interrogeaient sur son comportement durant la conférence de Lushan : « Le premier jour, j'ai d'abord manifesté mon accord avec les vues de Peng Dehuai mais ensuite, dès le second jour, je m'y suis opposé. » Cette ambiguïté et aussi le fait qu'il avait initialement dû sa promotion à la clique de Liu Shaoqi, lui valurent des difficultés assez considérables durant la « Révolution culturelle » qui le dénonça de pair avec Tan Zhenlin, Chen Yun, etc. Si finalement, il a réussi à survivre et même à conserver sa place au Bureau politique, c'est sans doute dû, moins à l'intervention de Zhou Enlai (dont l'influence s'est montrée limitée : il n'a pas réussi à conserver Chen Yi, ni Li Fuchun, ni Chen Yun dans leurs fonctions), qu'aux excellentes connexions conservées par Li dans l'armée, et peut-être même à l'appui de Lin Biao dont il fut longtemps le subordonné.

* **Liu Bocheng** — *un prestigieux patriarche.*

Né en 1892 au Sichuan dans une famille ruinée. Liu a bénéficié dans son enfance d'une excellente éducation classique. Militaire de carrière, il participa à la campagne de 1911 contre les troupes de la dynastie mandchoue, et y perdit un œil. En 1927, il fut l'un des organisateurs du soulèvement de Nanchang ; il se réfugia ensuite en URSS (et étudia dans une académie militaire de Moscou) jusqu'en 1930. A son retour de Chine, devenu l'une des figures dirigeantes de l'armée rouge, il accumula les actions d'éclat : prise de Zunyi, passage du Dadu, etc., etc. Après la Libération, il se trouva chargé de l'organisation et de la supervision des académies militaires du pays entier, et fut promu maréchal en 1955. Dépourvu d'ambitions politiques, il traversa la « Révolution culturelle » sans se faire trop malmener. En médiocre santé (il ne peut plus se déplacer sans être aidé), il conserve toutefois un prestige considérable parmi ses nombreux anciens subordonnés qui forment maintenant une puissante maffia militaire au sommet de l'appareil.

Luo Ruiqing — *artisan ou victime d'un coup d'État ?*

Né au Sichuan en 1904, dans une famille de riches propriétaires terriens. Étudia à l'académie militaire de Huangpu (Whampoa) et joignit le parti communiste en 1926. Participa au soulèvement de Nanchang, puis se réfugia en URSS où il reçut un entraînement théorique et pratique dans les activités de police secrète ; ensuite, il étudia en France pour un temps dans une école du Parti établie par le Komintern. Rentré en Chine, il joignit le maquis des monts Jinggang, participa à la Longue Marche aux côtés de Mao en qualité de chef de la Sécurité. Après la Libération, nommé ministre de la Sécurité, et conjointement commandant et commissaire politique des forces de Sécurité, jusqu'en 1959. Depuis 1959 jusqu'à son arrestation (début de 1966), il fut vice-président du Conseil gouvernemental, vice-ministre de la Défense et chef de l'état-major (avec le grade de général). Arrêté au début de 1966 sous une obscure accusation de complot en vue d'un coup d'État, il tenta de se suicider en sautant par une fenêtre, mais ne réussit qu'à se briser les jambes. Traîné en jugement durant deux meetings de masses en décembre 1966, et puis une fois encore en juin 1967.

Peng Zhen — *le saboteur de la « Révolution culturelle ».*

Né en 1902 au Shânxi, dans une famille pauvre. Joignit la Ligue de la jeunesse communiste en 1922. Organisateur de mouvements ouvriers et étudiants, arrêté en 1929, relâché en 1935. Durant la guerre dirigea la guérilla derrière les lignes ennemies au Shanxi-Chahar. En 1941, lorsque Kang Sheng perdit son poste de directeur de l'école du Parti à Yan'an (il boycottait la pensée de Mao Zedong !) et que Mao se fut lui-même installé à sa place, Peng se trouva nommé vice-directeur de cette école. Après la Libération, Peng devint membre du Bureau politique, secrétaire du comité du Parti de la municipalité de Pékin, et maire de Pékin. Depuis 1935, Peng s'est trouvé en étroites relations avec Liu Shaoqi dont il se montra l'un des meilleurs auxiliaires. Son influence dans le domaine culturel était considérable, s'exprimant par l'intermédiaire de ses anciens subordonnés Lu Dingyi et Zhou Yang (respectivement directeur et vice-directeur du département de la Propagande, tous deux épurés par la « Révolution culturelle »). Peng Zhen qui abritait à la municipalité de Pékin une équipe d'audacieux antimaoïstes (Wu Han, Deng Tuo) tenta dès le départ de faire dérailler la « Révolution culturelle » ; éliminé dès août 1966, il fut l'objet d'une purge particulièrement féroce et fut exposé en décembre de cette même année à la fureur d'un meeting de gardes rouges.

Qi Benyu — *l'arroseur arrosé.*

Cet inconnu se signale pour la première fois sur la scène politique en 1963 par un article dénonçant l'historien Luo Ergang (le célèbre spécialiste de l'histoire des Taiping) et la façon dont celui-ci avait affirmé les qualités positives de Li Xiucheng (un leader des Taiping qui avait rédigé une confession après sa capture). Très vite il apparut que cette discussion n'avait rien d'académique — Qi aurait d'ailleurs été bien incapable de se mouvoir sur le terrain scientifique et historique qui était celui de Luo Ergang —, et que, avec la bénédiction de Mao, elle visait obscurément une très brûlante actualité politique ; la portée véritable de cette campagne n'apparut clairement qu'au moment de la « Révolution culturelle » : à travers ce prétexte historique, il s'agissait en fait d'attaquer les militants des zones « blanches » qui, arrêtés par le Kuomintang, avaient jadis signé des confessions, suivant ainsi les instructions de Liu Shaoqi, Bo Yipo et An Ziwen… La « Révolution culturelle » vint soudain porter Qi Benyu sur le devant de la scène (c'est lui qui rédigea la toute première et retentissante attaque contre Liu Shaoqi, le célèbre article « Patriotisme ou trahison ? », *Renmin ribao*, 1er avril 1967). Il ne jouit que brièvement de cette gloire inattendue : moins d'un an plus tard, il se trouvait ignominieusement rejeté par ses maîtres comme un outil dont on n'a plus d'usage.

Tao Zhu — *perdu par son ambition !*

Né en 1905 au Hunan. Joignit le parti communiste en 1926, participa à l'Expédition vers le nord dans l'armée de Ye Ting ; prit part au soulèvement de Nanchang, puis au soulèvement de Canton dans lequel il joua un rôle important. Arrêté en 1933 par le Kuomintang et condamné à l'emprisonnement à vie, mais relâché en 1937. Durant la guerre, mène la guérilla au Hubei. Après la « Libération », se signale au Guangxi-Guangdong par l'implacable férocité avec laquelle il fait exécuter la réforme agraire. Ce zèle est récompensé : il finira par monopoliser la quasi-totalité des pouvoirs politique, militaire et administratif dans les deux provinces méridionales. Cette puissance finit par inquiéter : au début de la « Révolution culturelle » plutôt que de se mettre à dos un aussi redoutable personnage, Mao l'appâte au moyen d'une brillante promotion : il lui confie la direction du département de la Propagande, et le fait entrer au Comité permanent du Bureau politique où Tao se voit offrir la quatrième place de la hiérarchie suprême (août 1966). En montant ainsi à Pékin, Tao est bien obligé d'abandonner le couvert de la citadelle cantonaise : ce n'est dès lors qu'un jeu pour Mao de l'isoler et de l'abattre quelques mois plus tard.

* **Wang Dongxing** — *le « gorille ».*

Sa date de naissance est inconnue, de même que les détails de sa biographie. Comme Kang Sheng, c'est un policier, et il a ce goût de l'obscurité et du secret caractéristique des gens de sa profession ; à l'encontre de Kang Sheng toutefois, c'est sans équivoque un fidèle de Mao, dont il fut longtemps le « gorille ». Vice-ministre de la Sécurité de 1955 à 1958 et de 1962 jusqu'à présent.

Wang Li — *sic transit...*

Né en 1918 au Jiangsu, dans une famille de propriétaires terriens. Initialement un militant Kuomintang, il joignit le parti communiste en 1939. Employé dans des activités de propagande ; après la Libération, devint vice-directeur du *Hong qi*. Durant la « Révolution culturelle » se distingue par son zèle et son radicalisme ; fit fonction de directeur du département de la Propagande après l'épuration de Tao Zhu. Envoyé à Wuhan en juillet 1967 en compagnie de Xie Fuzhi pour y régler les problèmes locaux, fut séquestré et cruellement battu par les mutins locaux ; de retour à Pékin, reçut un accueil triomphal dans la capitale. Fort de sa qualité de martyr, exigea le châtiment des coupables d'une manière qui déplut aux militaires ; pour ne pas froisser ces derniers, Wang Li fut aussitôt sacrifié : dès octobre 1967, il se trouvait dépouillé de toutes ses fonctions, traîné dans la boue et balayé en coulisses.

* **Wu Faxian** — *le commissaire obèse.*

Né en 1914 au Jiangxi, militaire dès son plus jeune âge, Wu a fait toute sa carrière dans l'armée comme commissaire politique. Promu commandant en chef des forces aériennes, il a depuis longtemps de solides connexions avec Lin Biao. Wu est facilement identifiable sur les photographies officielles : monstrueusement obèse, son visage est si bouffi de graisse que l'on voit à peine ses yeux.

Wu Han — *première victime de la « Révolution culturelle ».* †

Né en 1909 au Zhejiang, dans une famille pauvre. Travaillant pour payer ses études à l'université Qinghua (Histoire), il se signale par ses talents et sitôt diplômé, devint chargé de cours dans cette même université. Pendant la guerre, il fut professeur d'histoire à l'université du Yunnan, et après la victoire, retourna enseigner à l'université Qinghua. Durant toute cette période, s'étant secrètement affilié au parti communiste, il déploya une considérable activité dans les réseaux clandestins du Parti. Depuis la Libération jusqu'à sa disgrâce (1966), il fut vice-maire de Pékin. Comme Deng Tuo avec qui il était intimement lié, il jouissait de la protection de Peng Zhen (le maire de Pékin). Spécialiste de l'histoire des Ming, on lui doit plusieurs ouvrages scientifiques sur cette période (biographie de Zhu Yuanzhang, études sur Hai Rui). Il utilisa ensuite ses études sur Hai Rui pour proposer au grand public une audacieuse allégorie politique de l'injuste destitution de Peng Dehuai, ainsi qu'une critique des méthodes autocratiques de Mao (article du *Renmin ribao*, « Hai Rui semonce l'empereur » et surtout opéra dans le style classique de Pékin *La Destitution de Hai Rui*). La dénonciation de ce dernier opéra, effectuée par Yao Wenyuan sur les instructions personnelles de Mao (novembre 1965), marqua le commencement de la « Révolution culturelle ».

Xiao Hua — *le général qui osa défier Jiang Qing.* ֍

Né en 1915 au Jiangxi. Militaire de carrière, qui servit sous les ordres de Lin Biao dès 1929. Après la Libération, promu directeur du département politique de l'Armée populaire de libération, avec le grade de général. Durant la « Révolution culturelle » infligea une violente rebuffade à Jiang Qing en l'empêchant de s'immiscer dans la supervision des activités de la « Révolution culturelle » dans l'armée ; pour venger Jiang Qing, les gardes rouges mirent sa résidence à sac en janvier 1967. L'influence de Lin Biao ne réussit pas à le maintenir à flot : il fut finalement éliminé en janvier 1968.

*** Xie Fuzhi** — *le policier coriace.* †

Né au Hubei, en 1897 (d'autres sources font de lui un homme de dix ans plus jeune). De formation militaire, ministre de la Sécurité depuis 1959 ; commandant et commissaire politique des troupes de sécurité. Durant la « Révolution culturelle », il fit figure de radical-maoïste et c'est pourquoi, en juillet 1967, les mutins de Wuhan l'arrêtèrent en même temps que Wang Li. Xie dirige le comité révolutionnaire de Pékin, mais tout récemment il a semblé souffrir d'une inexplicable éclipse, qui doit être mise en relation sans doute avec la purge actuellement en cours des principaux protagonistes de la « Révolution culturelle ». Il est difficile d'augurer ce que sera le sort de Xie : c'est un vieux renard expérimenté qui, par le passé, a déjà fait montre d'une remarquable capacité de survie, et de plus… il a la haute main sur la police.

* **Xu Shiyou** — *le soudard professionnel.*

Né en 1906, au Hunan selon certains, au Hubei selon d'autres, dans une famille paysanne. Étudia jadis la boxe chinoise au fameux temple de Shaolin, puis servit un temps sous les ordres du fameux « seigneur de la guerre » Wu Peifu. Il lui est resté quelque chose de ce style « seigneur de la guerre » : militaire de la tête aux pieds, il ne s'embarrasse pas de finasseries politiques, ce qui lui fit commettre quelques gaffes retentissantes durant la « Révolution culturelle ». Commandant la région militaire de Nankin, cette puissante base territoriale lui permit de défier insolemment les instructions du groupe de la Révolution culturelle et de manger du garde rouge avec impunité. Toutefois, le groupe de la Révolution culturelle réussit à lui imposer la présence de Zhang Chunqiao comme commissaire politique de sa région. Reste à voir maintenant qui éliminera qui : du train où vont les choses pour l'instant, ce n'est certainement pas sur Zhang Chunqiao que nous serions disposé à risquer notre mise !

* **Yao Wenyuan** — *l'élève modèle.* †

Comme Zhang Chunqiao dont il est l'assistant et le cadet, Yao a vu son étoile monter à la faveur de la « Révolution culturelle ». Son père, Yao Pengzi, était un écrivain de mineure importance, actif à Shanghai (et au Sichuan durant la guerre) dans les milieux littéraires de gauche. Yao Wenyuan doit être âgé maintenant d'un peu plus de quarante ans. Nous ne savons pas grand-chose de ses antécédents ; en 1951, il était membre du comité central de la Ligue de la jeunesse de Shanghai. Critique littéraire, puis membre de la rédaction d'une revue littéraire et artistique de Shanghai, il se distingua politiquement pour la première fois en 1955 comme l'un des jeunes chiens dans la meute que le grand veneur Zhou Yang menait à la curée de l'infortuné Hu Feng. Yao avait dès lors trouvé sa voie : il se spécialisa dans la dénonciation et l'exécution des écrivains et des intellectuels, et s'occupa ainsi successivement de régler le sort de Ding Ling, Feng Xuefeng, Ba Ren, Zhou Gucheng et bien d'autres encore. Ce beau zèle dans la chasse aux sorcières lui valut d'être promu membre du comité de rédaction du *Jiefang ribao*, l'organe du comité municipal du Parti de Shanghai, et de retenir l'attention de Zhang Chunqiao, alors directeur du département de la Propagande de ce même comité. Détesté dans les milieux littéraires (le célèbre dramaturge Xia Yan et le grand romancier Ba Jin ne cachaient pas le mépris qu'ils éprouvaient pour lui), son indifférence aux principes éthiques et aux valeurs esthétiques et son talent à utiliser la « pensée de Mao Zedong » pour démontrer les crimes de n'importe quel écrivain qu'on lui désignait comme cible, faisaient de lui l'auxiliaire tout désigné de Mao au moment de lancer la « Révolution culturelle ». C'est à lui que revint l'honneur de mettre le feu aux poudres avec le fameux article du *Wenhui bao* (novembre 1965) qui, sous couvert d'une attaque contre la pièce de Wu Han, visait en fait à abattre Peng Zhen. Cet article, composé à l'initiative et sur les instructions de Mao, revu et corrigé par Jiang Qing, fut suivi d'une autre pièce sur commande, celle-ci théoriquement dirigée contre Deng Tuo, mais en réalité de nouveau destinée à définitivement refermer le piège sur Peng Zhen. Dans ces missions successives, Yao s'était montré pour Mao et Jiang Qing un rabatteur efficace et zélé : il fut récompensé de ses bons offices en devenant d'abord l'adjoint de Zhang Chunqiao à la tête du Comité révolutionnaire de Shanghai, puis en accédant au Bureau politique dont il est le plus jeune membre. Cette dernière ascension est vraiment surprenante, compte tenu de son inexpérience et de son absence de talents particuliers (ses articles ne sont que d'indigestes et dogmatiques morceaux de circonstance écrits sous la dictée de ses employeurs) mais peut trouver son explication précisément dans son inconditionnelle docilité, première et seule vertu que Mao vieillissant demande maintenant de ses collaborateurs. D'autre part, selon une rumeur (non contrôlable), il aurait épousé la nièce de Mao ou une de ses belles-filles. Ceci expliquerait évidemment les exceptionnelles faveurs dont il jouit. Son aspect extérieur déconcerte : il a une bonne figure ahurie de paysan et, avec sa casquette étroitement vissée sur son front et son sourire niais, il fait penser à un demeuré plutôt qu'à un polémiste professionnel.

* **Ye Jianying** — *un maréchal diplomate.*

Né au Guangdong en 1899 (selon d'autres sources en 1896, ou encore 1903). Reçut une éducation traditionnelle ; accompagna son père à Singapour, et ultérieurement se rendit au Viêt Nam. En 1919 entre à l'académie militaire du Yunnan. En 1923 accompagne Sun Yat-sen dans l'expédition punitive de Guilin. Participe à l'Expédition vers le nord, servant sous Zhang Fakui. En 1927, il participe à l'insurrection de Nanchang, puis se réfugie à Hong Kong avec Zhou Enlai, alors malade, dont il prend soin. Avec Ye Ting, il organise la « commune de Canton » (décembre 1927). Il se rend à Moscou en 1928 pour étudier les sciences militaires, puis voyage en Allemagne et à Paris et retourne à Moscou pour étudier le théâtre et la direction d'acteurs (ces derniers talents lui viendront à point à son retour en Chine — 1931 — et lui permettront d'organiser une troupe dramatique dans le soviet du Jiangxi). Il dressa les plans stratégiques de la Longue Marche ; durant la Longue Marche, il se rangea aux côtés de Mao dans la dispute de celui-ci avec Zhang Guotao (1935). Il joua un rôle dans la préparation de l'incident de Xi'an. Durant la guerre, il organisa l'infiltration communiste dans les armées du Kuomintang, et déploya dans cette activité des talents de politicien et de diplomate qui, aux dires des témoins, ne seraient pas indignes d'un Zhou Enlai. En 1945 à Chongqing, il assista Mao dans ses pourparlers de paix avec le Kuomintang. Nommé maréchal en 1955 (la Chine ne compte que 10 maréchaux). En août 1965, sentant que le vent allait tourner, il publia un article sur les opérations militaires de 1948-1949, attribuant entièrement leur succès à la seule direction de Mao Zedong ; cet article qui atteste de son subtil instinct politique, lui permit finalement de survivre victorieusement à la « Révolution culturelle », malgré quelques tournants délicats. Il est le beau-père du célèbre pianiste Liu Shikun : ce dernier, moins chanceux que lui, eut les poignets brisés par les gardes rouges qui lui reprochaient de jouer trop de musique classique occidentale.

*** Ye Qun** — *une dame élégante.* 🪓 †

A peu près tout ce que nous savons d'elle, c'est qu'elle est la femme de Lin Biao. Que cette unique qualification lui ait valu d'entrer maintenant au Bureau politique, est un signe éloquent de la décadence du régime. Depuis 1968, elle a reçu une fonction officielle dans un département administratif de la Commission militaire ; dans les circonstances officielles, elle porte d'ailleurs un uniforme militaire. Tout à l'opposé de Jiang Qing, c'est une femme d'un aspect étonnamment distingué et racé, avec une sorte de nonchalance aristocratique et d'élégance marquant tous ses gestes. Quelle singulière compagne pour Lin Biao !

* **Zhang Chunqiao** — *un extrémiste prudent.* 🪓

C'est la « Révolution culturelle » qui a tiré Zhang de l'obscurité et l'a catapulté au sommet (jusques à quand ?...). Nous ignorons sa date de naissance : il doit être âgé maintenant d'un peu plus de cinquante ans. Probablement originaire de Shanghai, il occupa après 1950 diverses fonctions journalistiques dans cette ville, et y devint en 1963 le directeur du département de la Propagande du comité municipal du Parti. A la faveur de la « Révolution culturelle », il devint successivement président du comité révolutionnaire de Shanghai (février 1967) puis membre du Bureau politique du IXe Comité central (1969). Périlleuse promotion ! Ses seules chances de survie résident dans le fait que, dès février 1967, il désavoua et découragea les tentatives de prise de pouvoir *unilatéralement* menées par les « rebelles-révolutionnaires », et affirma que l'*armée* devait jouer le rôle prépondérant. Zhang Chunqiao reste pour nous à beaucoup d'égards un inconnu. Son apparence physique est typiquement celle d'un intellectuel shanghaïen ; il a les traits fins et délicats d'un homme de livres et d'un pur citadin.

Zhang Wentian — *le traducteur de Bergson et Wilde, qui osa défier Mao.*

Né en 1900 dans une famille aisée de Shanghai. A l'âge de vingt ans, partit étudier au Japon, puis aux États-Unis (université de Californie). A son retour s'occupa d'édition (Zhong Hua Book C°, Shanghai), enseigna dans une école normale, et se mit à faire des traductions (Bergson, Oscar Wilde, d'Annunzio, Tolstoï et Tourgeniev). Il joignit le parti communiste en 1925 (sur la recommandation de Chen Yun) et alla étudier à Moscou de 1926 à 1930. Rentra en Chine dans le fameux groupe des « 28 bolcheviks » (qui comprenait entre autres Wang Ming, Qin Bangxian, etc.), mené par Pavel Mif. Occupe des fonctions importantes dans le domaine de l'organisation et de la propagande, et, après la « Libération », dans le domaine des affaires étrangères : appointé en 1950 représentant permanent aux Nations unies « en attendant l'accréditation » ; ambassadeur à Moscou (1951-1955) ; accompagna Zhou Enlai à la conférence de Genève (1954) ; il fut nommé vice-ministre des Affaires étrangères en 1954 et membre suppléant du Bureau politique en 1956. Impliqué dans la « rébellion » de Peng Dehuai lors de la conférence de Lushan (1959), il fut frappé de disgrâce. En 1962, il végétait comme « chercheur spécial » à l'institut de recherche économique de l'Académie des sciences à Pékin. Mais même l'obscurité de cette position ne sut le protéger contre la fureur de la « Révolution culturelle » qui vint le remettre en accusation en 1967. Esprit brillant, Zhang Wentian appartenait à cette race (presque entièrement éteinte maintenant) d'intellectuels et d'universitaires qui assurèrent la direction du parti communiste chinois des débuts ; cette élite urbaine et cosmopolite a maintenant entièrement été remplacée par une soldatesque illettrée.

LES SOURCES DES *HABITS NEUFS DU PRÉSIDENT MAO*

Dès sa parution, Les Habits neufs du président Mao, *comme on pouvait s'y attendre, a fait l'objet d'une campagne de calomnies. Leurs connaissances de l'actualité chinoise étant trop indigentes pour leur permettre d'engager un débat sur le fond, les détracteurs de ce livre se sont contentés de chercher à le discréditer de façon globale et vague, en l'accusant d'être basé sur « des sources américaines et sur des ragots de Hong Kong ». Pour couper court une fois pour toutes à ces manœuvres, je profite de cette nouvelle édition*[1] *de mon ouvrage pour indiquer les diverses sources auxquelles j'ai puisé.*

En principe, je n'ai eu recours qu'à des sources en langue chinoise. Les seules et très rares exceptions à cette règle ne se rencontrent que dans la première partie, et sont chaque fois indiquées en note.

Ces sources chinoises comportent :

1. Celle de 1972.

• La presse officielle de Chine populaire :
Renmin ribao (Quotidien du peuple),
Hong qi (Drapeau rouge — périodique),
Jiefang jun bao (Journal de l'Armée de libération),
Wenhui bao.

(Les deux premiers sont toujours cités à partir de l'édition originale, les autres à partir des journaux chinois de Hong Kong qui en reproduisent les articles.)

• La presse de Hong Kong :
Da gong bao (porte-parole de Pékin à Hong Kong ; très utile en ceci qu'il reproduit sélectivement les articles politiquement les plus significatifs de la presse de Chine populaire),
Wenhui bao (à ne pas confondre avec le quotidien de Chine populaire cité plus haut ; même remarque que pour le *Da gong bao*),
Ming bao (quotidien de tendance gauche-indépendante),
Xingdao ribao (quotidien de droite ; ne peut être utilisé qu'avec des précautions critiques ; on ne saurait cependant se permettre de l'ignorer),
Zhan wang (bimensuel publié par le *Zilian Yanjiusuo*),
Zu guo (mensuel publié par le *Youlian Yanjiusuo*),
Ming bao yuekan (mensuel publié par le *Ming bao*).

• La presse des gardes rouges constituée d'une myriade de feuilles généralement éphémères et improvisées (dont certaines bibliothèques, Stanford en particulier, ont rassemblé d'impressionnantes collections). Ses richesses n'ont pas encore été systématiquement inventoriées. La presse de Hong Kong (voir plus haut) en a reproduit une bonne partie ; on en trouve aussi une certaine quantité dans les éditions collectives de documents sur la « Révolution culturelle » *Zhonggong wenhua da geming ziliao huibian* éditées par Ding Wang (voir plus bas).

• La radio :
N'ayant ni le temps ni l'équipement technique nécessaires pour écouter les émissions des diverses radios provinciales chinoises, j'ai dû me contenter de ce que j'en trouvais reproduit dans la presse chinoise de Hong Kong.

Tous les textes chinois cités dans mon livre ont été directement traduits du chinois par moi-même.

Je n'ai jamais fait usage des sources américaines, non qu'elles soient mal faites, mais simplement parce qu'elles n'auraient rien pu m'apprendre de plus que ces sources chinoises sur lesquelles elles sont elles-mêmes basées, et que je pouvais consulter de façon plus sûre et plus commode en version originale.

En ce qui regarde les « ragots de Hong Kong » : tous les analystes sérieux et responsables de la politique chinoise contemporaine savent que Hong Kong est probablement le meilleur poste d'observation qui existe aujourd'hui sur la Chine (qu'il me suffise de rappeler par exemple que nous disposions à Hong Kong du projet secret de nouvelle charte du Parti TROIS MOIS avant sa diffusion publique par Pékin...). Non seulement il est possible à Hong Kong de consulter la version pékinoise officielle des faits — quelquefois en avance sur le public de Chine populaire ! — mais encore et surtout il est possible de confronter cette version officielle avec l'analyse critique qu'en donnent des intellectuels chinois appartenant à des tendances politiques diverses et possédant une expérience personnelle de la scène politique chinoise et de ses principaux acteurs. A côté des sources écrites énumérées plus haut, il faut mentionner aussi les innombrables témoignages individuels recueillis directement auprès de personnes très variées : habitants de Hong Kong qui font régulièrement le voyage de Chine pour raisons d'affaires ou de famille, immigrants clandestins, gardes rouges échappés à la répression militaire, etc. J'ai une dette particulière de gratitude envers plusieurs amis chinois avec qui j'ai eu l'occasion de discuter presque quotidiennement, pendant plusieurs années, des divers problèmes qui forment la matière de mon livre ; avec leur connaissance intime du régime maoïste, ils ont pu me guider à travers l'actualité chinoise, m'aidant à la voir avec des yeux chinois. Je voudrais pouvoir les nommer ici, mais le souci de leur sécurité m'interdit de le faire pour le moment.

Pour terminer, un mot encore sur les sources des Annexes :

• « Lettre ouverte de Peng Dehuai... », « Lettre d'excuses adressée à Mao Zedong... », « Hai Rui semonce l'empereur », « Fragments de la déposition de Peng Dehuai... », « Interrogatoire de Pu Anxiu... » : de ces documents relatifs à l'affaire Peng Dehuai, il existe plusieurs éditions chinoises pratiquement identiques. Pour ma traduction, je me suis basé sur l'édition de Ding Wang, *Peng Dehuai wenti zhuan ji — Zhonggong wenhua da geming ziliao huibian*, vol. 3, Hong Kong, 1969.

• « Notices biographiques » : les esquisses biographiques sont une synthèse de sources nombreuses ; outre certains détails moins connus glanés dans la presse et les revues chinoises mentionnées plus haut, je me suis essentiellement basé sur : H.L. Boorman, *Biographical Dictionary of Republican China*, 4 vol., New York, 1967 / *Who's Who in Communist China*, Union Research Institute, 2 vol., Hong Kong, 1969 / Huang Zhenxia, *Zhonggong junren zhi*, Hong Kong, 1968 / Ding Wang, *Niu gui she shen ji*, Hong Kong, 1967 / *China News Analysis* 759, 761, 762, 763, mai-juillet 1969.

OMBRES CHINOISES
(*1974*[1])

Aussi s'il se trouvait aujourd'hui quelque étranger qui, tout en ayant été admis à s'asseoir au banquet chinois, n'hésiterait pourtant pas à vitupérer en notre nom contre la présente condition de la Chine, voilà ce que j'appellerais un homme vraiment honnête, un homme vraiment admirable.

Lu Xun (*Lu Xun quan ji,* Pékin, 1963, vol. I, p. 314).

Le pamphlet devrait être la forme littéraire d'un âge comme le nôtre. Nous vivons à une époque où les passions politiques sont vives, où les véhicules de libre expression deviennent de plus en plus rares, et où le mensonge organisé règne sur une échelle inconnue jusqu'à présent. Pour combler les lacunes de l'histoire, le pamphlet est l'outil idéal.

George Orwell,
The Collected Essays, Journalism and Letters of George Orwell, Londres, 1968, vol. II, p. 285.

1. Le texte reproduit ici est celui de la dernière édition revue par l'auteur en 1978.

Avant-propos

En politique, plus que partout ailleurs, le commencement de tout réside dans l'indignation morale.

Milovan Djilas,
(*Conversations with Stalin*, Penguin Books, 1963,
p. 93, trad. fr. : Gallimard, coll. « Idées »).

Les notes qui suivent sont le résultat d'un séjour de six mois que j'ai effectué en Chine l'an passé.

On reprochera sans doute à ces pages leur caractère négatif et décousu. Le reproche serait certainement valide si le présent essai avait eu pour ambition de fournir une sorte de bilan général de la Chine populaire.

En fait je n'ai nullement l'intention de mettre en question les accomplissements du régime mao-liuïste [1] qui, même s'ils n'ont pas toujours le caractère révolutionnaire que lui prêtent ses thuriféraires occidentaux, n'en sont pas moins considérables dans divers domaines. Mais il ne saurait être question non plus de les décrire ici une nouvelle fois ; ceci a déjà été fait en Occident par d'illustres professionnels mieux qualifiés que moi ; je pense par exemple aux ouvrages de Mme Han Suyin (non pas son premier livre qui, écrit au moment où Chiang Kai-shek se trouvait au faite de sa puissance, était encore très élogieux pour le Generalissimo et la Madamissima, — mais ses ouvrages plus récents), aux livres et articles d'Edgar Snow, à tel article du professeur Fairbank (paru en 1972 dans *Foreign Affairs* [2]), etc. Mon petit livre loin de nourrir l'impudente ambition de rivaliser avec ces écrits, et moins encore de s'inscrire en faux contre eux, voudrait simplement leur servir de modeste complément, leur apportant ces quelques touches d'ombre sans lesquelles

1. Mao-liuïste : au moment où, en fait sinon en titre, la politique de Liu Shaoqi se trouve à nouveau appliquée dans presque tous les domaines, cependant que les neuf dixièmes de ses anciens acolytes se voient remis en selle, il serait particulièrement injuste de ne pas associer le nom de l'ancien chef d'État à celui de Mao. (1974.)

2. J. K. Fairbank, « The New China and the American Connection ». L'illustre savant y déclarait bravement : « Le maoïsme est la chose la plus heureuse qui soit advenue à la Chine depuis plusieurs siècles. »

les portraits les plus lumineux restent privés de relief, ou encore leur prêtant comme un contrepoint de notations marginales sur des détails qui, pour des raisons diverses, peuvent avoir été négligés par ces prestigieux témoins. Comme dit l'adage chinois : « Sur mille observations, même le sage peut en formuler une qui soit sotte, et le sot une qui soit sage. » Mettons que je fournisse ici la modeste contribution du sot aux 999 propos pertinents des sages.

On ne manquera pas de me reprocher également de traiter avec légèreté d'un sujet grave. Ce dernier reproche est hélas fondé. Je ne puis guère peindre que des ombres, et précisément n'est-il pas dans la nature même des ombres de ne présenter ni substance ni poids ? Que les bons esprits qui s'irriteront à juste titre de la minceur et de la frivolité de ces pages, sachent seulement que je m'en suis irrité moi-même avant eux, et bien plus vivement encore. Dans les conditions qui sont faites aujourd'hui aux visiteurs et aux résidents étrangers en Chine populaire[1], je tiens qu'il est impossible à ceux-ci d'écrire autre chose que des futilités et ceux qui croient faire œuvre sérieuse en rapportant leurs expériences chinoises, ceux qui prétendent décrire les réalités chinoises quand ils ne décrivent que ce théâtre d'ombres mis en scène pour eux par les autorités maoïstes, — ceux-là ou bien dupent leurs lecteurs, ou bien — ce qui est encore plus grave — s'abusent eux-mêmes.

Pour ma part, le seul avantage que m'ont procuré la connaissance de la langue et une assez longue expérience antérieure de la vie chinoise, a été de mieux mesurer la rigoureuse efficacité avec laquelle les autorités maoïstes sont arrivées maintenant à prévenir tout contact humain spontané, tant soit peu prolongé, entre la population et les étrangers.

Strictement coupé de la seule réalité qui importe — la vie quotidienne du peuple chinois — l'étranger qui veut traiter « de la Chine » n'a guère que deux possibilités : soit recopier les slogans officiels (qui lui sont fournis tantôt oralement au cours d'« interviews », tantôt par écrit dans des fascicules de propagande mis gracieusement à sa disposition en douze langues), soit glaner désespérément par lui-même toutes les miettes de cette réalité qu'on lui dérobe, et coudre ensemble vaille que vaille un lot de petites vignettes disparates. Comme en suivant la première voie j'aurais risqué de faire double emploi avec les travaux de l'équipe rédactionnelle du *Monde/La Nouvelle Chine*, ou de marcher sur les brisées de célèbres idéologues contemporains, j'ai préféré adopter la seconde méthode, toute frivole qu'elle me parût.

« Mais pourquoi diable êtes-vous retourné en Chine ? », me demandait l'autre jour à Paris un de mes aînés en sinologie — un savant pour qui j'ai par ailleurs beaucoup de respect et d'affection. J'avoue que sa

1. Voir ci-dessous, « Les étrangers en Chine populaire ».

question m'a laissé pantois. Y aurait-il donc des sinologues qui, hors de Chine, ne se sentent pas en exil ? Et un autre — un ami très cher pourtant — m'a dit : « C'était très joli vos *Habits neufs*[1], mais j'espère quand même que maintenant vous n'allez plus perdre votre temps avec les affaires de Chine contemporaine. Abandonnez plutôt cela aux journalistes, et revenez à vos travaux classiques. » Des propos comme ceux-là me rappellent que « sinologie » rime hélas avec « assyrologie », voire même avec « entomologie »…

Dieu sait pourtant combien l'existence serait agréablement simplifiée si nous pouvions nous persuader que seule la Chine morte doit faire l'objet de notre attention ! Comme il serait commode de garder le silence sur la Chine vivante et souffrante, et de se ménager à ce prix la possibilité de revoir une fois encore cette terre tant aimée — mais je craindrais qu'un tel silence ne rejoigne alors celui que visait Lu Xun dans son propos célèbre :

> John Stuart Mill a dit que la dictature rendait les hommes cyniques. Il ne se doutait pas qu'il y aurait des républiques pour les rendre muets[2].

S. L.
1973

---

1. *Les Habits neufs du président Mao*, ci-dessus, p. 3.
2. *Lu Xun quan ji*, Pékin, 1963, vol. III, p. 396.
On ne s'étonnera pas de trouver de nombreuses citations de Lu Xun tout au long de mon petit livre. Le président Mao qui l'a consacré comme le maître à penser de la Chine contemporaine, estime que son œuvre est restée d'une brûlante actualité. Je viens de la relire en entier, et je suis du même avis.

LES ÉTRANGERS EN CHINE POPULAIRE

En guise d'introduction méthodologique aux reportages sur la Chine

> Au cours des âges, les Chinois n'ont jamais eu que deux manières de considérer les étrangers : soit comme des bêtes sauvages, soit comme des êtres supérieurs. Jamais ils n'ont été capables de les traiter en amis, de voir en eux des semblables [1].
>
> Lu Xun,
> (*Lu Xun quan ji*, Pékin, 1963, vol. I, p. 409).

> « Tant qu'il y aura un de ces gredins payants dans la salle, nous ne serons pas sûrs du succès », dit le chef de la claque.
>
> Paul Claudel.

On connaît la mésaventure récemment survenue à un journaliste américain : comme tout le monde, il avait écrit un récit de voyage en Chine. Seulement, lui n'y était pas allé. On s'aperçut finalement de la chose, il y eut un scandale, et le pauvre diable se fit congédier.

Ce qui est surprenant dans cette histoire, c'est que l'on ait pu découvrir la supercherie. Dans l'état actuel des choses, il me semble que même le plus débile des polygraphes devrait être capable de rédiger, sans quitter sa chambre, un reportage sur la Chine qui soit raisonnablement vivant, coloré, instructif, conforme et convaincant. Ne dispose-t-il pas en effet de cent modèles tous à peu près identiques ? Et s'il voulait pousser le scrupule professionnel jusqu'à se rendre lui-même en Chine, qu'y verrait-il de plus que ses devanciers ? Nanti des mêmes guides et interprètes que ceux-ci, il effectuerait le même circuit, logeant dans les mêmes hôtels, visitant les mêmes institutions, rencontrant les mêmes personnes [2] dont il

---

1. Comme la plus grande part de l'œuvre polémique de Lu Xun, ce propos dirigé à l'époque contre les représentants de l'orthodoxie régnante s'applique très bien à la bureaucratie maoïste aujourd'hui. Il serait toutefois très injuste de l'entendre dans un sens plus général. Le peuple chinois *laissé à lui-même* est naturellement le plus hospitalier et le plus fraternel qui soit au monde.

2. Les mêmes personnes, mais pas toujours sous la même vêture : les militaires qui dirigent maintenant la plupart des grandes usines se mettent en civil pour accueillir le commun des touristes, et ne rendossent leur uniforme que lorsqu'ils ont affaire à des visiteurs déjà informés de leur identité réelle. (1974.)

recueillerait les mêmes déclarations, se voyant offrir les mêmes banquets au cours desquels seraient prononcés les mêmes discours, se conformant partout à un même rituel invariable et irréel qui ne tient ni de la Chine ni de l'Occident, mais d'un univers abstrait conçu spécialement par les bureaucrates maoïstes à l'usage des hôtes étrangers [1].

Dans ces voyages toujours impeccablement organisés, tout ce qui pourrait relever de l'imprévu, de l'accidentel, de l'improvisé ou du spontané, est rigoureusement exclu. Les loisirs aussi : le programme des visiteurs est en général agencé de manière à les tenir en haleine depuis la pointe de l'aube jusqu'à une heure avancée de la nuit. Dans cette vie de forçat du tourisme politique, il n'est techniquement pas impossible de tenter de temps à autre une brève escapade, mais ce n'est pas à recommander ; comme on le verra plus loin, vous risquez ce faisant de compliquer votre existence et celle de vos cornacs.

Mais les voyageurs qui parcourent ainsi la Chine en trois semaines conservent généralement une excellente impression de leur expérience. Les visites sont suffisamment variées et les journées ne sont que trop bien remplies. S'ils n'ont pu faire plus, pensent-ils, c'est simplement que les forces humaines ont des limites et que les jours ne comptent que vingt-quatre heures. Toutefois, si seulement ils pouvaient tant soit peu prolonger leur séjour, ils s'apercevraient vite du caractère extraordinairement étroit, monotone et répétitif de ce qu'on leur donne à voir, et pour arriver à cette évidence il ne leur serait même pas nécessaire d'accomplir, comme je l'ai fait, sept voyages successifs dans les provinces.

Les autorités maoïstes ont effectué un étrange prodige ; à l'usage des étrangers, elles ont réussi à réduire la Chine — cet univers immense et divers qu'une vie entière ne suffirait pas pour explorer ne fût-ce que superficiellement — aux dimensions étriquées et routinières d'un même petit circuit invariable. Sur les centaines de villes que compte la Chine, il n'en est guère plus d'une douzaine qui soient ordinairement ouvertes aux étrangers ; dans chacune de ces villes, tous les étrangers se retrouvent immanquablement parqués dans le même hôtel, en général un palace aux proportions de forteresse, situé au milieu d'un vaste jardin fleuri, dans une banlieue lointaine. Dans ces hôtels, les visiteurs disposent d'un restaurant servant la meilleure cuisine qu'on puisse goûter dans toute la

1. Un petit exemple classique de ce rituel qui sert de base maintenant à un nouvel exotisme, est évidemment le coup de la lame de rasoir usagée, qui traîne aujourd'hui dans tous les récits de voyage en Chine : le voyageur abandonne dans sa chambre d'hôtel une lame de rasoir usagée, qu'on vient scrupuleusement lui rapporter à chaque étape de son voyage ; ce n'est qu'une fois arrivé à Hong Kong qu'il réussit finalement à s'en débarrasser. Il existe un large assortiment de ces anecdotes pittoresques et touchantes ; il serait amusant d'en faire l'inventaire ; en les comparant aux anecdotes des voyageurs de l'époque de Loti et Farrère, on s'apercevra que l'image de la Chine vertueuse, laborieuse et honnête présentée par les pèlerins d'aujourd'hui rejoint d'une certaine manière la peinture d'une Chine corrompue, fainéante et voleuse que donnaient jadis les clients de l'agence Cook : l'une et l'autre sont également exotiques, artificielles et arbitraires.

province, d'un barbier, d'une librairie où l'on vend des éditions de luxe et des reproductions d'art introuvables dans les librairies de la ville, d'une salle de spectacle où on leur projette des films et quelquefois même où des artistes viennent se produire spécialement pour eux. Inutile de dire que le public local n'a pas accès à ces établissements ; les factionnaires qui montent la garde à l'entrée, vérifient l'identité de chaque visiteur chinois. De cette façon les contacts qu'ont les voyageurs avec les différentes villes qu'ils « visitent » se résument finalement à quelques brèves traversées en voiture, à vive allure, le long des boulevards, en route pour les classiques visites d'usines et d'hôpitaux.

Si, pour la Chine urbaine, le bilan de ce que peut apercevoir le visiteur est déjà tellement dérisoire, que dire de la Chine rurale ! Les campagnes qui constituent la vraie réalité de la Chine, et où se décide le destin du pays entier, restent pour nous une inconnue totale. Des dizaines de milliers de villages que compte la Chine et où habitent plus de 80 % de sa population, les étrangers visitent tout au plus neuf ou dix échantillons, toujours les mêmes, dont l'intérêt certain mais limité, relève du genre pavillon agricole pour Exposition internationale.

Le vaste monde chinois ayant ainsi été ramené aux dimensions d'une tête d'épingle, les visiteurs étrangers n'ont pas besoin d'être très nombreux pour avoir partout l'impression de se frotter les coudes et de se marcher sur les pieds, tant les étroits sentiers sur lesquels on les confine, sont rebattus. Par-delà l'espace et le temps, il finit par s'établir entre eux une espèce de franc-maçonnerie, un peu comme entre les usagers d'un même tramway sur une petite ligne de banlieue. Vous apprenez ainsi que c'est dans l'escalier de tel monument que le sénateur français F. s'est foulé le pied, on vous montre l'endroit où l'écrivain danois R. s'est procuré un sifflet de berger, où le journaliste américain B. s'est acheté une canne ; on vous promène dans cette même limousine qu'emprunta la dame italienne idéologue-maoïste M., etc., etc. Tout ceci pourrait être assez drôle s'il s'agissait du Liechtenstein, mais quand on songe que c'est la Chine immense qui se trouve maintenant ramenée à ces proportions mesquines, à ces promiscuités douillettes de Rotary Club de sous-préfecture, le cœur se serre d'une certaine mélancolie…

Le même tour de passe-passe a été appliqué à la population chinoise : pour les étrangers, les huit cents millions de Chinois se réduisent maintenant en tout et pour tout à une soixantaine de personnes. Le monde des lettres est invariablement représenté par deux ou trois écrivains, toujours les mêmes, qui sont de service chaque fois que survient la visite d'une délégation littéraire ; même chose en ce qui regarde le monde scientifique, le monde universitaire, etc. Les milliers d'étrangers qui viennent en Chine chaque année semblent ne jamais rencontrer que cette immuable poignée d'individus pour qui ces interviews répétées doivent constituer maintenant un emploi absorbant et exclusif. Mais s'il se trouve que vous connaissiez déjà par ailleurs d'autres personnalités — artistes, écrivains, universitaires — en dehors de ce quarteron de pathétiques momies qu'on a officiellement dédouanées à des fins de « public relations », vous risquez d'attendre longtemps avant qu'on vous les laisse revoir. Les chances que vous avez de les rencontrer sont généralement en mesure inverse du profit que vous pourriez être susceptible de tirer de pareille rencontre : par exemple un sénateur du Texas ou un fermier australien pourront aisément faire la connaissance de tel archéologue célèbre ou de tel spécialiste de l'épigraphie antique — surtout s'ils ne l'ont pas demandé — tandis que la même faveur sera beaucoup plus difficilement accordée à un professionnel de ces mêmes disciplines. S'il apparaît que vous êtes *moins* ignorant qu'il n'est décemment permis de l'être en ce qui regarde les vicissitudes récentes de la vie politique et culturelle chinoise, et que par-dessus le marché votre connaissance de la langue chinoise vous permet de vous dispenser des services d'un interprète, toutes les demandes que vous introduirez pour rencontrer diverses personnalités, voire simplement pour apprendre quel est leur sort actuel, s'engloutiront sans écho dans les sables dilatoires d'une bureaucratie méfiante et apeurée.

L'« amitié entre les peuples » est constamment prônée : c'est un slogan qui traîne dans tous les discours et s'étale en inscriptions géantes sur tous les murs. L'amitié entre les *individus* par contre est très efficacement découragée ; le lecteur trouvera plus loin quelques anecdotes instructives à ce sujet. Si les autorités maoïstes, dans leur façon d'accueillir les étrangers, ont aménagé la Chine comme une sorte de club fermé, encore faut-il préciser qu'il s'agit d'un club *colonial*, où il est très mal vu de fréquenter les « indigènes ». Les seuls Chinois avec qui vous pouvez bavarder sans encourir le déplaisir des autorités sont vos domestiques (personnel fourni par le département des Services du ministère des Affaires étrangères), les bureaucrates que vous rencontrez dans les réceptions officielles, les guides et interprètes fournis par l'agence de voyage gouvernementale, et enfin les « amis professionnels ». Les « amis professionnels » sont des bureaucrates du ministère des Affaires étrangères, temporairement détachés pour tenir compagnie à certains visiteurs étrangers (vous retrouvez leurs noms — toujours les mêmes : il n'y en a pas tant — dans de nombreux récits de voyageurs qui, pour les avoir fréquentés, croient naïvement avoir établi des contacts personnels en Chine). Durant le temps qu'ils sont affectés à votre personne, vous les trouverez aimables, diserts, voire même chaleureux et expansifs ; n'essayez toutefois pas de prolonger cette « amitié » au-delà de la durée de leur mission : vous risqueriez certaines désillusions.

Si, pour le gros du troupeau, les voyages en Chine se limitent ainsi à une expérience aussi neutre, aseptisée et prévisible que s'ils avaient été planifiés par le Club Méditerranée, de temps à autre pourtant les résidents étrangers apprennent avec une stupéfaction envieuse que tel visiteur de marque a été autorisé à effectuer une expédition extraordinaire : une croisière sur le haut fleuve Bleu, une visite à Lhassa, un safari au Yunnan, que sais-je encore. Si vous rencontrez l'heureux pèlerin, n'allez toutefois pas en attendre des révélations inédites : s'il était capable d'en faire, il n'aurait jamais pu jouir d'un tel privilège. Les bénéficiaires de ces faveurs extraordinaires sont en effet soit des scribes stipendiés par le régime, qui, pour ce qu'ils sont à même d'observer, auraient aussi bien pu écrire leur récit de voyage avant de se mettre en route, rien qu'en feuilletant quelques numéros de *La Chine en construction*, soit des individus que leur naïveté ou le fanatisme de leur dévotion au maoïsme mettent définitivement à l'abri des réalités. Dans cette catégorie je ne veux donner qu'un seul exemple, mais il est éclatant. Le professeur N***, à la différence de la plupart des maoïstes occidentaux, est un authentique sinologue ; c'est un savant génial, un homme exquis, une conscience intègre. Seulement, sur tout ce qui touche à la Chine maoïste, un déclic s'opère dans son cerveau, entraînant une occultation totale et instantanée de toutes ses facultés critiques. En 1972 il revint en Chine et fit un étonnant voyage qui le mena dans des provinces lointaines, inaccessibles au commun des visiteurs. Il en ramena des récits émerveillés sur l'état florissant de la culture et des religions traditionnelles. Ce qui me rend un peu perplexe cependant, c'est que dans le cours de la même interview accordée à un quotidien de Hong Kong à sa sortie de Chine, il entremêle ses descriptions de lieux pour nous invérifiables, d'exemples tirés de réalités pékinoises qui, elles, nous sont familières : c'est ainsi qu'il évoque entre autres l'« admirable état de conservation du célèbre temple taoïste du Nuage Blanc » (Boyun guan) qui, « avec ses précieuses collections de livres sacrés », se trouve aujourd'hui « soigneusement protégé ». Je n'ai pas eu comme le professeur N*** la chance de visiter des monastères au Yunnan et des temples au Sichuan, mais j'habitais à dix minutes de vélo du pauvre Nuage Blanc et suis allé bien des fois rôder mélancoliquement dans ses alentours… Quiconque ne connaîtrait pas le professeur N***, pourrait le soupçonner d'avoir fait ici un jeu de mots teinté d'humour noir : « bien protégé », le Nuage Blanc ? Je veux croire : il a été transformé en… CASERNE ! (Je traiterai ailleurs, plus en détail, de la grande misère des monuments de Pékin [1].)

Ce genre d'aveuglement vient plus facilement aux autres dévots étrangers, pour la simple raison qu'à la différence du professeur N***, leur ignorance de la Chine, de sa culture, sa langue, son passé, son

1. D'aucuns pourront arguer que la Chine actuelle n'a que faire de temples taoïstes et qu'il est salubre pour elle de s'en débarrasser. Sans souscrire entièrement à cette opinion, je suis très conscient qu'il ne manque pas de bonnes raisons pour l'étayer. Ce n'est pas le fait de transformer les temples en casernes qui m'indigne, mais les mensonges dont on entoure ces transformations, et que l'on s'emploie à diffuser dans l'opinion étrangère, par professeurs interposés.

présent, est directement proportionnelle à leur ferveur maoïste ; d'une certaine façon d'ailleurs leur ferveur n'est rendue possible que par leur ignorance. Les plus ambitieux d'entre eux réussissent bien parfois à déchiffrer quelques pensées de Mao en version originale, en les décortiquant mot à mot comme s'il s'agissait d'épigraphes sumériennes, et ce hobby chinois les autorise à s'intituler « sinologues » (pourquoi pas, après tout l'appellation n'est pas contrôlée…) — quoiqu'ils ne rêveraient pourtant jamais de s'aventurer en Chine sans se faire escorter d'interprètes. Mais chez eux aussi bien que chez la majorité des pèlerins plus modestes, se marque une totale absence de curiosité pour la Chine concrète et réelle. J'en sais qui, en vingt ans de visites régulières en Chine, n'ont jamais UNE SEULE FOIS pris un autobus ou un tram, vidé un bol de nouilles dans une gargote au hasard des rues, mangé à la fortune du pot ou passé une soirée à l'improviste dans une famille amie… mais pourquoi prendraient-ils l'autobus, puisque partout une limousine gouvernementale demeure à leur disposition en permanence ? Quel besoin auraient-ils de s'aventurer dans les bistrots « indigènes », eux qui chaque jour se voient offrir de somptueux banquets aux frais de l'État ? Comment pourraient-ils pénétrer dans l'intimité familiale d'amis personnels, eux qui ne fréquentent que ces « amis professionnels », fournis par les autorités ? Ayant résidé pendant six mois dans un hôtel pékinois qui est le principal pied-à-terre de ces commis-voyageurs internationaux du maoïsme, j'ai un peu appris à les connaître ; ils sont gentils du reste, et avec quelques-uns, il est possible, sans être de la même paroisse, d'entretenir des rapports amicaux — à condition toutefois de laisser la Chine de côté, car là leur ignorance et le mépris inconscient qu'ils montrent pour ce pays ne laissent pas de choquer douloureusement. Ainsi par exemple le président de je ne sais quel comité antifasciste international m'annonce au petit déjeuner qu'il part en voyage dans l'intérieur, cet après-midi même. — « Ah ! et où allez-vous ? — Euh !… ma foi, moi ces noms chinois, vous savez… (se tournant vers son guide-interprète) Wang, où allons-nous encore ? — A Hangzhou. — Hankou, c'est ça, je me souviens maintenant ! » Un autre pilier du Parti, qui revient à Pékin chaque année depuis la fondation du régime, se fait servir des plats occidentaux à tous les repas : — « La cuisine chinoise, voyez-vous, ça me donne la diarrhée », m'explique ce vieil « Ami de la Chine ». Il y a quelque chose de symbolique dans une allergie aussi obstinée au riz quotidien de huit cents millions d'hommes…

Ces visiteurs si discrets qui jamais n'auraient le mauvais goût de partir seuls à la découverte, au hasard des rues, qui ne s'aventurent nulle part sans se faire accompagner de leur guide et de leur interprète, qui s'accommodent sans récriminations de l'existence cloîtrée de leurs lugubres palaces, sourds et aveugles à la vie chinoise, répondent admirablement aux exigences officielles. On les récompense de leur réserve en leur offrant des voyages gratuits, et eux à leur tour repayent cette hospitalité en publiant périodiquement des articles, voire des livres qui prétendent décrire la Chine, alors qu'ils ne sont guère plus qu'un ingénieux découpage des articles de l'hebdomadaire polyglotte *Pékin Information*, transposés en discours direct pour donner l'illusion d'un témoignage personnel[1].

Ce dont les autorités leur savent tout particulièrement gré, c'est de leur absence de curiosité intempestive en ce qui regarde les vicissitudes politiques de régime. Dans ce domaine, ignorant tout, ils ont la merveilleuse faculté de ne s'étonner de rien : Liu Shaoqi, chef de l'État, bras droit et successeur désigné du président Mao, devient soudain un traître travaillant à la restauration du capitalisme ; Chen Boda, secrétaire-confident du président Mao et idéologue-en-chef de la « Révolution culturelle », se révèle tout à coup n'être qu'un escroc ; Lin Biao, « le plus intime compagnon d'armes du président Mao » et son deuxième successeur désigné, s'avère brusquement être lui aussi un abominable conspirateur, assassin et usurpateur en puissance. Cette cascade de coups de théâtre laisse nos pèlerins imperturbables. Chen et Lin accusés tout d'abord de « gauchisme », sont incriminés maintenant pour « droitisme », et bien qu'ils aient joué un rôle décisif dans l'élimination de Liu Shaoqi, leur ennemi juré, on nous les présente maintenant comme ses complices. On continue théoriquement à célébrer la « Révolution culturelle », cependant que ses principales réalisations se trouvent successivement démantelées et enterrées, et ses promoteurs, l'un après l'autre rejetés dans les ténèbres extérieures ; on continue à dénoncer la personne de Liu Shaoqi cependant que l'on réinstalle tous ses anciens acolytes et que l'on remet en vigueur, dans tous les secteurs, cette même politique « révisionniste » qui lui valut sa condamnation : ces invraisemblances et ces contradictions, loin d'ébranler la foi des croyants, ne font que la consolider. *Credo quia absurdum*. Toutefois la docilité même que mettent les exégètes occidentaux du maoïsme à épouser inconditionnellement toutes les fluctuations de Pékin, devient parfois, du fait qu'elle est aveugle, source d'embarras pour leurs employeurs. Il leur arrive, emportés par leur zèle, de manquer le dernier virage de l'orthodoxie, et ainsi dans leur empressement à flatter les détenteurs du pouvoir, ou à tout le moins ceux

1. La recette est simple. Prenez par exemple la version pékinoise originale… « sous la juste direction du parti communiste chinois et à la lumière de la pensée de Mao Zedong, les paysans pauvres et moyens-pauvres du district de Linxian entreprirent une lutte acharnée pour surmonter victorieusement les sabotages de la ligne contre-révolutionnaire révisionniste du traître Liu Shaoqi » ; vous n'avez qu'à la transformer ainsi : « Durant ma visite à Linxian, j'ai eu l'occasion de bavarder avec de nombreux paysans. L'un d'eux, un robuste vieillard aux traits burinés par les intempéries, me confessa : “La lutte a été dure ici ; les partisans de Liu Shaoqi ont essayé par tous les moyens de saboter l'élan révolutionnaire. Mais finalement on les a eus quand même. Que voulez-vous qu'ils fassent ? (Ici un éclair de malice passa dans son regard.) C'est que nous, nous sommes guidés par le Parti et par le président Mao, et avec ça, on est invincibles !” », etc.

qu'ils croient être les détenteurs du pouvoir (cette position est malheureusement de nature assez éphémère), ils se laissent souvent entraîner à « ajouter des pattes au serpent » et compromettent par cet excès d'ardeur la crédibilité de leur peinture. Au moment où la disgrâce de Lin Biao était déjà connue de la Chine entière, n'avons-nous pas vu en effet le quotidien le plus sérieux de France expliquer le plus gravement du monde que Lin avait toujours l'entière confiance du Grand Timonier, et que toute information contraire ne pouvait relever que de ces ragots disséminés à Hong Kong par les agents de la CIA ? Si quelquefois ils sont donc un peu lents à comprendre que le vent a tourné, une fois qu'ils ont reçu les nouvelles instructions, par contre, ils mettent les bouchées doubles. Lu Xun parlait de « battre le chien, même après qu'il est tombé à l'eau » ; de ce précepte, ils ont donné une interprétation tout à fait neuve : « ne jamais battre un chien *avant* qu'il ne soit tombé à l'eau ». Une fois qu'ils voient leurs grands hommes d'hier engloutis dans l'égout, ils compensent le retard qu'ils ont mis à les dénoncer, en les accablant d'une double ration d'outrages. C'est ainsi que les plus furieuses attaques contre Liu Shaoqi sont lancées maintenant par des gens qui, dans les années 60, nous décrivaient la Chine de Liu comme un paradis ; ils découvrent aujourd'hui que cette Chine-là souffrait de famines et d'oppression bureaucratique, toutes imputables bien entendu aux seuls sabotages de l'omnipuissant et omniprésent Liu. Mais quiconque aurait eu à l'époque l'audace de constater l'évidence pourtant suffisamment voyante de ces famines et de cette oppression, n'aurait pu être alors qu'un de ces fabricants de calomnies à la solde des Américains... La science si strictement rétrospective des thuriféraires du maoïsme a trouvé d'amples occasions de se manifester durant la « Révolution culturelle » ; leur aptitude à s'apercevoir *après coup* d'énormités qui, au moment même, leur étaient demeurées invisibles, est proprement admirable. On sait à quels sommets d'hystérie magique le culte de Mao atteignit durant les années 66-70, avec ses incantations, ses amulettes et ses miracles ; mais les manifestations les plus délirantes de cette religion ne réussirent jamais à indisposer le moins du monde ses fidèles ; ils s'indignaient au contraire de voir les mécréants faire la grimace devant leur pieux délire. Il a fallu attendre les nouvelles consignes de 71-72 pour qu'ils commencent soudain à subodorer une « déviation formaliste », voire une « machination Lin Biaoïste » dans cette démence qu'ils avaient si joyeusement soutenue pendant quatre ans. Les violences sanglantes de la « Révolution culturelle » étaient connues de tous ; on aurait pu penser que devant une évidence aussi brutale, nos maoïstes au moins garderaient le silence. Mais non ! une fois de plus ils accusèrent tous les témoins de mensonge. Jusqu'au jour où... Mao lui-même vint justifier ces derniers en confiant à Edgar Snow au cours d'une interview demeurée célèbre : « Les journalistes étrangers ont parlé des violences de la Révolution culturelle, en fait ils sont restés encore en deçà de la vérité. » C'est qu'entre-temps pour des raisons d'expédience politique, Mao avait jugé nécessaire de se désolidariser de ses anciennes troupes de choc, et de jouer contre elles de leurs anciens ennemis. Il devenait donc nécessaire de faire endosser le plus de crimes possibles à une « extrême gauche » qui, ayant cessé d'être utile, commençait à faire obstacle à la reconstitution d'un appareil militaro-bureaucratique seul capable de rétablir l'ordre dans le pays. Docilement, les porte-parole du maoïsme en Occident se mirent alors à faire état d'atrocités diverses commises par l'« extrême gauche » durant la « Révolution culturelle », oubliant commodément les injures dont quelques mois auparavant, ils avaient agoni les observateurs qui avaient décrit ces mêmes faits… Jamais, au grand jamais, ils n'oseraient se fier à l'évidence de leurs sens pour constater de leur propre initiative l'existence d'une réalité objective ; en toute chose, il leur faut d'abord attendre d'avoir reçu la version officielle des autorités avant de pouvoir formuler une opinion, et au besoin, si telle est la consigne, comme les sycophantes de Qin, ils n'hésiteront pas à proclamer imperturbablement que le daim qu'on leur présente, est un cheval…

« Nous avons des amis dans le monde entier. » Cette pensée du président Mao s'étale un peu partout sur les murs. J'ignore si la population retire beaucoup de satisfactions de cette idée ; je crains seulement que la vue des amis en question ne soit parfois pour elle source d'une certaine perplexité. Ayant habité assez longtemps l'un des principaux hôtels de Pékin, j'ai pu observer à loisir ce défilé hétéroclite, et je ne saisis toujours pas clairement sur la base de quels critères la République populaire sélectionne ses invités. Il semble que l'élite de ceux-ci, comme sous l'ancien régime, reste essentiellement composée des relations privées des personnages influents du régime ; à ce niveau-là, les problèmes d'orientation idéologique ne pèsent pas d'un très grand poids. Dans cette catégorie je me souviens par exemple d'un mystérieux couple de pianistes américains qui effectuèrent un extraordinaire périple à travers des régions de Chine normalement interdites au commun des étrangers ; j'ignore si leurs talents musicaux auraient à eux seuls pu justifier pareil privilège. L'unique récital qu'ils donnèrent à Pékin, sous le titre évocateur de *From Bach to rock and back* fut réservé aux cadres dirigeants du régime, et aucun étranger n'y eut accès. Tout ce que je sais c'est que, si le mari avait une certaine touche de bateleur forain du Far West, la femme elle, était la fille d'un ancien évêque de Hankou qui avait été ami de Zhou Enlai dans les années 20… A côté de ces « amitiés particulières », le gros du contingent est évidemment fourni par les « amitiés collectives », fonction du jeu fluctuant des alliances internationales. Aux alentours du 1er octobre (fête nationale chinoise), les hôtels de Pékin s'emplissent d'une foule de délégations diverses (et améliorent pour quelques semaines la qualité de leurs menus). Des militaires roumains dans leurs uniformes d'opérette, tout cousus de décorations, coudoient des groupes de Coréens du Nord qui, avec leurs têtes de bois et leurs complets noirs ressemblent à des paysans endimanchés, en route pour la grand-messe du village. Les Vietnamiens eux, même socialistes et prolétariens, se signalent par leur grâce fluette et délicate, cependant que les membres des délégations japonaises se distinguent par leur zèle fanatique, agitant de petits drapeaux et arborant sous leur fardeau d'appareils photographiques et de caméras, des insignes à l'effigie de Mao, grands comme des assiettes à soupe. Tranchant sur ces troupes disciplinées, les Africains avec leur goût du flamboyant et de la mascarade, apportent une joyeuse touche d'anarchie : vociférants et hilares, ils réclament à grands cris de la bière et des femmes, à la consternation de leurs cicérones chinois. A côté de ces larges délégations, gravite encore toute une poussière de groupuscules excentriques : instituteurs bretons, businessmen péruviens, cheminots néo-zélandais, hommes de lettres progressistes de l'île Maurice... J'allais oublier les Américains, qui constituent à eux seuls une espèce à part : journalistes, hippies, politiciens, universitaires, acteurs, sénateurs — ils représentent les milieux les plus divers, mais tous semblent nager dans la même extase [1] (le seul visiteur américain que j'aie jamais vu défrisé fut, peu avant les élections présidentielles, un des organisateurs de la campagne électorale de McGovern : venu dans l'espoir d'extraire de Pékin quelque manifestation de soutien ou d'intérêt pour le candidat démocrate, il découvrit à sa consternation que les autorités maoïstes étaient résolument nixoniennes...).

Les Chinois établis à l'étranger, qui reviennent visiter la mère patrie, constituent une catégorie particulière de voyageurs. Avec leur manie du cloisonnement et des classifications, leur obsession des hiérarchies, les autorités maoïstes les ont répartis en quatre classes différentes : au sommet, la première classe est formée par les Chinois qui ont adopté une nationalité étrangère ; ce sont pratiquement les seuls que nous ayons l'occasion de rencontrer, car nous partageons les mêmes hôtels et jouissons des mêmes privilèges matériels. Mais, noblesse oblige, les membres de cette aristocratie souffrent des restrictions normalement imposées aux étrangers pour ce qui est des contacts avec la population — et ceci inclut entre autres les contacts avec les membres de leur propre famille : s'ils sont en général autorisés à visiter leurs parents à domicile (pas toujours pourtant : il arrive que les entrevues ne puissent se dérouler qu'à l'hôtel), il ne leur est pas permis de passer la nuit en famille. Je sais

1. Le degré d'ignorance de certains de ces visiteurs est proprement fabuleux ; la crédulité avec laquelle ils avaient accepté les clichés les plus primitifs d'une certaine propagande anticommuniste au temps de la guerre froide, explique une partie de leur surprise et de leur enthousiasme aujourd'hui. Je me rappelle par exemple cet homme d'affaires influent qui s'était amené à Pékin avec un sac entier rempli de savons et de rouleaux de papier hygiénique, bien convaincu que ces commodités étaient inconnues en Chine...

ainsi le cas d'un artiste chinois porteur d'un passeport européen qui, revenu à Pékin pour revoir sa vieille mère après vingt ans de séparation, passa chez elle la première nuit de son retour. Le lendemain, il se fit courtoisement mais fermement rappeler à l'ordre par les autorités : il n'y avait pas d'inconvénients à ce qu'il visite sa mère pendant la journée, mais comme légalement il était maintenant un étranger, il n'était pas approprié qu'il découchât de son hôtel.

La deuxième classe est constituée par les « compatriotes de Taiwan » (en pratique, il s'agit de Taiwanais installés au Japon ou aux États-Unis) ; cette variété est fort demandée aujourd'hui étant donné ses multiples usages politiques, mais le stock en est limité. Il est souvent question d'eux dans la presse, mais dans la réalité quotidienne on ne les voit guère.

Les Chinois d'outre-mer composent la troisième catégorie, assez nombreuse. Ce sont en majorité des hommes d'affaires ou des commerçants prospères de l'Asie du Sud-Est ; ils jouissent simultanément de ce que les deux mondes peuvent leur offrir de meilleur : la fierté patriotique que leur procure leur pays d'origine, la fortune et le confort qu'ils ont trouvés dans leur pays de résidence. En Chine populaire, il existe un réseau d'hôtels et de restaurants spécialement aménagés pour cette catégorie de visiteurs ; moins chers que les établissements réservés aux étrangers, aux yeux de la population locale cependant, ils relèvent des mêmes paradis inaccessibles.

Enfin, tout en bas de l'échelle, se situent les « compatriotes de Hong Kong et Macao », la plupart d'entre eux se contentent de visiter leur parentèle dans la province du Guangdong. Cette dernière catégorie de visiteurs est particulièrement nombreuse : au moment des grandes fêtes traditionnelles, nouvel an, Qingming (fête des Morts), etc., c'est par dizaines de milliers qu'ils passent la frontière. Pour eux, les formalités sont très simples : ils peuvent entrer dans la République populaire sur la seule base de leur carte d'identité. De la Chine, ils ne peuvent guère voir que leur village familial, mais là au moins ils ont l'occasion de vivre en contact direct et intime avec la réalité quotidienne, tandis que les visiteurs chinois des catégories supérieures, s'ils ont eux la possibilité d'effectuer les circuits touristiques habituels à travers le pays, se trouvent entourés tout au long de leurs pérégrinations de ces mêmes mesures prophylactiques qui visent à isoler les étrangers de la vie réelle.

La loquacité des voyageurs chinois est généralement en mesure inverse de leur information. Ceux qui ont la chance de partager l'existence de leurs parents dans les villages du Guangdong montrent une grande répugnance à se laisser interviewer : ils ne livrent leurs impressions qu'en privé ou dans des conditions garantissant l'anonymat. A l'autre extrême se rangent les universitaires installés depuis quelque vingt ans à l'étranger ; en particulier pour ceux qui enseignent aux États-

Unis, depuis la visite de Nixon, il est devenu absolument indispensable d'avoir effectué au moins un voyage en Chine populaire, et d'en ramener des récits enthousiastes : leur prestige académique, voire même leur gagne-pain en dépendent. A cette nécessité pathétique qu'ils ont soudain de mendier la caution de Pékin pour soutenir leur image d'autorités universitaires dans le domaine des études chinoises — et ceci après avoir entièrement ignoré, sinon activement vilipendé la Chine populaire pendant deux décades —, s'ajoute aussi un certain sentiment de culpabilité. En rédigeant d'innombrables articles où ils démontrent que la vie dans les communes populaires est la plus heureuse et la plus prospère dont on puisse rêver sur cette planète, ils espèrent qu'on leur pardonnera plus aisément d'avoir choisi pour eux-mêmes l'austérité d'un exil américain.

Après avoir parlé des voyageurs, traitons maintenant des résidents. Il faut tout d'abord distinguer entre les résidents maoïstes (professionnels ou pensionnés de la Révolution qui sont confortablement logés et nourris à Pékin aux frais du peuple chinois) et les résidents mécréants (diplomates et journalistes). La communauté des bien-pensants et celle des infidèles ne se fréquentent guère : elles résident dans des ghettos distincts, tant à la ville qu'à la campagne : c'est ainsi que même à Beidaihe, la fameuse station balnéaire bureaucratico-diplomatique qui n'est pas bien grande pourtant, les deux groupes passent les semaines les plus chaudes de l'été sans jamais se voir, étant encampés dans des cantonnements strictement séparés [1].

En principe, les maoïstes résidents ayant vécu de longues années en Chine, devraient être mieux informés des réalités chinoises que les maoïstes de passage. En pratique toutefois cet acquis d'expérience ne se remarque guère : même si parfois en privé, ils se donnent l'élégance de marquer une certaine distance critique à l'égard des slogans de propagande, quand ils prennent eux-mêmes la plume, c'est seulement pour enrichir le supplément maoïste contemporain du *Dictionnaire des idées reçues* : on chercherait vainement dans leurs écrits et leurs discours une seule idée fraîche, un seul fait nouveau — rien qui n'ait déjà figuré vingt fois dans les communiqués de l'Agence Chine nouvelle ou les articles de *Pékin Information*. Lors de la « Révolution culturelle », il est vrai, certains d'entre eux eurent le courage, ou l'inconscience, d'exprimer des opinions personnelles : ils se sont bientôt retrouvés en prison, où quelques-uns moisissent encore aujourd'hui [2] ; les autres ont profité de la

1. Avant la « Révolution culturelle », il existait une troisième communauté, plus variée dans sa composition et en général plus intéressante, car plus étroitement en contact avec la vie chinoise — celle des étudiants, enseignants et spécialistes étrangers engagés par la République populaire. Témoins gênants, ils furent renvoyés dans leurs foyers au moment de la « Révolution culturelle ». (En 1973 toutefois, cette communauté était déjà en voie de reconstitution.)

2. A la date d'imprimer (1974), il semble que presque tous aient été relâchés.

leçon et tartinent maintenant leurs prudents lieux communs d'une triple couche de sirop officiel.

En ce qui concerne les infidèles, leur communauté qui s'est brusquement gonflée depuis que Nixon est venu mettre Pékin à la mode, est essentiellement composée de diplomates ainsi que de quelques correspondants de presse. De façon générale, l'humeur des résidents est morose, sardonique, désenchantée, fataliste, amère ou exaspérée selon les tempéraments, et contraste singulièrement avec l'excitation enthousiaste des visiteurs de passage. Cette différence s'explique pour plusieurs raisons : alors que les touristes doivent comprimer en l'espace de trois ou quatre semaines d'innombrables visites de monuments, d'écoles, d'hôpitaux, d'usines, de crèches, d'hospices, etc., éparpillés sur plusieurs milliers de kilomètres, les résidents eux doivent étirer sur plusieurs années le vide et la monotonie aride d'une existence tissée de petites vexations et de grandes frustrations, dans une semi-captivité médiocrement confortable. Les visiteurs de passage voyant un paysage constamment changeant défiler autour d'eux, sont moins conscients qu'on les promène dans une cage ; les résidents, dans leur immobilité, ont eux tout le loisir de contempler les barreaux qui les entourent. Ajoutez enfin que les résidents sont payés pour vivre à Pékin et n'ont donc nul intérêt à minimiser les difficultés de leur existence : ce sont elles précisément qui justifient en partie la générosité de leur salaire ; les touristes par contre doivent payer (de plus en plus cher) pour venir y passer quelques jours : ce que nous avons obtenu à grand prix, et qui fait l'envie de nos voisins moins fortunés, ne saurait évidemment jamais être banal ou quelconque…

Les autorités pékinoises qui connaissent trop bien l'état d'esprit des résidents, s'efforcent autant que possible de protéger les touristes de passage contre leur influence cynique et délétère : les voyageurs qui demandent à prendre contact avec leur ambassade durant leur séjour à Pékin rencontrent la désapprobation non dissimulée de leurs guides, qui leur opposent parfois un refus de coopération, pouvant aller éventuellement jusqu'au sabotage[1].

Il ne faudrait pas croire toutefois que les résidents aient nécessairement dès leur arrivée une opinion aussi défavorable du régime maoïste. Tout au contraire ! Dans les pays qui ont récemment rétabli les relations diplomatiques avec la Chine populaire, les affectations au poste de Pékin font dans les ministères l'objet de convoitises ardentes, et les diplomates nouvellement envoyés en Chine, si intelligents soient-ils, échappent difficilement à l'atmosphère d'euphorie qui entoure leur désignation et leur départ. Cette euphorie et cette hystérie maophiles qui se sont soudainement emparées du monde entier, s'expliquent d'ailleurs mal en termes d'analyse politique. Dans les débuts de la République populaire, au

1. Un correspondant pékinois m'assure que ces cas de sabotage ne se sont plus représentés.

moment où le régime était stable et dynamique et jouissait du soutien presque unanime de la population, l'Occident a systématiquement ignoré et isolé la Chine, attendant pour reconnaître son existence que celle-ci ait été dramatiquement ébranlée par la « Révolution culturelle » et ses séquelles : cinq années de fureur, de sang et de folie, la plus gigantesque flambée de frénésie collective que la Chine ait connue depuis l'insurrection des Taiping ; un raz de marée qui engloutit subitement les deux tiers de l'élite dirigeante du régime ; le coup d'État militaire érigé de façon permanente en technique de gouvernement ; une cascade de purges et de contre-purges qui finalement ne laissent plus que deux vieillards accrochés aux commandes d'un appareil délabré, et dans les couloirs du pouvoir tout un fourmillement obscur de militaires, de factions et d'ambitions rivales échangeant des coups fourrés, et dont la lutte sourde menace à tout instant d'exploser de nouveau au grand jour ; la destruction délibérée de l'intelligence et de la culture, des arts, des lettres et de tout l'héritage du passé — tout cela semble avoir été balayé des esprits par la seule magie d'un coup de raquette de ping-pong. Il n'y a jamais eu autant d'ambassadeurs étrangers pour remettre leurs lettres de créance à Pékin, depuis qu'il n'y a plus de chef d'État pour les recevoir… Depuis bientôt quatre ans, le suave et infatigable Zhou Enlai qui est bon acteur d'opéra classique, nous chante une éblouissante variante de *Stratagème de la place forte vide* ; nouveau Zhuge Liang, il a réussi à imposer à un parterre éberlué, le mirage d'un ordre stable et puissant là où il n'y avait qu'incohérence et vacance quasi totale du pouvoir (il faut reconnaître que dans ce numéro d'illusionniste il a été utilement aidé par Nixon et quelques autres artistes invités).

Le public occidental en général n'est guère au courant de ces évidences de mauvais goût, puisque nul journal sérieux n'aurait le cœur de les lui signaler[1] ; ce qui est étonnant, c'est que cette ignorance soit souvent partagée dans une certaine mesure par les diplomates nouvellement affectés à Pékin, et c'est d'autant plus surprenant que ceux-ci, dont c'est le métier d'être informés, constituent en général une élite choisie au sein d'une Carrière qui, contrairement au préjugé courant, est loin de ne compter que des Norpois. Les gouvernements des pays

1. Une personnalité universitaire et littéraire notoire pour l'indépendance de ses jugements, et qui collabore régulièrement au plus important hebdomadaire français de « gauche », s'entendit récemment déclarer par le directeur de cette publication : « Continuez à nous donner des articles sur tous les sujets que vous voulez, mais je vous en prie, ne touchez plus à la Chine populaire. Tâchez de comprendre ma situation ; j'ai un certain nombre de maoïstes dans ma rédaction et il faut bien que je compose avec eux. » Il y a plus de trente ans, à propos de la Russie stalinienne, Victor Serge avait déjà fait la même expérience : « J'ai vu des intellectuels de gauche, dans les rédactions de revues et de journaux dignes d'estime, refuser de publier la vérité — certaine, et qu'ils ne contestaient du reste pas ; mais ils en souffraient, ils préféraient l'ignorer, elle était en contradiction avec leurs intérêts moraux et matériels (les uns ne vont généralement pas sans les autres). » (*Mémoires d'un révolutionnaire*, Paris, 1951, p. 410.) (Note de 1974.)

occidentaux qui ont récemment rétabli le contact avec la Chine populaire, ont en effet tenu pour la plupart à envoyer à Pékin leur personnel le plus capable et le plus brillant, dans l'idée que la cour de Mao allait bientôt devenir un pôle mondial d'activité diplomatique. Hélas, pour ce qu'il y avait à faire à Pékin, au lieu de gaspiller là des personnalités souvent remarquables, l'envoi d'un quelconque soliveau chamarré aurait aussi bien convenu : après tout il ne s'agissait guère que de hisser un drapeau de plus dans l'espèce de lazaret cosmopolite qui abrite au fond d'une banlieue lointaine la spleenétique existence de la colonie étrangère, et de faire périodiquement acte de présence au rituel de ces banquets officiels où tout, menus, musique, discours, convives, participe de la même solennelle et stupéfiante monotonie.

Inutile de dire que les illusions des nouveaux arrivants sont bientôt anéanties ; en quinze jours de temps, ils ont achevé l'inventaire complet de cette banquise sur laquelle ils vont devoir hiverner pendant deux ou trois ans, subsistant sur les seules ressources de leur humour ou de leur philosophie, et ceci dans une solitude morale d'autant plus grande que leurs gouvernements respectifs demeurent largement incapables de concevoir ce que peuvent être les conditions réelles d'existence dans la ville sainte du maoïsme.

Au point de vue professionnel, ces hommes habitués à une vie intense et active, se voient soudain réduits à découper les communiqués de l'Agence Chine nouvelle pour nourrir leurs rapports, ou à attendre que le courrier hebdomadaire de Hong Kong vienne leur apprendre ce qui se passe autour d'eux. Des activités mondaines qui absorbent normalement une partie de l'existence de tout diplomate, il ne leur reste à Pékin que les servitudes. Toute possibilité de se lier de manière intime et personnelle avec des personnalités chinoises du monde politique, littéraire, artistique, universitaire, scientifique est rigoureusement exclue ; ils ne peuvent rencontrer qu'une poignée de bureaucrates, toujours les mêmes, et seulement dans le cadre fastidieux des réceptions officielles. En fait les occasions de fréquenter des Chinois sont si rares que ceux des diplomates qui savent le chinois, craignent à juste titre de régresser dans leur connaissance de cette langue, faute de pratique. Pékin est probablement la ville au monde où un étranger a le moins de chances de parler chinois ; il n'est en effet guère de grandes métropoles sur cette planète où l'on ne puisse trouver une communauté chinoise, si restreinte soit-elle, et au sein de celle-ci, où l'on ne puisse établir des relations amicales et suivies avec au moins une ou deux personnes sachant parler pékinois ; pour un étranger, c'est plus que l'on ne pourrait dire de Pékin aujourd'hui.

Quasiment tous les diplomates vivent et travaillent au même endroit. Le gouvernement maoïste, fidèle en ceci à une tradition du vieil empire, a entrepris de regrouper les diverses ambassades ainsi que les résidences des diplomates en deux vastes ghettos installés en marge de la ville. Nul étranger n'est plus autorisé à se chercher un logement en ville, et ceux qui, ayant hérité d'une situation acquise, ont l'exceptionnelle chance d'habiter aujourd'hui encore dans le centre, ne jouiront plus de ce privilège que pour un ou deux ans : l'ordre de déménager dans le ghetto étranger leur a déjà été notifié.

L'esthétique du quartier diplomatique tient tout à la fois de l'hôpital, de la gare et de la caserne. Dans ce lugubre cantonnement où l'on entend parler toutes les langues de la terre et où se côtoient toutes les races humaines, la Chine demeure curieusement absente, n'étant représentée que par les factionnaires qui montent la garde à l'entrée, et par les domestiques, cuisiniers et chauffeurs de la colonie étrangère. Entre les murs de ce morne enclos, les résidents doivent faire un grand effort d'imagination pour se rappeler qu'ils vivent à Pékin (Chine) et non dans un faubourg de Stuttgart ou de Newcastle.

Le cauchemar permanent des bureaucrates maoïstes est de voir les résidents étrangers s'égailler dans le paysage et, qui sait — comble d'horreur ! — établir peut-être des contacts spontanés et non supervisés avec la population. En fait, cette dernière crainte est tout à fait dépourvue de fondement : échaudés par cinq années de « Révolution culturelle », les gens y regardent à deux fois avant d'adresser la parole à un étranger. Dans des villes de province, il m'est même arrivé que, sous des prétextes divers, les passants refusent de m'indiquer le chemin. Comment pourrait-on leur en faire grief ? Leur prudence n'est que trop compréhensible : dans un passé encore redoutablement récent, il suffisait quelquefois de posséder un roman de Dickens, un disque de Beethoven pour se faire accuser de complicités avec la Réaction cosmopolite ; à plus forte raison de quelles trahisons ne pourrait-on pas soupçonner un homme qui échange quelques mots avec un étranger en chair et en os ? En ce qui me concerne, en l'espace de six mois je n'ai guère eu de conversations tant soit peu prolongées qu'avec des bureaucrates du régime ou des préposés divers (guides officiels, employés des wagons-lits, garçons d'hôtels) qui pouvaient justifier professionnellement les contacts qu'ils avaient avec moi. De façon générale, celui qui par ailleurs se refuse la facilité d'un repli sur les ressources sociales de la colonie étrangère, se condamne à la plus rigoureuse des solitudes. Après quelques mois de ce régime, on en arrive finalement à être tellement sevré de compagnie humaine, que même la visite d'un agent provocateur devient une diversion bienvenue (je dois d'ailleurs dire que celui auquel j'ai personnellement eu affaire était, malgré sa profession, un garçon réellement sympathique).

Dans sa hantise qu'ils n'aillent donc établir avec la population chinoise des contacts (très hypothétiques) qui échapperaient à son contrôle, le gouvernement maoïste a entrepris pour mieux les isoler, de réinstaurer autour des résidents étrangers tout un ensemble de privilèges et de passe-droits, honteux héritage de l'époque impérialiste-coloniale.

Sauf en mission officielle, nul Chinois n'a accès aux palaces somptueux et aux clubs affectés à l'usage exclusif des étrangers. Dans les restaurants, dès qu'un étranger se présente, on l'entraîne aussitôt loin de la salle commune où se presse la foule chinoise, et l'on déverrouille pour lui tout seul un vaste salon luxueux et funèbre, sentant le camphre et la naphtaline, où le meilleur repas du monde prend une morose couleur de pénitence, voire même une connotation honteuse de vice solitaire. Dans les gares, l'isolement splendide d'une salle d'attente séparée protège le voyageur étranger de toute promiscuité populacière, et dans les trains, il est toujours obligé de voyager en première classe — tantôt seul dans un compartiment, tantôt en compagnie d'autres étrangers, mais jamais avec des voyageurs chinois. Pour vous dérober à cette règle, vous invoquerez vainement n'avoir pas assez d'argent sur vous : on vous fera voyager à crédit s'il le faut (et on enverra la note à votre ambassade) mais sous aucun prétexte, il ne saurait être question de vous laisser partager un compartiment de seconde ou de troisième avec la foule chinoise. En ville, tous les déplacements des visiteurs étrangers s'effectuent nécessairement en automobile, et toute suggestion que vous pourriez faire, de prendre l'autobus ou d'aller à pied, se heurte aussitôt à la stupeur scandalisée de vos guides. Ces petits bureaucrates subalternes qui flanquent immanquablement chaque étranger, héritiers des drogmans de l'ère coloniale, mettent d'ailleurs un zèle de larbins à brimer leurs propres compatriotes en l'honneur de celui qu'ils escortent, et ainsi aggravent à plaisir son isolement.

Manifestement le rêve que caressent les autorités serait de pouvoir amener tous les étrangers à demeurer en permanence et de leur plein gré dans un même îlot où il serait aisé de les tenir constamment à l'œil et possible à tout instant de compter les têtes. L'idéal serait de leur aménager une sorte de réserve à l'intérieur de laquelle ils pourraient vivre, travailler, se nourrir, se distraire, se reproduire, faire leurs courses, etc., tout cela strictement entre eux et dans des conditions de facilité et de confort telles qu'ils n'éprouveraient finalement plus aucun besoin ni désir de se hasarder en dehors de leur enclos. Comme dans ces parcs nationaux à l'intérieur desquels on garde les ours rien qu'en les alléchant avec des barils de pommes, il ne faudra pas s'étonner outre mesure si un jour le gouvernement maoïste, dans une de ses phases pragmatiques-révisionnistes, devait en arriver à mettre un orchestre de jazz et des taxi-girls à la disposition des étrangers pour retenir ceux-ci de façon continue dans l'enceinte du Club International, le jour où il sera avéré que les saines joies du ping-pong et les orphéons de l'Armée populaire de libération ne peuvent décidément assurer ce même résultat.

Il faut convenir toutefois que, dans l'ensemble, les calculs des autorités responsables de l'accueil des étrangers, ne sont pas sots : ils rencontrent trop bien certaines constantes de la nature humaine pour ne pas opérer avec efficacité. En misant sur la vanité, la sottise, l'ignorance et la paresse des hommes, on ne saurait jamais fort se tromper. Ainsi bon nombre d'étrangers en Chine non seulement s'habituent à ce que dans les usines, les rues, les salles de spectacle, les écoles, etc., il y ait partout une claque mobilisée pour les applaudir à l'entrée et à la sortie, mais même ils finissent par y trouver plaisir. Ils prennent goût à tous les passe-droits de style colonial dont on les fait jouir. Les facultés d'initiative et de curiosité qui normalement ne se développent guère que sous l'aiguillon de la nécessité, achèvent chez eux de s'atrophier, maintenant qu'ils disposent toujours d'une armée de guides et d'interprètes pour les accueillir et les piloter. Ils s'habituent à ce qu'on réserve pour eux leurs billets de train, d'avion, de théâtre, à ce qu'on les mène à la gare, à l'aéroport, au spectacle, à ce qu'on vienne les y chercher, à ce qu'on choisisse pour eux leur itinéraire, leur hôtel, leur programme d'activités. Après quelques semaines de ce conditionnement, ils renoncent d'eux-mêmes aux entreprises les plus simples et les plus ordinaires, si celles-ci exigent d'eux qu'ils hasardent un seul pas en dehors de leur tapis roulant. L'Organisation de toute manière prévoit tout, a réponse à tout, pourvoit à tout, elle est universellement compétente, tout passe par elle, elle ne se formalise d'aucune requête, si baroque soit-elle. Elle se fera par exemple un plaisir de vous arranger sur rendez-vous une messe catholique avec un vrai prêtre parlant latin dans une vraie église, ou de vous louer pour une nuit le palais d'Été avec cuisiniers, serveurs et gondoliers pour que vous puissiez recevoir dignement vos amis, ou simplement elle vous procurera directement le modèle de casse-noisettes ou de presse-citrons que vous n'avez pas réussi à trouver dans les magasins. La plupart des étrangers sont d'autant moins enclins à se dispenser de l'intermédiaire d'autorités aussi polyvalentes que, autant tout est commode si longtemps qu'on s'en remet à elles, autant par contre les moindres manifestations d'autonomie se trouvent aussitôt pénalisées de mille difficultés, d'accablantes pertes de temps, d'infinis obstacles procéduro-policiers. Tout sursaut d'initiative personnelle rencontre immédiatement tant de traverses, suscite tant de tracasseries, entraîne tellement de peines et de fatigue pour n'aboutir généralement qu'à une mésaventure, une impasse ou une interdiction, que finalement on renonce à toute velléité de découverte individuelle : les voyageurs y renoncent car leur temps est trop limité, les résidents y renoncent par lassitude et par usure progressive de leur instinct d'indépendance. Après quelques années de cette existence, certains d'entre eux deviennent comme ces canaris qui dépendent si entièrement du confort de leur cage qu'ils seraient bien embarrassés de survivre si on leur rendait la liberté. C'est peut-être chez les pensionnés de la Révolution que ce phénomène est encore le plus prononcé ; accoutumés depuis longtemps à une retraite pékinoise qui les met à l'abri de toutes les réalités de la vie, lorsqu'il leur faut d'aventure se rendre à

Hong Kong et que, passé la frontière, pour la première fois ils ne trouvent plus de comité d'accueil, ni de guide, ni d'interprète, ni de limousine pour les attendre, ils se sentent pris du même effroi que le vieux moine qui remet les pieds dans le siècle après avoir passé une vie entière dans l'irréelle quiétude de son cloître.

Ces étranges conditions d'existence choquent moins les gens qui ne connaissent de la Chine que le régime actuel ; ils les mettent simplement au compte de cette bizarrerie exotique que, selon le témoignage d'une certaine littérature, ce pays aurait toujours présentée. Par contre pour quiconque a eu précédemment le privilège de vivre dans l'univers chinois, de jouir de son hospitalité, de mesurer la chaleur, le naturel et l'humanité de son accueil, les murs que la bureaucratie maoïste érige maintenant entre lui et ce peuple incomparable engendrent une tristesse — voire un désespoir — difficile à décrire. Autrefois (et aujourd'hui encore dans les communautés chinoises non soumises au régime maoïste) tout étranger parlant la langue et adhérant aux valeurs culturelles de la Chine, se voyait offrir la possibilité de participer à part entière à la vie chinoise : il était accepté de façon généreuse et complète, son origine étrangère était oubliée, effacée ; la pente naturelle de l'existence, mille forces d'attraction combinées avec l'insensible et amicale pression de l'entourage — tout se conjuguait pour parachever son assimilation. Maintenant au contraire il fait l'objet d'un ostracisme rigoureux ; son identité d'*étranger* est constamment soulignée et rappelée au public, un fossé est creusé autour de lui ; les autorités mettent obstacle de toutes les manières possibles à cet accueil simple et fraternel que les gens seraient toujours prêts à lui accorder, mais ne peuvent plus maintenant lui manifester que de façon clandestine et furtive. Il vit en permanence dans un douloureux porte-à-faux : c'est une langue familière qu'il entend parler autour de lui comme sont familiers aussi les gestes et les visages qui l'entourent ; il croit retrouver son vrai milieu natal, et voici au contraire qu'à chaque pas de la vie quotidienne les portes se ferment à son approche, toute participation, même la plus humble et la plus ordinaire, à l'existence populaire lui est interdite, toute tentative si modeste et timide soit-elle, pour se rapprocher d'une communauté dont il fit jadis partie, échoue lamentablement et devient source de complications mi-navrantes mi-burlesques. Il traîne partout l'encombrant fardeau de sa condition d'étranger, comme un chien la casserole que des garnements ont attachée à sa queue, et les autorités veillent à ce qu'il ne puisse jamais s'en débarrasser ne fût-ce que pour un bref instant ; plus il cherche à rompre le cordon prophylactique des mille privilèges dont on l'entoure, plus il s'efforce de rejoindre l'anonymat de la foule, plus il aggrave son cas. Ainsi veut-il par exemple renoncer à la limousine qu'on met à sa disposition, pour prendre l'autobus comme tout le monde ? Dans l'autobus, toujours comble, son entrée suscite invariablement une commotion ; le receveur intime aussitôt à un passager l'ordre de lui céder sa place. Car pour éviter qu'un étranger n'ait à voyager debout on ferait plutôt se lever un vieillard, une femme enceinte, un unijambiste ! Au restaurant, s'il refuse de se laisser mettre en pénitence dans la somptueuse solitude du salon privé destiné à ses congénères, et s'accroche obstinément au modeste coin de table qu'il a découvert dans la salle commune, on s'empresse par un pervers déploiement de zèle, de lui faire expier ses propensions à la sociabilité. Le gérant de l'établissement entreprend aussitôt, malgré ses protestations, de chasser de cette table tous les autres convives chinois ; ces malheureux, installés pourtant bien avant lui, devront se recaser tant bien que mal à d'autres tables déjà encombrées, ou retourner attendre debout que d'autres places deviennent libres. Et le voilà donc installé, rouge et honteux, cent regards fixés sur lui, accaparant à lui tout seul, bien contre son gré, une table où une noce entière tiendrait à l'aise ; il est bien conscient d'avoir gâté le plaisir d'au moins douze dîneurs, des clients modestes pour qui cette soirée au restaurant représentait l'aboutissement de longues économies : une famille qui célébrait le congé du père, revenu pour quelques jours de la lointaine province où il travaille seul le restant de l'année, un couple d'amoureux, un militaire en permission et sa vieille mère, des gens pour qui une pareille fête ne se rencontre peut-être qu'une fois dans l'espace d'un an. « Vous voyez ! semblent muettement lui reprocher les garçons qui s'empressent autour de lui avec un accablant excès de diligence, vous auriez mieux fait de nous écouter et d'aller dans le beau salon où nous avons instruction de vous installer vous et vos semblables… Avec votre stupide caprice, vous n'avez réussi qu'à rendre tout le monde malheureux, vous même y compris ! »

Et ainsi où qu'il aille, il se trouve toujours quelque bureaucrate subalterne, délégué inférieur et visible des omniprésentes et omnipuissantes autorités, pour faire le vide autour de lui, pour créer une sorte de solennel no man's land au travers duquel nul n'ose plus s'avancer à sa rencontre…

Mais il ne suffisait pas d'isoler les étrangers, encore fallait-il les immobiliser. Ce dernier problème ne concerne évidemment que les résidents — car, en ce qui regarde les voyageurs, comme je l'ai indiqué plus haut, c'est au contraire par une frénésie de mouvement qu'on les neutralise : on les fait pédaler à perdre haleine pendant trois semaines le long de deux ou trois parcours immuables, et de pouponnière en aciérie, d'aciérie en hospice, et d'hospice en école du 7-Mai, il leur reste difficilement le loisir de vivre et de regarder vivre. Mais les résidents, eux, mènent une existence oisive (non que leur nature les porte nécessairement à la paresse : simplement la conception que la République populaire se fait de l'activité diplomatique les condamne au repos) ; comme ils auraient pu être tentés d'utiliser leurs loisirs forcés à découvrir un peu le pays, le gouvernement s'est trouvé naturellement obligé de mettre le holà à ce genre de curiosité, et a donc restreint leur libre circulation à une étroite zone couvrant seulement la ville de Pékin et ses faubourgs. Une fois par an, en automne, les étrangers sont autorisés à aller contempler les feuillages empourprés dans le parc des Collines parfumées, à quelque six ou sept kilomètres au nord-ouest de la ville. L'unique route qui leur est ouverte pour la circonstance est garnie tous les cinq cents mètres de policiers et de soldats chargés de veiller à ce qu'aucun visiteur n'aille s'égarer dans la nature [1]. Au nord de Pékin par contre, par une incroyable faveur des autorités, il est possible d'accéder toute l'année durant aux tombeaux des Ming. Dans cette vallée sublime où les treize sépultures impériales érigent leurs murs rouges et leurs toits d'or sous les frondaisons des pins et des thuyas, dans ce cirque sacré où l'appel sans âge des laboureurs poussant leurs bœufs se répercute au pied des monts tandis que le cri d'un busard creuse la solitude de l'azur translucide, il est possible d'oublier pour un moment la laideur et la tristesse du cancer maoïste qui partout ailleurs ronge le visage de la Chine, qui impose partout l'indiscrétion de ses slogans, la promiscuité cafarde de ses haut-parleurs, qui partout dénonce, traque et détruit la grâce, la beauté et la poésie sous toutes leurs formes. Par quelle incompréhensible négligence cette nécropole habitée d'une indicible présence a-t-elle pu échapper jusqu'à présent aux pioches révolutionnaires-prolétariennes ? Le visiteur fera mieux de ne pas trop sonder ce mystère ; qu'il vienne secrètement s'enivrer à cette source de pure beauté tant qu'elle continue à filtrer au milieu du désert spirituel si industrieusement aménagé tout alentour par les propagandistes de la culture maoïste. Comment garantir en effet qu'ils ne viendront pas demain convertir ce lieu mystique en un monument dédié à l'Amitié sino-albanaise, en une Exposition permanente des Atrocités impérialistes ou en un luna-park de la Lutte des classes ?... Mais l'ivresse secrète que je viens d'évoquer, contient déjà une part d'hyperbole : en fait de secret, le visiteur étranger, qu'il se promène de jour ou de nuit — surtout de nuit — ne peut s'abandonner à l'extase que sous l'œil vigilant de trois factionnaires mobiles de l'Armée populaire de libération qui le suivent en tous points de la vallée sacrée, montés sur une moto à side-car. Si vous venez contempler la lune par une froide et limpide nuit d'automne, la présence de ces trois pauvres diables qui battent la semelle à côté de vous, en soupirant après la tiédeur de leur corps de garde a tôt fait de vous donner un sentiment de culpabilité qui achève d'empoisonner votre contemplation. Si encore ces incorruptibles guerriers voulaient bien accepter de partager avec vous la bouteille de vin que vous avez apportée... Mais non, leurs consignes sont strictes, c'est bien beau déjà

1. Le parc des Collines parfumées est maintenant accessible toute l'année durant, et le demeurera probablement jusqu'au prochain coup d'État. Il avait été fermé au lendemain de l'affaire Lin Biao, car c'est dans cette zone que se trouve cantonné le gros des effectifs de la garnison de Pékin. (Note de 1974.)

s'ils ne refusent pas la cigarette que vous leur offrez. Le seul plaisir que vous pourriez vraiment leur faire, serait de vous en aller le plus tôt possible, de façon qu'ils puissent eux-mêmes retourner se coucher. Et d'ailleurs, c'est ce que vous faites bientôt; vous vous rendez de guerre lasse à l'évidence: en Chine populaire aujourd'hui la chanson du vent dans les ramures est une musique réactionnaire et subversive, la contemplation du clair de lune est une survivance féodale à l'égard de laquelle on se doit d'adopter une position de classe nette et résolue, le goût de la solitude est l'indice d'une propension individualiste petite-bourgeoise, voire même contre-révolutionnaire. De quel droit revendiqueriez-vous pour vous-même ces simples joies qui sont refusées maintenant à tous les Chinois [1] ?

Mis à part cette échappée vers les tombeaux des Ming, et au-delà, jusqu'à la Grande Muraille, dont les étrangers sont autorisés à arpenter un tronçon de 500 mètres — juste ce qui est nécessaire pour pouvoir suivre le conseil donné par le Dr Johnson à Boswell [2] — il ne reste plus au résident étranger qu'à tourner en rond dans Pékin, ville assassinée, fantôme défiguré de ce qui avait été jusqu'il y a quelques années, l'une des plus belles cités du monde. Dans quelque direction qu'il aille, dès

1. Sur la proscription totalitaire des jouissances de la Nature, Orwell encore une fois a formulé des réflexions pénétrantes :

«… Is it wicked to take a pleasure in spring and other seasonal changes? To put it more precisely is it politically reprehensible to point out that life is frequently more worth living because of the blackbird's song, a yellow elm tree in October or some other natural phenomenon which does not have what editors of left-wing newspapers call a class-angle? […] If a man cannot enjoy the return of spring, why should he be happy in a labour-saving utopia? […] I think that by retaining one's childhood love of such things as trees, fishes, butterflies and toads, one makes a peaceful and decent future a little more probable and that by preaching the doctrine that nothing is to be admired except steel and concrete one merely makes it a little surer that human beings will have no outlet for their surplus energy except in hatred and leader-worship.» (*Some Thoughts on the Common Toad*, in *The Collected Essays, Journalism and Letters of George Orwell*, vol. IV, p. 143-144).

Pendant la «Révolution culturelle», on a précisément vu les activistes interdire l'élevage privé des oiseaux chanteurs et des poissons rouges (deux passe-temps chinois favoris: même dans les quartiers les plus misérables, il n'était guère de courette dans laquelle on ne pût voir quelque pinson dans une cage d'osier, ou un couple de poissons rouges dans une jarre) de façon à libérer le surplus d'énergie requis pour alimenter le culte du Chef et la haine des ennemis de classe… Inversement, en 1972, la réapparition des jarres de poissons rouges dans le parc Sun Yat-sen à Pékin était un signe aussi sûr de la «libéralisation» temporaire du régime que la réhabilitation de diverses personnalités politiques. Bien entendu, cette «libéralisation» demeure très limitée: la réhabilitation partielle des poissons rouges ne s'est toujours pas accompagnée d'une amnistie à l'égard des oiseaux chanteurs. (Note de 1974.)

2. «Johnson talked with an uncommon animation of travelling into distant countries; that the mind was enlarged by it, and that an acquisition of dignity of character was derived from it. He expressed a particular enthusiasm with respect to visiting the Wall of China. I catched it for the moment, and said I really believed I should go and see the Wall of China had I not children, of whom it was my duty to take care. "Sir, said he, by doing so, you would do what would be of importance in raising your children to eminence. There would be a lustre reflected upon them from your spirit and curiosity. They would be at all times regarded as the children of a man who had gone to view the Wall of China. I am serious, Sir."» (Boswell, *Life of Johnson*, Oxford University Press, 1970, p. 929.)

qu'il approche de la périphérie, il se heurte bientôt aux pancartes fatidiques rédigées en anglais, russe et chinois et gardées par des sentinelles, qui marquent la fin de la zone où il lui est permis de librement circuler. La surveillance de cette frontière est très stricte : l'étranger qui, par inadvertance, continue son chemin au-delà du panonceau, ne fût-ce que de deux pas, se fait immédiatement arrêter ; il s'ensuit alors des vérifications d'identité, contre-vérifications, interrogatoires, etc. Toute cette procédure, incluant la confession finale, écrite et signée, du visiteur distrait, peut facilement durer trois ou quatre heures. Comme un chien de Pavlov qui, proprement conditionné par quelques chocs électriques apprend à ne plus s'approcher des barreaux de sa cage, l'étranger finit par limiter de lui-même l'itinéraire de ses promenades.

Cette existence, étroitement confinée, et surtout l'absence totale de relations humaines normales avec l'entourage chinois ne laissent pas d'éprouver les nerfs des natures même les plus équilibrées. Des êtres normalement courtois et placides se voient à leur propre stupéfaction saisis soudainement d'incontrôlables explosions de fureur pour des vétilles. Les Chinois qui travaillent dans le ghetto n'échappent eux-mêmes pas à cette atmosphère hystérique. La proportion de névrosés que l'on rencontre parmi le personnel d'interprètes, employés et domestiques spécialement mis au service des étrangers, est assez forte, mais pas étonnante si l'on considère les pressions psychologiques intenses et contradictoires auxquelles ces malheureux sont soumis dans leur travail. Ils doivent s'acquitter de leurs fonctions auprès des étrangers d'une manière propre à satisfaire non pas ceux-ci, mais bien leur employeur réel et permanent qui est le Parti. A certains moments l'intérêt du Parti demande qu'ils se montrent, pour leurs patrons étrangers, des employés consciencieux, affables et efficaces, mais à d'autres moments pareille attitude peut équivaloir à une trahison. Suivant les fluctuations de la politique, ils ont tour à tour consigne de se rendre agréables ou odieux, de coopérer ou de saboter, mais en aucune circonstance, ils ne peuvent, dans leurs rapports avec leurs employeurs étrangers, suivre la pente naturelle de leurs sentiments personnels. Cette violence constante qu'ils doivent faire à leurs inclinations spontanées, cette nécessité de feindre l'opposé de ce qu'ils ressentent, d'agir au rebours de leur instinct, cette perpétuelle obligation qu'ils ont de faire rapport aux autorités d'une manière qui tient à la fois de la délation et de la confession, cette distorsion tantôt subtile tantôt brutale qui est apportée à toutes leurs relations humaines — tout cela n'est pas fondamentalement différent du lot commun de la population, mais dans leur cas, ces éprouvantes conditions psychologiques sont portées à un degré d'intensité qui frise l'insoutenable, pouvant entraîner un réel déséquilibre du comportement.

Pour échapper à cette atmosphère renfermée et quelque peu morbide, la tentation serait forte pour le résident étranger de se réfugier dans le travail ou dans le plaisir. Malheureusement ni l'un ni l'autre n'abondent à Pékin. Les grands banquets officiels dont Zhou Enlai s'est montré tellement prodigue ces derniers temps, répondent mal à l'une ou l'autre de ces deux notions, mais comme ils consument une si importante partie de l'existence des résidents étrangers, il est peut-être bon d'en dire ici quelques mots.

Ces banquets se déroulent selon un rituel immuable. Ils ont lieu dans le Grand Hall du peuple ; cette énorme bâtisse, intéressant échantillon d'architecture totalitaire, mélange bâtard de temple égyptien et de palais mussolinien, déshonore de sa masse inepte la noble perspective qui conduit de Tian'anmen à Qianmen. Les invités se rassemblent en deux files dans une sorte de spacieuse antichambre, où ils bavardent et se désaltèrent en attendant l'arrivée de Zhou Enlai et de son invité d'honneur. Les bureaucrates maoïstes se tiennent le long du mur de droite, les diplomates étrangers le long du mur de gauche. Nul règlement affiché ne vous interdit de traverser le no man's land qui sépare les deux groupes pour tâcher d'entamer une conversation dans le camp chinois, mais l'incongruité même d'une telle initiative frappe en général votre interlocuteur improvisé d'une telle stupeur, que la conversation péniblement amorcée retombe aussitôt. Après un certain temps, l'invité d'honneur et sa suite accompagnés de Zhou Enlai et de sa suite, font leur entrée. Les diplomates se mettent en rangs d'oignons, de manière que l'invité d'honneur et sa suite, Zhou Enlai et sa suite puissent leur serrer la main, un à un. Puis on passe à table ; les convives sont groupés, douze par table. La détermination des places est le fruit d'une algèbre complexe qui aurait fasciné le duc de Saint-Simon, tenant compte simultanément du degré de chaleur existant dans les relations entre la Chine et les pays respectifs des divers convives, et du rang hiérarchique de chacun d'eux. On conçoit aisément que les fonctionnaires du Protocole ne soient pas disposés à recommencer trop souvent le calcul de ces délicates équations ; en pratique, ceci signifie que vos voisins de banquet ont été déterminés une fois pour toutes et, sauf mutation ou décès des intéressés, vous retrouverez inéluctablement, de banquet en banquet, pendant toute la durée de votre séjour à Pékin, la même collection de figures. Après un certain nombre de séances, vous avez bientôt épuisé avec vos voisins tous les sujets de conversation possibles, à supposer qu'au départ vous ayez disposé d'une langue commune pour converser — ce qui n'est pas nécessairement le cas. Pour meubler les silences, un orphéon de l'Armée populaire de libération dont le répertoire ne semble pas excéder une douzaine d'airs, dévide périodiquement ses accents suaves avec la ponctualité d'une boîte à musique bien huilée. Chaque tablée est honorée en moyenne de la présence de deux bureaucrates maoïstes, l'un relativement important qui, ne parlant aucune langue étrangère, peut concentrer toute son attention sur la nourriture, l'autre relativement subalterne, qui est chargé de faire un peu de conversation avec les « amis étrangers ». La conversation tourne chaque fois autour de la cuisine et du temps qu'il fait à Pékin : elle se développe éventuellement en forme d'enquête sur les conditions climatiques prévalant dans les pays respectifs des divers convives, le régime des saisons, des vents et des pluies. Ces considérations météorologiques une fois épuisées, le silence rétablit son empire, en attendant que les mélodieux militaires ne reprennent pour la sixième fois de la soirée leur interprétation orchestrale de *La minorité Zhuang aime le président Mao d'un amour ardent* ou de *La brigade de production célèbre l'arrivée dans la montagne des convoyeurs de fumier*.

La cuisine de ces banquets peut paraître fabuleuse à des journalistes américains qui ne connaissent guère que le hamburger et le chop-suey : mais si on lui applique des critères chinois, on se contentera de la classer dans une échelle qui descend de « bon » à « passable ». La relative médiocrité des plaisirs gastronomiques dont on jouit dans le Grand Hall du peuple m'est d'ailleurs sympathique — c'est le contraire qui me choquerait : si je la relève, c'est simplement pour rétablir la vérité objective sur un point où les nouveaux Marco Polo s'abandonnent trop souvent à l'affabulation.

Vers la fin du banquet, ont lieu les discours. Ceux-ci sont en général fort longs. Ils sont quelquefois pittoresques : entendre par exemple l'impératrice d'Iran célébrer les vertus efficaces de la Pensée de Mao Zedong, et Zhou Enlai vanter en retour le sage gouvernement du chah [1], ou encore Li Xiannian fêter une délégation gouvernementale grecque en chantant les louanges du régime des colonels, constitue sans nul doute un divertissement assez original. Mais pareilles occasions de rire ne sont pas tellement fréquentes ; la plupart du temps, les flots d'éloquence gouvernementale roulent leurs lieux communs entre des digues rigides et coulent avec un débit si constant et régulier, qu'il n'est pas nécessaire d'avoir une longue pratique pour devenir capable, à la seule audition de chaque période, de prévoir la forme et le contenu de celle qui suivra…

Pour se reposer de ces labeurs mondains qui dévorent une part considérable de son existence, à quels délassements le résident étranger peut-il se livrer ? Pékin réussissait jadis ce paradoxe d'être une ville du Nord animée d'une vie méridionale ; mais aujourd'hui le régime maoïste a détruit ses monuments et stérilisé son génie (cet assassinat est décrit plus en détail dans le chapitre suivant). Seul l'ensemble sublime des palais et des cours de la Cité interdite a été intégralement préservé ; le flâneur n'ose guère s'en écarter, car tout alentour le reste de la ville a été transformé en un désert où rien ne peut plus aimanter ses pas. Les rues et les

1. Et cela, moins de deux ans après que *Le Quotidien du peuple* ait reproduit un télégramme envoyé par les révolutionnaires iraniens à l'occasion de la fête nationale chinoise, télégramme décrivant la Chine populaire comme le plus solide soutien du peuple iranien dans sa lutte contre la tyrannie corrompue du chah… (1974.)

marchés ont été vidés de leurs spectacles et leurs couleurs ; les remparts et les portes monumentales de la cité ont été rasés ; tous les pailou qui rythmaient l'espace des rues avec une gracieuse fantaisie, ont été abattus. La « Révolution culturelle » a fermé tous les musées ; ceux des temples anciens qu'elle a laissés debout ont été transformés qui en usine, qui en dortoir, qui en caserne, qui en dépôt d'ordures. Les bateleurs, les bouquinistes, les conteurs publics, les montreurs de marionnettes, les guinguettes, les mille métiers d'art, les boutiques de peintures, de calligraphies et d'antiquités (à l'exception de deux établissements maintenus en activité au seul usage des clients étrangers), bref tout ce qui composait le visage unique, divers, exquis et incomparable de Pékin, tout ce qui faisait de Pékin une ville quintessentiellement *civilisée*, tout ce qui faisait du petit peuple de Pékin, avec sa truculence, sa verve, sa subtilité, son art de vivre, comme une aristocratie naturelle au milieu de la nation entière — tout cela a disparu, englouti à jamais…

Autrefois à Pékin la culture n'était pas l'apanage d'une caste restreinte ; elle n'était pas ce produit qu'on met en bocal ou en vitrine dans les musées, c'était une composante de la vie quotidienne ; on la rencontrait au coin de la rue, on la respirait dans l'air même de la ville, elle donnait couleur et sève au langage populaire, elle jaillissait dans le festival divers et ininterrompu de mille spectacles traditionnels attirant un public composite de connaisseurs où l'esthète côtoyait l'illettré, où riches et pauvres, bourgeois et prolétaires venaient applaudir ensemble leurs artistes favoris — les meilleurs du pays entier. La « Révolution culturelle » est venue mettre fin à tout cela. Le résident étranger, mû par une curiosité bien naturelle, est facilement tenté de se précipiter dès son arrivée à tous les spectacles — concerts, opéra, ballet, variétés — qu'offrent sporadiquement les deux ou trois théâtres de la ville demeurés en activité. En fait, il fera mieux de modérer sa fringale : il risque sinon d'épuiser en une semaine la totalité du répertoire dont il devra se contenter pendant les deux ou trois années de son séjour. En ce qui concerne l'opéra de Pékin en particulier, dont le prodigieux répertoire a été réduit sous la haute supervision de Mme Mao à six pièces « révolutionnaires-modèles » — monstrueux accouplements de je ne sais quelles *Vêpres siciliennes* à la sauce Bolchoï, avec un opéra chinois hideusement académifié et encasquetté — il s'apercevra d'ailleurs bien vite que le principal problème n'est pas comment trouver une occasion d'y assister, mais plutôt comment trouver une occasion d'y échapper. En effet, depuis plusieurs années sur toutes les scènes du pays entier, on ne montre *rien d'autre* que ces six calamiteuses pièces ; par-dessus le marché, on les a encore reproduites en films — les seuls films de long métrage qui soient sortis des studios chinois depuis bientôt huit ans [1] ; et la radio les diffuse tous les jours de la semaine, douze

1. Au début de 1974, la Chine a finalement accouché de trois longs métrages de fiction (*Huo hong di niandai*, *Yanyang tian* et *Qing song ling*).

mois par an — relayée par des haut-parleurs plantés dans les restaurants, les gares, les trains, les avions, et même au milieu des champs.

Pour ce qui est du cinéma, à part donc la transposition sur celluloïd des six opéras « révolutionnaires-modèles » de Mme Mao, la production des huit dernières années s'est limitée à quelques bandes d'actualité et une demi-douzaine de documentaires techniques, dont le chef-d'œuvre demeure certainement ce film pédagogique décrivant l'application du matérialisme dialectique et de la pensée de Mao Zedong à la culture des cacahuètes au Shandong. Dans le domaine des films de fiction, à défaut d'ouvrages chinois, les cinéphiles ont l'occasion de savourer des productions nord-coréennes et albanaises.

En fin de compte, la seule distraction qui soit demeurée relativement exempte d'idéologie, c'est d'aller s'empiffrer au restaurant[1] (la qualité assez grossière de la nourriture ne justifie pas l'usage d'un verbe plus élégant), et pour cette raison d'ailleurs, c'est le divertissement le plus populaire tant auprès des masses chinoises que de la colonie étrangère. Il ne reste plus beaucoup de restaurants à Pékin. Ceux qui subsistent ressemblent tantôt à de tristes cantines de caserne, avec des files de clients faisant la queue debout, quand il s'agit d'établissements populaires, tantôt à des salles d'attente de dentiste de province lorsqu'il s'agit de ces établissements de luxe où les bureaucrates aiment à inviter leurs hôtes étrangers. Lorsque vous êtes l'invité d'un bureaucrate influent que le restaurant a tout intérêt à bien traiter, la chère peut être délicieuse ; mais dans des circonstances moins solennelles, elle est généralement fruste et médiocre. Manifestement il importe peu de satisfaire ou non le client ; s'il n'est pas content, il peut s'en aller : il y a vingt personnes qui attendent impatiemment de prendre sa place. Il n'a même pas le recours de s'adresser à la concurrence : il n'y a pas de concurrence, seulement quelques établissements identiques, tous également insoucieux de lui plaire. Les restaurants opèrent à heures fixes, comme des bureaux de poste, indépendamment de la demande du public. Ils ferment très tôt, et bien avant l'heure de fermeture, les serveurs refusent l'entrée aux nouveaux arrivants, et découragent les dîneurs encore attablés de commander d'autres plats. On ne saurait d'ailleurs les blâmer d'agir ainsi. Pourquoi ces pauvres diables iraient-ils faire gratuitement des heures supplémentaires ?

Quand le résident étranger nouvellement installé à Pékin a ainsi achevé de faire le tour de tous les plaisirs de l'esprit et des sens que peut lui offrir la capitale maoïste (le tour complet est assez vite fait), le jour

1. Il y a bien eu, au plus chaud de la « Révolution culturelle », des tentatives pour lancer la mode des « repas révolutionnaires » : il s'agissait de repas à menus spartiates — soupes d'écorces bouillies, riz non décortiqué et autres nourritures immangeables — que l'on consommait liturgiquement pour se remettre en mémoire les misères et les famines de l'ancienne société. Peut-être est-ce le souvenir de misères et de famines plus récentes qui empêcha ces cérémonies de jamais devenir vraiment populaires ? Quoi qu'il en soit, l'idée fut rapidement abandonnée.

est proche où, ravalant sa honte, il finira bien par imiter tous ses collègues, et meublera dorénavant ses loisirs en allant tout bonnement tantôt à l'ambassade de France pour voir de vieux films de Fernandel, tantôt à l'ambassade britannique pour voir de vieux films de Peter Sellers — en attendant qu'il y ait une ambassade américaine pour donner de vieux films de Dean Martin et Jerry Lewis…

La description qu'on vient de lire se réfère à la situation que présentait Pékin en 1972. Si l'actuelle phase de détente se poursuit, je ne doute pas que certaines modifications surviendront. Les musées rouvriront. On restaurera l'un ou l'autre temple ancien pour l'édification des touristes étrangers. Les librairies recommenceront à vendre de la littérature. Au fur et à mesure que les traumatismes de la « Révolution culturelle » achèveront de s'estomper, l'homme de la rue, dans ses contacts occasionnels avec les étrangers, retrouvera sa gentillesse et sa sociabilité coutumières. Au lieu de n'offrir que six opéras révolutionnaires-modèles, les théâtres en afficheront douze, et puis vingt. Les pancartes « interdit aux visiteurs étrangers » seront reculées de trois kilomètres, et puis de six, et puis de neuf. Tous ces changements rendront certainement l'existence plus agréable et intéressante. Mais ce serait une erreur, je pense, de croire que sous ces apparences moins rébarbatives, rien de fondamental ait changé. Tous les virages du régime non seulement depuis la Libération, mais déjà depuis Yan'an, et même depuis le soviet du Jiangxi, n'ont jamais été que des virages *tactiques*. La dynamique même du régime est celle d'une oscillation perpétuelle entre la « gauche » et la « droite », sans que les successifs coups de barre donnés dans un sens ou dans l'autre, affectent le moins du monde la nature du navire ni son ultime destination. Entre des descriptions effectuées à des dates différentes, on relèvera inévitablement des changements ; mais si elles sont faites consciencieusement, ces descriptions contiendront plus qu'une éphémère vérité journalistique, car les modifications survenues entretemps ne seront jamais que *quantitatives*, non qualitatives — des variations d'amplitude, et non des changements d'orientation. Seuls des observateurs dépourvus de toute perspective historique peuvent entretenir l'illusion qu'à tel ou tel moment le régime « tourne la page », et s'engage dans une voie neuve. En fait sa nature même limite dramatiquement l'éventail de ses options : dans un système totalitaire où l'autorité est détenue par une classe militaro-bureaucratique, et où le pouvoir est exercé par la pratique périodique du coup d'État militaire, il est inévitable que des périodes de tension alternent avec des périodes de relative détente ; il serait absurde de prendre l'une ou l'autre de ces phases cycliques pour un développement nouveau.

SUIVEZ LE GUIDE

> Ne nous le cachons pas, le plus souvent les étrangers ont de nous une connaissance plus précise que nous-mêmes. Pour prendre un exemple tout à fait élémentaire : le *Guide de Pékin* compilé par les Chinois est bien moins sûr que celui fait par les Japonais !
>
> Lu Xun,
> (*Lu Xun quan ji*, Pékin, 1963, vol. III, p. 62).

La frontière

C'est par Hong Kong qu'il faut entrer en Chine populaire. Le poste-frontière de Luohu[1] où les voyageurs passent quelques heures avant de prendre le train pour Canton, est à beaucoup d'égards un excellent abrégé de cette Chine officielle qui est seule offerte aux regards des étrangers. Je ne sais plus qui a comparé Luohu à un couvent. Il n'y a pas d'image plus exacte, et elle s'impose d'emblée : longs couloirs blancs et astiqués, hautes fenêtres, plantes vertes dans leurs pots, parloirs ombreux et recueillis, chromos édifiants, housses de serge grise sur les meubles, odeurs de camphre et d'encaustique, pieux ennui, littérature polyglotte et bien pensante mise gratuitement à la disposition des visiteurs, vertueuse sollicitude du personnel qui vous sert avec la conscience de se gagner ainsi des mérites éternels auprès du président Mao : tout y est.

Pour décrire la Chine populaire on se trouve perpétuellement amené à recourir à des métaphores ecclésiastiques. Le maoïsme exerce d'ailleurs une fascination toute particulière sur un certain type d'âmes cléricales — celles qui ont des nostalgies totalitaires et qui, regrettant inconsciemment la disparition de l'Inquisition et des zouaves pontificaux, retrouvent dans la Chine maoïste l'incarnation d'un songe moyenâgeux où la Vérité institutionnalisée dispose à nouveau d'un robuste bras séculier pour imposer le dogme, étouffer l'hérésie et extirper l'immoralité.

1. Lowu, en cantonais.

Canton

En contraste avec l'atmosphère gourmée de Pékin, Canton présente un assez sympathique débraillé méridional. Par comparaison avec l'activité et la modernité de Hong Kong, Canton parait vétuste et décatie. En fin de compte, c'est encore à la torpeur délabrée de Macao qu'elle fait le plus penser. Mais si ce délabrement est certain, la torpeur elle, peut n'être qu'apparente.

Dans les annales révolutionnaires de la Chine moderne, Canton occupe une place de tout premier plan. On peut validement appliquer à la province du Guangdong le proverbe qui décrivait le Sichuan : « La première province de l'empire à se rebeller, la dernière à se laisser pacifier. »

Par sa position géographique même, le Guangdong s'est toujours trouvé moins étroitement soumis au contrôle du gouvernement central et plus directement exposé aux divers stimulants du monde extérieur.

Une pensée hétérodoxe, un mouvement subversif pouvaient aisément se développer dans ces confins de l'empire et s'y entrancher en profondeur avant que la Cour puisse en avoir connaissance ou adopter à temps des mesures de répression. Ces confins constituaient aussi un avant-poste dans les contacts avec l'étranger : principale porte du commerce maritime avec l'Asie du Sud-Est, Canton était non seulement un atterrage cosmopolite pour les navires marchands, mais aussi elle devint à partir du XVIe siècle le premier point de pénétration des missionnaires occidentaux. L'établissement des Portugais à Macao dès le milieu du XVIe siècle représentait, aux portes mêmes de Canton, une présence subversive, attestant la troublante existence d'un univers entièrement étranger à la Chine, dont le restant du pays n'avait pas encore conscience.

Accentuant encore l'originalité de leur position, les Cantonais ont toujours fait preuve d'un ombrageux régionalisme et ces sentiments particularistes se sont à leur tour trouvés exacerbés par la condescendance méprisante que les « gens du Nord », plus raffinés, n'ont jamais cessé de marquer à l'égard de cette province relativement fruste et moins riche en traditions historiques et culturelles. Ce mépris n'a fait que confirmer les Cantonais dans leur volonté d'autonomie et leur opposition aux ingérences des autorités centrales. Ces tendances centrifuges combinées avec l'éloignement des foyers de la culture traditionnelle et la proximité de l'étranger, devaient naturellement permettre toute une fermentation d'idées neuves. Cette aptitude à remettre en question l'orthodoxie régnante, doublée de farouches aspirations régionalistes, explique en partie la constance des courants révolutionnaires dans le Guangdong.

Chose remarquable, les divers facteurs qui, dans le passé, ont contribué à faire de cette région un foyer de rébellion, continuent dans une certaine mesure à jouer aujourd'hui et confèrent à cette province une physionomie et une atmosphère tout à fait particulières.

La présence de cadres étrangers à la province est restée une source de frictions fréquentes, cependant que le « chauvinisme cantonais » des cadres locaux a dû être sévèrement dénoncé et combattu à plusieurs reprises. Les luttes de la « Révolution culturelle » qui ont été ici exceptionnellement longues, opiniâtres et sanglantes, ont d'ailleurs montré à quel point le Guangdong était demeuré une région remuante.

La proximité des centres cosmopolites de Hong Kong et Macao fait une brèche permanente dans l'isolement chinois ; une importante proportion de la population cantonaise compte de proches parents de l'autre côté de la frontière et entretient avec eux des relations suivies. Dans le reste du pays, le monde extérieur semble relever d'une autre planète ; même à Tientsin et Shanghai il n'en subsiste plus que d'irréels vestiges, immeubles coloniaux et cathédrales néogothiques, fantômes incongrus d'un passé englouti. Mais à Canton c'est une présence bien concrète ; non seulement deux fois par an, la Foire commerciale attire plusieurs milliers d'étrangers venus des quatre coins du monde, mais surtout toute l'année durant, des dizaines de milliers de visiteurs chinois, venant de Hong Kong et de Macao, apportent avec les dernières nouvelles de l'extérieur, un capiteux courant d'air.

Aussi pour les gens de l'intérieur, descendre à Canton c'est déjà humer un peu le vent du large, et dans ce sens, aujourd'hui comme jadis, la métropole méridionale offre aux voyageurs chinois quelque chose de *différent*, un dépaysement — un peu canaille, vaguement interlope —, la fascination de l'exotisme. Pour le résident étranger de Pékin, Canton présente une heureuse diversion, loin du formalisme rigide et pesant de la capitale ; ici la flânerie lui est d'autant plus agréable qu'il attire moins l'attention. Dans ce climat plus détendu il lui est occasionnellement possible de retrouver un comportement presque naturel : son entrée dans un lieu public — restaurant, salle de spectacle — ne provoque pas nécessairement une commotion, dans l'autobus, les passagers ne doivent pas nécessairement lui céder leur place, il peut faire la file comme tout le monde aux guichets des cinémas, etc.

A Canton, on est surpris de voir les trottoirs de la promenade qui longe la rivière des Perles, occupés en pleine journée par une foule d'oisifs, des hommes souvent jeunes, accroupis par terre, bavardant, fumant et jouant aux cartes. Dans le contexte de la Chine populaire et de sa mobilisation permanente des masses, cette attitude nonchalante présente un caractère insolite, sinon subversif. A la même époque, ce phénomène de laisser-aller et de « démobilisation » pouvait d'ailleurs s'observer dans presque toutes les autres villes de Chine, mais c'est encore à Canton, semble-t-il, qu'il s'étalait avec le moins de vergogne. La « Révolution culturelle » a été une rude épreuve pour les nerfs de tous les Chinois, avec ses années de tension continue, de luttes, d'incertitude et de violence ; les autorités ont manifestement compris la nécessité d'accorder maintenant un répit temporaire à la population : il y a plus de deux années déjà qu'aucun nouveau mouvement de masse n'a été lancé, et chacun profite au maximum du présent répit pour reprendre souffle et retrouver son équilibre [1].

Par comparaison avec Pékin, Canton parait déshéritée ; ceci se remarque par exemple aux étalages des magasins, vraiment très frustes, et à la nourriture assez grossière qui est servie dans les restaurants populaires. Les habitudes sybaritiques des Cantonais, si célèbres pour leur gourmandise — habitudes qui sont d'ailleurs toujours cultivées à Hong Kong, même dans les classes pauvres —, ne sont plus ici qu'un souvenir. Je pense par exemple à l'usage sacro-saint observé à tous les échelons de la société, d'aller passer régulièrement une bonne partie de la matinée à déguster des « dim-sun » (dianxin) dans les maisons de thé (chalou) : les maisons de thé de Canton ont disparu, et dans les petits restaurants qui autrefois offraient le choix entre au moins quatre thés différents, on ne vous verse plus de thé, mais seulement de l'eau chaude, comme chez les paysans. Cette égalisation par le bas qui tend à ramener la vie urbaine au niveau de dénuement des campagnes est un phénomène assez général en Chine aujourd'hui. Dans une gargote des faubourgs, j'ai été frappé de voir une vieille pauvresse en haillons venir glaner sous les tables, jusqu'entre les pieds des clients, des miettes de nourriture qu'elle enfouissait une à une dans son cabas. Dans certains quartiers on voit encore de petits ateliers de cardage, employant de jeunes enfants, comme dans les impasses les plus misérables de Hong Kong et de Macao. Le soir, pour économiser l'électricité, l'éclairage tant public que privé est réduit au minimum, ce qui donne aux rues une étrange physionomie de ville assiégée : dans les larges galeries couvertes, à la mode méridionale, qui servent de trottoirs, les passants deviennent autant de fantômes confondus dans la nuit chaude ; de loin en loin l'obscurité est trouée par la faible lueur d'une ampoule nue qui éclaire chétivement l'intimité de quelque logement ; par la fenêtre sans rideau, le promeneur entrevoit au passage quelques accessoires invariables : une moustiquaire grisâtre tendue sur un châlit de bois, une étagère de fortune garnie d'un thermos, un pisseux pan de muraille tout mangé d'ombre sur lequel s'épanouit, omniprésent et débonnaire, le visage solaire du président Mao…

La « Révolution culturelle » demeure ici comme ailleurs une invisible mais formidable présence dont l'ombre s'étend sur toutes choses, et dont les cicatrices se dissimulent mal sous un hâtif badigeon. Des nombreux temples que comptait la ville un seul peut encore être visité, le temple des Six Banyans (Liu Rong si).

1. Cette accalmie ne devait pas durer et prit fin en 1973 avec le lancement de divers mouvements nouveaux (*Fan chaoliu*, *Pi Lin pi Kong*, etc.) — mais ceci est une autre histoire.

Il est ouvert seulement aux touristes étrangers, tandis que le public chinois n'y a pas accès. Les moines qui y vivaient jusqu'à la « Révolution culturelle » ont disparu sans laisser de traces. Le temple a perdu la totalité de son riche décor sculpté dans les pillages de la « Révolution culturelle », ne conservant qu'une grande effigie en bronze — d'époque Song, fort belle — du sixième patriarche Huineng. La visite des lieux se fait sous la direction de jeunes préposées fort gentilles, mais prodigieusement ignorantes des données les plus élémentaires de la culture et de l'histoire de Chine ; de ceci, on pourrait difficilement leur faire grief quand on songe que la « Révolution culturelle » les a pratiquement privées de toute éducation secondaire. Mais ce qui est plus étonnant, c'est leur ignorance de l'histoire révolutionnaire de la Chine contemporaine : elles confondaient par exemple le soulèvement de la commune de Canton avec l'épisode de Lin Zexu brûlant l'opium anglais !

Le temple des Six Banyans est impeccablement restauré et entretenu. Les touristes pressés, sans demander ce qu'il est advenu du temple Hualin, du temple ancestral du clan Chen, du temple Guangxiao, etc., concluent aussitôt de cette unique visite que « contrairement aux bruits qui ont couru à l'étranger, tous les temples et monuments anciens sont ouverts, et en parfait état ». Le fait de trouver dans chaque ville de Chine un ou deux de ces monuments à la Potemkine spécialement aménagés pour satisfaire leur curiosité les confirme si bien dans leur jugement qu'ils n'éprouvent nulle part le besoin de pousser leur enquête au-delà de ce décor.

Dans l'ancienne citadelle (Wu ceng lou — appelée aussi Zhenhai lou) on expose un ensemble d'objets archéologiques « exhumés durant la Révolution culturelle ». Des expositions semblables sont organisées dans chaque capitale provinciale, et les pièces les plus remarquables du pays entier ont été regroupées à Pékin pour former un ensemble spectaculaire qui va bientôt faire le tour du monde. Dans la nouvelle ligne de politique étrangère adoptée récemment par Pékin, l'archéologie est devenue une arme non négligeable : pour conférer plus de crédibilité à ses ouvertures diplomatiques en direction de l'Occident, la Chine populaire cherche maintenant à effacer l'image fâcheuse que les violences et l'iconoclasme de la « Révolution culturelle » ont donnée d'elle à l'étranger. Les expositions d'objets archéologiques découverts pendant la « Révolution culturelle » remplissent ainsi une double fonction : elles cherchent à faire accroire que, loin d'avoir détruit le dépôt de la culture ancienne, la « Révolution culturelle » est au contraire venue l'enrichir ; elles veulent prouver qu'il n'y a nulle incompatibilité entre maoïsme et humanisme et suggèrent ainsi qu'un régime aussi respectueux des trésors artistiques de l'Antiquité ne peut être, dans le dialogue politique, qu'un interlocuteur de bon ton, raisonnable et pondéré. Cette manœuvre archéologique, pourtant cousue de bien gros fil, s'est trouvée entièrement couronnée de succès ; sur cette question les témoins lucides et compétents ne sont pas tellement nombreux à l'étranger, et parmi eux, plus rares encore ceux qui auraient le mauvais goût de parler.

Quelqu'un au moins que l'exposition de la citadelle de Canton n'a guère réussi à convaincre, est cet historien d'art de ma connaissance qui, s'étant spécialisé dans l'étude de la peinture cantonaise, fit trois fois le voyage de Canton dans l'espoir de voir diverses peintures qui, jusqu'à la « Révolution culturelle », avaient figuré dans les collections du musée provincial. D'une expédition à l'autre, le pauvre diable dut progressivement rabattre ses espérances, jusqu'à ce qu'elles fussent entièrement réduites à néant : non seulement il ne réussit pas à voir les peintures, ni même à obtenir un catalogue, mais il ne put découvrir ce qu'il était advenu des collections ni du musée lui-même ; non seulement il ne put obtenir d'avoir un entretien, si bref soit-il, avec aucun des conservateurs, mais il ne parvint même pas à apprendre le nom d'un seul d'entre eux, ni l'adresse qui lui aurait permis d'établir ultérieurement un contact épistolaire avec un quelconque chercheur spécialisé dans ce domaine. Dans ses enquêtes successives menées auprès des « conservateurs » du musée de la citadelle, il rencontra une immense bonne volonté, mêlée d'une certaine consternation : ses interlocuteurs étaient de tout jeunes gens qui avait été promus là à la faveur de la « Révolution culturelle », et dont l'expérience professionnelle se limitait au maniement du plumeau à poussière sur les vitrines. Pour lui, ils passèrent des après-midi entières à s'époumoner en coups de téléphone (à Canton, donner un coup de téléphone est toujours une expérience longue et épuisante, les appareils ne transmettant sporadiquement que quelques bribes de hurlements), mais tous leurs efforts demeurèrent vains. Manifestement les personnes compétentes qui auraient pu éclairer la lanterne de notre amateur de peinture cantonaise, s'adonnaient encore et toujours aux saines occupations des champs dans quelque village, de manière à réajuster leur Weltanschauung dans un sens plus révolutionnaire-prolétarien [1].

Mais trêve de décadentes curiosités esthétiques ; à propos de musées, parlons plutôt de ceux qui sont consacrés à l'histoire révolutionnaire moderne — le musée de la Commune de Canton, le musée Lu Xun, le musée de la Centrale des syndicats chinois. Le tour en est vite fait : ils sont tous fermés, et l'on attend pour les rouvrir que les historiographes aient achevé de récrire l'histoire d'une façon conforme à la dernière vicissitude du dogme [2]. C'est une tâche ingrate que la leur : non seulement

1. En 1973, notre obstiné historien d'art finit par rencontrer brièvement un des conservateurs du musée — homme charmant d'ailleurs, mais les peintures demeurèrent invisibles. Il est impossible de savoir où elles sont conservées — si elles existent encore !

2. Le musée Lu Xun a rouvert en 1973. Il est remarquable surtout par ses omissions et ses falsifications.

à chaque coup d'État tout est à refaire, mais encore à certains moments — comme maintenant par exemple — lorsque la lutte pour le pouvoir se prolonge sans réussir à accoucher d'une équipe dirigeante homogène ni d'une ligne politique bien définie, ils se trouvent placés dans une dangereuse incertitude. Ce problème du reste n'affecte pas seulement les historiographes et les conservateurs de musée, mais de manière plus générale tous les organes de propagande et toutes les activités culturelles. Si *Le Quotidien du peuple* ne publie plus que très rarement des éditoriaux idéologiques, si les rayons des librairies demeurent vides de toute littérature, si les facultés de lettres dans les universités ne parviennent pas à reprendre une véritable activité d'enseignement et de recherche, si les studios de cinéma n'ont plus produit *un seul* long métrage de fiction depuis 1966, si les théâtres du pays entier n'osent afficher que la demi-douzaine d'opéras révolutionnaires-modèles de Mme Mao, ce n'est pas seulement parce qu'une importante proportion d'intellectuels, d'écrivains, d'enseignants et d'artistes sont encore accaparés en ce moment par l'épandage du fumier et l'élevage des cochons, mais aussi et surtout parce que la minorité demeurée en fonction n'a pas encore reçu de consignes claires et nettes, et, en l'absence de nouveaux critères d'orthodoxie, n'ose pas, sur la seule foi d'instructions provisoires, confuses et contradictoires, s'engager dans une voie définie ou prendre des initiatives qui demain pourraient fort bien lui être imputées à crime.

Mais il faut pourtant bien que les idéologues et autres « ingénieurs de l'âme » donnent une illusion d'activité et meublent tant bien que mal le vide total de la scène culturelle : et c'est ici qu'intervient *le culte de Mao*. Divers journalistes ont rapporté que ce culte avait été mis en veilleuse depuis la fin de la « Révolution culturelle » et surtout depuis la chute de Lin Biao ; cette observation n'est pas tout à fait exacte, comme n'importe quel voyageur peut immédiatement le vérifier par lui-même. Les portraits de Mao sont partout, présentés dans tous les formats et matériaux possibles : ils ornent la façade des immeubles officiels et l'intimité des chaumières ; on les trouve sous forme de photos, de peintures, de broderies ; en plâtre, en médailles, en affiches. Les pensées de Mao, les poèmes de Mao s'étalent en lettres géantes sur tous les murs, les reproductions de ses calligraphies décorent les monuments et sites historiques, les chambres d'hôtels, les salons de réception des ministères, les carrefours des rues, les salles d'attente des gares, les jardins publics, les bureaux de poste, les zoos, les wagons de chemin de fer, les écoles, les digues des barrages hydroélectriques, les paravents, les éventails, le portail des casernes, la page de garde des agendas… Les citations de Mao entremêlent les émissions radiophoniques, précèdent les séances de cinéma, les représentations théâtrales, les concerts et les séances de music-hall, elles figurent chaque jour en tête des journaux ; aucune revue, fût-elle d'archéologie, de linguistique ou de pédagogie, ne saurait paraître sans comporter une première page consacrée exclusivement aux pensées du Président, imprimées en caractères gras, et de même tous les livres publiés depuis la « Révolution culturelle », qu'ils traitent de philosophie ou d'électronique, commencent invariablement par cette première page rituelle et propitiatoire. Il n'est toutefois pas entièrement faux de dire que le culte a perdu de sa stridence originelle : certaines pratiques mises en vogue durant la « Révolution culturelle », ont été récemment découragées, ainsi les concours de vitesse dans la récitation des *Citations choisies* (certains champions pouvaient réciter les plus longues d'une haleine, non seulement à l'endroit mais A L'ENVERS) et la « gymnastique des citations » (mouvements de gymnastique suédoise qui, au lieu de suivre un air de musique, se réglaient sur les citations du Président : à tel membre de phrase correspondait une flexion des jambes, à tel autre une extension des bras, etc.) ne sont plus en faveur aujourd'hui. Dans un concert où autrefois la totalité du programme aurait été consacrée à Mao (hymnes divers célébrant Mao, poèmes de Mao mis en musique, etc.), maintenant il arrive parfois que sur dix numéros, deux ou trois soient sans relation directe avec le Président. Mais finalement ce qui a changé dans le culte, c'est peut-être moins son ampleur et son intensité, que son caractère et sa fonction. D'une religion conquérante, d'une arme de combat, il est devenu un alibi, un artifice commode, une formalité passive dont la vertu toute négative est de meubler un silence, de couvrir un vide, de masquer un néant, de peupler un désert. Comme les musées existent, il faut bien y exposer quelque chose, comme les librairies existent, il faut bien en garnir les rayons ; il faut bien que les enseignants enseignent quelque chose à leurs élèves, et que les journalistes remplissent leurs colonnes pour leurs lecteurs ; mais dans l'incertitude qui règne toujours, avec ces coups d'État tantôt réussis, tantôt manqués, ces mystérieuses tentatives d'assassinat que les dirigeants ourdissent les uns contre les autres, ces disparitions soudaines de prestigieuses figures que l'on croyait inamovibles et invulnérables, et ces réapparitions non moins inattendues de personnages que l'on imaginait irrévocablement damnés — la méthode provisoirement la plus sûre dans un tel climat reste simplement de mettre du Mao partout, et de ne mettre que ça. Au pire on risquera tout au plus d'engendrer une certaine monotonie, mais ce risque demeure bénin en regard des périls que pourrait entraîner en ce moment toute approche plus nuancée. Un bon exemple de cette attitude prudente est fourni à Canton par le musée de l'Institut des cadres du mouvement paysan — qui, avec Shaoshan et Yan'an était en 1972 l'un des trois seuls musées d'histoire révolutionnaire contemporaine ouverts dans toute la Chine. Shaoshan étant le village natal du Grandiose Timonier, et Yan'an correspondant à une période où son pouvoir personnel se trouvait fermement établi, il était tout naturel que ces deux musées fussent essentiellement consacrés à la glorification de sa personne : pour adapter leur contenu aux impératifs mouvants de l'orthodoxie, il a simplement suffi de travailler ci et là de la gomme et des ciseaux de manière à oblitérer sur diverses photos de groupes les figures de certains « intimes compagnons d'armes » dont le rôle historique, voire même l'existence, ont à la suite d'événements récents, été rétrospectivement ramenés à néant. Mais en ce qui regarde l'Institut des cadres du mouvement paysan, pour le transformer en un musée dédié au seul Mao, il a fallu faire quelques entorses plus sérieuses à l'histoire et à la chronologie. Comme Mao dirigea la toute dernière promotion de cet institut — mai-octobre 1926 — les guides vous déclarent sans sourciller que l'institut ne fut fondé qu'en 1926, ne lui accordant ainsi d'existence qu'à dater de l'arrivée de Mao. De Peng Pai par contre, qui dirigea cet institut dès 1924, et fut le tout premier organisateur du mouvement paysan en Chine, l'existence n'est rappelée qu'une seule fois, dans la dernière salle du musée, par une photo et trois lignes de commentaire ; et l'incapacité du guide à prononcer correctement son nom [1] donne bien la mesure de l'oubli dans lequel on a relégué cette figure admirable de révolutionnaire et martyr (il fut exécuté par le KMT en 1929)... Remarquons que même du point de vue maoïste, Peng Pai demeure un personnage irréprochable ; seulement le simple fait qu'il ait été actif *avant* Mao, dans un domaine réputé être la spécialité de ce dernier, constitue une atteinte au monopole révolutionnaire du Grandiose Maître à penser : toute louange et toute gloire ne peuvent plus revenir qu'au seul Mao, nul mérite indépendant de lui ne saurait plus être toléré.

Il est toujours dangereux, sinon vain, de généraliser à partir d'observations accidentelles. La vue d'une chasse au voleur dans une rue de Canton — il s'agissait d'un boutiquier qui, secondé par quelques badauds, courait derrière un garçon de dix-sept ou dix-huit ans, en criant : « Au voleur ! au voleur ! » — ne mériterait pas d'être rapportée, n'était-ce qu'elle venait illustrer pour moi les propos qu'un garçon d'hôtel cantonais m'avait tenus quelques jours auparavant, au cours d'une des rares conversations intéressantes de tout mon séjour. Je ne sais comment, nous en étions venus à bavarder de la délinquance juvénile ; celle-ci, me dit-il, continuait à poser de sérieux problèmes à Canton, bien qu'elle eût atteint son paroxysme un ou deux ans plus tôt. Les délinquants se recrutent en général parmi ces jeunes citadins qui ont été envoyés aux champs ; ne pouvant s'adapter à la vie paysanne ni supporter la perspective d'un exil définitif, ils reviennent clandestinement en ville ; mais là, comme ils ne disposent d'aucun moyen de subsistance, leur seule ressource reste le chapardage et la rapine. Souvent ils se rassemblent à plusieurs et forment de petites bandes de vagabonds, sans asile

1. Le caractère « Pai » est un caractère relativement rare mais dont la graphie ressemble à un autre caractère, fort commun lui, de prononciation différente.

fixe ni emploi régulier. Quand les gens prennent un voleur sur le fait, me dit encore mon informateur, ils se contentent en général de le passer à tabac — ceci souvent à la demande de l'intéressé lui-même qui préfère également ce traitement expéditif à une intervention de la police (trait remarquable, le même usage se rencontre dans les milieux populaires à Hong Kong, pour les menus larcins : des deux côtés de la frontière, les Chinois semblent décidément cultiver une méfiance identique pour les autorités judiciaires...). Éventuellement, s'il s'agit non d'un vagabond, mais d'un individu ayant un emploi fixe, on signale son cas à l'organisme qui l'emploie. Seules les affaires plus sérieuses — vols à main armée, brigandages organisés, meurtres — passent devant les tribunaux et sont punis, suivant leur gravité, soit de mort (par fusillade), soit d'emprisonnement, soit de réhabilitation-par-le-travail. A cet endroit, je manifestai pour la forme une certaine incrédulité : comment le vol pourrait-il encore exister en Chine aujourd'hui ? Mon interlocuteur rit et me dit que je pourrais difficilement en faire moi-même l'expérience : pour tous ceux qui sont en contact avec les étrangers, il existe des consignes très strictes, et la pire catastrophe qui pourrait arriver à ces divers préposés serait qu'un voyageur confié à leur charge, aille se plaindre auprès du ministère des Affaires étrangères, soit d'un service déficient, soit — le comble de tout — d'un vol dont il aurait été victime. Pour cette raison, le personnel hôtelier se donne un mal extrême pour rapporter aux étrangers *tous* les objets que ceux-ci laissent derrière eux, de peur qu'ils n'aillent croire que tel objet oublié ou égaré, leur ait en fait été dérobé.

Beaucoup d'étrangers croient ainsi que le vol a disparu en Chine populaire. En réalité bien que le régime ait réussi à édifier une société remarquablement policée sur ce chapitre, il serait naïf de la croire entièrement débarrassée des divers vices de la société de consommation. L'instinct d'appropriation (par voie légale ou illégale) subsiste toujours, mais il ne trouve plus à s'exprimer que sur une échelle modeste. Certains objets, ainsi par exemple les montres suisses (un des rares objets de consommation importés de l'étranger) et les appareils de photo (de fabrication chinoise) exercent, surtout parmi la jeunesse, une véritable fascination et sont source pour leurs heureux propriétaires, d'une fierté et d'un prestige considérables. Les vélos tiennent en Chine la place occupée par les autos dans la société occidentale : ils remplissent la double fonction d'instrument de travail et de symbole de réussite sociale. A la campagne, beaucoup de jeunes filles exigent de leurs soupirants qu'ils puissent leur garantir « les trois choses qui tournent » (« san zhuan » : montre, vélo et machine à coudre) avant d'agréer leur demande en mariage. En ville, depuis les lourds vélos utilitaires manufacturés à Shenyang jusqu'aux légères bicyclettes shangaïennes — prestigieuses machines de luxe, baptisées « Hirondelles » —, s'offre tout un éventail de modèles qui situent leur propriétaire de façon presque aussi précise qu'en Europe le fait de rouler en 2 CV ou en Jaguar. Quant aux étrangers qui déclarent qu'il n'y a plus de voleurs en Chine populaire, ils n'ont, je crains, guère fréquenté les parkings de vélos ; presque tous ces parkings sont payants et gardés ; toutes les bicyclettes sont munies d'un cadenas, et le gardien ne manque jamais de vous rappeler de fermer celui-ci. En toute justice, reconnaissons pourtant que beaucoup de vols de bicyclettes sont simplement le fait de jeunes gens qui veulent s'offrir pour quelques heures une joyeuse escapade. De façon générale d'ailleurs, il ne fait aucun doute que la société chinoise actuelle, même après la « Révolution culturelle », reste exceptionnellement disciplinée. Pour trouver un équivalent de cet ordre dans le passé, il faut remonter plus de vingt-deux siècles en arrière : sous la brève dynastie des Qin (221-209 av. J.-C.), selon l'image des chroniqueurs, « les voyageurs pouvaient abandonner leurs bagages au bord du chemin sans crainte qu'on y touchât » — mais aussi le régime de Qin fut-il, dans toute l'Antiquité, celui qui réussit à se rapprocher le plus d'un système totalitaire au sens moderne du terme.

La « Révolution culturelle » avec ses années de violence et d'anarchie a tout un temps dangereusement compromis cette discipline sociale en sapant le prestige des autorités traditionnelles — le Parti, les cadres, la police. Le soin de rétablir l'ordre fut finalement dévolu à l'armée qui tient maintenant la situation sous son ferme contrôle. A l'ombre des fusils, l'état de choses ancien peut progressivement se reconstituer. C'est ainsi par exemple qu'à Canton j'ai pu voir, placardé sur les murs, un avis à la population concernant le trafic routier, la circulation en ville et le trafic fluvial : cette ordonnance qui normalement n'aurait dû relever que de la police, se trouvait édictée par l'armée (commandement de la région militaire de Canton) et donnait ordre à la population d'obéir aux directives de la police chargée de la mise à exécution de ces diverses dispositions — semblant ainsi impliquer que la police n'avait d'autorité que dans la mesure où elle se trouvait épaulée et cautionnée par l'armée. En ville, la présence des militaires reste d'ailleurs assez voyante. Des factionnaires armés montent la garde à l'entrée des divers bâtiments officiels et des hôtels fréquentés par les étrangers ; plusieurs immeubles ont été transformés en casernes et cantonnements improvisés ; dans les rues et les parcs, de nombreux groupes de permissionnaires attestent l'existence de larges garnisons stationnées en ville. Quant aux officiers, ils constituent manifestement une nouvelle aristocratie dirigeante ; on les rencontre dans les meilleurs hôtels, dans les avions ; leurs limousines sillonnent les boulevards, et ce sont pratiquement les seuls Chinois qui voyagent en première classe dans les trains.

Si l'armée tient donc la situation bien en main et semble avoir entièrement réussi à réimposer l'ordre dans les rues, il reste cependant difficile d'évaluer dans quelle mesure les esprits se sont eux aussi apaisés et soumis. La jeunesse continue à poser, potentiellement au moins, un réel problème. Durant l'intermède de la «Révolution culturelle», les jeunes ont brusquement eu l'occasion d'être leurs propres maîtres, de partir à l'aventure sur les grands chemins, de tâter de l'action politique, d'influer directement sur le destin du pays entier. La saveur de pareilles expériences ne s'oublie pas facilement. Par contraste, leur condition présente leur paraît d'autant moins supportable : encadrés par l'armée, replacés sous l'autorité de ces mêmes mandarins qu'ils avaient réussi à brièvement renverser en 67-68, ils se voient maintenant déportés à vie, loin des leurs, au fond de campagnes inhospitalières. Mais paradoxalement ces jeunes représentent aujourd'hui dans toute la population chinoise, le groupe social spirituellement le plus affranchi : leur liberté à l'égard des tabous et fétiches du régime est à la mesure de leur dénuement ; ayant tout perdu, ils n'ont plus rien à ménager ; ils ne croient plus à rien, leur cynisme est total. Un groupe d'étudiants de l'université chinoise de Hong Kong, au cours d'une visite en Chine populaire, se trouva un soir accosté dans une ruelle de Canton par une petite bande de jeunes vagabonds ; ceux-ci se mirent à leur tenir des propos tellement audacieux et incendiaires sur le régime maoïste, que les étudiants se replièrent en panique sur leur hôtel, craignant, s'ils devaient être surpris en telle compagnie, de se voir eux-mêmes accusés de quelque complot contre-révolutionnaire… Avant la «Révolution culturelle» pareille rencontre eût été simplement inconcevable, non qu'il n'y eût déjà des insatisfaits, mais ceux-ci n'auraient jamais osé s'ouvrir aussi directement de leurs doléances auprès de gens venus de l'extérieur.

Il est vraisemblable que la «Révolution culturelle» a laissé d'autres lésions plus profondes encore dans les esprits et les sensibilités. Elle a représenté un point culminant dans quelque vingt années d'épurations périodiques, souvent sanglantes, d'éducation méthodique de l'agressivité, et de légitimation de la violence et de la haine. La vue quotidienne des pillages, des brimades, des vengeances, des humiliations, des cruautés et des sévices infligés impunément par des enfants à leurs aînés sous le prétexte de la «lutte des classes», l'obligation d'assister avec indifférence, sinon de participer activement, à la dénonciation publique et à la mise au pilori de voisins, de collègues, d'amis, de parents — toutes ces expériences doivent avoir marqué la société dans son ensemble. Il serait intéressant de pouvoir consulter les statistiques indiquant la courbe générale des névroses et des suicides ; mais pareille information, à supposer qu'elle existe, ne nous est évidemment pas accessible. Simplement, à mon niveau limité, accidentel, myope et subjectif d'observateur et de voyageur, je n'ai pu m'empêcher d'être fort frappé par une certaine tension électrique de l'atmosphère à laquelle aucune de mes expériences antérieures de la vie chinoise ne m'avait habitué. C'est ainsi par exemple que, durant ces six mois de séjour en

Chine, j'ai été témoin d'un plus grand nombre de disputes, voire même de rixes, qu'en cinq années de vie à Hong Kong — qui n'est pourtant pas une ville particulièrement amène ou détendue. Bien entendu, il ne saurait être question d'insinuer que la vie sociale en Chine populaire soit maintenant fondée sur la violence; tout au contraire, surtout si on la compare à d'autres, la société chinoise reste remarquablement pacifique et équilibrée. Mais si on pouvait la comparer à elle-même, je me demande dans quelle mesure on ne serait pas amené à constater que vingt années d'incitation systématique à la « haine de classe », et de dénonciation de certaines impulsions humaines fondamentales, telles que la compassion pour toute souffrance, quelle que soit la victime (sentiment qui est condamné maintenant comme l'expression d'un humanisme bourgeois niant la lutte des classes !), ont finalement porté des fruits et entraîné une dégradation générale — et voulue — des vertus traditionnelles qui assuraient l'harmonie de la vie chinoise. Sur ce point, le régime maoïste n'a guère fait que rééditer l'expérience soviétique et un témoignage comme celui de Nadejda Mandelstam décrivant l'impact psychologique et moral du stalinisme sur l'humanité russe pourrait peut-être s'appliquer aussi valablement à la Chine maoïste :

> Autrefois les braves gens étaient nombreux. Et même ceux qui ne l'étaient pas, faisaient semblant de l'être, car c'était l'usage. De là provenaient l'hypocrisie et la fausseté, ces grands vices du passé, dénoncés par le réalisme critique de la fin du XIXe siècle. Le résultat de cette dénonciation fut inattendu : les braves gens disparurent. La bonté n'est pas uniquement une qualité innée : il faut la cultiver, et on ne le fait que si la nécessité s'en fait sentir. Pour nous, la bonté était une qualité démodée, disparue, et un brave homme s'apparentait à la famille des mammouths. Tout ce que nous enseignait notre époque — la collectivisation, la lutte de classes, les dénonciations, la recherche du motif caché de chaque acte —, tout cela favorisait le développement de toutes les qualités, hormis la bonté. Il fallait chercher la bonté et la bonhomie dans des endroits perdus, inaccessibles à l'appel du temps. Seuls des individus passifs avaient pu conserver ces qualités, héritées de leurs ancêtres : notre époque nous enseignait tout autre chose. L'humanisme à rebours se manifestait partout et en tout[1].

Flânant dans les rues de Shamian — l'ancien quartier européen de Canton —, j'aperçois sur la façade d'une église transformée en salle de réunions, un large calicot annonçant un meeting de parents de la jeunesse urbaine déportée aux champs. Le désespoir des jeunes qui se voient assignés à vie, loin des leurs, dans des villages reculés où ils sont souvent mal accueillis, est largement partagé par leurs parents : ceux-ci non seulement souffrent de cette séparation définitive, mais surtout ils se désolent en pensant à l'avenir, à leurs yeux irrémédiablement compromis, de leurs enfants (vingt années de socialisme n'ont guère réussi à entamer le mépris millénaire que la société mandarinale

1. Nadejda Mandelstam, *Contre tout espoir*, Paris, Gallimard, 1972, p. 134.

nourrissait pour le travail manuel, mais il faut ajouter aussi qu'aujourd'hui la condition paysanne demeure si misérable en Chine, que les citadins regardent nécessairement toute affectation à un poste campagnard comme une disgrâce ou un exil ; et aussi l'envoi aux champs demeure-t-il d'ailleurs une sanction de base dans le dispositif pénal ! L'installation de la jeunesse urbaine dans les villages pose de nombreux problèmes, que les autorités essayent maintenant d'attaquer de deux manières : d'une part en pourvoyant les intéressés eux-mêmes d'un encadrement idéologique, et d'autre part, de façon indirecte, en agissant sur leurs parents pour que ceux-ci à leur tour les persuadent de s'accommoder de leur nouvelle existence et les dissuadent d'entretenir aucun espoir de retour en ville. Dans quelle mesure les parents acceptent-ils de jouer ce rôle, quelles questions peuvent-ils se poser dans l'exécution de ces consignes ? Ce que la presse officielle nous apprend à ce sujet demeure d'une nature bien abstraite : le périodique *Hong qi* a ainsi publié divers témoignages de parents modèles (l'un d'eux par exemple conseillait d'expédier aux enfants, au lieu de ces colis de bonbons et chocolats si débilitants pour la volonté, des encouragements à la vertu socialiste et de toniques envois de littérature marxiste : il avait pour sa part employé toutes ses économies à acheter et expédier pas moins de *quatre-vingt-dix* ouvrages de Marx, Engels, Mao et Staline à sa progéniture), mais finalement ce genre d'articles ne nous révèle pas grand-chose, sinon le fait que le moral des parents eux-mêmes pose un problème. Il m'aurait mille fois plus intéressé de pouvoir assister au meeting qui se tenait dans l'église de Shamian, et d'entendre des parents en chair et en os faire état de leurs expériences concrètes ; mais, inutile de le dire, il ne saurait être question qu'un étranger assistât *à l'improviste* à de telles réunions…

Intermède sur les moyens de transport

En Chine les voyages en avion sont pleins de fantaisie et d'imprévu, mais si l'on est vraiment pressé, il vaut mieux prendre le train. Le charme de l'avion — outre la pomme ou la banane (quelquefois les deux) à laquelle on a droit durant le vol — est que l'on ne sait jamais exactement à quelle heure on part, ni à quelle heure on arrive, ni même où l'on arrivera : il y a là un élément de surprise, je dirais presque d'aventure, qui restitue au voyage quelque chose de son ancienne poésie. Sur les lignes provinciales, les appareils sont de petits bimoteurs qui volent lentement et plafonnent à 1 000-1 500 mètres, ce qui permet par temps clair (le temps est toujours clair : s'il ne l'était pas, l'avion ne volerait pas [1]) de

1. Les avions coûtent fort cher à l'achat et les Chinois estiment avec sagesse qu'on ne saurait risquer un tel capital pour le seul plaisir de respecter un horaire ; aussi à la moindre annonce de pluie ou de vent, tous les appareils sont prudemment maintenus au sol. (1974.)

prendre les plus belles leçons de géographie chinoise dont on puisse rêver. Quelquefois ces avions ne sont pourvus de sièges que d'un côté seulement — des banquettes de réemploi provenant, dirait-on, d'autobus désaffectés — l'autre côté étant alors occupé par tout un arrimage de caisses, boîtes et colis divers. Ces petits avions sont encore plus irréguliers que les grands, et plus amusants.

Le train lui, est très prosaïquement ponctuel. Les nourritures sybaritiques du wagon-restaurant tranchent sur l'austère pomme des lignes aériennes (le chemin de fer serait-il retombé, comme tant d'autres secteurs, aux mains des révisionnistes, cependant que l'aviation demeurerait un fief de l'extrême gauche ?). Le wagon-lit des premières classes est toujours aux trois quarts vide : le voyageur n'y côtoie guère que quelques militaires — on devine qu'il ne s'agit point de caporaux. L'horaire de ses repas est arrangé de telle manière qu'il n'ait jamais l'occasion de partager l'usage du wagon-restaurant avec les voyageurs chinois. Mais pour rompre sa solitude, il jouit au moins de la fréquentation des gardes-convois, serveurs et cuisiniers affectés à son service. Ceux-ci sont pour la plupart des gens sympathiques et sociables : forts de l'excuse que leur donnent leurs obligations professionnelles, ils ne souffrent pas, dans leurs contacts avec le voyageur étranger, des inhibitions qui paralysent le restant de la population. Ils ne manquent jamais de bons prétextes pour venir bavarder avec lui dans l'intimité de son compartiment ; la rareté même de la clientèle de première classe leur en laisse d'ailleurs tout le loisir. Pour ma part, je ne voyageais jamais sans emporter avec moi quelques paquets de journaux chinois de Hong Kong, dont les citoyens de la République populaire sont — pour des raisons faciles à comprendre [1] — prodigieusement friands. Je n'ai jamais réussi à déterminer exactement ce qui les fascinait le plus, les révélations hérétiques sur les dernières péripéties de la lutte pour le pouvoir à Pékin, ou les détails salaces de la vie privée des starlettes de Hong Kong — toujours est-il que, à chaque voyage, le mot passant de bouche à oreille, le train ne roulait pas de longtemps, que mon compartiment se trouvait bientôt transformé en cabinet de lecture ; à tour de rôle le contrôleur, le policier de service, le garde-convoi, le cuisinier venaient frapper à ma porte ; après avoir poussé le verrou de sûreté pour prévenir toute incursion importune, ils s'installaient confortablement et se plongeaient avec recueillement dans mes vieux numéros du *Ming bao*.

A force de voyager sur les mêmes lignes — Pékin-Canton, Pékin-Shanghai — il m'est arrivé de retrouver plusieurs fois les mêmes équipes de personnel ferroviaire, et j'ai pu ainsi établir avec quelques-uns de leurs membres des relations suivies et amicales. Nous avions de longues

1. Pour les mêmes raisons d'ailleurs les habitants de Taiwan dévorent avec une curiosité non moins avide les publications de Pékin quand ils ont la chance exceptionnelle d'en obtenir. (Note de 1974.)

conversations à bâtons rompus, exemptes d'arrière-pensées et de slogans, fondées sur une curiosité et une sympathie mutuelles, et favorisées par les loisirs de ces interminables trajets. Bavarder au fil des heures, de tout et de n'importe quoi avec ces hommes simples et cordiaux, a été pour moi la source d'une joie difficile à décrire, et qui ne résultait pas seulement du fait que j'avais été trop longtemps sevré des plus élémentaires échanges sociaux. En contraste avec les personnages officiels — bureaucrates grands et petits, fanatiques ou arrivistes, arrogants ou minables, dogmatiques et pédants, parvenus triomphants ou prostitués pathétiques — que j'étais normalement amené à fréquenter de manière quotidienne et exclusive, ces travailleurs m'apparaissaient dans leur simple vérité humaine comme les plus authentiques héritiers d'une civilisation que les nouveaux mandarins n'ont pas encore entièrement réussi à anéantir. Avec leur aisance naturelle, leur sagesse, leur mélange de malice roublarde et de courtoisie, leur langue savoureuse et imagée, non seulement ces hommes naïfs et subtils offraient un complet contraste avec les unidimensionnels robots de carton qui les commandent, mais surtout ils m'apportaient cette révélation (cette illusion ?) d'une humanité chinoise restée intacte, comme protégée par sa simplicité même. Orwell a eu l'intuition de cette espérance essentielle et secrète dont certains êtres dépourvus de formation (ou de déformation ?) intellectuelle, pourraient demeurer les derniers dépositaires au milieu du cauchemar universel ; je pense à ces pages de *1984* :

… Julia était par certains côtés beaucoup plus fine que Winston et beaucoup moins perméable à la propagande du Parti […]. Mais elle ne mettait en question les enseignements du Parti, que lorsqu'ils touchaient de quelque façon à sa propre vie. Elle était souvent prête à accepter le mythe officiel, simplement parce que la différence entre la vérité et le mensonge ne lui semblait pas importante. Elle croyait par exemple, l'ayant appris à l'école, que le Parti avait inventé les aéroplanes […]. Et quand Winston lui dit que les aéroplanes existaient avant qu'il fût né et longtemps avant la Révolution, elle trouva le fait sans intérêt aucun […], elle ne prêtait pas le moindre intérêt aux ramifications de la doctrine du Parti. Quand il se mettait à parler des principes de l'Angsoc, de la double pensée, de la mutabilité du passé, de la négation de la réalité objective, et qu'il employait des mots novlangue, elle était ennuyée et confuse et disait qu'elle n'avait jamais fait attention à ces choses. On savait que tout cela n'était que balivernes, alors pourquoi s'en préoccuper ? Elle savait à quel moment applaudir, à quel moment pousser des huées, et c'est tout ce qu'il était nécessaire de savoir. Quand il persistait à parler sur de tels sujets, elle avait la déconcertante habitude de s'endormir. Elle était de ces gens qui peuvent s'endormir à n'importe quelle heure et dans n'importe quelle position. En causant avec elle, Winston se rendit compte à quel point il était facile de présenter l'apparence de l'orthodoxie sans avoir la moindre notion de ce que signifiait l'orthodoxie. Dans un sens, c'est sur les gens incapables de la comprendre que la vision du monde qu'avait le Parti s'imposait avec le plus de succès. On pouvait leur faire accepter les violations les plus flagrantes de la réalité parce qu'ils ne saisissaient jamais entièrement l'énormité de ce qui leur était demandé et n'étaient pas suffisamment intéressés par les événements publics pour remarquer ce qui se passait. Par manque de compréhension, ils restaient sains. Ils avalaient simplement tout, et ce qu'ils avalaient ne leur faisait aucun mal, car cela ne laissait en eux aucun résidu, exactement comme un grain de blé qui passe dans le corps d'un oiseau sans être digéré [1].

Ceci me rappelle d'ailleurs, au début des années 60, à Hong Kong, l'interview d'un paysan illettré qui venait de s'échapper de Chine ; l'enquêteur cherchait à sonder l'étendue de son information politique en lui demandant ce qu'il savait de divers pays. A la question : « Que savez-vous de la Yougoslavie ? », il répondit avec une application placide : « C'est un pays pseudo-socialiste dirigé en fait par des hyènes révisionnistes à la solde du capitalisme américain. » Un peu plus tard, l'enquêteur lui demanda encore : « Si vous en aviez le choix, où préféreriez-vous vivre ? — En Yougoslavie, par exemple. — Pourquoi ? — Il paraît que dans les pays pseudo-socialistes dirigés par les hyènes révisionnistes à la solde du capitalisme américain, l'huile et le coton ne sont pas rationnés. »

Pékin

Il est difficile de prévoir comment les siècles futurs jugeront le règne maoïste : une chose est dès à présent certaine : en dépit de tous ses accomplissements, le nom du présent régime restera à jamais associé à un mémorable outrage infligé au patrimoine culturel de l'humanité entière : la destruction de la ville de Pékin.

Pour ce que les dirigeants de la Chine populaire souhaitaient faire de leur capitale, ils auraient été mieux inspirés de l'installer dans une hideuse cité moderne comme Tientsin par exemple ; là ils auraient pu raser des quartiers entiers, percer ces gigantesques boulevards rectilignes dont ils semblent tellement friands, créer de vastes esplanades et d'exaltants déserts de macadam destinés aux manifestations de masse, dans le meilleur style stalino-fasciste, et de façon générale assouvir leur fringale de destruction, sans pour autant causer de dommage irréparable à l'héritage monumental de la civilisation chinoise. De plus, la laideur architecturale d'une ville comme Tientsin, qui atteint une dimension presque surréaliste, aurait pu fournir aux architectes du nouveau régime tout à la fois une source d'inspiration et un défi ; dans l'ordre du kitsch délirant et de la grandiloquence petite-bourgeoise, on aurait pu assister à une intéressante compétition entre les urbanistes de l'époque impéria-

1. G. Orwell, *1984* (trad. française), Paris, 1950, p. 221-226. Relisant ce roman qui fut écrit avant la fondation de la République populaire, on est saisi par sa stupéfiante qualité prophétique. Sans avoir jamais songé à la Chine maoïste, Orwell réussit à la décrire jusque *dans certains détails concrets de la vie quotidienne*, avec plus de vérité et d'exactitude que la plupart des enquêteurs qui rentrent de Pékin.

liste-coloniale et ceux de l'ère maoïste, et — avantage plus considérable encore — les divers monuments offerts à la Chine par l'Union soviétique, qui déshonorent aujourd'hui la ville de Pékin, auraient trouvé là un décor bien mieux en harmonie avec leur esthétique. Mais hélas, du point de vue maoïste, Tientsin étant dépourvue de tradition impériale, ne pouvait convenir…

Il est à Pékin un monument contemporain qui, entre tous, symbolise dramatiquement le viol maoïste de l'antique capitale : il s'agit du monument aux Héros du Peuple. Cet obélisque, haut d'une quarantaine de mètres, dont la base est ornée d'une série de bas-reliefs en margarine, n'aurait par lui-même rien qui puisse particulièrement retenir l'attention, n'était-ce la position privilégiée qu'il occupe, exactement au milieu de la perspective qui relie Qianmen à Tian'anmen. Un éternuement si sonore soit-il, ne frappe guère l'attention dans la bruyante cohue d'une gare, mais il n'en va plus de même par contre si cette expectoration vient exploser dans le majestueux recueillement d'une salle de concert, au point le plus magique et ténu d'une phrase musicale ; de même, la formidable signification que prend cette insignifiante bitte de granit, dérive tout entière de la stupidité sacrilège de son point d'insertion. En plaçant ce monument au centre de l'axe sublime qui monte de Qianmen à Tian'anmen, l'idée de l'urbaniste était évidemment de détourner à son profit l'antique aménagement impérial de cet espace, de capter à son avantage le courant mystique qui, suivant le relais rythmé des portes successives, s'achemine du monde extérieur vers la Cité interdite, centre idéal de l'univers. L'urbaniste a seulement perdu de vue qu'en déposant son étron révolutionnaire-prolétarien au milieu de cette avenue sacrée, il détruisait très précisément la perspective dont il voulait le faire bénéficier.

La brutale bêtise du monument aux Héros du Peuple qui, en cherchant à s'approprier le champ énergétique de l'ancien espace impérial, le disloque et l'anéantit, résume hélas la manière dont le régime maoïste a utilisé Pékin : pour donner un socle plus prestigieux à son pouvoir, il a jeté son dévolu sur l'antique capitale ; en se l'annexant, il l'a détruite.

La destruction de Pékin a commencé dès les années 50, avec l'élimination de tous les pailou qui enjambaient les artères de la ville. Ces arcs anciens qui rompaient la monotonie des rues en leur conférant un rythme à la fois noble et gracieux, furent jugés coupables de deux crimes : ils gênaient la circulation, et surtout ils représentaient au cœur de la métropole rouge, une intolérable survivance féodale et réactionnaire — la plupart d'entre eux ayant en effet été originellement érigés pour perpétuer la mémoire de mandarins intègres ou de chastes veuves. A l'époque, un spécialiste de l'architecture chinoise ancienne, Liang Sicheng (fils de Liang Qichao, le célèbre publiciste et principal introducteur des idées modernes en Chine au début de ce siècle) prit la défense des pailou et s'éleva courageusement contre les destructions commises à Pékin au nom d'une application aveugle des principes d'urbanisme russe. Mal lui en prit : non seulement son intervention ne servit à rien (il ne reste plus aujourd'hui *une seule* de ces exquises constructions dans toute la ville de Pékin) mais encore il devint lui-même la cible d'une série d'attaques ; celles-ci ne s'arrêtèrent qu'après qu'il eut publiquement rétracté ses positions, célébré les mérites de l'urbanisme soviétique, confessé ses erreurs et par-dessus le marché, dénoncé la mémoire de son père...

Après avoir abattu tous les pailou, on se mit à raser des quartiers entiers pour satisfaire à la grande passion de l'urbanisme socialiste : l'aménagement d'immenses boulevards et esplanades ; ceux-ci sont nécessaires pour permettre le déploiement de ces défilés et manifestations de masse mobilisant plusieurs centaines de milliers de figurants, qui sont aussi indispensables au bon fonctionnement des républiques populaires, que les jeux du cirque dans l'Empire romain. Durant les périodes où le grand opéra de la politique fait relâche, dans toutes les métropoles socialistes, de Moscou à Pékin, le médiocre volume du trafic automobile contrastant avec la démesure de ces artères vient conférer à celles-ci un caractère fantomatique. Ces vastes boulevards rappellent d'une certaine manière les faux aéroports que les Papous de Nouvelle-Guinée, adeptes du « cargo-cult », défrichent au milieu de la jungle dans l'espoir de décider leurs dieux à leur envoyer des avions chargés de richesses : on est parfois tenté de se demander si le percement de ces autostrades hantés seulement par quelques cyclistes et charrettes à ânes, ne correspondrait pas lui aussi à une sorte de rituel magique, comme si la seule présence de ces kilomètres de bitume pouvait suffire pour susciter un jour l'apparition soudaine de ces légions triomphantes, klaxonnantes et puantes d'automobiles qui font simultanément le cauchemar de la société de consommation et le rêve de la société socialiste.

Dans l'entreprise d'oblitération de Pékin, un pas nouveau et décisif fut accompli avec la destruction des murs d'enceinte de la ville. Il faut savoir que Pékin n'était pas une cité ordinaire, née d'une simple rencontre de divers facteurs démographiques, économiques, géographiques, etc., mais qu'elle constituait une projection dans la pierre d'une certaine vision de l'esprit : aussi ses remparts ne représentaient-ils pas tant un appareil médiéval de défense, qu'ils ne traduisaient une géométrie cosmique, un graphique de l'ordre universel.

Avant de revenir à Pékin, je savais déjà que je ne reverrais plus cette enceinte : le gouvernement de la République populaire l'avait fait entièrement raser, Cette besogne gigantesque, commencée dès 1950, avait été parachevée en 1962. Mais si les remparts ont disparu, pensais-je, au moins l'essentiel subsiste : la glorieuse série de leurs Portes monumentales qui continuent à délimiter et organiser l'espace idéal de la cité ;

même si le contour physique de celle-ci s'est trouvé gauchi et effacé, du moins les Portes demeurent, perpétuant sur la terre chinoise, à la façon d'un caractère d'écriture sur une pièce de soie ou sur la face d'une stèle, le *signe* de Pékin.

Sitôt débarqué à Pékin, le désarroi qui m'a pris quand je n'ai plus retrouvé les Portes, est difficile à décrire. Tous ceux qui les ont connues devaient comme moi naïvement les croire immortelles, et ceux-là comprendront quel put être mon état d'esprit en ce jour de mai 1972, tandis que je me précipitais à perdre haleine de Chongwen men (Hatamen) jusqu'à Xizhi men, ne rencontrant à l'ancien emplacement de chacune des Portes, que la platitude anormalement vaste et vide d'un boulevard tout neuf. Je cherchai longtemps à me persuader que je m'étais égaré, que les rues ayant changé, mon sens de l'orientation devait s'être affolé et qu'au prochain carrefour je ne saurais manquer d'apercevoir enfin la silhouette puissante et tutélaire d'une première Porte retrouvée. Tout ceci ne pouvait être qu'un absurde cauchemar ; tôt ou tard j'allais retomber dans le bon chemin qui me ramènerait à la réalité — qui me ramènerait à Pékin. Je devais être victime d'une hallucination — n'importe quelle hypothèse m'aurait paru plus acceptable que l'inconcevable vérité. Mais à Xizhi men finalement, épuisé après avoir tourné en rond comme un énergumène pendant toute une après-midi, l'évidence s'imposa : dressé au milieu d'un champ de gravats, ce moignon obscène auquel des ouvriers donnaient les derniers coups de pioche, c'était bien tout ce qui restait de la dernière Porte de Pékin… Comme je devais l'apprendre plus tard, son démantèlement complet avait été quelque peu retardé du fait que, au cours de leur travail, les démolisseurs avaient découvert dans son soubassement les vestiges d'une Porte d'époque Yuan. On fit donc venir archéologues et photographes ; la revue *Kaogu* (« Archéologie ») publia les articles des premiers et des photos des seconds, pour bien montrer au monde entier de quels soins le régime maoïste entoure le patrimoine culturel de la Chine, puis cette formalité une fois accomplie, on acheva la destruction complète de tout le monument — vestiges Yuan y compris. Pour faire croire qu'elle était et révolutionnaire et culturelle, la « Révolution culturelle » pratiqua ainsi simultanément ou successivement l'iconoclasme et l'archéologie. Les pierres mortes font bonne figure dans les revues spécialisées destinées à l'exportation, tandis que l'on assassine les pierres vivantes de la cité…

Mais pourquoi ces destructions ? Dans le cas particulier de Xizhi men par exemple, tout ce que l'on a réussi à faire en la réduisant à un champ de décombres, c'est dégager la perspective sur ce chef-d'œuvre de l'architecture stalinienne, le palais des Expositions, cadeau empoisonné de l'amitié soviétique, dont la flèche néobabylonienne en saindoux, visible de toutes parts maintenant, achève de transformer l'ouest de Pékin en une triviale banlieue de quelque Irkoutsk ou autre Khabarovsk.

Ailleurs, la disparition des autres Portes a permis d'élargir le boulevard et d'en rectifier l'alignement. Muletiers et cyclistes au lieu, comme autrefois, de perdre deux ou trois minutes à contourner ces majestueuses sentinelles, peuvent maintenant commodément foncer en ligne droite au milieu d'un désert. En Europe, nous sommes hélas habitués à voir la beauté des villes historiques anéantie pour faire de la place pour les voitures. A Pékin, c'est plus original : on a détruit la ville non pas sous la pression d'une circulation tyrannique, mais *en prévision d'un trafic qui n'existe pas encore*... Telle est du moins la conclusion à laquelle on est amené si l'on accepte l'explication officielle la plus souvent fournie. En ce qui concerne celle-ci, l'unanimité n'est cependant pas complète, car à côté des bureaucrates qui justifient le démantèlement des Portes par la nécessité de dégager la voie pour un trafic inexistant, d'autres disent que cette opération fut effectuée afin de récupérer des matériaux de construction. Ce dernier argument n'est guère plus convaincant : avec l'armée de travailleurs qui fut mobilisée pour cette démolition, on aurait pu tout aussi aisément ouvrir de nouvelles carrières dans les collines qui avoisinent Pékin. Quand on les met sur ce sujet, les autorités demeurent d'ailleurs étrangement vagues et avares de commentaires. Il est remarquable que, d'une entreprise qui nécessita tant d'efforts, employa tant de monde et dura plusieurs années, personne ne semble savoir les raisons exactes... En fin de compte, c'est sans doute la chronologie qui peut nous apporter la clef de cette énigme : il semble que la destruction des Portes commença en 1967 ou 1968 ; autrement dit, l'opération s'inscrivit dans le contexte du grand mot d'ordre de la « Révolution culturelle » : « Détruire ce qui est ancien pour établir le nouveau. » Aujourd'hui toutefois, divers impératifs tactiques ont amené les autorités soit à nier l'existence des déprédations de la « Révolution culturelle », soit à les porter au compte de saboteurs divers : disciples de Liu Shaoqi, disciples de Lin Biao, droitistes, gauchistes, droitistes déguisés en extrême-gauchistes, etc. Devant un cas comme celui des Portes de Pékin dont la démolition fut un travail de spécialistes, soigneusement organisé et planifié, et qui employa une main-d'œuvre nombreuse et dura plusieurs années, se prolongeant bien après la fin de la « Révolution culturelle », on se sent pris d'un certain scepticisme en ce qui regarde la théorie officielle selon laquelle tous les actes de vandalisme commis durant la « Révolution culturelle » auraient été le fait d'extrémistes irresponsables, surgis à la base et agissant à l'encontre des consignes du pouvoir central...

Qu'on ne se méprenne pas sur les « nostalgies archéologiques » qui semblent se manifester ainsi çà et là parmi mes impressions de Chine populaire. Si la destruction de tout l'héritage de la culture traditionnelle était le prix à payer pour assurer le succès de la Révolution, je pardonnerais tous les iconoclasmes, j'y souscrirais avec enthousiasme ! Ce qui rend le vandalisme maoïste tellement odieux et pathétique ce n'est pas tant qu'il mutile irréparablement une civilisation millénaire, mais plutôt qu'il se donne là un *alibi qui le dispense de s'attaquer aux vraies tâches révolutionnaires*. L'étendue de leurs déprédations donne aux maoïstes l'illusion bon marché d'avoir accompli une grande œuvre ; ils croient se libérer du passé en l'attaquant dans ses incarnations matérielles, mais en réalité ils en demeurent d'autant plus étroitement les esclaves, qu'ils refusent de prendre conscience de l'emprise que continue à exercer la tradition *à l'intérieur même* de leur révolution. La destruction des Portes de Pékin est, au sens technique du terme, un sacrilège, et le drame n'est pas que les autorités les aient fait abattre, mais qu'elles restent incapables de comprendre *pourquoi* elles les ont fait abattre. Un passage tiré de l'autobiographie de Guo Moruo pourrait jeter une curieuse lumière sur ce sujet ; dans les dernières années de l'Empire, Guo encore enfant, se rend pour la première fois en bateau de son village natal à la ville voisine de Jiading (au Sichuan) dont il décrit ainsi l'approche :

> … Enfin, sur la rive gauche, se découpèrent progressivement les murailles rouges de l'enceinte de Jiading ; les hautes corniches des remparts qui s'enlevaient d'un mouvement plein d'envol, et l'arche imposante de la grand-porte qui béait comme un gouffre noir, présentaient pour nous, campagnards grandis dans la nature, un spectacle prodigieusement insolite. Les grandes personnes qui étaient à bord de notre bateau nous dirent : « Ceux qui passent pour la première fois l'enceinte de la ville, doivent d'abord s'incliner trois fois devant le portail des remparts. » Nous savions bien qu'il ne s'agissait là que d'une plaisanterie, et pourtant au moment de franchir la grand-porte, nous ne pûmes nous défaire d'un certain doute, ayant vaguement le sentiment qu'il aurait quand même convenu de s'acquitter d'abord de quelque cérémonial. Du reste, je me demande si les adultes qui nous accompagnaient n'éprouvaient pas eux-mêmes une sorte de respect religieux pour la splendeur et la majesté sévères de ce portail, sans quoi d'où leur serait venue l'idée de faire accroire à des gosses qu'il fallait se livrer à pareil rite ? Puissance de l'industrie des hommes ! Les murailles qu'ils ont bâties finissent par s'investir pour eux d'un prestige sacré… Il n'est pas de préfecture si humble, qu'elle ne possède son temple dédié au dieu gardien des remparts : psychologiquement, en quoi ce phénomène diffère-t-il de notre réaction enfantine au moment de franchir pour la première fois la grand-porte de Jiading ? Ces superbes murs d'enceinte constituent un trait caractéristique du paysage sichuanais et l'on n'en rencontre guère dans les autres provinces — sauf à Pékin, bien sûr, dont les murailles sont majestueuses à souhait… [1].

Une superstition à rebours n'est pas moins une superstition : sous l'ancien régime on vénérait les remparts, sous le nouveau on les attaque ; la fureur des iconoclastes atteste à l'envers la permanence des puissances sacrées qui gouvernaient la société féodale ; mais le drame est que celles-ci résident non dans ces pierres inoffensives dont la beauté se trouve inutilement sacrifiée, mais bien dans l'esprit des démolisseurs eux-mêmes. De ce point de vue, l'entreprise du régime maoïste paraît

---

1. Kuo Mo-jo, *Aubobiographie : mes années d'enfance*, Paris, Gallimard, 1970, p. 75-76.

désespérée : du pas où il marche, il réussira à transformer la Chine en un désert culturel sans pour autant parvenir à exorciser les fantômes du passé ; ceux-ci continueront à exercer sur lui leur paralysante tyrannie aussi longtemps qu'il n'aura pas appris à identifier leur présence en lui-même. Mais le régime sera-t-il jamais capable d'une telle lucidité ? Certains sinologues étrangers coupables précisément d'avoir relevé diverses expressions de la mentalité traditionnelle au sein du système maoïste, font à Pékin l'objet d'une haine surprenante, tout à fait hors de proportion avec le caractère limité de leur audience et de leur influence ; ceci, je le crains, peut indiquer à quel point les autorités maoïstes restent mal préparées à envisager tout réexamen critique des clichés dans lesquels elles ont enfermé une fois pour toutes les notions d'« ancien » et de « nouveau », de « féodalisme » et de « progrès », de « réaction » et de « révolution ». Mais ce refus d'examiner la nature et l'identité de sa révolution à une certaine profondeur, condamne la Chine populaire à piétiner sur place, à se colleter avec elle-même en aveugle, et à rééditer périodiquement des explosions stériles du type de la « Révolution culturelle » ; elle n'aura guère d'espoir de se libérer de l'esclavage du passé aussi longtemps qu'elle pourchassera celui-ci dans d'innocentes vieilles pierres, au lieu de dénoncer sa réincarnation active dans l'idéologie et la pratique politiques des nouveaux mandarins.

Pour ceux qui l'ont connue autrefois, Pékin apparaît aujourd'hui comme une ville assassinée : le corps est toujours là, l'âme a disparu. La *vie* pékinoise, cette vie qui faisait des rues et des marchés de la ville un perpétuel théâtre, bruyant et savoureux, s'est retirée, ne laissant que la présence physique d'une foule monochrome et muette, sur laquelle pèse un silence rompu seulement par le tintement des grelots de bicyclettes.

Mais pour les touristes étrangers cette ville morte continue à présenter un certain nombre de monuments qui justifient amplement la visite. La Cité interdite a été miraculeusement préservée jusqu'à présent — est-ce parce qu'il plaît à Mao Zedong de jouer de temps à autre à l'empereur du haut du balcon de Tian'anmen ? Quelle que soit la raison de sa conservation, ce vaste ensemble de palais et de cours demeure sans doute l'une des plus sublimes créations architecturales qui soient au monde. Dans l'histoire de l'architecture, la plupart des monuments qui visent à exprimer la majesté impériale, s'écartent de l'échelle humaine, et ne peuvent atteindre leur objectif sans du même coup transformer leurs occupants en fourmis. Ici au contraire la grandeur ne se départ jamais d'une mesure aisée et naturelle ; elle s'impose non par une disproportion entre le monument et le spectateur, mais par la création d'un espace infailliblement harmonieux. La noble justesse de ces cours et de ces toits que renouvelle à l'infini l'éclairage changeant des jours et des saisons, donne au promeneur ce sentiment *physique* de bonheur que seule la musique réussit parfois à communiquer. Comme un corps immergé est débarrassé de sa pesanteur, ainsi à nager dans cette perfection, le visiteur éprouve un allègement de tout son être — en curieuse contradiction d'ailleurs avec les notices explicatives que les autorités responsables ont affichées au seuil de chaque cour et de chaque bâtiment ; ce commentaire officiel décrit en effet le régime impérial chinois dans des termes qui conviendraient mieux pour évoquer la sombre et cruelle horreur de je ne sais quel despotisme assyrien — ce qui rend difficilement compte de cette qualité d'équilibre qui semble avoir inspiré tout l'ensemble.

Le temple du Ciel participe entièrement de ce même univers spirituel et esthétique : la grandeur encore une fois y est atteinte par les moyens les plus étrangers au gigantisme ; elle représente une perfection d'harmonie, elle résulte de l'aménagement d'un espace homogène et singulier où, à côté des architectures elles-mêmes, les vides, les perspectives, les arbres séculaires et l'azur du ciel deviennent autant d'éléments actifs. J'ignore à quel miracle cet ensemble d'une si pure perfection doit sa survie, ceci sous un régime pour qui par ailleurs la beauté sous toutes ses formes apparaît comme la plus sûre marque d'un vice féodal ou d'une corruption bourgeoise. Jusqu'à présent les maoïstes se sont contentés d'ériger au milieu de l'allée qui relie le Huang qiong yu au Qi nian dian, un énorme écran en ciment rouge sang-de-bœuf, sur lequel se trouve reproduit à grande échelle le texte d'un inévitable poème de Mao (le moins mauvais, à vrai dire : *Neige*) dans l'indigente et prétentieuse calligraphie de l'auteur. A part cela, en 1972, des files ininterrompues de camions venaient déverser des terres juste à l'ouest de cette voie sacrée : on s'apprêtait à créer là, m'a-t-on dit, une montagne artificielle ; le projet, semblait-il, était de greffer au cœur même du temple du Ciel une sorte de version prolétarienne du « Tiger Balm Garden » pour le sain divertissement de la population travailleuse…

Du palais d'Été, je ne dirai pas grand-chose. Il a été soigneusement restauré après les pillages de la « Révolution culturelle » (mais la tombe de Yelü Chucai a disparu ; les nouveaux guides, promus à l'issue de la « Révolution culturelle », non seulement ignorent que cette tombe avait existé jusqu'en 1966, mais le nom même de cette célèbre figure historique leur est inconnu !). De toute façon, ce n'était pas la première fois qu'il se voyait mis à sac… Les bâtiments ne constituent guère que de la « chinoiserie » décadente dans la plus pure veine Expo internationale 1900, mais le site reste agréable et beau.

Les autres monuments de Pékin ont eu une fortune diverse. A leur sujet, on pourra toujours relire le *Guide Nagel* qui demeure un ouvrage remarquable ; depuis la « Révolution culturelle » toutefois, l'intérêt de ce guide est devenu d'un ordre plutôt académique. Au lieu de le consulter à des fins pratiques, on le lira plutôt comme les récits des missionnaires des XVIIIe et XIXe siècles, ou les descriptions de Madrolle et de Segalen : pour visiter en imagination des monuments disparus ou devenus inaccessibles.

Le temple des Lamas (Yong he gong) était en cours de restauration durant l'automne de 1972. On s'apprêtait à le rouvrir pour les étrangers (visites sur rendez-vous). Le temple des Cinq-Pagodes (Wu ta si) abritait des « sessions d'étude de la Pensée de Mao Zedong » pour des groupements de jeunesse : entrée interdite. Le temple de Confucius était hermétiquement fermé et très sévèrement gardé, avec des barbelés et fils électrifiés courant sur la crête des murs ; il semblait héberger des militaires importants. Le temple du Dagoba Blanc (Bai ta si) servait d'entrepôt-dépotoir aux gens du quartier ; l'entrée en était cadenassée ; par-dessus le mur on n'entrevoyait plus que ruine et désolation. Le monastère Fayuan et l'Association bouddhique étaient fermés. Le portail et les murs d'enceinte portaient des stigmates d'outrages divers ; l'ensemble paraissait mort et dilapidé. La grande mosquée était également fermée et semblait à l'abandon. Les bâtiments de la société islamique étaient inoccupés ; je n'y ai aperçu nul signe de vie, sinon quelques militaires se promenant dans le jardin. La pagode de Tian ning — qui est l'un des plus anciens monuments de Pékin — est inaccessible : elle se dresse dans l'arrière-cour d'une fabrique, et on ne peut la regarder que de loin. La pagode de Ba li zhuang est située dans un décor moins lugubre ; on peut l'approcher et en faire le tour ; mais elle est en mauvais état, ses hauts-reliefs de stuc étant exposés tout à la fois aux intempéries et aux catapultes des gosses du quartier. Le célèbre temple taoïste Bo yun guan a été transformé en caserne ; le touriste, s'il ne veut pas s'attirer d'ennuis, fera mieux de ne pas trop s'en approcher. Le temple du Taishan (Dong yue miao) a été transformé en bureaux ; l'entrée en est interdite. La maison-musée de Xu Beihong a été rasée avec tout le quartier qui l'entourait pour faire place, paraît-il, au creusement du métro. Le monastère Wanshou a été transformé en dortoir pour ouvriers, etc. Ajoutez qu'en 1972 tous les musées — musées d'histoire, musée de la Révolution, musée Lu Xun, maison de Lu Xun — étaient fermés, les historiographes n'ayant pas encore fini de récrire l'histoire à la lumière des dernières purges. Les parcs du Bei hai et de Jingshan étaient fermés, l'un et l'autre « pour travaux » si l'on en croyait les pancartes accrochées à l'entrée ; les silhouettes de sentinelles que l'on pouvait apercevoir perpétuellement en faction au sommet de ces deux observatoires qui dominent toute la ville, suggéraient toutefois une autre explication. Il ne faut pas oublier que le dernier en date des coups d'État militaires du régime (ou contre-coup d'État ? Depuis la « Révolution culturelle » la question de savoir qui représente le pouvoir « légal » en Chine est devenue d'un intérêt purement académique) ne date que de 1971 ; le Zhongnan hai qui abrite la résidence de Mao Zedong et de ses principaux collaborateurs, ainsi que les bureaux du Comité central, du Conseil d'État et des divers organes de direction du pays entier, se trouve toujours dans un semi-état de siège ; non seulement ces deux parcs qui le surplombent étaient interdits au public et demeuraient sous contrôle militaire, mais encore les rues qui l'entourent étaient truffées de casernes ; sur le pont qui sépare le Bei hai du Zhongnan hai, et d'où l'on peut apercevoir de loin un morceau de pelouse avoisinant le Saint des Saints, tous les vingt mètres, une pancarte rappelait aux passants qu'il leur était *interdit de s'arrêter durant la traversée du pont* ; aux deux extrémités du pont des sentinelles armées veillent à ce que tous les promeneurs respectent cette interdiction. Dans ce même quartier, la nuit, il n'était pas rare de rencontrer des groupes de soldats en patrouille, baïonnette au canon. Tout cela achevait de conférer à la ville une atmosphère assez curieuse. Cette situation était évidemment provisoire ; les choses, nous assure-t-on, sont maintenant en voie de « normalisation ». Seulement quand la normalisation sera complète, il est à craindre qu'elle ne se montre elle-même de nature provisoire, jusqu'à la prochaine « Révolution culturelle ». Ce qui pose d'ailleurs le problème de déterminer lequel en fin de compte, du coup d'État ou de la « normalisation », représente la condition vraiment normale du régime…

Tientsin [1]

Dans l'autorail qui relie Pékin à Tientsin, il n'y a pas de compartiment où l'on puisse isoler le voyageur étranger. Le contrôleur se contente de l'installer sur la banquette en tête du wagon après avoir fait évacuer le siège voisin et celui qui lui fait vis-à-vis. L'autorail que j'empruntai un froid matin d'automne était comble ; de nombreux passagers voyageaient debout dans le couloir. A mon étonnement, une jeune femme bravant l'interdiction du contrôleur, vint tranquillement s'asseoir en face de moi. J'engageai la conversation et appris bientôt le secret de son audace : elle était une Chinoise d'outre-mer. Les Chinois d'outre-mer, même lorsqu'ils sont revenus s'établir en Chine depuis plusieurs années, conservent un statut différent ; ils jouissent de divers privilèges matériels ; s'ils veulent quitter la Chine, parfois même il arrive que le visa de sortie leur soit accordé. Mais plus encore que ces divers avantages, ce qui les met à part du restant de la population c'est peut-être un certain comportement plus individualiste, un ensemble de réflexes d'homme libre dont les citoyens de la République populaire ont perdu jusqu'au souvenir. Nous bavardâmes de choses et d'autres durant tout le trajet, jusqu'à l'entrée en gare de Tientsin. Normalement les voyages en Chine maoïste sont caractérisés par un programme uniformément didactique et pondéreux, plaçant le voyageur consciencieux sous un bombardement de chiffres, statistiques, Pensées présidentielles, déclarations officielles de diverses « personnes responsables » et autres porte-parole variés qu'il lui faut constamment consigner sur de petits carnets ; par contraste, toute rencontre humaine, si

1. Tianjin, en transcription pinyin.

banale et brève soit-elle, prend un singulier relief. Je veux noter ici le visage frileux et le sourire triste de cette jeune femme de l'autorail de Tientsin, non que cette image fixée dans ma mémoire ait aucune signification particulière ; je la note précisément parce qu'elle est accidentelle, parce qu'elle n'a *aucune* signification particulière, ce qui me l'a rendue précieuse et rare dans un univers par ailleurs si méticuleusement organisé, si rigoureusement prémédité, si pesamment pédagogique.

Tientsin présente la poésie funèbre et grotesque d'un décor de Kafka : soldats de l'Armée populaire de libération cantonnés dans une cathédrale néogothique ; orgueilleux frontons des banques impérialistes — imitations colossales de parthénons de fantaisie, avec du linge rapiécé qui pend à sécher entre les métopes ; palais jadis fastueux des chevaliers d'industrie et des barons de la finance, fausses villas romaines, pastiches de castels moyenâgeux —, et puis tout à coup, une rue entière empruntée à une quiète banlieue bourgeoise d'Europe, avec ses nains de plâtre dans des jardinets à l'abandon ; Disneyland tourné au cauchemar, avec de vieux trams belges brinquebalant le long des boulevards ; et tout cela pisseux, écaillé, vétuste, croulant. Les prétentieuses résidences d'antan tantôt ont été transformées en hangars, tantôt abritent toute une population de locataires qui s'y sont bricolé des appartements, sous-appartements et alcôves à grand renfort de planches et de carton. C'est la nuit qu'il faut visiter Tientsin : les rues sont comme occultées ; de loin en loin un lampion avare troue faiblement l'obscurité ; la ville entière avec ses fenêtres murées, ses hautes façades aveugles et lépreuses semble un songe de somnambule. Et pourtant le paradoxe de cette ville-fantôme, est d'être en même temps l'une des grandes cités du monde, avec ses trois millions cent mille habitants ; mais l'existence réelle de ceux-ci, aux yeux du visiteur de passage demeure comme vampirisée par la présence des ombres du passé.

La seule confidence humaine que j'ai recueillie à Tientsin, c'est un mur qui me l'a faite : il s'agissait d'une petite affiche stencilée, due à une initiative privée et collée près d'un arrêt d'autobus. Le signataire, un technicien originaire de Tientsin, employé dans une usine à Xi'an, à plus de mille kilomètres de sa famille, cherchait à savoir s'il n'y aurait pas par hasard à Tientsin un technicien originaire de Xi'an, de qualification égale, travaillant dans des conditions semblables et désireux d'échanger son poste avec lui ; il souhaitait de façon pressante pouvoir arranger un tel échange car « le fait d'être éloigné en permanence de sa femme et de ses petits enfants l'affectait mentalement d'une façon qui entravait le plein développement de son enthousiasme révolutionnaire au service de l'édification socialiste ».

A Tientsin, le palace réservé aux étrangers mérite à lui seul le voyage. Cette énorme et caverneuse baraque, relique de l'ère impérialiste, est généralement vide ; une armée oisive de serviteurs bâille et somnole aux détours des corridors. Dans ces hautes chambres où les ténèbres règnent même en plein jour, le voyageur a toujours le sentiment d'une vague présence — comme si le précédent occupant venait tout juste de s'y pendre. De ces replis d'ombre, comme dans les profondeurs d'une grotte, monte invariablement la petite musique cristalline d'une chasse de cabinet qui fuit, chantonnant la complainte monotone des plomberies socialistes —, ce même refrain que l'on entend dans tous les hôtels de Prague à Vladivostock, et de Canton à Novossibirsk.

Beidaihe

Beidaihe, la station balnéaire des bureaucrates et des diplomates située à quelque sept heures de train de Pékin, non loin de l'endroit où la Grande Muraille rejoint la mer, possède un charme certain, mais qui n'est pas toujours perceptible au premier abord.

L'essence de cette magie subtile réside peut-être dans le fait que, après y être arrivé de quelques jours, on se prend à douter de l'existence même de cet endroit. Si tout lieu de villégiature, pour bien remplir sa fonction d'évasion, doit suggérer une sorte d'« ailleurs », Beidaihe lui représente l'évasion absolue, car il constitue un véritable « nulle part ». Imaginez des villas de Folkestone ou d'Ostende datant du début de ce siècle, transposées en termes coloniaux, avec barzahs, boyeries et toits de tôle, et installées dans un espace planté de pins parasols et de guérites de l'Armée populaire de libération, sur une petite falaise regardant les horizons bleus du Bohai, et vous aurez une vision abrégée de ce lieu ineffable qui n'appartient ni à l'Occident ni à la Chine, singulier bâtard né d'un accouplement furtif entre l'Impérialisme colonialiste et la Dictature du prolétariat. Dans son étrangeté même, Beidaihe hausse la notion de station balnéaire jusqu'à un plan quasi métaphysique : c'est moins un lieu de villégiature que l'idée platonicienne d'un lieu de villégiature.

Durant la belle saison, tous les diplomates étrangers de Pékin et leurs familles se retrouvent parqués sur cette plage grande comme un mouchoir. Côté terre, tous les cinquante mètres des factionnaires de l'Armée populaire de libération forment un cordon délimitant un périmètre qui peut avoir quelque trois kilomètres de long sur un kilomètre et demi de profondeur — zone magique d'irréalité vacancière soigneusement isolée de cette Chine qui, vue de Beidaihe, paraît relever d'une autre planète. Côté mer, un filet sous-marin ferme la petite crique allouée aux nageurs — en théorie pour protéger ceux-ci contre les incursions des requins ; mais comme à la latitude de Beidaihe les squales sont inexistants ou ne dépassent guère la taille d'un gros hareng, je ne peux m'empêcher de croire que la fonction de ce filet est d'ordre non pas pratique, mais bien mystique : contrepartie symétrique du cordon de soldats déployé derrière la falaise, il parachève l'étanchéité totale du petit monde diplomatique ;

celui-ci se trouve ainsi hermétiquement scellé, protégé contre toute contamination du réel, qu'il s'agisse de contacts avec les paysans des environs ou d'attouchements avec les poissons du Bohai.

Mais l'atmosphère de Beidaihe est insidieuse ; j'ai vu des vacanciers qui, pour s'y être trop attardés, menaçaient de retomber doucement en enfance. On s'y endort au son du ressac ; le clair de lune baigne un univers bleu et argent ; la chanson du vent dans les pins réveille de très anciens souvenirs d'une jeunesse oubliée. Dans les bungalows vieillots et attendrissants qui servent de gîtes, les planchers gémissent, les tiroirs moisis exhalent d'enivrants parfums proustiens. Les dactylos des ambassades scandinaves, variées et interchangeables, fournissent en permanence un poétique contingent de Jeunes Filles en Fleurs. La pâtisserie locale, succursale de Kiesling et Bader, vénérable maison autrichienne fondée à Tientsin dans les dernières années du règne de Guangxu, vend à défaut de madeleines, du pain à la grecque et des petits cochons en massepain rose qui fondent dans la bouche avec une si bouleversante saveur d'enfance abolie, que même les plus endurcis des vieux diplomates en ont, dans cet exil étrange, l'œil humide. Les cadres supérieurs de l'Armée populaire de libération qui ont leurs villas dans les environs, ne sont pas moins sensibles à la qualité des confiseries de la maison Kiesling et Bader (on a beau être militaire, on n'en reste pas moins humain !) : de temps à autre, on voit leurs grandes limousines noires arrêtées devant la pâtisserie, cependant que chauffeurs et ordonnances s'affairent, empilant dans le coffre des montagnes de cartons à gâteaux.

Luoyang

La Chine a essentiellement deux faces : l'une, immémoriale, est celle du fleuve Jaune et de la Wei, berceau de la civilisation chinoise, siège des cultures préhistoriques et des grandes dynasties de l'Antiquité, centre moteur du pays entier jusqu'à la fin des Song du Nord ; l'autre Chine, celle du bas Yangzi, devait prendre la relève dès le XIIe siècle, développant un chapelet de métropoles dynamiques et prestigieuses qui devaient devenir le principal théâtre de l'histoire chinoise moderne, cependant que la Chine du fleuve Jaune tombait dans une sorte de léthargie. Il a fallu attendre l'avènement du présent régime pour assister à un premier effort pour tirer ces antiques provinces hors de leur misère et de leur torpeur.

Luoyang est un des sites les plus riches d'histoire qu'on puisse trouver en Chine ; établie quelque douze cents ans avant notre ère, elle devint la capitale de dix dynasties successives, pour perdre finalement son rang au Xe siècle. Au XIIe siècle, elle fut prise d'assaut et mise à sac par les envahisseurs Jürchen ; elle ne se releva plus jamais de ce désastre. Il ne reste plus aujourd'hui de Luoyang qu'une série de sites archéologiques ainsi qu'une vieille ville pittoresque, mais assez sordide, qui végète sur un espace considérablement rétréci, fantôme de l'ancienne capitale disparue. Depuis la Libération, on a créé à quelque distance de cette vieille ville, une nouvelle cité industrielle où l'on fait visiter aux étrangers quelques usines modèles. La ville neuve est moins pittoresque que la vieille ville, mais elle est à peu près aussi sordide, étant composée de rangées de blocs d'appartements mal entretenus et délabrés, lugubres comme des casernes.

Les grottes de Longmen, un des hauts lieux de la sculpture universelle, ont été miraculeusement épargnées par la « Révolution culturelle ». Un ami qui les avait visitées en 1967, en pleine période d'anarchie, m'a dit les avoir trouvées alors sans gardiens, ouvertes à tout venant. Sans doute est-ce leur relatif éloignement de la ville qui leur valut de traverser sans encombre cette période de troubles. Par contre on refusa de me laisser voir le célèbre temple du Cheval Blanc (Bai ma si) ainsi que le temple de Guan Yu (Guan Di Miao) et cette interdiction me fait soupçonner le pire en ce qui concerne leur état de conservation.

En 1972, la population locale paraissait encore peu habituée à voir un étranger lâché en liberté dans la ville ; le touriste faussant compagnie à son cornac et son chauffeur, se voyait aussitôt suivi dans les rues par une foule sans cesse gonflée de badauds qui après quelques instants pouvait bien atteindre le millier ; dans ces circonstances, le passage d'un seul flâneur occidental suffit à plonger dans le chaos le trafic de rues entières ; bientôt des activistes zélés apparaissent spontanément, improvisant tout à la fois une sorte de service d'ordre et de service de mise en scène : précédant le visiteur de quelque vingt pas, ils s'appliquent à chasser de son chemin tout ce qui, à leur avis, pourrait blesser sa vue ou porter atteinte au prestige national : des haillonneux variés, des gosses tout nus se voient ainsi enjoindre énergiquement de disparaître du paysage. Bientôt d'ailleurs, le véritable service d'ordre surgit : deux ou trois agents cyclistes alertés par téléphone, font irruption, hors d'haleine : mais il est déjà trop tard, il n'est plus possible d'endiguer la mer humaine ; résignés, ils se laissent porter par son flot, dans le sillage du pauvre « diable étranger »...

L'espionnite continuait à sévir à Luoyang, comme dans plusieurs autres villes de province ; cette psychose entretenue par d'énormes affiches collées un peu partout sur les murs (« Augmentons notre vigilance, protégeons la Patrie ! »), avait pour résultat que personne n'osait plus indiquer le chemin à l'étranger. « Je ne sais pas, je ne suis pas d'ici », me répondirent successivement plusieurs passants. « Désolé, je sors rarement, je ne connais guère les rues », s'excusa un boutiquier acculé derrière son comptoir. Je dus finalement me rabattre sur mon escorte d'agents de police pour obtenir l'information topographique dont j'avais besoin...

Bien que Luoyang ne soit en fin de compte pas tellement plus misérable que des villes comme Zhengzhou ou Anyang, elle m'a donné un indicible sentiment de tristesse, fruit sans doute du trop grand écart entre la magie poétique de son nom et la banalité sordide de sa réalité présente. Tandis que je marchais le long de ces monotones alignements de dortoirs ouvriers sous la navrante beauté d'un ciel de mai, les vers célèbres de Wei Zhuang pleurant la ruine de Luoyang à la chute des Tang, me hantaient rythmiquement avec la force d'une obsession, — si actuels de nouveau, à mille ans de distance :

La ville de Luoyang est tout emplie
D'un printemps radieux,
Mais sa fleur et son génie
Vieillissent sous d'autres cieux.

Xi'an

Capitale de dynasties successives depuis une époque non moins reculée que Luoyang, Xi'an a su beaucoup mieux préserver son antique noblesse. Alors que Luoyang a sombré depuis huit siècles au niveau d'une bourgade relativement secondaire et croupissante, Xi'an bien que réduite au sixième de la superficie qu'elle occupait à l'époque où, sous le nom de Chang'an, elle était la capitale de l'empire des Tang et l'une des plus grandes métropoles cosmopolites de l'univers, a cependant conservé la majestueuse ordonnance de son plan impérial, ses remparts et ses portes.

Xi'an paraît être restée un peu en marge des tourbillons de l'histoire récente ; elle a conservé dans une certaine mesure ce charme et cette beauté que le régime maoïste a réussi à faire disparaître de Pékin.

Chose remarquable, les habitants de Xi'an semblent très conscients du passé glorieux de leur ville et fiers d'en montrer les antiquités. Dans ce domaine, l'itinéraire officiel ne comporte que la pagode de la Grande Oie et le musée provincial du Shânxi (installé dans l'ancien temple de Confucius, et hébergeant la célèbre forêt des Stèles), mais je me débrouillai une après-midi pour fausser compagnie à mes mentors et allai visiter par moi-même le temple des dieux lares de la cité (Chenghuang miao) ainsi que la grande mosquée (Qingzhen si). Les bureaucrates maoïstes ne tiennent pas à ce que les étrangers découvrent l'état lamentable dans lequel la « Révolution culturelle » a réduit ces monuments, mais ce qui est surprenant (et qui serait inconcevable à Pékin) c'est que, chaque fois, les gens du quartier, avec beaucoup de gentillesse, m'en ont déverrouillé les portes pour m'en permettre la visite. Le temple des dieux lares a perdu la totalité de sa statuaire, et le portique à cinq arches en bois sculpté qui marquait la voie d'accès principale a disparu ; le sanctuaire lui-même avait été transformé en entrepôt. Les bâtiments dilapidés présentaient un spectacle navrant. Comme je contemplais cette désolation en silence, l'un des guides bénévoles qui m'avaient introduit là s'écria moitié à mon intention, moitié pour lui-même : « Ah ! les gardes rouges nous ont tout démoli ici ! » A la grande mosquée dont un vieux musulman à calotte blanche m'avait furtivement ouvert la porte, je n'eus pas le loisir de méditer longtemps sur les stigmates laissés par la « Révolution culturelle », car le guide officiellement chargé de me piloter durant mon séjour à Xi'an, s'étant aperçu de mon absence, m'avait suivi à la trace et réussit finalement à me rejoindre là, hors d'haleine et dans un grand état d'agitation ; manifestement ma disparition lui avait occasionné une vive inquiétude. Il m'expliqua que la « Révolution culturelle » venait à peine de s'achever et que la température révolutionnaire des « masses » demeurait élevée ; les gens n'avaient guère l'habitude de rencontrer des étrangers en rue, un malentendu pouvait si vite arriver... Ce guide était un garçon sympathique ; nos relations avaient été très cordiales. Il avait évidemment reçu pour consigne de superviser toutes mes activités ; en me dérobant à sa surveillance, je l'avais exposé aux remontrances de ses supérieurs qui lui reprocheraient sans doute cette négligence. Mon escapade l'avait choqué ; d'une certaine manière c'était comme si j'avais trompé sa confiance. Je me sentis plein de remords, mais il était trop tard : après cette aventure, je ne devais plus le revoir de tout le restant de mon séjour. Il reparut seulement au moment du départ, sur le quai de la gare, pour me dire adieu. Comme je lui demandais ce qu'il était advenu de lui tous ces jours derniers, il me répondit d'un air embarrassé qu'il avait été souffrant. L'étourderie ou l'imprudence des étrangers en Chine semble causer de fréquentes « maladies » parmi le personnel affecté à leur service, surtout lorsqu'il s'agit de préposés relativement jeunes et inexpérimentés. Finalement c'est encore ce sentiment d'être une constante source d'ennuis pour une escorte, par ailleurs amicale et débordante de bonne volonté, qui agit comme le frein le plus puissant sur les velléités d'indépendance du voyageur. Sauf lorsqu'on a affaire à des guides dogmatiques et désagréables, on en arrive à renoncer spontanément à toutes les initiatives qui pourraient devenir une cause d'embarras pour le personnel responsable de votre accueil : dans les meilleures conditions, leur tâche est déjà suffisamment pénible et compliquée. A Xi'an, je ne tentai donc plus d'autres explorations indépendantes ; je doute d'ailleurs qu'elles eussent pu m'apporter des révélations inattendues : un autre cicérone à qui j'avais demandé à plusieurs reprises si je ne pourrais pas visiter les Cinq Terrasses de l'Ouest (Xi Wu tai — un monastère d'époque Song que je savais être situé non loin de mon hôtel) et qui m'avait fait chaque fois des réponses dilatoires, lassé de mon insistance, finit par me faire cet aveu d'une inhabituelle franchise : « Ce n'est pas la peine d'y aller : il n'y a plus rien à voir, les gardes rouges ont brûlé le tout. » Toute enquête plus poussée sur le sort des autres monuments fameux de la ville et des environs — le temple du

Dragon couché (Wo long si), le temple des Huit Immortels (Ba xian an) [1], etc. — commençait à prendre l'allure d'une curiosité indécente. « Mais puisque vous vous intéressez tellement à ces choses, pourquoi n'iriez-vous pas visiter plutôt l'atelier provincial d'artisanat d'art ? Si vous voulez, nous pouvons facilement organiser cette visite pour vous. » J'y allai donc. Il s'agissait d'une petite usine où une centaine d'artisans sculptaient des billes de billard, limaient des coquillages ou collaient sur plastique des plumes d'autruche multicolores, fabriquant dans les matériaux les plus variés des quantités industrielles de « Président Mao entouré de paysans, ouvriers et soldats », « Souvenirs de Yan'an » et autres « Bonjour de Shaoshan ». Mais il faudrait la plume de J. K. Huysmans pour décrire adéquatement l'étonnante production de cet établissement, dans toute sa hideur gluante, sa vertigineuse sucrerie, sa visqueuse et suave vulgarité. En attendant, quel philosophe nous expliquera pourquoi la pente naturelle de l'« art prolétarien » débouche toujours sur un académisme petit-bourgeois ?

A une quinzaine de kilomètres de Xi'an, au pied des premiers contreforts des monts Qinling, se trouve Xiaoxin cun, un de ces villages modèles qui sont supposés résumer pour le visiteur étranger les réalités paysannes de la Chine entière. Ce village-ci est exemplaire pour les travaux hydrauliques qui ont permis de contrôler un torrent voisin. Les commentaires techniques sont fournis par un vieux paysan qui explique comment la conception de tout l'ouvrage repose essentiellement sur une application vivante et créatrice de la Pensée de Mao Zedong et du — ici il reprend son souffle, fronce le sourcil, et s'avance précautionneusement au travers du charabia qu'on lui a fait apprendre par cœur — m-a-t-é-r-i-a-l-i-s-m-e d-i-a-l-e-c-t-i-q-u-e. Toute suggestion qu'il ait pu y avoir une quelconque intervention d'ingénieurs ou de techniciens dans le plan et la supervision de cette remarquable et complexe réalisation, est aussitôt rejetée avec horreur : la Pensée de Mao Zedong est précisément la force qui a libéré le génie latent des masses travailleuses, rendant inutile toute intervention de ces spécialistes chers à Liu Shaoqi & Cie —, lesquels spécialistes ont entre-temps découvert que la meilleure façon pour eux de contribuer à l'édification socialiste, était encore de casser des cailloux ou de coltiner du purin.

Trait significatif, la direction politique du village semble n'avoir été en aucune manière affectée par la « Révolution culturelle » : l'équipe dirigeante est restée la même depuis au moins le début des années 60 — époque à laquelle furent commencés les travaux hydrauliques. Ceci

1. La pagode de la Petite Oie est toujours debout, quoique fort délabrée ; je ne l'ai aperçue que de loin ; il n'est pas possible de s'en approcher. Au cours d'une excursion à Huaqing (où l'on mène les visiteurs pour voir le site du célèbre « incident de Xi'an »), je demandai à visiter le temple de Yu-le-Grand et le temple de Lao Zi, mais on me répondit laconiquement que ce n'était pas possible, le premier ayant été « transformé » et le second étant « fermé ».

confirme d'ailleurs ce que nous savions déjà : la « Révolution culturelle » est demeurée un mouvement essentiellement urbain ; le principal effet qu'elle a eu dans les campagnes fut de relâcher pour un temps les contrôles extérieurs et de favoriser un retour provisoire à une forme d'autarcie villageoise — double évolution dont les paysans ne tirèrent que des profits.

Dazhai

Dans la religion maoïste qui enseigne à l'homme que l'esprit domine la matière et que la seule volonté révolutionnaire suffit pour déplacer les montagnes, Dazhai représente un haut lieu, et joue pour la masse des fidèles le rôle d'une sorte de Lourdes ou de Fatima. La Chine entière est couverte d'inscriptions répétant : « Imitons l'exemple de Dazhai. » Les huit cents millions de Chinois étant sommés de se calquer sur les six cents habitants de Dazhai, ces derniers ne semblent plus guère avoir d'autre tâche désormais que de promener leur propre sainteté comme un ostensoir sous le regard des dizaines de milliers de pèlerins qui convergent quotidiennement vers le miraculeux village. Comme une certaine partie des travaux cyclopéens censément effectués à mains nues par les paysans de l'endroit, ont en fait été exécutés par l'armée, et que les autres villages de Chine peuvent difficilement compter sur une aide semblable, on conçoit que le modèle présente pour ses imitateurs une assez décourageante perfection.

Au fond, Dazhai est un endroit prodigieusement snob (snob : dans le sens où ce mot pourrait par exemple qualifier telle célèbre romancière maoïste anglo-saxonne pérorant dans un cocktail diplomatique à Pékin sur les méthodes d'élevage des cochons, sur les vertus respectives des engrais humains et des engrais chimiques, sur leur technique d'épandage, etc., *comme si elle s'intéressait vraiment à ces questions, et comme si elle en avait une expérience réelle*). J'ai eu l'occasion de visiter Dazhai avec un groupe de notabilités cosmopolites que pilotaient à travers la Chine divers fonctionnaires du ministère des Affaires étrangères. Le responsable du village dont la photo est presque aussi répandue auprès du public que celle de Mao Zedong, pour une fois se trouvait sur place — il passe normalement la majeure partie de son temps à voyager dans le pays entier, participant à des conférences et autres activités bureaucratiques — ; il nous offrit un banquet. Pour cette occasion il apparut, portant soigneusement noué sur sa tête cet essuie-éponge qui, aux champs et sous le soleil, remplit une destination fonctionnelle en permettant d'éponger la sueur, mais qui dans les assemblées officielles et autres circonstances mondaines, devient en quelque sorte comme la coiffure de plumes d'aigle du chef apache vendant des souvenirs à un autocar de touristes. A cet uniforme de paysan d'opérette répondait d'ailleurs le déguisement de prolétaires de carte postale endossé pour la circonstance par l'un ou l'autre de nos cicérones du ministère des Affaires étrangères : un tel qui portait toujours des vestes Sun Yat-sen[1] impeccablement coupées, apparut le matin de l'arrivée à Dazhai, vêtu d'une souquenille informe, artistement rapiécée et froissée, qu'il avait tenue en réserve dans sa valise, en prévision de la visite des Lieux Saints. Le centre d'hébergement des pèlerins à Dazhai avait des rusticités plus subtiles encore : les capitalistes internationaux et autres touristes de luxe qui « font la Chine », s'y sentent comme des Marie-Antoinette jouant à la bergère ; les repas, non moins abondants ni exquis que dans les palaces pour étrangers de Pékin, Shanghai ou Canton, sont entremêlés ici d'un primitivisme étudié, d'astucieuses naïvetés : c'est ainsi qu'au milieu de l'abondance coutumière de plats délicats apparaissent quelques savantes dissonances : douze œufs durs dans une assiette de fer-blanc par-ci, une bolée de gruau par-là — et au choix habituel de bières, limonades, vins et alcools, s'ajoute cette fois un redoutable genièvre râpeux de fabrication locale : le gourmet qui a le courage d'en tâter, se trouve inondé d'une brusque suée, ce qui lui donne l'impression exaltante et virile de communier d'une certaine manière à la rude entreprise de l'édification socialiste.

Linxian — Le canal du Drapeau-Rouge

Linxian avec son célèbre canal du Drapeau-Rouge est le second haut lieu de la religion maoïste. Le canal du Drapeau-Rouge est une entreprise pharaonique : pour irriguer le district de Linxian on a dérivé le cours d'une rivière, lui forçant un passage souterrain à travers une chaîne de montagnes, puis lui maçonnant un lit artificiel au flanc de falaises abruptes. Ici encore, les guides insistent sur le fait que cet ouvrage colossal et complexe a été entièrement bricolé à mains nues par la population locale, sans l'aide d'ingénieurs ni de machines. Eût-on consulté des ingénieurs, ceux-ci auraient sans doute objecté qu'au lieu de mobiliser des centaines de milliers d'hommes pendant une dizaine d'années pour « creuser à la main 1 500 kilomètres de canaux, raser les sommets ou excaver les flancs de 1 250 collines, percer 134 tunnels et 150 aqueducs, déplacer à bras d'hommes un total de 16,4 millions de mètres cubes de terre et de rochers (de quoi construire une route haute d'un mètre, large de quatre et longue de 4 000 kilomètres) », il aurait été plus rationnel et plus économique d'atteler toute cette énergie à une quelconque besogne productrice, et d'affecter le produit de cette activité à l'achat d'une pompe qui aurait permis de faire directement monter l'eau de la rivière dans une canalisation enjambant la montagne. Mais en

1. « Zhongshan zhuang », qu'une mode imbécile en Occident s'obstine à appeler « veste Mao » comme si c'était le présent régime qui l'avait inventée.

formulant une telle suggestion, ces ingénieurs auraient montré qu'en véritables « experts » ils n'avaient encore une fois rien compris à la nature profonde du problème. La fonction du canal du Drapeau-Rouge ne relève que subsidiairement de l'ordre du génie hydraulique et de l'économie agricole — sa signification véritable est avant tout d'ordre religieux, et c'est sans doute ce qui lui vaudra de passer à la postérité. Des monuments comme la Grande Muraille et les pyramides se sont imposés à l'imagination des peuples, et pourtant la première n'a jamais eu qu'une médiocre efficacité militaire, et les secondes, du point de vue de l'économiste, ne constituent pas précisément la formule d'inhumation la plus rationnelle. Sans doute les psychologues et les anthropologues pourront-ils nous expliquer à quelle nécessité profonde répond, dans les sociétés d'esclaves, la poursuite de ces entreprises surhumaines ? En attendant, je remarque que les visiteurs venus du tiers-monde, les Africains en particulier, sont généralement bouleversés par la leçon de Linxian — et pour nous il devrait y avoir là matière à réflexion. Que cet ouvrage épique ne présente guère de sens pour l'économiste ou le technicien, ne saurait déconcerter des gens à qui l'expérience de leurs pays respectifs a enseigné l'illusoire utilité des crédits et des experts : seul, pensent-ils sans doute, l'antique secret des pharaons ou de Qin Shihuang, tel qu'il s'est remis à opérer dans cette mobilisation héroïque des fourmis de Linxian, pourrait tirer le tiers-monde du marasme où il s'enfonce chaque jour davantage.

Zhengzhou et Anyang

Les visiteurs qui se rendent à Linxian font généralement étape à Zhengzhou, la capitale provinciale du Henan. J'ai déjà fait allusion plus haut à ces pesantes et luxueuses forteresses situées à l'écart des villes, où l'on isole splendidement les étrangers ; celle de Zhengzhou est peut-être la plus babylonienne de toutes (suivie de près par celle de Changsha, étape obligatoire des pèlerinages à la maison natale du Grandiose Leader). Conçue à l'origine par des Soviétiques pour des Soviétiques, son gigantisme vulgaire et ses colossales fanfreluches, destinés semble-t-il à satisfaire une clientèle bâtarde issue d'une union de Cyclopes et de midinettes, sont une projection fascinante du génie stalinien. Staline est partout à l'honneur dans la Chine de Mao — pour des raisons trop évidentes — : son portrait orne la plupart des bâtiments officiels, aux côtés de Lénine, Engels et Marx ; ses œuvres complètes occupent des rayons entiers à l'étalage des librairies. Mais nulle part aussi intensément que dans ce grand hôtel de Zhengzhou, avec le cauchemar de ses corridors sans fin, la pesanteur de ses triples tentures de velours qui plongent dans une perpétuelle pénombre l'immensité morose de salons tendus de housses grisâtres, je n'ai éprouvé le sentiment physique de la *présence* permanente de celui que Mandelstam avait (au prix de sa vie) appelé dans un poème célèbre « Le montagnard du Kremlin, l'Ossète au large poitrail » :

> Ses doigts épais sont gras comme des asticots
> Et ses mots tombent comme des poids de cent kilos.
> Il rit dans sa moustache énorme de cafard,
> Et ses bottes luisent, accrochant le regard… [1]

Tout à l'opposé de Zhengzhou, Anyang n'est guère équipée pour recevoir les visiteurs étrangers, et ceci contribue beaucoup à son charme. L'histoire de Chine commence ici, en bordure de la ville actuelle, dans un champ de maïs où, il y a soixante-dix ans, on a découvert les plus anciens témoignages de l'écriture chinoise dans le site d'une des capitales Shang ; ce prestigieux coin de terre continue d'année en année à livrer de nouvelles moissons archéologiques, tantôt sous la houe des paysans locaux, tantôt dans le crible des missions permanentes de l'Academia Sinica.

Le centre de la ville moderne n'est « moderne » que par comparaison avec les vestiges plus de trois fois millénaires qui dorment dans sa banlieue ; il est composé d'un dédale de maisons basses et de cours closes ombragées de vieux saules et de thuyas, que l'on a surnommé avec beaucoup d'à-propos « le petit Pékin » ; du haut de la Wen feng ta, une très curieuse pagode de l'époque des Cinq Dynasties, on peut prendre une vue d'ensemble sur ce petit monde poétique et secret dont les toits gris s'ensevelissent sous des frondaisons vertes, perpétuant le souvenir d'un Pékin qui a maintenant presque entièrement cessé d'exister à Pékin même.

Dans la grand-rue d'Anyang, j'ai eu l'étonnement de croiser une procession funèbre à l'ancienne mode : le cercueil laqué dont les courbes rappellent curieusement l'envol des corniches de pagodes ou le profil des jonques de mer, était précédé par les porteurs d'étendards et la classique fanfare, avec son strident tumulte que ponctuent les halètements des cymbales ; les parents du défunt suivaient, en tenue traditionnelle de deuil, le front ceint d'une bandelette blanche, une chasuble de chanvre sur les épaules. Ignorait-on donc à Anyang que la Chine venait tout juste de traverser une Grande Révolution Culturelle Prolétarienne ? Ce genre d'apparition entrevue dans une ville où normalement les étrangers ne viennent guère, fait soudain soupçonner que la Chine à laquelle nous n'avons pas accès — c'est-à-dire 90 % des villes et 99,9 % des campagnes — pourrait bien être sensiblement différente de celle que nous sommes habituellement autorisés à visiter.

---

1. Traduction de Maya Minoustchine (voir Nadejda Mandelstam, *Contre tout espoir*, Paris, Gallimard, 1972, Appendice I).

Changsha et Shaoshan

Changsha est l'étape obligatoire de tous les pèlerinages qui se rendent à Shaoshan, le lieu saint de la Nativité maoïste. L'hôtel de Changsha a donc été construit dans des proportions particulièrement grandioses, de façon à accommoder les bataillons cosmopolites de dévots venus des quatre coins du monde. C'est aussi une étape gastronomique : les grandes traditions de la succulente cuisine hunanaise y sont brillamment maintenues — au moins à l'usage des étrangers et des cadres supérieurs.

A Changsha, après avoir consciencieusement visité pendant deux jours tout ce que mon guide voulait me faire voir, au sortir de ma dernière usine, en fin d'après-midi, j'éprouvai soudain une certaine lassitude : la perspective de regagner en limousine close l'univers clos de l'hôtel ne me souriait pas plus que l'idée de m'envoyer encore une fabrique de chaussures ou une usine de billes (l'université provinciale du Hunan m'aurait bien intéressé, mais malheureusement il paraissait que celle-ci ne s'était pas encore entièrement remise de sa « Révolution culturelle » : sept ans après les événements, elle n'était toujours pas visitable). Il me vint tout à coup une irrépressible envie de flâner au hasard des rues, sans but et sans programme, de savourer la douceur de la nuit qui descend au terme d'une belle journée d'été, dans le coude à coude nonchalant d'une foule méridionale, et finalement de regagner mon bercail dans un de ces autobus combles et brinquebalants des lignes municipales — en un mot, de passer une heure ou deux à peu près comme un être humain normal. Mon guide fut d'abord déconcerté par cette ambition incongrue ; ni lui ni mon chauffeur ne paraissaient autrement avides de profiter du congé que je leur offrais. Il tenta d'abord de me convaincre des mystérieuses difficultés qu'il y aurait pour moi à me mouvoir à travers la ville en dépendant du seul secours de mes deux jambes et des autobus municipaux ; mais comme il était un homme plein de tact (ce qui rendait d'ailleurs sa fréquentation très agréable) il changea bientôt ses batteries : avec un large sourire il me souhaita une bonne promenade, et s'en fut de son côté. Je m'enfonçai donc dans un dédale de rues — avec tout le naturel que l'on peut afficher lorsque l'on est entouré en permanence par quelque cent ou cent cinquante badauds ahuris, hilares ou curieux qui s'accrochent à vos pas ; après divers détours, j'atteignis le grand pont qui enjambe la Xiang, et trouvai finalement une certaine quiétude à la pointe de la grande île située au milieu de la rivière ; je musardai là une heure environ, jouissant du coucher de soleil et observant les fines jonques de la Xiang… Le lendemain après-midi, visitant le musée Mao Zedong à Shaoshan en compagnie de mon guide, j'avisai tout à coup une ancienne photo d'un site qui me parut vaguement familier ; lisant la notice explicative, je lui demandai : « Tiens, qu'est-ce que c'est que ce Shuilu zhou ?

— Comment, vous ne reconnaissez pas ? répondit-il distraitement, mais c'est l'île où vous êtes allé vous promener hier ! »

Il n'est pas facile de s'égarer en Chine populaire…

Shaoshan, le village natal du président Mao, est situé à quatre-vingt-cinq kilomètres de Changsha ; il accueille près de trois millions de pèlerins chaque année. Une ligne de chemin de fer a été spécialement construite pour transporter ceux-ci à partir de Changsha ; mais on peut également atteindre le village par la route : il s'agit d'une belle route bitumée, tranchant sur les habituels chemins de terre de la campagne chinoise, et aménagée elle aussi spécialement pour les besoins des pèlerinages. Cette Voie Sacrée est jalonnée tous les deux cent cinquante mètres par de larges panonceaux rouges sur lesquels sont tracées en lettres d'or des citations choisies du Président. Shaoshan est niché au creux d'une vallée radieuse et prospère ; la terre rouge du Hunan est riche et fertile, comme l'atteste d'ailleurs l'apparence cossue des fermes (et la célèbre gastronomie de la province). L'affluence permanente des visiteurs est loin de créer une atmosphère de kermesse dans le village ; au contraire, l'ordre et le recueillement y règnent de façon stricte. Les pèlerins se déplacent en rangs, par sections, bannières rouges flottant en tête. Ils attendent patiemment leur tour pour défiler dans la maison natale — une belle ferme spacieuse (qui doit faire envie à bien des visiteurs !) — et dans le musée. Ce dernier a été dédoublé en deux sections rigoureusement identiques, tous les objets exposés ayant été fabriqués en double exemplaire, de façon à pouvoir accommoder simultanément un plus grand nombre de visiteurs. Je ne sais quel curieux préjugé a retenu le comité organisateur d'appliquer la même solution ingénieuse à la maison natale elle-même, et pourquoi on n'en a pas multiplié dans le paysage une demi-douzaine de répliques, ce qui permettrait certainement bon an mal an, de satisfaire la curiosité dévote d'un gros million de touristes supplémentaires. En effet, de façon générale, on ne pratique nullement ici de superstitieux et puéril culte pour la « chose authentique », surtout en ce qui concerne les musées d'Histoire révolutionnaire, dont le contenu demeure toujours susceptible de dédoublement, multiplication, modification, falsification, élimination, fabrication et renouvellement à volonté [1].

1. Les plus beaux exemples de cette industrie muséographique appartiennent encore au grand mouvement d'émulation de Lei Feng. Lei Feng était un obscur conscrit qui mourut à vingt ans dans un banal accident ; après sa mort on découvrit quel humble et admirable élève de Mao Zedong il avait été durant sa vie brève et cachée dont l'unique idéal avait été d'assumer la fonction d'« une petite vis dans la machine » au service du Parti et du président Mao. La biographie de Lei Feng présentait plusieurs variantes curieuses avant qu'une version définitive fût finalement arrêtée par les services rédactionnels du département de la Propagande. Des « expositions Lei Feng » furent organisées dans les grandes villes de Chine, montrant *simultanément* en plusieurs endroits différents le même « exemplaire original » du journal intime du jeune héros. Ces mêmes expositions comportaient également de remarquables documents photographiques « Lei Feng aidant une vieille femme à traverser la rue », « Lei Feng faisant secrètement (*sic*) la lessive pour ses compagnons »,

Le passage du grand homme, discrètement rappelé partout par de petits écriteaux, a proprement transfiguré le village entier. C'est ainsi par exemple que la mare aux canards n'est plus simplement une mare aux canards, mais bien la « Mare où le Président Mao avait l'habitude de nager lorsqu'il était enfant » ; la prairie qui pourrait sembler une pâture ordinaire au visiteur distrait, s'avère en fait être le « Pâturage où le Président Mao menait paître les vaches » et ainsi de suite.

En ce qui concerne les détails de la biographie du Président, ses sujets par contre sont réduits à la portion congrue, à la différence des étrangers, lesquels peuvent au moins lire les confidences autobiographiques que l'intéressé fit jadis à Edgar Snow [1]. Au journaliste américain, Mao avait décrit son père comme un assez vilain personnage, paysan enrichi devenu finalement propriétaire terrien et spéculateur en grain, qui au cours d'affrontements violents, lui fit découvrir tout enfant les brutales réalités de l'oppression et de la lutte des classes. Ces vieilles querelles de famille semblent maintenant bien enterrées : une grande photo du père figure dans le musée, dédouané avec un sobre brevet de « membre des classes travailleuses ». L'historiographie communiste demeure en cela tout à fait fidèle aux canons, conventions et archétypes de l'historiographie traditionnelle : les héros positifs ont toujours une origine modeste et laborieuse, les méchants par contre sont invariablement de souche interlope et ont sucé tous les vices au sein de leur nourrice. C'est ainsi par exemple que Lin Biao (qui paraît avoir été un des seuls dirigeants chinois pourvu d'un pedigree authentiquement prolétarien), se voit maintenant attribuer bien gratuitement des ascendances capitalistes-bourgeoises. Quant à Zhou Enlai dont les origines mandarinales-patriciennes sont notoires, il est (jusqu'à présent) courtoisement convenu de considérer qu'il est né sans nombril…

Hefei

J'ai passé un jour et une nuit à Hefei, la capitale provinciale de l'Anhui, grâce à un de ces imprévus qui font tout le charme des lignes aériennes chinoises. J'étais parti de Shanghai de grand matin à destination de Pékin dans un petit avion, en compagnie d'une poignée de militaires en voyage d'affaires — personnages au verbe tonitruant qui faisaient montre d'une assurance de vrais businessmen, comme ils discutaient entre eux les mérites respectifs des divers palaces de la capitale — et de quelques cadres civils, au maintien beaucoup plus effacé. Notre vol

« Lei Feng cédant son repas à un camarade qui avait oublié le sien », etc. Évidemment seuls des esprits cyniques et impies s'étonneront de la présence providentielle d'un photographe en tant de circonstances privées de la vie de ce modeste soldat.

1. Une traduction chinoise intégrale de *Red Star Over China* fut faite en 1939 à Shanghai par Shi Jiakang sous le titre de *Chang zheng*. Rééditée en 1949, cette traduction devait toutefois être retirée de la circulation quelques années plus tard.

s'interrompit deux heures plus tard à Hefei, où nous devions rester échoués une journée entière dans un petit aéroport campagnard tout crissant de cigales et écrasé d'une chaleur africaine (c'était au mois d'août). Sur la plaine d'envol, notre petit bimoteur pourtant bien modeste, gardé maintenant par une sentinelle, baïonnette au canon (prévention contre les hijackers locaux ou les saboteurs à la solde du gang de Lin Biao ?) faisait tout à coup majestueuse figure d'oiseau rare en instance de départ pour la capitale ; le trafic local n'était constitué, lui, que de quelques rares biplans monomoteurs qui semblaient sortis d'un musée des Pionniers de l'air.

Nous passâmes le temps agréablement vautrés dans les sofas de la salle d'attente de l'aéroport avec, à midi, l'intermède d'un succulent déjeuner. Il y avait, paraît-il, du côté de Jinan, un gros nuage de pluie, et il fallait attendre qu'il se dissolve avant de commencer la seconde étape de notre vol. Vers cinq heures du soir, le nuage n'ayant probablement pas crevé, on nous annonça que l'avion ne partirait plus ce jour-là. Je ne me tins plus de joie à la perspective de ce petit séjour improvisé au Anhui ; il se fait que des liens très chers et très intimes m'attachent à cette province, et je désespérais pouvoir jamais la visiter, ne voyant pas quel prétexte officiel invoquer pour m'y rendre : or voilà qu'un caprice de la météorologie me faisait soudain cadeau d'un privilège que je n'aurais même pas osé briguer ! Les autorités responsables décidèrent de me loger au guest-house de Hefei, vaste et somptueux établissement de construction toute récente, situé sur une colline en bordure de la ville, dans un grand jardin fleuri, avec à son pied un vivier couvert de lotus. Ce superbe guest-house était destiné à l'usage exclusif des cadres civils et militaires de passage dans la région, comme l'attestait d'ailleurs le formulaire qu'on me donna à remplir à la réception : rédigé seulement en chinois, il comportait des rubriques telles que : nature de la mission, employé dans quel département, fonctionnaire de quelle classe (comme on sait, la hiérarchie bureaucratique maoïste compte trente échelons successifs, chacun comportant ses privilèges spécifiques : dans ces guest-houses mandarinaux il est important pour la réception de savoir à quelle catégorie précise appartient chaque hôte, car c'est probablement en fonction de cette donnée que l'on détermine la dimension de sa chambre et le nombre de plats à lui servir pour son dîner). Les militaires devaient être en majorité parmi les hôtes, si l'on en jugeait par le nombre de limousines portant l'insigne de l'armée, parquées dans la cour.

Bien que Hefei soit la capitale de la province et compte près d'un million d'habitants, il ne semble pas qu'elle reçoive jamais de touristes étrangers : elle ne possède en effet ni usines modèles ni reliques maoïstes — rien qui puisse justifier l'organisation d'un circuit de visites guidées. Pour se rendre de l'aéroport au guest-house, il faut traverser la ville entière ; pour ce que j'entrevis, elle me parut plutôt banale et assez misérable. Le délabrement commun à la plupart des villes chinoises après deux décennies de régime maoïste, ne semble racheté ici par aucun souvenir architectural du passé. Je demandai à mon cicérone, un homme naïf et cordial, originaire de Hefei même, si la ville possédait des monuments intéressants. Avec une spontanéité désarmante il me répondit en riant : « Qu'est-ce que vous croyez !... Après la Révolution culturelle !... Nous avons eu les gardes rouges ici !... — Il y avait des monuments auparavant ? — Oh oui, deux ou trois vieux temples, mais il n'en reste plus rien, on a rasé tout cela. »

Hefei — comme Pékin, Canton, Suzhou, Luoyang, Xi'an et la plupart des villes que j'ai visitées — offrait en 1972 une exposition d'objets archéologiques « découverts dans la province à la faveur de la Révolution culturelle ». Du moins une affiche aperçue sur un mur au passage annonçait l'existence d'une telle exposition. Je demandai à la visiter, mais cette demande suscita une gêne considérable, et on y opposa gentiment, avec des prétextes embarrassés, une inexplicable fin de non-recevoir. Ces expositions étaient entourées partout de précautions et de restrictions bizarres : n'y entrait pas qui voulait, n'importe quand — comme si les objets culturels en question eussent été une redoutable dynamite que les autorités utilisaient maintenant à des fins tactiques bien précises, mais devaient manipuler avec les plus grandes précautions, de peur qu'elle ne leur éclatât entre les mains.

Mon bagage une fois déposé dans ma chambre, j'eus envie d'aller faire une promenade en ville. Sorti du parc qui entourait le guest-house, je n'avais pas fait cent pas sur la route, que le cicérone affecté à mon service me rattrapa à bicyclette. Il n'était pas « opportun », me dit-il, que j'allasse me promener ainsi tout seul le long des routes, cela risquait de créer des « inconvénients » pour la population locale et pour moi-même. Ses raisons étaient obscures et peu convaincantes, mais son ton était anxieux et pressant. Manifestement il avait reçu des instructions précises de ses supérieurs ; il aurait été futile de discuter, et d'ailleurs il était lui-même un si brave homme que j'aurais eu scrupule à lui compliquer la tâche ; me rendant à ses instances, je rebroussai donc chemin. Tout content de me voir aussi coopératif, il ajouta aussitôt : « Mais si vous tenez tellement à visiter la ville, je pourrai peut-être m'arranger pour vous y faire faire un petit tour en voiture ce soir. » Fort de cette promesse, je regagnai les appartements qu'on m'avait alloués et qui se composaient d'un salon avec terrasse, vaste comme une salle de bal, et d'une chambre à coucher de dimensions similaires. Dans la solitude de mon gîte mandarinal, on me servit un festin de six plats généreusement arrosé, cependant qu'un nombreux personnel domestique s'emparait de sa propre initiative qui de mes croquenots pour les cirer, qui de mon veston pour le brosser, qui de mon mouchoir pour le repasser. Après le dîner, j'eus la visite d'un personnage qui devait être relativement important, à en juger par la déférence empressée dont l'entourait mon cicérone ; à voir sa figure, je devinai aussitôt que notre projet de descente en ville était définitivement tombé à l'eau. Et en effet, après m'avoir souhaité la bienvenue à Hefei, le personnage important m'indiqua de façon courtoise mais dépourvue d'ambiguïté, qu'il serait souhaitable que je limite mes mouvements à l'aire (à vrai dire nullement étriquée) de mon appartement ; une voiture viendrait me chercher le lendemain matin pour me ramener directement à l'aéroport…

Pour quelles raisons ne m'a-t-on pas laissé visiter la ville ? Il est difficile de se prononcer avec certitude. Comme tout le monde sait, pendant la « Révolution culturelle », Hefei fut le théâtre de violences sauvages ; mais depuis le temps, ces cicatrices devaient être devenues quasiment invisibles, surtout pour un observateur rapide et superficiel. Je ne pense donc pas que de ce côté-là mon comité d'accueil ait encore eu grand-chose à craindre ; à mon sens, l'explication la plus vraisemblable de son attitude réside simplement dans la classique panique administrative qui saisit tout bureaucrate à la seule idée de prendre une initiative sans être couvert par un papier estampillé. Le résident étranger qui voyage en province doit toujours être muni d'un laissez-passer portant le détail de son itinéraire, et indiquant à quelle date il est autorisé à se rendre à tel endroit ; dans chaque ville, au débarqué, ce document est visé par la Sécurité, et il l'est encore une seconde fois au départ. C'est ainsi que, parti de Pékin deux jours plus tôt pour une brève excursion à Suzhou et Shanghai, mon laissez-passer s'était déjà enrichi de cinq tampons : celui de la Sécurité au départ de Pékin, à l'arrivée à Suzhou, au départ de Suzhou, à l'arrivée à Shanghai et au départ de Shanghai. L'escale de Hefei dictée par les intempéries, n'avait pas été prévue au programme : je me trouvais donc dépourvu d'autorisation pour visiter la ville. Dans ces conditions, la plus inoffensive des flâneries devenait donc une impensable hérésie bureaucratique, un péché contre la Sécurité ! Tout incident ou accident — improbable certes, mais non impossible (« On ne sait jamais » est une des règles d'or des bureaucrates) — qui aurait pu survenir au cours d'une telle visite, techniquement illégale, aurait engagé la responsabilité des autorités locales, coupables d'avoir agi de leur propre initiative. Pour celles-ci, me faire simplement ripailler entre quatre murs spacieux, apparaissait donc comme la solution la plus sage.

Shanghai

L'express Pékin-Shanghai quitte la capitale tôt le matin pour arriver à destination le matin du jour suivant. C'est un train que je ne me suis jamais lassé d'emprunter et que je recommanderais à tous les voyageurs, car il permet d'expérimenter concrètement à quel point la différence des conditions naturelles continue à faire de la Chine un monde divers, même sous le vernis monochrome que deux décennies de régime maoïste lui ont fait revêtir.

La première partie du trajet comporte la traversée de la grande plaine agricole de la Chine du Nord ; puis, en fin d'après-midi, peu après avoir traversé le fleuve Jaune, le paysage devient montagneux et prend beaucoup de caractère ; ce sont d'abord des collines rocheuses et désolées qui se soulèvent abruptement çà et là, ou semblent avoir été déposées de façon arbitraire au milieu de la plaine. Puis ces collines se multiplient et s'exhaussent, forment des chaînes de montagnes au profil tourmenté. On atteint le point culminant du trajet à la gare de Taian, d'où se découvre le Taishan, la plus prestigieuse des Cinq Montagnes Sacrées. Confucius en grimpa les mille cinq cents mètres et constata que « vu d'en haut, l'univers est petit ». C'est sur le Taishan que se célébrait la forme la plus sublime du sacrifice impérial au Ciel et à la Terre : dans toute l'histoire de Chine, il ne se trouva que cinq souverains suffisamment assurés de leur vertu pour oser procéder à ce rite.

Dans l'âpre campagne du Shandong, j'ai retrouvé pour la première fois ces tombes qui, éparses au milieu des champs, marquées tantôt d'une stèle, tantôt par la présence d'un vieil arbre ou d'un boqueteau, formaient autrefois un des traits caractéristiques de la terre chinoise : à l'inverse de nos lugubres ghettos funéraires, de nos lazarets de macchabées, ici c'est la terre entière qui servait de vaste et accueillant cimetière : le mort venait nourrir de son corps le champ qui, vivant, l'avait nourri, et la présence tutélaire de sa tombe présidait aux travaux de sa descendance, de génération en génération. Le nouveau régime, à la fois pour des raisons économiques et techniques (remembrement des parcelles, aplanissement des innombrables tumuli qui entravaient les sillons) et pour des raisons idéologiques et politiques (lutte contre les « superstitions », volonté de briser les vieux liens claniques qui, tissés autour des tombes d'ancêtres communs, enjambaient les différences de classes entre « paysans pauvres » et « paysans riches ») a entrepris depuis longtemps d'exproprier tous ces morts ; l'opération a généralement eu raison des farouches résistances paysannes — et maintenant ce n'est plus guère que dans le Shandong que j'ai rencontré comme un dernier îlot de cette communion mystique entre la mort et la vie, entre l'homme et la terre, dont autrefois la Chine tout entière formait le théâtre.

Toujours durant la traversée du Shandong, le spectacle de vastes travaux de terrassement menés le long du chemin de fer, pour la construction d'une voie supplémentaire, me ramène brusquement dix-sept ans en arrière : en 1955 j'avais été très frappé de voir partout en Chine de gigantesques entreprises menées entièrement à bras d'homme, sans le secours d'aucun équipement mécanique. Il y avait quelque chose de bouleversant dans le spectacle de ce peuple qui entreprenait de se colleter à mains nues avec son destin, on avait le sentiment d'un dynamisme vital qui ne pourrait manquer de forcer la victoire. Mais voici maintenant, à dix-sept ans de distance, ces mêmes files de coolies trottant sous leurs paniers de terre suspendus à une palanche ; à l'époque, ce même labeur s'illuminait de la promesse de temps meilleurs qui ne sauraient tarder à poindre. Vingt ans après, que peut-il encore subsister de cette foi ? Qu'en reste-t-il encore chez ces hommes harassés qui n'ont même pas un âne pour tirer leur charrette, pour traîner leur charrue, et qui doivent toujours s'atteler eux-mêmes comme des bêtes de somme, vingt années après que le socialisme les a libérés ?

Le lendemain matin, l'aube fait découvrir au voyageur un monde entièrement différent ; il a laissé loin derrière lui l'univers austère de la Chine du Nord ; ayant franchi le Yangzi au milieu de la nuit, il se réveille maintenant dans la douceur luxuriante du « Jiangnan » (le « Sud-du-Fleuve ») ; dans cette plaine prospère et saturée d'eau, la verdure éclatante des rizières est quadrillée de canaux où passent lentement des voiles ; aux paysages couleur de terre et de poussière de la Chine septentrionale, se substitue ici la fraîcheur riante de la légendaire « patrie des poissons et du riz » — le pays de cocagne de la Chine. La campagne est parsemée de fermes blanches, toutes pimpantes avec leurs murs chaulés de frais et leurs toits de fines ardoises noires. De Nankin jusqu'à Hangzhou, c'est tout le chapelet des vieilles métropoles du commerce et des arts, villes dédiées à la fois au négoce et aux plaisirs raffinés ; le développement économique et culturel de la région, déjà très avancé à l'époque des Six Dynasties, reçut une impulsion décisive sous les Song méridionaux, et depuis le XIIe siècle, c'est ici que la bourgeoisie chinoise vint par excellence cultiver les grandes entreprises commerciales et financières ainsi que les loisirs exquis de l'esthète… Ce monde où l'art de vivre fut porté à un incroyable degré de perfection, a cessé d'être, mais son souvenir continue à imprégner l'atmosphère de villes comme Suzhou et Hangzhou. Shanghai par contre, devenue depuis le début de ce siècle le centre moteur économique et culturel de la Chine, a traduit le génie créateur de la région en termes d'une stridente modernité. Ce qui est étonnant et remarquable aujourd'hui, c'est la façon dont, même après vingt ans de nivellement maoïste, ces diverses villes ont réussi à rester fidèles malgré tout à leur personnalité originelle : tandis que Suzhou et Hangzhou conservent quelque chose de leur charme et de leur élégance et continuent d'une certaine manière à pratiquer l'art des loisirs, Shanghai elle, persiste à vivre sur un rythme intense de grande métropole marchande et demeure fière de son profil de gratte-ciel hérité de l'époque capitaliste-coloniale.

Paradoxe de Shanghai : ville suspecte aux yeux du régime, car elle était la plus profondément marquée d'influence étrangère, la plus ouverte sur le monde extérieur, elle fut aussi la ville politiquement la plus en pointe pendant la « Révolution culturelle ». Demeurée le dernier bastion de la « gauche » durant la restauration de « droite » qui s'est développée ces dernières années, elle va peut-être redevenir une seconde fois le tremplin à partir duquel les extrémistes tenteront de repartir à l'assaut d'un pouvoir qui leur a échappé dans la capitale.

Si radicaux qu'aient pu être les bouleversements survenus à Shanghai depuis la Libération, l'atmosphère de la ville, le caractère de sa population ont conservé quelque chose d'unique et de différent — positivement capiteux pour qui est habitué à l'atmosphère gourmée qu'a prise Pékin depuis que Mao en a fait sa capitale. Ceci est dans une certaine mesure le produit d'une exceptionnelle concentration urbaine (dix millions d'habitants !) : dans une telle cohue, un relatif degré d'anonymat redevient possible, les individus peuvent retrouver une chance d'évasion solitaire, une activité personnelle, une forme de vie privée. D'autre part la tradition révolutionnaire de Shanghai qui fut à l'avant-garde de toutes les luttes politiques, sociales et culturelles de la Chine moderne et contemporaine, demeure une réalité bien vivante ; les deux composantes sociales dont le mélange fait les grandes explosions — un prolétariat urbain, une élite intellectuelle — existent ici dans des proportions dont nulle autre ville ne saurait fournir l'équivalent. Rien d'étonnant donc si le pouvoir maoïste tenta — et cherche encore maintenant — à faire fond sur le potentiel révolutionnaire offert par Shanghai : c'est d'ici que partit en 1965 le premier coup de canon de la « Révolution culturelle » — ce fameux article de Yao Wenyuan écrit sur les instructions personnelles de Mao, mais que le Grandiose Leader, écarté du pouvoir à cette époque, ne pouvait faire accepter par aucun journal de la capitale, tant et si bien qu'il dut finalement se rabattre sur le *Wenhui bao* de Shanghai. Et aujourd'hui à nouveau, tandis que Pékin retourne à son ornière conservatrice, et présente les derniers slogans maoïstes d'une façon qui en désamorce la charge explosive, Shanghai vient leur restituer leur dynamite originelle dans un périodique nouveau, *Xuexi yu pipan* (« Étude et critique »), qui vient faire une dangereuse concurrence au traditionnel *Hong qi* (« Drapeau rouge ») de la capitale. Entre Pékin et Shanghai le duo discordant et le boycottage mutuel qui se manifestent en ce moment tant au niveau des organes de propagande que du personnel politique, viennent cristalliser les contradictions et les antagonismes qui n'ont cessé de déchirer les dirigeants chinois depuis le commencement de la « Révolution culturelle », empêchant depuis bientôt huit ans la reconstitution d'une équipe homogène et d'un pouvoir stable.

Mais le caractère révolutionnaire de Shanghai présente pour le pouvoir maoïste une arme à double tranchant, dans la mesure même où ce pouvoir s'est montré enclin à renier sa propre vocation révolutionnaire. Si c'est ici que Mao a recruté ses premières troupes en 65-66, c'est ici également qu'il s'est fait ensuite ses pires ennemis, précisément en écrasant les mouvements de grève d'un prolétariat qui aurait dû lui fournir l'avant-garde de sa révolution, et en trahissant les espoirs de cette même jeunesse activiste qui avait répondu avec tant d'enthousiasme à son premier appel.

Pour le moment en tout cas, que ce soit une survivance de l'individualisme bourgeois, ou une expression de l'état de démobilisation cynique et désabusé d'une jeunesse trompée dans son espérance militante, ou encore une manifestation de l'esprit de fronde qu'on respire par ici, le visiteur ne laisse pas d'être joyeusement frappé par le spectacle d'innombrables couples d'amoureux indifférents au monde qui les entoure, par la remarquable absence de ces uniformes prolétariens — vertueux rapiéçages et casquettes bien-pensantes — qui constituent la tenue de rigueur à Pékin, et aussi par le refus assez général des jeunes filles shanghaïennes à ensevelir leur grâce dans ces mornes sacs-à-pommes-de-terre qu'arborent leurs sœurs de la capitale.

Ces diverses manifestations d'indépendance, relatives mais incontestables, combinées avec le rythme allègre de la vie urbaine, la vivacité du dialecte local, l'agilité mentale des gens, achèvent de conférer à l'atmosphère de Shanghai quelque chose de tonique et de stimulant (en complet contraste avec la lenteur et le formalisme qui pèsent maintenant à Pékin) et dotent la ville d'une qualité spécifique et irréductible dont les Shanghaïens eux-mêmes tirent grande fierté, mais qui inspire au reste du pays un mélange de crainte et de suspicion, et surtout demeure une source de cauchemars pour les bureaucrates pékinois. La Chine dans l'ensemble regarde Shanghai un peu comme l'Amérique provinciale et puritaine regarde New York : un monstre urbain qui a drainé à lui toute l'intelligence, le dynamisme et l'audace de la nation, une Babylone fascinante et inquiétante dans laquelle le pays a du mal à se reconnaître.

Dans le domaine économique, Shanghai pèse lourdement sur les ressources de la Chine, avec ses dix millions de consommateurs qu'il faut ravitailler quotidiennement. Il y a bientôt vingt ans que le régime a décidé de dégonfler cette redoutable et turbulente concentration de population : la principale méthode consiste à déporter massivement la jeunesse shanghaïenne vers les campagnes, en particulier dans les provinces-frontières, comme le Xinjiang. Cette méthode adoptée dès les années 50, a pris une ampleur plus grande encore à la fin de la « Révolution culturelle » : l'ensemble du mouvement pour la municipalité de Shanghai a déjà résulté en un exode de 800 000 personnes.

C'est en juillet 1921 que se tint à Shanghai le Ier Congrès du parti communiste chinois. De façon rétrospective, cet événement a pris à juste titre une formidable dimension historique, mais il semble qu'à l'époque ses protagonistes n'imaginaient guère les prodigieux développements qui allaient résulter de leur modeste réunion clandestine, car ceux d'entre eux qui ultérieurement décrivirent ce Ier Congrès [1], paraissent n'en avoir gardé qu'un souvenir confus, et indépendamment des motivations politiques que chacun put avoir à récrire l'Histoire à sa manière, il est déconcertant de voir ces divers témoins incapables de tomber d'accord sur des questions matérielles aussi élémentaires que le nombre et l'identité des participants ainsi que le lieu et la date de leur réunion ; à leur suite, la confusion et l'incertitude sur ces points concrets semblent régner également même chez les meilleurs historiens [2].

A des fins pédagogiques, les autorités ont arrangé un musée au numéro 76 (anciennement, n° 106) de la rue Xingye, présenté comme le local du Ier Congrès. Il s'agit là de la maison occupée à l'époque par l'un des délégués, Li Hanjun ; l'école des filles Bo wen souvent mentionnée en relation avec le Ier Congrès, et située dans le même quartier, ne servit semble-t-il que de logement à quelques-uns des délégués, et non de lieu de réunion. Pour la commodité, les organisateurs du musée semblent avoir tranché assez arbitrairement dans les diverses versions contradictoires de l'événement. On montre au rez-de-chaussée une pièce meublée sobrement d'une table entourée de douze chaises ; sur la table, une théière et douze tasses ; au mur, un portrait de Mao jeune. Le guide explique que c'est ici que se réunirent le 1er juillet 1921 les douze participants du Ier Congrès. (La date du 1er juillet est pourtant loin d'être certaine ; si la mémoire des témoins est fidèle, la réunion en fait se tint à l'étage et non au rez-de-chaussée ; quant au chiffre de douze, il est à coup sûr erroné.) Après un moment de méditation silencieuse, les visiteurs passent dans la maison voisine où sont aménagées des salles de conférence ainsi que des espèces de parloirs en style conventuel. Là les étrangers se voient offrir une tasse de thé ainsi qu'un petit exposé sur le Ier Congrès, exposé dont la qualité est directement fonction du niveau d'information dont ils font eux-mêmes preuve. Par exemple, quand on le questionne, le guide admet sans trop de peine que deux étrangers participaient également au Congrès [3] — fait qui semble contredit par les douze chaises et les douze tasses, à moins que l'on ne suppose que ces deux étrangers ne buvaient rien et étaient assis par terre — mais comme il s'agit d'individus qui dans la suite « sombrèrent dans le trotskisme », sans doute ne méritent-ils pas qu'on leur accorde plus ample attention. La même chose hélas paraît vraie pour la moitié des délégués : Chen Gongbo et Zhou Fohai devaient abandonner le Parti quelques années plus tard, rallier le Kuomintang, et puis finalement collaborer avec les

1. Chen Gongbo, Bao Huiseng, Zhang Guotao.
2. Wang Jianmin, J. Guillermaz.
3. Il s'agit de Maring (Sneevliet) — qui devait mourir en 1942, fusillé à Amsterdam par les nazis, et de Nikolsky ; ce dernier, représentant du Profintern (Internationale des syndicats) me fut mentionné à Shanghai sous l'orthographe fantaisiste de « Niknosky ». La plupart des historiens mentionnent au contraire Maring et *Voitinsky*, mais en fait il semble qu'en juillet 1921, Voitinsky n'était pas à Shanghai.

Japonais. Zhang Guotao qui fut l'un des leaders les plus influents du Parti, fit défection après avoir été évincé par Mao dans la lutte pour le pouvoir. Liu Renjing devint trotskiste puis, pendant la guerre, rallia le Kuomintang. Li Da cessa assez tôt de jouer un rôle actif dans le Parti, sans pour autant jamais devenir un transfuge ; après la Libération, il devint recteur de l'université de Wuhan, mais en 1966 il fut violemment pris à partie par les gardes rouges et mourut des suites des sévices que lui infligea la jeunesse révolutionnaire — après avoir vainement appelé Mao à l'aide. Li Hanjun quitta bientôt le Parti, ou en fut exclu ; exécuté en 1927 par les militaires du Kuomintang, son martyre lui tint lieu de réhabilitation. He Shuheng, Chen Tanqiu, Wang Jinmei et Deng Enming devaient tous quatre sacrifier leur vie pour le Parti. Quand on a fini le décompte des traîtres et des martyrs — les deux groupes sont représentés en nombre presque égal — il ne reste plus que deux illustres vivants : Mao Zedong et Dong Biwu.

Sur les travaux du Congrès, on glisse en général avec pudeur : la principale décision adoptée par les délégués fut en effet de consacrer l'autorité de Chen Duxiu, qui devait dans la suite se faire expulser du Parti et devenir le leader de l'opposition trotskiste…

Je demande au conservateur du musée qui me faisait les honneurs des lieux, quels ouvrages de base en langue chinoise il pourrait me recommander sur l'histoire du parti communiste chinois. Cette question semble le prendre au dépourvu : — « Euh… c'est-à-dire… à vrai dire, depuis la "Révolution culturelle", rien n'a encore paru sur ce sujet. — Et avant la "Révolution culturelle" ? — Avant ? Ah oui… euh… avant, en fait… il n'y avait rien non plus. » Il disait la vérité d'ailleurs [1] : *une directive de Lu Dingyi datant des années 60 interdisait explicitement d'écrire l'histoire du Parti.* On reconnaît bien là le pragmatisme chinois : plutôt que d'avoir à récrire périodiquement l'histoire du Parti au rythme des purges et des crises successives (comme font les Soviétiques), autant ne pas l'écrire du tout…

Décrirai-je la visite de la fameuse usine des moteurs Diesel où le comité d'accueil des visiteurs étrangers exécute depuis quelques années un numéro très convaincant : un ouvrier y raconte avec beaucoup de feu et de verve ses expériences de la « Révolution culturelle » ; comme son récit figure déjà dans vingt reportages différents, à le reproduire ici une fois de plus, je craindrais de lasser le lecteur ; et d'ailleurs je ne voudrais pas faire de concurrence déloyale à K. S. Karol.

De même qu'à Pékin, le musée Lu Xun de Shanghai était encore fermé : les historiographes officiels sont en train de refaire sa biographie

1. Si l'on excepte l'opuscule (aujourd'hui mis à l'Index) de Hu Qiaomu : *Zhongguo gongchandang di san shi nian*, Pékin, 1951.

pour la rendre conforme à la toute dernière mutation de l'orthodoxie, et ceci n'est pas une mince besogne. Mélancolique compensation, on me mène visiter sa maison mortuaire : l'inscription du seuil a été calligraphiée par Guo Moruo (que Lu Xun avait jadis qualifié avec assez d'exactitude « un homme de talent doublé d'un voyou ») — pourquoi ne pas l'avoir commandée à Zhang Shizhao [1] tant qu'on y était (dont les écrits, selon Lu Xun encore, représentaient « le dernier mot dans l'obscénité ») ? Non content d'avoir fait disparaître les disciples les plus intimes du grand écrivain et de combler d'honneurs ses adversaires, pour parachever l'outrage, le régime maoïste caricature maintenant cet homme d'une indépendance si ombrageuse, sous les traits d'un élève modèle, appliqué à l'étude d'un Mao Zedong qu'il n'avait en fait jamais rencontré ni lu… La maison mortuaire n'est plus qu'une coquille vide et froide peuplée seulement de quelques meubles : table, chaises, lit ; on montre également une armoire « contenant les livres de Lu Xun », mais cette armoire est fermée à clé, et les livres demeurent invisibles [2]. Après la visite de la maison mortuaire, on passe à la tombe de l'écrivain, transférée dans le parc de Hongkou, où elle se trouve écrasée sous un pesant mausolée dont l'inscription a été calligraphiée par Mao Zedong. Devant la tombe se dresse une énorme effigie en bronze de l'écrivain. Son frère, Zhou Zuoren, qui fut lui-même une personnalité littéraire de considérable envergure, commentait ainsi cette statue dans une lettre adressée de Pékin à un écrivain de Hong Kong : « Je viens de voir une photo de la statue que l'on a érigée devant la tombe de Lu Xun à Shanghai : c'est vraiment la dérision suprême ! Comment ce personnage trônant pourrait-il constituer le portrait d'un homme qui avait précisément horreur des

1. Zhang Shizhao que Lu Xun dénonça sans relâche avec une verve et une fureur vengeresse, était un personnage tellement réactionnaire que même le Kuomintang ne voulut pas l'employer. Après s'être discrédité au service des seigneurs de la guerre (il fut ministre de l'Éducation sous Duan Qirui, et profita d'ailleurs de cette position pour sacquer Lu Xun de son emploi dans ce même ministère), il était tombé dans un miséricordieux oubli, quand la République populaire, au lendemain de la « Révolution culturelle », s'avisa soudain de faire de cette peu appétissante momie, alors nonagénaire, un nouveau héraut de la « culture révolutionnaire ». Un de ses essais en langue classique fut publié en édition de luxe, à un moment où toute la littérature vivante demeurait bâillonnée, et à sa mort en 1973, le régime maoïste entoura sa mémoire de toute la pompe d'un hommage national. Comme je demandais au conservateur de la maison de Lu Xun comment on conciliait aujourd'hui en Chine ces honneurs simultanément rendus à Lu Xun et à un individu comme Zhang Shizhao, il me répondit que ce dernier, « malgré de regrettables erreurs commises autrefois, s'était entièrement rallié à Mao *après la Libération* ». C'est une règle constante pour ce genre de pouvoir, d'employer des opportunistes veules cependant que les survivants de la révolution se voient l'un après l'autre éliminés : seuls les premiers peuvent présenter une docilité inconditionnelle ; ainsi les despotes de jadis préféraient-ils à leurs ministres d'État, les services de leurs eunuques.

2. A un an de distance, les conservateurs retrouvèrent la clé et m'ouvrirent l'armoire lors d'une seconde visite ; sur ses rayons il y avait une collection d'ouvrages japonais sur la calligraphie chinoise, diverses traductions japonaises d'ouvrages occidentaux, et quelques livres chinois traitant du roman classique.

poses solennelles ? Les Chen Xiying[1] et compagnie, dans leur désir de le tourner en ridicule, n'auraient eux-mêmes rien pu rêver de mieux !... »

Dans la célèbre rue de Foochow, en 1972 et 1973, les boutiques de bouquinistes étaient toujours fermées. Dans la rue de Nankin, le Duoyun xuan, magasin spécialisé en peintures et reproductions artistiques, ne vendait plus, dans la partie à laquelle le public avait libre accès, que des affiches de propagande et des portraits du président Mao. Pour les étrangers toutefois, on déverrouillait une arrière-boutique où étaient exposées des peintures en style traditionnel et des reproductions d'œuvres anciennes : ces mesures prophylactiques adoptées pour isoler le peuple chinois de sa propre culture, sont d'application universelle à travers toute la Chine. Un exemple encore plus frappant m'en fut donné en 1973 au musée de Shanghai : une admirable exposition de calligraphies anciennes y avait été organisée, mais le public n'y était pas admis ; pour la visiter, il fallait être étranger, ou être muni d'un permis spécial, délivré sur recommandation de l'« unité » d'origine : à lire les réflexions et critiques inscrites sur le registre placé à la sortie, il ne semblait pas qu'un grand nombre de connaisseurs aient réussi à se glisser parmi ces visiteurs autorisés...

Promenades dans les rues de Shanghai. A Tuancheng, l'ancienne « ville chinoise », les venelles restent très misérables. Le temple des dieux lares de la ville (Chenghuang miao) a été à moitié rasé, à moitié transformé en une petite usine ; mais les rues avoisinantes continuent à abriter un marché très animé.

Dans l'écrasante chaleur de l'été, la ville surpeuplée donne l'image d'une mer humaine qui a rompu ses digues. Vers le soir, la foule emplit les rues à la recherche d'un souffle d'air, et l'absence presque totale de trafic automobile abandonne la plus grande partie des boulevards à cette lente cohue qui vient refluer jusqu'à la berge du Huangpu à l'heure admirable où la grâce archaïque des jonques peuple soudain la rivière d'un essaim de voiles rouges et brunes, qui profitent toutes ensemble du jusant pour descendre vers Wusong et l'immensité limoneuse du Yangzi...

Suzhou et Hangzhou

Un dicton célèbre associe justement Suzhou et Hangzhou : « En haut il y a le paradis, ici-bas il y a Suzhou et Hangzhou. » Ces deux villes sœurs qui participent d'une même tradition, du même univers naturel, économique et culturel (le Jiangnan, ou « Sud-du-Fleuve »), qui partagent les

1. Chen Xiying (Chen Yuan) : homme de lettres avec qui Lu Xun eut de vives polémiques.

mêmes raffinements et parlent la même langue (le gracieux dialecte de Wu, commun au sud Jiangsu et nord Zhejiang), présentent des mérites complémentaires et opposés : Suzhou est une ville exquise dans un site quelconque, Hangzhou, une ville quelconque dans un site exquis.

Durant ces huit cents dernières années, c'est au Jiangnan que, stimulé par la prospérité locale, s'est concentré le meilleur de l'activité intellectuelle, de la production artistique et littéraire de la Chine entière. Même le déplacement définitif de la capitale administrative à Pékin dès le début du XVe siècle, ne réussit jamais à vraiment éclipser le prestige de ces métropoles méridionales dont la richesse et l'élégance restèrent sans égal jusqu'au milieu du XIXe siècle.

Aujourd'hui encore le Jiangnan demeure exceptionnellement prospère et ceci contribue à expliquer la qualité souriante et détendue de son atmosphère. Durant la « Révolution culturelle » il n'y a guère eu de violences physiques à Suzhou et à Hangzhou, et l'on sent que cette population courtoise et amène est restée largement exempte de ces traumatismes psychologiques qui marquent maintenant trop d'autres villes chinoises ; ici par exemple les gens paraissent beaucoup moins guindés et craintifs dans leurs rapports avec les étrangers, et surtout beaucoup moins inhibés par les conformismes « révolutionnaires » dans leur existence quotidienne. Ici la beauté ne fait pas nécessairement l'objet d'une suspicion : on ose décorer les jardins et les parcs avec des calligraphies poétiques qui ne sont pas de Mao ; à Suzhou en particulier, les filles qui ont depuis l'Antiquité la réputation d'être les plus belles de Chine, semblent ne pas vouloir démentir la tradition, et témoignent dans leur coiffure et leur vêtement d'une pointe de coquetterie singulièrement rafraîchissante pour qui est habitué aux vertueuses laideurs de la mode pékinoise. Enfin, l'armée reste en général agréablement absente du paysage. La traditionnelle douceur de vivre du Jiangnan demeure une réalité, au moins par comparaison avec les autres régions de Chine.

Suzhou est une petite ville selon des critères chinois (elle a quand même six cent mille habitants) : en une grande heure de flânerie on la parcourt aisément du sud au nord. Les quelques industries (usines chimiques) qui s'y sont développées depuis la Libération, se sont heureusement implantées hors les murs, à l'autre bout de la banlieue sud, en bordure du canal Impérial et, contrairement à la triste vantardise des guides qui prétendent que les cheminées d'usine ont maintenant remplacé les tours et les pagodes, elles n'ont en fait guère dérangé l'antique profil de la ville. Suzhou est entièrement entourée de douves navigables : le canal Impérial (creusé au VIe siècle pour relier Pékin à Hangzhou, ce canal est aujourd'hui encore en pleine activité) vient s'y greffer à l'angle nord-ouest des remparts, et entourant la ville de sa prodigieuse animation de jonques, de barges et de barques, poursuit son cours vers Hangzhou à partir de l'angle sud-est de la ville.

A l'intérieur, la ville est quadrillée d'étroits canaux qu'enjambent de hauts ponts bossus ; l'arrière des maisons donnant sur ces canaux, est généralement pourvu d'embarcadères formés par des escaliers de pierre ; les commères y lavent le linge ; de temps à autre passe en silence une jonque bâchée de nattes rondes, que son batelier mène à la godille.

Paradoxe de Suzhou : cette ville traditionnellement vouée au luxe et au plaisir, qui en fait d'industrie ne connaissait que divers artisanats d'art (broderie, fabrication de pinceaux, encre, papier et soie) et qui était l'un des principaux centres du commerce des antiquités et des œuvres d'art, cette ville donc la plus marquée de passé « féodal » et bourgeois, la moins susceptible aussi de s'ajuster au nouvel état de choses, étant restée relativement imperméable à l'influence du présent régime, se trouve être aussi la ville la plus coquette, la mieux entretenue, la plus pimpante qu'il m'ait été donné de voir en Chine. Toutes les maisons y sont blanchies de frais, bien entretenues ; on ne voit guère de taudis ; les rues ombragées de platanes invitent à la flânerie et sont d'une extrême propreté. La population se montre sociable et d'une grande gentillesse (bien que, dans les faubourgs, le passage d'un visiteur occidental reste un événement et provoque aussitôt des attroupements d'une ampleur assez embarrassante). La ville ne semble pas avoir souffert de destructions durant la « Révolution culturelle », sans doute ici les activistes se trouvèrent-ils découragés par l'ampleur de la tâche : pour bien faire, c'est la ville entière qu'il leur aurait fallu raser… Néanmoins, comme partout ailleurs, on n'y visite plus qu'un nombre limité de monuments ; comme partout ailleurs aussi, il y avait en 1972 une exposition d'objets archéologiques « découverts durant la Révolution culturelle », mais encore une fois l'accès de cette exposition était bizarrement réglementé, et elle ne pouvait se visiter que sur rendez-vous. Au temple du Jardin de l'Ouest, la partie jardin était ouverte au grand public mais la partie temple n'était accessible qu'aux étrangers (sur rendez-vous) : toujours cette crainte des autorités que la population chinoise ne soit contaminée par le moindre contact avec son passé… Mais la colline du Tigre est à nouveau un but de promenade, populaire et fréquenté ; personnellement toutefois je ne peux pas dire que je sois très enthousiaste de ses pseudo-antiquités entassées un peu en bric-à-brac : le jugement que Shen Fu formulait sur ce sujet il y a bientôt deux siècles, reste il me semble, entièrement valide :

> Je trouve les sites de la Colline du Tigre trop entachés d'artifice : la main de l'architecte a partout chassé la Nature. Même des aménagements plus récents, comme le temple dédié à la mémoire de Bai Juyi et le Pont des Ombres de la Pagode, ne constituent au fond que d'élégantes curiosités [1].

---

1. Son opinion sur le jardin de la Forêt des lions demeure également si actuelle qu'elle permet de conclure que ce site, à la différence de beaucoup d'autres jardins célèbres, n'a guère dû subir de modifications durant ces deux derniers siècles : « On dit bien que la Forêt des lions serait l'œuvre de Ni Zan, mais pour ma part, je n'y vois rien de particulièrement

J'aurais beaucoup souhaité me rendre à la colline de Tianping qui devait être l'un des plus beaux sites des environs de Suzhou ; c'est là que se trouvait la tombe de Fan Zhongyan, dans l'ancien jardin de Gaoyi, et notre délicieux Shen Fu était particulièrement amoureux de ce site — il y fit quelques excursions longuement décrites dans ses *Six Récits au fil inconstant des jours* — ce qui pour moi était déjà une raison suffisante d'y faire pèlerinage. Malheureusement Tianping étant situé à quelque distance hors de la ville, il m'était interdit en tant qu'étranger de m'y rendre seul ; et les guides locaux, pour des raisons inexpliquées (qui pouvaient fort bien n'être que leur propre indolence) manifestèrent une invincible répugnance à m'y conduire : il n'y a rien à voir par là, me dirent-ils (augmentant ainsi mon désir d'y aller, car je savais que leur critère d'intérêt pour un site était le nombre de cheminées d'usines dont il se hérissait) et d'ailleurs, ajoutèrent-ils, la tombe de Fan Zhongyan n'existe plus. Pour me consoler de cette déception, ils eurent cependant la gentillesse de me laisser visiter le monastère de la Montagne-Froide [1] (Hanshan si) qui n'était normalement pas ouvert. Le monastère se trouve en bordure du canal, à un jet de pierre de l'arche élancée du pont des Érables, près duquel Zhang Ji passa, il y a plus de mille ans, une si mélancolique nuit d'escale :

La lune se couche, les corbeaux croassent dans un ciel de givre.
Au pont des Érables les fanaux des pêcheurs veillaient sur mon sommeil anxieux
Quand la cloche du monastère de la Montagne-froide, à l'entrée de Suzhou,
Est venue à minuit m'éveiller dans mon bateau.

Hangzhou fut terriblement éprouvé au XIXe siècle par le sac des Taiping. Des quelques monuments qui survécurent à ces destructions, une partie vient à nouveau de disparaître, victime du régime maoïste et de l'iconoclasme des gardes rouges. Les sculptures de Yanxia san dong (« les plus belles qu'il soit donné de voir à Hangzhou » selon le guide Nagel) ont été entièrement martelées et détruites durant la « Révolution culturelle ». Le temple du Grand Bouddha n'est plus qu'un souvenir ; le temple de Yue Fei était fermé en 1972, et je n'ai donc pu vérifier ce qu'il était advenu de ses célèbres statues. Le monastère Fangsheng a été proprement rasé et, à la place des vieux bâtiments conventuels pleins de charme et de poésie que j'avais encore pu visiter il y a une quinzaine d'années, on a érigé maintenant une galerie d'exposition de photos et d'images de propagande, en style d'urinoir futuriste. Ceux des monuments qui subsistent encore (Huang long dong, Hu pao, etc.) ont en général

---

remarquable ; on y trouve certes de fort jolis rochers, et une abondance de vieux arbres ; mais si on l'envisage sous l'angle de la composition, l'ensemble fait plutôt songer à un grand tas de scories qu'on aurait recouvert de mousse et taraudé de tunnels à la façon d'une fourmilière, et le grand souffle qui anime les monts et les forêts y fait hélas totalement défaut. » (Shen Fu, *Six Récits au fil inconstant des jours*, Bruxelles, Larcier, 1966, p. 181.)

1. Appelé ainsi en mémoire du moine poète Hanshan (« Montagne-Froide ») qui y résida durant la première moitié du VIIe siècle.

perdu la totalité de leur décor sculpté. Certaines des destructions ont été dictées par l'obscurantisme le plus aberrant : la tombe de Su Xiaoxiao (« Su-la-Mignonne ») qui constituait depuis mille cinq cents ans un but de pèlerinage sentimental et poétique, si célèbre qu'elle était devenue une étape classique dans la visite du lac de l'Ouest, a été simplement *oblitérée du paysage* : il n'en reste plus une trace. L'ombre de la spirituelle courtisane empêchait sans doute certains « révolutionnaires » de dormir — espérons pour Mme Mao que ses partisans n'auront pas un jour la mauvaise idée de scruter sa vie passée avec la même pudibonderie sourcilleuse : ils y trouveront certes assez d'amants pour la damner dix fois, mais à la différence de Su-la-Mignonne, pas un seul poète intercesseur[1]. Le temple de Lingyin, pour sa part, fut l'enjeu d'un débat acharné entre radicaux et modérés durant la « Révolution culturelle » ; à cause de son importante signification religieuse, les premiers étaient partisans de le détruire entièrement, tandis que les seconds, pour des raisons historiques, voulaient le conserver. Le problème fut soumis au jugement de la municipalité de Hangzhou qui, n'osant trancher, jugea plus prudent d'en déférer à l'échelon suprême du Conseil des affaires d'État. Finalement c'est Zhou Enlai lui-même qui donna l'ordre de préserver Lingyin, ainsi que l'ensemble des sculptures rupestres de la falaise de Feilai qui fait face au temple. Sa responsabilité ainsi couverte, la municipalité fit alors construire à l'entrée de la gorge qui monte vers Lingyin, un mur qui, pendant toute la durée de la « Révolution culturelle », barra l'accès du site pour le protéger contre les incursions des vandales. A cette même époque, la communauté monastique qui vivait à Lingyin fut dispersée ; les religieux se trouvèrent laïcisés et envoyés aux champs. Dernièrement toutefois, quelques vieux moines invalides et irrécupérables ont été autorisés à revenir mourir à l'ombre de leur ancien monastère ; ils habitent dans une petite dépendance située à flanc de colline derrière le temple.

1. A moins que l'on ne prenne Guo Moruo pour un poète. On se rappelle en effet les « vers » qu'il dédia à Jiang Qing (Mme Mao) durant la « Révolution culturelle » :

« ... De tout notre cœur et notre esprit, nous agirons en conformité avec les directives du président Mao.

« Dévouant notre vie entière au service des ouvriers, des paysans et des soldats, transformant le monde subjectif et le monde objectif.

« A bas l'impérialisme américain ! à bas le révisionnisme soviétique ! à bas tous les réactionnaires ! [...]

« Chère camarade Jiang Qing, vous êtes un bel exemple dont nous voulons nous inspirer.

« Vous êtes passée maître dans l'étude vivante et l'application vivante de l'invincible pensée de Mao Zedong ;

« Impavide, vous chargez à l'avant-garde du front des arts et des lettres [...].

« Les œuvres lumineuses du président Mao nous serviront éternellement d'aliment spirituel [...].

« Ô président Mao, vous êtes le rouge, suprêmement rouge soleil rouge qui brille dans nos cœurs,

« Nous vous souhaitons une longue vie, une longue vie, une vie sans fin ! »

Au plus chaud de la « Révolution culturelle », certains exaltés suggérèrent même de détruire la tour des Six-Harmonies (Liu he ta) qui monte la garde depuis mille ans au bord du fleuve Qiantang : on lui reprochait d'être un héritage du passé « féodal ». Heureusement il s'agit d'une construction si puissante que son démantèlement aurait exigé la mobilisation d'une armée d'ouvriers spécialisés, et comme cette tour est chère au cœur des gens de Hangzhou — elle est pour eux comme un symbole de leur cité — finalement il ne fut pas donné suite à ce projet.

La vie culturelle de Hangzhou qui était un centre d'intense activité intellectuelle et artistique, a été entièrement arrêtée par la « Révolution culturelle » et n'a pas encore vraiment repris. L'institut des beaux-arts de Hangzhou, qui était l'un des plus célèbres de Chine, a été forcé de quitter la ville pour s'installer « de façon définitive » avec tous ses enseignants et étudiants dans un petit bourg campagnard (Fenshui) au fond de la province, de manière à assurer une plus intime relation entre les artistes et les masses laborieuses. J'ignore si la qualité de la production artistique des peintres et des calligraphes de l'institut a été favorablement influencée par l'exode en question, et il nous est impossible de déterminer dans quelle mesure la vie culturelle de cette inaccessible bourgade de Fenshui s'est trouvée stimulée du fait de leur arrivée ; en attendant, une chose est évidente et certaine : le départ de l'institut des beaux-arts a appauvri la vie culturelle de Hangzhou, et par contrecoup, celle du pays entier. En ville toutefois, le nom de l'institut figure toujours sur les bâtiments, maintenant vides, qu'il occupait autrefois. Étant donné la pente naturelle des choses en Chine, et les leçons du passé (la révolution dans le domaine de l'éducation *n'est pas une expérience neuve* : toutes les réformes apportées par la « Révolution culturelle » *furent tentées une première fois au moment du « Grand Bond en avant »*, pour être ensuite abrogées quelque deux ou trois ans plus tard, après que la pratique eut démontré leur irréalisme), je suis certain qu'un jour, dans quelques mois ou quelques années, l'institut des beaux-arts viendra discrètement réintégrer ses anciens locaux et reprendra ses activités à Hangzhou (si ce n'est déjà chose faite au moment où j'écris) mais, entre-temps, quel gaspillage de temps, quel gaspillage de ressources humaines et matérielles, tout cela pour un caprice utopique du Grandiose Maître à penser…

J'aurais souhaité pouvoir revoir Pan Tianshou ; hélas, m'a-t-on dit, ce grand peintre serait mort en 1970 (à l'âge de quatre-vingt-un ans). Durant la « Révolution culturelle », Jiang Qing l'avait pris à partie, reprochant à ces aigles qu'il peignait à la façon sarcastique et narquoise de Bada Shanren, d'avoir une expression défaitiste…

La visite du Xiling yin she (société sigillographique de Xiling) est décevante. De ce centre qui rassembla quelques-uns des plus remarquables maîtres modernes de la gravure de sceaux, il ne reste plus qu'une guinguette où les oisifs viennent prendre le thé et jouer aux échecs, face aux horizons si doux du lac de l'Ouest : le site est certes charmant, mais déserté de toute trace des grands artistes auxquels son nom fut lié.

Dans le centre de la ville, un grand atelier de montage de peintures et de calligraphies est à nouveau en pleine activité. Dans ses vitrines donnant sur le boulevard, est exposé un choix d'œuvres de calligraphes locaux ; sur le trottoir il y a en permanence un attroupement de curieux et de connaisseurs, pour en détailler les mérites. Il faut avoir vécu six mois dans l'impitoyable désert culturel du Pékin maoïste pour apprécier toute la valeur de semblables scènes.

Mais cette fois j'étais venu à Hangzhou essentiellement dans l'espoir de visiter le petit musée dédié à la mémoire de Huang Binhong — en qui je ne doute pas que l'opinion mondiale finira par reconnaître un des plus grands peintres de notre siècle[1]. Hélas, ce musée (installé dans la résidence de Qixia ling où l'artiste avait passé les dernières années de sa vie) a été fermé par la « Révolution culturelle », et n'a plus rouvert depuis. Il semble toutefois que les œuvres qu'il abritait aient pu être entreposées en lieu sûr, au musée provincial du Zhejiang. Bien entendu, ce dernier musée était lui aussi fermé depuis quelque sept ans — le principal accomplissement de la « Révolution culturelle » ayant été en effet de tarir et sceller toutes les sources de culture dans quelque domaine que ce soit — mais mon guide local, voyant mon désappointement, réussit à persuader un jeune conservateur du musée de me laisser voir une douzaine de peintures de Huang Binhong. Pour une raison mystérieuse, ceci ne pouvait pas se faire au musée lui-même, dont je n'eus jamais l'occasion d'approcher ; rendez-vous me fut donné dans un magasin de fournitures artistiques du centre de la ville. Je me présentai à l'heure dite, et on me conduisit dans une petite pièce de l'arrière-boutique ; le jeune conservateur m'y attendait avec les douze chefs-d'œuvre promis, emballés dans un ballot de gros papier brun. Nous passâmes deux ou trois heures à les dérouler successivement et à les contempler ; silencieusement, quelques employés et vendeurs du magasin se glissèrent dans la petite pièce pour participer au régal. Un à un, les paysages de Huang Binhong, triomphales « abstractions d'après nature », étalèrent devant nous la sauvage allégresse de leurs encrages ; leur splendeur abolissait la décrépitude de la muraille et le voisinage trivial des chromos maoïstes de rigueur. Comme s'ils étaient conscients de participer à une sorte de rituel clandestin, les membres de la petite assistance gardaient le silence ; tout au plus, l'un ou l'autre chuchotait parfois une sobre indication de métier, une observation de connaisseur visant la date présumée d'une œuvre, ou quelque aspect technique de son exécution. La séance achevée, le petit groupe de spectateurs se dispersa aussi discrètement qu'il s'était rassemblé, le conservateur reficela les

1. Voir également les « Propos de Huang Binhong sur la peinture » in *L'Humeur, l'honneur, l'horreur*, ci-dessous, p. 769-772.

douze peintures dans leur papier brun. En les remerciant lui et mon guide de la peine qu'ils s'étaient donnée pour moi, j'aurais voulu les remercier de bien plus encore : j'aurais voulu les remercier tout simplement d'être qui ils étaient… comme toujours en Chine, la subtilité et la délicatesse des individus fait victorieusement contrepoids à la bêtise et à l'obscurantisme du système.

C'est dans la région de Hangzhou que se cultive un des thés verts les plus délicats, la variété appelée « Puits-du-dragon » (Longjing, du nom de son lieu d'origine, dans une belle vallée, à une quinzaine de kilomètres de la ville). La visite d'une brigade de production de thé est un indispensable complément de tout séjour à Hangzhou — complément fort plaisant d'ailleurs, car ces brigades de production [1] sont en fait de traditionnels villages claniques, pittoresques et prospères, magnifiquement situés au fond des vallées ou à flanc de colline.

Celui que j'ai visité était spécialisé, outre la culture du thé, dans l'accueil des enquêteurs étrangers ; il a déjà été si extensivement et intensivement décrit par tant de sociologues, journalistes, économistes, littérateurs, politiciens et autres polygraphes itinérants, qu'il serait difficile d'y trouver encore une seule plate-bande vierge de leurs empreintes. Comme c'est à partir de ce village particulier que s'édifie en bonne part le portrait journalistique de la Chine paysanne proposé à l'opinion occidentale, il peut être intéressant de s'y arrêter un moment : le revenu annuel moyen de chaque *famille* y est de 1 000 à 2 000 Y — alors que, dans le reste du pays, le revenu mensuel moyen d'une *famille* paysanne est approximativement de 30 Y, correspondant à un salaire mensuel moyen *individuel* de 15 à 20 Y (pour les *familles* ouvrières, le revenu mensuel se situe aux alentours de 100 Y, correspondant à un salaire mensuel *individuel* de 40 à 50 Y). Dans les provinces pauvres, les chiffres doivent tomber fort en dessous de cette moyenne : ainsi par exemple, en 1972, dans *Le Quotidien du peuple*, j'ai lu dans un article traitant des coopératives médicales, que dans une de ces coopératives au Shanxi, *la cotisation annuelle de 2 Y par personne n'avait pu être entièrement perçue*, étant donné la situation pécuniaire difficile des membres — ce qui donne une indication assez éloquente du degré de dénuement qui prévaut encore dans les régions plus déshéritées.

Dans ce charmant village, la lutte des classes ne semble pas avoir été trop aiguë : lors de la réforme agraire, sur 250 foyers, 3 seulement furent

1. Les termes de « brigade de production » et de « commune populaire » remontent à l'époque du « Grand Bond en avant ». Le Parti étant infaillible, même les vocables et les slogans qui furent liés à ses pires bévues, une fois mis en circulation, ne sont plus jamais retirés : on se contente simplement de les désamorcer en les vidant de leur contenu originel et en leur faisant recouvrir d'autres réalités. C'est ainsi que « brigade » est devenue maintenant pratiquement synonyme de « village », tandis que la « commune » n'est plus qu'un concept administratif, une sorte de sous-préfecture coiffant plusieurs villages.

classés dans la catégorie « propriétaires terriens » et 5 dans celle des « paysans riches ». Lors de la « Révolution culturelle », le village a sacrifié au rite et a rebaptisé sa petite équipe dirigeante sous le nom de « comité révolutionnaire » sans en modifier sensiblement la composition. Comme dans les autres villages, il semble que la « Révolution culturelle » se soit réglée en famille, sans intervention de l'extérieur ; ses activités sont restées d'un ordre assez académique : on a fait des meetings pour « dénoncer la politique agricole de Liu Shaoqi » (cette même politique qui, sous un autre nom, est à nouveau activement encouragée aujourd'hui [1] !).

Comme je demande combien de jeunes-intellectuels-envoyés-aux-champs le village héberge, on me répond qu'il n'y en a que trois — tous originaires de Hangzhou même. Sur le chemin du retour, mon guide reprenant de lui-même cette question, m'explique que jamais les autorités ne commettraient l'erreur d'envoyer un gros contingent de jeunesse citadine dans un village aussi exceptionnellement prospère que celui-ci : la brigade ayant une population nombreuse et jouissant de revenus élevés accueillerait de très mauvais gré une cohorte de nouveaux venus qui ne pourrait qu'affecter défavorablement le niveau de vie des habitants.

1. Depuis la chute de Chen Boda (août-septembre 1970) et celle de Lin Biao (septembre 1971), les partisans de la « politique agricole de Liu Shaoqi » ont eu la voie libre pour faire prévaloir leur doctrine. Celle-ci, qui a été exposée dans de nombreux articles du *Quotidien du peuple*, comporte essentiellement : 1) dénonciation de « l'erreur-apparemment-ultra-gauchiste-mais-droitiste-en-réalité » qui faisait accorder « la priorité au politique » au détriment des exigences concrètes de la production ; 2) dénonciation de tous les principes qui sous-tendaient l'idéologie maoïste du « Grand Bond en avant » ; mise en garde contre l'improvisation locale, contre les initiatives industrielles décentralisées, bricolées spontanément par les villages, et non planifiées, car ce genre d'entreprises entraîne une dispersion d'énergie, un gaspillage de matière première, de main-d'œuvre et d'équipement ; priorité donnée à la production agricole sur les activités industrielles ou para-industrielles des villages (telles que les extractions minières, etc.) ; 3) rétablissement des récompenses et encouragements matériels, maintien et protection des lopins privés, autorisation et encouragement à l'élevage privé de la volaille, des porcs, etc. ; rémunération calculée sur la base non du mérite politique, mais du travail fourni. Tout cela ne va pas sans quelques cabrioles sémantiques : les « stimulants matériels » de Liu Shaoqi sont toujours condamnés pour la forme, mais « ils ne doivent pas être confondus avec les *primes raisonnables* » qui, elles sont encouragées. Au contraire, c'est la suppression de ces primes qui est considérée maintenant comme un sabotage de Lin Biao cherchant à désorganiser le mode socialiste de production. Toute tentative pour substituer la seule motivation politique aux primes et récompenses matérielles, et pour télescoper les étapes successives de l'évolution qui va du socialisme au communisme, est condamnée comme une expression de l'« erreur-apparemment-ultragauchiste-mais-droitiste-en-réalité », qui se trouve à la racine de tous les crimes de Lin Biao. Décapée de sa rhétorique et de son jargon, la nouvelle politique reproduit très fidèlement la charte de l'économie agricole telle qu'elle fut formulée par les « révisionnistes » en 1961-62. (1974.)

PETIT INTERMÈDE HAGIOGRAPHIQUE

Certains déboires que les autorités maoïstes ont eus avec leurs personnages exemplaires (on se souvient en particulier de Shi Chuanxiang, le vidangeur modèle qui ultérieurement se révéla être un disciple de Liu Shaoqi, et qu'il fallut subséquemment déboulonner de son socle) leur ont finalement enseigné ce que l'Église savait déjà depuis longtemps : pour canoniser quelqu'un, on attend d'abord qu'il soit mort (et quelquefois même, pour plus de sûreté encore, on choisit quelqu'un qui n'a jamais existé).

Le dernier en date de ces bienheureux que l'on propose périodiquement à la vénération des masses, s'appelle Chen Taishan et serait mort dans la fleur de l'âge en décembre 1971. *Le Quotidien du peuple* a récemment retracé sa vie et publié sa photo.

Aux martyrs militaires de l'ère Lin Biao — les Ouyang Hai et compagnie — succèdent maintenant les saints civils. En 1968, Chen Taishan après avoir terminé ses études moyennes dans une école de Changchun à l'âge peu précoce de 21 ans, se trouva envoyé en usine, comme apprenti dans un atelier de montage automobile. Accueillant son affectation ouvrière avec enthousiasme, il devint rapidement un travailleur modèle.

Comme dans toute légende dorée — ou dans tout opéra révolutionnaire — au moment où l'action menace de déraper dans le sirop, une intervention du Malin avec son cortège de tentations vient utilement ranimer l'intérêt. Dans l'atelier de Chen Taishan évoluent de douteux personnages qui se mettent à corrompre les jeunes ouvriers, et tout particulièrement entreprennent de dévergonder un militant plein de promesses. Ils ont des sujets de conversation qui sentent de fagot : ils parlent de *gastronomie* et de *modes vestimentaires* ! Leur insidieuse action corruptrice s'exprime de mille manières : à qui aime fumer, ils offrent aussitôt une cigarette de luxe de la marque « Pivoine » (Mudan) [1],

1. On nous prétendra encore qu'il n'y a pas de publicité commerciale dans la presse chinoise !

et du chocolat à qui est gourmand, ils font circuler des « livres équivoques [1] » autour d'eux. Ce manège continue jusqu'au jour où Chen expose leurs agissements dans une retentissante inscription murale intitulée « Ce qui se cache derrière les cigarettes et les bonbons de luxe ». Le jeune militant qui était en train de s'enfoncer dans le bourbier, est sauvé *in extremis* par cette initiative de Chen, et ramené dans le droit chemin.

Chen accomplit encore mille autres actions vertueuses qu'il serait fastidieux de rapporter ici dans le détail. Un seul trait achève de le peindre : il employait tout son argent de poche à acheter les œuvres complètes de Mao, qu'il avait lues entièrement du volume I au volume IV (signe indubitable d'héroïsme). Mais il faut dire qu'il avait de qui tenir ; ses antécédents familiaux étaient impeccables : son père avait été tireur de pousse ; constamment roué de coups par des clients capitalistes, il avait le corps tout couturé de cicatrices ; sa mère, ouvrière depuis l'âge de quatorze ans, était devenue borgne à la suite d'un accident de travail, etc.

Rongé par une maladie mystérieuse et une fièvre permanente (phtisie ?), Chen refuse les congés de maladie que lui prescrit le médecin. Au cours d'un incendie qui s'est déclaré dans l'usine, il se dépense héroïquement et est atrocement brûlé (luxe de détails, que je passe ; le vice et le sadisme sont décidément, et de façon universelle, les deux mamelles de l'hagiographie). Il lutte pendant quarante jours sur son lit de douleur, soutenu par l'unique désir de reprendre son poste sur le front de la production. Mais finalement il meurt en exhalant de dernières paroles édifiantes. Tout le monde pleure. On trouve dans ses affaires son journal qui contient des pensées non moins admirables :

> Une allumette, même si elle s'éteint ensuite, du moment qu'elle a réussi à en allumer d'autres, peut donner naissance à un brasier dix fois, cent fois, mille fois, des millions de fois plus grand qu'elle. Je veux être un homme-allumette qui allume le grand brasier du socialisme.

Ainsi après l'homme-vis (Lei Feng) voici maintenant l'homme-allumette. Admirons quand même l'imagination littérale (un peu macabre peut-être) des hagiographes pékinois qui, ayant inventé un homme-allumette, choisissent de lui faire terminer sa carrière comme torche vivante dans un incendie, pour l'édification du peuple fidèle…

Dans son remarquable essai sur la littérature enfantine chinoise, J.-P. Diény faisait justement observer :

> La Chine traite les enfants comme des hommes, et les hommes comme des enfants [2].

1. Malheureusement aucun titre n'est donné.
2. J. P. Diény, *Le Monde est à vous*, Paris, 1971, p. 8.

PETIT INTERMÈDE PHILOSOPHIQUE

Dans le désert que présentaient les librairies en 1972, les rares nouveautés se signalaient d'emblée à l'attention des clients et devenaient promptement des best-sellers. Au nombre de ceux-ci il faut avant tout citer un *Vade-mecum de l'éleveur de cochons* (*Zenmoyang yang zhu*) et une *Histoire abrégée de la philosophie européenne* (*Ouzhou zhexue shi jianlue*). Le second de ces deux ouvrages fut mentionné à l'époque dans le plus sérieux de tous les quotidiens de France, par un correspondant qui, protégé par sa bienheureuse ignorance de la langue chinoise, voyait dans le fait matériel qu'un livre pût paraître sur un tel sujet, une preuve indubitable de la renaissance de l'activité intellectuelle en Chine populaire. Il est cependant vrai que l'ouvrage en question peut nous fournir une très expressive illustration de la vie intellectuelle chinoise après la « Révolution culturelle » ; à ce titre il mérite qu'on s'y arrête un moment.

Le livre, qui a été écrit en collaboration par trois auteurs, couvre la philosophie occidentale d'Héraclite à Sartre ; Marx est exclu de ce panorama sinon très complet : sa philosophie représente en effet « une révolution sans précédent dans l'histoire de la pensée » et ne peut dès lors faire l'objet que d'études spécifiques et séparées. Dans le présent opuscule, il se trouverait d'ailleurs en trop mauvaise compagnie.

Dans un avant-propos, les auteurs justifient leur entreprise : « Dans la lecture des ouvrages marxistes-léninistes, et surtout dans l'étude des classiques du marxisme, nous rencontrons tout le temps des concepts qui se réfèrent à l'histoire de la philosophie européenne » ; le même problème survient aussi lorsqu'il s'agit de « dénoncer l'idéalisme, l'a-priorisme et la théorie bourgeoise de la nature humaine développés par les escrocs du type Liu Shaoqi ». Aussi « pour répondre aux besoins bien concrets de la lutte des classes et de la lutte entre les deux lignes au sein de notre Parti [...] il nous faut bien étudier de façon systématique un peu d'histoire de la philosophie, y compris l'histoire de la philosophie européenne ».

C'est donc essentiellement à un ouvrage pratique, et à un ouvrage de combat que nous avons affaire ; d'ailleurs « la philosophie n'existe qu'en fonction de la lutte des classes », proclament les auteurs dès la première ligne de la première page. Avant la « Révolution culturelle » il était courant de trouver ce genre de professions de foi en tête d'excellentes études de sciences humaines ; après avoir ainsi ouvert son parapluie idéologique, l'auteur pouvait ensuite tranquillement poursuivre son propos, sans plus devoir s'inquiéter d'autres interférences du dogme. Mais ce n'est plus le cas ici ; l'introduction de la lutte des classes dans l'histoire de la philosophie européenne fait bientôt ressembler celle-ci à un vaste jeu de massacre où personne ne trouve grâce. Quelques exemples :

… Nietzsche continua et développa le volontarisme ésotérique de Schopenhauer. Il est l'annonciateur du fascisme. Il se fit publiquement le défenseur des entreprises d'oppression cruelle et d'agression menées par la classe réactionnaire bourgeoise. La philosophie de Nietzsche reflète cette période où la classe réactionnaire bourgeoise, s'étant développée jusqu'au point de pouvoir se débarrasser de ses apparences démocratiques, adopta ouvertement une politique de dictature violente ; elle s'est formée dans la dernière partie du XIXe siècle au moment où le capitalisme était en train de se métamorphoser en impérialisme […]. En bref, la philosophie de Nietzsche est une philosophie de brigands à la disposition de la classe bourgeoise réactionnaire, pour s'opposer ouvertement et sans vergogne au peuple et à la démocratie. En fait cette philosophie prêche le retour à la barbarie ; elle exprime la nature bestiale de la classe réactionnaire bourgeoise. Et d'ailleurs Nietzsche lui-même était complètement fou. Dans la philosophie de Nietzsche, il y a parfait mariage entre la pensée abjecte et impudente de la classe bourgeoise réactionnaire, et la folie du philosophe lui-même.

… Bergson est un philosophe réactionnaire français de la fin du XIXe siècle et du début du XXe siècle […]. Il a clairement illustré la façon particulière dont, à l'époque impérialiste, la classe réactionnaire bourgeoise s'oppose à la science […] la philosophie de Bergson est l'expression d'un spasme aveugle de la classe réactionnaire bourgeoise qui, à l'époque impérialiste, se débat dans son agonie. Dans les œuvres de la dernière partie de sa carrière, Bergson s'est fait plus ouvertement encore le défenseur du fascisme. Il estime que l'invasion d'un autre pays est simplement une « pulsion vitale », que c'est une expression nécessaire de la vie des sociétés, et qu'il s'agit d'un phénomène « naturel » et « normal ». Ce qui montre très clairement que la philosophie de Bergson est une théorie impérialiste et fasciste.

… L'existentialisme est une école philosophique réactionnaire bourgeoise, très répandue actuellement dans le monde capitaliste […]. Durant et après la Deuxième Guerre mondiale, les écrivains français Marcel et Sartre ont diffusé l'existentialisme au moyen de leurs œuvres littéraires, et ainsi l'existentialisme a été mis à la mode en France pendant un certain temps […]. L'impérialisme est un capitalisme agonisant et pourrissant. A l'époque impérialiste, la classe bourgeoise monopoliste se sentant condamnée à mort, d'une part se débat dans son agonie en se lançant dans des aventures expansionnistes et en cherchant à anesthésier la volonté de lutte révolutionnaire du peuple, d'autre part elle se trouve en proie à l'angoisse, au pessimisme et au désespoir et se sent impuissante. L'existentialisme est une expression de la décadence corrompue et du pessimisme désespéré de la classe bourgeoise monopoliste à l'époque impérialiste ; c'est la philosophie morte de l'impérialisme capitaliste, c'est la philosophie dont la classe bourgeoise monopoliste se sert pour paralyser la volonté de lutte révolutionnaire du peuple [...]. Les existentialistes, même si certains sont athées en apparence, en fait relient leur philosophie à la religion [...]. La plupart des existentialistes dans les problèmes politiques concrets, ont adopté ouvertement des positions réactionnaires. Ils se font les défenseurs de la politique de la classe bourgeoise monopoliste des USA, l'aidant à répandre la pensée réactionnaire de l'idéal universaliste...

Je n'abuserai pas de ces citations dont la monotonie risquerait de lasser. Oserai-je confesser que, tant pour le style que le contenu, cet ouvrage philosophique me paraît nettement inférieur à l'autre best-seller mentionné plus haut, ce *Vade-mecum de l'éleveur de cochons* qui, pour être moins ambitieux dans son propos, semble être le fait, lui, d'un homme compétent et remarquablement libre de préjugés. Ne jetons toutefois pas trop vite la pierre aux malheureux philosophes de service ; en Chine populaire, tout le monde n'a pas la chance d'être porcher.

BUREAUCRATES

> Comme le jour se divise en dix périodes, ainsi les hommes sont répartis en dix classes, de façon que ceux des classes inférieures soient aux ordres de ceux des classes supérieures, cependant que ces derniers servent les dieux. C'est ainsi que le roi commande aux ducs, les ducs aux grands officiers, les grands officiers aux gentilhommes, les gentilshommes aux licteurs, les licteurs aux intendants, les intendants aux majordomes, les majordomes aux domestiques, les domestiques aux laquais, les laquais aux valets ; il y a aussi des palefreniers pour s'occuper des chevaux, et des bouviers pour les bœufs, en sorte qu'il est pourvu à toutes les fonctions…
>
> *Zuo Zhuan,*
> (7e année du Duc Zhao).

A l'époque dont parle le *Zuo zhuan* (VIe siècle av. J.-C.) la hiérarchie des fonctions dans la société ne comportait encore que dix degrés. Entretemps on a fait du progrès : la bureaucratie maoïste compte aujourd'hui *trente* classes hiérarchiques, pourvues chacune de ses privilèges et prérogatives spécifiques [1]. Le scrupuleux souci, l'obsession du protocole dont témoigne la bureaucratie maoïste sont une source constante d'étonnement pour les diplomates occidentaux à Pékin — de même que l'absence de formalisme qui règne dans les ambassades de certaines jeunes nations (où il est courant d'entendre un troisième secrétaire appeler l'ambassadeur par son prénom) n'a pas fini de plonger les mandarins chinois dans la stupéfaction. Dans tous leurs contacts avec les étrangers, les fonctionnaires maoïstes insistent toujours pour qu'on les informe très précisément des exacts titres, fonction et position hiérarchique de chaque interlocuteur, de manière à pouvoir doser à chacun la

1. Trait remarquable : la « Révolution culturelle » n'a en RIEN modifié cette division en trente classes, qui continue à opérer comme par le passé. Le fait m'a été confirmé à plusieurs reprises par des officiels divers que j'ai interrogés en 1972 et 1973 à Pékin et en province. Ce système des trente catégories, adopté depuis 1956, a été décrit dans le *Yi jiu wu liu nian zhongyang caizheng fagui huibian*, Pékin, 1957, p. 226-247. A ce sujet, voir également F. Teiwes, *Before and After the Cultural Revolution*, rapport au *Symposium on Contemporary China*, Australian National University, Canberra, novembre 1973.

juste longueur de tapis à dérouler devant ses pas : toute incertitude dans ce domaine plonge les bureaucrates chinois dans des abîmes de malaise et d'angoisse. En fait ils cherchent simplement à étendre aux étrangers les catégories rigides et précises qui chez eux commandent toute la vie officielle, et en assurent la splendide ordonnance. Rien, nul détail futile n'est jamais laissé au hasard : la place qu'une photo de réunion officielle occupe dans le journal, sa dimension, la présence ou l'absence de personnages importants, l'ordre dans lequel les noms des leaders sont mentionnés, tout est significatif, tout est réglé avec plus de rigueur et de minutie que dans un rituel byzantin. Ne point mélanger les torchons avec les serviettes est une autre hantise ; pour assurer le strict cloisonnement des castes, classes et hiérarchies, on ne recule devant aucun sacrifice ; ainsi par exemple, dans le ghetto diplomatique, alors qu'il aurait été si simple d'arranger une seule grande cantine *pour tout le monde*, non seulement les étrangers sont (évidemment !) séparés des Chinois, mais pour les Chinois eux-mêmes, il y a deux cantines distinctes, l'une destinée à l'aristocratie intellectuelle des employés et interprètes, l'autre aux couches inférieures des chauffeurs, balayeurs et autre personnel domestique… A l'origine, le principe des écoles du 7-Mai aurait dû permettre aux bureaucrates de reprendre périodiquement contact avec les ouvriers et paysans ; dans la pratique, il n'en est rien : un cadre à qui je demandais s'il vivait avec les paysans durant les périodes où on l'envoyait aux champs, fut très choqué de ma question. Il faut savoir en effet que les écoles du 7-Mai, depuis qu'elles ont été institutionnalisées, sont devenues maintenant des îlots bureaucratiques soigneusement isolés de leur environnement campagnard ; les pensionnaires de ces établissements plantent des choux, certes, et élèvent des cochons : *mais ces activités se font strictement entre bureaucrates*, dans l'enceinte de l'école. N'ont-ils donc aucune occasion de connaître la vie des campagnards ? Mais si, bien sûr : une ou deux fois par semaine l'un ou l'autre paysan vient leur faire une causerie à l'école, et leur décrit comment le président Mao et le Parti ont transfiguré son existence…

Dans la Chine antique, les mandarins étaient désignés par une périphrase expressive : « ceux-qui-mangent-de-la-viande ». Aujourd'hui divers privilèges gastronomiques continuent à distinguer du commun des mortels, les cadres d'un certain niveau : pour ceux-ci, surtout en province, tous les prétextes sont bons (passage d'une délégation étrangère, visite d'un ambassadeur accompagné de sa suite, que sais-je encore ?) pour organiser de petits festins privés qui peuvent être quelquefois d'une munificence extravagante (pour qui a l'une ou l'autre fois tâté de ces régals intimes, la cuisine des grands banquets collectifs que Zhou Enlai donne si souvent dans le Grand Hall du peuple aux Nixon et autres Farah Dibah, par comparaison, ne relève plus que d'un niveau de cantine de caserne). Néanmoins si, sur le modèle de la périphrase antique, il fallait fabriquer une nouvelle expression pour qualifier les mandarins modernes, « ceux-qui-roulent-en-voiture » serait sans doute encore la plus appropriée.

En Chine, il n'y a de voitures que mandarinales ; tous les mandarins se déplacent en voiture et seuls les mandarins se déplacent en voiture (les vieillards, les grands malades qu'on mène à l'hôpital, lorsqu'ils ont le malheur d'appartenir au commun des mortels, doivent se contenter généralement d'une brouette ou d'une charrette à bras, poussée ou tirée par des parents ou des voisins charitables).

Comme il n'est de voitures qu'officielles, le seul fait de trôner sur la banquette arrière d'une automobile équivaut au meilleur des laissez-passer. Si vous avez affaire dans un quelconque immeuble gouvernemental, présentez-vous à pied, et vous êtes sûr de vous faire intercepter par un factionnaire, un concierge ou un huissier avec qui il vous faudra longuement parlementer avant d'être admis à franchir le premier portail. Si vous arrivez en voiture par contre, ces mêmes cerbères du plus loin qu'ils aperçoivent votre équipage, s'empressent de vous ouvrir tout grand les grilles d'entrée, que vous pourrez franchir d'un trait, sans même avoir dû ralentir l'allure. Dans les circonstances de la vie professionnelle des bureaucrates, ne pas faire usage de voiture passe quelquefois pour aussi indécent que de se présenter en caleçon. A Pékin ainsi, un jeune diplomate européen, novice dans son métier, brave garçon mais un peu naïf, croyait séant, dans cette capitale révolutionnaire-prolétarienne, de remplacer autant que possible l'usage de sa voiture par celui d'une bicyclette. Un jour qu'il avait un important rendez-vous au ministère des Affaires étrangères, l'interprète-factotum de son ambassade le surprit au moment où il enfourchait son vélo. « Monsieur l'Attaché Culturel ! Que faites-vous ? Vous n'allez quand même pas vous rendre à bicyclette au ministère des Affaires étrangères ? » Penaud, notre innocent ami reconnut qu'il avait eu cette intention. L'interprète-factotum, de sa propre autorité, fit avancer la limousine de l'ambassade, et sous son œil sévère, l'attaché culturel progressiste dut bien y embarquer docilement… Grâce à cette intervention d'un employé chinois, l'ordre bureaucratique pékinois échappa ainsi de justesse à un choquant outrage.

Si le seul fait de disposer d'une auto suffit à indiquer une fonction officielle, il faut remarquer cependant que le modèle, la couleur et les dimensions du véhicule varient en fonction de la position hiérarchique de l'usager : au bas de l'échelle on trouve des voitures russes, tchèques, chinoises, de moyenne taille, beiges ou grises ; tout au sommet ce sont les longues limousines noires, de marque Hongqi, toutes tendues de rideaux de tulle qui dérobent le passager à la vue du vulgaire. Pékin est ainsi sillonné de ces espèces de spacieux corbillards dont les vitres aveugles irradient une aura de mystère auguste — rappelant tout à la fois le « carrosse du saint sacrement » et les limousines dans lesquelles les cheiks arabes véhiculent leurs harems. Une des distractions favorites du petit peuple de Pékin — qui n'en a plus tellement par les temps qui courent — est de se masser près de l'entrée de l'hôtel de Pékin ou du Grand Hall du peuple les soirs de banquets officiels, pour regarder passer des processions de voitures noires aux rideaux hermétiquement clos. On ne sent d'ailleurs nulle envie ni rancœur chez ces âmes humbles — riches de trois millénaires d'expérience des régimes despotiques —, simplement la curiosité de badauds qui cherchent à entrevoir, ne fût-ce qu'un instant, quelque chose de ce monde magique et lointain où évoluent les êtres mystérieux qui les gouvernent.

La « Révolution culturelle » est hypocritement venue masquer certaines des formes les plus extérieures de ces stratifications de castes, mais sans toutefois en altérer la substance. C'est ainsi que, dans les chemins de fer, *nominalement* on a supprimé les mentions de première, seconde et troisième classes, et on y a substitué les appellations de places « assises-dures » (ying zuo), « couchées-dures » (ying wo) et « couchées-molles » (ruan wo), qui coïncident très exactement avec les trois classes d'antan et, comme elles, présentent une échelle de prix variant du simple au triple. Les insignes extérieurs des grades ont presque disparu dans l'armée : ils ont été remplacés uniformément par une vareuse à quatre poches pour les officiers, et à deux poches pour les simples soldats. Ainsi donc un colonel qui voyage en première classe des chemins de fer, n'est plus maintenant qu'un militaire à quatre poches voyageant en « couchées-molles » — avec un militaire à deux poches pour lui porter respectueusement sa valise. En ville, on distinguera encore parmi les militaires à quatre poches, en ordre croissant d'importance, ceux qui ont droit à une jeep, ceux qui circulent en limousine-noire-à-petits-rideaux, et ceux qui circulent en limousine-noire-à-petits-rideaux-précédée d'une jeep.

En plus des signes visibles de leur dignité hiérarchique (auxquels ils sont farouchement attachés, car l'absence de ces signes serait aussitôt interprétée comme un indice certain de disgrâce), les mandarins jouissent d'avantages matériels rigidement dosés en fonction de l'échelon qu'ils occupent. Les différences de salaire sont considérables dans tous les secteurs d'activité (par exemple, les traitements universitaires varient de 50 Y par mois pour un jeune enseignant qui débute, à 340 Y pour un professeur ; dans le domaine industriel l'éventail des salaires au sein d'une même usine peut varier de 35 Y à 210 Y), mais nulle part les écarts ne sont plus prononcés que pour les cadres gouvernementaux, qui vont de 20 Y tout au bas de l'échelle, à 728 Y au sommet. Mais bien entendu, pour qui s'élève dans la hiérarchie, les augmentations de salaire ne sont qu'un attrait secondaire en regard de tous les autres avantages qui dérivent d'une influence et d'un pouvoir accrus : possibilité d'aller en mission à l'étranger, d'envoyer ses enfants à l'université, de caser ses proches dans des positions confortables, de se procurer certains biens de consommation en temps de pénurie, etc., bref tout ce que le langage familier résume en une seule expression « passer par la porte de derrière » (zou houmen). Périodiquement ces diverses pratiques font l'objet de répressions sévères — la « Révolution culturelle » constitua une de ces périodes — mais très vite la nature bureaucratique reprend ses droits, et la situation redevient normale. Il faut reconnaître d'ailleurs que l'exemple vient de haut : le népotisme du président Mao s'étale aux yeux de tous. Que serait Jiang Qing aujourd'hui, abandonnée à ses seuls talents de starlette et de demi-mondaine, si elle n'était devenue l'épouse du Grandiose Leader ? Le cas de Wang Hairong, nièce de Mao, n'est pas moins remarquable : à peine diplômée (en 1965) de l'Institut des langues étrangères de Pékin, cette jeune femme dépourvue de toute expérience professionnelle entra au ministère des Affaires étrangères (tant l'Institut des langues étrangères que le ministère des Affaires étrangères restent aujourd'hui curieusement parés d'une sorte de prestige aristocratique) où presque aussitôt elle devint chef du département du Protocole, puis à l'âge d'à peine trente ans, se vit catapulter au poste de ministre-assistant ! Et que dire de Mao Yuanxin, neveu du Président (fils de Mao Zemin[1]) qui, en 1968, alors qu'il n'avait pas encore trente ans, devint vice-dirigeant du comité révolutionnaire de la province du Liaoning, et peu après se trouva promu secrétaire du comité du Parti pour cette même province ? On pourrait continuer la série en mentionnant Xiao Li (Lina), la fille de Jiang Qing, qui toute jeune elle aussi, occupe un poste important dans la rédaction du *Journal de l'Armée de libération*, et tant d'autres encore qui n'ont dû leur brillante carrière qu'aux influences familiales, mais à quoi bon ? Tout le monde est témoin de ces augustes protections et personne ne s'en formalise : Mao n'a fait que reprendre à son compte une tradition si ancienne, qu'elle est devenue comme une loi naturelle des mœurs gouvernementales.

Les foudroyantes promotions dont jouissent les jeunes parents des gens en place, ne devraient pas faire croire que le régime, de façon générale, soit disposé à faire confiance à la jeunesse ; tout au contraire, en principe l'avancement ne se fait qu'à l'ancienneté ; étant donné le nombre des échelons à gravir et la lenteur avec laquelle on passe de l'un à l'autre, le régime se trouve voué à la gérontocratie : des vingt hommes qui gouvernent la Chine, la moitié sont des vieillards : deux approchent des quatre-vingt-dix ans, deux ont dépassé les quatre-vingts, six ont

1. Mao Yuanxin, né au Xinjiang au début des années 40, fut recueilli et élevé à Yan'an par Mao Zedong et Jiang Qing après la mort de son père (exécuté en 1943). Comme le fils aîné de Mao Zedong, Anying, est mort durant la guerre de Corée, et son second fils, Anjing, atteint de maladie mentale, demeure confiné dans une maison de santé à Dalian, Mao Yuanxin reste aujourd'hui l'héritier mâle le plus proche du Président. (*Post-scriptum de 1978 :* Comme Jiang Qing, la mort de Mao devait le priver de son unique capital politique, et il est maintenant en disgrâce.)

largement dépassé les soixante-dix ou en approchent, et dans cette petite collection de patriarches, trois ou quatre au moins ont atteint un état de sénilité ou d'invalidité chronique. Comme le système ne prévoit pas de limite d'âge ni de mise à la retraite pour son personnel supérieur, il n'y a au sommet pas d'alternative honorable et décente entre la jouissance du pouvoir total, et la totale disgrâce, et ceci explique l'âpre énergie avec laquelle tant de personnages podagres, infirmes et décrépits continuent à s'agripper à leur siège du Politbureau. Un autre facteur de sclérose provient du fait que les six ou sept niveaux les plus élevés de la hiérarchie demeurent le monopole quasi exclusif de la génération qui s'est engagée dans le mouvement révolutionnaire depuis au moins une quarantaine d'années. Ce qu'on appelle dans le jargon du métier « un cadre de trente-sept » (san qi ganbu) — c'est-à-dire un cadre qui n'a rallié le Parti que depuis la guerre (1937) — a peu de chances de monter au-delà du septième ou du sixième niveau : ceci évidemment ne facilite pas l'injection de sang neuf dans l'appareil ; l'ascension de personnages plus jeunes, comme Yao Wenyuan et Wang Hongwen, reste un phénomène exceptionnel et ne doit pas nous cacher une réalité autrement significative : en 1973, le Xe Congrès du Parti a consacré l'élimination *presque totale* des jeunes leaders qu'avait promus la « Révolution culturelle », parachevant ainsi une évolution irréversiblement développée dès 1968-1969[1].

Les cadres servent de courroie de transmission entre la base et le sommet. Ils jouissent de privilèges, certes, mais avant de leur en faire le reproche, il faut considérer combien ingrat et dangereux est leur métier. Ils sont perpétuellement pris en tenaille entre les dirigeants et les dirigés. Les directives venues d'en haut sont en général d'une ambiguïté délibérée : en cas d'échec, les leaders s'assurent ainsi la possibilité d'une retraite, laissant par ailleurs à découvert les infortunés exécutants de leur politique, qui peuvent, eux, être alors désavoués et sacrifiés à la rancœur des masses. Il serait assez injuste de faire grief aux bureaucrates maoïstes de leur lenteur et de leur inertie : le plus souvent, c'est le non-agir qui reste pour eux la seule recette de survie. Comment pourraient-ils marcher de l'avant ? Ils doivent régler leur boussole sur la Pensée de Mao Zedong — pôle singulièrement mouvant, insaisissable et inconstant. Jugez-en : il s'agit de ne pas verser dans l'erreur de gauche, ni dans l'erreur de droite (quelquefois, comme dans le cas de Lin Biao, l'erreur de gauche *est* une erreur de droite) ; mais entre ces deux ornières, le cadre cherchera vainement refuge dans la « voie moyenne », car celle-ci constitue une notion féodale-confucéenne. La droite, la gauche et le centre étant également chargés de dangers, il pourrait être tenté de simplement fermer

1. J'ai décrit cette évolution dans mon livre précédent, *Les Habits neufs du président Mao*. (*Post-scriptum de 1978* : Yao et Wang sont maintenant en disgrâce : la boucle est bouclée.)

les yeux et d'obéir sans discussion aux injonctions successives et contradictoires du Grandiose Leader. Erreur encore ! L'« obéissance aveugle » est une notion empoisonnée, inventée par Liu Shaoqi pour poursuivre ses inavouables entreprises de restauration capitaliste. Mais dans cette situation, voici que le cadre hésitant, abattu et timoré voit son courage soudain ranimé par d'audacieux mots d'ordre neufs : il faut oser « nager à contre-courant », « ne pas avoir peur de se trouver mis en minorité », « ne pas craindre la disgrâce, ni même l'exclusion du Parti ». Toutefois avant de sauter à l'eau pour bravement remonter le courant, il ne peut s'empêcher de méditer un instant sur le fait que « le courant de l'Histoire est irrésistible » et que le Parti communiste qui en est l'incarnation, est lui-même « grandiose et infaillible ». Sa résolution fléchit donc, mais on lui rappelle alors qu'« il est légitime de se rebeller » ; il va donc passer à l'action, quand survient une nouvelle douche froide : « Il faut en toute circonstance observer la discipline du Parti. » Qui croire ? « La vérité est le plus souvent le fait de la minorité » ; indication utile, mais dont la portée pratique est singulièrement limitée par un autre axiome de base : « La minorité doit toujours se soumettre aux décisions de la majorité. » Est-ce à dire que les décisions doivent être le produit d'un vote ? Pas du tout ! « Le respect du vote majoritaire est une superstition bourgeoise. » Dans cette conjoncture, un cadre qui n'a pas la tête philosophique, éprouvant un certain vertige, peut se sentir tenté d'abandonner ces épineux problèmes théoriques, pour se consacrer plutôt à des besognes concrètes. Mais celles-ci se montrent presque aussi riches en pièges : ainsi, s'il s'occupe d'affaires culturelles et littéraires, comment concilier la nécessité de « produire plus d'ouvrages vivants et intéressants » avec une « répudiation active de cette notion vulgaire et bourgeoise d'*ouvrage intéressant* disséminée par les escrocs du type Liu Shaoqi » ? Militaire, il devra « se garder de donner la priorité aux compétences professionnelles », ce qui serait une erreur de droite, héritée de Liu Shaoqi et Peng Dehuai, mais en même temps il lui faudra se défendre contre « le préjugé métaphysique selon lequel la politique doit avoir la précédence sur les compétences professionnelles », théorie empoisonnée due à Lin Biao, et où se dévoile bien la vraie nature d'une déviation-apparemment-de-gauche-qui-est-en-fait-un-sabotage-de-droite. Les affaires économiques, les activités agricoles et industrielles s'avèrent encore plus fécondes en chausse-trapes : c'est qu'il s'agit ici de départager clairement des phénomènes qui sont en fait parfaitement identiques, sinon dans les distinguos logomachiques des idéologues : comment différencier les « stimulants matériels », arme empoisonnée dont Liu Shaoqi se servait pour restaurer le capitalisme, des « justes rétributions proportionnées au labeur », qui sont un encouragement légitime et nécessaire à la créativité des masses ? Le problème n'offre pas un intérêt simplement académique : tolérer les premiers équivaudrait à restaurer la politique liuïste, tandis qu'interdire les secondes pourrait passer pour un sabotage lin-biaoïste. Pour éclairer la lanterne des malheureux cadres déboussolés, *Le Quotidien du peuple* offre de nombreuses vignettes de casuistique. Voyez celle-ci par exemple : dans une certaine brigade de production, l'individu préposé à l'élevage du bétail a obtenu des résultats particulièrement fructueux : grâce à lui, le cheptel de la brigade s'est multiplié ; aussi la branche locale du Parti décide non seulement de mettre son nom à l'honneur, mais encore de lui remettre une somme d'argent en récompense. Des membres de la brigade discutent cette décision : cette récompense en espèces ne relève-t-elle pas des « stimulants matériels » et de la « primauté à l'argent » prônés par Liu Shaoqi ? Si les mots veulent encore dire ce qu'ils disent, on serait tenté de répondre par l'affirmative, mais (en 1972 du moins) la réponse officielle du *Quotidien du peuple* était NON ; la décision de la branche locale du Parti était absolument correcte ; loin de constituer un « stimulant matériel » de type liuïste, la remise de cette somme d'argent représentait une application du principe socialiste de la répartition « à chacun selon son labeur » ; ses effets sont bénéfiques, car elle encourage l'« ardeur positive » des travailleurs. Une autre de ces devinettes : les membres d'une brigade de production avaient pris du foin coupé sur le terrain de la collectivité pour nourrir leur bétail privé ; le secrétaire de la branche locale du Parti leur en fait le reproche. Qui a raison dans cette affaire ? Réponse paradoxale du *Quotidien du peuple* : le secrétaire du Parti a eu tort. Dans son excès de zèle, il décourageait le développement d'une activité secondaire des paysans (élevage privé) à un moment où, pour des raisons économiques, l'État cherchait précisément à stimuler ce genre d'initiative. Lin Biao ayant maintenant rejoint Liu Shaoqi au banc d'infamie, il suffit d'associer ces deux figures antinomiques pour obtenir un épouvantail merveilleusement disparate et complet, monstre bifrons qui d'un côté corrompait les paysans et les ouvriers en leur octroyant des avantages matériels, et d'un autre côté étouffait toute initiative chez ces mêmes paysans et ouvriers en leur imposant un démoralisant égalitarisme, qui dans l'armée créait des troupes de soudards professionnels sourds à la politique, et simultanément favorisait la formation de métaphysiciens en uniforme, la constitution de régiments d'idéologues incapables de tirer juste, qui prônait la frivolité dans les lettres et les arts et simultanément était responsable de la monotonie et de l'aridité de la production littéraire et artistique, etc. Pour faire face à un ennemi aussi polyvalent, il faut pas mal d'agilité, et surtout une vigilance de tous les instants. Si pour tout problème, *Le Quotidien du peuple* fournit toujours la solution correcte, il peut cependant à quelque temps de distance, apporter à la même question *une réponse opposée.* La vérité maoïste est de nature essentiellement fluente et transitoire ; pour survivre, il s'agit donc de ne manquer aucun train, de ne rater aucun virage : aussi la propagande maoïste — presse, radio, opéra — a beau être l'une des plus monotones, arides et indigentes qui soient au monde[1], elle est suivie avec un intérêt haletant par des millions d'hommes dont la carrière et l'existence même sont suspendues à ces vicissitudes de l'idéologie qu'il faut jour après jour déchiffrer entre les lignes, et dont il faut quelquefois découvrir le message dans les endroits les plus incongrus. Un homme d'affaires menacé de banqueroute ne dévore pas les colonnes de chiffres et la chronique financière avec plus de fièvre et de passion, qu'un cadre chinois scrutant les listes des présences aux banquets, enterrements et autres matches de ping-pong survenus la veille ; ici en effet, les métamorphoses de la politique se compliquent encore du phénomène des « clientèles » — de tous les héritages féodaux qui grèvent les mœurs politiques maoïstes, l'un des plus consternants : tout personnage influent devient le noyau d'une clique, dispose d'un réseau d'hommes liges, possède une clientèle privée de commensaux et d'auxiliaires ; en conséquence, les disgrâces et les épurations ne sauraient jamais se limiter à des cas individuels ; l'élimination d'une figure subalterne sert le plus souvent de prélude ou de prétexte initial à une offensive dirigée contre ses puissants protecteurs (qu'on se rappelle par exemple la façon dont la chute de Wu Han et Deng Tuo entraîna celle de Peng Zhen, et finalement celle de Liu Shaoqi), cependant que la culbute d'une tête de file entraîne inévitablement celle de tous ses subordonnés immédiats (on pourrait remplir une page entière rien qu'en énumérant les noms des personnalités militaires qui se sont englouties dans le sillage de Lin Biao).

Il serait erroné de croire que le phénomène bureaucratique des hiérarchies et des privilèges soit une sorte de maladie de vieillesse du régime, résultant de la sclérose qui accompagne inévitablement vingt années de pouvoir absolu. Pour vraiment comprendre le maoïsme, on ne saurait en limiter l'examen à la seule période d'après la Libération : il faut reprendre les choses de plus loin. Si l'on étudie par exemple la période de Yan'an, souvent décrite par de lyriques illettrés[2] comme l'âge héroïque et fraternel de la révolution combattante, on y voit en fait tous les vices du système, déjà mûrs et étalés. A l'époque, cette découverte frappa d'ailleurs de désespoir un certain nombre de militants qui, ayant rejoint Yan'an dans l'espoir d'aider à l'accouchement d'un monde nouveau, ne s'étaient pas attendus à y retrouver précisément les vices bureaucratiques et despotiques du vieux monde pourri auquel ils avaient tourné le dos. L'éloignement et l'isolement de Yan'an contribuèrent à étouffer leurs cris ; il y eut pourtant des circonstances où l'écho de ces voix parvint jusqu'au monde extérieur : l'affaire Wang Shiwei en est le plus illustre exemple.

---

1. Quoique, dans ce domaine, il se pourrait bien que la palme revienne encore à la propagande nord-coréenne.
2. Illettré est employé ici au sens technique de sinologue incapable de lire le chinois.

Wang Shiwei était un révolutionnaire de longue date ; son expérience directe de l'Union soviétique, sa connaissance des classiques marxistes-léninistes dont il s'était fait le traducteur, avaient contribué à le désigner comme une autorité dans le domaine idéologique ; aussi, arrivé à Yan'an, il s'était vu confier un poste d'enseignement dans l'école des cadres du Parti. Au début de 1942, suivant un schéma qui préfigurait déjà dans ses grandes lignes les futures « Cent Fleurs » de 1956 (il n'y a décidément rien de neuf sous le soleil maoïste...), les masses furent invitées à critiquer les cadres, et au cours de meetings, les méthodes arbitraires et bureaucratiques du Parti furent publiquement dénoncées. Les intellectuels de Yan'an croyant naïvement que le Parti était réellement désireux de se soumettre à un libre débat, se mirent à publier divers articles et essais dans le quotidien de Yan'an, le *Jiefang ribao*, dans l'espoir que leurs critiques puissent servir à purifier de ses vices un système auquel ils avaient dédié le meilleur d'eux-mêmes. C'est ainsi que la célèbre romancière Ding Ling attaqua les préjugés féodaux que les cadres du Parti continuaient à entretenir à l'égard des femmes ; les écrivains Luo Feng et Xiao Jun, le poète Ai Qing rappelèrent aux intellectuels le devoir qu'ils avaient de demeurer comme la conscience critique de la société, et exprimèrent de manière diverse leur désenchantement à l'égard du régime bureaucratique de Yan'an. Dans ce concert, une voix dominait toutes les autres, celle de Wang Shiwei qui, par sa formation théorique était mieux à même d'identifier la nature du mal, et dont l'expérience de révolutionnaire et de théoricien marxiste commandait un respect général. Dans une succession de courts articles qui parurent en mars 1942 dans le *Jiefang ribao* sous le titre collectif de *Lis sauvages* (Ye baihe hua) il stigmatisa cette nouvelle classe dirigeante qui s'était reconstituée sur un modèle désespérément semblable à celui de l'ancienne société — arrogante, dure, impitoyable, intolérante de toute critique, avide de privilèges —, ainsi que le gouffre qui s'était creusé entre dirigeants et dirigés. Il terminait son dernier article en ces termes :

> J'ai entendu dire qu'un certain camarade avait écrit un article sur le sujet *Égalitarisme et système de classes hiérarchiques* dans le journal de son organisme, et qu'en conséquence ses « supérieurs » l'avaient critiqué et attaqué de telle façon qu'il en était devenu à moitié fou. J'espère qu'il ne s'agit là que d'une rumeur sans fondement [...] mais la chose n'a rien d'impossible. En ce qui me concerne, bien que je ne puisse me flatter d'avoir les nerfs aussi solides que certains autres, je crois bien que ma santé est suffisamment robuste pour m'empêcher de sombrer dans la folie, et c'est pourquoi j'ose prendre ici la succession de ce camarade pour traiter à sa suite de « l'égalitarisme et du système des classes hiérarchiques ».
>
> Communisme n'est pas synonyme d'égalitarisme (et d'ailleurs en ce moment ce n'est pas une révolution communiste que nous poursuivons) : nul besoin pour moi de faire une dissertation là-dessus. Et de toute manière, je puis l'affirmer de façon absolue, il n'y a pas ici un seul cuisinier qui nourrisse l'ambition de vivre

sur le même pied que ses supérieurs. Mais la question des classes hiérarchiques n'est pas aussi simple que cela. Certains nient l'existence de telles hiérarchies à Yan'an : mais leurs dénégations sont contredites par la réalité, car ces classes existent en fait. D'autres disent : d'accord, nous avons un système hiérarchique, mais ce système est justifié. Cette seconde attitude appelle un examen sérieux. Ceux qui estiment que les classes hiérarchiques sont justifiées, avancent en général trois types d'arguments : 1. en vertu du principe « de chacun selon ses capacités à chacun selon son mérite », il est normal que ceux qui sont chargés des responsabilités les plus lourdes, jouissent d'un régime plus favorisé ; 2. dans le cadre du système des « trois tiers », le gouvernement va bientôt instaurer un système de salaires : ceux-ci inévitablement devront être inégaux ; 3. l'Union soviétique possède elle aussi un système de classes hiérarchiques. Il y aurait pas mal de choses à répondre à ces divers arguments. En ce qui concerne le premier : pour le moment, nous sommes en plein engagés dans le processus difficile et rude d'une révolution ; tout le monde est physiquement harassé et accablé de souffrances ; beaucoup d'entre nous ont définitivement compromis leur santé ; dans ces conditions il semble prématuré de parler pour qui que ce soit d'« avantages » et de « jouissances ». Tout au contraire, ceux qui ont les responsabilités les plus importantes devraient s'attacher tout particulièrement à partager le lot de leurs subordonnés (voilà une vertu nationale qu'il serait bon de développer à nouveau !) de manière à susciter leur affection sincère, et à créer ainsi une solidarité inébranlable [...]. En ce qui concerne le deuxième argument : un système de salaires ne devrait pas comporter de trop grandes différenciations. On peut éventuellement accorder un certain traitement de faveur à des gens qui ne sont pas membres du Parti, mais les membres du Parti eux-mêmes doivent maintenir leur belle tradition de lutte austère, précisément pour inciter un plus grand nombre de gens à venir collaborer à notre entreprise. En ce qui concerne le troisième point : qu'on me pardonne ma rudesse, mais je voudrais simplement prier ces « Maîtres à penser » toujours si prompts à invoquer l'argument d'autorité, de se taire [1]. Pour ma part, sans être un partisan de l'égalitarisme, je ne vois pas la nécessité ni la raison qu'il y a d'adopter trois catégories pour le vêtement, et cinq niveaux de qualité pour la nourriture ; sur ces questions (personnellement je jouis d'un traitement de cadre pour le vêtement, et je ne suis pas astreint à manger la nourriture des cantines : dans mon cas, on ne peut donc pas dire que « les raisins sont trop verts ») le principe directeur devrait être d'adopter partout les solutions que dictent le bon sens et la nécessité. Mais voyez plutôt : d'une part, des camarades malades n'ont même pas la chance de recevoir une gorgée de bouillon, de jeunes étudiants n'ont pour pitance quotidienne que deux bolées de bouillie claire (et quand on leur demande s'ils ont eu assez, ceux d'entre eux qui sont membres du Parti doivent encore prétendre qu'ils sont rassasiés, pour donner le bon exemple aux autres !) ; et d'autre part, des « personnages importants », tout resplendissants de santé, continuent à profiter de jouissances totalement injustifiables ; pareille situation amène les subordonnés à considérer que leurs supérieurs relèvent d'une autre humanité ; non seulement il leur est difficile d'éprouver de l'affection pour eux, mais encore quand ils réfléchissent à cette question, il leur vient un sentiment de malaise... Dans les lignes

1. Wang Shiwei ayant lui-même séjourné en Union soviétique, ne savait que trop bien ce que valait l'exemple russe.

qui précèdent, j'ai beaucoup invoqué les notions d'« affection » et de « chaleur humaine » : peut-être est-ce un effet de ma « sentimentalité petite-bourgeoise » ? On verra bien le sort que me fera la critique [1].

On le vit bien en effet. La suite de l'histoire est trop bien connue [2] : quelques semaines plus tard, en réponse à cette manifestation d'indépendance critique, Mao Zedong asséna sur tous les cerveaux pensants le monumental coup de massue de sa célèbre *Causerie sur les arts et les lettres* qui devait définitivement anesthésier la vie intellectuelle et culturelle des « zones libérées », en attendant d'étendre son influence fatale au reste du pays. Quant aux intellectuels dissidents, ils firent l'objet d'une purge sévère ; entre tous, Wang Shiwei fut choisi comme bouc émissaire : d'une part, son prestige de révolutionnaire et de théoricien marxiste rendait son cas plus grave, et d'autre part son influence à l'école des cadres du Parti portait ombrage depuis un certain temps déjà à son collègue Chen Boda qui vit là une occasion rêvée de se débarrasser d'un rival. Les amis et les intimes de Wang furent obligés de se dissocier de lui et de dénoncer ses « crimes ». Wang lui-même fut à plusieurs reprises traîné en séance d'accusation publique, mais là il se comporta avec un tel courage, répondant aux calomnies avec tant de pertinence et de sang-froid — sacrilège suprême, lors de sa dernière apparition, il osa même directement critiquer Staline ! — que les autorités jugèrent finalement préférable de régler son cas à huis clos. Il disparut entièrement de la circulation pendant deux ans ; en 1944, quelques journalistes venus de Chongqing, après mille difficultés obtinrent finalement de le rencontrer. On leur présenta un homme timide et taciturne, qui leur déclara mener une existence parfaitement heureuse. Comme un journaliste lui demandait à quoi il travaillait pour le moment, il répondit modestement qu'il fabriquait des boîtes d'allumettes…

Au printemps de 1947, devant une offensive du Kuomintang, les communistes durent hâtivement évacuer Yan'an ; ne pouvant ni s'encombrer de prisonniers ni laisser derrière eux un tel témoin, ils abattirent Wang Shiwei [3].

---

1. Wang Shiwei, « Ye baihe hua IV » (« Lis sauvages ») in *Jiefang ribao* (*Le Quotidien de la Libération*), Yan'an, 22 mars 1942.

2. Mais après tout est-elle vraiment si bien connue ? Tout l'épisode a beau avoir eu un énorme retentissement dans la Chine entière — en Europe, en France en particulier, les filtres à travers lesquels passe l'information destinée au grand public, s'emploient à soigneusement l'intercepter. Un exemple : j'ai eu l'occasion d'entendre une causerie donnée par le professeur Chesneaux, illustre conférencier mondain, sur le sujet : « Yan'an : la société fraternelle » (!) ; non seulement le conférencier se garda de faire aucune référence à l'affaire Wang Shiwei, mais quand un auditeur se permit de soulever la question, il y eut un moment de pénible flottement : le professeur Chesneaux — qui prépare un livre sur Yan'an ! — *n'avait jamais entendu le nom de Wang Shiwei*, et aussi préféra-t-il passer d'emblée à la question suivante…

3. Sur l'affaire Wang Shiwei, on trouvera un bon résumé d'ensemble dans M. Goldman, *Literary Dissent in Communist China*. Voir également C. T. Hsia, *A History of Chinese Modern Fiction*, New Haven et Londres, 1961. Sur l'exécution de Wang, voir *Zhonggong*

> Si vous jetez un coup d'œil sur l'histoire de la Première Guerre mondiale dans, par exemple, l'*Encyclopaedia Britannica*, vous remarquerez qu'une bonne quantité de l'information est basée sur des sources allemandes. Un historien anglais et un historien allemand peuvent différer dans leurs vues sur bien des choses, et même sur des points fondamentaux, mais il n'en reste pas moins que sur une certaine masse de faits pour ainsi dire neutres, ils ne contesteront jamais sérieusement leurs positions mutuelles. C'est précisément cette base commune d'accord, avec son implication que les êtres humains forment une seule et même espèce, que le totalitarisme détruit. La théorie nazie nie spécifiquement l'existence d'une notion de « vérité ». Il n'existe par exemple pas de « science » au pur sens du mot, mais seulement une « science allemande », une « science juive », etc.
>
> L'objectif qu'implique une telle ligne de pensée est un monde de cauchemar dans lequel le Chef ou la clique dirigeante contrôle non seulement le futur, mais le *passé*. Si le chef déclare à propos de tel ou tel événement que celui-ci ne s'est jamais produit — eh bien, il ne s'est jamais produit. S'il dit que deux plus deux font cinq — eh bien, deux plus deux font cinq. Cette perspective m'effraie plus que les bombes — et après nos expériences de ces dernières années, ceci n'est pas une image choisie à la légère.
>
> George Orwell,
> *Looking Back on the Spanish War*,
> in *Homage to Catalonia* (Penguin Book, 1966, p. 236 ;
> écrit en 1943 ; trad. fr. Gallimard, coll. « Idées »).

Principes fondamentaux

Si l'on ne considère que la surface des choses, l'évolution de la vie culturelle en Chine populaire apparaît faite d'une alternance de périodes

Yanjiu, nº 67 (1972), p. 67, note 11. Le parti pris idéologique de ces deux dernières sources n'empêche pas que leur documentation historique demeure généralement rigoureuse et sûre. Dans la suite, Mao reconnut lui-même que cette exécution avait eu lieu ; il chercha à s'en disculper en prétendant cyniquement qu'il s'était agi d'une initiative de subordonnés trop zélés (voir *Mao Zedong sixiang wan sui* ainsi que S. Schram, *Mao Unrehearsed*).

relativement « libérales » et de phases de discipline sévère. Gels et dégels, tension et détente, vaches maigres et vaches grasses se succèdent ainsi sur une sorte de rythme saisonnier (mais chaque hiver entraîne la disparition définitive de tel ou tel aspect de la vie culturelle, de telle ou telle part de l'héritage historique, et à chaque printemps il y a quelques fleurs de moins au rendez-vous…). Remise dans une perspective historique, la politique culturelle du régime maoïste présente au contraire une remarquable constance : il y a plus de trente ans que ses principes fondamentaux ont été formulés, et la pratique de ces trois dernières décennies ne s'est jamais écartée de la théorie orthodoxe telle que l'avait définie Mao Zedong au départ. Il serait erroné de voir dans les déprédations iconoclastes de la « Révolution culturelle » une sorte d'accident dans l'histoire du régime ; certes, cette dernière agression contre la culture fut d'une ampleur sans précédent, mais philosophiquement elle n'en demeurait pas moins d'une stricte fidélité à la ligne originellement tracée par Mao. De même, il serait tout aussi mal fondé d'interpréter la reprise d'une certaine activité culturelle depuis 1971 (on en décrira plus loin le caractère largement illusoire) comme un désaveu de la politique des années précédentes.

L'arrêt de mort de la vie intellectuelle chinoise a été prononcé en 1942 à Yan'an par Mao Zedong, dans sa célèbre *Causerie sur les lettres et les arts* ; cette volonté clairement exprimée d'anéantir l'intelligence critique — aussitôt mise en pratique avec l'élimination physique de Wang Shiwei (voir plus haut) — devait trouver dans la suite un champ d'application toujours plus vaste : du « mouvement de rectification » de 1951-52 à la purge de Hu Feng (1955), de la répression des « Cent Fleurs » (1957) aux gigantesques purges de la « Révolution culturelle », la guerre contre l'esprit a constamment gagné en ampleur ; elle n'a jamais changé de nature ni dévié de sa route ; simplement, entre deux purges, diverses raisons pratiques, technologiques, voire même diplomatiques, requièrent périodiquement la réactivation temporaire de divers secteurs de la culture : ces trêves ne sont justifiées que par des impératifs tactiques et n'impliquent aucune altération de la politique culturelle du régime.

Cette politique poursuivie avec tant de persévérance depuis Yan'an, a finalement abouti à l'extinction presque totale des intellectuels *en tant que tels*. Ceux-ci ne survivent plus qu'en qualité de techniciens spécialisés dans les domaines de la science, de la technologie, de la propagande ; d'autres se sont recyclés dans les usines ou aux champs ; une minorité d'irréductibles s'est suicidée ou a été extirpée de la société.

La position des intellectuels qui, durant ces trente dernières années, a été éloquemment illustrée et défendue par une longue série de martyrs — Wang Shiwei, Hu Feng, Wu Han, Deng Tuo [1], etc. (pour ne citer que les

1. Les noms et la personnalité des grands intellectuels contestataires de l'Union soviétique sont suffisamment bien connus en Occident, pour qu'il soit difficile aux commissaires de disséminer les habituelles calomnies à leur sujet, sans s'exposer eux-mêmes à l'indigna-

plus éminents) — pourrait finalement se résumer par ce passage du fameux *Schéma de février* (élaboré sous la direction de Peng Zhen en février 66, pour tenter de protéger Wu Han contre la menace croissante de la répression maoïste) :

> Il faut absolument maintenir le principe selon lequel la recherche de la vérité doit se développer à partir des faits, ainsi que le principe selon lequel tous les hommes sont égaux devant la vérité. Il faut persuader les gens par des arguments raisonnables, et non pas agir comme ces tyrans académiques qui tranchent de tout sans débat et abusent de leur autorité pour écraser leurs adversaires. Il faut promouvoir cet idéal : s'attacher résolument à la vérité, être toujours prêt à corriger ses erreurs [1].

A quoi l'orthodoxie maoïste répondit de façon caractéristique :

> Les auteurs du *Schéma de février* ont proposé le slogan « tous les hommes sont égaux devant la vérité ». Ceci est un slogan bourgeois. Niant complètement le fait que la vérité a un caractère de classe, ils se servent de ce slogan pour protéger la classe bourgeoise, pour s'opposer au prolétariat, pour s'opposer au marxisme-léninisme et à la Pensée de Mao Zedong. Dans la lutte entre le prolétariat et la bourgeoisie, entre la vérité marxiste et les mensonges de la classe bourgeoise et de toutes les classes oppressives, si ce n'est pas le vent d'est qui l'emporte sur le vent d'ouest, c'est le vent d'ouest qui l'emporte sur le vent d'est, et il ne saurait donc exister aucune espèce d'égalité [2].

Cette philosophie n'est d'ailleurs pas propre au seul maoïsme, elle est inhérente à tous les totalitarismes du XXe siècle, celui de Staline aussi bien que celui d'Hitler. Il importe peu que du côté maoïste la distinction soit faite entre « vérité marxiste » et « mensonge bourgeois », tandis que du côté nazi, il s'agissait de « vérité allemande » et de « mensonge juif » (du reste le bourgeois ne joue-t-il pas en Chine populaire le rôle qui était

---

tion et au mépris. En ce qui regarde la Chine par contre, les lacunes de l'information (soigneusement entretenues par les journaux « sérieux ») laissent les mains libres aux Préposés-à-la-Propagande. Dans son dernier ouvrage, K. S. Karol insinue tranquillement cette vilenie que Deng Tuo n'aurait en fait été qu'un opportuniste et un lâche, prompt à trahir ses meilleurs amis pour sauver sa propre peau : « En 1965, quand les écrits de Wu Han furent critiqués, Deng Tuo se précipita pour y ajouter sa pierre… » Inutile de dire que K. S. Karol se garde bien d'apporter le moindre semblant de preuve à l'appui de cette ignoble calomnie. En envoyant ce coup de pied de l'âne à un homme enchaîné, il joint d'ailleurs la stupidité à l'ignominie, car il expose sa propre ignorance des sources d'information les plus élémentaires : en mai 66, *Le Quotidien du peuple* attaquait violemment Deng Tuo, *précisément parce que celui-ci avait eu l'audace à ce moment-là encore, de prendre publiquement la défense de Wu Han !!!* (voir Yu Changjiang, « Kan Deng Tuo zenyang yanhu Wu Han » (« Voyez comment Deng Tuo protège Wu Han ») in *Renmin ribao* (*Quotidien du peuple*), 12 mai 1966. Mais attendre d'un journaliste écrivant l'histoire de la « Révolution culturelle », qu'il consulte au moins *Le Quotidien du peuple* pour la période concernée, c'est sans doute encore trop demander…

1. *Wenhua geming wu ren xiaozu guanyu dangqian xueshu taolun di huibao ti gang*, 7 février 1966, voir *Xingang yuan* n° 18, 20 mai 1967.

2. « Circulaire du 16 mai » : *Chongguo gongchandang zhongyang weiyuanhui tongzhi*, 16 mai 1966, publiée un an plus tard dans *Le Quotidien du peuple* (*Renmin ribao*, 17 mai 1967).

dévolu au Juif dans l'Allemagne hitlérienne ?) : de part et d'autre il y a une volonté commune de nier qu'il puisse exister une vérité objective, indépendante des mots d'ordre du Parti et des injonctions du Chef — vérité à la lumière de laquelle ces mots d'ordre et injonctions pourraient être soumis à un examen critique. Les intellectuels étant par définition investis de cette fonction critique, on comprend aisément pourquoi l'État totalitaire ne saurait tolérer leur existence. Dans ses « relations publiques », il continuera toujours à avoir besoin d'un petit nombre d'académiciens — ceux-ci se recrutent sans grande difficulté parmi les intellectuels démissionnaires (Guo Moruo par exemple est un parfait échantillon de cette espèce) — mais la survie d'intellectuels au sens originel du terme, c'est-à-dire de témoins intransigeants de la vérité, n'est plus concevable [1].

Du moment où la vérité n'est rien d'autre que ce qu'a provisoirement décrété le département de la Propagande du Comité central du Parti, et que les intellectuels sont simplement, de façon directe ou indirecte, les salariés de ce même département, il résulte que toutes les métamorphoses présentées par l'ensemble de la vie culturelle ne peuvent jamais être que des vicissitudes tactiques dépourvues de signification profonde. La valeur d'un monument ancien, d'une découverte archéologique, d'un document historique, d'un spectacle traditionnel ou « révolutionnaire », d'une œuvre littéraire ou artistique, voire même d'une compétition sportive, d'une nouvelle technique chirurgicale, est toujours exclusivement déterminée par son degré d'utilité comme instrument de propagande au service de la « vérité » variable du moment. Quelquefois même, on s'attache à satisfaire simultanément des exigences contradictoires : ainsi par exemple vers la fin de la « Révolution culturelle », la destruction des monuments anciens organisée à grande échelle à des fins internes de pédagogie « révolutionnaire », n'était pas encore entièrement achevée, que déjà on commençait à procéder à de vastes fouilles archéologiques et on organisait des expositions de « trésors historiques découverts durant la Révolution culturelle », pour répondre aux impératifs d'une phase nouvelle de la politique étrangère…

Situation concrète

> Renforcer la direction que le Parti exerce sur les arts — c'est la garantie fondamentale d'une florissante création artistique socialiste.
>
> *Quotidien du peuple*, 16 juillet 72.

« La Révolution culturelle » marqua pendant plusieurs années un arrêt

1. Une évolution semblable se dessine d'ailleurs en Occident. Dans les universités, les commissaires de demain mettent en question la légitimité de la recherche désintéressée (dont le crime est de considérer qu'un fait objectif est plus respectable que toutes les idéologies), toute étude non susceptible de servir les dogmes de leur propagande se voit maintenant condamnée pour « non-pertinence » (« irrelevance »).

de toute activité culturelle : les écoles furent fermées, les intellectuels mis en chômage, en accusation et déportés aux champs ; tous les périodiques scientifiques, artistiques, littéraires et culturels interrompirent leur publication, tous les livres antérieurs à la « Révolution culturelle » furent retirés des librairies qui ne vendirent plus que les ouvrages de Mao — en détail et en gros, en version intégrale et en version d'anthologie, en grand et en petit, en prose et en vers, en chinois et en babélien, toujours et seulement Mao, en quantités de plus en plus considérables ; tous les films, opéras, pièces de théâtre datant d'avant la « Révolution culturelle » furent retirés de l'affiche ; tous les studios de cinéma furent fermés, à l'exception du seul studio de l'Armée de libération populaire qui tourna deux documentaires en couleurs montrant Mao passant en revue les gardes rouges à Pékin, et le IXe Congrès du Parti (deux ouvrages très remarquables qui ont malheureusement déjà disparu dans les oubliettes : on y voyait un peu trop Lin Biao et quelques autres personnages, entretemps frappés de disgrâce) ; bon nombre d'écrivains, de personnalités intellectuelles et artistiques se suicidèrent (Lao She, Fu Lei, Li Guangtian, Wu Han, Zhou Xinfang [1], etc.). Les autres se retrouvèrent bâillonnés. Les scènes de théâtre, les écrans, la radio, la télévision furent monopolisés jour après jour, à longueur d'années, par les six opéras révolutionnaires modèles de Mme Mao (le cas est assez unique de cette poignée de modèles que huit cents millions d'hommes savent maintenant par cœur — par la force des choses et des haut-parleurs — mais qui n'ont pas encore réussi à susciter une seule imitation…). Inutile de dire aussi que tous les musées furent fermés, et leur personnel responsable envoyé à la campagne, les monuments anciens furent livrés au pillage, en particulier les temples et monastères : certains furent transformés en entrepôts, en ateliers, en dépotoirs, d'autres furent tout simplement rasés.

1. En Chine, le suicide a toujours essentiellement été (et demeure aujourd'hui plus que jamais) un acte politique, la forme suprême de protestation contre un pouvoir arbitraire. Le suicide de Lao She — qui était le plus grand romancier chinois vivant, et le plus universellement respecté — reste pour le régime maoïste comme une cuisante dénonciation ; le nom même de l'écrivain n'est plus jamais mentionné en Chine populaire, si énorme apparaît son « crime » final. Sur cette question brûlante, les maoïstes occidentaux ont adopté une ligne de défense assez originale, qui s'articule en trois points : 1° Lao She ne s'est pas suicidé, c'est une invention de Taïwan ; 2° son suicide s'explique d'ailleurs parfaitement, étant donné sa mentalité bourgeoise ; 3° de toute manière, cette affaire est entièrement dénuée d'intérêt et ne mérite pas qu'on s'y attarde. La nouvelle du suicide de Lao She a été solidement documentée par une série de témoignages (Ma Sicong, Jelokhovstev, Fokkema) et d'études (Hu Jinquan). Elle m'a de plus été personnellement confirmée de vive voix par Mme Han Suyin, dont le témoignage en pareille matière ne saurait être sujet à caution. Elle me fut encore implicitement confirmée à plusieurs reprises par la teinte verdâtre et le silence brusquement affichés par les divers bureaucrates pékinois auprès de qui je m'informais de la santé du grand écrivain…

En ce qui concerne le suicide de Wu Han, je suis redevable de cette importante information (communiquée en réponse à une question, à l'issue d'une causerie publique) au professeur Paul Lin qui, dans ce domaine, est une source encore plus sûre (si chose se peut) que Mme Han Suyin.

Dans le monde moderne, un grand État ne peut pas se passer indéfiniment et radicalement de toute activité intellectuelle, surtout dans les domaines scientifique et technologique. Le maoïsme, on l'a déjà vu plusieurs fois précédemment, n'est pas exempt d'impulsions suicidaires ; mais en même temps il reste cependant sensible à certaines exigences fondamentales de survie. Ces exigences ont donc finalement déterminé une normalisation dans le secteur de l'enseignement et de la recherche scientifique et dans toutes les activités techniques : c'était là très simplement une question de vie ou de mort, et il n'y a donc pas lieu à ce sujet de parler, comme l'ont fait certains, de « renaissance culturelle ».

Pour diverses raisons pratiques, depuis le début des années 70, une des factions dirigeantes de la Chine populaire s'efforce d'engager le pays dans une audacieuse politique d'ouverture et de sourire en direction de l'Occident. Pour assurer le bon succès, sinon simplement la crédibilité, de cette nouvelle politique, il était indispensable de faire oublier les excès de la « Révolution culturelle » et de restaurer dans l'opinion étrangère cette image traditionnelle d'une Chine pragmatique, responsable, pondérée, courtoise, pétrie d'antique culture. C'est dans cette optique qu'il faut interpréter la mise en scène d'une « renaissance culturelle » qui en réalité ne s'adresse guère qu'aux étrangers et aux Chinois d'outre-mer (ces derniers étant les meilleurs ambassadeurs bénévoles et officieux dont la Chine dispose hors de ses frontières). Dans chaque grande ville de Chine où il s'opère un passage régulier de visiteurs venant de l'extérieur, on a impeccablement restauré *un ou deux* monuments anciens et on a organisé une exposition permanente d'« objets archéologiques découverts durant la Révolution culturelle » — cette dernière ayant pour but de créer l'impression que la « Révolution culturelle », loin d'avoir détruit le patrimoine culturel chinois, est au contraire venue l'enrichir [1] !

Rappelons aussi que la visite des monuments — surtout lorsqu'il s'agit de temples et monastères — est souvent réservée aux seuls étrangers et Chinois d'outre-mer, et que l'entrée en est interdite à l'homme de la rue : quant aux « expositions archéologiques », elles ne se visitent que sur

1. La terre chinoise est une mine inépuisable de trésors archéologiques, *dont les gisements sont très précisément connus* (à Pékin une seule des treize tombes impériales Ming a été ouverte ; les environs de Xi'an sont truffés de tombes impériales Han et Tang non encore ouvertes ; à Mawangdui dans les faubourgs de Changsha, où l'ouverture d'une tombe des Han antérieurs, a livré récemment un prodigieux ensemble de merveilles, on m'a montré dans les environs immédiats, les tumuli de quatre ou cinq tombes de la même époque, encore intouchés). En d'autres mots, pour un gouvernement comme celui de Pékin aujourd'hui, solidement centralisé et capable de mobiliser instantanément une main-d'œuvre illimitée, il est à tout moment techniquement possible de donner ordre à toutes les provinces de produire des « découvertes archéologiques », et d'accumuler ainsi en six mois de temps une moisson de trésors propre à éblouir l'univers. C'est précisément ce qui s'est passé à la fin de la « Révolution culturelle » ; la fameuse (et admirable) exposition qui s'est promenée à Paris, Londres et Toronto, était un acte de propagande politique dont le but était de démentir et d'effacer à l'étranger les échos du vandalisme sauvage de la « Révolution culturelle ».

rendez-vous. Pour peu que le touriste ait le mauvais esprit de fausser compagnie à ses cicérones et de poursuivre son exploration en dehors du circuit officiel des monuments-à-la-Potemkine, il ne trouve plus que ruines et désolation là où se dressaient autrefois des édifices célèbres. Dans le domaine artistique, antiquaires et ateliers de reproductions d'art sont à nouveau ouverts (du moins à Pékin, Canton, Suzhou, Shanghai), mais encore une fois, seuls les étrangers y ont accès (les prix sont d'ailleurs conçus en fonction de cette clientèle particulière). Au Duoyun xuan de Shanghai par exemple, qui vend *simultanément* de la pacotille maoïste pour la clientèle locale et des reproductions de peintures et calligraphies anciennes, ce second secteur est soigneusement isolé à l'étage, derrière des portes fermées à clef qui ne s'ouvrent que pour les étrangers…

Dans le domaine de l'édition, la situation est pathétique : quelques titres classiques (douze ou quinze — sur les dizaines de milliers que comptait l'ensemble de la littérature chinoise) ont été symboliquement remis en circulation : tirés à un nombre très restreint d'exemplaires, ils sont déjà introuvables un mois à peine après leur parution. De luxueux ouvrages littéraires et artistiques de type traditionnel ont également paru[1] : tirés généralement à quelques *centaines* d'exemplaires seulement, ils sont, pour la majeure partie du tirage, destinés à l'exportation (Hong Kong principalement) ; en Chine même, on ne les trouve guère que dans les librairies installées dans le lobby des grands hôtels réservés aux visiteurs étrangers. Il arrive parfois que l'on en rencontre l'un ou l'autre échantillon dans les librairies chinoises : mais il est alors isolé dans une petite vitrine séparée et fermée à clé ; on l'expose à la curiosité du public un peu comme on ferait d'un veau à deux têtes dans son bocal de formol. Notons que le prix de ce genre d'ouvrages, qui représente en général deux ou trois mois de salaire d'un fonctionnaire moyen, achève de mettre le lecteur prolétarien à l'abri de leur influence pernicieuse. Si l'on veut *vraiment* s'en procurer un exemplaire, il faut s'adresser à la vendeuse, qui va alors confidentiellement fouiner dans l'arrière-boutique, comme s'il s'agissait d'un ouvrage pornographique qui ne saurait être laissé en libre circulation ; neuf fois sur dix, elle revient d'ailleurs pour vous annoncer qu'il n'en reste plus en magasin.

Les librairies ont entièrement modifié leur aménagement intérieur :

1. Particulièrement remarquable est le traitement de faveur qui fut réservé à une étude littéraire classique due à Zhang Shizhao. Zhang s'était rendu célèbre durant les années 20, pour la façon brutale avec laquelle il réprima l'agitation révolutionnaire étudiante, alors qu'il était lui-même ministre de l'Éducation dans un gouvernement des seigneurs de la guerre. Il est assez caractéristique que le régime maoïste ait choisi cette hirondelle sénile et réactionnaire pour annoncer son printemps culturel. (Zhang devait mourir en 1973, et la République populaire jugea encore opportun de rendre un hommage national à la mémoire de cet obscène symbole de l'oppression féodale.) A propos de Zhang, voir également plus haut, p. 312, n. 1.

elles sont agencées maintenant comme des pharmacies, c'est-à-dire que la largeur d'un comptoir sépare partout le visiteur des rayons où sont placés les livres. Sur ces rayons auxquels seuls les vendeurs ont accès, quelques douzaines de titres sont exposés ; comme il s'agit, avec un aussi mince assortiment, de remplir toute l'enfilade du magasin, les exemplaires d'un même ouvrage sont disposés à plat et multipliés à la manière identique et monotone des rangées de boîtes de sardines et de petits pois sur les rayonnages d'un supermarché. Le gros de l'approvisionnement est constitué bien entendu par les œuvres de Mao, puis par les Pères de la doctrine marxiste, ainsi que les œuvres complètes de Staline, Kim Il-Sung et Enver Hodja ; les bandes dessinées enfantines et les ouvrages techniques occupent également une portion considérable des étalages. Pour le reste, la quasi-totalité de la littérature chinoise depuis ses origines jusqu'à nos jours — cette littérature qui était l'une des plus anciennes, des plus diverses et des plus riches au monde — a simplement été rayée de l'existence. Quand on pense qu'il est impossible de trouver aujourd'hui, dans la capitale de la Chine, ne fût-ce par exemple qu'un simple et modeste exemplaire d'un ouvrage aussi fondamental et populaire que les *Trois Cents Poèmes Tang*, on se sent pris d'un vertige et d'une rage. Cette rage se mue d'ailleurs en terreur lorsque l'on visite la Bibliothèque nationale (Bibliothèque de Pékin) et qu'on s'aperçoit en feuilletant les fichiers de la salle des catalogues que *toute trace de l'existence des ouvrages littéraires et historiques chinois du XXe siècle, non conformes à l'orthodoxie maoïste, a purement et simplement disparu !*

On imagine sans peine qu'une telle atmosphère n'est pas particulièrement favorable à la vie intellectuelle en général, et à la production littéraire en particulier. Depuis la fin de la « Révolution culturelle » sont apparues deux douzaines de titres ; il s'agit en majeure part d'ouvrages collectifs, recueils de nouvelles dues à des groupes de « soldats, paysans et ouvriers ». La teneur et la nature de cette production peuvent être admirablement résumées par un article extrait d'un nouveau mensuel littéraire de Chine populaire : dans son numéro inaugural, cette revue invitait ses lecteurs à envoyer leurs contributions bénévoles et définissait de façon très précise le type de littérature qui est aujourd'hui seul autorisé :

Notre revue accueille tous manuscrits répondant aux conditions suivantes :

A. Tous romans, essais, reportages, œuvres d'art présentant un contenu révolutionnaire et une forme saine. Ils doivent : 1° célébrer avec des sentiments prolétariens profonds et chaleureux, le grandiose président Mao ; célébrer le grandiose, glorieux et infaillible Parti communiste chinois ; célébrer la grandiose victoire de la ligne révolutionnaire prolétarienne du président Mao ; 2° en se calquant sur les exemples des opéras révolutionnaires modèles, ils doivent s'attaquer avec zèle à la création de héros ouvriers et paysans ; 3° sur le canevas de la lutte entre les deux lignes, ils doivent refléter la lutte populaire révolutionnaire menée dans notre pays depuis un demi-siècle sous la direction de notre Parti, et en particulier la lutte révolutionnaire ininterrompue menée sous l'égide de la dictature du prolétariat, refléter la lutte unanime menée par la population de notre province [1] suivant l'orientation indiquée par le président Mao, et le déroulement de cette lutte dans sa progression victorieuse.

B. En ce qui concerne la théorie littéraire et artistique : nous accueillons tous textes ayant un caractère de masse, révolutionnaire et militant, prônant une langue simple et des leçons claires, un style vivant, original et robuste ; nous accueillons les courts essais de vulgarisation ayant des idées et de l'analyse, et présentant une force convaincante sur des thèmes tels que l'étude des théories littéraires et artistiques du marxisme-léninisme, la compréhension vécue de la pensée littéraire et artistique de Mao Zedong, la compréhension vécue de l'expérience créatrice dans l'étude des opéras révolutionnaires modèles ; nous accueillons les articles qui, prenant pour guide le marxisme-léninisme, étudient les problèmes de la création littéraire et artistique socialiste, approfondissent la dénonciation des points de vue antimarxistes et de la ligne noire révisionniste dans le domaine littéraire et artistique, points de vue disséminés par les escrocs du genre de Liu Shaoqi… [2].

Bref, c'est « l'intelligence au pouvoir », comme diraient les humoristes de *Tel Quel*… Encore une fois, quelle amère dérision si l'on confronte un tel factum avec un de ces textes coupants et lumineux de Lu Xun — ce Lu Xun que tout le monde est censé étudier, mais que personne apparemment ne se donne jamais la peine de lire :

A Canton, j'ai une fois pris à partie un écrivain « révolutionnaire » (aujourd'hui à Canton on considère qu'il n'y a plus de littérature que révolutionnaire, et seuls les « A l'assaut ! à l'assaut ! à l'assaut ! à mort ! à mort ! à mort ! révolution ! révolution ! révolution ! » passent pour littérature révolutionnaire), en lui faisant observer que littérature et révolution peuvent difficilement être conjuguées — bien qu'en littérature on puisse parfois assister à des « révolutions littéraires ». Quiconque veut faire de la littérature a besoin d'un minimum de loisir ; quand on est en plein engagé dans la révolution, comment trouverait-on encore le temps de s'occuper de littérature ? […] Quand finalement la littérature reparaît, c'est que la révolution est victorieuse depuis longtemps déjà. Après la victoire de la révolution, on retrouve à nouveau des loisirs ; *il y a alors des écrivains qui se mettent à faire l'éloge de la révolution, à célébrer la révolution, mais ceci n'a rien à voir avec la « littérature révolutionnaire ». Leur éloge et leur célébration de la révolution ne sont rien d'autre qu'un éloge des détenteurs du pouvoir ; quel rapport ceci pourrait-il encore avoir avec la révolution ?* Mais à ce moment-là peut-être y aura-t-il des écrivains munis d'antennes plus subtiles qui à nouveau éprouveront un sentiment d'insatisfaction devant le spectacle présenté par leur époque ; ceux-là alors se lèveront et prendront la parole. Avant la victoire de la révolution, les révolutionnaires avaient approuvé ce genre de démarche de la part des écrivains ; mais du jour où la révolution est victorieuse, les politiciens se mettent à employer contre les écrivains toutes les vieilles méthodes jadis utilisées par leurs anciens oppresseurs, et si les écrivains continuent à exprimer leur

1. En l'occurrence, il s'agit du Guangdong.
2. *Guangdong wenyi*, n° 1, 1973.

insatisfaction, il ne reste plus qu'à les écraser, ou à leur couper la tête. Couper la tête reste encore, comme je l'ai indiqué plus haut, la méthode idéale — depuis le XIXe siècle jusqu'à maintenant, dans les grandes lignes, telle est l'orientation générale de la culture universelle[1].

Lu Xun, on le voit, concevait donc le rôle de l'écrivain comme celui d'un *critique permanent du Pouvoir — de tout pouvoir, quel qu'il fût, y compris le pouvoir révolutionnaire*, à l'égard duquel il entretenait d'ailleurs un sain scepticisme. Aussi il n'est pas surprenant que Mao Zedong se soit vigoureusement inscrit en faux contre cette conception ; il indiqua de façon catégorique que *la critique politique et sociale cultivée par Lu Xun ne saurait plus avoir de place dans son régime* :

Il y a des camarades qui manquent d'élémentaires connaissances politiques, ce qui entraîne chez eux toute espèce d'idées absurdes, ainsi par exemple la notion selon laquelle [...] « nous vivons à une époque où le journalisme critique demeure nécessaire, et il nous faut adopter la manière de Lu Xun ». Lu Xun vivait sous le régime des forces obscurantistes ; privé de la liberté de parole, il lui fallait utiliser la satire et le pamphlet pour mener son combat, ce en quoi il avait tout à fait raison. Mais pour nous, dans les zones libérées où les écrivains et artistes révolutionnaires bénéficient de toutes les libertés démocratiques, la forme de l'essai journalistique ne doit pas se calquer simplement sur celle de Lu Xun[2].

Tant la conception que Lu Xun se faisait du rôle de l'écrivain, que la lucidité pessimiste de son pronostic sur les chances de survie de l'écrivain « après la victoire de la révolution », préfigurent la vision apocalyptique d'un Orwell ; mais Lu Xun n'avait guère eu que l'expérience d'un despotisme archaïque et grossier (celui du Kuomintang, qui même pour ses tortures, en était réduit à emprunter au vieux magasin d'accessoires de l'ancien empire), tandis qu'Orwell, lui, s'était trouvé confronté directement avec le phénomène totalitaire, ce qui lui permit de pousser son analyse plus avant :

Presque certainement nous allons entrer dans l'âge des dictatures totalitaires — un âge dans lequel la liberté de pensée sera d'abord un péché mortel, pour devenir ensuite une abstraction dénuée de sens. L'individu autonome va être rayé de l'existence. Mais ceci signifie que la littérature, dans la forme que nous lui connaissons, devra souffrir au moins une mort temporaire. La littérature du libéralisme touche à sa fin, tandis que la littérature du totalitarisme n'a pas encore apparu, et est d'ailleurs à peine imaginable. En ce qui concerne l'écrivain, il est installé sur un iceberg en train de fondre. Il n'est guère plus qu'un anachronisme, un laissé-pour-compte de l'âge bourgeois ; il appartient à une espèce aussi sûrement condamnée que l'hippopotame [...]. Dorénavant le fait suprêmement

1. Lu Xun, « Wenyi yu zhengzhi di qitu » (« Les voies divergentes de la littérature et de la politique ») in *Jiwai ji, Lu Xun quan ji*, Pékin, 1963, vol. VII, p. 107-108.
2. Mao Zedong, « Zai Yan'an wenyi zuotanhui shang di jianghua » (« Intervention aux causeries de Yenan sur les arts et les lettres »), in *Mao Zedong xuanji*, Pékin, 1961, vol. III, p. 871-873. Ceux qui prétendent maintenant que Mao est un ardent admirateur de Lu Xun, montrent simplement qu'ils n'ont lu ni l'un ni l'autre.

important pour l'écrivain créateur sera simplement que notre monde n'est plus un monde capable de tolérer les écrivains. Ceci ne veut pas dire qu'il ne peut pas aider à l'accouchement de la société nouvelle, mais simplement qu'il ne peut pas y participer *en tant qu'écrivain*. Car, en tant qu'écrivain, il est un libéral, et ce qui se passe en ce moment, c'est la destruction du libéralisme... [1].

Le peuple chinois demeure affamé de culture : la façon dont les quelques rééditions des romans classiques (*Les Trois-Royaumes*, *Les Bords de l'eau*, *Le Voyage en Occident*, *Le Rêve dans le pavillon rouge*) ont disparu des librairies presque immédiatement après leur mise en vente, témoigne éloquemment de cette faim, rendue plus dévorante encore par cinq années de disette totale. Néanmoins, la qualité de l'éducation littéraire donnée dans les écoles devient de plus en plus basse ; dans ce domaine, les différences de niveau présentées par les divers groupes d'âge sont saisissantes : les gens qui ont maintenant passé la trentaine (c'est-à-dire qui ont achevé leurs études secondaires et éventuellement universitaires, dans les années 50 et au début des années 60), bien que leur éducation ne soit pas comparable à celle des générations éduquées sous l'ancien régime, ont encore accès à une culture qui, pour les jeunes sortis des écoles au lendemain de la « Révolution culturelle », est déjà devenue un univers largement étranger. La scolarisation a fait des progrès considérables et constants depuis la Libération, un nombre toujours plus grand d'enfants ont la possibilité d'entrer à l'école ; il y a beaucoup moins d'illettrés que jadis ; mais si un beaucoup plus grand nombre d'individus ont accès aux livres, il y a aussi mille fois moins de livres qu'avant... Parallèlement aux efforts remarquables qui sont déployés pour éliminer le phénomène des illettrés, des efforts non moins efficaces sont poursuivis pour oblitérer la presque totalité de l'univers culturel chinois non maoïste, et l'on arrive ainsi à une situation paradoxale dans laquelle les jeunes membres de la nouvelle élite dirigeante [2] sont plus incultes que certains illettrés et semi-illettrés de l'ancien régime, lesquels jouissaient au moins d'une réelle familiarité avec cette part non négligeable de l'histoire et de la littérature chinoises, popularisée oralement par l'opéra, et les innombrables formes des ballades et récitatifs traditionnels — tous types de création populaire spontanée que le régime a maintenant fait entièrement disparaître. La réforme de l'écriture dans sa forme la plus radicale (substitution aux caractères chinois d'une transcription phonétique en alphabet latin) est

---

1. G. Orwell, *Inside the Whale*, in *The Collected Essays, Journalism and Letters of George Orwell*, vol. I, p. 525-526.
2. Dans ce domaine, j'ai collectionné une longue, consternante et ahurissante série d'anecdotes. Visitant Longmen en compagnie de fonctionnaires des Affaires étrangères, j'entendis l'un d'eux demander à quelle dynastie appartenait l'impératrice Wu Zetian ; ailleurs, un autre affirma tranquillement que Qu Yuan était un poète Tang, etc., etc. Et il s'agissait chaque fois de fringants technocrates, promis à un bel avenir.

maintenant chose décidée, sur la seule base d'un propos de Mao et sans que cette décision, d'une portée capitale pour huit cents millions d'hommes, ait fait préalablement l'objet d'un débat public. Bien sûr il faudra un certain temps avant que cette décision puisse prendre effet dans la pratique : tant les problèmes techniques [1] que les forces de résistance passive freineront sa mise en application, mais dès à présent, celle-ci n'en apparaît pas moins inéluctable. Cette réforme de l'écriture permettra au pouvoir maoïste d'accomplir en un coup et de façon définitive ce que cent « Révolutions culturelles » avec tous leurs autodafés ne pourraient réaliser : rendre la totalité de ce qui s'est passé, senti et écrit en Chine depuis l'Antiquité jusqu'à nos jours, définitivement intransmissible et illisible pour toutes les générations futures de Chinois — à l'exception des seuls ouvrages qui, ayant trouvé grâce aux yeux du gouvernement, seront adaptés à la discrétion des autorités, pour transposition et publication en écriture alphabétique.

Dans le domaine de la musique et des spectacles, la situation est aussi consternante. Une seule création symphonique est inlassablement exécutée et diffusée : le *Fleuve Jaune*, concerto pour piano et orchestre, qui n'est d'ailleurs que la nouvelle mouture d'une œuvre datant des années de guerre. En 1972, au cours d'un voyage en province, le doyen de notre groupe complimenta pour sa technique l'artiste qui nous avait interprété au piano ce médiocre pastiche de Rachmaninov « actualisé » par des bribes d'*Internationale*, et lui demanda par la même occasion quels autres morceaux il avait à son répertoire ; le pianiste eut cette réponse désarmante de sobriété : « Aucun. » L'opéra traditionnel a été totalement éliminé ; il faut savoir la place prodigieuse qu'occupait cet art dans la vie chinoise pour mieux mesurer le vide créé par sa disparition. La passion qu'avaient les masses chinoises pour l'opéra est sans équivalent au monde : nulle cérémonie, nulle célébration, nulle circonstance solennelle ou joyeuse ou exceptionnelle de l'existence n'aurait été complète sans l'exécution de quelque morceau d'opéra (rappelez-vous du reste, dans Ah Q, la déception des badauds du village, quand le condamné à mort oublie de chanter son grand air tandis qu'on le mène au lieu du supplice [2] !...) ; dans la langue courante, d'ailleurs, le nombre d'expressions, d'images et de métaphores empruntées au jargon des tréteaux atteste éloquemment de cette emprise du théâtre sur la vie, et récemment un sociologue chinois a décrit de façon convaincante la manière dont ses compatriotes ont tendance en général à évaluer les comportements humains en termes d'exécution théâtrale, et à se considérer eux-mêmes comme autant d'acteurs jouant le rôle de leur

1. Nullement insurmontables, comme le montre le précédent vietnamien.
2. Cf. Lu Xun, *La Véridique Histoire d'Ah Q* ; traduction, présentation et notes par Martine Vallette-Hémery, Centre de publication Asie orientale, université Paris VII, 1975.

existence. Comme on l'a déjà indiqué plus haut, l'opéra remplissait aussi une remarquable fonction de vulgarisation culturelle auprès des masses illettrées qui, grâce à lui, entretenaient une véritable intimité avec les principaux personnages et épisodes de l'histoire trois fois millénaire de leur pays. C'est d'ailleurs essentiellement pour cette raison-là qu'il se vit condamner à mort : ses prestiges perpétuaient l'empire du passé sur les imaginations et les sensibilités. La mise à mort de l'opéra traditionnel s'effectua en plusieurs étapes : on commença d'abord par le stériliser et par l'académiser. Autrefois, les salles de spectacle chinoises présentaient un joyeux débraillé, une atmosphère populaire, chaude et vivante ; le public, redoutablement connaisseur, prodiguait sifflets et encouragements sans la moindre inhibition. Les autorités maoïstes qui ne craignent rien plus que les manifestations spontanées des masses (toujours susceptibles de dégénérer en avalanches incontrôlables) s'empressèrent de mettre ordre à tout cela et de rééduquer le public : celui-ci ne fut plus autorisé à rugir ses « Hao ! » enthousiastes après chaque passage de virtuosité, mais enjoint au contraire d'applaudir à la chute du rideau, suivant l'usage académique d'Occident. Mais il fallut quand même quelques années pour arriver à réformer les habitudes séculaires du public ; quand les connaisseurs — et dans un endroit comme Pékin, tout le monde était connaisseur — menaçaient de se laisser reprendre par leurs anciennes ivresses, et que dans la chaudière sous pression d'une bonne salle, les « hao » commençaient à fuser ci et là comme aux beaux jours d'antan, des inscriptions lumineuses SILENCE ! se mettaient à clignoter furieusement (en rouge) aux quatre coins du théâtre, pour rétablir la discipline. Après avoir finalement réussi à tuer la vie qui régnait dans la salle, les autorités entreprirent d'étrangler celle qui persistait sur la scène. On épura le répertoire : les pièces jugées licencieuses ou réactionnaires furent éliminées ; finalement, ne furent retenues qu'un certain nombre d'œuvres présentant des leçons morales ou héroïques, et encore il fallut récrire la plupart d'entre elles. Mais même ces pièces aseptisées, jouées devant des salles disciplinées, étaient encore plus que les autorités ne pouvaient tolérer. Depuis le début de la « Révolution culturelle », *tous* les opéras traditionnels ont disparu de l'affiche pour être remplacés par une demi-douzaine d'« opéras modèles révolutionnaires à thèmes contemporains ». Depuis bientôt huit ans maintenant, ce peuple artiste et subtil, enragé d'opéra, et qui disposait pour son plaisir du répertoire le plus riche du monde, s'est vu réduit, sur prescription de Mme Mao, à la très stricte diète de ces six guignols débiles dont l'unique audace « révolutionnaire » est de faire manœuvrer sur scène, au son langoureux de saxophones khatchatourianesques, des détachements entiers de l'Armée populaire de libération, avec étendards rouges et fusils de bois.

La radio, la télévision et le cinéma achèvent de conférer à cette catastrophique épinalerie sonore une ubiquité de cauchemar, et sa répétition multiquotidienne au long des jours, des semaines, des mois et des années engendre une saturation qui touche à la nausée, un ennui à faire hurler. Ce n'est pas le moindre paradoxe que ce régime qui se targue d'encourager la « créativité des masses », ait délibérément anéanti un art populaire par excellence pour le remplacer par une formule académique arbitrairement et artificiellement imposée d'en haut. Tout est minutieusement réglé dans ces indigents stéréotypes pour leur assurer une exécution rigoureusement uniforme dans le pays entier et prévenir toute possibilité d'improvisation ou d'adaptation locales ; on n'imagine pas de spectacle plus rigidement académique et conventionnel : la même pièce, qu'elle soit jouée à Shenyang, à Canton, ou à Wuhan, par des professionnels ou par des amateurs, par des militaires, par des culs-de-jatte, par des enfants, par des sourds-muets, que sais-je ? n'offre pas la moindre variante perceptible : tout est strictement identique, les moindres gestes, les détails les plus infimes du décor et des costumes — jusqu'au nombre, à la couleur et à l'emplacement des rustines cousues dans le pantalon de tel personnage de « paysan pauvre » — rien n'est laissé au hasard ou à l'initiative des metteurs en scène…

UNIVERSITÉS

> Eh bien, qu'est-ce qu'il avait de si remarquable, Qin Shihuang ? Il n'a exécuté que quatre cent soixante lettrés. Nous, nous en avons exécuté quarante-six mille ! C'est ce que j'ai répondu à certains démocrates : vous croyez nous injurier en nous traitant de Qin Shihuang, mais vous faites erreur, nous avons cent fois dépassé Qin Shihuang ! Vous nous traitez de Qin Shihuang, vous nous traitez de despotes — nous nous reconnaissons bien volontiers ces qualités, nous déplorons seulement que vous restiez tellement en deçà de la vérité qu'il faille que nous venions nous-mêmes compléter votre propos ! (Rires dans l'assistance.)
>
> Mao Zedong,
> *Mao Zedong sixiang wan sui*, Pékin, 1969, p. 195.

Après la visite de quelques universités [1], il me serait plus aisé de disserter sur la taxidermie en Chine, que de parler de l'enseignement supérieur : partout, en effet, on s'est obstiné à me faire visiter de poussiéreuses galeries d'animaux empaillés dépendant des départements de zoologie, au lieu de me laisser voir, comme je le demandais chaque fois, des facultés de lettres en activité.

La routine de ces visites d'universités est quasi invariable, et les réponses que l'on recueille, presque identiques partout. Finalement, c'est encore la répétition de certains silences, de certaines réticences sur les mêmes points, qui est la plus instructive : ainsi par exemple tout ce qui touche au contenu des cours de lettres (sauf à Qinghua qui est maintenant une université polytechnique, j'ai chaque fois essentiellement concentré mon attention sur le département de littérature chinoise) demeure enveloppé de brouillard : il est difficile d'obtenir un horaire des cours, il est impossible de consulter les manuels actuellement employés, ou de jeter un coup d'œil sur les résumés et notes de cours des étudiants, voire même simplement d'obtenir une liste bibliographique des ouvrages de référence qui leur sont recommandés.

1. Pékin, Qinghua, Nankai (Tientsin), Wuhan, Sun Yat-sen (Canton), Nord-Ouest (Xi'an), Fudan (Shanghai).

Au commencement de chacune de ces visites on se trouve accueilli par un groupe de cinq ou six personnes où figure immanquablement un vénérable-vieux-professeur d'origine garantie, mais muet le plus clair du temps, entouré de quelques utilités également taciturnes ; le laïus d'introduction est en général fourni par un cadre, qui, lui, se trouve rarement être un enseignant. (A la fin de la visite, c'est encore ce même cadre qui se charge de répondre aux questions.)

Après le petit discours initial qui dure un quart d'heure ou vingt minutes, on procède à la visite proprement dite, c'est-à-dire que l'on va voir les animaux empaillés du département de zoologie, on va écouter l'*Orient rouge* chanté par un ordinateur électronique, on se fait infliger salle après salle, à longueur de corridors, tout le processus de fabrication des piles de transistors, ou du savon synthétique ou de tout autre produit que l'université en question se trouve fabriquer dans le cadre de la liaison entre l'université et le monde du travail, préconisée par la « Révolution culturelle ». On doit se pencher sur d'interminables rangées de microscopes et pour chacun, feindre poliment de s'intéresser aux grouillements inintelligibles qui s'y découvrent, etc. Ces différentes manœuvres de diversion prennent facilement deux heures ; elles ne sont pas *toujours* drôles mais elles le sont *parfois* — ainsi à Wuhan où l'on fait voir un grand musée consacré à la visite que Mao effectua dans cette université en 1958 : on a la joyeuse surprise de découvrir là, conservé sous verre, un vieux singlet sale ; cet étonnant spécimen sous-vestimentaire a dû l'immortalité des vitrines à une remarque du Président qui, l'ayant aperçu sur le dos d'un étudiant au travail dans un atelier de l'université, se serait écrié : « Bravo, en voilà un qui a l'air d'un vrai travailleur ! »

Quand le visiteur a suffisamment énervé son énergie parmi les microscopes et les empaillés — qui dans ces visites jouent un peu le rôle des banderilles et des piques de la corrida — et qu'on le juge mûr pour la tasse de thé finale, on le ramène au point de départ : la salle du briefing initial où il va maintenant pouvoir poser des questions, s'il lui en reste encore la force et la curiosité. Mais si à ce moment, le visiteur demande d'assister à un cours, n'importe lequel, dans n'importe quel département des sciences humaines, on lui objecte qu'il est trop tôt ou qu'il est trop tard ; par une extraordinaire malchance, il se trouve chaque fois qu'aucun cours ne se donne ce matin (ou cet après-midi)-là, et que les étudiants sont précisément en train de faire du sport, ou de revoir leurs matières en chambre. Remarquons par contraste que dans les écoles secondaires, les autorités accèdent toujours sans peine à cette même demande ; il est de ce fait moins malaisé de se former, par expérience directe, une opinion sur la situation de l'enseignement secondaire au sujet duquel il serait peut-être opportun d'ouvrir ici une parenthèse.

Dans l'ensemble, l'enseignement secondaire semble à nouveau fonctionner de façon à peu près normale, mais il souffre d'une réduction drastique de la durée des études. Alors que l'ancien système comportait trois années d'école moyenne-inférieure, suivies de trois années de moyenne-supérieure, maintenant dans beaucoup de provinces (le système étant encore au stade expérimental, n'a pas été nationalement réunifié), il a été ramené à deux années suivies de deux années. Dès à présent, de nombreux enseignants et parents ont l'impression que l'actuel cycle de deux-plus-deux est trop court, et il a été suggéré de l'allonger d'au moins une année (trois-plus-deux) (cette suggestion a déjà été adoptée dans certaines régions). Les innovations les plus positives apportées par la « Révolution culturelle » se situent encore dans le domaine du travail manuel : les écoles cultivent leurs propres champs expérimentaux, font marcher leurs propres petites usines où, à tour de rôle, chaque classe a l'occasion de venir s'initier au maniement des machines. En plus, périodiquement les élèves vont passer quelques semaines aux champs pour participer aux travaux agricoles. Le système des examens n'a été que très modérément amendé ; de façon générale, la pédagogie demeure désespérément conservatrice et traditionnelle : la visite des classes révèle invariablement des professeurs enfermés dans leur enseignement dogmatique et péremptoire face à des audiences passives, respectueuses et muettes. La participation des élèves à l'administration des écoles est réduite à une représentation tout à fait symbolique au sein des « comités révolutionnaires » ; ainsi par exemple, dans une grande école secondaire que j'ai visitée à Hangzhou, ce « comité révolutionnaire » était composé de onze membres : deux cadres (dont l'un était l'ancien vice-directeur de l'école), quatre représentants du « groupe ouvriers-soldats de propagande de la Pensée de Mao Zedong », quatre enseignants et membres de l'administration de l'école… et un élève ! Les « groupes ouvriers-soldats de propagande de la Pensée de Mao Zedong » sont entrés durant l'été de 68 dans toutes les écoles de Chine sur l'ordre personnel de Mao, pour y rétablir la discipline et y écraser les mouvements anarchistes-révolutionnaires ; depuis lors, ils sont restés stationnés de façon permanente et définitive dans tous les établissements d'enseignement ; les effectifs de ces « groupes » se renouvellent chaque année par roulement à partir des usines et casernes. Ils sont essentiellement chargés de la direction idéologique des écoles et sont responsables en particulier de l'orthodoxie des cours d'éducation politique ; ils assument tout à la fois un rôle de proviseurs et d'assistants sociaux, visitant les parents d'élèves, etc. En même temps que la durée des études a été réduite, le programme des cours s'est trouvé simplifié ; maintenant il comporte essentiellement les matières suivantes : 1. *théorie politique* : matière capitale, qui occupe une place équivalente à celle du cours de religion dans les écoles confessionnelles d'Occident. Le cours est donné par un professeur, mais en présence d'un membre du « groupe ouvriers-soldats » qui veille à ce que la ligne correcte ne subisse nulle déformation. En pratique, la matière du cours consiste essentiellement en un commentaire scolastique des éditoriaux du *Quotidien du peuple* et des articles du *Drapeau rouge* ; 2. *chinois* : langue et littérature ; le cours est à 90 % moderne, 10 % classique ; la matière moderne est principalement constituée par la prose de Mao, un choix d'articles idéologiques contemporains (Yao Wenyuan & Cie), et un ou deux morceaux choisis de Lu Xun. Quant au cours de langue classique (du moins dans les écoles que j'ai visitées) *la matière en était uniquement constituée par les poèmes de Mao* (ainsi cette poésie généralement pédante et pédestre, aura au moins eu un mérite insigne devant l'histoire : elle aura fourni un prétexte pour continuer l'enseignement du chinois classique durant ces années d'obscurantisme) ; 3. *une langue étrangère* : soit l'anglais (pour le plus grand nombre), soit le russe (pour une minorité) ; trop souvent les manuels utilisés sont encore ces illisibles créations de la « Révolution culturelle » où tout souci de pédagogie pratique et progressive a été sacrifié à la pureté idéologique ; plusieurs articles du *Quotidien du peuple* et du *Drapeau rouge* ont déjà dénoncé ces manuels qui, pour être impeccables du point de vue de l'orthodoxie maoïste, n'en sont pas moins totalement inassimilables et inutilisables pour des enfants chinois qui apprennent à balbutier leurs premiers mots d'anglais ; les enseignants eux-mêmes reconnaissent que ces manuels sont entièrement à refaire, mais pour le moment, qui aurait l'audace d'envoyer au rebut ces anthologies d'écrits sacrés, pour la seule raison qu'elles sont sans rapport avec l'enseignement de l'anglais-tel-qu'on-le-parle ? 4. *Histoire et géographie* : je n'ai eu en main qu'un seul manuel d'histoire de Chine (depuis la fin de la « Révolution culturelle », il n'y a plus de manuels uniformes à l'échelle nationale ; chaque province édite les siens à titre expérimental) ; l'histoire de Chine y était ramenée exclusivement aux diverses jacqueries qui ont marqué le crépuscule des dynasties successives ; 5. *mathématiques* ; 6. *chimie* ; 7. *physique* ; 8. *agriculture* : théorie et pratique ; 9. *entraînement militaire* ; 10. *culture révolutionnaire* (« opéras modèles révolutionnaires » et autres activités artistiques).

En ce qui concerne les activités parascolaires, il y a d'abord les gardes rouges : ceux-ci n'ont plus rien de commun avec leurs homonymes de 1966 ; aujourd'hui, il ne s'agit plus que d'un mouvement de jeunesse, s'adressant à tous les enfants sages des écoles ; en moyenne, un tiers des élèves en font partie. Leurs activités relèvent d'une sorte de scoutisme : Bonne Action quotidienne, une ou deux sorties par semaine, etc. A côté d'eux, la Ligue des jeunesses communistes (Gong qing tuan) fait à nouveau figure d'aristocratie : il faut avoir quinze ans au moins pour y entrer, et les critères d'admission sont sévères ; aussi dans chaque école, la Ligue ne compte-t-elle qu'un petit nombre d'élus qui, promis dès à présent à un bel avenir bureaucratique, font l'envie de leurs condisciples (paradoxal retour des choses, quand on se rappelle que, durant la

« Révolution culturelle », les gardes rouges — les vrais — avaient obligé la Ligue, pépinière pour le mandarinat du Parti, à suspendre ses activités et à disparaître de la scène)…

En résumé, dans le domaine de l'enseignement secondaire, bien que la « Révolution culturelle » ait formulé de nouvelles consignes pédagogiques fort louables (« l'enseignement doit éveiller l'esprit et non injecter des connaissances »), celles-ci ne dépassent guère les déclarations d'intention ; dans les rapports enseignants-enseignés, en pratique rien ne semble avoir fondamentalement changé : ces rapports demeurent d'un type dogmatique et autoritaire, du moins pour ce que j'ai pu en juger en assistant ici et là à diverses classes. Finalement, le principal effet de la « Révolution culturelle » aura été d'appauvrir le contenu de l'enseignement en achevant d'éliminer du programme le plus clair de ces connaissances littéraires et historiques qui forment la base de la culture générale.

La « Révolution culturelle » était venue fermer tous les établissements d'enseignement à partir du 13 juin 1966. Les écoles moyennes demeurèrent ensuite inactives pendant quatre ans, mais elles semblent toutes rouvertes maintenant. L'enseignement supérieur présente, lui, un aspect moins encourageant : des cinq cents établissements qu'il comptait avant la « Révolution culturelle », cent quatre-vingt-seize seulement — c'est-à-dire moins des deux cinquièmes — se trouvent aujourd'hui [1] à nouveau en activité. Le mouvement de reprise s'est d'ailleurs effectué en ordre dispersé, sans aucune unanimité, et avec un succès inégal[2]. Chaque université semble livrée à elle-même et s'efforce tant bien que mal de sortir de son long hivernage. On est loin de l'époque où l'éducation faisait l'objet d'une politique nationale, cohérente et centralisée… Par exemple, Pékin et Qinghua ont recommencé à enrôler des étudiants dès l'automne 70, tandis que l'université provinciale du Sichuan et celle du Qinghai n'ont procédé aux enrôlements qu'à partir du printemps 72 ; l'université provinciale du Hunan n'a enrôlé qu'à la fin 71, l'école de médecine du Hunan et trois autres instituts de cette province n'ont pour la première fois rouvert qu'en mai 72. Souvent cette reprise de l'activité peut d'ailleurs n'être que partielle ou théorique, ce qui expliquerait la répugnance des autorités à me laisser assister à des cours dans les universités que j'ai visitées, voire même à simplement me laisser mettre le pied dans l'enceinte de certaines autres. Ainsi par exemple, à Hangzhou on ne

1. Écrit à la fin de 1972.

2. Selon l'évaluation d'un spécialiste, « le chaos apporté par la Révolution culturelle dans l'enseignement supérieur a privé le pays de sept ou huit promotions annuelles de diplômés dans le domaine des sciences et de la technique. Au lieu de permettre à la Chine de pratiquer une plus grande autonomie, cette perte de plus d'un million d'ingénieurs, médecins, enseignants, etc., risque de rendre plus pressant encore le besoin d'importer la technologie étrangère » (voir M. Oksenberg, « The Chinese Political Spectrum », in *Problems of Communism*, mars-avril 1974, vol. XXIII, 2. p. 12).

m'a pas permis de visiter l'université du Zhejiang ni le célèbre institut des beaux-arts (ce dernier avait déménagé de façon définitive avec tout son corps enseignant et tous ses étudiants dans un lointain petit bourg campagnard). A Changsha, ma demande de visiter l'université provinciale du Hunan suscita une gêne manifeste ; on me répondit finalement que le moment n'était pas opportun, les étudiants venant précisément de partir pour les champs.

Les hésitations et la lenteur qui marquent la remise en marche de l'enseignement supérieur, n'ont rien d'étonnant si l'on considère l'énormité des problèmes auxquels il se trouve affronté : il y a tout à la fois le problème des enseignants, celui de l'enseignement lui-même (contenu, durée, système), et enfin le problème des étudiants.

En ce qui concerne les enseignants : mis en accusation, accablés de brimades et de vexations par les activistes de la « Révolution culturelle », leur épreuve prit fin en été 68 avec l'arrivée des « groupes ouvriers-soldats de propagande de la Pensée de Mao Zedong » qui vinrent rétablir l'ordre dans les écoles. Les enseignants furent ensuite envoyés par roulement en usine ou à la campagne pour y réformer leur vision du monde au contact des ouvriers et paysans. En leur absence, on essaya pour un temps de confier leurs chaires à d'authentiques prolétaires mais ceux-ci, une fois qu'ils eurent fini de raconter les souffrances de leur vie avant la Libération, et de célébrer la félicité que leur avait apportée le nouveau régime, n'eurent bientôt plus grand-chose de neuf à dire ; eux-mêmes n'étaient d'ailleurs pas autrement désireux de s'accrocher indéfiniment à une tribune académique où ils se sentaient embarrassés et vaguement ridicules. C'est ainsi que les « groupes ouvriers-soldats » finirent par adopter une posture plus effacée : ils demeurent stationnés dans les écoles, mais ils n'y jouent plus guère qu'un rôle de chiens de garde — les militaires étant garants de la discipline, les ouvriers, de l'orthodoxie idéologique, cependant que, petit à petit, les chaires se sont trouvées réoccupées par leurs anciens titulaires dûment rééduqués. D'après les chiffres officiels, 90 % des enseignants auraient ainsi été déjà récupérés. Mais le fait d'être officiellement dédouanés ne suffit pas pour résoudre tous leurs problèmes, ni effacer une fois pour toutes le souvenir traumatisant de leurs récentes expériences. D'un autre côté, un séjour d'un ou deux ans à la campagne, même s'il peut être bénéfique pour la santé de ces enseignants, saurait difficilement les amener à réviser des conceptions et habitudes pédagogiques qu'ils ont élaborées tout au long de leur carrière (pour atteindre cet objectif à la rigueur quelques séminaires méthodologiques auraient mieux convenu). La presse officielle s'indigne maintenant de ce que le plus grand nombre de ces enseignants rentrés des champs, n'ont en réalité guère fait que « chausser de nouveaux souliers pour suivre la vieille ornière » ; ce résultat était pourtant bien prévisible ! En effet, on ne voit pas comment le fait de tirer des charrettes et de casser des cailloux aurait pu les amener à découvrir comme par magie de nouveaux principes de pédagogie. Mais s'ils continuent à appliquer leurs vieilles méthodes, c'est maintenant avec une efficacité considérablement réduite, car entre-temps ils ont perdu toute autorité sur leurs étudiants, et n'osent plus rien exiger de ceux-ci. Cette situation encore une fois est reflétée dans la presse officielle qui, à plusieurs reprises déjà, a rappelé aux enseignants qu'ils ont le devoir d'être sévères envers leurs étudiants [1].

En ce qui concerne le contenu et les objectifs de l'enseignement, la question de savoir s'il faut avant tout former des « rouges » ou des « experts » est un vieux débat. La « Révolution culturelle » en réaffirmant la priorité des « rouges », en réduisant la durée des études, en simplifiant et politisant le contenu de l'enseignement, en établissant des liens étroits entre écoles et usines, n'a pas innové : toutes ces réformes dictées par la philosophie maoïste, *avaient été tentées une première fois à l'époque du « Grand Bond en avant » pour être ensuite promptement abandonnées, l'expérience ayant démontré leur irréalisme* [2]. A la faveur de la « Révolution culturelle », Mao est revenu à sa vieille marotte — la « révolution de l'éducation » — et a réintroduit ces diverses mesures dont l'impraticabilité avait pourtant été clairement démontrée il y a une quinzaine d'années déjà. « Les révolutions font perdre beaucoup de temps », observait déjà, non sans pertinence, un personnage de Montherlant [3]. Comme on pouvait le prévoir, sous la pression des réalités, une courbe rentrante n'a pas tardé à s'amorcer ; un retour à la situation antérieure paraît dès à présent inéluctable, mais cette fois-ci il faudra plus de temps pour boucler la boucle, car les extrémistes, qui sont loin d'avoir été neutralisés, luttent obstinément dans ce domaine-ci comme dans les autres, pour freiner et saboter l'inexorable mouvement de « restauration ».

Aujourd'hui, il n'est pas encore question de rendre la priorité à

1. Ces exhortations émanent des partisans de l'ordre technocratique qui, depuis l'élimination de Chen Boda et de Lin Biao, ont sensiblement consolidé leur contrôle sur l'appareil gouvernemental. Simultanément la faction extrémiste qui, bien que minoritaire, s'efforce d'amorcer une deuxième « Révolution culturelle », lance au contraire des mots d'ordre de rébellion en direction de la jeunesse, et récemment encore a érigé en exemple l'attitude contestataire de certains écoliers. Pris entre deux feux, les enseignants ne savent plus à quel saint se vouer. La lutte pour le pouvoir continue à se dérouler au sommet, aussi intense que jamais, et tant que son issue demeurera incertaine, les cadres de la base, paralysés par la crainte de miser sur le mauvais cheval, incapables de prendre une initiative et de choisir parmi les consignes contradictoires dont on les étourdit, se réfugient simplement dans l'inaction.

2. En 1962, un témoin chinois hautement qualifié résuma ainsi cette expérience : « The Chinese communists have tried to expand technical education at the speed the Party decided, forcing the professors to turn out graduates in three years instead of four, but as the communist president of Tsinghua University told the Eighth Congress of the People's Representatives : "it was a fine exercise in waste of time and money". » (Mu Fu-sheng, *The Wilting of the Hundred Flowers*, Londres, 1962, p. 195.)

3. Porcellio, dans *Malatesta*.

l'« expert » sur le « rouge », mais déjà il est préconisé au moins de rétablir une égale mesure entre ces deux vertus. D'autre part le principe maoïste de la « primauté du politique » est maintenant condamné comme une de ces idées empoisonnées « gauchiste en apparence mais droitiste en réalité, colportée par les escrocs du type de Liu Shaoqi, afin de saboter l'enseignement »... On n'ose pas encore attaquer de plein front des dogmes maoïstes aussi sacrés que l'importance du travail manuel pour les intellectuels, mais les sources officielles donnent en exemple des écoles où au moins 70 %, parfois même 80 % du temps sont consacrés aux disciplines intellectuelles. Le précepte selon lequel l'enseignement doit être relié à la production n'est jamais mis en cause directement, mais un retentissant article de Zhou Peiyuan a récemment plaidé en faveur de la recherche pure, rappelant que le progrès dans les sciences et les techniques dépend en dernière analyse du développement d'une spéculation gratuite, libérée de tout impératif pratique ou fonction productive (entre autres exemples, Zhou citait la théorie de la relativité).

Le système des examens, précédemment balayé par la « Révolution culturelle », paraît maintenant presque entièrement rétabli. Examens à livre ouvert, à livre fermé, examens oraux et écrits, tests occasionnels, examens semestriels, examens finaux et même examens d'entrée : toutes les variétés possibles d'examens sont à nouveau pratiquées. Dans les discussions qui se sont développées autour du problème des examens, une constante s'affirme : *si l'on veut élever la qualité des études, les examens sont indispensables*. Ici encore, se marque une nette volonté de retour à l'ancien système [1].

En ce qui concerne la durée des études, des cycles universitaires qui duraient quatre ou cinq années ont été ramenés respectivement à deux et trois ans (comme je l'ai indiqué plus haut, les six années du secondaire ont été réduites à quatre, mais cette expérience du secondaire paraît généralement négative : enseignants et parents estiment le plus souvent qu'il faudrait rétablir un minimum de cinq années). Au niveau universitaire par contre, aucun responsable n'ose ouvertement critiquer le nouveau

1. Mais d'un autre côté, c'est aussi autour des examens que s'est concentrée la contre-offensive des extrémistes qui cherchent précisément à enrayer le mouvement de retour à l'ancien état de choses.

Sur cette question des examens, il faut observer que le seul point vraiment important concerne les *examens d'entrée*, car pour ce qui est des autres examens, ils n'ont jamais eu de signification appréciable : dans l'enseignement supérieur en Chine populaire, le taux d'échecs et d'abandons *en cours d'études* a toujours été maintenu presque à zéro ; parmi les raisons de ce phénomène, outre le fait que les étudiants constituaient une élite rigoureusement sélectionnée et puissamment motivée, il faut ajouter la répugnance extrême des autorités universitaires à recaler qui que ce soit, car chaque échec constitue pour elles un embarrassant aveu d'inefficience et de gaspillage (un ami qui enseigna longtemps à l'université de Pékin, m'a dit que chaque fois qu'il voulait recaler un étudiant borné ou incapable, les autorités le forçaient à hausser la cote ; quant à recaler un étudiant qui par ailleurs se trouverait être activiste ou fils de paysan pauvre, inutile de dire que c'est là une témérité qui ne viendrait à l'idée d'aucun enseignant).

système, car c'est *Mao lui-même* qui a déclaré que « deux ou trois années devraient suffire pour former des universitaires ». Toutefois la difficulté est assez habilement tournée : à leur arrivée dans les universités, les nouveaux étudiants reçoivent d'abord six mois ou un an de cours de culture générale, destinés à les préparer à un enseignement de niveau universitaire ; ce système leur permet de passer *en fait* trois ans et demi, voire quatre ans, à l'université au lieu des deux ou trois ans théoriquement prescrits.

Il apparaît assez clairement que la volonté des autorités responsables est de relever le niveau de l'enseignement et de lui restituer autant que possible une certaine qualité universitaire. Mais il y a encore très loin de ces intentions à la pratique. Le relèvement du niveau des études continue à se heurter à d'insolubles contradictions. Pour résoudre la contradiction du « rouge » et de l'« expert », il ne suffit pas de déclarer que les étudiants doivent être simultanément l'un et l'autre… En fait, il semble bien que, malgré les instructions venues d'en haut, qui cherchent à rétablir un équilibre entre l'endoctrinement politique et l'enseignement des disciplines proprement universitaires, dans la pratique actuelle, c'est le premier qui continue à l'emporter largement sur le second[1]. Dans ces cycles d'études raccourcis, à l'empiétement de la politique vient encore s'ajouter l'empiétement du travail manuel (séjours périodiques en usine et aux champs). Les professeurs et les cadres qui devraient aiguiller à nouveau l'enseignement dans une voie plus conforme aux exigences universitaires, sont comme je l'ai déjà signalé plus haut, trop timorés pour appliquer les nouvelles consignes ; et on comprend qu'ils soient peu empressés de mettre en vigueur une politique qui paraît objectivement de « droite » : c'est précisément parce que, dans le passé, ils avaient docilement appliqué une telle politique, que la « Révolution culturelle » les mit récemment au pilori ! Nous retrouvons ici un des problèmes fondamentaux du régime : les cadres de la base, harassés et traumatisés par une succession trop rapide de campagnes contradictoires, se confinent dans un attentisme et une prudente inertie qui condamnent toute nouvelle mesure politique (surtout s'il s'agit d'une consigne « libérale ») à demeurer sans effet. Dans l'enseignement supérieur, la pente sera d'autant plus dure à remonter, que le climat psychologique demeure empoisonné par trop de crainte et de défaitisme, comme en témoigne la circulation de dictons du genre « l'enseignement est un métier dangereux » (*jiaoyu weixian lun*), que la propagande officielle s'efforce maintenant de dénoncer.

---

1. Voyez par exemple le programme des cours dans le département de littérature chinoise de l'université de Wuhan : 1. Marxisme ; 2. Histoire du mouvement communiste international ; 3. Histoire du parti communiste chinois ; 4. Poèmes de Mao Zedong ; 5. Lu Xun ; 6. Littérature chinoise ; 7. Langue chinoise. Et à l'université de Pékin, la situation est encore plus consternante : les principales œuvres littéraires étudiées aujourd'hui dans le département de littérature chinoise, sont ces infantiles livrets d'« opéras révolutionnaires modèles » inspirés par Mme Mao !…

Enfin, les étudiants eux aussi ont leurs problèmes. (Entre parenthèses remarquons que depuis la « révolution de l'enseignement », les étudiants ne s'appellent plus des « étudiants » [*xuesheng*] mais bien des « étudieurs » [*xueyuan*[1]]). Les « étudieurs » émanent des paysans, des ouvriers et des soldats : leur processus de recrutement est complexe et s'opère en quatre étapes : le candidat qui doit avoir fait deux ans de travail manuel en usine ou aux champs, introduit lui-même sa demande ; cette candidature doit ensuite être appuyée par les « masses », ratifiée par les autorités locales et enfin agréée par l'université. Dans certains cas, lorsque le nombre de candidats excède les places disponibles, l'université peut organiser un examen d'entrée, et sélectionner ainsi les meilleurs candidats. Le présent système offre une amélioration par rapport à celui qui prévalait en 70, au lendemain de la « Révolution culturelle » : à ce moment-là, les candidats étaient désignés d'office par les masses, et ne pouvaient présenter d'eux-mêmes leur candidature. Mais il reste étroitement politique dans ses critères de sélection : à moins d'être fils de paysan pauvre ou d'ouvrier, les chances d'entrer à l'université sont quasiment nulles pour un candidat, si brillamment doué qu'il puisse être par ailleurs[2]. Toujours dominés par la vieille règle que « dans le doute, il est moins dangereux de pécher par gauchisme que par droitisme », les cadres chargés de sélectionner les étudiants préfèrent en général pratiquer une sorte de démagogie de l'analphabétisme.

La « Révolution culturelle » n'avait-elle pas proclamé la supériorité des ponts et barrages bricolés par des ouvriers illettrés sur ceux dessinés par les ingénieurs, la supériorité de la médecine pratiquée par les rebouteux de village sur celle des médecins ? La Chine populaire continue à payer maintenant le prix de ces mythes. Il n'est pas étonnant que les études universitaires se trouvent largement dévaluées aux yeux de la population : *« étudier ne sert à rien »* (jiaoyu wuyong lun) est une autre de ces notions si dangereusement répandues maintenant, que les organes de propagande éprouvent constamment le besoin de la réfuter… Venus des usines et des champs, les étudiants ne passent par l'université que pour retourner ensuite à leur point de départ. Dès lors, à quoi bon faire ce détour ? D'autant plus que ce séjour à l'université constitue pour beaucoup une épreuve pénible : si dévalué que soit l'actuel enseignement universitaire, il dépasse encore le niveau culturel d'un certain nombre de ces nouveaux étudiants. Il est tellement difficile de trouver des candidats aux études universitaires présentant à la fois un pedigree impeccablement rouge *et*

1. Pour rendre la notion nouvelle de xueyuan, j'ai formé ce néologisme « étudieur » sur le modèle de « vidangeur », « professeur », « plombier-zingueur », etc.

2. Le *Drapeau rouge* a pourtant dénoncé formellement l'erreur extrémiste selon laquelle « les origines sociales sont un facteur absolument déterminant » et instauré une tolérance théorique en faveur des candidats qui, bien qu'affligés d'une « mauvaise origine sociale », font montre d'une « conception du monde progressiste » ; mais encore une fois, peu de responsables osent appliquer ces consignes plus libérales.

un minimum de préparation intellectuelle, que bon nombre d'universités provinciales sont autorisées maintenant à recruter leurs effectifs dans le pays entier, et non plus simplement dans les limites de leur province. En plus, comme je l'ai déjà indiqué plus haut, toutes les universités ont organisé un programme préparatoire, qui dure de six mois à un an, pour tâcher de combler tant bien que mal les lacunes culturelles des nouveaux arrivants. Ceux-ci se trouvent placés dans une situation peu enviable : c'est ainsi par exemple qu'un article du *Quotidien du peuple* (24 juin 1972) décrivait de façon suggestive le problème psychologique de ces pauvres « étudieurs » qui, confrontés à une tâche pour laquelle ils ne sont pas équipés, perdent bientôt pied et vivent à l'université dans un perpétuel état de « tension et d'angoisse » (yi ji er pa)...

En résumé, on peut donc dire que dans l'enseignement supérieur les effets de la « Révolution culturelle » ont été particulièrement dévastateurs, mais il se manifeste maintenant une volonté de normalisation, un désir de neutraliser là, comme dans tous les autres domaines, les conséquences catastrophiques de ce mouvement ; toutefois, cette entreprise de « restauration » continue à se buter à des obstacles considérables et risque à tout instant d'être remise en question.

D'autre part, un retour intégral à la formule ancienne n'est guère concevable, ni même souhaitable. Après tout, la crise de l'université est un phénomène planétaire et, *dans leur principe*, la plupart des innovations apportées en Chine par la « révolution de l'enseignement » sont peut-être moins originales qu'il ne paraît à première vue : l'université capitaliste est arrivée par ses propres voies à formuler des solutions remarquablement similaires à celles adoptées par l'université maoïste [1].

La recherche d'une nouvelle définition de l'université s'impose d'une façon universelle. Malheureusement, dans cette nécessaire entreprise, la Chine se trouve lourdement handicapée par ses dogmes politiques, et plus particulièrement encore, par l'encombrante personnalité de son chef suprême ; celui-ci se trouve précisément avoir certaines idées arrêtées sur l'université, et certains comptes à régler avec les universitaires... [2]. Les

1. Voyez par exemple la conclusion d'une enquête menée par *Newsweek* (6 novembre 1972) sur l'université américaine : « [...] students who were once sneered at for dropping out of school are now encouraged to take a year or two off to find themselves. Scores of institutions have revised their curriculums to slice the number of required courses, some have inserted month-long breaks between semesters to allow students to pursue independent study-projects ; other have developed year-round schedules to save money. Universities may soon be turning out lawyers in five years instead of seven, and graduating doctors in six years instead of the current eight ; most important of all, the standard four year baccalaureate degree programme will all but certainly be trimmed down to three years. These evolutionary changes may be less provocative than watching students blow up buildings. But to the universities — and to the country — they are a good deal more significant. »

2. A l'égard des intellectuels en général, Mao éprouve un mélange de méfiance et de mépris qu'il n'a jamais cherché à cacher et qui s'étale fréquemment dans ses propos (voir par exemple la fameuse allocution qu'il fit en août 67 à une délégation militaire albanaise

foucades d'un individu viennent ainsi se substituer de façon péremptoire et définitive aux débats des personnes concernées et compétentes (étudiants, enseignants), qui seules pourraient cerner utilement le problème. Dans ce domaine particulier de l'enseignement supérieur, on mesure une fois de plus de quel poids Mao a pu peser, et pèse encore, sur le destin de la Chine, et à quel point sa présence est devenue un facteur de paralysie pour la vie du pays.

— j'en ai donné une traduction dans *Les Habits neufs du président Mao*, ci-dessus, p. 124-128). La presse des gardes rouges a reproduit plusieurs de ces savoureux entretiens où Mao entouré de ses familiers, s'abandonne en présence de jeunes délégués activistes (qui ont noté et transmis ses propos) à quelques-uns de ses thèmes favoris. Ainsi par exemple, sur l'inutilité des études universitaires : « *Mao Zedong* : A part Marx et Lénine qui ont étudié à l'université, les autres n'y ont pas mis les pieds. Lénine n'a d'ailleurs fait qu'une seule année de droit. Quant à Engels, avant même d'avoir achevé ses études moyennes, son père l'a envoyé travailler comme comptable dans une usine, et c'est en usine qu'il a été mis en contact avec le monde ouvrier. Où Engels a-t-il acquis ses connaissances scientifiques ? Dans les bibliothèques, à Londres où il résida pendant huit ans, mais il n'a jamais mis les pieds dans une université. Staline n'est jamais entré à l'université non plus : il a seulement achevé ses études moyennes dans un petit-séminaire. Gorki n'a fait que deux années d'école primaire — encore moins que Jiang Qing ! Jiang Qing, elle, a achevé ses six années d'école primaire... *Ye Qun* (épouse de Lin Biao) : Mais la camarade Jiang Qing a toujours déployé un zèle considérable, en étudiant par elle-même... *Mao* : Pas besoin de la flagorner. D'ailleurs les connaissances véritables, ce n'est pas dans les écoles qu'on les acquiert. En ce qui me concerne je n'ai jamais étudié dans des académies militaires, je n'ai jamais étudié les traités de stratégie. Il y a des gens qui prétendent que dans mes campagnes, je me suis basé sur les *Trois-Royaumes* et sur *L'Art de la guerre de Sun Zi* : et moi je vous dirai bien simplement que *Sun Zi*, je ne l'ai jamais lu. Mais pour ce qui est des *Trois-Royaumes*, ça oui, je l'ai lu. *Lin Biao* : Je me souviens, à l'époque, vous m'aviez demandé de vous en procurer un exemplaire, mais je n'ai pas réussi à vous en procurer un. *Mao* : Au moment de la conférence de Zunyi (1935), comme je discutais avec XXX, il me demanda : "Et *L'Art de la guerre de Sun Zi*, vous l'avez lu au moins ?" Et moi de rétorquer : "Savez-vous seulement de combien de chapitres se compose le *Sun Zi* ?" Il ne le savait pas plus que moi. Je lui demandai de quoi traitait le premier chapitre : il ne le savait pas non plus. Ce n'est que plus tard, ayant à écrire sur des questions de stratégie, que j'ai vaguement parcouru *Sun Zi* [...]. Qui est-ce qui étudie l'anglais parmi vous ? Il faut apprendre l'anglais. Je n'ai pas eu d'éducation régulière, et ça m'a handicapé pour ce qui est des langues étrangères. Pour les langues étrangères, il faut s'y prendre à temps, commencer tout jeune, il faudrait s'y mettre dès l'école primaire. *Tan Houlan* (leader garde rouge de l'université Normale de Pékin) : Président, maintenant que la "Révolution culturelle" est finie, que dois-je faire ? Entrer à l'armée ? *Mao* : Six mois d'instruction militaire devraient suffire. A quoi bon un si long service militaire ? En six mois, on a appris tout ce qu'il y a à apprendre. Après cela, il faudrait travailler comme paysan pendant un an, comme ouvrier pendant deux ans : voilà la vraie éducation universitaire ! » (reproduit dans *Ming bao*, 20 décembre 1973 ; voir également version légèrement différente in *Mao Zedong sixiang wan sui*, Pékin, 1969, p. 694-695.)

BÂTONS ROMPUS

J'ai visité une première fois la République populaire en 1955, j'y reviens maintenant après dix-sept années. La différence qui me frappe le plus (je parle d'impressions purement visuelles, intuitives, superficielles, et ne tiens ici aucun compte de tous les accomplissements objectifs, considérables sans aucun doute, qui ont été réalisés dans l'intervalle) — la différence qui me frappe le plus, c'est qu'en 1955 tout paraissait neuf, resplendissant de jeunesse et de vitalité, et que maintenant tout semble usé, écaillé, vétuste, délabré. Canton d'emblée donne une impression de déjà vu : c'est un autre Macao — rapprochement combien significatif pour quiconque connaît ce croupissant arrière-poste d'un autre âge. L'impression se renforce encore dans les villes du Nord qui, elles, ne peuvent camoufler leur misère derrière l'exubérance d'une flore tropicale. Les constructions datant d'après la « Libération » vieillissent mal : ersatz de casernes, elles prennent en quelques années des faces lépreuses. Évidemment, dans l'échelle des priorités, les logements passent bien après les constructions d'infrastructure industrielle ; d'autre part, le climat politique décourage les gens de donner une apparence coquette à leur habitation : il vaut mieux ne pas susciter l'envie des voisins, ne pas vivre d'une façon qui puisse être qualifiée de « bourgeoise » ; toute initiative individuelle visant à l'aménagement et à l'embellissement de la vie quotidienne risque d'éveiller la suspicion et de susciter la critique. L'homme avisé vit dans une cahute et met des rustines à son pantalon.

D'aucuns diront que, de 1955 à 1972, la différence n'est peut-être pas tant dans le spectacle que dans le spectateur qui, en dix-sept ans, a vieilli et suri. Mais je suis quand même frappé de ce que cette impression à fleur de peau soit confirmée par le jugement de nombreux Chinois qui, sur la base d'expériences personnelles et d'observations en profondeur, estiment que jusqu'en 1956-57 le régime s'est trouvé en plein essor pour voir ensuite son dynamisme ascensionnel gravement compromis par la crise des « Cent Fleurs », puis définitivement brisé avec l'échec du « Grand Bond ».

*

Je peux écouter avec patience et courtoisie tous les poncifs de la propagande maoïste que me débitent les bureaucrates chinois : après tout, ils ne font que leur métier. Mais la patience commence à me manquer quand ces mêmes poncifs me sont servis par des journalistes américains ou des diplomates japonais. Le degré de flagornerie où sont tombés ces gens-là doit quelquefois soulever l'estomac de ceux-là mêmes à qui ils cherchent à plaire.

*

A Xi'an, visite d'une entreprise d'« artisanat d'art », spécialisée dans la confection de tableaux faits de soies peintes, plastique, peluche, coquillages et plumes d'autruche. La vue des fanfreluches petites-bourgeoises qui, sous l'étiquette d'art prolétarien et révolutionnaire, triomphent partout de façon totale et exclusive, n'est pas sans soulever d'intéressants problèmes philosophiques.

L'esthétique de la politique est une grande étude qui reste à faire. Leur incapacité à produire autre chose que du kitsch est certes la moindre des atrocités perpétrées par les régimes totalitaires, mais elle n'en demeure pas moins un symptôme remarquablement sûr et constant, permettant de diagnostiquer le vice spirituel de ces systèmes. Le kitsch nazi, le kitsch mussolinien, le kitsch stalinien, le kitsch maoïste appartiennent à la même famille, et cependant ils ont chacun leurs traits spécifiques ; si l'on étudiait cette spécificité (qui ne doit pas grand-chose aux caractéristiques nationales), on pourrait commencer à cerner ce qui, dans la grande famille totalitaire, compose la physionomie singulière de chacune de ces variantes. Un tel travail pourrait d'ailleurs se borner au début à être simplement analytique et descriptif : il suffirait de rassembler et présenter, sur quelques grands thèmes communs (tels que le Culte du *Leader*, la Dénonciation de l'Ennemi, le Bonheur du Peuple, les Enseignements Infaillibles du Parti, etc., etc.) les expressions développées dans ces divers systèmes, par les films, les affiches, les disques, les arts décoratifs, l'architecture, la statuaire, etc.

*

Qu'on ne se trompe pas sur le sens des réminiscences mélancoliques qui s'expriment çà et là dans les pages qui précèdent. Je pardonnerais tous les iconoclasmes (je les accueillerais avec enthousiasme !) d'un pouvoir politique qui serait véritablement populaire, révolutionnaire et créateur, ouvrant les voies de l'avenir. Mais le présent régime n'a fait table rase des valeurs humaines et culturelles du passé, que pour mieux en conserver les vices : il perpétue pour lui-même les mœurs du féodalisme et d'une bureaucratie millénaire ; la psychologie et les méthodes politiques de cette poignée de vieillards qui dirigent aujourd'hui la Chine, relèvent tout entières du vieil empire.

*

A Pékin aujourd'hui, les seuls Chinois que les étrangers ont l'occasion de tant soit peu connaître, sont leurs propres domestiques. Cette situation répète fidèlement celle de l'époque colonialiste, mais cette fois, à l'initiative des autorités chinoises elles-mêmes. Il est assez typique que le présent régime ait entrepris de recréer délibérément tous les traits de ce système grotesque et honteux avec son Club International, ses divertissements et magasins réservés, son ghetto…

*

Le cimetière de Babaoshan se trouve dans la campagne au sud-ouest de Pékin ; en principe, c'est là qu'étaient enterrés les personnages officiels du régime, mais aujourd'hui, le promeneur n'y découvre plus qu'une étendue de tombes à demi dilapidées, datant au plus tard des années 60, au revers d'une colline en jachère. Quant aux personnalités illustres récemment décédées, elles sont, je pense, incinérées au crématoire de Babaoshan, ou doivent être ensevelies dans un cimetière séparé, secret, fermé et gardé, ce qui leur permet de prolonger jusque dans la mort cet isolement splendide que leur avait conféré le pouvoir. Manifestement, le régime redoute maintenant d'exposer les sépultures de ses dignitaires aux fureurs de la foule : celle-ci a montré au moment de la « Révolution culturelle » que sa colère contre les bureaucrates n'exceptait même pas les morts, et le cimetière de Babaoshan (qui paraît aujourd'hui abandonné) porte encore les stigmates de ces anciennes violences. Un grand nombre de tombes ont eu leurs stèles renversées, arrachées et brisées, et les fragments gisent encore à terre. D'autres ont été barbouillées de goudron ou de peinture rouge. Plusieurs tombes de militaires qui comportaient un portrait du défunt (photographie reproduite sur une épaisse plaque vitrifiée) ont eu cette effigie trouée et martelée. Ces actes de vandalisme semblent avoir simplement reflété l'expression d'une rage aveugle, visant la classe dirigeante dans son ensemble, attaquée indifféremment dans n'importe lesquels de ses représentants. Parfois, au cœur même de Pékin, on rencontre également d'anciennes traces de la « Révolution culturelle » ; ainsi dans la Cité interdite même, sur le mur du couloir de la seconde porte, les vieilles inscriptions de 1967-68 qui avaient été soigneusement recouvertes d'une couche de peinture, commencent à reparaître de façon fantomatique sous leur badigeon — cris de fureur qui ont traversé le temps, comme les paroles gelées dans Rabelais ; on déchiffre ainsi des fragments : « Libérez le Jiangxi ! »,

« Faites frire dans l'huile Song De-xxx », « Vengeons nos martyrs assassinés ! », « Renversez Zhang xxx ! »

*

W. est un fonctionnaire assez haut placé dans un ministère de Pékin. Il est âgé d'une quarantaine d'années ; originaire de Shanghai, il a été élève des Jésuites et a gardé de ses anciens maîtres une familiarité avec la littérature française et une figure de sacristain. Nous nous sommes rencontrés assez souvent, et une fois en particulier, nous avons eu une longue et curieuse conversation. Il commença par me demander à brûle-pourpoint : « A votre avis, quels sont les meilleurs livres récemment parus en Europe au sujet de la Chine ? » Moi : — « La quantité de livres qui paraissent chaque année sur la Chine est formidable ; ce phénomène est heureux, car il montre la place que la Chine commence enfin à occuper à l'horizon de la conscience occidentale. Malheureusement pour le moment, il n'y a toujours pas un seul ouvrage vraiment définitif sur le sujet : admirateurs et détracteurs de la République populaire, étayent en général leurs préjugés respectifs sur la même base d'une effrayante ignorance. Il serait toutefois injuste de leur en faire reproche de façon unilatérale. Si *nous* sommes tellement ignorants de la Chine actuelle, en premier lieu c'est *vous* qui en êtes responsables. Un exemple : la “Révolution culturelle” a donné lieu en Occident à des flots de littérature fantaisiste ; mais il aurait été si simple de couper les ailes à tant de ces canards : il aurait suffi de donner l'occasion à des observateurs d'assister sur place au déroulement des événements. Les travaux les plus sérieux qui ont été faits sur la “Révolution culturelle”, laissent encore fort à désirer : ils ont été effectués à Hong Kong par des gens qui au moins savent le chinois, mais qui, par la force des choses, avaient comme principale source d'information directe, des témoins d'opposition. Ils n'auraient pas demandé mieux que de pouvoir venir sur place vérifier et contre-expertiser la validité de ces témoignages, mais vous ne leur en avez jamais laissé la chance. Au mieux, ils ne peuvent donc maintenant que présenter de bonne foi leur version partielle et partiale des événements, en attendant le jour encore lointain sans doute, où il sera possible à des historiens d'échafauder une synthèse plus sereine à partir de ces matériaux fragmentaires. » W. : — « Que pensez-vous du livre de Mme Macciocchi ? » Moi : — « A tout prendre, je préfère celui de Moravia. Entre deux farceurs, choisissons plutôt celui qui est drôle. » W. : — « Je ne connais pas ce Moravia dont vous parlez. Pourquoi traitez-vous Mme Macciocchi de farceuse ? Mme Macciocchi est une véritable amie de la Chine. » Moi : — « Je ne doute pas de la pureté des intentions de Mme Macciocchi, ou à tout le moins, n'ayant pas l'honneur de la connaître personnellement, je suis tout prêt à lui accorder le bénéfice du doute. Seulement je trouve son ouvrage un peu… abstrait. Elle aurait pu l'écrire en Europe, sans quitter sa chambre, en disposant simplement d'une collection de la revue *Pékin Information* : elle aurait abouti au même résultat. Son expérience de la Chine s'est limitée à une visite de quelques semaines, et à trois douzaines d'interviews. Ce n'est pas en interviewant les gens qu'on découvre ce qu'ils pensent, ce qu'ils sentent, ce qu'ils croient, ce qu'ils espèrent, ce qu'ils ont expérimenté, ce qui fait le tissu véritable de leur existence. Ceci ne peut se découvrir, petit à petit, qu'au long des mois et des années, en *vivant* avec eux. Je ne crois pas à ce genre d'interviews, sur lesquelles elle s'appuie si exclusivement, surtout lorsqu'elles sont freinées, figées et formalisées par le truchement d'un interprète, et... lorsque les interlocuteurs sont des Chinois. Vous êtes chinois vous-même, je n'ai pas besoin de vous rappeler que l'étourderie n'est pas un défaut très répandu parmi vos compatriotes. L'envers de vos admirables qualités de contrôle, de réflexion, de prudence, de subtilité est (pardonnez ma franchise !) un certain degré de "self-consciousness" et aussi une forme (savoureuse d'ailleurs) de cynisme roublard. J'ai l'impression que bien souvent, croyant interviewer le camarade Zhang San ou le camarade Li Si, Mme Macciocchi interviewait en fait Ah Q, sans se rendre compte de l'identité de son interlocuteur. Vous vous rappelez la réflexion de Lu Xun : "Le problème se posa pour moi de savoir si Ah Q deviendrait un révolutionnaire ou non. Dans mon esprit, aussi longtemps qu'il n'y aurait pas de révolution en Chine, Ah Q ne se ferait pas révolutionnaire ; mais il le deviendrait aussitôt que la révolution se serait imposée." Quel intéressant épisode supplémentaire on pourrait imaginer pour la *Véridique Histoire d'Ah Q* : une dame-d'œuvres-idéologue-italienne débarque à Weizhuang, armée de son interprète, de son Kodak et de son carnet, et vient interviewer Ah Q sur ses expériences révolutionnaires, en présence, bien entendu, de M. Zhao... [1]. » W. (coupant court à cette vision saugrenue) — « Et Étiemble ? Que pensez-vous d'Étiemble ? » Moi (un peu interloqué, ne voyant pas — ou plutôt voyant trop bien — où il voulait maintenant en venir) : — « Étiemble a lutté constamment pour de grandes idées justes et nécessaires : par exemple, la nécessité d'élargir notre culture et de l'ouvrir à toutes les autres cultures de cette planète. C'est un humaniste et un homme libre : il n'est à la solde d'aucun pouvoir et dit ce que lui dicte sa conscience. Même ceux qui ne sont pas d'accord avec certaines de ses idées, devraient s'incliner devant le courage avec lequel il nage à contre-courant des modes et des préjugés... » W. (sévère) : — « Étiemble, il n'y a pas longtemps, a très mal parlé de la Chine. Très mal. Il a calomnié la Chine. Il n'est pas le seul d'ailleurs... » Moi (avec chaleur) : — « Franchement cette notion des "amis qui parlent bien de la Chine" et des "ennemis qui parlent mal

1. Les lecteurs qui n'auraient pas encore fait la connaissance d'Ah Q, devraient se reporter à la traduction nouvelle qu'en a donnée Martine Vallette-Hémery (voir plus haut, p. 352, n. 2).

de la Chine" me remplit de désarroi et de désespoir. J'ai trop souvent l'impression que la Chine est devenue incapable de distinguer qui sont ses véritables amis et qui, ses véritables ennemis ; trop souvent elle encourage et récompense les flatteries de personnages notoirement équivoques, opportunistes et vénaux, et qualifie de "calomniateurs" des gens qui, mus par un amour désintéressé de la Chine, n'hésitent pas, dans son intérêt et à leurs propres risques, à formuler leurs critiques avec sincérité. Le paradoxe veut que ces critiques indépendants (en qui vous voyez des calomniateurs) se trouvent bien souvent avoir été les premiers à pressentir la vérité là où ceux que vous appelez des "amis", demeuraient aveuglés par leur propre servilité : voyez, dans le cas de Lin Biao, y a-t-il un seul de ces "amis" qui n'ait pas été son admirateur enthousiaste jusqu'au dernier jour de sa carrière (et même un peu au-delà, pour les moins subtils d'entre eux) ? Comment pouvez-vous placer votre confiance dans ce chœur d'obséquieux adorateurs du Pouvoir, de tout Pouvoir, quel qu'il soit, comment pouvez-vous être dupes de la "ferveur" de gens tels que... » W. — « Nous ne sommes dupes de personne, croyez-le bien, et nous sommes mieux informés que vous ne le pensez. Mais pour en revenir à notre sujet, l'essentiel pour tout ouvrage traitant de notre pays, est de voir quels sont objectivement les intérêts servis par l'auteur. » Moi : — « Non moins important, il faut voir quelles sont objectivement la compétence et la qualité de l'information de l'auteur. Quant aux vertueux ignorants... » W. — « Si l'intention de l'auteur est de nuire à la Chine, son ouvrage sera d'autant plus néfaste que sa documentation aura été meilleure : tout dépend de l'esprit dans lequel il utilise son information, des fins qu'il poursuit. » Moi : — « Ce que je souhaiterais précisément, c'est que vous puissiez acquérir une vue plus lucide des motivations véritables de ces divers auteurs : ceux que vous appelez les "détracteurs de la Chine" sont peut-être précisément ceux qui ont le plus passionnément à cœur le destin et le bonheur de votre pays. *Le Kuomintang accusait Lu Xun de haïr la Chine et les Chinois...* » W. — « Mais puisque vous savez si bien de quelle façon le Kuomintang traitait les écrivains qui le critiquaient, vous saurez au moins apprécier la manière dont nous, nous traitons ceux qui nous ont attaqués. Nous laissons revenir en Chine tel individu qui a dénigré notre État socialiste et notre Grande Révolution culturelle prolétarienne : nous sommes prêts à accorder une seconde chance à ces gens-là ; nous verrons bien l'usage qu'ils en feront. C'est sur leurs actes que nous les jugerons. »

*

Dictionnaire des idées reçues : en appliquant la méthode de Flaubert, on pourrait aussitôt compiler un énorme volume des expressions qui composent le langage-en-bois de l'idéologie maoïste. Les luttes populaires sont toujours « intrépides » et « victorieuses ». Les peuples albanais, vietnamien, etc., sont toujours « héroïques », les peuples roumain, zambien, etc., sont toujours « fraternels ». Dans ses apparitions publiques, Mao immanquablement présente « un visage rose et radieux » et chez les spectateurs sa vue suscite invariablement des « sentiments d'amour brûlant et d'enthousiasme sans limites ». Le parti communiste chinois est évidemment « grandiose, glorieux et infaillible » ; l'ennemi de classe, « toujours aux aguets », doit bien entendu être « impitoyablement démasqué ». Les desseins de l'adversaire sont toujours « inavouables » ; on doit toujours s'y opposer « de façon résolue », ses crimes sont « odieux et impardonnables ». Les succès de l'édification socialiste sont « prodigieux », « immenses », « toujours plus grands » (en cas d'échec, on parlera seulement de « succès nouveau » ou de « succès croissant »). (Certains articles du *Dictionnaire* de Flaubert demeurent d'ailleurs entièrement valides à un siècle de distance, et pourraient être repris tels quels en version pékinoise, ainsi par exemple : « Féodalité : N'en avoir aucune idée précise, mais tonner contre. »...)

Orwell a écrit un essai capital sur la façon dont le cancer totalitaire tout à la fois se nourrit d'une corruption du langage, et sécrète cette corruption[1] ; il a encore transposé ces idées en une image concrète, dans sa description du « novlangue » de *1984* :

> Le but du novlangue était non seulement de fournir un mode d'expression aux idées générales et aux habitudes mentales des dévots de l'Angsoc, *mais de rendre impossible tout autre mode de pensée*. Il était entendu que lorsque le novlangue serait une fois pour toutes adopté et que l'ancienne langue serait oubliée, une idée hérétique — c'est-à-dire une idée s'écartant des principes de l'Angsoc — serait littéralement impensable, du moins dans la mesure où la pensée dépend des mots [...]. Au ministère de la Vérité, le Commissariat aux Archives où travaillait Winston s'appelait *Comarch*, le Commissariat aux Romans, *Comrom*, le Commissariat aux Téléprogrammes, *Télécom* et ainsi de suite. Ces abréviations n'avaient pas seulement pour but d'économiser le temps. Même dans les premières décades du XXe siècle, les mots et phrases télescopés avaient été l'un des traits caractéristiques de la langue politique, et l'on avait remarqué que, bien qu'universelle, la tendance à employer de telles abréviations était plus marquée dans les organisations et dans les pays totalitaires. Ainsi les mots : Gestapo, Comintern, Inprecorr, Agitprop. Mais cette habitude, au début, avait été adoptée telle qu'elle se présentait, instinctivement. En novlangue, on l'adoptait dans un dessein conscient. On remarqua qu'en abrégeant ainsi un mot, on restreignait et changeait subtilement sa signification, car on lui enlevait les associations qui, autrement, y étaient attachées. Les mots « communisme international », par exemple, évoquaient une image composite : universelle fraternité humaine, drapeaux rouges, barricades, Karl Marx, Commune de Paris, tandis que le mot « Comintern » suggérait simplement une organisation étroite et un corps de doctrine bien défini. Il se référait à un objet presque aussi reconnaissable et limité dans son usage qu'une chaise ou une table. *Comintern* est un mot qui peut être

1. *Politics and the English Language*, in *The Collected Essays, Journalism and Letters of George Orwell*, Londres, 1968, vol. IV, p. 127-140.

prononcé presque sans réfléchir tandis que *Communisme International* est une phrase sur laquelle on est obligé de s'attarder, au moins momentanément[1].

Qui ne lit la presse chinoise que de façon occasionnelle et en se trouvant hors de Chine, pourrait être tenté de n'accorder à cet inepte et illisible jargon maoïste guère plus qu'un sourire amusé ou un haussement d'épaules. Mais pour qui doit l'absorber chaque jour et, vivant en Chine, se trouve simultanément soumis à tout le massif appareil de propagande visuelle et sonore qui illustre, étoffe, orchestre, réchauffe et ressasse la même bouillie idéologique à toute heure du jour et en tous lieux (les mêmes slogans s'étalent en caractères géants sur les murs, ils sont imprimés en miniature sur les tickets, les agendas, les calendriers, les paquets de cigarettes, ils sont gravés sur les cendriers et les crachoirs, peints sur les théières et les paravents, brodés sur les mouchoirs et les essuie-mains… des haut-parleurs les brament dans les rues, aux champs, dans les trains, les cantines, les usines et les latrines, dans les casernes, les avions et les gares…) il devient bientôt évident que cette gigantesque entreprise de crétinisation du peuple le plus intelligent de la terre, est animée, sous ses dehors burlesques, d'un dessein, d'une cohérence et d'une rigueur terribles. Il s'agit d'anesthésier l'intelligence critique, de purger les cerveaux et d'injecter dans les crânes dûment vidés de leur contenu, le ciment de l'idéologie officielle qui, une fois coulé et durci, n'y laissera plus place à l'introduction d'aucune idée étrangère, et opposera sa masse compacte, amorphe et hermétique à toute opération intellectuelle de caractère autonome ou hétérodoxe.

Dans le domaine politique, les citoyens de la République populaire sont ainsi munis d'un sabir mécanique et préfabriqué qui se substitue à la pensée, qui exclut la possibilité d'une pensée. Les extraordinaires effets de cette robotisation des cerveaux ne se mesurent nulle part mieux que dans les divers écrits des dissidents qui, de l'intérieur, ont tenté de s'opposer au régime : leur effort est au départ même condamné à l'échec : pour saper la forteresse idéologique du pouvoir, ils n'ont d'autres outils intellectuels que ces pioches de carton dont les a équipés la dialectique maoïste[2].

De façon générale on peut dire qu'en Chine les gens disposent maintenant de deux niveaux de langage : l'un naturel et humain, qui leur permet d'utiliser leur propre voix, et qu'ils adoptent pour bavarder de

1. G. Orwell, *1984*, trad. française, Paris, 1950, p. 430, 440-441.

2. Un des exemples les plus caractéristiques et les plus pathétiques de ce phénomène est sans doute l'ouvrage de Lu Yintao, *Renlei di husheng*, manifeste contestataire dont le manuscrit fut clandestinement sorti de Chine en 1961 (publié à Hong Kong en 1967, avec une introduction de Xu Yu). Les mêmes remarques s'appliquent également à la presque totalité de la littérature des gardes rouges et autres écrits rebelles qui se développèrent durant la « Révolution culturelle ». (*Post-scriptum de 1978* : le manifeste de Li Yizhe est maintenant venu apporter un éblouissant démenti à ce diagnostic trop pessimiste ; voir ci-dessous, p. 413 et 524-530.)

leur santé, du temps qu'il fait, de la nourriture, du dernier match de basket-ball, etc.[1], et l'autre strident et machinal, pour traiter de toute question politique. Ainsi au cours d'une même conversation, votre interlocuteur peut facilement se voir amené à effectuer plusieurs fois ce passage d'un registre de voix normale, à cette espèce de numéro de ventriloquie idéologique, suivant la nature des sujets abordés.

Le jargon de l'idéologie est en prolifération constante : le régime croit pouvoir se sauver de la banqueroute idéologique en se réfugiant dans l'inflation verbale ; l'avalanche des nouveaux concepts est comme une émission massive de jetons de plastique appelés à tenir lieu de monnaie intellectuelle. Les meilleurs glossaires de la phraséologie maoïste sont déjà dépassés un an à peine après leur sortie de presse. Pour les Chinois qui ont passé un certain temps à l'étranger, cette terminologie est d'un hermétisme total ; pour s'y retrouver avec un minimum d'agilité, il faut cette pratique intensive qui est fournie de façon quotidienne et obligatoire à tous les citoyens de la République populaire : à moins d'une gymnastique constante, en effet, comment pourrait-on jongler avec ces « systèmes un-deux-trois », « un bon qui entraîne quatre bons/quatre bons qui entraînent un bon », « une lutte-deux-critiques-trois-réformes », « synthèse de deux en un et décomposition de l'un en deux », « trois antis et cinq antis », « les cinq et les sept catégories de mauvais éléments », « les trois drapeaux rouges », « la tactique d'un point-deux plans », le système des « trois contrats-une récompense » et celui des « trois libertés-un contrat », le « principe des trois célébrités », « le style de travail des trois-huit », « les quatre ensemble », « l'unité-critique-unité », « les cinq-histoires », « l'esprit de Yugong », « l'esprit de Dazhai », « l'esprit de Daqing », « la démocratie extensive », « les quatre nettoyages », « les monstres et démons », « les herbes empoisonnées », « la constitution en huit mots », « le mouvement de comparaison-émulation-rattrapage-aide-dépassement », « le système des trois-sept et des trois-trois », « les trois-soutiens et deux-militaires », les « trois sans-peur », « les trois droitismes » et les « trois loyautés »... mais à quoi bon recopier ici un dictionnaire de quatre cents pages ?

On aura remarqué au passage que ce monstrueux charabia montre une prédilection particulière pour les *abréviations chiffrées*, ce qui achève de le convertir en une sorte d'algèbre arbitraire et autonome : toute relation qui pourrait encore exister entre le langage de l'idéologie et la réalité concrète, ne saurait plus être que l'effet d'un accident.

J'ai déjà signalé plus haut quelques-unes de ces distinctions logoma-

1. Dans la vie privée, les gens ordinaires *ne discutent jamais de politique* : ce sujet est à la fois trop ennuyeux et trop dangereux (ceci m'a été attesté à d'innombrables reprises par des réfugiés à Hong Kong, et une fois en Chine même par un travailleur avec qui j'avais réussi, durant un voyage, à avoir une longue conversation). Seuls les cadres haut placés (et leur progéniture) débattent de ces questions un peu à la façon dont, dans les pays capitalistes, les financiers échangent entre eux des confidences sur les cours de la Bourse.

chiques qui amènent le langage courant à perdre son sens : ainsi celle qui est faite entre les « stimulants matériels » (maudits) et les « justes rétributions proportionnées au labeur fourni » (encouragées) ; on pourrait y ajouter « la révolution permanente » (hérésie trotskiste) et la « révolution continuelle » (développement génial et créateur apporté par Mao Zedong à la pensée marxiste). Le tour de passe-passe qui a transformé la « gauche » en « droite » à un certain point de la campagne de dénonciation de Lin Biao, demeurera sans doute le chef-d'œuvre du genre, suivi de près par les injonctions récentes du *Quotidien du peuple* engageant les masses à « se rebeller » « *sans enfreindre la discipline du Parti et en respectant l'autorité de leurs supérieurs* » ! En réaction, contre le vide de cette sophistique, on assiste de temps à autre à de virulentes poussées de littéralité — une volonté soudaine de faire étroitement coïncider la vie avec les catégories abstraites de l'idéologie : ainsi les gardes rouges, indignés que le *rouge* puisse marquer un ordre d'arrêt, suggérèrent durant la « Révolution culturelle » une inversion des signaux lumineux de la circulation routière : selon eux, le trafic révolutionnaire aurait dû dorénavant s'immobiliser aux feux verts pour continuer de l'avant aux feux rouges [1].

Comme on pouvait s'y attendre, de tous les mots du langage, celui qui a été le plus malmené est celui de « Révolution » : on l'a mis *partout*, sa réalité n'étant nulle part. « Révolution » est devenu synonyme d'« ordre établi » ou d'« administration ». Tous les organes gouvernementaux des provinces, des préfectures et des districts, le rectorat des universités, la direction des écoles, des usines, des ateliers, des magasins, etc., ont simplement été rebaptisés « comités révolutionnaires » (il y a des « comités révolutionnaires » pour tout : comités révolutionnaires des restaurateurs, des apothicaires, des acteurs de théâtre, des taximen...) ; un gouverneur de province, un préfet, un recteur d'université, etc., s'appellent maintenant « président du comité révolutionnaire » de la province, de la préfecture, de l'université, etc. Les fonctions et compétences des intéressés n'ont pas plus changé que le contenu d'une valise n'est affecté par le coup de craie du douanier : la nouvelle appellation indique simplement que l'administration en question a été dédouanée par la « Révolution culturelle » et peut donc tranquillement continuer à procéder comme par le passé...

*

Le 16 juillet de chaque année, toute la Chine saute liturgiquement à l'eau pour commémorer le bain pris par Mao dans le fleuve Bleu le 16 juillet 1966. (On se rappelle qu'à cette occasion l'étonnant septuagé-

1. Cette difficulté soulevée par les gardes rouges, a été ingénieusement tournée : on s'arrête toujours aux feux rouges mais on le fait (comme l'explique le commentaire écrit au verso des panneaux de signalisation routière) pour « respecter l'ordre révolutionnaire ».

naire réussit à pulvériser tous les records olympiques de vitesse.) A Pékin, c'est au lac du palais d'Été que cette cérémonie se déroule avec la plus solennelle ampleur.

La calendrier chinois traditionnel ne manquait pas déjà d'antiques rituels : ainsi l'habitude de manger des gâteaux de riz glutineux enveloppés de feuilles de bambou et d'organiser des courses de bateaux-dragons le 5e jour du 5e mois lunaire ; contempler la pleine lune en mangeant des gâteaux-de-la-lune le 15e jour du 8e mois ; faire l'ascension d'une colline le 9e jour du 9e mois, etc., etc. L'origine de certaines de ces pratiques se perd d'ailleurs dans la nuit des temps et continue à intriguer anthropologues, historiens et philosophes. Gageons que d'ici deux mille ans, la baignade rituelle du 16 juillet sera toujours pratiquée, et qu'il s'écrira alors des thèses savantes pour tenter de déterminer les origines mythico-religieuses de ce singulier culte aquatique.

*

Secrets d'État. En théorie, à moins d'indication contraire, tout est secret d'État. Tel est du moins le principe prudemment adopté par l'homme de la rue, surtout dans ses rares contacts avec les étrangers. Je crois avoir déjà rapporté plus haut comment, en province, des passants à qui je demandais le chemin, éludaient mes questions. Il y a plus drôle : un matin à Pékin, débouchant à l'extrémité de l'avenue Chang'an, j'aperçois des équipes d'ouvriers s'affairant à pavoiser le boulevard ; je demande à un militaire en faction le pourquoi de ces préparatifs. « Je ne sais pas au juste », me répond-il de façon peu compromettante. Deux cents mètres plus loin une vaste banderole déjà en place « Bienvenue au Premier ministre Trudeau » me fournit la réponse, et me rappelle ce que la presse et la radio avaient déjà largement annoncé la veille. On pourrait difficilement concevoir un événement plus délibérément *public* que la visite à Pékin d'un chef d'État étranger, et pourtant mon brave factionnaire, fidèle au principe énoncé plus haut, avait appliqué une fois de plus la consigne du secret !

Dans le domaine de l'information écrite, les étrangers ne sont autorisés à lire que la presse nationale (deux quotidiens : *Renmin ribao* et *Guangming ribao*, plus un périodique : *Hong qi*) ; la presse locale leur est strictement interdite, de même que la presse militaire[1]. Aussi, pour le résident étranger de Pékin, il est impossible d'être tenu au courant du programme des cinémas et théâtres locaux, des expositions de peintures et de photos, des compétitions sportives, bref de l'ensemble de l'activité

1. Celle-ci comporte un quotidien, le *Journal de l'Armée de libération* (*Jiefang jun bao*) — à ne pas confondre (comme le fait K. S. Karol, mais c'est encore la plus vénielle de ses bourdes) avec *Le Quotidien de la Libération* (*Jiefang ribao*) qui lui, est un quotidien local (et civil) de Shanghai —, et un périodique, *Lettres et arts de l'Armée de libération* (*Jiefang jun wen-yi*).

culturelle et des divertissements de la ville (sauf en découvrant leur existence par accident, en vadrouillant dans les rues), car ces informations ne sont publiées que dans le *Quotidien de Pékin* qui lui, étant un organe local, tombe sous le coup de l'interdiction susmentionnée. (Mais quelquefois, dans leur innocence, la fruitière chez qui vous achetez un kilo de pommes, le cordonnier du coin chez qui vous avez porté vos souliers à rapetasser, vous enveloppe distraitement votre colis dans un vieux numéro du journal tabou ; inutile de dire que ces pages salies et déchirées sont alors défroissées avec amour par des China-watchers qui se les repassent en tremblant d'émotion, et après avoir été multi-photocopiées elles aboutissent finalement sur le marché noir de Hong Kong, où divers instituts de recherche se les arrachent à prix d'or. L'obstination que mettent les chercheurs à collectionner ces bribes parfaitement inintéressantes de journaux périmés, ne s'explique que par l'obstination égale que mettent les autorités chinoises à leur en interdire la lecture, au nom de la vieille obsession bureaucratique du « Secret d'État ».

Un jour à Hangzhou (maintenant encore, je ne me pardonne pas cette action) j'ai abusé de l'ignorance d'une fillette : c'était dans une petite librairie de banlieue, tout un choix de publications interdites s'étalait à la devanture : *Lettres et arts du Guangdong*, *Lettres et arts du Guangxi*, *La Révolution de l'éducation*, *Lettres et arts de l'Armée de libération*. Une petite fille tenait la caisse, elle était seule dans la boutique ; elle ne fit aucune difficulté pour me vendre toutes les revues que je lui demandais, et pour certaines, elle réussit même à m'exhumer des collections entières de numéros anciens ! Elle me ficela le tout en un volumineux ballot, je payai la note (fort modique), et m'enfuis avec mon butin. Ce même jour dans la soirée, le patron de la librairie accompagné de la fillette, vint me visiter dans ma chambre d'hôtel (comment avait-il pu retrouver ma trace ? demanderez-vous ; question naïve : la trace d'un voyageur étranger en Chine ne se perd pas plus que celle d'un spoutnik régulièrement placé sur orbite : sa course et ses coordonnées peuvent être relevées à tout instant par les « organes responsables »). Mes visiteurs étaient penauds et embarrassés, je l'étais plus encore. L'homme déposa sur ma table un petit tas de monnaie. « Faut excuser l'enfant, me dit-il, elle est jeune, elle ne sait rien. Elle vous a vendu ce matin des choses qui… » Je lui rendis aussitôt le ballot de revues interdites, qu'il saisit avidement avec un soupir de soulagement et de reconnaissance. Nous échangeâmes de profuses et mutuelles excuses : « Je n'aurais pas dû… — Mais non, c'est moi, qui… — Au contraire… » et ils me laissèrent, dépouillé de ma collection de Secrets d'État, mais la conscience enfin allégée…

Les adresses et numéros de téléphone tant des institutions et organismes publics que des personnes privées, relèvent eux aussi de la catégorie des « Secrets d'État » : il n'existe pas (du moins pas à l'usage des étrangers) d'annuaire du téléphone [1] ; les numéros et adresses dont les étrangers ont besoin pour leurs contacts professionnels leur sont notifiés individuellement, au compte-gouttes. Un certain nombre d'administrations ne portent aucune inscription extérieure permettant de les identifier : seul l'aspect majestueux d'un édifice et la présence de factionnaires devant la porte, indiquent alors qu'il s'agit d'un bâtiment officiel. Lequel ? Il vaut mieux ne pas être trop curieux.

Tout est secret, mais certains domaines le sont plus encore que d'autres : ainsi par exemple tout ce qui touche à l'armée, et tout ce qui touche à la personne des dirigeants suprêmes. En ce qui regarde l'armée, comme je viens de le signaler, la lecture tant de son journal que de son périodique culturel nous est interdite. Il y a plus remarquable encore : l'accès d'une exposition de peintures de militaires artistes qui se tenait à Pékin, fut également refusé à tous les étrangers ! Pour ce qui est des dirigeants suprêmes, leur vie — et leur mort ! — sont enveloppées de mystères : j'ai décrit plus haut comment, à Pékin, des factionnaires armés, postés sur le pont du Zhongnan hai, veillent à ce que nul passant ne s'arrête durant la traversée du pont : c'est que, de ce point, il est possible d'entrevoir à quelque huit cents mètres de distance, de l'autre côté de l'eau, un morceau de pelouse avoisinant la résidence de Mao... Les sépultures des dirigeants décédés (ne parlons pas de ceux qui se sont fait liquider !) sont pareillement soustraites à la curiosité du peuple. Même leurs « hobbies » sont un sujet tabou : Kang Sheng qui, sous le pseudonyme de Lu Chishui est un gracieux peintre amateur (mais oui, même les policiers ont leurs côtés sensibles), a fait faire par le Rongbao zhai d'admirables estampes reproduisant ses peintures. Comme j'achetais l'une d'elles dans un magasin spécialisé, je demandai au vendeur, un vieux renard riche d'une expérience qui manifestement ne se limitait pas à la seule peinture : « Mais qui donc est ce Lu Chishui ? — Je ne sais pas. — A Hong Kong, le bruit court que c'est Kang Sheng — Eeeeh... oui, moi aussi j'ai entendu des gens qui disaient ça... »

*

J'ai retrouvé par hasard à l'hôtel de Pékin, madame Z, la célèbre romancière anglo-saxonne qui, dans ses vieux jours, s'est improvisée la prophétesse du maoïsme. Ses coreligionnaires la tiennent en médiocre estime ; les orages de sa vie privée, l'éclat de son intelligence, ses talents brillants, son cynisme, son esprit mordant, l'étendue de son information, tout cela les inquiète fort, mais ils lui sont reconnaissants de prêter à leur chapelle le lustre de son nom et l'audience de ses millions de lecteurs.

1. Il circulait à Hong Kong au milieu des années 60, une anecdote dont je n'ai pu vérifier l'authenticité, mais qui, même inventée, illustre assez bien l'hystérie de l'information qui résulte naturellement de cette hystérie du secret : un organisme de renseignements américain qui avait acheté pour une fortune un exemplaire récent de l'annuaire du téléphone de Tientsin, découvrit un peu plus tard qu'il s'était fait escroquer : l'annuaire en question avait été entièrement composé « de chic » et imprimé à Hong Kong !...

Dans son appartement luxueux, sirotant un thé exquis (d'une variété qui ne se trouve guère dans les épiceries que je fréquente), elle m'explique ce qu'est la vraie « ligne révolutionnaire-prolétarienne ». Je l'écoute humblement, convaincu d'être encore enfoncé moi-même dans les ténèbres de la pensée féodale. Après tout, elle doit bien savoir de quoi elle parle : depuis longtemps, elle revient chaque année faire un long séjour à Pékin (elle n'a manqué qu'une fois à cette habitude, en 1967-68, au moment où la révolution faillit à nouveau embraser la Chine ; ses comptes en banque suisses et son style de vie auraient pu lui valoir alors quelques ennuis de la part d'une jeunesse irrespectueuse ; mais maintenant que la bureaucratie, épaulée par l'armée, paraît fermement remise en selle, elle se sent à nouveau ici dans son élément.

Elle a sous presse, me dit-elle, un nouveau livre : « une histoire du parti communiste chinois qui, en fait, est une biographie de Mao Zedong, puisque, n'est-il pas vrai ? toute l'histoire du Parti se confond en réalité avec l'itinéraire personnel de Mao... » (Mânes de Li Dazhao et de Chen Duxiu, de Qu Qiubai et de Li Lisan, et vous tous, les martyrs de Shanghai et de Canton, retournez une deuxième fois au néant !)

Sur la table, s'étale la série complète des romans classiques réédités à Pékin après la « Révolution culturelle » : *Les Bords de l'eau*, *Les Trois-Royaumes*, *Le Rêve dans le pavillon rouge*, *Le Voyage en Occident*. — « Vous voyez ? La vie culturelle ici est plus active que jamais !... Tous ces chefs-d'œuvre de la littérature classique que l'on réédite maintenant... » J'aurais aimé lui demander pourquoi pendant sept ans ces ouvrages avaient entièrement disparu de la circulation, et pourquoi ces rééditions ne se rencontrent guère que dans les librairies de Hong Kong, ou entre les mains des spécialistes internationaux des « Public relations » maoïstes, tandis qu'elles demeurent largement inaccessibles au commun des lecteurs chinois (n'ayant été tirées qu'à un nombre réduit d'exemplaires) — mais elle parle de façon si volubile et avec tant d'autorité, qu'il m'est impossible de placer un mot. Elle voit beaucoup de gens ici, ajoute-t-elle encore, des intellectuels, des écrivains : elle lance deux noms, Feng Youlan, Xie Bingxin — les deux intellectuels de service, pour tous les hôtes-distingués-venus-de-l'étranger. — « Et Lao She ? » J'ai réussi finalement à interjeter cette question sacrilège, comme elle reprenait haleine. Je me souviens que dans les années 60, elle était très justement fière de faire état de l'amitié dont l'honorait alors le grand écrivain. Mais elle ne se formalise nullement de l'indélicatesse de ma question, et reprend aussitôt de la façon la plus naturelle : — « Lao She ? Mais c'est un idiot ! Il a été stupide de se suicider ! Personne ne lui voulait le moindre mal, il a eu bêtement la frousse comme ça, pour rien ! Voyez plutôt : lors des dernières festivités du Premier Mai, le président Mao vient encore de recevoir en privé un groupe d'écrivains !... » Pauvre Lao She, s'il avait su ! Avec son ridicule suicide, il a manqué une occasion de prendre le thé chez le Président ! Madame Z, elle, ne risque guère de jamais commettre une telle bévue…

*

N. est attaché à l'ambassade d'Union soviétique à Pékin. Il est âgé d'une trentaine d'années et se trouve en poste en Chine depuis bientôt deux ans. Il a un physique bovin, une subtilité de pachyderme ; il est remarquablement antipathique, mais ce n'est certainement pas un imbécile : il parle de façon lourde et mécanique, mais courante, l'anglais, le chinois, l'espagnol et le français. Protocolaire comme un Hollandais, on le sent profondément respectueux des rites et des hiérarchies diplomatiques ; type achevé de parvenu, il est tout imbu des privilèges de cette caste bureaucratique dans laquelle il vient de se trouver promu. Il me rendit visite un jour, et comme il ne faisait pas mine de s'en aller, je fus bien obligé de le garder à déjeuner.

Lui et ses collègues de l'ambassade semblent vivre dans une atmosphère de forteresse assiégée. « Ici à Pékin, me dit-il du ton pathétique d'un naufragé bivouaquant sur une banquise, nous sommes isolés à plus de deux mille kilomètres de notre frontière la plus proche ! » (— Cela fait combien d'heures de tank ? eus-je la furieuse envie de lui demander, ayant encore assez frais en mémoire les souvenirs d'un certain été de 1968 que j'avais eu la singulière fortune de vivre en Tchécoslovaquie [1].)

Au moment de la « Révolution culturelle », le personnel chinois de l'ambassade de l'URSS commit la gaffe majeure de se mettre en grève, et les Soviétiques sautèrent évidemment sur cette occasion pour adopter une mesure qu'ils avaient dû caresser depuis longtemps : le remplacement de tout le personnel domestique chinois de l'ambassade, jusqu'aux derniers chauffeurs, jardiniers et marmitons, par des Soviétiques. Ainsi vivent-ils maintenant à quatre cents entre les quatre murs de leur ambassade. La vie de ghetto pèse souvent aux diplomates étrangers à Pékin, mais avant de se plaindre, qu'ils songent un peu que leur ghetto à eux offre au moins un certain charme cosmopolite, et qu'ils imaginent un instant ce que pourrait être leur existence s'ils avaient à la partager avec *quatre cents* de leurs propres compatriotes, parqués dans le même enclos ! Mais pareille situation — dont la seule idée nous donnerait le frisson — ne semble nullement affecter ces Soviétiques : on dirait qu'ils trouvent bonheur et réconfort à se serrer les uns contre les autres dans leur douillette citadelle diplomatique (qui possède d'ailleurs bien des conforts inconnus de leurs concitoyens à Moscou), comme des moutons

1. La possibilité d'une agression soviétique contre la Chine, était alors *une menace réelle, constante et pressante*. Les Chinois en étaient intensément conscients, et leur politique étrangère à cette époque se définissait essentiellement en fonction de cette menace, que l'Occident aurait eu tort de considérer avec scepticisme. Sur cette question-là au moins, il aurait été impossible de ne pas *sympathiser de façon entière et active avec les positions de Pékin*.

sous un arbre pendant l'orage. Ils ne connaissent rien de la vie chinoise, et ne souhaitent rien en connaître : ils n'ont pour elle que méfiance et mépris. Ceci se manifeste jusque dans des détails élémentaires : N. par exemple ne sait même pas quelle est la ligne d'autobus qui passe devant son ambassade (manifestement l'idée d'emprunter les transports en commun ne lui est jamais venue à l'esprit), cependant que ses manières de table attestent une totale ignorance des plus simples usages chinois quotidiens : mais où aurait-il pu les apprendre ? Certainement pas en mangeant chaque jour le borchtch de son ambassade !

Il a longtemps été de mode d'ironiser sur l'incapacité des Américains à s'adapter aux conditions de vie des divers pays dans lesquels ils se trouvaient postés, mais ce mélange de provincialisme et d'arrogance qui les amenait trop souvent à s'isoler partout des réalités locales, n'est encore rien en comparaison de la massive absence d'ouverture, de curiosité, de tact, exhibée par les diverses missions soviétiques à l'étranger. En Chine tout particulièrement, les Soviétiques se sont longtemps comportés avec une mentalité colonialiste. Ils se voyaient d'ailleurs confirmés dans leur sentiment de supériorité par l'attitude servile qu'adoptaient à leur égard les autorités maoïstes : celles-ci donnèrent pour consigne au peuple chinois de se mettre en toutes choses à l'école du « grand frère soviétique » et Mao lui-même énonça la célèbre formule définissant la façon unilatérale dont la Chine devait appuyer son développement sur l'aide soviétique. Il s'épanouit alors toute une délirante littérature qui décrivait l'URSS comme un véritable paradis terrestre (dans ce domaine, les impayables flagorneries de Guo Moruo méritent une mention toute spéciale !). Inversement, toute critique, même voilée et discrète, formulée contre l'Union soviétique, fut assimilée à de la sédition et impitoyablement réprimée : c'est ainsi par exemple que Xiao Jun, le célèbre écrivain communiste originaire de Mandchourie, se fit purger pour avoir fait écho — de façon pourtant bien enveloppée ! — à l'amertume des populations du Nord-Est qui, à la fin de la guerre, avaient été exposées aux exactions de l'armée russe et avaient assisté au pillage systématique de tout l'équipement industriel de leurs provinces par l'« allié fraternel ». Il fallut attendre que l'Union soviétique au début des années 60, trahisse brutalement tous ses engagements à un moment où leur exécution était précisément vitale pour une Chine affaiblie et affamée, pour finalement acculer le parti communiste chinois à reconnaître certaines évidences[1] que le peuple chinois avait découvertes bien avant lui…

Les Russes cherchent aujourd'hui (déraisonnablement) à peindre Mao

1. Et encore… Il est remarquable de constater qu'aujourd'hui en Chine maoïste, le culte de Staline par exemple continue à être fidèlement entretenu — ce même Staline qui avait pourtant marqué à tant de reprises sa méfiance et son hostilité pour le mouvement révolutionnaire chinois, ainsi que son mépris pour la personne de Mao Zedong, et qui persista obstinément à miser jusqu'à la dernière minute sur une impossible victoire de Chiang Kaishek…

Zedong sous les traits d'un nouveau Gengis Khan ; derrière tout Chinois se profile pour eux le spectre immémorial de l'envahisseur mongol. La presse de Moscou s'attache à entretenir et exploiter ces préjugés primaires et racistes, au mépris des données les plus élémentaires de l'histoire [1] (la Chine elle-même a eu tout autant que la Russie à souffrir des invasions mongoles !). Du côté chinois, on considère, non sans justification, que l'impérialisme soviétique a entièrement repris la succession de l'expansionnisme tsariste. De ce conflit dicté par la géopolitique et confirmé par trois siècles d'histoire, la Chine populaire a d'ailleurs donné une version sobre et convaincante : dans ce domaine, en complet contraste avec la prose illisible qui les caractérise en général, les communiqués chinois ont été articulés avec rigueur et mordant ; ils s'appuient non sur des arguments d'autorité ou des citations des saintes écritures maoïstes, mais sur l'évidence des faits ; ayant cette fois la vérité historique et la justice de leur côté, ils se sont donné plusieurs fois l'élégance de reproduire en regard de leur réfutation, la version intégrale des communiqués soviétiques (les Russes n'ont jamais osé réciproquer le procédé).

Les Russes ont eu, et ont encore, d'excellents sinologues ; mais cette élite universitaire, bien informée de la culture chinoise et capable de l'apprécier en profondeur n'exerce absolument aucune influence politique [2] ;

1. On mesure la profondeur à laquelle ces préjugés sont enracinés, et le succès rencontré par cette propagande officielle, quand on découvre avec tristesse que même un homme aussi intègre et libre que Soljenitsyne a inconsciemment épousé cette vision d'un nouveau « Péril jaune », et ne semble pas un seul instant prendre conscience de la formidable menace militaire que son pays fait peser en permanence sur les frontières chinoises (voir A. Solzhenitsyn, *Letter to Soviet Leaders*, Londres, 1974, chap. II, « War with China », p. 14-19, trad. fr. : Éd. du Seuil, 1974). Évidemment, on comprend que l'attention des intellectuels russes se soit complètement polarisée sur l'effrayante réalité néostalinienne présentée par le maoïsme ; mais il est regrettable que ceci les amène tantôt à ignorer l'attitude agressive adoptée par l'URSS envers la Chine, tantôt même à entretenir l'illusion que les porte-parole de la campagne antichinoise puissent représenter par définition une force progressiste et libérale — alors que ceux-ci ne font en réalité que préparer le terrain pour une éventuelle intervention militaire, identique dans son principe à celle qui viola la souveraineté tchécoslovaque. Ainsi par exemple, Zhores Medvedev évoque une démarche entreprise par Soljenitsyne pour solliciter l'appui de Y. V. Andropov : « Andropov était alors secrétaire du Comité central, en charge des affaires internationales dans le secteur socialiste. Il ne s'occupait pas directement des questions littéraires, mais les milieux intellectuels le considéraient comme une des figures les plus cultivées et les plus progressistes du Parti. Leur impression se fondait sur le fait qu'Andropov avait dirigé la polémique soviétique contre les dirigeants chinois. Des documents de cette polémique étaient périodiquement publiés dans la presse, et rencontraient une approbation générale. Les déclarations émanant du Comité central durant le déroulement de la querelle avec la Chine, étaient empreintes de l'esprit de lutte contre les abus du culte de la personnalité, contre l'arbitraire, l'illégalité et le dogmatisme » (Zh. Medvedev, *Ten Years After Ivan Denisovich*, Londres, 1973, p. 46, trad. fr. : Grasset).

2. Certains font même l'objet de persécutions : ainsi le célèbre sinologue V. Rubin, dont le crime est d'être juif et d'avoir demandé un visa de sortie pour émigrer en Israël : il a été dépouillé de ses titres académiques, privé de son emploi et — au moment où j'écris ces lignes — se trouve sans moyens de subsistance, et sous la menace de poursuites judiciaires. (*Post-scriptum de 1978* : suite à une longue campagne internationale, l'Union soviétique a finalement permis à Rubin d'émigrer.)

elle n'a d'ailleurs guère accès à la Chine contemporaine. Quant aux « techniciens » des affaires chinoises, les gens qui, comme N., sont employés par les organismes d'État pour analyser l'actualité pékinoise, ce sont des « brutes spécialisées » : en dehors de leurs compétences linguistiques, ils sont dénués de toute formation humaniste et l'on peut du reste imaginer que quiconque d'entre eux viendrait à développer certaines affinités culturelles et humaines avec l'univers chinois, ferait tort à sa carrière. Non seulement il est exclu pour eux d'aimer la Chine, mais on ne leur demande même pas de la comprendre : tout ce que l'on attend d'eux, c'est qu'ils fournissent une justification « sinologique » aux dogmes et aux a priori que leur gouvernement entretient sur ce sujet. Cette nécessité dans laquelle ils se trouvent, d'ajuster toutes leurs analyses à un strict moule idéologique, réduit considérablement l'intérêt de leurs observations. Ce n'est guère que dans le domaine particulier des relations sino-soviétiques que leurs propos présentent au moins une valeur de référence, car pour le reste, en ce qui concerne la politique intérieure chinoise, ils sont encore plus mal informés que les diplomates occidentaux, ayant moins de liberté qu'eux pour voyager dans les provinces, et surtout, ne disposant pas de l'incomparable antenne de Hong Kong.

Sur l'affaire Lin Biao, N. me confirme que Lin n'était pas dans le fameux Trident qui s'est écrasé en Mongolie. Les Soviétiques ont pu analyser à loisir les restes des passagers, et ils étaient bien équipés pour effectuer cette analyse : à deux reprises, Lin Biao avait subi de longs traitements médicaux en URSS (1939-1942 et 1951-1953) et les Soviétiques disposaient ainsi à son sujet de fiches physiologiques extrêmement précises (incluant par exemple un relevé détaillé de sa denture, etc.). Bien entendu, on pourra m'objecter que le témoignage d'un Soviétique en cette matière est hautement suspect ; j'en conviens volontiers. Il n'en reste pas moins que la version chinoise de la fin de Lin Biao est totalement rocambolesque, et ne résiste pas à l'analyse. Comme il n'était pas approprié pour les autorités responsables de convenir que Lin Biao avait été liquidé au tournant d'un corridor sombre du sérail pékinois, en pur style Beria (événement qui put alors provoquer la fuite en panique d'un groupe de ses subordonnés dans le fameux Trident), elles fabriquèrent cette histoire de tentative de fuite vers l'URSS, faisant ainsi d'une pierre deux coups : d'une part, elles escamotaient un de ces aspects des mœurs politiques maoïstes moins propre à inspirer l'admiration du monde civilisé, et d'autre part, fidèles au principe qu'on ne saurait jamais assez calomnier la mémoire d'un adversaire politique, elles prêtaient à Lin Biao la fin la plus ignominieuse et la plus impardonnable qu'on pût concevoir : celle d'un traître à la patrie, et elles prévenaient de ce fait toute possibilité de sympathie et de compassion pour un homme qui, après tout, avait, comme tout le monde sait, servi héroïquement son parti et son pays sur cent champs de bataille. Déjà la même logique avait fait de Liu Shaoqi et de Chen Boda des agents à la solde du Kuomintang. Quoi d'étonnant à cela? En d'autres temps, la grande tradition stalinienne, *dont se recommande explicitement le maoïsme*, n'avait-elle pas identifié Trotski comme un agent d'Hitler [1] ?

Je ne sais plus comment, à un point de mon entretien avec N., je fus amené à déclarer « Quelles que soient les vicissitudes de la politique chinoise actuelle, il n'en reste pas moins qu'en termes de civilisation, nous devons nous mettre à l'école du monde chinois : sans l'assimilation de cette grande leçon, nous ne saurions prétendre à une humanité complète et véritable. » De cette vérité, je suis totalement convaincu ; ceci dit, je confesse qu'il entrait aussi une part de provocation dans cette profession de foi : j'étais curieux de voir comment il y réagirait. En fait, la virulence de sa réaction dépassa toutes mes prévisions. Il commença par me dévisager avec une stupeur incrédule, croyant que je plaisantais, puis quand il vit que j'étais absolument sérieux, il se lança dans une harangue longue et passionnée : « Ne vous imaginez pas que vous connaîtrez jamais les Chinois. Ne vous imaginez pas que vous comprendrez jamais les Chinois !... Les Chinois sont inconnaissables, les Chinois sont incompréhensibles !... Et d'ailleurs pour nous, le fond du problème, je vous le dirai bien franchement, c'est que les Chinois sont essentiellement immoraux !... Ils vivent au seul niveau des formes et des apparences — « la face » — et non pas sur le plan de la conscience !... La conscience morale individuelle, monsieur ! (Pris d'une émotion sincère, il recula sa chaise et frappa ses pectoraux, siège présumé de la faculté spirituelle qu'il invoquait.) La conscience morale individuelle est le trésor et l'apanage unique de notre civilisation chrétienne occidentale !... J'ose vous l'affirmer, monsieur, il y a mille fois plus de choses en commun entre un bûcheron illettré de Sibérie et un universitaire d'Amérique, entre un paysan français et un académicien de Moscou, qu'entre aucun d'eux et leurs homologues chinois !... Vous et moi appartenons à la même culture, nous avons été nourri aux mêmes sources : (son regard se fit brumeux et lointain) la Grèce !... Le christianisme !... » Mon piège avait fonctionné au-delà de tout ce que j'imaginais, et arrivé à ce point, seule une malencontreuse timidité naturelle me retint de le coiffer avec la soupière (c'était pendant le déjeuner). Je me refusai même la facilité de lui demander comment la démocratie athénienne et la religion du Christ se portaient maintenant dans son pays ; quant à faire état de certains liens de famille que je me trouve avoir avec ce malheureux peuple incompré-

1. Mais il est atterrant de voir un auteur pourtant aussi circonspect que Peyreffite, gober d'un trait, sans l'ombre d'un doute ou d'une hésitation, le feuilletonesque épisode de la fuite de Lin Biao. Sans doute quand ce genre de fable vous est servi personnellement par un Zhou Enlai — le plus suave menteur qui existe au monde —, même un normalien se voit obligé d'abdiquer son esprit critique.

hensible, immoral et païen — il m'aurait paru obscène d'introduire cet hippopotame moscovite aussi avant dans ma vie privée. Nous ne nous sommes plus revus par la suite.

*

Pour autant que nous sachions, toute activité religieuse *publique* — qu'il s'agisse des cultes chrétiens, musulman ou bouddhiste — a disparu depuis la « Révolution culturelle[1] ». En ce qui concerne le culte catholique, une église de Pékin (le Nantang) a été rouverte *pour les étrangers* : ceux-ci peuvent y assister à la messe tous les dimanches matin à neuf heures et demie. Deux prêtres chinois sont en charge de cette église ; leur tâche ne doit pas être absorbante : en dehors de cette messe hebdomadaire des étrangers, l'église demeure cadenassée en permanence. Comme je demandais à l'un d'eux s'il était possible d'assister à la messe en semaine, il me répondit que, pour les étrangers, « des messes pouvaient toujours être arrangées sur rendez-vous. Il suffit d'en adresser la demande au département du Protocole du ministère des Affaires étrangères ». Ainsi ce même département qui s'occupe d'arranger pour les étrangers tous les contacts que ceux-ci souhaitent établir dans les milieux officiels, est également compétent pour organiser leurs rendez-vous avec Dieu. Ce même prêtre me dit également que, pour les paroissiens chinois, il y avait encore d'autres messes, mais que celles-ci n'avaient pas d'horaire déterminé[2] !

La messe dominicale des étrangers est impeccablement mise en scène : ornements liturgiques, cierges, prières latines, bénédictions du Saint-Sacrement et autres dévotions désuètes depuis longtemps larguées par-dessus bord en Occident, célébration traditionnelle dos à l'assistance — tout semble conçu pour combler les nostalgies des intégristes les plus farouches, et nous ramener à ces touchants souvenirs de notre enfance, quand l'Église d'Europe, avant sa « Révolution culturelle », ne parlait pas encore de « renouveau liturgique », « dialogues » et autres « prises de conscience communautaires ». En même temps cependant, derrière cette trop parfaite reconstitution d'une quiète petite paroisse provinciale d'il y a cinquante ans, avec ses naïves fleurs en papier et ses Sacrés-Cœurs de plâtre peinturluré, perce indéfinissablement quelque chose d'équivoque, et même peut-être d'assez horrible… Cette mascarade a été pour la première fois remise en train à l'occasion de la visite à Pékin du ministre italien Colombo ; ce n'est pas, je crois, un phénomène dont les croyants aient lieu de se réjouir.

1. Les églises, mosquées, monastères, temples, etc., ont été partout livrés au pillage, puis fermés. Bon nombre ont été transformés en usines, salles de réunion, cinémas ; d'autres sont simplement verrouillés et laissés à l'abandon.

2. Dès avant la « Révolution culturelle », il semble qu'une certaine proportion des fidèles se tenaient déjà délibérément à l'écart des églises demeurées ouvertes, considérant les prêtres dont le ministère était approuvé par le gouvernement, comme des renégats.

A peu de frais — ce que lui coûtent les cierges et l'encens du Nantang ! — le gouvernement maoïste fait d'une pierre deux coups : il accentue le désarroi de la communauté catholique chinoise, et il souffle sur le feu des imaginations romaines qui, sans doute, rêvent déjà de pouvoir hisser l'étendard pontifical dans le ghetto diplomatique de Sanlitun (pourquoi pas, après tout ? Entre l'ambassade des colonels grecs et celle des généraux chiliens, il ne devrait pas être trop difficile de loger un nonce, surtout si, pour prix de cet illusoire avantage, Rome acceptait de sacrifier une part de sa présence et de son action bien réelles, celles-ci, parmi les quatorze millions de Chinois qui vivent à Taiwan)…

On ne possède que des renseignements dérisoires sur la situation actuelle de l'Église de Chine. La religion ne survit plus guère qu'à l'échelle privée de la famille, et semble avoir presque entièrement perdu ses structures ecclésiastiques. Les prêtres qui avaient la confiance et le respect des fidèles ont disparu dans des camps. De ceux qui restent en fonctions, les fidèles se méfient et s'éloignent. Cette part de l'Église de Chine qui compose avec le gouvernement, évolue d'une façon qui théoriquement rejoint bien des positions de l'aile aujourd'hui la plus vivante de l'Église d'Occident, mais en Chine, elle n'est pas suivie par l'élite des croyants, car ceux-ci ignorants de l'évolution survenue entre-temps dans la théologie catholique, n'y voient qu'une hérésie soutenue pour des raisons douteuses par les plus faibles ou les plus veules d'entre eux — ceux qui ont cédé sous la menace des autorités, ou qui se sont laissé allécher par de petites prébendes bureaucratiques. Autrement dit, la crème de l'Église de Chine est peut-être en train de souffrir en ce moment pour des valeurs qui, à Rome même, n'ont plus guère cours !… Il risque d'advenir à cette Église décapitée, le même sort qu'à ces petites communautés de catholiques japonais qui, dans le secret et l'isolement, survécurent pendant plusieurs siècles aux persécutions avec une fidélité héroïque mais entièrement pétrifiée, s'accrochant avec obstination à quelques débris d'un dépôt de doctrine, devenu petit à petit pathétiquement arbitraire, fossile et inintelligible… Ceci évidemment n'est qu'une projection hypothétique, à partir de données d'information trop incertaines et fragmentaires. Fasse Dieu que je me trompe dans mon pronostic. « Le pire n'est pas toujours le plus sûr… »

*

La « ligne des masses ».

Un pays occidental allait organiser une grande exposition industrielle à Pékin. Les autorités maoïstes se montrèrent fort coopératives. Elles demandèrent au responsable étranger chargé de l'organisation de cette exposition : « Et combien de visiteurs voulez-vous pour votre exposition ? — Euh », fit l'autre, un peu interloqué par la forme abrupte de cette question. « Vingt mille ? Quarante mille ? Soixante mille ? — Euh… eh bien, ma foi, il me semble que soixante mille, ça ne serait pas mal du tout»… Son exposition eut très précisément soixante mille visiteurs.

Le pouvoir maoïste a acquis une telle dextérité dans la manipulation des masses, et aussi une telle routine, que les opérateurs eux-mêmes sont devenus tout à fait inconscients de ce que leur entreprise comporte de cynisme ; ils ne considèrent plus leur tâche qu'en termes quantitatifs et neutres, et s'en acquittent avec la même efficacité indifférente qu'un manutentionnaire déplaçant des ballots.

Le sort qui a été fait au petit peuple de Pékin, ce peuple si noble et spirituel, n'est pas sans rappeler le destin de Xiangzi-le-Chameau dans le chef-d'œuvre romanesque de Lao She. Xiangzi-le-Chameau, à l'origine un tireur de pousse jovial et énergique, est accablé par une insurmontable succession de malheurs ; vaincu par le sort, il finit par abdiquer sa dignité humaine : au dernier chapitre, nous le voyons à l'ultime degré de la déchéance, employé comme porte-bannière dans ces interminables cortèges funèbres que les familles riches de Pékin, pour souligner l'importance du défunt qu'elles font porter en terre, gonflaient à grand renfort de mendiants et de clochards, embauchés aux coins des rues pour la circonstance. Le genre de figuration que le peuple de Pékin doit fournir aujourd'hui pour le compte de ses dirigeants, relève un peu du même ordre : simplement, au lieu d'enterrements, il s'agit maintenant de cérémonies d'accueil pour les hommes d'État étrangers que les autorités maoïstes souhaitent flatter ou impressionner à des titres divers : Premier ministre somalien, président yéménite, épouse du chah d'Iran, Mme Bandaranaike, Mobutu Sese Seko, Trudeau et autres clowns du même cirque — leur défilé est sans fin. Pour chacun d'entre eux, les autorités pékinoises mesurent très exactement le volume de claque auquel il aura droit, le nombre de manifestants — cent mille pour celui-ci, deux cent mille pour celui-là, cent cinquante mille pour cet autre — et la température de «l'enthousiasme» à exprimer. Des critiques étrangers ont déploré que la Chine, pays pauvre, fasse un tel gaspillage pour ses «Public relations», mais aux yeux des bureaucrates maoïstes ces reproches sont dénués de sens : que coûte-t-il d'immobiliser cent ou deux cent mille figurants le long des boulevards ? Les hommes restent ici, de loin, le matériau le moins cher, le plus aisément mobilisable, le plus commodément remplaçable ; il ne faut pas s'en priver…

Ces manifestations de masse se déroulent selon une routine invariable et impeccablement huilée : de grand matin, des équipes de travailleurs décorent l'avenue Chang'an avec de hauts pilastres de carton peint portant des inscriptions de bienvenue, libellées au nom du visiteur du jour ; ils accrochent banderoles et haut-parleurs aux lampadaires du boulevard ; on dresse de place en place de vastes latrines volantes à l'intention des manifestants ; ceux-ci arrivent par camions ou à pied, en colonnes disciplinées ; ils se rangent docilement aux places qui leur ont été assignées. On a distribué des jupes de couleur, des foulards et des fleurs en papier aux fillettes des écoles (elles les restitueront en fin de manifestation : ça doit resservir pour la prochaine). Accroupis sur le trottoir, les manifestants attendent une heure, deux heures, trois heures dans un état d'apathie résignée ; certains tapent la carte. Les haut-parleurs déversent une musique guillerette sur cette masse d'indifférence. Tout à coup, un commandement : tout le monde se lève et, par sections, quitte le trottoir en rangs pour aller former une double haie au milieu du boulevard ; comme le jusant qui en se retirant abandonne des crabes sur le sable, cette manœuvre de la foule laisse sur le trottoir, ostensibles dans leur isolement soudain, les agents en civil de la sécurité : il y en a un tous les vingt mètres, jambes écartées, immobile, mains croisées derrière le dos. Leur mission est de s'assurer que nul badaud véritable ne vienne s'égarer dans les rangs des « manifestants professionnels » qui occupent maintenant le centre du boulevard, et de faire « circuler » les rares passants égarés sur le trottoir (à l'approche et durant le passage de la caravane des limousines officielles, il est sévèrement interdit à ces piétons de *stationner*). Un coup de sifflet : la foule, si lasse et amorphe une minute auparavant, se met à mugir en chœur : « Bienvenue ! Bienvenue ! » (*Relie huanying*), les fillettes des écoles sautillent sur place et agitent foulards de couleur et fleurs en papier, cependant que, l'une après l'autre, une trentaine de limousines passent en trombe entre cette double haie : le visiteur étranger emporte ainsi au passage l'inoubliable image d'une mer humaine soulevée par un ouragan d'enthousiasme. Le convoi officiel sitôt passé, nouveau commandement : les fleurs et les foulards retombent, les fillettes cessent de sautiller. Des ordres brefs se succèdent ; en bon ordre, les cohortes à nouveau silencieuses maintenant, évacuent le boulevard l'une après l'autre au commandement de leurs chefs. Malgré une organisation impeccable, vu leur nombre, il faut une ou deux heures encore avant que le boulevard puisse être rendu à la circulation normale… Une ou deux fois par mois la « spontanéité créatrice » des masses trouve ainsi l'occasion de « se donner libre cours », pour « soutenir la diplomatie révolutionnaire du président Mao ».

*

Les gens.

La classe dirigeante peut les manœuvrer avec cynisme, mais ils restent son seul capital. Si à travers toutes les imbéciles cruautés de la politique, la Chine demeure malgré tout fidèle à elle-même, subtile, humaine, si quintessentiellement *civilisée*, c'est à eux qu'elle le doit. Ce sont eux, les humbles, les anonymes, les sans-grade, qui, malgré les bureaucrates, assurent la permanence chinoise, et nous interdisent de désespérer de l'avenir : ils ont enterré vingt dynasties, ils survivront bien à celle-ci. Eux n'ont pas changé. Comme d'habitude, ils sont patients, ils ne sont pas pressés ; ils en savent tellement plus long que ceux qui les gouvernent !

Les bureaucrates ont peur d'eux, car ils pressentent confusément qu'en fin de partie, ce sont eux qui un jour passeront la sentence. Les bureaucrates voient en eux des accusateurs et des juges en puissance, et c'est pourquoi ils cherchent par tous les moyens à édifier entre eux et nous des cloisons étanches, à creuser des distances insurmontables, à barrer toutes les avenues de la communication, à interdire d'eux à nous tout rapport humain normal. Et pourtant en dépit de tout cela et à l'inquiétude extrême des bureaucrates, nous nous arrangeons toujours — oh, bien sûr, de façon fortuite et furtive ! — pour échanger des signes d'intelligence ; ces instants trop rares, sont précieux par tout ce qu'ils contiennent d'amitié, mais ils sont infiniment mélancoliques aussi, car ils nous rappellent que la vie, sans doute, aurait pu être *autre*.

Devant témoins, les gens font généralement état de leur bonheur dans une phraséologie empruntée aux pages de la *Chine en construction*. En privé il leur arrive de confesser leur peine de vivre avec des mots à eux. V***, un vieux diplomate asiatique que je fréquentais beaucoup, s'apprêtait à quitter Pékin après quatre ans de séjour. Avant de partir, il souhaitait laisser un petit cadeau à son cuisinier chinois ; ce dernier (que j'avais rencontré chaque fois que je venais visiter V***) était un homme d'une quarantaine d'années, très dévoué, mais d'humeur taciturne et neurasthénique. Dans les débuts, V*** qui parlait bien chinois et n'était pas conformiste, avait proposé à son cuisinier, plutôt que de manger séparément, l'un dans la salle à manger, l'autre dans la cuisine, de partager la même table ; mais cette situation semblait plonger le cuisinier dans de telles affres de tension nerveuse, que V*** avait finalement renoncé à cette formule. Nonobstant son mutisme et sa nervosité, le cuisinier se montrait très compétent et serviable ; un an plus tôt, V*** une première fois avait cherché à lui exprimer sa reconnaissance en lui rapportant de l'étranger un petit présent, mais l'autre n'avait pas osé l'accepter. Cette fois-ci, pour son cadeau d'adieu, il eut soin de choisir un objet fabriqué en Chine, de façon que ce modeste souvenir parût plus aisément acceptable : il lui offrit donc un stylo chinois de bonne qualité ; le cuisinier l'accepta, sans toutefois se départir de sa taciturnité. Mais le dernier soir, peu avant de prendre définitivement congé de son patron, le cuisinier vint de son propre mouvement s'asseoir à la table de V*** qui achevait son dîner. Il était dans une vive agitation ; enfin la bonde sauta, et ce fut un flot de paroles. « Ils m'ont confisqué mon stylo ! Ils m'ont confisqué mon stylo ! » Ç'avait été la goutte qui fait déborder le vase. « Ils », c'étaient les bureaucrates du département des Services du ministère des Affaires étrangères, qui étaient ses patrons permanents et véritables. Il faut savoir en effet que le personnel domestique des étrangers ne peut être recruté privément par les intéressés : il est fourni par le ministère, et *c'est directement au ministère que les étrangers doivent verser le salaire de leurs domestiques.* Ceci constituait d'ailleurs un grief supplémentaire du cuisinier à l'égard de ses supérieurs du ministère : du traitement de 120 yuan que V*** devait verser chaque mois au département des Services, ce dernier ne lui transmettait que 40 yuan, ce qui était à peine suffisant pour nourrir sa famille. Il avait une femme et six enfants qui habitaient dans un village à soixante kilomètres de Pékin ; il aurait souhaité que les siens pussent venir le rejoindre, mais il leur était défendu de venir chercher du travail en ville. Il ne pouvait les visiter qu'une fois par mois [1] ; comme il faisait la route à vélo, en déduisant le temps du voyage, cela ne lui faisait chaque fois guère plus qu'une nuit à passer en famille. Le reste du temps, il logeait dans un dortoir du département des Services. A l'origine, il était lui-même un paysan, mais les autorités avaient décidé de faire de lui un cuisinier et lui avaient assigné sa présente affectation. Il ignorait ce que serait son prochain emploi, cette question lui était devenue indifférente d'ailleurs, tant il se sentait démuni de la moindre prise sur l'orientation de son destin. Sa vie était totalement dépourvue de distractions : les cinémas donnent toujours les mêmes programmes que tout le monde connaît par cœur, à quoi bon y aller encore ? La seule jouissance qui lui restait, c'était le tabac. Les cigarettes qu'il fumait avec une avidité de drogué, représentaient pour lui comme pour tant de ses compatriotes aujourd'hui, l'unique diversion dans l'aride succession des heures, encombrées en plus de son travail normal, d'interminables sessions d'études et de meetings d'éducation politique. En filigrane de ses propos, transparaissait une image très simple de la société : celle-ci était divisée entre « nous », les travailleurs, et « eux », les cadres, les gens du Parti, les autorités. Les sentiments qu'il éprouvait à l'égard du Parti se révélaient avec une franchise naïve dans quelques conseils pratiques qu'il donna à V*** : « Dans votre ambassade, méfiez-vous de W*** et de L*** : *ils sont du Parti*. Mais M*** est un brave type, *il n'est pas du Parti.* » V*** l'écoutait, abasourdi. Il avait vécu quatre ans dans la fréquentation quotidienne de cet homme, c'était probablement le seul citoyen de la République populaire avec qui il avait pu finalement établir une relative intimité, une réelle amitié, et voici que, pour la première fois, il entrevoyait ce qu'était la vraie vie de cet homme. Sans l'incident du cadeau confisqué par les autorités, le cuisinier aurait conservé sa réserve jusqu'au bout et V*** aurait quitté la Chine sans avoir rien su en vérité du seul Chinois qu'il pouvait raisonnablement prétendre avoir connu ! Finalement, au moment de prendre congé, V*** lui demanda encore : « Que puis-je faire pour vous ? Puis-je au moins écrire au département

1. En quoi il était encore privilégié : les cas de travailleurs ou d'employés qui ne peuvent revoir leur femme et leurs enfants qu'à la faveur d'une dizaine de jours de congé *annuel*, sont monnaie courante en Chine populaire.

des Services pour faire l'éloge de votre travail ? Non surtout ne faites pas cela ! répondit l'autre. Avant la "Révolution culturelle", cela aurait pu m'être utile. Maintenant ça ne sert plus à rien, cela pourrait au contraire m'attirer des ennuis. »

Il serait impossible et injuste de faire de quelconques généralisations à partir d'un cas individuel ; il n'est nullement dans mon intention de faire déteindre sur huit cents millions d'hommes ce qui peut n'être que l'humeur noire d'un individu neurasthénique. Mais dans son esprit simple et à demi inculte, le cuisinier de V*** avait fortement saisi une intuition fondamentale : celle de l'irréductible antagonisme des travailleurs et des autorités, les premiers étant soumis à l'exploitation de ces dernières. Fruit d'une expérience collective, cette intuition s'exprime avec des degrés divers de lucidité, mais elle est généralisée, comme en témoigne d'ailleurs le riche répertoire de chansonnettes, dictons et proverbes qui circulent dans le peuple (surtout parmi les paysans) pour brocarder les cadres, dénoncer leurs privilèges et exhaler la grande plainte des opprimés. Le régime est très conscient de l'existence de cette fronde latente et pour en conjurer la menace, sa principale arme est la grande mystification de la « lutte des classes », leit-motiv de la propagande officielle.

A la lutte des classes *réelle* qui oppose en Chine les dirigés aux dirigeants, les masses à la bureaucratie, la propagande a substitué la fiction d'une lutte entre le « prolétariat » et la « bourgeoisie ». Le « prolétariat » se trouve redéfini de façon à confondre la base avec le sommet, le peuple avec ses maîtres, et à escamoter ainsi le conflit véritable des opprimés et des oppresseurs. Quant à la « bourgeoisie », cet épouvantail mythique sur qui les masses sont périodiquement invitées à décharger leur colère et leurs frustrations d'une façon qui laisse intacts les pouvoirs et les privilèges de leurs véritables exploiteurs, ses effectifs sont simplement constitués par les bureaucrates tombés en disgrâce. La classe dirigeante est en effet déchirée en permanence par une impitoyable lutte pour le pouvoir ; la clique victorieuse abandonne chaque fois ses collègues malchanceux à la fureur populaire, après les avoir préalablement affublés d'une identité « bourgeoise-capitaliste ». Elle fait ainsi d'une pierre deux coups : elle se débarrasse de ses rivaux, et elle fournit un exutoire au mécontentement des masses. L'oppression et l'exploitation dont les masses sont victimes, constituent un phénomène trop réel, trop universellement expérimenté, pour que le régime puisse tenter utilement de nier son existence. Jusqu'à un certain point, les masses sont donc encouragées de temps à autre à exposer publiquement leurs griefs, mais le soin d'identifier les coupables demeure une prérogative exclusive des autorités. La lutte pour le pouvoir ne connaissant nulle trêve, le régime ne risque guère de tomber jamais à court de boucs émissaires : hier un Liu Shaoqi et sa clique, aujourd'hui Lin Biao et ses lieutenants, demain quelque autre. Comme ces diverses cibles que leur désignent les autorités appartenaient elles-mêmes effectivement à la classe dirigeante, les masses reconnaissent sans peine en elles d'authentiques oppresseurs, et ne doivent pas se faire prier pour les dénoncer avec énergie. Mais arrivé à ce point, il s'agit pour les autorités de guider et contrôler la colère populaire, de frustrer cette intervention des masses de son développement logique, en les empêchant de franchir ce pas décisif qui serait de dénoncer ces oppresseurs *en tant que membres de la clique dirigeante et détenteurs du pouvoir*, car ceci amènerait alors à accuser non plus des individus, mais la classe bureaucratique dans son ensemble, à mettre en question le principe même du système et à faire exploser au grand jour la vraie nature de la « lutte des classes » au sein du régime. Pour prévenir ce danger, il incombe alors à la Propagande de forger aux bureaucrates en disgrâce une identité criminelle si fantastique, qu'elle interdise définitivement de les confondre avec leurs confrères encore en place : c'est ainsi que l'on fait d'eux des espions à la solde des USA, des agents du Kuomintang, des espions à la solde de l'URSS, des traîtres à la patrie, des suppôts du féodalisme, des conspirateurs rêvant d'une restauration capitaliste bourgeoise… *Bref, on colle un faux-nez à Liu Shaoqi pour que nul ne s'avise de l'étonnant air de famille qu'il présente avec Mao Zedong.*

La « lutte des classes » telle que l'entend le système maoïste, c'est-à-dire la dénonciation par les masses des coupables que leur a préalablement désignés le pouvoir, constitue la soupape de sécurité du régime, son hygiène de base, la saignée périodique qui lui permet d'évacuer les humeurs toxiques de son organisme. Pour les masses, cet exercice rituel présente une très convaincante apparence de réalité : les violences et le sang versé dont ces opérations s'entourent généralement, l'importance de la position et l'étendue des pouvoirs originellement détenus par les bureaucrates qui passent en accusation, semblent autant de gages qu'une véritable révolution est en train de s'accomplir. En fait, la duperie est totale, car le propre du système bureaucratique, c'est précisément l'absolue interchangeabilité des bureaucrates : nul remplacement du personnel ne saurait jamais affecter le moins du monde la nature du régime. Et après un certain temps, lorsque les masses commencent à s'apercevoir que, « si la bouteille est différente, elle contient toujours la même purge [1] », le pouvoir n'a plus qu'à leur livrer une autre fournée de « capitalistes bourgeois », commodément rendus responsables de cette nouvelle « restauration ». (Le grand avantage des « bourgeois » fabriqués

1. Quelquefois le régime ne se donne même pas la peine de changer la bouteille, et *rétablit dans leurs fonctions originelles, ces mêmes individus qui, quelques années plus tôt, avaient été démasqués comme autant d'agents de la restauration bourgeoise* : à cet égard, le cas d'un Deng Xiaoping à l'échelon du pouvoir central, ou d'un Zhao Ziyang à l'échelon provincial, sont absolument exemplaires.

par le régime sur les bourgeois d'origine authentique, c'est qu'à la différence de ces derniers dont la race est pratiquement éteinte en Chine aujourd'hui, la production des premiers répond toujours à la demande.)

Que l'on puisse ainsi « duper tout le monde tout le temps », ne sera source d'étonnement que pour qui ignorerait la spécificité du phénomène totalitaire. Il a été longtemps de mode pour une certaine intelligentsia libérale, sympathique au maoïsme (l'auteur de ces lignes a lui-même initialement partagé cette attitude) d'invoquer à propos de la Chine populaire le célèbre axiome du Dr Johnson « ... if the abuse be enormous, nature will rise up, and claiming her original rights, overturn a corrupted political system ». Mais comment cette réflexion d'un homme du XVIIIe siècle, qui, en fait d'abus politiques, ne connaissait que les excès des régimes absolutistes, pourrait-elle s'appliquer validement à ce produit singulier du XXe siècle, sans précédent dans l'Histoire universelle, l'État totalitaire ?

Les perspectives d'avenir du Leader Suprême et de ses héritiers, quels qu'ils soient, sont excellentes. Quiconque en doute, devrait méditer l'observation faite par Albert Speer — qui s'y connaissait en ces matières et a su après coup analyser ses expériences avec un détachement lucide — que, si dans la dernière année de la guerre, au moment où l'Allemagne s'enfonçait dans son Apocalypse, on avait pu organiser un libre référendum auprès de la population, *il se serait probablement trouvé encore une confortable majorité pour soutenir Hitler*. L'expérience stalinienne n'est pas moins instructive : ce que les masses soviétiques pardonnent le moins à Khrouchtchev, *c'est d'avoir essayé de déboulonner Staline de son socle. Les attentats contre le Führer, les tentatives de déstalinisation n'ont jamais été que les entreprises d'une minorité dépourvue de soutien populaire.*

En Chine, la position du Leader Suprême est encore consolidée par l'appui que toutes les diverses factions rivales s'accordent pour lui apporter, alors même que par ailleurs elles s'entre-déchirent férocement : c'est que le Leader Suprême en un sens est devenu maintenant moins l'arbitre du pouvoir, que *son enjeu ou sa caution*. C'est ainsi qu'on a pu voir un Liu Shaoqi protester jusqu'au dernier souffle de sa vie politique, de son indéfectible fidélité à Mao Zedong. Quant à Lin Biao, même s'il avait véritablement comploté contre son maître (ce qui reste encore à prouver), eût-il réussi à usurper le pouvoir, on peut être certain qu'il se serait réclamé de Mao avec autant de ferveur que n'importe lequel de ses adversaires : le Leader Suprême en est arrivé en effet à occuper dans le système actuel la même place que l'empereur dans l'ancien régime : il est le pivot central autour duquel s'organise l'ensemble des structures politiques ; enlevez cette clef de voûte et toute la construction s'effondre. Pour y toucher, il faudrait le courage désespéré d'un Samson consentant à s'engloutir lui-même dans la ruine du palais des Philistins ; il est remarquable de voir que, même au paroxysme de la « Révolution culturelle », les groupes qui menèrent le plus loin et de la façon la plus virulente et radicale leur rébellion contre l'ordre bureaucratique, ne surent ou n'osèrent jamais franchir cet ultime pas, qui aurait été de *dénoncer Mao* : et c'est d'ailleurs cette incapacité à développer leur révolte jusqu'à sa conclusion logique qui en scella l'échec de façon inéluctable [1].

*

Les gens sont-ils heureux ?

La question est naïve, mais qui revient de Chine se l'entend constamment poser.

La réponse à une telle question variera évidemment selon les préjugés et la subjectivité du témoin interrogé ; de toute manière les observations faites dans ce domaine seront en général plus descriptives du génie d'un peuple, des constantes traditionnelles de sa psychologie, que des effets particuliers et temporaires de tel ou tel régime politique.

Il y a des peuples naturellement moroses (et qui demeurent tels, même comblés de tous les avantages politiques, sociaux et économiques) : le peuple chinois n'est certainement pas de ceux-là. L'aptitude des Chinois à jouir intensément de tout ce qui s'offre, trouve une bonne image dans leur gastronomie ; tout le monde sait que la cuisine chinoise est exquise, mais ce qu'on ne réalise pas toujours, c'est que c'est une cuisine de pauvres, une cuisine de famine, dont les infinies ressources d'invention ont été stimulées par la nécessité de ne rien perdre, de tout récupérer, de convertir les ingrédients les plus misérables, les moins ragoûtants, voire même ce qui chez les peuples riches se trouve rejeté et passe pour déchet, en nourritures appétissantes : c'est ainsi par exemple que les têtes de poisson, les estomacs de bœuf et de porc, les pieds de canard, les serpents, toute la triperie, les tendons et nerfs, la viande de chien et la viande de chat, etc., sont finalement devenus autant de délicatesses recherchées… De la même façon, les Chinois s'entendent à mettre en sauce toutes les circonstances de l'existence, même les plus rebutantes et les plus ingrates, et à en extraire de la saveur. Cette capacité qu'ont les Chinois de constamment se ménager de petits îlots de bonheur, même au milieu des pires épreuves, a depuis longtemps suscité l'étonnement admiratif des observateurs étrangers. Bertrand Russell qui avait visité la Chine en 1920, releva ce trait dans ses impressions de voyage — ce qui

1. Au niveau populaire et paysan, il est également significatif que dans la masse des chansons, proverbes, dictons et contrepèteries dirigés contre les bureaucrates, les brocards à l'adresse de Mao demeurent exceptionnels ; et les rares exemples que j'ai rencontrés sont presque invariablement formulés *dans un langage d'une saisissante obscénité* — ce qui en Chine ne représente certainement pas une pente naturelle du parler populaire ; le recours à l'obscénité correspond ici psychologiquement au sentiment de terreur sacrée qui s'empare du profanateur au moment de commettre un sacrilège ou d'enfreindre un tabou capital.

lui valut d'ailleurs un cinglant commentaire de la part de Lu Xun. Russell avait évoqué une excursion près du lac de l'Ouest à Hangzhou :

> Je me rappelle que, par un brûlant jour d'été, quelques amis et moi avions pris des chaises à porteurs pour faire une excursion en montagne. Les chemins étaient escarpés et rudes, les porteurs peinaient terriblement. Arrivés au sommet, nous fîmes une halte de dix minutes pour laisser les porteurs souffler un peu. Immédiatement, ils s'accroupirent en rond, tirèrent leurs pipes, et se mirent à bavarder et rire comme si leur existence était exempte de tout souci [1].

A quoi Lu Xun fit cette mordante réplique qui, comme tout ce qu'il a écrit, demeure aujourd'hui d'une singulière actualité :

> Quant à Russell qui, ayant vu au lac de l'Ouest des porteurs souriants, fait l'éloge des Chinois, j'ignore à quoi il veut exactement en venir. Je sais seulement une chose : si ces porteurs étaient capables de ne pas sourire à ceux qu'ils portent, il y a longtemps que la Chine serait sortie de sa présente ornière [2].

*

Les guides-interprètes de l'agence chinoise de voyage sont des êtres hybrides : évoluant à mi-chemin entre les gens ordinaires et les sphères officielles, ils tiennent à la fois de l'humain et du bureaucrate ; selon que l'un ou l'autre élément prédomine en eux, ils peuvent se montrer d'une fréquentation agréable et instructive, ou au contraire vous empoisonner l'existence.

Chaque fois que la solitude de Pékin me pesait trop, j'entreprenais un petit voyage en province dans l'espoir (quelquefois récompensé) de pouvoir enfin *rencontrer des gens* et bavarder un peu. Comme tous les voyageurs étrangers, dans toutes les villes où je débarquais, la première personne que je rencontrais était invariablement le guide local de l'agence de voyage venu m'attendre à l'aéroport ou sur le quai de la gare. Durant le bref trajet en taxi jusqu'à l'hôtel, il s'agissait de déterminer à quel type d'individu j'avais affaire : un être humain avec qui des échanges amicaux seraient possibles, ou un butor à fuir. Il n'est pas toujours facile en Chine maoïste de se débarrasser de son cornac, mais si on veut le faire, *il faut le faire d'emblée*, avant de se retrouver inextricablement pris dans un réseau d'obligations morales diverses : visites de pouponnières, d'aciéries, de fabriques de chaussettes et d'expositions agricoles.

A l'expérience, je finis par élaborer quelques petits tests simples et rapides, permettant de déterminer avec une grande sûreté à quel genre de guide j'avais affaire. Comme cette matière peut présenter un intérêt pratique pour d'autres voyageurs, j'en indique ici le mécanisme (sur le même modèle on pourra facilement inventer de nombreuses variantes non moins efficaces). Vous amenez la conversation sur le terrain neutre

1. B. Russell, *The problem of China*, Londres, 1922, p. 200-201.
2. *Lu Xun quan ji*, Pékin, 1963, vol. I, p. 316.

et innocent de la géographie chinoise, en demandant par exemple à votre guide de quelle ville il est originaire, puis vous lui posez la question-piège : « Dans votre métier vous avez dû pas mal bourlinguer à travers la Chine ; de tous les endroits que vous avez visités, quel est celui qui vous plaît le plus ? Où préféreriez-vous vivre ? » *Neuf fois sur dix*, la réponse est quelque chose comme : « L'endroit qui me plaît le plus est celui où je suis le plus utile au Pays et où je puis le mieux Servir le Peuple. Là où le Parti et le Pays m'envoient, c'est là que je veux vivre. » Dans ce cas, il y a beaucoup de chances pour que votre nature dépravée soit indigne d'une aussi vertueuse compagnie, et le plus sûr sera, sitôt arrivé à l'hôtel, de donner courtoisement mais fermement congé à ce guide pour toute la durée de votre séjour. Si par contre (c'est rare mais cela arrive), vous recevez une réponse audacieusement individualiste, du genre « J'aimerais vivre à Tsingtao, car le climat y est très agréable » ou « J'aimerais habiter à Yangzhou, car c'est là que vivent ma femme et mes enfants, et ça me permettrait de les voir plus souvent », il y a tout à parier que votre interlocuteur est une personnalité puissamment originale et indépendante, avec qui vous aurez avantage à faire plus ample connaissance.

*

Depuis le début du siècle, c'est à Canton, Shanghai et Wuhan qu'ont fermenté les idées neuves et explosé les insurrections révolutionnaires. On a vu pendant la « Révolution culturelle » que ces villes, après vingt ans de régime maoïste, n'avaient rien perdu de leur potentiel subversif. C'est là que tôt ou tard se rallumera la révolution chinoise.

*

Encore la « ligne des masses » : « Les cadres et les soldats ont toujours éprouvé de la difficulté à critiquer quoi que ce soit qui n'a pas été formellement dénoncé au préalable par les membres du Comité du Parti et les commissaires politiques » (cette candide confession a été relevée dans une émission de Radio-Heilongjiang, 22 octobre1972).

*

La vue de Jiang Qing vous remet en mémoire le propos d'un personnage de Koestler : « On peut voir ce qui cloche dans le mouvement gauchiste à la laideur de ses femmes. » Laideur d'autant plus significative qu'elle ne lui était pas naturelle (les photos qui datent de l'époque où elle était actrice à Shanghai en font foi) ; laideur acquise et délibérée, qui en devient en quelque sorte *stridente*.

*

Zhou Enlai : à chacune de ses apparitions, cette figure énigmatique et fascinante me rappelle irrésistiblement le coq de combat du roi de Qi, dans *Zhuang Zi* (chap. XIX, 8) :

Ji Xingzi dressait un coq de combat pour le roi. Après dix jours, le roi s'enquit : « Le coq est-il prêt ? — Pas encore, répondit le dresseur, il est toujours plein d'arrogance et de feu. » Dix jours plus tard le roi vint à nouveau s'informer « Il n'est pas encore prêt ; la vue de ses rivaux continue à l'exciter. » Dix jours se passent, même jeu : « Il ne s'est pas encore débarrassé de son regard furieux et de son excès d'ardeur. » Dix jours plus tard, le dresseur annonce enfin : « Cette fois, nous y sommes : les cris des autres coqs le laissent impassible ; face à ses adversaires, il est comme un coq en bois ; sa puissance intérieure est telle que ses opposants n'osent plus le défier ; ils détalent à sa seule vue.

Ce n'est évidemment pas ici la place pour analyser son génie politique : en passant, je voudrais pourtant mentionner un aspect de sa personnalité qui semble avoir généralement échappé aux observateurs : *l'homme de goût*. Zhou est le seul membre de la clique dirigeante qui n'ait jamais tiré avantage de sa position pour faire diffuser des poèmes de sa composition. Songez-y : il y a là une force de caractère peu banale.

*

Certes, la bureaucratie maoïste compte un certain nombre d'hommes spirituels et brillants. Le malheur est que, pour avoir le droit d'être eux-mêmes, *il leur faut atteindre au moins le rang de vice-ministre*. Au niveau des gens que rencontre un Kissinger lorsqu'il vient à Pékin, la qualité intellectuelle du dialogue est éblouissante, en complet contraste avec le langage de bois débité par les bonshommes en carton qu'on trouve à tous les autres échelons de la hiérarchie. Dans quelle mesure l'expérience si excitante que font ici les hommes d'État étrangers en visite, reflète-t-elle la réalité de la Chine populaire ? Pour le destin du pays, qu'est-ce qui pèse le plus dans la balance : la qualité visionnaire d'une poignée d'hommes au sommet, ou la stérilisante bêtise d'un appareil bureaucratique borné, dogmatique, médiocre, arrogant, complexé, figé dans son conformisme, terrorisé devant la moindre initiative à prendre, et qui est incapable de transmettre vers la base ces visions du sommet sans les défigurer de façon caricaturale ? L'ineptie des bureaucrates moyens et subalternes n'est évidemment pas propre à la seule Chine ; mais en Chine (comme dans les autres pays dits « socialistes »), le drame est qu'ils détiennent des pouvoirs quasi discrétionnaires sur leurs administrés, et leur stupidité se voit offrir un vaste et meurtrier champ d'action, au-delà de tout ce que leurs homologues dans d'autres régimes, pourraient jamais rêver. Cette chape de plomb que les cadres moyens et inférieurs font peser sur l'ensemble du peuple chinois, paralysant son génie créateur, et étouffant ses qualités traditionnelles d'initiative et d'invention, constitue peut-être un des plus grands problèmes du régime.

*

Exotisme pas mort. Au tournant du siècle, durant ses rêveuses musardises asiatiques, un Loti entrait en extase à la vue des taches pâles, exquisement frangées de pourpre, que formait sous la nuit d'une voûte de yamen, un chapelet de mains coupées ; les petites filles, ou les petits garçons, qu'il s'achetait ci et là pour tromper le spleen d'une nuit orientale, l'amusaient avec leur gazouillis de perruches et leurs comiques frimousses peintes rappelant les nabots des paravents… Aujourd'hui (si nous en croyons un récent article du *Monde*) les esthètes de *Tel Quel* semblent avoir retrouvé en Chine l'exquis secret du client de Madame Chrysanthème. Nous savons que la campagne actuelle qui se développe contre Confucius et Lin Biao fait déjà couler le sang un peu partout : un ami, sinologue anglais rentrant de Nankin, me dit avoir vu placardés sur les murs de la ville les noms des premières fournées de condamnés exécutés dans le cadre de cette campagne, et des rapports semblables nous sont également parvenus de Wuhan et de Canton, cependant qu'à Pékin même des inscriptions murales font état de massacres survenus au Jiangxi. Mais M. Roland Barthes, s'il était confronté avec de pareilles affiches, n'y verrait sans doute qu'une calligraphie « d'un grand jeté lyrique, élégant, herbeux » et l'énigme de ces gracieux hiéroglyphes ne le préoccuperait guère, maintenant qu'il a découvert combien nous sommes ridicules quand « nous croyons que notre tâche intellectuelle est toujours de découvrir un sens ». Aussi, pour lui, en ce qui concerne l'impitoyable purge qui se déroule en ce moment sous ce déguisement d'une campagne anticonfucéenne « son nom même — en chinois Pilin-Pikong [1] — *tinte comme un grelot joyeux*, et la campagne se divise en *jeux inventés* : une caricature, un poème, *un sketch d'enfants, au cours duquel, tout à coup, une petite fille fardée pourfend entre deux ballets, le fantôme de Lin Biao : le Texte politique (mais lui seul) engendre ces menus happenings* [2] ». Comme disait Lu Xun :

Notre civilisation chinoise tant vantée n'est qu'un festin de chair humaine apprêté pour les riches et les puissants, et ce qu'on appelle la Chine n'est que la cuisine où se concocte ce ragoût. Ceux qui nous louent ne sont excusables que dans la mesure où ils ne savent pas de quoi ils parlent, ainsi ces étrangers que leur haute position et leur existence douillette ont rendus complètement aveugles et obtus…

*

Au cœur de la crise de la Chine moderne, se trouve depuis plus d'un siècle le problème de l'affrontement avec le monde extérieur. La faction

1. Dans ses manifestations apparentes, et surtout dans ses ramifications souterraines, ce mouvement présente une telle ampleur et une telle complexité qu'il n'est pas possible d'en traiter adéquatement ici : mais j'espère pouvoir ultérieurement lui consacrer une étude spéciale. (Cf. « Le mouvement de critique de Lin Biao et Confucius », dans *Images brisées*, ci-dessous, p. 515-523.)

2. R. Barthes, « Alors, la Chine », *Le Monde*, 24 mai 1974. Cf. « Notule en marge d'une réédition barthienne », dans *Images brisées*, ci-dessous, p. 543-544.

conservatrice, idéaliste, réactionnaire, intégriste, xénophobe, obscurantiste — hier, l'aristocratie mandchoue, l'impératrice Cixi, les Boxers, aujourd'hui, l'« extrême gauche » maoïste — pour maintenir pure, immobile et intacte sa vision de l'ordre chinois, préconise de fermer hermétiquement l'empire à tous les contacts étrangers et d'ignorer l'existence du monde extérieur. La faction réaliste, instruite, libérale, progressiste — hier les intellectuels réformistes, aujourd'hui les technocrates pragmatiques groupés derrière un Zhou Enlai — suggère au contraire, pour assurer de façon efficace la survie de la Chine dans l'univers moderne, de se mettre à l'école de celui-ci et de lui emprunter au moins ses armes. Pour eux, la fameuse formule de Zhang Zhidong (1837-1909) « Mettre la technologie occidentale au service du génie chinois [1] » demeure d'actualité ; mais à ceci, les conservateurs objectent aujourd'hui avec autant de pertinence qu'au siècle dernier, qu'il est impossible de dissocier fonction et substance : si l'on adopte la fonction occidentale, la substance chinoise devra s'en trouver inévitablement et irrémédiablement affectée.

Mais en refusant d'affronter la réalité du monde extérieur, les intégristes privent la Chine de la place qui lui revient sur la scène moderne, et surtout, ils l'exposent à redevenir la victime impuissante de l'agression impérialiste. Quand cette dernière menace se fait trop pressante, les réformistes se trouvent invités à reprendre les commandes ; mais ils sont bientôt emportés au-delà de leur objectif : la technologie étrangère commence immédiatement à éroder l'intégrité de l'idéologie nationale, à mettre en péril les assises mêmes de l'empire, justifiant ainsi les pires craintes des conservateurs ; et sous leur pression, on referme à nouveau toutes les portes qui venaient à peine de s'entrebâiller.

Ce dramatique débat n'est pas près de se conclure.

*

Pourquoi le maoïsme ? Qu'est-ce qui peut rendre un tel phénomène possible ? Un texte de Lu Xun — une de ses pages les plus désespérées — donne peut-être la réponse à cette obsédante question.

Les Chinois n'ont jamais obtenu qu'on leur concède la qualité d'êtres humains, tout au plus ont-ils pu se hausser jusqu'à une condition d'esclaves, et il en va encore de même aujourd'hui. Dans le passé, à plusieurs reprises ils se sont d'ailleurs vus placés plus bas que des esclaves. Les masses populaires chinoises sont neutres ; en temps de guerre, elles ignorent à quel camp elles appartiennent, et en fait elles appartiennent à n'importe quel camp. Les rebelles arrivent ; considérant le peuple comme relevant des autorités gouvernementales, ils se mettent à

1. Je transpose librement le célèbre « zhong xue wei ti, xi xue wei yong » ; une traduction plus littérale serait : « Prendre la culture chinoise pour base, et la culture occidentale pour instrument » ; ou encore : « La culture chinoise comme substance, la culture occidentale comme fonction. »

le piller et massacrer. Puis c'est le tour de l'armée régulière : au lieu de reconnaître les siens, elle pille et massacre le peuple de la même manière, comme si celui-ci appartenait aux rebelles. A ce point, le seul souhait de la population est de pouvoir se trouver un Maître, un Maître qui daignerait l'accepter comme son peuple — non, pas même : qui daignerait l'accepter comme son bétail ; les gens seraient prêts à brouter de l'herbe s'il le fallait, tout ce qu'ils demandent c'est que le Maître veuille bien leur indiquer dans quelle direction galoper.

Du moment qu'il y ait quelqu'un qui puisse prendre les décisions pour eux, ils célébreront comme « infinie faveur impériale » tous les règlements d'esclaves qu'on leur imposera [...].

[...] En général après chaque période d'anarchie, quand le chaos atteint son paroxysme, il se présente quelque personnalité plus puissante, ou plus intelligente, ou plus rusée (parfois un étranger), pour réunifier tout l'empire et le doter à nouveau d'un certain ordre. Il édicte des lois, prescrit des règlements : comment fournir la corvée, comment livrer l'impôt, comment se prosterner devant lui, comment chanter ses mérites. Et comme ces règlements sont stables, tout le monde est content, et l'empire se trouve à nouveau en paix.

[...] La façon finalement la plus simple et la plus adéquate de décrire l'histoire de Chine serait de distinguer entre deux types de périodes :

1. les périodes où le peuple souhaite en vain pouvoir jouir d'une stable condition d'esclaves ;

2. les périodes où le peuple obtient pour un temps de jouir d'une stable condition d'esclaves.

L'alternance de ces deux états constitue ce que nos anciens lettrés appelaient « le cycle du chaos et de l'ordre [1] »...

*

Les idéologues occidentaux se servent aujourd'hui de la Chine maoïste comme les philosophes du XVIIIe siècle se servaient de la Chine confucéenne : c'est un mythe, une projection abstraite et idéale, une utopie qui permet de dénoncer tout ce qui va mal en Occident et d'en prendre le contre-pied, en s'économisant la peine de penser par soi-même. Nous suffoquons dans les miasmes de la civilisation industrielle, nos villes pourrissent, nos routes sont bloquées par la multiplication démente des autos, etc. : on s'empresse donc de célébrer une Chine populaire qui ignore la pollution, la délinquance et les embarras de la civilisation ; on pourrait aussi bien complimenter un cul-de-jatte sur ce qu'il n'a pas les pieds sales.

Cette admiration béate pour tout ce qui se fait, ou ne se fait pas, en Chine populaire, sans aucun effort d'examen critique, — est-ce vraiment le meilleur service que l'on puisse rendre à un despotisme qui n'a déjà que trop tendance à croire en sa propre infaillibilité (« Vive le grandiose, glorieux et *toujours infaillible* Parti Communiste Chinois ! ») ? Ne serait-il pas plus utile de crier casse-cou chaque fois que l'on voit la Chine s'engouffrer tête baissée dans ces mêmes impasses que l'Occident a déjà

1. « Dengxia manbi », in *Fen, Lu Xun quan ji*, Pékin, 1963, vol. I, p. 311-312.

explorées à si grands frais ? Si la Chine est relativement exempte de pollution et de congestion routière, ce n'est pas faute d'essayer. Elle n'a pas encore les moyens industriels d'empoisonner l'air de ses cités avec autant d'efficience que nous, mais elle s'est résolument engagée dans cette voie, choisissant d'antiques villes d'art et des hauts lieux historiques pour implanter des industries qui auraient pu fonctionner tout aussi bien — et probablement beaucoup mieux — ailleurs. Ainsi tout le sud-ouest de Pékin est déjà empesté par les fumées d'un vaste ensemble sidérurgique. A Suzhou, les guides répètent fièrement à tous les visiteurs cette image-cliché : « Les innombrables pagodes qui marquaient jadis le profil de la ville ont maintenant cédé la place à une forêt de cheminées d'usines ! » Le gouvernement maoïste, formé de vieillards dont la psychologie date du XIXe siècle, se sentirait honteux de son retard s'il ne pouvait réussir à souiller de pollution industrielle *au moins* deux ou trois de ses plus vénérables métropoles culturelles. Des capitales occidentales, sous la pression inhumaine et imbécile d'un trafic automobile qu'elles sont incapables (ou qu'elles refusent) de contrôler, ont saccagé leur beauté pour élargir leurs boulevards et créer des parkings. A Pékin, on a fait mieux : on a rasé des quartiers entiers pour aménager de vastes déserts de macadam qui fourniront certainement un champ d'action magnifique aux futures folies automobiles, mais dont le vide pour le moment ne se peuple malaisément que de cyclistes et de charrettes à ânes — ce qui rend ces destructions encore plus odieuses dans leur gratuité.

La mode maoïste qui prévaut aujourd'hui dans certains milieux intellectuels d'Occident est étonnamment semblable dans tous ses mécanismes à la chinoiserie du XVIIIe — celle des pagodes de jardins et des magots de cheminées. C'est un nouvel exotisme : comme l'ancien, il se fonde sur l'ignorance et sur l'imagination — et, avec les meilleures intentions du monde, il témoigne inconsciemment d'un mépris sans bornes pour les Chinois, leur humanité, les réalités de leur vie, de leur langue, de leur culture, de leur passé, de leur présent. Comme au XVIIIe, la Chine est bien loin : cette distance même qui permettait à un Boucher d'inventer en toute liberté des petits mandarins de fantaisie pour décorer tel salon parisien, permet aujourd'hui à nos philosophes de nous donner du maoïsme l'image qui sourit à leur caprice : les exemples se pressent par centaines, je prends au hasard celui que m'offre le journal de ce matin :

> Sartre lui-même avoue que le marxisme n'est pas scientifique — ce fut le tort des Russes de le croire, *le mérite des Chinois d'en douter...* [1].

Je voudrais bien qu'on me montre *un seul* texte chinois, où se serait jamais exprimé un aussi salubre doute ; en revanche, je me fais fort de

1. B. Poirot-Delpech, *Le Monde*, 24 mai 1974.

déverser sur la tête de celui qui a énoncé cette énormité, quelques tombereaux de prose chinoise — à commencer par les écrits du Grandiose Maître à penser lui-même — où il est assené à longueur de pages que le marxisme possède toutes les vertus d'une science. Avec le même tranquille mépris des évidences, divers pèlerins cherchent à accréditer en Occident l'idée que la Chine maoïste aurait pris ses distances à l'égard du stalinisme ; évidemment, leur enthousiasme pour Mao ne va pas jusqu'à leur faire lire ses œuvres [1], cependant que leur ignorance de la langue chinoise les dispense de s'apercevoir de l'usage qui est fait des pensées de Staline (*mises souvent sur le même pied d'importance que celles de Mao Zedong lui-même*) dans les publications idéologiques de Pékin, de mesurer les mètres de rayons occupés par la traduction chinoise des *Œuvres complètes* de Staline dans toutes les librairies, etc., mais il est difficile de comprendre comment leur myopie politique a pu leur dérober partout la vue de ces *milliers de portraits de Staline* suspendus dans tous les immeubles officiels de Chine, y compris la fameuse effigie géante qui orne l'angle ouest de Tian'anmen à Pékin ! En fait, à la seule possible exception de la Corée du Nord, je ne vois pas un pays au monde qui puisse se flatter plus que la Chine d'être demeuré rigoureusement fidèle tant à la lettre qu'à l'esprit du stalinisme (et les mandarins pékinois témoignent d'ailleurs d'une assez émouvante constance en continuant ainsi à se réclamer du petit père des peuples, si l'on songe un instant à tous les tours pendables que celui-ci leur joua de son vivant !).

Mais à quoi bon continuer sur ce chapitre ? Comme disait Schiller : « Mit der Dummheit kämpfen Götter selbst vergebens »...

*

Le professeur C*** est chinois ; il a quitté son pays il y a quelque vingt-cinq ans pour poursuivre une brillante carrière universitaire en

1. Ils risqueraient sinon de tomber sur des passages comme ceci : « Former des vœux pour Staline n'est pas une simple convention formelle ; en lui adressant nos vœux, nous signifions que nous le soutenons, que nous soutenons ses entreprises, que nous soutenons la victoire du socialisme, que nous soutenons l'orientation qu'il indique à l'humanité entière, que nous le soutenons comme notre ami intime. La plus grande partie de l'humanité dans le monde entier est maintenant dans la souffrance ; ce n'est qu'en suivant la voie indiquée par Staline, en acceptant l'aide de Staline, que l'humanité pourra enfin se libérer du malheur [...]. Staline est l'ami fidèle et sûr de la libération du peuple chinois ; le respectueux amour que le peuple chinois éprouve pour Staline, l'amitié qu'il éprouve pour l'Union soviétique, sont d'une totale sincérité, et quiconque chercherait à créer des malentendus à ce sujet, par voie de rumeurs malicieuses ou de calomnies perdrait son temps et sa peine » (*Mao Zedong xuan ji*, Pékin, 1958, vol. II, p. 651-652). Le verdict final du maoïsme sur Staline a été formulé dans un célèbre article conjoint du *Quotidien du peuple* et du *Drapeau rouge*, « Sur la question de Staline » (« Guanyu Sidalin wenti », 3 octobre 1963) ; conclusion : « Les accomplissements de Staline sont considérables, ses erreurs sont vénielles [...]. La vie entière de Staline fut la vie d'un grandiose marxiste-léniniste, la vie d'un grandiose révolutionnaire prolétarien [...]. Les écrits de Staline sont d'immortels ouvrages marxistes-léninistes, et constituent une contribution définitive au mouvement communiste international. »

Occident. Je l'ai retrouvé par hasard à Pékin où il effectuait une brève visite après une absence d'un quart de siècle. Au cours de la conversation, nous en vînmes à parler de l'attitude des intellectuels chinois de l'étranger à l'égard du pouvoir maoïste (un grand nombre d'entre eux, après avoir exprimé leur hostilité au régime de Pékin tant que l'avenir de celui-ci demeurait incertain, devinrent silencieux, au fur et à mesure qu'il consolidait son pouvoir, et enfin, depuis la visite de Nixon, ils ont commencé à former un impressionnant chœur chantant les louanges du maoïsme). Le professeur C*** prit leur défense avec une chaleur qui tenait un peu du plaidoyer pro domo ; mais son argument ne manquait pas d'intérêt ; le voici dans ses grandes lignes.

En Occident, pouvoir politique et magistère idéologique ne coïncidaient pas nécessairement ; dans leur double allégeance à l'autorité temporelle et à l'autorité de l'Église, les individus pouvaient souvent se trouver déchirés entre des exigences contradictoires : dans ces conflits, en dernière analyse, seule la conscience individuelle devait trancher. Depuis le commencement des temps modernes, l'Europe a présenté une pluralité de systèmes politiques et de confessions religieuses ; les rebelles et les hérétiques, s'ils étaient traqués dans un pays, pouvaient trouver asile dans l'État voisin, et continuer là à professer activement leurs convictions. Tous ces divers facteurs ont permis et encouragé le développement du libéralisme et de l'individualisme parmi les intellectuels. En Chine au contraire, depuis la première unification impériale des Qin, il y a plus de deux mille deux cents ans, les trois univers politique, idéologique et culturel n'ont jamais cessé de coïncider étroitement pour former une totalité monolithique. Hors de cette totalité, *il n'existe aucune alternative* pour la conscience individuelle : refuser l'« Orthodoxie régnante » (zheng tong), c'est non seulement s'exclure de la société, mais encore tourner le dos à la civilisation, *refuser la condition humaine* : pour prendre une telle option, il faut être prêt à vivre au milieu des forêts et des déserts, dans la seule compagnie des bêtes sauvages. Les dynasties peuvent se succéder, l'Orthodoxie demeure ; c'est précisément de cette permanence que chaque dynastie tire sa légitimité. Les seules périodes durant lesquelles la Chine se trouve sans orthodoxie, sont ces redoutables intervalles de chaos qui peuvent survenir entre deux dynasties : le pays sombre alors dans les ténèbres et la violence, jusqu'à ce que, du sein de la mêlée, une force se manifeste, qui saura relever l'Orthodoxie tombée en déshérence, et deviendra le noyau autour duquel l'unité pourra se reconstituer. Les lettrés chinois sont conditionnés par plus de deux mille ans d'histoire non seulement pour soutenir l'Orthodoxie régnante, seule digue contre l'injustice du désordre et de la barbarie, mais encore pour guetter son apparition, accueillir et célébrer son avènement après les ténèbres de chaque interrègne.

*

Quiconque critiquait Hitler se voyait aussitôt accusé par les sympathisants nazis d'être germanophobe. Attaquer Mussolini, c'était faire preuve de haine pour l'Italie. Et il fallait bien entendu détester la Russie, pour demeurer insensible au charisme du génial Staline. Inutile de dire que ce confusionnisme typiquement fasciste, identifiant le pays à son despote, est activement pratiqué aujourd'hui par les maoïstes : selon eux, *attaquer Mao, c'est attaquer la Chine et le peuple chinois* et, inversement, un amour véritable pour la Chine ne saurait s'exprimer que par le truchement du culte maoïste. Il s'agit évidemment de conjurer l'idée que c'est précisément l'amour de la Chine qui pourrait et devrait inspirer un examen critique du maoïsme. Le procédé n'est pas neuf; ceux qui se font traiter aujourd'hui de « sinophobes » par les maoïstes, ne devraient pas trop s'en affecter : ils se retrouvent en bonne compagnie, leur doyen étant Lu Xun qui, en son temps, se vit appliquer la même épithète par les cacographes à la solde du Kuomintang : pour ceux-ci, les attaques que ce patriote et cet homme courageux lançait contre le gouvernement de Nankin, étaient « un crime de trahison contre la patrie », tandis que ses essais sur la politique et les mœurs contemporaines ainsi que ses œuvres de fiction (surtout *Ah Q*) exprimaient « une haine viscérale pour le peuple chinois [1] »…

*

En Chine, il est particulièrement difficile d'inventer du neuf; à tout, l'histoire fournit des précédents : même les excès les plus bizarres du maoïsme n'échappent pas à cette règle; voyez par exemple le précédent de Zhu Yuanzhang, le fondateur de la dynastie Ming. Zhu Yuanzhang était une personnalité géniale mais c'était aussi un autocrate d'une implacable brutalité qui fit régner la terreur dans la vie intellectuelle du pays entier. Il nourrissait une solide haine pour le confucianisme, en particulier pour le courant démocratique qu'avait illustré Mencius (Mencius justifiait le tyrannicide et plaçait les intérêts du peuple au-dessus de ceux du souverain) : non seulement il voulut faire détruire l'effigie du philosophe qui ornait le grand temple de Confucius, mais encore il fit censurer plus d'une centaine de passages du *Mencius*. En même temps, lui-même se piquait de philosophie politique; ses ouvrages qui sentent l'autodidacte, sont un curieux mélange de rabâchage, de lieux communs, et de truismes primaires, avec çà et là l'éclair d'un raccourci puissant et original. L'essentiel de sa pensée fut condensé en une brochure intitulée *Ming da gao* (« Grand édit Ming ») dont la lecture était obligatoire pour tous les sujets de l'empire; chaque famille devait en posséder un exemplaire. Comme à l'époque (XIVᵉ siècle), la population chinoise

1. On trouvera un remarquable échantillonnage de ces injures dans Su Xuelin : *Wo lun Lu Xun*, Tapei, 1971 — ouvrage dont l'objet avoué est précisément de démontrer la « sinophobie » de Lu Xun !

devait se situer aux alentours de quelque quatre-vingts millions, le *Ming da gao* resta certainement pendant longtemps un des plus gros tirages de l'édition mondiale [1].

Cette diffusion colossale ne l'empêcha pas dans la suite de disparaître presque entièrement de la circulation. Aujourd'hui le *Ming da gao* est une curiosité rarissime, avidement recherchée des bibliophiles. L'édition originale du *Petit Livre rouge* (c'est-à-dire ornée de la préface de Lin Biao) présente déjà ce caractère quelques années à peine après sa publication…

Il y a aussi les précédents fournis par l'histoire récente : ainsi les gardes rouges et l'idéologie de la « Révolution culturelle » trouvent une curieuse préfiguration dans le mouvement fasciste des « Chemises bleues » qui s'était développé durant les années 30 dans la Chine du Kuomintang [2]. Les Chemises bleues constituaient un mouvement semi-militarisé, exigeant de ses membres qu'ils placent au-dessus de tout autre lien une allégeance personnelle et inconditionnelle au Leader Suprême. Dans le domaine culturel, le mouvement affichait un mépris pour les humanités et l'éducation traditionnelle qui perpétue et propage les préjugés et habitudes d'une élite décadente et parasite ; il préconisait que, dans les écoles, les étudiants au lieu de « perdre leur temps sur des livres morts pour devenir des bureaucrates », s'engagent dans une activité directement productrice : un quart de leur temps devrait être consacré aux travaux des champs ou à toute autre forme de travail manuel. Avant de recevoir leur diplôme de fin d'études, tous les étudiants de l'enseignement secondaire et universitaire devraient être obligés de travailler pour un temps dans des fermes, des usines ou des entreprises commerciales. Les étudiants-ingénieurs devraient passer une moitié de leurs journées en usine, de façon à surmonter le traditionnel dédain des intellectuels pour le travail manuel, et à devenir eux-mêmes des citoyens productifs (voir Yu Wenwei : « De quelle sorte d'éducation la nation chinoise a-t-elle besoin aujourd'hui » [*Chonghua minzu xianzai xuyao hezhong jiaoyu*], article paru dans *L'Avenir* [*Qiantu*], 7 juillet 1933). Les Chemises bleues avaient un programme économique très radical, préconisant la collectivisation dans le domaine agraire. Ils étaient xénophobes, mais aussi anti-impérialistes et fournirent l'avant-garde de la lutte anti-japonaise, assassinant des collaborateurs, etc. (aussi les Japonais prêtèrent-ils une attention particulière à ce mouvement, et une bonne

1. Depuis lors évidemment, le *Petit Livre rouge* est venu battre tous les records : si l'on en croit un communiqué de l'Agence Chine nouvelle (janvier 1969), il aurait été tiré de celui-ci 740 millions d'exemplaires (ce chiffre inclut les diverses éditions en langues étrangères). Toutefois cet idéal réalisé par Zhu Yuanzhang, de voir un exemplaire de ses Pensées figurer dans chaque foyer du pays entier, ne fut atteint à 100 % par Mao qu'à l'échelle d'une seule préfecture de la province du Qinghai.

2. Lire à ce sujet L. E. Eastman, « Fascism in Kuomintang China : the Blue Shirts », in *China Quarterly*, janvier-mars 1972.

partie des sources actuelles sur les Chemises bleues, à part leurs propres publications, est constituée par les rapports secrets des services de renseignements japonais). Le mouvement luttait contre « l'influence pernicieuse de l'Occident », à la racine de la faillite morale et culturelle de la Chine moderne ; des groupes de commandos faisaient des raids dans les cinémas et les dancings et versaient de l'acide sur les clients habillés à l'occidentale. Les Chemises bleues étaient animées d'une haine du libéralisme et de sa « licence corruptrice ». L'« individualisme », la « dissipation cosmopolite » devaient être éliminés par la violence s'il le fallait. Le mouvement *faisait l'éloge de Qin Shihuang* qui avait brûlé les livres et exterminé les intellectuels pour le bien du pays ; il déclarait également une guerre permanente aux bureaucrates corrompus ; comme le proclamait en octobre 1933 l'éditorial d'une de leurs publications (*Shehui xinwen*) :

> La seule façon d'éliminer l'organisation bureaucratique est de créer une organisation de violence de masse qui prend le peuple pour son principe suprême…

*

Le cas de Zhu Yuanzhang nous ramène à deux questions fondamentales qui ont été brièvement évoquées plus haut : l'isolement de la Chine et le phénomène de son orthodoxie monolithique.

En ce qui concerne le problème posé par cette orthodoxie à sens unique, il faut nuancer le propos du professeur C*** : s'il est vrai que l'univers chinois a toujours présenté les caractères d'une entité organique, *ce n'est qu'à dater de l'époque Ming que cette civilisation de la totalité a commencé à se faire totalitaire.* Sous les Han, les Tang et les Song, la Chine était dotée d'un régime autoritaire plutôt qu'autocratique. Une large et féconde marge d'expression était toujours laissée aux groupes minoritaires et contestataires, et de ce fait, il n'était guère concevable que l'honnête homme se désintéressât des affaires politiques : une formule telle que « le destin de l'empire est ma responsabilité personnelle » (yi tianxia wei ji ren) pouvait servir de devise commune à toute l'élite lettrée (tandis que quiconque aurait osé la proférer sous les Ming, se serait rendu coupable du crime capital de lèse-majesté !). Certes les hommes d'État tombaient quelquefois en disgrâce et se voyaient écartés aux confins de l'empire, mais dans leur exil, ils continuaient à exercer une fonction officielle et à toucher leur traitement ; leur éloignement ou leur promotion n'étaient pas abandonnés au caprice du souverain (dont le pouvoir était sévèrement limité par la complexité même des structures gouvernementales et administratives) mais déterminés plutôt par l'action contradictoire des diverses factions politiques (au siècle de Su Dongpo et de Wang Anshi, conservateurs et progressistes se succédaient au pouvoir d'une façon au fond pas tellement différente de celle qui, dans les démocraties bipartites, renvoie à tour de rôle l'un et l'autre parti dans l'opposition)... A partir des Ming cette situation se trouve dramatiquement modifiée : l'empereur s'arroge un pouvoir absolu qu'il exerce non plus par l'intermédiaire de ministres et de la haute administration traditionnelle, mais bien par le truchement de ses eunuques et de ses valets privés. La carrière politique qui avait constitué pendant deux mille ans (pratiquement depuis l'époque de Confucius !) tout à la fois le privilège et la responsabilité de l'élite lettrée, devient alors un cloaque dont les honnêtes gens se détournent avec dégoût, un coupe-gorge qu'ils fuient avec terreur. Simultanément, le contrôle rigide exercé par le régime des Ming sur l'opinion, condamne la vie intellectuelle au dogmatisme, à la paralysie et à la stérilité : les rares penseurs originaux de l'époque ne poursuivent leur activité qu'au risque de leur vie. Corollaire et couronnement de cet étouffement totalitaire, les Ming vont bientôt couper leur empire de tout contact avec le monde extérieur (les célèbres navigations de Zheng He ne représentent qu'une creuse manifestation de prestige, dépourvue de contenu économique ou culturel, et de ce fait ne sauraient se comparer avec la florissante activité maritime des Song). L'image que l'Occident s'est finalement formée de la Chine, empire hermétiquement fermé, statique et sclérosé, ne rend compte que de l'état de choses tardivement créé par les Ming et perpétué ensuite par les Qing (ces derniers, étant des barbares dépourvus de traditions politiques, entreprirent consciencieusement de calquer leur système de gouvernement sur ce qu'ils croyaient être les institutions chinoises traditionnelles, mais qui n'en étaient en fait qu'une perversion Ming). Cette image ne saurait en aucune façon correspondre aux réalités de la Chine des Han, des Tang, des Song — et même des Yuan —, dont les capacités d'invention, d'évolution, d'adaptation, le génie créateur, la vitalité politique, culturelle, économique étaient tout à la fois source et résultante d'une civilisation *essentiellement ouverte, voire même carrément cosmopolite*[1]. Si le démarrage de la révolution industrielle en Europe avait été contemporain d'un de ces âges de large ouverture qui formaient le tissu normal de l'histoire chinoise, jamais la Chine ne se serait laissé distancer dans la « course au progrès » des Temps modernes : le multiple et dense réseau des échanges culturels et surtout économiques, qui la liait au monde extérieur, l'aurait maintenue informée des métamorphoses de ce dernier ; la pression constituée par ces développements nouveaux aurait été suffisante pour entraîner aussitôt en Chine des développements d'importance égale ou supérieure, avant que l'Occident ait pu acquérir dans le domaine technologique cet avantage décisif qui devait provoquer les grandes tragédies du XIXᵉ et du XXᵉ siècle...

---

1. Un simple exemple : Chang'an, la capitale des Tang, qui était aussi la plus grande cité du monde à l'époque, comptait *plus de deux mille établissements de commerce étrangers !*

En fait, avec ce fatal accident historique que représenta l'établissement du système isolationniste et totalitaire des Ming, aggravé encore par le sursis d'existence que lui procurèrent les Mandchous, la Chine devait aborder l'âge moderne, aveugle et paralysée, chargée du pire héritage politique possible. Une évaluation équitable du régime maoïste devra tenir compte du lourd passif qui a grevé son entreprise. Le cancer totalitaire, la crétinisation institutionnalisée, la dictature des analphabètes [1], le mélange d'ignorance crasse et de pathétique complexe d'infériorité à l'égard du monde extérieur[2], ne sont normalement pas caractéristiques du peuple le plus civilisé de cette planète : pour comprendre comment le maoïsme a pu provisoirement l'amener dans une ornière aussi indigne de sa vocation et de son génie, il serait sans doute nécessaire de retracer d'abord tout l'itinéraire historique de cet incroyable déraillement.

Post-scriptum

Pour l'essentiel, ce livre a été rédigé en 1972-73. J'ai longtemps hésité à le publier. Dans l'entre-temps, je suis encore une fois retourné en Chine : cette nouvelle visite m'a permis çà et là d'apporter quelques mises à jour sur des points de détail.

Ce livre est aux antipodes de celui que j'aurais souhaité écrire, et ne désespère pas de pouvoir peut-être écrire un jour.

Si les bureaucrates maoïstes pouvaient quelque peu dépouiller le pessimisme, la méfiance et le mépris qu'ils entretiennent à l'égard de leurs administrés, et prendre le risque de nous laisser réellement vivre parmi ceux-ci, il m'est impossible de croire qu'une telle expérience pourrait être source d'impressions aussi négatives. Non que la vie quotidienne du peuple chinois soit une partie de plaisir — loin de là —, mais au moins son inépuisable humanité aurait suffi pour laver ces pages de tout ce qu'elles comportent de sarcasme stérile.

Juillet 1974

1. Comment qualifier autrement ces autorités idéologiques qui, par exemple, opposent gravement le génie progressiste de P. Degeyter (le compositeur de *L'Internationale*) aux déliquescences décadentes et corrompues de la musique de Debussy, laquelle « exprime musicalement la transition historique du capitalisme libre-échangiste en capitalisme monopoliste » (*Hong qi*, n° 4, 1974) ? Jiang Qing qui conserve la haute main sur la vie intellectuelle et artistique du pays entier, a bien senti elle-même que l'inculture de l'élite dirigeante commençait à poser un problème, et c'est pourquoi elle vient tout récemment d'enjoindre à un groupe d'écrivains venus la visiter, d'étudier attentivement les chefs-d'œuvre de la littérature universelle pour élever le niveau de leur art : elle leur propose entre autres de prendre pour modèles *Le Comte de Monte-Cristo* et *Autant en emporte le vent*... Cf. *Camarade Chiang Ch'ing*, par Roxane Witke (New York, Little Brown, 1977). Trad. fr., Robert Laffont, 1978. — Relisant cette dernière note vingt ans après, il me semble, tout compte fait, que le choix du *Comte de Monte-Cristo* n'était pas sot du tout. (*Post-scriptum* de 1997.)

2. Comment qualifier autrement l'attitude des mandarins pékinois qui croient nécessaire de mobiliser solennellement huit cents millions d'hommes pour dénoncer un seul chétif charlatan comme Antonioni ?

Postface à la réédition de 1978

Dans les manuels classiques de peinture chinoise, il est généralement recommandé à l'étudiant de commencer par peindre les arbres en hiver : à ce moment en effet, allégés des frondaisons qui brouillent les lignes, ils révèlent mieux, dans leur nudité même, l'essence de leur structure et de leur caractère. Les croquis de Chine populaire qu'on a rassemblés ici, ont été précisément tracés vers la fin d'un des hivers politiques les plus rigoureux qu'ait connus le régime ; les premiers signes annonciateurs d'une espèce de printemps se faisaient timidement sentir, mais pas au point d'altérer sensiblement le profil aride du paysage.

Je ne doute pas qu'un observateur superficiel qui visiterait la Chine cette année-ci, puisse noter un certain nombre d'écarts entre la situation présente et celle que j'ai peinte : depuis le moment où ces pages ont été écrites, les choses ont quelque peu évolué, et l'atmosphère générale est devenue plus amène et détendue. Et pourtant ces apparences risqueraient de tromper si elles devaient induire le visiteur à penser qu'il a affaire maintenant à une réalité substantiellement différente de celle dont traite mon livre. Sous l'actuel maquillage demeure, inchangé, un système que j'avais pu observer, éclairé d'une lumière moins flatteuse et dépouillé de ses falbalas (et mes prédécesseurs de quelques années ont eu, eux, durant la « Révolution culturelle », le triste avantage de le contempler dans son entière et brutale nudité). Il peut n'être pas inutile de savoir aujourd'hui à quoi la scène chinoise ressemblait hier, car demain elle risque fort bien de reprendre le même aspect. Si vous ne me croyez pas, attendez plutôt le prochain « hiver » et vous verrez que mon livre traite peut-être moins du passé que du futur.

Non que je me targue d'être prophète : il y a simplement ceci, que les régimes totalitaires n'ont qu'une très médiocre capacité de renouvellement, et toute vérité qu'on aurait saisie à leur propos, doit fatalement conserver sa pertinence aussi longtemps que dure le régime lui-même. (Le phénomène totalitaire transcende d'ailleurs non seulement les vicissitudes de l'actualité politique, mais aussi les frontières ethniques et culturelles : j'ai eu le privilège de travailler à Pékin aux côtés d'un homme qui possédait une expérience directe et approfondie de la Russie stalinienne ; dépourvu à l'origine de toute accointance avec le monde chinois, sitôt débarqué dans la capitale maoïste, il retrouva d'emblée un univers familier…)

Pour l'essentiel donc, les pages qui précèdent devraient pouvoir présenter, il me semble, une sorte de validité permanente : je pense en particulier aux observations sur la « lutte des classes » (dans « Bâtons rompus »), la bureaucratie (« Bureaucrates ») et la politique culturelle (« Vie culturelle »). D'autres notations en revanche peuvent être liées à des aspects plus éphémères ; et pourtant je persiste à croire que le passage du temps ne devrait pas les dépouiller de tout intérêt : « N'importe quel imbécile peut écrire un livre excellent, du moment qu'il veut bien rapporter la simple vérité de son expérience », remarquait déjà Thomas Gray[1], et en effet, le moindre récit de souvenirs qu'aurait laissé un résident d'une enclave étrangère sous les Qing, même s'il n'était occupé que de vétilles quotidiennes, présenterait aujourd'hui, pour nous, un intérêt documentaire non négligeable. C'est pourquoi il m'a semblé inutile de chercher à mettre à jour ce recueil d'observations candides : faudrait-il vraiment signaler qu'entre-temps Deng Xiaoping a été réhabilité, puis que Mao Zedong a commis un nouveau poème, puis que Deng Xiaoping est retombé en disgrâce, puis que Mao Zedong est mort, puis que Deng Xiaoping a été re-réhabilité et que Mme Mao est tombée en disgrâce, puis que Deng Xiaoping… mais à quoi bon poursuivre ? N'avez-vous pas déjà lu tout cela dans votre quotidien habituel ? Ce genre de mises au point n'aurait rien pu ajouter à mon ouvrage, dont le propos, justement, n'était pas de fournir un compte rendu d'événements journalistiques, mais seulement de confesser une certaine expérience humaine, une réponse, subjective certes, mais authentique et profondément ressentie, à un phénomène dont la portée nous concerne tous.

Confucius disait (citer Confucius n'est plus guère de mode aujourd'hui, mais — faut-il le préciser ? — ce livre n'est pas autrement soucieux de suivre la mode) que le savoir véritable consiste à mesurer l'exacte étendue de son ignorance (*Entretiens*, II, 17). Un vaillant journaliste universitaire qui visita la Chine récemment, à la faveur d'un de ces tours organisés de trois semaines (décrits ci-dessus, « Les étrangers en Chine populaire »), a écrit un livre de belle taille, qu'il a eu l'estomac de sous-titrer *La Chine réelle*. Pour ma part, je ne sais guère plus que lui ce que peut être « la Chine réelle » : la principale différence entre lui et moi, c'est que moi au moins je sais que je ne sais pas. Et si je pouvais seulement amener le lecteur à prendre conscience de ce que le plus clair de la réalité chinoise continue à nous échapper, j'aurais atteint l'essentiel

1. Dans une lettre à Horace Walpole, sur *Account of Corsica* de Boswell.

de mon objectif ! En fait, mon petit livre pourrait, lui, s'intituler *La Chine irréelle.* Irréelle de deux façons : d'abord parce qu'il s'agit ici de décrire le décor artificiellement dressé à l'usage des visiteurs étrangers, et ensuite parce que, comme la plupart des ouvrages consacrés à la Chine populaire, ce livre traite non pas de la vie des gens réels (qu'il nous est hélas interdit de fréquenter), mais bien du morose guignol de la gérontocratie maoïste, avec ses mandarins de plomb que d'aucuns prennent pour les forces motrices de la Chine, alors que leur poids mort entrave sa marche... (On commence quand même à s'apercevoir que, dans ses dernières années, alors qu'il s'accrochait désespérément au pouvoir, Mao était finalement devenu aussi étranger aux intérêts et aux besoins véritables de la Chine que, disons, Nixon à ceux des États-Unis : ce qui explique d'ailleurs la singulière affection qui finit par unir ces deux personnages dans leur commun crépuscule.)

Le pessimisme qui émane de ce livre découle précisément de l'essentielle irréalité de son sujet. Mais que le lecteur ne s'y trompe pas ! Il existe aussi une Chine jeune et révolutionnaire ; constamment persécutée et bâillonnée, elle poursuit envers et contre tout sa marche souterraine ; de temps à autre, avec une incroyable audace, elle laisse exploser sa lutte au grand jour : tout récemment, je pense par exemple à l'extraordinaire manifeste de « Li Yizhe » que ses auteurs placardèrent sur les murs de Canton à la fin de 1974 [1], ou encore, à la manifestation de masse, réprimée dans le sang, qui le 5 avril 1976, osa, au cœur même de Pékin et encore du vivant de Mao, dénoncer la tyrannie féodale du « nouveau Qin Shihuang [2] »... C'est sur cette « Chine réelle »-là que nous fondons notre espoir, l'avenir lui appartient !

S. L.
Juillet 1977

1. A ce sujet, voir ci-dessous « Le manifeste de Li Yizhe » in *Images brisées*, p. 524-530. Le manifeste lui-même (*A propos de la démocratie et de la légalité sous le socialisme*) est un texte fondamental pour la compréhension de la situation politique actuelle. Il a été traduit en français : *Chinois, si vous saviez* (Christian Bourgois, éditeur).

2. Qin Shihuang, le féroce tyran qui unifia la Chine au IIIe siècle av. J.-C., désigne dans le langage codé de la politique chinoise, Mao Zedong lui-même. Sur la manifestation historique du 5 avril 1976, il faut lire : Claude Cadart et Cheng Ying-hsiang, *Les Deux Morts de Mao Zedong* (Éd. du Seuil).

ÉPILOGUE
L'après-maoïsme

NOTES DE LECTURE : CAMARADE JIANG QING [1]

« Écrire l'histoire est votre spécialité, dit Jiang Qing à Roxane Witke en guise d'adieu, la mienne est de diriger la révolution. » S'il faut en juger par le destin subséquent de l'une et par le livre de l'autre, il semble qu'aucune de ces deux dames n'ait été particulièrement compétente dans son métier. Ceci pourtant ne devrait en aucune façon détourner le lecteur de cet ouvrage qui demeure un document d'une valeur exceptionnelle, riche en révélations sur le caractère et la psychologie de l'impératrice déchue.

A la lire, Roxane Witke apparaît comme une personne plutôt sympathique : modeste, sans détours, sincère, pas dépourvue d'un certain sens de l'humour ; elle n'est que modérément informée, mais se montre réellement consciencieuse ; parfois naïve, elle est aussi aveuglée à certains moments par un parti pris féministe. Elle témoigne d'une bonne volonté et d'une honnêteté évidentes, ainsi que d'une totale confusion dans ses idées politiques. Son sujet, manifestement, est demeuré pour elle un rébus jusqu'à la fin, en sorte qu'elle a peine à trouver son chemin dans la masse contradictoire des faits, et ne réussit pas à tirer de conclusions cohérentes. La combinaison de telles caractéristiques n'est normalement pas génératrice d'historiographie solide — et nous tâcherons de montrer comment Witke pèche dans ce domaine — et pourtant, chose paradoxale, on peut dire que, si ce livre présente finalement un tel intérêt en tant que témoignage, c'est en partie à sa naïveté même, à ses insuffisances et à ses incohérences qu'il le doit.

Depuis l'établissement de la République populaire, aucun étranger n'avait jamais eu le privilège de s'entretenir de façon aussi longue et aussi intime avec un membre de l'équipe dirigeante. Witke eût-elle été mieux au courant des réalités chinoises, on peut se demander si une telle faveur lui eût été aussi aisément accordée. Face à un interlocuteur mieux

1. Roxane Witke, *Comrade Chiang Ch'ing*, New York, Little Brown, 1977. Trad. fr., Robert Laffont, 1978. (La version originale de ce compte rendu fut publiée dans la revue américaine *New Republic*, 25 juin 1977.)

informé, et donc plus sceptique (voire cynique), Jiang Qing n'aurait probablement jamais osé s'abandonner aussi librement aux ressources dramatiques de son imagination; en fait, l'innocence même de sa visiteuse américaine semble avoir agi comme un stimulant supplémentaire sur sa logorrhée chronique et sa mythomanie, tandis qu'une réaction plus critique de la part de son auditrice aurait probablement gelé son inspiration. Enfin, si Witke avait réussi à se former une image plus claire de son modèle, le livre aurait perdu beaucoup de sa force persuasive : les réalités qu'elle dévoile sont d'autant plus dévastatrices qu'elles sont souvent révélées involontairement, à l'encontre même de ses propres convictions.

« J'avais fini par l'admirer non seulement comme un leader révolutionnaire unique, mais aussi comme un maître à penser », conclut Roxane Witke au moment où elle prend congé de Jiang Qing. Et le plus fort, c'est qu'elle est arrivée à le croire vraiment, même après avoir été soumise durant tant d'heures aux radotages incohérents de Jiang Qing, à ses loufoqueries d'impératrice-ersatz et à son kitsch petit-bourgeois — tous aspects du personnage qui sont précisément illustrés d'abondance dans ce livre même. Witke demeure convaincue que Jiang Qing était « un leader de plein droit » dont « le talent politique se doublait de compétences artistiques et littéraires », qu'elle était « exceptionnellement douée », que son « activité était d'une nature fondamentalement révolutionnaire », qu'« elle devrait passer à la postérité comme une personne d'un courage exceptionnel, le leader féminin d'une époque de transition » et « un chef de l'avant-garde révolutionnaire ». Par déduction logique à partir de telles prémisses, elle croit pouvoir allégrement conclure que Jiang Qing jouissait d'une popularité considérable : « Non seulement les jeunes, mais aussi divers aînés, emportés par leur ferveur, chantèrent ses mérites. Le vénérable écrivain Guo Moruo célébra ses louanges aux cérémonies du vingt-cinquième anniversaire des causeries de Yan'an. » Mais ceci en revanche la laisse complètement ahurie devant le raz de marée de haine populaire qui déferla contre Jiang Qing sitôt que la nouvelle équipe dirigeante eut trouvé politiquement avantageux de laisser pour une fois les masses exprimer librement leur opinion sur ce sujet particulier. Incapable de comprendre pourquoi le peuple chinois pouvait rejeter son héroïne de façon aussi massive et spontanée, elle cherche à expliquer le phénomène comme étant l'effet d'un préjugé « sexiste » : selon elle « la conscience populaire n'avait pas été suffisamment révolutionnée pour devenir capable d'accepter une femme arrivant en tant que femme au sommet du pouvoir… Jiang Qing aurait inévitablement à souffrir pour avoir défié les normes inégales, mais apparemment indestructibles, du sexe. » En conséquence, l'auteur choisit d'ignorer la réalité, ou de nier la spontanéité des explosions populaires qui non seulement accompagnèrent la chute de Jiang Qing, mais même osèrent la précéder (la manifestation du 5 avril 1976 sur la place Tian'anmen à Pékin, déferlant alors que Mao était encore en vie, et Jiang Qing toujours au pouvoir, constituait déjà un audacieux camouflet pour l'« impératrice »). Roxane Witke croit donc pouvoir décrire ces dénonciations comme « couchées dans un jargon brutal, *transmis d'en haut...* » En fait, l'hostilité de la population envers Jiang Qing, et la campagne officielle pour la dénoncer, constituent deux phénomènes distincts qu'il importe de ne pas confondre.

Avant d'examiner ces différentes questions — les prétendus talents de Jiang Qing, son *leadership* révolutionnaire, la popularité dont elle aurait joui et les préjugés « sexistes » dont elle aurait été victime —, il faut d'abord éclaircir un point en ce qui concerne la campagne officiellement menée par les autorités contre Jiang Qing depuis sa disgrâce.

La « Bande des Quatre » fut en réalité la « Bande des Cinq ». Sans Mao, il n'y aurait jamais eu de Mme Mao.

Cet élémentaire truisme est maintenant systématiquement oblitéré par les services de propagande du président Hua. Pour légitimer son coup d'État, Hua doit fabriquer, contre toute vraisemblance, un mythe en vertu duquel la purge de Mme Mao et des radicaux-maoïstes aurait été entièrement en harmonie avec les intentions originelles de Mao lui-même. De boiteuses et bizarres « preuves » sont présentées maintenant pour montrer que Mao, bien avant sa mort, aurait désapprouvé les agissements de son épouse et de la petite clique qui, en fait, rassemblait les seuls partisans fidèles qui lui restaient encore au sommet de la hiérarchie. Bien entendu, la vérité est que Jiang Qing et ses amis devaient tout à Mao : c'est sur son initiative personnelle qu'ils avaient obtenu leur position privilégiée, et ils ne la conservaient que grâce à sa protection active et constante. Dépourvus de soutien dans le Parti comme dans l'armée, impopulaires auprès de la foule (ce dernier point est toutefois de moindre importance, puisque, dans un système totalitaire, la population n'est de toute manière pas consultée sur le choix de ses chefs), seule la caution de Mao qui les appuyait de son prestige, parvenait à les maintenir au pouvoir envers et contre la prodigieuse masse d'hostilité et de haines qu'ils avaient réussi à s'attirer de toutes parts grâce à leur stupidité politique. Ils auraient été renversés beaucoup plus tôt, n'eût été cette singulière immunité que leur valait la faveur privée du « Grandiose Timonier » : la meilleure preuve en est dans la facilité et la vitesse avec lesquelles on régla leur compte sitôt que Mao eut rendu le dernier soupir.

Pour assurer une transition sans heurts, le successeur de Mao doit d'abord réussir une opération délicate : il s'agit pour lui, en même temps qu'il démantèle et neutralise l'héritage maoïste, de se prétendre le fidèle disciple de Mao ! Cette acrobatie intellectuelle est maintenant diffusée consciencieusement par tous les habituels agents de propagande appointés par Pékin, et nous pouvons entendre un peu partout dans le monde, la brigade des sycophantes entonner son nouveau réquisitoire contre Mme Mao et contre les crimes de la « Bande des Quatre ». Oserai-je confesser que leur numéro me paraît d'un goût discutable ? On me soupçonnera difficilement d'être un admirateur de Jiang Qing — je n'ai pas attendu qu'elle tombe en disgrâce pour commencer à la critiquer — mais quand je la vois attaquée aujourd'hui par des gens qui hier encore professaient leur respect pour elle[1], il me vient un étrange désir de prendre sa défense !

A la fin de 1974, trois jeunes révolutionnaires, signant du pseudonyme collectif de « Li Yizhe », affichèrent sur les murs de Canton un manifeste politique d'importance historique[2]. Dans le cadre du mouvement de « critique de Lin Biao », « Li Yizhe » osait poser l'unique question pertinente : que sert-il de dénoncer un individu qui est mort, si nous n'essayons pas d'identifier les mécanismes toujours opérants qui lui avaient permis de venir au pouvoir, que sert-il de dénoncer Lin Biao, si nous refusons de dénoncer le « système Lin Biao » ? Comme ce manifeste était dirigé en partie contre ce qui allait être appelé « la Bande des Quatre », les persécutions auxquelles ses auteurs avaient été soumis depuis sa publication firent relâche pour un temps après la chute de Jiang Qing. Mais récemment, la nouvelle nous est parvenue de Canton que le principal auteur du manifeste, Li Zhengtian, avait été à nouveau arrêté, puis condamné à la prison à perpétuité. Hua Guofeng manifestement ne peut se permettre de laisser un tel individu en liberté : pensez donc, un de ces jours, *il aurait bien été capable de demander d'où « la Bande des Quatre » avait obtenu son pouvoir !...*

Voir en Mme Mao la principale responsable de la violence imbécile et des cruautés de la « Révolution Culturelle », de la destruction de la culture chinoise et de l'abrutissement méthodique d'un peuple admirable — tous phénomènes qui se sont développés durant ces dix dernières années — reviendrait à attribuer la capacité d'anéantir les Philistins à l'âne dont Samson avait emprunté la mâchoire. Les effets dévastateurs de cette arme inusitée étaient entièrement fonction de la main qui la brandissait : l'énormité même du chaos auquel Jiang Qing fut associée, ne devrait pas nous faire perdre de vue sa quintessentielle *médiocrité* (les confidences qu'elle a faites à Roxane Witke n'ont pu que confirmer davantage cette médiocrité, et cette confirmation est d'autant plus persuasive que l'auteur nous la livre malgré elle, à l'encontre de ses convictions personnelles). Par elle-même, elle n'était rien, qu'une actrice ratée et une « demi-mondaine » à peine éduquée ; dépourvue d'intelligence et de talent, elle n'avait même pas cette ruse instinctive ou ce flair politique qui peuvent assurer parfois la fortune des aventuriers : témoin

1. Entre autres, voyez par exemple l'attitude de Han Suyin, ou de Joris Ivens...

2. Traduit en français sous le titre *Chinois, si vous saviez*, Paris, Christian Bourgois éditeur. Voir ci-dessous, « Le manifeste de Li Yizhe », in *Images brisées*, p. 524-530.

la fin lamentable de sa carrière qui sombra avant même d'avoir pris son vrai départ. Les immenses souffrances, les crimes et les ruines dont le souvenir demeure lié à son nom, ne découlaient pas tant de je ne sais quel génie du mal qui l'aurait habitée — une rancune mesquine et un flamboyant mauvais goût semblent avoir constitué le pire dont elle était capable — mais bien de la latitude et de l'impulsion que lui avait données Mao. Il faut vraiment être bien impudent pour oser dénoncer la « Bande des Quatre » sans dire un seul mot du rôle décisif de démiurge joué par Mao en cette affaire ! Et pourtant, il y a en général un tel niveau d'ignorance dans le public occidental que bien souvent les escamoteurs professionnels — surtout lorsqu'ils se recrutent dans les milieux respectés du grand journalisme, de l'université, de la diplomatie — réussissent à exécuter ce tour de passe-passe sans susciter de protestations. (Avec le public chinois par contre, ça ne va pas aussi commodément. Les réactions populaires qu'a provoquées une aussi énorme et cynique falsification de l'histoire la plus récente, ont été si vives que, récemment, les comités du Parti de la province du Guangdong et de la garnison de Canton se sont sentis contraints d'adresser une supplique à Hua Guofeng, demandant qu'il soit enfin permis d'amorcer une nouvelle évaluation critique du rôle historique de Mao. Mais ceci est une autre histoire.)

Les talents et goûts artistiques de Jiang Qing n'ont pas été simplement ensevelis avec les quelques médiocres films qu'elle tourna dans les années 30, ils devaient ensuite trouver un plus large exutoire (trop bien documenté !) dans son projet favori, la réforme de l'opéra chinois. Cette entreprise fut d'abord efficacement enrayée par les autorités du Parti, mais aussitôt que la « Révolution culturelle » eut balayé l'équipe dirigeante, Jiang Qing, forte du soutien personnel de Mao, s'assura le contrôle absolu du théâtre chinois, dont elle monopolisa la scène pendant dix années avec sa demi-douzaine de catastrophiques « opéras révolutionnaires modèles à thèmes contemporains ». Roxane Witke apporte un supplément d'information sur l'élaboration de ces indicibles bâtards, nous confirmant (mais qui eût pu en douter ?) que, dans leur mélange de Grand-Guignol sinisé et de mièvre opérette encasquettée, ces étonnants ouvrages avaient effectivement été conçus et réalisés sous la supervision directe, attentive et minutieuse de Mme Mao. Mais Roxane Witke nous fait encore découvrir d'autres entreprises intellectuelles et artistiques de Jiang Qing : ainsi par exemple, elle enregistre consciencieusement les longs, maladroits, pédants et laborieux commentaires sur le roman classique du XVIIIe siècle, *Le Rêve dans le pavillon rouge*, développés par l'« impératrice », comme celle-ci pataugeait dans une tentative prétentieuse et incompétente pour jouer au critique littéraire. Au chapitre de la théorie esthétique, domaine dans lequel Jiang Qing imposa son autorité absolue à huit cents millions d'êtres civilisés pendant une décennie entière, ses vues semblent combiner une irrépressible prédilection pour les films du type de *Sound of Music*, avec d'incohérentes dénonciations de la culture occidentale : ainsi, dans un discours qu'elle considérait elle-même comme son « principal message philosophique » elle soutenait que l'Occident qui, dans le passé, « n'avait d'ailleurs produit qu'un minable nombre de classiques » avait maintenant « sombré dans la décadence et l'obscénité », « empoisonnant et corrompant les esprits au moyen du rock-and-roll, du jazz, du strip-tease, de l'impressionnisme, du symbolisme, de l'art abstrait, du fauvisme et du modernisme… ».

Cet obscurantisme xénophobe (« les échanges culturels avec les pays étrangers doivent être limités ») n'était même pas compensé par une faveur spéciale accordée à la culture chinoise ; au contraire, elle considérait celle-ci avec encore plus de suspicion : « La fréquentation directe des trésors culturels est toujours chargée de dangers. Certains archéologues chinois et leurs étudiants qui avaient été autorisés à librement travailler sur ces œuvres anciennes, ont fini par s'identifier trop intimement avec elles, et en conséquence, leur ardeur révolutionnaire s'est affaiblie. » Tandis que la culture occidentale restait en sécurité, hors de sa portée, l'héritage traditionnel chinois, lui, hélas ! commodément placé sous sa main, constituait une cible trop facile à détruire : « Les sites et reliques archéologiques ne doivent pas tous être conservés, car les vestiges du passé sont trop aisément exploités par certains ambitieux. » Comme elle l'expliquera à Roxane Witke, divers monuments de Pékin furent abattus sur ses instructions personnelles, et ceci malgré les protestations de certains de ses partisans mêmes. Mais assez parlé des mérites culturels de Jiang Qing, venons-en à sa carrière révolutionnaire.

Il est vrai, l'enfance et la jeunesse de Jiang Qing furent affreuses. Mais l'expérience du malheur suffit-elle à faire un révolutionnaire ? Les victimes apprennent moins à se rebeller, qu'à devenir elles-mêmes des bourreaux : témoin ces traditionnelles légions de brus opprimées qui deviennent à leur tour des belles-mères tyranniques… Jiang Qing traita ses vieux ennemis personnels avec une férocité extrême ; on pourrait éventuellement lui trouver des circonstances atténuantes dans les amères expériences de sa jeunesse ; il n'en reste pas moins que la majeure partie de ses initiatives politiques n'alla jamais guère au-delà d'un simple désir d'assouvir des rancunes privées. Toute sa vie durant, elle rêva de se faire accepter comme une révolutionnaire, mais ce désir fut constamment frustré. A Shanghai, dans les années 30, elle ne réussit jamais à convaincre les cadres du Parti du sérieux de son engagement politique. Elle atteignit Yan'an au terme d'un itinéraire plus long et plus complexe qu'elle ne veut l'admettre aujourd'hui. Si, dans ses entretiens avec Roxane Witke, elle prétend avec insistance qu'elle arriva en territoire communiste dès août 1937, c'est pour tenter de cacher le fait qu'elle se rendit d'abord à Chongqing — la capitale de guerre du Kuomintang — où elle séjourna en 1938-39 pour jouer dans des films. L'épisode en lui-même n'a rien d'ignominieux, mais elle craignait sans doute que le rappeler ne vînt une fois de plus mettre en question ses qualifications révolutionnaires qui, non sans raison, demeurèrent sujettes à caution tout au long de sa carrière. Quand elle arriva à Yan'an, sa qualité de membre du Parti fut mise en doute. Ce qui la tira d'affaire au bout du compte, fut moins son mince passé politique, que sa beauté : dans ces confins désolés où il n'y avait que peu de femmes (en moyenne, une pour douze hommes), la plupart d'entre elles cruellement marquées par les épreuves de la Longue Marche, une jolie actrice, même de troisième ordre, fraîchement débarquée de Shanghai, ne pouvait manquer d'attirer l'attention de tous. En moins de rien, Mao jeta son dévolu sur elle, ce qui la dispensa automatiquement de fournir de plus amples références révolutionnaires. Toutefois, la facilité même avec laquelle elle se trouva bénéficier d'une telle dispense, ne fit qu'aiguillonner son désir d'être crue et acceptée pour elle-même. Prouver qu'elle était « un chef révolutionnaire » devint sa dévorante obsession. Pour la consommation intérieure, les organes de propagande qui étaient tombés sous son contrôle à la faveur de la « Révolution culturelle », s'appliquèrent à diffuser une telle image d'elle, taillée sur ses propres instructions ; mais elle continuait à trouver que « les étrangers n'avaient pas encore vraiment apprécié la profondeur de son engagement dans le communisme ». Pour remédier à cette situation, elle chargea Roxane Witke de tracer d'elle un portrait conforme à sa propre vision. Bien que son credo féministe prédisposât Witke à accepter une partie du mythe sans trop de questions, elle ne se laissa pas entièrement duper par sa cliente. L'Américaine comprit en effet qu'il y avait chez son modèle un troublant écart entre le personnage et la personne : « Je m'aperçus qu'elle paraissait beaucoup plus véridique et attrayante dans les moments où elle ne songeait pas à la postérité… Je compris que, dans son esprit, vérité et fiction, histoire et littérature, passé et présent avaient commencé à se confondre. Pareille synthèse se trouvait au cœur de la propagande dont elle vivait. » Le livre nous fournit d'ailleurs des exemples nombreux et révélateurs de la mythomanie de Jiang Qing — ou pour employer l'expression plus charitable de Roxane Witke, de son aptitude à « synthétiser vérité et fiction » — (ces exemples sont d'ailleurs fixés d'une plume pas toujours exempte de sens critique : ainsi, lorsque Jiang Qing évoque la bravoure avec laquelle elle fit face à un tigre dans la campagne du Hubei, Witke observe en note avec pertinence : « le Hubei n'est pas particulièrement notoire pour ses tigres ») ; divers épisodes révélant un comportement hystérique sont également consignés dans le livre.

Au cours de ces entretiens, Witke put apprécier directement le type d'existence privilégiée et luxueuse dont jouit la nouvelle classe dirigeante en Chine. Quand on lit ses descriptions des aménagements exquis et des plaisirs élitistes au milieu desquels Jiang Qing passait ses jours (et nous devons nous rappeler que la faction de Jiang Qing représentait la variété la plus austère du maoïsme !) loin des rudes réalités de la vie des gens ordinaires, abritée derrière une aura de mystère sacré, on ne peut s'empêcher de penser à la fameuse plaisanterie russe dans laquelle la mère de Brejnev, visitant les palais d'hiver et les villas d'été de son fils, s'exclame enfin : « Tout cela est bien joli, mais que faire si les Rouges devaient revenir ? » Roxane Witke note également que Jiang Qing et ses favoris jouissaient en privé de divers spectacles cinématographiques et de lectures interdits aux masses : « Les œuvres considérées comme malsaines pour le peuple ne sont montrées qu'en représentations privées, organisées pour les camarades dirigeants qui en prennent connaissance à des fins de référence... Il n'y a pas de mal à ce que nous voyions ces films entre nous. Mais ces séances privées ne doivent pas être ébruitées. » Parlons donc de la « ligne des masses » maoïste ! ! ! Chose étonnante, pareilles preuves du mépris cynique que professe l'élite dirigeante pour les masses, ne semblent pas avoir fondamentalement ébranlé la foi de Roxane Witke en la nature « socialiste » du régime de la République populaire. Plus merveilleux encore, elle reconnaît elle-même que les révélations de Jiang Qing sur la vie fraternelle au sommet de la hiérarchie — avec ces vieux camarades qui emploient le meilleur de leur temps à essayer de s'assassiner les uns les autres, au poignard, à la bombe, au pistolet, au poison — trahissaient « un comportement d'égorgeurs parmi les dirigeants » et en même temps, elle s'opiniâtre dans sa conviction : ces gangsters seraient autant de « révolutionnaires », ayant Jiang Qing pour étoile Polaire !

Mais assez sur le « *leadership* révolutionnaire » de Jiang Qing ; venons-en maintenant au chapitre de sa « popularité ». La vie politique chinoise est en général si bien protégée contre la curiosité des observateurs étrangers, qu'elle peut être traversée de gigantesques bouleversements sans qu'aucun signe précurseur de leur explosion ait pu être préalablement perçu de l'extérieur. Ainsi, par exemple, avant la « Révolution culturelle », personne n'avait jamais soupçonné qu'un conflit intense opposait Mao à Liu Shaoqi, et dans la suite, la chute de Lin Biao surprit *presque* tout le monde. Néanmoins, dans ce système pourtant si parfaitement étanche, l'universelle impopularité de Jiang Qing était un phénomène tellement répandu et vivace, elle exsudait avec une telle virulence de tout le corps social et politique, qu'il ne fallait vraiment pas être doué de seconde vue pour s'en apercevoir (et d'ailleurs un bon nombre d'analystes, dont l'auteur de ces lignes [1], avaient pu prédire sa disgrâce longtemps à l'avance). La façon dont Roxane Witke a été prise

1. « On peut dès à présent [écrit en 1971 !] prédire que, Mao une fois disparu, le pouvoir de Jiang Qing sera le tout premier à se trouver en péril » (*Les Habits neufs du président Mao*, ci-dessus, p. 216).

au dépourvu par l'événement, ne dénote donc pas une bien grande familiarité avec la scène politique chinoise… Jiang Qing qui souffrait de la manie de la persécution, semble avoir en même temps nourri diverses illusions mégalomanes, une sorte de délire des grandeurs, sans doute par un phénomène de compensation psychologique ; elle se berçait de la vision fantaisiste d'une population qui lui aurait été fanatiquement dévouée : « Elle ne voulait pas révéler la date exacte de sa naissance, car, disait-elle, elle ne souhaitait pas que les masses célèbrent son anniversaire […]. Si les masses de Canton et des environs devaient apprendre sa présence dans la région [dit Jiang Qing], l'idée de la savoir si proche les jetterait dans un terrible état d'excitation. » Mais Witke demeure bien en peine de fournir la moindre preuve de cette hypothétique ferveur ; en fait, tout ce qu'elle trouve à citer, c'est le tristement célèbre poème de Guo Moruo. Il y a une ironie involontaire dans ce choix : Guo Moruo qui est, comme on sait, le prostitué intellectuel le plus notoire de Chine, fut effectivement prompt à embarquer sur le bateau de Jiang Qing au moment où il paraissait avoir le vent dans les voiles, mais sitôt que l'esquif se mit à sombrer, le vieux rat l'abandonna avec encore plus de célérité, et en novembre 76 il écrivit un second poème sur Jiang Qing, que Roxane Witke oublie de citer :

… Le fantôme au squelette blanchi
Qui osait se comparer à l'impératrice Wu
A disparu d'un coup de balai…
Quelle ambition démente, conspiration perverse et abominables calculs !…
Elle mérite mille morts…, *etc.*

Incapable d'admettre l'impopularité de Jiang Qing, Roxane Witke s'évertue à trouver un moyen d'expliquer la verve et l'enthousiasme avec lesquels les masses sautèrent sur l'occasion offerte par les autorités, de donner libre cours à leur haine pour l'« impératrice ». C'est finalement son obsession féministe qui lui fournit une interprétation commode du phénomène — interprétation par ailleurs bien peu convaincante : Jiang Qing aurait été punie « pour être arrivée au faîte du pouvoir en tant que femme ». En fait, il est trop évident que Jiang Qing fut attaquée non pas parce qu'elle était *une* femme, mais bien parce qu'elle était *cette femme-là*. Sa disgrâce peut avoir été accompagnée de certaines injures « sexistes », mais elle fut provoquée par une stupidité politique d'une telle envergure qu'il n'est vraiment plus nécessaire d'aller chercher ailleurs une meilleure explication. De plus, il faut remarquer que, tandis qu'ils dénonçaient Jiang Qing, les Chinois eurent toujours soin de simultanément célébrer les mérites d'autres femmes dirigeantes, pour clairement marquer par ce contrepoint délibéré, que ce n'était pas le sexe de l'intéressée qui se trouvait à la source de ses problèmes : la mémoire glorieuse de Yang Kaihui, une des premières épouses de Mao, qui mourut martyre de la

Révolution, fut ainsi solennellement rétablie, et Deng Yingchao, la veuve de Zhou Enlai, par elle-même une personnalité politique éminente, fut à nouveau invitée à jouer un rôle sur la scène politique.

L'orthographe fautive d'un certain nombre de noms chinois doit probablement être imputée aux typographes — passons. L'auteur se rend coupable d'un certain nombre d'inexactitudes ou de confusions fantaisistes (le *taiji quan* est ainsi défini comme « un ensemble d'exercices sinueux basés sur des imitations d'animaux et de fleurs », le *banhu* devient « un instrument à vent », le temple des Nuages azurés, dans la banlieue de Pékin, est confondu avec le parc Sun Yat-sen, situé au plein cœur de la ville, un fort méchant poème composé par Jiang Qing elle-même est naïvement attribué à Mao, etc., etc.). Ces bavures sont vénielles, et pourtant elles affectent la tenue scientifique du livre, et tendent à le ramener au niveau de la vulgarisation journalistique. Ce qui est plus grave, c'est de voir une historienne évoquer le célèbre épisode du 28 janvier 1932 — défense de Shanghai contre les Japonais, par la 19e armée de route — comme « la défense de Shanghai du *18 juillet*, par *les mutins* de la 19e armée de route ». Non seulement la date est erronée, mais l'usage du mot « mutins » est un anachronisme, puisque la rébellion de la 19e armée ne devait survenir que deux années plus tard, en 1933, au Fujian. Une erreur impardonnable, répétée deux fois, place Hu Feng à Yan'an en 1942, dans le rôle d'un porte-parole des écrivains de Shanghai, opposés à Mao. Hu Feng effectivement critiqua la politique de Mao, mais de loin : comme tout le monde sait, *il ne mit jamais les pieds à Yan'an*. L'ouvrage de Yao Wenyuan sur Lu Xun est décrit comme « ayant développé des thèmes neufs et vitaux » : en fait il consistait essentiellement en un laborieux réchauffé *des idées de Zhou Yang*, tant et si bien d'ailleurs que, lorsque Yao accéda au pouvoir après la chute de Zhou Yang, il s'employa avec diligence à retirer le livre de la circulation ! Tant Yao Wenyuan que Zhang Chunqiao auraient difficilement pu nourrir des sentiments cordiaux pour Lu Xun, puisque le redoutable polémiste avait égratigné le père du premier, et avait eu une controverse avec le second. Il est intéressant d'apprendre de la bouche de Jiang Qing que la veuve de Lu Xun mourut à la suite des persécutions que lui infligea la « Révolution culturelle », mais Roxane Witke n'aurait pas dû laisser passer l'absurde affirmation selon laquelle les coupables auraient été des partisans de Lin Biao ; il y a bien plus de chances que les persécuteurs de la veuve de Lu Xun aient été des membres de la clique de Jiang Qing, et la sympathie exprimée par cette dernière — sympathie enregistrée par Roxane Witke avec tant de crédulité — ressemble plutôt aux « larmes versées par le chat sur le sort de la souris ». Si seulement Roxane Witke n'avait pas mis une telle hâte à publier son livre, elle aurait pu trouver une utile documentation à ce propos dans les abondants matériaux publiés en Chine sur la « Bande des Quatre », depuis novembre 1976.

Concernant la « Révolution culturelle », le témoignage de Jiang Qing ne manque pas d'intérêt. Mao avait été réduit à une pathétique impuissance, et il dut lancer la « Révolution culturelle » pour regagner le terrain qu'il avait perdu. Quelques points de fait : Liu Shaoqi rédigea les « dix articles ultérieurs », prétendument pour compléter les « dix articles » qu'avait énoncés Mao, mais en fait pour désamorcer leur charge explosive[1]. L'énigmatique disgrâce de Yang Chengwu fut bien, comme nous l'avions pensé à l'époque[2], un revers pour Lin Biao, dont Yang était le protégé : ce sont les adversaires de Lin qui le firent tomber. La « Révolution culturelle » entraîna de lourds sacrifices en vies humaines et en biens ; les dommages qu'elle infligea à l'agriculture et surtout à l'industrie, furent tels que cinq années plus tard, l'économie du pays ne s'en était pas encore remise, etc., etc. Tout cela, nous le savions déjà, et l'avions écrit il y a plusieurs années. Espérons seulement que ces notions seront plus facilement acceptées, maintenant qu'elles ont été certifiées par Jiang Qing elle-même ! J'ai également noté avec intérêt que Jiang Qing se targue — à bon droit, je pense — d'avoir elle-même rédigé la fameuse « circulaire du 16 mai ». Autre trait significatif : elle estime que Chen Boda a été injustement puni.

Si, de façon générale, il est regrettable que Roxane Witke ne puisse faire meilleur usage des informations révélées par Jiang Qing, sur un point en tout cas, son ignorance et sa crédulité atteignent des proportions impardonnables — et c'est sur la question de Zhou Enlai. La féroce querelle qui opposa Jiang à Zhou commença durant la « Révolution culturelle » et culmina dans les dernières années de la vie de Zhou (dont la mort fut du reste hâtée par les incessantes persécutions de Jiang et de sa meute) ; en fait, même après que les cendres de Zhou eurent été dissipées au vent, la haine de Jiang Qing ne désarma toujours pas. Sur ce sujet, on disposait déjà d'une ample documentation bien avant la chute de la « Bande des Quatre », et pourtant Roxane Witke ne semble pas en avoir entendu un seul mot ! Non seulement, elle reproduit sans les mettre en question toutes les hypocrites expressions de sympathie employées par Jiang Qing à l'adresse de Zhou, mais elle va jusqu'à qualifier elle-même Zhou de « subtil défenseur de Jiang Qing » ! ! ! En fait, un point sur lequel il serait intéressant de réfléchir un moment, c'est que Roxane Witke entra en contact avec Jiang Qing précisément par l'intermédiaire de la femme de Zhou Enlai, et que les entretiens Jiang-Witke eurent lieu sous le patronage de Zhou. Il ne serait peut-être pas invraisemblable — et en tout cas, cela coïnciderait bien avec tout ce que nous savons du style et des méthodes de Zhou — de voir dans ces bons offices du vieux renard, le piège suprême dans lequel Jiang Qing devait être entraînée par sa propre vanité et sa mégalomanie. (Notons d'ailleurs que le texte du

1. Voir *Les Habits neufs du président Mao*, ci-dessus, p. 40-42.
2. *Ibidem*, p. 110-112.

ridicule discours de Jiang Qing sur « le fauvisme, l'impressionnisme et le strip-tease », fut également transmis à Roxane Witke *par les services de Zhou Enlai* ; Zhou, avec son expérience cosmopolite et son usage du monde, savait fort bien quel effet dévastateur pour l'image de Jiang Qing un tel texte pourrait avoir auprès du public occidental). Et du reste, c'est bien ainsi que les choses se développèrent : les toutes premières attaques contre Jiang Qing, annonciatrices de la chute finale, prirent précisément les entretiens avec Roxane Witke comme prétexte de départ !

En fin de compte, ce qui disqualifie Roxane Witke en tant qu'historienne, n'est pas tant la qualité incertaine de son information (dans ce domaine, il y a encore place pour la discussion) que son attitude de base. Elle demeure fondamentalement inhibée par des sentiments de gratitude, d'admiration et de loyauté personnelle envers Jiang Qing : ce sont là toutes qualités d'un ami sûr, mais non celles d'un historien digne de foi, lequel a pour premier devoir — comme disait Michelet — « d'abandonner le respect ». Roxane Witke écrit par exemple :

> Diverses remarques choquantes concernant les travestissements de Lin Biao et les effets délétères de ses manœuvres sur la santé mentale et physique de Jiang Qing avaient été supprimées dans le compte rendu officiel de nos entretiens, mais elles m'étaient restées en mémoire. *Toutefois, à la demande de Jiang Qing, elles ne figurent pas dans mon livre* [...]. Un simple compte rendu de nos entretiens, qui aurait eu le caractère de mémoires parlés, n'aurait *servi personne* en fin de compte, et *surtout pas Jiang Qing* [...]. Ici intervint un flot de paroles qu'elle me demanda de ne pas divulguer [...]. D'un bout à l'autre je me suis efforcée de maintenir la distinction entre propos privés et messages publics. Ce qu'on va lire ici, *c'est ce qu'elle m'a autorisée à révéler*... [1].

Autocensure, respect zélé pour tous les souhaits de Jiang Qing, considérations sur la manière de servir au mieux les intérêts de Jiang Qing... Mais Roxane Witke a-t-elle jamais considéré comment servir au mieux les intérêts de l'histoire ? (Qu'elle n'ait nulle vocation pour l'histoire, ni même conscience des devoirs d'un historien, est illustré à la fin, par son incroyable réaction à l'invitation que lui fit Jiang Qing de prolonger son séjour en Chine de plusieurs mois : elle déclina cette occasion en or d'approfondir une expérience aussi exceptionnelle, en raison de divers engagements professionnels et familiaux, puis, à contrecœur, finit par accepter de rester... deux jours de plus !)

Et pourtant, comme je le disais en commençant, si Roxane Witke échoue en tant qu'historienne, elle réussit en tant que témoin. Elle n'a sans doute pas été capable de cerner la vérité de Jiang Qing — qui l'aurait pu ? — mais elle est parvenue dans une certaine mesure à nous transmettre le son de sa voix, tâche qu'elle seule avait la possibilité de mener à bien. Il n'est pas nécessaire que nous prêtions autre attention à

1. Dans toutes ces citations, les italiques sont de moi.

ce que Witke écrit pour son propre compte ; il suffit que nous puissions entendre Jiang Qing à travers elle. A soi seul, ceci fait de son livre un document irremplaçable, quels que soient ses défauts.

Il y a quelques années, les confidences d'un ancien garde rouge, Ken Ling (rassemblées et éditées avec soin par une équipe de spécialistes, sous le titre *The Revenge of Heaven* [1]) nous ont apporté une description brûlante de l'univers maoïste, tel qu'il pouvait être perçu de la base. Roxane Witke nous offre maintenant une autre vision de ce même monde, saisie cette fois du sommet. Entre l'ancien garde rouge et l'impératrice déchue, s'étendait initialement la distance immense qui, dans les pays dits « socialistes », sépare les sujets ordinaires des membres de l'élite dirigeante, et pourtant leur destin respectif apparaît tragiquement semblable : également enivrés par l'illusion qu'ils jouaient un rôle décisif, ils n'étaient en fait, l'un et l'autre, que les marionnettes d'un drame sanglant dont la signification profonde et l'objet leur échappaient entièrement. Au fond, ce qui lie étrangement leur sort final, est que tous deux entreprirent de vivre et d'incarner très littéralement ce principe même qui devait au bout du compte les détruire — la brutale maxime de Lin Biao qui résume si bien l'ensemble de la philosophie maoïste : « Le pouvoir politique, c'est le pouvoir d'opprimer les autres. »

CHINOIS, ENCORE UN EFFORT POUR ÊTRE RÉVOLUTIONNAIRES [2] !

« Camarades, vous devez toujours assumer vos propres responsabilités. Si vous devez chier, chiez ! Si vous devez péter, pétez ! Ne gardez rien sur l'estomac, vous vous sentirez plus à l'aise [3] », disait le Grandiose Timonier (le soleil rouge, le plus rouge, qui brillait dans tous les cœurs, celui-là même que M. Giscard d'Estaing avait coutume, dans ses moments espiègles, de surnommer affectueusement « Le Phare de la pensée humaine »).

Les auteurs du film *Chinois, encore un effort* ont eu le mauvais goût de suivre l'audacieux conseil du Grandiose Maître à penser. Gageons que les maoïstes (s'il en reste encore, après le coup de balai du président Hua), de quelque couvent ou congrégation qu'ils relèvent, leur en sauront peu gré, un des préceptes fondamentaux de leur religion étant préci-

1. Putman, New York, 1972. Trad. fr. : *La Vengeance du ciel*, Paris, Robert Laffont, 1981.
2. Une version abrégée de cette critique du film de René Viénet, consacré à l'histoire de la Chine contemporaine, a paru dans *L'Express* du 14 novembre 1977.
3. *Mao Zedong sixiang wan sui*, Pékin, 1969, p. 305.

sément, par respect pour leur dieu, de ne point lire ses écrits (sauf quand c'était le Plus-Intime-Compagnon-d'Armes qui leur en concoctait le digeste) et surtout, de jeter un voile pudique sur les péripéties véritables de son histoire. Quel enfant sage aurait jamais le cœur de vérifier les papiers du Père Noël ?

Les auteurs de *Chinois, encore un effort* se sont livrés à une besogne indécente et scandaleuse : ils ont retracé l'histoire d'un régime qui a précisément proscrit l'histoire et voué les historiens au suicide. Les matériaux qu'ils utilisent (et dont le rassemblement et le montage ont demandé plusieurs années de patient labeur à un groupe de chercheurs et de sinologues) sont *épouvantablement subversifs* (et provoqueront, n'en doutons pas, la protestation des autorités pékinoises, de leurs représentants officiels et officieux en France, ainsi que la réprobation générale de tous les gens de goût) : en effet, *plus de quatre-vingt-quinze pour cent* de leur film sont constitués par des documents, des images, des bandes d'actualité réalisés et distribués à l'origine *par les organes officiels de Pékin*, le département de la Propagande, les services cinématographiques de l'Armée populaire de libération etc., etc. Il faut savoir qu'en Chine maoïste, explorer le passé, fût-il le plus récent, est par nature et par définition une entreprise hétérodoxe et subversive : croyez-vous que Hua Guofeng aime bien qu'on lui rappelle aujourd'hui comment, hier encore, il ameutait la nation pour recoller Deng Xiaoping au pilori ? (Et M. Joris Ivens, à qui les cinéphiles devaient le plus clair de leur « information » sur la Chine, ça l'amuse, vous pensez, alors qu'il est tout occupé maintenant à dénoncer Mme Mao, de revoir ici ces images qui le montrent, courtisan extasié de l'impératrice, au temps de sa splendeur ?) Et quel mauvais goût n'y a-t-il pas à nous rappeler que la « Bande des Quatre » était en fait la « Bande des Cinq » (sans Mao, elle n'eût jamais existé) et comment Lin Biao devint le Plus-Intime-Compagnon-d'Armes du Grandiose Leader, puis son successeur désigné, etc., etc. ?

« En Chine maoïste, faisait remarquer Jean Pasqualini, c'est le passé qui est imprévisible [1]. » A tout moment, entraînés par la chute inopinée de dirigeants disgraciés, dernières victimes dans la lutte pour le pouvoir qui fait rage en permanence aux échelons supérieurs de la hiérarchie, ce sont des pans entiers d'histoire qui s'effondrent ; devenus instantanément immentionnables, ces décombres sont aussitôt escamotés derrière les grands paravents logomachiques de l'idéologie en délire, experte à « brandir le drapeau rouge pour combattre le drapeau rouge », à « diviser l'un en deux et deux en un », à métamorphoser la « gauche » en « droite » et la « droite » en « gauche », sans oublier la « droite en apparence d'extrême gauche » ni la « gauche en apparence d'extrême droite »...

1. *Prisonnier de Mao*, Paris, Gallimard, coll. « Témoins », 1975.

L'équipe de *Chinois, encore un effort* a entrepris, avec une verve énorme et terrible, avec une mémoire d'une cruelle précision, d'exhumer un passé que Pékin avait condamné à l'oubli, de déchirer les voiles et d'exposer dans leur nudité les mécanismes du système que Li Yizhe — notre meilleur guide dans la compréhension de la Chine contemporaine — décrivait très exactement : « un régime social-fasciste de caractère féodal[1] ».

« Avec toi en charge, je suis rassuré », disait Mao à Hua Guofeng. « Avec eux en charge, le peuple n'est pas rassuré », rétorquent les auteurs du film, et il y a effectivement de quoi. La psychologie et le comportement de l'équipe dirigeante pékinoise sont ceux de gangsters. Il ne s'agit pas ici d'une façon de parler pittoresque et polémique, mais d'une sobre constatation de fait. Ce sont plutôt les « gens du milieu » qui pourraient trouver la comparaison offensante : ces derniers en effet conservent malgré tout, même de manière pervertie, une sorte de point d'honneur, des fidélités personnelles, un sentiment, si dévoyé soit-il, de la fraternité d'armes ; c'est plus qu'on ne pourrait dire des tourne-veste et coupe-jarrets de la Cité interdite qui, tissant sans trêve leurs intrigues et tendant leurs embuscades aux détours des corridors du pouvoir, font preuve dans la cynique mouvance de leurs alliances, d'une absence de principes dont auraient rougi les membres des anciennes sociétés secrètes des bas-fonds de Shanghai. Ce rapprochement avec les mœurs et pratiques du milieu — souligné avec insistance dans le film par le recours pertinent (mais répété au risque de devenir lassant) à des images de combats de kung-fu et de karaté — choquera sans doute les personnes accoutumées à se bourrer les oreilles avec le coton quotidien du *Monde,* ainsi que les habitués de ces colloques organisés par des révérends pères sur les implications théologiques de la Pensée Mao Zedong, mais il ne surprendra certainement pas les lecteurs du *Quotidien du peuple*, familiarisés depuis longtemps avec les descriptions des complots et attentats que mijotèrent tour à tour le Plus-Intime-Compagnon-d'Armes, puis la Veuve et ses comparses. Le langage policé a ses vertus que la vertu ne connaît pas : les bienséances langagières dont usent, dans leur pontificat conjoint, journalistes bénisseurs et ecclésiastiques de choc, ont largement réussi, dans la conscience du public, à masquer et censurer la crue et sanglante évidence de cette grande mêlée des mandarins maoïstes en train de vider leurs comptes au surin, à la mitrailleuse, à la bombe, au poison… Le commentaire de *Chinois, encore un effort* vient au contraire restituer à cette féroce kermesse toute sa verdeur originelle, que les pudeurs des bien-pensants de tout poil s'étaient trop longtemps efforcées d'escamoter.

---

1. Voir son manifeste *A propos de la démocratie et de la légalité sous le socialisme*, publié en français sous le titre *Chinois, si vous saviez*, Paris, Christian Bourgois.

C'est une mesure de l'intoxication et de la perversion du jugement dont souffre une bonne partie du public français qu'un film comme celui-ci, fondé sur une impressionnante recherche historique effectuée par une équipe de spécialistes des études chinoises, puisse déjà être expédié par certains comme s'il s'agissait d'une sorte de pittoresque canular, alors que n'importe quelles falsifications maoïsantes s'imposent d'emblée et sans discussion. L'ignorance du public rend possibles les mensonges les plus effrontés, et cette ignorance, à son tour, est entretenue par ce phénomène de la « nouvelle censure », si bien analysé par J.-F. Revel dans son dernier livre [1]. Un film comme celui que Pic consacra à la Chine moderne, projeté à la télévision de Hong Kong, provoqua, dans cette ville pourtant apolitique par nécessité, une véritable émeute : Pic en effet avait osé utiliser les images atroces et sacrées pour tous les Chinois — de quelque bord qu'ils soient — du « viol de Nankin », la plus sinistrement célèbre des atrocités japonaises perpétrées en Chine, en les faisant passer pour « un exemple des crimes du Kuomintang » ! Ce sacrilège imbécile qu'ici nul critique ne releva, ne fit nullement tort à la carrière du film en Occident : mentez avec componction, vous passerez pour un historien respectable — mais par contre (comme l'ont expérimenté hier les compilateurs de *Révo. cul. dans la Chine pop.* [2], et commencent à le voir maintenant les réalisateurs de *Chinois, encore un effort*), vous pouvez accumuler une masse d'archives, précieuse et irrécusable, si vous assaisonnez votre compilation de trois ou quatre traits irrévérencieux à l'égard des pontifes de l'opinion, votre ouvrage si considérable soit-il, s'en verra réduit aux dimensions d'une « plaisanterie de garçon de bains »…

« L'action se passe dans la deuxième moitié du vingtième siècle », rappelle sardoniquement un sous-titre, avant que le film nous restitue dans leurs débordements les plus extravagants, les liturgies hystériques et les thaumaturgies médiévales du culte de Mao. Ces images du délire et de la dégradation de l'intelligence qui, encore une fois, sont celles-là mêmes que nous offrit la propagande officielle de l'époque, pour insoutenables qu'elles soient, ne sont pourtant jamais utilisées ici d'une façon qui puisse devenir insultante pour le peuple chinois : ce sont ses chefs qui l'insultent, non pas les auteurs du film. Au contraire, ces derniers établissent un magistral contrepoint entre, d'une part, la scène du lugubre guignol mandarinal, et d'autre part, la grande houle humaine du parterre, dont on voit se gonfler la vague : la caméra animée alors d'un souffle épique qui rappelle Eisenstein s'attarde sur la foule, immense, diverse et toujours recommencée, s'enivre de visages : visages de l'attente, visages de l'espérance, visages de la colère — visages muets et tellement parlants, visages de tout un peuple qui, tôt ou tard, aura le dernier mot.

1. Paris, Robert Laffont, 1977.
2. Paris, U.G.E., coll. 10/18.

L'univers irréel, strident et mythique des chefs se trouve constamment opposé au monde réel, historique, des masses. Un raccourci saisissant, faisant alterner d'anciennes bandes d'actualité sur les douleurs et les luttes populaires, avec les images stéréotypées qu'en a données ensuite « l'opéra révolutionnaire modèle » de Mme Mao, nous montre ainsi comment la tragédie de la révolution chinoise a été méthodiquement gommée et convertie en guimauve fadasse par la propagande maoïste.

Le noyau autour duquel s'organise le commentaire du film, reste le texte capital de Li Yizhe, *A propos de la démocratie et de la légalité sous le socialisme* : ainsi la parole est rendue au peuple chinois, qui devant nous, passe ses maîtres en jugement. Ceci est évidemment intolérable pour les dévots : ce n'est pas une coïncidence si, dans les deux cinémas où est projeté le film, les kommandos du « social-fascisme à caractère féodal » ont choisi de perturber les séances au moment précis, et, pour eux, insoutenable, où l'on voit la colère populaire culminer dans la manifestation de masse du 5 avril 1976 : que cent mille Chinois (chiffre de l'Agence Chine nouvelle) aient spontanément entrepris ce jour-là d'enterrer le Grandiose Timonier avant même qu'il ait rendu l'âme, voilà ce que nos bien-pensants ne sauraient accepter, puisque, sans avoir pris l'avis des intéressés, ils ont décidé, de concert avec le chah d'Iran, MM. Peyrefitte, Bergeron, Sollers, etc., que le maoïsme, c'est encore ce qu'il y a de mieux pour des Chinois.

Images de l'entrevue Mao-Pompidou : tandis que nous voyons sur l'écran les deux *leaders* rapprocher leurs bonnes grosses têtes hilares, en guise de dialogue, la bande sonore nous fait entendre la musique de *Petit Papa Noël* aboyée par une compagnie de chiens savants. Ces vocalises de caniches dressés, substituées si miséricordieusement aux propos des deux hommes d'État — qui, on s'en souvient, échangèrent en fait avec une sentencieuse sagesse de commis-voyageurs en peaux de vache des informations et des conjectures sur les troubles gastriques de Napoléon — ont à peine eu le temps de froisser le bon goût de tous les spectateurs délicats, qu'intervient la véritable indécence : un sous-titre vient nous rappeler l'infamie inexpiable (et soigneusement enterrée) qui fut perpétrée à l'époque à l'initiative du ministre des Affaires étrangères, avec l'approbation de Pompidou, et sur les instances de son ambassadeur à Pékin, pour permettre à l'entrevue de ces deux débris de se dérouler sans nuage : vous rappelez-vous (en aviez-vous jamais entendu parler ?) ce jeune Chinois à qui la France avait promis le droit d'asile, pour s'en dédire ensuite, et le livrer encore à demi comateux à ses geôliers maoïstes qui l'arrachèrent d'un lit d'hôpital pour l'embarquer dans un avion à destination de Pékin, vers le sort qu'on imagine, et avec la bénédiction des suprêmes autorités françaises — ces minables machiavels qui croyaient cultiver la haute diplomatie, quand ils ne tombaient que dans la plus basse police ?... Ainsi, à tout moment, *Chinois, encore un effort* a une façon implacable d'exhumer très précisément, et avec un triomphal mauvais goût, érigé à la hauteur d'une méthode critique, tout ce que les honnêtes gens ont convenu d'oublier… Il faut beaucoup de courage, ou d'inconscience, pour défier aussi systématiquement les pouvoirs, les modes et les convenances. Quel sort le public fera-t-il à cette folle entreprise ? On voudrait espérer que le récent virage pris par l'*intelligentsia* française sera favorable à la salubre percée de ce film, et pourtant on se sent pris pour lui d'une inquiétude. Avoir eu raison trop tôt est la pire manière d'avoir tort : ce n'est pas le public des « nouveaux philosophes » qui pourra aisément pardonner aux auteurs de *Chinois, encore un effort*, de n'avoir trempé dans *aucune* des aberrations qui firent les choux gras de successives saisons parisiennes. Et ces philosophes qu'en dialecte des bords de la Seine on appelle « nouveaux » (sans doute parce qu'ils n'ont mis que quarante ans à s'apercevoir d'une évidence qui, comme on dit en pékinois était « aussi ostensible qu'une punaise sur le crâne d'un tondu »), ils me paraissent surtout briller par un sens subtil de l'opportunité : pour ce qui est de sentir d'où vient le vent, de prévoir les sautes du temps, leur sensibilité pourrait rivaliser avec le légendaire rhumatisme des gardiens de phare. Sur la question du maoïsme, ils semblent au contraire avoir fait preuve d'une circonspection plus digne de maquignons dans une foire à bestiaux ; mais qu'elle leur vaille maintenant une telle popularité dans la foire aux idées, augure mal pour le destin immédiat de *Chinois, encore un effort* — dans la mesure où le succès du film devrait dépendre du même public…

Comment résumer enfin l'allégresse libératrice qui se dégage de ce film, pourtant si féroce et si noir ?

« C'est grand-pitié de voir les masses prolétariennes conduites, les yeux bandés, par des prêtres rubiconds qui ne daignent même pas leur expliquer par où elles passent », disait André Breton (cité par Claude Roy dans son admirable *Somme toute*). C'est grand-joie de voir enfin ces cheminements tordus, exposés aux yeux de tous, dans une aussi impitoyable lumière !

INTRODUCTION

à

Lu Xun, *La Mauvaise Herbe*

(1975)

> Mon œuvre est trop sombre, car il me semble toujours que ce sont les ténèbres et le néant qui constituent la vraie réalité ; mais contre cette réalité, je m'obstine à opposer une résistance désespérée.
>
> Lu Xun.

REMARQUES

Les notes de l'introduction ont été incorporées dans le texte même de celle-ci, en petits caractères. Ce procédé typographique imité de l'édition chinoise traditionnelle permet en principe à l'auteur de développer simultanément sa composition sur deux registres — thème principal et variations secondaires — et propose au lecteur deux niveaux de lecture. Le procédé n'est encore employé ici que de façon tout à fait embryonnaire, mais si d'autres voulaient un jour l'exploiter de façon plus systématique, je suis sûr qu'il pourra révéler à l'édition occidentale toutes ses étonnantes possibilités.

Toutes les citations de Lu Xun qu'on trouvera dans cette introduction se réfèrent au *Lu Xun quan ji* (en abréviation : QJ) (Œuvres complètes de Lu Xun), 10 vol., Pékin, 1963. Quel que soit le système de transcription adopté (Lu Xun, Lu Hsün, Lou Sin, etc.) le nom de Lu Xun *doit être orthographié en deux mots* : comme *Lu Xun s'est lui-même donné la peine de l'expliquer*, dans le choix de ce pseudonyme il avait précisément cherché à donner l'impression d'un nom de famille (Lu) suivi d'un prénom (Xun) (voir QJ III, p. 280) ; il lui arrive d'ailleurs d'utiliser « Xun » isolément comme un prénom, pour marquer une nuance d'intimité avec son interlocuteur (voir par exemple, QJ II, p. 82) ; dans sa correspondance avec Xu Guangping, le progrès dans l'intimité de leurs relations est éloquemment marqué entre autres par le passage de la signature « Lu Xun » à la signature « Xun » (QJ IX, p. 68). Quant aux raisons qui avaient déterminé à l'origine le choix de ce pseudonyme (qu'il adopta pour la première fois en 1918, lors de la publication du *Journal d'un fou*), il les a exposées plus en détail à Xu Shoushang (voir Xu Shoushang : *Lu Xun di shenghuo*, en appendice de Xiao Hong : *Huiyi Lu Xun xiansheng*, Shanghai, 1948, p. 70) ; le « prénom » Xun est une abréviation de son ancien pseudonyme « Xunxing » ; quant à Lu, c'était le nom de famille de sa mère.

LA MAUVAISE HERBE DE LU XUN DANS LES PLATES-BANDES OFFICIELLES
(en guise d'introduction)

> Il serait plus difficile encore de me prendre pour un guide, car moi-même je ne sais quel chemin suivre. La jeunesse chinoise déjà ne manque pas d'"aînés" et autres "maîtres à penser" : je ne suis pas de leur nombre, et d'ailleurs ces gens-là ne m'inspirent pas confiance. Je ne vois avec certitude que le point d'aboutissement de notre itinéraire : la tombe.
>
> Lu Xun (Postface de *La Tombe*, QJ I, p. 362).

La façon la plus radicale de réduire un penseur, un écrivain, un artiste ou un homme d'État à l'insignifiance, est non pas de le proscrire, mais bien de le déifier. Mona Lisa n'aura pas été la seule à souffrir de figurer sur tous les calendriers et autres boîtes à bonbons : le président Mao lui-même commencerait, nous dit-on, à éprouver quelque impatience devant certains aspects de son culte ; en effet n'a-t-il pas avoué en confidence à divers « amis étrangers » que la multiplication de ses effigies et l'usage liturgique et thaumaturgique du *Petit Livre rouge* (agiter avant l'emploi) auraient fait partie du complot tramé contre lui par son « plus intime compagnon d'armes », Lin Biao ? Intéressante coïncidence : quarante ans plus tôt en Union soviétique des éléments contre-révolutionnaires avaient déjà lâchement usé du même procédé envers Staline — du moins si l'on en croit l'intéressé lui-même qui, confiant à un visiteur étranger combien ce culte rendu à sa personne le remplissait de confusion et de tristesse, n'hésita pas à en attribuer l'origine à des saboteurs à la solde de Trotski. (Voir D. Caute, *The Fellow Travellers*, Londres, 1973, p. 91.)
Une extension de cette logique pourrait nous faire croire que la mémoire de Lu Xun a elle aussi des ennemis jurés aujourd'hui à Pékin : l'humanité de l'écrivain et de son œuvre achèvent d'y disparaître sous une montagne de fleurs et couronnes officielles ; à la troublante et douloureuse intégrité d'une conscience déchirée de contradictions, rongée de doutes, fascinée par la tentation du néant et le vertige du désespoir, irréductiblement individualiste et indépendante, on a substitué la banalité rassurante d'une gigantesque statue en saindoux, figée pour l'éternité dans une posture de héros d'« opéra révolutionnaire modèle » à la sauce Jiang Qing. La statue de Lu Xun que les autorités maoïstes ont fait ériger devant la tombe de l'écrivain à Shanghai inspira d'ailleurs un commentaire amer au témoin qui l'avait connu le plus intimement : son frère Zhou Zuoren. Au début des années 60, dans une lettre adressée de Pékin à Cao Juren (lequel demeure jusqu'à présent

le meilleur biographe de Lu Xun), Zhou écrivait : « Cher Juren, je viens de relire votre *Biographie critique de Lu Xun* avec le plus vif intérêt. Votre ouvrage tranche sur tous les autres et abonde en vues originales ; en particulier la façon dont vous traitez des conceptions esthétiques et des vues politiques de Lu Xun est remarquable. Vous avez absolument raison de dire que l'essence de sa pensée était nihiliste. Si votre ouvrage est tellement réussi, c'est parce que vous avez refusé de *diviniser* Lu Xun. Après sa mort, chacun s'est mis à l'accommoder à sa manière, et sous prétexte d'honorer sa mémoire, on se livre en fait à toutes sortes de pantalonnades. Je viens de voir une photo de la statue que l'on a érigée devant sa tombe à Shanghai : c'est vraiment la dérision suprême ! Comment ce personnage trônant pourrait-il constituer le portrait d'un homme qui avait précisément horreur des poses solennelles ? Les Chen Xiying et compagnie, dans leur désir de le tourner en ridicule, n'auraient rien pu rêver de plus approprié ! [...] (Une reproduction photographique de cette lettre autographe figure en tête du volume I de *Zhitang huixiang lu*, Hong kong, 1970.) Cette entreprise de canonisation a commencé il y a plus de trente ans avec un célèbre passage de *La Démocratie nouvelle* de Mao Zedong — passage tellement truffé de superlatifs qu'il rappelle d'ailleurs curieusement la prose de Lin Biao et les éloges que le « plus intime compagnon d'armes » avait coutume de confectionner pour le « Grandiose Timonier, Grandiose Leader, Grandiose Général-en-chef et Grandiose Maître à penser, Soleil rouge, suprêmement rouge qui éclaire tous les cœurs » — : « ... Lu Xun est le plus grandiose et le plus brave de tous les porte-drapeaux de la nouvelle culture ; Lu Xun est le généralissime de la révolution culturelle chinoise ; il est non seulement un grandiose homme de lettres, mais encore un grandiose penseur et un grandiose révolutionnaire [...] Lu Xun est le héros national le plus lucide, le plus courageux, le plus ferme et le plus ardent qui ait jamais livré assaut aux positions ennemies. » (*Xin minzhu zhuyi*, in *Mao Zedong xuanji*, Pékin, 1958, vol. II, p. 69.)

Dans le contexte de l'époque (1940), cette première bordée de compliments assénée à titre posthume, en contraste avec ce dithyrambe de la *Démocratie nouvelle* (destiné à une audience nationale), on observera que, deux ans plus tard, dans son *Intervention aux causeries sur les lettres et les arts*, réservée elle à l'usage interne de Yan'an, Mao exprima de significatives réticences à l'égard de Lu Xun, précisant que cette prose satirique et corrosive ne saurait en aucune façon constituer un exemple à suivre pour les écrivains des « zones libérées » (voir *Zai Yan'an wenyi zuotanhui shang di jianghua*, in *Mao Zedong xuanji*, Pékin, 1961, vol. III, p. 871-873), se justifiait pour de solides raisons tactiques. La mémoire de Lu Xun continuait à juste titre à commander un respect considérable auprès des intellectuels et dans la jeunesse — c'est-à-dire précisément dans les milieux que le Parti cherchait à se concilier. Or les admirateurs de Lu Xun savaient que, dans les derniers mois de sa vie, l'écrivain avait regimbé contre la politique de réconciliation avec le KMT préconisée par le Parti ; ce mouvement de révolte d'un homme dont l'intégrité intransigeante ne pouvait s'accommoder des impératifs tactiques et des voies sinueuses de la politique lui valut alors d'être en butte aux attaques des Commissaires. Déjà gravement malade, la rage et la douleur d'avoir à se défendre contre les persécutions de ses « camarades » l'acheva : il mourut solitaire et désespéré. Mais, comme toutes les Églises, le Parti s'entend à la récupération des illustres cadavres ; des hommes qui, vivants, pouvaient être quelquefois fort encombrants, deviennent une fois morts, embaumés et canonisés, d'un inestimable appoint pour l'édification des fidèles. Il y avait tout intérêt à faire oublier que Lu Xun était mort en état de révolte, et à créer au contraire l'image d'un combattant modèle que le Parti pourrait placer dans ses vitrines pour attirer le chaland. L'épisode final de 1936 fut donc délicatement gommé des mémoires ; dès 1940, Mao pouvait emboucher son clairon pour proclamer les mérites superlatifs de celui qui, hier encore, avait fait figure de dissident et de rebelle. Même un homme comme Guo Moruo qui, du vivant de Lu Xun, avait nourri une haine viscérale contre celui-ci, dut progressivement remiser ses fioles à venin et joindre sa voix aux panégyriques officiels. L'évolution de l'attitude de Guo Moruo envers Lu Xun est assez intéressante. Guo ne pouvait pardonner à Lu Xun la cruelle justesse de certaines critiques (voir par exemple QJ IV, p. 109) : pour Lu Xun, les poses « prolétariennes » que Guo et le groupe *Création* avaient soudainement affectées n'étaient qu'une nouvelle métamorphose d'un incurable arrivisme bourgeois. Ce jugement trop lucide valut à Lu Xun de violentes attaques de la part de Guo et de ses amis ; la haine du groupe fut lente à désarmer. En 1932, Guo décrivait encore Lu Xun en termes perfides comme « un écrivain qui avait originellement une forte propension au nihilisme, mais dont certains prétendent aujourd'hui qu'il aurait tourné à gauche » — s'empressant d'ailleurs d'ajouter un peu plus loin que c'étaient seulement des gens d'extrême droite qui pouvaient le croire à gauche (voir *Chuangzao shi nian*, in *Geming chunqiu*, Shanghai, 1947, p. 17-18). Lors de la grande querelle de 1936 qui, dans les derniers mois de sa vie, opposa Lu Xun aux consignes du Parti, Guo Moruo — comme du reste Chen Boda et toute l'élite maoïste de la future « Révolution culturelle » — se rangea du côté des Commissaires, donnant tort à Lu Xun. (Tandis qu'un homme comme Mao Dun qui, en 36, avait pris fait et cause pour Lu Xun, se vit au contraire attaquer par la « Révolution culturelle » ; il faut dénoncer et détruire ce mythe que la « Révolution culturelle » serait venue, à trente ans de distance, rétablir la justice et châtier les ennemis de Lu Xun. En 36, *tous* les bureaucrates de la littérature étaient contre Lu Xun ; en 66 cet ancien épisode fut exhumé et utilisé de façon sélective, comme un prétexte pour éliminer ceux d'entre eux qui dans l'intervalle avaient perdu la faveur de Mao pour des raisons d'ailleurs tout à fait étrangères et bien postérieures aux événements de 36). Peu après la mort de Lu Xun, Guo devait d'ailleurs brillamment confirmer le diagnostic que l'impitoyable pamphlétaire avait jadis porté sur lui (« un homme de talent doublé d'un voyou ») en allant quêter une prébende mandarinale auprès du KMT et en publiant dans un quotidien de Shanghai un article demeuré célèbre où il décrivait en termes extatiques sa rencontre avec le Grand Timonier de l'époque : Chiang Kai-shek… Après que Mao Zedong eut officiellement placé Lu Xun sur les autels, il devint plus difficile pour Guo Moruo de donner libre cours à sa vieille animosité pour le grand écrivain ; dans un hommage de circonstance publié en 1946, il réussit cependant à insinuer encore que l'œuvre de Lu Xun était illisible : « … Je n'ai lu que très peu de choses de Lu Xun ; je me souviens qu'au moment où *Cris* est sorti de presse, après en avoir lu un tiers, j'ai abandonné le livre. » (*Lu Xun yu Wang Guowei*, repris dans *Lishi renwu*, Shanghai, 1947, p. 289). Pour mieux apprécier tout ce qui est sous-entendu dans ce propos, il faut savoir que *Cris*, qui contient quelques-unes des créations les plus originales de Lu Xun, est une mince plaquette de cent pages, qui peut aisément se lire en une heure de temps… Mais après la Libération, ce genre de coups fourrés ne fut plus de mise, et Guo fut bien forcé finalement d'accorder son violon sur les flonflons de l'hagiographie orthodoxe et de refréner sa propension aux allusions désobligeantes. Comble de dérision, c'est lui maintenant qui a été choisi pour calligraphier l'inscription commémorative ornant le porche de la maison mortuaire de Lu Xun à Shanghai… Mais ce genre de paradoxe ironique abonde en Chine populaire : n'avons-nous pas vu en 1973 ce même pouvoir maoïste qui engage la population chinoise tout entière à étudier Lu Xun faire de solennelles funérailles nationales à Zhang Shizhao (après avoir publié son dernier ouvrage de façon luxueuse à un moment où tous les hommes de lettres demeuraient bâillonnés !). Zhang Shizhao ! lui dont les écrits représentaient — pour employer l'expression même de Lu Xun — « le dernier mot dans l'obscénité » (voir QJ I, p. 350), lui dont la personne incarnait toute la pourriture de l'ancienne société, si réactionnaire que même le KMT ne voulut pas de ses services ! Zhang Shizhao qui, pour le compte du gouvernement des Seigneurs-de-la-guerre, s'était chargé d'écraser les mouvements étudiants (et en 1925, fit sacquer Lu Xun de son emploi au ministère de l'Éducation à Pékin !), lui que Lu Xun devait dénoncer avec une colère inlassable, voici maintenant que le gouvernement maoïste au lieu de l'abandonner dans cette poubelle de l'histoire où l'avait relégué la fureur vengeresse de Lu Xun entreprend de l'entourer de toute la pompe d'un hommage national — tout cela parce que cette malodorante relique d'un âge qu'on aurait souhaité révolu, étant originaire de la même province que Mao, avait eu la bonne inspiration de faire, il y a plus d'un demi-siècle à Pékin, une généreuse avance financière à son jeune compatriote, brillant mais impécunieux, à l'occasion du mariage de celui-ci… Quelles que soient les critiques qu'on puisse porter contre le président Mao, il faut au moins lui reconnaître un sens certain des fidélités féodales... Après la « Libération », pour parachever le succès de cette opération d'annexation et de neutralisation du grand écrivain, le pouvoir maoïste confia le monopole du culte de Lu Xun à ses anciens ennemis (Zhou Yang et consorts) cependant que ses amis, confidents, disciples et héritiers spirituels se voyaient impitoyablement purgés les uns après les autres (Hu Feng, Guo Moruo faute de pouvoir poursuivre sa vendetta contre Lu Xun lui-même, eut au moins la satisfaction de liquider son principal héritier spirituel ; c'est lui qui, en qualité de président du Praesidium de l'Association des Écrivains, référa en 1955 le cas de Hu Feng au Procureur général de la République populaire, pour qu'il soit dûment poursuivi et jugé pour ses « activités d'espionnage » : depuis, nul n'a plus jamais entendu parler de Hu Feng... (voir T. A. Hsia, « Lu Hsun and the League of Leftist Writers », in *The Gate of Darkness*, Seattle and London, 1968, p. 108). Feng Xuefeng, Xiao Jun, Huang Yuan, etc.), et leurs souvenirs et témoignages sur Lu Xun ainsi que la correspondance qu'ils avaient échangée avec lui étaient définitivement retirés de la circulation.

La « Révolution culturelle » vint ouvrir un nouveau chapitre dans les métamorphoses du culte de Lu Xun. Traditionnellement, sitôt qu'un bureaucrate communiste tombe en disgrâce, sa carrière tout entière est réexaminée et présentée de façon à démontrer que, depuis le berceau, il fut toujours un traître contre-révolutionnaire (quelquefois même dès avant le berceau, du seul fait de ses ascendances familiales : car il arrive en Chine maoïste que l'on soit contre-révolutionnaire comme on était Juif dans l'Allemagne nazie : vingt ans après la Libération, le stigmate indélébile, qui continue à s'attacher à une naissance bourgeoise — et barre l'entrée à l'Université ainsi que l'accès à diverses carrières —, ne saurait en effet plus avoir de signification politique, mais correspond seulement à une sorte de superstition « raciale » : les tares que l'on prête à un groupe minoritaire sont supposées se transmettre par le sang). Une liste de crimes spécifiques est compilée en se référant simplement aux prestations fournies par l'intéressé en tant que serviteur zélé du Parti : la ligne du Parti progressant toujours en zigzag, il suffit en effet d'opposer au zag d'aujourd'hui le zig d'hier pour transformer en acte de sabotage ce qui fut originellement acte d'obéissance. C'est ainsi qu'à trente ans de distance, l'affaire Lu Xun fournit un prétexte en or pour épurer le département de la Propagande dont la direction se trouvait, par la force des choses, composée en bonne partie de ces Commissaires qui, en 1936, avaient persécuté Lu Xun sur ordre du Parti. L'histoire des événements de 36 à Shanghai, récrite une première fois après la Libération pour montrer qu'il n'y avait jamais eu de conflit entre Lu Xun et le Parti, fut re-récrite une nouvelle fois de manière à présenter tout l'épisode comme un exemple du conflit entre la ligne correcte de Mao Zedong — dont Lu Xun aurait été le défenseur — et la politique capitulationniste contre-révolutionnaire de Wang Ming et de Liu Shaoqi, dont Zhou Yang et ses séides auraient été les exécutants. Cette nouvelle version des événements, inutile de le dire, devrait susciter un certain scepticisme chez toute personne raisonnablement informée et douée de mémoire ; pourquoi fallut-il attendre trois décades pour s'apercevoir que Zhou Yang et ses comparses en persécutant Lu Xun s'étaient écartés de la ligne maoïste ? Et s'il avait vraiment trahi l'orthodoxie maoïste en harcelant Lu Xun, comment expliquer que, sa mission shanghaïenne sitôt accomplie, Zhou Yang choisit de rentrer à Yan'an (par contraste avec les compagnons de lutte de Lu Xun, Hu Feng et Feng Xuefeng qui eux n'osèrent pas suivre le même chemin) et qu'il s'y vit immédiatement confier par Mao la direction de la propagande et des affaires culturelles ? Comment expliquer que, de l'organisation des célèbres *Causeries sur les lettres et les arts* de 1942, à l'exécution des grandes purges successives d'intellectuels et d'écrivains, c'est toujours lui qui fut chargé de superviser et promouvoir l'application de la ligne maoïste dans le domaine culturel ? Pour accepter la théorie que les tenants du compromis avec le KMT étaient les « capitulationnistes », traîtres à la ligne de Mao Zedong, il faut choisir de ne lire les œuvres du Président que dans la version autorisée par Pékin : cette dernière édition en effet omet soigneusement le texte célèbre (*Lun xin jieduan*, 1938) dans lequel Mao décrivait Chiang Kai-shek comme l'« étoile salvatrice » du peuple chinois, « le leader suprême de la nation », engageait la population tout entière à soutenir Chiang « avec une sincérité unanime » et parlait de « l'avenir radieux du KMT ». Sur ce sujet, voir *Les Habits neufs du président Mao*, ci-dessus, p. 25, note 1, ou encore S. Schram, *Mao Tse-tung*, Harmondsworth, 1966, p. 202. Et si Zhou Yang doit être condamné pour « capitulationnisme », comment qualifiera-t-on alors les articles à la louange de Chiang Kai-shek publiés par Guo Moruo et la belle carrière mandarinale poursuivie par celui-ci à Chongqing ?... Mais toutes ces contradictions qui peuvent heurter un témoin indépendant ne posent pas aujourd'hui en Chine de difficultés sérieuses : dans un État totalitaire où, sur le modèle décrit par Orwell dans *1984*, la mémoire collective reste perpétuellement susceptible d'altération et ne retient jamais que la dernière en date des versions successives de l'orthodoxie, la manipulation des faits historiques n'est plus qu'une simple question technique : il suffit à chaque coup de retirer de la circulation toute la documentation existant sur le sujet en cause, et d'y substituer une documentation nouvelle, conforme aux dernières consignes. Toutefois dans un cas comme celui de Lu Xun qui a fait l'objet d'une énorme littérature et à la mémoire duquel plusieurs musées ont été spécifiquement consacrés, cette entreprise de révision perpétuelle des faits à la lumière d'une orthodoxie sans cesse changeante peut prendre des proportions considérables. C'est aussi un travail de Sisyphe ; à peine le croit-on achevé, que tout est de nouveau à refaire. Un exemple : en 1966 à Pékin, pour commémorer le 30e anniversaire de la mort de Lu Xun, un grandiose meeting rassembla quelque 70 000 participants en présence de Zhou Enlai et des principaux dirigeants du Parti et de l'État. On aurait pu croire qu'un tel événement demeurerait comme le point culminant du culte rendu à Lu Xun par le pouvoir maoïste. Il n'en est rien ! Le malheur veut en effet que cette solennelle circonstance *fut convoquée et présidée par Chen Boda* dont on a découvert entre-temps qu'il n'était qu'un sinistre escroc à la solde de Lin Biao (lui-même à la solde de Liu Shaoqi, lui-même à la solde de Chiang Kai-shek, lui-même à la solde des impérialistes américains… à moins que ce ne soit des social-impérialistes soviétiques !). Or une autre loi constante dans ce genre de régime est que, une fois qu'un bureaucrate tombe en disgrâce, toutes ses pompes et ses œuvres s'engloutissent avec lui, nul épisode de sa carrière n'est plus mentionnable, aucune de ses paroles, aucun de ses écrits n'est plus récupérable ; il n'aurait dans toute sa vie publique rien dit ni répété d'autre que « Vive le président Mao ! », l'exégèse trouverait encore le moyen d'y déceler des sous-entendus criminels. Ainsi le discours prononcé par Chen Boda lors du fameux meeting de 1966, bien qu'il ne se fût différencié en rien des lieux communs proférés à sa suite par Yao Wenyuan, Xu Guangping et Guo Moruo, est devenu maintenant hérétique et anathème, et jette une ombre empoisonnée sur tout l'ensemble du meeting : les livrets qui commémoraient ce rassemblement (en huit langues) ont été hâtivement retirés des librairies et des bibliothèques, etc. On conçoit aisément que ce genre de vicissitudes tient les spécialistes sur la brèche, et l'on comprend mieux pourquoi tous les musées consacrés à la mémoire de Lu Xun sont restés fermés pendant sept ans : le seul qu'il m'ait été donné de visiter cette année (1973) — apparemment le seul qu'on ait rouvert

En 1972, je n'avais réussi à visiter que la maison mortuaire de Lu Xun à Shanghai : on n'y pouvait guère voir qu'une table, un lit et des chaises. Une armoire, « contenant les livres de Lu Xun », était fermée à clef, et la clef était introuvable. Un an plus tard, les conservateurs avaient retrouvé un peu de leur assurance, ainsi que la clef, et ils m'ouvrirent l'armoire. En octobre 1973, la maison de Lu Xun et le musée Lu Xun à Pékin étaient toujours fermés, de même que le musée Lu Xun à Shanghai. Le musée Lu Xun à Canton n'était en principe ouvert qu'aux visiteurs *chinois*, mais à mon deuxième passage dans cette ville, on m'autorisa aimablement à le visiter.

— celui de Canton, me fait sympathiser de tout cœur avec la tâche ingrate et dangereuse de ses conservateurs : les trésors d'ingéniosité et d'imagination qu'ils ont dû déployer pour maquiller, déformer, falsifier, censurer, réinventer de la façon la moins grossière possible tant d'épisodes pourtant bien connus de la vie de Lu Xun forcent l'admiration. Deux grandes lignes directrices commandent leur travail : d'une part il s'agit d'effacer toute trace des relations étroites que Lu Xun entretint avec Qu Qiubai, Hu Feng, Feng Xuefeng, etc., ou éventuellement même de suggérer par des citations incomplètes et falsifications diverses que Lu Xun aurait désavoué ces amitiés. D'autre part il s'agit de fabriquer et illustrer le mythe « le soleil de la pensée de Mao Zedong a éclairé Lu Xun » ;

L'expression entre guillemets est de Xu Guangping. Dans les dernières années de sa vie, la malheureuse veuve de Lu Xun — paix à ses cendres ! — fut obligée par la « Révolution culturelle » de lire des discours et de signer des articles où il était expliqué, au serein mépris de l'évidence historique, que Lu Xun aurait « assidûment étudié la pensée de Mao Zedong » : « … Lu Xun et le président Mao se trouvaient en deux endroits fort distants, mais le cœur de Lu Xun était tourné vers le président Mao qu'il suivait toujours […] Notre grandiose dirigeant le président Mao était le soleil le plus rouge dans le cœur de Lu Xun […] L'invincible pensée de Mao Zedong était le guide suprême pour Lu Xun»… etc., etc. (voir *A la mémoire de Lou Sin, notre précurseur dans la Révolution culturelle*, Éditions en langues étrangères, Pékin, 1967, p. 36-37). Il faudra convenir que, si Lu Xun a vraiment «assidûment étudié la pensée de Mao Zedong», il s'est agi d'un secret remarquablement bien gardé : dans les cinq mille pages d'une œuvre qui puise à toutes les sources de la pensée, des lettres et des arts, citant à travers le temps et l'espace les maîtres les plus divers des cultures chinoise, japonaise, russe, indienne, européenne, américaine, de Zhuang Zi à Jules Verne, de Malraux à Sobol, de Grosz à Masereel — le nom de Mao Zedong n'apparaît qu'UNE SEULE FOIS, mentionné en passant, dans une lettre qui date des tout derniers mois de son existence… sur ce chapitre les hagiographes doivent pratiquement tout créer (au sens littéral du mot : façonner à partir de rien) ; ainsi par exemple, le télégramme envoyé conjointement par Lu Xun et Mao Dun aux survivants de la Longue Marche pour les féliciter d'être arrivés au Nord-Shânxi est présenté maintenant comme un télégramme envoyé par Lu Xun seul, et adressé personnellement à Mao Zedong ; A Paris, une dame maoïste est allée plus loin encore : dans une publication récente sur Lu Xun, plus remarquable par la ferveur que par la qualité de l'information, le fameux télégramme se trouve transformé en un message adressé à Mao pour le congratuler de sa promotion hiérarchique *à l'issue de la conférence de Zunyi !!!* un propos comme «tout le temps qu'il me reste à vivre, je veux l'employer à étudier» est interprété maintenant «je veux l'employer à étudier la pensée de Mao Zedong», etc. Mais est-il vraiment nécessaire de poursuivre plus longuement sur ce sujet? Comme dit le proverbe chinois inventé par Maritain : «Il ne faut jamais prendre la bêtise trop au sérieux.»

Il est temps de rendre la parole à Lu Xun. «J'ai rêvé que j'étais mort sur une route […] Bzz, une mouche vint se poser sur ma joue ; elle fit quelques pas, s'envola, puis revint atterrir sur le bout de mon nez qu'elle se mit à lécher. Exaspéré, j'aurais voulu lui dire : — Madame, je ne suis pas un grand homme, ce n'est pas la peine de venir chercher sur moi des matériaux pour écrire des thèses…» (*La Mauvaise Herbe* : «Après la mort»). Les mouches hélas n'ont guère tenu compte de cette adjuration. Plutôt que de venir encore grossir leur essaim, je voudrais simplement me contenter de présenter ici un choix de textes de Lu Xun qui pourraient nous aider à comprendre dans quel état d'esprit *La Mauvaise Herbe* fut composée : en d'autres mots, je voudrais *laisser Lu Xun lui-même* nous expliquer la signification de ce recueil et nous indiquer la place qu'il occupe dans l'ensemble de son œuvre. La juxtaposition des divers fragments qu'on va lire entraînera inévitablement un certain nombre de redites ; mais ce que ce procédé de présentation perd en élégance académique, il le gagne en honnêteté ; et d'ailleurs ces répétitions elles-mêmes sont significatives, en ceci qu'elles soulignent le caractère presque obsessionnel atteint par certaines des préoccupations de l'écrivain.

Un mot d'abord sur la chronologie : installé à Pékin depuis 1912, Lu Xun traverse une période de dépression aiguë qui dure plusieurs années. Il cherche à étourdir son désespoir en s'enfonçant dans de vastes lectures chinoises classiques et bouddhiques et en s'adonnant à une besogne à la

Bouvard et Pécuchet, de compilation et copie de collections d'épigraphes antiques. Il se laisse à contre-cœur arracher à cette miséricordieuse anesthésie du néant, par les animateurs du mouvement de la nouvelle culture qui lui demandent de soutenir leur combat littéraire et politique en composant des nouvelles pour leurs revues. Partagé entre la sympathie qu'il ressent pour leur enthousiasme juvénile et le scepticisme qu'il éprouve quant aux chances de succès de leur action, Lu Xun leur apporte une contribution à la fois généreuse et ambiguë et se trouve ainsi amené, au seuil de la quarantaine, à commencer une carrière de création littéraire. Ses premières nouvelles sont rassemblées en un recueil intitulé *Cris* (Nahan), publié en 1922. Les poèmes en prose qui forment *La Mauvaise Herbe* sont composés à Pékin de septembre 1924 à décembre 1925 ; les deux derniers morceaux du recueil datent d'avril 1926. Autrement dit, la composition de *La Mauvaise Herbe* est contemporaine de la rédaction du second recueil de nouvelles, *Errances* (Panghuang), des essais formant la seconde moitié de *La Tombe* (Fen) ainsi que du recueil d'essais *Sous une mauvaise étoile* (Huagai ji) ; elle a été immédiatement suivie par le recueil de souvenirs et récits autobiographiques *Fleurs de l'aube cueillies le soir*, et par la seconde série d'essais *Sous une mauvaise étoile*. La période de composition de *La Mauvaise Herbe* correspond psychologiquement à une seconde crise de pessimisme et de dépression, et artistiquement à la phase de créativité peut-être la plus riche et la plus intense de toute la carrière de Lu Xun ; quantitativement il continuera dans la suite à produire une masse considérable d'essais polémiques, mais après *Fleurs de l'aube cueillies le soir*, les sources profondes de la création littéraire tarissent chez lui. Est-ce le combat politique qui l'absorbe trop et le détourne définitivement de cette exploration périlleuse des zones obscures du Moi (dans laquelle *La Mauvaise Herbe* demeurera comme l'avancée la plus audacieuse), ou au contraire n'est-ce pas précisément pour se dérober à l'effrayante confrontation avec ces « forces des ténèbres », ces « fantômes », et ces « poisons » dont il se sent hanté, qu'il se réfugie dorénavant dans le fracas et l'agitation tout extérieure de la bataille politique ? Il ne saurait y avoir de réponse à cette question : certes Lu Xun cherchait désespérément à éluder ses démons intérieurs, à déposer son fardeau de ténèbres, d'angoisses, de solitude et de néant, mais il serait difficile de réduire son engagement politique — de 1929 jusqu'à sa mort — aux simples dimensions d'un « divertissement » pascalien : la situation politique chinoise des années 20 et 30 présentait une telle urgence de drame et de scandale qu'elle devait inévitablement forcer un homme aussi passionné, intègre et responsable que Lu Xun à abandonner ses retranchements intimes et à descendre dans l'arène. Mais quels qu'aient pu être ses motifs, en troquant l'introspection créatrice et le « spleen » fécond de l'artiste pour l'engagement politique et les servitudes du polémiste, en tournant le dos aux sources nocturnes et fécondes de l'enfance, des songes et de l'inconscient (dont s'est nourrie sa *Mauvaise Herbe*) pour affronter le plein soleil des places publiques, il s'est condamné à une relative stérilité : de cette stérilité, il était devenu conscient lui-même (comme on le verra un peu plus loin) et ainsi s'explique d'ailleurs cet attachement particulier, marqué de nostalgie, qu'il conservait pour *La Mauvaise Herbe* et pour son second et dernier recueil de nouvelles, *Errances* : deux œuvres conçues — comme il l'a expliqué lui-même — à un moment où son engagement politique avait été minimal et sa liberté créatrice maximale. Feng Xuefeng, le jeune disciple, ami et confident à qui nous devons l'un des témoignages les plus précieux sur Lu Xun, avait relevé cette prédilection significative du maître pour ces deux recueils : « … A cette époque (1929), Lu Xun parlait fréquemment de *La Mauvaise Herbe* et d'*Errances* […] Mon impression est qu'il avait lui-même une prédilection particulière pour ces deux œuvres. A propos de *La Mauvaise Herbe*, il me dit plusieurs fois : "Maintenant je ne pourrais plus écrire des choses comme cela", d'une façon qui, il me semble, impliquait tout à la fois un regret de n'être plus capable d'écrire des œuvres de ce type, et d'autre part la résolution de ne plus s'atteler à ce genre d'ouvrages » (Feng Xuefeng, *Huiyi Lu Xun*, Pékin, 1957, p. 15).

En 1932, alors qu'il avait déjà renoncé à la création littéraire pour se consacrer exclusivement à l'essai polémique, dans son introduction à un volume anthologique de ses propres œuvres (*Lu Xun zi xuan ji zi xu*, QJ IV, p. 347-349), Lu Xun a jeté un coup d'œil rétrospectif sur tout l'ensemble de sa période créatrice : il évoque d'abord sa participation sceptique et contrainte au mouvement de la « Révolution littéraire » avec *Cris*, sa première série de nouvelles ; et puis, le flot du mouvement du 4-Mai s'étant retiré, cependant que l'équipe de *Nouvelle Jeunesse* et le camp de la nouvelle culture se désagrègent, il décrit comment, dans le creux de la vague, quasi démobilisé, rendu à sa solitude initiale, il composa *Errances* et *La Mauvaise Herbe*. (Dans ce texte, comme dans tous les autres extraits cités plus loin, les italiques sont de moi) : « J'ai commencé à écrire des nouvelles en 1918, au moment où la revue *Nouvelle Jeunesse* prêchait la "Révolution littéraire". Maintenant ce mouvement appartient déjà à l'histoire littéraire, mais à cette époque-là, c'était indubitablement un mouvement révolutionnaire. Comme ce que je publiais dans *Nouvelle Jeunesse* était largement en harmonie avec le ton général de cette revue, je suppose que l'on peut cataloguer mes œuvres de cette période sous l'étiquette de "littérature révolutionnaire". Et pourtant en fait je n'éprouvais à ce moment-là pas grand enthousiasme pour la "révolution littéraire". J'avais vu la Révolution de 1911 et la seconde révolution ; j'avais vu Yuan Shikai s'improviser empereur, et puis la tentative de restauration de Zhang Xun. Bref j'en avais tant vu qu'à la longue je finis par douter de tout ; ayant perdu l'espoir, je sombrai dans un état de démoralisation extrême. Cette année encore, un écrivain nationaliste a écrit dans une feuille de chou : “Lu Xun doute de tout.” Il ne croyait pas si bien dire : je suis précisément en train de douter de la qualité du nationalisme affiché par son groupe dont les possibilités de métamorphoses ultérieures demeurent illimitées. Mais d'un autre côté, je ne suis même pas sûr de mon propre désespoir, car je me rends trop bien compte du caractère limité de mon expérience des hommes et des choses, et c'est cette dernière considération qui me donne la force d'écrire. “Le désespoir est une illusion, et c'est en cela qu'il ressemble à l'espoir.” Citation de Petöfi Sandor, qui semble avoir obsédé Lu Xun. *La Mauvaise Herbe*, « L'Espoir ».

« Mais puisque je n'étais directement mû par aucun enthousiasme particulier pour la “Révolution littéraire”, qu'est-ce qui m'a donc poussé à écrire ? Tout bien réfléchi, je crois que c'était principalement un sentiment de sympathie pour l'enthousiasme de quelques autres : je pensais à ces militants qui bravaient la solitude et les difficultés de toute espèce ; autant soutenir leur moral en poussant quelques cris d'encouragement. Au départ du moins telle fut mon attitude. Dans la suite, inévitablement, je fus amené à introduire d'autres éléments, à dénoncer les vices profonds de l'ancienne société, à réveiller mes lecteurs, à leur suggérer le désir de s'attaquer aux racines du mal, mais pour réaliser ceci, il m'a fallu accorder mon pas au rythme de cette avant-garde ; et donc, *me soumettant aux ordres de mes chefs, je supprimai en partie ce que mes écrits comportaient de trop sombre et j'ajoutai quelques touches optimistes de façon que ces textes présentassent dans une certaine mesure un aspect plus lumineux*. Ces diverses nouvelles, quatorze en tout, furent rassemblées dans la suite sous le titre de *Cris*. Mais aussi ce genre de “littérature révolutionnaire” pourrait aussi bien s'appeler “littérature sur commande” ! Jeu de mots intraduisible entre “ge ming”, “révolution” (littéralement : “changer le mandat [céleste]”) et “zun ming”, “obéir aux ordres”. Du moins les ordres auxquels j'obéissais émanaient d'une avant-garde révolutionnaire qui se trouvait alors persécutée, et c'est de ma propre volonté que je m'y soumettais : il ne s'agissait nullement de suivre les directives d'un pouvoir officiel, ni de se laisser séduire par l'argent, ou de céder à la menace.

« Dans la suite, le groupe de *Nouvelle Jeunesse* se désagrégea : certains firent une belle carrière, d'autres se retirèrent sous leur tente, d'autres encore continuèrent à marcher de l'avant. Quant à moi, après avoir été témoin des métamorphoses diverses qui peuvent si rapidement affecter un même groupe de compagnons de lutte, je me retrouvai comme devant, errant au milieu de mon désert, ayant seulement gagné dans l'entre-temps un titre de “romancier” ; je me vis condamné désormais à une activité de polygraphe, dispersée dans toute espèce de publications. Mais à partir de ce moment, je pris l'habitude chaque fois qu'il m'arrivait d'être ému par quelque inspiration d'écrire une brève pièce — un “poème en prose”, si l’on me permet d’utiliser une expression un peu grandiloquente. Quand finalement j’abandonnai ce genre d’exercice, je rassemblai tous ces morceaux en une plaquette intitulée *La Mauvaise Herbe*. A la même époque, quand mes matériaux s’y prêtaient, je continuai à écrire des nouvelles ; *comme à ce moment-là, j’étais devenu un franc-tireur isolé, n’appartenant plus à aucun camp, sur le plan technique ces nouvelles représentèrent certainement un progrès par rapport à celles de mon premier recueil, et leur contenu bénéficia d’une plus grande liberté ; seulement elles trahissaient aussi un considérable refroidissement de mon ardeur combative.* Mais où étaient mes nouveaux compagnons de lutte ? *Je me dis que si je continuais ainsi, cela finirait mal.* Je rassemblai donc ces onze nouvelles en un recueil auquel je donnai le titre d’*Errances, dans l’espoir de mettre ainsi un point final à ce genre d’expériences* :

La route s’étend à l’infini
Je vais poursuivre ma quête à travers tout l’univers... Citation empruntée au *Li Sao* de Qu Yuan, que Lu Xun avait placée au frontispice d’*Errances*.

« Hélas je ne me doutais pas que cette ambitieuse déclaration n’aboutirait finalement à rien. Fuyant Pékin, j’allai me réfugier à Amoy ; là, perché à l’étage d’une tour lugubre, j’écrivis quelques-uns de mes *Contes anciens à la façon moderne* et les dix morceaux qui forment *Fleurs de l’aube cueillies le soir* ; les premiers ne sont qu’une paraphrase de récits mythologiques, légendes ou événements historiques, et les seconds sont simplement des souvenirs.

Et après cela, je n’ai plus rien produit : néant total. »

En 1933, Lu Xun a écrit un poème de style classique pour servir d’épigraphe à *Errances* ; à près de dix ans de distance, il a su saisir à nouveau ce sentiment de déréliction du « franc-tireur isolé, n’appartenant plus à aucun camp » qui avait caractérisé son état d’esprit à l’époque où il composait son deuxième recueil de nouvelles ainsi que sa *Mauvaise Herbe* :

Le jardin de la nouvelle littérature est bien solitaire à présent
Et combien paisible, notre ancien champ de bataille.
Il ne reste plus qu’un seul troupier, égaré sous le ciel ;
Lance à l’épaule, il erre sans but.

La solitude et le désespoir n’étaient pas des expériences neuves pour Lu Xun. Précédemment, de 1907 à 1919 il avait déjà expérimenté de façon intermittente de longues périodes de noire dépression durant lesquelles il se « droguait » de littérature morte pour étourdir son cauchemar. Il a évoqué cette épreuve dans la préface de *Cris* : « ... j’éprouvais un sentiment de solitude et cette solitude grandissant de jour en jour, finit par s’enrouler autour de mon âme comme un énorme serpent venimeux.

Ma désolation intérieure était sans limite, mais elle ne s'accompagnait de nulle révolte, car mon expérience l'expérience avortée de fonder une revue littéraire progressiste alors qu'il était encore étudiant au Japon m'avait précédemment amené à faire retour sur moi-même et à me juger lucidement : je savais désormais que je n'étais pas de ces héros qui savent rallier les foules à leur appel. Mais il fallait absolument que je réussisse à me débarrasser de cette solitude qui me causait une intolérable souffrance. J'eus donc recours à diverses méthodes pour m'anesthésier l'âme, je cherchai à me fondre dans la masse anonyme, à m'évader dans le passé. Dans la suite je devais encore expérimenter moi-même ou être le témoin de solitudes et de tristesses plus abominables encore — mais ce sont là des épisodes que je préférerais oublier, j'aimerais autant que ces souvenirs puissent s'anéantir en même temps que moi dans la tombe… » (QJ I, p. 6).

Dans la suite, Xu Guangping, en feuilletant le journal que Lu Xun avait tenu à cette époque, devait s'étonner du nombre et de la fréquence des maladies diverses dont il fut alors accablé. Li Oufan (voir *Lu Xun nei zhuan, Ming bao yuekan*, n° 61, p. 59) émet l'hypothèse très vraisemblable que celles-ci purent être largement d'origine psychosomatique. Quoi qu'il en soit, cette longue descente au cœur des ténèbres devait bon gré mal gré demeurer comme une expérience centrale dans sa vie intérieure ; il l'a fréquemment évoquée dans ses écrits, toujours avec horreur — mais cette horreur ne doit pas nous masquer la fascination dont elle constitue l'avers : sa *Mauvaise Herbe*, pour qui il conserva jusqu'au bout une secrète prédilection, même après qu'il eut tourné le dos à ses « fantômes », tire sa substance même de cette subjuguante réalité de la nuit et du néant. Précisément à l'époque où il composait *La Mauvaise Herbe*, il confessa à Xu Guangping : « … mon œuvre est trop sombre car il me semble toujours que ce sont les ténèbres et le néant qui constituent la vraie réalité ; mais contre cette réalité je m'obstine à opposer une résistance désespérée, ce qui m'amène alors à adopter un ton arbitraire et strident… » (lettre du 18 mars 1925, voir QJ IX, p. 18). L'ambivalence présentée par l'attitude de Lu Xun envers ces « puissances de la nuit » auxquelles d'une part il concède une vertigineuse réalité, mais contre lesquelles d'autre part il veut « opposer une résistance désespérée », pourrait peut-être trouver une illustration expressive dans son attitude envers la civilisation chinoise traditionnelle, en général, et la littérature chinoise classique en particulier. Les attaques virulentes qu'il n'a cessé de mener contre la tradition sont bien connues, mais le caractère complexe de ses motivations et surtout la nature contradictoire des relations qu'il entretenait avec cette même tradition n'ont pas été suffisamment soulignées (sauf peut-être par Li Oufan dans son *Lu Xun nei zhuan*). On se rappelle sa provocante réponse (février 1925) à une enquête organisée par le supplément littéraire d'un journal de Pékin sur la question de savoir « ce que devaient lire les jeunes » : « Comme je n'ai jamais prêté attention à cette question, je ne saurais y répondre maintenant, mais je voudrais cependant profiter de cette occasion pour confier aux lecteurs quelques données de ma propre expérience. Chaque fois que je lis des livres chinois, j'ai l'impression de m'enfoncer dans une quiète torpeur qui m'éloigne de la vie. Quand je lis des livres étrangers — à l'exception toutefois des livres indiens — je suis mis en contact avec la vie, je me sens incité à l'action. Les livres chinois, même ceux qui préconisent de confronter le monde extérieur, respirent un optimisme de cadavres. Les livres étrangers, même ceux qui sont défaitistes ou désespérés, expriment un défaitisme et un désespoir d'hommes vivants. A mon avis, les jeunes devraient lire le moins possible, voire même ne pas lire du tout, de livres chinois, et lire le plus possible de livres étrangers. S'ils ne lisent que peu d'ouvrages chinois, au pire il n'en résultera pour eux qu'une certaine incapacité à rédiger des compositions littéraires. Mais l'essentiel pour les jeunes aujourd'hui n'est pas de parler mais d'agir ; le principal est qu'ils soient vivants, et en regard de cela une incapacité à rédiger des compositions littéraires n'est pas d'une grande importance. » (QJ III, p. 9.) Près de deux ans plus tard (novembre 1926), il est revenu sur ce sujet d'une manière très éclairante : « *Je retrouve constamment en moi ces mêmes pensées odieuses que les Anciens ont consignées dans leurs ouvrages... Je maudis sans cesse mes propres pensées* ; j'espère qu'elles ne réapparaîtront pas chez les jeunes. L'an passé j'ai dit qu'à mon avis les jeunes devraient lire le moins possible, voire ne pas lire du tout, de livres chinois : ce propos, loin de constituer une boutade ou un mouvement d'humeur, représente une vérité achetée au prix d'amères et douloureuses expériences » (QJ I, p. 364-365).

Lu Xun mettait une véhémence d'autant plus grande à dénoncer la Tradition qu'il en avait personnellement expérimenté les pouvoirs et les prestiges ; ce n'est pas assez de dire qu'il avait une connaissance approfondie de la culture chinoise classique : cette culture formait la moelle même de son être. Elle n'était pas seulement un objet d'érudition, matière pour les recherches savantes de son *Précis d'histoire du roman chinois* ou de son *Histoire de la littérature chinoise antique*, source innombrable où sa pensée puisait des images à foison, elle avait constitué le cadre intellectuel de son enfance et de sa jeunesse, et dans son âge adulte, pour endormir son désespoir, pendant plus de dix ans, il était retourné se réfugier dans cet univers, comme un combattant épuisé et meurtri se laisse glisser dans le sommeil — ou dans la mort. C'est elle qui lui avait fourni son idiome vraiment natal — la langue littéraire classique (wenyan), ce latin des humanistes chinois, auquel il revenait spontanément chaque fois qu'il lui fallait rédiger rapidement (résumés et projets de cours), ou qu'il écrivait pour lui-même (journaux intimes non destinés à la publication) ou qu'il vibrait sous le choc intérieur de l'inspiration poétique ; pour le reste s'il s'est astreint à écrire la majeure part de son œuvre en langue vulgaire (baihua), c'est délibérément, par conscience de ses responsabilités sociales et politiques, avec le sens d'une mission à accomplir, jamais par instinct ; aussi cet instrument ne lui est-il jamais devenu vraiment naturel et spontané ; les efforts qu'il lui coûtait ont laissé leur marque sur son style, hautement original et puissant certes, mais aussi laborieux, difficile, obscur et tortueux ; Ses ennemis le disaient illisible. Avec sa perfidie coutumière, dans un «éloge» de 1940, Guo Moruo prétendit que les œuvres de Lu Xun, à moins d'être accompagnées de commentaires détaillés, demeuraient inintelligibles même pour le lecteur cultivé, et que leur lecture comme celle de Dante, Shakespeare et Goethe nécessiterait d'abord la confection de glossaires spécialisés. (Guo Moruo : *Zhuang Zi yu Lu Xun*, voir *Lu Xun juan*, vol. I, p. 33.) Ce compliment sarcastique ne doit pas être entendu trop littéralement, pas plus que, dans un sens opposé, le jugement dithyrambique de la critique en Chine populaire qui fait maintenant de Lu Xun le maître le plus accompli de la langue chinoise moderne. Nous souscrirons plutôt au jugement objectif et à la révaluation nuancée qui se sont fait jour récemment parmi certains critiques chinois indépendants (je pense par exemple à quelques réflexions de Hu Juren et de Sima Changfeng parues cette année [1973] dans le *Ming bao* de Hong kong) qui, tout en voyant en Lu Xun une personnalité géniale et un artiste scrupuleux, soulignent aussi le fait qu'il se colletait avec une langue rétive et hybride, mal dégagée encore de sa gangue originelle. on a souvent l'impression qu'il manie une langue étrangère Dans son programme de réforme de la langue chinoise, Lu Xun préconisait d'ailleurs activement (et il faut le dire : de façon peu réaliste) «l'européanisation de la grammaire chinoise» («ouhua wenfa»: voir par exemple QJ IV, p. 6, également Xu Shoushang, «Lu Xun di shenghuo», en annexe à Xiao Hong, *Huiyi Lu Xun xiansheng*, Shanghai, 1948, p. 80). Cette volonté d'occidentalisation à outrance qui caractérisait Lu Xun et ses disciples (Hu Feng et Feng Xuefeng) était en complète contradiction avec la ligne Mao Zedong-Zhou Yang (chronologiquement il vaudrait mieux dire : la ligne Zhou Yang-Mao Zedong) prônant, elle, l'adoption de «formes nationales» (à ce sujet, voir M. Goldman, *Literary Dissent in Communist China*, Cambridge, Mass., 1967, p. 15). Sur ce point précis, comme sur tant d'autres, nous voyons qu'il y a d'une part opposition complète entre les positions de Lu Xun et celles de l'orthodoxie maoïste, et d'autre part, parfaite identité de vues entre Mao et Zhou Yang. (elle l'était pour lui, comme pour la plupart des intellectuels de sa génération) ou une langue encore dans un balbutiant et incertain stade de transition (et il est vrai que le baihua n'a approché de la maturité qu'avec les auteurs de la génération suivante), et il y a d'ailleurs quelque chose d'émouvant à voir cet aigle qui aurait pu planer haut et libre dans la langue classique renoncer volontairement à ses ailes, pour boiter parmi la foule en langue vulgaire. Avec toutefois une exception (très significative) : pour le principe, Lu Xun écrivit quelques poèmes en langue vulgaire (douze en tout, d'une qualité assez médiocre) mais il ne put jamais se résoudre à vraiment prendre cette forme au sérieux. En poésie de forme classique au contraire, il a produit des œuvres remarquables qui le rangent — avec Yu Dafu — au tout premier rang des praticiens modernes de cet art ancien. Ses poèmes classiques où se manifeste dans sa plénitude son génie du langage sont d'une lecture difficile. Sans porter atteinte à leur beauté, il faut convenir qu'ils relèvent d'une poésie savante — pour ne pas dire pédante. Littéralement truffés d'allusions historico-littéraires elliptiques et abstruses — il s'en cache en moyenne une ou deux par vers ! — ils présentent d'innombrables chausse-trapes aux traducteurs (il est caractéristique par exemple que le distique le plus fréquemment reproduit et cité, «Heng mei leng dui qian fu zhi», etc., soit INVARIABLEMENT rendu avec un gros contresens !) Le paradoxe de ses relations avec une culture traditionnelle dans laquelle il plongeait toutes ses racines profondes, mais qu'il désavouait publiquement, est bien résumé par exemple dans l'épisode de sa polémique au sujet de Zhuang Zi : il est remarquable qu'il ait choisi de dénoncer entre tous l'auteur dont il était lui-même le plus profondément imprégné ! L'épisode de cette polémique avec Shi Zhicun est brièvement évoqué par C. T. Hsia (*A History of Chinese Modern Fiction*, New Haven & London, 1961, p. 612, note 19) qui ne semble toutefois pas en avoir saisi la signification véritable.

Lu Xun n'a explicitement reconnu sa dette envers Zhuang Zi que de façon assez cavalière (QJ I, p. 364), mais Guo Moruo s'est chargé de mettre les points sur les i dans son essai « Zhuang Zi et Lu Xun » (*Zhuang Zi yu Lu Xun*, voir *Lu Xun juan I*, p. 33-54), où il a énuméré un impressionnant échantillonnage du vocabulaire, des images et des thèmes empruntés par Lu Xun à Zhuang Zi. Aux yeux du public, la violence de ses sorties l'avait donc définitivement fait passer pour le champion de la nouvelle culture, l'inflexible pourfendeur du monde ancien. Nul, semble-t-il, ne s'avisa jamais que, s'il mettait une telle fureur dans ses attaques, c'était précisément parce qu'il avait à les tourner d'abord et essentiellement contre lui-même, contre cette présence du passé en lui, contre cette complicité maudite avec ce qu'il appelait tantôt « les habitudes accumulées », tantôt le « fardeau de ténèbres » ou « les fantômes ». Ses adversaires, ô dérision ! voyaient en lui un iconoclaste, alors que lui-même au contraire était douloureusement conscient d'être demeuré le lamentable prisonnier de ces « habitudes accumulées ». Dans ce sens, la confidence qu'il fit un jour à Feng Xuefeng est moins énigmatique qu'il ne paraît au premier abord : « Les habitudes accumulées, à quelle profondeur elles peuvent aller, j'en sais quelque chose ! Personne encore n'a réussi à mettre le doigt sur mon mal, il n'y a pas encore un seul critique qui ait réussi à me toucher au point sensible... Il n'y a personne qui ait su me disséquer comme je le fais moi-même ! » (Feng Xuefeng, *Huiyi Lu Xun*, Pékin, 1957, p. 14). Elle achève de s'éclairer à la lumière de ses propres textes : « Mon tourment est d'avoir à porter sur le dos toute une collection de très anciens fantômes ; c'est un fardeau dont je ne parviens pas à me débarrasser, et sous son poids écrasant, j'ai constamment l'impression d'étouffer » (1926 ; QJ I, p. 365). Dans cette situation, il souffre d'être pris pour un « maître à penser », un « chef » ou un « héros », par des militants naïfs : c'est pour lui un douloureux malentendu qu'il s'efforcera vainement de dissiper : « Il y a un certain nombre de gens qui attendent de moi des actions d'éclat. Mais moi je sais trop bien que je ne suis pas l'homme qu'il leur faut » (lettre à Xu Guangping, mars 1925, QJ IX, p. 27). « Depuis longtemps déjà, je sais bien que je n'ai pas l'étoffe d'un combattant, ni ne saurais passer pour une figure d'avant-garde, ceci précisément à cause de toutes les arrière-pensées et tous les souvenirs qui m'encombrent » (QJ I, p. 363). Et encore : « J'ai le sentiment que mon âme est pleine d'effluves empoisonnés et maléfiques ; j'en ai moi-même une horreur extrême, je voudrais m'en débarrasser, mais je n'y arrive pas. Bien que je fasse tous mes efforts pour cacher mon mal, je crains toujours d'en contaminer les autres, et de là me vient cette anxiété pour tous ceux qui sont en contact fréquent avec moi » (lettre de 1923 à Li Bingzhong, *Lu Xun shu jian*, rééd. Hong kong, 1960, p. 5). Dans ce second propos se fait jour un autre thème qui demeurera comme un leitmotiv chez Lu Xun : la crainte quasi obsessionnelle de « contaminer » les autres — les jeunes en particulier — de ces poisons familiers qui l'habitent. Il se trouve déchiré entre deux impératifs : d'une part un sentiment de responsabilité envers ses jeunes lecteurs dont il veut protéger l'idéal et les généreuses illusions (« je ne voudrais pas transmettre aux jeunes qui font en ce moment les mêmes beaux rêves que moi jadis à leur âge la contagion d'une solitude dont je sais trop bien toute la cruauté », QJ I, p. 8 et QJ IV, p. 349) et d'autre part son intégrité personnelle d'homme et d'artiste, qui lui interdit le mensonge, les simplifications artificielles et les poses d'une certaine littérature « révolutionnaire » — comme celle que préconisait le groupe *Création* par exemple. Il effectua finalement la synthèse de ces deux exigences contradictoires dans la saisissante image (empruntée, pense T. A. Hsia, à un mythe du *Shuo Tang*) T. A. Hsia, « Aspects of the Power of Darkness in Lu Xun », dans *The Gate of Darkness*, Seattle and London, 1968, p. 146. de l'homme qui assume sur ses propres épaules les écrasantes ténèbres de la Tradition, de façon que les jeunes puissent eux s'évader vers la lumière (« que l'homme conscient assume le lourd fardeau de la tradition, qu'il s'arc-boute sous la porte des ténèbres pour permettre à ses enfants de s'échapper vers l'espace libre et la lumière, où ils pourront eux couler des jours heureux et mener une existence vraiment humaine », QJ I, p. 246). Cette phrase est véritablement une clé fondamentale pour la pensée de Lu Xun. Ce n'est pas par hasard que des auteurs aussi différents (mais également perspicaces) que Cao Juren et T. A. Hsia ont choisi l'un et l'autre de la placer en exergue de leurs études sur Lu Xun (Cao Juren, *Lu Xun ping zhuan*, Hong kong, 1961 ; T. A. Hsia, voir ci-dessus). Tous les grands thèmes — je dirais presque : toutes les obsessions — de Lu Xun s'y trouvent rassemblés : le fardeau des ténèbres, le poids de la tradition, le sentiment d'une responsabilité envers les autres, « les enfants qu'il faut sauver ». Il y avait chez Lu Xun une véritable vocation de père (qui trouva sans aucun doute son origine dans le fait que, tout adolescent encore, à la mort de son père, il fut obligé d'assumer pour ses cadets le rôle de chef de famille) : sur cet aspect très important de sa psychologie, encore une fois on se référera à la pénétrante étude de Li Oufan, « Lu Xun nei zhuan », dans *Ming bao yuekan* nos 60-61-63-64 (1970-1971).

Tous ces divers thèmes que nous avons rapidement passés en revue ici se retrouvent orchestrés dans un texte absolument fondamental pour la compréhension de Lu Xun, la postface qu'il a écrite pour son recueil d'essais *La Tombe* ; cette postface qui date de novembre 1926 n'est postérieure que de six mois à l'achèvement de *La Mauvaise Herbe* ; à beaucoup d'égards, elle vient aussi bien éclairer ce dernier recueil ; en voici les principaux passages : « Je ne veux pas me faire le propagandiste d'une quelconque idéologie ni ne songe à lancer aucune sorte de mouvement. Simplement j'ai expérimenté moi-même l'amertume des déceptions, grandes et petites ; aussi ces dernières années chaque fois que des gens sont venus me demander des articles, du moment que nos opinions respectives n'étaient pas inconciliables et que j'en avais le moyen, je me suis toujours efforcé d'écrire quelque chose pour eux, de façon à leur apporter au moins cette satisfaction-là, si infime soit-elle. La vie est tissée d'innombrables douleurs, mais les hommes sont capables de se consoler d'un rien ; pourquoi serais-je avare de ma petite littérature pour ceux-là qui endurent les affres de la solitude ? C'est ainsi qu'en plus de mes nouvelles et pensées diverses, se sont encore accumulés une dizaine d'essais d'inégale ampleur. Parmi eux, plusieurs ont été écrits à des fins alimentaires, mais cette fois je les ai inclus avec les autres sans faire de distinction. Une partie de mon existence a donc été employée à faire cette besogne. Et pourtant aujourd'hui même, je ne vois toujours pas exactement le sens de cette activité. C'est un peu comme si, attelé à des travaux de terrassement, je bêchais aveuglément sans savoir si je me trouve engagé dans l'érection d'une esplanade ou dans le creusement d'une fosse : tout ce que je sais c'est que, s'il s'agit d'une esplanade, inévitablement j'en dégringolerai à la fin et y donnerai le spectacle de ma mort, tandis que s'il s'agit d'une fosse, celle-ci évidemment ne pourra que devenir ma propre tombe. En un mot, tout passe, tout passe ; le temps entraîne toute chose dans un universel engloutissement ; ce qui n'a pas encore disparu est en train de disparaître, ou disparaîtra, il n'y a rien d'autre, et d'ailleurs je trouve que c'est aussi bien ainsi. [...]

« Ceux de mes lecteurs qui aiment mes livres estiment que mes écrits parlent le langage de la vérité ; ce jugement trop flatteur est sans doute l'effet du préjugé favorable qu'ils ont à mon égard. Naturellement je ne voudrais pas systématiquement duper le monde, mais ceci ne veut pas dire que je livre toujours tout ce que j'ai dans le cœur ; dans l'ensemble, il me suffit de pouvoir remettre une copie à peu près présentable, et c'est tout. C'est vrai que je m'attache à disséquer les autres ; mais en fait combien plus souvent ne m'arrive-t-il pas de tourner un bistouri bien plus impitoyable encore contre moi-même ; le peu que j'ai publié amène déjà les cœurs sensibles à protester contre ma cruauté ; que diraient-ils donc si je devais jamais me mettre à exposer tout ce qui fait la substance intime de mon être ? Quelquefois il me vient une envie de recourir à ce procédé pour éloigner de moi les indifférents ; après cela, en ceux qui ne se seraient pas écartés de moi avec dégoût, fussent-ils eux-mêmes des monstres ou des démons, je pourrais reconnaître mes amis, mes seuls véritables amis. Mais si, en conclusion, il ne devait même pas me rester cette compagnie-là, je me satisferais aussi bien de demeurer tout seul. En ce moment-ci toutefois, je n'ai pas encore le courage d'agir ainsi, ceci parce que je veux continuer à vivre, et vivre en société ; une autre raison, mineure celle-ci, mais que j'ai déjà mentionnée plusieurs fois précédemment, c'est que je voudrais prolonger un peu l'inconfort de certaines "honnêtes gens", et à cette fin, je conserve donc une partie de mon armure protectrice ; je veux demeurer comme une écharde dans leur flanc, ceci jusqu'au jour où j'en aurai assez et désarmerai de moi-même.

« Il serait plus difficile encore de me prendre pour un guide, car moi-même, je ne sais quel chemin suivre. La jeunesse chinoise déjà ne manque pas d'"aînés" et autres "maîtres à penser" : je ne suis pas de leur nombre et d'ailleurs ces gens-là ne m'inspirent pas confiance. Je ne vois avec certitude que le point d'aboutissement de notre itinéraire : la tombe. Mais ceci, tout un chacun le perçoit aussi clairement que moi — nul besoin d'un guide pour y parvenir. Le problème est : quel itinéraire suivre d'ici à là ? Il n'y a pas qu'une route, et pour ma part j'ignore laquelle est la bonne ; aujourd'hui encore, je la cherche toujours. Mais tandis que je poursuis cette quête, ma seule crainte est que ceux qui ont pris goût aux fruits de mon jardin ne s'empoisonnent en goûtant à mes fruits encore verts ; en même temps, j'aurais horreur que mes écrits ne deviennent comme ces prétendus "hommes de bien" : des sortes de monuments respectables. C'est pourquoi je m'exprime le plus souvent de façon voilée, arrêtant mon discours à mi-chemin, car je me dis : le meilleur cadeau que je puisse faire à ces lecteurs qui aiment mon œuvre, c'est encore de ne rien leur livrer. Des traductions que j'ai faites d'ouvrages étrangers, il fut d'abord tiré mille exemplaires ; ensuite on y ajouta un tirage supplémentaire de cinq cents exemplaires ; maintenant on en fait des tirages de deux à quatre mille. Chacune de ces augmentations successives m'a naturellement réjoui, car elles représentent pour moi un gain pécuniaire ; mais cette satisfaction se mêle d'angoisse, car je crains de faire du tort à mes lecteurs. Aussi chaque fois que je prends la plume maintenant, je redouble de prudence et mes hésitations se multiplient. Il y a des gens qui s'imaginent que j'écris au fil de la plume, déversant d'un jet tout ce que j'ai sur le cœur ; en fait ils sont loin de la vérité : je dois constamment tenir compte de tout un nombre de considérations qui restreignent ma spontanéité. *Depuis longtemps déjà, je sais bien que je n'ai pas l'étoffe d'un combattant, ni ne saurais passer pour une figure d'avant-garde — ceci précisément à cause de toutes ces arrière-pensées et tous ces souvenirs qui m'encombrent.* Je m'en souviens encore, il y a trois ou quatre ans, un étudiant est venu acheter un de mes livres ; il a extrait de sa poche quelques pièces de monnaie toutes tièdes encore de la chaleur de son corps ; cette chaleur m'a touché comme d'un fer rouge ; et aujourd'hui encore, chaque fois que je veux écrire, la crainte d'induire en erreur des jeunes comme lui paralyse ma plume. Le jour où je pourrai enfin m'exprimer en toute liberté, sans aucune arrière-pensée, ne viendra jamais pour moi, je crains… » (QJ I, p. 360-363).

Si *La Mauvaise Herbe* nous apparaît comme une des œuvres les plus obscures de Lu Xun, c'est qu'ici les « arrière-pensées » et les « souvenirs » pesaient de façon particulièrement lourde sur la conscience de l'auteur. L'obscurité, comme nous l'explique le passage qu'on vient de lire, était pour Lu Xun le seul moyen de réconcilier deux exigences contradictoires : d'une part l'intégrité de l'artiste qui entend demeurer fidèle à sa vision personnelle de la réalité, d'autre part la responsabilité de l'écrivain envers des lecteurs qui, bien contre son gré, veulent l'investir d'un rôle de « guide » ou de « maître à penser ». Il semble à Lu Xun que « ce sont ténèbres et néant qui constituent la vraie vérité » ; il s'empresse toutefois d'ajouter : « ceci résulte peut-être simplement du fait que je n'ai pas vécu assez longtemps ni accumulé assez d'expérience ; ma vision des choses n'est pas nécessairement correcte ; après tout il m'est impossible de *prouver* que ténèbres et néant constituent la seule réalité » (QJ IX, p. 28). Son honnêteté lui interdit de peindre la réalité autrement qu'il ne la voit, le sentiment de responsabilité le retient de « contaminer » ses lecteurs d'une « vision des choses qui n'est pas nécessairement correcte ». En conclusion, il va inscrire sa *Mauvaise Herbe* dans ce clair-obscur ambigu « qui ne relève ni des ténèbres ni de la lumière ».

Une autre raison de cet éclairage nocturne qui enveloppe *La Mauvaise Herbe* et lui confère une originalité unique, c'est que la majorité de ses pièces sont d'inspiration onirique (plusieurs d'entre elles décrivent d'ailleurs directement des songes et commencent par « j'ai rêvé que… »). Chaque véritable création littéraire est sous-tendue par la poésie, et à la source de toute poésie, nous retrouvons inévitablement l'enfance et l'inconscient : comme chez tout grand artiste, ce double courant traverse l'œuvre entière de Lu Xun, son double pôle gisant spécifiquement dans *Fleurs de l'aube cueillies le soir* et dans *La Mauvaise Herbe* — les deux recueils esthétiquement les plus parfaits et psychologiquement les plus révélateurs qu'ait écrits Lu Xun. En ce qui concerne *La Mauvaise Herbe* en particulier, le type d'exploration auquel se livre l'auteur aux frontières incertaines du réel et du néant, de l'éveil et du songe, de la conscience et de l'inconscient, donne à ce recueil un caractère de « modernité » (au sens occidental du terme) qui tranche non seulement sur tous ses autres ouvrages mais aussi bien sur l'ensemble de la littérature chinoise du XXe siècle. T. A. Hsia rappelait que *La Mauvaise Herbe* fut à peu près contemporaine du *Waste Land* de T. S. Eliot et de l'*Ulysse* de Joyce : dans toute la littérature chinoise moderne, sinon si exclusivement préoccupée de décrire les réalités sociales, c'est certainement le seul ouvrage pour lequel un tel rapprochement pourrait se justifier, au-delà d'une simple coïncidence chronologique…

La Mauvaise Herbe apparaît donc comme le secret poétique et central qui, d'une certaine façon, commande l'ensemble de la création littéraire de Lu Xun, et ceci explique d'ailleurs l'attachement particulier qu'avait Lu Xun lui-même pour cette mince plaquette. Néanmoins la vision fondamentalement pessimiste du monde qui s'y exprimait et la part prépondérante qu'y jouaient les fantasmes de l'inconscient devaient évidemment rendre ce recueil sinon anathème, du moins suspect à la critique bien-pensante. En 1929, *Jeunesse léniniste*, organe officiel de la jeunesse communiste chinoise, en dénonça vigoureusement le pessimisme et le défaitisme (ces attaques blessèrent profondément Lu Xun qui, déjà hypersensible à toute critique, était affamé de l'approbation des jeunes). Cheng Fangwu, Guo Moruo, Feng Naichao, champions fraîchement improvisés de la littérature « prolétarienne révolutionnaire »

(« la littérature qui fait bang ! bang ! bang ! » comme l'appelait Lu Xun), QJ IV, p. 108. stigmatisèrent également son nihilisme. Ainsi dans *Wenhua pipan* (nº 1, 1928) ; revue animée par le groupe *Création*) Feng Naichao écrivait : « … Lu Xun est un vieux pédant qui, du haut d'une taverne enfumée, promène un regard brumeux sur le monde extérieur… » (voir QJ IV, p. 502, note 2). Après la Libération, Feng Xuefeng fut, à ma connaissance du moins, le seul critique qui osa se pencher attentivement sur *La Mauvaise Herbe* ; il lui consacra une monographie (*Lun* « *Ye cao* », Shanghai, 1956) (retirée de la circulation en Chine depuis que Feng a été épuré). Cette monographie est intéressante car elle nous apporte un certain supplément d'information, mais l'auteur souffre manifestement d'être partagé entre deux allégeances : d'une part disciple et confident de Lu Xun, et lui-même homme de lettres, Feng est pleinement conscient de l'exceptionnelle importance de *La Mauvaise Herbe*, d'autre part en tant que membre du Parti, il demeure tenu de ramener autant que possible son interprétation à un schéma acceptable pour l'orthodoxie, et ceci ne va pas sans pénibles simplifications. Dans la suite, les rares critiques qui ont encore parlé de *La Mauvaise Herbe*, ne l'ont plus fait qu'avec réluctance et de manière très cursive : l'existence du recueil est brièvement mentionnée, et son pessimisme expliqué par le contexte de l'époque, et le fait qu'il s'agit d'une œuvre des débuts, écrite à un moment où Lu Xun n'avait pas encore établi le contact avec le parti communiste, et où sa pensée n'avait donc pas encore pu parachever son « développement logique »…

Dans les plates-bandes officielles, *La Mauvaise Herbe* demeurera toujours comme un défi pour les jardiniers totalitaires.

IMAGES BRISÉES
(1976)

Avertissement

Le présent volume rassemble une série d'articles et d'essais que j'ai écrits sur la Chine contemporaine au cours des deux dernières années. Certains de ces textes ont été publiés dans des périodiques, d'autres sont inédits.

Encore une fois, je veux invoquer ici le patronage de Lu Xun qui demeure en ces matières le plus sûr des guides : « Quelques amis, estimant que la situation n'a guère changé depuis le moment où j'écrivais ces choses, ont pensé qu'il valait la peine de les conserver en un recueil. Cela me navre. Je pense en effet que les polémiques menées contre les vices d'une époque disparaissent normalement en même temps que leurs cibles. Il en va de ces écrits comme des globules blancs du sang qui viennent former une croûte sur la plaie : tant qu'ils ne s'éliminent pas d'eux-mêmes, c'est signe que l'infection demeure active. »

S. L.
Août 1976

IMAGES BRISÉES[1]

What are the roots that clutch, what branches grow
Out of this stony rubbish? Son of man,
You cannot say or guess, for you know only
A heap of broken images...

T. S. Eliot,
The Waste Land (Burial of the Dead).

Pour prendre congé

Les pages qui suivent n'ajoutent rien d'essentiel à ce que j'ai essayé d'exprimer dans *Ombres chinoises*[2]. Elles sont en partie le fruit d'un récent séjour à Hong Kong, séjour qui m'a permis de faire ce qu'il ne m'avait jamais été possible de l'autre côté de la frontière : recueillir en toute spontanéité des confidences individuelles. Même quand la passion les déforme, et si limitées et singulières que puissent être les expériences dont elles témoignent, il m'a semblé que ces voix chinoises méritaient elles aussi d'être entendues. Je me suis permis d'y ajouter quelques réflexions et observations personnelles.

Certains amis m'ont confessé l'agacement que commençait à leur donner ma propension monomaniaque à dénoncer le maoïsme. Qu'ils me pardonnent cette fois encore, en songeant que c'est la dernière. Avec cet ultime lot de notes et propos, j'ai vraiment vidé mon sac et, sur ce sujet, je n'aurai plus rien à dire désormais. Il y a en ce moment en Chine bon nombre d'étrangers, surtout des sinologues et des étudiants, qui ont le privilège de vivre en contact plus étroit avec une réalité qui pour moi, hélas, commence inéluctablement à s'éloigner. Puissent leurs témoignages, supplantant bientôt le mien, se montrer aussi d'une lecture moins déprimante !

Je suis très conscient du caractère déplorablement décousu de ces pages, mais je ne cherche ni à m'en excuser ni à y porter remède : toute tentative d'organisation ou de composition risquerait de conférer à ces

1. Paru dans *Contrepoint*, nº 19, 1975.
2. Dans le présent volume, p. 231.

fragments la trompeuse apparence d'une synthèse à laquelle mes incertitudes et mon ignorance ne me permettent pas de prétendre.

*

A Hong Kong j'ai eu l'occasion de bavarder longuement avec divers Chinois qui avaient récemment quitté la République populaire — certains d'entre eux avec un visa de sortie en règle, un plus grand nombre en s'évadant au risque de leur vie. N'étant pas un « China-watcher » ni un enquêteur professionnel, je n'ai jamais provoqué ces rencontres ; elles se sont simplement développées au hasard des amitiés. A Hong Kong, les gens sortis de Chine se tiennent entre eux de façon assez étroite ; ils ont en commun l'expérience de quelque chose d'indicible et pour quoi leur nouvel entourage n'éprouve guère qu'incompréhension et indifférence. La Chine demeure au centre de leurs préoccupations ; aussi, lorsqu'ils rencontrent un étranger qui partage leur douloureuse obsession, ils lui font un accueil chaleureux, ils se mettent en quatre pour lui faire connaître d'autres amis qui pourront mieux, pensent-ils, lui faire saisir ce dont il s'agit vraiment, et que les mots leur manquent pour exprimer.

Au cours de ces conversations, il nous est souvent arrivé, à mes interlocuteurs et moi, de nous émerveiller de notre chance : nous voici, eux Chinois, moi étranger, à bavarder à bâtons rompus de la vie quotidienne en Chine, vidant notre cœur et disant tout ce qui nous passe par la tête ! Nos chemins auraient fort bien pu se croiser hier encore en Chine, mais nous aurions alors dû garder le silence ; ou encore, si au cours d'une classique visite de leur école, de leur usine, de leur commune, il m'avait été donné de les voir et de les interroger, ils n'auraient pu que ponctuellement me réciter le couplet qu'il est convenu de servir aux étrangers... Sur ce chapitre des relations entre Chinois et étrangers, certains de leurs récits viennent d'ailleurs rétrospectivement éclairer des expériences que j'ai faites durant mon séjour en Chine et, pour un incident en particulier, me donnent un brûlant remords.

S..., étudiant originaire de Guangzhou, me raconte qu'un jour, un de ses amis qui étudiait l'anglais à l'université Sun Yat-sen, flânant dans un grand magasin de Canton, tomba par hasard sur un étranger qui, voulant faire une certaine emplette, s'efforçait vainement de se faire comprendre d'une vendeuse. L'ami, heureux de trouver une occasion de se rendre utile et de mettre en pratique sa connaissance de l'anglais, proposa ses services et en quelques minutes résolut leur petit problème de communication. Cela fait, il reprit sa flânerie, mais à peine était-il sorti du magasin, qu'un agent de la Sécurité l'aborde et lui demande de le suivre « pour un petit entretien ». On le détient à la Sécurité pendant un après-midi entier ; il est soumis à un interrogatoire intense, mené par plusieurs enquêteurs qui se relaient l'un l'autre et lui font reconstituer à tour de rôle la teneur exacte des quelques phrases qu'il a échangées avec l'étranger. On veut l'amener à se couper, lui faire confesser que cette rencontre n'avait pas été le fruit du hasard, qu'il connaissait cet étranger. Après quelques heures toutefois, la constance avec laquelle le malheureux garçon maintint qu'il n'avait jamais vu cet étranger auparavant, et qu'il s'était seulement agi d'un achat de six paires de chaussettes et d'une douzaine de mouchoirs, eut finalement raison de l'obstination de ses interrogateurs qui le relâchèrent. L'affaire n'eut pas de suite, mais l'étudiant se jura bien que, de sa vie entière, on ne le reprendrait plus à adresser spontanément la parole à un étranger.

Cette anecdote me remit brusquement en mémoire un incident minime survenu durant mon séjour à Pékin. Un certain après-midi, j'avais marché assez longuement dans une banlieue éloignée, quand, avisant une boutique de coiffeur, j'eus l'impulsion soudaine de me faire couper les cheveux — ce qui me permettrait de m'asseoir un moment et de faire un brin de causette. A peine eus-je mis le pied dans la boutique, qui se révéla vide de clients et assez minable, je me rendis compte que j'avais dû commettre un impair, car le patron en me voyant entrer eut l'air atterré et demeura un instant comme cloué de stupeur ; se ressaisissant enfin, il me fit signe de m'asseoir et, après un court moment de réflexion, il alla fermer la porte à clef et baissa le store de la devanture. Puis il se mit à me couper les cheveux à toute allure, sans desserrer les dents. Toutes les tentatives, pourtant fort innocentes, que je fis pour entamer la conversation se heurtèrent à un mur ; il grogna deux ou trois monosyllabes pour marquer clairement qu'il n'était pas d'humeur à bavarder. Quand finalement je sortis de la boutique, je surpris deux ou trois gamins agglutinés à la vitrine, qui cherchaient à épier par une fente du store ce qui se passait à l'intérieur — et j'eus une première intuition vague de la catastrophe que mon irresponsable caprice allait peut-être attirer sur la tête du coiffeur… J'avais plus ou moins chassé de mon esprit cet inconfortable souvenir, quand le récit de S… vint lui donner un relief nouveau. Comment le malheureux aura-t-il jamais réussi à expliquer de façon convaincante aux agents de la Sécurité le passage d'un étranger dans sa minable échoppe ? Tout le monde ne sait-il pas bien que les étrangers ne fréquentent que les luxueux établissements installés dans leurs hôtels ? « Quelle raison un étranger pouvait-il avoir de venir précisément dans votre boutique, au fond de cette ruelle, dans une banlieue du diable vauvert ? Vous ne savez pas ? Vous n'en avez aucune idée ? Ah, vraiment ! Mais *nous* le savons, nous… »

*

P…, sorti de Chine en 1973, était ouvrier dans une grande usine à Wuhan. Il me raconte ses tribulations matrimoniales. Fils d'un ancien militaire du Kuomintang, il se trouvait de ce fait marqué d'une tare indélébile. Les conséquences ne s'en étaient pas fait immédiatement sentir, puisqu'il avait commencé par jouir d'une des conditions les plus enviables qui soient en Chine populaire, celle d'ouvrier dans une entreprise importante d'un grand centre urbain. Toutefois les choses commencèrent à se gâter pour lui le jour où il tomba amoureux de la fille du secrétaire d'un comité local du Parti. La jeune fille lui rendait son sentiment : ils décidèrent donc de se marier, quand le Parti vint brutalement mettre le holà à ce projet : il n'était pas décent en effet, ni même concevable, que le fils d'un réactionnaire allât épouser une jeune fille « bien née » (*chu shen hao*, c'est-à-dire enfant de prolétaire, de paysan pauvre ou moyen-pauvre, de révolutionnaire ou de membre du Parti). En l'occurrence, il s'agissait avant tout pour le père de la jeune fille d'empêcher la conclusion d'un mariage qui, en alliant sa famille à celle d'un individu politiquement taré, aurait pu définitivement compromettre son propre avancement.

On commença par écarter la jeune fille en lui assignant un nouvel emploi dans une localité éloignée. Malheureusement pour lui, le garçon était d'un caractère obstiné ; non seulement il se montra incapable d'envisager la situation avec bon sens et réalisme, mais il eut cette impudence confinant au délire d'invoquer contre la paternelle autorité du Parti les dispositions de la célèbre loi sur le mariage du 30 avril 1950 qui garantissent la liberté de choix des conjoints. Inutile de dire que cette attitude proprement séditieuse lui valut des sanctions : il perdit son excellent emploi, et se vit affecter ailleurs à une besogne de manœuvre avec salaire diminué des deux tiers. Comme il ne démordait toujours pas de sa chimère, il fut progressivement réduit à une condition de paria. Ce régime de famine et d'ostracisme dura six ans, au bout de quoi il s'avoua finalement vaincu, reconnut ses erreurs et renonça à ses prétentions. Alors, le Parti, dont la sollicitude s'étend à tous les êtres, même égarés, eut ce geste admirable : sachant dans sa sagesse qu'« il n'est pas bon pour l'homme de demeurer seul », de sa propre initiative il s'entremit pour présenter une épouse au pécheur repenti ; et comme il s'agissait de l'ex-femme d'un détenu politique (en général quand un conjoint est arrêté pour crime politique, l'autre est fermement encouragé à demander le divorce afin de « clairement marquer qu'il a pris ses distances » avec l'ennemi de classe — *hua qing jiexian*) cela devait donc constituer dans la meilleure tradition chinoise une « union parfaitement assortie », *men dang hu dui*.

Cette histoire comporte une double morale. La première est que, loin d'avoir aboli les prérogatives de l'ancien *pater familias* — en matière de mariage entre autres — le Parti les a simplement reprises à son compte. La seconde est que, dans le petit peuple, on peut vivre relativement tranquille en Chine populaire aussi longtemps que l'on sait *demeurer à sa place*, en évitant de nourrir des ambitions sociales extravagantes, et surtout en se gardant d'entrer en conflit, en compétition, voire simplement en contact avec la classe dirigeante.

*

En ce qui concerne la situation actuelle dans les usines, P… me la décrit dans des termes qui recoupent et confirment en tous points ce que m'avait raconté peu auparavant F…, ouvrier également, mais venant lui de Canton. Le moral des travailleurs est bas. Le mouvement de « Critique de Lin Biao et Confucius » assomme tout le monde : la piétaille tourne et patauge dans le brouillard, sentant que, sous le couvert de cette abstruse polémique, d'en haut, on la tire à hue, on la pousse à dia… Si seulement, au sommet, « ils » pouvaient apprendre à vider leurs querelles entre eux, directement, sans chaque fois procéder à ces gigantesques et fastidieuses mobilisations des masses, sans éprouver à chaque coup ce besoin de s'entre-écharper par innocents interposés !…

La doctoresse S…, revenant de Shanghai où elle est allée visiter sa mère, me dit avoir vu sur un mur réservé à l'affichage des documents relatifs à ce mouvement, un audacieux graffiti qui avait transformé le slogan *pi Lin pi Kong* (« critique de Lin [Biao], critique de Confucius ») en *pi ling pi kong* (« critique-zéro, critique-néant »), et ce jeu de mots lapidaire résume peut-être le mieux le scepticisme cynique que les masses opposent maintenant aux mots d'ordre des autorités. Il y a un pourrissement général dans le monde ouvrier, qui se traduit par des grèves larvées, des sabotages… Tant P… que F… me confirment la réalité de ces sévères troubles qui ont désorganisé les transports et les communications durant l'automne 74, menaçant un moment de paralyser l'économie nationale. Ce n'est évidemment pas en lisant *Le Monde* que vous auriez jamais pu apprendre l'existence d'une telle crise (le plus beau est que son malheureux correspondant à Pékin est d'ailleurs parfaitement capable de l'avoir ignorée *de bonne foi*[1]), mais elle n'en fut pas moins largement commentée par les observateurs sérieux dont l'attention avait été attirée au moment de ces incidents par une campagne orchestrée à l'échelle du pays entier pour « soutenir et galvaniser l'enthousiasme révolutionnaire des travailleurs dans le secteur des transports » : dans toutes les grandes villes et centres de communication, les hauts gradés de la bureaucratie s'étaient alors rendus en corps dans les gares et sur les quais et, sous l'œil des caméras, avaient entrepris de coltiner solennellement les ballots restés en souffrance… Quelque deux mois après ces événements, et toujours dans la ligne de ces manœuvres d'apaisement adoptées d'urgence à l'égard des ouvriers, la nouvelle Constitution de la

1. Le pauvre bougre a entièrement disparu dans l'oubli. Les temps ont changé : aujourd'hui, le correspondant du *Monde* à Pékin — Francis Deron — est un spécialiste des affaires chinoises et un journaliste exceptionnellement expérimenté et compétent. (Note de 1997.)

République populaire devait, pour la première fois, leur accorder le droit de grève : toute théorique que cette concession soit destinée à demeurer, on apprécie mieux la gravité du malaise ouvrier qui justifia son adoption, quand on se rappelle que cette même Constitution a par ailleurs supprimé la plupart des droits de la personne et du citoyen précédemment garantis par la Constitution de 1954.

A la racine des présents troubles gît un profond découragement, un marasme moral. Le mensonge organisé a tout pourri. Il en va sans doute de l'usage de la propagande en politique comme de celui de la planche à billets dans les finances publiques : tant les promesses que la monnaie ne sauraient être continûment émises à vide sans provoquer finalement une crise. Longtemps les travailleurs ont accepté toute espèce de sacrifices dans l'assurance qu'au bout du compte leur condition s'améliorerait : elle n'a pratiquement pas changé depuis vingt ans. Pour persuader ses sujets de leur félicité, le régime en est perpétuellement réduit à invoquer par contraste des situations qui prévalaient il y a déjà plus d'un quart de siècle... Mais pour les moins de trente ans qui forment aujourd'hui la moitié de la population du pays, il s'agit là d'une notion abstraite, presque mythique, et ces images d'un passé tragique tournent au stéréotype et au cliché par l'effet d'une répétition rituelle et mécanique.

Dans leur soif de changement ils en sont arrivés — ô combien pathétiquement ! — à fonder leurs espoirs sur un hypothétique retour de Liu Shaoqi. Le crédit que celui-ci s'est acquis auprès d'eux est fondé d'une part sur la politique pragmatique qu'il avait fait appliquer au lendemain du « Grand Bond en avant » pour sauver le pays de la famine, et surtout sur le fait que, depuis la « Révolution culturelle », il est apparu comme la bête noire de la direction maoïste : dans une certaine logique naïve, « l'ennemi de mon ennemi ne saurait être que mon ami ». (La première fois qu'on m'en a parlé, j'avoue qu'il m'a été difficile de croire que, parmi les masses, il pouvait encore se trouver des gens pour espérer le retour de Liu Shaoqi. Néanmoins, sur ce point comme sur tant d'autres, ce sont à nouveau les autorités maoïstes elles-mêmes qui viennent nous apporter la meilleure des confirmations : dans son rapport présenté devant une « session d'étude de la Centrale du Parti à Pékin [1] », Wang Hongwen décrit en effet l'ampleur inquiétante qu'a prise dans la population « la rumeur contre-révolutionnaire d'un retour imminent de Liu Shaoqi », et souligne la nécessité urgente de la combattre.)

Ce n'est donc pas tant la pauvreté qui pèse à ces travailleurs — leurs aînés ont connu bien pire ! — mais plutôt leur sentiment d'un croupissement, d'une impasse, l'absence d'espoir. Les suicides ne sont pas rares parmi les jeunes ; P..., qui habitait près d'une ligne de chemin de fer, me

1. « Wang Hongwen zai zhongyang dushuban di bao gao » (14 janvier 1974), in *Zhonggong yanjiu*, n° 12, 1974. Les quelques pages de ce rapport pourraient fournir le plus éloquent des épilogues aux *Habits neufs du président Mao*.

parle de la fréquence avec laquelle des désespérés venaient se jeter sous les trains. Le vaste mouvement de déportation de la jeunesse des villes vers les campagnes est source d'innombrables drames. Le plus amer c'est que, si tous indistinctement sont frappés par cette mesure, pour la majorité il s'agit d'un exil définitif, tandis que les jeunes gens « de bonne famille » (*chu shen hao*, mais il s'agit cette fois exclusivement des enfants de bureaucrates et membres influents du Parti), après un ou deux ans, obtiennent de revenir en ville « par la porte de derrière » (*zou hou men*) et s'y font affecter à un emploi qui les met à l'abri d'une nouvelle déportation. « Ce n'est pas la vie dure qui nous fait enrager, dit P..., mais l'injustice. »

Ceux qui, comme lui, choisissent de fuir vers Hong Kong troquent en fait les sécurités très réelles que leur assure le régime maoïste pour une totale incertitude de l'avenir. A Hong Kong, bien qu'ils mangent généralement mieux qu'en Chine, ils se trouvent souvent plus mal logés ; il ne leur est pas facile de trouver un emploi adéquat et ils demeurent toujours à la merci de n'importe quelle maladie, du premier accident, qui peuvent du jour au lendemain les priver de tout moyen de subsistance. Au fond, ce qui les pousse avant tout dans cette aventure, c'est peut-être encore cet irrépressible désir de reprendre leur propre destinée en charge, et le sentiment que, même si les choses ne prennent pas un tour favorable pour eux, du moins tout le champ du possible restera ouvert pour leurs enfants.

Pour expliquer certains aspects du présent régime, on a souvent souligné le caractère collectif qu'avait toujours présenté la vie chinoise traditionnelle, l'individu n'y étant jamais abandonné à lui-même, mais y demeurant au contraire constamment pris, soutenu, brimé, guidé, lié par un étroit et complexe réseau de relations familiales, claniques, locales, etc. Il faut toutefois observer que ces empiètements du collectif sur le privé étaient toujours le fait de communautés naturelles, et que ces communautés elles-mêmes vivaient autant que possible en autarcie et, conservant une farouche indépendance à l'égard du pouvoir étatique et bureaucratique, protégeaient leurs membres contre les ingérences de ce dernier. La bureaucratie elle-même s'efforçait de limiter son intervention dans les affaires claniques et locales à un minimum, et pour autant que l'ordre public fût respecté et l'impôt versé, abandonnait de bon gré aux communautés traditionnelles le soin de faire leur propre police (les mandarins activistes, ceux qui produisaient une abondance de rapports et de dossiers, étaient généralement mal notés dans la carrière administrative, tandis que ceux qui, d'année en année, n'avaient jamais rien à signaler, se voyaient promis à un avancement rapide : leur oisiveté même attestait le bon ordonnancement de leur préfecture, de même que les loisirs d'un médecin témoignent de la santé de ses clients). En retour, par une sorte de marché tacite, le peuple se montrait prêt à supporter avec patience le poids de lourds impôts et à entretenir cette classe parasitaire des bureaucrates, et jusqu'à l'empereur lui-même et toute sa cour, aussi longtemps que ceux-ci s'abstenaient d'intervenir dans sa vie privée et respectaient l'autonomie de ses activités traditionnelles.

Aujourd'hui le régime maoïste n'a pas libéré l'individu, il a simplement substitué l'autorité universellement englobante du Parti et de l'État à celle, malgré tout limitée (ne fût-ce que territorialement...), de l'ancienne collectivité familiale et villageoise ; cette nouvelle tutelle — comme l'illustrent par exemple les tribulations matrimoniales de P... — n'est pas moins indiscrète et tyrannique que l'ancienne, elle paraît surtout plus intolérable et arbitraire du fait qu'elle émane non plus de proches, d'êtres de chair et de sang, mais du plus gigantesque et du plus monstrueux des monstres froids [1]. Aussi, s'il est vrai de dire que les Chinois ont une longue expérience de l'autoritarisme, il faut aussitôt préciser que l'actuel autoritarisme *d'État* est pour eux sans précédent, et de ce fait peut se montrer source de frustrations non moins aiguës que pour un peuple ayant une tradition de libertés individuelles.

*

L'affaire Lin Biao. Comment expliquer l'incroyable degré de grossièreté atteint dans le mensonge par la propagande officielle, alors que le régime n'est pourtant pas dirigé par des imbéciles ? Une seule réponse : le mépris que les dirigeants ont pour les masses.

Sur ce sujet, il y a plus d'un quart de siècle, Victor Serge avait déjà formulé des observations définitives : « Les nouvelles méthodes de domination de l'esprit des masses reprennent les procédés de la grande publicité commerciale en y ajoutant, sur un fond irrationnel, une violence forcenée. Le défi à l'intelligence l'humilie et préfigure sa défaite. L'affirmation énorme et inattendue surprend l'homme moyen qui ne conçoit pas que l'on puisse mentir ainsi. La brutalité l'intimide et rachète en quelque sorte l'imposture ; l'homme moyen, défaillant sous le choc, est tenté de dire qu'après tout cette frénésie doit avoir une justification supérieure, dépassant son entendement. Le succès de ces techniques n'est évidemment possible qu'en des époques troublées et à la condition que les minorités courageuses incarnant le sens critique soient bien bâillonnées ou réduites à l'impuissance par la raison d'État ou le manque de ressources matérielles. En aucun cas il ne s'agit de convaincre, il s'agit en définitive de tuer. Une des fins poursuivies par le déchaînement d'insanités des procès de Moscou fut de rendre la discussion impossible entre communistes officiels et communistes d'opposition. Le totalitarisme n'a pas d'ennemi plus dangereux que le sens critique ; il s'acharne

1. Le seul recours contre le colosse aveugle de la bureaucratie maoïste, quand l'injustice blessait à hurler, *c'était d'écrire une lettre à Zhou Enlai*. Ces lettres demeuraient normalement sans réponse, mais on rapporte quand même des cas, où après quelques années, le pétitionnaire avait vu son grief redressé.

à l'exterminer. Les clameurs emportent l'objection raisonnable, et s'il persiste, une civière emporte l'objecteur vers la morgue[1]. »

*

L'accomplissement majeur du régime maoïste, sur lequel est à juste titre assis l'essentiel de son crédit en Chine et dans le monde, c'est de réussir à peu près à nourrir et à loger son peuple ; et il est vrai que le régime qui l'avait précédé, et beaucoup d'autres en place aujourd'hui dans diverses parties du monde, n'ont même pas su accomplir cela qui, si l'on y songe, constitue ce minimum que *n'importe quel éleveur veut assurer à son bétail.*

*

M... (instituteur, de Canton) me dit que l'on ne discute jamais de politique avec des gens que l'on ne connaît pas bien, ni avec des amis intimes quand ceux-ci appartiennent à la même unité ; on n'aborde ces sujets qu'avec *des intimes relevant d'autres unités*. La raison en est que, au sein d'une même unité, on risque toujours d'avoir à s'accuser mutuellement ; chacun préfère donc non seulement livrer le moins possible de lui-même à ses accusateurs potentiels, mais surtout en savoir le moins possible au sujet d'amis qu'il sera tôt ou tard amené à dénoncer : pareille ignorance permet au moins de contenir de bonne foi ces dénonciations obligatoires dans les limites d'une formalité routinière.

*

De l'usage polyvalent de la Pensée de Mao Zedong. Selon L... (cadre subalterne, du Hunan) qui en a fait la cuisante expérience, dans un premier stade on vous invite à vider sincèrement votre cœur, en invoquant la Ve citation du XVe chapitre du *Petit Livre rouge* : « A condition de ne pas être un élément hostile et de ne pas lancer d'attaques perfides, chacun peut donner son avis, même s'il se trompe, et les dirigeants de tous les échelons ont le devoir d'écouter. Deux principes doivent être appliqués : *Ne tais rien de ce que tu sais, ne garde rien pour toi de ce que tu as à dire ; nul ne peut être incriminé pour ses paroles, à celui qui écoute de tirer la leçon*. Il est impossible de faire observer le premier principe à moins d'admettre véritablement et non simplement pour la forme que *nul ne peut être incriminé pour ses paroles*. » Quand un naïf ainsi encouragé a eu l'audace d'exposer le fond de sa pensée en ce qui regarde ses supérieurs ou la politique du moment, il se fait aussitôt épingler au nom de la XXe citation du IIe chapitre : « Nous aurons encore à mener longtemps le combat contre l'idéologie bourgeoise et petite-bourgeoise. Ce serait une erreur de ne pas comprendre cela, de renoncer à la lutte

1. V. Serge, *Mémoires d'un révolutionnaire*, Paris, 1951, p. 368.

idéologique. Toute idée erronée, toute herbe vénéneuse, tous les monstres et démons doivent être soumis à la critique, *et on ne peut à aucun prix les laisser librement se développer.* »

*

Du caractère meurtrier de la Pensée de Mao Zedong. H…, étudiant originaire de Swatow, raconte comment dans un village côtier de sa région, une centaine de jeunes gens périrent dans un mascaret. Pour protéger une digue en construction, après avoir récité tous ensemble une page du *Petit Livre rouge*, ils étaient entrés dans l'eau jusqu'à mi-corps et avaient tenté de former un rempart vivant contre le flot en se liant les uns aux autres avec des cordes, voulant ainsi naïvement rééditer une scène célèbre de « l'opéra modèle révolutionnaire », *Hymne à Longjiang*. Ils furent tous noyés. L'épisode fut rapporté à H… par un membre de ce groupe de « jeunesse intellectuelle envoyée aux champs » qui avait échappé à l'hécatombe grâce au fait que, malade ce jour-là, il n'avait pu se joindre à l'équipée.

*

Visite de deux jeunes artistes-peintres. Nous passons la journée à bavarder — ou plutôt je la passe à écouter leurs récits. M…, trente-cinq ans, a quitté la Chine il y a une dizaine d'années avec un visa de sortie en règle, pour venir voir son père qui résidait à Hong Kong. T…, vingt-deux ans, est arrivé ici à la nage l'an passé, après une première évasion manquée suivie d'un séjour en prison. M… est fin, réservé, délicat, avec quelque chose de maladif. T… est fruste, truculent, énorme : une force de la nature. Le contraste de leurs deux tempéraments pourrait d'ailleurs d'une certaine manière symboliser et résumer le contraste de deux générations séparées par l'expérience de la « Révolution culturelle ». Ceux dont l'adolescence a été trempée dans cette aventure semblent vraiment constituer une autre race d'hommes, caractérisée par un mélange de détermination presque brutale, de cynisme, de dureté, de farouche indépendance ; je souhaite bonne chance aux bureaucrates qui auront pour mission de tenir en lisière les gens de ce calibre !

Tandis qu'avec sa courtoisie et sa subtilité, M… demeure à tous égards un produit de l'éducation familiale traditionnelle qui a continué à façonner les nouvelles générations pratiquement jusqu'à la « Révolution culturelle », T… par contre est l'incarnation d'un type humain nouveau, aguerri et dessillé par de meurtrières expériences ; le paradoxe veut que ce soit précisément cette génération-là qui se retourne maintenant contre Mao Zedong, son démiurge. C'est en effet sur ce point particulier qu'elle se départage le plus nettement d'avec ses aînés ; alors que, pour ces derniers, même réfugiés, même opposés au régime, la personne de Mao conserve quelque chose d'intangible et qui force sinon l'affection, du moins une sorte de respect, les enfants de la « Révolution culturelle » sont des orphelins sauvages qui, au terme de leur aventure, ont brûlé le totem de la tribu. (Frappé de cet antimaoïsme virulent que je rencontrais chez tous les jeunes réfugiés qui avaient activement participé à la « Révolution culturelle », j'aurais cependant hésité à en tirer des conclusions plus générales en ce qui regarde l'état d'esprit de la jeunesse en Chine même, n'était-ce que les témoignages de plusieurs étudiants de Hong Kong qui retournent chaque année voir leur parentèle dans divers villages du Guangdong semblent confirmer l'existence assez généralisée de pareille attitude, surtout parmi les contingents de la « jeunesse intellectuelle envoyée aux champs ». La façon sacrilège dont cette jeunesse sans foi ni loi s'en prend maintenant à l'image de Mao soulève d'ailleurs la réprobation de ses aînés, et, je le sentais très bien, choquait également ces étudiants de Hong Kong qui, en bons colonisés, ont évidemment la bosse du respect et, à l'image des petits-bourgeois de leur âge un peu partout dans le monde, s'alignent docilement sur le conformisme maoïste.)

M… avait fait, durant les années 50 et au début des années 60, onze demandes successives pour venir rejoindre son père à Hong Kong : il ne reçut jamais de réponse, et finalement on refusa de lui donner de nouveaux formulaires de demande de visa. Puis, de même que son père, il écrivit directement à Zhou Enlai. Quelque temps plus tard, en pleine période de famine, il reçut tout à coup l'autorisation de quitter la Chine. Il gagna Macao tout d'abord, puis de Macao passa en fraude à Hong Kong… en empruntant une filière de l'agence chinoise de voyage (*China Travel Service*) qui, à l'époque (j'ignore ce qu'il en est aujourd'hui), avait fait de l'immigration clandestine vers Hong Kong une de ses dépendances les plus lucratives ! En Chine, on lui avait barré toutes les avenues : malgré ses résultats brillants au lycée, l'entrée à l'université ainsi qu'à l'école des beaux-arts lui était interdite étant donné ses origines bourgeoises. Puis, il avait été envoyé aux champs, par mesure punitive : on lui reprochait de correspondre régulièrement *avec son père* à Hong Kong…

Quinze ans après, les images de la grande famine des années qui suivirent le « Grand Bond en avant » demeurent gravées dans toutes les mémoires. Dans certaines provinces, comme l'Anhui par exemple, tant de gens étaient morts de faim, que les campagnes en paraissaient dépeuplées. M… rapporte que, vers 61-62, dans la région de Shanghai, il s'était mis à courir parmi le peuple la rumeur obstinée que Chiang Kai-shek allait débarquer d'un jour à l'autre : ce qui donne vraiment la mesure du désespoir auquel la faim avait alors acculé la population. Mais T… prétend que ce problème de la faim, bien que beaucoup moins aigu, persiste aujourd'hui encore dans une certaine mesure, et même dans des campagnes théoriquement prospères comme le Guangdong. Dans certaines régions, le rationnement ne permet aux paysans de manger du riz que dans les grandes occasions — en temps normal ils doivent se contenter de patates douces et autres substituts. M… rappelle qu'à l'époque où il travaillait aux champs (avant la grande famine), il ne recevait de viande qu'une fois par mois, ce qui lui donnait invariablement la diarrhée, son estomac ayant perdu l'habitude de digérer un aliment aussi riche.

T… raconte qu'il a fait sa première éducation littéraire et artistique à la faveur des pillages de la « Révolution culturelle ». Dans son école, comme partout, on faisait des autodafés géants avec les livres de la bibliothèque, des bibliothèques privées des enseignants et avec les ouvrages confisqués en ville dans les demeures bourgeoises. Des piles de livres promis au feu attendaient dans les cours. La nuit, T… et quelques copains allaient voler sur le tas les bouquins qui leur paraissaient intéressants, et puis ils se les prêtaient entre eux. Il évoque aussi la mise à sac de la maison du grand peintre Liu Haisu, à Shanghai ; ses propres peintures et celles de sa collection furent toutes brûlées. Une seule œuvre fut sauvée : elle pendait sous verre dans le salon, et le vieil artiste avait eu la présence d'esprit de la recouvrir d'une grande photo de Mao.

T… parle aussi de la singulière et toute récente recrudescence des superstitions traditionnelles, même sous leurs formes les plus primitives et les plus bizarres. (Ce même phénomène m'a été attesté simultanément par des sources très diverses : la doctoresse shanghaïenne S…, déjà citée plus haut, mentionnait par exemple l'étonnante popularité que connaît à nouveau le *Shaobing ge* — un Nostradamus datant de l'époque Ming — que les gens recopient et se passent sous le manteau, dans l'espoir de déchiffrer dans ses cryptogrammes cabalistiques ce que l'avenir leur tient encore en réserve.)

Version moderne du *Récit de la Source des fleurs de pêcher* [1], T… raconte comment, en voyageant seul dans une région montagneuse et sauvage du Guangdong pour y faire des croquis d'après nature, il avait découvert par hasard un hameau de trois fermes où les gens célébraient une noce à la mode traditionnelle. Les paysans de ce hameau perdu l'invitèrent à partager leur festin qui était plantureux. En marge des chemins et des cartes, oubliés des bureaucrates, ils vivaient en complète autarcie, élevant cochons et volaille et défrichant par le feu de petits lopins de brousse alentour, à la façon primitive. Ils n'avaient qu'une très incertaine notion de l'existence d'une République populaire affectant le monde extérieur. T… se rappelle encore *la stupeur qu'il avait éprouvée en ne trouvant sur leurs murs aucun portrait du président Mao*.

Nous nous interrogeons sur le futur de la Chine. Par analogie avec

1. *Tao hua yuan ji*, œuvre célèbre de Tao Yuanming (372-427) ; un pêcheur découvre accidentellement une petite communauté villageoise si complètement coupée du monde qu'elle a conservé les vêtements et les usages d'un autre âge. *La Source des fleurs de pêcher* est devenu le symbole par excellence d'un monde préservé en marge de l'histoire, dans un candide et bienheureux isolement.

l'Union soviétique où l'image de Staline continue à commander une vénération considérable parmi les masses populaires, j'argue que le prestige de Mao auprès des masses chinoises risque d'être plus durable encore, et promet de paralyser longtemps toute évolution politique. M... et T... au contraire affirment avec véhémence que la Chine a été beaucoup plus vite en besogne que l'URSS, et que, du fait de la « Révolution culturelle » et de ses séquelles, elle pourrait en arriver beaucoup plus tôt à une démaoïsation radicale. A l'appui de leurs dires, ils invoquent le scepticisme, la lassitude et l'état de démobilisation de la population, surtout sensibles chez les ouvriers et dans la jeunesse ; le crédit de Mao n'a pas survécu à la « Révolution culturelle », et l'affaire Lin Biao a fourni le dernier fétu de paille qui brise l'échine du chameau. (Dans cette affaire, si Mao avait publiquement reconnu son erreur, il aurait probablement recouvré une partie de son prestige ; au contraire, la version officielle des événements, en insistant sur le fait que d'un bout à l'autre le président savait à quoi s'en tenir sur le compte de son « plus intime compagnon d'armes », offense le bon sens des humbles, qui, malgré leur patience et leur fatalisme, commencent à trouver que cette fois on les prend vraiment pour plus bêtes qu'ils ne sont.)

Pour ma part, je persiste à me demander si M... et T..., de même que de nombreux autres jeunes Chinois dans la même condition, ne sont pas tentés d'extrapoler à partir d'expériences trop singulières et limitées. En même temps d'ailleurs, T... ne cache pas son pessimisme fondamental : ce qu'il craint, c'est que le peuple chinois ne réussisse pas à hausser ses exigences, et qu'il s'accommode finalement de n'importe quel régime et de n'importe quels dirigeants si longtemps qu'une certaine mesure n'est pas dépassée, et que ses maîtres lui laissent entrevoir une possibilité de simplement et modestement survivre.

*

Pour trouver des penseurs marxistes il faut s'adresser aux pays capitalistes (ou à ceux des pays socialistes qui gravitent culturellement dans leur orbe). « Il serait facile, je crois, de faire une liste impressionnante de marxistes célèbres aux États-Unis, en France, au Japon, en Pologne, en Angleterre, en Allemagne et en Yougoslavie. Pourrait-on dresser une liste analogue de marxistes *russes* ? [...] Il est à peine exagéré de dire qu'il y a plus de marxistes convaincus parmi les professeurs d'université à Paris et à Tokyo que dans toute la Russie » (Karel van het Reve, « La Russie non officielle : les dissidents et l'Occident », *Contrepoint* nº 14, 1974).

En Chine populaire, la situation est plus paradoxale encore. Vers la fin de 1974, à Canton, la Sécurité profita du « mouvement de critique de Lin Biao et Confucius » pour effectuer un grand nettoyage : une liste de condamnations à mort frappant des délinquants divers fut affichée sur les murs de la ville pour servir d'exemple et d'avertissement à la population. Le crime le plus grave, prenant le pas sur les meurtres, brigandages à main armée et viols qui figuraient également sur cette liste, était celui de trois lycéens coupables d'avoir clandestinement *organisé une « association d'étude de la pensée marxiste »*. Dans le contexte de la Chine populaire, cette philosophie pourtant désuète comporte encore un tel potentiel révolutionnaire que les autorités ne peuvent prendre le risque de la laisser se diffuser en dehors des stricts contrôles du Parti. Pour des raisons similaires d'ailleurs, comme le signale Pasqualini, dans les camps *il est défendu aux détenus de chanter l'Internationale* : l'appel « Debout, les damnés de la terre » pourrait présenter pour eux des accents trop éloquents...

*

Mouvement anticonfucéen. Sur ce sujet, *en 1923*, le frère cadet de Lu Xun, Zhou Zuoren, un des esprits les plus indépendants et paradoxaux de son époque, écrivait déjà : « Les anticonfucéens sont d'une certaine façon encore des confucéens [...] Les adeptes de pareils mouvements croient qu'ils sont eux-mêmes des penseurs scientifiques à la mode occidentale, mais en réalité ils demeurent entièrement dépourvus de l'esprit de scepticisme et de tolérance : en fait, ils continuent à « persécuter l'hérésie » en pur style oriental — et s'il est un redoutable poison dans notre culture orientale, c'est bien ce fanatisme totalitaire [1]. »

*

> Vainqueur, on vous fait baron ; vaincu vous n'êtes qu'un félon.
>
> Proverbe chinois.

Pourquoi les traîtres sont-ils toujours vaincus ? Car, quand ils sont vainqueurs, personne n'ose plus les appeler des traîtres. C'est ainsi qu'aujourd'hui en Chine populaire la Révolution est perpétuellement victorieuse, et de façon aussi nécessaire, la Contre-révolution défaite à tout coup.

Durant mon avant-dernier séjour en Chine, je fis un jour cette objection à l'un de mes guides au cours d'un voyage en province. C'était un garçon spirituel et jovial, profondément acquis au régime, je pense, et pour des raisons bien évidentes : fils de paysan pauvre, il avait pu (comme un de ses frères et sa sœur) faire des études universitaires et jouissait maintenant en ville d'une situation privilégiée : rien de ceci n'eût été possible sans le maoïsme, me faisait-il remarquer non sans pertinence. Nous avions discuté de l'affaire Lin Biao dont, à ce moment (un an après les événements), le choc n'était pas encore entièrement absorbé, ou, plus

1. Zhou Zuoren, « Jinan dao zhong zhi san », in *Yutian di shu*, rééd. Hong Kong, p. 235.

exactement, il m'avait cuisiné sur le sujet, tout en restant pour sa part sur une prudente réserve. Je lui résumai ce qu'à l'étranger on disait sur cette affaire, et lui exposai ma propre ligne d'interprétation.

Ayant ainsi fait de mon mieux pour satisfaire sa curiosité, il me parut légitime de le tâter à mon tour sur ce terrain délicat. « Lin Biao ayant été vaincu dans la lutte pour le pouvoir, amorçai-je, doit nécessairement être étiqueté aujourd'hui comme un traître contre-révolutionnaire. Par contre, s'il avait été vainqueur — hypothèse techniquement très concevable étant donné sa position, ses talents, et le pouvoir dont il disposait déjà —, de façon tout aussi inévitable, c'est Zhou Enlai et compagnie qui passeraient aujourd'hui pour des traîtres contre-révolutionnaires. Comment pouvez-vous jamais déterminer si vos dirigeants du moment sont dans l'orthodoxie révolutionnaire ou si ce sont des usurpateurs, puisque, par définition, ce sont eux qui contrôlent les organes de propagande et distribuent les brevets de vertu ou de trahison ? » Cette question lui parut ne pouvoir présenter qu'un intérêt académique et abstrait : « Bah ! si c'étaient des traîtres, ça finirait bien par se savoir tôt ou tard... — Comment cela ? — Ça se verrait — Bon, je suppose que le traître et bandit Lin Biao ait réussi à s'emparer du pouvoir, il a éliminé tous ses rivaux ; chaque jour, la presse et la radio célèbrent ses mérites à l'unisson, son portrait est affiché partout, les murs sont couverts d'inscriptions proclamant que sa ligne est la seule correcte. Mais vous, doué d'une plus grande perspicacité politique, vous voyez clair dans tout cela. Allez-vous, de votre propre initiative, vous lever, et, à l'encontre des conformismes de votre entourage, des pressions de vos supérieurs et de l'autorité du Parti, dénoncer comme traître le leader suprême du moment ? — Moi personnellement, peut-être pas... (cette franchise me le rendit encore plus sympathique) mais d'autres sans doute, tôt ou tard... — Qu'est-ce que vous appelez tôt ou tard ? — Oh, vous savez, ce genre de choses, ça prend le temps que ça prend : cinquante ans, un siècle... »

*

La Chine est la religion des Chinois. (La Chine est un concept culturel ; elle ne se limite ni à une certaine race, ni à un certain territoire, ni à un certain état ; il existe aussi, bien sûr, une Chine au sens nationaliste étroit du terme, mais cette dernière notion qui ne s'est développée qu'à une époque récente, principalement sous l'impact de l'Occident, ne nous concerne pas ici.)

Sachant ce que la culture chinoise signifie pour eux, je me suis souvent étonné de l'impassible sérénité avec laquelle la plupart des vieux lettrés chinois que je connais assistent maintenant, de l'étranger, à la destruction de cette culture. Comme je discutais un jour de cette question avec l'un d'eux, un savant archéologue, esthète et collectionneur de renommée mondiale dont toute l'existence n'est nourrie et justifiée *que* par cette culture, il me dit en souriant de mon feu naïf : « Voyons, cher ami, ne vous échauffez pas tant : *la culture chinoise est indestructible.* » Il déclara cela d'une voix paisible, sans pompe et sans emphase — simplement comme le rappel d'une évidence de bon sens. Un mystique chrétien verrait, je pense, avec la même équanimité des hordes de barbares en train de transformer la basilique Saint-Pierre en écurie, dans la certitude où il se trouve, par expérience personnelle, que pareil épisode, si regrettable soit-il, ne présente au fond aucune conséquence sérieuse, puisque Cela seul qui compte réellement habite en lui et ne saurait le moins du monde être entamé par ces pathétiques enfantillages.

En Chine même, par contre, la « Révolution culturelle » a finalement forcé un certain nombre d'intellectuels éminents à confronter l'impensable. Si Lao She, Fu Lei et tant d'autres se sont suicidés, c'est en effet, je crois, parce qu'ils ont eu brutalement cette insoutenable révélation que peut-être *la Chine pouvait, elle aussi, être mortelle.* Leur message désespéré ne semble pas avoir atteint son adresse.

*

Les communistes chinois connaissent la confession, mais non l'absolution. Même après que le condamné a purgé sa peine, son dossier continue indéfiniment à être utilisé contre lui. Chaque « unité » aime en effet à garder sous la main un certain nombre de contre-révolutionnaires attitrés : de cette façon, chaque fois qu'est lancé un « mouvement de masse », elle peut aussitôt livrer à l'« indignation révolutionnaire » de la foule un respectable quota de traîtres, attestant ainsi le haut niveau de zèle et de « vigilance révolutionnaire » qui règne en son sein. Cette pratique explique aussi les épidémies de suicides qui accompagnent toujours le lancement des nouveaux mouvements : prévoyant ce qui, comme d'habitude, se prépare pour eux, lassés de leur emploi, un certain nombre de ces vétérans de la trahison choisissent modestement cette sortie des coulisses pour n'avoir pas à remonter une fois de plus sur une scène qui commence à leur être trop familière.

*

> Les fonctionnaires de la Tchéka élaborèrent un texte définissant les suspects : « Origines sociales : noblesse ou bourgeoisie ; instruction : universitaire. » Kozlovski prit ce papier et alla frapper à la porte de Lénine. « Dites donc, Vladimir Illitch, il me semble que cela nous concerne un peu, vous et moi ? — Sinistres imbéciles ! » dit Lénine.
>
> Victor Serge,
> *Mémoires d'un révolutionnaire*, Paris, 1951, p. 200.

La question des origines sociales, la nécessité d'être « de bonne famille » (*chu shen hao*), c'est-à-dire fils d'ouvrier, de paysan pauvre ou moyen-pauvre, de soldat — ou de cadre influent du Parti, ce qui en fin de compte est encore le plus avantageux — jouent en Chine populaire un rôle prépondérant. Il n'y a guère que le domaine des sciences et industries stratégiques (physique nucléaire, aéronautique, etc.) où l'on ait fait exception à la règle et permis à des génies d'origine suspecte de se donner libre carrière. Dans tous les autres secteurs, il est pratiquement impossible à un individu marqué d'une « mauvaise origine sociale », si doué soit-il par ailleurs, d'accéder à une position proportionnée à ses aptitudes. L'application aveugle de cette règle a entraîné un incroyable gaspillage de talents, et elle a amené la République populaire à s'aliéner les bonnes volontés d'une immense cohorte de spécialistes qui, formés à l'étranger dans les disciplines les plus variées, ne demandaient qu'à rentrer en Chine pour mettre leurs compétences au service de leur patrie. Et Dieu sait pourtant combien ces compétences auraient pu être utilement mises à profit…

Pour ne citer qu'un exemple entre mille : un de mes anciens collègues qui, éduqué en Angleterre depuis l'âge de quinze ans, y avait ensuite fait des études universitaires et conquis finalement un doctorat en philosophie, retourna s'installer en Chine populaire ; il se rendait bien compte que ses diplômes de philosophie y seraient de peu d'usage, mais il estimait avec un certain bon sens que sa connaissance de l'anglais, qu'il manie comme une seconde langue maternelle, lui permettrait au moins de rendre des services soit comme traducteur, soit comme interprète, soit comme enseignant. (La Chine a un cruel besoin de linguistes qualifiés, surtout en anglais, et s'efforce maintenant par tous les moyens d'en former le plus grand nombre possible.) Malheureusement ses origines sociales étaient « mauvaises » : on l'emploie depuis sept ans comme camionneur au Xinjiang.

A Hong Kong, parmi les exilés récents, le groupe dont l'amertume est la plus véhémente est composé de gens qui, originaires eux-mêmes de Hong Kong, étaient rentrés en Chine durant les années 50, dans un élan de ferveur patriotique. La plupart étaient des adolescents à ce moment ; écœurés par le matérialisme de leur entourage et l'humiliation d'être soumis à un régime colonial, enthousiasmés par la victoire de la révolution dans la mère patrie, rompant avec leur famille, leur milieu, la pourriture, les lâchetés et les compromissions du vieux monde, ils étaient partis pour la Chine dans une superbe affirmation de leur jeune liberté. Vingt ans plus tard, les voici de retour ; certains ont obtenu un visa de sortie régulier en qualité de Chinois d'outre-mer, d'autres se sont évadés au risque de leur vie. Un de ces derniers, qui a introduit une demande auprès de l'administration coloniale pour qu'on lui restaure sa qualité de sujet britannique (car il voudrait obtenir un passeport et quitter Hong Kong, émigrer le plus loin possible : il ne se sent pas en sécurité si près de la Chine), me rappelle avec une ironie dont il retourne sans cesse la morsure contre lui-même avec quelle allégresse et quel orgueil, vingt ans plus tôt, au moment de franchir le pont de Luohu pour entrer en Chine, il avait, en un geste juvénile et théâtral, déchiré sa carte d'identité coloniale et lancé les morceaux à la figure du policier britannique en faction à l'entrée du pont…

Leur manque de maturité et d'information à l'époque où ils décidèrent de rentrer en Chine, les illusions romantiques dont ils étaient alors habités, entrent pour une certaine part dans la déception, le désenchantement et finalement le désespoir qui s'emparèrent d'eux ensuite. A la base de ce désespoir réside pourtant un même et fondamental échec, commun dénominateur de leurs destins variés : tous se sont heurtés au même infranchissable mur de suspicion de la part des autorités de la République populaire ; ni les sacrifices qu'ils avaient faits en rompant avec leur famille et leur milieu, ni l'indiscutable zèle dont ils étaient animés, rien ne réussit jamais à désarmer l'invincible méfiance provoquée par leurs origines bourgeoises coloniales ; ils se virent indéfiniment condamnés à végéter dans une condition de demi-parias. Le drame de cette « faute originelle », c'est qu'elle possède un caractère ineffaçable. Vous pouvez être né bien après la Libération dans une famille bourgeoise déjà dépouillée de tous ses privilèges, quel que soit par ailleurs votre degré de loyalisme envers le régime, vous n'en demeurez pas moins un bourgeois et vous transmettrez cette tare infamante à vos descendants. Arrivée à ce point, la notion, qui a déjà perdu toute base économique et même idéologique, n'est plus fondée que sur l'hérédité.

Certaines catégories d'individus sont très exposées, surtout les anciennes professions intellectuelles et libérales, ainsi les instituteurs et les médecins. Les médecins qui ont été formés avant la Libération sont particulièrement vulnérables : à l'époque du Kuomintang, ils étaient en effet tous astreints, au terme de leurs études, à servir un certain temps dans l'armée, avec grade d'officier : de ce fait, sur chacun d'eux existe un dossier faisant état de cet épisode contre-révolutionnaire de leur carrière, et il en est refait usage à chaque poussée périodique de fièvre épuratrice. Comme, tant dans le cas des médecins que des instituteurs, il s'agit de professions où le sens du devoir et le dévouement au service de la communauté ne sont malgré tout pas rares, les brimades extrêmes auxquelles beaucoup d'entre eux furent soumis durant la « Révolution culturelle » soulevèrent souvent la répulsion de la foule. Particulièrement insoutenable était le spectacle de ces hommes bien connus et respectés de tous, qui se trouvaient maintenant affublés de pancartes et de chapeaux infamants ou grotesques, et obligés de laper à quatre pattes leur nourriture dans une écuelle posée à même le sol, sous les yeux des passants.

Corollaire de cette exclusive que l'on oppose à tous les éléments socialement impurs, indépendamment de la bonne volonté dont ils font preuve, les gens « bien nés » jouissent eux de tous les passe-droits. Quel

Proust prolétarien nous décrira les mécanismes de ce Jockey-Club à rebours ? Comme toujours ce sont les rejetons de la « nouvelle classe » qui sont les plus insupportables. Leur impudence et leur arrogance ne connaissent pas de bornes et à eux seuls ils ont réussi à transformer en purgatoire la vie des enseignants : aujourd'hui il n'y a pas en Chine de profession plus ingrate et plus maudite que celle d'instituteur. H..., qui fit pendant quelques années de l'intérim dans diverses écoles de Canton, me décrit cette expérience comme un véritable calvaire. Plus impeccable est leur pedigree, moins ces écoliers se sentent tenus de prêter attention à ce qu'on essaie de leur enseigner. Sûrs de l'impunité, ils narguent l'instituteur qui effectivement n'ose pas les réprimander de peur des représailles ; quiconque essaierait de leur imposer son autorité se verrait aussitôt accusé de « brimer la spontanéité des masses révolutionnaires ». Sitôt qu'ils perdent pied dans leur travail scolaire, ils dénoncent l'instituteur pour son « mandarinisme ésotérique » ; le malheureux se fait d'ailleurs prendre à partie par le directeur de l'école quand les cotes d'examens de cette belle jeunesse sont trop médiocres : « Qu'est-ce qu'il vous prend de persécuter ces fils de prolétaires ? Est-ce à cause de votre éducation bourgeoise que vous vous croyez permis... », etc. Durant tout un temps, H... s'imposa bénévolement de faire des heures supplémentaires, allant trouver ces petits voyous à domicile et leur faisant des répétitions pour tâcher de les maintenir à flot ou de les repêcher malgré eux. Au bout du compte il dut se ranger à l'avis cynique et sage que lui avait donné un collègue plus expérimenté : « Pour mettre fin à vos ennuis, c'est simple : haussez automatiquement les cotes de tous les enfants de "bonne famille" »...

L'élimination méthodique et totale de la bourgeoisie se justifie aux yeux des dirigeants par la nécessité de consolider l'autorité de la « nouvelle classe » et de prévenir tout danger de restauration de l'ancienne société. Ce qui est pathétique dans cette entreprise, c'est que le *fantôme* d'une bourgeoisie disparue se montre pour le régime un adversaire beaucoup plus redoutable encore, et risque, si l'on en croit les premiers et sûrs symptômes qui se manifestent déjà dans le domaine des lettres, des arts, de la culture et du goût, de demeurer finalement maître sardonique du champ de bataille. Il est puéril de croire qu'en ne plaçant systématiquement que des prolétaires à tous les postes de commande, on peut conjurer définitivement l'influence de la bourgeoisie ; en fait *c'est l'effet inverse qui se produit* : les valeurs bourgeoises recrutent leurs plus zélés et touchants sectateurs précisément parmi ceux qui ont été privés toute leur vie des fétiches et fanfreluches de cette classe, alors que des bourgeois authentiques seraient plus portés à promener un balai critique dans les greniers de leurs pères. Ce phénomène n'a rien de nouveau : ici encore, l'expérience soviétique s'est montrée prophétique, et aussi, à la lecture d'une description perspicace de Moscou dans les années 30, comme celle qu'a donnée Malcolm Muggeridge dans sa fascinante autobiographie, on est frappé de ce que pratiquement toutes ses observations pourraient être reprises et appliquées mot à mot aux réalités pékinoises d'aujourd'hui, ainsi : « … un jour comme j'étais assis avec Mirsky dans le salon de l'hôtel National, je fis une réflexion sur le goût atroce qui s'y manifestait. "Oui, m'accorda-t-il, c'était en effet assez abominable, mais en même temps cela exprimait ce à quoi devrait ressembler un hôtel de luxe dans l'esprit du pauvre diable qui ne pouvait que le contempler de l'extérieur, à travers des vitrines miroitantes, à partir de la rue froide et inhospitalière." Ceci, selon lui, pouvait nous livrer la clé de toutes les autres productions artistiques du régime : les romans avec leur enflure interminable, les peintures à l'huile dans leur raideur amidonnée, la macabre architecture du Peuple en style néo-gothique, les concerts du conservatoire pesants comme le plomb, et la routine grinçante des ballets. Culturellement, tout cela relevait de la même famille. *Il n'y a pas de plus sûr moyen pour préserver les pires aspects du style bourgeois, que de liquider la bourgeoisie.* Quoi que Staline ait pu, ou n'ait pu faire par ailleurs, il a assurément préparé la Russie pour *Forsyte Saga* [1]. »

*

Sur la base de notre Constitution, les citoyens de notre pays jouissent de droits et libertés démocratiques étendus.
Zhou Enlai, « Rapport sur les travaux du gouvernement »,
Le Quotidien du peuple, 27 juin 1957.

L'adoption d'une Constitution est un hommage que le totalitarisme rend périodiquement à la démocratie. Après la Constitution de Staline — sa source d'inspiration —, la Constitution dont la République populaire de Chine s'était dotée en 1954 demeurait certes un des chefs-d'œuvre du genre. Il serait trop facile d'ironiser au sujet de ce document en faisant observer que pratiquement *aucun* de ses articles ne fut jamais respecté [2] (même pas ceux de simple procédure, ainsi par exemple ceux qui déterminaient la périodicité des élections, des sessions de l'Assemblée nationale, etc.). Le sarcasme ne serait toutefois pas de mise ici ; il ne faut

1. M. Muggeridge, *Chronicles of Wasted Time*, I, *The Green Stick*, Londres, 1972, p. 245.

2. Non seulement la Constitution n'était pas appliquée, mais en général, pour un citoyen, le fait de chercher à se prévaloir d'une loi est traité comme un acte de rébellion. Voyez par exemple le cas rapporté par Pasqualini : « … Bartek passa par quinze interrogatoires et son procès eut lieu à la fin de 1957 […] Malheureusement il était têtu. Il se révolta quand il apprit qu'il était condamné à cinq ans de prison et que tous ses biens seraient confisqués […] Il fit appel. Évidemment il était incapable de se rendre compte de cette vérité élémentaire, que tout prisonnier avisé apprend comme une seconde nature : en Chine, un appel à une sentence signifie que le prisonnier ne se repent pas de ses crimes et n'a pas accepté l'indulgence du gouvernement, *ipso facto*, c'est une preuve qu'il n'a pas appris sa leçon. C'est pourquoi faire appel équivaut à demander une punition supplémentaire. » (J. Pasqualini, *Prisonnier de Mao*, Paris, Gallimard, 1975, p. 83.)

pas oublier que cette Constitution avait au moins un mérite — mérite si éclatant qu'il devait finalement sceller son sort — et c'était celui d'*exister*. Au fur et à mesure que se creusait l'abîme séparant la fiction constitutionnelle de la réalité politique, ce texte, qui à l'origine tenait seulement de l'utopie innocente, acquérait petit à petit une sorte de qualité subversive, et dans la Chine d'après la « Révolution culturelle » ce mince petit fascicule était devenu pour le régime comme une véritable bombe à retardement dormant dans l'ombre des bibliothèques. Il fallait donc désamorcer une fois pour toutes cette dynamite — le précédent de l'URSS avec le mouvement des légalistes contestataires présentait d'ailleurs un impérieux avertissement.

Au début de cette année (17 janvier 1975), la République populaire s'est donc dotée d'une nouvelle Constitution brutalement allégée de l'essentiel des droits de la personne. Dans la Constitution de 1954 en effet, le chapitre des droits du citoyen comptait dix-neuf articles ; ils ont été ramenés à quatre dans la nouvelle Constitution. Ainsi par exemple la Constitution de 1954 protégeait le secret de la correspondance privée des citoyens, le libre choix de leur résidence, leur liberté de changer de résidence (art. 90) : *toutes ces garanties et libertés ont disparu de la Constitution de 1975*. L'article 95 de l'ancienne Constitution garantissait « la liberté des citoyens de poursuivre les recherches scientifiques et littéraires, la création et les autres activités culturelles » : dans la nouvelle Constitution, *cet article s'est évanoui sans laisser de trace*. A l'ancien article 88 protégeant « la liberté des croyances religieuses », un nouvel article a ajouté « la liberté de ne pas avoir de croyances religieuses et de propager l'athéisme ». L'ancien article 89 prévoyant qu'« aucun citoyen ne pourra être arrêté, sinon par décision d'un tribunal populaire ou avec la sanction d'un procureur du peuple » a été modifié en « aucun citoyen ne pourra être arrêté sinon par ordre d'un tribunal populaire ou *avec la sanction d'un organe de la Sécurité* » : il n'est pas nécessaire de faire un dessin pour montrer que cette modification fonde en fait la constitutionnalité de l'arbitraire policier. L'ancien article 97 prévoyait que « les personnes qui auraient souffert préjudice du fait de la violation de leurs droits de citoyens par des personnes employées dans des organes de l'État ont droit à des réparations ». Cette disposition est supprimée dans la nouvelle Constitution qui consacre ainsi l'irresponsabilité des bureaucrates (le nouvel article 27 garantit bien le droit tout académique des citoyens « à porter plainte par écrit ou par oral » contre les actions illégales commises par tout employé de l'État, et s'ils cessent d'avoir droit à des réparations, du moins leur promet-on que l'usage de cette faculté ne pourra leur valoir de « représailles » de la part du bureaucrate incriminé...).

Quelles réactions cette liquidation officielle des droits de la personne, cette consécration constitutionnelle du totalitarisme ont-elles suscitées à l'étranger ? Aucune. Le quotidien-le-plus-sérieux-de-France a réussi ce tour de force de publier deux pages entières au sujet de la nouvelle Constitution et de cette session de l'Assemblée nationale, *sans toucher un seul mot de cet aspect des choses*. Pudeur admirable — qui cette fois ne saurait entièrement s'expliquer par l'ignorance invincible de son correspondant à Pékin : après tout, tant le texte de l'ancienne Constitution que celui de la nouvelle étaient accessibles *en français*. Quand on presse un peu les rédacteurs de ce pilier de l'information européenne sur les motifs de leur autocensure en matière de maoïsme, on s'entend répondre que, voyez-vous, il faut comprendre, c'est un privilège si rare et précieux de pouvoir maintenir un correspondant à Pékin, il faut bien faire quelques concessions... Traduit en langage clair : il faut refuser d'informer les lecteurs pour pouvoir conserver un correspondant à Pékin. Mais alors pourquoi tenez-vous tant à conserver un correspondant à Pékin ? Parbleu, pour pouvoir informer les lecteurs ! ! !

*

H... me raconte qu'un de ses collègues, ingénieur dans une usine de Jinan, avait inventé un nouveau perfectionnement pour une machine. Son nom est effacé de cette invention qui est attribuée à un groupe d'ouvriers d'un atelier de cette usine. Falsification puérile ? Pas seulement : dans la mesure où il réussit à s'accréditer petit à petit dans l'opinion, ce mythe des ouvriers illettrés qui seraient capables, mieux que les spécialistes qualifiés, d'opérer des améliorations techniques et des découvertes scientifiques, est lourd de dangers pour l'avenir, dans la mesure où il se crée ainsi le sentiment que les ingénieurs, les chercheurs, les savants sont, au fond, superflus. Les conséquences de ceci deviendront évidentes le jour où les vieux spécialistes, ceux qui ont reçu une formation théorique rigoureuse à l'ancienne mode, auront achevé de disparaître et qu'il ne se trouvera plus personne pour effectuer de nouvelles inventions qu'on puisse prêter aux masses non éduquées. Mais ce jour-là, il sera trop tard.

*

Les actes de lèse-majesté envers Mao, même involontaires, sont punis avec une sévérité toute particulière. Déchirer ou souiller un de ses portraits par exemple constitue un crime grave, et comme sa tête figure à toutes les pages des journaux et revues, il faut veiller lorsqu'on se débarrasse de vieux papiers à ce qu'aucune effigie du Grandiose Pilote n'aille atterrir toute chiffonnée dans la poubelle. On ne peut non plus laisser les petits enfants jouer avec les vieux journaux : un bébé qui gribouille en travers d'une de ces omniprésentes photos risque d'attirer la catastrophe sur ses parents. Aussi, pour plus de sécurité, beaucoup de gens préfèrent *brûler* les imprimés dont ils n'ont plus d'usage.

Un étudiant anglo-saxon de ma connaissance qui visitait la Chine populaire avec un pèlerinage d'activistes découvrit à ses dépens combien les susceptibilités maoïstes sont délicates sur ce sujet. Au cours d'un meeting qui s'éternisait, il avait machinalement utilisé le bloc-notes et le crayon placés devant lui pour gribouiller une série de petits croquis sans rime et sans suite, comme on fait quand on s'ennuie. La séance finie, il froissa la page et la lança dans la corbeille sans y accorder une ombre d'attention. Le soir même, trois personnages officiels vinrent trouver le chef de sa délégation, et, avec des mines sévères, lui déclarèrent qu'un incident très grave était survenu dans l'après-midi ; une inqualifiable action antichinoise, une provocation contre-révolutionnaire avaient été commises et requéraient l'ouverture d'une enquête immédiate, l'identification et le châtiment exemplaire du coupable. L'une de ces trois figures de carême sortit alors de sa sacoche la pièce à conviction, le *corpus delicti* : il s'agissait de la feuille sur laquelle l'étudiant avait griffonné durant le meeting et que l'on avait ensuite pêchée hors de la corbeille et très soigneusement défroissée. L'étudiant s'était amusé à reconstituer de mémoire divers caractères de la très populaire bande dessinée de Charles Schulz, *Peanuts* : il y avait là Charlie Brown, et Linus et Lucy, et aussi, bien entendu, l'inévitable chien Snoopy : c'était avec ce dernier que les choses s'étaient gâtées : l'artiste amateur avait placé dans la bouche du héros canin un ballon disant : « Vive le président Mao ! » Le chef de la délégation, lui-même un maoïste zélé, ne put s'empêcher de sourire à cette vue ; tout soulagé, il se sentait sûr maintenant de pouvoir immédiatement dissiper cet absurde malentendu. Mais il dut bientôt déchanter : c'est en vain qu'il tâcha d'initier ses lugubres censeurs aux charmes de *Peanuts*, ceux-ci persistaient à penser qu'il ne pouvait s'agir là d'une matière innocente : pensez donc, mettre la louange du Grandiose Leader dans la bouche d'UN CHIEN ! N'était-ce pas là l'expression manifeste d'une volonté haineuse et perverse d'insulter à la dignité du Guide suprême et à travers lui, d'offenser la nation chinoise tout entière ? Le coupable ayant été identifié, il fut soumis à un long interrogatoire. Lui non plus ne réussit pas à persuader les autorités de sa bonne foi ; heureusement, comme jusqu'alors, il avait fait montre d'une ardeur maoïste sincère, on finit par lui accorder le bénéfice des circonstances atténuantes et il en fut quitte au bout du compte pour signer une confession où il reconnaissait toute l'horreur de son crime, affirmait sa contrition sincère et prenait la résolution de ne plus pécher.

Dans la même ligne, Mme L..., qui avait travaillé dans un institut de recherche à Pékin, me raconta l'effroyable correction qu'elle s'était sentie un jour dans l'obligation d'administrer au plus jeune de ses deux fils ; l'aîné, six ans, était appliqué à son devoir d'écriture : il s'agissait de copier cent fois *Mao zhuxi wansui*, « Vive le président Mao ». Le cadet, quatre ans, l'invitait à venir jouer avec lui. « J'ai pas fini d'écrire mes cent *vive-le-président-Mao* », répondit l'autre. « Oh, qu'il crève, le président Mao ! » lança le petit avec une belle insouciance. Terreur et consternation autour de lui. Sa mère l'empoigna sur-le-champ, et le battit de manière méthodique et mémorable : il s'agissait, pour la sécurité de la famille entière — imaginez qu'un voisin ait pu l'entendre ! —, de lui inculquer de façon définitive l'épouvante sacrée dont tous les Chinois, adultes, enfants, vieillards doivent se pénétrer en ce qui concerne le tabou attaché à la personne de Mao [1]. Un épisode comme celui-là joua d'ailleurs, je pense, un rôle important dans la décision que prirent finalement les L… de demander un visa de sortie — lequel leur fut d'ailleurs accordé assez rapidement, à peine plus d'un an après l'introduction de leur demande. Les L… étaient un ménage de savants, lui était physicien et elle mathématicienne. Ils étaient installés aux États-Unis depuis de longues années et, entièrement absorbés par leurs travaux scientifiques, étaient demeurés des innocents complets dans le domaine politique. La vague de curiosité enthousiaste et de descriptions lyriques suscitées par la Chine à la suite de la visite de Nixon vinrent soudain les déloger de leur tour d'ivoire. Ils auraient pu, comme la plupart de leurs collègues, se contenter de faire un prudent et agréable petit circuit touristique de trois semaines dans leur pays d'origine et puis revenir, parés de leur auréole chinoise, jouir de tous les avantages matériels de la vie américaine. Mais ils étaient des êtres simples et honnêtes : pensant que leurs connaissances scientifiques pourraient être utiles en Chine, ils estimèrent que le moment était venu pour eux de se mettre au service de leur peuple ; ils demandèrent et obtinrent l'un et l'autre un emploi permanent à Pékin. Hélas, une fois sur place, il ne leur fallut pas longtemps pour se trouver initiés bon gré mal gré aux réalités politiques qu'ils avaient si candidement ignorées jusqu'alors : quelques mois suffirent pour les convaincre que leur généreuse décision avait été une monstrueuse erreur. Ils se seraient bien résignés à en accepter les conséquences pour eux-mêmes, mais à la pensée du genre d'avenir qui attendait leurs enfants, ils se sentirent envahis par le désespoir. Ils décidèrent donc de quitter la Chine ; comme ils avaient conservé leur nationalité américaine, les autorités se montrèrent assez compréhensives dans leur cas, en sorte qu'ils ne durent attendre qu'un an et quelques mois pour obtenir leur visa de sortie — mais comme cette attente se déroula pour eux dans une ignorance totale de ce qu'en serait l'issue finale, elle leur parut dix fois plus longue…

Le plus remarquable dans leur histoire, c'est le coup de pied de l'âne qui les attendait au retour : en Amérique, ils sont maintenant rejetés par

1. Ceci continue d'ailleurs une tradition millénaire. Le grand sociologue et anthropologue Fei Xiaotong rapporte dans un de ses essais comment, dans sa petite enfance, peu après la chute de la dynastie Qing pourtant, des parents aimants lui administrèrent une correction sévère, un jour qu'il avait en toute inconscience offensé dans un jeu le tabou impérial : encore une fois, dans l'optique familiale, il y allait et de l'avenir de l'enfant et de la sécurité du clan. (Voir Fei Xiaotong, *Huang quan yu shen quan*, Shanghai, 1948, p. 3.)

leurs collègues sino-américains ; ceux-ci, du milieu de leurs fromages universitaires et mandarinaux qu'ils n'auraient jamais eu, comme les L..., la généreuse inconscience de troquer, ne fût-ce que brièvement, pour l'austère aventure d'une réinstallation dans la mère patrie, leur reprochent maintenant de la façon la plus acerbe de n'être pas restés là-bas ; ainsi, les L... qui, dans cette communauté, furent les seuls à essayer de traduire en actes un patriotisme naïf peut-être, mais incroyablement courageux, passent aujourd'hui pour des traîtres, et nul n'ose plus les fréquenter de crainte sinon de ne plus recevoir d'invitations aux cocktails que donnent de temps à autre à Washington et à New York les diplomates maoïstes...

*

C... a obtenu son visa de sortie après une attente de cinq années ; sa démarche a finalement abouti, probablement grâce au fait qu'il était originaire de Hong Kong. Au début, les cadres de son unité (un établissement industriel) refusaient simplement de transmettre sa demande de visa, et il dut commencer par acheter leur complaisance en exécutant pour eux de petits travaux à domicile (réparer la plomberie, etc.) et en leur procurant de menus cadeaux que son frère, à cette fin, lui faisait parvenir de Hong Kong. Juste avant de quitter la Chine, il fut soumis à des sessions d'endoctrinement pendant deux jours, à Canton : on lui enseigna les réponses correctes aux divers types de questions qui pourraient lui être posées dans le monde extérieur : la signification du mouvement de critique de Lin Biao et Confucius, pourquoi Canton s'est trouvé privé de légumes ces derniers mois, etc. En même temps on le mit sévèrement en garde : « Quand vous serez hors de Chine, surveillez vos propos ; gardez-vous de rien dire de calomnieux sur la mère patrie, ce faisant vous pourriez exciter le courroux des masses révolutionnaires, et dans ce cas, pour toutes les conséquences graves qui en résulteraient, vous ne pourrez vous en prendre qu'à vous-même. »

Cette menace semble avoir eu sur lui un effet profond ; si je n'avais été un ami intime de sa famille, je doute qu'il aurait jamais accepté de me rencontrer. Il vivait dans la crainte et exigeait que chacune de nos rencontres fût entourée d'un assez extraordinaire luxe de précautions. Celles-ci me paraissaient superflues étant donné l'atmosphère politique du *moment* ; en principe pourtant, je serais le dernier à en sourire, sachant trop bien que dans une conjoncture différente, les menaces qu'on lui avait faites peuvent parfaitement être mises à exécution : en août 67 à Hong Kong, Lin Bin et son cousin furent assassinés sous mes yeux de la façon la plus lâche et la plus atroce [1]. Ce fut la première vraie leçon de

1. Lin Bin était un artiste de variétés qui animait chaque semaine à Radio Hong Kong une émission satirique en dialecte cantonais. Cette émission jouissait d'une immense popularité tant à Hong Kong que de l'autre côté de la frontière. Quand vint la « Révolution

politique que je reçus dans ma vie, et je ne suis pas près de l'oublier. En ce qui concerne C..., il n'a pourtant pas de révélations bien sensationnelles à faire, ses expériences étant somme toute demeurées d'un type assez ordinaire ; ce qui n'était pas ordinaire chez lui, c'était sa haine obsessionnelle, dévorante du régime, d'autant plus remarquable qu'il était lui un pur prolétaire, et fils de prolétaire.

Ceux qui s'évadent arrivent pour la plupart à la nage. Ce sont en majorité des gens très jeunes et très athlétiques ; à moins d'être tels, ils auraient peu de chances de survivre à cette aventure. Beaucoup se font intercepter en cours de route ; ils reçoivent alors une condamnation dont la sévérité varie selon la conjoncture politique, et en général tentent une nouvelle évasion sitôt qu'ils ont purgé leur peine. Le record est probablement détenu par un évadé dont on m'a parlé, et qui avait finalement réussi le passage à sa ONZIÈME tentative. Pour mieux mesurer ce que pareille obstination représente, il faut savoir à quelles souffrances et à quels périls les fugitifs s'exposent lors de chaque tentative. Beaucoup, arrivés au bout de leurs forces, se noient ou sont emportés par le courant sous les yeux de leurs compagnons, trop épuisés eux-mêmes pour leur venir en aide. D'autres, avant d'arriver à la côte, se font abattre par les gardes-frontière ou déchirer par leurs chiens dans la montagne. (En général les réfugiés préfèrent avoir affaire aux conscrits de l'Armée populaire de libération qui se montrent assez décents, plutôt qu'aux miliciens — force paysanne paramilitaire — dont la brutalité est redoutable ; encore que là il puisse y avoir des exceptions : ainsi, un petit groupe de trois jeunes fugitifs a fait cette bouleversante expérience de tomber dans une vallée sauvage sur une patrouille de miliciens qui, au lieu de les arrêter, leur indiquèrent simplement la direction à suivre pour gagner le littoral !)

Et quand, après avoir surmonté tous ces dangers, ils s'apprêtent enfin à toucher terre de l'autre côté, il leur faut encore échapper à la vigilance de la police britannique. Les réfugiés qui se font pêcher par les autorités anglaises reçoivent un pantalon sec et un bol de soupe et sont ensuite reconduits à la frontière pour y être très ponctuellement livrés à la police chinoise, en vertu d'un récent accord conclu entre le gouvernement de Sa Gracieuse Majesté britannique et la République populaire de Chine... La routine atténue-t-elle l'ignominie d'un crime ? On serait tenté de le croire, car ces épisodes, renouvelés plusieurs fois chaque mois, ont cessé depuis longtemps de susciter la moindre réaction dans l'opinion publique. Quant aux officiers britanniques en charge de ces opérations, ils sont très

culturelle », Lin Bin se mit à exercer sa verve aux dépens de l'hystérie maoïste, et ceci détermina les communistes à faire un exemple : Lin Bin, en compagnie de son cousin, fut brûlé vif dans sa voiture au moyen d'une bombe incendiaire (l'attentat eut lieu devant ma porte, comme je sortais de chez moi). Le lendemain, le *Dagong bao* (quotidien communiste de Hong Kong) publiait relativement à cet assassinat un « bulletin de victoire » émanant du « commando chargé de châtier les traîtres ».

fiers de leurs tableaux de chasse, et considèrent la traque de ces désespérés comme un sport d'un nouveau genre.

Dans la région de Canton le phénomène de cette émigration clandestine vers Hong Kong est tellement répandu qu'il a donné naissance à tout un commerce occulte, mais lucratif — ainsi une commune populaire s'était spécialisée dans la vente d'embarcations aux voyageurs de la nuit —, un folklore également, avec ses proverbes et ses chansons ; divers chants de l'orthodoxie maoïste ont été détournés en « chansons d'évasion » : l'une des plus populaires s'appelle *Adieu Canton*, c'est une chanson très sentimentale dans laquelle un jeune homme, prêt au grand départ, énumère une dernière fois dans son cœur tous les aspects bien-aimés de sa ville natale qu'il a décidé de quitter pour jamais. Aux nombreux visiteurs venus de Hong Kong, surtout aux étudiants, les jeunes gens de Canton demandent ouvertement toute sorte d'informations utiles pour leurs plans d'évasion, et beaucoup, avant même d'avoir quitté la Chine, ont développé une surprenante connaissance de la topographie de Hong Kong dont ils nomment les quartiers et les rues avec la familiarité de gens qui y auraient longtemps vécu.

*

Cocktail diplomatique dans un grand pays occidental, à la veille d'élections générales d'une importance décisive, mais dont l'issue demeure incertaine. Tout le monde ne parle que de cela, chacun avance son pronostic. Un groupe de bureaucrates maoïstes en visite assiste à ce cocktail mais nul d'entre eux ne se hasarde à poser la moindre question aux politiciens et autres experts présents, au sujet de ces élections imminentes. Pudeur, discrétion, refus de s'immiscer dans les affaires intérieures d'une nation souveraine ? Je croirais plutôt à une absence totale de curiosité et d'intérêt, et mon impression se fonde sur un grand nombre d'expériences similaires.

J'ai une fois accompagné en Chine une délégation universitaire occidentale, visitant diverses universités et instituts de recherche. A l'issue de chaque visite, le chef de la délégation déclarait : « Maintenant que vous avez eu l'amabilité de répondre pendant plusieurs heures à toutes nos questions, mes amis et moi serons trop heureux de répondre à notre tour à toutes les questions que vous pourriez avoir concernant notre pays, notre système d'éducation ou toute autre matière vous intéressant. » *Cette offre immanquablement ne rencontrait qu'un silence embarrassé*. Chaque fois que des étrangers sont confrontés à des officiels maoïstes, les questions invariablement surgissent à sens unique ; je n'ai *jamais* vu un bureaucrate chinois tirer parti d'une rencontre soit officielle soit officieuse pour tâcher d'éclairer sa lanterne sur un aspect quelconque des réalités étrangères. La raison en est, je crois, bien simple : *ils savent déjà tout ce qu'il faut savoir*. Au mieux, les informations fournies par ces étrangers ne peuvent être que redondantes dans la mesure où elles confirment ce qu'on lit dans *Le Quotidien du peuple* — et si elles ne sont pas conformes à cette autorité universelle, on fait aussi bien de les ignorer.

*

> Le Mensonge n'offense pas le Bourgeois, ne l'offensera jamais. C'est une espèce d'oncle dont il espère toujours hériter et pour lequel il n'a pas assez de caresses. Quand le Mensonge s'incarnera, ce qui doit arriver un jour, il n'aura qu'à dire : « Quittez tout et suivez-moi », pour traîner aussitôt derrière lui, non pas une douzaine de pauvres, mais des millions de bourgeois et de bourgeoises qui le suivront partout où il lui plaira d'aller.
>
> Léon Bloy,
> *Exégèse des lieux communs*, I, 38.

Karl Marx a remarqué que certains phénomènes historiques surviennent toujours deux fois, la première fois sous forme de tragédie, la seconde sous forme de farce. L'aplatissement d'une certaine intelligentsia occidentale, hier devant l'URSS de Staline, aujourd'hui devant la Chine de Mao, vérifie de façon frappante la vérité de cette observation. Bien sûr rien ne ressemble autant à une bureaucratie totalitaire qu'une autre bureaucratie totalitaire, et puisque Zhou Enlai peut déclarer : « Le présent de l'URSS, c'est le futur de la Chine [1] », il n'y a sans doute pas lieu de s'étonner si le présent de la Chine correspond assez fidèlement au passé de l'URSS. Néanmoins étant donné les différences du milieu historico-culturel d'une part, et d'autre part celles dérivant des idiosyncrasies du petit père des peuples et du Grandiose Pilote, on aurait quand même été en droit d'attendre, à trente ans de distance, un peu plus de variété dans les récits des pèlerins.

Parmi ceux-ci, les hommes d'Église constituent un bataillon de choc qui mériterait à lui seul un examen spécial. Sur le sujet de la Chine maoïste, me sont par hasard et coup sur coup parvenus les articles d'un père dominicain parus dans le quotidien-le-plus-sérieux-de-France, le livre d'un abbé belge publié par l'édition des Pères Inquisiteurs et le texte des causeries d'un pasteur suédois qui circumnavigue inlassablement le globe pour diffuser l'Évangile selon saint Mao [2]. En gros, la bonne

---

1. Allocution devant le Congrès du parti communiste d'Union soviétique, 28 janvier 1959, reproduit dans le *Wenhui bao*, 29 janvier 1959.

2. Il y a eu encore plus beau depuis : l'article qu'a consacré à la Chine le chroniqueur religieux du quotidien-le-plus-sérieux-de-France demeurera à jamais inoubliable (*Le Monde*, 16-17 novembre 1975). Si je n'en parle pas ici, ce n'est pas que, comme dit encore Léon Bloy, « La vie est trop courte pour rosser tout le monde, et il faut encore faire un choix parmi les avortons » (en fait la bêtise a ses poids lourds, et M. Fesquet en est indubitablement l'hercule) mais bien que les bras me tombent du corps à la seule idée de me colleter avec sa prose. Quand un spécialiste comme le père Ladany, rédacteur du *China News Analysis*, qui suit *quotidiennement* les affaires chinoises depuis vingt-cinq ans, estime sur la

nouvelle que nous apportent les révérends — des bouillants disciples de saint Dominique au doux herbivore scandinave — tient en ceci : l'idéal de la cité chrétienne s'est incarné dans l'empire de Mao. Certes il n'y aurait lieu que de se réjouir d'une aussi excellente nouvelle, si par ailleurs on ne se sentait pris d'une certaine perplexité en se rappelant que la même découverte, *exactement*, avait déjà été faite il y a quelques décennies dans l'empire de Staline, par des ecclésiastiques également. Si l'on pouvait soupçonner nos révérends contemporains d'avoir de la mémoire (mais ceci paraît exclu), on croirait presque qu'ils ont recopié les sermons que prêchait jadis le révérend Hewlett Johnson à ses retours d'Union soviétique[1]. L'origine de ces singuliers psittacismes doit se trouver, j'imagine, dans la pathologie cléricale : il y a ce que l'on pourrait appeler « le syndrome du derviche tourneur » — un certain type de pouvoir semble particulièrement apte à faire entrer une certaine catégorie d'ecclésiastiques en transe. Le phénomène avait déjà été observé à Moscou durant les années 30 par Malcolm Muggeridge qui décrivit ces pèlerinages extatiques dans des termes que pourrait intégralement reprendre un résident étranger à Pékin aujourd'hui : « Je n'ai jamais oublié ces visiteurs, ni cessé de m'émerveiller à leur vue : comment ils allaient de l'avant avec une vigueur toujours renouvelée, continuant à éclairer nos ténèbres, à nous guider, conseiller, et instruire ; parfois déconcertés pour un moment, mais toujours prêts à se ressaisir [...] Ils

base des informations extensives qu'il a compilées que la grande famine de 1959-1962 dut provoquer environ CINQUANTE MILLIONS de morts, quiconque voudrait disputer ce chiffre demeure libre de contre-expertiser son analyse ; mais que pourrait-on rétorquer à l'affirmation catégorique de M. Fesquet qui déclare, sur la base des douze banquets qu'il a faits en Chine aux frais du peuple chinois, que « depuis la Libération, tous les Chinois mangent à leur faim » ? Des spécialistes de sciences politiques ont écrit des traités entiers consacrés aux exclusives qui frappent de façon indélébile certains citoyens de la République populaire sur la seule base de leurs origines sociales ; on peut, si l'on veut, mettre leurs conclusions en débat, mais comment répondre à notre voyant extralucide qui a découvert au cours d'une visite de quinze jours que « la société maoïste n'exclut personne, qu'elle présente une sorte d'antiracisme social dont l'histoire offre peu d'exemples » ? Le professeur Ivan London a relevé au cours de ses savantes enquêtes de nombreuses incidences récentes de cannibalisme dans diverses provinces chinoises ; Pasqualini, Lai Ying et tant d'autres ont témoigné sur la condition concentrationnaire en Chine ; on peut éventuellement tenter de limiter la portée et la représentativité de ces témoignages et documents — ce qui est sans réplique, c'est assurément la profession de foi de notre nouveau converti qui déclare de façon tranchante que « d'esclave, le peuple chinois est devenu roi » et que « le régime n'est pas répressif ». Mais lorsqu'on observe la façon dont M. Fesquet admire l'absence des dispositifs de sécurité autour des machines dans les usines (« Les Chinois, voyez-vous, sont d'extraordinaires acrobates ») et la mobilisation des coolies attelés au charroi en guise de bêtes de somme (« la traction humaine utilisée pour déplacer des fardeaux énormes le long des routes » constitue une superbe exhibition d'« éclatante force physique »), on se sent pris d'une crainte respectueuse : qui oserait encore s'attaquer à un humoriste d'aussi swiftienne envergure ?

1. Sur Johnson, voir par exemple la magistrale étude de D. Caute, *The Fellow Travellers*, Londres, 1973. En toute justice, remarquons toutefois que Johnson savait sa langue ; on ne saurait hélas en dire autant de ses héritiers maophiles ; dans le livre du Belge en particulier, on « conscientise » et on « triomphalise » ferme.

constituent incontestablement une des merveilles de notre âge, et je conserverai précieusement, jusqu'à mon dernier jour, comme un souvenir béni, le spectacle de ces braves gens voyageant avec un radieux optimisme à travers des campagnes affamées, se promenant en bandes joyeuses dans des villes sordides et surpeuplées, écoutant avec une foi inébranlable le caquetage imbécile de guides soigneusement endoctrinés, répétant, comme des écoliers leur table de multiplication, les statistiques falsifiées et les slogans creux qui leur étaient indéfiniment récités. Et parmi eux, je reconnaissais là un responsable de quelque branche locale des Amis de la Société des Nations, là, un pieux Quaker qui avait une fois pris le thé en compagnie de Gandhi, là, un farouche opposant du Means-Test et des lois sur le Blasphème, là, un inébranlable champion de la Liberté d'expression et des Droits de l'homme, là, un indomptable adversaire de la cruauté envers les animaux, là, de nobles vétérans couverts de cicatrices reçues dans cent combats pour la vérité, la liberté et la justice — tous, tous chantant à l'unisson les louanges de Staline et de sa Dictature du Prolétariat. C'était un peu comme si une association végétarienne s'était soudain prononcée passionnément en faveur du cannibalisme, ou si Hitler devait se voir décerner à titre posthume le prix Nobel de la Paix [1]. »

*

L'intérêt humain et l'agrément que peuvent offrir les moyens de transport semblent varier en proportion inverse de leur complexité technologique. Vous pouvez passer vingt-cinq heures d'affilée, de Sydney à Londres, dans un de ces avions géants du modèle le plus rapide et le plus récent, mais sauf pour ce qui est des ivrognes, il y a peu de chances que vous ayez l'occasion durant tout le voyage d'échanger un seul mot avec vos copassagers. Par contre, en deuxième classe du tortillard qui relie Kowloon à la frontière chinoise (je l'empruntais souvent car j'habitais dans les Nouveaux Territoires), entre parfaits inconnus, après cinq minutes, la conversation est générale.

Parmi le petit peuple de Hong Kong, il y a chaque jour des centaines de gens qui rentrent en Chine pour faire une courte visite aux parents qu'ils ont dans divers villages du Guangdong. Ces voyageurs se reconnaissent aux montagnes de ballots et colis — vivres, vêtements, ustensiles, que sais-je ? — qu'ils emportent avec eux pour soulager la misère de leur parentèle. Il y a d'ailleurs quelque chose d'assez pathétique dans le spectacle de ces pauvres gens, en route pour en aider de plus pauvres qu'eux. Chargés comme des bêtes de somme, ils ploient sous leurs monceaux de pacotille qui, de l'autre côté de la frontière, leur prêteront soudain une aura d'oncles d'Amérique. La Chine populaire effectue d'ailleurs là une opération économique assez intéressante ; dans

1. M. Muggeridge, *Chronicles of Wasted Time*, I, *The Green Stick*, Londres, 1972, p. 244-245.

une proportion non négligeable, elle se décharge sur les épaules de la population laborieuse de Hong Kong de la tâche de pourvoir à l'approvisionnement et l'équipement en biens de consommation de plusieurs préfectures méridionales. De plus les visiteurs sont invités à acheter leurs cargaisons de présents dans les grands magasins communistes qui écoulent à Hong Kong des denrées alimentaires et divers produits de consommation que leur prix de vente élevé met en Chine même hors de portée du commun des acheteurs ou qui, réservés à l'exportation, sont simplement introuvables sur le marché intérieur. Ainsi, ces biens fabriqués en Chine reviennent finalement entre les mains de la population chinoise, mais après avoir fait ce lucratif détour par Hong Kong où ils ont préalablement permis à la République populaire de récolter une moisson de devises étrangères.

En écoutant les conversations de ces humbles on est frappé par leur caractère totalement *apolitique*. Les bonheurs et les mésaventures qu'ils rencontrent des deux côtés de la frontière sont toujours exprimés en termes tellement particuliers et concrets que c'est à l'auditeur d'en extraire, si faire se peut, une moralité plus générale. C'est d'eux par exemple que je tiens toute une série d'anecdotes relatives à la corruption des fonctionnaires en Chine populaire. Ainsi une femme raconte comment son père qui vit en Chine et à qui elle avait envoyé par la poste une montre de luxe s'était vu offrir par le préposé de la douane le marché suivant : « Ou bien vous acceptez de me vendre la montre, ou bien je la fais renvoyer à l'expéditeur. » Ces récits suscitent la curiosité, l'amusement, mais nul scandale de la part des auditeurs. Ne savent-ils pas d'expérience que les douaniers et les policiers britanniques de Hong Kong sont mille fois plus corrompus ? Dans leur philosophie, n'entre pas en considération le fait que l'on devrait peut-être attendre un autre type de comportement de la part d'un ignominieux gouvernement colonial en complète décadence d'un côté, et de l'autre, d'une jeune république qui se veut socialiste et révolutionnaire. Pour eux, il n'y a en principe rien de surprenant, ni même rien de choquant, à ce que des officiels tirent avantage de leur fonction : tout ce que l'on attend d'eux, c'est qu'ils conservent une mesure décente ; or, ce sens de la mesure, les policiers britanniques de Hong Kong l'ont totalement perdu, ce qui leur vaut à juste titre d'être devenus un objet de haine et de mépris, tandis que l'on apprécie dans ce domaine la modération des fonctionnaires communistes [1].

Je regrette de n'avoir pas immédiatement noté toutes ces bribes de conversation, dont il ne me reste plus maintenant dans l'oreille qu'une tonalité générale. Mais même si ma mémoire ne me faisait défaut, je me

1. Inutile de dire que, depuis le moment où j'écrivais cela, la situation s'est complètement inversée. Sous Deng Xiaoping et sa tribu, la corruption des mandarins communistes s'est développée de façon effarante. (*Post-scriptum* de 1997.)

heurterais encore à un problème littéraire : comment transcrire ces propos sans les affadir ? Le dialecte cantonais n'est pas des plus délicats, mais il est singulièrement juteux, et surtout il est possédé d'une sorte de génie de l'irrespect qui assaisonne tout ce qu'il touche d'un sel impayable et corrosif ; traduit en « langue commune » (langue nationale chinoise), il perd déjà une bonne part de sa saveur, à plus forte raison quand on le transpose dans une langue étrangère... Et pourtant, même dépouillées de ce qui faisait leur vie et leur verve, ces petites vignettes qu'un patient usager de la ligne Kowloon-Luohu devrait un jour collationner pourraient en touches brèves finir par silhouetter toute une société. Par exemple, je revois encore cette grosse et vigoureuse matrone en larges pantalons de lustrine noire qui, assise en tailleur sur la banquette de bois, d'une main s'éventait avec son chapeau de paille et de l'autre se grattait les orteils. Elle maudissait avec une grande richesse d'imprécations la malencontreuse inspiration qui l'avait poussée à acheter des lainages coûteux pour les cousins qu'elle venait de visiter en Chine. « De superbes lainages, vous auriez dû voir ! Si beaux que personne d'entre eux n'ose se les mettre sur le dos en public. Ils ont peur d'attirer l'attention des voisins, et qu'on les fasse passer en séance d'accusation. Si bien qu'ils les emploient maintenant vous savez pour quoi ? Comme pyjamas ! Ah, si j'avais su, je les leur aurais jamais donnés, je les aurais gardés pour moi, de si beaux lainages !... »

*

Peu de gens seraient mieux placés pour nous donner une évaluation nuancée du régime maoïste que ces nombreux intellectuels chinois qui, établis à l'étranger depuis la « Libération », sont récemment retournés visiter leur pays d'origine. A la différence du commun des touristes, ils peuvent juger des changements survenus, et, surtout, les parents et les amis qu'ils retrouvent là-bas confèrent à leur information cette irremplaçable et essentielle dimension humaine qui échappe aux autres visiteurs. Quand, de plus, il s'agit d'enseignants, d'universitaires, de chercheurs dont le métier est précisément d'analyser et de faire connaître la Chine, son histoire, sa société, sa culture, leur témoignage devrait en acquérir une autorité plus grande encore — et ceci les investit d'ailleurs d'une responsabilité particulière. D'où vient que, à de trop rares exceptions près, ils ont dans l'ensemble largement éludé cette responsabilité — tantôt gardant le silence, tantôt ne parlant que pour répéter ce que nous pouvions déjà lire dans *La Chine en construction* ou n'importe quelles autres feuilles de propagande ? Il semble que leurs compétences privilégiées, non seulement n'ont pas servi à éclairer les réalités chinoises, mais quelquefois même qu'elles ont activement contribué à les obscurcir et les maquiller. Avant de leur en faire grief et de partir en guerre contre cette « trahison des clercs » *more sinico*, il serait sans doute plus utile de chercher à comprendre leurs problèmes et les raisons complexes de leur attitude.

Il faut d'abord tenir compte, pour ces hommes qui souvent n'ont pas revu leur pays natal depuis un quart de siècle, du bouleversant choc du retour. La Chine qu'ils avaient quittée au lendemain de la guerre n'était plus qu'un désespérant chaos pourri, ravagé, exsangue, et ils la retrouvent forte, propre, ordonnée et verdoyante. Ce pays périodiquement en proie à la famine et aux catastrophes naturelles paraît maintenant capable de nourrir son peuple, de conjurer les sécheresses et de contrôler ses terribles fleuves. Les vices, les crimes et les hontes de l'ancienne société, la corruption, l'injustice sociale, la prostitution, le banditisme, la drogue, la mendicité ont sinon entièrement disparu, du moins été réduits à un degré de quasi-invisibilité pour le visiteur de passage, et ceci représente une si incroyable métamorphose qu'elle semble pouvoir justifier beaucoup de sacrifices. Non moins important peut-être que ce qu'ils voient aujourd'hui en Chine, joue aussi de façon plus subtile ce qu'ils ont vécu pendant trop d'années en Occident : cette condition humiliante d'exilés, d'apatrides, en butte à un mépris à peine dissimulé ou à une insultante pitié. « L'opinion occidentale a trop longtemps considéré notre pays avec condescendance, me disait en gros un collègue chinois, aussi, si maintenant ces imbéciles tiennent à se prosterner devant lui, ne comptez pas sur moi pour les en décourager. Leur admiration pour la Chine se fonde sur un malentendu ? Ce n'est pas à moi de les dessiller. Les illusions sinophiles d'aujourd'hui ne sont pas beaucoup plus intelligentes ou informées que les préjugés sinophobes d'hier, mais au moins elles sont dénuées de perversité et elles témoignent pour mon pays d'une sorte de bonne volonté fondamentale qui me flatte et me touche, et dont il faut bien que je me réjouisse. » Comment lui donner tort ? Sous Mao, la Chine s'est remise enfin à jouir dans le monde d'un prestige qu'elle n'avait plus connu depuis le règne de Qianlong ; comment pourrait-on attendre d'hommes si longtemps humiliés et qui viennent seulement de relever la tête, qu'ils emploient à dénoncer le maoïsme, l'autorité et le prestige neufs dont celui-ci vient tout juste de les réinvestir devant le public occidental ? A tout ceci s'ajoute encore la pression d'une antique constante que j'ai déjà évoquée dans *Ombres chinoises*, cette aspiration des lettrés à se rallier, de dynastie en dynastie, à la nouvelle orthodoxie régnante, et qui ne part pas d'un simple opportunisme, mais plutôt d'une absence historique d'alternative. Il y a encore la crainte que leurs critiques, s'ils les formulaient publiquement, ne soient déviées de leur but originel et utilisées par les ennemis de la Chine pour battre en brèche certains acquis fondamentaux du régime qu'il faut souhaiter définitifs. Enfin, le principal facteur de prudence et de réserve chez ces témoins privilégiés est constitué précisément par les antennes subtiles qu'ils conservent en Chine : ces parents et amis dont le sort peut être dramatiquement affecté par tout ce qu'ils diront ou publieront à leur retour. Le public occidental n'imagine guère à quel point ce genre de considération a réussi à bâillonner une importante proportion des voyageurs, et endigue efficacement un flot de révélations sur la condition humaine en Chine aujourd'hui.

Rien que dans le modeste cadre de mes relations personnelles, j'ai déjà eu accès à un nombre assez impressionnant de confidences orales ou de notes de voyage diffusées privément et de façon restreinte, qui, si elles pouvaient être publiées, jetteraient une lumière sur la manière dont en Chine populaire (pour paraphraser Ionesco), c'est du malheur des hommes que se paie le bonheur de l'humanité. L'honnêteté m'oblige d'ailleurs d'ajouter aussitôt que, si ces témoins se sentaient libres de parler, tout atroces que puissent être certaines de leurs dépositions, ils n'en voudraient pas nécessairement tirer les mêmes conclusions que nous. Pour les Occidentaux tant maophiles que maophobes, il est, sur la question du maoïsme, relativement aisé d'aboutir à des certitudes : outre que l'ignorance facilite toujours singulièrement les choses, on ne se trouve après tout confronté qu'à un problème intellectuel — c'est-à-dire, unidimensionnel —, à une question théorique pouvant faire l'objet de débats, de prises de position. Mais pour les Chinois, y compris ceux qui, établis à l'étranger, le vivent par parents interposés, il s'agit d'un bouleversement d'une ampleur quasi géologique et nos débats d'après-dîner, dans leur impertinence, ressemblent pour eux à la question de ce journaliste qui, après un tremblement de terre, demandait à un homme râlant, à demi écrabouillé sous les gravats de sa maison écroulée, s'il était pour ou contre les séismes.

Par leurs prudences, leurs réticences et leurs silences, les intellectuels chinois d'outre-mer ont donc largement failli à cette mission d'observateurs dont les investissait leur incomparable connaissance de la situation chinoise ; mais du moins leur faillite s'explique pour des raisons qui ne sont point basses. On ne saurait en dire autant par contre de cette petite minorité de polygraphes forains qui se sont fait maintenant une profession de colporter aux quatre coins du globe le message maoïste. On ne s'étonne pas de retrouver dans leurs rangs des individus qui en d'autres temps s'étaient signalés par le zèle bruyant qu'ils mettaient à servir le Kuomintang — à l'époque où c'était celui-ci qui détenait la clef du placard aux fromages… Ils ont été aussitôt suivis par la haute bourgeoisie des colonisés de Hong Kong, pathétiques créatures dont tout le bonheur, il y a quelques années encore, était de cultiver sur leurs cartes de visite, par la vertu d'une transcription torturée et ambiguë de leur patronyme, l'illusion d'une identité purement anglo-saxonne !… Les natures d'esclave sont constamment en quête d'un maître, il n'y a rien d'étonnant à cela, et nous n'avons pas à nous inquiéter d'elles. Ce serait plutôt au camp maoïste de s'inquiéter du soudain afflux de telles recrues, au cas où la prophétie de Lu Xun devrait se vérifier : « Une révolution est morte quand les opportunistes commencent à rallier ses rangs : c'est qu'à ce moment elle est mangée du dedans [1]. »

*

Il n'est pas de politique plus implacable que celle qui a pour ambition de faire le bonheur de l'humanité. (Quel est encore l'auteur anglo-saxon qui parlait de « cet air traqué des gens à qui l'on a fait du bien » ?) C'est que, pour paraphraser Zamiatine, le seul moyen de délivrer les hommes du mal, c'est de les délivrer de la liberté [2]. (Ce dernier propos nous donne d'ailleurs la clef d'une certaine fascination ecclésiastique pour le totalitarisme : c'est ce même leitmotiv que l'on retrouve, soutenu tantôt en majeur, tantôt en mineur, du Grand Inquisiteur de Dostoïevski aux révérends pères dominicains qui célèbrent le maoïsme dans *Le Monde*, en passant par les prélats bénisseurs de canons mussoliniens et les aumôniers de boy-scouts vichystes...) S'il y a une grande leçon à tirer des déboires de notre âge, c'est bien que la politique doit en rabattre de ses ambitions ; il s'agit de lui réassigner une fonction plus modeste, une position plus humble : son rôle est de « faire le ménage » comme disait Camus et non d'imposer au genre humain des recettes de félicité perpétuelle.

Dans son admirable roman, *L'Itinéraire du Vieux-laissé-pour-compte* (*Laocan youji*) Liu E développait ce paradoxe que des dirigeants intègres sont plus à redouter que des dirigeants corrompus : « Tout le monde sait que les mandarins corrompus sont mauvais, mais peu savent que les mandarins irréprochables sont pires ; en effet, tandis que les premiers, connaissant leurs propres vices, n'osent pas jouer les tyrans de façon trop voyante, les seconds s'imaginent que, puisqu'ils refusent les pots-de-vin, ils ont le droit d'imposer n'importe quelle décision. Leur bonne conscience combinée à leurs préjugés peut les amener à massacrer des innocents, voire même à mettre en péril le sort de l'État. » Ces réflexions n'ont pas cessé de frapper les lecteurs : Lu Xun par exemple les cite en entier dans son *Précis d'histoire du roman chinois* [3]. Mais comme on l'a relevé plus haut, la bureaucratie maoïste commence tant soit peu à s'humaniser : la modeste corruption qui s'y manifeste maintenant et contribue parfois à assouplir certains contrôles pourrait être un premier signe de dégel, tandis que simultanément, le bataillon des cadres incorruptibles, ces saints laïques d'une totale abnégation qui faisaient la force singulière et redoutable du maoïsme, achève de fondre, décimé tant par l'âge que par les purges successives.

Bertrand Russell, qui visita la Chine au début des années 20, voyait

1. « San xian ji », in *Lu Xun quan ji*, Pékin, 1963, vol. IV, p. 85.
2. E. Zamiatine, *Nous autres*, rééd., Paris, Gallimard, 1971, p. 46.
3. « Chongguo xiaoshuo shilue », in *Lu Xun quan ji*, Pékin, 1963, vol. VIII, p. 246-247.

dans l'incurie du gouvernement de l'époque une garantie contre les abus, car « les neuf dixièmes de l'activité d'un gouvernement moderne sont néfastes ; dès lors, plus ces activités sont menées de façon inefficace, mieux ça vaut [1] ». On imagine que ce genre de boutade fut médiocrement apprécié par l'élite intellectuelle de l'époque qui, souffrant sous la tyrannie inepte des seigneurs de la guerre, aspirait à une modernisation révolutionnaire des structures politiques, sociales, économiques et culturelles du pays. Néanmoins, un phénomène dont ces intellectuels ne pouvaient avoir conscience, et dont ils auraient certainement refusé d'admettre la possibilité, c'est que cette période qui leur paraissait si intolérablement sombre passerait un jour (grâce à leur activité) comme un âge brillant dans l'histoire culturelle de la Chine. Par contraste avec le désert qui s'est établi aujourd'hui, on ne peut se défendre d'un poignant sentiment de nostalgie quand on considère l'audace révolutionnaire, le bouillonnement créateur, le foisonnement d'idées nouvelles, la diversité et la jeunesse des talents, la dévorante curiosité intellectuelle, la large ouverture sur le monde extérieur qui avaient caractérisé leur étonnante époque [2].

Hélas, y aurait-il en Chine une sorte de lien nécessaire soudant le marasme politique et l'épanouissement culturel ? Le premier semble être le prix féroce auquel s'achète toujours le second, et inversement le rétablissement de l'ordre impérial s'accompagne le plus souvent d'un dramatique appauvrissement intellectuel. Le parallèle entre, d'une part, le totalitarisme stérilisant de la République populaire succédant à l'anarchie féconde des débuts de la première république, et d'autre part l'aride et implacable unification de Qin se substituant au chaos créateur des Royaumes Combattants, vient d'autant plus légitimement à l'esprit que, dans le cadre du mouvement de « critique de Confucius », le présent régime a entrepris de se réclamer explicitement de la tyrannie de Qin. Même le majestueux ordre des Sui-Tang, dont on ne saurait certes dire qu'il entraîna une stérilisation de la culture, représenta malgré tout, après le pluralisme, la diversité et l'esprit d'expérimentation d'un âge de sauvage confusion comme les Six Dynasties, un certain rétrécissement de l'activité intellectuelle et artistique, une réduction à l'orthodoxie.

Chose curieuse, Lu Xun qui, par toutes les fibres de son intelligence et

1. B. Russell, *The Problem of China* ; ce passage est cité dans le remarquable ouvrage de S. N. Hay, *Asian Ideas of East and West : Tagore and his critics in Japan, China and India*, Harvard University Press, 1970, p. 140.

2. Ainsi par exemple, un observateur aussi informé que le grand sinologue allemand Richard Wilhelm pouvait noter à Pékin en 1924 : « Aujourd'hui la vie intellectuelle chinoise est entièrement à la pointe de notre époque. Ses chefs de file dans les sciences et les arts travaillent ensemble et de la façon la plus approfondie sur les problèmes universels de notre âge dans les domaines technique, scientifique, philosophique et artistique… » (*Aus Zeit und Leben : Abschied von China, Pekinger Abende*, juillet 1924.) Le cœur se serre lorsque l'on confronte cette description vieille de plus d'un demi-siècle à la situation actuelle…

de sa sensibilité, était étroitement attaché à l'univers mental des Six Dynasties — c'est de lui qu'il tenait le meilleur de son art et de sa langue — n'a jamais songé à rapprocher sinon négativement les conditions politiques et culturelles, pourtant assez semblables, de cet âge et du sien : mais c'est sans doute qu'un tel rapprochement aurait risqué, sous un aspect au moins, de conférer un élément de rédemption à sa propre époque qu'il voulait totalement haïssable. Ceci nous ramène à la vieille question de savoir comment Lu Xun, s'il avait vécu, aurait réagi devant le régime maoïste. En fait je crois qu'il a par avance répondu assez clairement à cette question, aussi bien dans les quelques lignes qu'il a consacrées au suicide de Maïakovski — dont l'erreur, selon lui, fut de s'être fait des illusions sur ce que pourrait apporter la révolution — que dans plusieurs passages comme celui-ci : « Je crois que nos besoins immédiats pour le moment consistent en trois choses : premièrement, survivre ; deuxièmement, manger et nous vêtir ; troisièmement, nous développer. Tout ce qui risque d'entraver ces trois objectifs devrait être impitoyablement foulé aux pieds — qu'il s'agisse d'hommes ou d'esprits, des Trois Écrits ou des Cinq Canons, des incunables des Song ou des Yuan, de l'astrolabe ou de la charte divinatoire, des idoles d'or ou des bouddhas de jade [1] »... Il est donc très concevable que Lu Xun aurait approuvé le présent régime, et peut-être même aurait-il continué à l'approuver du fond de la geôle où son individualisme et son irrépressible génie critique n'auraient pas tardé à le faire enfermer [2].

*

F..., trente-huit ans, est physiquement un homme frêle et maladif, mais il se dégage de lui une impression de grande force morale ; il s'exprime avec fermeté et précision. Originaire de Hong Kong, à l'âge de dix-sept ans, bravant l'interdiction de ses parents, il est rentré en Chine, poussé par un sentiment patriotique et la haine du régime colonial. Il a fait des études littéraires dans une université de Chine centrale, puis a travaillé dans un studio cinématographique de Mandchourie. Au moment du « Grand Bond en avant », il fut envoyé avec ses collègues construire

1. *Lu Xun quan ji*, vol. III, p. 36.

2. Mais cette approbation est-elle si sûre ? Je commence maintenant à en douter. N'a-t-il pas écrit également : « Quand je disais que le premier impératif pour la Chine est de survivre, je dois ajouter aussitôt que, par *survivre*, je n'entends pas simplement vivoter d'expédients indignes [...]. Dans ce dernier domaine, il y a une formule à laquelle personne encore n'a songé, semble-t-il : il s'agit du modèle proposé par la prison n° I de Pékin. Les pensionnaires y sont délivrés de l'inquiétude de voir la maison du voisin en feu, leurs deux repas quotidiens sont assurés, ils sont à l'abri du froid et de la faim. Leur gîte est stable, c'est une construction robuste qui ne risque jamais de leur crouler sur la tête. Bien gardés par leurs geôliers, il n'y a pas de danger qu'ils soient exposés à de nouveaux démêlés avec la loi, ils sont là superbement protégés des cambrioleurs — bref, en fait de sécurité, on ne saurait rêver mieux. Il ne leur manque qu'une chose : la liberté. » (*Lu Xun quan ji*, vol. III, p. 41.)

une ligne de chemin de fer. Affecté à une besogne trop lourde pour ses forces (transport des rails), mais tenu malgré tout d'atteindre les normes démentes qu'on imposait alors, il s'y brisa définitivement la santé. Après cela, périodiquement terrassé par la maladie, crachant le sang, il revint échouer à Canton où il végéta une dizaine d'années pendant lesquelles il lui fut impossible de trouver un emploi régulier, car il n'était pas de « bonne famille ». (Le problème des chômeurs, des sans-emploi dans les villes chinoises n'est jamais évoqué en Occident, c'est pourtant un phénomène qui a pris des proportions considérables.) Finalement, le secrétaire d'un comité local du Parti qui l'avait pris en amitié voulut lui procurer un travail stable et décent dans une usine ; c'était une initiative extrêmement généreuse car au premier « mouvement de masse » venu, le risque demeurait toujours qu'un activiste aille exhumer les mauvaises origines sociales de F…, et dans ce cas, en dernière analyse, ce serait le secrétaire du Parti qui se verrait mis en accusation et rendu responsable d'avoir aidé un élément bourgeois à s'infiltrer parmi les prolétaires.

Mais à ce moment, F… avait déjà commencé à préparer son évasion : quitter Canton eût tout compromis, il déclina donc l'offre de son ami. Ce dernier, ne comprenant pas comment il pouvait refuser une telle chance, le pressa d'accepter avec une telle insistance que finalement F… prit le risque énorme de lui confesser son projet de fuite. L'autre, tout membre du Parti qu'il fût, se montra un authentique ami jusqu'au bout et lui répondit simplement : « Étant donné ma situation, je ne peux pas vous aider dans une entreprise pareille, mais JE VOUS COMPRENDS. » F… prépara son évasion pendant trois ans ; avec quatre compagnons, deux intellectuels et deux pêcheurs, il acheta une barque. Avant le grand départ, l'équipe s'entraîna à ramer tous les soirs, pendant des mois. Cet entraînement porta ses fruits : lors de leur évasion, ils furent poursuivis par une barque de miliciens pendant une heure entière, jusqu'à ce que les poursuivants, épuisés, abandonnent la chasse.

A Hong Kong, ce licencié ès lettres est employé maintenant comme commis dans une minable petite boutique d'équipement électrique — position qu'il doit à la charité d'un ami. Les conditions matérielles de son existence, tant en Chine qu'ici, le laissent indifférent. Pour lui, la décision de quitter la Chine semble avoir essentiellement correspondu à une impérieuse exigence *morale.* Le thème récurrent de tous ses récits, c'est la violence contre nature que la logique du régime impose aux impulsions de décence et d'humanité qui sont dans le cœur des gens. Ceci fut porté à un paroxysme durant la « Révolution culturelle », qui a été pour la nouvelle génération une initiation méthodique et à grande échelle à la brutalité. F… évoque le souvenir de ces vieillards que des écoliers obligeaient à s'agenouiller sur des tessons, ou encore la vue de ces gosses qui lardaient à la baïonnette les cadavres de rebelles pendus aux lampadaires d'un boulevard de Canton, leur ouvrant le ventre et s'amusant à dévider leurs intestins. Et personne n'osait rien dire, rien faire, ni intervenir de quelque façon que ce soit, dans la crainte d'être aussitôt accusé d'« humanisme bourgeois » ou de compassion complice pour les ennemis de classe[1]. Mais quand la rivière des Perles se mit à charrier tant de cadavres qu'un certain nombre vint échouer jusque sur les plages de Hong Kong (je me rappelle moi-même cette époque[2]), les autorités, soucieuses de leur bonne réputation à l'étranger, s'efforcèrent par tous les moyens d'intercepter les corps à la dérive. Quiconque réussissait à en pêcher un recevait une royale récompense de huit yuan...

*

C'est le monde à l'envers que nous voyons ici, Jean. Les pessimistes regardent de l'avant et les optimistes regardent en arrière.

J. Pasqualini,
Prisonnier de Mao, Paris, 1975, p. 224.

Il faut lire le témoignage de Pasqualini[3] et pas seulement par élémentaire solidarité avec le destin politique d'un quart de l'humanité, mais aussi parce que l'expérience tentée aujourd'hui en Chine populaire et si bien décrite dans ce livre pourrait bien (les maoïstes ne croient pas si bien dire !) se révéler une sorte de prophétie à l'échelle planétaire. Diverses réactions de lecteurs et de critiques influents montrent que, d'une certaine manière, l'opinion est déjà assez bien préparée pour d'éventuelles variantes indigènes de la même recette...

Contrairement à ce que n'ont pas manqué de dire les salariés du département de la Propagande, il ne s'agit pas d'un livre antichinois — au contraire. Je défie quiconque d'achever ce livre sans éprouver un sentiment de respect accru pour le peuple chinois, ce peuple si irréductiblement *humain* qu'il réussit à conserver une sorte de dignité fondamentale (cette *common decency* qui formait le leitmotiv de toute la réflexion politique d'un Orwell) même dans les conditions les plus précisément calculées pour désagréger la texture intime de son humanité. (Ajouterai-je que, pour qui a eu la chance de rencontrer Pasqualini, cette impression est plus forte encore, car son livre, tout irremplaçable qu'il soit, ne peut

1. Quelques mois après avoir recueilli ces témoignages et rédigé ces notes, j'ai enfin lu le terrible document autobiographique d'un ancien leader de gardes rouges, Ken Ling : *The Revenge of Heaven* (Ballantine Books, New York, 1972 ; trad. française, *La Vengeance du ciel*, Paris, Robert Laffont, 1981) — sans aucun doute, le livre le plus important qui soit né de la « Révolution culturelle ». Même si je ne connaissais pas la probité scientifique du professeur Ivan London et de son équipe à qui nous devons l'édition de ce récit, l'authenticité des souvenirs de Ken Ling ne saurait faire pour moi l'ombre d'un doute : les propos de mes interlocuteurs chinois les plus divers n'ont jamais cessé de les confirmer.

2. Voir ci-dessus, *Les Habits neufs du président Mao*, p. 119.

3. *Post-scriptum de 1997* : Jean Pasqualini est mort cet octobre. « C'est quelquefois vaillance que vivre », a dit Montaigne. La vie de Pasqualini fut un chef-d'œuvre de vaillance. Il avait survécu pour témoigner, et son témoignage est irremplaçable et impérissable.

faire entièrement justice de la riche personnalité de l'auteur ; à supposer que les ingénieurs de l'âme réussissent finalement à changer l'homme en général et même les Chinois en particulier, il est à craindre qu'ils n'échouent toujours avec les Pékinois — c'est du moins la conclusion qui s'impose lorsqu'on écoute Pasqualini humanisant l'atroce par sa verve roublarde et convertissant jusqu'à la Pensée de Mao Zedong elle-même en quelque chose de savoureux comme du xiangsheng[1]... et l'on ne peut se défendre d'une sorte de commisération pour les infortunés bureaucrates qui sont chargés d'une tâche aussi désespérée que la rééducation de tels clients.)

Comme tous les livres profonds, l'ouvrage de Pasqualini présente une certaine ambiguïté, et de ce fait, peut se prêter à diverses erreurs de lecture. Un premier type de malentendu est celui que j'appellerais « la lecture Kuomintang ». Le livre contient un certain nombre d'épisodes atroces, et, pour les services de propagande du Kuomintang, la tentation a été irrésistible d'épingler ces passages bout à bout, en les privant de leur contexte[2]. Ce faisant, une fois de plus, ils réduisent le régime maoïste aux dimensions mesquines d'une macabre pantalonnade dans le style du général Pinochet ou du colonel Amin. Mais c'est que la compréhension que le Kuomintang peut avoir du maoïsme est à peu près celle qu'un petit droguiste en faillite pourrait prendre du mécanisme de la fortune des Rockefeller. Le maoïsme, est-il nécessaire de le rappeler ? (oui, c'est nécessaire, car même si tout le monde le sait, *Le Monde* l'ignore encore, témoin un récent articulet d'A. Fontaine[3]), est bien autre chose qu'un Kuomintang qui aurait réussi, une terreur rouge, pure et dure substituée à une terreur blanche, corrompue et inepte. Non, pour entrevoir ce qui fait la spécificité du maoïsme, ces épisodes de violence et de sadisme doivent être remis dans leur contexte, et ils apparaissent alors pour ce qu'ils sont en vérité : *des fausses notes*, des ratés dans le moteur ; quand la machine sera parfaitement au point, vous pouvez être sûrs que ces déplorables accidents ne se reproduiront plus...

Ceci nous amène à un second type de malentendu, inverse du premier, et que, pour la commodité, j'appellerai la « lecture Fairbank ». L'illustre savant américain a en effet observé à propos de ce livre que, si l'on compare les camps maoïstes aux camps soviétiques, « la comparaison est toute favorable à la Chine ». En effet, en regard du système décrit par Pasqualini, il est évident que l'Archipel du Goulag en est encore à un stade incroyablement arriéré : ce n'est qu'un monstrueux chaos, un gâchis sans nom, un bricolage de primitifs ; dans tous les domaines, sous

---

1. Dialogue comique en dialecte pékinois.
2. « Mao Zedong di qiutu », extraits traduits en annexe d'un digest de *L'Archipel du Goulag* (*Gulage qundao*), Taipei, 1974.
3. Compte rendu de *Révo. cul. dans la Chine pop.* (Paris, 10/18, 1974), *Le Monde*, 12 février 1975.

le rapport de l'efficience, de la production, de la discipline, du contrôle idéologique surtout, les camps maoïstes marquent évidemment le plus gigantesque « bond en avant » jamais accompli dans l'histoire mondiale de l'univers concentrationnaire qui, avec eux, entre enfin dans son âge d'or. Mais si l'on est donc en droit de parler d'un « progrès », encore faudrait-il préciser que ce progrès est surtout évident *pour qui adopte le point de vue de Big Brother*.

Il y a trente ans, quand les mandarins de la gauche furent confrontés aux preuves de l'existence des camps staliniens, ils eurent à affronter un cruel dilemme : à révéler la vérité, ne risquait-on pas de désespérer la classe ouvrière ? Puis l'expérience soviétique fit banqueroute, et les troupeaux d'idéologues reprirent leur transhumance : toujours plus à l'Est ! Qu'ils aient finalement réinvesti à Pékin ce capital d'enthousiasme que la faillite soviétique avait momentanément laissé sans emploi n'était que logique après tout (l'Albanie, étant donné ses dimensions modestes, n'aurait pu fournir de tréteaux suffisamment robustes pour leurs assez considérables egos) et qui d'autre, sinon Mao, avait explicitement revendiqué l'héritage de Staline ?… Je suppose donc qu'il se trouvera à nouveau des consciences délicates pour protester, au nom de la classe ouvrière, contre la légèreté avec laquelle les révélations de Pasqualini viennent aujourd'hui menacer la nouvelle espérance prolétarienne. Mais d'un autre côté, comme le prolétariat semble avoir maintenant pris l'insolente habitude de penser par lui-même, sans consulter ses directeurs de conscience bénévoles, l'objection formulée par ces derniers a fort perdu de sa pertinence. Le danger aujourd'hui est moins de désespérer Billancourt que de désespérer *Tel Quel* ; et cette dernière éventualité est peut-être moins effrayante qu'il ne paraît à première vue, car après tout, quand cette brave phalange se sera déprise de son Mao — toujours plus à l'Est ! — il lui restera encore Kim Il Sung.

Une autre objection, qui a été parfois formulée à l'égard du livre de Pasqualini, consiste, tout en admettant la sincérité du témoin et la véracité de son témoignage, à souligner qu'il ne peut s'agir, par définition, que d'un phénomène marginal à partir duquel on ne saurait extrapoler de conclusions plus générales sur la condition humaine en Chine aujourd'hui. Cette objection me semble invalidée, et pas seulement parce que l'on pourrait dire en un sens que *toute* société est jugée par ses prisons, mais aussi pour des raisons plus spécifiques. Avec une population égale (selon les plus modestes estimations) à la population totale d'un pays comme la Hollande ou comme l'Australie, une organisation et une fonction politico-économique d'une ampleur telle qu'elle justifie l'existence d'un ministère particulier pour s'occuper de sa gestion [1], le monde concentrationnaire maoïste pourrait difficilement être catalogué comme

1. Appelé pudiquement le ministère du Défrichement et des Fermes d'État ; le ministre actuel est Xiao Ke, un militaire avec le grade de général. (1975.)

« marginal », déjà sur la base des seuls critères quantitatifs. Maintenant, si nous délaissons le domaine des chiffres pour aborder celui infiniment plus significatif des principes, on verra que cet univers occupe une place *centrale* dans le système, qu'il fournit une clef pour en comprendre tous les mécanismes.

La différence entre le détenu et le citoyen libre est moins une différence de statut qu'une différence de *degré.* Le camp représente d'une certaine façon une épure, une projection du futur, une société idéale — ce que serait la société si les dirigeants pouvaient surmonter le poids des choses, la loi du nombre, les mille forces de freinage, de résistance et d'inertie qui partout conspirent pour entraver l'application immédiate à l'échelle du pays entier de cette certaine vision de l'esprit, de ce certain modèle qui, dans les camps, trouvent déjà à s'incarner sans obstacle. La Chine est une grande école de la Pensée de Mao Zedong, dans laquelle le citoyen ordinaire fait encore figure de cancre buissonnier en regard du détenu qui, lui, apparaît par la force des choses comme un élève modèle ; c'est que le premier, resté dans le siècle, est soumis à mille tentations, est sollicité par mille « divertissements » au sens pascalien du mot : le match de football du dimanche, le sourire de sa petite amie, la lecture d'un roman, la coqueluche de son dernier-né, tout se conjugue sans trêve pour contrecarrer et affaiblir dans son cœur ce qui devrait faire l'unique objet de son attention, la motivation exclusive de ses actes, le pôle de tous ses désirs, la source de toutes ses émotions : à savoir, la réforme de soi, la construction du socialisme, l'étude et l'application vivante de la Pensée de Mao Zedong ; tandis que le détenu lui, délivré de cette lamentable liberté qui voue le commun des mortels à tâtonner dans les ténèbres, est exposé entièrement nu, de façon intense, totale et permanente, au dévorant soleil de l'orthodoxie, et se trouve placé sur des rails rigides qui conduisent *infailliblement* au salut. (A partir du témoignage de Pasqualini, on pourrait aisément concevoir une projection orwellienne du futur, dans laquelle la société tout entière serait devenue un immense camp ; les rares éléments dévoyés, criminels ou inadaptables qui subsisteraient encore seraient alors soumis au pire châtiment concevable : *ils seraient expulsés du camp et condamnés à la liberté.*)

A l'intérieur du camp, la rédemption finale est inéluctable : il n'y a ni échappatoire ni diversion : le succès final de l'opération ne requiert même pas du patient qu'il soit sincère : l'exigence objective de l'ajustement au milieu s'est entièrement substituée à cette notion subjective de sincérité qui progressivement se brouille, et finalement, ayant perdu toute pertinence, s'évanouit. Pour faire comprendre ce processus, la description de Pasqualini est absolument irremplaçable. Comme Sima Qian le faisait déjà remarquer il y a un peu plus de deux mille ans dans sa fameuse *Réponse à Ren An*, pris dans l'engrenage punitif du système totalitaire, l'homme n'a que deux alternatives entre lesquelles il doit choisir de façon instantanée et sans retour : ou bien se suicider d'emblée, ou bien survivre. La seconde option n'est pas moins définitive que la première, car dans ce système, *accepter de survivre c'est renoncer à être soi-même*. La survie implique en effet un ajustement au milieu, l'ajustement au milieu exige l'adoption d'un certain mode d'action et de pensée ; cette façon d'agir et de penser, dans un premier stade, est endossée par le détenu comme un acteur endosse un rôle, mais, dans une seconde phase, c'est le personnage qui petit à petit se substitue à la personne, le masque au visage, et le mensonge des geôliers à la vérité du prisonnier. En d'autres mots, pour subsister, il faut jouer le jeu ; jouant le jeu, le jeu vous change. Au point d'aboutissement de cette évolution — qui, chez Pasqualini, s'interrompit à mi-route, du fait de sa mise en liberté prématurée — l'adaptation au monde-à-l'envers peut devenir si complète que le sujet, replacé brusquement dans un monde-à-l'endroit, se sent pris de vertiges tellement intolérables qu'ils compromettent parfois définitivement toute tentative de réinsertion dans un entourage normal.

*

Dans les dernières semaines de mon séjour à Hong Kong, j'ai été témoin d'un bizarre drame familial qu'il serait peut-être approprié d'évoquer brièvement ici — mais je ne doute pas que nos bons maoïstes sauront récupérer cette histoire et y verront précisément l'émouvante confirmation du bien-fondé de leur religion.

M..., quarante-deux ans, originaire de Chine septentrionale, est un de mes très bons amis. Il a connu une enfance et une jeunesse assez rudes ; son père, militaire, fut tué au front pendant la guerre ; sa mère, une femme énergique et courageuse, se débrouilla héroïquement pour élever une nombreuse famille, mais M... se souvient d'avoir eu souvent faim à cette époque. A la veille de la prise du pouvoir par les communistes, sa mère réussit à lui faire quitter la Chine : c'est ainsi que M... se retrouva, à l'âge de quinze ans, tout seul pour affronter le vaste monde. Après des vicissitudes sans nombre, il réussit, armé seulement de son courage et de ses talents, à se tailler finalement une très belle situation. Il est marié avec une femme charmante, originaire de la même province que lui, et est père de deux beaux enfants. Depuis une dizaine d'années, il était parvenu à retrouver la trace de sa mère, restée en Chine, et à correspondre assez régulièrement avec elle. Sa mère lui révéla à mots couverts qu'elle était passée par de sévères épreuves, et qu'elle souhaitait sortir de Chine. Après plusieurs années de démarches, un visa de sortie lui fut finalement accordé : mère et fils se retrouvèrent ainsi à Hong Kong — il y avait près de trente ans qu'ils ne s'étaient vus ! Elle conta par le menu tout ce qui lui était arrivé : accusée de complicité avec le Kuomintang (son mari avait servi dans l'armée nationaliste) et de collusion avec les impérialistes américains (son fils avait bâti sa fortune aux États-Unis) elle avait été soumise à des séances de « critique », à des brimades diverses et, une fois même, à des sévices qui la laissèrent à demi paralysée pendant près d'un an. Plus éloquemment encore que tous les récits de ses misères, son comportement psychologique permettait de voir ce qu'elle avait traversé. Elle était atteinte d'une sorte de délire de la persécution, dont les manifestations étaient d'autant plus douloureuses que, par ailleurs, elle était restée remarquablement alerte pour son âge. Elle s'était mis en tête par exemple qu'une soixantaine de personnes — dont les bourreaux qui l'avaient si cruellement battue une vingtaine d'années plus tôt — l'avaient suivie à travers toute la Chine jusqu'à Hong Kong ; elle étudiait chaque matin dans le journal les petites annonces d'appartements à louer, car, pensait-elle, « ils » cherchaient à s'installer tout autour de la résidence de son fils, chez qui elle habitait maintenant, pour l'enfermer définitivement dans le cercle de leur surveillance. Elle croyait que le poste de télévision était une sorte de fenêtre à travers laquelle « ils » l'observaient sans qu'elle pût « les » voir ; mais comme d'autre part la télévision la distrayait, la solution qu'elle avait trouvée pour concilier son plaisir avec sa sécurité était de la regarder embusquée dans l'encoignure d'un mur, ou en cachant à demi son visage derrière un journal déployé.

Le plus cruel était que le délire de cette vieille femme solitaire se tournait en premier lieu et par excellence contre l'être au monde qui lui était le plus dévoué — son fils. M… s'ingéniait à lui rendre la vie le plus agréable possible, mais chacune de ses initiatives ne venait au contraire que susciter chez elle des soupçons nouveaux. Ayant remarqué que la malheureuse portait en guise de sous-vêtements d'informes haillons, il lui acheta ce qu'il put trouver de plus moelleux et de plus confortable pour les remplacer, mais sa mère, effrayée par tant de luxe, au lieu de les mettre, les enfouit dans une cache ; pour la décider à utiliser ce nouveau trousseau, il fit disparaître ses guenilles dans la poubelle : elle crut que son propre fils entreprenait de la dévaliser. A table, elle se gardait de manger à sa faim, mais dérobait subrepticement du pain ou des biscuits secs qu'elle allait grignoter dans son lit, tous feux éteints. A sa belle-fille pour qui elle s'était prise d'affection et avec qui elle avait parfois de brefs moments de confiance et d'abandon, elle expliqua qu'en Chine, maintenant, les querelles de famille naissaient toujours à table, au partage de la nourriture, et que sa politique était donc de se servir de la façon la plus parcimonieuse possible pour ne pas donner prise à la critique. Plus son fils et sa belle-fille cherchaient à l'entourer d'attentions, plus elle se repliait dans sa méfiance angoissée.

L'aggravation de son délire n'allait pas sans de brèves accalmies de lucidité qui lui permettaient seulement de mesurer l'étendue de son propre naufrage. Elle se rendit compte qu'à continuer de ce pas, elle allait finir par entièrement sombrer ; elle aspira à retrouver les repères familiers de son existence quotidienne, son galetas, ses voisins de misère, tous les implacables et sordides parapets de sa raison chancelante : elle parla de rentrer en Chine. A la seule mention d'un tel projet, M… éclata en sanglots : non, c'est impossible, c'est monstrueux, c'est une aberration, après avoir attendu tant d'années cette chance unique d'un visa de sortie, après avoir enfin obtenu ce miracle inespéré des retrouvailles, comment pourrait-on anéantir tout ce bonheur pour jamais ? « Quel bonheur ? rétorquait la vieille. Je ne suis pas heureuse ici, je veux rentrer. » Jour après jour, elle revint à la charge, elle n'en démordait pas ; butée, elle faisait front aux flots de larmes de son fils, elle avait pris sa décision, rien ne pouvait plus l'ébranler. Il fallut finalement se rendre à son désir. Les autorités chinoises furent prises au dépourvu par cette demande de visa de retour ; elles se demandèrent tout un temps quel complot une aussi paradoxale initiative pouvait recéler ; enfin, s'étant assurées que la malheureuse était parfaitement inoffensive, elles lui octroyèrent son visa. M…, sa femme et leurs deux gosses, tous pleurant à chaudes larmes, reconduisirent la vieille jusqu'à la frontière ; elle avait l'œil sec et elle franchit le pont de Luohu d'un pas vif pour son âge.

Un mois plus tard, M… m'a dit qu'elle lui avait finalement envoyé une carte postale avec quelques mots pour lui dire qu'elle était bien arrivée. N'ayant jamais bénéficié d'une expérience directe du régime maoïste, il n'a toujours pas compris ce qui s'était passé.

FERMETURE PROVISOIRE POUR CAUSE DE TRAVAUX[1]

Note sur les musées de Chine populaire

Dans à peu près toutes les disciplines intellectuelles, scientifiques et techniques, il est devenu de règle de faire un voyage d'étude en Chine populaire. Que l'on soit spécialiste en matière de planification urbaine, de chorégraphie, de pesticides, de physiothérapie, de gérontologie, d'œcuménisme ou de linguistique structuraliste, on ne saurait dorénavant plus passer pour une autorité véritable sans cette consécration que seule procure une rituelle visite dans l'empire de Mao. Le plus admirable est que ces séjours de trois semaines en Chine comportent pour tous les voyageurs — des théologiens aux logopèdes, des ornithologues aux mystagogues, des mineurs aux ministres — le même programme invariable : tous, quelle que soit leur spécialité, visitent la même pouponnière, la même aciérie, la même école du 7-Mai, et s'attablent au même festin de canard pékinois, et pourtant chacun parvient à tirer de cette identique et somme toute modeste expérience des révélations neuves, une remise-en-question-de-toutes-les-perspectives dans sa sphère originale d'activité — et quelquefois même la matière d'un livre de format respectable. Le secret de ce permanent miracle d'inspiration polyvalente réside peut-être dans le célèbre propos où Mao vantait la Chine de n'être qu'une « page blanche » se prêtant dans sa virginité à la composition de poèmes inouïs. En réalité — est-il besoin de le rappeler ? —, la Chine était loin de constituer une « page blanche », mais depuis un quart de siècle que ses nouveaux maîtres s'emploient fébrilement à gratter le glorieux palimpseste (enrichi en couches successives de quelque trois ou quatre mille ans d'alluvions culturels), on commence aujourd'hui à approcher effectivement de l'état de radicale candeur prescrit par le Grandiose Timonier. Entre autres effets, la fameuse « page blanche » s'est montrée en tout cas un puissant stimulant pour l'imagination des visiteurs étrangers qui y déchiffrent tout ce qu'ils sont venus eux-mêmes y inscrire, et pour ces caravanes de pèlerins supérieurement armés d'ignorance, une rapide traversée du désert culturel maoïste se révèle incomparablement fertile en mirages.

1. Paru dans *L'Arc*, n° 63.

Je ne sais s'il s'est déjà trouvé des muséologues pour effectuer le classique voyage de Pékin. En attendant leurs sérieuses analyses qui ne sauraient tarder à paraître, je voudrais simplement proposer ici ces quelques notes sans conséquence, imitant en cela un peu le rôle de ces augustes de cirque qui amusent un instant le parterre de leurs indigentes pirouettes, avant l'entrée des éléphants.

Le plus remarquable effet que la « Révolution culturelle » a eu sur les musées chinois fut de les *fermer tous pendant quelque sept ou huit ans*. Jusqu'à il n'y a guère encore, le visiteur se heurtait presque partout à des portes closes sur lesquelles il était écrit : « Fermeture provisoire pour cause de travaux. » Peut-être se rencontrera-t-il des pèlerins subtils pour dégager de ce phénomène une nouvelle philosophie du « musée fermé » ? Après tout, il pourrait y avoir là une conception originale, révolutionnaire même, du musée, de sa nature et de sa fonction… Pour ma part, n'étant pas un esprit spéculatif, je me limiterai à quelques observations d'une nature plus terre à terre.

La fermeture des musées fut une excellente initiative : elle permit dans l'ensemble de protéger leur contenu de la destruction et du pillage. Les œuvres qui étaient demeurées en la possession des personnes privées (peintures, calligraphies, etc.), celles exposées au public (statues et décor des temples), divers monuments d'accès commode (stèles commémoratives, statuaire monumentale, quelquefois même temples entiers) eurent un sort moins heureux : les gardes rouges en firent un gigantesque holocauste. On n'a guère idée en Occident des proportions que prit cette fièvre iconoclaste (j'en ai pu personnellement vérifier un bon nombre d'exemples, que j'ai recensés ailleurs [1]). Dans ce domaine, les fameuses et superbes expositions de « trésors archéologiques découverts durant la Révolution culturelle », destinées à un usage externe et diplomatique, ont entièrement atteint leur objectif : elles ont achevé de donner le change à un public étranger qui, ne demandant qu'à se laisser égarer, n'avait d'ailleurs guère besoin pour cela d'un aussi luxueux rideau de fumée.

La fermeture des musées se prolongea toutefois bien après que la fureur iconoclaste fut retombée, ceci pour deux raisons. D'abord, le personnel qualifié, déporté aux champs à des fins de rééducation, mit du temps avant d'en revenir. En second lieu, l'incertitude qui continue à prévaloir aujourd'hui dans le domaine de la politique culturelle inhibe les malheureux cadres chargés de responsabilités dans ce secteur : dans l'attente que la lutte pour le pouvoir qui continue à faire rage en ce moment parvienne à son dénouement, ils se confinent dans une prudente expectative. Dans le domaine particulier — mais considérablement développé — des musées d'histoire contemporaine, l'incertitude politique

1. Voir ci-dessus, *Ombres chinoises*, « Les étrangers en Chine populaire » et « Suivez le guide ».

qui caractérise la situation actuelle revêt des implications singulièrement redoutables. La chute de toute une partie de l'équipe dirigeante (Liu Shaoqi et Cie), suivie de la chute de ceux qui les avaient fait chuter (Lin Biao et Cie), suivie elle-même de la réhabilitation des traîtres contre-révolutionnaires d'hier (Deng Xiaoping et Cie[1]), a embarqué les historiographes officiels dans un vertigineux carrousel : après avoir dû re-re-récrire l'Histoire par trois fois en l'espace de moins d'une décade, on comprend qu'ils souhaitent déposer un instant leur plume et reprendre leur souffle. Plutôt que de continuer cette ingrate besogne de mise à jour de l'Histoire à la lumière des dernières vicissitudes de l'Orthodoxie, gommant ici, ajoutant là, substituant ailleurs une figure à une autre, il a semblé finalement plus raisonnable de faire carrément relâche pour un temps, et avant de placer une nouvelle série de héros sur les autels de la nation, d'attendre que leurs actions se soient suffisamment stabilisées sur cet erratique marché de la Bourse politique. Il est peut-être bon d'indiquer ici entre parenthèses que le travail des conservateurs de musées historiques chinois est rendu assez différent de celui de leurs homologues étrangers du fait que le régime se forme de la vérité historique une conception remarquablement plastique et fluide. La notion de « vérité objective » a été explicitement dénoncée comme un « préjugé bourgeois » et l'on y a substitué celle de propagande révolutionnaire et de pédagogie prolétarienne. Inutile de dire que, dans cette perspective, le respect du document authentique et original fait figure de superstition puérile. Un exemple caractéristique de cette attitude libérée peut être fourni par le musée Mao Zedong installé dans le village natal du Grandiose Maître à penser : pour accommoder un nombre deux fois plus grand de visiteurs, le musée a été *dédoublé* et tous les documents et objets exposés y figurent en deux exemplaires identiques répartis selon le même agencement dans des bâtiments jumeaux. La même méthode avait déjà été appliquée au début des années 60 dans les célèbres expositions retraçant la vie de Lei Feng, jeune héros fraîchement canonisé. Ces expositions qui avaient lieu *simultanément* dans plusieurs grandes villes chinoises montraient *le même* exemplaire du journal manuscrit de Lei Feng ; on y trouvait également des *photos* montrant le jeune saint en train d'accomplir *secrètement* diverses actions vertueuses… (Évidemment, dans le cas de Lei Feng, les muséologues disposaient d'un avantage supplémentaire, puisqu'ils travaillaient sur *un personnage qui n'a jamais existé* — et ceci leur donnait naturellement une latitude encore plus grande.) Ces conditions très particulières font de la muséologie en Chine maoïste un authentique travail de *création*. Ici c'est vraiment le cas de parler de « l'imagination au pouvoir » !

---

1. Recondamnés depuis (note de 1976). Quand on vous parle de carrousel ! (Faut-il vraiment rappeler qu'entre-temps cette dernière équipe a été à nouveau réhabilitée ? — *Post-scriptum* de 1997.)

En Chine, la politique des musées oscille — comme la politique culturelle en général, et la politique tout court — entre deux pôles contradictoires. D'un côté il y a la *théorie maoïste* dans toute sa pureté ; elle présente une assez belle cohérence, mais si on veut l'appliquer avec une certaine rigueur logique, il faut supprimer les musées, ou à tout le moins, vouer au bûcher les quatre-vingt-dix-neuf pour cent de leur contenu (tâche à laquelle se sont appliqués les gardes rouges, non sans succès). De l'autre côté, il y a la *pratique « révisionniste »* qui autorise, voire même encourage, la préservation de l'héritage artistique, mais ne réussit à accomplir cette œuvre pieuse qu'au prix d'une malhonnêteté intellectuelle et d'une hypocrisie fondamentale qui ne manquent pas d'exciter périodiquement (et non sans raison) l'indignation et la fureur d'une jeunesse idéaliste à qui ces sophismes et ces compromis paraissent intolérables.

La théorie maoïste de la création artistique (dont on trouve la formulation définitive dans la fameuse *Intervention aux causeries de Yan'an sur les lettres et les arts* de Mao en 1942) est proprement *pharaonique*, c'est-à-dire qu'elle ne concède à l'œuvre d'art ni valeur, ni signification, ni existence indépendantes de sa fonction utilitaire au service de la classe dominante. Dans cette perspective, il n'existe d'ailleurs à strictement parler pas d'œuvres d'art, mais seulement diverses armes dans le combat idéologique, divers outils de propagande et de pédagogie dont le contenu doctrinal a été rendu un peu plus appétissant, un peu moins aride, par l'adjonction d'une certaine vêture « artistique », dont la relation avec le « fond » est comme celle de la confiture avec la tartine. Ceux de ces outils et armes qui servent les classes féodales et bourgeoises doivent être dénoncés et rejetés, et ceux qui servent le prolétariat doivent être promus et diffusés.

En ce qui concerne les « révisionnistes », eux, leur principale faiblesse est précisément de n'avoir point de doctrine propre : ils sont condamnés à faire perpétuellement référence à l'idéologie maoïste pour couvrir une activité qui, en fait, va à contre-courant de cette idéologie. C'est ainsi par exemple qu'ils protègent les œuvres du passé et construisent des musées (j'en dirai un mot plus loin) pour les conserver ; pareille attitude présuppose évidemment que l'œuvre d'art puisse posséder une signification et une valeur spécifiques, indépendantes de sa nature sociale et de sa fonction politique, mais comme il s'agit là d'une notion inacceptable et inavouable, ils déguisent les trésors qu'ils sauvent en leur attribuant, le plus souvent contre toute vraisemblance, un pedigree prolétarien : « produit du génie des masses laborieuses », « art populaire » ou « expression du réalisme social ». Quand il s'agit d'apposer pareilles étiquettes sur des œuvres aristocratiques, ésotériques et abstraites, comme les productions de la calligraphie et de la peinture — les deux arts majeurs de la Chine et l'expression quintessentielle de son génie —, le sophisme devient si énorme qu'il vire à l'impudence ; aussi les « révisionnistes » n'osent-ils en user que lorsqu'ils se sentent politiquement bien en selle. Dans les périodes où leur autorité est mise en question, ils préfèrent esquiver ce sujet délicat, peintures et calligraphies sont provisoirement mises au rencart et l'attention se concentre plutôt sur l'architecture et toutes les formes d'artisanat et d'arts appliqués. Certains grands ensembles monumentaux du passé doivent ainsi leur préservation au fait qu'ils furent bâtis par des régiments de coolies ; le raisonnement est bien sûr boiteux (l'équivalent moderne serait d'attribuer la conception de Ronchamp non au Corbusier, mais aux bétonneuses et aux grues dont l'architecte s'est servi), mais son mérite principal demeure d'avoir effectivement réussi à dédouaner des ensembles incomparables comme la Cité interdite, le temple du Ciel, les tombeaux Ming, etc. Mais dans ces périodes d'instabilité politique (comme aujourd'hui), c'est encore l'archéologie qui fournit le terrain d'activité le plus sûr, un no man's land idéologique où l'on peut moissonner le maximum d'avantages avec un minimum de risques. La Chine est une gigantesque mine de trésors dont les principaux gisements sont bien connus ; pour masquer l'absolue et terrifiante stérilité à laquelle la « Révolution culturelle » a réduit la vie intellectuelle et artistique, il a donc suffi de travailler de la pioche pendant quelques mois sur divers filons aux quatre coins du pays, et les Anciens, mobilisés jusqu'au fond des tombes où ils dormaient depuis deux mille ans, sont une fois de plus venus à la rescousse de leurs infortunés descendants : faisant un moment oublier la présente misère à laquelle le maoïsme a voué ceux-ci, ils ont rappelé à un monde ébloui de quel sublime passé peut se prévaloir la Chine… Un mérite supplémentaire des découvertes archéologiques quelles qu'elles soient est de se plier commodément aux exigences préconçues de l'historiographie orthodoxe : plus marxistes que Marx, elles viennent toujours docilement s'inscrire dans un schéma d'évolution historique que le maître lui-même n'avait cru applicable qu'au seul Occident…

La plupart des grandes villes chinoises possèdent un musée d'art et d'histoire ; certains de ces établissements — par exemple à Pékin, le musée de l'Ancien Palais et à Shenyang, le musée provincial du Liaoning qui ont repris l'héritage des collections de la dynastie mandchoue — se sont développés autour d'un noyau préexistant, mais le plus grand nombre a été créé après la « Libération ». Le contenu de ces musées se limite exclusivement à la Chine ; à plusieurs reprises (dans une phase de « révisionnisme » triomphant) le gouvernement chinois affecta des sommes considérables à l'acquisition d'œuvres d'art sur le marché international, mais dans chaque cas, il s'agissait de racheter des œuvres *chinoises* qui avaient échoué à l'étranger. (Même dans leurs périodes les plus audacieusement «révisionnistes», les autorités chinoises ne semblent jamais avoir considéré que les mêmes sommes eussent tout aussi bien pu être affectées à l'achat d'œuvres *étrangères* : sur ce chapitre, on en demeure encore aux conceptions qui prévalaient à l'ancienne cour mandchoue dont l'intérêt dans ce domaine se limitait essentiellement aux horloges mécaniques...) Les collections de ces divers musées sont extrêmement riches ; elles sont constituées en partie d'anciennes collections privées confisquées par l'État, et en partie du produit de vingt-cinq années de nouvelles moissons archéologiques. Elles n'ont été que partiellement analysées et publiées : les spécialistes — très compétents — qui s'occupent de ce travail sont peu nombreux en regard des innombrables trésors qu'il reste à inventorier et étudier, et surtout ils travaillent dans des conditions difficiles, ayant constamment à faire face aux imprévues sautes de temps du climat politique ; dernièrement, à la suite de la «Révolution culturelle», toute leur activité s'est trouvée suspendue pendant près de sept ans... Tous les conservateurs de musées et archéologues que j'ai eu l'occasion de rencontrer m'ont profondément impressionné tant par leur valeur scientifique que par leurs qualités humaines : animés par l'amour de leur métier, dévoués au service de la culture chinoise, ils poursuivent avec désintéressement et courage une tâche solitaire, ingrate et parfois dangereuse.

L'austérité — pour ne pas dire la vétusté et l'indigence — de l'équipement des musées frappe moins lorsqu'il s'agit des collections d'art et d'archéologie : dans le petit nombre des musées qui ont finalement rouvert, la splendeur des œuvres exposées est telle qu'elle fait oublier les vitrines boiteuses, les draperies fanées et les éclairages incertains. Dans le cas des musées scientifiques ou des musées politiques, ces conditions matérielles particulières donnent à la muséologie chinoise sa saveur spécifique. J'ai décrit ailleurs [1] le charme mélancolique de ces galeries de taxidermie où, dans les universités, on promène le visiteur étranger de tamanoir poussiéreux en sagouin mangé aux mites, ainsi que certaines rencontres insolites, tel ce sale et touchant singlet d'un étudiant-ouvrier, qui, ayant été honoré d'une remarque de Mao, fut enchâssé sous verre ; je pourrais y ajouter encore le musée de l'Homme de Pékin avec ses attendrissants dioramas de plâtre peint qui rappellent ces musées forains de notre enfance, où, pour quelques centimes, on pouvait admirer la Femme-à-quatre-seins et le Rat-mangeur-d'enfants. Ces dernières remarques sont peut-être moins frivoles qu'il ne paraît ; je me demande si, sans le vouloir, je n'ai pas mis le doigt ici sur une des raisons profondes de la fascination que la Chine maoïste exerce aujourd'hui sur l'intelligentsia occidentale : celle-ci, embarquée dans la galère d'une civilisation technologique qui semble bien avoir mis le cap sur l'abîme, trouve en Chine

1. Voir ci-dessus, *Ombres chinoises*, «Universités».

moins une autre vision du futur qu'une nostalgique évasion dans le passé : un monde d'avant l'industrialisation, l'ultime utopie « rétro »…

AH Q VIT-IL ENCORE [1] ?

Au début du siècle, les Chinois, voyant leur pays réduit à une condition si indigne de son prodigieux passé, s'interrogeaient tantôt (s'ils étaient conservateurs) sur ce qui constituait l'« essence nationale » de manière à pouvoir sauver celle-ci du naufrage, et tantôt (s'ils étaient progressistes) cherchaient au contraire à identifier et stigmatiser parmi les « caractéristiques nationales » les vices qui se trouvaient à la racine des malheurs du pays. Cette dernière entreprise, de nature morale, polémique et satirique, inspira au plus grand écrivain chinois moderne, Lu Xun, son chef-d'œuvre, *La Véridique Histoire d'Ah Q* [2], et du même coup enrichit la littérature universelle d'un de ces caractères qui, comme Don Quichotte, Chichikov, le brave soldat Svejk, etc., réussissent à incarner les traits collectifs d'un peuple dans un individu singulier et inoubliable.

Dès sa parution (1921), *Ah Q* connut une fortune prodigieuse ; son succès fut tel que, consécration suprême, de nom propre il devint un nom commun de la langue courante : l'« ahquisme » désigne aujourd'hui cet ensemble composite d'astuce et de bêtise, d'arrogance et de couardise, de suffisance et de servilité, de cynisme et de naïveté, d'obscurantisme et de sagesse, d'abjection et de fierté, en un mot cette recette d'humanité qui a permis à une portion singulièrement nombreuse, attachante et durable de notre bizarre espèce, de survivre continûment à la plus longue série de fastes et de catastrophes qu'on ait vu de mémoire de civilisation sur cette planète.

Dans cet ouvrage, malgré l'intention didactique qui animait Lu Xun, le génie du romancier l'emporte peut-être encore sur celui du pamphlétaire : le créateur a vraiment réussi à doter son personnage d'une vie autonome, en sorte qu'à son tour Ah Q a suscité une masse de commentaires qui n'ont pas fini de cerner sa personnalité et d'explorer ses

1. Paru (version abrégée) dans *Le Point* du 2 février 1976.

2. Martine Vallette-Hémery, impeccable traductrice de la littérature chinoise, vient d'en donner une nouvelle version française annotée (Lu Xun, *La Véridique Histoire d'Ah Q*, Centre de publication Asie orientale, université Paris-VII). L'éditeur a eu la bonne idée de nous offrir le texte chinois en regard de la traduction et d'agrémenter celle-ci des illustrations de Cheng Shifa ; l'art de Cheng, curieusement réminiscent de celui des grands illustrateurs anglais (Beardsley, Rackham) dont il intègre certains traits à l'idiome de la peinture chinoise traditionnelle, ne réussit pas à faire oublier les illustrations de Feng Zikai (1939), mais il possède un charme original et occupe une place de choix dans la peinture chinoise contemporaine.

ambiguïtés. Par un paradoxe que, de part et d'autre, les intéressés ont eu ultérieurement avantage à faire oublier, *La Véridique Histoire d'Ah Q* fut tout d'abord applaudie par diverses personnalités de droite et vilipendée par les critiques d'extrême gauche. En effet, son héros, mi-paysan, mi-vagabond, est tellement vivant et réel, que les lecteurs peuvent facilement perdre de vue qu'une bonne moitié des vices qu'il incarne est en fait bien plus typique de l'élite dirigeante que des ouvriers agricoles ! Ce n'est certes pas dans une perverse intention de diffamer le prolétariat que Lu Xun est allé choisir dans ses rangs un bouc émissaire qu'il pourrait charger de toutes les fautes de la nation : pour lui, il s'agissait simplement de trouver le plus grand dénominateur commun, un type réduit par son dénuement même à une qualité élémentaire de bipède humain susceptible de la plus large généralisation. Mais s'il descend au dernier degré de la pyramide sociale, c'est pour mieux pouvoir s'en prendre à la totalité de l'édifice traditionnel, et ainsi son attaque, radicale et dévastatrice, ne part des fondations que pour abattre plus sûrement les étages supérieurs. Mais autant il était absurde de reprocher hier à Lu Xun d'avoir peint un prolétaire de façon aussi négative, autant il l'est aujourd'hui d'essayer de déchiffrer dans son personnage des traits positifs. Lu Xun ne se faisait guère d'illusions sur le compte du prolétariat : dans le village de Nulle-part, les déshérités, serviles à l'égard des puissants, ne songent qu'à s'écharper mutuellement ; les opprimés sont des candidats oppresseurs ; humilié et offensé, Ah Q est à la recherche d'un plus faible que lui, qu'il puisse à son tour humilier et offenser. Il épouse tous les préjugés de la caste qui l'exploite. S'il rêve finalement de révolution (après l'avoir d'abord honnie) c'est dans l'espoir qu'elle lui procure enfin des biens et des femmes, ainsi que la possibilité d'infliger à autrui les vexations et les injustices dont il a été jusqu'alors victime. Pourtant, dans cet univers enténébré du haut en bas, il subsiste une différence essentielle entre la canaillerie des notables et celle d'Ah Q : la différence qui sépare les bourreaux de la victime. Si grotesque, méprisable et odieux qu'il soit, Ah Q est finalement racheté à nos yeux par une sorte d'*innocence* fondamentale : il est le déshérité total, il ne possède rien en propre, *même pas ses vices*, lesquels ne sont en effet qu'une pathétique caricature des vices de ses oppresseurs, et l'acte d'accusation que Lu Xun dresse contre ces derniers est d'autant plus terrible que le portrait de l'opprimé est resté mieux exempt de complaisance sentimentale.

L'art de Lu Xun n'a jamais été plus brillant et aisé qu'ici. Le naturel désinvolte avec lequel il enchaîne les épisodes (les chefs-d'œuvre naissent souvent de la tyrannie des contingences : en l'occurrence, la nécessité de fournir un feuilleton en tranches périodiques, imposant à l'écrivain la plus arbitraire des conventions, l'a acculé à donner le meilleur de lui-même), la cocasserie de l'invention, l'allégresse de l'écriture (jouant des contrastes entre le pédantisme de l'expression et la trivialité des situations), le train nerveux du récit, tout cela est tellement étourdissant qu'on en oublierait presque le pessimisme noir de l'inspiration. Lu Xun a du monde une vision désespérée ; non seulement dans le village de Nulle-part il n'y a pas un seul être décent, propre à inspirer le respect ou la sympathie, mais, ce qui est pire, tout espoir de changer cet état de choses paraît illusoire : le phénomène Ah Q clame l'urgente nécessité d'une révolution, et simultanément son existence même fait mettre en doute la possibilité de jamais mener une telle révolution à bien. Chez Lu Xun, la soif de justice, si ardente soit-elle, ne réussit jamais à suspendre le froid et lucide exercice du jugement critique, et la conjugaison de ces deux dispositions contradictoires le condamne en permanence au désespoir — au désespoir, mais non à l'inaction car, après tout, « le désespoir a ceci de commun avec l'espérance qu'il est aussi une illusion »... Inutile de dire qu'une attitude aussi ambiguë à l'égard de la révolution n'a pas été sans entraîner des difficultés pour les militants qui, mus par une conjonction accidentelle de raisons tactiques, ont été malencontreusement amenés à faire de Lu Xun le saint patron de leur littérature. En fin de compte, le plus simple a encore été pour eux de l'encenser tout en se bouchant les oreilles. Choisissant d'ignorer tout ce que Lu Xun avait lui-même dit au sujet d'*Ah Q* (« Je souhaitais avoir décrit un phénomène révolu, mais je crains en fait que ma vision ne relève plutôt du futur »), à plusieurs reprises déjà, ils nous ont triomphalement annoncé la mort d'Ah Q : « Depuis la victoire de la révolution populaire guidée par la classe ouvrière, Ah Q et l'ah-quisme ont disparu pour de bon, entièrement, définitivement. » Et pourtant Ah Q vit toujours ; ceci nous a été confirmé par le président Mao lui-même qui, au désarroi fréquent de ses fidèles, manifeste un goût certain pour le paradoxe : « *La Véridique Histoire d'Ah Q* est un ouvrage excellent, je conseille à tous les camarades qui l'ont lu de le relire à nouveau, et à ceux qui ne l'auraient pas encore lu de s'y mettre avec zèle. » Le conseil est valable, et pas seulement pour les cadres de Chine populaire qui auraient besoin de comprendre leurs administrés et de mieux se connaître eux-mêmes, il vaut aussi pour tous ceux que passionne la problématique de la révolution chinoise ; plus largement, il vaut enfin et surtout pour quiconque s'intéresse à ce miroir universel de la condition humaine que constitue la littérature. En faisant la connaissance d'Ah Q, les lecteurs occidentaux les plus étrangers à la Chine découvriront une précieuse évidence qui demeure irrémédiablement cachée tant aux tenants du Péril jaune qu'aux thuriféraires de la Chine rouge : les Chinois sont aussi des hommes, ou d'une certaine façon, si vous voulez, *nous sommes tous des Chinois*.

LE MOUVEMENT DE « CRITIQUE DE LIN BIAO ET CONFUCIUS [1] »

Cet essai, rédigé en novembre 1974, décrit la résistance victorieuse que Zhou Enlai réussit à opposer à ses adversaires durant les derniers mois de son existence. Seule sa mort devait finalement permettre à ses ennemis de reprendre un avantage temporaire en éliminant Deng Xiaoping. L'épisode décrit ici n'en demeure pas moins exemplaire des méthodes suivies par la caste bureaucratique dans sa lutte pour le pouvoir. Il devrait concerner également ceux qui, en Occident, pensent que la « Critique de Confucius » était un débat philosophique...

Deux observations préliminaires

1. La politique maoïste ne s'exprime que dans un *langage codé* où les choses ne sont jamais ce qu'elles proclament être, où les mots ne signifient jamais ce qu'ils désignent (ils signifient souvent le contraire !). L'observateur de l'actualité chinoise se meut donc dans une forêt de symboles que sa première tâche est de décrypter (et si certains analystes ne réussissent jamais à sortir de la forêt, c'est qu'ils ne se sont pas encore aperçus de son existence !).

2. Les grands « mouvements de masse » sont téléguidés d'en haut (les masses ne jouant jamais sur la scène maoïste qu'un rôle de figurants passifs, mobilisables et congédiables à volonté) et tous, quel que soit leur prétexte initial, sont étroitement liés à la *lutte pour le pouvoir* qui fait constamment rage à l'échelon suprême de la hiérarchie. La lutte pour le pouvoir est *le* phénomène central et permanent du régime ; son unique constante est d'exister ; pour le reste, ses vicissitudes concrètes présentent une infinie variabilité.

En conséquence de ces deux observations, on ne s'étonnera donc pas : 1. de ce que le « mouvement de critique de Lin Biao et de Confucius » n'ait en fait rien à voir ni avec Lin Biao ni avec Confucius ; 2. de ce que le mouvement ait radicalement changé de contenu et d'objectifs à mi-route.

1. Paru dans *Universalia*, 1975.

Depuis la fin de la « Révolution culturelle », le régime n'a pas réussi à reconstituer une équipe dirigeante cohérente et homogène. Les exorbitantes ambitions de Lin Biao l'ayant désigné comme l'ennemi commun, les factions rivales (c'est-à-dire le bloc des puissants commandants des grandes régions militaires, l'appareil bureaucratique traditionnel qui relève la tête dans l'ombre de Zhou Enlai, et les survivants de la « Révolution culturelle » qui se serrent dans les jupes de Mme Mao) concluent une trêve provisoire, le temps de machiner la spectaculaire culbute du « plus intime compagnon d'armes du président Mao ». Mais la disparition de Lin, loin de résoudre les contradictions qui opposent ces divers groupes, n'a fait qu'exacerber les tensions en réduisant le nombre des joueurs, et en polarisant en deux camps une partie qui précédemment était engagée entre quatre forces antagonistes.

Cette polarisation a reçu sa plus frappante illustration lors du Xe Congrès du Parti (août 1973). Le Congrès fut singulièrement court — quatre jours ; au-delà d'une dénonciation commune de Lin Biao, les factions rivales demeuraient en effet incapables de se trouver une base d'entente, et dans cette situation il était évidemment exclu de procéder à des travaux sérieux, dépassant le niveau d'une cosmétique démonstration d'unité. Démonstration d'autant moins convaincante d'ailleurs, que les deux seuls discours publiés — celui de Zhou Enlai, porte-parole de la bureaucratie, et celui de Wang Hongwen, nouvelle étoile des radicaux maoïstes —, loin de constituer un duo d'harmonie, semblent au contraire refléter des positions irréconciliables. Merveilleux usage des pensées de Mao Zedong, qui fournissent simultanément des armes aux deux camps ! La citation qu'emprunte Zhou au Grandiose Maître à penser est très significativement : « Nous devons renforcer davantage la direction centralisée du Parti », tandis que Wang a choisi lui le menaçant couplet : « Seul un grand chaos à travers tout le pays peut engendrer à nouveau l'ordre : ce phénomène doit se reproduire tous les sept ou huit ans. Les monstres et les démons vont à nouveau surgir d'eux-mêmes. » (La « Révolution culturelle » ayant commencé en 1966, cela veut dire que, suivant le calendrier maoïste, la prochaine crise est précisément annoncée pour 1973-1974.) Tandis que Zhou passe la « Révolution culturelle » presque entièrement sous silence et se contente de mentionner pour la forme l'existence du nouveau mouvement de masse « aller à contre-courant » (*fan chao liu*), Wang au contraire leur accorde une importance toute spéciale ; en ce qui concerne ce dernier mouvement en particulier, il fait un long développement qui se termine sur ces mots : « … un vrai communiste doit agir sans aucune considération égoïste, et doit oser aller à contre-courant *sans craindre de perdre son poste, d'être expulsé du Parti, d'être emprisonné ou de monter à l'échafaud* ! » Paroles redoutables, car elles impliquent — comme, au début de la « Révolution culturelle », le fameux « on a raison de se rebeller ! » lancé par Mao —

que *l'orthodoxie maoïste n'est pas nécessairement détenue par l'appareil du Parti...*

Le mouvement « aller à contre-courant » avait commencé peu avant le Xe Congrès. Il avait trouvé son prétexte initial dans l'acte de rébellion d'un étudiant du Liaoning, Zhang Tiesheng, qui, pour protester contre le système des examens d'entrée de l'enseignement supérieur, avait remis une feuille blanche à ses examinateurs. Le *Quotidien du Liaoning* avait publié (19 juillet) une lettre de lui, dans laquelle il dénonçait un système d'examens qui avait fait fi de toutes les conquêtes de la « Révolution culturelle ». Avec près d'un mois de retard, Pékin fit finalement écho à cette protestation (*Le Quotidien du peuple*, 10 août). (Remarquons au passage combien ce scénario rappelle les débuts de la « Révolution culturelle » : dans l'un et l'autre cas, il s'agit d'un incident apparemment mineur autour duquel l'organe d'un bastion provincial, inconditionnellement fidèle à Mao, orchestre une polémique ; en 1965 ce rôle fut joué par le *Wenhui bao* de Shanghai ; en 1973, il s'agit du Liaoning, comme par hasard la province où c'est un neveu du président, Mao Yuanxin, qui se trouve cumuler les fonctions de secrétaire du Comité du Parti et de vice-dirigeant du Comité révolutionnaire.) Quelques jours plus tard (16 août), *Le Quotidien du peuple* publiait un article (signé « Yang Pu ») dans lequel les analystes de l'actualité chinoise s'accordent pour reconnaître la main de Mao, consacrant officiellement le nouveau slogan « aller à contre-courant ».

Peu après le Xe Congrès, le mouvement « aller à contre-courant », qui n'est plus confiné maintenant au seul domaine de l'éducation, mais a acquis une plus large signification politique, se double successivement ou simultanément d'une série de phénomènes apparemment disparates, mais en réalité étroitement connexes : dénonciation de Confucius ; éloge de Qin Shihuang et de sa célèbre politique de destruction des livres et de massacre des lettrés (à partir de septembre 73) ; attaques contre Antonioni (fin janvier 74) ; attaques contre diverses personnalités scientifiques chinoises et occidentales ; attaques contre la musique classique occidentale (janvier-mai) ; polémique Huang Shuai/Wang Yazhuo, et subséquente dénonciation de ce dernier (janvier-février) ; dénonciation de l'opéra régional *Trois Visites au Pic des Pêchers* (depuis la fin de février) ; apparition d'inscriptions murales attaquant les autorités locales dans diverses capitales provinciales (mars-avril) ; éloge de la « violence révolutionnaire » (mai) ; recrudescence des inscriptions murales (juin)... Ainsi énumérés, ces divers phénomènes peuvent paraître hétéroclites ; en fait ils émanent tous d'une même source — la faction radicale-maoïste animée par Mme Mao, et dont les principaux représentants sont Wang Hongwen, Zhang Chunqiao, Yao Wenyuan —, et ils tendent à un même but : battre en brèche l'autorité des actuels détenteurs du pouvoir tant à l'échelon central qu'à l'échelon provincial, amener ces « monstres et démons » à révéler leur vraie nature, provoquer un « chaos révolutionnaire » à l'issue duquel pourra survenir une nouvelle répartition du pouvoir, plus favorable cette fois à la faction maoïste.

Examinons par le menu cette série de tentatives de subversion. *Les attaques contre Antonioni* n'ont évidemment rien à voir avec l'œuvrette de ce farceur ; si huit cents millions de Chinois sont soudain mobilisés (avec un an de retard !) pour dénoncer un film sans intérêt qu'ils n'ont d'ailleurs pas vu et ne verront jamais, il ne s'agit en fait que d'un prétexte efficace pour ébranler et mettre en question le prestige des autorités, coupables d'avoir autorisé le maestro à venir tourner en Chine — en l'occurrence, le Groupe culturel dirigé par Wu De, et dépendant directement du Conseil des affaires d'État présidé par Zhou Enlai. *Les attaques contre la musique classique occidentale* et contre diverses personnalités savantes étrangères qui avaient récemment visité la Chine ne peuvent que viser la même cible : qui, en effet, avait pris quelques mois plus tôt l'initiative d'inviter plusieurs orchestres symphoniques occidentaux à venir donner des concerts en Chine, et qui avait eu l'idée d'accorder des visas à divers « ennemis du peuple chinois » ? Ces attaques firent d'ailleurs d'une pierre deux coups car, en même temps qu'elles embarrassaient les autorités responsables au sein du Conseil des affaires d'État, elles créaient parmi les masses une brusque poussée de fièvre xénophobe propre à ralentir et saboter la mise à exécution de l'audacieuse politique d'ouverture amorcée par Zhou Enlai dans le domaine des Affaires étrangères. Simultanément, cette nouvelle diplomatie de Zhou se trouvait d'ailleurs soumise à des attaques sur d'autres fronts : ainsi sur le terrain de l'économie, des articles apparurent alors pour dénoncer au nom du principe maoïste d'autodéveloppement (*zili geng sheng*) les efforts amorcés par Zhou pour importer la technologie occidentale, et au moment où le Premier ministre poursuivait sa tentative de rapprochement avec le Japon, les radicaux-maoïstes organisèrent tout à coup en province une vaste manifestation pour commémorer les victimes d'atrocités japonaises commises trente-cinq ans auparavant (Datong, janvier 75) ! *L'incident Huang Shuai* (écolière qui avait défié l'autorité de son instituteur, et dont les radicaux-maoïstes firent une héroïne du mouvement « à contre-courant » ; Wang Yazhuo, un militaire basé en Mongolie intérieure, la prit à partie dans une lettre ouverte publiée par *Le Quotidien du peuple*, en conséquence de quoi il fut lui-même exposé pendant près de deux mois aux attaques virulentes et répétées des extrémistes) au départ constituait un camouflet pour le Groupe des sciences et de l'éducation du Conseil des affaires d'État, responsable de l'enseignement et du système d'examens, et dans son développement, il permit en plus aux radicaux de s'en prendre à travers Wang Yazhuo aux autorités militaires provinciales — leur vieille bête noire. L'année précédente, avec l'affaire

Qian Zhimin, les maoïstes avaient réussi un doublé semblable, attaquant simultanément le système d'éducation et les abus de pouvoir des militaires provinciaux (Qian Zhimin, étudiant à l'université de Nankin, avait volontairement renoncé à poursuivre ses études, estimant que ce privilège ne lui avait été acquis que grâce aux manipulations d'influences effectuées par son père, officier supérieur d'une région militaire). *La dénonciation de l'opéra régional « Trois Visites au Pic des Pêchers »* était encore une fois un camouflet pour le collaborateur de Zhou Enlai, Wu De : c'est en effet le Groupe culturel dirigé par ce dernier qui avait organisé en janvier la représentation de cet opéra à Pékin, dans le cadre d'un festival des théâtres régionaux de la Chine du Nord (ce festival avait lui-même constitué une tentative pour concurrencer au moyen d'une timide floraison provinciale le frigide et rigide modèle académique d'« opéra révolutionnaire » imposé par Mme Mao ; cherchant à briser le rigoureux monopole culturel exercé depuis huit ans par l'ex-starlette promue impératrice, les opéras régionaux devaient inévitablement susciter la furieuse contre-attaque de celle-ci). Quant à la *dénonciation de Confucius*, dans la forme que lui donnent les organes radicaux-maoïstes (le périodique shanghaïen *Xuexi yu pipan*, dont le premier numéro sortit de presse peu après le Xe Congrès, semble avoir été conçu à l'origine essentiellement en vue de cette campagne), elle comporte deux aspects : dénonciation d'une certaine *politique*, dénonciation d'un certain *individu*. Selon les commentateurs maoïstes, la politique confucéenne aurait fondamentalement consisté en une entreprise de « *restauration* de l'ancienne classe dirigeante » (*fu bi*) et une tentative pour « relever les anciens nobles qui avaient été réduits à la condition roturière » (*ju yimin*). Traduits en langage contemporain, ces deux concepts ne sauraient viser que le spectaculaire phénomène de la réhabilitation et réinstallation aux postes de commande des dirigeants qu'avait éliminés la « Révolution culturelle » (Deng Xiaoping, Tan Zhenlin, Ulanfu, Chen Zaidao, etc.) — opération qui se développe à l'initiative et sous la caution de Zhou Enlai. En ce qui concerne la dénonciation de l'individu dont Confucius est le prête-nom, elle est formulée dans des termes qui suggèrent le portrait robot d'un criminel pour l'identification duquel on sollicite la collaboration du public : il s'agit d'un « menteur suave », « habile au compromis », « passé maître au double jeu », « perpétuel partisan de la voie moyenne et de la pondération », « ayant des goûts raffinés », « amateur de fine cuisine », « portant toujours des vêtements bien coupés »… Vous ne voyez pas qui ça pourrait être ? Cherchez bien ! Et pour s'assurer que le public n'ira pas s'égarer en direction de l'Antiquité, on spécifie qu'il s'agit bien d'un contemporain, en le désignant par la périphrase « le charlatan du genre de Lin Biao » (on se rappelle qu'avant d'être nommément accusé, Liu Shaoqi fut désigné par la périphrase « le

Khrouchtchev chinois », tandis que la métaphore utilisée pour Lin Biao avait été le « charlatan du genre de Liu Shaoqi »)…

Que les anciens militants de la « Révolution culturelle » haïssent Zhou Enlai et souhaitent régler de vieux comptes avec lui n'est que logique. Que les maoïstes intégristes voient avec colère et angoisse le démantèlement successif de tous les acquis de la « Révolution culturelle », la restauration du pouvoir de leurs adversaires, l'ouverture progressive de la Chine aux pernicieuses influences étrangères, et soient donc impatients de mettre un frein aux initiatives politiques de Zhou, ne saurait être mis en doute. Toute la question est de savoir dans quelle mesure Mao est disposé à laisser libre champ à ses fougueux partisans. L'ambivalence fondamentale de l'attitude de Mao envers Zhou est remarquablement résumée dans une célèbre lettre que le Président écrivit durant la « Révolution culturelle » : « … Plusieurs jeunes du Groupe central de la Révolution culturelle sont furieux contre (Zhou) Enlai ; c'est surtout sa façon de toujours échafauder des combines et des compromis qui les met en rage. Ces derniers temps les gardes rouges l'ont d'ailleurs dénoncé dans leurs inscriptions murales ; on ne peut pas dire que l'honnêteté ait jamais été le fort d'Enlai, mais d'autre part, depuis longtemps il s'est montré extraordinairement utile. Ses talents le rendent pratiquement irremplaçable dans le Parti. En fin de compte, nous devons donc nous efforcer de le conserver. Du moment qu'il se dissocie sans équivoque de Liu (Shaoqi) et de Deng (Xiaoping), à mon avis, il faut l'associer à notre quartier général prolétarien et lui laisser une certaine latitude d'action. Quant à savoir si, dans la suite, nous pourrons toujours compter sur sa loyauté, c'est là une question dont lui seul détient la réponse. » Or, la présente situation est remarquablement semblable à celle décrite par Mao. On imagine aisément de quel côté, aujourd'hui comme hier, penchent spontanément les sympathies du Président, mais d'autre part Zhou demeure plus irremplaçable que jamais. Mao, dont l'art suprême a toujours été de gouverner en manipulant les factions rivales de façon qu'aucune ne puisse jamais s'assurer d'un avantage définitif, doit être fort tenté d'utiliser cette fois l'opposition extrémiste pour mieux brider son trop glissant Premier ministre. Les attaques des radicaux feront fonction de simple contrepoids ou de massue meurtrière : tout dépend de la réaction de Zhou. Eût-il réagi comme Liu Shaoqi, en se durcissant sur ses positions, il se serait probablement déjà fait briser lui aussi. Mais son jeu au contraire semble tout entier inspiré par la grande stratégie taoïste de la non-interférence (pensez au judo par exemple !) : ne jamais s'opposer directement au choc de l'adversaire, ne jamais résister, céder souplement sous l'impact — et manœuvrer les aiguillages pour dévier l'élan ennemi vers une voie de garage où il ira se perdre dans le vide, emporté par sa propre énergie. Ainsi, tout en faisant docilement écho à tous les mots d'ordre des radicaux, même ceux qui étaient dirigés contre lui, Zhou a réussi chaque fois à subtilement les détourner, les désamorcer et les récupérer à son propre avantage (pour prendre un aperçu concret de la façon dont cette opération s'est accomplie, il suffit de comparer pour une même période et sur les mêmes thèmes, les articles publiés par le périodique shanghaïen *Xuexi yu pipan*, porte-parole des radicaux maoïstes, avec la version gouvernementale donnée par le périodique pékinois *Le Drapeau rouge*).

L'injonction « aller à contre-courant » était potentiellement la plus riche en dynamite : elle impliquait en effet que le « courant » du moment était erroné. Certaines déclarations (« le courant erroné provient de ce que certains éléments bourgeois ambitieux et conspirateurs se sont emparés d'une partie du pouvoir à l'intérieur du Parti ») rendaient un son redoutablement familier, rappelant les débuts de la « Révolution culturelle ». Le mot d'ordre « aller à contre-courant » était d'ailleurs pratiquement l'équivalent du célèbre « on a raison de se rebeller » qui, en 66-67, lança les gardes rouges à l'assaut de l'appareil du Parti et du gouvernement. Mais cette fois-ci l'« Establishment », loin de rejeter ce slogan dirigé contre lui, le reprit et l'orchestra... en l'accompagnant bientôt de certaines clauses d'exécution qui en annulaient le contenu : il faut se rebeller certes, mais ceci ne peut se faire que dans le cadre de la DISCIPLINE DU PARTI. Comble de perfidie, les organes pékinois invoquèrent à l'appui de ce principe disciplinaire l'exemple historique (!) de la carrière de Mao, « modèle de soumission aux décisions du Parti » ! Ce thème du strict respect de la discipline formulé par Pékin fut aussitôt repris dans les diverses provinces (seuls Shanghai et le Shandong firent la sourde oreille). Les fossoyeurs de la rébellion firent un pas de plus en se chargeant d'identifier une fois pour toutes le « courant erroné » contre lequel il convenait de « se rebeller » : il s'agissait du courant de Lin Biao ! Ainsi la rébellion, déjà endiguée par la « discipline du Parti », se trouva finalement mise tout entière *au passé* et circonscrite à l'inoffensive dénonciation d'un cadavre depuis longtemps discrédité, cependant que les autorités en place demeuraient, elles, au-dessus de toute critique. Mais à la mi-octobre, les radicaux tentent de relancer un mouvement dont on leur a dérobé le contrôle, en attaquant « ces conspirateurs qui, s'abritant sous un manteau de stricte légalité, ont en fait dévié de la ligne du Parti [...]. La vérité n'est pas nécessairement détenue par la majorité au pouvoir, elle est bien plus fréquemment le fait de la minorité. » Finalement ce sont pourtant les instructions disciplinaires qui auront le dernier mot : dès novembre 73, le « contre-courant » paraît proprement neutralisé (à cet égard le sort de Zhang Tiesheng, premier héros du mouvement, est particulièrement exemplaire de cette récupération cynique de la rébellion par les autorités établies : Zhang, qui initialement avait remis une feuille blanche pour protester contre le système des examens, a dans la suite accepté de se représenter à ceux-ci ; après avoir cette fois brillamment réussi, il est devenu un étudiant modèle dans le département de médecine vétérinaire de l'Institut agronomique provincial du Liaoning, et pour le récompenser de sa docilité, les autorités lui ont offert un beau voyage à l'étranger : en janvier 74, il obtint de faire partie d'une délégation chinoise visitant le Japon !). En décembre 73 déjà *Le Drapeau rouge* pouvait mettre un point final à cette campagne, en se donnant même le luxe de décocher une flèche empoisonnée à l'adresse des radicaux : « Aller à contre-courant et observer la discipline du Parti sont des attitudes qui coïncident entièrement, car elles ont toutes deux pour but commun de soutenir la ligne correcte du Parti. Notre grandiose leader, le président Mao, à la fois a osé aller à contre-courant et a maintenu inflexiblement le principe d'organisation du Parti, et a toujours observé la discipline du Parti. Mais certaines têtes de file de la ligne opportuniste, afin de promouvoir le révisionnisme, s'emploient constamment à saboter les principes d'organisation du Parti et s'opposent à la discipline du Parti. Ils ne donnent qu'un assentiment de pure forme aux décisions du Parti adoptées par la majorité, cependant qu'ils procèdent secrètement à leur sabotage. » Aujourd'hui (novembre 74), *Le Drapeau rouge* va plus loin encore, en précisant que le soin de déterminer quel courant est erroné et en quelle matière on peut « aller à contre-courant » relève de la seule compétence des autorités du Parti : autrement dit on ne peut plus « se rebeller » que sur ordre de ses supérieurs hiérarchiques ! (Et le vice-président du Comité révolutionnaire de l'université de Pékin, que j'interviewais il y a quelques jours sur le contenu et les effets du slogan « aller à contre-courant », me répondit froidement qu'il s'agissait non d'un mouvement, mais d'« un principe marxiste-léniniste » et qu'il ne présentait guère d'incidences concrètes pour la vie universitaire !)

En ce qui concerne le mouvement de dénonciation de Confucius, il est remarquable de constater qu'*il a été successivement désigné de trois façons différentes* : d'abord « dénonciation de Confucius » (*pi Kong*), puis « dénonciation de Confucius et Lin Biao » (*pi Kong pi Lin*) et enfin « dénonciation de Lin Biao et Confucius » (*pi Lin pi Kong*). Le passage d'une appellation à l'autre reflète de manière expressive la progression victorieuse de Zhou Enlai dans son entreprise de contrôle, désamorçage et détournement du mouvement : la foudre qui lui était initialement destinée s'est trouvée finalement tout entière déviée sur le commode paratonnerre fourni par Lin Biao ! C'est au cours de février 74 que, pour l'essentiel, ce tour de passe-passe fut accompli : la dénonciation de Confucius, si riche de sous-entendus potentiellement meurtriers pour Zhou, se voit à partir de ce moment étroitement réduite et identifiée à une seule interprétation rigide et artificielle : pour employer les termes mêmes de la presse pékinoise, dorénavant « la dénonciation de Confucius n'est qu'un moyen de dénoncer Lin Biao ». Pour peindre maintenant ce soudard inculte (il ne lisait même pas le journal, nous dit *Le Drapeau rouge* !) sous les traits d'un disciple des philosophes de l'Antiquité, il faut bien sûr faire une certaine violence au sens commun — mais ce genre d'entreprise n'est jamais pour décourager l'imagination fertile des commissaires à la propagande : un dossier sur « le confucianisme de Lin » a donc été compilé sur la base de propos qu'il aurait tenus, et d'inscriptions calligraphiques qu'il aurait accrochées aux murs de sa chambre à coucher ! Il importe peu que les limites de l'invraisemblance et du grotesque soient dépassées ici, l'essentiel était de donner le change à la meute en lui abandonnant cette bête morte, pour permettre au renard, bien vivant lui, de gagner le couvert…

Sporadiquement les idéologues shanghaïens tenteront bien à plusieurs reprises de briser le carcan de la « dénonciation de Lin Biao » dans lequel Zhou Enlai avait réussi à enfermer leur « dénonciation de Confucius », mais dans l'ensemble les diverses autorités provinciales refuseront de les suivre et veilleront à conserver le mouvement endigué dans l'étroite ornière assignée par Pékin. Toutefois en s'efforçant de maintenir ainsi un couvercle hermétique sur la marmite, elles exacerberont la virulence des extrémistes ; les poussées de fièvre de ceux-ci s'accompagneront de quelques soudaines éruptions d'inscriptions murales durant le printemps et le début de l'été 74, dénonçant les autorités locales dans plusieurs grandes villes. Mais dès juillet-août, les pouvoirs établis semblent avoir regagné un complet contrôle de la situation (toutes les inscriptions murales portent maintenant un cachet municipal : « Vu et approuvé pour affichage de telle date à telle date ! »).

Au moment d'écrire ces lignes (novembre 74) ce qui semblait bien être promis à devenir la « Seconde Révolution culturelle » a donc temporairement avorté. Il n'en reste pas moins qu'au sommet l'affrontement des factions n'a pas désarmé, et aussi longtemps qu'un des groupes rivaux n'aura pas réussi à imposer sa suprématie de façon décisive, l'apparent équilibre qui semble prévaloir aujourd'hui peut à tout instant être remis en question pour faire place à une crise ouverte et violente du type de la « Révolution culturelle ». Le grand âge de Mao — qui est resté étrangement muet tout au long des derniers débats —, la semi-retraite pour laquelle Zhou paraît avoir maintenant opté [1], ne font qu'ajouter à cette incertitude.

1. En fait, c'était la maladie qui devait bientôt l'emporter qui l'avait contraint à cette semi-retraite.

LE MANIFESTE DE LI YIZHE [1]

En quoi consiste l'actualité chinoise ? Les journalistes se préoccupent fiévreusement en ce moment du destin de Deng Xiaoping, comme ils se préoccupaient fiévreusement hier de celui de Lin Biao, avant-hier de celui de Liu Shaoqi, et se préoccuperont demain de celui de Jiang Qing. Ceux qui sont nouveaux dans le métier ont du mal à jongler avec ces noms et seraient quelquefois tentés de nous parler de Liu Xiaoping, et de Lin Qing, et de Jiang Biao, et de Deng Shaoqi. Le feraient-ils que, sur cette question, involontairement ils épouseraient assez bien le point de vue du peuple chinois qui sait d'expérience, hélas ! que la vitesse de rotation dans la valse des bureaucrates est en raison inverse de la pesanteur et de la masse de la bureaucratie elle-même, et qu'au sein d'un système inaltérable, ces pantins demeurent merveilleusement interchangeables. De plus, gage supplémentaire de stabilité, la Chine n'a-t-elle pas maintenant à la tête de son gouvernement *le chef des forces de Sécurité* — dont les pouvoirs viennent précisément d'être étendus de façon discrétionnaire par la nouvelle Constitution (imaginez Beria Premier ministre : avec un tel capitaine, le vaisseau de l'État peut faire face au grain). Et si au lieu de nous tenir aux écoutes des dernières empoignades de mandarins dans les corridors de la Cité interdite, nous essayions plutôt d'entendre le cri de la jeunesse chinoise, ne serait-ce pas un plus sûr raccourci pour rejoindre la réalité, pour nous brancher sur la plus urgente des actualités ?

A la fin de 1974, trois jeunes révolutionnaires placardèrent sur les murs d'une des rues les plus animées de Canton un long et éloquent manifeste politique qui, avant que les autorités aient pu le faire disparaître, fut aussitôt reproduit et diffusé par les soins du « Samizdat » à la chinoise, et réussit ainsi à provoquer un choc dans le pays entier. Si les observateurs occidentaux avaient à l'époque prêté plus d'attention à ce document historique — émanation spontanée des masses —, au lieu de concentrer leur regard sur la lutte pour le pouvoir qui déchire en permanence l'élite bureaucratique, les récentes émeutes pékinoises les auraient moins pris au dépourvu (Tian'anmen, avril 1976).

Ce manifeste était intitulé « A propos de la démocratie et de la légalité sous le socialisme » et était signé « Li Yizhe » — pseudonyme combinant les noms de ses trois rédacteurs : Li Zhengtian, Chen Yiyang et Wang Xizhe. Il constitue l'une des analyses les plus pénétrantes et les plus

1. Paru dans *Le Point* du 12 octobre 1976.

subtiles de la scène politique chinoise qui ait jamais été effectuée en Chine, de l'intérieur.

« Le présent de l'URSS, c'est le futur de la Chine » proclamait Zhou Enlai en 1959. Est-ce à dire qu'il serait encore trop tôt pour espérer l'apparition d'un Soljenitsyne, d'un Amalric ou d'un Sakharov chinois ? Je n'en crois rien : les contestataires se sont manifestés dès l'établissement de la République populaire — et même avant, déjà à Yan'an... Mais pour entendre leurs voix, encore faudrait-il avoir des oreilles, ou ne pas se les bourrer de coton. L'Agence Chine nouvelle se charge d'approvisionner les correspondants étrangers à Pékin en « informations » qu'ils n'auront plus qu'à relayer vers leurs pays respectifs ; il serait sans doute abusif d'attendre de ce service qu'il pourvoie aussi ses clients en écrits contestataires, gracieusement traduits [1]. Mais serait-il excessif de demander à ces journalistes, au lieu de se contenter si exclusivement du picotin qu'on leur mesure à heures fixes dans leurs mangeoires officielles, d'aller parfois chercher leur provende de façon un peu plus aventureuse ? Après tout, pour prendre connaissance du prodigieux manifeste de Li Yizhe, il leur aurait suffi de se rendre en plein centre de Canton, au carrefour de la rue de Pékin et de la rue Sun Yat-sen où il demeura affiché pendant plus d'un mois... Ne leur jetons toutefois pas trop vite la pierre : notre société demande à sa presse moins une information originale (donc troublante) qu'une rassurante confirmation de ses préjugés. Or, sur la Chine, quelle meilleure illustration des vues de l'honnête homme moyen pourrait-on rêver que, par exemple, cet éloge funèbre de Zhou Enlai publié récemment par le quotidien-le-plus-sérieux-de-France ? Cet article, dû à un ancien ambassadeur, était empreint d'une émotion sincère (il faut dire que Zhou, comédien incomparable, avait réussi — mais était-ce si difficile ? — à persuader l'envoyé de la grande république de Pompidolia, qu'il le prenait *vraiment* au sérieux, se gagnant ainsi l'indéfectible reconnaissance de l'intéressé). L'honnête diplomate nous rapporte avec admiration et sympathie la façon dont au plus chaud de la « Révolution culturelle » Zhou parvint à sauver l'« Establishment » bureaucratique menacé par l'assaut des gardes rouges, en donnant habilement le change à ceux-ci « jusqu'à l'arrivée salutaire des troupes » (*sic*). (On sent percer ici comme une mélancolie : ah, si de Gaulle avait su disposer d'un semblable outil en 68 !) Il ne s'agissait bien entendu que de mater de « faux révolutionnaires » (*re-sic*) « que le président Mao trois ans plus tard fustigeait sévèrement devant nous » (on admire comment, sur la question de départager les « vrais » des « faux » révolutionnaires, le jugement du président Mao s'harmonise si naturellement avec celui du

1. Encore qu'il l'ait fait au moins une fois en rendant compte, le 7 avril 1976, des émeutes de Tian'anmen ; mais la presse française n'y a pas prêté grande attention.

haut fonctionnaire gaullien : ces gens-là parlent le même langage). Faut-il donc s'étonner encore si la presse respectable a dans l'ensemble gardé un silence pudique sur la dernière indécence d'un de ces « faux révolutionnaires » ? Après tout, ce Li Zhengtian dont toute la jeunesse chinoise parle aujourd'hui est un gibier de prison ! Originaire du Hubei, une trentaine d'années, diplômé en 1966 de l'école des beaux-arts de Canton (section peinture à l'huile), il s'illustra pendant la « Révolution culturelle » à l'avant-garde d'un des plus éloquents groupes d'extrême gauche si bien que « l'arrivée salutaire des troupes » l'expédia sous les verrous. Relâché, il ne reçut pas de travail et mit à profit ses loisirs forcés pour rédiger avec deux camarades ce manifeste sur *la démocratie et la légalité socialistes* qui, affiché à Canton, vint exploser comme une bombe en novembre 74. Avec une habileté à la mesure de son courage, Li profita, pour lancer son pavé, de la fissure ouverte par la nouvelle lutte pour le pouvoir à Pékin : aux yeux des autorités locales, pour ainsi mettre froidement et publiquement le régime en question, il faut soit être fou à lier, soit *disposer dans la capitale de protecteurs très puissants*. Ainsi tout récemment, durant le mouvement « Aller à contre-courant » et au cours de la campagne anticonfucéenne, de nombreux bureaucrates s'étaient brûlés en voulant écraser des protégés de la Cour : chat échaudé... Bref, il fallut tout un temps pour s'apercevoir que, contrairement aux règles traditionnelles du jeu, l'audace de ces jeunes gens n'était pas téléguidée d'en haut, et quand Pékin donna enfin l'ordre de sévir, le manifeste qui avait été exposé pendant plus d'un mois et multiplié par d'innombrables copies manuscrites ou stencilées s'était déjà répandu dans le pays entier. Une maladroite campagne officielle de dénonciation de Li Yizhe et de son manifeste « contre-révolutionnaire » vint encore assurer une plus large publicité à ses idées. Ce long texte qui, par sa lucidité critique et la rigueur de son analyse politique, s'impose dès à présent comme un document d'importance historique, va faire très prochainement l'objet d'une publication intégrale en français [1] (grâce à l'équipe de sinologues à qui nous devons déjà l'anthologie de la presse des gardes rouges, intitulée *Révo. cul. dans la Chine pop.*, 10/18) : nous aurons donc l'occasion d'en reparler plus en détail.

En bref, le manifeste prend pour point de départ la « Critique de Lin Biao » qui avait fourni le thème d'une vaste campagne toutes ces dernières années. Il fait observer que cette campagne est demeurée largement vide et stérile, puisqu'elle a employé toute son énergie à fouetter un âne mort : que sert-il en effet de simplement dénoncer l'*individu* Lin Biao ? Ce n'est pas sa personne qui importe, mais bien le « système Lin Biao », le mécanisme qui a réussi à propulser un tel traître

1. *Chinois si vous saviez...* est paru en français en septembre 1976 (Paris, Christian Bourgois, Bibliothèque asiatique) [note d'octobre 1976].

au sommet, qui l'a fait proclamer le « plus intime compagnon d'armes et successeur du président Mao », et qui, pendant près de quatre ans (1968-1971), lui a permis d'exercer sur la Chine un pouvoir presque absolu. La « victoire » de la Révolution culturelle ne saurait, selon les auteurs du manifeste, être qu'un mythe, puisqu'elle s'identifia à l'apothéose de Lin Biao, mise en scène par l'intéressé lui-même qui, ayant réussi à usurper le pouvoir alors que le mouvement n'était qu'à mi-chemin de son développement, s'empressa d'écraser toute l'activité révolutionnaire (répression militaire de 1968) et fit consacrer son triomphe par le IXe Congrès du Parti (1969) : on se rappelle en effet que ce Congrès, non content d'oindre Lin en qualité d'héritier présomptif, alla jusqu'à immortaliser sa dignité nouvelle dans un article de la Charte du Parti, dûment révisée... En d'autres mots, *pendant quatre ans, la Chine s'est trouvée au pouvoir d'un aventurier fasciste* ! Ce en quoi son régime a consisté, continue le manifeste, huit cents millions de témoins peuvent le confirmer : oppression des masses (la répression militaire exécutée par les hommes liges de Lin Biao fit, selon Li Yizhe, 40 000 victimes, rien que dans la seule province du Guangdong...), imposition d'une nouvelle « religion » comportant un culte aveugle et ritualiste du « Chef suprême », dogmes arbitraires exigeant une obéissance inconditionnelle, substitution d'un type féodal de gouvernement-par-l'idéologie au régime de légalité socialiste. Le plus effrayant, poursuivent les auteurs du manifeste, c'est que la chute de Lin Biao n'a nullement entraîné la fin du « système Lin Biao » : la machine qui l'avait hissé au pouvoir continue à opérer comme avant. A preuve : toutes les campagnes politiques successives qui ont animé la scène politique chinoise ces dernières années, et en particulier le « mouvement antirestaurations » (qui, à l'époque, visait déjà Deng Xiaoping et vient maintenant, comme nous le savons, d'aboutir à sa chute), s'en prenaient toutes à des événements et à des personnages relevant de l'ère d'après Lin Biao : elles ne cherchèrent jamais à sérieusement remettre en question aucune des institutions ou personnalités mises en place durant l'âge d'or de Lin Biao (1968-1971).

C'est précisément cette « dictature social-fasciste de type féodal » qui présente le plus grand danger pour le prolétariat chinois. Comme les auteurs du manifeste le rappellent, pareille éventualité avait déjà été prévue par Mao Zedong dix ans plus tôt : « Si une restauration devait jamais survenir dans notre pays, elle ne comportera pas simplement une dictature de la bourgeoisie, mais elle consistera à coup sûr en une dictature de type réactionnaire-*fasciste.* » De plus, Mao avait prédit également (dans un texte que le manifeste cite longuement) que, après la victoire de la Révolution, la lutte des classes demeurerait un phénomène permanent au sein même du régime socialiste. Le danger d'une restauration bourgeoise ne saurait plus provenir des lamentables descendants de l'ancienne bourgeoisie : totalement discrédités, impuissants, en marge de l'Histoire, ceux-ci ne constituent plus guère qu'une minorité de pathétiques épouvantails, une sorte de curiosité folklorique ; l'Union soviétique, souligne le manifeste, est dirigée par un régime révisionniste-bourgeois, et pourtant Brejnev n'a pas invité les Russes blancs ni les anciens propriétaires terriens à revenir pour partager son fromage ! Le danger d'une restauration bourgeoise provient donc d'une *nouvelle* bourgeoisie. Ici l'analyse de Li Yizhe est remarquablement semblable à celle de Djilas, ce qui ne devrait d'ailleurs pas nous surprendre : les mêmes causes engendrent les mêmes effets, et dans le cadre du totalitarisme bureaucratique, les variantes demeurent nécessairement limitées. Au sein d'une économie socialiste, la nouvelle classe dirigeante a réussi à s'approprier et à détourner à son profit les biens de la collectivité : elle atteint ce résultat en gonflant et étendant son statut spécial, en accroissant ses divers privilèges politiques, économiques et sociaux, en rendant ces privilèges quasi héréditaires et en les consolidant et protégeant au moyen d'un système de cliques oligarchiques capables d'étouffer toute critique qui pourrait s'élever des masses.

Face aux abus de cette « nouvelle classe » et à la menace d'une « dictature social-fasciste », le prolétariat ne dispose que d'une seule arme : la Révolution culturelle. Le but originel de la Révolution culturelle n'avait pas tant été de renverser Liu Shaoqi que d'entraîner les masses à la pratique de la démocratie. L'émancipation du peuple ne peut être accomplie que par le peuple lui-même. Durant une brève période, au début de la Révolution culturelle, les masses réussirent à prendre leur propre destinée en main ; pour la première fois depuis l'établissement de la République populaire, tous les droits et libertés garantis aux citoyens par la Constitution se trouvèrent authentiquement mis en vigueur : liberté d'opinion, de presse, de rassemblement, d'association, de mouvement... Mais cette situation ne dura guère, l'usurpation de Lin Biao vint y apporter un arrêt brutal dès 1968. Ce qui est nécessaire aujourd'hui — et là les auteurs du manifeste s'adressent de façon pressante à la IVe Assemblée nationale dont la convocation était alors imminente — c'est de doter le régime d'une nouvelle base constitutionnelle qui puisse assurer « la démocratie et la légalité socialistes ». Par le passé, les exigences de « démocratie » sont généralement apparues comme un indice de tendances réactionnaires : dans les années 50 en effet, quand la bourgeoisie fraîchement dépossédée pouvait encore entretenir des rêves de restauration, ces slogans favorables à la démocratie servaient le plus souvent de brouillard artificiel abritant des entreprises droitistes. Dans les années 60 et aujourd'hui par contre, cette ancienne bourgeoisie a cessé d'exister ; c'est la nouvelle bourgeoisie, la bureaucratie régnante qui, jouissant elle-même de tous les avantages de la démocratie, les dénie aux masses populaires... La nouvelle Constitution devrait permettre aux masses d'exercer un contrôle constant sur la machine de l'État, les masses devraient avoir le droit de révoquer à tout moment tout dirigeant du Parti ou du gouvernement qui aurait perdu leur confiance. Les droits de l'homme et les libertés du citoyen qui, par le passé, bien que garantis par la Constitution, étaient constamment violés (arrestations arbitraires, procès truqués, torture, exécutions pour crimes politiques) doivent être réaffirmés et effectivement protégés. Le plus important est la liberté d'opinion : sans une libre critique formulée par le peuple, il ne saurait y avoir de véritable vie politique, de participation des masses ni de démocratie socialiste [1]. Enfin les auteurs concluent de façon émouvante : « Nous sommes jeunes, les connaissances théoriques peuvent nous faire encore défaut, mais nous ne sommes pas tout à fait dénués d'expérience ; nous n'avons pas peur du tigre ; nous connaissons la bête, elle nous a déjà mordus une fois, mais elle n'a pas réussi à nous avaler », et ils expriment leur confiance dans la capacité qu'auront les masses de finalement se débarrasser du « système Lin Biao » qui continue à diriger la Chine sous un autre nom.

Un mois après la parution de ce manifeste, la réponse de l'Establishment maoïste s'exprima dans la convocation de la IVe Assemblée et l'adoption d'une nouvelle Constitution. Cette nouvelle Constitution vint sanctionner le virage pris par le régime dans le sens d'un renforcement du totalitarisme : la plupart des droits de l'homme et des libertés du citoyen garantis par la Constitution de 1954 sont abolis et, point capital, un nouvel article prévoit que la Sécurité publique pourra dorénavant procéder aux arrestations de sa propre autorité, sans plus avoir nécessairement besoin de l'autorisation d'un tribunal ou d'un procureur : en d'autres mots, l'arbitraire policier est maintenant solennellement consacré par la Constitution ! C'est que le président Mao commence à être excédé de ces juvéniles insolences, il exige le silence, il nous le dit dans son dernier poème, avec cette délicatesse de langage qui n'appartient qu'à lui (mais qu'édulcorent les traductions officielles) : « Vous avez lâché assez de pets ! » Vraiment ? Et si la musique ne faisait que commencer ?

C'est dans cette perspective-là que nous devons regarder les récents événements de Pékin. Pour ce que nous savons en ce moment, une foule nombreuse s'était spontanément rassemblée, réclamant le renversement de la tyrannie féodale du moderne Qin Shihuang, l'instauration d'un socialisme authentique et exprimant sa dévotion à la mémoire de Zhou Enlai (lequel — il faut le rappeler ici — était précisément devenu de plus en plus conscient dans ses dernières années de la nécessité de substituer un ensemble de *lois* aux fluctuations arbitraires de l'« idéologie », déter-

1. La démocratie ! Voilà une aspiration bien désuète pour des garçons qui ont eu le privilège d'être entièrement formés sous le maoïsme ! Ces jeunes Chinois n'ont manifestement pas lu M. Peyrefitte et ignorent encore que le maoïsme constitue précisément la panacée que l'ancien ministre UDR a prescrite pour leur pays…

minées par le caprice de plus en plus imprévisible du Leader suprême) et donnant libre cours à sa haine pour les organes de la Sécurité. Selon un compte rendu, les manifestants auraient même essayé de mettre le feu à un bâtiment de la Sécurité. Le lendemain, l'accès de la vaste place de Tian'anmen était interdit par un cordon d'agents de la Sécurité et de miliciens pour empêcher la répétition de ces manifestations spontanées et pour permettre le nettoyage et la destruction de toutes les inscriptions laissées par les manifestants de la veille — les dépouillant ainsi de ce droit fondamental (inscrit dans la Constitution !) de placarder des « inscriptions en grands caractères », la dernière arme démocratique qui leur restait !...

Ensuite fut annoncée la nouvelle que Hua Guofeng avait été officiellement confirmé dans ses fonctions de Premier ministre. Hua Guofeng... *qui se trouve être précisément le chef de la Sécurité publique* ! Nul ne pourrait être mieux qualifié pour assumer le rôle de leader dans une « dictature social-fasciste de type féodal » ! Comme on pouvait s'y attendre, de vastes manifestations disciplinées rassemblant des écoliers dociles, des employés et des ouvriers mobilisés pour la circonstance, défilant en bon ordre et récitant des slogans, sont maintenant organisées par les autorités un peu partout dans le pays pour célébrer l'avènement du nouveau Lin Biao...

Dans l'immédiat, la situation paraît donc sinistre. Et pourtant, à long terme, nous aurions peut-être tort de désespérer. Pour qui a foi dans la capacité des peuples à triompher de leurs maîtres, nul ne saurait mieux justifier cette espérance et cette confiance que le peuple chinois. N'a-t-il pas réussi, en dépit d'incroyables obstacles, à maintenir, plus durablement que tout autre, le plus riche ensemble de valeurs humaines qu'on ait vu sur cette terre ?

Avril 1976

APRÈS MAO ?

La principale faiblesse des régimes bureaucratiques-totalitaires consiste en ceci qu'ils n'ont point de dispositions réglant la mise à la retraite et la succession de leurs chefs. Aussi voit-on constamment dans ces régimes des hommes d'État séniles et moribonds qui s'accrochent au pouvoir, ou continuent à gouverner le pays depuis un lit d'hôpital : c'est que, pour eux, il n'existe point de milieu entre la pleine jouissance du pouvoir et le glacial exil de la disgrâce... ou de la mort. Sentant quelle menace cet état de choses faisait peser sur la stabilité du système, Zhou Enlai aurait, paraît-il, souhaité voir la Chine enfin gouvernée par des *lois* — mais Mao, avec sa vieille mentalité confucéenne-ritualiste, éprouvait pour le concept de légalité un mélange de méfiance et de mépris, préférant recourir à la formule plus traditionnelle de gouvernement-par-l'Idéologie-et-les-Écritures. A l'image des empereurs d'antan, il entreprit plusieurs fois de se désigner un dauphin, mais à chaque coup, il finit ensuite par invoquer des prétextes idéologiques pour se débarrasser de ces malencontreux rappels de sa condition mortelle.

Depuis l'explosion de la « Révolution culturelle », le régime n'a pas réussi à reconstituer une équipe dirigeante cohérente et homogène. Les factions rivales se sont entr'égorgées de façon continue depuis 1966. Quand leur querelle se fait publique, elle peut entraîner des violences à grande échelle : par exemple, une propagandiste aussi dévouée à la cause maoïste que Mme Han Suyin a admis que dans UNE SEULE province seulement, la « Révolution culturelle » n'avait pas fait moins de 90 000 victimes !... Et même quand elle fermente à huis clos, la confrontation n'en est pas moins sanglante : témoin l'épisode Lin Biao — après avoir comploté l'assassinat de Mao, le « plus intime compagnon d'armes » du Président disparaît mystérieusement, dans un accident d'avion, prétend-on, mais en fait, plus vraisemblablement victime en Chine même d'un contre-assassinat... Cette atmosphère de tragédie shakespearienne qui envahissait sa cour ne semble pas avoir autrement affecté Mao. Il avait toujours eu l'art de manipuler les antagonismes, de gouverner à la faveur des dissensions, en s'imposant comme l'arbitre suprême. Il veillait à ce qu'aucune faction n'emporte jamais un avantage décisif ; il maintenait entre elles un équilibre instable, lui permettant à tout moment de faire pencher la balance tantôt d'un côté, tantôt de l'autre. D'une part, il ne pouvait se passer des talents d'administrateurs et des compétences professionnelles des bureaucrates classiques, mais comme il se méfiait de leurs propensions au « révisionnisme » et à l'élitisme, il les contrôlait en lâchant sur eux de temps à autre sa meute d'idéologues enfiévrés ; malgré le zèle dont ces derniers faisaient preuve, il ne leur cédait jamais qu'un pouvoir limité, car l'expérience avait montré qu'ils faisaient d'ineptes administrateurs.

Dans les dernières années de sa vie toutefois, l'âge et sa santé chancelante empêchèrent Mao de suivre les affaires quotidiennes ; ne pouvant plus exercer un contrôle continu sur les rouages du gouvernement, il se contenta de conserver une sorte d'autorité idéologique générale qui s'exprimait sporadiquement et de façon surtout négative. N'ayant plus la force de rien créer, il pouvait encore tout paralyser. Il lui restait toujours la possibilité de saboter efficacement toute décision politique qui n'avait pas obtenu son approbation : un mot de lui, par exemple, suffit pour sceller le sort de Deng Xiaoping. De cette façon, il a continué à peser puissamment sur le destin politique de la Chine, mais à la façon d'un poids mort, empêchant et retardant d'urgents réajustements, sans être pour autant capable de trouver la force de proposer une alternative cohérente.

Comme il ne pouvait plus prononcer ses oracles que durant d'irréguliers intervalles de lucidité, la faction extrémiste dirigée par sa femme, Jiang Qing, du seul fait qu'elle bénéficiait d'un accès constant à son intimité, vint à exercer une sorte de monopole sur le recueil, l'interprétation et la manipulation de ces propos fatidiques. Ceci constitue la principale source de puissance pour ce groupe dont l'influence politique s'accrut hors de toutes proportions avec ses forces réelles.

Durant le long crépuscule de Mao, les factions observèrent une trêve précaire, tout en manœuvrant pour s'assurer des positions favorables en prévision du jour où, Mao une fois disparu, la lutte pour le pouvoir exploserait à nouveau. Après la mort de Mao, les groupes rivaux sauront peut-être préserver pour un temps une apparence de compromis et adopteront une sorte de direction collective. Pareille solution toutefois ne pourra jamais être que temporaire : l'antagonisme des deux factions est trop irréconciliable, il y a entre elles trop de vieux comptes, trop de dettes de sang, remontant à la « Révolution culturelle », qui attendent d'être réglés. Tôt ou tard, il faut que les hostilités reprennent, soit de façon publique — cette hypothèse est rendue moins vraisemblable maintenant par la lassitude générale de la population qu'il serait difficile de mobiliser à nouveau — soit à huis clos, derrière les murs du Saint des Saints pékinois. Cette fois, la lutte devra aboutir à l'élimination complète d'un groupe et à la victoire décisive de l'autre : il n'y aura plus d'arbitre pour arrêter le combat avant qu'il arrive à sa conclusion définitive. De plus, il n'y a pas en Chine de précédent historique pour étayer une formule de direction collective : pendant plus de deux mille ans, le pays a toujours été soumis à l'autorité d'un chef unique, et la dynamique interne de la politique chinoise traditionnelle est telle qu'elle pressera irrésistiblement en faveur d'un retour rapide à l'orthodoxe solution impériale-maoïste, condamnant ainsi la direction collective à n'être qu'une expérience brève et artificielle.

Au cœur des actuelles luttes de factions, gît un problème qui a en fait divisé l'élite dirigeante chinoise pendant plus d'un siècle. Au milieu du XIXe siècle, soudain confrontée avec un monde extérieur agressif et équipé d'une technologie supérieure, la Chine se vit imposer un choix dramatique : ou bien emprunter cette nouvelle technologie, et risquer ce faisant de perdre sa propre identité, ou bien protéger son identité par un strict isolement, et risquer ce faisant de se laisser écraser par la supériorité matérielle des étrangers… Dans la suite, en optant pour le socialisme, la Chine réussit à sauver une valeur centrale de sa civilisation : la Chine n'est pas simplement « un pays » au sens nationaliste étroit du terme (les puissances étrangères tentèrent de la forcer à prendre cette voie ; si elles avaient réussi, c'en eût été fait de la culture chinoise), la Chine est un concept d'universalité, une façon d'accomplir l'humanité, un intermédiaire entre l'homme et l'harmonie cosmique. En adoptant le marxisme, idéologie internationaliste qui aspire à une application universelle, la

Chine réussit simultanément à entrer dans l'ère moderne et à demeurer fidèle à sa plus antique et plus essentielle vocation…

Cependant, comme sous des formes nouvelles les pressions du monde extérieur ne se relâchaient pas, la vieille question de savoir comment faire face à cette menace revint se poser avec une urgence toujours plus grande. Aujourd'hui, la faction extrémiste — que l'on baptise du nom de « gauche » — apparaît en fait comme l'héritière des cercles xénophobes ultraconservateurs de la cour mandchoue à la fin de l'empire : elle a en effet adopté une position similaire : pour préserver la pureté idéologique de la Chine, il faut l'isoler du monde extérieur. Cette faction dirigée par Mme Mao (qui voudrait bien jouer le rôle d'une nouvelle impératrice douairière Cixi !) a récemment cherché à utiliser au maximum un Mao sénile et affaibli pour s'entrancher au sommet. Elle mène une lutte désespérée, consciente que la mort de Mao va rendre sa position de plus en plus précaire. Non seulement ses leaders sont impopulaires — on peut avancer sans risque de se tromper que Jiang Qing est aujourd'hui la personnalité la plus universellement haïe de Chine — mais encore, sa politique austère et fanatique est redoutée des masses. Néanmoins, le groupe extrémiste a encore réussi à remporter une victoire spectaculaire, sinon substantielle, en provoquant la chute de Deng Xiaoping. Pareille victoire risque toutefois de se révéler illusoire : l'autre faction, le groupe des bureaucrates pragmatiques, esprits plus ouverts (tout est relatif) qui, dans le sillage de Zhou Enlai et de Deng Xiaoping, ne sont pas sans rappeler les politiciens progressistes et réformistes de la fin du XIXe siècle, continuent à contrôler les postes clefs de l'appareil administratif et gouvernemental, au centre et dans les provinces ; ils disposent de plus du soutien, toujours décisif, de l'armée, et enfin, comme ils ont clairement manifesté lors des famines qui suivirent l'échec du « Grand Bond en avant », que dans certaines circonstances le bien-être du peuple devrait passer avant les impératifs idéologiques, ils jouissent d'une popularité certaine auprès des masses (bien entendu, ce dernier facteur ne présente qu'une importance limitée dans un régime où les masses n'ont aucune influence sur le choix de leurs dirigeants…).

L'héroïque « Longue Marche » de la révolution chinoise s'est donc enlisée dans le déprimant marécage des intrigues de palais. Au lieu de fixer notre attention sur ces querelles sans doute oiseuses, nous ferions mieux de suivre du plus près possible les nouveaux développements qui se manifestent parmi les masses : malgré la censure, les contrôles et les bâillons, elles ont réussi récemment à montrer avec quelle lucidité elles jugent maintenant leurs maîtres. Toutefois on se demande si, pour retrouver leur élan révolutionnaire, elles ne devront pas passer au préalable par l'expérience cathartique d'une démaoïsation en règle : parmi la jeunesse se décèlent déjà les signes d'une telle aspiration.

Juin 1976

NÉCROLOGIE

PORTRAIT DE CHIANG KAI-SHEK (1887-1975 [1])

> Tous ensemble, avec une sincérité unanime, soutenons le président Chiang, leader suprême de la nation…
>
> Mao Zedong,
> *Lun xin jieduan* (1938).

L'historien qui veut brosser le portrait d'un Mao Zedong a une tâche sinon aisée, du moins attachante : son modèle, haut en couleurs et plein de relief, « accroche bien la lumière » ; sa personnalité peut être complexe et contradictoire, mais elle s'offre à l'analyse sous des biais variés ; elle s'exprime avec force et originalité dans des domaines divers, majestueuse ou familière, tantôt bonhomme tantôt implacable, souvent flamboyante, parfois triviale, capable tour à tour de lyrisme et de vulgarités brutales ; dans son action politique, dans la masse considérable de ses écrits, dans ses discours, dans sa création poétique et calligraphique (discutable, mais puissamment personnelle), dans ses entretiens publics et privés, dans ses gestes et propos, jusque dans ses idiosyncrasies, ses aversions, ses prédilections, ses obsessions, ses lectures favorites, etc., se manifeste avec truculence un certain style qui retient et fascine, car il est l'homme même. Il n'est pas facile d'en faire le tour, car il abonde en paradoxes et son envergure est peu commune, mais fondamentalement il ne présente pas de mystère. Pour Chiang Kai-shek c'est tout l'inverse : cette figure plate, terne, incolore n'offre aucune prise à l'observateur. Ses années de formation restent enveloppées d'ombre ; les tournants décisifs, les épisodes cruciaux de son destin demeurent entourés d'un impénétrable brouillard, et pour finir, il termine sa carrière pétrifié pendant plus d'un quart de siècle dans la posture d'une espèce de statue du Commandeur dont la malédiction aurait perdu tout efficacité. Ses rares écrits, pondéreux et quelconques, ne nous éclairent en rien sur sa vision du monde (ils ont du reste été rédigés par des nègres). On ne lui connaît pas de goûts originaux, pas d'intérêts particuliers, pas de passions notables — le seul trait saillant de sa psychologie est une dévotion

1. Paru dans *Universalia*, 1976.

fanatique à la mémoire de sa mère. Sa conversation est conventionnelle et insipide ; sa démarche est raide, sa physionomie totalement dépourvue d'expression, comme le masque d'un joueur de poker professionnellement exercé à dissimuler toutes ses émotions. A tous les témoins qui, à des moments divers, ont été en contact direct avec lui, il semble avoir essentiellement communiqué une impression d'aridité, d'ennui, de banalité. Apparemment une aussi unanime convergence d'indices négatifs devrait faire conclure que ce mannequin est une fausse énigme, et qu'il ne se cache que du vide derrière la façade hermétique de ce visage de bois. Mais la réalité historique nous interdit de tirer de telles conclusions : en effet, c'est ce même personnage censément dénué de souplesse, d'imagination et d'inspiration, qui a réussi à contrôler et manipuler pendant plus de vingt ans les incroyables complexités de la scène politique chinoise après avoir évincé une série de rivaux talentueux qui, au départ, disposaient de plus d'atouts que lui ; c'est autour de lui encore que se ressouda durant huit années de guerre la volonté de résistance, l'élan patriotique de la nation chinoise tout entière : l'opprobre qui s'est attaché à son nom, surtout en Occident, d'abord à cause des atrocités de la terreur blanche de 1927, puis du fait de la corruption dans laquelle sombra finalement son régime, ne doit pas faire oublier que durant cette période de guerre, Chiang apparut tant aux yeux de la Chine que de ceux du monde comme l'incarnation même de la détermination héroïque de son peuple, et ceci de façon tellement indiscutable et exemplaire que les communistes eux-mêmes jugèrent alors plus expédient de lui apporter pour un temps le soutien de leur propagande.

Sur une scène politique en effervescence où les grands premiers rôles étaient dévolus à de tout jeunes hommes, Chiang a fait des débuts curieusement lents et laborieux : il approche déjà de la quarantaine quand il obtient enfin d'entrer au Comité exécutif central du Kuomintang (où, trait ironique, ses cadets Mao Zedong et Qu Qiubai l'avaient précédé deux ans plus tôt, le premier étant alors âgé de trente ans et le second, de vingt-quatre seulement !). C'est à la faveur d'un coup de force dont les mécanismes demeurent obscurs (incident de la canonnière *Zhongshan*, mars 1926) que Chiang s'arroge enfin le monopole du pouvoir politique et militaire à l'intérieur du Kuomintang et manifeste ce qui demeurera ses principales constantes : une dévorante ambition, le génie de l'intrigue et un anticommunisme obsessionnel qui un an plus tard devait faire explosion au grand jour, provoquant des massacres qui mutileront définitivement les forces vives de la révolution chinoise. Ces divers traits, combinés avec une énergie têtue, une indifférence aux problèmes sociaux, une propension à recourir aux moyens militaires pour résoudre les problèmes politiques, une méfiance soupçonneuse dont il n'exempte même pas ses propres collaborateurs, devaient caractériser tout le restant de sa carrière.

Après avoir mené à bien la réunification de la république, Chiang va, de Nankin, présider durant une précaire et précieuse décennie de paix et de relative unité au premier gouvernement chinois organisé selon des lignes modernes ; plus tard, la République populaire (on l'oublie trop souvent) profitera indiscutablement des efforts de modernisation accomplis dès cette époque par le régime nationaliste. Mais contrairement aux stéréotypes d'une certaine propagande, il faut également observer que Chiang était hostile au grand capitalisme et aux influences cosmopolites (ce qui est bien illustré par la semi-disgrâce dans laquelle il finit par maintenir un T.V. Soong par exemple) car il s'identifiait bien plus aux intérêts et à l'idéologie de la traditionnelle gentry terrienne (comme le montre l'influence prise par la « clique C. C. »).

A long terme, le régime nationaliste était condamné par son incapacité à résoudre, voire même à simplement considérer, le problème majeur posé au pays par la misère du paysannat. L'agression japonaise vint dramatiquement hâter l'inévitable échéance. A l'issue du célèbre incident de Xi'an (décembre 1936) Chiang, qui y fit preuve de courage, apparut aux yeux de la nation entière paré d'un prestige héroïque ; mais la guerre de résistance ne vint placer le généralissime sur un piédestal que pour ensuite précipiter plus cruellement sa chute, car en même temps qu'elle paralysa l'entreprise de modernisation amorcée par le régime, elle rendit la condition sociale plus désespérée encore, tandis que la corruption de la classe dirigeante, croissant à la faveur du désordre et de l'épuisement général, finissait par prendre des proportions monstrueuses. Après la capitulation japonaise, quand la guerre civile recommença, c'est avec une rapidité qui les prit eux-mêmes au dépourvu que les communistes se retrouvèrent en 1949 maîtres de toute la Chine.

L'interminable exil taïwanais dans lequel Chiang acheva alors sa carrière, président perpétuel d'une Chine de fiction, rappelle la sortie manquée d'un artiste médiocre qui, son numéro terminé, s'accroche sur les planches sans trouver le moyen de prendre élégamment congé, cependant que le public bâille et s'en va, et qu'un à un s'éteignent les lampions de la rampe. Sur Chiang, quel sera le jugement de l'Histoire ? Entre l'ascension de l'aventurier sans scrupules et la fossilisation du vieux chef isolé dans l'univers irréel de ses songes, peut-être l'attention de la postérité choisira-t-elle finalement de se poser plus miséricordieusement sur ces années où, sa ténacité obstinée ne s'étant pas encore figée en entêtement sénile, tandis que sa féroce ambition personnelle se muait en conscience d'une mission nationale, Chiang réussit successivement à restaurer l'unité du pays et, face à l'agression étrangère, à incarner un moment l'unanime volonté de résistance du peuple chinois.

ASPECTS DE MAO ZEDONG [1]

L'Histoire, qui est juge du monde, a pour premier devoir de perdre le respect.

Jules Michelet.

Certains malentendus prennent des dimensions historiques. Dans la célèbre interview qu'il accorda à Edgar Snow, Mao se serait décrit comme « un moine solitaire marchant dans la pluie sous un parapluie percé ». Avec son mélange de modestie humoristique et d'exotisme, le propos frappa vivement les imaginations occidentales, déjà si réceptives aux prestiges télévisés du « Kung Fu ». La connaissance très rudimentaire que Snow avait de la langue chinoise, et qui n'inclut sans doute jamais l'art du contrepet, ne s'était certes pas améliorée après un intervalle de quelque trente années passées loin de la Chine ; il n'y a donc rien d'étonnant à ce qu'il n'ait su reconnaître dans « ce moine sous un parapluie » évoqué par le Président un calembour archiconnu. L'expression (*heshang da san*), en forme de devinette, appelle conventionnellement la réponse « ni cheveux (les moines ayant le crâne rasé), ni ciel (celui-ci étant caché par le parapluie) », laquelle à son tour signifie par homophonie (*wufa wutian*) « Je n'ai ni foi ni loi ». Le cynisme dont Mao fit preuve en se servant de cette plaisanterie traditionnelle pour définir sa philosophie est aussi typique de son superbe mépris pour les délicatesses de la diplomatie que la mièvre et incorrecte adaptation anglaise de Snow est révélatrice du besoin de mythifier, de fabriquer des chromos politico-religieux, si répandu parmi une certaine intelligentsia occidentale.

En fait, cette brutale boutade que Snow, dans sa naïveté, comprit si mal, pourrait nous fournir une clef fondamentale pour déchiffrer la personnalité complexe et contradictoire de Mao. Il n'y a guère de doute que Mao spontanément penche en général pour une politique radicale, et pourtant si l'on examine les innombrables virages de sa carrière, si l'on relit ses écrits anciens, on s'aperçoit qu'il serait facile de compiler sur le sujet de son « opportunisme de droite » ou de son « capitulationnisme révisionniste », un dossier suffisamment riche pour faire pendre trois douzaines de Liu Shaoqi et de Deng Xiaoping. Et d'ailleurs, avec autant d'aisance, son passé d'« aventuriste de gauche » pourrait éclipser même celui de Lin Biao… Précisément pour décourager ce genre d'entreprise, les autorités pékinoises ont sagement préféré ne pas publier les œuvres complètes de Mao ; l'édition des *Œuvres choisies*, seule revêtue de l'Imprimatur, a été soigneusement expurgée. Bien que Mao éprouve une

1. Paru dans *Le Point* du 13 septembre 1976.

réelle aversion pour les usages bureaucratiques, il n'en reste pas moins qu'il fut lui-même, tout à la fois, et l'architecte et la clef de voûte de la plus gigantesque bureaucratie totalitaire qu'on ait jamais vue sur cette planète… Pour concilier de tels paradoxes, il faut soit être rompu aux acrobaties mentales d'un jeu très subtil que les initiés appellent « Dialectique », ou, de façon plus simple et vulgaire, on doit accepter l'évidence : Mao fut moins ce prophète-philosophe décrit par tant de thuriféraires, qu'un politicien pragmatique pour qui le POUVOIR prima toujours toute autre considération : — comment l'obtenir, comment le conserver, comment le regagner. Pour s'assurer le pouvoir, aucun sacrifice ne fut jamais trop grand — et surtout pas le sacrifice de ses principes. Sous cet angle-là seulement on peut commencer à comprendre ses alternances de compromis et d'intransigeance, de rondeur et de férocité, de souplesse et de brutalité, et toutes ses volte-face les plus abruptes : elles n'étaient jamais gratuites ni arbitraires. Bien que le pouvoir politique ait toujours constitué la mesure ultime de tous ses actes, il serait évidemment absurde de supposer qu'un homme de cette envergure recherchât le pouvoir pour le pouvoir. Il avait une conscience aiguë de son rôle et de sa place dans l'Histoire ; ce sens historique — qu'à notre époque il partagea seul peut-être avec un de Gaulle — lui faisait professer d'ailleurs une admiration sans vergogne pour les grands tyrans du passé : Napoléon, Qin Shihuang…

Si de mouvants impératifs tactiques rendaient parfois sa politique difficile à distinguer de celle de ses rivaux et boucs émissaires successifs, son *style* demeurait, lui, unique et incomparable. Nous pouvons en saisir clairement le caractère dans ses créations artistiques. Sa calligraphie (un des arts majeurs de la Chine) est d'une saisissante originalité, manifestant un ego flamboyant qui touche à l'arrogance, sinon à l'extravagance ; simultanément, elle trahit un mépris total pour la discipline du pinceau, et cette désinvolture à l'égard des exigences techniques condamne en fin de compte son œuvre, si vigoureuse soit-elle, à une sorte de bégaiement. Sa poésie, si bien définie par Arthur Waley comme « moins mauvaise que la peinture de Hitler, mais pas aussi bonne que celle de Churchill », apparaît pédante et pédestre, réussissant à marier l'obscurité à la vulgarité ; et pourtant, dans le cadre d'une forme désuète, sa maladresse même reste remarquablement affranchie des conventions. Mais ce qui est surtout révélateur, c'est le fait même qu'il consacra une part de son énergie à l'incertaine pratique de ces passe-temps élégants du gentilhomme-lettré traditionnel. Comme Erica Jong le faisait remarquer : « Il n'y a rien de plus féroce qu'un artiste raté. Son énergie est toujours là, mais ne se trouvant pas d'exutoire elle explose en un grand pet noir de rage qui enfume toutes les fenêtres intérieures de l'âme. » Parfois, cela conduit à la politique. Le phénomène de l'artiste raté qui devient homme d'État, du pouvoir politique considéré comme un moyen d'autoexpression, devrait un jour être sérieusement étudié. Dans le cours d'une telle analyse, le cas Mao Zedong pourrait fournir un fascinant exemple. Ce mélange d'idéalisme, de subjectivisme et de volontarisme qui a inspiré ses plus audacieuses initiatives reflète de façon typique l'attitude d'un esthète. Même certains de ses axiomes politiques fondamentaux sont basés sur des métaphores artistiques — ainsi son fameux propos sur « la pauvreté et le dénuement de la Chine » — qui présenteraient l'avantage de rendre le pays mieux disponible, comme une « page blanche », pour les libres improvisations du pinceau d'un grand artiste… Comme le sculpteur qui soumet l'argile docile au caprice de son inspiration, lui donne une forme qui épouse sa vision intérieure, ainsi l'artiste-homme d'État, prenant l'histoire et les peuples comme matière première, s'efforce de projeter en eux les images qu'a conçues son esprit. Cette qualité visionnaire explique la plupart des victoires inattendues et fulgurantes que Mao remporta dans sa maturité, malheureusement elle se trouve aussi à la racine des initiatives de plus en plus fantasques, brouillonnes et catastrophiques de ses dernières années : dérivant loin du réel, enfermé dans un songe solitaire, il devait alors à plusieurs reprises amener le régime qu'il avait lui-même créé au bord du chaos et de la destruction.

Chose étrange pour un meneur d'hommes d'une telle envergure, Mao était par nature dénué de ce magnétisme qui soulève les foules. Orateur médiocre, il parlait d'une voix de tête sur une intonation monotone, et son accent hunanais très prononcé, dont il ne réussit jamais à se débarrasser, ne faisait rien pour améliorer les choses. Les masses pouvaient facilement se sentir sur un pied d'intimité avec des chefs comme Zhu De et Peng Dehuai, à cause de leur simplicité et de leur humanité chaleureuse ; elles aimaient Zhou Enlai, le charmeur aristocratique et le serviteur désintéressé de la chose publique. Mais avec Mao, c'était une autre histoire. Une propagande savamment orchestrée réussit à imposer son image au peuple sous les traits d'un dieu solaire. Une tradition impériale vieille de plus de deux mille ans avait créé dans la conscience collective le besoin d'un dirigeant suprême et quasi mystique ; le bref et fragile intermède républicain n'avait pas réussi à accoucher d'une convaincante formule de rechange, et aussi Mao, dans sa sagacité, comprit-il tout l'usage qu'il pourrait retirer de la manipulation de cet antique héritage. Qu'il ait été lui-même l'instigateur de son propre culte ne saurait être mis en doute : il en justifia cyniquement la nécessité en faisant observer à Edgar Snow : « Khrouchtchev n'a pas voulu d'un culte de sa personnalité : voyez comment il a fini ! » Mais s'il devint ainsi un dieu pour les foules, ceux qui se trouvaient directement en contact avec lui éprouvaient un sentiment de malaise devant ses façons distantes, secrètes et tortueuses, son manque de loyauté, la manière impitoyable dont il pouvait se débarrasser de ses plus anciens compagnons de lutte, de ses plus fidèles auxiliaires, du moment où ceux-ci risquaient d'entraver ses plans ou avaient osé formuler des critiques. Un témoin en principe aussi favorable qu'Agnès Smedley (célèbre journaliste et révolutionnaire américaine qui, pendant la guerre, brava le blocus du Kuomintang pour rejoindre les communistes à Yan'an) devait donner de sa première rencontre avec Mao un compte rendu d'une déconcertante franchise: «… ses mains étaient longues et sensibles comme celles d'une femme […] Quoi qu'il pût être par ailleurs, il était à coup sûr un esthète. En fait il y avait en lui quelque chose de femelle qui provoqua ma répulsion. Je fus envahie d'une hostilité instinctive, et il me fallut employer tant d'efforts pour la maîtriser que je pus à peine saisir un mot de ce qui suivit […] Dans la suite, des mois de précieuse amitié vinrent à la fois confirmer et contredire cette impression d'impénétrabilité. L'élément sinistre que j'avais si intensément perçu en lui la première fois se révéla être une forme d'isolement spirituel […] Il n'avait rien de l'humilité d'un Zhu De. En dépit de son caractère féminin, il était têtu comme une mule et habité d'un orgueil et d'une détermination aussi inflexibles qu'une barre d'acier.» (Écrit en 1943.)

En complet contraste avec l'élite révolutionnaire de son époque, qui était cosmopolite et urbaine, Mao appartenait à un vieux monde paysan et fermé. Ses horizons intellectuels étaient faits moins de lectures d'écrits marxistes occidentaux que d'une fréquentation familière de la littérature chinoise classique — historiographie et roman — pour laquelle il développa ce genre de connaissance intime et vivante, mais curieusement désordonnée, qui est si typique des autodidactes supérieurement doués. Alors qu'il était déjà devenu le maître de la Chine, il se fit photographier à sa table de travail pour un portrait officiel: ce n'est pas par hasard que la collection de livres empilée devant lui se trouvât être composée non de classiques marxistes, mais bien des divers volumes d'un célèbre homme d'État chinois du XIe siècle, traitant de l'art impérial du gouvernement bureaucratique… Les attaques qu'il lança contre Confucius partaient d'un esprit lui-même profondément marqué de confucianisme: il vivait dans un monde — totalement étranger aux jeunes générations chinoises — où Confucius occupait encore la place, et remplissait la fonction qu'il ambitionnait pour lui-même: celle de Suprême Maître à penser d'une orthodoxie universellement englobante. En ce sens, la campagne anti-confucéenne vint simplement confirmer qu'il était devenu un vivant anachronisme. Son univers était demeuré un univers rituel, gouverné par l'Idéologie plutôt que par des lois, par des Écritures dogmatiques (hier les classiques confucéens, aujourd'hui le *Petit Livre rouge*) plutôt que par un débat populaire. Quand il décréta «la Primauté du Rouge sur l'Expert», il ne faisait en fait que transposer un axiome plus de deux fois millénaire, du *Canon des Rites*: «Ce qui est accompli par la technique est inférieur, ce qui est accompli par la vertu est supérieur.» Un aussi profond enracinement dans le monde chinois traditionnel explique les plus éblouissantes réussites de son passé : quand il menait la guérilla paysanne au cœur des vieilles provinces de Chine, il était sans rival. Mais quand il eut à introduire la Chine dans l'époque moderne, ses anciens atouts devinrent ses pires œillères. Il s'efforça de réduire les nouveaux problèmes à des termes qui lui étaient plus familiers, ceux d'un terroir arriéré, théâtre nostalgique de l'épopée de sa jeunesse ; il tenta de ramener la lutte sur son terrain à lui, ce vieux champ de bataille, protégé par son dénuement même — le plus loin possible de l'univers inquiétant des idées et des disciplines contemporaines qui lui apparaissaient comme la chasse gardée d'individus dont le langage lui était étranger, ces odieux intellectuels, universitaires, spécialistes et experts, contre qui il ne cessa de manifester une hostilité obsessionnelle.

Au fond, le drame de Mao, c'est qu'il s'est survécu d'une vingtaine d'années. Eût-il disparu vers le milieu des années 50, il serait à coup sûr entré dans l'histoire comme l'un des plus prodigieux réformateurs qu'ait connu la Chine. Malheureusement, durant la dernière partie de sa vie, en s'accrochant avec entêtement à une utopie sclérosée, en se figeant dans la sphère étroite de ses préjugés et de ses manies, en se montrant de moins en moins réceptif aux besoins d'une époque nouvelle, il est devenu finalement un obstacle majeur pour le développement de la révolution chinoise. La faction des ultraconservateurs (faussement baptisée « gauche » par les observateurs étrangers), résolue à maintenir la Chine dans l'isolement pour préserver sa pureté idéologique, s'est finalement appuyée sur lui pour mener désespérément un dernier combat d'arrière-garde contre la montée irrésistible et trop longtemps différée du mouvement de modernisation et d'ouverture du pays.

La Chine a perdu son « Grandiose Leader ». Ceci devrait lui permettre enfin de reprendre sa progression, après un trop long et anormal intermède de désordre politique et de stagnation culturelle. Pour une nation telle que la chinoise, la perte ne devrait pas être dramatique : les peuples vraiment grands ont-ils jamais besoin d'un « Grandiose Leader » ?

ANNEXE
MONDANITÉS PARISIENNES

NOTULE EN MARGE D'UNE RÉÉDITION BARTHIENNE [1]

M. Roland Barthes, rentrant de Chine, avait publié il y a deux ans dans *Le Monde* un remarquable articulet. Ce texte si typique ne risquait guère de sortir de notre mémoire ; néanmoins, pour prévenir un improbable oubli, un éditeur a eu la vaillance singulière d'en refaire un tirage en plaquette de luxe [2]. Se doutant peut-être de l'intérêt particulier que cet article avait à l'époque suscité chez moi, cet éditeur a eu l'amicale attention de me faire parvenir un exemplaire du précieux opuscule barthien. A la seconde lecture, je dois dire que j'en ai trouvé le sel inépuisé, car malgré sa brièveté, ce texte présente une sorte de qualité — comment dire ?… abyssale.

Dans sa nouvelle version pour bibliophiles, l'article a été enrichi par l'auteur d'une postface absolument illuminante. Avec la subtilité qu'on lui connaît, M. Barthes nous y explique en quoi résidait la contribution originale de son témoignage (que de grossiers fanatiques avaient si mal compris à l'époque) : il s'agissait, nous dit-il, d'explorer un nouveau mode de commentaire, « le commentaire sur le ton no-comment » qui soit une façon de « suspendre son énonciation sans pour autant l'abolir ». M. Barthes, qui avait déjà de nombreux titres à la considération des lettrés, vient peut-être de s'en acquérir un qui lui vaudra l'immortalité, en se faisant l'inventeur de cette catégorie inouïe : le « discours ni assertif, ni négateur, ni neutre », « l'envie de silence en forme de discours spécial ». Par cette découverte dont toute la portée ne se révèle pas d'emblée, il vient en fait — vous en rendez-vous compte ? — *d'investir d'une dignité entièrement neuve, la vieille activité, si injustement décriée, du parler-pour-ne-rien-dire*. Au nom des légions de vieilles dames qui, tous les jours de cinq à six, papotent dans les salons de thé, on veut lui dire un vibrant merci.

Enfin, ce dont beaucoup sans doute devront lui être le plus reconnaissants, dans cette même postface, M. Barthes définit avec audace ce que

1. Paru dans *Contrepoint*, n° 21, 1976.
2. R. Barthes, *Alors, la Chine ?*, Paris, Christian Bourgois, 1975.

devrait être la vraie place de l'intellectuel dans le monde contemporain, sa vraie fonction, son honneur et sa dignité : il s'agit, paraît-il, de maintenir bravement, envers et contre « la sempiternelle parade du Phallus » des gens engagés et autres vilains tenants du « sens brutal », ce suintement exquis d'un tout petit robinet d'eau tiède.

L'OIE ET SA FARCE

Ça vous embête de m'écouter parler si longtemps des imbéciles ? Eh bien il m'en coûte à moi d'en parler.

Georges Bernanos.

Une dame (elle s'irrite de ce que j'use à son égard de cette appellation, car elle croit y déceler toutes sortes d'insinuations insultantes, mais que voudrait-elle que je dise d'autre : une demoiselle ? une miz ? un monsieur ?) une dame donc, un peu exaltée et brûlant pour sa religion maoïste du feu des néophytes (sa conversion est de date assez récente, mais comme elle venait de l'église stalinienne, elle n'a pas eu à faire une bien longue route) s'est mise en tête d'accumuler des mérites dans le paradis de Mao (ceux-ci ne se comptent pas en centaines de jours d'indulgence mais en semaines de congés payés à Pékin) par la dénonciation des hérétiques et des mal-pensants. Pour je ne sais trop quelle raison, elle se figure que la dépouille de l'auteur de ces lignes devrait lui valoir là-bas une prime spéciale, en quoi elle me flatte mais aussi, je crains, s'abuse quelque peu quant à l'importance réelle de ma personne. C'est ainsi qu'elle s'est adonnée depuis tout un temps dans divers journaux, revues et tracts à une dénonciation obsessionnelle de l'identité réelle de Simon Leys. (La précaire protection que ce pseudonyme était censé m'assurer durant mes séjours successifs en Chine en devint plus dérisoire encore, et j'ai mémoire en particulier d'un certain incident à Pékin où seul le hasard me permit d'éventer une trappe si joliment machinée qu'elle aurait normalement dû me catapulter avec une quasi-certitude précisément là où la bonne dame en question souhaite si charitablement me voir relégué une fois pour toutes.) La passion policière qui pousse certaines gens à dénoncer voisins, parents, relations ou collègues ne trouve de véritable exutoire que dans les périodes de bouleversements, de guerres, d'occupations, etc., mais même en temps normal, elle n'en demeure pas moins latente chez les ratés, les envieux et les médiocres et constitue un phénomène psychologique singulier qui mériterait d'être mieux étudié. La vénalité en est rarement absente, mais ce serait une erreur d'y voir son moteur exclusif ; dans ce genre de démarche en effet, la recherche d'avantages personnels s'augmente le plus souvent d'autres mobiles non moins puissants : des sentiments d'infériorité ou de frustration (sur qui la seule apparence du succès chez autrui vient agir comme une intolérable provocation), le désir de se donner de l'importance, une forme d'exhibitionnisme, et surtout un respect inné du Pouvoir, de l'Ordre établi, des Autorités, l'instinct flic, la haine de tout ce qui apparaît non conforme, différent, hétérodoxe, hérétique. (Sur ce dernier point, on observera d'ailleurs chez ma dénonciatrice l'indignation révélatrice qu'a déclenchée mon choix de l'expression « mauvaise herbe » pour traduire le titre d'un célèbre recueil de Lu Xun : outre qu'elle est significative d'une ignorance de la langue chinoise assez remarquable pour une personne qui a fait des études chinoises sa profession — essayez donc de traduire « mauvaise herbe » en chinois sans employer précisément les deux mots qui forment le titre original choisi par Lu Xun —, cette indignation témoigne surtout d'une très révélatrice allergie à un certain usage de l'adjectif « mauvais » : mauvaise herbe, mauvaise tête, mauvais esprit, ces expressions aux consonances libertaires ne sauraient évidemment présenter qu'un sens péjoratif pour une petite bourgeoise amoureuse de discipline stalinienne et de ripolin maoïste. Qu'il puisse y avoir une vertu dans la rébellion, que l'irréductible refus du cordeau, la critique permanente du pouvoir puissent être des traits de l'intellectuel révolutionnaire en général et de Lu Xun en particulier, constituent évidemment autant de notions inintelligibles pour une personne qui dut attendre pour s'intéresser à Lu Xun qu'il survienne d'abord une « Révolution culturelle » et qu'au lendemain de celle-ci, les croque-morts du département de la Propagande, armés de leurs pommades et de leurs vaselines, aient réussi à maquiller contre toute vraisemblance le cadavre du farouche rebelle en une sorte d'empaillé rose et béat, docile chantre du Pouvoir et prophète bénisseur de l'utopie maoïste...) Enfin, une dernière et puissante motivation de la manie dénonciatrice est incontestablement le fanatisme religieux. Les maoïstes occidentaux ne conçoivent pas qu'on puisse se rendre en Chine simplement par amour de ce peuple et de cette terre ; de tels sentiments leur demeurent évidemment étrangers, à eux qui ont choisi d'ignorer l'un et l'autre à l'exclusif profit de la poignée de bureaucrates qui monopolisent le pouvoir à Pékin ; sans Mao, la Chine et les Chinois ne retiendraient pas une minute leur attention. La seule idée qu'un individu comme Simon Leys puisse constamment souhaiter revoir la Chine, qu'il ait noué dans ce monde-là les liens les plus chers ne leur paraît pas seulement incompréhensible, elle leur est proprement sacrilège. Deux fois déjà ils ont échoué à le faire appréhender alors qu'il souillait de ses pas le pavé de Pékin — il s'agit maintenant au moins de prévenir le retour d'une telle profanation. Quels ulémas déployèrent jamais vigilance plus sourcilleuse pour barrer à un infidèle le chemin de la Ville sainte ? Me voici transformé désormais, par leur inquisition même, en une sorte de René Caillé sur la route d'un nouveau Tombouctou ! La bonne âme dont j'ai entrepris de vous entretenir ici (pour la première et dernière fois, je le jure !) vient en effet de signer maintenant ce qui devrait être, espère-t-elle, ma condamnation à l'exil définitif. Précédemment elle s'était contentée de me dénoncer à la petite semaine dans des périodiques divers, mais sa colère, s'enflant à mesure qu'elle s'exprimait, a finalement crevé en une torrentielle diarrhée verbale qui, engorgeant les canaux désormais trop étriqués que pouvait lui offrir la presse hebdomadaire ou mensuelle, nécessita la fabrication d'un réceptacle à sa mesure et aboutit ainsi à la publication d'un étonnant livret [1]. Dans un premier mouvement, j'avoue que la vue de cet ouvrage me plongea dans une certaine confusion : l'idée d'avoir été cause, fût-ce involontairement, d'une telle dépense pour une personne qui, employée comme moi dans l'enseignement, ne doit disposer que de modestes ressources, me tourmenta un moment. Puis je me rassurai en songeant qu'elle venait peut-être de gagner au tiercé ; ou peut-être aura-t-elle rencontré quelque mécène dans l'antichambre d'une certaine ambassade ? Ou encore, aura-t-elle réussi à convaincre son éditeur (un Suisse pourtant...) que l'Intourist chinois ne saurait manquer de lui acheter cinquante mille exemplaires de sa brochure pour en garnir ces éventaires de littérature polyglotte que l'on met gratuitement à la disposition des voyageurs dans les gares et les aéroports de la République populaire ?

L'objet et la mission de cet ouvrage tenant tout entiers dans la dénonciation imprimée sur sa page de couverture, cette dernière aurait tout aussi bien pu n'être suivie que d'un cahier de feuilles blanches. Je me rends sans doute coupable d'une certaine injustice en examinant maintenant le corps du texte, alors que celui-ci n'est manifestement qu'une sorte de rembourrage adventice dont l'auteur elle-même n'attend probablement pas que nous le lisions : serait-il équitable de juger l'oie sur sa farce ? En l'occurrence cependant, je crois que l'opuscule en question présente une intéressante illustration de la méthode universitaire telle que l'a rénovée la pratique maoïste, et à ce titre il mérite peut-être qu'on s'y arrête un instant.

Avant la « Révolution culturelle », la Chine populaire a produit dans tous les domaines des sciences humaines une masse de travaux savants impressionnante et par la qualité et par la quantité. Je ne vois pas un secteur des études chinoises — philosophie, histoire, philologie, histoire de l'art, littérature — où il serait possible à un chercheur travaillant hors de Chine de poursuivre une étude sérieuse indépendamment de ces

1. Michelle Loi, *Pour Luxun* (sic) *Réponse à Pierre Ryckmans (Simon Leys)*, Lausanne, Alfred Eibel éditeur, 1975. — Sur l'orthographe de Lu Xun, voir ci-dessus, Introduction à *La Mauvaise Herbe* de Lu Xun, « Remarques », p. 434. (N.d.É.)

modernes contributions chinoises, toujours indispensables et quelquefois définitives. Tantôt avec sincérité et tantôt de façon formaliste, ces travaux chinois ne manquaient jamais de rendre hommage dans leurs prémisses ou leurs conclusions aux préceptes de l'orthodoxie marxiste, mais ceci n'enlevait rien à leur intérêt pour le lecteur incroyant car, dans leur méthode, ils respectaient les lois universelles de la science — lesquelles, en dernière analyse, découlent toutes d'un seul axiome implicite : *un fait, même infime, est plus respectable qu'un Maître à penser, même Grandiose.* Mais un tel principe comportait évidemment un intolérable potentiel de subversion : il impliquait la possibilité de critiquer le Grandiose Maître à penser chaque fois qu'il lui plairait de déclarer que deux plus deux font cinq (ça lui arrive souvent). Le sort de l'Université, bastion traditionnel de la pensée critique, s'en est donc trouvé scellé : avec la « Révolution culturelle », Mao a enfin mis un terme à cette survivance de l'âge prétotalitaire [1]. On pourrait trouver une assez bonne métaphore de la manipulation totalitaire du savoir qui s'est instaurée depuis la « Révolution culturelle » dans un incident survenu au cours des pérégrinations de la fameuse exposition itinérante des trésors archéologiques que l'on a pu admirer récemment en Europe. Cette exposition comptait parmi ses pièces les plus fascinantes un cahier d'écolier datant de l'époque Tang, comportant un fragment manuscrit des *Entretiens de Confucius* (la plus ancienne copie manuscrite que nous

1. Les universités subsistent encore de nom ; en fait elles ne sont plus que des espèces d'écoles professionnelles dispensant une formation hâtive et rudimentaire qui, souvent, de l'aveu même des enseignants, n'arrive pas au niveau des anciennes classes terminales de l'enseignement secondaire. La recherche scientifique, au moins en ce qui concerne les sciences exactes, a pourtant réussi à survivre en Chine, contre vents et marées : elle s'est réfugiée dans l'Académie des sciences et le réseau de ses succursales qui, n'ayant théoriquement pas d'étudiants, ont réussi à s'isoler presque hermétiquement de la tourmente politique. Pour renouveler ses effectifs, l'Académie des sciences est parvenue à se rendre presque autonome de l'université maoïsée en recrutant *hors de celle-ci* de jeunes chercheurs qu'elle forme elle-même. Inutile de dire qu'il ne s'agit là que d'un palliatif temporaire et boiteux destiné à assurer coûte que coûte une permanence de l'intelligence durant le temps que celle-ci demeure occultée dans l'université. Les savants chinois sont très conscients de la gravité du problème : il y a maintenant *presque dix ans* que la « Révolution culturelle » est venue interrompre et interdire la formation de jeunes élites scientifiques capables de reprendre et poursuivre cette tâche de modernisation du pays qui avait reçu durant les quinze premières années du régime un si magnifique élan… Comme la mauvaise herbe qui se redresse quand on la piétine et repousse quand on l'arrache, l'intelligence possède un caractère irréductible, et plus que tout autre le peuple chinois est généreusement doté sous ce rapport. Le stratagème par lequel l'Académie des sciences entreprend aussitôt de subrepticement développer des fonctions nouvelles pour les substituer à celles que Mao a lobotomisés dans les universités n'est qu'un exemple entre cent de l'ingéniosité inlassable avec laquelle les Chinois s'arrangent pour subtilement neutraliser, endiguer, détourner, dénaturer, retourner et convertir toutes les décisions du Grandiose Timonier de façon à assurer envers et contre tout une survie des activités essentielles de l'esprit. La question demeure pourtant : combien de temps un grand pays moderne peut-il impunément voir ces activités mises en veilleuse ou réduites à une existence souterraine ? De quel prix devra se payer le retard ainsi infligé aux tâches urgentes de son développement ? (1976.)

ayons de ce texte). La campagne anticonfucéenne étant entre-temps montée de ton, quand l'exposition atteignit Stockholm (mai 74) la pièce en question en fut *retirée sans laisser de traces,* comme si elle n'avait jamais existé [1]... Pour en venir maintenant à notre sujet particulier, les études qui se sont multipliées au sujet de Lu Xun après la « Révolution culturelle » relèvent toutes d'une application de ce même principe, d'une lumineuse simplicité : tous les faits et documents qui ne sauraient cadrer avec l'unique version autorisée par le département de la Propagande doivent être proprement gommés des mémoires et des cerveaux (on trouvera dans une petite étude à paraître prochainement sur *Ah Q et ses critiques* quelques exemples concrets de cette nouvelle exégèse qui se développe au serein mépris et dans l'ignorance superbe des diverses déclarations laissées par l'écrivain lui-même). Mais sur ce chapitre, notre pétulante chaisière de la chapelle maoïste parisienne surpasse ses modèles et ses maîtres de la République populaire ; en effet, alors que ces derniers doivent faire effort pour oublier ce qu'ils savaient, chez elle au contraire l'ignorance est spontanée, elle coule de source, c'est une vertu innée...

Un théoricien de l'esthétique a fait remarquer qu'il n'y a pas de mauvaises raisons pour aimer une bonne peinture. Le même aphorisme pourrait peut-être s'appliquer aux études chinoises : il ne saurait y avoir de mauvaises raisons pour s'y engager, et si, chaque année, c'est la ferveur maoïste qui nous amène une bonne moitié de nos nouveaux étudiants, eh bien, dans cette mesure-là, vive le maoïsme ! (Je serais d'autant moins enclin à les décourager que je retrouve chez eux, en partie, le point de départ de mon propre itinéraire.) En principe donc, le spectacle d'une dame qui, sur le tard, a le courage et l'énergie de s'atteler à l'étude du chinois, même si ses efforts ne sont guère couronnés de succès, ne devrait susciter chez nous que la sympathie et le respect. On veut lui souhaiter de tout cœur bonne chance, mais en même temps, dans son propre intérêt, on aimerait pouvoir la persuader de résister pour un temps à ce grand prurit d'écriture qui la travaille si fort, et d'attendre pour parler qu'elle ait d'abord acquis quelque connaissance de ce dont elle parle.

J'ai évoqué dans *Ombres chinoises* ce responsable d'une association antifasciste qui, visitant la Chine, ne savait pas au juste s'il allait à Hankou ou à Hangzhou : « Moi, vous savez, tous ces noms chinois... » Cette phrase résonne constamment à mes oreilles comme je feuillette les œuvres de notre prolixe brochurière. (A la décharge de l'antifasciste, il faut ajouter que lui au moins ne prétendait nullement se mêler d'études chinoises.) Dans un de ses ouvrages par exemple, l'aventureuse polygraphe

1. A ce sujet, voir M. Loewe : « The Vilification of Confucius, Themes in Chinese History and Ideology », in *Encounter*, novembre 1976, p. 57.

fait de Qu Yuan un poète sseutchouanais… ayant simplement confondu le pays de Chu avec celui de Shu [1] : imaginez, dans une histoire culturelle de l'Europe, un auteur qui prendrait la Prusse pour les Abruzzes, ou la Sologne pour la Pologne… Mais qu'avons-nous à faire de ces antiquailleries ? direz-vous — soit, revenons à l'époque moderne, à Mao lui-même si vous voulez. Dans un autre de ses ouvrages, les monts Jinggang sont décrits comme « une des grandes victoires de la Longue Marche [2] ». Encore une fois imaginez un auteur qui, se donnant pour un napoléonien fervent, ferait du pont d'Arcole un épisode de la retraite de Russie. On ne peut pas me soupçonner de sympathies maoïstes, mais il y a quand même dans la carrière de Mao un certain nombre d'épisodes héroïques, qui forcent l'admiration et appartiennent à l'aventure historique de l'humanité : il n'est point besoin d'avoir étudié le chinois pour savoir où situer la guérilla des monts Jinggang, et sur la carte de Chine et dans l'itinéraire de Mao, et je gage qu'en France beaucoup de lycéens rectifieraient sans peine la fantaisiste description de notre sinologue universitaire. Arrivé à ce point d'ailleurs, un doute me saisit soudain : et si toute son œuvre n'était qu'un canular ? En m'efforçant d'en discuter sérieusement, ne suis-je pas en train de donner dans un gigantesque panneau ? Comment expliquer sinon de telles erreurs venant de quelqu'un qui se prétend à la fois sinologue et maoïste ? Il y a là une énigme…

Mais trêve d'excursions dans ses précédents écrits, venons-en tout de suite à Lu Xun, prétexte de son dernier factum. Comme je l'ai indiqué plus haut, l'intérêt de la brave dame pour Lu Xun ne date que d'après la « Révolution culturelle », c'est-à-dire que l'éventail de ses sources, déjà fort limité par la difficulté qu'elle éprouve à déchiffrer le chinois [3], se trouve réduit plus encore par les manipulations, les coupes sombres, la censure et le travail de récriture auxquels ces sources ont été soumises depuis la maoïsation intégrale de la vie intellectuelle chinoise. En fait la principale raison qu'elle invoque pour justifier l'autorité qu'elle aurait si fraîchement acquise en la matière consiste en ceci qu'elle a, au cours d'un récent voyage de cinq semaines en Chine, rencontré le frère cadet de Lu Xun. Pour quelqu'un qui saurait le chinois et qui aurait quelques notions de l'histoire littéraire de la Chine moderne, pareille rencontre pourrait assurément présenter un intérêt considérable. Dans le cas de

1. Kouo Mo-jo, *Poèmes*, traduit, présenté et annoté par Michelle Loi, Paris, Gallimard, 1970, p. 136.

2. Michelle Loi, *L'Intelligence au pouvoir*, Paris, Maspero, 1973, p. 171. Dans cet ouvrage au titre prédestiné, les perles se ramassent par boisseaux : ainsi Qin Shihuang y est défini comme « l'Empereur Jaune » (p. 173) : que diriez-vous d'une spécialiste d'histoire italienne qui prendrait Mussolini pour Romulus ? L'écart chronologique est le même…

3. Sur ce chapitre, elle fait encore figure d'aigle en comparaison de ses disciples qui, ayant apparemment pris Lu Xun pour un écrivain anglo-saxon, ont entrepris de le faire traduire… de l'anglais ! (Cf. Lou Sin, *Essais choisis* introduits et annotés par Daniel Hamiche, *traduits de l'anglais* par Liliane Princet, Paris, 10-18, 1976.)

notre pèlerine par contre, on se prend à douter du bénéfice qu'elle a pu retirer de cette expérience, quand on observe qu'*elle n'a même pas su enregistrer correctement l'orthographe du nom de son interlocuteur*, une personnalité dont la notoriété est pourtant considérable (« Moi, vous savez, tous ces noms chinois… »). A nouveau, imaginons par exemple un chercheur universitaire venu d'outre-Atlantique qui, se faisant passer pour un spécialiste d'« André Jide », assiérait son autorité sur des confidences exclusives que lui aurait faites son ami « André Malrot »… Mais tant qu'elle était occupée à interviewer des familiers de Lu Xun, on regrette un peu qu'elle n'ait pas songé par la même occasion à prendre des nouvelles de la santé de Feng Xuefeng, le disciple et confident intime des dernières années, que la veuve de Lu Xun elle-même avait jadis consacré comme l'héritier spirituel de l'écrivain et son meilleur exégète. L'ennui veut que Feng, *purgé* comme tous les jeunes écrivains qui avaient été proches de Lu Xun, s'est englouti dans une trappe en 1957 et n'a plus jamais refait surface. Mais il n'y avait guère de danger que notre spécialiste universitaire manifestât une indiscrète curiosité à son sujet : elle ne sait même pas qu'il existe un écrivain de ce nom, et comme tous les ouvrages de Feng ont été retirés de la circulation, elle ne court aucun risque de voir sa saine et robuste ignorance ébranlée à la faveur d'un de ses voyages en Chine.

Ce qu'elle écrit sur Lu Xun lui-même pourrait tout au plus constituer une pièce supplémentaire à verser au dossier du « Mythe de Lu Xun », mais en ce qui concerne la personne *historique* de l'écrivain, toute ressemblance qui pourrait exister entre celle-ci et la vision qu'elle nous en donne ne saurait être que l'effet d'un accident. Un seul exemple nous suffira pour éclairer sa méthode. Une loi manichéenne de l'hagiographie exige de tirer un voile pudique sur le fait que Lu Xun, comme il est assez normal de la part d'un être humain intelligent et sensible, comptait aussi quelques éminents amis dans le camp adverse, et quelques éminents ennemis parmi ses « camarades ». Il n'y a rien là de bien étonnant ; le cardinal de Retz le faisait déjà remarquer : dans les querelles de factions, le commerce de l'adversaire est souvent moins malaisé que celui de ses propres compagnons, et il entre dans la chimie des sympathies et des antipathies plus d'ingrédients subtils que n'en peut rendre compte l'intolérance des dévots. Un paroissien qui, au rigorisme austère de son curé, objectait que le Christ n'avait pas refusé lui, de fréquenter des publicains et des filles et qu'il avait choisi pour son premier miracle de procurer un supplément de vin à une noce déjà copieusement abreuvée, s'entendit répondre par cet ecclésiastique sévère : « Je sais, je sais, mais ce n'est pas le plus beau de son histoire ! » Les dames maoïstes, elles, vont encore plus loin : tout épisode de la biographie de Lu Xun qui cadre trop mal avec l'idée qu'elles veulent se faire de lui est déclaré irrecevable et inexistant, et si c'est Lu Xun lui-même qui vient leur donner tort, eh bien on lui fermera la bouche ! Après tout, c'est pour une bonne cause, ne s'agit-il pas d'assurer la *majorem gloriam* de sa mémoire ? Ainsi, que Lu Xun ait eu de l'amitié pour Lin Yü-t'ang — un produit de l'éducation missionnaire anglo-saxonne, un écrivain superficiel et réactionnaire — est pour ma véhémente inquisitrice un fait si regrettable que nul être décent ne saurait le mentionner, je suis impardonnable de l'avoir relevé, derrière pareille attitude se trahit de toute évidence la main du Kuomintang et de l'impérialisme américain (on saura gré à notre amie de n'avoir pas également impliqué dans ce même complot le social-révisionnisme soviétique, mais peut-être a-t-elle gardé au fond du cœur une inavouable faiblesse pour cette ancienne idole). Que Lu Xun ait lui-même fait profession de cette amitié dans sa correspondance, que ses intimes aient attesté la chose dans leurs écrits, ne saurait atténuer mon crime. La brave dame, inutile de le dire, n'a lu aucun des documents sur lesquels je me base : comme ils n'ont pas l'imprimatur du département de la Propagande, elle se fait une obligation de les ignorer — obligation qui ne lui coûte guère d'ailleurs, puisqu'elle ne déchiffre le chinois qu'avec les plus grandes peines. Pas un instant il ne lui viendrait à l'esprit que, si j'ai mentionné la paradoxale amitié de Lu Xun pour un homme de droite qu'il avait précédemment tourné en bourrique, c'est d'abord et avant toute autre considération, pour la simple raison *qu'elle fut* : qu'on l'approuve ou non, respectable ou indécent, admirable ou choquant, significatif ou futile, C'EST UN FAIT qui entre avec d'autres dans la composition complexe de la personne infiniment riche et contradictoire que fut Lu Xun — personne que nous nous interdisons à jamais de comprendre, si nous soumettons notre information à une préalable censure idéologique. (A la décharge de notre fougueuse historienne, concédons seulement qu'elle a d'assez bonnes raisons pour manifester de l'allergie à la seule mention du nom de Lin Yü-t'ang : avec son habituelle sûreté dans l'information, n'avait-elle pas déclaré il y a quelques années dans un autre de ses ouvrages savants sur la littérature chinoise que Lin était mort depuis longtemps aux États-Unis ? Or, comme tout le monde sait, malgré la sentence ainsi passée par la redoutable spécialiste, le vieux Lin avait l'impudence d'être bien vivant et toujours actif à Taiwan. C'est seulement comme j'écris ces lignes — mars 1976 — que les agences de presse viennent enfin de nous apprendre son décès ; mais la perversité qu'il mit à survivre de si longues années à l'information péremptoire de la mandarine maoïste sent à plein nez le complot contre-révolutionnaire…

Est-il vraiment nécessaire de pousser cet examen plus avant ? On aura, je pense, déjà apprécié à sa juste valeur la qualité de la méthode et du savoir de notre stridente commissaire.

Dans un domaine cependant, je confesse que sa critique me touche au vif. Elle m'accuse de ne pas savoir écrire le français, d'accumuler les belgicismes et d'avoir un style vulgaire. Là, elle doit avoir raison. Le mieux qui me reste à faire est encore d'assumer bravement ma belgitude ; oui, c'est vrai, je suis du pays de Beulemans, de Manneken-Pis et des pétomanes. Qu'y puis-je ? Toutefois, avant de nous écraser, mes compatriotes et moi, sous le poids de sa supériorité incontestable et naturelle, elle devrait considérer un instant que le sous-développement belge a aussi ses bons côtés : *en fait c'est peut-être le dernier endroit où elle puisse encore trouver un public suffisamment ignare pour la prendre au sérieux* ; il n'y a pas si longtemps, à propos de la Chine, un respectable périodique de mon pays recommandait encore *sans rire* la lecture de ses livres. Pareil phénomène serait-il concevable dans des régions plus évoluées ?

Je désespère de jamais écrire le français proprement. Si je pouvais au moins apprendre de Mme Loi quelques tournures correctes, notre polémique n'aura pas été menée en vain. Elle me condamne sans appel pour un emploi de l'indicatif après « bien que ». Mais ce qui me rend un peu perplexe, c'est que cet usage se rencontre aussi chez Bossuet et chez Flaubert. Nous avions déjà de bonnes raisons pour douter du chinois de cette dame, allons-nous maintenant mettre son français en question ? Non, ceci ne se pourrait ! Et d'ailleurs les deux individus que je viens de citer sont tellement douteux idéologiquement qu'il faut sans doute récuser leur autorité. Un dernier point toutefois, timidement : contrairement à l'usage de la bonne dame, en belge nous avons l'habitude d'écrire « braiement » sans accent circonflexe. Sont-ce les typographes suisses qui chapeautèrent le sien ?

PRÉFACE
à
Émile Guikovaty, *Mao, réalités d'une légende*
(1976)

MAO ZEDONG ET L'HISTOIRE DE CHINE

> Les problèmes que soulève la condition actuelle de la Chine relèvent naturellement de l'économie, de la politique et de la culture, sans qu'on puisse cependant considérer séparément chacune de ces catégories tant elles sont étroitement enchevêtrées. Pour ma part, je crois que les problèmes culturels sont les problèmes fondamentaux, à la fois pour la Chine et pour l'humanité. Si ceux-là pouvaient être résolus, j'accepterais sans trop de réticence n'importe quel système politique ou économique qui y pourvoirait.
>
> Bertrand Russell,
> *The Problem of China* (1922).

Mao fut certainement un homme exceptionnel — un génie, comme disait feu Lin Biao. Nous ne saurions mettre en doute un mérite unanimement reconnu par un aussi large éventail de connaisseurs — MM. Nixon et Kissinger, S. A. le Shah d'Iran, les philosophes de *Tel Quel*. Ces gens doivent savoir de quoi ils parlent.

Pour donner leur pleine mesure, les hommes exceptionnels ont habituellement besoin de circonstances exceptionnelles. Superbes au milieu des catastrophes, ils aspirent à celles-ci, précisément pour cette raison. A une délégation du parti socialiste japonais qui, visitant la Chine en juillet 1964, présentait à Mao ses regrets et excuses pour toutes les souffrances que le Japon avait infligées à la Chine durant la guerre, Mao répondit avec un cynisme fort lucide qu'il n'y avait point lieu de regretter ces événements, car sans eux son régime n'aurait pu voir le jour [1].

L'avantage des systèmes démocratiques est qu'ils permettent de remiser

1. « Pourquoi voulons-nous remercier l'armée japonaise ? Eh bien, c'est parce que l'intervention japonaise nous a donné l'occasion de collaborer à nouveau avec Chiang Kai-shek, pour nous battre contre l'armée japonaise. En huit années de combats, nous sommes repassés de 25 000 soldats à 1 200 000 soldats ; les zones rouges dont nous avons pris le contrôle comptant 100 millions d'habitants. A votre avis, ça ne mérite pas un remerciement ? » (Cette citation provient des œuvres inédites de Mao Zedong compilées pendant la Révolution culturelle par des gardes rouges, traduites en français sous le titre *Les Œuvres bien choisies du président Mao*), voir également J. Guillermaz, *Histoire du parti communiste chinois*, Paris, Petite bibliothèque Payot, 1975, vol. II, p. 267, et E. Behr, in *Newsweek*, 20 sept. 1975.

les hommes providentiels une fois la tourmente passée (voir Churchill, de Gaulle, etc.) ; en effet, placé dans une situation normale, routinière, où « ses ailes de géant l'empêchent de marcher », tout Grandiose Leader digne de son titre a furieusement tendance à fabriquer des tempêtes artificielles pour se remettre du vent sous l'empennage. A ce stade-là, il peut devenir encombrant, et les peuples qui n'ont pas la possibilité de s'en défaire paient parfois très cher le privilège d'être menés par un génie.

C'est ainsi que, sans rival dans les situations désespérées, Mao une fois maître de la Chine devait bientôt employer son talent à créer des catastrophes nouvelles au moment où la nation chinoise enfin unie s'apprêtait, elle, à jouir de la paix et de l'ordre fraîchement conquis pour reconstruire le pays, assurer sa prospérité matérielle et la renaissance de son rayonnement culturel. En trois désastres de génie, les Cent Fleurs, le Grand Bond en avant et la Révolution culturelle. Mao réussit successivement à étrangler la création intellectuelle en mettant au pilori une élite lettrée pourtant disposée à loyalement le servir, à briser l'élan de l'économie nationale et la foi des masses en plongeant les campagnes dans la famine et en semant la confusion dans l'industrie, et enfin à précipiter le pays entier dans un sanglant et monstrueux chaos qui devait entraîner les souffrances de millions d'innocents, ainsi que la destruction du peu de vie culturelle qui subsistait encore.

Mao serait-il mort avant le milieu des années 50, qu'il aurait à coup sûr pu prendre place parmi les plus féconds réformateurs de l'histoire chinoise. Malheureusement, sa remarquable longévité lui a permis non seulement de défaire une bonne partie de son œuvre, de paralyser le développement d'une révolution que, dans la première partie de sa carrière, il avait réussi d'abord à sauver puis à victorieusement porter au pouvoir, mais encore son grand âge l'a finalement amené à tristement survivre au maoïsme même — car enfin, qu'était-ce donc que la « campagne de dénonciation de Confucius », sinon l'ultime et pathétique combat d'arrière-garde d'une idéologie agonisante, cherchant à différer l'inéluctable ?

Mao a disparu en grand style impérial : entre un tremblement de terre et une éclipse de soleil — deux signes annonçant la fin d'une dynastie…

Ces références au passé traditionnel peuvent paraître faciles, voire d'un goût douteux. Elles s'imposent néanmoins, et pas seulement parce que la Chine est le pays du monde où la culture politique est la plus intimement pétrie de conscience historique (les luttes brûlantes d'aujourd'hui s'y formulent en termes empruntés à des débats philosophiques vieux de quelque deux mille ans), mais encore parce que le régime maoïste a lui-même choisi explicitement, d'une façon qui relève de la provocation et du défi, de se revendiquer d'une tyrannie antique, en se proclamant l'héritier politique du premier unificateur impérial, Qin Shihuang (259-210 avant J.-C.).

Le régime de Qin est demeuré notoire à travers les âges pour son efficace et implacable terreur totalitaire. Déterminé à fondre les États et les populations hétérogènes de la Chine dans un moule unitaire, il entreprit de faire table rase du passé — politique qui s'illustra par l'exemplaire « destruction des livres ». Pour intensifier son contrôle sur les masses et assurer leur docilité, il les maintint dans un état d'ignorance et d'isolement méthodiques, réduisant leurs sources d'information aux seuls organes d'endoctrinement établis par l'État : comme le précisait le célèbre édit de Li Si, « le peuple n'aura plus d'autres instructeurs que les cadres politiques qui le gouvernent ». Le savoir devint un monopole exclusif du régime qui ne le mesura plus à ses sujets qu'à des fins de mobilisation idéologique ou pour assurer un meilleur rendement économique. Par contre, toutes les connaissances susceptibles de fournir un point d'appui au jugement critique, de permettre l'élaboration d'une pensée autonome, furent rigoureusement supprimées [1]. Érigeant la raison d'État et la volonté du Prince en impératif absolu, le régime réduisit les intellectuels au silence, s'attaquant tout particulièrement aux lettrés confucéens : ceux-ci, en effet, fidèles au précepte de Xun Zi — « l'homme d'État doit allégeance aux principes moraux, non au souverain » —, entendaient assumer une fonction de critiques permanents du pouvoir. L'idée confucéenne qu'il existe une autorité morale au-dessus de l'autorité temporelle, un ordre éthique auquel l'ordre étatique doit demeurer constamment soumis, des critères de justice et d'humanité au nom desquels la pratique politique peut et doit être jugée, était évidemment intolérable pour un régime qui entendait étendre son contrôle absolu à la totalité des démarches humaines. Selon la philosophie légiste qui fournit à Qin son outil idéologique de domination, la sphère abstraite de la Vérité et la sphère concrète de l'Autorité gouvernementale se confondent : on ne saurait donc mettre la seconde en question au nom de la première ; la Pensée du Chef, constamment changeante et cependant perpétuellement infaillible, s'identifie au Dao ; le détenteur du pouvoir suprême est donc aussi, par définition même, le suprême maître à penser : il constitue

1. Han Feizi, le principal théoricien du légisme qui fournit à Qin ses recettes de gouvernement, préconisait dans son essai sur *Les Cinq Vermines* : « Le souverain avisé ne tolère pas l'existence des moindres écrits : dans son État, la Loi constitue l'unique doctrine ; il n'est plus question de préserver l'enseignement des anciens souverains, les cadres de l'État seront les seuls maîtres à penser du peuple [...]. Sur tout le territoire, le peuple, dans ses propos, ne s'écartera jamais de la ligne de pensée correcte, les hommes d'action mettront leur initiative au seul service de l'État, et les braves leur valeur au seul service de l'armée. » Dans le *Traité du Seigneur de Shang* on lit de même : « Il ne faut pas que le peuple se mette à priser le savoir, ce qui l'entraînerait à négliger la production agricole. Un peuple qui méprise le savoir demeure ignorant, et dans cet état d'ignorance il reste imperméable aux influences étrangères, ce qui est tout à l'avantage de la sécurité de l'État. Dans cette situation, avec une sécurité nationale assurée et un peuple qui se consacre exclusivement aux travaux agricoles, il devient possible de développer le pays. » Ces antiques manuels du totalitarisme ont récemment fait l'objet en Chine de rééditions modernes et leur influence est en passe d'éclipser celle des classiques marxistes.

l'incarnation politique de l'Absolu. Dès lors, invoquer les principes moraux pour censurer le pouvoir (comme le préconisaient les confucéens) devient une aberration : cela équivaudrait à contester le Dao au nom du Dao, « brandir le drapeau rouge pour combattre le drapeau rouge »…

Par mesure d'exemple, Qin Shihuang fit enterrer vivants quatre cent soixante lettrés de la capitale, que leur seule qualité d'intellectuels avait rendus subversifs à ses yeux. Sur ce sujet, on se rappelle le pittoresque commentaire de Mao : « Eh bien, qu'est-ce qu'il avait de si extraordinaire, Qin Shihuang ? Il n'a exécuté que quatre cent soixante lettrés. Nous, nous en avons exécuté quarante-six mille ! C'est ce que j'ai répondu à certains démocrates : vous croyez nous injurier en nous traitant de Qin Shihuang, mais vous faites erreur, nous avons cent fois dépassé Qin Shihuang ! Vous nous traitez de Qin Shihuang, vous nous traitez de despotes — nous nous reconnaissons bien volontiers ces qualités, nous déplorons seulement que vous restiez tellement en deçà de la vérité, qu'il faille que nous venions nous-mêmes compléter votre propos ! » (Rires dans l'assistance[1].)

Ce propos, tenu devant une assise intérieure du Parti en 1958, n'avait à l'origine pas été destiné à la publication. Il faut savoir en effet que pendant plus de deux mille ans le régime de Qin est resté en Chine un objet d'exécration universelle ; en 58, l'opinion n'était pas encore prête à franchir ce pas ahurissant d'une réhabilitation officielle d'un des plus impitoyables tyrans qu'ait connus l'histoire. Précédemment, les seules tentatives amorcées dans ce sens n'avaient jamais été que le fait de minorités extrémistes : à gauche, on avait vu un moment, dans certains mouvements radicaux des années 20, des esprits paradoxaux préconiser un recours aux méthodes iconoclastes de Qin pour liquider les résistances obscurantistes de la tradition. Mais dans la suite les tenants du grand coup de balai à la mode de Qin devaient surtout se recruter à l'extrême droite — ainsi du côté du Kuomintang, les phalanges fascistes des sinistres « Chemises bleues » (dont l'idéologie et les méthodes préfiguraient à beaucoup d'égards celles des gardes rouges) se mirent à développer un culte de Qin Shihuang. Dans l'ensemble, toutefois, il ne s'était agi là que de phénomènes marginaux. Pour voir la figure de Qin Shihuang et les leçons de la philosophie légiste (laquelle constitue sans doute la plus brillante formulation théorique du totalitarisme qu'ait jamais réussi à enfanter la pensée humaine) systématiquement proposées en exemple à la nation abasourdie, il fallut d'abord faire passer celle-ci au laminoir de la « Révolution culturelle ». En effet, c'est seulement après avoir accompli cette anesthésie des cerveaux par une application méthodique de la violence, que Mao put enfin reprendre fièrement à son compte ce

1. *Mao Zedong sixiang wan sui*, Pékin, 1969.

qui jusqu'alors n'avait été pour ses adversaires qu'une façon de stigmatiser son régime, et qu'il osa se revendiquer publiquement d'un précédent maudit par l'histoire.

Dans quelle mesure cette audacieuse et provocante apologie du totalitarisme (la campagne fut lancée en octobre 73, avec un article du *Quotidien du peuple* louant Qin Shihuang d'avoir « brûlé les livres et enterré vifs les lettrés ») a-t-elle réussi à renverser un verdict plus de deux fois millénaire ? La réponse la plus claire à cette question nous a été fournie par les masses chinoises le 5 avril 1976 à Pékin : dans une bureaucratie policière où il est pour la plupart du temps impossible à plus de deux personnes de se mettre de mèche pour mener à bien une quelconque initiative politique, une explosion spontanée de douleur et de rage réussit, malgré la vigilance de la Sécurité, à rassembler en peu de temps une foule de *cent mille* manifestants (chiffre reconnu par l'Agence Chine nouvelle elle-même) unis dans la dénonciation du « nouveau Qin Shihuang ».

Quand Qin Shihuang vint à mourir, ses eunuques et ministres pris au dépourvu n'osèrent pas annoncer d'emblée la nouvelle ; il leur fallait d'abord, à l'abri de son nom redoutable, prendre des dispositions pour s'assurer le contrôle de la situation ; craignant que, dans l'intervalle, l'odeur du corps en décomposition ne fît découvrir le pot aux roses, il l'entourèrent d'une cargaison de poisson salé pour égarer l'odorat des curieux. Jiang Qing et ses acolytes n'ont sans doute pas été réduits à un tel expédient et nous n'avons guère lieu de mettre en doute l'exactitude du communiqué officiel selon lequel Mao serait mort une certaine nuit de septembre. Ce qui est certain, c'est que *le maoïsme*, lui, est mort six mois plus tôt, durant ces bouleversantes journées d'avril où, de son propre mouvement, le peuple chinois est descendu dans les rues pour le répudier — et au fond, il nous importe peu de savoir combien de temps exactement le pathétique vieillard a survécu à ce désaveu…

Il est, dans l'histoire de Chine, certains rythmes récurrents qui n'ont pas manqué de retenir l'attention des esprits spéculatifs. Une de ces constantes consiste en l'apparition d'impitoyables et brèves tyrannies au terme de longues périodes de désintégration, substituant un ordre puissant mais stérile au chaos qui les avait précédées. Le caractère inhumain et oppressif de ces régimes, leur mobilisation frénétique des populations, la férocité de leurs lois, les vouent à une courte carrière (Qin survit à peine à son fondateur, Sui ne dure pas trente ans) — mais ces intermèdes extrêmes auront chaque fois préparé les voies pour un épanouissement majeur de la culture chinoise : Qin est suivi par les quatre siècles de la dynastie Han, Sui amorce les trois cents années des Tang — deux des plus glorieux âges de l'humanité.

Quels qu'aient été ses erreurs et ses crimes, Mao Zedong aura présidé à la restauration de l'ordre, de l'unité et du prestige de la Chine. Maintenant, pour que le prodigieux potentiel de génie et de créativité du peuple chinois trouve à nouveau à s'exercer et permette à la Chine d'offrir une fois de plus au monde une contribution à la mesure de son passé, il suffirait, semble-t-il, que saute enfin ce carcan idéologique dans lequel Mao finit par enfermer son pays. A cette condition, féconde dans la mesure où elle saura disparaître, son entreprise n'aura pas été vaine.

Septembre 1976

PRÉFACE
à
Yao Ming-le
Enquête sur la mort de Lin Biao
(1983)

Notre époque, qui tire vanité de l'ampleur, de la rapidité et de la complexité de son information, restera probablement connue dans l'histoire comme l'âge de la crédulité. Ceci n'est un paradoxe qu'en apparence : en fait, l'éclipse de la raison est une conséquence logique de la chasse aux nouvelles sensationnelles et exclusives, qui obsède notre société.

Un évêque italien avait remarqué naguère : « Un miracle vrai en vaut deux. » On pourrait aujourd'hui paraphraser ce propos : « Une information vraie en vaut deux. » L'affaire Lin Biao fournit une bonne illustration de ce principe : la principale raison pour laquelle, il y a onze ans, l'opinion publique occidentale avala aussi facilement les absurdes contes grossièrement et hâtivement fabriqués par la propagande chinoise est simplement que, faute d'information véridique, une information mensongère apparaîtra toujours comme le meilleur substitut.

Chen Yi, un membre influent de la vieille clique dirigeante du communisme chinois, déclara quelques années avant la mystérieuse chute de Lin Biao (et il savait de quoi il parlait) : « Le camarade Lin Biao est vraiment un grand homme. Il est le seul de nous tous qui ne se soit jamais opposé au président Mao. » A l'époque, ce jugement était rigoureusement exact, et l'on aurait facilement imaginé qu'il aurait pu servir un jour d'épitaphe à Lin Biao.

Lin Biao était un personnage secret, chétif et terne qui ne s'était vraiment signalé que par deux traits : 1. une fidélité inconditionnelle, absolue et inébranlable à Mao Zedong ; 2. un génie militaire que les spécialistes ont souvent comparé à celui de Napoléon (quelques-unes de ses batailles sont d'ailleurs enseignées dans les cours de tactique de certaines écoles militaires occidentales).

Le slogan officiel qui émergea durant la Révolution culturelle : « Le camarade Lin Biao est le plus intime compagnon d'armes du président Mao », pour quelque peu simpliste qu'il fût, n'en recouvrait pas moins une vérité essentielle. Le fait est que, sans l'aide de Lin Biao, il aurait été impossible à Mao de jamais lancer sa Révolution culturelle. Mais pour pleinement apprécier ce point, il nous faut d'abord effectuer un retour en arrière, jusqu'à la conférence de Lushan, en 1959 [1].

Cette conférence d'importance historique avait été convoquée pour tenter de remettre un peu d'ordre dans le chaos qui avait résulté de l'échec catastrophique du « Grand Bond en avant » de Mao. Les conséquences de cette initiative délirante que le président avait prise l'année d'avant apparaissaient déjà dans toute leur horreur : la famine commençait à menacer les campagnes — elle allait y faire *des dizaines de millions* de victimes durant les trois années suivantes — et l'économie du pays entier était en ruine. Mao, dont l'autorité n'avait jamais été mise en question jusqu'alors, se trouva soudain confronté à une mutinerie organisée dans les échelons supérieurs du Parti. Cette mutinerie était dirigée par une personnalité prestigieuse et haute en couleur, le ministre de la Défense Peng Dehuai, un maréchal couvert de gloire à qui son honnêteté, son franc-parler, son style de vie simple et frugal valaient une immense popularité. Sur la base d'enquêtes approfondies qu'il avait personnellement menées dans les campagnes où il avait enregistré la détresse et le désespoir des paysans, Peng attaqua Mao, dénonçant son « exaltation petite-bourgeoise » sa mégalomanie, son égocentrisme, son subjectivisme idéaliste, et l'accusant d'avoir perdu le contact avec la réalité. Comme un nombre croissant de membres du Comité central commençaient à rallier la rébellion de Peng, un troisième larron, Liu Shaoqi, vint retirer les marrons du feu. Liu fit valoir qu'une querelle ouverte nuirait gravement à l'autorité du Parti. Pour sauvegarder l'ordre et l'unité du pays, il était essentiel de protéger le prestige de Mao, au moins en apparence. On épargnerait donc tout affront public au président ; Peng serait officiellement réprimandé et déchargé de ses fonctions. Mais cette solution qui le débarrassait de son adversaire immédiat allait coûter très cher à Mao : il dut en contrepartie abandonner la réalité du pouvoir à Liu Shaoqi (qui vint le remplacer à la tête de l'État) et à Deng Xiaoping (secrétaire général du Parti).

En conséquence, après la conférence de Lushan, Mao se trouva confiné dans une position largement honorifique : comme dit l'expression populaire, il fut « mis sur une voie de garage ». Sa qualité de président du Parti lui fournissait encore, de temps à autre, l'occasion de prononcer quelques discours, mais ses harangues tombaient dans le vide : les pouvoirs de décision et d'exécution étaient maintenant entièrement aux mains de Liu et de Deng. Pourtant, Mao n'avait pas tout perdu à Lushan ; il avait du moins obtenu qu'en remplacement de Peng Dehuai, on nommât un homme de son choix comme ministre de la Défense : Lin

1. Ne pas confondre avec la conférence de Lushan de 1970 (2e cession plénière du 9e Comité central) dont il est question dans ce livre, et qui marqua pour Lin Biao le commencement de la fin : c'est là que Mao lui infligea pour la première fois un camouflet en public.

Biao. A l'époque, cette nomination de Lin Biao n'avait pas suscité d'objections. Apprécié pour ses compétences militaires, ce personnage par ailleurs effacé et discret, dépourvu d'éloquence et de magnétisme personnel, n'était pas fait pour attirer l'attention ou provoquer la controverse. Et pourtant, en réussissant à faire désigner Lin à la Défense, Mao avait en fait établi la tête de pont qui allait au bout du compte lui permettre de regagner le pouvoir ; avec Lin Biao dans cette position clef, Mao était comme le joueur d'échecs qui, par le déplacement apparemment anodin d'un simple pion en début de partie, s'assure la victoire finale.

Pour Mao, les années qui suivirent Lushan furent une traversée du désert. Liu Shaoqi et Deng Xiaoping, qui tenaient toutes les activités du Parti sous leur étroite supervision, désamorcèrent sans peine les tentatives répétées qu'il fit pour reprendre le pouvoir. Ce n'est qu'en 1965, après une longue série d'échecs, qu'il réussit enfin à tromper leur vigilance : en faisant un détour par Shanghai et en ayant recours à un prétexte « culturel » assez incongru, il parvint à allumer la mèche qui allait conduire à la gigantesque explosion de la Révolution culturelle. Liu et Deng crurent d'abord qu'ils allaient pouvoir, une fois de plus, neutraliser et manipuler ce nouveau mouvement si lourd de menaces. Et effectivement, sur leurs instructions, le Comité central chargea immédiatement un « groupe restreint », composé d'hommes sûrs, d'organiser et de diriger la Révolution culturelle. Le premier rapport d'activités soumis par ce « groupe restreint » fut officiellement approuvé par le Comité central en février 1966 : en fait d'activités, le groupe s'était essentiellement employé à débarrasser la Révolution culturelle de tout ce qu'elle pouvait présenter de potentiellement subversif. Mais c'est à ce point précis que Lin Biao fit son entrée en scène, et retourna entièrement la situation en faveur de Mao.

Avec les troupes qu'il avait politiquement préparées depuis six ans pour cette tâche particulière, il effectua un coup qui fit basculer toute la région militaire de Pékin sous le contrôle maoïste. Sous la menace des fusils, le Comité central fut reconvoqué et, *en mai, il abrogea docilement le rapport qu'il venait d'approuver deux mois plus tôt !* Maintenant, la vraie Révolution culturelle de Mao était bel et bien commencée ; plus personne n'allait être à même d'éteindre cet incendie avant qu'il n'ait entièrement détruit l'appareil du Parti. La Chine allait être mise à feu et à sang, des millions de victimes allaient périr — qu'importe ? Au milieu de toute cette fureur, de cette terreur et de cette dévastation, Mao trouverait un chemin qui le mènerait à la victoire. La ruine du pays ne lui paraissait pas un prix trop lourd, du moment que cette démence sauvage pouvait lui permettre d'anéantir ses rivaux et de récupérer le pouvoir qu'il avait été forcé d'abandonner en 1959.

Tout d'abord, la meute des gardes rouges fut lâchée sur les adversaires politiques de Mao, qui se trouvèrent impitoyablement traqués, mis au pilori, torturés et assassinés. Cette opération une fois achevée, ce fut au tour de l'armée d'intervenir pour rétablir l'ordre et remplacer le Parti qui s'était englouti dans la tempête. Les troupes de Lin Biao ramenèrent les gardes rouges au chenil (en certains endroits, elles les massacrèrent tout simplement) et imposèrent leur discipline rigide sur la Chine entière. La victoire complète de Mao fut célébrée au IXe Congrès du Parti, en 1969. Son triomphe ne comportait qu'une ombre : ce congrès, qui aurait dû marquer l'établissement d'un parti maoïste purifié, tourna en fait en une apothéose personnelle de Lin Biao : Lin y fut solennellement sacré Dauphin. Ses armées gouvernaient déjà tout le pays ; c'était à lui que l'avenir appartenait désormais.

Deux ans plus tard — en septembre 1971 —, tout à coup, Lin Biao disparut. Après un silence embarrassé, Pékin produisit les bribes et morceaux d'une incroyable histoire. Suivant cette version officielle, Lin Biao avait organisé ce qui apparaissait, à lire les documents publiés par les organes de la propagande, un complot d'une incompétence absolument burlesque, afin d'assassiner Mao et de s'emparer du pouvoir ; ayant échoué dans sa tentative, pris de panique, il aurait alors cherché à se réfugier en Union soviétique, mais en cours de route, pour des raisons obscures, son avion se serait écrasé en Mongolie. Il serait mort dans cet accident, trouvant ainsi la juste récompense de sa lâcheté et de sa traîtrise.

Inutile de dire que les mailles logiques de cette histoire étaient criblées de trous : un troupeau d'éléphants aurait pu aisément galoper au travers. Au moment où Lin Biao était censé conspirer, il était en fait déjà l'homme le plus puissant de Chine. Pourquoi aurait-il comploté pour s'emparer d'un pouvoir qu'il possédait déjà ? Sa qualité d'héritier présomptif venait tout juste d'être consacrée par la nouvelle Constitution du Parti ; il n'avait qu'à s'armer d'un tout petit peu de patience ; tôt ou tard, la mort de Mao allait le mettre en possession de la panoplie complète des honneurs impériaux. Et il pourrait attendre en toute tranquillité : c'était lui qui commandait aux fusils, et l'on sait — Mao l'avait bien dit — que c'est de leur gueule que sort le pouvoir politique. Supposant même qu'il eût voulu devancer son heure et qu'il eût activement conspiré contre Mao (qu'il avait pourtant servi avec une indéfectible loyauté durant toute sa carrière), il serait encore plus difficile de comprendre pourquoi son coup d'État aurait pu échouer. Comment, avec une aussi rare combinaison d'atouts décisifs — son génie tactique, sa puissance militaire, ses ressources politiques —, aurait-il pu finir de façon aussi lamentable, avant même d'avoir esquissé le moindre mouvement, sans même avoir tiré un seul coup de feu ? Comment se pourrait-il qu'un complot organisé par un tel homme, placé dans une position aussi favorable, se volatilisât comme une bulle de savon qui crève, sans causer la moindre commotion, sans laisser la moindre trace ? Un coup d'État machiné par un Lin Biao, même s'il avait échoué, aurait du moins secoué le pays entier — sinon déclenché une guerre civile. Dans ses campagnes militaires, Lin Biao s'était rendu légendaire pour sa prudence froide et calculatrice : son principe était de ne jamais engager le combat à moins d'être sûr à cent pour cent de la victoire. Et maintenant il se serait lancé dans l'action la plus importante de toute sa carrière sans même avoir assuré ses arrières, ni disposer d'un plan de rechange en cas d'accroc ? Plusieurs régions militaires étaient commandées par ses hommes de confiance ; il aurait aisément pu transformer Guangzhou en une forteresse imprenable.

Quel besoin aurait-il eu de fuir vers une Union soviétique hostile et lointaine (à laquelle il s'était d'ailleurs publiquement opposé tout récemment encore avec une vigueur particulière) ? Pourquoi ne pas se réfugier plutôt en Chine méridionale, parmi ses troupes fidèles ?

Les organes officiels de la propagande de Pékin publièrent une série de documents qui, censément, auraient dû prouver la culpabilité de Lin. Il y eut d'abord le fameux « Projet 571 » (résumé d'un projet d'insurrection armée) : nous pouvons facilement admettre que Lin Biao n'ait eu aucune espèce de principes moraux (après tout, il avait été toute sa vie un communiste pratiquant), mais s'il nous fallait croire qu'il eût vraiment rédigé cet absurde document dont le niveau intellectuel ne remplirait même pas les exigences d'un grand jeu pour une sortie dominicale de boy-scouts, nous devrions alors lui dénier non seulement l'intelligence que même ses ennemis lui concédaient, mais encore le plus élémentaire bon sens. Dans la suite, des photos lourdement truquées de son cadavre et de celui de sa femme, prétendument prises au milieu des débris de leur avion, ne contribuèrent guère à améliorer la crédibilité de la version présentée par Pékin : des corps calcinés dans un accident d'avion supersonique conservent rarement des traits aussi aisément reconnaissables ; de plus, la Mongolie-Extérieure constitue à toutes fins pratiques une zone militaire soviétique. La région frontière où s'écrasa l'avion des fuyards est précisément un de ces territoires névralgiques où les Russes ont massé leur machine militaire contre la Chine. Pour des bureaucrates chinois, il doit être aussi commode de prendre des photos dans ce coin-là, que pour vous et moi d'aller faire une petite promenade d'après-dîner sur la lune [1].

Les mensonges bizarres et maladroits que Pékin fabriquait précipitamment en guise d'explication soulignèrent de façon encore plus

1. Comme je l'ai déjà souligné dans *Ombres chinoises*, les Russes qui ont eu un accès direct au site de l'accident ont pu établir d'emblée que *Lin Biao n'était pas à bord*. Lin Biao avait précédemment été soigné en URSS durant une longue période, et les Russes disposent donc à son sujet d'une information médicale approfondie qui leur aurait permis d'identifier son corps avec certitude s'il avait été du nombre des passagers. A l'époque, les Russes n'ont fait nul mystère de cette information, mais ils ne lui ont pas donné de publicité particulière non plus, ne sachant trop quelle version de l'épisode servirait le mieux leurs intérêts.

manifeste la falsification essentielle du dossier. L'affaire Lin Biao dans la version maoïste n'était en fait qu'un rideau de fumée derrière lequel se cachait mal une réalité encore plus atroce : *Lin Biao avait été assassiné en Chine, sur les ordres de Mao*.

Après avoir réussi dans la mission que lui avait originellement assignée Mao, Lin avait cessé de lui être utile ; son succès et sa puissance étaient devenus excessifs au goût du Président. Son assassinat, décidé et organisé par Mao, et survenant quelques années à peine après l'élimination également impitoyable du Dauphin précédent, Liu Shaoqi, ne faisait que correspondre à une routine établie : Mao s'était servi des gardes rouges pour anéantir Liu, puis il s'était servi de Lin Biao pour anéantir les gardes rouges. Maintenant, avec l'aide discrète et efficace de Zhou Enlai, il s'était débarrassé de Lin Biao. Quant à Zhou lui-même, un sort similaire l'aurait certainement attendu quelques années plus tard ; s'il lui fut finalement épargné, c'est simplement parce que le cancer dont il était atteint se développa plus vite que les machinations du Président. (Il y a des gens qui ont de la chance.)

L'assassinat de Lin Biao jeta son fils — un voyou doré et dénué de cervelle — dans une panique fort compréhensible. Avec une poignée de clients et de copains, il chercha à fuir la Chine en avion (il était lui-même officier dans l'aviation), mais son appareil s'écrasa en Mongolie. Il est fort possible que, précédemment, ce médiocre petit aventurier ait effectivement rédigé le ridicule et puéril « Projet 571 » — il était suffisamment sot et téméraire pour concevoir un tel projet. Comme il était essentiel pour la bonne réputation de Mao que son dernier crime fût gardé secret, les services de la propagande décidèrent tout simplement de prêter à Lin les cogitations et l'évasion manquée de son fils. Dans la pratique toutefois, ce tour de passe-passe se montra d'une utilité limitée. Pour le public chinois, dorénavant, il importait peu de savoir si le président Mao avait réussi à assassiner le vice-président Lin, ou si le vice-président Lin avait échoué à assassiner le président Mao ; une seule chose était certaine : le peu de crédit dont le parti communiste chinois disposait encore après tant de crises, et surtout après les démences meurtrières de la Révolution culturelle, n'avait pas résisté à ce dernier choc et s'était englouti pour jamais.

Le manuscrit de ce livre a atterri sur ma table il y a quelques semaines. Je n'en connais pas l'auteur. Les éditeurs ont seulement pu me dire qu'il s'agit d'un Chinois à qui ils ont de sérieuses raisons de faire confiance, et qu'il avait eu accès à des informations secrètes, de première main. Pour des raisons évidentes, son anonymat doit être absolument protégé.

Ne connaissant pas l'auteur et n'ayant pas la possibilité de vérifier ses sources, je ne puis naturellement pas tirer de conclusions en ce qui concerne la véracité de son récit. En outre, j'ignore quelles sont ses motivations. Son intention est-elle seulement de servir la vérité historique ? Quels autres intérêts cette publication peut-elle encore servir ? Est-ce pure coïncidence si ce manuscrit qui met à nu la perfidie de Mao et qui montre que la conspiration de Lin présentait au moins un aspect d'autodéfense a fait surface ici exactement au moment où, à Pékin, les principaux membres du complot de Lin Biao se sont vu soudain remettre en liberté un an à peine après leur condamnation à de longues peines de prison ? (Il s'agissait théoriquement d'une mesure de clémence justifiée par leur grand âge et leur mauvaise santé ; mais aucun membre du gang maoïste n'a bénéficié d'une semblable indulgence !) Il faut également remarquer que l'Union soviétique, qui avait longtemps affecté d'ignorer l'affaire, s'est mise soudain à organiser des fuites d'informations en direction de la presse occidentale, pour nous remettre en mémoire que Lin Biao ne se trouvait pas dans le Trident qui s'était écrasé en Mongolie. Qui aide qui dans cette affaire, et dans quel but ?

Tout en gardant à l'esprit ces diverses réserves et ces questions sans réponse, j'ai lu ce livre avec fascination. Son exposé, conforme à tous les éléments objectifs dont nous disposions déjà, vient confirmer les conclusions auxquelles étaient déjà parvenus tous les spécialistes sérieux — à savoir, que Mao Zedong fit assassiner Lin Biao en Chine. De plus, il apporte une masse d'informations nouvelles et de détails éclairants. J'avoue cependant que certains aspects de ces révélations neuves ne me convainquent pas entièrement. J'ai toujours eu peine à croire que Lin eût effectivement comploté contre Mao. Si une telle conspiration avait jamais existé, pensais-je, ce dut être un soubresaut désespéré, improvisé à la dernière minute, quand Lin s'aperçut qu'il avait le couteau sous la gorge. Toutefois j'aurais été en peine de prouver le bien-fondé de mes vues [1], et aujourd'hui je ne vois pas bien sur quelles bases je pourrais réfuter les affirmations de Yao Ming-le, et je dois reconnaître que, dans l'ensemble, le tableau qu'il brosse est plausible et cohérent — mais il faudra évidemment examiner avec une prudence critique redoublée tout ce que son témoignage présente d'implications pour les relations sino-soviétiques. En particulier, l'idée que des conflits armés entre les deux pays pourraient être attribués seulement aux machinations individuelles et privées d'un seul aventurier me paraît pour le moins une simplification puérile.

Inutile de le dire, ces pages déconcerteront beaucoup de lecteurs. Le public occidental a été bien mal préparé à être confronté aux réalités sinistres de la lutte pour le pouvoir qui fait rage en permanence au sein de la caste dirigeante communiste. A chaque nouvel épisode de cette

1. Et pourtant, si Lin avait réellement organisé un complot, comment expliquer le fait qu'*après* sa mort et la découverte du pot aux roses (12 septembre), quelques-uns de ses co-conspirateurs continuèrent pendant plusieurs jours encore à jouer un rôle sur la scène nationale ? Qiu Huizuo par exemple apparut en public le 24 septembre à l'aéroport de Pékin, en compagnie de Zhou Enlai et de Ye Jianying, pour souhaiter bon voyage à une délégation économique en partance pour Hanoi.

féroce empoignade, les commentateurs attitrés de l'actualité chinoise ont toujours tiré un voile pudique sur les coups et contrecoups d'État, les purges, les complots et les assassinats. Non, non ! nous ont-ils assuré chaque fois, « la politique chinoise ne procède pas de cette façon-là », il n'y a pas de lutte pour le pouvoir en Chine, mais seulement « certaines divergences d'opinion, comme il est normal entre honnêtes révolutionnaires [1] ». Les experts en pékinologie ont bien de la chance : le public ne leur applique jamais les élémentaires critères de compétence professionnelle qui sont normalement requis des garagistes ou des plombiers. Nous congédions les techniciens qui ne réussissent pas à réparer nos autos ou les fuites de nos tuyauteries, mais quand la réalité politique dément les analyses de nos experts, nous congédions la réalité.

Or cette tentation de congédier la réalité devrait être particulièrement forte ici : les âmes sensibles trouveront en effet que l'éclairage projeté par l'affaire Lin Biao sur la nature et les mécanismes du pouvoir communiste est d'une brutalité insoutenable. Comparer les dirigeants du Parti à des gangsters serait insulter ces derniers — car, après tout, même dans la pègre, il existe encore une vague sorte de moralité, quelques principes sont encore respectés ; à tout le moins, entre malfaiteurs, au sein d'une même bande, il arrive qu'une certaine forme de loyauté soit encore cultivée. De ce point de vue, l'affaire Lin Biao restera un jalon historique dans l'histoire du Parti : avec elle, la faillite morale du système a été totalement exposée au public, et en conséquence, le cynisme et la démobilisation politique de la population chinoise sont devenus irréversibles.

Si l'effroyable « milieu » décrit dans ce livre doit choquer et scandaliser beaucoup d'Occidentaux naïfs, n'importe quel lecteur chinois retrouvera dans ces pages l'image d'une réalité qui ne lui est, hélas ! que trop lugubrement familière. La psychologie, le comportement, le mode de vie de l'élite dirigeante sont ici fidèlement peints. Ce récit présente donc une vérité sociologique irrécusable ; mais est-il historiquement véridique ? A tout le moins, il est vraisemblable — et l'on ne saurait en dire autant de la version officielle que Pékin a donnée de l'affaire Lin Biao.

Décembre 1982

1. Les propos entre guillemets sont un panaché d'Edgar Snow et de J. K. Fairbank.

LA FORÊT EN FEU

Essais sur la culture et la politique chinoises
(1983)

Avant-propos

Zhou Lianggong, un célèbre lettré du XVIIe siècle, raconte cette fable : un vol de palombes avait pour un temps élu domicile dans une certaine forêt. Plus tard, repassant dans la région, les palombes s'aperçurent que la forêt avait pris feu. Elles s'élancèrent aussitôt vers la rivière, y trempèrent leurs ailes et revinrent secouer les gouttes d'eau de leurs plumes au-dessus de l'incendie. Comme elles s'affairaient à ce manège, Dieu leur dit : « Votre intention est certes touchante, mais je crains fort qu'elle ne serve pas à grand-chose. » « On s'en doute un peu, répliquèrent les oiseaux. Mais, que voulez-vous, nous avons jadis habité cette forêt et ça nous fend le cœur de la voir ainsi ravagée. »

A la différence d'*Images brisées* dont il continue essentiellement le propos, ce recueil inclut quelques perspectives sur les valeurs de la culture chinoise classique. En essayant ainsi de suggérer ce que la forêt d'avant l'incendie pouvait représenter pour ceux qui eurent la chance de la fréquenter, j'espère mieux faire comprendre au lecteur les raisons profondes de ce qui risquerait sinon de lui paraître une agitation aussi vaine qu'obstinée.

S. L.
Février 1983

POÉSIE ET PEINTURE

Aspects de l'esthétique chinoise classique

Préliminaires

Les fragments de vérité que nous pourchassons sont comme des papillons : en cherchant à les fixer, nous les tuons. « Sitôt que l'on a fini de dire quelque chose, ce n'est déjà plus vrai » a observé Thomas Merton [1]. Ce propos pourrait servir d'avertissement au lecteur, et constitue en quelque sorte le mode d'emploi des pages qui suivent.

Dans les études chinoises classiques, la spécialisation est indispensable, mais elle est aussi impossible.

Elle est indispensable, car la richesse, l'étendue et la diversité du domaine chinois dépassent démesurément les moyens et la capacité d'assimilation d'une intelligence individuelle (et en particulier elles défient les débiles ressources du sinologue occidental qui, à la différence de son homologue chinois, n'a pas eu la chance de commencer son initiation dès la petite enfance et aborde donc généralement ces études avec quelque quinze ans de retard).

Mais en même temps, la spécialisation est impossible, car la Chine est une entité organique dont chaque élément ne peut vraiment s'éclairer qu'à la lumière de nombreux autres éléments quelquefois fort éloignés de celui que le chercheur considère, voire même dépourvus de connexion apparente avec lui. Faute d'être guidé par une intuition de l'ensemble, le spécialiste demeure à jamais condamné au sort des aveugles dans la célèbre fable bouddhique : voulant savoir ce qu'était un éléphant, ils en palpèrent qui la trompe, qui la patte, qui la queue, et déduisirent respectivement que l'éléphant devait être une sorte de serpent, de colonne ou de balai.

Inversement, l'intuition globale qui seule peut permettre de saisir la nature essentielle du sujet (et dont nous allons avoir particulièrement besoin ici) s'accompagne inévitablement d'une ignorance parfois choquante de la surface ou des détails. On s'en consolera en songeant à l'apologue de Lie Zi sur le connaisseur de chevaux qui était capable de détecter le mérite sublime et secret d'une monture, quitte par ailleurs à

1. Cité par Monica Furlong, *Merton : A Biography*, Londres, 1980, p. 265.

perdre de vue des questions aussi élémentaires que son sexe ou sa couleur[1]. Et d'ailleurs, si nous nous rendons coupables ici de simplifications par trop désinvoltes, il nous reste une excuse qui est aussi, en fin de compte, la seule justification de toute entreprise de critique littéraire ou artistique : il ne s'agit, après tout, que d'essayer d'amorcer, ou de prolonger, ces moments de bonheur que peut donner de temps à autre la rencontre d'un poème ou d'une peinture.

La Chine est un monde. N'importe quel touriste qui vient d'y passer quinze jours vous dira ça (quoique, là précisément, il y ait peut-être erreur : je doute en effet que la République populaire ait préservé ce caractère d'universalité qui avait défini la Chine pendant quelque trois mille ans — encore qu'il soit évidemment trop tôt pour évaluer les effets de trente années de gouvernement-des-illettrés. Mais ceci est une autre histoire). En tout cas, appliqué à la Chine traditionnelle, ce cliché — comme c'est d'ailleurs souvent le cas avec les lieux communs — recouvre une vérité bien plus profonde que ne le soupçonnent en général ceux qui l'énoncent.

Plus exactement, on pourrait dire que la Chine est une vision du monde, une façon de concevoir les rapports de l'homme avec l'univers, une recette pour l'entretien de l'ordre cosmique.

Le concept clef de la civilisation chinoise est celui d'*harmonie* : qu'il s'agisse d'ordonner les rapports des hommes entre eux, ou d'accorder l'individu aux rythmes de l'univers, cette même préoccupation d'harmonie anime et la sagesse confucéenne, et la mystique taoïste ; en ceci les deux écoles sont complémentaires plutôt qu'opposées, et ne diffèrent essentiellement que par leur aire d'application — sociale, extérieure et officielle pour l'une, spirituelle, intérieure et populaire pour la seconde.

Les divers courants de la pensée chinoise dérivent tous d'une commune source cosmologique. Cette cosmologie (résumée schématiquement dans le plus ancien, le plus précieux, mais aussi le plus obscur des traités canoniques, le *Livre des mutations*) considère que l'infinité des phénomènes est en état de flux perpétuel ; cette création permanente résulte elle-même du mariage de deux forces antithétiques et complémentaires. Ces deux forces — ou ces deux pôles — constituent une diversification

1. Voir *Lie Zi*, VIII, 15 : Bole, célèbre expert au service du duc de Qin, était devenu trop vieux pour poursuivre la recherche du super-cheval (dont l'identification requiert une pénétration exceptionnelle de la part de l'observateur). Il recommanda donc les services de son ami et collègue, le colporteur Jiufang Gao. Après un certain temps, ce dernier revint de mission et annonça au duc qu'il avait trouvé le cheval suprême : il s'agissait d'une jument blanche appartenant à un éleveur de Shaqiu. Le duc fit quérir l'animal qui se révéla en fait être un étalon noir. « Décidément, il n'a pas l'air très compétent, votre ami », dit le duc à Bole, mais celui-ci, apprenant que Jiufang Gao avait pris un étalon noir pour une jument blanche, s'écria : « Fantastique ! Il est encore plus fort que je ne pensais : sa perception de l'essentiel atteint maintenant une profondeur telle que toutes les apparences en sont oblitérées. » L'animal en question (est-il besoin de le préciser ?) se révéla être un super-cheval.

de l'Avoir. L'Avoir est lui-même un produit du Non-Avoir (*wu*) [1] que, par un contresens courant, on s'obstine à traduire « le Néant », alors que la notion se rapproche plutôt de ce que la philosophie occidentale appelle l'Être. Les penseurs chinois ont jugé avec sagesse que l'Être ne se peut appréhender que de façon négative : en effet, l'Absolu que l'on pourrait définir et nommer, qui aurait des qualifications et des propriétés, qui donnerait prise à une description, ne saurait être l'Absolu véritable, mais relève seulement du domaine de l'Avoir, avec son kaléidoscope éphémère et mouvant des phénomènes. Le processus qu'on vient d'esquisser ne forme pas un enchaînement mécanique, une séquence causale ; c'est un cercle organique à l'intérieur duquel les diverses phases existent simultanément. Si les textes plus anciens semblent impliquer une antériorité du Non-Avoir sur l'Avoir, les commentaires ultérieurs décrivent leurs relations comme un échange, une dialectique d'opposés-complémentaires, s'engendrant l'un l'autre [2]. L'Être est le substrat fécond, le champ où germe l'Avoir, ou, si vous voulez, le vide est l'espace nourricier des phénomènes. On ne peut donc appréhender l'Être qu'en creux, en cernant son absence — un peu comme un sceau gravé *intaglio* livre son message en blanc, ne révélant son dessin que grâce à *l'absence* de matière. Cette notion selon laquelle l'Absolu ne saurait être suggéré que par le vide est d'une importance particulière pour l'esthétique chinoise, comme nous verrons plus loin.

La pratique des arts constitue une mise en œuvre concrète de cette vocation d'universalité, de cette suprême mission d'harmonie, que la sagesse chinoise assigne à l'honnête homme : il s'agit pour celui-ci de dégager et retrouver l'unité des choses, de mettre le monde en ordre, de s'accorder au dynamisme de la création.

Les arts comprennent essentiellement la poésie, la peinture et la calligraphie ; pour être complet il faudrait également mentionner la musique (qui, pour les lettrés chinois, se ramène à la seule cithare *qin*) — mais à celle-ci, mon incompétence m'empêchera malheureusement de faire plus amplement référence.

L'honnête homme cultive les arts afin d'accomplir son humanité. Pour cette raison, les arts, à la différence des artisanats (sculpture, gravure, architecture, musique des instruments vulgaires etc.), ne sauraient constituer une activité professionnelle ou spécialisée. On est naturel-

1. Il est amusant de noter au passage que les toutes dernières découvertes de la physique moderne semblent vérifier les conceptions les plus anciennes de la cosmologie chinoise. A côté de la théorie selon laquelle l'univers serait issu d'une explosion, certains savants voudraient proposer la théorie d'une « bulle » initiale ; dans cette perspective, selon un cosmologue du Massachusetts Institute of Technology, « it is very tempting to assume that the universe emerged from nothing. Possibly the most far-reaching recent development in cosmology is the realization that the universe is a free lunch » (*Newsweek*, 7 juin 1982).

2. Sur toute cette question, on consultera avec profit la brillante étude de A. C. Graham, « *Being* in *Western Philosophy compared with Shih/fei* and *yu/wu* », *Asia Major*, 1959, VII, 1-2.

lement compétent en matière de poésie, de peinture et de calligraphie dans la mesure où l'on est honnête homme, et l'on ne saurait atteindre cette compétence *à moins* d'être honnête homme. Par définition même, ces activités ne peuvent donc être pratiquées que par des non-professionnels : dans le métier de vivre, ne sommes-nous pas tous des amateurs ?

Peinture et poésie

L'union de la peinture et de la poésie s'est incarnée dans une personnalité exemplaire, Wang Wei (699-761) qui fut simultanément l'un des plus grands poètes chinois et, en peinture, l'initiateur d'un art nouveau, destiné à incarner finalement ce que l'on entend aujourd'hui par le terme même de « peinture chinoise » : le paysage monochrome, exécuté au lavis d'encre et tracé au moyen d'un pinceau calligraphique.

Su Dongpo (1036-1101), un autre lettré et artiste de génie, commenta à son sujet : « Dans chaque poème de Wang Wei il y a une peinture, et dans chacune de ses peintures, il y a un poème. » Cette observation a connu une fortune considérable, au point de tourner finalement au cliché. Tâchons d'en redécouvrir et explorer les implications [1].

En premier lieu, cette phrase fameuse constitue la constatation d'une évidence immédiate que vérifie constamment l'expérience. Considérez par exemple les deux vers :

> … Le flot du fleuve s'écoule hors du monde
> La masse de la montagne flotte dans une demi-absence…

Leur lecture suscite immédiatement la vision mentale d'une de ces innombrables et admirables peintures où une étendue d'eau roule son flot littéralement au-delà de la page, entraînant peut-être une petite barque solitaire ou un couple de canards — tandis que le vide de la soie à peine frottée d'encre se peuple vaguement, par-dessus la rive invisible, d'une montagne enveloppée de brumes.

Mais la pertinence esthétique de pareille association ne doit pas nous faire perdre de vue que, historiquement, elle constitue un anachronisme : en fait, ce que le poème *Tang* évoque, c'est une peinture *Song* qui lui est postérieure de quelque trois cents ans… Quant aux peintures de Wang Wei lui-même, aucun original ne subsiste, mais l'image que nous pouvons en reconstituer à partir de divers témoins indirects paraît curieusement mal accordée à la vision que suggéraient ses poèmes : en contraste avec

1. La meilleure étude chinoise sur cette question demeure celle de Qian Zhongshu, « Zhongguo shi yu Zhongguo hua », in *Kaiming Shudian ershi zhou nian jinian wenji*, Shanghai, 1947. J'en ai donné un bref résumé dans *Les Propos sur la peinture de Shitao*, Bruxelles, Institut des Hautes Études chinoises, 1970, p. 98-99 (réédition Paris, Hermann, 1984). Qian a donné une nouvelle édition de cette étude, considérablement remaniée, dans *Jiu wen si pian*, Shanghai, 1979, mais cette version modifiée me paraît moins stimulante.

la fluide et subtile économie de moyens qui caractérise ces derniers, il y a tout lieu de croire que son style pictural était encore prisonnier d'une raideur linéaire archaïque et méticuleusement explicite.

De même, s'il n'est pas faux de dire que peinture et poésie représentent les deux versants d'une même inspiration, il faudra en fait attendre jusqu'à l'époque Yuan — six siècles après Wang Wei ! — pour voir petit à petit se généraliser chez les lettrés cette pratique qui consiste à tracer d'un même pinceau, sur la même page et sous une même impulsion, une peinture et son écho poétique, ou un poème et son prolongement pictural. Wang Wei, peintre et poète, peut fournir un commode emblème de l'union des deux arts, mais ce n'est pas son expérience historique qui nous livrera le sens profond du phénomène.

Cette signification gît d'un autre côté, et elle pourrait se résumer en une double proposition que nous allons maintenant essayer d'analyser : *les principes esthétiques et les procédés de la poésie sont d'ordre pictural ; les principes esthétiques et les procédés de la peinture sont d'ordre poétique*.

Alors qu'en général, par sa nature même, toute poésie s'exprime de façon successive, qu'elle se déroule dans le *temps*, la poésie chinoise, elle, s'efforce d'agencer les mots dans l'*espace* [1]. Dire que le poème devient en quelque sorte un art de l'espace du simple fait qu'il est calligraphié et que, dans cette forme calligraphique, il peut être exposé, offert à la contemplation à la manière d'une peinture, c'est rester encore à la surface du phénomène. En fait, les possibilités d'agencement spatial du poème ne sont pas simplement fonction de l'écriture chinoise ; bien plus profondément, elles trouvent leur source dans la structure même de la langue ; par exemple, l'usage des « vers parallèles » qui jouent un rôle essentiel dans la poésie chinoise va nous en fournir une excellente illustration.

Ces couplets parallèles (qui non seulement forment le double noyau central de la poésie régulière [*lü shi*] mais se rencontrent constamment dans toutes les autres formes prosodiques, ou peuvent même être cultivés isolément) sont constitués de deux vers symétriques, chaque mot du premier ayant le même statut morphologique et la même fonction grammaticale que son répondant dans le second ; ils sont, de plus, apparentés par le sens qui doit être soit similaire, soit opposé. Une pleine appréciation d'un couplet parfait permet donc, et requiert, une *double* lecture, à la fois horizontale et verticale. Ainsi dans le classique exemple emprunté à Du Fu :

> Voix des cigales rassemblées dans le vieux monastère
> Ombres des oiseaux passant sur le froid vivier.

1. Ce phénomène a été subtilement relevé et analysé par François Cheng dans *L'Écriture poétique chinoise*, Paris, Le Seuil, 1977 — un ouvrage admirable envers lequel je ne saurais assez reconnaître ici toute ma dette. Plus loin, je fais également de nombreux et libres emprunts à James J. Y. Liu, *The Art of Chinese Poetry*, Londres, 1962.

les correspondances morphologiques et syntactiques sont rigoureusement observées d'une ligne à l'autre, faisant de chacun des deux vers un strict équivalent de l'autre ; de plus, le parallélisme nous permet de lire ces vers non seulement en long, *mais aussi en large* : ainsi, les « voix des cigales » font écho aux « ombres des oiseaux », « froid » répond à « vieux », et le « vivier » reflète le « monastère ». D'un vers à l'autre, nous ne suivons pas une séquence logique ou une progression raisonnée : ensemble, les deux vers présentent un synchronisme de perceptions ; au déroulement linéaire d'un exposé discursif se substitue ici l'enroulement circulaire de deux images contrastées, imbriquées l'une dans l'autre, complémentaires et simultanées ; contrairement au mode discursif qui marche de l'avant et se déploie dans le temps, le mode parallèle suspend l'écoulement temporel, et se referme sur lui-même ; sans qu'il puisse s'établir entre elles un rapport d'antériorité ou de postérité, les deux images sont à la fois indépendantes et liées, comme les deux faces d'une même médaille. Dans un couplet parfait on peut même, sans inconvénient pour la compréhension, *lire la seconde phrase avant la première* (l'habitude dans les intérieurs chinois de suspendre au mur deux inscriptions parallèles de part et d'autre d'une peinture ou de toute autre décoration centrale met d'ailleurs ce caractère en évidence) : c'est, en effet, qu'elles ne développent pas un propos — *ensemble elles aménagent un espace.*

Mais ce n'est pas seulement l'usage des phrases parallèles qui rapproche le langage poétique chinois de l'expression picturale. De façon plus générale et plus essentielle, le poème tout entier réussit en fait à devenir une pure juxtaposition d'images. Et c'est justement la découverte de cet aspect de l'art poétique chinois qui, au début de ce siècle, a tant fasciné divers poètes occidentaux, Ezra Pound en particulier (et par l'intermédiaire de ce dernier, exerça d'ailleurs une importante influence sur la poésie de langue anglaise durant le premier tiers de ce siècle).

Des sinologues, dont le savoir obscurcit parfois l'entendement, ont ri des traductions que Pound faisait du chinois classique. Pound, il est vrai, ne savait que peu et mal le chinois, et ses traductions abondent en contresens quelquefois absurdes. Et pourtant il est significatif de voir que, récemment, d'excellents lettrés chinois sont venus prendre sa défense : en effet, les adaptations de Pound, philologiquement inacceptables, réussissent souvent à approcher la structure et les rythmes de l'original chinois de beaucoup plus près que les travaux des savants [1]... L'idée que Pound s'était formée de la langue chinoise était techniquement fausse,

1. Voir Wai-lim Yip, *Ezra Pound's Cathay*, Princeton, 1969, et aussi un article auquel le présent essai doit beaucoup, Y. K. Kao et T. L. Mei, « Syntax, Diction and Imagery in T'ang Poetry », *Harvard Journal of Asiatic Studies*, 1971, vol. 31. Voir également Stephen W. Durrant, « On Translating Lun yü » (in *Chinese Literature : Essays, Articles, Reviews*, janvier 1981, vol. 3, n° 1) qui rend une éclatante justice aux traductions de Pound.

mais c'était une erreur singulièrement intéressante et féconde, car elle était fondée sur une intuition juste. Pound avait correctement observé que le poème chinois n'était pas articulé autour d'un fil discursif, mais qu'il réussissait à projeter une série discontinue d'images, comparables un peu aux plans successifs d'un film. Là où il se trompa, c'est quand il crut pouvoir attribuer les vertus « imagistes » du langage poétique chinois à la nature prétendument pictographique de son écriture. En fait, même l'étudiant qui débute a tôt fait de dépouiller cette croyance naïve selon laquelle les caractères chinois seraient autant de « petits dessins » (les pictographes proprement dits représentent à peine un pour cent du lexique chinois) ; mais, chose curieuse, cette notion erronée n'a jamais vraiment quitté l'esprit de Pound, et lui a d'ailleurs dicté quelques-unes de ses interprétations les plus bizarres et les plus malencontreuses.

En fait, ce qui confère à la poésie chinoise son caractère « imagiste », ce qui permet au poète de livrer directement des séries de perceptions sans devoir passer par l'intermédiaire d'un discours grammaticalement organisé, c'est la fluidité morphologique du chinois classique (un même mot, suivant le contexte, peut être tour à tour substantif, adjectif ou verbe) et surtout la flexibilité de sa syntaxe (les phrases peuvent demeurer sans verbe et les verbes sans sujet). Sans nous aventurer ici dans les sables mouvants de la linguistique, contentons-nous de donner un ou deux exemples. Wen Tingyun décrit un départ à la pointe de l'aube durant un voyage, en deux vers célèbres, dont voici le mot à mot :

Coqs-chants, chaume-auberge, lune ;
Homme-empreinte, planches-pont, givre.

Cette collection de perceptions discontinues et simultanées, de touches fragmentées, pourrait se reconstituer et interpréter comme suit en langage discursif : « Tandis qu'on voit encore un restant de lune au-dessus du toit de chaume de l'auberge, partout déjà on entend chanter les coqs. Le voyageur s'est mis en route dès avant l'aube : il a laissé l'empreinte de ses pas sur le givre qui couvre les planches du pont. » Mais les ressources picturales du chinois classique dispensent le poète de ces verbeux détours et de cet appareillage de connexions logiques ; il n'explique ni ne raconte — il fait directement voir et sentir ; ce qu'il offre au lecteur n'est pas un exposé, mais une expérience.

Ou voyez encore le commencement d'un poème particulièrement admiré, attribué à Ma Zhiyuan, et qui illustre bien le même phénomène :

Lierre mort, vieil arbre, corbeaux du soir ;
Petit pont, rivière rapide, chaumière ;
Antique chemin, vent d'ouest, cheval étique…

(Il faut noter toutefois que le procédé imagiste n'est pas le mode exclusif de la poésie chinoise ; le langage discursif a, lui aussi, un rôle à jouer : la prosodie chinoise est fondée en fait sur une combinaison dialectique des deux modes — cette combinaison est d'ailleurs formalisée dans la prosodie du « poème régulier » qui assigne une place précise à chacun des deux — mais il n'en reste pas moins que le langage imagiste en constitue le mode majeur[1].)

*

Nous venons de voir comment la poésie chinoise s'efforce d'emprunter des voies normalement réservées à l'expression picturale. Il nous reste maintenant à examiner comment la peinture adopte la condition et les procédés de la poésie.

Dès l'abord, la présentation matérielle de la peinture chinoise est déjà révélatrice de cette nature littéraire. A la différence de la peinture occidentale dont la présence physique, façonnée de manière artisanale, est celle, raide, massive et inerte d'un meuble (accrochée au mur en permanence, elle se couvre au fil des années de poussière et de chiures de mouches, en attendant, tous les demi-siècles, un nouveau badigeon de vernis), la peinture chinoise, elle, est montée en rouleau, ce qui historiquement la rattache à la famille du livre ; et d'ailleurs elle relève bien de la chose écrite, comme le langage lui-même l'atteste : « peindre une peinture » (*hua hua*) est une expression vulgaire à laquelle les lettrés préfèrent substituer celle d'« écrire une peinture » (*xie hua*). Les instruments nécessaires à l'écrivain — papier, encre et pinceau — suffisent au peintre. Le montage lui-même, fragile et frémissant au moindre souffle d'air, interdit un accrochage prolongé, et ne permet d'exposer l'œuvre que pour le temps d'une *lecture* active et consciente.

Le style pictural le plus élevé dans la hiérarchie esthétique est dit *xie yi* : c'est-à-dire le style qui *écrit* (et non dépeint) *la signification* des choses (et non leur apparence ou leur forme). Le principe directeur de ce type de peinture est d'« exprimer l'idée sans que le pinceau doive aller jusqu'au bout de sa course » (*yi da bi bu dao*). La peinture idéale n'est pas achevée sur le papier, mais dans l'esprit de celui qui la contemple : l'art étant précisément de sélectionner le minimum de signes et d'éléments suggestifs qui permettront à la peinture de trouver cet épanouissement complet et invisible dans l'imagination du spectateur. Nous touchons ici à la question de la valeur active du vide : il s'agit non seulement des « blancs » de la peinture, mais aussi des silences de la musique, de l'au-delà-des-mots du poème. Nous y reviendrons plus loin.

Enfin, en parallèle avec les observations que nous avions formulées sur la dimension spatiale du langage poétique, il faut noter la dimension

1. Sur la combinaison du mode discursif et du mode imagiste dans la poésie chinoise, voir l'article de Kao et Mei (cité à la note précédente) et aussi l'excellent livre de Kang-i Sun Chang, *The Evolution of Chinese Tz'u Poetry from the late T'ang to the Northern Sung*, Princeton University Press, 1980.

temporelle que réussit à acquérir une forme particulièrement importante et subtile de peinture, le rouleau horizontal (*shoujuan* ou *changjuan*). Le rouleau horizontal, dont la structure matérielle est absolument identique à celle du livre archaïque, n'est pas susceptible d'accrochage ; il ne peut se consulter que sur une table, dans une lecture successive, une main enroulant au fur et à mesure ce que l'autre déroule (le spectateur a d'ailleurs ainsi la possibilité de créer lui-même un nombre illimité de compositions différentes selon la façon dont il sélectionne, isole et cadre divers segments de rouleau). L'œil est conduit au fil du rouleau dans la poursuite d'un voyage imaginaire. La composition progresse et se déroule *dans le temps* comme un poème ou comme une pièce de musique, ménageant des alternances de mouvements lents ou rapides, une ouverture, un nœud, une conclusion.

La communion avec le monde

Le poète, le peintre sont associés à la création cosmique. La création artistique est une participation au dynamisme de l'univers. L'activité artistique de l'honnête homme fait de lui un émule et un collaborateur du Créateur [1]. Ainsi le poète Li He pouvait-il écrire :

> Le pinceau du poète complète la création universelle
> Dont l'achèvement ne revient pas au Ciel.

Du côté des peintres, le même principe est formulé en des termes presque identiques : « La peinture, écrit Zhang Yanyuan, met le point final à l'œuvre du Créateur universel. » Notons qu'en Occident nombre d'artistes sont arrivés à des constatations semblables, seulement pour eux, il s'agit d'une intuition, d'une observation empirique qu'ils n'ont pas l'avantage, comme leurs homologues chinois, de pouvoir relier consciemment à un système cosmologique. Tout près de nous, voyez par exemple A. D. Hope : « En tant que critique littéraire professionnel, j'ai fort peu confiance dans la plupart des descriptions et définitions de la poésie sur lesquelles se fondent la plupart des écoles. "L'imitation de la Nature", "le trop-plein d'un puissant flot d'émotions", "une critique de la vie" —, ouais, si vous voulez. Aucune de ces conceptions ne me semble fournir une base suffisante pour la critique. Et en tant que poète, je les trouve exaspérantes. En fait je ne connais aucune définition de la nature

1. Ce terme de Créateur — avec majuscule — est ici employé comme une abréviation commode, substituée à ce qu'il faudrait sinon désigner par une longue périphrase : la force motrice qui anime de l'intérieur l'ensemble du processus de la création cosmique. Le concept d'un Dieu personnel, extérieur à sa création, est entièrement étranger à la cosmologie chinoise. (Il arrive que les traités chinois classiques parlent du Créateur d'une façon personnifiée, mais il s'agit alors d'une métaphore littéraire — tout comme nous attribuons des « sourires » au printemps, ou des « fureurs » à l'océan). *Natura naturans* serait sans doute ici le terme le moins inadéquat, mais comme je m'efforce d'écrire le présent essai en français, j'hésite à y faire recours.

et de la fonction de la poésie qui me satisfasse mieux que cette vue de la poésie comme une célébration — *une célébration du monde, par la création de quelque chose qui ajoute à l'ordre du monde et qui le complète*[1]. » Il serait infiniment aisé de traduire cette dernière phrase en chinois classique — les poètes, peintres et théoriciens chinois n'ayant jamais cessé de dire la même chose depuis une bonne quinzaine de siècles !

Dans la poésie chinoise, la communion avec l'univers s'exprime par toute une variété de procédés. Il faut mentionner en tout premier lieu les ressources singulières que la langue chinoise met à la disposition du poète, et auxquelles il a déjà été fait allusion plus haut — cette flexibilité floue de la syntaxe et de la morphologie qui permet de confondre sujet et objet, qui établit une porosité, une perméabilité entre le poète et le monde. Ainsi dans l'exemple classique fourni par les deux premiers vers du *Matin de printemps* de Meng Haoran,

> Sommeil printanier ne perçoit pas l'aube
> Partout se font entendre les chants d'oiseaux…

la personne du dormeur n'est nulle part désignée ou définie ; le poème suggère une profondeur de sommeil dans laquelle le moi conscient flotte et se dissout au milieu des confuses sensations de l'aube ; les chants d'oiseaux, vaguement perçus dans cette torpeur, deviennent les *objets* d'une perception dénuée de *sujet*.

Le même effet se retrouve également dans des vers célèbres de Wang Wei, et là, il s'enrichit en plus d'une personnification du monde : l'univers ambiant devient comme un partenaire actif. Ce poème est souvent rendu d'une façon qui, sans être vraiment incorrecte, n'en est pas moins considérablement affadie :

> Dans la montagne vide on ne voit personne
> Mais des voix se font entendre…

En fait, il propose littéralement ceci :

> La montagne vide ne voit personne
> Elle entend seulement des voix…

Naturellement c'est encore chez un poète comme Li Bai, mystique taoïste, que cette personnification des choses, ce dialogue avec le monde deviennent les plus intenses et les plus exubérants : dans l'effort d'identification du poète avec ce qu'il contemple, le sujet finit par s'abolir, seul demeure l'objet, la communion est parfaite. Ainsi, dans le quatrain consacré à la contemplation du mont Jingting :

> Tous les oiseaux ont disparu au zénith,
> Un nuage oisif dérive tout seul.
> Nous nous regardons l'un l'autre sans nous lasser :
> Il n'y a plus que le mont Jingting.

1. A. D. Hope, *The Pack of Autolycus*, Canberra, Australian National University Press, 1978.

(Li Bai traite d'ailleurs sur pied d'égalité avec les monts et les fleuves, le soleil et la voie lactée comme vous et moi fréquentons de vieux camarades ; il boit au banquet des planètes, il chevauche la queue des comètes. Par exemple, qu'un beau soir il se trouve sans nul compagnon pour vider avec lui un cruchon de vin, et il a tôt fait d'improviser une petite fête à trois : il y a lui-même, il y a la lune, et il y a son ombre ; et cette beuverie animée se conclut par un rendez-vous pour une nouvelle réunion dans les espaces interstellaires...)

Pour les peintres, la suppression des cloisons entre le sujet et l'objet, l'identification du sujet à l'objet, sont des opérations tout aussi essentielles. Su Dongpo exprimait de manière révélatrice son admiration pour les peintures de bambous accomplies par son ami Wen Tong : si ce dernier, disait-il, avait réussi à atteindre la perfection du naturel, c'est que, quand il peignait des bambous, il n'avait plus besoin de les regarder, car *il devenait lui-même un bambou*.

Pour mieux apprécier toutes les implications de cette attitude, il serait peut-être éclairant de faire d'abord, par contraste, retour vers un monde plus proche de nous. Dans *La Nausée* de Sartre — bon échantillon de la conscience occidentale, dans sa forme la plus étroite — il y a deux objets dont la vue suscite chez Roquentin un sentiment d'absurdité existentielle tel qu'il aboutit physiquement à la nausée : un galet poli par les vagues, et une racine noueuse. Il est intéressant de noter que ce sont là précisément deux types d'objets assidûment recherchés par les collectionneurs chinois : car mieux parfois que des œuvres d'art fameuses, ils pouvaient plonger les esthètes en extase.

Pour dominer l'univers naturel, l'homme occidental s'est séparé de lui. Cette attitude héroïque, agressive et conquérante à l'égard de l'environnement est bien illustrée par exemple dans l'art des jardins classiques (l'art des jardins est toujours la projection la plus expressive qu'une culture peut donner de sa vision du monde) — voyez Versailles ! — où la nature est soumise, déformée, violée, réduite et taillée de façon à devenir entièrement conforme à une géométrie et un dessin que lui impose l'homme. Dans une telle perspective, rigoureusement anthropocentrique, les formes et les motifs naturels, non façonnés de main d'homme, et dont la complexité mystérieuse ne reflète celle d'aucun cerveau, acquièrent automatiquement quelque chose de menaçant. Leur autonomie hermétique limite et met en question l'empire de l'esprit humain.

Les Chinois, eux, avaient renoncé à dominer la Nature afin de demeurer en communion avec elle (aujourd'hui, bien sûr, paradoxalement, l'Occident, ayant atteint l'impasse, découvre l'écologie et s'efforce désespérément de négocier une réconciliation avec le monde, tandis que les Chinois adoptent avec enthousiasme et sans discrimination certaines de nos anciennes attitudes les plus désastreuses). En contraste avec Roquentin, l'*homo occidentalis extremus* qui vomit devant une pierre dont le grain et la forme auraient fait intensément jouir un connaisseur chinois, on pense aussitôt au geste exemplaire de Mi Fu, représentant admirable et typique de l'esthétique chinoise à son point d'apogée (XIe siècle) : Mi, arrivant au poste d'administration provinciale où il venait d'être nommé, mit ses vêtements de cour, mais au lieu de faire d'abord sa visite de courtoisie au préfet local, il alla présenter ses hommages à un rocher célèbre pour ses formes fantastiques (aujourd'hui encore, « Mi Fu s'inclinant devant le rocher » demeure un sujet fréquemment traité par les peintres). Cette initiative spectaculaire lui coûta son avancement dans la carrière administrative, mais par ce geste, il rappela pour tous les âges à venir que, par-delà les hiérarchies et les conventions sociales, il existe un autre système de priorités, lequel ne saurait souffrir nul compromis. Le rocher bizarre, dont les formes n'avaient pas été sculptées de main d'homme, présentait dans sa silhouette et sa patine l'empreinte directe du Créateur cosmique, et, à ce titre, proposait un modèle et un critère suprêmes pour toute entreprise créatrice. Le peintre est l'interprète privilégié qui s'applique à déchiffrer et traduire la conscience universelle qui est écrite sur les rochers et les nuages, dans les méandres des branches et des racines, dans les veines du bois, dans les volutes des brumes et des vagues.

Mais c'est encore dans la fonction dévolue au *qi* — concept central de la théorie esthétique — que se manifeste le plus éloquemment le thème de la communion avec l'univers.

Le terme *qi* est parfois traduit par « esprit », ce qui prête à contresens, à moins de bien saisir que les Chinois ont une conception matérialiste de l'esprit, et une conception spiritualiste de la matière : loin d'être antinomiques, les deux éléments se compénètrent indissociablement. On en trouve un bon exemple dans le célèbre *Hymne au « qi » de rectitude* composé au XIIIe siècle par Wen Tianxiang (le texte est dans toutes les anthologies, et les écoliers le récitaient par cœur à l'époque où les écoles chinoises dispensaient encore une éducation littéraire). Après avoir conquis la Chine, les Mongols avaient souhaité se concilier la collaboration de Wen qui avait été un prestigieux ministre du dernier empereur Song ; n'ayant pas réussi à le séduire, ils cherchèrent à le briser, et le jetèrent dans un cul-de-basse-fosse. C'est là, en attendant d'être exécuté, que Wen composa son *Hymne* ; dans l'introduction, il décrit les conditions de sa captivité : depuis des semaines, nous dit-il, il se trouve entouré de toute espèce de *qi* pestilentiels — l'humidité, le froid, la crasse, la faim, les épidémies — et pourtant, observe-t-il, seul de tous les détenus, il n'a cessé de jouir d'une excellente santé. L'explication est simple : c'est qu'il est habité d'un *qi* de rectitude — son indéfectible loyalisme envers la dynastie vaincue — qui lui permet naturellement de repousser l'influence des *qi* néfastes. Là où l'esprit occidental voudrait distinguer des plans différents, la mentalité chinoise classique permet au contraire à ce même concept de *qi* de recouvrir simultanément des réalités physiologiques et des principes abstraits, des données matérielles et des forces spirituelles ; dans le monde de Wen Tianxiang, il est tout normal que la glace fonde au feu de l'enthousiasme et que la morale triomphe de la maladie. (Soit dit en passant, les progrès modernes de la médecine psychosomatique ne tendent-ils pas dans une certaine mesure à vérifier ces conceptions ? Le yoga chinois qui est appelé « la discipline du *qi* », et est fondé essentiellement sur des techniques de méditation et de respiration, est précisément utilisé, parfois avec succès, dans des cures diverses, et en particulier pour guérir certains cancers.)

Qi signifie littéralement « souffle », « énergie » (étymologiquement, le caractère désigne la vapeur du riz en train de cuire). Au sens large et profond, il désigne l'élan vital, le dynamisme interne de la création cosmique. La tâche suprême de l'artiste consiste à capter cette énergie dans le macrocosme, et à l'injecter dans le microcosme de son œuvre. Dans la mesure où il réussit à animer sa peinture de ce souffle universel, son activité même reproduit celle du Créateur cosmique.

La peinture est donc littéralement une activité de création, et non d'imitation ; d'ailleurs, c'est de là qu'elle tire son prestige unique, son caractère sacré. Ce thème est très important : arrêtons-nous-y un moment. En Occident, la conception de l'art dans l'Antiquité classique et à la Renaissance était essentiellement *illusionniste*. Ainsi par exemple, dans la célèbre anecdote grecque, la compétition entre Parrhasios et Zeuxis aboutit à une double duperie : les oiseaux qui veulent picorer les raisins et les spectateurs qui veulent soulever le voile se heurtent tous à un simple panneau peint. Et les anecdotes légendaires de la Renaissance sont du même tonneau : Michel-Ange frappe son *Moïse*, irrité de ce qu'il ne parle ni ne bouge — la réalité immobile et inerte du marbre était d'autant plus exaspérante que son apparence sculptée était plus vivante. Du côté chinois par contre, les plus anciennes anecdotes picturales tendent toutes à suggérer une conception diamétralement opposée ; tandis que l'artiste occidental s'efforçait de tromper les sens du spectateur, lui offrant des fictions aussi habiles que le permettait son talent, pour le peintre chinois, la réussite se mesurait non pas par sa capacité à donner le change, à truquer la réalité, mais bien par sa capacité à convoquer la réalité. La qualité suprême de la peinture n'était pas d'ordre illusionniste, mais d'ordre efficace — à ce niveau de qualité, la peinture peut exercer une emprise sur le réel, elle opère : un cheval des écuries impériales dont Han Gan avait été chargé de faire le portrait se mit à boiter après que l'artiste eut oublié de peindre un de ses sabots. Ou encore, l'empereur qui avait chargé Wu Daozi de peindre une cascade sur un mur du palais demanda un peu plus tard à l'artiste d'effacer sa fresque : le bruit de l'eau l'empêchait de dormir.

Dans un premier stade archaïque, la peinture se voyait donc attribuer des vertus magiques. La magie mûrit et devient religion, et en un sens on peut dire que la peinture, et plus particulièrement *la peinture de paysage*, constitue à la fois la manifestation visible et la plus haute incarnation de la véritable religion chinoise, laquelle est quête de l'harmonie cosmique, recherche d'une communion avec le monde. Finalement, les vertus de la peinture furent définies en termes esthétiques, mais pour pleinement apprécier toutes les implications de ces concepts esthétiques, il est nécessaire de garder à l'esprit les notions archaïques (bien illustrées par les anecdotes magiques) dont ils sont dérivés. La relation entre le paysage peint et le paysage extérieur n'est pas une relation d'imitation ou de représentation ; la peinture n'est pas un symbole du monde, c'est le lieu de sa *présence réelle* ; comme le dit très exactement un peintre et théoricien du Xe siècle, l'objet de la peinture n'est pas de décrire les *apparences* du réel, mais d'en manifester la *vérité*. Le paysage peint est donc efficacement chargé de tous les pouvoirs des monts et des fleuves ; si pareil résultat peut être atteint, c'est parce que le créateur de la peinture opère en union avec le Créateur universel : il exécute son œuvre selon les mêmes principes et selon les mêmes rythmes. Création artistique et création cosmique sont parallèles, elles ne diffèrent que par leur échelle, non par leur nature.

Ici, encore une fois, il est intéressant de noter que les grands artistes d'Occident sont empiriquement arrivés aux mêmes conceptions ; voyez par exemple Flaubert : « Ce qui me semble à moi le plus haut dans l'Art (et le plus difficile), ce n'est ni de faire rire, ni de faire pleurer, ni de vous mettre en rut ou en fureur, mais d'*agir à la façon de la Nature*[1]. » Ou encore, Claudel : « L'art imite la nature non pas dans ses effets tels quels, mais dans ses causes, dans sa “manière”, dans ses procédés qui ne sont qu'une participation et une dérivation dans les choses, de l'Art divin lui-même : *ars imitatur naturam in sua operatione*[2]. » Et de façon plus concise, mais tout aussi explicite, Picasso : « Il ne s'agit pas d'imiter la nature, mais de travailler comme elle[3]. »

La théorie du *qi* et de son action constitue l'expression la plus spécifique de cette participation de l'artiste au processus de la création universelle. Aussi occupe-t-elle une place capitale dans l'esthétique chinoise. A première vue cette théorie peut paraître ésotérique ou abstruse au lecteur occidental. En fait il s'agit aussi d'une notion concrète et pratique, que vérifie constamment l'expérience : ainsi, par exemple, la transmission et l'expression du *qi* sont aussi fonction de données aussi précisément techniques que l'angle de contact entre la pointe du pinceau et le papier, ou la façon de tenir le pinceau, ainsi que les mouvements du

1. Cité par M. Nadeau, dans son introduction à la réédition de *Madame Bovary*, Paris, Folio, 1981, p. 6.
2. P. Claudel, *Journal*, Paris, Bibliothèque de la Pléiade, 1968, vol. I, p. 473.
3. F. Gilot et C. Lake, *Vivre avec Picasso*, Paris, Calmann-Lévy, 1965, p. 69.

poignet et du bras. Le *qi* en lui-même est invisible, mais ses effets et son action sont aussi manifestes et mesurables que, par exemple, ceux de l'énergie électrique. Comme celle-ci, il est sans corps ni forme, mais pourtant sa réalité est physique : on peut l'emmagasiner ou le décharger ; il imprègne, informe et anime tous les phénomènes. Bien que, pour acquérir une pleine compréhension de ce concept, il faudrait faire appel à la philosophie et à la cosmologie chinoises, ses applications esthétiques sont d'une pertinence universelle. Ici encore, les Chinois ont analysé de façon plus profonde et systématique un phénomène qui, par ailleurs, n'est pas inconnu des artistes occidentaux : une peinture doit être habitée d'une cohésion intérieure, qui est sous-jacente aux formes, déborde les formes, et sous-tend les intervalles entre les formes. Dans une peinture médiocre, les formes sont séparées par des intervalles inertes, les vides sont des espaces négatifs. Au contraire, dans une peinture chargée de *qi*, il s'établit des échanges de courant d'une forme à l'autre à travers un vide animé. Ces idées fondamentales que le peintre doit s'efforcer de faire de sa peinture une sorte de champ énergétique où les formes définissent des pôles entre lesquels s'établissent des tensions ; que ces tensions invisibles mais opérantes assurent l'unité et le dynamisme vital de la composition — ces idées ont été explorées et expérimentées par un Paul Klee par exemple ; et l'une des meilleures descriptions de l'action du *qi* peut être trouvée dans un propos d'André Masson : « La grande peinture est une peinture où les intervalles sont chargés d'autant d'énergie que les figures qui les déterminent [1]. »

La notion du *qi* a trouvé en peinture certaines de ses applications les plus expressives, mais elle joue un rôle non moins fondamental dans les théories de la littérature. Han Yu en a donné une image frappante : « Le *qi* est comme l'eau, et les mots sont comme des objets qui flottent à la surface. Quand la quantité d'eau est suffisante, les objets, grands et petits, peuvent librement se mouvoir : telle est la relation entre le *qi* et les mots. Quand le *qi* est à sa plénitude, tant la longueur des phrases que leur volume sonore atteignent leur mesure parfaite [2]. » On le voit, la notion est la même qu'en peinture : ici comme là, il s'agit d'une énergie sous-jacente aux signes, et capable de les doter d'une articulation, d'une texture, d'un rythme et d'une impulsion. (Flaubert, ahanant sur la composition de *Madame Bovary*, cherchait précisément à faire passer dans son œuvre ce courant invisible mais efficace, qui, circulant sous les mots et les phrases, leur confère souffle et vie : dans l'œuvre, il faut sentir, écrivait-il, « une longue énergie qui court d'un bout à l'autre et ne faiblit pas [3] ».)

1. Cité par D. Kahnweiler, *Juan Gris*, Paris, Gallimard, 1946, p. 188.
2. Cité par D. Pollard, « Ch'i in Chinese Literary Theory », in A. A. Rickett, *Chinese Approaches to Literature*, Princeton University Press, 1975, p. 56.
3. Cité par M. Nadeau, *op. cit.*, p. 8.

Notons que cette fonction du *qi* ne se manifeste nulle part de façon plus évidente et efficace que dans ces vers purement imagistes (dont on a donné deux exemples plus haut) où la syntaxe devient presque inexistante, et où les liaisons grammaticales se dissolvent : là, on voit alors l'escadre des mots, toutes amarres larguées, qui appareille à l'unisson, sous l'impulsion de ce flot qui seul maintenant assure sa cohésion.

Pour l'artiste, peintre ou poète, l'impératif premier est donc de capter et cultiver le *qi*, et d'en impartir l'énergie à son œuvre. Si l'œuvre n'est pas investie de cette inspiration vitale, si elle « manque de souffle », toutes les autres qualités techniques qu'elle pourrait présenter par ailleurs resteront vouées à l'inutilité. Si au contraire elle est habitée de cette circulation intérieure, même ses éventuelles maladresses d'exécution s'en trouveront rachetées. Aussi, avant toute autre chose, le travail du critique consiste-t-il à jauger l'intensité du *qi* manifesté par l'œuvre.

De ce rôle privilégié accordé à l'expression du *qi*, résultent d'importantes conséquences. L'originalité, l'invention formelle ne constituent pas en elles-mêmes des valeurs. Du moment que l'artiste réussit à transmettre le *qi*, il importe peu que le prétexte formel soit neuf ou qu'il soit emprunté. A la limite, on peut même concevoir la possibilité pour une copie de surpasser son modèle dans la mesure où, sur une composition empruntée, elle aurait mieux réussi à manifester l'influx du *qi*.

Cette *primauté de l'expression sur l'invention* caractérise en profondeur toute l'esthétique chinoise. On en trouve peut-être le meilleur exemple dans la calligraphie [1], qui, on le sait, est considérée par les Chinois comme la forme suprême de l'art du pinceau. D'un côté, on ne saurait concevoir un art plus étroitement gouverné par les conventions formelles et techniques, et laissant moins de place à l'imagination et à l'initiative de l'artiste : non seulement il n'est pas permis au calligraphe d'inventer la forme d'un seul caractère, mais encore, le nombre de coups de pinceau, et même l'orientation et l'ordre exact selon lesquels ces divers coups de pinceau doivent se succéder, sont rigoureusement prédéterminés. En même temps, paradoxalement, la calligraphie est aussi l'art

1. Ou dans la musique. Pour une introduction à ce sujet, voir R. H. Van Gulik, *The Lore of the Chinese Lute*, Tokyo, Tuttle, 1968. Le répertoire mélodique de la cithare est limité, cependant que les variations et nuances de timbre sont extraordinairement riches et subtiles : « Il n'est pas facile d'apprécier la cithare, et ceci principalement du fait que sa musique n'est pas premièrement mélodique. Sa beauté réside moins dans la succession des notes, que dans chaque note envisagée individuellement. "Une peinture avec les sons" pourrait être une bonne façon de décrire sa qualité essentielle. […] Le timbre étant de la plus extrême importance, il y a d'infinies possibilités pour modifier la couleur d'un même ton. Pour comprendre et apprécier cette musique, l'oreille doit apprendre à distinguer des nuances subtiles : ainsi par exemple, une même note revêt une couleur différente selon la corde sur laquelle elle est jouée ; ou encore, une même corde résonne avec un timbre différent selon qu'elle est touchée par l'index ou par l'annulaire de la main droite. La technique qui permet d'ainsi varier le timbre est extrêmement compliquée : rien que pour le *vibrato*, il n'existe pas moins de vingt-six variétés » (*op. cit.*, p. 1-2). Voir également G. Goormaghtigh, *L'Art du qin*, Bruxelles, Institut des Hautes Études chinoises, 1990.

qui peut donner l'occasion à un individu d'exprimer le plus directement, le plus lyriquement, sa personnalité propre, son tempérament singulier, et jusqu'aux nuances intimes et subtiles de sa sensibilité.

Le même phénomène se retrouve d'ailleurs dans la peinture et dans la poésie. Pour le non-initié, au premier abord, la peinture chinoise peut apparaître singulièrement limitée et monotone ; le paysage, par exemple, est invariablement ramené à une combinaison montagne-et-eau articulée selon quelques formules établies. Ce canevas stéréotypé est lui-même meublé d'éléments conventionnels — arbres, rochers, nuages, architectures, figures — dont le traitement fait l'objet de recettes dûment inventoriées dans des manuels de peinture qui sont de véritables dictionnaires de formes. Le registre dont dispose la poésie est non moins étroit ; elle a recours à un langage symbolique rigidement codifié, à un répertoire d'images préfabriquées (le chant du coucou qui éveille chez le voyageur le désir du retour ; les oies sauvages qui passent sans apporter de nouvelles du bien-aimé absent ; le vent d'est et ses suggestions printanières ; le vent d'ouest et ses funèbres évocations automnales ; les canards mandarins, image d'un amour partagé ; les ruines antiques qui témoignent de la précarité des entreprises humaines ; les rameaux de saule que les amis échangent au moment des adieux ; la lune et le vin ; les fleurs qui tombent ; la mélancolie de l'amante accoudée au balcon, etc.). En un sens on pourrait décrire la poésie chinoise comme un tissu de clichés brodés sur un petit nombre de thèmes conventionnels. Mais pareille définition, pour être littéralement correcte, n'en passerait pas moins à côté de l'essentiel : un sourd pourrait tout aussi bien définir une sonate pour violoncelle de Bach, comme une succession de frottements divers appliqués sur quatre boyaux tendus au-dessus d'une caisse vide.

Toute poésie est bien entendu intraduisible par nature, mais dans le cas de la poésie chinoise, cette impossibilité se double encore d'un malentendu. Ici, en effet, la traduction fonctionne comme un crible pervers qui ne sauverait la balle que pour éliminer le grain : ce que le traducteur propose à l'admiration du lecteur, c'est précisément la part la moins admirable du poème, c'est-à-dire son argument (généralement banal) et ses images (puisées neuf fois sur dix dans un répertoire conventionnel, dépourvu de toute originalité). La vertu spécifique du poème échappe nécessairement au traducteur, car (comme c'est d'ailleurs le cas pour la peinture et pour la calligraphie), elle ne réside pas dans la création de signes neufs mais dans l'utilisation neuve de signes conventionnels. Tout l'art est dans la disposition, l'ajustement et la confrontation de ces images reçues : il faut que, de leur choc, jaillisse la vie. Au fond, l'esthétique chinoise est une esthétique d'*interprétation* plutôt que d'*invention* (« interprétation » doit être entendue ici au sens musical du mot : un Ivan Moravec n'est pas un moindre artiste pour n'avoir pas composé lui-même les *Nocturnes* de Chopin qu'il interprète, et dans la fidélité même de son interprétation, il réussit à exprimer son individualité propre, sa sensibilité singulière, un génie *créateur* distinct de celui de, disons, Claudio Arrau, ou de tout autre artiste interprétant cette *même* page). En rétrécissant le champ de son invention, un art intensifie la qualité de son expression ; ou plutôt, il déplace la création du premier domaine au second (il s'agit du reste d'un phénomène universel : que l'on considère par exemple, en Occident, les débuts du cubisme : avec Braque, Gris et Picasso, le monde a soudain semblé se réduire aux seules dimensions d'une guitare, d'un journal et d'un compotier ; la convention qui les délivrait du souci de définir un sujet leur permit de concentrer leur attention sur l'élaboration d'un langage ; peu avant eux d'ailleurs, douze pommes et une montagne avaient rempli la même fonction pour Cézanne).

Pour l'artiste, le poète, la question n'est donc pas d'éliminer les stéréotypes, mais bien de les manipuler de telle façon que, à travers eux, « le courant passe » : sous l'action efficace de celui-ci, le binôme convenu de la montagne-et-l'eau devient alors une création microcosmique, l'image éculée de la fleur-qui-tombe, une métaphore déchirante et universelle du destin, et celle de l'attente-de-l'amante-à-son-balcon, un raccourci de la condition humaine tout entière.

Vertus du vide

Nous avons indiqué plus haut que, pour la philosophie chinoise, l'Absolu ne se manifeste qu'en creux, ne peut se définir que par une absence.

Nous avons rencontré ensuite une application importante de cette conception dans le précepte qui recommande au peintre de ne jamais révéler qu'une moitié du sujet pour en mieux suggérer la totalité. Non seulement le message atteint son adresse sans avoir besoin d'être entièrement explicité, mais s'il réussit à atteindre son adresse, c'est précisément *grâce au fait qu'il n'est pas entièrement explicité* : dans ce sens, les « blancs » de la peinture, les silences du poème ou de la musique, en constituent la part active, l'élément qui rend l'œuvre « opérationnelle ».

Plus encore que l'œuvre accomplie, ce qui importe, c'est l'opération de l'esprit qui en précède et commande l'exécution. Le poète Tao Yuanming avait l'habitude d'emporter partout avec lui une cithare sans cordes sur laquelle il jouait des mélodies muettes : « Je me contente de la saveur qui gît au cœur de la cithare ; à quoi bon m'escrimer sur le son des cordes ? »

L'œuvre achevée est à l'expérience spirituelle de l'artiste ce que le graphique enregistré par le sismographe est au tremblement de terre. Ce qui compte, c'est cette expérience elle-même dont l'œuvre n'est que la conséquence accidentelle, l'effet secondaire, le résidu visible (ou audible)

— elle n'est que « l'empreinte précaire laissée d'aventure sur la neige par les pas d'un cygne sauvage ». C'est pourquoi, d'ailleurs, la substance matérielle du coup de pinceau, la substance sonore de la note de musique sont parfois allégées, amincies, pour mieux dévoiler le geste qui est à leur origine et qui les sous-tend (dans la calligraphie et la peinture, le coup de pinceau est alors tracé avec une charge d'encre délibérément insuffisante, en sorte que, sur le papier, l'encrage apparaisse déchiré de « blancs » qui révèlent le dynamisme interne du trait ; cette technique s'appelle « fei-bai », c'est-à-dire « blanc volant »).

La littérature elle aussi a ses « blancs » qui, tantôt servent d'articulation à la composition, tantôt permettent au poème de suggérer l'existence indicible d'un au-delà du poème. Dans une certaine mesure, la littérature occidentale connaît également ces deux usages du vide : Virginia Woolf offrant à Vita Sackville-West « la plus belle de ses œuvres » sous forme d'un volume splendidement relié dont toutes les pages étaient blanches, peut fournir une bonne illustration de cette seconde fonction. Quant au vide utilisé comme une technique de composition, Proust en a subtilement identifié la pratique chez Flaubert : « A mon avis, la chose la plus belle de *L'Éducation sentimentale*, ce n'est pas une phrase, mais un "blanc" » [...] grâce auquel Flaubert enfin « débarrasse (le récit romanesque) du parasitisme des anecdotes et des scories de l'histoire. Le premier, il le *met en musique*[1]. » A son tour, l'observation de Proust fut elle-même excellemment commentée par Maurice Nadeau : « Proust l'avait remarqué, ce sont les "blancs" de la narration qui font le prix de *L'Éducation sentimentale* comme de *Madame Bovary* [...]. Ce "non-dit", on le retrouve chaque fois que la vie d'Emma tourne imperceptiblement sur ses gonds et qu'une sous-narration, courant sous la description, accompagne en mineur le récit [...], l'insère dans un silence essentiel qui se confond avec les palpitations même de la vie. Un même courant parcourt choses et consciences, le monde matériel et le monde psychologique échangent leurs attributs, la réalité et les signes qui la désignent forment un tout indissociable qui, dans la manifestation des choses renvoie par un incessant aller-retour, à la "force interne du style"[2]. » La notion flaubertienne de « force interne du style » suggère

1. M. Proust, « A propos du style de Flaubert », in *Contre Sainte-Beuve*, Bibliothèque de la Pléiade, p. 595 : « A mon avis, la chose la plus belle de *L'Éducation sentimentale*, ce n'est pas une phrase, mais un blanc. Flaubert vient de décrire, de rapporter pendant de longues pages, les actions les plus menues de Frédéric Moreau. Frédéric voit un agent marcher avec son épée sur un insurgé qui tombe mort. "Et Frédéric, béant, reconnut Sénécal !" Ici un "blanc", un énorme "blanc" et, sans l'ombre d'une transition, soudain la mesure du temps devenant au lieu de quarts d'heure, des années, des décades ; je reprends les derniers mots que j'ai cités pour montrer cet extraordinaire changement de vitesse, sans préparation :

"Et Frédéric, béant, reconnut Sénécal.

"Il voyagea. Il connut la mélancolie des paquebots, les froids réveils sous la tente, etc." »

2. M. Nadeau, *op. cit.*, p. 15-16. Claude Roy a formulé des observations semblables sur

irrésistiblement, on l'a déjà relevé plus haut, un rapprochement avec la notion chinoise de *qi* ; notons d'ailleurs que c'est précisément *le vide* qui constitue le conducteur par excellence de ce « courant ».

Le vide est l'espace où peut se déployer l'au-delà du poème ; la poésie chinoise dispose de divers moyens pour le susciter. Ainsi par exemple dans le célèbre quatrain de Wang Zhihuan décrivant l'immense paysage qui se découvre du haut d'une tour à l'embouchure du fleuve Jaune, les deux premiers vers commencent par camper le plus vaste horizon possible :

> Le soleil blanc s'enfonce derrière la montagne
> Le fleuve Jaune roule ses eaux dans l'océan…

Arrivé à ce point, le lecteur a l'impression que le poète a atteint la cime extrême de sa vision ; en fait, la fonction véritable de ces deux vers est seulement de bander un ressort dont la détente brusquement libérée à la fin du poème va catapulter l'imagination du lecteur dans l'espace encore infiniment plus vaste du non-dit :

> … Mais si vous voulez voir un paysage vraiment immense,
> Montez un étage de plus !

Le dernier vers n'est pas un point d'arrivée, mais un point de départ. Cet « effet de tremplin » est fréquemment utilisé par les poètes, surtout dans les quatrains dont l'extrême brièveté (le poème entier peut se réduire à vingt syllabes) s'augmente ainsi d'un écho sans fin.

Une autre méthode consiste à construire le poème autour d'un vide

---

Stendhal (*Stendhal par lui-même*, Paris, Le Seuil, 1971, p. 47) : « … Un roman de Stendhal est écrit à l'inverse de la façon dont écrivaient neuf sur dix des grands romanciers qui l'ont précédé. Le récit progresse autant par ce qui est dit que par ce qui est escamoté. Il y a deux romans dans *Le Rouge et le Noir*, le roman des faits imprimés et le roman des faits *éludés* qui ont une égale importance. On pourrait écrire une autre version de l'histoire de Julien Sorel, qui se situerait tout entière dans les blancs du récit. On imagine un autre écrivain ayant à raconter la première nuit que passe Julien avec Mathilde. Tout ce qu'il aurait à dire, Stendhal l'a mis dans un point-et-virgule : “La vertu de Julien fut égale à son bonheur ; il faut que je descende par l'échelle, dit-il à Mathilde quand il vit l'aube du jour paraître…” Un point-et-virgule nous rend compte, et lui seul, d'une nuit entière, de deux amants dans les bras l'un de l'autre, de leurs transports, de leurs propos dans l'amour, de leur plaisir, etc. Ailleurs dans *Vanina Vanini*, tout se conclut en une scène de deux minutes contée en trois pages de dialogue. Puis, deux lignes : “Vanina resta anéantie. Elle revint à Rome ; et le journal annonce qu'elle vient d'épouser le prince Savelli.” » Ce dernier passage de Stendhal cité par Roy est d'ailleurs remarquablement semblable au passage de Flaubert qui faisait l'admiration de Proust (voir note précédente). Étonnants pouvoirs expressifs de la litote ! Précisément parce qu'elle s'en remet à l'imagination du lecteur, elle est plus provocante qu'une description explicite. Claude Roy continue : « Ce qui nous semble être la discrétion de Stendhal, ses contemporains cependant y voyaient de l'impudence. *Il choquait, parce qu'on trouvait qu'il disait trop.* » Magnifique illustration du principe esthétique « less is more » !

Aux litotes de la littérature, aux blancs de la peinture, correspondent également les silences de la musique. La fonction vitale de ces derniers est admirablement résumée par un propos de Daniel Barenboim expliquant aux musiciens de son orchestre la nécessité d'observer les repos : « Le silence est le papier sur lequel toute musique est écrite. »

central où réside la vérité inapprochable et indicible. Ici, la métaphore classique est celle de la rencontre manquée avec un sage-ermite qui détient la réponse suprême ; sa présence, bien réelle, est toute proche — elle est attestée par des traces diverses, voire même par des émissaires ; lui-même pourtant demeure invisible et insaisissable. Un bon millier d'années avant *Le Château* de Kafka, Jia Dao a résumé ce mythe dans un quatrain fameux :

> Au pied d'un pin, le petit serviteur à qui on avait demandé où était le Maître
> Répond : « Il est parti cueillir des simples,
> Je sais seulement qu'il est quelque part dans cette montagne,
> Mais où ? Le brouillard cache tout. »

L'essentiel étant indicible, le poème ne peut que parler *à côté* du sujet — il cerne un manque. Ainsi chez Tao Yuanming :

> J'ai construit ma hutte parmi les hommes
> Et pourtant nulle agitation ne me dérange.
> Comment est-ce possible, je vous le demande un peu !
> La solitude est dans le cœur, ce n'est pas affaire de distance.
> Cueillant des chrysanthèmes au pied de la haie,
> Je lève le regard vers les monts lointains.
> L'air de la montagne est beau le soir,
> A l'heure où rentrent les oiseaux.
> Une vérité gît au cœur de tout ceci :
> Je voudrais la fixer, mais je ne trouve pas de mots.

Ce même thème a trouvé une expression neuve chez Wang Wei :

> Au soir de la vie, je n'aime plus que le silence ;
> Je ne m'occupe plus des affaires du monde.
> Ayant mesuré mes limites
> Je ne me soucie plus que de regagner ma vieille forêt.
> La brise qui souffle dans les pins fait flotter ma ceinture ;
> Dans la montagne, je joue de la cithare au clair de lune.
> Vous me demandez où réside la vérité suprême ?
> Dans le chant du pêcheur qui aborde la rive !

L'œuvre d'art — poème, peinture, pièce de musique — est un « chant du pêcheur » : au-delà des mots, des formes et des sons, c'est l'expérience directe et intuitive d'une réalité qu'aucune approche discursive ne saurait atteindre.

A notre siècle, le plus subtil des critiques modernes, Zhou Zuoren, a résumé en une phrase lapidaire cette tradition vivante dont il était lui-même pétri : « Tout ce qui peut s'énoncer est dénué d'importance. »

Ce propos, inutile de le dire, est valable également pour les essais qui traitent de l'esthétique chinoise !

LES TRIBULATIONS D'UN GASCON EN CHINE
ou les perplexités du Père Huc [1]

La renommée du P. Huc est fondée essentiellement sur le remarquable voyage qu'il effectua de 1844 à 1846 en compagnie de son supérieur, le P. Gabet, à travers les marches de l'Empire chinois, jusqu'au Tibet. La relation qu'il fit de cette équipée, *Souvenirs d'un voyage dans la Tartarie et le Thibet* (1850), connut une fortune prodigieuse, tant auprès du grand public que dans les milieux littéraires [2].

L'accueil triomphal qui avait été réservé à son premier ouvrage détermina Huc, entre-temps rentré en France et désireux de quitter sa congrégation (le conseil des lazaristes acceptera sa démission en 1853), à poursuivre et exploiter cette carrière d'auteur qu'il s'était nouvellement découverte. Continuant sur sa lancée, il donna donc *L'Empire chinois* en 1854. Mais, à la différence des *Souvenirs*, qui ont été fréquemment réédités et dont il a été fait diverses traductions, ce second livre ne connut que deux rééditions (1857, 1862) pour tomber ensuite dans un oubli qui nous paraît aujourd'hui fort injuste [3].

Bien sûr, à strictement parler, *L'Empire chinois*, dont le titre ambitieux

1. Régis-Évariste Huc, ancien missionnaire apostolique en Chine, *L'Empire chinois* faisant suite à l'ouvrage intitulé *Souvenirs d'un voyage dans la Tartarie et le Thibet*, préface par Francis Lacassin, « Itinéraires », Monaco, Éditions du Rocher, 1980.

2. Un bon demi-siècle après la publication du livre, Léon Bloy notait dans son journal que la lecture de Huc demeurait pour lui la « suprême ressource » dans les moments où il « mourait d'ennui » (L. Bloy, *Le Vieux de la montagne*, en date du 1er février 1908). Cinquante ans plus tôt, son vieux maître Barbey d'Aurevilly avait été de ceux qui avaient accueilli l'ouvrage avec le plus d'enthousiasme au moment de sa parution. Ce succès, toutefois, ne fut pas exactement de l'ordre auquel l'auteur pouvait ambitionner. Comme le souligne Philippe-Henri d'Orléans, « son récit fut regardé comme "amusant". On dédaigna ce qu'il renfermait d'instructif et partant de vrai, pour n'y remarquer que ce qui paraissait extraordinaire. Dans les histoires, parfois étonnantes, qu'il racontait, on vit de pures créations d'imagination ; l'ouvrage fut donné en lecture aux enfants, comme on leur sert aujourd'hui du Jules Verne. Un évêque, missionnaire pourtant, nous dit l'écrivain anglais Yule, alla un jour jusqu'à s'excuser d'avoir sur sa table un pareil roman » (*Le Père Huc et ses critiques*, p. 3, voir ci-dessous, Bibliographie, p. 628).

3. Il avait pourtant eu de bons lecteurs : Baudelaire, par exemple, qui lui emprunta l'argument d'un poème en prose du *Spleen de Paris*, « L'Horloge » : « Les Chinois voient l'heure dans l'œil des chats… »

masquait mal la minceur du prétexte, ne constituait qu'une sorte de post-scriptum artificiellement dilué et démesurément gonflé par des digressions pseudo-savantes, appendu à la grande aventure des *Souvenirs*. Le premier volume avait déjà écrémé le voyage de ses péripéties les plus sensationnelles : il décrivait des régions mystérieuses, presque inaccessibles aux Européens, et, culminant avec le séjour des deux Français à Lhassa, s'achevait sur leur expulsion du Tibet à l'instigation du Résident chinois qui les avait soupçonnés d'espionnage. Par contraste avec cette richesse exotique et dramatique du premier ouvrage, *L'Empire chinois* ne couvre que les quatre derniers mois, relativement sans histoires, de ce qui avait été une expédition de deux années; reprenant le fil du récit au moment où les lazaristes, chassés du Tibet, regagnent la Chine, il raconte leur retour jusqu'à Canton à travers les provinces du Sichuan, Hubei, Jiangxi et Guangdong. Évidemment, après les tribulations qu'avaient connues les pieux aventuriers dans les steppes tartares et les neiges tibétaines, et dont Huc avait talentueusement tiré son *best-seller*, la relative banalité de cette randonnée provinciale dans un empire paisible et policé parut à l'auteur pouvoir mal justifier à elle seule la rédaction d'un second livre. Il crut donc nécessaire d'étoffer ses observations, pourtant merveilleuses de verve et de vie, de tout un fatras de fausse érudition, de tout un bric-à-brac, naïf et caduc, de théories fantaisistes, de citations pondéreuses, impertinentes et interminables. Cela lui permit d'intituler pompeusement et trompeusement son livre *L'Empire chinois*, alors que *Quatre Mois de voyage à travers quatre provinces chinoises* eût été beaucoup plus près de la réalité. Ce malencontreux rembourrage le desservit d'ailleurs auprès des lecteurs sérieux : ainsi, Pelliot, savant immense à qui l'on doit deux excellentes études sur Huc[1], ne s'est jamais intéressé qu'aux *Souvenirs*; dans *L'Empire chinois*, la part d'observation directe, qui nous est si précieuse aujourd'hui, ne pouvait évidemment guère le retenir, puisqu'elle portait sur une Chine accessible, banale et quotidienne qu'il connaissait bien lui-même (à trois quarts de siècle de distance, la province chinoise n'avait guère changé), tandis que la sinologie-ersatz des digressions le rebutait à juste titre et l'amenait simplement à conclure : « Sur l'histoire de Chine, aucun orientaliste ne rêverait jamais de consulter Huc pour obtenir une information sérieuse. »

Huc récidiva avec un troisième ouvrage, *Le Christianisme en Chine, en Tartarie et au Thibet* (4 vol., 1857-1858), bien qualifié par H. Durt de « compilation qui donne un avant-goût brouillon de certaines productions de Grousset ou de Daniel-Rops[1] ». Cette fois, il avait entièrement vidé son sac; à part la resucée d'expériences personnelles qu'il avait mieux racontées ailleurs, l'érudition de seconde main, les emprunts d'une

1. Voir ci-dessous, Bibliographie, p. 628-629.

science douteuse, l'abus des citations, des paraphrases qui confinent au plagiat et au pillage, réduisent l'intérêt de cette entreprise à un ordre tristement documentaire dans la mesure où l'on peut y trouver le reflet d'une certaine mentalité missionnaire à l'époque coloniale, et, plus particulièrement, une illustration de la trajectoire politique de l'auteur lui-même qui, nourri dans sa jeunesse de généreuses idées libérales, devait finir sa carrière comme conseiller bénévole de Napoléon III, poussant des charognards tricolores à la curée indochinoise, au nom d'une inquiétante et fumeuse foi en la mission dominatrice que le Dieu de la Bible aurait assignée à la race blanche…

Si *Le Christianisme en Chine* peut donc être avantageusement ignoré, il était grand temps, par contre, de remettre sous les yeux du public cet *Empire chinois*, épuisé depuis plus d'un siècle. Il ne s'agit pas seulement de mieux rendre justice aux mérites littéraires de Huc — ceux-ci étaient bien représentés déjà par les *Souvenirs* que leur durable popularité a placés au tout premier rang de la riche littérature de voyages du XIXe siècle —, mais il y a surtout le fait que ce livre-ci vient maintenant aider à répondre à certaines questions que notre époque se pose tant sur la Chine que sur la façon dont l'Occident perçoit la Chine. Alors que les *Souvenirs* se sont, en quelque sorte, éloignés de nous dans la mesure où le monde qu'ils décrivaient a cessé d'exister, *L'Empire chinois*, éclairant certaines constantes chinoises (ou leurs limites), est en train de retrouver une curieuse actualité.

Pour l'Occident, le problème de la Chine est d'abord le problème de la connaissance de la Chine. La Chine est un de ces singuliers révélateurs que, semble-t-il, nul n'aborde impunément : rares sont les auteurs qui savent en traiter sans exhiber leurs fantasmes intimes ; dans ce sens, qui parle de la Chine parle de soi. Bien sûr, la part fantasmagorique est toujours en proportion inverse du savoir réel ; chez Huc, en particulier, la richesse de l'expérience directe fait puissamment contrepoids aux obsessions et aux préjugés personnels — mais il importe quand même de prendre d'abord la mesure de ceux-ci, si l'on veut faire un bon usage de son témoignage.

Le deuxième voyageur

Truculent, haut en couleur, avec son tempérament exubérant et sa langue bien pendue, Huc a presque entièrement éclipsé la figure de son compagnon, le P. Gabet, qui, lui, semble avoir été animé d'un zèle évangélique d'une qualité plus profonde. A lire Huc, on serait tenté d'imaginer que Gabet n'était qu'une sorte d'acolyte falot du flamboyant Méridional : en réalité, il était son aîné et son supérieur hiérarchique. On aimerait pouvoir mieux le connaître mais, dans sa modestie et sa discrétion, il ne se laisse pas cerner aisément[1]. Saisissons donc cette occasion de dire quelques mots à son sujet.

Joseph Gabet, né dans le Jura en 1808, s'embarqua pour la Chine comme missionnaire lazariste en 1835. Il passa plusieurs années en Mandchourie et en Chine du Nord. Chargé d'ouvrir la mission de Mongolie, il se choisit Huc pour compagnon et se mit en route en 1844 pour effectuer une première prospection apostolique, aussi audacieuse que vague. Après une longue halte dans une lamaserie du Gansu, les deux missionnaires furent amenés à modifier leur itinéraire, et, bifurquant vers le sud-ouest, se dirigèrent sur Lhassa qui, contrairement à ce que Huc fit accroire dans la suite, n'avait nullement constitué l'objectif initial de leur expédition. Entre le Koukou-nor et Lhassa, le voyage fut particulièrement rude, et Gabet faillit mourir. Les deux compagnons arrivèrent à Lhassa à la fin de 1845. Les Tibétains se montrèrent hospitaliers et, déjà, les missionnaires, qui avaient établi une petite chapelle, rêvaient de commencer leur apostolat, quand le Résident chinois, qui les soupçonnait d'être des agents secrets chargés de détacher le Tibet de l'orbite chinoise, les fit expulser. Au terme d'un voyage à travers la Chine méridionale, décrit dans *L'Empire chinois*, les deux lazaristes arrivèrent à Canton en septembre 1846 ; de là, ils gagnèrent Macao, où ils se séparèrent. Le P. Gabet rentra directement en Europe pour tenter, sans succès, de défendre à Rome les intérêts de la mission lazariste contre les ambitions territoriales de sa pieuse rivale, la Société des Missions étrangères.

La santé de Gabet avait été ébranlée par les épreuves de son voyage à Lhassa ; les médecins lui ayant interdit les climats froids, ses supérieurs l'expédièrent sous les tropiques, dont la chaleur devait le tuer avec une remarquable promptitude. Il avait été nommé aumônier d'un couvent de religieuses allemandes au Brésil (1848) ; après avoir déjà appris le mandchou, le chinois, le mongol et le tibétain, pour changer, il put donc se mettre à l'allemand et au portugais. Pelliot fait allusion en termes voilés à un conflit qui l'opposa à ses supérieurs, aboutissant finalement à une décision du conseil des lazaristes de lui « notifier son expulsion de

1. M. Gindre, vice-président de la Société d'agriculture, sciences et arts de Poligny, lui a consacré un petit ouvrage, *Biographie de Mgr Gabet, de Nevy-sur-Seille* (*Jura*), Poligny, 1867, dont la bêtise eût hypnotisé Flaubert. La contribution la plus notable de cet opuscule consiste en un bouquet de fleurs de rhétorique, en un chapelet de perles de style qui font pâlir les plus belles pages du *Dictionnaire des idées reçues*. Ainsi par exemple, pour dire qu'une population cultive le blé et la vigne, Gindre écrit : « La blonde Cérès et le rubicond Bacchus se disputent les bras des habitants » ; les chevaux sont des « solipèdes » ; Rome, « la cité des anciens maîtres de l'orbe connu » ; Marseille, « l'antique ville des Phocéens » ; des voleurs : « bimanes que l'on rencontre un peu partout mais spécialement en Chine » ; ils dormirent d'un bon sommeil : « Morphée versa à flots sur eux les plus soporifiques de ses pavots » ; un ministre chinois devient « un ministre sinensique », et l'avis des médecins, « l'oracle d'Épidaure », etc. Mais sur Gabet lui-même, la rutilante logorrhée du vice-président de la Société d'agriculture, sciences et arts de Poligny ne nous apprend finalement guère plus que le déconcertant silence de Huc.

l'ordre ». Cette décision ne put toutefois prendre effet, car entre-temps Gabet était mort de la fièvre jaune (mars 1853) près de Rio de Janeiro. Il était âgé de quarante-cinq ans.

Quand on songe à l'étroit compagnonnage auquel leur expédition avait dû vouer les voyageurs pendant deux ans, on s'étonne un peu de la façon dont Gabet demeure en quelque sorte invisible dans les souvenirs de Huc. Dans *L'Empire chinois* en particulier, l'unique mention qui est faite de lui survient tout à la fin : à la nouvelle de sa mort, Huc évoque en trois lignes leur ancienne association. Il est parfaitement vain de conjecturer sur ce qu'ont pu être leurs relations ; une chose semble toutefois certaine : il serait difficile d'imaginer deux tempéraments plus dissemblables ; le sang-froid et la réserve de Gabet paraissent en complet contraste avec la faconde de son bouillant confrère, dont l'exubérance réussit d'emblée à monopoliser l'attention du public. Comme le fait observer Pelliot : « Le récit merveilleusement vivant de Huc a rejeté dans l'ombre son compagnon qui était son aîné et son chef. Huc dut se mettre en avant tout de suite. Dès octobre 1846, au lendemain même de l'arrivée des voyageurs, notre consul à Macao parle déjà de “MM. Huc et Gabet”. L'usage courant a fait comme lui. Il nous faut aujourd'hui faire effort pour rétablir l'ordre hiérarchique de Gabet et Huc. »

Durant son passage en Europe, Gabet avait rédigé un mémoire intitulé *Coup d'œil sur l'état des missions de Chine, présenté au Saint Père le Pape Pie IX* (Poissy, 1848). Cette petite brochure de quatre-vingts pages est d'un intérêt considérable et témoigne de la personnalité exceptionnelle de son auteur. Gabet y fait preuve en effet d'un respect pour les valeurs chinoises dont la plupart de ses confrères missionnaires — à commencer par Huc — demeuraient largement incapables ; surtout, il manifeste une lucidité et un courage rares dans le diagnostic qu'il pose sur l'état lamentable des missions de Chine, et dans les remèdes audacieux qu'il préconise. Ses idées étaient d'ailleurs tellement en avance sur son époque qu'elles ne furent même pas combattues ; on les ignora entièrement. Il fallut attendre près de quatre-vingts ans pour trouver enfin, en la personne du P. Lebbe, un prêtre courageux, capable de réinventer ces vues prophétiques et de les imposer progressivement dans l'Église, au terme d'une lutte incroyablement longue et ardue.

Le mémoire de Gabet se présente d'abord et avant tout comme un constat d'échec : selon lui, l'entreprise missionnaire en Chine se solde par une faillite presque totale. Ni la bonne volonté des missionnaires, ni même les moyens matériels dont ils disposent ne sont mis en cause. Trois facteurs, estime-t-il, expliquent pourquoi les efforts menés pour christianiser la Chine n'ont abouti à presque aucun résultat, et ce sont, premièrement, les querelles et rivalités qui, divisant les diverses congrégations missionnaires, paralysent leur action et scandalisent les incroyants ; deuxièmement, les effectifs insuffisants du clergé local, résultant de la répugnance des Occidentaux à former des prêtres chinois, à leur faire confiance, à les investir de responsabilités et à les traiter en égaux ; troisièmement, la connaissance inadéquate que les missionnaires ont de la langue et de la culture chinoises, ce qui empêche leur prédication d'être prise au sérieux. Les deux derniers points sont particulièrement remarquables, car ils impliquent un abandon des perspectives eurocentriques ; ils supposent une ouverture à la culture chinoise, directement en contradiction avec la mentalité missionnaire de l'époque, laquelle, s'étant étroitement liée à la conquête coloniale, en était venue à justifier son entreprise sur la base de la prétendue supériorité de la civilisation occidentale. Gabet écrivait :

> Les Chinois ont su conserver leur empire depuis quatre mille ans, ils possèdent depuis des milliers d'années des arts que les siècles modernes de l'Europe s'enorgueillissent d'avoir inventés, tels que l'imprimerie, la poudre à canon, la boussole, l'art de filer et de tisser la soie, le système décimal appliqué à toutes sortes de poids, de valeurs et de mesures et bien d'autres qu'il serait trop long d'énumérer ; comment après cela les Européens osent-ils accuser cette nation de leur être inférieure en intelligence ? Les Chinois possèdent des livres empreints d'une sagesse profonde et de la plus haute antiquité. [...] Dans ces livres, au milieu des traditions les plus respectables, se trouvent des développements philosophiques qui laissent loin derrière eux toutes les productions européennes enfantées sous le paganisme ; et de plus, ils ont le bon sens de faire de ces doctrines des maximes obligatoires de gouvernement, ce en quoi ils sont plus sages que les Européens. [...] Quoique sous l'empire du paganisme, les Chinois ont des hospices d'enfants trouvés, de vieillards et de malades ; des bureaux de bienfaisance où l'on distribue gratuitement la nourriture aux pauvres et des remèdes aux infirmes. Sur les routes on trouve des monuments élevés pour le repos et le soulagement gratuit des voyageurs. Comment ose-t-on dire qu'une nation abandonnée encore à la faiblesse de la philosophie païenne, et où néanmoins se rencontrent assez de lumière et de générosité pour produire tant de monuments de sagesse et de bienfaisance, une fois que la grâce de la rédemption sera venue briser ses liens et illuminer ses ténèbres, ne pourra pas présenter, pour un clergé indigène, autant de ressources qu'une nation européenne ?

On mesurera mieux toute l'originalité et la largeur de ces vues quand on les aura comparées à celles de Huc qui, lui, épousait le plus souvent les préjugés missionnaires et coloniaux de l'époque.

Gascon et lazariste

Fils d'officier, né à Caylus en 1813, Huc est merveilleusement gascon, et, semble-t-il, hanté parfois d'une secrète nostalgie du sabre paternel : on a souvent l'impression qu'un uniforme de zouave lui siérait mieux que la soutane. Passé directement de la serre chaude du petit séminaire de Toulouse à la congrégation des lazaristes à Paris, il a peut-être pris pour une vocation religieuse ce qui n'était qu'une exaltation d'adolescent. Ses supérieurs paraissent d'ailleurs s'être interrogés à ce propos : seul de sa promotion, il dut différer sa profession de foi de deux ans, car « il laissait à désirer sous certains respects ». Sans que sa sincérité soit le moins du monde en cause, il ne donne pas le sentiment d'un homme animé d'une spiritualité bien profonde : le tour mécanique et l'onction de commande des excursus édifiants qu'il s'impose ci et là contrastent curieusement avec le mordant et la pétulance des observations profanes. Cette singulière ventriloquie semble trahir la coexistence en lui de deux hommes différents : à côté du personnage ecclésiastique qu'il avait été amené à endosser depuis le petit séminaire, on voit s'affirmer une nature d'aventurier de haut vol qu'il a dû se découvrir progressivement au cours de ses voyages. Jeune missionnaire, il avait encore pu réconcilier les deux dans un rêve héroïque et romanesque de martyre : au moment de son arrivée en Chine, comme son confrère Perboyre venait d'être exécuté à Wuchang, il demanda à pouvoir revêtir les ornements sacerdotaux du défunt pour marquer sa résolution de suivre son exemple. Cinq ans plus tard, voyez le chemin parcouru par notre candidat au martyre : dans un uniforme de fantaisie dessiné par lui-même et pour lequel il s'était impudemment arrogé les couleurs réservées aux seuls membres de la famille impériale, il traverse la Chine à l'esbroufe, extorquant partout des passe-droits avec un triomphal toupet. La faconde du cadet de Gascogne l'emporte décidément sur l'humilité stoïque qu'on attendrait plutôt d'un disciple du Christ. Estimant qu'« avec les Chinois on doit se garder d'avoir un seul moment de faiblesse, il faut les tenir toujours avec une main de fer », il adopte à l'égard des autorités locales une politique d'insolence méthodique. Il n'est jamais plus heureux que lorsqu'il a réussi à brimer, confondre et ridiculiser un mandarin devant ses administrés ; il refuse de s'agenouiller devant un vice-roi comme le commande l'étiquette ; si d'aventure on lui sert un méchant repas, il rétablit aussitôt son prestige en commandant un festin de première classe aux frais du préfet local ; il s'improvise avec aplomb un train et une qualité de haut fonctionnaire ; il prend d'assaut, en bluffant, le palais d'un gouverneur de province ; il usurpe le siège d'un président de tribunal, mécanise ses assesseurs et réussit à détourner à son avantage tout le solennel appareil d'une cour de justice. Ce révérend père a du carambouilleur sous la peau ; le fait qu'elles atteignent des proportions épiques et qu'elles soient théoriquement dédiées à la plus grande gloire de Dieu n'empêche pas que certaines de ses initiatives ressemblent fort à des impostures ou à des escroqueries ; surtout, l'allégresse avec laquelle il les narre apparente moins son livre à la catégorie des lectures pieuses pour réfectoire de couvent qu'elle ne rappelle les aventures picaresques et le réjouissant culot d'un fripon de génie (c'est avec pertinence que Durt évoque à son propos la *Vita* de Benvenuto Cellini…).

Quand, à mi-chemin du voyage, les autorités chinoises commencent à les traiter, Gabet et lui, avec moins d'égards, il découvre après enquête qu'un saint missionnaire espagnol, qui les avait devancés sur la même route, leur a gâché le métier en se laissant docilement enchaîner et mener comme un mouton de Wuchang à Canton : « Ce bon père espagnol dont nous n'avions pas, il faut le confesser, la résignation et la patience avait laissé contracter aux habitants de Ou-tchang-fou [Wuchang] un ton et des allures dont nous étions les victimes », et le voilà qui reprend aussitôt les choses en main avec une époustouflante audace. Enfin, comme il arrive à l'endroit même où avait été mis à mort l'infortuné Perboyre dont, quelques années auparavant, il avait précisément rêvé d'imiter l'exemple, nous voyons sa turbulente vitalité bien mal s'accommoder maintenant de la docilité requise d'un aspirant au martyre : « Nous traversâmes la place où le vénérable Perboyre avait été étranglé ; nous allions à ce même tribunal où il avait été si cruellement torturé et où fut prononcée contre lui la sentence de mort. Rien ne pouvait nous faire espérer un sort semblable, une fin si glorieuse. Cependant, tous ces souvenirs de constance et de courage enivraient nos âmes et nous inspiraient une énergie incomparable non pas pour mourir, nous n'en étions pas dignes, mais pour vivre, car nous pensions en avoir le droit. »

Il a une aptitude à rebondir élastiquement, une façon de toujours retomber sur ses pattes, avec un brio jamais en défaut, une gouaille jamais à court d'haleine. Il préfigure en littérature le type héroïco-roublard du voyageur français intrépide, chevaleresque, jovial et cocardier ; avec ses inépuisables ressources de débrouillardise, de bravoure et de bonne humeur, il est le père spirituel de Passepartout [1].

Huc était arrivé en Chine en 1841, six ans après Gabet. Après le voyage au Tibet, tandis que Gabet rentrait directement en Europe, Huc séjourna à Macao jusqu'en 1849, puis voyagea encore en Chine du Nord, pour ne regagner définitivement la France qu'en 1852. Comme celle de son ancien supérieur et compagnon, son expérience chinoise dura donc une douzaine d'années.

Rentré en France, il semble que la célébrité et le succès mondain que lui valut son premier livre lui montèrent un peu à la tête. D'autre part, il est évident que, pour une personnalité aussi fougueuse, et qui venait de connaître les grands chemins d'Asie, les caravanes et les bivouacs sous les étoiles, renouer avec la routine et la discipline de la vie de couvent dut être malaisé. Huc écrivit au supérieur général de son ordre : « La vie communautaire est incompatible avec mon tempérament », et présenta sa démission qui fut acceptée en décembre 1853. Pelliot, qui semble avoir pu consulter à ce sujet les archives des lazaristes, ajoute : « La véritable raison qui l'amena à quitter la congrégation est toutefois d'une nature

1. Jules Verne a probablement dû lire Huc quand il avait vingt ans. Les lazaristes, en tout cas, avaient frappé son imagination. On se rappelle par exemple que, dans *Cinq Semaines en ballon*, l'héroïque missionnaire martyrisé par les anthropophages et sauvé par les aéronautes appartenait précisément à la congrégation du P. Huc.

plus délicate. Huc, tout comme Gabet, avait au cours de ses voyages pris certaines libertés avec ses vœux sacerdotaux, ni n'agit différemment dans la suite. » Cette note brille plus par la pudeur que par la clarté. Dans la suite, par deux fois, le ministère des Cultes proposa Huc pour l'épiscopat, mais chaque fois, continue Pelliot, « les autorités ecclésiastiques s'y opposèrent pour des raisons de conduite personnelle sans rapport avec la doctrine ».

Comme Gabet, il avait été précocement usé par ses voyages ; il mourut à l'âge de quarante-sept ans, en 1860.

Les missionnaires devant la Chine

Les chrétiens ont progressivement perdu de vue que l'entreprise missionnaire fut au départ un défi à la civilisation, une provocation lancée à contre-courant de la modernité. Saint Pierre débarquant à Rome pour y prêcher l'Évangile, prolétaire et métèque illettré, lancé à l'assaut de la métropole la plus sophistiquée de l'univers occidental, pourrait se comparer à un pauvre émigrant du Bangladesh qui entreprendrait aujourd'hui de convertir Londres à quelque culte exotique, ou à un chômeur portoricain qui ambitionnerait de faire la conquête spirituelle de New York. Au XVIe siècle encore, un François Xavier, par exemple, était toujours fidèle à cette sublime naïveté lorsqu'il abordait une Inde prospère, un Japon raffiné, en bohème illuminé, armé seulement d'une sainteté et d'une crasse à étonner les fakirs. Mais ensuite, avec l'ascension de l'Occident, les choses se gâtent et, quand la diffusion du christianisme se lie directement à l'expansion coloniale, la faillite des missions est temporairement scellée. Le nadir est atteint au XIXe siècle ; après la première expédition de Chine (1858), le baron Gros peut envoyer à Napoléon III ce télégramme typique : « La Chine s'ouvre enfin au christianisme, source réelle de toute civilisation, et au commerce et à l'industrie des nations occidentales » !…

Mais dans cette perspective-là, la cible idéale de l'activité missionnaire demeure encore les peuplades cannibales. Une population qui serait païenne et civilisée ne pourrait être qu'une contradiction dans les termes, un phénomène inconcevable et intolérable, puisque sa seule existence suffirait pour remettre en question le bien-fondé de cette prétention occidentale à coloniser au nom de l'Évangile.

Or, l'existence de la Chine posait précisément à l'Occident cet insupportable problème — un problème qui, en magnitude et en gravité, n'avait de comparable que celui posé à la Chine par l'Occident lui-même. Ces deux mondes étaient l'un à l'autre une même pierre d'achoppement, un pavé dans le jardin de dimension telle qu'il demeurait également impossible de le déloger, de l'ignorer ou de l'absorber ; chacun était un vivant déni de l'image que l'autre se faisait de soi, de ce concept d'une vocation universelle qui justifiait sa culture : si l'autre existe, je cesse d'être universel ; privé d'universalité, je cesse d'être. La menace qui porte sur l'identité, sur l'intégrité spirituelle d'une civilisation est plus angoissante que celle qui pèse seulement sur son expansion matérielle ou sur sa survie physique. Le Japon, même en état de défier militairement la puissance occidentale, n'inquiétait guère que des politiciens et des généraux : il n'a jamais troublé les théologiens ni les philosophes, car il proclamait lui-même sa marginalité, son excentricité insulaire. Au contraire, même inoffensive et désarmée, « la Chine obscurcit », comme disait déjà Pascal : elle jetait sa grande ombre en travers de la « mission civilisatrice » de l'Occident.

Entre Arthur Smith et Richard Wilhelm

Troupes de choc en extrême avant-garde de l'invasion occidentale, les missionnaires sont les tout premiers à confronter l'obstacle. Ils le négocient de diverses façons : à un bout du prisme, nous trouvons par exemple le révérend Arthur Smith et son fameux *Chinese Characteristics*, compilation de tous les vices chinois qui aboutit à la conclusion :

> Ce dont les Chinois sont dépourvus, ce ne sont pas les aptitudes intellectuelles [...] ce qui leur manque, c'est le Caractère et la Conscience. [...] La société chinoise ressemble à certains paysages de Chine : à distance, ils apparaissent beaux et plaisants, mais si l'on s'en approche, on y découvre invariablement des tas de choses sordides et répugnantes et l'atmosphère en est empuantie. [...] Il faut civiliser la Chine [...] mais cette réforme ne peut être menée sans une force de l'extérieur. [...] « Le bois pourri ne peut être sculpté », il doit être entièrement rejeté, et une nouvelle matière première doit être greffée sur l'ancienne. La Chine ne pourra jamais être réformée de l'intérieur. [...] Comment se fait-il qu'avec les exemples concrets de Hong Kong, Shanghai et des autres *treaty ports* devant leurs yeux, les Chinois n'introduisent pas d'« établissements modèles » dans les villes indigènes de Chine ? [...] Parce que, dans la présente condition de la Chine, l'adoption de tels modèles par des Chinois est une impossibilité morale absolue. Le caractère et la conscience britanniques ont mis plus d'un millier d'années pour arriver à leur présent état de développement. [...] Les forces qui ont développé le caractère et la conscience de la race anglo-saxonne sont aussi précisément définissables que certains faits historiques. [...] Ces forces sont venues avec le christianisme et ont grandi avec le christianisme. Ce n'est que dans la mesure où le christianisme s'enracine dans le cœur d'un peuple, que ces fruits se développent, et pas autrement. [...] Pour réformer la Chine, les ressorts du caractère doivent être atteints et purifiés, la conscience doit être mise activement à l'honneur. [...] Ce dont la Chine a besoin, c'est de droiture morale et pour atteindre ceci, il est absolument nécessaire qu'elle acquière une connaissance de Dieu, ainsi que de la relation entre l'homme et Dieu. [...] Les multiples besoins de la Chine se réduisent finalement à un seul besoin impératif : celui-ci ne sera satisfait de manière permanente et complète que par la seule civilisation chrétienne.

(Que le lecteur n'aille pas croire qu'on lui fait perdre son temps en l'occupant aussi longuement avec les élucubrations de ce forcené : en fait, fréquemment réédité au début de ce siècle, le livre de Smith a détenu pendant plusieurs décennies une autorité considérable. Non seulement il est éminemment représentatif de la mentalité de l'époque, mais il a même exercé une certaine influence en Chine même où, paradoxalement, ce sont les esprits progressistes qui l'ont pris au sérieux — Lu Xun le lisait avec intérêt ! C'est que, pour ces intellectuels révolutionnaires, la tâche la plus urgente et la plus fondamentale était de transformer le « caractère national » [*minzu xing*] des Chinois, en purgeant ceux-ci de leurs vices collectifs. Comme ils cherchaient à dresser l'acte d'accusation d'une société traditionnelle qu'ils tenaient pour totalement haïssable, scandaleuse et barbare, ils trouvaient précisément un supplément de munitions dans un sombre catalogue comme celui de Smith.)

A l'autre extrémité du prisme des attitudes missionnaires, on pourrait placer par exemple un homme comme Richard Wilhelm, dont la figure admirable est, hélas, bien esseulée. Ce missionnaire allemand — qui devint un des meilleurs sinologues de son temps —, parti pour convertir la Chine, se convertit à la Chine et entreprit, par ses travaux savants et ses traductions, de transmettre la sagesse chinoise en Occident. Le secret de son exceptionnelle intelligence de la culture chinoise tient tout entier dans le fameux propos qu'il exprima vers la fin de sa vie : « Ce m'est une consolation que, comme missionnaire, je n'aie converti aucun Chinois. »

Entre ces deux pôles, Huc penche bien sûr spontanément : du côté du redoutable Smith, mais non sans quelques intéressantes oscillations. Ce qui fait la valeur particulière de son témoignage, c'est, en définitive, son manque d'esprit de système ainsi qu'une foncière honnêteté intellectuelle ; il a peu de goût pour les abstractions ; c'est essentiellement un visuel, un intuitif ; il est doué d'un prodigieux sens du concret. Aussi, s'il épouse sans trop y réfléchir la plupart des préjugés de son temps et de son état, il n'hésite pas à les contredire aussitôt par de pénétrants traits d'observation, saisis sur le vif. Il abonde en contradictions qu'il ne cherche ni à cacher ni à résoudre ; cette sorte d'incohérence fait précisément toute la force convaincante et la vie de son récit. Finalement, s'il fallait résumer son attitude en deux mots, on pourrait la caractériser comme une sorte de sinophobie perplexe.

Terre de civilisation n'est pas terre de mission

Il n'est vraiment heureux et à son aise qu'avec des Mandchous, des Mongols et des Tibétains, lesquels assument de façon plus convaincante ce rôle de « sauvages » que le missionnaire colonial assigne nécessairement à ses interlocuteurs païens :

> Les braves Thibétains […] nos chers Thibétains […], parmi les voyageurs, il nous était facile de distinguer le vigoureux et énergique barbare thibétain du civilisé chinois à la face si blême et si rusée […], nous avons en général trouvé des sentiments plus nobles et plus élevés chez les Mantchous que chez les Chinois, toujours plus de générosité et moins de fourberie…

(Rencontrant par hasard un jeune Mongol au milieu d'un groupe d'officiers chinois :)

Nous ne savons si nous étions aveuglés par notre vieille prédilection pour les Mongols, mais il nous semblait que cet enfant du désert avait quelque chose de supérieur aux Chinois […] ; nous revîmes plusieurs fois ce jeune Mongol dont la société était pour nous des plus attrayantes, nous ne trouvâmes pas en lui ce mépris affecté des pays étrangers et surtout des hommes et des choses de l'Europe, mépris dont presque tous les Chinois aiment tant à faire parade. Il écoutait au contraire avec intérêt, avec une admiration franche et sincère, tout ce que nous lui racontions des nations occidentales.

Pour notre missionnaire, manifestement, le sauvage rassure, le civilisé inquiète : c'est que, dans son dénuement, le premier se montre plus facile à impressionner (*il écoutait avec intérêt, avec une admiration franche et sincère, tout ce que nous lui racontions des nations occidentales*) ; il est plein d'une humble reconnaissance pour qui veut bien se pencher sur lui avec sollicitude ; dépourvu de ressources propres qui permettraient de soutenir la comparaison avec l'éblouissante camelote du bonimenteur étranger, il est incapable de lui opposer cet exaspérant scepticisme, *ce mépris affecté des pays étrangers et surtout des hommes et des choses de l'Europe, mépris dont presque tous les Chinois aiment tant à faire parade.*

Si le missionnaire trouve donc chez ces braves barbares une réconfortante confirmation de sa propre supériorité, par contre le tranquille et souverain épanouissement d'un ordre chinois qui se passe fort bien de ses services lui est source de malaise.

Bizarreries et vices des Chinois

Devant cette « civilisation qui ressemble fort peu à celle de l'Europe mais qui cependant n'en est pas moins complète en son genre », avec son « immense population, ses vivres en abondance et d'une riche variété, ses campagnes magnifiques, ses habitations d'un luxe agréable quoique souvent bizarre », Huc ne sait trop sur quel pied danser. Une première réaction de défense devant ce phénomène choquant d'un monde qui, tout en nous ignorant, parvient à un aussi plénier épanouissement, est de l'évacuer en quelque sorte du champ de la raison ; il faut qu'il soit d'une bizarrerie telle qu'il se place en marge de la commune condition humaine ; l'expérience chinoise est si singulière et exceptionnelle qu'elle ne saurait vraiment nous concerner. Notez chez Huc la récurrence des expressions qui soulignent ce caractère de singularité et d'exception : « Les mœurs extraordinaires des Chinois […], ce singulier pays […], ces étonnants Chinois […], peuple très curieux et fort singulier […] » La médecine chinoise est « surtout remarquable par l'extrême bizarrerie de ses procédés ». La musique chinoise a « des symphonies d'une grande douceur mais en même temps extrêmement bizarres ». Devant un jardin chinois, il « ne [se] lasse pas d'admirer toutes les excentricités de la bizarre et féconde imagination des Chinois [...] » « L'écriture chinoise choque la vue par son étrangeté ». La langue chinoise est caractérisée par « son excentricité », et c'est d'ailleurs là, pense-t-il, que « l'on doit avant tout rechercher la cause de la bizarre existence de ce peuple ».

Cultivée à pareille échelle, l'excentricité tourne à l'irréalité : la Chine est une fiction, c'est l'empire du mensonge. Le thème du « Chinois menteur » est un autre cheval de bataille de la littérature missionnaire et coloniale du XIXe siècle. Huc l'enfourche à tout moment : « Ce discours était parfaitement chinois, c'est-à-dire un mensonge d'un bout à l'autre [...] ; nous savions bien que nous avions affaire à des Chinois, c'est-à-dire à des hommes dont on a toujours le droit de suspecter la sincérité [...]. Les Chinois ont si largement développé leur système de mensonge et de tromperie qu'il est fort difficile de les croire alors même qu'ils disent la vérité. »

Ce trait fondamental du « caractère chinois » se retrouve jusque dans les plus menus gestes et habitudes de la vie quotidienne, ainsi, par exemple, même dans ce goût que les Chinois ont pour les graines de pastèques : « Nous avons toujours pensé que la propension naturelle des Chinois pour tout ce qui est factice et trompeur leur avait inspiré ce goût effréné pour les grains de pastèques, car s'il existe dans l'univers un mets décevant, une nourriture fantastique, c'est incontestablement la graine de citrouille. »

Du mensonge permanent, multiforme et ubiquiste, on glisse tout naturellement à l'inhumanité : « Dans les larmes comme dans le langage des Chinois, le plus souvent tout est factice et trompeur. La sincérité et la cordialité sont deux sentiments qu'on trouve bien rarement chez les Chinois. » Les Chinois sont donc insensibles aux affections, aux émotions et aux sentiments les plus naturels et les plus fondamentaux de notre espèce ; observant qu'en Chine il n'existe pas de service postal organisé par l'État, Huc note par exemple : « Les Chinois ne souffrent nullement de pareil état de choses, étant complètement dépourvus d'affection, ils n'éprouvent aucun besoin de correspondre avec leurs parents et leurs amis. » Notons qu'ici ce délire de Huc est efficacement protégé et soutenu par son ignorance de la culture littéraire chinoise (il parlait couramment le chinois, mais n'était capable de déchiffrer que des textes élémentaires ; toutes les citations littéraires qu'il fait sont invariablement de seconde main) ; aussi, lancé sur ce thème, avec sa plume rapide et sa bouillante imagination, il improvise cet ahurissant développement que la connaissance la plus rudimentaire de la littérature chinoise aurait pu suffire pour démentir aussitôt : « Ils n'éprouvent aucun besoin de correspondre avec leurs parents et leurs amis. N'envisageant les choses de la vie que par leur côté positif et matériel, ils n'ont aucune idée des relations si douces de deux cœurs qui aiment à se rapprocher dans une correspondance intime et à se communiquer leurs joies et leurs souffrances. Ils ne connaissent pas ces émotions si vives dont on est subitement agité à la simple vue d'une écriture qu'on reconnaît, leur main n'a jamais tremblé en décachetant une lettre. » (! ! !)

Même les vertus des Chinois doivent tourner en leur défaveur ; ainsi la sérénité dont ils font preuve devant la mort devient une preuve supplémentaire de leur insensibilité : « Nous pensons que la mort si paisible des Chinois doit être attribuée à leur organisation molle et lymphatique, et ensuite à leur manque total d'affection et de sentiment religieux » ! Dans ces conditions, il est tout normal qu'il s'étonne de rencontrer chez un individu chinois la marque d'une banale humanité : « il y avait sur sa figure beaucoup de simplicité et de bonhomie, chose extrêmement rare dans les physionomies chinoises. »

La seule force qui motive ordinairement ces créatures apparemment privées d'âme, c'est un appétit de lucre et de rapine effréné et insatiable ; il parle ainsi d'un membre de son escorte qui était tolérable « pourvu qu'on le laissât faire un peu le Chinois, c'est-à-dire rapiner des sapèques à droite et à gauche ». Ou encore : « Le Chinois est tellement enfoncé dans les intérêts temporels, dans les choses qui tombent sous le sens, que sa vie tout entière n'est que le matérialisme en action. Le lucre est le seul but vers lequel il a le regard incessamment tourné. Une soif brûlante de réaliser des profits, grands ou petits, peu importe, absorbe toutes ses facultés, toute son énergie. Il ne poursuit avec ardeur que les richesses et les jouissances matérielles. »

Païens, donc dépravés

A la racine de cet état de choses réside évidemment le fait que les Chinois sont des païens, et donc la proie de toutes les dépravations. Ayant décrit des atrocités commises par des brigands, il commente : « Ces détails, quelque horribles qu'ils fussent, ne nous étonnaient pourtant pas : le long séjour que nous avions fait parmi les Chinois nous avait appris jusqu'à quel point l'instinct du mal pouvait se développer en eux [...]. Dans un pays comme la Chine, il n'existe pas de principe religieux dont l'influence soit capable de refouler les mauvais instincts [...]. Ces populations matérialistes vivent sans Dieu, sans religion, et par conséquent sans conscience [...]. Ce déplorable pays [...]. Ces malheureuses contrées [...]. Triste peuple que celui sur l'esprit duquel les vérités chrétiennes ne font que glisser [...] »

Le peu de succès que les missionnaires rencontraient dans leur apostolat était pour eux source de frustrations ; celles-ci à leur tour leur faisaient voir la Chine sous les couleurs sombres d'un lieu d'exil : « on se trouve aux extrémités du monde, sur une terre inhospitalière, en Chine enfin. » Ajoutez à cela que, par la force des choses, ils ne pouvaient voir de la société chinoise qu'un envers particulièrement rebutant : la nature même de leur activité d'une part leur barrait l'accès à tout ce que la vie chinoise pouvait présenter de meilleur et, d'autre part, elle les vouait à demeurer isolés au milieu d'une véritable lie de la population ; largement par leur propre faute (mais sans toujours bien s'en rendre compte), ils étaient perpétuellement circonvenus et manipulés par des chrétiens professionnels, parasites, aventuriers et escrocs ; la crapule et la racaille se collaient à eux comme de la limaille sur un aimant, faisant fuir les honnêtes gens, selon un mécanisme bien analysé par Richard Wilhelm qui savait de quoi il parlait, étant, lui-même, du métier, si je puis dire :

> Il est évident que, si un homme doué seulement d'un champ de vision limité débarque dans un pays comme la Chine et commence par mettre en question la totalité de sa culture, avec ses traditions plusieurs fois millénaires, stigmatisant tout l'ensemble comme l'œuvre du démon, même avec les meilleures intentions du monde, il ne trouvera aucun soutien parmi les couches supérieures des intellectuels. En conséquence les premiers individus qui venaient s'attacher à eux étaient des parias. Les missions offraient des avantages matériels — elles procuraient logement et éducation gratuits pour leurs élèves, et les parents recevaient fréquemment une indemnité lorsqu'ils envoyaient leurs enfants dans les institutions missionnaires. Avec de pareilles méthodes, on peut faire des prosélytes partout ! Les missionnaires achetaient des petites filles abandonnées par des parents dénaturés ; des établissements pour enfants trouvés étaient créés, où les filles étaient nourries, vêtues, éduquées puis mariées, et ces institutions furent bientôt utilisées par des parents pauvres, comme la meilleure façon de pourvoir aux besoins de leurs filles. Des instituteurs, souvent de qualité très douteuse, étaient engagés, même pour un salaire médiocre, comme prêcheurs et évangélistes. Ces instituteurs étaient souvent moins bien payés qu'un cuisinier ou qu'une gardienne de nourrissons. En plus, les missions, souvent avec les meilleures intentions, s'immisçaient dans les procès et litiges dans lesquels étaient impliqués leurs convertis qui réussissaient souvent à leur faire prendre pour une persécution antichrétienne ce qui n'était en fait qu'une entreprise de chantage de leur propre part. Le missionnaire, ignorant les faits, tirait parti de sa position d'étranger soutenu par la puissance des canonnières occidentales, pour amener les magistrats locaux à trancher en faveur de la partie chrétienne, quelquefois contre toute justice. Un pareil état de choses était bien fait pour attirer dans les missions les éléments les plus équivoques de la population [1].

Dans ces conditions, les expériences que pouvaient faire les missionnaires dans l'ordre des relations humaines étaient évidemment peu propres à leur donner une idée favorable des Chinois. Ils demeuraient en marge de la vie normale, non seulement ils n'avaient pratiquement aucun contact avec les milieux éduqués, mais leurs simples rapports avec la majorité décente étaient entièrement faussés. Dans le cas de Huc lui-même, sa seule connaissance de la langue parlée était évidemment insuffisante pour le faire accepter dans les cercles cultivés : pratiquement illettré, sourd à la musique, aveugle devant la peinture et la

1. R. Wilhelm, *The Soul of China*, Londres, 1928.

calligraphie [1], et se targuant avec cela d'apporter à la Chine une civilisation dont elle aurait été privée, il devait naturellement apparaître comme un hurluberlu, pittoresque peut-être, mais décidément infréquentable. (Quand on songe à la façon dont, jusqu'au XVIIe siècle, les jésuites avaient réussi à établir de féconds échanges avec l'élite intellectuelle de l'Empire, on mesure mieux la triste dégringolade du mouvement missionnaire.)

Ce n'est que tout à la fin de son séjour en Chine que Huc commence à entrevoir l'existence d'un monde qui lui était resté jusqu'alors invisible et fermé :

> Pendant que nous vivions dans nos missions, nous n'avions été le plus souvent en contact qu'avec les classes inférieures ; dans les campagnes, avec les paysans, et dans les villes, avec les artisans ; car en Chine, comme partout, c'est chez le peuple que le christianisme jette ses premières racines [2]. Nous fûmes heureux de trouver cette occasion de pouvoir faire connaissance avec l'aristocratie de cette curieuse nation. Les Chinois bien élevés sont réellement aimables et leur société n'est pas dépourvue de charmes. Leur politesse n'est pas fatigante et ennuyeuse comme on pourrait se l'imaginer ; elle a quelque chose d'exquis, de naturel même [...] la conversation est quelquefois très spirituelle [...]

L'observateur : préjugés et lucidité

Les citations qu'on a pu lire donnent une assez bonne idée des préjugés que Huc nourrissait au sujet de la Chine et des Chinois. Il ne faudrait cependant pas croire que son attitude se réduisait à ces seuls préjugés. Tout au contraire, dès qu'il se retrouve sur le terrain de l'observation directe, nous le voyons qui prend plaisir à invoquer ses expériences personnelles pour précisément réfuter ou remettre en question ces idées reçues. Il prend énergiquement le contre-pied de ceux qui veulent « apprécier les Chinois d'après les dessins des paravents et des éventails et ne voir en eux que des magots plus ou moins civilisés ». Renonçant à escamoter ou à simplifier ses propres contradictions, il réussit finalement, dans ses inconséquences même, à suggérer la complexité vivante d'une réalité qu'il sait admirablement *voir*, même s'il ne réussit pas toujours à la comprendre.

---

1. Il pouvait écrire par exemple, avec une naïve sincérité : « L'écriture chinoise au premier aspect est désagréable et choque la vue par son étrangeté » ; il ajoute bien qu'on s'y accoutume à la longue, et qu'on peut finir par la trouver « réellement belle et même gracieuse » — c'est son premier mouvement qui est révélateur.

2. Huc fait erreur : avec les jésuites, c'est précisément dans l'élite dirigeante, à la Cour même, que le christianisme avait jeté ses premières racines... En ce qui concerne l'établissement de l'Église parmi les « classes inférieures », il est dommage que Huc ne cherche pas à analyser le pourquoi du phénomène. Assurément, il eût été beau que, par fidélité au Christ, les missionnaires fussent allés d'abord vers les paysans et les ouvriers, et se fussent faits pauvres parmi les pauvres — mais le problème est précisément qu'ils se faisaient *riches* parmi les pauvres : s'ils s'adressaient aux misérables, c'est que ces derniers étaient plus susceptibles de se laisser acheter.

Pieds bandés et infanticide

Par exemple, il faut noter la façon dont il refuse résolument d'exploiter les deux thèmes favoris de la sinophobie militante : les pieds bandés et l'infanticide. La première question est allégrement expédiée : « Les Européens ont-ils bien le droit de censurer les Chinois avec tant d'amertume sur un point si délicat ? Que répondraient les femmes chinoises si l'on venait un jour leur dire que la beauté consiste non pas à avoir des pieds imperceptibles, mais une taille insaisissable, et qu'il vaut infiniment mieux avoir le corsage d'une guêpe que des pieds de chèvre ? » Sur le problème de l'infanticide dont il traite longuement, les étonnants méandres de son exposé attestent en fait la rigueur de son honnêteté intellectuelle : à plusieurs reprises, il n'hésite pas à faire état de données d'expérience personnelle qui viennent précisément infirmer ou amender ses propres préjugés théoriques. Il vaut la peine de retracer ici ce curieux développement en zigzag, car il est typique de son attitude, et illustre bien ce paradoxe de Huc qui réussit à combiner un esprit prévenu avec un regard candide ; sa relative incohérence fait précisément toute la valeur de son témoignage — en effet, la cohérence ne s'acquiert-elle pas le plus souvent au prix d'un éloignement du réel ?

Il commence par poser les données du problème :

> C'est le paupérisme qui, selon nous, est la source des monstruosités si fréquentes en Chine, et dont la charité inépuisable des chrétiens d'Europe, et surtout de la France, se préoccupe avec tant de zèle, nous voulons parler des infanticides. Ces dernières années il s'est élevé de vives discussions sur ce triste et lamentable sujet ; d'une part, on a voulu nier ces infanticides : il y avait en cela absurdité et niaiserie ; de l'autre, on a été trop loin, et c'est ce qui arrive ordinairement dans ces ardentes polémiques où l'on ne sait jamais s'arrêter à ce point calme et inaltérable où réside la vérité. De nombreux renseignements venus de Chine ont beaucoup servi à embrouiller la controverse ; car à notre avis on a trop généralisé les faits. Il faut donc essayer de rechercher ce qu'il y a de vrai et de faux dans cette monstrueuse barbarie que l'on reproche à la nation chinoise.

Il cite le rapport d'un évêque missionnaire, tissu d'atrocités dont la seule conclusion suffira pour indiquer la teneur et le ton : « Oh ! païens, vrais enfants du démon, qui s'enivrent de carnage à l'imitation de leur père ! Quand donc leurs cœurs seront-ils émus par la charité de Jésus-Christ ? »

Il s'empresse de relativiser la portée de ce rapport, qui pèche par généralisation abusive :

> Il est bien probable que ce sont là des faits exceptionnels et qui, par bonheur, ne se reproduisent pas fréquemment. Pour notre compte, durant notre séjour et nos voyages en Chine, nous n'avons jamais entendu parler de ces pratiques superstitieuses… On aime assez volontiers à mettre sur le compte de trois cents millions d'individus le fait d'un simple particulier, et à rendre l'Empire tout entier complice et solidaire de ce qui se passe dans une localité. De là, sans aucun

doute, le grand nombre de préjugés qui ont cours en Europe sur le compte de la nation chinoise.

Et pourtant : « Il est incontestable que les infanticides sont très nombreux en Chine. »

Cependant : « Faut-il en conclure que les Chinois sont barbares, féroces, sourds à la voix de la nature, et se jouent de la vie des enfants auxquels ils ont donné le jour ? Nous ne le pensons pas. »

Mais par ailleurs : « On trouve chez eux, comme partout, des hommes dégradés qui ne reculent devant aucun genre d'atrocités. On peut même dire que les Chinois ont en général une plus grande facilité pour s'abandonner à tous les vices et à commettre le crime. Et cela doit-il étonner ?… Quel motif serait capable d'arrêter des hommes qui n'ont aucune croyance religieuse, dont l'intérêt personnel est l'unique règle ? »

Malgré ça : « Après avoir considéré ce qui se passe chez les nations chrétiennes, on trouverait peut-être qu'il n'y a pas tant à se récrier sur les vices des peuples païens. »

La France, au fond, ne vaut pas mieux que la Chine. Avec pertinence, Huc cite une description de la façon dont on abandonnait les nourrissons à Paris à l'époque de saint Vincent de Paul.

Que croire de ces récits de missionnaires, dans lesquels : « On lit qu'on rencontre fréquemment le long des routes et des sentiers, sur les fleuves, les lacs et les canaux, des cadavres de petits enfants qui deviennent la pâture des animaux immondes ? »

En fait : « Pendant plus de dix ans nous avons parcouru l'Empire chinois dans presque toutes ses provinces, et nous devons déclarer, pour rendre hommage à la vérité, que nous n'avons jamais aperçu un seul cadavre d'enfant. »

Il ne va cependant pas jusqu'à mettre en doute la véracité des récits de ses confrères : « Toutefois, nous avons la certitude qu'on peut en rencontrer très souvent. »

Il fait état des édits gouvernementaux proscrivant l'infanticide, et des hospices pour enfants trouvés établis par l'administration : « Ces proclamations démontrent que les infanticides sont très nombreux en Chine, mais en même temps, ils sont une preuve que le gouvernement et l'opinion publique ne favorisent nullement de tels crimes. Les hospices pour enfants trouvés témoignent encore d'une certaine sollicitude de l'administration chinoise envers ces petites créatures. »

Mais cette sollicitude a pourtant des limites : « Nous savons bien que ces établissements ne sont pas d'une grande ressource et qu'ils ne peuvent remédier à l'intensité du mal ; les mandarins et les employés de ces hôpitaux étant beaucoup plus occupés d'en piller rapidement les revenus que de veiller au bon entretien des enfants. »

Pourtant, dans son souci d'organiser des institutions de bienfaisance, la Chine se montre supérieure à l'Occident préchrétien. Néanmoins, tout méritoire qu'il soit, son effort demeure d'une efficacité incertaine, car « pour retirer les hommes du vice et les amener à la pratique de la vertu, il faut autre chose que des motifs terrestres et des considérations philosophiques. Dans toutes les provinces de Chine, l'administration se préoccupe du sort des pauvres enfants abandonnés, et si leurs œuvres de bienfaisance, si belles et louables en elles-mêmes, se trouvent frappées de stérilité, c'est parce qu'il leur manque une idée religieuse, la foi pour les vivifier et les rendre fécondes. »

Donc, à paganisme égal, la Chine l'emporte sur l'Occident par sa morale naturelle. L'unique supériorité de l'Occident vient de ce qu'il détient la révélation chrétienne.

Pourquoi l'échec des missions

La Chine, hélas, se refuse à accepter cette révélation : « C'est une chose bien lamentable que cette obstination du peuple chinois à repousser dédaigneusement le trésor de la foi que l'Europe ne cesse de lui présenter avec tant de zèle, de dévouement et de persévérance. » Ce qui nous amène au problème missionnaire, question sur laquelle Huc nous fournit, comme par inadvertance, des données très révélatrices.

Comme Gabet, il commence par constater que l'effort apostolique a largement échoué : « On compte à peu près actuellement huit cent mille chrétiens dans tout l'Empire chinois ; qu'est-ce qu'un tel chiffre sur plus de trois cents millions d'habitants ? Le succès est bien peu consolant quand on réfléchit qu'il a fallu pour l'obtenir plusieurs siècles de prédication et les efforts incessants de nombreux missionnaires. Il est naturel qu'on se demande à quoi peut tenir cette désolante stérilité. »

La question est bien posée, mais il commence par répondre à côté : l'échec des missions s'expliquerait par *la pusillanimité des Chinois* qui n'osent braver les interdits que leur gouvernement oppose au christianisme. Mais pourquoi cette hostilité gouvernementale ? Huc nous en livre étourdiment la raison : tout en niant qu'il y ait collusion entre l'activité missionnaire et l'intervention impérialiste, avec son habituelle inconséquence (qui, nous l'avons vu, est une forme d'honnêteté), il nous donne aussitôt de nombreuses preuves de cette collusion : le gouvernement chinois,

> voyant le christianisme apporté en Chine et propagé par les Européens, s'est persuadé que c'était un moyen de se faire des partisans afin de pouvoir, à un temps donné, s'emparer de l'Empire avec plus de facilité. Plus les Européens montrent de zèle pour la conversion des Chinois et de sympathie pour les chrétiens, plus le gouvernement se confirme dans ses craintes, se pénètre de soupçons et de défiances. La soumission et l'attachement des néophytes pour les missionnaires viennent encore fortifier ses terreurs chimériques, parce que nous savons très bien, nous, que les missionnaires ne quittent pas leur patrie pour s'en aller au bout du monde user leur vie au renversement d'une dynastie

mantchoue… Les Chinois sont donc bien convaincus que, sous prétexte de religion, on machine un envahissement de l'Empire et un renversement de la dynastie ; du reste, il faut convenir qu'ils ont sous les yeux des faits peu propres à les tirer de cette persuasion… Que voient-ils autour d'eux ? Les Européens maîtres partout où ils ont pénétré, et les naturels soumis à une domination souvent très peu conforme aux lois de l'Évangile, de cette religion qu'on cherche tant à propager chez eux. Ainsi ils peuvent voir les Espagnols aux îles Philippines, les Hollandais à Java et à Sumatra, les Portugais à leur porte, et les Anglais partout. Il n'y a peut-être que les Français dont ils n'aperçoivent pas les possessions, et ils seraient assez malins pour se figurer que nous cherchons à nous installer quelque part.

En quoi ils auraient d'ailleurs vu juste, et Huc devait lui-même finalement jouer une part active dans ces entreprises dont il dénie ici l'existence…

Cette crainte du gouvernement chinois de voir les chrétiens se développer comme une sorte de « cinquième colonne » aux ordres de l'étranger était-elle donc tellement déplacée ? Ailleurs, Huc décrit lui-même avec une complaisance naïve la sorte de connivence que les missionnaires français avaient réussi à établir avec leurs ouailles ; dans cette complicité, on distingue mal ce qui revient à l'Église et ce qui revient à la France : « Il nous semblait, en nous entretenant avec ces chrétiens, que nous étions seulement à un pas de la France. Les mandarins étaient tout surpris de ces intimités spontanées et de ces relations qui semblaient dater de fort loin. Ils en paraissaient inquiets, préoccupés, et on voyait qu'ils étaient obligés de faire des efforts pour ne pas manifester ouvertement leur mauvaise humeur. »

Huc avait bien vu que, si les autorités chinoises cherchaient à entraver l'action des missionnaires, c'était non par intolérance religieuse, mais parce qu'elles les soupçonnaient d'être des agents des puissances occidentales. Cette observation aurait dû logiquement l'amener à souhaiter que le soutien apporté aux missions par les gouvernements européens fût rendu moins offensivement spectaculaire ; en fait, tout au contraire, nous le voyons réclamer à grands cris une politique d'intervention énergique, et déplorer que la France n'appuie pas directement les missionnaires de toutes ses ressources diplomatiques et militaires : « il eût fallu presser vivement le gouvernement chinois, le moment était favorable, on eût dû l'acculer, c'était chose facile, dans sa sauvage barbarie, et là, exiger impitoyablement de lui une réhabilitation de tous nos martyrs, à la face de tout l'Empire […]. De cette manière, la religion chrétienne eût été glorifiée à jamais dans tout l'Empire, les chrétiens relevés dans l'opinion publique, et la vie des missionnaires rendue inviolable. »

Une vraie « cinquième colonne »

D'ailleurs, la façon dont les missions en vinrent à poursuivre directement les intérêts politiques de la France ne demeura pas seulement source de crainte pour le gouvernement chinois. C'était si bien une réalité qu'elle finit même par inquiéter les impérialismes rivaux. A ce sujet, par exemple, ce rapport rédigé par un agent britannique à la fin du siècle passé est des plus révélateurs :

> D'après les informations recueillies par nos réseaux secrets à Canton et confirmées à moi-même par des missionnaires allemands, anglais et américains qui, eux-mêmes, n'en percevaient pas toutes les implications, je suis convaincu que les Français, agissant à travers leurs missionnaires dont ils protègent les convertis de façon à établir un *imperium in imperio*, ont préparé la voie pour avaler le Kuangtung [Guangdong] et Kuangsi [Guangxi] dès qu'il leur conviendra d'y provoquer une rébellion locale […]. Ainsi les griffes des Français s'étendent sur trois provinces (sans compter le Szechuen [Sichuan]) et Dieu sait quelle quantité d'arrière-pays ils vont encore revendiquer […][1].

En ce qui concerne Huc lui-même, sa pensée politique, déjà confuse et contradictoire, semble avoir évolué selon une courbe assez tristement typique, allant des généreux élans de la jeunesse aux ruminations et fulminations qui marquent parfois le crépuscule des hommes d'action lorsque, frustrés dans leurs ambitions, ils se trouvent confinés dans une retraite forcée, loin du champ de leurs anciens exploits. De plus, un peu à la façon des plongeurs qui descendent à de grandes profondeurs ou des astronautes qui regagnent l'atmosphère terrestre, ceux qui ont été exposés longuement à un autre milieu culturel rencontrent à leur retour un réel problème de « décompression » mentale, proportionnelle au degré de dépaysement auquel ils ont été soumis (ou au degré d'acculturation qu'ils avaient réussi à atteindre), et dont la pathologie resterait d'ailleurs à étudier[2]. Huc ne semble pas avoir réussi une rentrée harmonieuse, à en juger d'après le ton maniaque et frénétique de certaines de ses déclarations finales.

De l'idéal missionnaire à l'idéologie colonialiste

Au départ, Huc s'était montré imprégné de libéralisme ; il admirait Lamennais, la pensée de Fourier lui était familière. Comme Durt l'a bien souligné, dans les *Souvenirs* « il prend fait et cause pour le faible contre le fort, les Mongols et les Tibétains exploités par les Chinois, le peuple chinois plus libre qu'on ne pense, mais exploité par les mandarins. Traversant une région tibétaine en quasi-dissidence contre la Chine, il

1. Lettre de E. H. Fraser, consul britannique au Fujian, adressée à G. E. Morrison, correspondant du *Times* à Pékin (14 février 1898). Voir *The Correspondance of G. E. Morrison*, éditée par Lo Hui-min, Cambridge University Press, 1976, vol. I, p. 68-69.

2. S'il faut en croire le troublant témoignage de C. G. Jung qui était son ami, R. Wilhelm (dont il a été question plus haut) serait mort précisément, après son retour de Chine, du choc psychosomatique résultant de sa « reprise » spirituelle par un monde occidental qu'il avait réussi à dépouiller durant son long séjour en Extrême-Orient. (Sur ce fascinant problème, voir C. G. Jung, *Ma vie*, Paris, Gallimard, 1973, p. 430-435, et *In memory of Richard Wilhelm*, appendice à R. Wilhelm, *The Secret of the Golden Flower*, Londres, Routledge & Kegan Paul, 1972, p. 138-149.)

parle d'"*indépendance et dignité*", de "*haine légitime du joug étranger*" et compare le chef rebelle à Abd el-Kader qui, à l'époque, n'était pas encore en France en odeur de sainteté. Ses lecteurs ultramontains appréciaient-ils de voir présenter l'Évangile comme "*une charte divine où sont consignés les véritables droits de l'homme*", et son souhait de voir, en Mongolie, "*grandir l'arbre de la liberté à côté de la Croix*" ? »

Dans *L'Empire chinois*, Huc manifeste encore, en différents endroits, ce même esprit libéral. A plusieurs reprises, nous le voyons plaider avec vigueur pour les peuples de couleur, contre l'oppression impérialiste et coloniale qu'il stigmatise avec une vigueur vengeresse. Il cite avec approbation un long passage d'Abel Rémusat où ce dernier, fustigeant la barbarie avec laquelle les Occidentaux traitent les nations non européennes, dénonce le mythe de l'action civilisatrice de l'Occident, laquelle action n'est que le déguisement hypocrite d'une impitoyable exploitation et mise en esclavage des peuples colonisés. Et Huc de conclure : « On trouvera peut-être ces appréciations un peu sévères ; cependant, lorsqu'on a parcouru l'Asie et visité les colonies des Européens, on est forcé de convenir que la race conquise est presque partout traitée avec morgue, insolence et dureté par des hommes qui se piquent pourtant de civilisation et quelquefois même de christianisme. »

Dans cette dénonciation de l'impérialisme occidental, empruntée à Rémusat, Huc avait reproduit une citation de la Bible, utilisée de façon ironique, pour caractériser toute l'impudence de l'expansion européenne : « Que Dieu dilate les possessions de Japhet, et qu'il habite dans les tabernacles de Sem. » Trait singulier et significatif, cette même citation va refaire surface dans le troisième ouvrage de Huc avec une insistance obsessionnelle, et à des fins exactement opposées : le propos est pris maintenant à la lettre, et invoqué comme une caution personnelle apportée par Jéhovah aux expéditions coloniales du second Empire !

A la fin de sa vie, Huc, qui poussa activement Napoléon III à s'emparer du port de Tourane en Annam, n'a plus conservé de son ancien anticolonialisme qu'une anglophobie fanatique. Éloigné maintenant de cet univers chinois qu'il avait jadis exploré avec tant d'ardeur, observé avec tant de finesse et décrit avec tant de brio, on a l'impression qu'un mélange de sclérose et de frustration le condamne dorénavant à la répétition mécanique et stridente d'une inquiétante idée fixe. Il jette l'anathème sur un monde à la découverte duquel il avait donné le meilleur de sa jeunesse et de son énergie, mais qui maintenant se ferme à lui, pour lui échapper sans retour : « L'Europe après avoir longtemps reçu la lumière de l'Orient est destinée par la Providence à régénérer les Asiatiques dont la sève intellectuelle et morale paraît épuisée [...]. Il est hors de doute que les destinées de l'humanité sont désormais entre les mains de la race européenne [...]. Il est écrit dans la Genèse que Noé, prophétisant les destinées des races futures, dit à ses trois enfants : "Que

Dieu dilate les possessions de Japhet et qu'il habite dans les tabernacles de Sem."

« Tout ce que nous voyons nous autorise à penser que les enfants de Japhet ne tarderont pas à recueillir l'héritage qui leur a été légué, après le Déluge, par le testament de Noé. Cependant il ne faut pas se le dissimuler, il y aura une lutte acharnée ; ce ne sera pas sans se débattre énergiquement que la vieille Asie se laissera absorber par l'Europe. »

Les âmes délicates qu'effaroucheraient ces cliquetis de sabres peuvent se rassurer : « il y a une manière chrétienne de faire la guerre », et la France, paraît-il, en détient la recette ; déjà, au premier rang des puissances européennes, elle a su refouler en Crimée « les convoitises du Czar asiatique et, durant les péripéties de la guerre comme dans les conclusions de la paix, elle n'a pas permis qu'aucune autre nation prévalût sur elle ni en sagesse, ni en courage ». Mais sa vocation profonde l'appelle plus à l'Est : « Si la France veut conserver le rang qu'elle occupe dans le monde, elle doit examiner attentivement les symptômes de la crise asiatique, étudier ces populations lointaines, et rechercher la position qu'il lui conviendra de prendre lorsque le moment d'agir sera venu […]. La France n'a pas, comme l'Angleterre et la Russie, étendu sa domination jusque dans le voisinage de l'Empire chinois : devra-t-elle donc pour cela rester simple spectatrice de cette grande lutte qui changera probablement tout à fait la physionomie politique des peuples asiatiques ? Non, la France ne saurait consentir à un rôle de neutralité sans renier son passé, sans renoncer à son avenir […]. Sous la double protection du chef de l'Église et du nom français, le christianisme et la civilisation qui en découle pourront enfin régénérer les vieux peuples de l'Extrême-Orient. » Il pousse frénétiquement à l'intervention : il faut se hâter de profiter de ce que les Anglais sont occupés en Inde à mater la révolte des Cipayes : « On ne peut se dispenser d'agir en Chine ; les circonstances sont des plus favorables, l'Angleterre a ses préoccupations ailleurs […]. Nous espérons qu'on ne manquera pas une opportunité qui peut-être ne se reproduira jamais […]. Il serait beau et glorieux pour le règne de Napoléon III d'établir sur des bases solides l'influence française dans l'Indochine […]. Le génie de l'Europe domptera et absorbera l'Asie […]. Nous assistons aux préliminaires de la lutte qui va mettre aux prises l'Europe tout entière avec l'Asie tout entière, de cette grande lutte dont l'issue prédite par la sagesse éternelle ne saurait être douteuse. » « Que Dieu dilate Japhet, et qu'il habite dans les tabernacles de Sem »…

Ainsi, l'observateur si perspicace de la vie chinoise finit-il par dérailler lugubrement dans la plus aveugle des monomanies. On ne peut s'empêcher de penser, un siècle plus tard, à la trajectoire similaire d'un Claudel par exemple, qui, après avoir été fécondé par la révélation chinoise — le meilleur de sa création poétique découle d'une puissante intuition du génie baroque de la Chine —, devint étranger à sa propre expérience et finit par proférer des propos séniles sur une Asie-épouvantail dans laquelle il ne voyait plus que l'« empire du démon » ; on pense aussi, du côté chinois, aux grands découvreurs de l'univers neuf des idées occidentales : les Kang Youwei, Yan Fu, Liang Qichao…, qui, après avoir planté en Chine les semences intellectuelles de la révolution, se replièrent au soir de leur vie sur des positions conservatrices, parfois presque chauvines et xénophobes [1], terminant ainsi leur carrière en défenseurs de ce même monde traditionnel dont, quelques décennies plus tôt, ils avaient audacieusement fait éclater les horizons étroits… La confrontation et l'exploration des cultures étrangères dévoreraient-elles donc tant d'énergie que leur effort ne pourrait se soutenir toute une vie durant ? Toujours est-il que, sur ce front-là, les forces des pionniers s'usent vite, et ceux qui n'ont pas le bon esprit de s'effacer pour faire place à la relève ont tôt fait de devenir un obstacle pour ceux-là mêmes à qui ils ouvraient la route…

Huc, à l'époque où sa bouillonnante vitalité et son esprit d'aventure le poussaient sur les routes de l'Empire chinois, non seulement avait admiré les institutions de la Chine (« le mécanisme du gouvernement chinois mériterait d'être étudié avec soin et sans préjugé par les hommes politiques de l'Europe […] il y aurait encore, peut-être, beaucoup à admirer et à apprendre dans ces vieilles et curieuses institutions »…), mais il avait su voir ce qu'il y avait encore « de puissance et de vie dans cette nation, plus populeuse que l'Europe, et qui compte plus de trente siècles de civilisation » ; il avait su reconnaître que « cet Empire de trois cents millions d'habitants », avec toutes « les ressources de ses populations et du sol de ses riches et fécondes contrées », devrait un jour se montrer capable de « remuer le monde et d'exercer une grande influence dans les affaires de l'humanité [2] ». A la fin de sa vie, par contre, l'ex-missionnaire, maintenant hôte podagre et grognon de stations thermales où il s'efforce sans succès de restaurer une santé délabrée par les audacieuses équipées de sa jeunesse, ne parvient plus à retrouver la Chine dans son champ de vision. Il conclut donc : « L'orgueilleuse et

1. Voyez Yan Fu par exemple (qui avait été le génial introducteur, en Chine, de Thomas Huxley, John Stuart Mill, Herbert Spencer et Adam Smith) : « Il me semble que l'évolution des races occidentales durant ces trois derniers siècles les a seulement amenées à s'entretuer les unes les autres pour leur intérêt personnel et sans la moindre vergogne. Aujourd'hui, quand je considère à nouveau la voie de Confucius et de Mencius, elle me paraît suffisamment large pour embrasser tout l'univers et se montrer bénéfique pour le monde entier… »

2. Huc, admirateur de Napoléon III, pensait que ce qu'il manquait à la Chine pour réaliser son magnifique potentiel, c'était un chef de génie… Hélas, aujourd'hui les ex-sujets de Mao Zedong viennent précisément fournir un commentaire sardonique à cette réflexion que, seuls sans doute, MM. Peyrefitte et Sollers auraient pu prendre pour une profonde prophétie… Sur cette question de savoir si la Chine a ou non besoin de « grands hommes », on lira avec profit le manifeste de Wei Jingsheng, « La cinquième modernisation : la démocratie » (voir ci-dessous, p. 721-733).

absurde civilisation de ce vieil Empire chinois fatigue le monde depuis des siècles. Nous pensons que la Chine a fini son temps. »

Permanences chinoises ?

Mais la tristesse de ce naufrage (que nous avons essayé de remettre dans son contexte psychologique et historique) ne doit pas nous faire oublier l'œuvre prodigieuse accomplie auparavant par le voyageur et l'écrivain. Pour le lecteur d'aujourd'hui, le témoignage de Huc offre un intérêt exceptionnel : tour à tour document d'époque et prophétique miroir du présent, étalon des transformations et commentaire singulièrement actuel, *L'Empire chinois* nous amène constamment et irrésistiblement à nous interroger sur la nature de la présente République populaire : continuité ou rupture ? Permanence ou métamorphose ?

Voyons par exemple ses observations politiques.

Passion et indifférence

Huc note que « le goût fiévreux des changements politiques » est une des caractéristiques dominantes des Chinois. Mais en même temps, selon lui, cette passion sporadique s'accompagne et s'accommode paradoxalement d'un quiétisme fataliste. « Quoique les Chinois une fois lancés dans les révolutions s'abandonnent facilement à tous les excès de la haine, de la colère et de la vengeance, il est cependant vrai de dire qu'ils n'aiment pas à s'occuper de politique ni à s'intégrer dans les affaires du gouvernement [...]. En temps ordinaire, et lorsqu'ils ne sont pas sous l'impression de quelque grand mouvement révolutionnaire, les Chinois sont naturellement peu enclins à se mêler de leur gouvernement ; ils sont à cet égard d'une quiétude ravissante. » Ce dernier point est illustré par une anecdote : il raconte qu'à la mort de l'empereur Daoguang, comme il se trouvait dans une hôtellerie avec quelques bourgeois qui sirotaient leur thé, il avait exprimé ses inquiétudes et sa curiosité concernant le problème de la succession, mais sans réussir à susciter la moindre réaction chez ses compagnons : « Cette indifférence commençait à nous agacer, lorsque l'un de ces braves Chinois se leva, nous posa la main sur l'épaule d'une façon toute paternelle, et nous dit en souriant avec malice : “Écoute-moi, mon ami, pourquoi troubler ton cœur et fatiguer ta tête par de vaines préoccupations ? Écoute-moi, les mandarins sont chargés de s'occuper des affaires de l'État, ils sont payés pour cela, laissons-les donc gagner leur argent. N'allons pas, nous autres, nous tourmenter de ce qui les regarde, nous serions bien fous de faire de la politique gratis ! — Voilà qui est conforme à la raison”, ajoutèrent les autres ; et en même temps ils nous firent remarquer que le thé se refroidissait et que notre pipe était éteinte. »

La tradition du dazibao

D'autre part, avec une éloquence persuasive, il réfute le mythe du despotisme chinois. Il cite Abel Rémusat : « L'empereur de la Chine est le Fils du Ciel, et quand on approche de son trône on frappe neuf fois la terre du front ; mais il ne peut choisir un sous-préfet que sur une liste de candidats dressée par les lettrés, et, s'il négligeait, le jour d'une éclipse de jeûner et de reconnaître publiquement les fautes de son ministère, cent mille pamphlets autorisés par la loi viendraient lui tracer ses devoirs et le rappeler à l'observation des usages antiques. » Surtout, il s'appuie sur sa propre expérience pour souligner à de multiples reprises que « le pouvoir, en Chine, n'est pas despotique comme on est assez porté à le croire », et que « les Chinois n'ont pas l'habitude de se tenir toujours aussi courbés qu'on l'imagine sous la verge de leurs maîtres ». Les deux principales limitations apportées à l'arbitraire impérial sont constituées d'un côté par la force de l'opinion publique, et, de l'autre, par l'influence des fonctionnaires ; l'empereur délègue ses pouvoirs ; « cette puissance absolue, ainsi fractionnée, n'offre plus les mêmes dangers ; d'ailleurs les mœurs publiques sont toujours là pour arrêter les écarts de l'empereur qui n'oserait, sans exciter l'indignation générale, violer ouvertement les droits de ses sujets [...] le plus grand contrepoids à la puissance impériale existe dans la corporation des lettrés »... Les mandarins tiennent en échec le caprice du souverain, et le peuple fait appel, auprès du souverain, des abus mandarinaux : « Il arrive souvent que des manifestations populaires persévérantes et énergiques font justice de la mauvaise administration des mandarins et forcent le gouvernement à respecter l'opinion publique. On se trompe beaucoup en pensant que les Chinois vivent toujours parqués dans une enceinte de lois impitoyables et sous la verge d'un pouvoir tyrannique qui réglemente toutes leurs actions et dirige leurs mouvements. Cette monarchie absolue, mais tempérée par l'influence et la prépondérance des lettrés, donne au peuple une indépendance bien plus large qu'on ne saurait se l'imaginer. On trouve en Chine un grand nombre de libertés qu'on chercherait vainement dans certains pays qui ont pourtant la prétention d'avoir des Constitutions très libérales. » (Contrairement à ce qu'ont voulu faire croire certains commentateurs occidentaux, la tyrannie maoïste qui, faisant table rase des lettrés, de l'opinion publique, des institutions et des lois, exerça sa terreur sans frein ni contrepoids, loin de correspondre à une mythique constante du « despotisme chinois », marque une régression historique dont récemment les autorités communistes elles-mêmes essayèrent un moment de dénoncer les monstrueux excès...)

Le principal moyen d'expression des sentiments populaires est l'inscription murale ; elle peut réduire un préfet local, malgré toute l'autorité dont il est théoriquement investi, à l'état pitoyable de « tigre en papier » :

« Les Chinois, tout soumis qu'ils sont à l'autorité qui les gouverne, trouvent toujours moyen de manifester leur opinion et de faire parvenir le blâme ou l'éloge à leurs mandarins [...]. Une large et puissante voie ouverte à l'opinion publique, c'est l'affiche, et on en use partout avec une habileté qui témoigne d'une longue habitude. Quand on veut critiquer une administration, rappeler un mandarin à l'ordre et lui faire savoir que le peuple est mécontent de lui, l'affiche chinoise est vive, railleuse, incisive, acerbe et pleine de spirituelles saillies [...]. Elle est placardée dans toutes les rues et surtout aux portes du tribunal où réside le mandarin qu'on veut livrer aux malédictions et aux sarcasmes du public. On se rassemble autour de ces affiches, on les lit à haute voix et sur un ton déclamatoire pendant que mille commentaires plus satiriques, plus impitoyables que le texte, se produisent de toute part au milieu des éclats de rire. » Et Huc décrit comment la population d'une ville réussit à chasser un préfet qui lui avait été imposé contre son gré. Les dazibaos réussirent tout un temps à remplir un peu le même rôle en Chine populaire. Bien que leur affichage soit théoriquement garanti par la Constitution (pour combien de temps encore ?), de lourdes peines de prison (voyez par exemple les cas de Li Zhengtian, Wei Jingsheng, etc.) et quelquefois la peine de mort (He Chunshu) ont récemment frappé leurs auteurs. Le « mur de la Démocratie » à Pékin et dans les villes de province n'est plus qu'un simulacre vide de sens dont l'existence formelle commence elle-même à être remise en question ; et, dans un discours de janvier 1980, Deng Xiaoping a proposé de supprimer la garantie constitutionnelle des dazibaos [1].

Le mythe du despotisme

Il s'étend sur les libertés dont jouissaient les sujets de l'Empire (sa description pourrait cruellement remplir de nostalgie les citoyens de la République populaire...) :

On a écrit et l'on croit assez communément en Europe que les Chinois sont tenus d'exercer la profession paternelle, que la loi fixe à chacun le métier qu'il doit faire, que personne ne peut abandonner sa résidence pour aller se fixer ailleurs sans l'autorisation des mandarins, qu'on est enfin assujetti à une foule de servitudes qui révoltent des libres citoyens de l'Occident. Nous ne savons pas ce qui a pu donner lieu à de pareils préjugés... Pour ce qui est des voyages et de la circulation des citoyens, il n'existe peut-être nulle part autant de liberté et d'indépendance ; on peut aller et venir tant qu'on veut dans les dix-huit provinces, se fixer où on le juge convenable, et de la manière qu'on l'entend, sans avoir rien à démêler avec les mandarins. Tout le monde a le droit de se promener librement d'un bout de l'Empire à l'autre, personne ne s'occupe des voyageurs qui sont

1. Écrit en 1980. Dazibaos et « murs de la Démocratie » sont maintenant hors-la-loi. Entre-temps, la liste des martyrs les plus célèbres, emprisonnés pour leurs opinions, s'est tragiquement allongée et occuperait des pages entières.

bien assurés de ne rencontrer nulle part des gendarmes pour leur demander leur passeport… La faculté de pouvoir circuler librement et sans entraves dans toutes les provinces est un besoin en quelque sorte indispensable pour ces populations continuellement lancées dans les opérations du grand et du petit négoce. On conçoit que la moindre gêne apportée à leurs voyages ralentirait cet essor commercial qui est en quelque sorte la vie et l'âme de ce vaste Empire… Il y a bien une loi qui enjoint aux Chinois de rester dans les limites de l'Empire et qui leur défend de franchir les frontières pour aller vagabonder chez les peuples étrangers y puiser de mauvais exemples et perdre le fruit de leur bonne éducation ; mais les nombreuses migrations de Chinois qui vont peupler les colonies des Espagnols, des Anglais et des Hollandais, leur affluence en Californie, tout prouve que le gouvernement ne veille pas avec beaucoup de sévérité à l'exécution de cette loi. Elle est inscrite au *Bulletin* comme beaucoup d'autres dont on ne tient pas plus de compte.

Et il continue, détaillant les diverses libertés qui formaient le tissu même de la vie politique, économique, sociale et culturelle du vieil Empire — libertés qui survécurent sous la première République, jusqu'à ce que la « Libération » de 1949 vienne y mettre bon ordre : liberté de presse, activité des « clubs » politiques autour des conteurs publics dont l'influence était énorme, et qui échappaient entièrement au contrôle gouvernemental, enfin et surtout, pouvoir immense des innombrables associations privées — familiales, claniques, villageoises — organisées à des fins d'entraide, de bienfaisance, de défense, de commerce… dans lesquelles s'exprimaient la spontanéité et l'initiative populaires et qui constituaient la meilleure protection des individus contre l'arbitraire administratif et étatique.

Le mythe de l'analphabétisme

Un autre article de la mythologie maoïste veut que la Chine « féodale » ait été plongée dans les ténèbres de l'analphabétisme et qu'il ait fallu attendre l'avènement du régime communiste pour voir se répandre une éducation élémentaire. Sur ce point particulier, mais d'importance considérable, les observations faites par Huc un siècle avant la « Libération » apportent une nourriture pour la réflexion :

La Chine est assurément le pays du monde où l'instruction primaire est la plus répandue. Il n'est pas de petit village, de réunion de quelques fermes, où l'on ne rencontre un instituteur. Il réside le plus souvent dans la pagode. Pour son entretien, il a ordinairement les revenus d'une fondation fixe, ou une espèce de dîme que les agriculteurs s'engagent à lui payer après la récolte […]. A quelques exceptions près, tous les Chinois savent lire et écrire, du moins suffisamment pour les besoins de la vie ordinaire. Ainsi les ouvriers, les paysans mêmes, sont capables de tenir note de leurs affaires journalières sur un petit calepin, de faire eux-mêmes leur correspondance, de lire l'almanach, les avis et proclamations des mandarins, et souvent les productions de la littérature courante. L'instruction primaire pénètre même jusque dans ces demeures flottantes qui recouvrent par milliers les fleuves, les lacs et les canaux du Céleste

Empire[1]. On est sûr de trouver toujours dans ces petites barques une écritoire, des pinceaux, une tablette à calcul, un annuaire et quelques brochures que ces pauvres mariniers s'amusent à déchiffrer dans leurs moments de loisir […]. D'ailleurs les Chinois trouvent partout à lire […]. La Chine est comme une immense bibliothèque […]. Qu'on entre dans la plus pauvre maison du plus chétif village ; souvent le dénuement y sera complet, des choses les plus nécessaires à la vie y manqueront ; mais on est toujours sûr d'y trouver quelques belles maximes écrites sur des bandes de papier rouge […].

Et il ajoute des observations pénétrantes sur le prestige sacré de la chose écrite en Chine.

Mythe de l'unité, mythe de l'immobilité

Huc formule également quelques généralités qui ont gardé toute leur pertinence sur le fait que la Chine est diverse dans l'espace et diverse dans le temps ; il faut se garder de croire à sa *prétendue unité* et à sa *prétendue immobilité*. La permanence chinoise est, en fait, un principe de métamorphose, et son unité, une façon d'incarner le divers. « On pourrait facilement remarquer, entre les dix-huit provinces, autant de différences qu'il existe parmi les divers États de l'Europe ; un Chinois qui passe de l'une à l'autre se trouve, pour ainsi dire, en pays étranger, et transporté au milieu d'une population où il ne reconnaît plus ses habitudes, et où tout le monde est frappé du caractère spécial de sa physionomie, de son langage et de ses manières. » Les généralités sont donc particulièrement dangereuses, et il tourne plaisamment en bourrique les Occidentaux qui donnent dans ce panneau-là ; il imagine, par manière de fable, un Chinois qui, ne parlant que sa propre langue, débarquerait en Europe, où il ne visiterait que Le Havre, entièrement à la merci d'un portefaix qui saurait quelques mots de chinois, pour finalement écrire, sous la dictée de son portefaix et de sa propre imagination, son *Voyage en Europe*…

Cuisine, batelage et pompes funèbres

Sur le caractère des Chinois, il abonde en notations pétulantes, mais souvent amusantes et justes, même si elles demeurent parfois à l'épiderme du sujet :

Tous les Chinois sont essentiellement cuisiniers et comédiens […]. Tous les habitants du Céleste Empire sans exception ont une aptitude remarquable pour les préparations culinaires. Si l'on a besoin d'un cuisinier, c'est la chose la plus facile du monde à se procurer ; on n'a qu'à prendre le premier Chinois venu, et après quelques jours d'exercice, il s'acquitte merveilleusement bien de ses fonctions […]. Nous avons dit plus haut qu'ils étaient une nation de cuisiniers,

1. En contraste avec ces observations, les aveux qu'ont faits les autorités communistes sur l'échec de leur système d'éducation primaire à la campagne apparaissent d'autant plus frappants. *Le Quotidien du peuple* (14-12-1979) confesse en effet que, trente ans après la « Libération » maoïste, environ 30 % de la jeunesse paysanne chinoise se retrouve illettrée ; de plus, 130 millions de diplômés des écoles primaires rurales sont en fait dépourvus de toutes connaissances intellectuelles…

nous serions tenté d'affirmer aussi que c'est un peuple de comédiens ; quand on a vécu quelque temps parmi eux, on est forcé de se demander comment on a pu se persuader en Europe que la Chine était comme une vaste académie remplie de sages et de philosophes ; leur gravité et leur sagesse, à part quelques circonstances officielles, ne se trouvent guère que dans les livres classiques. Le Céleste Empire ressemble bien mieux à une immense foire où parmi un flux, et un reflux perpétuels de vendeurs, de brocanteurs, de flâneurs et de voleurs, on rencontre de tous côtés des tréteaux et des saltimbanques, des farceurs et des comédiens travaillant sans interruption à amuser le public.

Il est aussi justement frappé par la courtoisie chinoise. « En écartant toute exagération, il est certain que, chez les Chinois, l'urbanité est un signe distinctif du caractère national. Le goût des convenances et de la politesse remonte parmi eux à la plus haute antiquité [...]. Les gens même de la campagne, les paysans se traitent ordinairement entre eux avec des égards et des prévenances qu'on ne rencontre pas toujours en Europe parmi les classes laborieuses. »

La passion du jeu est un autre trait qu'il relève encore — et qui mériterait d'ailleurs une étude plus fouillée car, en profondeur, il est symptomatique d'une certaine vision du monde.

A côté de cela, il y a encore une myriade de détails, sans grande importance en eux-mêmes, mais qui conservent aujourd'hui encore une piquante actualité ; cela va des notations sur la façon de boire le thé aux conventions qui règlent la conversation des visiteurs (« La conversation doit toujours commencer par des choses indifférentes, ou même insignifiantes [...] communément les Chinois sont deux heures à dire des riens, et vers la fin de la visite, ils exposent en trois mots l'affaire qui les amène ») en passant par l'usage de servir des serviettes bouillantes [1]... Quelquefois, il ne se contente pas de noter un trait, il s'abandonne à sa verve, sa plume court, son imagination s'emballe et s'enflamme ; on a déjà vu plus haut comment, à propos des graines de pastèques dont les Chinois sont si friands, il découvrait dans « ce goût effréné » pour « un mets décevant, une nourriture fantastique », le signe d'« une propension pour tout ce qui est factice et trompeur ». Sur le thème de la place réservée aux cercueils, dans la vie de tous les jours, partant encore une fois d'une observation exacte, il se livre à des variations exubérantes qui ne manquent pas de saveur :

1. Ces trois points d'ailleurs — on ne peut s'empêcher de le relever ! — devaient, un bon siècle plus tard, également frapper un illustre paysan du Danube en visite à Pékin : dans ses *Mémoires*, Khrouchtchev s'étend sur les coutumes exotiques auxquelles lui et Boulganine durent alors faire face ; il se plaint que les innombrables tasses de thé finirent par constituer une intolérable épreuve pour sa vessie, mais « les serviettes bouillantes étaient malgré tout rafraîchissantes, je dois le reconnaître ». Huc, avant lui, avait fait la même découverte : « Lorsque nous allions visiter nos chrétiens et qu'on nous présentait, à notre arrivée, un linge bien tordu d'où s'échappait une vapeur brûlante, nous étions assez portés à nous dispenser de la cérémonie. Plus tard, nous avons fini par aimer cet usage. »

[…] à leurs yeux, un cercueil est tout bonnement une chose de première nécessité quand on est mort, et pendant la vie, un article de luxe et de fantaisie. Il faut voir comme, dans les grandes villes, on les étale avec élégance et coquetterie dans de magnifiques magasins, avec quel soin on les peint, on les vernit, on les frotte, on les fait reluire pour agacer les passants et leur donner la fantaisie d'en acheter un. Les gens aisés et qui ont du superflu pour leurs menus plaisirs ne manquent pas en effet de se pourvoir à l'avance d'une bière selon leur goût et qui leur aille bien […]. Dans la campagne, on ne trouve pas toujours de cercueils tout préparés, et puis les paysans n'ont pas les habitudes du luxe comme les habitants des villes ; on y va plus simplement. On appelle le menuisier de la localité qui prend mesure du malade en ayant bien soin de lui faire observer que l'ouvrage doit être toujours un peu avantageux, parce que, quand on est mort, on s'étire. Aussitôt qu'on est bien convenu de la longueur et de la largeur, et surtout de ce que coûtera la façon, on fait apporter du bois, et les scieurs de long se mettent à travailler dans la cour, tout à côté de la chambre du moribond ; s'il n'est pas toujours à portée de les voir à l'œuvre, il peut du moins entendre le grincement sourd et mélancolique de la scie qui lui découpe des planches, pendant que la mort, elle aussi, est occupée à le séparer de la vie…

A tout instant, on a l'amusement de tomber sur des détails demeurés curieusement actuels — qu'il s'agisse par exemple d'une observation sur Macao qui faisait déjà alors figure de ville-fantôme à côté du dynamisme de Hong Kong, ou sur l'usage, pour les médecins, « d'être en même temps apothicaires et de vendre à leurs malades les remèdes qu'ils leur prescrivent… », ou sur la merveilleuse faculté qu'ont les participants aux enterrements de pleurer sur commande, ou encore sur l'absence de discrétion en ce qui concerne le courrier d'autrui : « Aussi le premier venu s'empare-t-il d'une lettre qui arrive, la décachette et la lit, sauf à faire part ensuite de ce qu'elle contient à celui à qui elle est adressée ; cela ne souffre pas la moindre difficulté. Lorsque quelqu'un écrit, pour peu qu'on soit curieux, on n'a qu'à se pencher par-dessus ses épaules et lire, sans se gêner, les caractères qu'il trace ; on n'y met pas plus de façons. » Mais à quoi bon multiplier ici ces exemples ? Laissons au lecteur le plaisir de découvrir lui-même ces mille petites touches au fil du livre.

*

Huc, nous l'avons signalé, n'avait qu'une connaissance rudimentaire du chinois écrit, et il n'est donc pas un guide sûr pour la Chine classique, mais il demeure un merveilleux compagnon de route dans la Chine vivante. Un explorateur russe qui, cherchant à gagner Lhassa, n'avait pas réussi à rééditer l'exploit des deux lazaristes, essaya jadis, par dépit, de jeter le discrédit sur leur expédition, et mit en doute la véracité du récit de Huc. Depuis, justice a été amplement rendue à ce dernier, grâce au témoignage d'autres voyageurs qui retracèrent l'itinéraire des missionnaires, ainsi qu'à l'analyse savante des spécialistes ; plus récemment, un examen des archives impériales chinoises a encore livré des documents relatifs à leur expulsion du Tibet. Il n'est donc plus besoin de revenir sur cette question, qui a cessé d'en être une, mais il faut remarquer toutefois que Huc n'est pas seulement un voyageur, c'est aussi un écrivain — c'est-à-dire, au sens plénier de l'expression, un homme qui *invente* la vérité ; il adapte, affabule, met en scène ; il préfère le discours direct ; il transporte à la première personne des informations de seconde main, il habille des notions abstraites en expériences concrètes ; au lieu de développer un exposé théorique, il préfère toujours camper une anecdote ou inventer un sketch, il a le sens de la couleur, de l'image et du dialogue, il se défie des abstractions. Si Huc fait parfois violence à la vérité formelle des avoués et des notaires, c'est pour mieux injecter la vie à son tableau — un peu dans le sens où Alexandre Dumas (à qui l'allégresse de son style fait d'ailleurs souvent penser) disait que l'on peut violer l'Histoire à condition de lui faire un enfant.

Un dernier point enfin — qui présente peut-être une pertinence particulière pour les lecteurs d'aujourd'hui. La Chine que décrit Huc revêtait encore certaines apparences d'un ordre puissant et majestueux, mais elle était au bord de la crise. Quelques années encore, et l'insurrection des Taiping allait la ravager, manquant presque renverser la dynastie mandchoue, cependant que l'agression étrangère, livrant le pays au pillage, devait déclencher une effroyable série de bouleversements, de convulsions, de guerres civiles et de révolutions, dont il n'est pas encore vraiment sorti aujourd'hui.

Huc remarque clairement les lézardes qui apparaissent déjà dans la façade de l'Empire ; il perçoit les sentiments antimandchous de la population (« cette idée que la dynastie mantchoue a fini son temps et qu'une autre doit lui succéder, était déjà à cette époque [1846] très répandue parmi les Chinois et, durant notre voyage, nous l'avons entendu formuler plus d'une fois [1] » ; et il décrit d'ailleurs une émeute antimandchoue dans une ville du Hubei, à l'issue d'une fête) ; il note l'épuisement de la dynastie (« depuis l'avènement de la dynastie tartare-mantchoue tout languit et tout meurt dans l'Empire, on ne voit plus comme autrefois ces grandes entreprises, ces travaux gigantesques, indices d'une vie forte et puissante chez la nation qui les exécute »), la décadence et la corruption du système mandarinal (« aujourd'hui, ce magnifique système d'administration n'est plus qu'une vaine théorie, et à part quelques rares exceptions, on ne le retrouve plus que dans les livres ; les mandarins ne sont guère qu'une formidable et imposante association de petits tyrans et de grands voleurs, fortement organisée pour écraser et piller le peuple »). Sa conclusion est sombre : « Les Chinois sont aujourd'hui à une de ces

1. Cette dynastie mandchoue, dont on pouvait déjà pressentir la chute en 1846, se maintint vaille que vaille jusqu'en… 1911 ! La prédiction était correcte, mais il faut tenir compte du rythme propre de l'histoire de Chine.

périodes où le mal l'emporte de beaucoup sur le bien. La moralité, les arts, l'industrie, tout va déclinant chez eux, et le malaise et la misère ont fait de rapides progrès. » L'appauvrissement croissant de cette nation qui, jusqu'au siècle précédent, avait été la plus puissante et la plus prospère de notre planète, le frappe, ainsi que le problème connexe, posé par l'effrayant accroissement de sa population : « Nous pensons qu'on ne peut pas rejeter le chiffre total de 361 millions, malgré son énormité [...] on se demande, l'âme accablée de tristesse, quel sera l'avenir de cette immense agglomération d'habitants que la terre ne peut plus contenir. » En même temps, il est parfaitement conscient (nous l'avons déjà relevé plus haut) que la Chine, « avec tout ce qu'il y a de puissance et de vie dans cette nation plus populeuse que l'Europe et qui compte plus de trente siècles de civilisation », présente un magnifique potentiel pour « remuer le monde et exercer une plus grande influence dans les affaires de l'humanité ».

Aujourd'hui, plus intimement liés avec ce peuple, mieux informés de sa culture, la richesse de son potentiel nous apparaît avec encore plus d'évidence. Mais en même temps, hélas, dans une Chine mal réveillée du cauchemar maoïste, émergeant à tâtons de ce que ses présents dirigeants appellent eux-mêmes une « décennie de terreur fasciste », ce double étau de la misère et de la surpopulation — s'il faut en croire les récents cris d'alarme lancés par les infortunés successeurs de Mao — s'est encore resserré au-delà de tout ce que pouvait envisager le P. Huc dans ses prémonitions les plus angoissées.

BIBLIOGRAPHIE

Les deux meilleures études sur le P. Huc sont dues à Paul Pelliot :

« Le voyage de MM. Gabet et Huc à Lhasa » (compte rendu bibliographique de la réédition de 1924 de *Souvenirs d'un voyage dans la Tartarie et le Thibet*), *T'oung Pao*, XXIV, 1926, p. 133-178, et l'introduction qu'il donna à la traduction anglaise du même ouvrage (*Travels in Tartary, Thibet and China*, traduction Hazlitt, 1928).

L'introduction anglaise comporte un complément d'information qu'on ne trouve pas dans le premier article ; dans l'intervalle qui sépare la rédaction de ces deux textes, Pelliot semble avoir eu accès aux archives des lazaristes.

Les calomnies du général russe Prjevalsky (qui avait mis en doute la réalité de l'exploit des deux lazaristes) furent efficacement réfutées par le prince Henri-Philippe d'Orléans : *Le Père Huc et ses critiques*, Paris, Calmann-Lévy, 1893. Quant aux attaques ultérieures de Jean Bouchot (« Les plagiats du Père Huc », *Revue indochinoise*, novembre-décembre 1924, p. 341-363), elles sont parfaitement oiseuses, ne visant pas les voyages de Huc, mais bien son dernier ouvrage qui est effectivement une compilation, voire un démarquage, de divers écrits plus anciens sur la Chine.

L'épisode de l'expulsion des deux lazaristes de Lhassa a été bien étudié par Henri Cordier, « L'expulsion de MM. Huc et Gabet du Tibet » (*Bulletin de géographie historique et descriptive*, 1909 ; réimprimé dans *Mélanges d'histoire et de géographie orientales*, I, p. 281-295) et, plus récemment encore, par Schuyler Camman, « New Light on Huc and Gabet : Their Expulsion from Lhasa in 1846 » (*Far Eastern Quarterly*, I, 1942, p. 348-363).

J'ai trouvé une précieuse source d'information et d'inspiration dans le manuscrit (malheureusement non publié !) d'une causerie aussi savante que savoureuse donnée en 1974 par Hubert Durt à l'Institut franco-japonais de Kyôto, sur *Le Voyage en Orient dans la littérature romantique*.

Sur les relations de Huc et de Gabet avec la congrégation des lazaristes (aboutissant au départ de l'un et à l'expulsion de l'autre), les archives des lazaristes à Paris doivent contenir la clef de l'énigme : travaillant loin de France, je n'ai pas eu la possibilité de les consulter, mais j'espère que quelque chercheur aura un jour la curiosité d'éclaircir cette affaire.

Sur la vaste et fascinante question de l'attitude et des réactions psychologiques des Occidentaux devant la Chine depuis le XIXe siècle, on trouvera une première introduction commode, brève et cruellement spirituelle dans Lo Hui-min : *The Tradition and Prototypes of the China Watcher*, Australian National University, Canberra, 1978.

LE FEU SOUS LA GLACE : LU XUN

> Il n'y a rien de plus dangereux pour les nations comme pour les individus que les vessies qui se regardent comme des lanternes et que des lanternes qui tiennent absolument à se faire prendre pour des messies ! De même qu'à tous les surhommes il faut préférer ce spectacle rare entre tous : un homme juste, et juste un homme.
>
> Paul Claudel.

Lu Xun, qui récusa toujours avec véhémence le rôle de messie dont ses admirateurs naïfs ou roublards cherchaient à l'affubler, apparaît dès qu'on se donne la peine de le lire (ce que ses dévots professionnels se gardent généralement de faire) comme un esprit d'une déconcertante ambiguïté. Avec ses hésitations, ses contradictions, ses doutes et ses paradoxes, il lui est souvent arrivé de troubler ses partisans, plus encore que ses adversaires ; et aussi parlait-il d'expérience lorsqu'il remarqua : « Quand les Chinois rencontrent quelqu'un dont ils augurent qu'il va leur causer des ennuis, ils ont toujours recours à deux méthodes : ils l'étouffent ou bien ils le hissent sur un piédestal. »

La vérité d'un grand écrivain ou, plus simplement, la dignité d'un homme libre s'accommodent mal des éloges académiques et, plus mal encore de l'encens offert par les commissaires du département de la Propagande. « Quand un grand homme s'est pétrifié et que tout le monde commence à proclamer sa grandeur, il n'est plus qu'une marionnette », avait déjà observé Lu Xun. On ne peut pas dire que les communistes aient ignoré ce propos, au contraire ils ne l'ont que trop bien compris : l'homme les a toujours gênés, c'était précisément d'une marionnette qu'ils avaient besoin. Mais ce n'est pas ici l'endroit de décrire les raisons d'opportunité tactique qui ont initialement amené le régime maoïste à faire de Lu Xun le saint patron de sa littérature ni les étranges vicissitudes qu'a récemment connues son culte — des factions antagonistes se sont tour à tour emparées de la chapelle et se sont annexé les reliques, fournissant ainsi ce curieux spectacle d'une rixe de sacristains en délire qui se fendraient mutuellement le crâne au moyen de leur sainte icône.

En fait, le culte de Lu Xun avec toutes ses variations et ses hérésies est un problème tellement complexe et oiseux, une histoire si absurdement byzantine que, si nous devions nous en occuper ici, il ne nous resterait plus la place de parler de Lu Xun lui-même.

Tant de fleurs et d'hyperboles, un incessant et monotone concert de louanges rituelles ont achevé de persuader même les derniers des illettrés — *surtout* les derniers des illettrés — que Lu Xun doit être le plus grand, le plus glorieux, le plus brave, le plus beau, etc., bref, qu'il est en quelque sorte le Muhammad Ali de la littérature chinoise. Il y aurait de quoi provoquer le scepticisme des honnêtes gens. Pourtant, rassurons d'emblée les sceptiques : on ne saurait exagérer l'importance de Lu Xun, même si sa grandeur véritable n'a rien à voir avec le mythe posthume qu'ont fabriqué les communistes lorsqu'il s'est agi pour eux de capter l'héritage — cet immense capital de popularité que lui avaient valu son intransigeante indépendance critique vis-à-vis des autorités et sa sympathie inconditionnelle pour les opprimés, les rebelles et les jeunes.

Et pourtant il n'est pas sûr que le mérite de Lu Xun soit avant tout d'ordre littéraire. En effet, si l'on y regarde d'un peu plus près, l'œuvre apparaît relativement mince. Des vingt volumes de la grande édition des *Œuvres complètes*, on peut d'emblée oublier la moitié : quelque dix volumes de traductions littéraires que personne ne lit jamais, car elles sont parfaitement illisibles. Lu Xun était bizarrement convaincu que la syntaxe chinoise était trop confuse et primitive pour exprimer une pensée moderne ; selon lui, il fallait donc d'abord « européaniser » la langue en effectuant des traductions littérales qui, disloquant la phrase chinoise, la forceraient à se couler dans le moule de ces modèles étrangers. L'entreprise fait un peu songer à Alphonse Allais et à sa Société pour la propagation de l'usage du subjonctif dans les classes laborieuses, mais on n'a pas le cœur à en sourire quand on considère tout le temps et l'énergie que l'écrivain y engloutit.

La somme totale de sa création littéraire proprement dite tient en trois petites plaquettes (nouvelles et poèmes en prose) qui fourniraient à peine la matière d'un livre de format moyen ; Lu Xun n'a commencé à créer que très tard — il approchait de la quarantaine lorsqu'il a commencé à publier ses premières nouvelles — et son inspiration s'est définitivement tarie après quelques années. A qui lui demandait la raison de cette stérilité, il répondit simplement : « Je n'arrive plus à créer, car je ne veux plus m'occuper du monde ancien, et je suis incapable de saisir le monde nouveau. »

Sa langue est expressive et originale, mais bâtarde, torturée, pleine de scories — ce qui inspira ce commentaire cruel, mais pas tout à fait inexact, à un célèbre critique (protégé de Mao Zedong) : « On dirait que Lu Xun s'applique à imiter un écrivain japonais qui essaierait d'écrire en chinois » — mais elle est au service d'une vision dont l'acuité et la sensibilité compensent la relative pauvreté d'invention.

Si l'on met à part l'exceptionnelle réussite d'*Ah Q*, type éternel, sardonique incarnation d'un peuple tout entier, Lu Xun se montre, dans le reste de ses nouvelles, un artiste tourmenté et subtil, raffiné et morbide, mais confiné dans un univers assez étroit. Le pessimisme, le désespoir, l'obsession de la mort, la tentation du néant forment la substance même de son univers intérieur. Si, ailleurs, il s'autocensure, souvent « pour ne pas contaminer les jeunes de [ses] poisons », c'est encore dans sa création littéraire qu'il ose lâcher le plus largement la bride à ses démons intimes. A l'époque, cela scandalisa d'ailleurs fort les critiques communistes, qui commencèrent par l'accuser d'être « un porte-parole de la bourgeoisie », « un anachronisme intellectuel plein de complaisance pour son propre délabrement », « un laissé-pour-compte de l'âge féodal », « un être insignifiant, pourri, inféodé aux capitalistes, aveugle devant les réalités de la transformation sociale », « un obstacle à la révolution » et « un fasciste refoulé ».

Ils devaient toutefois bientôt changer d'avis quand, persécutés et décimés par la police de Chiang Kaï-chek, ils redécouvrirent soudain la nécessité de former un front uni avec tous les opposants politiques, parmi lesquels Lu Xun s'était illustré depuis longtemps comme un franc-tireur redoutable et solitaire.

Le combat politique de Lu Xun s'est exprimé dans son activité de journaliste et de pamphlétaire. Mais son journalisme qui forme la majeure part des *Œuvres complètes* contient beaucoup plus que ce combat politique. C'est un massif disparate, tant par le vaste éventail des sujets abordés que par la diversité de la forme — articles polémiques, pièces de circonstance, essais critiques, journal impromptu, réflexions historiques, psychologiques et littéraires, correspondance, notes marginales, fragments divers. Lu Xun n'est pas un penseur ni un théoricien (et il a parfois perdu son temps en de vaines querelles personnelles que lui dictait une susceptibilité exacerbée) ; on ne trouve donc nul système chez lui, mais tous les capricieux méandres d'un esprit immensément cultivé, curieux de tout, irréductiblement original, complexe, contradictoire, paradoxal et secret, doué d'un humour corrosif, brûlant devant l'injustice d'une indignation froide et terrible.

Comment peut-on être Chinois ?

Dans sa diversité même, son journalisme présente pourtant une unité profonde. Il s'agit d'abord d'une unité que l'on pourrait qualifier de poétique (dans ce sens, les volumes du *Bloc-Notes* de Mauriac pourraient fournir ici une bonne analogie). Mais cette unité tient aussi à la récurrence de quelques thèmes dominants. En premier lieu, on pourrait dire que toute l'œuvre de Lu Xun n'est, au fond, que la poursuite d'une longue, implacable et douloureuse enquête sur «le caractère des Chinois»: Comment sommes-nous donc faits, demande-t-il inlassablement, que nous tolérions une telle inhumanité dans notre société? Dans cet impitoyable examen clinique qui devait plus d'une fois donner la chair de poule à ses compatriotes, il est lui-même tour à tour le scalpel et la plaie. Les autres grands thèmes dérivent du premier — ainsi, par exemple, ses réflexions sur la mission de la littérature. Cri d'appel pour réveiller les consciences, la littérature est tout à la fois irrépressible et fondamentalement impuissante.

La force triomphante est toujours muette — ce sont les victimes qui crient: le chat attrape silencieusement la souris, tandis que la souris s'égosille. Écrire est par définition même un aveu d'échec, écrire est le fait des vaincus. Mais la littérature rejoint la révolution en ceci que l'écrivain, comme le révolutionnaire, refuse l'actuel état de choses. L'un et l'autre troublent l'ordre établi, mais seul le révolutionnaire (et Lu Xun se défendait explicitement d'en être un) détient le privilège de l'action. Toutefois, si la révolution est nécessaire, elle est aussi nécessairement un échec; car sa victoire même la transforme en un nouveau pouvoir. L'alliance de l'écrivain et du révolutionnaire est donc fatalement provisoire: leurs chemins se séparent du moment où le second est victorieux, car il cesse alors d'être un révolutionnaire pour devenir une autorité établie; de ce fait, il va essayer à son tour de bâillonner l'écrivain, lequel, en tant que critique permanent du pouvoir, lui apparaît maintenant subversif et intolérable.

L'incommode compagnon de route

Chez Lu Xun, le pessimisme radical de la pensée se conjugue avec l'optimisme de la volonté; devant un état de choses inacceptable, il prend résolument le parti des victimes, mais il ne se fait aucune illusion ni sur les chances de réussite de la révolution ni sur ses conséquences. Le désespoir est la seule certitude raisonnable; l'absence d'espoir ne saurait toutefois justifier l'inaction: il en va de l'espérance comme de ces chemins dans les champs, qui naissent simplement du passage répété des passants — un chemin apparaît là où il n'y en avait pas. Il faut donc marcher. L'image étrange de la flamme gelée qui a inspiré un de ses poèmes en prose est une assez bonne métaphore de sa propre condition; le feu révolutionnaire qui vit en lui demeure emprisonné sous la glace de l'intelligence lucide.

Dans ces conditions, on imagine aisément quel incommode «compagnon de route» il fut pour les communistes. Les persécutions du Kuomintang ne lui firent jamais grand mal individuellement (jusqu'à quatre ans avant sa mort, il continua même à toucher — en tout bien tout honneur — une rente généreuse que lui allouait ce même gouvernement qu'il brocardait par ailleurs si férocement !), mais il fut cruellement atteint dans la personne de disciples chers, assassinés par la terreur blanche ; la vue de ces atrocités l'amena à s'aligner plus étroitement sur le parti communiste, qui représentait alors pour tous les opprimés la seule forme de résistance organisée.

Contre les commissaires

Mais, s'il se voulait solidaire de cette lutte, il n'entendait pas pour autant abdiquer une once de son indépendance critique ni de son autonomie d'artiste, ce qui le fit aussitôt entrer en conflit avec les commissaires. La dernière année de sa vie fut occupée par un double combat, d'autant plus épuisant qu'il était rongé par la tuberculose : la bataille qu'il menait à découvert contre le gouvernement et celle, plus cruelle encore, qui l'opposait aux « gardes-chiourme » (le mot est de lui) dont le Parti avait cru nécessaire de l'entourer. La mort vint interrompre ce dernier conflit, et ceux qui le persécutèrent jusque durant son agonie sont aujourd'hui à Pékin, chargés de l'organisation de son culte…

La véritable grandeur de Lu Xun ne repose donc pas — inutile de le dire ! — dans « l'amour et la fidélité qu'il a témoignés pour le parti communiste », comme voudraient nous le faire croire aujourd'hui ses anciens ennemis, ni même dans ses accomplissements littéraires, quelque peu gonflés par ces âmes naïves qui croient vraiment nécessaire de prouver au monde que la littérature chinoise sait elle aussi couler ses écrivains sur un calibre Nobel.

La grandeur de Lu Xun est avant tout d'ordre intellectuel et éthique. Elle réside dans la *lucidité* inflexible avec laquelle il a fait face à la tragédie chinoise — une lucidité qu'il a d'ailleurs vécue comme une malédiction, car elle le vouait à une solitude presque absolue et le condamnait à l'hostilité de ceux-là mêmes qu'il voulait sauver — et dans la rigoureuse *honnêteté* avec laquelle il a assumé jusqu'au bout ses propres contradictions, refusant la double tentation de se réfugier dans l'aveugle engagement partisan ou de s'exiler dans un individualisme misanthrope. Produit d'une époque de transition, il ne s'est jamais résigné à endurer passivement le chaos inhumain de l'histoire. Chez lui, la crise formidable et confuse de la Chine moderne se transforme tout entière en conscience ; ce n'est pas seulement autour de lui, mais en lui, qu'il déchiffre cette interminable agonie d'un monde ancien qui conserve sa mortelle emprise sur les vivants, et ce douloureux accouchement d'un monde nouveau qui n'arrive pas à naître.

S'étant employé à dénoncer les vices de la société chinoise, Lu Xun s'affligeait de constater que, malgré le passage des années, ses propos restaient d'actualité : « Il me semble que, dans toutes les attaques contre les horreurs d'une époque, les écrits devraient disparaître en même temps que les maux qu'ils avaient dénoncés ! » Quelle n'aurait pas été sa douleur s'il avait pu prévoir que son œuvre allait acquérir aujourd'hui une pertinence encore accrue. En effet, la lecture de Lu Xun demeure, hélas ! la plus pénétrante des introductions aux réalités chinoises actuelles… Chaque nouvel épisode du martyre que traverse le peuple chinois trouve aussitôt dans ses écrits un commentaire prophétique. Hier encore, par exemple, comme venait de nous parvenir le témoignage de Liu Qing sur le cauchemar des camps où sont torturés les jeunes démocrates chinois [1], comment ne pas songer aussitôt au propos de Lu Xun : « Le plus horrible, ce n'est pas un gouvernement qui met en scène des exécutions publiques, c'est un gouvernement qui fait disparaître ses victimes en secret. » Et ces voix constamment bâillonnées qui pourtant renaissent toujours, ce relais sans cesse repris, de Fu Yuehua à Wei Jingsheng [2], de Ren Wanding à Wang Xizhe, puis à Liu Qing… ne vérifient-ils pas les paroles de l'irréductible rebelle : « Tant qu'il y aura des pierres, la semence du feu ne saurait mourir ? »

1. Le témoignage de Liu Qing, *Souvenirs et espoirs d'un homme sans illusions. J'accuse devant le tribunal de la société*, est paru en février 1982 aux Éditions Robert Laffont.

2. Cf. Victor Sidane et Wojtek Zafanolli, *Procès politiques à Pékin : Wei Jingsheng, Fu Yuehua*, Maspero, 1981.

LE DISCOURS DU MOUSTIQUE
pour le 100e anniversaire de la naissance de Lu Xun

Les gens sont bizarres. Songez par exemple aux inquisiteurs du bon vieux temps ; au lieu de se contenter de simplement torturer leurs clients, il leur fallait encore exécuter leur numéro sous l'image, et au nom même de la plus innocente de toutes les victimes : ce crucifié qu'ils faisaient profession de vénérer comme leur Seigneur. Ou encore, voyez aujourd'hui ces pieux disciples de Khomeyni : ils ne leur suffit pas de massacrer des femmes et des enfants, ils tiennent absolument à le faire au nom d'Allah le Miséricordieux.

La République populaire de Chine, dans le cadre des Quatre Modernisations, est évidemment impatiente d'égaler ces glorieux exemples de civilisation. C'est ainsi qu'au moment de déclencher une nouvelle purge dans les milieux intellectuels et littéraires, les autorités communistes ont jugé bon d'invoquer d'abord la mémoire d'un grand intellectuel et écrivain ; elles répriment ainsi la contestation au nom du plus courageux des contestataires ; elles écrasent la critique au nom du critique le plus audacieux de la Chine moderne ; elles persécutent l'hérésie au nom d'un hérétique irréductible ; elles prêchent le conformisme et exigent la soumission au nom de celui qui fut le rebelle par excellence.

L'étrange discours par lequel le président Hu Yaobang vient de marquer le centième anniversaire de la naissance du grand écrivain qu'était Lu Xun nous remet involontairement en mémoire un propos de ce dernier :

> La morsure des punaises n'a rien de très agréable, mais quand elles vous sucent le sang, au moins elles y vont carrément, sans dire un mot, ce qui est malgré tout une façon franche et directe de faire les choses. Quant aux moustiques, c'est une autre paire de manches : bien sûr, eux aussi vous percent la peau sans pitié, seulement, avant de mordre, ils insistent toujours pour prononcer d'abord un long discours, ce qui est fort énervant. Et s'il devait s'avérer que, par-dessus le marché, ce discours était un exposé de toutes les bonnes raisons pour lesquelles ils se sentent obligés de se repaître de votre sang, ce serait encore plus exaspérant. Je suis bien content de ne pas comprendre leur langage.

Aujourd'hui, les intellectuels et les écrivains chinois n'ont pas cette chance : ils ne comprennent que trop bien, hélas, le langage du « Grand Moustique ».

N'empêche, il faut remarquer que le président Hu, qui semble n'avoir jamais lu une ligne de Lu Xun, s'est péniblement embrouillé dans ses citations. Si l'on met les choses en perspective, on trouvera peut-être là matière à optimisme. Rappelez-vous : quand Mao Zedong, qui avait, lui, une jolie culture littéraire, se sentait en humeur d'expédier quelques intellectuels dans la poêle à frire, il commençait toujours par prononcer une éloquente harangue philosophique dont l'étude devenait aussitôt obligatoire pour la population du pays entier ; tandis que Hu doit se contenter maintenant d'ânonner un sermon à demi illettré. Si cette évolution doit se poursuivre dans la même direction, après les bégayants moustiques d'aujourd'hui, elle nous mènera peut-être jusqu'aux punaises de demain, honnêtes et sans façon, des seigneurs de la guerre, qui feront simplement leur métier sans plus éprouver le besoin de l'assaisonner de tant de mots.

S'il faut en croire Lu Xun, cela devrait certainement constituer un progrès.

Novembre 1981

POLITIQUE

LES DROITS DE L'HOMME EN CHINE

> Combien de tout ceci est-il connu dans les pays libres de l'Occident ? Les informations se trouvent dans nos journaux quotidiens. Nous sommes informés de tout. Nous ne savons rien.
>
> Saul Bellow (*To Jérusalem and Back*).

Sur la question des droits de l'homme en Chine, il s'est formé une étrange coalition qui regroupe les derniers survivants de l'ère coloniale-impérialiste, des adolescents naïvement maoïstes, de fringants technocrates, des sinologues timides qui tremblent de ne pouvoir obtenir leur visa pour la Chine, et même quelques Chinois d'outre-mer qui aiment à jouir de loin du prestige de la République populaire sans avoir à partager les souffrances et les sacrifices de leurs compatriotes. Les positions fondamentales de cette bizarre cohorte peuvent se résumer en deux axiomes :

1. Il n'est pas sûr qu'il y ait un problème des droits de l'homme en Chine ; « nous n'en savons rien » tout simplement.
2. Quand bien même il existerait un tel problème, ce n'est pas notre affaire.

Je vais essayer ici de répondre aux tenants de cette théorie, car ils sont de plus en plus hardis et influents. Plus simplement, je voudrais rappeler à mes lecteurs quelques banales évidences de bon sens, que cette attitude politique s'est efforcée de faire oublier. Je vais remuer des lieux communs, et je ne m'en excuse pas : il y a des circonstances où la banalité peut devenir le dernier refuge de la décence et de la raison.

*

Le point de départ de toute réflexion sur la Chine contemporaine (et ceci est spécialement vrai en ce qui concerne la question des droits de l'homme) devrait être de remarquer — l'observation n'est pas originale, mais elle n'est guère à la mode non plus — que le régime de Pékin est un système totalitaire. Le totalitarisme a des caractères spécifiques ; *dans la mesure où il est totalitaire*, le maoïsme présente des traits qui sont étrangers à la tradition politique chinoise (nonobstant le fait que cette tradition possède des aspects despotiques) ; en fait, ces traits l'apparentent de façon frappante à des systèmes par ailleurs étrangers, tels que le stalinisme et le nazisme.

Toutefois, le concept de totalitarisme est devenu tabou pour les spécialistes de sciences politiques qui cherchent à être dans le vent, et il est devenu doublement tabou pour ceux d'entre eux qui travaillent sur la Chine. Ces gens s'appliquent généralement à décrire et à analyser le régime de la République populaire sans jamais faire usage du mot « totalitaire » — ce qui constitue un exploit remarquable. On pourrait aussi bien essayer de décrire le pôle Nord en proscrivant l'usage du mot « glace », ou le Sahara, en renonçant à employer le mot « sable ».

Pour une définition commode et utile du concept de totalitarisme, nous pourrions par exemple nous référer à celle que Leszek Kolakowski a proposée dans son essai « Marxist Roots of Stalinism » (R. C. Tucker ed., *Stalinism*, New York, 1977, p. 285) :

> Je prends le mot totalitaire dans son sens communément reçu, signifiant un système politique dans lequel tous les liens sociaux ont été entièrement remplacés par des organisations imposées par l'État, et où, conséquemment, tous les groupes et les individus sont censés poursuivre seulement des buts qui, à la fois, sont ceux de l'État, et sont définis comme tels par l'État. Autrement dit, un système totalitaire idéal consisterait dans la destruction complète de la société civile, cependant que les seules formes de vie sociale qui subsisteraient seraient l'État et ses instruments organisés. Toutes les diverses formes d'activité humaine — dans l'ordre économique, intellectuel, politique, culturel — ne seraient permises ou obligatoires (la distinction entre ce qui est permis et ce qui est obligatoire tendrait à disparaître) que dans la mesure où elles serviraient les buts de l'État, tels que l'État les aurait définis. Chaque individu (y compris les dirigeants eux-mêmes) serait considéré comme propriété de l'État.

Kolakowski ajoute que cette conception idéale n'a jamais été complètement réalisée et que, peut-être, un système totalitaire parfait ne serait pas réalisable ; il considère néanmoins que l'Union soviétique et la Chine approchent maintenant de cet idéal, comme d'ailleurs l'Allemagne nazie en avait approché avant eux :

> Il y a des formes de vie qui résistent obstinément aux coups du système — en particulier les liens familiaux, émotionnels et sexuels ; ils sont fortement soumis à toute sorte de pressions émanant de l'État, mais sans que ces pressions atteignent jamais à une réussite complète (telle est du moins la situation en URSS ; *la Chine est peut-être allée plus loin*).

Le manque d'espace m'empêche de montrer ici, au moyen d'exemples détaillés, combien la définition de Kolakowski correspond à la réalité maoïste. Je me contenterai donc d'une seule illustration, choisie entre cent. Cette illustration présente le double avantage d'être typique, et d'être garantie par un témoin direct, d'une qualité irrécusable — il s'agit de Chen Jo-hsi, écrivain de renom, libre maintenant de s'exprimer parmi nous (elle fit état de ce souvenir dans une causerie qu'elle donna en 1978 à l'université du Maryland, au sujet du système légal de la Chine). En 1971, Chen, qui vivait alors à Nankin, fut obligée de participer avec quelques milliers d'autres personnes à une séance d'accusation publique. Le crime de l'accusé était d'avoir abîmé un portrait de Mao, et il avait été dénoncé par sa propre fille, une enfant de douze ans. Sur la base du témoignage de la fillette, il fut jugé coupable et condamné à mort. Comme c'est l'usage dans ces procès de masse, le condamné fut privé du droit d'interjeter appel, et la condamnation fut exécutée immédiatement, sur place, d'une balle dans la nuque. L'enfant fit l'objet d'éloges officiels ; on célébra son héroïsme ; elle désavoua publiquement les liens familiaux qui l'avaient attachée au criminel exécuté, et proclama sa résolution de devenir désormais, « de tout son cœur et de toute sa volonté, une loyale enfant du Parti » (*yi xin yi yi zuo dang di hao nuer*). Cet épisode n'était ni exceptionnel ni accidentel : il s'agissait d'une initiative délibérée, soigneusement préparée, froidement mise en scène devant un public nombreux, dans une des grandes villes du pays. Pareilles séances sont organisées périodiquement et accompagnent la plupart des « campagnes de masse » ; elles ont un but pédagogique ; elles font partie d'une politique cohérente, et illustrent cette volonté de l'État de devenir l'unique animateur de toutes les relations sociales et humaines. Il faut de plus remarquer que, si pareil incident soulève un sentiment de scandale chez les Occidentaux, ce sentiment n'est rien encore en comparaison de l'horreur, de la révulsion et de l'épouvante qu'il provoque chez les Chinois eux-mêmes, car non seulement cet épisode offense le sens moral, mais plus particulièrement, il va à l'encontre de la piété filiale que la culture chinoise traditionnelle a précisément érigée en vertu cardinale pendant plus de deux mille cinq cents ans.

Une seconde définition du totalitarisme à laquelle nous pourrions nous référer ici est celle qu'a donnée George Orwell (dans la postface de *Homage to Catalonia*). Pour lui, le totalitarisme est un système qui ne saurait tolérer l'existence de notions telles que « vérité objective » ou « science objective » ; dans un contexte totalitaire, il ne peut plus exister, par exemple, qu'une « science allemande » par opposition à la « science juive », ou une « vérité prolétarienne » opposée aux « mensonges bourgeois » :

L'objectif qu'implique une pareille façon de penser est un univers de cauchemar dans lequel le leader, ou une clique dirigeante, contrôle non seulement le futur, mais aussi le passé. Si le chef déclare que tel ou tel événement ne s'est pas produit — eh bien, il ne s'est pas produit. S'il dit que deux plus deux font cinq — eh bien, deux plus deux font cinq. Cette perspective m'effraie plus que les bombes.

Comment cette définition rejoint-elle la réalité du régime de Pékin? Jetons un coup d'œil sur la doctrine maoïste telle qu'elle culmina dans toute sa pureté durant la « Révolution culturelle ». Dans un document essentiel, la fameuse « Circulaire du 16-Mai », nous lisons précisément :

> Le slogan selon lequel « tous les hommes sont égaux devant la vérité » est un slogan bourgeois qui nie absolument le fait que *la vérité a un caractère de classe*. L'ennemi de classe utilise ce slogan pour protéger la bourgeoisie, pour s'opposer au prolétariat, au marxisme-léninisme et à la Pensée de Mao Zedong. Dans la lutte entre le prolétariat et la bourgeoisie, entre la vérité marxiste et les mensonges bourgeois, si le vent d'est ne l'emporte pas sur le vent d'ouest, le vent d'ouest l'emporte sur le vent d'est, et donc aucune égalité ne saurait exister entre les deux.

Dans leur livre, *Le Bonheur des pierres* (Paris, Le Seuil, 1978), C. et J. Broyelle ont reproduit une intéressante citation de *Mein Kampf* et montrent que, si l'on substitue dans le texte de Hitler les mots « bourgeois » et « antihumanisme » aux mots « juifs » et « antisémitisme » on obtient en fait de la Pensée-Mao Zedong, modèle standard [1].

« Deux plus deux font cinq » : au fil des années, nous avons trouvé dans la presse chinoise officielle d'innombrables variantes et applications de cette proposition. Par exemple, la chute des meneurs de la « Révolution culturelle » et la réhabilitation de leurs ennemis sont présentées comme une « victoire de la Révolution culturelle ». Deng Xiaoping est tour à tour un criminel, puis un héros, puis de nouveau un criminel puis de nouveau un héros. Mme Mao est un agent du Kuomintang. Lin Biao est un traître, etc. Bien entendu, rien de tout ceci n'est bien neuf : nous avions déjà entendu tout cela il y a plus de quarante ans, lors des procès de Moscou, et nous nous rappelons d'ailleurs comment, en langage stalinien, Trotski devenait tout naturellement un agent à la solde de Hitler. Victor Serge, qui en fut directement la victime, a admirablement analysé cette technique : l'énormité même du mensonge a précisément pour objet de matraquer, de paralyser et d'écraser la raison et sa fonction critique.

« Le Leader contrôle le passé » : j'ai décrit ailleurs le constant travail

1. Des chercheurs qui ont systématiquement interviewé des jeunes réfugiés chinois, anciens gardes rouges, etc., ont été frappés par l'intérêt fasciné et le degré d'information dont témoignent les jeunes maoïstes au sujet de Hitler et du IIIe Reich. Voir par exemple M. London et Mu Yang-jen, « What are they reading in China? », *Saturday Review*, 30 septembre 1978, et également le compte rendu que M. London a fait de Chen Jo-hsi (*Mayor Yin*) dans *American Spectator*, automne 1978. Et maintenant encore, le *Journal de la jeunesse chinoise* à Pékin vient de noter que, dans certains groupes des Jeunesses communistes, Hitler demeurait l'une des figures historiques les plus populaires (*Zhongguo Qingnian bao*, 28 septembre 1982).

de réécriture de l'Histoire qui est effectué en Chine (de même qu'en Union soviétique) et en particulier la tâche ingrate qui incombe aux infortunés conservateurs des musées historiques, chargés de tout remettre à jour à chaque disgrâce, réhabilitation, re-disgrâce et re-réhabilitation de Deng Xiaoping… Ces volte-face politiques peuvent être absolument ahurissantes pour les cadres subalternes qui ne sont pas toujours immédiatement au fait des toutes dernières péripéties de la lutte pour le pouvoir au sommet de la hiérarchie. Comme un infortuné guide le confessait à un visiteur qui le pressait de questions dangereuses : « Excusez-moi, monsieur, mais en ce moment, je ne puis pas vous répondre : les autorités n'ont pas encore eu le temps de décider ce qui s'était passé. »

Il n'y a d'ailleurs rien de furtif ni de clandestin dans ces révisions de l'Histoire. Le travail est effectué au grand jour, et parfois, à un niveau plus modeste, le public est lui-même invité à coopérer : ainsi, après la dernière réhabilitation de Deng, les revues qui avaient été imprimées juste avant furent envoyées aux abonnés, accompagnées de petits papillons vantant ses mérites, papillons que les lecteurs devaient eux-mêmes coller sur les divers passages décrivant son infamie. Mais l'exemple le plus fameux de cet usage est encore dans toutes les mémoires. Le lendemain des funérailles de Mao, toute la presse chinoise quotidienne reproduisit la photo qui montrait les dirigeants suprêmes du régime rangés sur une ligne en avant de la foule, lors de la cérémonie funèbre. Mais quand vint le tour des publications mensuelles de publier cette même photo, la « Bande des Quatre » était entre-temps tombée en disgrâce. La photo devenue pourtant familière au public chinois fut reproduite à nouveau — seulement, cette fois-ci, les quatre dirigeants disgraciés en avaient été simplement gommés, laissant au milieu de l'image un vide béant aussi bizarre qu'une paire d'incisives manquant dans une bouche ouverte — l'effet d'ensemble était rendu plus saisissant encore par la lourdeur avec laquelle le pinceau du censeur avait opéré, barbouillant maladroitement un arrière-plan pour enjamber ce blanc. Puis, pour parachever le cynisme de cette manipulation, l'Agence Chine nouvelle choisit précisément ce moment pour publier une attaque contre Jiang Qing dénonçant la façon dont elle avait jadis falsifié des photos à des fins politiques !

L'incident des photos truquées, malgré ses dimensions spectaculaires, ne provoqua presque aucun commentaire en Occident — si l'on excepte, bien entendu, le remarquable ouvrage des Broyelle (auquel je fais ici de larges emprunts). Les Chinois, après tout, ne sont-ils pas censés agir toujours de façon bizarre et énigmatique ? En fait, il faut au contraire souligner que, si cet épisode a pu nous sembler étrange, pour les Chinois eux-mêmes il parut encore cent fois plus grotesque — et humiliant. Son explication, en effet, n'a rien à voir avec la mentalité chinoise : elle réside tout entière dans la psychologie totalitaire.

L'analyse la plus pénétrante de la psychologie totalitaire demeure certainement celle qu'a effectuée Bruno Bettelheim dans son ouvrage *Le Cœur conscient* (Paris, Robert Laffont, 1972) — justement surnommé « un manuel de survie pour notre époque ». Le grand psychiatre avait pu observer le phénomène de tout près durant sa captivité à Buchenwald. Cette expérience du camp de concentration, loin d'être marginale, présente une pertinence centrale pour saisir l'essence même du régime totalitaire : le camp constitue l'épure la plus parfaite, la projection idéale du système, car, dans le camp, les divers facteurs de résistance — ces liens familiaux, émotionnels, sexuels, etc., dont parlait Kolakowski — sont entièrement éliminés, exposant le sujet nu et sans défense à l'entreprise totalitaire.

Bettelheim note :

> Interdiction était faite aux prisonniers d'observer ce qui arrivait autour d'eux. Observer ce qui se passait dans le camp, bien que ce fût nécessaire à la survie, était l'infraction la plus dangereuse. Souvent il ne suffisait pas d'accepter passivement de ne rien voir et de ne rien savoir ; pour survivre, il fallait manifester activement qu'on n'observait pas, qu'on ne savait pas ce que les SS ne voulaient pas que l'on sût.

Bettelheim donne divers exemples de comportement des SS, où se manifeste une contradiction apparente : « Vous n'avez pas vu ce que vous avez vu, car nous en avons décidé ainsi » — thème qui pourrait précisément être illustré par la photo publiquement et spectaculairement truquée des funérailles de Mao — et il ajoute ce commentaire psychologique :

> Ne savoir que ce que ceux qui commandent vous autorisent à savoir est, plus ou moins, la condition du petit enfant. Être capable d'observer par soi-même et d'en tirer ses propres conclusions, marque le début de l'indépendance. S'interdire d'observer et accepter la version des autres, c'est renoncer à exercer sa faculté de raisonnement et même sa faculté de perception. Ne pas observer, alors que c'est d'une importance cruciale, ne pas savoir ce qu'on aurait besoin de savoir, est terriblement destructeur pour la personnalité.

Au bout du compte, on cesse de vivre sa propre vie — ce qui était précisément le but poursuivi par les SS. Bettelheim cite des cas saisissants de pareille désintégration de la personnalité, et encore une fois, son analyse pourrait s'appliquer avec une particulière pertinence à la situation chinoise. Des propagandistes occidentaux du régime de Pékin ont souligné que les Chinois, même après avoir quitté leur pays, manifestaient généralement de la répugnance à critiquer ou contester leur gouvernement (cette affirmation est en elle-même très contestable ; les événements récents l'ont largement réfutée) et que, dès lors, nous ferions mieux de ne pas essayer de parler en leur nom : leur silence prouverait simplement qu'il n'y aurait rien à dire. Selon Bettelheim justement, les prisonniers en venaient progressivement à voir le monde dans une perspective nazie ; ils finissaient même par épouser les valeurs des SS :

Une fois par exemple, les journaux américains et anglais étaient pleins d'histoires de cruautés commises dans les camps [...]. En discutant de ces événements, les « anciens » affirmèrent que les journaux étrangers n'avaient pas à se mêler des institutions allemandes et ils exprimèrent leur haine des journalistes qui s'efforçaient de les aider. Lorsqu'en 1938, je demandai à plus d'une centaine d'anciens prisonniers politiques s'ils pensaient que l'histoire du camp devait être publiée dans les journaux étrangers, beaucoup hésitèrent à admettre que c'était souhaitable. Quand je leur demandai s'ils se joindraient à une puissance étrangère dans une guerre contre le national-socialisme, *seuls deux d'entre eux* affirmèrent que toute personne réussissant à quitter l'Allemagne devrait combattre les nazis au mieux de ses possibilités.

Jean Pasqualini — dont le livre *Prisonnier de Mao* (Paris, Gallimard, 1975) est le document le plus fondamental sur le goulag maoïste, et de ce fait a été méthodiquement ignoré par la coalition de ceux qui nient l'existence d'un problème des droits de l'homme en Chine — a relevé un phénomène identique. Il confesse qu'après quelques années de camp, il en vint, sinon exactement à aimer le système qui détruisait méthodiquement sa personnalité, au moins à éprouver *une sorte de gratitude* pour la patience et le soin avec lesquels les autorités s'employaient à rééduquer une vermine aussi lamentable que lui. Sur ce même point, Orwell a fait montre d'un génie prémonitoire quand, à la dernière phrase de *1984*, il nous décrit Winston Smith au moment de son exécution : comme on l'abat, Smith réalise *qu'il aime Big Brother* — qu'il l'aime depuis toujours.

*

Apparemment, je me suis éloigné de mon sujet : au lieu de traiter des droits de l'homme, j'ai discuté de la nature du totalitarisme, de la falsification du passé, du trucage de la réalité, etc. En fait, ces diverses observations sont directement liées à notre problème. Nous pouvons les résumer en disant que le totalitarisme est l'apothéose du *subjectivisme*[1]. Dans *1984*, la révolte de Winston Smith trouve son point de départ dans cette soudaine prise de conscience :

Le Parti vous ordonnait de rejeter le témoignage de vos yeux et de vos oreilles. C'était son ultime commandement, le plus essentiel. *[Encore une fois, que l'on se rappelle les photos truquées de la rangée des dirigeants chinois !]* Contre cela, de quoi dispose un homme ordinaire ? L'évidence, le stupide bon sens et la vérité doivent être défendus. Les truismes sont vrais. Il faut s'appuyer là-dessus. Les pierres sont dures, l'eau est mouillée, les objets qui tombent sont soumis aux lois de la gravité. Cela une fois admis, tout le reste s'ensuit.

1. Cette notion a été développée de façon très intéressante par George Watson dans une causerie sur le langage politique de Orwell.

L'« objectivisme » — cette conviction qu'il existe une vérité objective, indépendante de l'arbitraire des dogmes et de l'idéologie — est donc véritablement la pierre angulaire de la liberté intellectuelle et de la dignité humaine — et donc aussi la principale pierre d'achoppement du totalitarisme.

Cet objectivisme antitotalitaire peut s'exprimer essentiellement de deux manières, soit par la légalité, soit par la morale. Pour des raisons historiques et culturelles, la civilisation occidentale a surtout mis l'accent sur la légalité, tandis que la civilisation chinoise était plus orientée vers la morale. Toutefois, si l'on essaie d'opposer ces deux notions — comme certains admirateurs du maoïsme ont tenté de le faire [1] —, on montre seulement que l'on n'entend rien ni à l'une ni à l'autre.

Dans la Chine traditionnelle, la « morale » (c'est-à-dire, essentiellement, l'ensemble des valeurs confucéennes) a toujours constitué le principal rempart contre la montée possible du totalitarisme. Cette vue a été admirablement développée par l'historien Yu Ying-shih dans un essai magistral (« L'anti-intellectualisme dans la tradition politique chinoise », *Ming bao* mensuel, février et mars 1976) que l'on pourrait très schématiquement résumer comme suit : le confucianisme considère le monde dans une double perspective : il y a d'une part la sphère concrète et changeante des réalités politiques, et d'autre part la sphère abstraite et immuable des principes. Le devoir de l'intellectuel-homme d'État est de servir le souverain dans la mesure où le comportement et les décisions de ce dernier demeurent en harmonie avec les règles morales qui fournissent un critère stable et permanent pour juger toute politique. En cas de conflit entre l'univers moral et l'univers politique, le lettré confucéen doit, comme l'a dit Xun Zi en termes clairs et forts, « obéir aux principes et désobéir au Prince ».

Et c'est précisément pour cette raison que les concepts mêmes de « légalité maoïste » ou de « moralité maoïste » sont également inconcevables : ce sont des contradictions logiques, au même titre d'ailleurs que le seraient une moralité ou une légalité stalinistes ou nazies — ces termes s'excluent mutuellement. Mao lui-même reconnut toujours très volon-

1. Ces gens prétendent par exemple : « Les autorités chinoises attachent de l'importance à la morale plutôt qu'à la légalité », comme si l'absence de légalité dont témoigne la République populaire était la conséquence d'une exclusive préoccupation morale. Comme je m'efforce de le montrer ici, le régime maoïste s'est attaché à détruire la morale tout autant que la légalité *et pour la même raison*. Le plus pathétique, c'est que les avocats occidentaux du maoïsme pourraient même bien être de bonne foi : ils croient sincèrement en l'existence d'une *morale* maoïste, car dans leur propre grossièreté, ils n'ont jamais perçu la distinction qui sépare la *morale* du *moralisme*. Des préoccupations *moralistes* peuvent très naturellement résulter en comportements *immoraux* ; le meilleur exemple en est donné par la répression sexuelle qui est exercée en Chine maoïste : exécutions sommaires d'homosexuels, lourdes peines de travaux forcés pour des femmes adultères, etc. Que certaines gens puissent interpréter pareilles mesures comme l'expression d'un idéal « moral » est encore ce qui m'effraye le plus !

tiers la chose, avec un franc cynisme. Toutefois, pour ses collaborateurs et subordonnés (comme, précédemment, pour ceux de Staline), il en résulta en pratique une situation de plus en plus dangereuse et effrayante : au moment de la « Révolution culturelle », on en arriva finalement au point où un grand nombre de vieux et prestigieux cadres dirigeants du Parti purent être mis au pilori, torturés et assassinés. Les rescapés de cette aventure, après avoir été presque dévorés par le monstre qu'ils avaient eux-mêmes aidé à créer, découvrirent soudain les avantages et la nécessité qu'il y aurait d'instaurer une certaine forme de légalité. Cette aspiration neuve qui s'exprime maintenant en première page du *Quotidien du peuple* est profondément pathétique, car elle va exactement à l'encontre de la nature même du régime. L'établissement d'une légalité authentique marquerait l'arrêt de mort du présent système : limitée par des lois, l'autorité du Parti cesserait d'être infaillible et absolue ; la suprématie de la loi se substituerait à la suprématie de l'idéologie — ce qui, dans une perspective communiste, est évidemment impensable.

C'est dans le contexte de cette illégalité essentielle — de cette illégalité *institutionnelle* — qu'il faut considérer la question des droits de l'homme. Autrement dit, pour un tel régime, le concept même de « droits de l'homme » est nécessairement dénué de sens. Et si l'on jette un coup d'œil rétrospectif sur l'histoire du régime, on ne s'étonnera plus de l'impitoyable guerre que le gouvernement communiste a menée pendant plus d'un quart de siècle contre la population chinoise. Un résumé très schématique de cette longue et sanglante entreprise devrait au moins retenir quelques dates que je cite ici à titre exemplatif :

1949-1952 : liquidation des « contre-révolutionnaires », réforme agraire, campagne des « Trois Antis » et des « Cinq Antis » : cinq millions d'exécutions (estimation modeste, avancée par un des spécialistes les plus prudents et les plus respectés, J. Guillermaz, *Le Parti communiste chinois au pouvoir*, Paris, 1972, p. 33, n. 1) ;

1957 : campagne antidroitiste : selon les chiffres publiés par la Sécurité publique, durant la seule période de juin à octobre, 100 000 contre-révolutionnaires et mauvais éléments ont été démasqués et mis hors d'état de nuire ; 1 700 000 individus ont fait l'objet d'enquêtes policières ; plusieurs millions ont été déportés aux champs pour rééducation ;

1966-1969 : « Révolution culturelle » : de l'aveu même de Pékin, le nombre des victimes fut énorme. (Dans la dernière interview qu'il accorda à Edgar Snow, Mao déclara que les journalistes étrangers, même dans leurs rapports les plus sensationnels, avaient considérablement sous-estimé l'étendue réelle des violences et des massacres.) Un bilan méthodique reste à établir, à partir des données partielles dont on dispose pour diverses provinces (90 000 victimes rien que pour le Sichuan,

40 000 pour le Guangdong, etc.). Le procès de la « Bande des Quatre » a été l'occasion de révélations supplémentaires sur ces atrocités ;

Enfin, en 1973-1975, la « Campagne de critique de Lin Biao et de Confucius », et en 1976-1978, la campagne de dénonciation de la « Bande des Quatre » ont été l'une et l'autre accompagnées d'une vague d'exécutions et d'arrestations. En 1979, survint la suppression du « mur de la Démocratie » et la répression du mouvement démocratique : les arrestations arbitraires et les lourdes condamnations qui frappèrent alors l'élite la plus courageuse et la plus généreuse de la jeunesse chinoise anéantirent définitivement les dernières illusions que l'on pouvait encore entretenir concernant la capacité du communisme chinois à effectuer une authentique réforme de ses méthodes de gouvernement.

La contestation politique et intellectuelle en Chine a fourni une interminable liste de martyrs : les premières victimes furent frappées bien avant l'établissement de la République populaire, dès Yan'an. Puis, successivement, la répression qui suivit le « mouvement des Cent Fleurs », et celle qui accompagna la « Révolution culturelle », firent des coupes sombres dans l'élite du pays. Mais à côté de ces victimes illustres, il ne faut pas oublier la foule énorme des inconnus et des anonymes : parfois, ils sont arrêtés en masse, comme on l'a vu au lendemain de la grande manifestation antimaoïste de Tian'anmen, le 5 avril 1976 ; ou encore, ils sont emprisonnés ou exécutés à la petite semaine aux quatre coins du pays : leur seul crime était d'avoir pensé ou exprimé des idées hétérodoxes. Nul ne prête attention à leur sort, leur mémoire est engloutie ; leurs noms mêmes ne nous parviennent jamais, sauf par hasard, comme pour ce He Chunshu, fusillé le 18 février 1978, dont nous ne saurons jamais rien, sinon qu'il était un enseignant âgé de quarante-cinq ans, et que son crime était d'avoir « entretenu des idées réactionnaires » et d'avoir « critiqué la direction du parti communiste » —, et nous savons cela seulement parce qu'il s'est trouvé un touriste étranger plus attentif pour photographier au détour d'une rue l'affiche qui annonçait son exécution…

Le goulag chinois est un sujet immense qui ne saurait être adéquatement traité dans cet espace limité ; on en trouvera la meilleure description dans le livre de Pasqualini déjà cité plus haut, auquel on pourra ajouter celui de Lai Ying, *The Thirty Sixth Way* (New York, 1969). Une approche sérieuse de la question des droits de l'homme en Chine devrait en premier lieu confronter cette colossale réalité des camps.

Zhou Enlai a jadis observé avec pertinence : « Le présent de l'Union soviétique est le futur de la Chine. » Dans l'avenir, il y aura donc sans nul doute des Soljenitsyne chinois qui nous fourniront une peinture détaillée de ce que le maoïsme en action signifia concrètement pour des millions d'individus. Pourtant, il faudrait remarquer que ce qui est le plus étonnant dans la façon dont les écrits de Soljenitsyne ont été accueillis en Occident, c'est qu'on les a traités comme s'il s'agissait de révélations sensationnelles. En fait, le mérite majeur de Soljenitsyne réside dans l'ampleur exhaustive et la précision de son terrible inventaire, mais pour le reste, il n'a rien apporté de fondamentalement neuf. Pour ce qui est de l'essentiel, il y a plus de quarante ans déjà que nous sommes informés de la réalité soviétique, grâce aux récits de témoins irrécusables tels que Boris Souvarine, Victor Serge, Anton Ciliga, etc. Si presque personne ne les écouta à l'époque, c'est que presque personne ne voulait entendre : ce qu'ils disaient était incommode et inopportun. Dans l'avant-propos de la réédition de 1977 de son ouvrage classique sur Staline (1935), Souvarine rappelle les difficultés incroyables qu'il rencontra pour se faire éditer en Occident ; partout, l'élite intellectuelle s'efforça d'étouffer son livre : « Cet ouvrage va inutilement faire tort à nos relations avec Moscou. » Seul, ce charlatan de Malraux eut le nerf de déclarer tout rond : « Je pense que vous avez raison, vous, Souvarine et vos amis, mais *je serai avec vous quand vous serez les plus forts* ! » Combien de fois n'avons-nous pas entendu des variantes de cette même phrase ! Sur le sujet de la Chine, combien de collègues ne m'ont-ils pas exprimé en privé qu'ils approuvaient mes positions (et c'étaient encore les plus braves !), mais ils s'excusaient profusément de l'impossibilité où ils étaient de me manifester leur sympathie en public : « Vous devez comprendre ma situation… mes obligations professionnelles …. Il faut que je conserve un accès à l'ambassade de Chine …. Je dois prochainement me rendre en mission à Pékin … »

*

Finalement, je voudrais passer en revue les diverses méthodes qui sont couramment adoptées en Occident pour éluder la question des droits de l'homme en Chine.

La première méthode d'évasion est celle dont je viens précisément de traiter. Elle consiste à dire : « Nous ne savons pas au juste, nous ne disposons pas d'informations suffisantes. » En réalité, la masse des documents et la foule des témoins sont si considérables que leur examen pourrait occuper des légions de chercheurs pendant des années. Évidemment, bien plus d'informations vont encore faire surface dans l'avenir. Toutefois, quand les Soljenitsyne chinois commenceront à cataloguer méthodiquement toutes les horreurs du régime, quiconque s'écriera avec une expression de stupeur scandalisée : « Mon Dieu, si seulement nous avions su ! », sera un hypocrite et un menteur : nous connaissons déjà la vérité dans ses grandes lignes — fondamentalement, il ne saurait y avoir de découvertes neuves, seulement des détails à préciser. On a disposé de cette information de base pratiquement dès les premières années du régime ; nul de ceux qui suivent les affaires chinoises n'aurait pu l'ignorer. Il est vrai que, en comparaison de l'Union soviétique, la documentation chinoise peut paraître *relativement* moins abondante ; cela ne signifie nullement (comme certains ont eu l'impudence de l'avancer) que la situation soit relativement meilleure en Chine — cela signifie exactement le contraire. Sous Staline, quel dissident soviétique réussit-il jamais à s'entretenir avec des visiteurs étrangers ou à transmettre des manuscrits en Occident ? Or, l'analogie stalinienne est particulièrement appropriée, puisque la Chine a toujours maintenu et proclamé son indéfectible fidélité à la mémoire de Staline et aux principes du stalinisme ; Pékin fait précisément grief à Moscou d'avoir partiellement trahi cet héritage !

La deuxième méthode d'évasion (probablement la plus méprisable) consiste à dire tristement : « Hé oui, nous le savons, hélas ! il y a eu d'énormes irrégularités — on pourrait même parler d'atrocités — qui ont été commises autrefois. Mais tout cela est du passé, et relève de l'époque sombre où régnait la "Bande des Quatre". » Cette chanson est docilement entonnée maintenant par tout le chœur des vieux « compagnons de route », des commis voyageurs du deng-xiaopingisme, des sycophantes, des commissaires à la Propagande — ces mêmes gens qui, il y a quelques années, avaient l'habitude de nous expliquer combien la vie était radieuse en Chine sous le règne de Mao et de son épouse… Avec une pieuse indignation, ils nous rapportent maintenant ces mêmes atrocités que nous rapportions déjà, il y a quelques années — seulement, à ce moment-là, quand nous en faisions le récit, il ne pouvait s'agir d'après eux que de « calomnies antichinoises » et de « ragots de la CIA »…

La chute de la « Bande des Quatre » a assurément constitué un événement d'une importance considérable ; mais cet événement ne représente en fin de compte qu'une péripétie dans la lutte pour le pouvoir à l'intérieur du système, et non une modification du système. Sur la question des droits de l'homme, ses implications sont parfaitement nulles. Les violations des droits de l'homme, la répression politique et intellectuelle, les déportations massives, les arrestations arbitraires, la persécution des contestataires ont été perpétrées pendant près de vingt ans *avant* la venue au pouvoir de la « Bande des Quatre », et nous les voyons maintenant qui se continuent après sa disgrâce ; non seulement les méthodes et les principes n'ont pas changé, mais le plus souvent ils sont mis à exécution par *le même personnel policier* dont la composition n'a été nullement affectée par les vicissitudes de la clique dirigeante. La façon dont les leaders maoïstes ont été éliminés constitue une continuation directe de leur langage et de leur style ; les questions fondamentales que posaient les crimes de la « Bande des Quatre » (comment cette mafia avait-elle pu obtenir le pouvoir ? Quelles réformes institutionnelles pourraient-elles prévenir le retour de pareil cauchemar ?) n'ont jamais pu être publiquement soulevées, ou, chaque fois que des esprits lucides et courageux osèrent les formuler (Wang Xizhe, Wei Jingsheng, etc.), ils furent aussitôt arrêtés et condamnés à de lourdes peines de prison !

Troisième méthode d'évasion : « D'accord, il y a eu d'énormes violations des droits de l'homme en Chine. Mais le premier de tous les droits n'est-il pas d'abord de simplement survivre, d'être libéré de la faim ? La violation des droits de l'homme en Chine s'explique par une dure nécessité nationale. »

Mais quel lien de cause à effet pourrait-il bien y avoir entre la violation des droits de l'homme et la capacité de nourrir la population ? La façon très relative et limitée dont la République populaire réussit à nourrir ses citoyens ne représente en fait que l'extrême minimum qu'on pourrait attendre de *n'importe quel* gouvernement chinois qui aurait, comme celui-ci, bénéficié continûment, pendant plus d'un quart de siècle, de la paix et de l'unité, et qui n'aurait plus été en butte à la guerre civile, à l'exploitation coloniale ni à l'agression étrangère. Ces conditions privilégiées dont la République populaire a joui — et qui ne sont que très partiellement le résultat de ses propres efforts — avaient été déniées à la Chine depuis plus d'un siècle, ce qui achève de rendre caduque toute comparaison entre les accomplissements du présent gouvernement et ceux des gouvernements précédents. Et d'ailleurs, dans quelle mesure la Chine populaire est-elle vraiment capable de nourrir sa population ? Deng Xiaoping a brutalement reconnu (discours du 18 mars 1978) l'état d'arriération du pays et l'échec fondamental de son économie : après trente années de gouvernement communiste « plusieurs centaines de millions de gens sont toujours mobilisés à plein temps simplement pour produire de la nourriture [...] Nous n'avons toujours pas réussi à résoudre le problème de la production du grain [...] Notre industrie a dix ou vingt ans de retard... » Proportionnellement à la population, les chiffres de la production de nourriture de la Chine populaire n'ont toujours pas dépassé les records établis par le Kuomintang dans ses meilleures années, il y a près de cinquante ans déjà ! Le fameux « décollage économique » n'a toujours pas été effectué ; la Chine est encore dans une situation marginale —, pas vraiment à l'abri de la disette, toujours à la merci d'une succession de mauvaises récoltes ou d'autres catastrophes naturelles.

Bien plus, quelques-uns des désastres majeurs qui ont frappé la République populaire et qui ont dramatiquement entravé son développement n'étaient pas le fait de la nature, mais l'œuvre personnelle de Mao ; et s'ils ont pu survenir et sévir avec une telle ampleur, c'est précisément parce que le caractère totalitaire du régime avait empêché tout débat rationnel et interdit une évaluation réaliste et critique des données objectives de la situation. Il suffira de mentionner ici deux exemples bien connus. *Le « Grand Bond en avant »*, imposé au pays entier par un caprice personnel de Mao, provoqua une gigantesque famine (un expert aussi qualifié que L. Ladany a estimé que *cinquante millions* de personnes avaient pu mourir de faim durant les années 59-62). Des statistiques de production truquées furent publiées à l'époque par les autorités locales voulant faire preuve de zèle et n'osant confesser leur échec ; ces informations fausses empêchèrent le gouvernement central de prendre conscience suffisamment tôt de l'étendue du désastre, et vinrent encore empirer la situation. *Le problème du contrôle de la population* : au début des années 50, l'un des économistes et démographes les plus distingués de Chine, le Pr Ma Yinchu, lança un cri d'alarme (qui relevait d'ailleurs du simple bon sens) : il fallait contrôler l'augmentation de la population, sans quoi l'explosion démographique allait réduire à néant les gains de la production. Mais Mao, lui, adhérait toujours à une croyance paysanne, simpliste et primitive : « Plus il y aura de Chinois, mieux ça vaudra. » Ma fut donc condamné, tout débat sur cette question cruciale fut interdit pendant des années, et un temps précieux fut ainsi gaspillé avant que Mao ne finisse enfin par s'apercevoir de son erreur et n'amorce une marche arrière. (Quant à Ma lui-même, il se morfondit pendant vingt ans et dut attendre que Mao meure pour obtenir d'être enfin réhabilité.) On pourrait facilement multiplier ces exemples. Dans un système totalitaire, chaque fois que le bon sens entre en conflit avec le dogme, c'est toujours le bon sens qui perd — et ces défaites coûtent un prix terrible au développement du pays et au bien-être de la population. Le tort que peuvent causer des décisions arbitraires, mises à exécution sans les contrepoids modérateurs du débat et de la critique, excède de loin les avantages qui pourraient par ailleurs découler de la discipline monolithique assurée par le système. Le totalitarisme, loin d'être ce remède de cheval que justifierait je ne sais quelle urgence nationale, apparaît au contraire comme un luxe extravagant que nul pays pauvre ne saurait impunément se payer.

La quatrième méthode d'évasion consiste en une série de variations sur le thème : « La Chine est différente. »

Première variation : « Les droits de l'homme sont un concept occidental qui ne présente aucune pertinence pour la Chine. » La logique sous-jacente à ce type de raisonnement est rarement explicitée avec franchise ; en fait, elle équivaut à dire : « les droits de l'homme sont un de ces luxes qui nous reviennent tout naturellement à nous, Occidentaux riches et évolués ; il serait absurde de penser que de simples indigènes, végétant dans des régions exotiques, pourraient être qualifiés pour jouir de ces mêmes privilèges, ou même pourraient en éprouver le moindre désir ». Ou encore, plus simplement : « les droits de l'homme ne sont pas applicables aux Chinois, car les Chinois ne sont pas vraiment humains». Le seul énoncé de cette position nous dispense évidemment de la réfuter — mais avant de passer au point suivant, je voudrais toutefois ouvrir ici une parenthèse historique : les droits de l'homme ne sont pas une notion étrangère à la Chine moderne. Il y a près d'un siècle, le fameux réformateur politique Kang Youwei (1858-1927) en faisait déjà le fondement de sa philosophie. De plus, durant la première république, un mouvement pour les droits de l'homme se développa en protestation contre la terreur blanche du Kuomintang; la célèbre «Ligue chinoise pour les droits du citoyen» fut fondée en 1932 et mobilisa l'élite intellectuelle de l'époque, comptant parmi ses membres des figures prestigieuses telles que Cai Yuanpei, Song Qingling, Lu Xun, etc. La ligue eut aussi ses martyrs — ainsi Yang Quan, assassiné en 1933. Il y a donc une tradition historique de la lutte pour les droits de l'homme en Chine moderne; toutefois, cet aspect de la question demeure encore académique — considérons plutôt l'urgence brûlante de la situation présente. Les étrangers qui osent prétendre que «les Chinois n'éprouvent aucun intérêt pour la question des droits de l'homme» n'ont manifestement jamais ouvert leurs yeux ni leurs oreilles : les droits de l'homme constituaient l'une des demandes les plus pressantes exprimées sur le «mur de la Démocratie»; sur ce thème, la pression populaire était si forte que même la presse officielle fut finalement amenée à y faire écho.

Deuxième variation: «Nous devons respecter le droit qu'ont les Chinois d'être différents.» Les extensions logiques d'un tel principe pourraient aboutir à des résultats curieux. Il aurait suffi qu'Hitler se retînt d'envahir ses voisins et se contentât de massacrer ses propres Juifs chez lui, et l'on aurait pu dire de même: «Massacrer les Juifs doit être une sorte de passe-temps typiquement allemand; nous devons donc nous abstenir de passer jugement à ce sujet, et respecter le droit de l'Allemagne à être différente.»

Troisième variation: «Traditionnellement, la Chine a toujours été gouvernée par des régimes despotiques[1], il n'y a donc pas lieu de s'indigner particulièrement devant ce régime-ci.» Pareil raisonnement est doublement faux. D'abord, les gouvernements de la Chine traditionnelle étaient infiniment moins despotiques que le maoïsme. Ensuite, quand bien même ils eussent été aussi despotiques, ou encore plus despotiques que le maoïsme, le maoïsme ne s'en trouverait pas justifié pour autant. Ce second point est tellement évident qu'il ne demande pas à être développé (depuis quand des atrocités passées pourraient-elles justifier des atrocités présentes?). Examinons brièvement le premier point. Les

1. Le premier ambassadeur d'Australie en Chine populaire, développant ce thème, eut une image inoubliable : il décrivit le régime de Pékin comme «un despotisme tempéré par le marxisme-léninisme» — ce qui rappelle irrésistiblement le propos fameux qui définissait l'Empire byzantin comme «un despotisme tempéré par l'assassinat».

grandes époques de la civilisation chinoise — la dynastie Tang, la dynastie Song du Nord — avaient des gouvernements dont la sophistication politique et les vues éclairées ne connurent pas d'équivalent dans le reste du monde jusqu'à l'époque moderne. D'autres périodes furent plus despotiques ; certaines — Qin, Ming — tentèrent même d'établir une forme de totalitarisme. Cependant, en pratique, leur projet fut toujours efficacement entravé par des obstacles matériels (pour qu'une théorie totalitaire puisse véritablement s'incarner dans la réalité, il a fallu attendre la technologie du XXe siècle). La vie politique des Ming était féroce et implacable, mais cette terreur n'affectait que la fraction relativement réduite de la population qui était politiquement active, ou en contact direct avec les organes gouvernementaux. Au milieu du XVIe siècle, l'ensemble des effectifs de l'administration impériale ne comptait que *dix ou quinze mille personnes* pour une population d'environ cent cinquante millions. Cette minuscule minorité de cadres gouvernementaux était exclusivement concentrée dans les villes, alors que la majorité de la population vivait dans les campagnes ; l'énormité des distances et la lenteur des communications achevaient de protéger l'autarcie des communautés villageoises contre toute ingérence administrative autre que la levée des taxes. La plus grande majorité des Chinois passaient leur vie entière sans jamais rencontrer un seul représentant du pouvoir impérial. Enfin, la dernière dynastie, celle des Qing, qui gouverna la Chine pendant près de trois cents ans, était certes autoritaire, mais à la différence du régime maoïste, *elle possédait des lois* ; en particulier, elle avait un code pénal remarquablement élaboré qui déterminait très précisément quels officiels étaient habilités pour procéder à des arrestations, et dans quelles conditions, quels crimes étaient passibles de la peine de mort, etc., tandis que la Chine maoïste a vécu pendant trente ans dans un vide légal presque complet, ce qui permit finalement (comme la presse officielle en a fait elle-même état) à d'innombrables tyrans locaux de gouverner à leur caprice, allant jusqu'à établir leurs propres prisons privées où ils séquestraient, torturaient et exécutaient leurs ennemis personnels.

Quatrième variation : « Le respect de l'individu est une caractéristique occidentale. En Chine, il existe une acceptation naturelle de l'antique tradition confucéenne qui subordonne la liberté individuelle aux obligations collectives » (je cite ici les termes mêmes d'un haut fonctionnaire américain). En d'autres mots : les dissidents chinois qui sont jetés en prison et quelquefois même exécutés, simplement pour avoir exprimé des opinions hétérodoxes, les *millions* de citoyens qui, ayant été étiquetés « ennemis de classe » se trouvent réduits, eux et leurs descendants, à une condition de parias, ou sont entassés dans des camps — tous ces gens-là en bons Chinois, imbus de « l'antique tradition confucéenne qui subordonne la liberté individuelle aux obligations collectives », doivent être parfaitement satisfaits de leur sort ; ou, s'ils ne le sont pas (comme les centaines de milliers de manifestants qui osèrent crier leur colère au centre de Pékin le 5 avril 1976, et tous ceux qui, deux ans plus tard se rassemblèrent autour du « mur de la Démocratie »), ils prouvent par là qu'ils ne sont pas véritablement chinois, et donc, sans doute, qu'ils sont indignes de notre attention.

Dans toutes les variations successives, l'idée de « différence » demeure le concept clef. Si les contestataires soviétiques ont, dans l'ensemble, réussi à susciter plus de sympathie dans l'opinion occidentale, n'est-ce pas parce qu'ils sont blancs et Caucasiens — tandis que les Chinois sont « différents » ? Trop souvent l'argumentation des sympathisants maoïstes rappelle le langage raciste de l'ère coloniale-impérialiste. A cette époque-là, la « différence chinoise » était un leitmotiv chez les chefs d'entreprise occidentaux : cette notion leur permettait de justifier leur exploitation des « indigènes ». Les Chinois étaient « différents », même dans le domaine physiologique : censément, ils étaient moins sensibles que les Occidentaux à la faim, au froid et à la chaleur ; on pouvait donc les battre ou les affamer, cela n'avait pas grande importance ; il fallait être bien ignorant, sentimental et naïf pour s'inquiéter du sort de ces hordes de coolies jaunes. Au fond de toutes les rationalisations qui sont offertes maintenant pour éluder le problème des droits de l'homme en Chine, on retrouve précisément cette même mentalité.

Évidemment, il existe des différences culturelles — c'est d'ailleurs une tautologie de l'affirmer, puisque la différence constitue l'essence même de la culture. Mais si, à partir de là, on cherche à extrapoler un ordre de différences qui pourrait limiter l'application des droits de l'homme à certaines nations seulement, ceci équivaudrait à nier l'universalité de la nature humaine. Pareille attitude, à son tour, débouche sur une logique de cauchemar qui nous ramène tout droit aux abominations dont nous avons été témoins en Europe il y a quelques décennies à peine, durant l'ère hitlérienne.

1978

LE « PRINTEMPS DE PÉKIN »

Le temps des illusions

G. K. Chesterton reprochait au journalisme de concentrer son attention sur l'exceptionnel, et, par là, de donner une image déformée de la réalité. Au lieu d'imprimer « un peintre en bâtiment se tue en tombant d'un échafaudage », il serait beaucoup plus exact, disait-il, d'indiquer que « cinquante mille peintres en bâtiment *ne sont pas* tombés de leurs échafaudages et ont terminé leur journée en excellente santé ».

La lecture des dépêches d'agences de presse en provenance de Pékin, ces derniers temps, aurait enchanté Chesterton : il y est question en effet, ô merveille ! d'enseignants qui enseignent, d'étudiants qui étudient, de voyageurs qui voyagent, de jeunes filles qui portent des jupes, de chefs suprêmes qui ne sont que de simples mortels faillibles, de libraires qui vendent des livres, de cinémas qui montrent des films, etc. Il serait sans doute encore prématuré de parler de travailleurs qui travaillent, mais on y arrivera peut-être, si les nouvelles mesures économiques prises par le gouvernement réussissent à porter leurs fruits. La raison de ces rapports tautologiques n'est pas, on s'en doute, que les journalistes en poste à Pékin se soient soudainement ralliés à l'austère approche chestertonienne du réel, mais bien que, au lendemain de l'ère maoïste où l'aberrant était devenu de règle, c'est maintenant la normalité qui fait sensation ! Que signifie un aussi extraordinaire retour à l'ordinaire ?

Quiconque a une certaine expérience des régimes totalitaires — et en particulier du communisme — ne peut s'empêcher de nourrir un profond scepticisme quant à l'aptitude de ces systèmes à modifier leur nature. Quiconque a une certaine familiarité avec la culture et l'Histoire chinoises acquiert nécessairement une confiance sans limites dans la capacité des Chinois à transformer, à adapter de façon pragmatique, à métamorphoser de manière créatrice tout ce qu'ils empruntent, tout ce qui leur est imposé de l'extérieur. D'entrée de jeu, la Chine et son présent régime se sont donc trouvés promis à la collision ; l'épreuve de force semble maintenant engagée. Il ne fait aucun doute qu'à long terme les

Chinois sauront finalement avaler, digérer et totalement transformer le communisme — peut-être en conserveront-ils seulement le nom — par une sorte de conservatisme purement formel et quelque peu ironique. A plus courte échéance, il est beaucoup plus difficile de déterminer jusqu'à quel point et avec quel succès la nouvelle politique adoptée par Pékin saura mener le pays dans cette direction. A un moment aussi décisif, il serait sans doute présomptueux pour un étranger comme moi de hasarder un diagnostic et un pronostic. J'ai préféré interroger un certain nombre d'intellectuels chinois, de couleur politique variée, mais partageant pour la plupart une expérience directe et récente de la République populaire. Je voudrais simplement résumer ici l'essentiel de leurs observations.

En théorie, les changements sont radicaux. C'est peu dire que la Chine a largué le plus clair du maoïsme et que, en matière de révisionnisme, elle a déjà rattrapé et largement dépassé l'Union soviétique : elle semble en bonne voie de se débarrasser aussi du marxisme lui-même, à toutes fins pratiques ! Le dernier principe énoncé par Deng Xiaoping, dont l'exégèse occupe fort théoriciens et philosophes, tient que « le critère suprême de la vérité réside dans la pratique ». De cela, il découle que tout aspect de la doctrine marxiste qui entraverait l'effort de modernisation doit être balancé par-dessus bord, tandis que toute recette non marxiste qui se montrerait efficace peut être légitimement adoptée. Cet axiome pourra heurter les derniers carrés maoïstes de l'Occident (où d'autre qu'en Occident pourrait-on encore en trouver [1] ?), mais en Chine, pour une population à qui le gouvernement maoïste avait fait ingurgiter de force des doses démentes d'idéologie, cet abandon d'un idéalisme qui lui était étranger et ce retour à un pragmatisme qui correspond si profondément à sa culture et à sa tradition sont chaleureusement accueillis. Dans les sphères dirigeantes, en revanche, les audacieuses libertés que Deng Xiaoping prend avec le dogme ne font pas l'unanimité ; le caractère précipité et drastique de l'évolution qu'il a déclenchée inquiète les doctrinaires. Mais Deng, conscient que le temps presse, paraît précisément décidé à créer une situation en quelque sorte irréversible. De ce point de vue, bien que, de temps à autre, il se couvre encore de l'autorité posthume de Zhou Enlai, on a le sentiment qu'il ne s'agit là que d'une référence formelle ; il est fort douteux que le trop agile et suave Zhou eût jamais trouvé le nerf de mettre aussi brutalement les pieds dans le plat.

La nouvelle politique économique n'est pas moins audacieuse : la compétition et l'initiative individuelle sont encouragées ; on sollicite les

1. On dirait qu'ils se sont réfugiés au Quai d'Orsay. Il est remarquable de voir qu'au moment même où les Chinois cherchent à se débarrasser de l'encombrant souvenir de Mao, chaque haut dignitaire ou homme d'État français visitant Pékin *insiste pour ajouter au programme un pieux pèlerinage au mausolée de Mao*, suscitant à chaque fois la perplexité embarrassée de l'équipe de Deng Xiaoping, qui se demande pour quelle raison mystérieuse la France tient ainsi à lui marquer son hostilité !

crédits, les capitaux et l'expertise des entreprises capitalistes de Hong Kong, du Japon et de l'Occident ; des *export processing zones* sont créées à l'imitation de Taiwan, dont diverses réussites économiques sont présentées et analysées dans les publications intérieures de la bureaucratie.

La soudaine ouverture du pays est activement poursuivie selon deux voies : d'une part, un plus grand nombre d'étrangers — experts, étudiants, hommes d'affaires, touristes — sont admis, et bénéficient d'un plus large accès aux réalités chinoises ; d'autre part, un plus grand nombre de Chinois obtiennent de sortir du pays. Certains le quittent à titre permanent : en principe, tous ceux qui ont des parents outre-mer peuvent avoir qualité pour obtenir un visa de sortie, et ces visas sont accordés avec une certaine générosité ; plus de cent mille personnes ont ainsi quitté la Chine rien que durant cette année, et le flot des partants est tellement énorme que, à Hong Kong, les autorités britanniques ont été obligées d'établir des quotas d'entrées quotidiennes. Du côté chinois, les émigrants dûment munis de leurs visas de sortie doivent attendre à la frontière de trois semaines à un mois, avant que Hong Kong les laisse entrer…

Le paradoxe mérite d'ailleurs d'être noté, que c'est précisément au moment où la situation commence apparemment à s'améliorer que l'émigration, tant légale que clandestine, se met à croître dans des proportions stupéfiantes. Manifestement, beaucoup de Chinois, à tort ou à raison, n'ont pas confiance dans la durabilité de la présente évolution : puisqu'il s'offre maintenant une occasion de partir, ils sautent dessus, pensant qu'une telle chance risque de ne plus se représenter.

Plus important pour l'avenir de la Chine est le nombre de citoyens chinois qui quittent le pays de façon temporaire, envoyés à l'étranger en mission officielle, d'ordre culturel, scientifique, militaire ou éducatif. En particulier, l'ambitieux projet d'envoyer dix mille étudiants à l'étranger d'ici à 1985 pourrait exercer une influence énorme sur l'orientation future de la Chine ; ce projet devrait retenir toute l'attention et obtenir le plein soutien des gouvernements et des institutions concernées en Occident. (Au passage, il est désolant de voir que la France, au lieu de donner suite immédiatement à l'offre chinoise d'envoyer deux mille étudiants en France, dans des *familles*, a préféré, pour de médiocres raisons administratives, reculer ce projet : en fin de compte, il faudra encore attendre douze mois pour que cinq cents étudiants seulement puissent finalement venir à Paris… Résultat : dans divers instituts de langues étrangères en Chine, les étudiants de français ont reçu instruction de se spécialiser simultanément dans une seconde langue étrangère, le français cessant temporairement d'apparaître comme un débouché sérieux…)

Si impressionnant que puisse paraître ce chiffre de dix mille étudiants, il faut cependant se rendre compte qu'il est encore dérisoire, tant en proportion des besoins de la Chine qu'en regard de ce qui avait déjà été accompli dans ce domaine il y a plus de soixante-dix ans, encore sous le vieil empire : dès 1906, la Chine avait réussi à envoyer *rien qu'au Japon* quarante mille étudiants ! La comparaison de ces chiffres et de ces dates donne une claire image du terrifiant retard que l'hiatus maoïste a infligé au développement de la Chine moderne…

Dans la mesure où elle n'est pas entravée par une bureaucratie timorée que ces initiatives épouvantent, la politique d'ouverture poursuivie par Deng semble chercher délibérément à mettre sous le nez des étrangers la réalité d'une Chine arriérée, et à mettre sous le nez des Chinois les images provocantes d'un Japon et d'un Occident hyperindustrialisés et hyperdéveloppés. Il s'agit de choquer à des fins pédagogiques, et de faire accepter ainsi la nécessité évidente, l'urgence prioritaire des tâches de modernisation.

Ainsi, Deng s'est arrangé pour envoyer ses généraux examiner les équipements dernier cri des armées européennes ; ces visites n'ont pas résulté en achats bien nombreux — la Chine n'est financièrement pas encore en état de faire des folies dans ce domaine — mais elles ont néanmoins pleinement atteint leur but : après avoir joué tout son saoul avec les derniers modèles d'armement occidental, l'état-major chinois est maintenant convaincu que ses fantassins en espadrilles ne font définitivement pas le poids face aux régiments blindés soviétiques ; son seul espoir de jamais voir l'armée chinoise acquérir un minimum de crédibilité passe nécessairement par le programme de modernisation de Deng, qui, du coup, bénéficie, temporairement au moins, du soutien des militaires.

D'un autre côté, par le truchement de la presse et des films d'actualités, les masses chinoises sont maintenant systématiquement confrontées avec la vision ahurissante de l'efficacité et de la prospérité capitalistes. Cette politique est toutefois à double tranchant ; elle peut, certes, renforcer l'argument des partisans de la modernisation, mais, hélas ! elle entraîne aussi un découragement : comment le gigantesque écart qui sépare la Chine des pays industrialisés pourra-t-il jamais être comblé ? Comment se fait-il que la technologie de la Chine socialiste soit si loin derrière celle de Taiwan ?

Plus grave encore est la soudaine renaissance d'une mentalité aveuglément admiratrice de l'Occident ; cette psychologie malsaine qui avait fait des ravages durant la première république avait fait place, après la « Libération », à une nouvelle confiance du peuple chinois en ses propres ressources ; aussi, il est regrettable de voir maintenant l'un des plus salubres acquis du régime ainsi battu en brèche. La nouvelle mode est déjà traduite en dictons populaires : par exemple, cette version sarcastiquement détournée de deux anciens slogans maoïstes (malheureusement la ritournelle perd son sel et sa rime en traduction) :

L'agriculture prend modèle sur Dazhai
L'industrie prend modèle sur Daqing
Le pays entier prend modèle sur l'Amérique !

*

Comment la direction chinoise a-t-elle pu en arriver à effectuer une volte-face aussi soudaine, si peu de temps après la mort de Mao ? Le caractère extrême de ce revirement politique s'explique par le caractère extrême de l'aventure maoïste et de sa catastrophique conclusion qui, en culminant dans la fureur, la terreur et le chaos de la « Révolution culturelle », provoqua une réaction de rejet. Deng Xiaoping et ses collègues ont expérimenté les effets du maoïsme de façon particulièrement mémorable, puisqu'ils en furent les premières et principales victimes. Chassés du pouvoir, humiliés, battus, torturés, ceux d'entre eux qui survécurent à cette épreuve eurent une occasion unique de méditer à loisir sur les implications du système maoïste. C'est un peu comme si les accusés des procès de Moscou avaient, par quelque miracle, échappé à la mort pour se retrouver à nouveau au pouvoir : on peut imaginer que leur expérience leur aurait inspiré certaines initiatives neuves…

Enfin et surtout, à la fin de l'ère maoïste, la Chine se trouva confrontée avec une faillite presque totale — morale, politique et principalement économique. *Le Quotidien du peuple* lui-même reconnaît maintenant que, à partir du « Grand Bond en avant » (1958), la politique économique de Mao réussit essentiellement à anéantir la productivité de l'agriculture et de l'industrie chinoises ! A la mort de Mao, la situation était devenue tellement désespérée qu'elle ne laissait plus d'autre choix : il fallait de toute urgence renverser la vapeur, et relancer la machine à toute vitesse en sens opposé. Bien sûr, la lutte pour le pouvoir continue à Pékin — c'est un trait permanent du régime… Mais il est difficile d'imaginer comment ces conflits de personnalités, tout réels et féroces qu'ils soient, pourraient, dans l'immédiat, affecter sensiblement l'orientation politique générale ou remettre en question certaines options fondamentales ; en ce moment, le débat intérieur doit porter plus sur des questions de méthode et de degré, que sur le *principe* du changement d'orientation qui, lui, est imposé par la force même des choses.

La volonté de modernisation a constitué le courant dynamique des cent dernières années de l'histoire de Chine : c'est cet idéal qui a inspiré les réformistes à la fin de l'empire contre le conservatisme myope de la cour mandchoue ; il a inspiré les intellectuels et les patriotes du mouvement du 4-Mai (1919) contre le despotisme rétrograde des Seigneurs de la Guerre ; ce même idéal trouva un commencement d'application au début des années 30, pour être aussitôt brisé par l'agression japonaise ; enfin, il inspira l'extraordinaire élan du début des années 50, juste après la fondation de la République populaire (toute la politique poursuivie aujourd'hui cherche précisément à retrouver l'esprit de cette époque, et cela se marque jusque dans le domaine culturel, avec la remise en circulation systématique des films et des livres liés à ces années constructives), mais cet élan devait bientôt être détruit par Mao. En un sens, le dernier retour de flamme du conservatisme chinois fut la répression sanglante exercée par les radicaux maoïstes sur les manifestants de Tian'anmen (5 avril 1976) qui s'étaient soulevés contre le pouvoir féodal du vieux despote agonisant et de sa clique du palais.

Dans l'optique idéaliste de Mao, l'idéologie seule doit suffire pour transformer l'homme. Aujourd'hui, avec un plus libre accès aux campagnes chinoises où vit la majorité de la population, et où gît le cœur du problème, les observateurs découvrent avec ahurissement non seulement une Chine désespérément misérable, végétant en lisière de la famine, mais surtout un monde moyenâgeux, encore en proie à des croyances et à des coutumes que la politique moderne n'a pas réussi à entamer [1]. Il n'y a là, d'ailleurs, rien de bien étonnant. Sans une modification des conditions matérielles, sans une amélioration du niveau de vie, comment les mentalités pourraient-elles changer ? Deng Xiaoping — poursuivant en cela une ligne d'une belle constance, puisque c'était là celle qu'il avait proclamée lors du VIIIe Congrès du Parti, en 1956, contre lequel Mao allait ensuite s'inscrire en faux — a très précisément

1. Par bien des aspects, la Chine vit encore au Moyen Âge. Ainsi, ce témoignage d'une personne de ma connaissance qui visita de la parenté dans un village du Henan — province centrale et berceau millénaire de la civilisation chinoise : pour gagner le village, sa voiture fut escortée par deux jeeps de l'armée — protection contre les bandits locaux. Comme jadis, ces bandes de brigands naissent de la conjonction de deux facteurs : désordre politique et aiguillon de la famine. Les grandes inondations du fleuve Jaune dans la province, en 1975 et 1976, firent au moins sept cent mille morts (en réalité, elles firent probablement plus de victimes encore que le tremblement de terre de Tangshan) — qui en a jamais parlé hors de Chine ? Le sujet en est demeuré tabou dans la presse chinoise, mais les témoignages individuels abondent… La famine qui suivit chassa les gens des villages et poussa des troupes de mendiants vers les villes.

Entre autres coutumes traditionnelles, le visiteur en question observa la persistance des « tong yang xi » — les filles qu'on vend à une famille paysanne pour qui elles travailleront, en attendant d'en épouser les fils, eux-mêmes encore enfants. Le même phénomène existait encore à Taiwan également jusqu'il y a quelque vingt-cinq ans, mais il a maintenant entièrement disparu : ce n'est pas que les lois du président Chiang soient tellement plus efficaces que les pensées du président Mao — mais simplement une conséquence économique naturelle de la modernisation : une fille rapporte bien plus à ses parents en allant s'embaucher dans une fabrique de la ville voisine, et cette possibilité d'embauche même lui assure d'autre part l'autonomie… Là aussi, c'est la modernisation qui a représenté la vraie révolution.

identifié la tâche révolutionnaire authentique et fondamentale : *révolutionner la Chine, c'est d'abord moderniser la Chine.*

Pour le moment, les étrangers qui visitent la Chine sont les premiers à bénéficier des effets de la nouvelle politique ; c'est bien agréable pour eux, mais sans grande conséquence pour la Chine, sinon en ce qui concerne l'amélioration de l'image qu'elle projette au-dehors. Pour ce qui est des Chinois eux-mêmes, les principaux bénéficiaires de la présente orientation sont avant tout les intellectuels — un des risques de cette évolution est d'ailleurs d'aboutir à la reconstitution d'une élite urbaine de technocrates privilégiés… Ils se réjouissent prudemment, mais leurs récentes expériences les ont tellement traumatisés que, pour beaucoup, il faudra encore un certain temps avant que la confiance leur revienne et qu'ils commencent à faire plein usage des possibilités qui leur sont offertes.

Pour les masses urbaines et la jeunesse, de nouvelles espérances naissent, mêlées d'un certain scepticisme. Il est difficile de susciter à nouveau l'enthousiasme des années 50 : Mao a gaspillé une fois pour toutes ce précieux capital dans les aventures désastreuses du « Grand Bond » et de la « Révolution culturelle ». Dans quelle mesure les autorités sauront-elles répondre à cet espoir, satisfaire ces nouvelles aspirations ? Leur marge de manœuvre est, hélas ! dramatiquement limitée par l'état arriéré de l'économie et la redoutable surpopulation. (Un exemple entre cent : le rétablissement des examens d'entrée à l'Université a constitué une décision immensément populaire, ouvrant à nouveau à tous les talents et compétences un débouché que les caprices de la politique leur avaient arbitrairement fermé ; des millions de jeunes se sont présentés aux examens, mais le nombre de places disponibles est tellement réduit que, statistiquement, les chances de réussite apparentent l'opération à une loterie aussi désespérante que celle des examens mandarinaux à la fin de l'empire, entraînant d'ailleurs les mêmes frustrations et les mêmes sentiments de révolte.)

Dans l'avenir immédiat, les paysans auront probablement le moins de chances d'être positivement touchés par les changements ; dans la mesure où ils sont conscients de l'existence de ces changements, ils les considèrent plutôt avec scepticisme, sinon avec méfiance. Paradoxalement, à l'époque où la Chine était plongée dans les affres de la « Révolution culturelle », les campagnes connurent leurs meilleurs jours : l'affaiblissement du contrôle du gouvernement central permit aux villages de regagner un large degré d'autarcie traditionnelle et une certaine prospérité. Maintenant, c'est la situation inverse, et, même, les paysans risquent de se voir traiter encore une fois comme « les bêtes de somme de l'Histoire ». Si la modernisation et l'industrialisation devaient s'accomplir à leurs dépens au lieu de viser en tout premier lieu à améliorer leur sort (ce type de modernisation-là correspond au fond à la formule que le Shah a essayé d'appliquer en Iran, avec les résultats qu'on sait…), l'écart qui sépare la Chine rurale de la Chine urbaine — et qui préoccupait justement Mao — pourrait prendre les proportions d'un abîme infranchissable, ce qui aurait des conséquences tragiques pour le pays.

*

Le principal obstacle à la modernisation réside dans le fait que, bien que le mouvement se soit assigné quatre objectifs spécifiques (agriculture, industrie, défense, science-technologie), le point le plus vital et qui détermine tout le reste n'a jamais été énoncé : il s'agit de la modernisation du système politique. Quel espoir de succès peuvent avoir les « quatre modernisations » si elles doivent être poursuivies avec un instrument aussi incommode, rigide, amorphe et conservateur qu'un théocratique parti communiste ? L'appareil orthodoxe du Parti considère d'ailleurs les présentes innovations avec tout le désarroi d'un clergé dont le pape aurait juste déclaré qu'après tout il n'était pas si sûr que ça de l'existence de Dieu… L'étroitesse d'esprit et la médiocrité de la bureaucratie moyenne-inférieure, combinées avec sa redoutable toute-puissance à l'échelon local, peuvent suffire à paralyser et à torpiller toutes les initiatives émanant du centre.

Le problème que pose cet appareil médiéval du Parti pour l'effort de modernisation n'a pas échappé à la faction éclairée du gouvernement. Le besoin d'instaurer une « légalité socialiste », de protéger « les droits du peuple » est constamment réaffirmé, non plus seulement comme une demande spontanée des masses, mais aussi comme un objectif explicitement désigné par les autorités. En complète opposition avec l'illégalité systématique qu'avait créée Mao, on tente maintenant d'élaborer des codes de lois et de substituer des critères objectifs de légalité, au capricieux *gouvernement par l'idéologie* qui avait caractérisé l'ère maoïste. Certains signes sont encourageants, par exemple, la réhabilitation des martyrs du 5 Avril — mais il demeure quand même difficile de parler sérieusement de légalité dans un pays dont le chef suprême, Hua Guofeng, s'est emparé du pouvoir par un coup d'État, et justifie son autorité sur neuf cents millions d'hommes au moyen de six mots griffonnés par un Mao sénile sur un morceau de papier que nul, d'ailleurs, n'a jamais vu… La « Bande des Quatre » est dénoncée pour ses procédés tyranniques et arbitraires, mais les « quatre » et leurs partisans se voient maintenant poursuivis selon des méthodes identiques, et il n'y a aucune chance qu'ils fassent jamais l'objet d'un procès véritablement public, entouré de garanties légales[1]. Les auteurs du fameux manifeste de 1975, *La Démocratie et la légalité sous le socialisme*[2], qui comptent parmi les dissidents les plus éloquents et les plus courageux de Chine, sont toujours sous les verrous. On continue à arrêter et à exécuter les hérétiques de façon routinière…

Les problèmes sont donc gigantesques. Et, pourtant, la plupart des observateurs chinois — à l'exception des jeunes réfugiés qui conservent un scepticisme amer en ce qui concerne la capacité du régime à se transformer — manifestent un remarquable optimisme, même ceux d'entre eux qui, précédemment, avaient les préjugés les plus ancrés à l'égard du régime de Pékin. Dans la mesure où le traditionnel génie pragmatique des Chinois va trouver une certaine possibilité de déployer ses capacités d'initiative et d'invention, cet optimisme est probablement justifié.

Décembre 1978

Retour à la réalité

Aux beaux jours du « mur de la Démocratie », devant une foule attentive, un jeune Chinois, qui avait pressé de questions un journaliste occidental sur la façon dont le système démocratique opérait dans son pays, lui demanda : « Combien de voix le Parti communiste a-t-il obtenues chez vous aux dernières élections ? — 1 %. — Si nous avions des élections libres ici, les communistes n'obtiendraient même pas ça. »

L'expérience du « mur de la Démocratie » devait inévitablement aboutir à de tels propos, qui, à leur tour, devaient inévitablement provoquer la suppression de l'expérience elle-même. La municipalité de Pékin a maintenant promulgué l'interdiction de critiquer le gouvernement et le Parti, a fait arracher les affiches et inscriptions jugées non conformes à l'orthodoxie et a arbitrairement arrêté les principales figures du mouvement démocratique : Fu Yuehua, Wei Jingsheng, Ren Wanding, Gao Shan, Li Weisan… Ces arrestations ont été effectuées brutalement, sans mandat, au mépris de toute légalité. Les victimes ont disparu sans laisser de trace, et même leurs proches parents ignorent ce qu'ils est advenu d'elles. Après trente années d'un pouvoir absolu, le parti communiste se sent à ce point dépourvu de soutien populaire que l'existence d'une poignée de jeunes contestataires armés de leur seule éloquence suffit à le terrifier.

Qui étaient ces critiques et que voulaient-ils ? Les animateurs du mouvement démocratique forment une élite brillante, courageuse et lucide, combinant idéalisme et expérience. Ces jeunes gens sont relativement

1. Entre-temps le procès a eu lieu : sur cette sinistre farce, jouée à bureaux soigneusement fermés, il faut lire H. Hatamen, *Un procès peut en cacher un autre*, Paris, Christian Bourgois, 1982.

2. Voir Li Yizhe, *Chinois si vous saviez*, Paris, Christian Bourgois, 1976. Depuis, Li Zhengtian a bien été libéré, mais Wang Xizhe a été arrêté à nouveau.

peu nombreux, mais ils disposent d'un réseau de sympathisants qui s'étend au pays entier. Paradoxalement, ils sont pour la plupart fils et filles de la clique dirigeante du Parti. Leur naissance privilégiée leur a permis de bénéficier d'une meilleure éducation et d'un plus large accès aux sources d'informations. Leur connaissance directe de la vie au sommet les a laissés sans illusions sur la nature du régime. La faillite générale du système les a amenés à perdre leur foi communiste ; pour beaucoup d'entre eux, particulièrement, c'est le spectacle de la misère paysanne découverte lorsqu'ils furent envoyés aux champs à l'issue de la « Révolution culturelle » qui constitua la prise de conscience décisive [1].

Ce qu'ils veulent, c'est tout simplement la démocratie : briser ce monopole que le parti communiste exerce sur la totalité de la vie politique. Ils se définissent comme une opposition loyale, opérant au grand jour selon les méthodes démocratiques. Non sans humour, ils insistent sur le fait qu'ils refusent d'imiter ces procédés communistes qui reposent sur le mensonge, le secret et le complot. Prêts à tous les sacrifices, ce sont des patriotes qui ont froidement calculé et accepté les risques énormes auxquels les expose leur entreprise. Comme les premiers martyrs républicains qui, à la fin de l'empire, s'offraient au bourreau pour que cet exemple réveille la conscience de leurs compatriotes, ils ont voulu mettre à profit la précieuse et brève occasion fournie par « le mur de la Démocratie » pour faire entendre leur voix en Chine et dans le monde. Ils se sont exprimés avec une vigueur et une clarté mémorables. Un texte tel que *La Cinquième Modernisation : la démocratie* [2] de Wei Jingsheng fait dès à présent figure de nouveau classique dans la littérature dissidente et antitotalitaire. Ils savaient fort bien quel genre de rétribution allait leur valoir cette cinglante critique de la dictature communiste. Mais la démocratie, disent-ils, ne sera jamais accordée au peuple par les dirigeants. C'est au peuple de la conquérir par lui-même, et la première étape dans cette voie est d'éveiller dans les masses des exigences politiques accrues, une conscience neuve de leur condition, de manière à créer des pressions qui contraindront progressivement l'oligarchie régnante à faire des concessions.

L'appel que ces jeunes gens ont lancé déborde les frontières de la Chine : lorsqu'ils clament l'universalité de l'idéal démocratique et des droits de l'homme, ils lancent une provocation à la conscience mondiale. Comment leur répondrons-nous ? Allons-nous leur dire, comme Alain Peyrefitte naguère, que, pour des Chinois, le maoïsme c'est assez bon ?

Pourquoi, après avoir autorisé, sinon encouragé, les premiers développements du mouvement démocratique, Deng Xiaoping l'a-t-il ensuite

1. Cette découverte de la misère des campagnes par les jeunes intellectuels est bien décrite dans *Avoir vingt ans en Chine*, par Jean-Jacques Michel et Huang He, Paris, Le Seuil, 1978.
2. On en trouvera la traduction ci-dessous, p. 721-733.

anéanti ? Certes, à ses débuts, le mouvement présentait pour Deng certains avantages. En politique extérieure, il conférait à son régime une apparence séduisante, facilitait ses relations avec l'Occident, en particulier avec l'Amérique. Et, en politique intérieure, aussi longtemps qu'il fut contenu dans certaines limites et canalisé dans une certaine direction, il permit à Deng de consolider sa position en affaiblissant celle des radicaux maoïstes. Néanmoins, on aurait probablement tort de vouloir simplement réduire son attitude à des calculs de cet ordre. Les amis sincères de la Chine ont éprouvé et éprouvent encore une grande répugnance à critiquer Deng. Après tout, quelles que soient les réserves qu'on puisse et doive conserver à son égard (Deng, on le sait bien, est un stalinien de stricte observance pour qui « démocratie » et « droits de l'homme » sont des mots malsonnants, et qui s'est cru insulté le jour où un commentateur occidental qualifia sa politique de « libéralisation »), la réalité objective de l'immense changement qu'il a apporté doit susciter la sympathie et l'admiration. Car elle va manifestement dans le sens des intérêts profonds de la Chine.

Bien sûr, il ne fallait pas avoir la vue bien fine pour s'apercevoir de l'épouvantable banqueroute de l'aventure maoïste — elle s'étalait sous les yeux de la Chine entière avec une évidence énorme. Mais Deng a au moins eu le courage de la proclamer tout haut et de formuler un plan de sauvetage en embarquant le pays de toute urgence dans la voie de la modernisation. Ici, encore une fois, les amis du peuple chinois ne peuvent que souhaiter la réussite de cette entreprise qui devrait assurer enfin la sécurité et la prospérité d'un quart du genre humain. L'intérêt supérieur de la Chine ne demanderait-il donc pas que les critiques de Deng mettent provisoirement une sourdine à leurs attaques ?

Voyant le problème de l'intérieur, les membres du mouvement démocratique arrivent, eux, à une conclusion opposée : la modernisation de Deng par définition même ne peut réussir, disent-ils, car Deng n'a rejeté du maoïsme que ses plus grossières bévues, ainsi que certains membres particulièrement incompétents de son personnel. Tandis que, pour le reste, en profondeur, il en continue les méthodes et l'esprit, puisqu'il refuse de désavouer son totalitarisme. Comme le faisait remarquer un jeune intellectuel pékinois à un ami étranger : Deng Xiaoping n'est ni Nagy ni Dubcek. S'il était Nagy, on l'aurait assassiné depuis longtemps. S'il était Dubcek, il serait en prison.

En effet, Deng a beau dénoncer la « Bande des Quatre » et son usage arbitraire et criminel du pouvoir, en faisant maintenant arrêter au mépris de toute légalité les membres du mouvement démocratique (ils furent les tout premiers à s'opposer à la tyrannie maoïste), bon gré, mal gré, il parachève l'œuvre des Quatre, il montre qu'en réalité c'est toujours le fantôme de la « Bande des Quatre » qui dirige la Chine. Que peut-on encore attendre d'une modernisation engagée sous pareille égide ?

Deng est enfermé dans une contradiction dont il semble n'avoir lui-même pas pris toute la mesure. Son mérite objectif est d'avoir amorcé l'actuelle transformation, à la faveur de laquelle le mouvement démocratique a pu se manifester. Mais il a été incapable de prévoir que la dynamique interne de cette transformation allait l'entraîner précisément là où il ne veut point aller. Comme les mandarins progressistes, à la fin du XIXe siècle, qui voulaient ouvrir la Chine aux idées occidentales et adopter une réforme constitutionnelle dans l'espoir de consolider l'empire, et, ce faisant, le détruisaient, comme Mao qui pensait renforcer le régime avec ses Cent Fleurs et, ce faisant, l'exposait à un intolérable péril, Deng, très littéralement, ne sait pas ce qu'il fait : il est assez lucide pour voir que le régime a un besoin urgent de réformes, et pas assez pour percevoir que, étant donné la nature même du mal, toute réforme sérieuse aboutira nécessairement à une remise en question totale du système. Autrement dit, il est parfaitement sincère dans sa volonté de réforme, et parfaitement incapable d'en accepter les conséquences logiques, puisque celles-ci impliqueraient que toute sa carrière et celle de ses compagnons ont été dédiées à une chimère.

Rien ne saurait mieux résumer cette pathétique contradiction que son fameux slogan : « Arriver à la vérité par l'examen des faits. » Guidée par cette audacieuse directive, la presse chinoise s'est livrée depuis plus d'un an à un saisissant déballage. Si l'on voulait compiler un jour une anthologie de ces révélations quotidiennement fournies par les sources officielles, le résultat serait mille fois plus dévastateur que tout ce que pourraient exposer les ennemis du régime. Dans tous les domaines, c'est un constat de faillite qui s'impose.

Dans l'ordre politique et moral, ces descriptions font état d'un régime de terreur, du caprice arbitraire des dirigeants, d'une tyrannie « sociale-fasciste », d'une illégalité institutionnalisée, d'un mépris des citoyens, de corruption, de délinquance, d'une démoralisation générale. Dans l'ordre culturel : destructions barbares, stérilité et désert. Dans l'ordre économique : inefficacité, gaspillage, incurie et ruine. Même le cliché fondamental que la propagande avait réussi à imposer à l'extérieur (avec tant de succès que, finalement, les adversaires du régime en étaient eux-mêmes venus à l'accepter sans discussion), ce mythe selon lequel « maintenant tous les Chinois mangent à leur faim » a volé en éclats sous le coup des choquantes déclarations des autorités culminant dans cet aveu de Li Xiannian (discours du 22 juillet 1978) : « Nous ne pouvons oublier le dicton selon lequel, pour le peuple, la nourriture est la question première et suprême. Si nous négligeons ce problème de la nourriture, nous allons avoir le chaos. »

Croyant que le pragmatisme de Deng Xiaoping les autorisait enfin à retourner à un mode de production efficace, dans plusieurs provinces les paysans ont déjà commencé à se retirer des communes et des brigades, pour essayer de former de petites exploitations claniques ou familiales. Et, enhardis par ce qu'ils prenaient pour un nouveau climat politique, cet hiver des paysans sont montés à Pékin pour manifester. Ce ne sont pas des mots d'ordre idéologiques qu'ils ont clamés, mais bien le cri primordial et terrible : « Nous avons faim ! Nous voulons manger ! » Et c'est d'ailleurs pour avoir tenté de les aider qu'une jeune femme, Fu Yuehua, fut arrêtée au début de janvier, devenant ainsi la toute première victime de la répression exercée contre le mouvement démocratique.

« L'examen des faits » a donc été poursuivi en Chine à tous les niveaux, d'une manière singulièrement directe, approfondie, et audacieuse. Malheureusement, au terme de cette immense enquête, la vérité à laquelle on arrive inéluctablement est de nature si horriblement contre-révolutionnaire qu'il a fallu faire bientôt disparaître tous ceux qui osaient la formuler à haute voix : le communisme est un désastre.

Mai 1979

Post-mortem

Bernard Frank observait que les preuves de l'existence de Dieu avancées par la théologie traditionnelle pourraient être avantageusement remplacées par un argument nouveau : « la preuve par Sartre », laquelle repose sur un robuste et irréfutable syllogisme — Sartre nie l'existence de Dieu ; les événements ont toujours donné tort à Sartre, *ergo*…

Dans le domaine des affaires chinoises, il existe un équivalent de cette infaillibilité à rebours. On pourrait l'appeler « la preuve par Daubier ». Depuis une dizaine d'années, en effet, M. Jean Daubier se trompe dans ses analyses de la politique chinoise avec une constance, une rigueur et une autorité admirables ; la régularité avec laquelle les faits ont démenti ses jugements lui a d'ailleurs valu de devenir l'un des piliers rédactionnels d'un supplément du quotidien-le-plus-sérieux-de-France. Une bonne part du crédit dont jouit à juste titre *Le Monde diplomatique* est précisément due à cette superbe stabilité dans l'erreur que lui assure M. Daubier, contre vents et marées.

Depuis la belle époque où M. Daubier flétrissait les crimes de Liu Shaoqi et de Deng Xiaoping pour mieux célébrer les vertus de Mme Mao et de Lin Biao, il a toujours suffi de le lire à l'envers pour être assuré de tenir les choses par le bon bout. Aussi, lorsque, dans un récent article consacré aux publications nouvelles sur la Chine, M. Daubier n'a mentionné l'existence d'*Un bol de nids d'hirondelles ne fait pas le printemps de Pékin*[1], que pour flétrir sa « trop longue introduction d'aspect déroutant », les connaisseurs ne s'y sont pas trompés. *Un bol*…

1. *Un bol de nids d'hirondelles ne fait pas le printemps de Pékin*, introd. de Huang San, Paris, Christian Bourgois, 1980.

constitue avec *Le Printemps de Pékin*[1] (les deux anthologies se complètent bien plus qu'elles ne se répètent) une remarquable collection de documents concernant les divers mouvements qui se sont développés autour du « mur de la Démocratie ». Mais ce qui fait la valeur unique du premier ouvrage, c'est précisément cette introduction de Huang San qui, de façon caractéristique, a tant « dérouté » M. Daubier. La lecture des cent pages de Huang San peut avantageusement remplacer la consultation d'une montagne d'essais, d'articles et d'études consacrés à l'évolution de la Chine depuis la mort de Mao ; sur ce sujet je n'ai, à ce jour, rien lu de plus complet, concis, clair et pénétrant.

Huang San était bien qualifié pour débrouiller la trame complexe de l'actualité chinoise. Brillant universitaire originaire de Chine populaire, installé en Europe après un long séjour à Hong Kong, il conserve des liens étroits avec sa patrie, qu'il retourne régulièrement visiter. Il pourrait confortablement se retirer dans la tour d'ivoire de la discipline classique où ses travaux et publications lui valent le respect de ses pairs, mais le destin de la Chine lui tient trop à cœur pour qu'il puisse s'autoriser une telle évasion. S'il suit l'actualité avec un intérêt passionné, il sait aussi appliquer, dans la recherche, l'analyse et l'interprétation des documents, toute l'objectivité scientifique et la rigueur qui caractérisent ses travaux classiques. Cette triple qualité de l'intelligence, de l'information et du cœur était bien faite pour « dérouter » M. Daubier, qui, pour sa part, n'a pas l'habitude de faire appel à de semblables outils lorsqu'il écrit sur la Chine.

Un récit d'anticipation intitulé *La Tragédie de l'an 2000*, que son auteur avait placardé, à la fin de 1978, sur le « mur de la Démocratie », décrivait comment, à l'aube du XXIe siècle, peu après la mort du leader, un coup d'État survenait à Pékin : les radicaux-maoïstes reprenaient le pouvoir ; la mémoire de Lin Biao et de Jiang Qing était solennellement réhabilitée ; Liu Shaoqi et Deng Xiaoping se voyaient de nouveau condamnés à titre posthume ; la population chinoise apprenait que la politique de démocratisation et de modernisation poursuivie durant les deux dernières décennies du siècle n'avait été qu'une monstrueuse aberration… Cette fable sardonique, stigmatisant les virevoltes du carrousel politique de Pékin, se croyait pessimiste en ceci qu'elle prophétisait le retour au pouvoir, vingt ans plus tard, des ennemis de Deng Xiaoping, et la suppression du mouvement démocratique…

… La réalité est plus noire que la fiction : le mouvement démocratique devait être supprimé *trois mois* plus tard, et par *Deng lui-même !…*

Huang San démonte le mécanisme de cette paradoxale conclusion. La caste dirigeante pékinoise est essentiellement divisée en trois groupes.

1. *Le Printemps de Pékin*, présenté par Victor Sidane, Paris, Gallimard/Archives, 1980.

Au centre, une masse majoritaire, mais amorphe et flottante, de bureaucrates opportunistes, soucieux avant tout de conserver leurs prébendes : ils dérivent avec le courant et observent d'où souffle le vent. Sur une aile, les nostalgiques du maoïsme pur, parvenus au pouvoir à la faveur de la « Révolution culturelle », de plus en plus isolés et menacés par la politique de restauration poursuivie par Deng, forment un dernier carré autour de l'étendard de Mao et poursuivent avec obstination un combat d'arrière-garde contre le raz de marée « révisionniste ».

A l'autre extrémité, Deng et son équipe battent hardiment en brèche tous les dogmes maoïstes ; ils subordonnent la politique à l'économie ; ils établissent un ambitieux programme de modernisation ; ils ouvrent la Chine au monde extérieur. Deng n'a qu'une entrave, mais elle est décisive ; les maoïstes n'ont qu'un atout, mais il est vital : quoi qu'elle fasse en pratique, l'équipe dirigeante demeure obligée de se réclamer théoriquement de Mao ; même les ennemis et les victimes du Grandiose Pilote comprennent que la sécurité de leur pouvoir en dépend. Au nom de « l'unité et de la stabilité », il faut donc conserver le vieux totem sur les autels, ce qui, d'emblée, réduit dramatiquement les possibilités d'une réforme réelle du système.

Face à l'instable et mouvante coalition des dirigeants, il y a le peuple. Le peuple est sans pouvoir, mais depuis le 5 Avril (1976, manifestation antimaoïste de Tian'anmen) il a recouvré sa voix — et il a pu en mesurer tout l'effet : ses clameurs n'ont-elles pas aidé à chasser les plus odieux des suppôts de Mao, n'ont-elles pas abouti à la réhabilitation de Deng Xiaoping ?

Quand Deng, alors au comble de la popularité, lance son mot d'ordre de modernisation, l'aile la plus dynamique, courageuse et idéaliste de la jeunesse chinoise, dont l'appoint devrait être capital pour le succès de cette nouvelle politique, répond aussitôt en réclamant la démocratie. Cette demande peut paraître insolente et subversive aux yeux de bureaucrates timorés ; en fait, elle complète en profondeur la politique de Deng, en lui permettant de renouer avec la grande tradition révolutionnaire du mouvement du 4-Mai (1919), qui avait lancé le slogan « Science et Démocratie ».

L'exigence de démocratie est le fil conducteur qui traverse toute l'histoire de la Chine moderne et révolutionnaire. Chiang Kaï-shek s'était aliéné les forces vivantes du pays en leur refusant la démocratie ; Mao se les concilia en la leur promettant. Une fois au pouvoir, on sait quel sort il devait faire à la « démocratie ». (Celui qu'il réservait à la « science » — à l'intelligence en général — ne fut d'ailleurs pas meilleur : une génération entière d'illettrés grandis dans les jachères sanglantes de la « Révolution culturelle » est là pour en témoigner.)

Le mouvement démocratique, loin d'entraver la modernisation préconisée par Deng, allait donc la remettre vraiment dans le courant de l'Histoire. On put croire un moment que Deng lui-même avait perçu cette évidence : pendant quelques mois (novembre 1978-mars 1979), il parut couvrir de son autorité une expérience qui épouvantait les bureaucrates du Parti. Dans une atmosphère de fièvre, d'espoir, d'enthousiasme, le mur de la Démocratie, à Pékin, devint le centre d'une activité extraordinaire.

Mais le point de crise est bientôt atteint : l'aile la plus avancée du mouvement remet directement en question le monopole politique exercé par le parti communiste. Sans la démocratie, disent Wei Jingsheng et ses compagnons, la modernisation n'est qu'une farce ; quand bien même elle réussirait, elle ne permettrait au peuple chinois que « d'échanger ses chaînes de fer contre des chaînes d'or ». Simultanément se développe le mouvement des « plaignants » : des provinciaux, des villageois victimes de l'arbitraire des despotes locaux montent à Pékin pour demander justice ; des paysans en haillons campent devant le portail du complexe des résidences gouvernementales, défilent dans les rues en criant : « A bas l'oppression ! A bas la famine ! Nous voulons les droits de l'homme et la démocratie ! »

Au sein de l'équipe dirigeante, l'inquiétude grandit. Où va-t-on de ce pas ? Deng est mis au pied du mur : contre ses rivaux politiques, il lui serait aisé de s'appuyer sur le peuple — mais c'est évidemment là une option qu'il ne saurait envisager un seul instant. Si aigu que soit le conflit qui l'oppose aux radicaux-maoïstes, si vive que soit son impatience devant l'inertie et l'attentisme des centristes, la solidarité de classe et de caste qui joue entre bureaucrates prime toute autre considération : face à la menace que pose un peuple réveillé, l'intérêt commun des dirigeants exige de déclencher la répression. On sait le reste : arrestations arbitraires, procès truqués, condamnations sans procès, voilà donc en quoi consistait cette *légalité socialiste* dont les autorités venaient d'annoncer l'instauration à son de trompe. Toutes les associations sont dissoutes, toutes les publications spontanées sont interdites ; non seulement les murs de la Démocratie sont abolis à Pékin et dans toutes les villes de Chine, mais le Pouvoir va jusqu'à supprimer de la Constitution le droit des citoyens à s'exprimer par voie d'inscriptions murales.

Paradoxe : les successeurs de Mao auraient bien voulu se débarrasser du maoïsme ; mais, en fin de compte, le *seul* élément de l'héritage maoïste qu'ils aient osé désavouer explicitement est précisément aussi son unique trait positif : ce droit du peuple à critiquer les dirigeants…

Et, aujourd'hui même, cette triste mascarade du procès de la bande à Mao, qui se joue à bureaux fermés, devant un public soigneusement sélectionné, avec des témoins qui lisent des discours qu'on leur a préparés, des juges qui se prennent pour des procureurs et des avocats muets qui leur servent de claque, avec des micros et des caméras qui, magiquement, cessent de fonctionner chaque fois qu'un des accusés s'écarte de son texte — ce procès lui-même consacre la lugubre permanence d'un système qu'il avait eu théoriquement pour but de liquider…

Les brosses et les balais du personnel de la Sécurité ont gratté et oblitéré jusqu'au dernier vestige des inscriptions du mur de la Démocratie. Mais qui pourrait effacer des esprits et des mémoires un cri dont chaque jour vient à nouveau confirmer la cruelle vérité : « Le socialisme sans la démocratie n'est qu'un fascisme ! »

Janvier 1981

LA CARRIÈRE D'UN MAO-NAZI

Regards rétrospectifs sur la « Révolution culturelle »

Les bonnes âmes qui, en Occident, ont protesté contre la condamnation de Mme Mao seraient respectables si leur initiative partait d'une opposition de principe à la peine de mort. Mais telle ne semble pas être leur motivation : pendant des années, les victimes de cette terreur maoïste que Jiang Qing supervisait pour le compte de son mari ont été embarquées par charretées entières sans que ces cœurs sensibles élevassent jamais la moindre objection.

On pourrait encore comprendre l'attitude de nos protestataires si leur intention avait été de dénoncer la honteuse et grotesque comédie de « légalité socialiste » qui vient d'être mise en scène à Pékin. Mais si la justice et la légalité leur tenaient tant à cœur, que n'ont-ils protesté lors du procès truqué dont Wei Jingsheng, porte-parole du mouvement démocratique, fut victime il n'y a pas si longtemps ?

Même une protestation fondée sur des raisons purement féministes pourrait encore, théoriquement, susciter la sympathie. Mais ces considérations n'ont pu intervenir ici — rappelez-vous, en effet, en 1979 : toute la Chine se passionna pour le sort de Fu Yuehua, quand cette jeune contestataire pékinoise, violée par un cadre, puis arbitrairement arrêtée, alors qu'elle prenait fait et cause pour des paysans affamés, fut condamnée à l'issue d'une ignoble parodie de procès (où son ancien agresseur vint jouer le rôle de témoin à charge !). Pourquoi son cas n'a-t-il jamais réussi à intéresser les mouvements féministes occidentaux ?

Non, deux raisons seulement peuvent expliquer l'attitude des signataires de cette pétition. La première relève tout simplement de ce qu'on pourrait appeler « le syndrome hugolien ». On sait que, dans sa vieillesse, Victor Hugo avait l'habitude de taper sur la table du dîner familial chaque fois que la conversation devenait générale ; dans le silence qui s'établissait alors, il ne disait rien du tout, n'ayant d'ailleurs plus rien à dire, mais jouissait seulement d'avoir ramené sur lui, fût-ce un instant, l'attention des autres convives. De même, un certain nombre de polygraphes à la retraite, et qui n'ont pas précisément l'excuse d'avoir jamais été Victor Hugo, éprouvent périodiquement le besoin de s'assurer de leur propre existence en faisant bruyamment imprimer leur nom dans les journaux. La seconde raison, plus intéressante, est qu'un certain nombre de ces signataires sympathisent avec la cause incarnée par Jiang Qing. Cette cause, c'est le fascisme.

Plus personne n'a le droit de l'ignorer en France. On se doit de lire *deux* livres qui, tout en reposant sur une information rigoureuse, sont d'une lecture hallucinante : *Apocalypse Mao*, de Claudie et Jacques Broyelle [1] et *La Vengeance du ciel*, autobiographie de Ken Ling, reconstituée par Miriam et Ivan London [2]. La lecture de ces deux ouvrages permet de mieux comprendre (mais qui pourrait encore en douter ?) que le terme de *fascisme* n'est pas employé ici dans son acception mondaine, vague et abusive, mais doit bien être entendu dans son sens le plus froidement et rigoureusement technique, désignant un phénomène politique spécifiquement caractérisé par un certain nombre de traits : mélange d'anarchie et de tyrannie (la seconde étant le corollaire de la première) ; pratique de la violence et culte de l'irrationnel (« Obéissons aux instructions du président Mao, même et surtout quand nous ne les comprenons pas ! ») ; dévotion inconditionnelle et religieuse au Chef, Guide, Führer, Duce, Leader suprême, Caudillo, Grandiose Pilote, Infaillible Maître à ne plus penser, Soleil rouge qui, illuminant tous les cœurs, fait pousser les asperges et trancher les cous ; la haine de l'intelligence et du savoir ; la manipulation d'une jeunesse fanatisée ; l'entretien méthodique d'une hystérie permanente et collective ; l'identification d'ennemis mythiques, arbitrairement désignés sur la base de critères délirants (biologie, hérédité, affinités cosmopolites, origine sociale, éducation, etc.) ; la haine, la cruauté et le meurtre érigés en vertus civiques…

Des sinologues ont un jour écrit aux journaux auxquels les Broyelle collaborent pour dénoncer ces deux insolents qui osaient parler de la Chine, alors que nulle université ne les avait diplômés à cette fin. Cet incident incroyable, mais authentique, tend à confirmer une évidence : la Chine est une question décidément trop sérieuse pour qu'on l'abandonne à des sinologues comme ceux-là… Si l'opinion française n'avait, pour s'éclairer, que la chandelle fumeuse de ces universitaires chatouilleux, gageons qu'elle en serait encore à prendre (comme l'a fait Giscard) Mao pour un phare.

Des London, autre couple infatigable et admirable, qui explore la réalité chinoise avec une lucidité passionnée, on serait tenté de dire qu'ils rachètent l'honneur universitaire — puisque l'essentiel de leurs travaux relève, en effet, de la recherche scientifique. En fait, la maffia acadé-

1. Paris, Grasset, 1980.
2. Paris, Robert Laffont, 1981.

mique ne les a pas mieux accueillis que les Broyelle, au contraire : pendant longtemps, l'Université s'est efforcée de les entourer d'un mur de silence. Il est significatif, par exemple, qu'un ouvrage aussi important (et d'ailleurs aussi accessible) que *La Vengeance du ciel* ait dû attendre huit ans pour être traduit en français.

La Vengeance du ciel tient le lecteur en haleine, et, le volume une fois refermé, son souvenir, comme celui d'un mauvais rêve, continue longtemps à nous hanter. C'est la reconstitution vivante, mais rigoureusement exacte, de la fulgurante carrière d'un petit chef mao-nazi, garçon brillant et ambitieux qui, comme tant de ses compagnons, trouva dans la « Révolution culturelle » l'occasion de transmuer ses songeries d'adolescent en une réalité de terreur et de meurtre. A la tête d'une troupe de gardes rouges, il connaît son heure de gloire, s'enivre de sa puissance, fait trembler les adultes, livre des batailles rangées avec des bandes rivales, jusqu'au jour où finalement la répression militaire l'oblige à se cacher, puis à s'évader de Chine.

La leçon que le lecteur peut dégager du livre est ambiguë : d'une part, comme on l'a déjà indiqué plus haut, c'est un écrasant témoignage sur la terreur maoïste, mais en même temps, il éclaire l'acquis paradoxal et involontaire — mais définitif — de la « Révolution culturelle ». Cauchemar pour des millions de victimes, catastrophe matérielle et morale dont on ne sait quand le pays achèvera jamais de se remettre, cette apocalypse a aussi su ouvrir des perspectives inouïes à la jeunesse chinoise, marquant pour elle un éveil et une émancipation irrévocables. Le régime de Chine populaire aurait-il pu s'établir sans Mao ? La question peut se discuter — mais une chose est certaine : c'est Mao seul qui a réussi à détruire ce même régime, en armant contre lui ses propres enfants. La critique de plus en plus lucide et radicale du maoïsme, qui, dépassant les vœux des dirigeants, est en train de miner le sol sous leurs pas, est exclusivement le fait de ces anciens militants de la « Révolution culturelle », de ces jeunes rebelles qui, il y a tout juste quinze ans, réussirent une première fois à mettre au pilori Deng Xiaoping et ses acolytes.

Du manifeste de Li Yizhe sur *La Démocratie et la légalité sous le socialisme* jusqu'à Wei Jingsheng et au mouvement démocratique, l'audacieuse exploration qui s'est poursuivie ces dix dernières années en Chine, et qui, maintenant, fait tant trembler les autorités, est un développement logique de la « Révolution culturelle » — elle en est tout entière sortie ! Aujourd'hui, ce qui voue à l'échec l'entreprise de Deng et de son équipe, c'est qu'elle cherche à mettre simplement entre parenthèses dix années de révélations décisives que la jeunesse chinoise a payées de son sang.

La Vengeance du ciel présente une double dimension, à la fois historique et psychologique. Il y a, d'une part, le récit des événements auxquels le héros est mêlé et, d'autre part, la réfraction de ces événements dans la conscience de Ken Ling lui-même, qui apparaît comme un adolescent doué et amoral, naïf et pervers, manipulateur manipulé, mégalomane et réaliste cynique. (La vérité de cette peinture devait irriter un grand nombre d'ex-gardes rouges, qui préfèrent généralement se voir sous des couleurs plus attrayantes.) Jusqu'à la fin de son odyssée rebelle (et bien au-delà : la succession de gloires et de déboires qui devaient l'attendre à Taiwan pourrait faire un épilogue singulièrement approprié pour cette tragédie des dupes), il demeura en proie à une effroyable confusion en ce qui regardait sa propre identité psychologique.

Sans l'intervention des London, le dur noyau de cette expérience serait resté enfoui à jamais dans une gangue opaque de complaisance égocentrique, dans le mièvre et faux héroïsme de théâtre dont l'imagination de Ken Ling continuait à se draper. Dans ce patient déchiffrement de la vérité profonde de Ken Ling, les London ont apporté toute l'expérience et la finesse de perception acquises au cours de quinze années consacrées à l'analyse méthodique des témoignages de réfugiés.

L'un des meilleurs spécialistes de la politique chinoise contemporaine, le Pr Jürgen Domes, qui vient, par un geste exemplaire, de leur dédier son dernier ouvrage (*Politische Soziologie der Volksrepublik China*, Wiesbaden, 1980), leur a rendu hommage en ces termes, résumant bien ce qu'ils ont accompli : « Avec une extraordinaire capacité de compréhension et d'empathie, Miriam et Ivan London se sont employés, à partir de l'interrogation des réfugiés, à saisir la réalité sociale de la Chine sous le communisme. Pendant longtemps, la validité de leurs travaux a été mise en doute par de nombreux collègues, et tournée en ridicule par certains. Mais, ces trois dernières années, leurs conclusions se sont trouvées corroborées *dans leur totalité*, et cela souvent par les sources chinoises officielles. Je veux exprimer ici ma dette de reconnaissance envers l'œuvre des London, ainsi que l'espoir que, dorénavant, nous puissions tous apprendre à tirer profit des découvertes qu'ils ont formulées de façon si convaincante. »

Quiconque connaît un peu les travaux des London pensera que le Pr Domes n'a fait qu'énoncer une évidence ; son geste n'en est que plus remarquable : lorsqu'il s'agit de la Chine contemporaine, énoncer l'évidence n'a jamais été une attitude très populaire.

Mars 1981

LA CHINE POPULAIRE SURVIT-ELLE A MAO ?

Je crains de ne pouvoir faire justice à l'excellent livre de M. Garside[1] ; mon problème ne résulte pas de l'ouvrage lui-même, mais plutôt de la difficulté croissante que j'éprouve à parler de la politique chinoise contemporaine. Camus remarquait en 1958 dans une lettre à Jean Grenier au sujet de l'Algérie : « On n'écrit pas pour dire que tout est fichu. Dans ce cas-là on se tait. » Écrire, c'est espérer — et quel espoir nous reste-t-il encore ?

Quand le prestige de Mao était à son apogée en Chine et surtout en Occident, on pouvait encore trouver une sorte de sombre plaisir à tenir des propos sacrilèges et à tourner le Grand Timonier en bourrique. Cette époque affreuse, dans ses excès mêmes, avait atteint un tel point d'absurdité que son destin s'en trouvait scellé. Nos modestes témoignages ne pouvaient certes rien faire pour hâter l'évolution des choses, mais il nous était du moins loisible d'enregistrer les grotesques signes annonciateurs de la désagrégation finale.

Après la chute de la Bande à Mao, tout se mit enfin à bouger. L'allégresse d'un peuple qui se croyait délivré était contagieuse et stimulante. Il y eut une étonnante vague de réformes. La presse officielle elle-même se mit à exposer avec une ahurissante franchise les crimes et les désastres qui avaient marqué le règne de Mao. Les nouveaux dirigeants — ou, plus exactement, les membres de la Vieille Garde qui avaient retrouvé le pouvoir — paraissaient sincèrement résolus à effectuer une rénovation radicale du régime. Ils commencèrent à ouvrir audacieusement la Chine au monde extérieur. Après trente années de violences arbitraires et de caprices despotiques, ils promirent d'instaurer enfin une « légalité socialiste ». Dans le sillage de ces initiatives neuves, fleurit l'éphémère et inoubliable « Printemps de Pékin ». Le peuple n'était plus silencieux ; de jeunes activistes s'avancèrent bravement sur le devant de la scène ; avec courage, avec clarté, avec éloquence, ils réclamèrent l'octroi des droits de l'homme et l'établissement de la démocratie. Mais leur mouvement

1. R. Garside, *Coming Alive : China after Mao*, New York, McGraw Hill, 1981.

fut bientôt mis hors la loi et écrasé ; de nouvelles « lois socialistes » furent promulguées pour justifier l'arrestation des démocrates et des patriotes qui se trouvèrent condamnés à de lourdes peines de prison sur la base de preuves truquées, et à la suite de parodies de procès.

Pourtant, même cette lugubre conclusion du mouvement démocratique ne réussit pas à éteindre entièrement l'immense espérance qui était née des réformes postmaoïstes. L'explosion de la vérité dans les organes officiels de l'information, si brève qu'elle eût été, avait laissé des traces ineffaçables. Un petit nombre d'écrivains et d'intellectuels cherchent maintenant, malgré les pressions croissantes auxquelles ils sont soumis, à s'exprimer selon leur conscience. Les échanges avec l'étranger continuent à se développer dans tous les domaines ; en particulier, les échanges culturels et éducatifs devraient, à long terme, exercer une influence importante sur l'orientation future du pays. Alors même que certains signes de mauvais augure commençaient déjà à se multiplier, la conjonction de tous ces facteurs positifs pouvait encore permettre, jusqu'il y a un ou deux ans, de penser avec M. Garside que la Chine était définitivement « engagée dans un mouvement allant de la tyrannie totalitaire vers un système plus humain » et qu'elle « luttait pour se libérer de la camisole de force du féodalisme et du marxisme-léninisme ». Je serais bien mal placé pour critiquer pareilles conclusions : à l'époque, je disais moi-même pratiquement la même chose.

Nous étions bien naïfs !

Nous aurions dû prévoir dès le début quelle orientation allait prendre la Chine, sous la direction de ces momies qui appartenaient elles-mêmes à un sinistre passé. Les nouvelles lois pénales étaient présentées à la population par nul autre que Peng Zhen — le boucher notoire qui avait présidé aux purges sauvages et sanglantes du début des années 50 ; la « libéralisation » de la vie intellectuelle et culturelle s'effectuait sous l'égide de Zhou Yang, le Jdanov chinois, un commissaire ignare et féroce qui avait brimé et terrorisé artistes et écrivains pendant plus de quarante-cinq ans ; sans oublier, bien sûr, le metteur en scène lui-même, Deng Xiaoping, qui s'est illustré pendant plus de cinquante ans comme un bureaucrate stalinien de la stricte observance. Nous entretenions l'illusion que ces leaders devaient avoir acquis je ne sais quelle nouvelle sagesse durant la période de disgrâce et de persécution qu'ils traversèrent au moment de la « Révolution culturelle ». (A ce sujet, nous aurions dû lire Milan Kundera : « Quand j'étais jeune, j'avais l'habitude d'idéaliser les gens qui revenaient après une période d'emprisonnement politique. Puis j'ai découvert que la plupart des oppresseurs étaient en fait d'anciennes victimes. ») Quand ces gens-là parlaient de « démocratie » et de « légalité » ils n'avaient en fait jamais eu l'intention d'étendre ces droits et garanties aux citoyens ordinaires ; ils entendaient seulement rétablir à l'intérieur de l'élite dirigeante un ensemble de règles qui leur permettraient de continuer à jouer les jeux de la lutte pour le pouvoir dans des conditions moins périlleuses que sous Mao.

Notre naïveté n'avait qu'une excuse : pour un temps, nombre de Chinois se sont eux-mêmes illusionnés. Rappelons-nous qu'il y eut une époque où Deng Xiaoping fut véritablement l'homme le plus populaire de Chine. La rhétorique de ses adversaires maoïstes avait en effet presque réussi à convaincre la population qu'il s'apprêtait à « restaurer le capitalisme » ! Le livre de M. Garside n'est peut-être pas complètement exempt de cette ancienne euphorie. Ceci se reflète par exemple dans les passages où il traite de Zhou Enlai et où nous le voyons, lui par ailleurs si détaché et lucide, se laisser emporter par une sorte d'effusion sentimentale qui est caractéristique de cette époque révolue. Aujourd'hui en effet, ce n'est plus seulement Deng que les Chinois jugent sévèrement pour ce qu'il est et fut toujours — c'est-à-dire non pas un champion de la cause populaire, mais un impitoyable apparatchik dont le tout premier objectif demeure toujours de maintenir l'autorité absolue de l'élite dirigeante —, mais Zhou lui-même fait maintenant l'objet d'une cruelle réévaluation, au moins dans les conversations privées des intellectuels : ceux-ci ont le sentiment qu'avec tous ses talents et son indéniable pouvoir de séduction, Zhou les a finalement tous trahis et que, dans ses rapports avec Mao, il fit invariablement preuve de lâcheté et de flagornerie. Sa légendaire souplesse culmina dans un aplatissement, et l'on peut dès à présent prédire qu'il apparaîtra un jour comme l'Albert Speer du maoïsme : il conféra crédit, intelligence, efficacité, élégance, rationalité et style à un régime que sa brutalité, son incompétence, sa grossièreté et sa folie auraient dû sinon condamner à une fin beaucoup plus rapide.

Les passages les plus captivants du livre de M. Garside sont ceux qui décrivent l'épisode du « mur de la Démocratie » à Pékin, dont il fut directement témoin. Toutefois, sur les problèmes soulevés par le mouvement démocratique, il me semble que c'est à l'un de ses principaux animateurs, Wei Jingsheng, que devrait revenir le mot de la fin. M. Garside écrit :

> Dans ses propos, Wei manifestait ce même mélange d'audace et de clarté qui faisait la qualité de ses écrits. Mon interprétation de l'évolution de la situation politique chinoise était fort différente de la sienne sur plusieurs points, mais ce n'est pas pour cette raison que je voulais le rencontrer ; mon but était d'obtenir une meilleure compréhension de ce que cherchaient des activistes comme lui. Je lui demandai s'il pensait que le mouvement démocratique entrerait en collision avec les dirigeants du Parti à un certain stade. « Certainement, répondit-il, parce que nous voulons aller plus loin que ceux des dirigeants qui ont encouragé la tendance à la démocratie et à la libération de la pensée.
>
> — Mais ces dirigeants-là ont fait beaucoup pour montrer qu'ils veulent plus de liberté en Chine. Pourquoi ne voulez-vous pas croire qu'ils souhaitent vraiment la démocratie ?
>
> — Parce qu'ils ont été des communistes toute leur vie. »

*

Dans les dernières années du règne de Mao, la Chine était en train de sombrer. Cependant, pour qui se noie, toucher le fond offre encore un espoir de remonter à l'air libre. Tandis que le gouvernement de Deng Xiaoping ferait plutôt penser à la dérive sans but d'un chien mort au fil de l'eau : son ventre gonflé du vent des promesses non tenues le tient vaguement à la surface. A la fin de l'ère maoïste régnait l'impression générale que rien ne pourrait être pire, et ce sentiment même était finalement générateur d'une sorte d'étrange réconfort : il était évident qu'une politique aussi démente *ne pouvait pas* continuer, les choses *devaient* changer. Au fond, désespoir et espérance sont des passions étroitement liées, car elles relèvent toutes deux du domaine des vivants ; aujourd'hui, il n'y a plus guère de place en Chine pour l'une ni pour l'autre : le régime est mort [1].

D'habitude, dans toute discipline spécialisée, le non-initié ne perçoit qu'uniformité là où l'expert distingue d'infinies variations. Par exemple, un spectateur non éduqué pourra facilement prendre un paysage Ming pour une peinture Song, alors qu'aux yeux d'un connaisseur, il y a un monde de différence entre les deux. Mais lorsqu'il s'agit de politique chinoise contemporaine, c'est l'inverse qui est vrai. Il y a quelque temps, j'ai été témoin d'une curieuse scène au cours d'une table ronde sinologique dans une grande université occidentale. Un certain nombre de spécialistes de sciences politiques discutaient de l'évolution de la situation en Chine populaire : considérant les divers virages qui étaient survenus durant les vingt-cinq dernières années, ils cherchaient à évaluer la portée des récentes innovations apportées par Deng Xiaoping. Chacun analysa avec un grand luxe de nuances toutes les différentes phases et périodes par lesquelles le régime était passé. Quand ils eurent achevé leurs discours, ils eurent finalement l'idée de demander son opinion à un savant distingué qui n'avait rien dit jusqu'alors, mais qui se trouvait être la seule personne compétente de l'assemblée, car il était chinois et venait d'arriver de Chine ; les événements dont on débattait n'étaient pas pour lui un objet d'investigation académique, ils avaient formé la trame même de son existence. Avec un pâle sourire empreint d'une lassitude infinie, il dit simplement : « Des transformations politiques ? Je n'en ai remarqué aucune durant ces trente dernières années. Pourquoi devrions-nous en attendre dans l'avenir ? »

---

1. J'entends ceci très littéralement mais je ne voudrais pas me risquer à pronostiquer le moment de sa chute. Comme on l'a vu plus haut, Huc voyageant en Chine peu avant le milieu du XIXe siècle avait observé très justement que la dynastie mandchoue était arrivée au bout de sa course. Et pourtant quelque soixante-dix ans devaient encore s'écouler avant que survienne la chute de l'Empire. Quand elle opère à l'échelle de la Chine, l'Histoire acquiert un autre rythme.

Et telle est précisément la navrante leçon qui se dégage de l'expérience postmaoïste. Nous mesurons maintenant l'exacte capacité qu'a le régime de réformer sa nature profonde : pour l'essentiel, cette capacité est nulle. La seule chose que les dirigeants ont réussi à faire, c'était de débarrasser le pays de sa foi maoïste — ce rêve de transformer l'homme, rêve qui seul pouvait d'une certaine façon racheter l'irrationalité du système et justifier les exorbitants sacrifices qu'il exigeait de la population. Mais on s'aperçoit maintenant qu'en fait ç'avait été ce rêve qui, pour le meilleur et pour le pire, avait permis de mobiliser la nation et de propulser le pays ; aujourd'hui, il ne reste plus qu'une énorme machine, amorphe et inerte, cette bureaucratie colossale, timorée, apathique, de plus en plus corrompue, qui paralyse toute initiative, barre toutes les voies de la vie, et refuse de bouger d'un millimètre dans aucune direction. Le Parti, cynique et discrédité, tend à devenir une Maffia d'opportunistes, incompétents pour tout ce qui ne regarde pas directement leur avancement personnel. Lénine avait bien dit : « Les membres du Parti ne doivent pas être jugés selon les critères étroits du snobisme petit-bourgeois. Parfois il arrive qu'une canaille soit utile à notre Parti, précisément du fait qu'elle est une canaille. » Ce qu'il n'avait pas prévu, c'est que, par la loi inéluctable de l'évolution des révolutions victorieuses, la majorité généreuse, courageuse et idéaliste des combattants de la première heure allait progressivement disparaître. Comme ils étaient prêts à se sacrifier, on les sacrifia, faisant ainsi de la place pour les canailles. « On ne saurait demeurer un communiste, a conclu Milovan Djilas, et conserver en même temps un seul iota de son honnêteté personnelle. » Or les canailles se cooptent au pouvoir, assurant ainsi l'immutabilité de leur règne, de génération en génération. Le système opère une sélection à rebours : il pénalise la décence, l'intelligence et la sincérité, en même temps qu'il récompense et promeut toutes les inclinations les plus basses : flagornerie, duplicité, paresse intellectuelle, opportunisme, lâcheté morale, délation, trahison. Ajoutez à cela que les cadres du Parti ont pour la plupart abominablement souffert durant la « Révolution culturelle » ; ils sont revenus au pouvoir, mus par une seule et dévorante passion : régler les vieux comptes ; après toutes leurs épreuves, ils veulent se rattraper, jouir au maximum de leur chance présente tant qu'elle dure (ils ont fort peu de foi en l'avenir : un grand nombre de cadres supérieurs ont déjà tiré parti de leur position pour envoyer leurs enfants à l'étranger, souvent sans idée de retour). Ils s'accrochent à leurs privilèges, mais ils ne veulent pas prendre la moindre initiative, car les initiatives entraînent des risques. Mais si seulement ils se contentaient de ne rien faire ! Le problème est qu'ils entravent toute activité utile que des subordonnés plus doués pourraient être tentés d'entreprendre. L'intégrité, la compétence, la créativité, l'imagination leur apparaissent comme autant de défis et de menaces pour leur autorité. (Durant la « Révolution culturelle », la politique de table rase qui avait été appliquée dans les domaines de l'intelligence et du savoir avait représenté une tentative radicale pour protéger le pouvoir d'une classe dirigeante incompétente et semi-illettrée ; ce que le Khmer rouge accomplit ensuite au Cambodge ne fut fondamentalement qu'une application un peu plus grossière et simpliste des mêmes principes.)

Que devient la grande masse des citoyens ordinaires dans ce tableau ? Au long de leur histoire les Chinois ont développé jusqu'au plus haut point un art qui s'est aussi avéré être leur malédiction : il s'agit de l'art de survivre. Un proverbe résume cette amère sagesse dont l'exercice s'est poursuivi au fil des siècles : « Plutôt être un chien en temps de paix qu'un homme dans une période de désordre. » Mais si l'existence d'une pareille mentalité peut expliquer en partie comment une nation aussi talentueuse a pu s'accommoder aussi souvent de gouvernements despotiques, elle ne saurait pleinement rendre compte des relations plus complexes qui enchaînent la Chine d'aujourd'hui à ses dirigeants communistes. La fameuse observation de Custine sur la Russie des tsars — « un peuple opprimé a toujours mérité sa peine ; la tyrannie est l'œuvre des nations, pas le chef-d'œuvre d'un homme » — était peut-être trop absolue. Mais aujourd'hui Alexandre Zinoviev semble lui avoir donné un développement plus subtil dans ses brillants et inquiétants paradoxes sur le stalinisme : sa théorie selon laquelle le pouvoir de Staline constituait l'expression paroxystique d'un pouvoir *populaire* pourrait encore mieux s'appliquer à Mao. Pareilles vues présentent des implications troublantes ; par exemple, elles heurtent de front l'opposition rassurante mais rudimentaire qu'un Soljenitsyne voulait établir entre oppresseurs et opprimés — d'un côté, une poignée d'affreux bourreaux soviétiques et, de l'autre, la Sainte Russie avec son peuple de victimes innocentes. En Chine, en tout cas, la situation ne saurait se laisser réduire à un schéma aussi simpliste. La « Révolution culturelle » fut une véritable guerre civile, artificiellement interrompue. On estime que près de cent millions de Chinois furent directement impliqués dans les violences de cette période, soit comme participants actifs, soit comme victimes. Plus de quatre-vingt-dix pour cent des auteurs de crimes commis durant cette époque — meurtres, sévices, pillages — demeurent impunis. Non qu'on ne les ait identifiés — au contraire ! — simplement, ils sont trop nombreux. Dans la plupart des cas, on les a donc tout bonnement réintégrés dans les fonctions qu'ils occupaient à l'origine. Comme, en général, les combats les plus furieux, les atrocités les plus sanglantes survinrent dans des affrontements qui opposaient des factions rivales au sein d'une même « unité » (administration, usine, école, etc.), il est courant de voir aujourd'hui des meurtriers qui partagent le même bureau, vivent sur le même palier que les collègues, amis et parents de leurs anciennes victimes ; des gens qui ont été dénoncés, trahis et battus par leurs propres collègues ou subordonnés doivent aujourd'hui travailler dans le même bâtiment, voire dans la même pièce que ceux-ci ; et l'on attend de tous qu'ils coexistent et collaborent gentiment, comme si de rien n'était…

Si le totalitarisme consistait en la persécution d'une nation innocente par une poignée de tyrans, il devrait être relativement facile d'en venir à bout. En réalité, l'exceptionnelle force de résistance que possède le système résulte précisément de ce qu'il a réussi à associer les victimes elles-mêmes à l'organisation et à la gestion de la terreur ; il les a fait participer à ses crimes, il en a fait des collaborateurs et des complices actifs des bourreaux. En conséquence, les victimes finissent par avoir elles-mêmes intérêt à préserver le régime qui les torture et les écrase. Aux survivants de la « Révolution culturelle » — et, en un sens, chaque Chinois adulte est un survivant —, on pourrait appliquer ce que Leszek Kolakowski disait des survivants des camps soviétiques : « Même ceux qui avaient, vaille que vaille, réussi à survivre aux camps avaient néanmoins acquis un intérêt subconscient à soutenir le mensonge communiste, *car ils avaient eux-mêmes coopéré à son édification.* »

L'abcès infecté de la « Révolution culturelle » est simplement caché aux regards pour le moment, mais il ne fait l'objet d'aucun traitement. Il en résulte une situation explosive, et l'échec du régime à effectuer des réformes de substance la rend encore plus dangereuse. L'immobilité n'est pas la stabilité ; en se pétrifiant, une structure ne devient pas plus forte, elle devient cassante et fragile. Parlant de l'Union soviétique, Kolakowski observait (je le cite encore une fois — si nous voulons comprendre la Chine communiste, les perspectives que nous offrent les Européens de l'Est et les contestataires russes au sujet de l'URSS sont souvent plus éclairantes que les analyses de bien des pékinologues !) : « Si les leaders soviétiques soupçonnaient un moment que l'Occident sût ce qu'ils savent eux-mêmes sur leur système, leur inquiétude concernant les chances de survie de l'Empire soviétique augmenteraient immensément. » La même remarque pourrait s'appliquer à la Chine populaire avec encore plus de pertinence. Récemment, j'avais chez moi pour quelques jours un visiteur distingué — un savant chinois venu de Pékin ; il se précipitait chaque matin sur le journal : « Pour vérifier, disait-il sardoniquement, si la République populaire ne s'est pas effondrée durant la nuit. » Et effectivement, la Chine sous le communisme apparaît de plus en plus comme une planète morte ; elle se trouve à nouveau plus ou moins sur orbite, mais la nature même de son atmosphère politique exclut que rien de vivant puisse y apparaître et croître ; elle poursuit ainsi sa course stérile et immuable, en attendant que le hasard d'une collision la fasse se désintégrer.

1981

SUR LA CHINE[1]

La vertu de certains livres semble en proportion inverse de leur taille. Le recueil des écrits de Claude Roy, *Sur la Chine*, n'a pas deux cents pages, mais ce mince petit volume constitue sans doute un des plus efficaces contrepoids à tous ces mammouths de bêtise qui sur le même sujet n'en finissent pas, depuis un bon quart de siècle, d'étirer leurs pondéreuses caravanes sur les rayons des librairies.

Comme l'a fait récemment remarquer un historien chinois dans un spirituel essai sur les antécédents historiques du « China Watching[2] », s'il est vrai qu'à la fin du XVIIIe siècle il s'était publié plus de livres *en* Chine que dans tout le reste du monde, il est fort probable qu'il se publie aujourd'hui plus de livres *sur* la Chine que sur tout autre pays du monde.

Rien qu'en France, en tout cas, ces vingt-cinq dernières années, la production a été prodigieuse — et il faut d'ailleurs rendre cette justice au maoïsme que, même si dans son propre pays il n'a pas toujours réussi à faire pousser des récoltes, en revanche il est parvenu à susciter sous nos cieux de luxuriantes moissons de fleurs de rhétorique.

Académiciens astucieux, politiciens en vacances, dominicains en délire, dames patronnesses de la révolution, gurus sexologues, marchands de pommade, prophètes, diplomates retraités, grands couturiers, que sais-je ?, quiconque croit être quelqu'un à Paris s'est senti dans l'obligation, à l'un ou l'autre moment de sa carrière, de nous livrer les visions que lui avait inspirées le rituel pèlerinage à Pékin et, avant la fatale démocratisation du tourisme en République populaire, le *Petit Livre rouge* arrosé de thé vert est resté longtemps pour notre élite pensante un des hallucinogènes les plus en vogue. Même les voyageurs qui, retour de Chine, n'avaient rien à dire du tout, réussissaient quelquefois à le dire avec une mémorable prolixité (dans ce domaine, on se souvient par exemple de la prouesse exécutée dans les colonnes du *Monde* par un

1. Claude Roy, *Sur la Chine*, Paris, Gallimard, coll. « Idées », 1979.
2. Lo Hui-min, *The Tradition and Prototypes of the China Watcher*, Canberra, Australian National University Press, 1978.

joyeux drille qui s'occupe maintenant d'amuser le public du Collège de France[1]).

Mais il serait sans doute vain de chercher à pourfendre ces gens-là : comme les vagues de l'océan qui renaissent de leur défaite même, c'est leur inconsistance qui les rend indestructibles. Toutefois, le lecteur de bonne foi sur qui déferle depuis si longtemps ce raz de marée de prestigieuses inepties risquerait bien de perdre finalement pied si, de temps à autre, la voix d'un homme libre ne s'élevait pour lui rendre le sens de l'orientation et le ramener à l'évidence.

Les gens de ma génération ont une vieille dette de reconnaissance envers Claude Roy : à vingt ans, ses *Clés* nous ont ouvert la Chine. Sans doute, depuis cette introduction, nous avons fait du chemin, par des itinéraires parfois imprévus — lui aussi —, mais ni lui ni nous ne voudrions renier ce point de départ qui, au fond, n'a cessé de commander toute notre exploration.

Deux sentiments chaleureux animaient *Clés pour la Chine* : l'amitié pour les Chinois, et l'espoir dans leur révolution. Ces deux sentiments, ces deux passions, inspirent toujours *Sur la Chine* : Roy, fidèle à ses amitiés comme à son espérance, n'était pas homme à assister en silence à leur sinistre torpillage. Collection d'articles, d'essais et de reportages étalés sur plus de vingt ans, *Sur la Chine*, peut se lire aussi comme la chronique d'une trahison dont l'écrivain fut le témoin angoissé, lucide et indigné.

Alors que toute notre intelligentsia a versé des flots d'encre à propos de la Chine, il est significatif de noter que deux hommes seulement — Étiemble tout récemment[2] et maintenant Claude Roy — peuvent fièrement remettre aujourd'hui sous les yeux du public ce qu'ils écrivaient hier sur ce sujet. Quant aux autres, l'idée de réimprimer leurs essais chinois ne pourrait venir qu'à leurs ennemis — si cruelle que puisse être une telle initiative, il faudra quand même que quelqu'un se charge un jour de compiler ces tristes anthologies-là ! (Mais, si tant de personnalités ont pu s'adonner à toutes les pitreries maoïstes sans dommage majeur pour leur réputation, n'est-ce pas en premier lieu parce que l'amnésie du public leur assurait l'impunité ? Sidney Hook avait raison de dire que le premier devoir moral d'un intellectuel est d'être intelligent ; encore faudrait-il ajouter que celui des lecteurs est d'avoir de la mémoire…)

« On ne saura jamais ce que la peur de ne pas paraître suffisamment à gauche aura fait commettre de lâchetés à nos Français », observait déjà Péguy. A la lumière de cette réflexion, on appréciera encore mieux le

1. Voir ci-dessus, « Notule en marge d'une réédition barthienne », in *Images brisées*, p. 543-544.
2. Étiemble, *Quarante Ans de mon maoïsme*, Paris, Gallimard, 1976.

rare courage de Claude Roy, d'autant plus admirable que son activité journalistique s'est principalement exercée dans des endroits où la terreur de ne pas paraître suffisamment à gauche atteignit parfois des proportions paniques.

D'où lui vient donc son exceptionnelle résistance à la contagion? L'explication est simple : qui « est » de gauche n'éprouve nul souci de le « paraître ». « Le vrai clivage entre "droite" et "gauche", a-t-il indiqué dans un remarquable entretien [1], réside dans le privilège que s'accordent ou se refusent les hommes d'être des "chefs"… » Il ne peut y avoir qu'une seule critique valide du maoïsme, et c'est celle qui émane de cette gauche véritable, seule capable de comprendre que ce n'est pas un hasard si, des anciens staliniens à Nixon et Kissinger, le culte du Grandiose Leader a spontanément rassemblé dans une même chapelle tous les tenants du pouvoir musclé et de la manipulation occulte, tous les membres de la « grande internationale des polices », tous les souscripteurs de la « société d'assurances mutuelles sur la sécurité des États »…

Il faut encore noter que le recueil de Claude Roy est loin de se limiter aux seules questions politiques : un bon tiers du livre traite de sujets culturels. Le phénomène est significatif ; on le relevait également dans le volume d'Étiemble. Ainsi, les deux écrivains qui se sont exprimés sur la Chine de la façon la plus constamment éclairée et généreuse sont justement des hommes pour qui la Chine n'a jamais pu simplement se réduire à l'épisode maoïste. Pour eux, la Chine, c'est aussi et d'abord une histoire, une poésie, une civilisation où s'exprime une humanité fraternelle. C'est précisément parce que leur intérêt pour la Chine et les Chinois débordait le maoïsme qu'ils ont pu déchiffrer aussi clairement, et sans hésitation, la nature véritable de ce que les autorités de Pékin appellent elles-mêmes maintenant un « fascisme féodal ». Inversement, je tiens que, pour adhérer à l'aberration maoïste, il fallait avoir un mépris massif pour les Chinois, une ignorance et une indifférence totales à l'égard de leur culture. A ce sujet, depuis le naufrage du Grandiose Timonier, le silence énorme et subit de tous ceux qui nous assourdissaient naguère de leur révélation chinoise en dit long : la Chine aurait-elle donc disparu de cette planète en 1976 ? Les Chinois n'étaient-ils donc que 900 millions de figurants surnuméraires, simplement mobilisés pour épauler un moment la parade foraine de quelques egos parisiens ?

Le recueil de Claude Roy n'est pas seulement le bilan vengeur d'une époque que l'on souhaiterait révolue. Ce combat qu'il a mené avec tant de cœur et de verve est de ceux qui ne finissent jamais. Lisez ces textes moins comme un souvenir des cauchemars d'hier que comme un antidote

1. A. Harris et A. de Sédouy, *Qui n'est pas de droite ?*, Paris, Le Seuil, 1978.

contre les poisons de demain. Les charlatans et les escrocs que Roy brocardait ont survécu fort convenablement à leur périssable pacotille, ils se sont recyclés, qui dans la sémiotique à l'américaine, qui dans la nouvelle philosophie, qui dans le néo-deng xiaopingisme. Vous entendrez encore parler d'eux ; la prochaine fois, sachez les reconnaître. Il en va des maoïstes comme de ces cannibales, dont Vialatte disait qu'ils avaient disparu de la Papouasie depuis que les autorités locales en avaient mangé les derniers…

HYGIÈNE

EN CHINE, LES YEUX FERMÉS

Étienne Manac'h, ambassadeur de France en Chine de 1969 à 1975, était parti pour Pékin afin de se reposer : « A l'heure où je m'exilais, j'étais au bord de l'épuisement physique. La Chine était un havre. Je me délivrais de l'action pour entrer en méditation. » Ainsi, la « Révolution culturelle », pour avoir converti la République populaire en une sorte de planète morte pendant toute une décennie, aura du moins eu un effet bénéfique : elle aura été « merveilleusement propice » au sommeil de l'estimable diplomate, qui, jouissant là, pendant six années, « d'une bibliothèque où jamais la chaleur ne fit défaut pendant les mois d'hiver, ni la fraîcheur de la climatisation pendant l'été torride », put « dans une demeure qui avait le calme d'un monastère » se remettre tranquillement de « dix-huit ans de fièvre parisienne ». On se demande quand même ce qui avait amené de Gaulle à se désintéresser aussi brusquement de la Chine — la crise de la « Révolution culturelle » ? Il ne devait en tout cas plus en attendre grand-chose, comme l'indique le choix de son envoyé.

Se reposant maintenant en Bretagne de son repos pékinois, M. Manac'h a écrit un très gros volume de souvenirs [1], dont la lecture est très… reposante. L'ouvrage, qui compte cinq cent quatre-vingt-dix pages bien tassées, ne couvre que la première année de son séjour en Chine ; on peut donc prévoir qu'il sera encore suivi de cinq ou six autres volumes de format semblable, dont la lecture occupera châteaux et chaumières pour de longues soirées pluvieuses et nuits venteuses. Mais, si la Chine peut mener à l'Académie française, son chemin ne pourrait-il pas se paver de moindres briques ?

M. Manac'h ne se préoccupe pas outre mesure de la politique intérieure chinoise. Sur ce sujet, comme ses collaborateurs s'en souviennent, sa maxime était : moins on en saura, moins on risquera de déplaire aux autorités chinoises. Pour lui, la fonction essentielle d'une ambassade de France en Chine demeurait non de débrouiller les réalités de ce pays,

1. *Mémoires d'Extrême-Asie*, vol. I, Paris, Fayard, 1977.

mais simplement d'y faire rayonner l'éclat du drapeau tricolore et de fournir de l'aliment à ce culte que Mao Zedong et Zhou Enlai nourrissaient dans leur cœur (nous dit-il) pour la personne du général de Gaulle.

A l'entendre, aujourd'hui, on est souvent tenté de se demander si l'homme qui parle est l'ancien ambassadeur de France en Chine ou l'actuel ambassadeur de Chine en France, tant il a souci, sur toute question, de prévenir les moindres désirs de Pékin. A la source de ce touchant dévouement se trouvait évidemment le tour très classique de Zhou Enlai : ce dernier avait réussi à faire croire à M. Manac'h *qu'il le prenait vraiment au sérieux*, s'acquérant ainsi la gratitude éternelle de l'intéressé. Cette gratitude se cristallisa finalement dans la théorie selon laquelle la France jouirait de « relations privilégiées » avec la Chine.

Les « relations privilégiées », en fait, ne signifiaient pas que les Français obtenaient un plus large accès que d'autres à la Chine, ni même que ses hommes d'affaires y pouvaient négocier de meilleurs contrats (on a vu des pays qui ne se souciaient même pas d'établir des relations diplomatiques, mieux réussir dans ce domaine), mais bien que la Chine était en droit d'exiger de la France, sans contrepartie, ce qu'elle aurait été en peine d'attendre de toute autre nation ; elles signifiaient que, pour obtenir de Pékin le même traitement, voire parfois un traitement plus médiocre que d'autres pays, la France s'astreignait volontairement à des obligations supplémentaires, pouvant aller — on l'a vu en une mémorable occurrence — jusqu'au sacrifice de son honneur et des élémentaires devoirs d'humanité.

« Je n'ai jamais su voir le monde extérieur lorsqu'une pensée ardente m'habite », nous dit M. Manac'h. On ne s'étonnera donc pas qu'il n'ait guère vu la Chine ni les Chinois et ne puisse nous rapporter grand-chose à leur propos. En revanche, il nous livre quelques étincelles de sa « pensée ardente ». Ainsi, sous le titre général de *Principes*, il énonce quelques maximes formulées sur des modes divers. (Magnanime) : « Ne pas accorder l'amitié en fonction de la hiérarchie. Au besoin en donner même davantage, s'ils le méritent, aux agents les plus modestes. » (Ambitieux) : « Visiter les villes et les campagnes de ce pays. » (Jamesbondien) : « Aguerrir son âme contre la coquetterie ; savoir tenir les secrets de son pays, même sur l'oreiller d'une amante étrangère. » Rassurez-vous, l'ambassadeur de France a absolument réussi à aguerrir son âme : il n'épanche de secrets d'État ni sur la blancheur de l'oreiller ni sur celle des pages de son Journal, lesquelles sont plus riches en notations du genre : « Nous dînons sur la terrasse. J'ai le pied qui me fait mal. C'est comme une légère brûlure. Est-ce une piqûre de moustique ? J'y ai mis ce matin du mercurochrome », etc.

« La Chine est un vaste pays, et qui est peuplé de Chinois », avait observé le général de Gaulle. Son envoyé, n'ayant disposé que de six ans pour méditer cette pensée, semble n'avoir eu le temps que d'en peser la première moitié. Les Chinois n'apparaissent guère dans son ouvrage, et quand, d'aventure, on en rencontre un au détour des pages, c'est avec le saisissement de Robinson découvrant Vendredi. Voyez plutôt : « Denise a fait la conquête de Kiou, et il va même jusqu'à lui ouvrir la portière de la voiture » (vous voyez, ça s'apprivoise très bien, il suffit de savoir comment s'y prendre) ; « Kiou ne connaît de la langue française que quelques mots essentiels » (qu'à cela ne tienne, si vous saviez ce qu'on réussit à enseigner maintenant, même à des phoques) ; « Nous nous entendons cependant fort bien, les gestes et les mimiques y aident beaucoup. Quand il faut choisir un vin, Kiou descend à la cave et en rapporte trois bouteilles, qu'il nous présente. Je désigne du doigt la bonne, et le serveur inspecte attentivement l'étiquette. Il sait maintenant distinguer à l'image, à la couleur et au son du mot, le saint-émilion du muscadet, et le champagne du chambertin. »

Bref, si l'on s'en tenait à ces signes superficiels, on finirait par croire que ces créatures sont douées d'une espèce d'intelligence, presque autant que M. Manac'h lui-même ; il ne manquerait plus, pour approfondir l'examen de ces troublantes ressemblances, comme l'autre jour, à la télévision, où ils apparaissaient de concert, que ce bon Dr Valensin pour venir leur mesurer le zizi. (La méthode des mensurations raciales, un peu compromise par de maladroites expériences en Allemagne [1939-1945], connaît un commencement de réhabilitation. Le Dr Valensin a découvert que le pénis des Chinois ne serait « pas beaucoup plus grand que son petit doigt » et, en conséquence, il estime que la chasteté que le Grandiose Timonier imposait à son peuple est tout à fait appropriée pour ces gens-là.)

Ne s'intéressant pas autrement au sort des Chinois durant ces années tragiques de la victoire du « social-fascisme à caractère féodal » (comme l'appelait un auteur que l'ancien ambassadeur ne doit guère pratiquer, Li Yizhe), on aurait pu croire qu'au moins celui de certains étrangers aurait dû retenir son attention, puisque, là, il ne pouvait en éluder l'information. Un exemple entre vingt : il ne mentionne Anthony Grey que pour nous assurer que le journaliste anglais (qui fut soumis pendant plus de deux ans à une détention inique) était « en excellente santé » (en fait, le régime auquel il fut soumis l'avait réduit mentalement et nerveusement à l'état d'épave) et qu'il n'avait souffert « ni sévices physiques ni privations matérielles » (M. Manac'h s'abstient de signaler que Grey a écrit tout un livre sur son calvaire).

Je ne veux nullement privilégier le cas de Grey : des centaines de milliers de Chinois — on l'oublie trop souvent — ont enduré bien pis à la même époque, mais, dans ce cas-ci, étant donné l'accès qu'il avait auprès de ses collègues britanniques, rien ne saurait expliquer la merveilleuse ignorance de M. Manac'h, qui se contente de noter que Grey, une fois relâché, au lieu de prolonger son séjour en Chine comme le lui offrait si gentiment Zhou Enlai, choisit de s'en aller, figurez-vous. « Évidemment », conclut M. Manac'h, psychologue perspicace, « ce journaliste a plutôt la bougeotte »…

Mais on comprend mieux comment M. Manac'h arrive à toujours remettre les choses dans une perspective aussi sereine, quand on considère que, dans son exploration des paradis totalitaires, il s'était choisi pour cicérone et intime… Wilfred Burchett, « le bon Wilfred Burchett, mon ami Wilfred Burchett » !… Le bon Wilfred, on s'en souvient, fut, sous Staline, un des plus actifs agents de la propagande de Moscou ; il s'était d'ailleurs tellement compromis au service du petit père des peuples, que le pouvoir khrouchtchévien n'osa plus guère l'employer, en sorte qu'il dut se recycler au service de Pékin, de la Corée du Nord et du Viêt Nam. Son plus illustre accomplissement demeure la dissémination en Occident, au moment de la guerre de Corée, de l'« information » selon laquelle les Américains se livraient à la guerre bactériologique.

On comprend qu'un individu comme Burchett, agent notoire de diverses puissances étrangères, fasse l'objet d'une attention particulière de la part de la Sécurité française. M. Manac'h s'apitoie à ce sujet : « Pauvre Burchett, il doit passer des heures et des heures à la préfecture de police pour faire renouveler périodiquement sa carte de séjour. Je lui ai promis de l'aider à obtenir que ces opérations pointilleuses de contrôle soient simplifiées. » Étant personnellement peu partisan des contrôles policiers quels qu'ils soient, je souhaite sincèrement que M. Manac'h ait réussi dans ses démarches, mais aussi bien on aimerait qu'il pût mettre sa généreuse industrie au service des victimes de l'arbitraire policier, même quand elles relèvent de l'autre bord.

En avril 1970, un Chinois, membre d'une délégation en visite, avait discrètement fait savoir qu'il voulait faire défection ; du côté français, la Sécurité lui avait donné l'assurance que l'asile politique lui serait accordé. Les cadres de la délégation, ayant eu vent de son projet, le droguèrent et cherchèrent à le réexpédier de force à Pékin. A Orly, la police s'interposa : l'homme, plongé dans un demi-coma, n'était manifestement pas en état de voyager. Il fut ramené à Paris, et placé dans un hôpital. Les Chinois exigèrent qu'on leur rendît leur victime. De fébriles pourparlers s'engagèrent entre Pékin et Paris : les « relations privilégiées » étaient en danger, il fallait les sauver, fût-ce au prix de l'honneur et de la simple décence humaine.

La France renia donc sa parole, le malheureux, qui ne tenait même pas sur ses jambes, fut arraché de son lit d'hôpital, livré aux geôliers maoïstes, embarqué à destination de Pékin, vers le sort qu'on imagine… M. Manac'h, qui fut, je pense, au courant de cette opération abjecte, saura certainement rapporter l'épisode bien mieux que je ne pourrais le faire. Pour lire enfin ce qu'il aura à nous dire là-dessus, nous demeurons stoïquement prêts, s'il le faut, à piocher à travers cinq ou six livraisons supplémentaires de ses *Mémoires*.

Janvier 1978

HAN SUYIN : L'ART DE NAVIGUER

> Après tout, les gens peuvent bien changer, non ?
>
> Mao Zedong [1].

Mme Han Suyin est très populaire en Occident. Elle l'est beaucoup moins en Chine où, ces temps-ci, la plupart des intellectuels, artistes et écrivains font la grimace à la seule mention de son nom. Cette sévérité que lui témoignent maintenant les rescapés de la « Révolution culturelle » est-elle excessive ? A l'occasion de la parution de son dernier livre, *La Moisson du Phénix* (Stock), un coup d'œil rétrospectif sur son œuvre pourrait peut-être apporter réponse à cette question.

Mme Han Suyin aime emprunter ses images à l'univers naturel, comme l'attestent les titres, d'ailleurs si beaux, de beaucoup de ses livres : *Et la pluie pour ma soif*, *La Montagne est jeune*, *Le Déluge du matin*, etc. Pour mettre son dernier ouvrage en perspective, j'ai eu la curiosité de feuilleter quelques-unes de ses autres publications récentes (je ne dispose ici, en Australie, que de trois volumes : *China in the Year 2001*, Londres, 1967 ; *Asia Today*, Montréal-Londres, 1969, et *Wind in the Tower*, Londres, 1976 [2] ; les passages cités ci-dessous ont été traduits par moi-même ; j'ai retranscrit les noms chinois en « pinyin » et, dans les références, abrégé les titres en *2001*, *Asia* et *Wind*). Au cours de ces quelques heures de lecture, emporté par le flot turbulent de la puissante imagination de l'auteur, j'ai souvent cru perdre pied, mais en même temps je saisis mieux maintenant tout ce que sa vision a de positivement cosmique : c'est un chaos fertile, une polyphonique coexistence des

---

1. J'ai trouvé cette citation de Mao non pas dans les œuvres du grandiose maître à penser, mais dans un ouvrage de Mme Han Suyin. Comme elle m'y prête aussi un propos que je n'ai jamais tenu, peut-être fera-t-on mieux de n'accepter cette pensée de Mao que sous bénéfice d'inventaire. Notez qu'avec sa généreuse imagination elle m'a encore prêté autre chose depuis. Mais au lieu de m'indigner de ses inventions, je devrais plutôt lui être reconnaissant de sa modération : après tout, tant qu'elle y était, elle aurait aussi bien pu m'accuser de lui avoir volé sa montre ou son parapluie.

2. *La Chine en l'an 2001*, Paris, Stock, 1968 ; *L'Asie aujourd'hui*, Paris, Stock, 1970, et *Le Premier Jour du monde*, Paris, Stock, 1975.

contraires, une alternance lyrique, un grand dialogue du Yin et du Yang. On le sait, la maison de Mme Han Suyin a d'ailleurs deux portes, et son œuvre, comme ces vêtements en deux couleurs que l'on peut porter, suivant le temps et l'humeur, avec le dehors dedans, et le dedans dehors (je crois que les couturiers appellent ça un « modèle réversible » : la formule est commode, surtout pour les personnes qui aiment à retourner leur veste), présente simultanément un côté pile et un côté face, dont on n'apprécie vraiment tout le subtil contrepoint que lorsqu'on prend la peine de les mettre en regard.

La Révolution culturelle

Pile

*Dans cette révolution, une importance toute spéciale est donnée à l'usage du raisonnement et du débat (*2001, *p. 193). Ce que l'on recherche, ce n'est pas le châtiment physique des éléments mauvais, mais une nouvelle prise de conscience, un ralliement, une unité [...]. Cette expérience mérite d'être observée (*2001, *p. 200). Grâce à la Révolution culturelle, la refonte de l'être humain est entreprise pour un quart du genre humain [...]. C'est Mao Zedong qui a saisi le problème dans ses termes universels : la Refonte de l'Homme (*2001, *p. 246).*

Face

En passant dans la rue, j'aperçois ici et là des fils de fer barbelés en haut des murs. Des prisons provisoires sans doute. Désormais, chaque organisation, chaque usine, chaque université, possède son espace carcéral [...]. Au cours de séances d'« enquête », on défenestra Luo Ruiqing et il se cassa la jambe. Il ne reçut aucun soin médical pour sa blessure. On l'emporta dans un grand panier à l'exposition de janvier pour l'humilier publiquement et on l'obligea à ramper par terre en traînant sa jambe cassée [...]. [Le vieux maréchal] He Long était diabétique et on lui refusa les soins nécessaires. On le battait régulièrement, d'abord en l'enveloppant dans une couverture pour ne pas laisser de marques [...] Xia Yan fut battu, on lui brisa la jambe, et il ne put se faire soigner durant la Révolution culturelle (*Moisson*, p. 169, 84, 85, 99).

Pile

*La surprise de l'année 1968 fut de voir les techniques chinoises prendre des formes entièrement originales, et atteindre des niveaux équivalents ou supérieurs à ceux obtenus partout ailleurs dans le monde (*Asia, *p. 102).*

Face

On signale des innovations phénoménales qui sont toutes, proclame-t-on, le résultat de la Révolution culturelle. Mais je sais que beaucoup ont été introduites avant. On prétend qu'elles sont dues à l'ingéniosité des ouvriers, mais c'est en réalité l'œuvre des scientifiques (*Moisson*, p. 161).

Pile

*Loin d'être une absurdité résultant de la folie ou de l'autoritarisme, la Grande Révolution Culturelle Prolétarienne est un événement logique, utile, nécessaire, le seul moyen [...] de confier la direction des affaires à la classe ouvrière, de donner aux masses la voix démocratique la plus large possible (*Asia*, p. 71).*

Face

Comment rester sain d'esprit au milieu de ce vacarme constant des fanfares, des cris et des chants ? [...] Juin et août 67. La folie semblait régner en Chine. « Tu vas faire une dépression nerveuse », me dit Vincent [...]. Les fonctionnaires du Parti furent traînés à des séances de critique, on organisa ce genre de spectacles à travers toute la Chine afin de répandre la terreur [...]. On traîna l'écrivain Zhao Shuli de village en village [...] il en mourut. Et tout cela au nom de la démocratie (*Moisson*, p. 17, 113, 83).

Pile

*Une collision directe entre la Chine et les États-Unis est maintenant presque inévitable ; le complexe militaro-industriel des États-Unis désire attaquer, désire lancer la première bombe sur la Chine. Ceci donnera le signal d'une guerre totale qui ne connaîtra point de frontières (*2001, *p. 170).*

Face

Il n'y aura pas de guerre maintenant entre l'Amérique et la Chine. La foi de Mao que les deux peuples américain et chinois devraient inévitablement redevenir amis un jour, foi qu'il a si souvent exprimée au cours des années, a enfin trouvé son accomplissement (*Wind*, p. 366-367).

Pile

*Et pour ceux qui s'imaginent toujours qu'il y aura des purges « stalinistes » et des liquidations, je cite maintenant le « Drapeau rouge » : « [...] une porte de sortie doit être laissée même aux pires tenants de la voie capitaliste [...] » Une porte de sortie, dans la grande tradition de l'humanisme chinois. Pas de liquidation, pas de purges massives (*Asia, *p. 73-74).*

Face

Il y eut quatre-vingt-dix mille victimes au Sichuan et un grand nombre au Yunnan. Guangzhou était hideusement rempli d'exécutions sommaires (*Wind*, p. 316, 317). Une terreur gratuite régnait, c'était horrifiant... En octobre on avait découvert dans la seule ville de Pékin quatre-vingt-six mille « contre-révolutionnaires ». A Shanghai quatre cent mille bourgeois et capitalistes furent chassés de leurs maisons... Dans chaque quartier cela se passait autrement. Du simple harcèlement au meurtre, de l'interrogatoire interminable aux matraquages à mort (*Moisson*, p. 74).

Pile

*Bien entendu, la Révolution culturelle fut rude [...]. Diverses erreurs furent commises [...] mais dans l'ensemble il est certain que la violence ne fut jamais approuvée, et d'ailleurs elle n'eut jamais la vaste étendue que lui ont prêtée les rapports occidentaux (*Asia*, p. 72). Jiang Qing dénonça l'extrême gauche, et elle fut la première à le faire... Jiang Qing ne fut en aucune manière responsable des déprédations du groupe de la Révolution culturelle : elle fut la première à combattre contre lui (*Wind*, p. 317).*

Face

Jiang Qing lors de son discours aux gardes rouges, le 22 juin à Pékin [...] déclencha une lutte sans précédent et provoqua de nombreuses morts [...]. Elle donna le feu vert à la poursuite des violences à un moment où les gardes rouges attaquaient les garnisons (*Moisson*, p. 168, p. 105-106).

Pile

*La Grande Révolution Culturelle Prolétarienne s'efforce d'abolir la servilité et l'obéissance aveugle, les instruments dociles et les attitudes d'esclaves. Osez penser, agir et critiquer ! Non plus sept cents millions d'instruments dociles mais bien sept cents millions de penseurs originaux, « sept cents millions de Mao Zedong » — tel est l'objectif (*Asia*, p. 71). Il s'agit de changer le contenu des motivations, par une éducation socialiste continue et zélée, par des mouvements et des campagnes de rectification, d'effectuer une transformation du comportement dans l'âme même des gens. Cette conversion a été tentée précédemment, dans des systèmes religieux, mais jamais avec cette rigueur scientifique qui caractérise la conception qu'a Mao Zedong de cette refonte psychologique (*2001*, p. 186).*

Face

« Je vais devenir fou si je vois encore un service religieux à la gloire de Mao », me dit Richard Hung [...]. Il était tombé en arrêt devant une cérémonie qui se déroulait à l'aube : dans une cour, des gens se balançaient en extase devant un grand portrait de Mao Zedong. C'était l'invocation matinale à Mao. Les fidèles chantaient, dansaient en faisant le geste d'« offrir » leur cœur et récitaient une litanie d'éloges (qu'il est grand, grand, grand) pour demander à Mao ses ordres de la journée. Puis ils ouvraient le *Petit Livre rouge* au hasard, et la citation sur laquelle ils tombaient était la réponse. « C'est comme les "Holly Rollers" (secte religieuse des États-Unis) qui consultent la Bible pour y trouver des réponses, et les gens du Réarmement moral qui parlent à Dieu», dit Richard. Il pensait qu'il ne pourrait plus le supporter (*Moisson*, p. 142).

Lin Biao et l'Armée

Pile

*L'émergence de Lin Biao n'indique pas une prise de pouvoir par les militaires, c'est la continuation de la tradition révolutionnaire dans laquelle la fonction de l'Armée de libération est de former les cadres et les successeurs de la révolution […]. La possibilité d'un coup d'État révisionniste contre l'autorité de Mao a été supprimée grâce à Lin Biao qui a réaffirmé la primauté politique et idéologique de la Pensée de Mao Zedong dans l'Armée. C'est pourquoi les Chinois ne considèrent pas l'ascension de Lin Biao comme une prise de pouvoir, mais bien comme la réaffirmation de la primauté idéologique sur des ambitions purement militaires (*2001, *p. 191-192).*

Face

Lin Biao avait cinq des treize régions militaires sous le contrôle de ses hommes liges; six de ses fidèles ainsi que son épouse siégeaient dans la Commission des Affaires militaires; il avait un réseau d'individus à sa dévotion dans les divers comités révolutionnaires. Le personnel militaire dominait le Comité central […]. La domination de Lin Biao représentait une tendance profondément ancrée dans l'esprit du peuple chinois: l'acceptation de l'autoritarisme […]. L'affaire Lin Biao met en lumière le danger d'une recrudescence du phénomène des Seigneurs de la guerre […]. Lin Biao, sa femme et son fils complotaient de lancer un coup d'État et peut-être d'assassiner Mao (*Wind*, p. 341, 377, 376, 346).

Pile

*Le rôle de l'Armée populaire de libération a été très important. L'armée reçut les ordres suivants : si on vous frappe, n'attaquez pas en retour ; si on vous tire dessus, ne tirez pas ; et dans aucune circonstance, ne perdez votre calme […]. Parce que les soldats n'ouvrirent jamais le feu (même quand des saboteurs leur tiraient dessus)… l'Armée de libération acquit une haute réputation de conscience (*Asia, *p. 68-69).*

Face

Ce même mois, on autorisait l'Armée à abattre les gardes rouges […]. Des batailles sanglantes et acharnées eurent lieu jusqu'en juillet […]. Certains commandants ne se montrèrent pas tendres pour les jeunes. Les opérations de nettoyage qu'ils entreprirent ne laissèrent aucun répit aux délinquants (*Moisson*, p. 116). Huang Yongsheng, le commandant de la région militaire de Guangzhou, supprima les gardes rouges avec tant de férocité qu'on le surnomma «le Boucher de Guangzhou» (*Wind*, p. 316-317).

Les gardes rouges

Pile

*Les gardes rouges dont, à une certaine époque, les Occidentaux firent des descriptions tellement sinistres [...] s'employaient à s'entraîner au raisonnement et à la discussion [...]. Leur contribution fut énorme et précieuse. Ils découvrirent beaucoup d'agents du KMT et des espions, des dépôts d'or et d'armes (*Asia*, p. 64-65).*

Face

Une équipe de gardes rouges vint faire une enquête chez mes amis, les Pai. « J'ai failli me jeter par la fenêtre », me dit Mme Pai [...]. D'autres parents de Hualan étaient morts ; deux d'entre eux, le mari et la femme, s'étaient suicidés. On les avait accusés d'être des traîtres, d'avoir eu des « échanges clandestins » avec l'extérieur, on les battit [...]. Dans les ruelles de Pékin, dès que j'apparaissais, les enfants se précipitaient pour annoncer ma venue au comité de la rue et les gens venaient me dévisager. La manie de l'espionnite [...]. Des bandes de gardes rouges successives sont venues dans notre rue [...]. Une voisine dit aux gardes rouges que nous possédions des objets venant de l'étranger et ils mirent notre maison sens dessus dessous, démontèrent le plancher, fouillèrent le jardin et grattèrent le plâtre des murs pour découvrir des lingots d'or ou des documents. Ils emportèrent tout ce qui paraissait « ancien » ou « étranger » et même une table et une armoire (*Moisson*, p. 75-76, 135).

Pile

*Tout le monde a fait l'éloge des gardes rouges : leur conduite était excellente, ils étaient propres, bien élevés, polis [...]. Souligner les rares cas de mauvais comportement reviendrait à ignorer la discipline et le bon exemple de la grande majorité de ces jeunes [...]. Jamais la Chine n'a été plus exubérante, plus vivante, plus colorée. Les gardes rouges n'étaient pas autorisés à porter des armes, ni à arrêter ou juger qui que ce soit [...]. Ils accomplirent une tâche que personne d'autre n'aurait pu mener à bien, littéralement ils purifièrent les villes (*Wind, *p. 292).*

Face

Tant d'actes absurdes et laids furent commis... A Shanghai, on poursuivit des cadres qui, croyait-on, étaient coupables d'adultère, et des jeunes juges improvisés leur donnèrent des fessées [...]. Mais les brutalités infligées à ces malheureux êtres humains ne furent rien en comparaison de ce qui arriva en août quand la gauche gagna la bataille [...]. Nous avons vu dans les universités les professeurs balayer le sol, nettoyer les cabinets et les cuisines. Certains portaient des bonnets d'âne, d'autres étaient couverts d'injures, on les traitait de monstres et de démons (*Moisson*, p. 77, 32).

Pile

*Les gardes rouges apprenaient la démocratie en appliquant eux-mêmes des méthodes démocratiques de raisonnement et de discussions [...]. [Leur mouvement] ne correspondait pas à une action impulsive ou hâtive, et il n'y eut pas de vandalisme contrairement à ce que rapporta la presse occidentale (*2001, *p. 200, 189).*

Face

Les pires des bandes des gardes rouges ne se contentèrent pas de tuer et de torturer, mais ils brûlèrent des livres et détruisirent des monuments historiques [...]. Les gardes rouges vinrent chercher Ho. Ils le battirent à tour de rôle dans la cour [...] puis ils l'emmenèrent dans un camion et le conduisirent dans les collines de l'Ouest où ils gardaient leurs prisonniers. Je ne l'ai jamais revu. Je ne sais pas pourquoi ils l'ont choisi, parfois c'était l'affaire d'un caprice [...]. Dans le désordre général, les prisons des villes ouvrirent leurs portes et les criminels furent mis en liberté. « Nous considérions qu'ils avaient été victimes des tenants de la voie capitaliste, dit un jeune garde rouge du Sichuan, ils ont fait des choses terribles... Ils nous ont incités à torturer les gens, à commettre des viols » (*Moisson*, p. 77, 75, 95).

Pile

*La situation à la fin de 1966 durant le plein essor de la Révolution culturelle pouvait être décrite comme suit : « une situation politique vigoureuse et vivante, animée par le camarade Mao Zedong, prend forme dans le pays entier ; elle est caractérisée par une combinaison de centralisme et de démocratie, de discipline et de liberté, d'union des volontés et de sérénité d'esprit pour chaque individu » (*2001, *p. 204).*

Face

L'atmosphère du quartier avait changé, on sentait l'hostilité. Toujours un membre du comité de la rue nous surveillait [...]. Après mon départ, les pièces qu'habitait Troisième Oncle risquaient d'être fouillées [...]. Troisième Oncle se tenait immobile, tout replié sur lui-même, animé par la peur [...]. Au cours de mon voyage en Mandchourie, on ne me laissa jamais seule. Dans certaines usines et communes, une ouvrière m'accompagnait partout, même aux cabinets, et me regardait faire pipi [...]. Alice, une jeune Chinoise d'outre-mer, institutrice, me raconte : « Je regardais par la fenêtre, et je les vis arriver. J'étais paralysée. Je leur ouvris la porte, je ne pouvais rien faire d'autre. Pendant six semaines, ils restèrent avec moi, plusieurs groupes se relayaient pour m'interroger nuit et jour... » (*Moisson*, p. 62, 151, 74).

L'économie

Pile

*La Révolution culturelle est également un énorme stimulant pour la production, pour le développement des forces productives dans la ligne socialiste, car elle libère l'esprit d'innovation chez des millions d'hommes au lieu de les maintenir dans une docilité ignorante [...]. On peut s'attendre à un nouveau bond en avant, apportant une plus grande accélération au développement de la base économique (*Asia*, p. 70). En termes d'économie pratique, la Révolution culturelle produit et procure l'élan révolutionnaire nécessaire pour l'accomplissement de la percée économique durant la période du III*e* Plan quinquennal (1966-1970) [...]. Une croissance soudaine de la production a été enregistrée dès les premiers mois [...]. Ce nouveau bond envisage une autre accélération du développement pour promouvoir un taux d'accroissement économique encore plus grand (*2001*, p. 202).*

Face

Pendant les mois qui suivirent les journées fatales d'août 1966, Zhou Enlai s'était efforcé de minimiser le désordre. Il avait interdit aux gardes rouges d'intervenir dans les communes et les usines… mais en novembre il parut échouer sur ce point […]. En février 1967, presque tous les ministres responsables de la production étaient dénoncés ou traînés devant les « tribunaux » de gardes rouges. Le ministre du Charbon mourut d'une crise cardiaque à cause des injures qu'il devait supporter […]. Beaucoup d'usines ne fonctionnaient pas et, dans celles que je vis, environ un tiers des machines étaient à l'arrêt […]. Les jeunes ouvriers flânaient et fumaient en petits groupes dans les ateliers. Ils jouaient au basket-ball dans les cours, ils traînaient dans les rues […]. Les jeunes ouvriers sont incapables de la moindre discipline. J'en trouve des douzaines qui flânent dans le parc avec leurs petites amies. L'un d'eux se vante d'une voix forte : « Le camarade contremaître m'a dit : "Vous êtes en retard — Et alors ?" je lui réponds, et je m'en vais […]. » A Shenyang, les murs des usines sont criblés de traces de balles. Des immeubles sans toit se dressent d'un air lugubre, comme après un bombardement. Il y a des cendres et des immondices. Des usines incendiées […]. L'aciérie d'Anshan a été sévèrement touchée. D'énormes machines délabrées jonchent le sol […]. A Lanzhou, la Révolution culturelle a été sinistre, terrifiante. Dans les usines, les ouvriers se sont tiré dessus. A Luoyang, l'usine de tracteurs est un désastre […] (*Moisson*, p. 87, 91, 123, 145, 151, 163, 226).

*

Au lieu de simplement admirer le chatoiement kaléidoscopique qui naît de ces virevoltes, des esprits mesquins voudront peut-être en demander la raison. A cette question, la réponse de Mme Han Suyin est encore une fois multiplement splendide.

« En toutes circonstances, regardez de quel côté souffle le vent », note-t-elle judicieusement dans ses carnets (*Moisson*, p. 138). La politique maoïste est pleine de vicissitudes et d'aléas « mais je m'en sortais. La vie était une rivière capricieuse et rapide, et on apprend à naviguer sur des eaux changeantes » (*Moisson*, p. 183). Mme Han Suyin a le pied marin. Ayant assez tôt observé que « durant les deux dernières décennies, la Chine n'a pas cessé de donner le démenti à toutes les affirmations qu'on a avancées à son sujet » (*2001*, p. 2), elle a sans doute sagement conclu que, si l'on accompagnait toute affirmation d'une affirmation contraire, on était mathématiquement certain d'avoir au moins raison la moitié du temps. Et d'ailleurs, il n'y a de vérité que successive : « Mais je sais que vous n'avez pas menti (dit-elle à des amis qui lui ont menti) : l'âme humaine est une somme de contradictions. Et donc vos deux versions sont exactes, celle de ces années-là, et celle d'aujourd'hui » (*Moisson*, p. 122-123).

On pourrait priser la fidélité de Mme Han Suyin dans le même sens où Mark Twain se vantait de sa force de caractère : « Cesser de fumer est la chose la plus facile du monde, je l'ai déjà fait plus de cent fois. » Ainsi est-elle sans cesse fidèle, à tout le monde et à n'importe qui, du moment que l'intéressé détient le pouvoir : elle a été fidèle à Chiang Kaï-shek puis à Mao Zedong, à Liu Shaoqi puis à Lin Biao, à Jiang Qing puis à Hua Guofeng — elle est d'avance fidèle à quiconque supplantera Hua Guofeng, qui qu'il soit, tant la fidélité aux autorités établies lui est devenue une seconde nature... Si, dans cet absorbant exercice, elle en arrive à oublier entièrement le sort du peuple chinois, voire à en censurer activement les cris, il faut sans doute l'excuser, car voyez-vous, en Asie, quelle créance pourrait-on ajouter à cette rumeur qui monte des masses, « dans les pays asiatiques, la différence entre la réalité et la fiction, la vérité et le mensonge est difficile à cerner » (*Moisson*, p. 102). Le plus sûr est donc de toujours s'en tenir aux communiqués officiels de *Pékin information*.

Seuls les naïfs se scandaliseront de ce qu'elle ait diffusé en Occident la propagande de la « Bande des Quatre », quand celle-ci tenait le haut du pavé, pour appuyer ensuite Deng, maintenant que ce dernier a le vent dans les voiles. Il faut plutôt s'étonner de leur étonnement. N'y a-t-il pas deux mille ans déjà que Sima Qian a immortalisé le phénomène dans une page superbe de ses *Mémoires historiques* ? Lian Po, illustre général du royaume de Zhao, après une période de disgrâce, avait retrouvé la faveur du souverain : « Au moment de sa disgrâce, tous ses clients l'avaient abandonné, une fois qu'il fut rétabli dans son commandement, ils revinrent à lui. — Allez-vous-en ! leur cria-t-il. L'un d'eux rétorqua :

— Voyons, Monsieur, soyons de notre temps. Ne savez-vous pas que c'est la loi du marché qui gouverne les relations humaines ? Vous tombez en disgrâce, nous vous quittons ; vous retrouvez la faveur du roi, nous revenons vous servir. C'est aussi simple que ça, il n'y a pas de quoi en faire un monde. »

A certains moments, toutefois, Mme Han Suyin est saisie d'une modestie vraiment indue : elle confesse une ignorance à laquelle il nous est difficile de croire. « Jusqu'à la fin de 1976, il était impossible d'obtenir des informations précises et concrètes sur ce qui s'était réellement passé » (*Moisson*, p. 118). Ainsi, cette femme supérieurement douée et supérieurement informée, disposant d'une entrée permanente en Chine, d'un accès direct auprès de ses dirigeants, en aurait donc su moins que de maladroits tâcherons comme Leys, Guillermaz, I. et M. London, Illiez, etc. (je cite dans l'ordre chronologique), qui, bricolant en amateurs, à partir de la presse chinoise ou d'interviews de réfugiés, publièrent, dès 1971, 1972 et 1973, l'essentiel de ce qu'elle prétend découvrir aujourd'hui ?... Encore un peu, et Mme Han Suyin réussirait à nous persuader que nous sommes des génies ! Malheureusement, ce qu'elle raconte aujourd'hui inclut précisément des expériences et des informations décisives qu'elle avoue avoir recueillies en Chine dès 1966 et 1969 — ce qui ne l'a pas empêchée à l'époque d'écrire deux ou trois livres et d'innombrables articles où elle disait exactement le contraire de ce qu'elle savait déjà. Mais, en réponse à cela, elle invoque alors le souci qu'elle avait de ne pas mettre en danger les membres de sa famille vivant en Chine. Ce souci est noble, des milliers de Chinois résidant à l'étranger le partagent : ils ont prouvé qu'il existait d'innombrables solutions à ce problème, la plus simple et la plus courante étant de ne pas écrire de livres sur la « Révolution culturelle ». Mais l'ennui c'est que, chez les éditeurs capitalistes, les silences ne font pas l'objet de droits d'auteur.

Mme Han Suyin me reprochera sans doute — à juste titre — de ne pas comprendre la dialectique. « Il est impossible d'essayer d'expliquer le processus historique en Chine au XXe siècle et la Pensée de Mao Zedong sans faire référence à la dialectique » (*Asia*, p. 34). La dialectique, ce gai savoir auquel le cirque intellectuel de notre âge doit déjà quelques-unes de ses plus éblouissantes cabrioles, devrait évidemment venir à point pour expliquer les audacieux zigzags de la Pensée de Mme Han Suyin : dialectiquement, c'est elle qui avait raison d'avoir tort, tandis que nous avions tort d'avoir raison.

En tout cas, les sociologues et autres spécialistes qui démontent les mécanismes des communications de masse auraient intérêt à étudier ce singulier phénomène : jamais autorité plus durable n'a été fondée sur un propos plus changeant ; la seule constante de cette œuvre tient dans la constance avec laquelle les événements ont à chaque tournant démenti ses analyses et pronostics. Ce paradoxe d'une réputation aussi solide, assise sur une telle mouvance d'opinions, tendrait à confirmer l'observation formulée naguère (par Montherlant, je crois) : au fond, les gens ne lisent pas ; ou s'ils lisent, ils ne comprennent pas ; quant à ceux qui comprennent, ils oublient.

Août 1980

CES EXPERTS QUI NOUS EXPLIQUENT LA CHINE

Les chauffeurs de taxis parisiens témoignent d'une réelle culture dans leur maniement de l'invective. Une de leurs dernières insultes était : « Hé, va donc, structuraliste ! » Je me demande quand ils vont se mettre à traiter leurs victimes de « pékinologues ».

Mais nous ne devrions pas nous montrer trop durs à l'égard de ces Experts-qui-nous-expliquent-la-Chine : ils viennent de subir une expérience traumatique et sont encore en état de choc. Si les poissons se mettaient soudain à parler, je suppose que l'ichtyologie aurait à réviser dramatiquement quelques-unes de ses prémisses fondamentales. Or un certain type de sinologie-minute était précisément basé sur la rassurante certitude que les Chinois étaient aussi éloignés de nous, et aussi efficacement bâillonnés, que les habitants des profondeurs océaniques : aussi, quand ils apparurent soudain à la surface et se mirent à clamer ce qu'ils avaient à nous dire, d'une voix si forte et si claire que leurs messages nous atteignirent sans plus avoir à passer par les bons offices des Experts, la consternation régna parmi ces derniers.

Devant cette situation neuve, les Experts réagirent de façon diverse, certains avec naïveté, d'autres avec cynisme. Un bon exemple de la première attitude peut être fourni par le Pr Edward Friedman. Le Pr Friedman, qui enseigne la politique chinoise dans une université américaine, a récemment éprouvé la nécessité d'emprunter les colonnes du *New York Times* pour informer le monde que des atrocités variées s'étaient produites en Chine durant l'ère maoïste. Qu'un professeur de politique chinoise découvre avec dix ans de retard une information que même les plus paresseux et les plus ignares de ses étudiants devaient déjà connaître depuis belle lurette ne devrait constituer une nouvelle sensationnelle que pour le *New York Times*, j'imagine — n'empêche, ce singulier aveu d'ignorance avait quelque chose de réellement touchant.

Du côté des cyniques, il serait difficile de trouver un représentant plus brillant que Mme Han Suyin — mais comme je viens juste de décrire ses exploits, il est inutile d'y revenir ici.

Dans le monde des Experts-qui-nous-expliquent-la-Chine, le Pr Friedman et Mme Han Suyin représentent les deux extrêmes d'un prisme — l'un ne sait rien, l'autre sait tout — et pourtant, les récents développements politiques en Chine les ont fait trébucher l'un et l'autre, de façon également embarrassante. Ce qui montre bien que, dans ce domaine, le facteur *savoir* est, après tout, sans grande importance. Ce dont un Expert ès affaires chinoises a besoin avant toute chose, ce n'est pas tant d'expertise chinoise, mais d'expertise dans l'art d'être Expert. Ceci veut-il dire qu'une compétence occasionnelle dans le domaine des affaires chinoises représenterait un handicap pour un Expert de la politique chinoise ? Pas nécessairement — le tout est qu'il réussisse à cacher cette compétence accidentelle aussi habilement que son habituelle ignorance. En toute circonstance et quoi qu'il arrive, un Expert ne doit jamais rien dire, mais il doit dire ce rien avec éloquence et abondance, en quatre ou cinq volumes, de façon pondérée et réfléchie, du haut d'une tribune prestigieuse. Un Expert doit cultiver l'objectivité, l'équilibre et l'absence de préjugés ; ainsi, dans tout conflit qui pourrait survenir entre votre subjectivité et sa subjectivité, ces qualités lui permettront toujours, au moment crucial, de se soulever par les lacets de ses bottines jusque dans les hautes sphères de l'objectivité, d'où il pourra alors arbitrer le débat en toute sérénité et délivrer le jugement final. Un Expert est sans passion ; il ne perd jamais de vue que toute médaille a son revers, et que l'on peut toujours envisager les choses du point de vue opposé. Mettez-le devant Auschwitz par exemple, et il vous rappellera qu'on ne devrait pas se laisser emporter par ses émotions, ni avoir l'arrogance d'imposer nos jugements subjectifs sur des valeurs nazies qui, après tout, étaient *différentes*. Chaque fois qu'il formule une conclusion, un Expert s'empresse d'ajouter qu'il serait également possible en théorie de formuler une conclusion inverse. Toutefois, lorsqu'il présente des faits ou des opinions qui vont à l'encontre de ses préjugés favoris, il a toujours soin de les priver d'efficacité convaincante, bien qu'en même temps, il leur donnera quand même une substance discrète, suffisante pour qu'ils puissent servir d'issue de secours au cas où sa propre thèse devrait être infirmée par la réalité.

M. Ross Terrill, un journaliste d'origine australienne, maintenant établi aux États-Unis, auteur de nombreux livres et articles sur la Chine, a été salué de l'autre côté de l'Atlantique comme l'Expert par excellence. Je crois qu'il est pleinement qualifié pour porter ce titre. Entre le Charybde du Pr Friedman et la Scylla de Mme Han Suyin, M. Terrill a réussi à tracer une route habile. Je n'irai pas jusqu'à dire qu'il ait jamais transmis à ses lecteurs aucune information utile sur la Chine (en fait il les a fréquemment induits en erreur, et sur des points essentiels, comme nous allons le voir) ; néanmoins, à la différence de ses collègues moins subtils, il s'est arrangé pour naviguer sans avarie majeure dans des eaux traîtresses et turbulentes, et a réussi à maintenir son expertise à flot malgré des conditions particulièrement défavorables. Mais c'est à ceci précisément que se reconnaît l'Expert véritable : Expert un jour, Expert toujours.

Quand on m'a demandé d'écrire un compte rendu du dernier ouvrage [1] de M. Terrill, je commençai par décliner l'invitation ; il me semblait que le livre en question ne méritait guère de commentaire — en fait, comme nous allons voir, il est remarquable plus par ce qu'il omet que par ce qu'il commet. Mais si, finalement, j'ai accepté cette tâche, ce n'était pas simplement pour proposer quelques observations sur la « Physiologie de l'Expert », mais aussi pour tâcher de réparer une injustice dont j'ai pu précédemment me rendre coupable en écrivant au sujet d'autres œuvres du même auteur. Il faut dire que ma toute première rencontre avec les écrits de M. Terrill avait commencé sous de mauvais auspices. Ouvrant au hasard son récit de voyage *Flowers on an Iron Tree*, je tombai sur un passage où l'auteur décrivait comme s'il l'avait visité un monument qui avait en fait été rasé plusieurs années auparavant. Après cela, il me fut difficile de chasser de mon esprit cette vision de M. Terrill au travail : apparemment, il devait décrire la Chine en piochant des guides périmés, sans quitter sa chambre d'hôtel. Longtemps, cette malencontreuse image influa — très injustement, j'en suis sûr — sur l'opinion que je m'étais formée de ses entreprises. Aujourd'hui, non seulement je me rends mieux compte de tout ce que ma juvénile indignation pouvait avoir d'excessif, mais encore, je commence à comprendre que dans toutes les libertés que M. Terrill prend avec la réalité, il y a toujours un principe et une méthode qui m'avaient entièrement échappé à l'époque. Quand M. Terrill voit des choses qui n'existent pas, il s'agit en fait de choses qui *devraient* exister. Ceci confère une sorte de qualité platonique à sa vision — cette qualité peut être d'un usage pratique assez limité, mais à tout le moins elle témoigne de la nature essentiellement vertueuse et idéaliste de ses intentions.

Pourtant, trop souvent, les propos de M. Terrill sont de nature à provoquer des réactions vives chez tout lecteur informé. Mais ces réactions, dans leur violence même, paraissent si déplacées quand on considère les façons amènes de cet homme suave, que l'on se repent aussitôt de s'y être abandonné. Attaquer quelqu'un d'aussi aimable et jovial a quelque chose d'indécent — c'est un peu comme si l'on donnait un coup de pied au chien d'un aveugle.

La méthode de M. Terrill est celle d'une parfaite maîtresse de maison en train de guider la conversation du dîner : il s'agit de distraire, de créer de l'animation, tout en évitant les controverses ; écarter les sujets pénibles ou délicats et tout ce qui pourrait heurter ou froisser ; trouver

1. Ross Terrill, *Mao*, New York-Londres, Harper & Row, 1980.

quelque chose de gentil à dire sur chacun. (Son *Mao* par exemple est dédié « au génie du leadership dont le besoin est si vivement ressenti dans plusieurs pays d'aujourd'hui, mais aussi au souhait qu'ont les gens ordinaires de se libérer des mystifications du leadership ». Je suppose que son prochain ouvrage sera dédié « à la Chèvre, et au Chou ».)

Bon nombre de ses propos se présentent comme de solides et irrécusables truismes. (C'est un goût qu'il semble partager avec quelques hommes d'État célèbres ; rappelez-vous Nixon devant la Grande Muraille : « Cette muraille est grande. ») Ainsi : « Un billion de gens vivent en Chine, mais nous pas. » « Les baguettes sont un emblème de la Chine éternelle ; toutefois, il semble que la Chine éternelle change maintenant en une Chine nouvelle. » « La Chine a besoin de paix. D'ailleurs tous les pays ont également besoin de paix. Mais tous les autres pays n'obtiennent pas toujours la paix. » « Le changement ne va pas rendre la Chine semblable aux États-Unis, mais il va rendre la Chine d'après Mao différente de la Chine de Mao » (en effet : tout changement rend généralement les choses différentes de ce qu'elles étaient, et quand les choses deviennent différentes, elles cessent d'être semblables). « Mao gouverne les Chinois, Nixon gouverne les Américains ; toutefois les deux systèmes de gouvernement n'ont pas grand-chose en commun. » « Le Congo pourrait-il produire un Mao ? La Nouvelle-Zélande pourrait-elle produire un Mao ? » (et, serait-on tenté d'enchaîner : le Luxembourg pourrait-il produire un Mao ? Et le Groenland ? Ce thème, on le voit, pourrait se prêter à de riches variations ; la foule des possibilités donne le vertige).

Bombardé de tautologies, pilonné par ce tir de barrage ininterrompu pendant des centaines de pages, le lecteur finit par devenir « *groggy* ». De temps à autre pourtant, il est arraché à sa torpeur par quelqu'une de ces découvertes bizarres dont M. Terrill a le secret : « C'en est fait de ces anciennes superstitions qui amenaient les paysans chinois à se considérer comme des bâtons ou comme des oiseaux plutôt que comme des individus conscients. » Si M. Terrill croit *vraiment* que dans la Chine d'avant 1949, les gens se prenaient pour « des bâtons et des oiseaux », alors, nous commençons effectivement à comprendre pourquoi il peut penser que la société maoïste représente un aussi « prodigieux progrès social ».

M. Terrill ne fait nul mystère de son admiration pour le régime maoïste (« nous ne sommes pas des avocats, mais des admirateurs de la Révolution chinoise ») — ce même régime qui pourtant, si nous en croyons les déclarations récentes du *Quotidien du peuple*, voire les déclarations de Deng Xiaoping lui-même (sans parler des toutes dernières publications de M. Terrill) aurait en fait déraillé déjà dès 1957, pour aboutir finalement à dix années de quasi-guerre civile et de terreur « féodale-fasciste » !

M. Terrill a visité la Chine à plusieurs reprises ; il poursuivit son enquête la plus approfondie au début des années 70 (c'est elle qui fournit la matière de son ouvrage le plus connu, *800 000 000 : The Real China*). Selon le témoignage des Chinois eux-mêmes, ce fut l'une des périodes les plus sombres de l'histoire chinoise récente : le pays qui venait d'avoir été saigné à blanc par les violences de la « Révolution culturelle » était paralysé de terreur, recru de malheur et de misère, et osait à peine respirer sous le joug imbécile et cruel du gang maoïste. Bien que ce ne soit qu'aujourd'hui seulement que la presse chinoise officielle ait commencé à décrire le détail de cette sinistre époque, à ce moment-là l'atmosphère était saturée d'une telle horreur que même les visiteurs étrangers les plus ignorants ou les plus indifférents n'auraient pu manquer d'y être déjà sensibles (trop peu d'entre eux, il est vrai, en firent alors état publiquement). Mais M. Terrill, lui, que vit-il ? « Ma visite de 1971 augmenta encore mon admiration pour la Chine. » Ainsi, en cette heure de répression féroce, de souffrance et de désespoir, d'humiliation et d'angoisse, M. Terrill jouit de « la paix des collines et des vallées de Chine avec leurs brillantes couleurs, ainsi que de l'excellence de la cuisine chinoise... ». N'allez pas croire pourtant que son plaisir fût seulement touristique : « J'étais touché également par les conquêtes sociales de la Révolution chinoise. D'une façon magnifique, elle a guéri les malades, nourri les affamés et donné la sécurité aux gens ordinaires de Chine. » Le maoïsme constituait « une transformation guidée par un dessein, et ce dessein signifie force, indépendance, un leadership qui subordonne le pouvoir politique à des valeurs... La Chine est un monde dont les impératifs politiques peuvent être plus austères, mais en termes humains, c'est un monde plus simple et plus détendu. »

Plus détendu jusqu'à quel point ? Bien que le pays soit mené de façon assez stricte, « ce contrôle presque total n'est pas le résultat d'une terreur policière. Les techniques de la terreur stalinienne — la police en armes partout, les massacres à grande échelle, l'exécution des opposants politiques : coups frappés à la porte aux petites heures de la nuit, puis une balle dans la nuque —, rien de tout cela ne se voit en Chine aujourd'hui... Il s'agit d'un contrôle psychologique plutôt que d'une coercition physique... Les méthodes de contrôle sont étonnamment douces pour un pays communiste... Il est saisissant de noter qu'aucun dirigeant n'a été exécuté par l'État... Les gens qui ont fait l'objet d'une purge ne sont même pas emprisonnés... En 1966, Liu Shaoqi et Deng Xiaoping ont été traités avec une mansuétude typique. On les laissa vivre chez eux pendant des mois. On peut imaginer qu'ils se contentaient de lire à la maison, dans leur fauteuil, l'exposé de leurs méfaits que publiait la presse... Liu fut envoyé dans un village ; sa santé déclina, et en 1973, il mourut d'un cancer... » (En fait, si nous ne connaissions pas par ailleurs la nature foncièrement gentille de M. Terrill, ainsi que sa robuste ignorance, nous aurions pu le soupçonner de s'être livré ici à une plaisanterie de très mauvais goût : Liu qui était gravement malade fut abandonné par ses geôliers, gisant dans ses propres excréments, tout nu sur le ciment glacé de son cachot, jusqu'à ce que mort s'ensuive… Quant à Deng, s'il est vrai qu'il fut traité avec un peu moins de sauvagerie, il a lui-même avoué dans une interview qu'il avait vécu toutes ces années dans la crainte quotidienne d'être assassiné.) Le maoïsme a effectué des miracles dans tous les domaines : il « nourrit un quart de la population mondiale et augmente la production industrielle de 10 % par an » ; il a à son actif « trente années de progrès social » ; grâce à lui, les aveugles voient et les paralytiques marchent, comme M. Terrill l'a lui-même observé en visitant un hôpital : « Le mythe de Mao est fonctionnel pour la médecine comme pour beaucoup d'autres entreprises en Chine… il semble capable de donner [au patient] l'image mentale d'un monde qu'il peut rejoindre, et à ses docteurs une once supplémentaire et décisive de génie inventif… » En conclusion : « Il y a des choses à apprendre [du maoïsme] : un système d'assistance médicale qui est au service de la population entière ; un système d'éducation qui combine théorie et pratique ; et une croissance industrielle qui ne ravage pas l'environnement. » L'impossibilité où il est de prouver ces affirmations fantaisistes n'a jamais découragé M. Terrill ; pour leur conférer une espèce de réalité, il a simplement recours à une méthode de répétition incantatoire qui n'est pas sans rappeler le fameux discours de l'Homme-à-la-Cloche chez Lewis Carroll :

> L'endroit rêvé pour le Snark ! Je l'ai dit deux fois :
> Ceci seul devrait suffire pour encourager l'équipage.
> L'endroit rêvé pour le Snark ! Je l'ai dit trois fois :
> Ce que je vous dis trois fois est vrai…

Hélas ! Après qu'il l'eut dit trois fois, ce fut le tour des Chinois de parler, et l'histoire qu'ils nous racontèrent était bien différente. Non seulement les contestataires qui s'exprimaient sur le mur de la Démocratie à Pékin, mais même les dirigeants ont exposé en détail la terrifiante réalité du maoïsme : les purges sanglantes, les arrestations arbitraires, les tortures et les exécutions ; la gabegie, les famines, la corruption, l'incompétence, les problèmes endémiques du chômage, de la faim, de la délinquance ; la stagnation et la régression du niveau de vie dans les campagnes ; la vénalité, l'opportunisme et l'arrogance des cadres ; la ruine du système d'éducation, la stérilité culturelle, la destruction imbécile d'une antique civilisation ; les camps de concentration ; le saccage aberrant de l'environnement ; l'imposture des villages modèles, la farce de la médecine maoïste, etc.

A la suite de ces révélations officielles, M. Terrill a maintenant, dans une large mesure, effectué son *aggiornamento* : son *Mao* de même que quelques-uns de ses articles récents reflètent ces nouvelles perspectives ;

celles-ci ne s'accordent pas très bien avec ses écrits antérieurs — mais qu'importe ? Après tout, l'amnésie des lecteurs demeurera toujours la pierre angulaire de l'autorité d'un Expert.

Même *Le Quotidien du peuple* a présenté ses excuses à ses lecteurs, pour « tous les mensonges et gauchissements » dont il s'était rendu coupable dans le passé, et il est allé jusqu'à mettre le public en garde contre les « informations erronées, les vantardises et les faussetés » qu'il continue à fréquemment publier. Les Experts-qui-nous-expliquent-la-Chine avaient l'habitude de se faire l'écho fidèle de ce journal ; ne pourraient-ils pas le suivre ici, une fois encore, et présenter des excuses semblables à leurs propres lecteurs ?

Ou bien à l'instar du Pr Friedman, vivaient-ils dans une bienheureuse ignorance ? Les révélations officielles sur les réalités maoïstes constituent un phénomène récent ; par contre, les contestataires n'ont jamais cessé de se faire entendre en Chine, et à certains moments, leurs voix sont devenues une clameur assourdissante. Mais ces voix-là ont toujours été ignorées dans les ouvrages de M. Terrill. S'étant au préalable enfoncé du coton maoïste dans les oreilles, il s'étonnait ensuite d'entendre si mal et si peu, et concluait : « A dire vrai, il nous est très difficile de connaître les sentiments des Chinois sur n'importe quelle question. »

Sa position lui interdisait de reconnaître qu'il pût exister des atrocités maoïstes. Dans les cas extrêmes où il devenait simplement impossible d'en nier l'existence, il pouvait toujours avoir simultanément recours à deux tactiques :

1. Des événements semblables se produisent également dans les pays soi-disant démocratiques : « Les Chinois ont eu leur Watergate, et pire. » (Notez l'emploi du mot « pire » : comparez par exemple avec la proposition suivante : Dupont s'est coupé en se rasant ; Durant a eu la tête coupée sur l'échafaud ; la coupure de Durant était *pire*.) Ou encore : « Les gardes rouges brisent les doigts d'un pianiste car il jouait du Beethoven. Pour un Occidental qui a l'habitude de faire ce qu'il lui plaît, une pareille action suggère une tyrannie sans égal dans l'histoire. Dans la ville de New York, deux pauvres vieux meurent de froid parce que la Compagnie du Gaz leur a coupé le chauffage après que leur note de 20 dollars fut restée impayée. Pour un Chinois qui a le respect des vieillards, ceci semble une énormité incroyable. » M. Terrill entretient de curieuses idées au sujet des Chinois. Logiquement, son propos signifie que, en Chine, fracasser les doigts d'un pianiste est une pratique tout à fait acceptable, du fait que les Chinois n'attachent pas grande importance aux goûts individuels en matière musicale ; de plus, écrabouiller les doigts d'un pianiste est parfaitement admissible, pourvu que la victime soit raisonnablement jeune… En ce qui concerne le vieux couple new-yorkais, il est faux de dire que leur tragédie ne rencontra qu'indifférence en Occident. Au contraire, c'est précisément parce qu'elle fit scandale

qu'elle fut rapportée dans la presse, et put ainsi venir à la connaissance de M. Terrill. D'un autre côté, je doute fort que le sort d'un seul vieux couple new-yorkais puisse encore frapper fort le public chinois ; non que je suspecte les Chinois d'avoir le cœur dur, mais simplement parce que, plus près de chez eux, ils ont déjà épuisé toutes les larmes de leur corps à pleurer sur les centaines et les milliers d'innocents vieillards qui périrent, non pas à cause de négligences ou d'indifférence administratives, mais à la suite des coups et tortures que leur infligèrent les gardes rouges. Enfin, si l'on accepte d'établir une équivalence morale entre, d'une part, une mort accidentelle, et d'autre part un meurtre délibéré, je suppose que le prochain pas de M. Terrill devrait être d'absoudre les régimes totalitaires pour toutes leurs exécutions d'opposants politiques, en faisant valoir que, dans les régimes démocratiques, les accidents de la circulation font beaucoup de morts également.

2. La seconde tactique constitue un développement direct de la théorie qu'on vient de mentionner (et suivant laquelle l'action d'écrabouiller les doigts d'un pianiste devrait être plus aisément admise dans un pays doté d'une moindre tradition d'individualisme) : nous devrions nous appliquer à percevoir la Chine selon les termes qui lui sont propres. Mais l'idée de M. Terrill n'est malheureusement pas de se mettre enfin à l'écoute des Chinois et de recueillir *leurs* opinions au sujet du maoïsme — pareille initiative, hélas ! ne lui viendrait jamais à l'esprit (rappelez-vous : « Il nous est très difficile de connaître les sentiments des Chinois sur n'importe quelle question ») ; simplement, il s'agit pour lui de voir la République populaire à travers d'orthodoxes lunettes maoïstes. Une extension logique de ce principe consisterait à dire que l'on ne peut comprendre l'Allemagne nazie qu'en se plaçant dans une perspective hitlérienne, ou que, pour une honnête appréciation du système soviétique, il faut adopter une optique stalinienne (laquelle, soit dit en passant, fait si lamentablement défaut dans les ouvrages de Soljenitsyne, Nadejda Mandelstam, Boukovsky, etc.). Nous rencontrons ici la philosophie fondamentale de M. Terrill : « La différence chinoise » (ce concept lui tient du reste tant à cœur, qu'il en a fait le titre d'un recueil d'essais dont il était l'éditeur).

En Chine maoïste, il s'est passé des choses qui, si l'on adopte des critères de décence universelle et élémentaire, apparaissent simplement abominables. Mais M. Terrill pense au contraire que, la Chine étant « différente », ces critères ne sont pas applicables. Voyez le culte de Mao par exemple — ce culte était grotesque et humiliant, et c'est ainsi que les Chinois le perçurent, le vécurent et en souffrirent. Mais non ! nous dit M. Terrill qui sait mieux qu'eux ce qu'ils ont éprouvé, étant chinois et donc différents, ils ont dû s'en accommoder très agréablement : « Voir ces portraits de Mao en Chine est bien moins choquant que les voir loin de Chine sur des pages imprimées. Ceci n'est pas notre pays, ni un pays que nous pouvons facilement comprendre, mais le pays de Mao [...]. Ce culte de Mao n'est pas aussi incroyable qu'il apparaît hors de Chine. Ce n'est que dans le contexte de notre monde qu'il devient bizarre. Il est bizarre pour nous, parce que nous n'avons pas notion des usages sociaux de la Chine[1]. » Après la chute de Mme Mao, les Chinois exprimèrent avec véhémence le furieux dégoût que leur avaient inspiré ses « opéras modèles » (et d'ailleurs le simple bon sens aurait permis de deviner d'emblée ce qu'une nation aussi passionnée de théâtre avait pu penser depuis toujours de ces exécrables spectacles). Mais M. Terrill encore une fois préfère envisager la question sous l'angle de la « différence chinoise » et fournit donc ce commentaire : « Quand la femme de Mao présidait à la vie artistique, il n'était permis de jouer que neuf pièces sur les scènes chinoises. Pareille contrainte exercée sur la vie spirituelle de centaines de millions d'hommes semble surprenante pour un Occidental. Comment le peuple chinois qui aime tant le théâtre peut-il s'en accommoder ? Encore une fois, nous entrevoyons ici les dimensions de l'abîme qui sépare les valeurs chinoises des nôtres si nous considérons une de leurs questions : comment un peuple qui possède les traditions de la Révolution américaine peut-il tolérer la cruauté et l'inefficacité que représente pour un pays l'existence de sept pour cent de chômeurs ? » J'ignore si la pensée que les États-Unis comptent sept pour cent de chômeurs a jamais permis aux Chinois amateurs de théâtre de subir avec plus de patience les programmes idiots que Mme Mao leur imposait. En fait, je me demande même si la pensée qu'il existe sept pour cent de chômeurs aux États-Unis a jamais aidé les *millions* de sans-travail en Chine à supporter patiemment leur propre condition, qui est bien pire que celle des Américains puisque le gouvernement chinois ne leur verse aucune allocation de chômage.

Ayant analysé en long la méthode et la philosophie de M. Terrill, il ne me reste pas grand-chose à ajouter concernant son dernier ouvrage. Jusqu'à la « Révolution culturelle », la vie de Mao avait déjà été étudiée par nombre de chercheurs sérieux et compétents. Dans ce domaine, M. Terrill n'apporte aucune lumière nouvelle ; il se contente de fournir une adaptation bavarde et anecdotique de ces travaux antérieurs, avec

1. Entre-temps M. Terrill a changé d'idées sur cette question ; dans son dernier livre il qualifie maintenant le culte de Mao de « *grotesque* ». Pareille mobilité ne devrait pas nous surprendre : dans un ouvrage précédent, il avait déjà écrit que l'on doit toujours « *évaluer la Chine d'un point de vue mouvant* ». Ainsi, il rappelle par exemple que, lors de sa première visite en Chine, en 1964, il allait encore à l'église, et de ce fait, éprouvait un sentiment critique à l'égard du gouvernement maoïste qui avait fermé les églises. Dix ans plus tard toutefois, ayant lui-même cessé de pratiquer sa religion, les églises fermées cessèrent de le troubler : « *Je vis le problème sous un angle nouveau ; cette affaire n'occupa plus l'avant-plan de ma vision de la Chine, et en conséquence, je vis une Chine différente.* » On devrait passer cette merveilleuse recette à tous les Chinois qui voudraient pouvoir pratiquer leur religion — ça les aidera peut-être à accepter leur sort de façon plus philosophique.

tout plein de dialogues, couleur locale et extérieurs exotiques — bref, quelque chose comme du Stuart Schram récrit pour Hollywood. Mais c'est au sujet des dernières années de Mao qu'il aurait pu et dû apporter une contribution originale. Malheureusement le devoir que M. Terrill se fait de ne jamais aborder des sujets qui sont encore considérés tabous à Pékin l'a empêché de traiter sérieusement les deux crises essentielles qui ont marqué le crépuscule de Mao : d'une part, ses tentatives pour détruire Zhou Enlai, et d'autre part, l'émergence d'un mouvement antimaoïste populaire qui culmina dans la manifestation historique de Tian'anmen, le 5 avril 1976. Sur le premier point, bien qu'il ait déjà sensiblement modifié ses batteries, il demeure fondamentalement incapable de confronter franchement le problème — ceci supposerait de reconnaître que la « Bande des Quatre » qui persécuta Zhou jusqu'à sa mort était en fait une « Bande des Cinq », menée, inspirée et protégée par Mao lui-même. Sur le second point, il passe entièrement sous silence le vaste courant, spontané et éloquent, de contestation antimaoïste (le fameux manifeste de « Li Yizhe » (1974) ne reçoit même pas une mention) et il expédie en quelques paragraphes le mouvement du 5-Avril, comme s'il s'agissait d'une simple échauffourée dénuée de signification historique.

Si ces diverses carences tendent à disqualifier *Mao* en tant qu'ouvrage historique, le livre présente toutefois dans sa forme et son style un petit charme exotique qui aurait enchanté les admirateurs de Claude Farrère et de Pierre Benoit. Ainsi par exemple les indications chronologiques nous sont toujours fournies en termes de l'« Année du Rat » ou de l'« Année du Serpent » ; la propension désarmante qu'a toujours eue M. Terrill pour les métaphores zoomorphiques (je le soupçonne d'avoir jadis été boy-scout) trouve ici de nouveaux débouchés : Mao s'étant une fois décrit comme ayant un tempérament mi-tigre mi-singe, nous sommes tenus au courant à chaque tournant de sa carrière de ce que faisait le singe et de ce que faisait le tigre : « [...] cette façon que Lin Biao avait de parler de l'autorité absolue, irritait le singe en lui »..., etc. Ces traits feront les délices des lecteurs plus jeunes, tandis que les adolescents trouveront sans doute mieux à leur goût des passages comme celui où M. Terrill nous décrit l'accession de Mao à la plénitude du pouvoir : « Le pouvoir qu'il avait exercé au Jiangxi n'avait encore été qu'une simple masturbation par comparaison avec le coït complet dont il jouissait maintenant avec sa radieuse épouse, la Chine. »

QUELQUES PROPOS DE LU XUN

Littérature

La parole et l'écriture sont, il me semble, des signes d'échec. Quiconque est vraiment en train de se colleter avec le destin n'a pas le temps de se soucier d'elles. Quant aux puissants et aux vainqueurs, en général ils se taisent. Voyez par exemple l'aigle qui fond sur un lapin : c'est le lapin qui s'égosille, pas l'aigle. De même quand le chat attrape la souris, la souris crie, mais pas le chat. Ou encore, rappelez-vous le Tyran de Chu : au temps de sa splendeur, comme il guerroyait victorieusement d'un bout à l'autre du pays, il ne disait mot. Quand il se mit à jouer au poète et à improviser des lamentations lyriques, son armée était en déroute et il sentait sa fin prochaine.

*

Quand un homme éprouve les affres de la solitude, il est capable de créer. Sitôt qu'il atteint le détachement, il cesse de créer, car il n'aime plus rien.

Toute création prend sa source dans l'amour.

La création, même quand elle n'est qu'un épanchement du cœur, souhaite se trouver une audience. La création est sociale par définition même. Mais elle peut fort bien se contenter d'un seul lecteur : un vieil ami, une amante.

Psychologie

Quand vous conversez avec un penseur illustre, faites de temps à autre semblant que vous ne le comprenez pas tout à fait. Si vous ne le compreniez pas du tout, il vous mépriserait et si vous le compreniez trop bien, il vous prendrait en grippe — tandis que si, de temps à autre, vous ne le comprenez pas tout à fait, vous ferez parfaitement son affaire.

*

Les femmes ont une nature de mère et une nature d'enfant ; il n'existe pas de femmes naturellement épouses. La qualité d'épouse est un caractère acquis ; c'est un composé de mère et d'enfant.

*

Qui se croit objectif, doit être déjà au moins à moitié ivre.

*

Ne croyez que ceux qui doutent.

*

Au rez-de-chaussée, un malade est en train d'agoniser. Un gramophone beugle dans l'appartement voisin. Sur le palier d'en face, des enfants se chamaillent. A l'étage, deux personnes rient aux éclats ; vacarme de mahjong. Au milieu de la rivière, sur une péniche, une femme pleure, car sa mère vient de mourir.

Les gens ne communiquent ni leurs joies ni leurs peines ; je trouve qu'ils font seulement du bruit.

*

Un homme qui veut se suicider reculera parfois devant l'immensité de l'océan, ou hésitera en imaginant son propre cadavre en décomposition sous un soleil torride. Mais que d'aventure il rencontre un vivier limpide par une claire et fraîche nuit d'automne, et il fera le saut.

*

Comme je hais pas mal de monde, il est tout normal que bon nombre de gens me haïssent ; ainsi au moins je me sens bien vivant. En revanche, si je ne récoltais que de la gentillesse et des compliments, je me sentirais abominablement insulté.

Grands hommes

Schopenhauer avait observé ceci : quand on veut évaluer la grandeur d'un homme, la méthode à suivre est inverse s'il s'agit de sa stature morale ou de sa taille physique. En ce qui concerne cette dernière, elle apparaît d'autant plus petite qu'on la regarde de plus loin, tandis que la première s'accroît en fonction de la distance.

Mais justement, comme le grand homme rapetisse quand on le regarde de près et qu'on voit plus clairement ses infirmités et ses verrues, il devient semblable à nous : ce n'est plus un dieu ni un phénomène miraculeux, ni un animal d'une espèce inconnue, c'est simplement un homme, rien de plus. Mais c'est précisément en cela qu'il est grand.

*

Nos ancêtres, si débiles qu'ils fussent, après y avoir réfléchi quelques milliers d'années, finirent par élaborer une recette subtile pour contrôler les gens : écrasez tous ceux que vous pouvez écraser, et les autres, mettez-les sur un piédestal. En les mettant sur un piédestal, vous pouvez également les contrôler — il n'y a qu'à leur souffler constamment à l'oreille : obéis-moi, sinon je te fais dégringoler de ton perchoir.

*

Quand les Chinois rencontrent quelqu'un dont ils augurent qu'il va leur causer des ennuis, ils ont toujours recours à deux méthodes : ils le font disparaître ou ils le portent aux nues.

*

Les jeunes qui souhaitent marcher de l'avant rêvent généralement de se trouver un guide. Pour ma part, j'ose l'affirmer : ils n'en trouveront pas — et c'est tant mieux pour eux. Nul homme lucide n'accepterait jamais d'être pris pour un maître à penser ; quant à ceux qui ne déclinent pas ce rôle, sont-ils vraiment qualifiés pour montrer le chemin ? Tous ceux qui prétendent avoir trouvé la voie sont invariablement des gens d'un certain âge, respectablement éteints et dignement rancis, pondérés et suaves ; mais ils se font des illusions quand ils croient connaître le chemin. S'ils le connaissaient vraiment, il y a belle lurette qu'ils auraient déjà dû atteindre le port et ils auraient autre chose à faire maintenant, que de jouer aux maîtres à penser. C'est comme ces moines qui prêchent le paradis du Bouddha, ou ces taoïstes qui vendent des pilules d'immortalité : tous ces prometteurs d'éternité finissent au même cimetière, et ceux qui achètent leur pacotille me font bien rire.

Jeunes gens, quel besoin avez-vous de suivre des maîtres à penser bardés de clinquante publicité ? Vous feriez mieux de vous chercher des camarades et d'unir vos énergies ; d'un élan commun, marchez simplement vers ce qui vous paraît être la voie de la survie. Ensemble, ce n'est pas la force qui vous manquera. Si vous rencontrez une forêt profonde, vous pourrez toujours y percer une route, et il n'y a pas de brousse si sauvage que vous ne pourriez la défricher, ni de désert si aride que vous n'y pourriez creuser de puits. Pourquoi diable suivre les vieilles ornières et quémander les conseils de ces lamentables maîtres à penser ?

Chine

John Stuart Mill disait que la tyrannie rendait les hommes cyniques. Il ne se doutait pas qu'il y aurait des républiques pour les rendre muets.

*

En général les Chinois détestent les moines et les nonnes bouddhistes ;

ils détestent les musulmans et ils détestent les chrétiens. Mais ils ne détestent pas les prêtres taoïstes.

Qui comprend le pourquoi de ce phénomène a compris l'essentiel de la Chine.

*

Bien sûr, ce n'est pas tout à fait la même chose si nous nous massacrons les uns les autres, ou si nous nous faisons massacrer par des étrangers. Ainsi par exemple, si un homme s'administre des gifles à lui-même, il ne se sentira nullement outragé, tandis que si quelqu'un d'autre le gifle, il en éprouvera de la colère. Toutefois, quand un homme est devenu crétin au point de pouvoir se gifler lui-même, il est mûr pour se faire gifler par le premier venu.

*

Nous nous laissons trop facilement réduire en esclavage. Et le pire c'est qu'une fois esclaves, nous en tirons une satisfaction considérable.

*

Avant la révolution, nous étions esclaves. Maintenant, nous sommes esclaves d'anciens esclaves.

*

Les mensonges écrits avec de l'encre ne sauraient obscurcir une vérité écrite avec du sang.

*

Quand des esprits délurés se mettent à encenser quelqu'un, que ce soit un vieux richard, une actrice ou leur chef de bureau, c'est naturellement dans l'espoir d'en retirer un avantage. Mais pour le commun des mortels, le principal objectif de cette adulation servile est simplement de se prémunir contre les catastrophes. Voyez par exemple les divers Esprits qui, chez nous, font l'objet d'un culte — neuf fois sur dix, il s'agit de puissances maléfiques : inutile de mentionner le dieu de l'Incendie et le dieu de la Peste — mais même le dieu de la Fortune est représenté comme un monstre épouvantable, mi-serpent mi-hérisson. En un mot, quiconque fait l'objet d'un culte en Chine, neuf fois sur dix, n'est pas un personnage très attrayant.

*

Quand je disais que le premier impératif pour la Chine est de survivre, je dois ajouter aussitôt que par *survivre* je n'entends pas simplement vivoter d'expédients indignes… Dans ce domaine, il y a une formule à laquelle personne encore n'a songé, semble-t-il, il s'agit du modèle proposé par la prison nº 1 à Pékin. Les pensionnaires y sont délivrés de l'inquiétude de voir la maison du voisin en feu ; leurs deux repas quotidiens sont assurés, ils sont à l'abri du froid et de la faim. Leur gîte est stable, c'est une construction robuste qui ne risque jamais de leur tomber sur la tête. Bien gardés par leurs geôliers, il n'y a pas de danger qu'ils soient exposés à de nouveaux démêlés avec la loi ; ils sont là superbement protégés des cambrioleurs — bref, en fait de sécurité on ne saurait rêver mieux. Il ne leur manque qu'une chose : la liberté.

Politique

S'il y a encore des hommes qui veulent vraiment vivre en ce monde, il faudrait d'abord qu'ils osent parler, qu'ils osent rire, qu'ils osent pleurer, qu'ils osent se mettre en colère, qu'ils osent accuser, qu'ils osent se battre — qu'ils purgent enfin ces lieux maudits de son atmosphère maudite !

*

Il doit être « coupable », puisque les autorités le « punissent »…

*

Vous me dites : « Après tout les moutons sont des moutons, que voudriez-vous qu'ils fassent, sinon marcher docilement à la queue leu leu vers l'abattoir ? Quant aux cochons qui, eux, se font traîner, qui crient, qui bondissent, qui cherchent à s'enfuir, finalement ils n'en subissent pas moins leur sort. A quoi bon ces efforts désespérés ? N'est-ce pas un pur gaspillage d'énergie ? »

Mais ceci équivaut à dire : même devant la mort, il faut se comporter comme un mouton ; ainsi tout le monde aura la paix et on s'épargnera bien des ennuis.

Fort bien, la solution est peut-être excellente. Mais avez-vous jamais considéré les cochons sauvages ? De leurs boutoirs, ils tiennent en respect même les vieux chasseurs. Or il suffit que le cochon s'échappe de la porcherie où un misérable valet le tenait enfermé, et qu'il gagne la forêt, pour que de tels boutoirs lui poussent bientôt.

*

Qui a jadis détenu le pouvoir souhaite une restauration. Qui détient maintenant le pouvoir est partisan du *statu quo*. Qui n'a pas encore le pouvoir exige des réformes. Il en va généralement ainsi. Généralement !

*

Les chiens couchants aboient aux talons de tous les haillonneux ; ce faisant, ils n'obéissent pas nécessairement aux instructions de leur maître. Les chiens couchants sont souvent plus hargneux que leur maître.

*

Révolution, contre-révolution, non-révolution.

Les révolutionnaires se font massacrer par les contre-révolutionnaires. Les contre-révolutionnaires se font massacrer par les révolutionnaires. Les non-révolutionnaires sont tantôt pris pour des révolutionnaires et se font alors massacrer par les contre-révolutionnaires, ou sont pris pour des contre-révolutionnaires, et se font massacrer par les révolutionnaires, ou encore ils ne sont pris pour rien du tout, mais se font quand même massacrer par les révolutionnaires et par les contre-révolutionnaires.

Révolution ; révolutionner la révolution, révolutionner la révolution de la révolution, rév…

*

Je crois naturellement qu'il y aura un avenir, mais je ne me soucie guère d'en imaginer les radieuses beautés.

Plutôt que de discuter les diverses façons d'atteindre le futur, il me semble que nous ferions mieux de donner la priorité au présent. Même si le présent est désespérément sombre, je n'ai nulle envie de le quitter.

Demain sera-t-il exempt de ténèbres ? On en reparlera demain ; en attendant, occupons-nous plutôt de transformer notre aujourd'hui.

Espoir

On ne peut pas dire que l'espoir existe, ni qu'il n'existe pas. L'espoir est comme ces chemins sur la terre : à l'origine il n'y avait pas de chemins ; mais là où les gens passent sans cesse, un chemin naît.

WEI JINGSHENG : LA CINQUIÈME MODERNISATION : LA DÉMOCRATIE

Grâce à l'admirable travail effectué à Pékin par divers journalistes occidentaux — au tout premier rang desquels il faut spécialement citer les correspondants de l'Agence France-Presse, Biannic et Deron —, nous avons été informés presque jour par jour de tout le déroulement du « Printemps de Pékin », jusqu'à son écrasement final. Malheureusement, la presse internationale n'a, dans son ensemble, fait que très insuffisamment écho à ces rapports détaillés et bouleversants (à l'exception du quotidien Ming Bao *à Hong Kong).*

Aujourd'hui, qui se rappelle encore les noms de Fu Yuehua — jeune femme arrêtée au début de janvier pour avoir aidé des paysans affamés qui étaient montés à Pékin pour manifester —, de Wei Jingsheng, un des principaux organisateurs du mouvement démocratique, rédacteur de la revue Tansuo *[« Exploration »], et de Ren Wanding, animateur du mouvement des Droits de l'homme ? Et pourtant, comme pour les dissidents soviétiques, leur sort dépend aussi, dans une bonne mesure, de la capacité d'attention et de mémoire dont l'opinion internationale fera preuve à leur égard.*

Le texte que nous présentons ici fut l'un des tout premiers et des plus retentissants de tous ceux qui apparurent sur le « mur de la Démocratie » au carrefour de Xidan à Pékin ; il fut encore suivi de deux parties (« suite » et « fin ») dont la traduction a paru en Occident. La Cinquième Modernisation *fait dès à présent figure de nouveau jalon historique dans la lignée des plus célèbres écrits contestataires de la Chine populaire : Li Yizhe,* Sur la démocratie et la légalité socialistes *(1974) ; Yang Xiguang,* Où va la Chine ? *(1968) ; la critique du maoïsme esquissée au début des années 60 dans les essais satiriques de Deng Tuo et de Wu Han ; les articles et discours antitotalitaires de nombreux intellectuels et étudiants au moment des « Cent Fleurs » (1957) ; le manifeste du Hu Feng sur la liberté intellectuelle (1954), etc. C'est aussi un document fondamental pour découvrir et comprendre l'actuel état d'esprit des « enfants de Mao Zedong », ces jeunes gens qui, nés et éduqués sous le régime maoïste, participèrent, adolescents, à la « Révolution culturelle ». L'avenir leur appartient, ou, comme disait Mao lui-même : « Le monde est à eux ! »*

Wei Jingsheng, né en 1950, ouvrier électricien à Pékin, mit à profit le bref « dégel » de Deng Xiaoping pour organiser publiquement un mouvement démocratique critiquant les méthodes totalitaires du gouvernement communiste, et réclamant la répudiation explicite de l'héritage maoïste. Accusé d'être « contre-révolutionnaire », il a été arrêté le 29 mars 1979. A l'issue d'une ignoble parodie de procès, il a été condamné à quinze ans de travaux forcés [1].

La cinquième modernisation : la démocratie

Les journaux et la radio ont cessé maintenant de nous casser les oreilles avec leurs assourdissantes rengaines de propagande sur le thème de la « lutte des classes ». Sans doute est-ce en partie parce que ce refrain-là avait constitué l'abracadabra magique de la « Bande des Quatre », mais aussi et surtout parce que les masses en ont eu une indigestion : il n'est plus possible de faire marcher le peuple sur cette musique-là.

C'est une loi de l'histoire que, si ce qui est périmé ne disparaît pas, le neuf ne saurait venir au jour. Maintenant que le vieux est bien parti, tout le monde scrute l'horizon dans l'espoir de voir poindre le nouveau. Mais, comme on dit : le Bon Dieu ne désappointe jamais l'attente des fidèles ; voici donc qu'on vient nous servir maintenant une fabuleuse formule tout fraîchement inventée, et qu'on a baptisée « les quatre modernisations ». Le président Hua, notre « sage leader », et le vice-président Deng — qui, aux yeux du peuple, est encore plus sage et plus grand — ont réussi à vaincre la « Bande des Quatre », rendant ainsi à nouveau possible ce rêve de démocratie et de prospérité pour lequel un peuple héroïque avait versé son sang sur la place Tian'anmen le 5 avril 1976.

Après l'arrestation de la « Bande des Quatre », les gens ont ardemment souhaité le retour du vice-président Deng, et, dans l'idée qu'il allait « restaurer le capitalisme », ils ont fait de lui l'emblème vivant de leur action. Finalement, le vice-président Deng a été réintégré dans la direction centrale de l'État et du Parti ; cet événement provoqua une émotion et un enthousiasme indicibles parmi la population.

---

1. Voir à ce sujet V. Sidane et W. Zafanolli, *Procès politiques à Pékin : Wei Jingsheng, Fu Yuehua*, Maspero, 1981. *Post-scriptum de 1997* : en novembre de cette année, Wei Jingsheng a finalement été exilé de Chine après dix-huit années d'une captivité qui fut marquée par d'insoutenables sévices physiques et psychologiques. En attendant de lire le témoignage dont il vient maintenant de commencer la rédaction, on pourra déjà consulter deux importants ouvrages récents : Wei Jingsheng, *La Cinquième Modernisation et autres écrits du Printemps de Pékin*, textes réunis, traduits, annotés et présentés par Huang San et Angel Pino, Paris, Christian Bourgois, 1997 ; Wei Jingsheng, *The Courage to Stand Alone : Letters from Prison and Others Writings*, traduction de K. M. Torgeson, avec des essais de A. J. Nathan, Liu Qing et S. Woodman, New York, Viking, 1997.

Là-dessus, hélas ! le système politique tant haï du peuple n'a été nullement amendé ; quant à la liberté et la démocratie qu'attendait le peuple, leur nom ne peut même pas être mentionné. Les conditions de vie de la population n'ont pas changé ; les « augmentations de salaire » ont été largement englouties par la hausse vertigineuse des prix. En fait de « restauration du capitalisme », on va paraît-il rétablir le système des primes de production — or, à ce qu'on dit, il s'agit précisément là de ce que les Pères du marxisme-léninisme avaient stigmatisé comme étant « le fouet invisible qui permet de soumettre les ouvriers à une exploitation maximale » ! On nous annonce bien que la politique de crétinisation méthodique des masses a été abandonnée ; il n'est plus question de tenir le peuple sous l'autorité d'un « Grandiose Timonier » — par contre, c'est sous la direction d'un « Sage Leader » qu'on veut l'amener maintenant à « rattraper et dépasser les pays les plus avancés du monde », tels que l'Angleterre, l'Amérique, le Japon et la Yougoslavie (?). Faire la révolution n'est plus à la mode ces temps-ci ; maintenant, pour faire une belle carrière, rien ne vaut un diplôme universitaire. Le peuple ne doit plus subir l'assommant rabâchage de la « lutte des classes » ; les « quatre modernisations » sont devenues la panacée universelle. Bien sûr, il faut encore que nous obéissions aux instructions des autorités centrales ; il suffira que nous suivions sagement le Guide, et tous nos beaux rêves deviendront réalité…

Il y a un vieux dicton chinois qui parle de « résoudre le problème de la faim en peignant une galette » et un autre, de « désaltérer les assoiffés en leur faisant contempler une prune ». La verve satirique de cette sagesse populaire venait d'une longue expérience politique ; si l'on accepte la notion d'un progrès constant de l'Histoire, qui pourrait encore rêver de duper aujourd'hui le public par ces mêmes grossiers stratagèmes que les anciens avaient déjà éventés ? Le fait est pourtant qu'il y a des gens qui pensent pouvoir encore duper le monde de cette façon et qui mettent cette idée en pratique.

Ainsi, durant ces dernières décennies, le peuple chinois a docilement suivi un « Grandiose Timonier » qui le nourrissait au moyen de galettes peintes avec un pinceau appelé « communisme », et qui le désaltérait en lui suspendant devant le nez des prunes baptisées « Grand Bond en avant » ou « Triple Bannière rouge ». Et le peuple marchait bravement de l'avant en se serrant la ceinture… Après avoir supporté ce régime-là avec une belle constance pendant trente ans, il a fini par comprendre : à ce jeu-là, comme le singe qui veut décrocher la lune, il était condamné à se retrouver éternellement bredouille… C'est pourquoi, lorsque le vice-président Deng lança son nouveau mot d'ordre de « retour à la réalité », les masses se rallièrent autour de lui avec enthousiasme, clamant leur approbation d'une voix aussi formidable que le rugissement de l'océan. Tout le monde comptait bien que, appliquant son fameux principe :

« Arriver à la vérité par l'examen des faits », il irait soumettre le passé récent à une investigation critique, et qu'il guiderait le peuple vers un avenir digne de lui.

Or, que se passe-t-il ? On vient gravement nous avertir : « Le marxisme-léninisme et la pensée de Mao Zedong demeurent le fondement de tout ce qui existe sous le soleil, nul ne saurait formuler de propos valable sans y faire référence. » Ou encore : « Le président Mao est le Sauveur du peuple », « Sans le parti communiste, il n'y aurait pas de Chine nouvelle », — ce qui revient à dire : « Sans le président Mao, il n'y aurait pas de Chine nouvelle. » Et si maintenant quelqu'un s'avisait de mettre ces vérités en doute, on saura bien le guérir de son scepticisme ! D'autres encore nous font la leçon : « Le peuple chinois a besoin d'être mené par un homme à poigne ; et si le despote moderne est encore plus carabiné que ses prédécesseurs féodaux, ça montre précisément comme il est grand. Le peuple chinois n'a que faire de la démocratie, sauf quand il s'agit de la variété qui se pratique sous une autorité centralisée — toute autre forme ne vaut rien. Vous ne me croyez pas ? Comme vous voulez ; pour les gens de votre espèce, il y a toujours de la place en prison. »

Pourtant, on vous laisse encore une voie ouverte : en avant, marche ! dans le cadre des « quatre modernisations », serrez les rangs et pas de sottises, vous autres les braves bêtes de somme de la révolution, et vous verrez au bout du compte, vous arriverez au Paradis : le pays de Cocagne du communisme et des « quatre modernisations ». Et voici d'ailleurs que des gens débordants de bonnes intentions viennent nous prodiguer leurs conseils : « Si ces perspectives ne vous enthousiasment toujours pas, vous devriez vous appliquer sérieusement à l'étude du marxisme-léninisme et de la pensée de Mao Zedong ! Votre manque d'enthousiasme provient de ce que vous ne comprenez pas la théorie, et le fait que vous ne comprenez pas la théorie en prouve précisément la sublime profondeur. Allons, soyez sages maintenant ; d'ailleurs, les autorités de vos unités respectives ne vous laissent pas d'autre choix, etc. »

Je vous adjure tous : ne vous laissez plus berner par les discours de ces escrocs de la politique ! Plutôt que d'accepter ce que nous savons être une duperie, pourquoi ne pas nous en remettre, pour une fois, tout simplement à nous-mêmes ? Les rudes expériences de la Révolution culturelle nous ont ouvert les yeux. Et si nous essayions maintenant de découvrir par nous-mêmes ce qu'il nous faudrait faire ?

Pourquoi la démocratie est-elle nécessaire ?

Depuis plusieurs siècles, cette question a été abondamment débattue. Plus récemment, les diverses personnes qui se sont exprimées sur le « mur de la Démocratie » ont exposé en détail pourquoi la démocratie est mille fois préférable au despotisme.

« Le peuple est le maître de l'Histoire » : s'agit-il là d'une vérité ou d'une phrase creuse ? C'est tout à la fois une vérité et une phrase creuse. Nous disons que c'est une vérité car, sans la force populaire, sans la participation populaire, nulle Histoire n'est concevable ; les « grandioses timoniers » et autres « sages leaders » ne sauraient exister ni, à plus forte raison, créer l'Histoire. De ce point de vue, sans un nouveau peuple chinois, il ne pourrait y avoir de « nouvelle Chine », et ce n'est pas au président Mao que cette nouvelle Chine doit son existence. Le vice-président Deng a remercié le président Mao de lui avoir sauvé la vie ; bien que cette réaction soit compréhensible et excusable, n'aurait-il pas dû plutôt remercier le peuple qui, par ses clameurs, avait réussi à le ramener au pouvoir ? Est-il admissible qu'il déclare à ce peuple : « Vous ne devriez pas dire du mal du président Mao. Vous savez, c'est lui qui m'a sauvé la vie. » D'un pareil épisode, il ressort clairement que l'affirmation selon laquelle le peuple serait le maître de l'Histoire n'est plus qu'une formule creuse. Nous disons que c'est une formule creuse, car nous voyons qu'en fait le peuple est privé de toute possibilité de déterminer son destin de façon conforme aux vœux de la majorité. Tout ce que le peuple a accompli est porté à l'actif d'un autre, les droits du peuple sont confisqués pour façonner la couronne d'un autre. Peut-on dire encore que le peuple est maître ? Il ressemble plutôt à un esclave docile. Le peuple a beau être en théorie le créateur et maître de l'Histoire, sur le plan des réalités son unique rôle est de fournir des légions de serviteurs respectueux et muets, sa fonction est seulement de constituer la pâte au sein de laquelle se lèvent continuellement les chefs qui viennent le diriger.

Le peuple a besoin de la démocratie. Quand il exige la démocratie, il exige simplement qu'on lui restitue ce qui lui appartient. Quiconque ose lui dénier la démocratie n'est qu'un bandit sans vergogne, plus infâme encore que le capitaliste qui vole la sueur et le sang de l'ouvrier.

Le peuple possède-t-il maintenant la démocratie ? Ou bien serait-ce simplement qu'il ne désire pas être maître de sa propre destinée ? Bien sûr qu'il le désire ! Et c'est d'ailleurs précisément pour cela que le parti communiste a réussi à vaincre le Kuomintang. Mais aussitôt après sa victoire, qu'a-t-il fait de ses promesses ? On a commencé par changer le slogan de la « dictature démocratique du peuple » en « dictature du prolétariat ». Et puis, ce dernier résidu de démocratie dont jouissait encore une infime poignée d'hommes au sommet a lui-même disparu pour céder la place au despotisme individuel du « grandiose leader ». Et c'est ainsi par exemple que, en conformité avec les instructions du « grandiose leader », un Peng Dehuai, qui avait osé formuler quelques récriminations dans une assise intérieure du Parti, fut disgracié et traîné dans la boue, tandis qu'apparaissait une formule nouvelle : le Leader étant grandiose, il en résulte qu'une foi aveugle en sa personne ne saurait manquer d'apporter au peuple un bonheur accru. A l'époque, le peuple accepta cette formule, moitié parce qu'il y était forcé, et moitié parce qu'il le voulait bien. Mais qu'en est-il aujourd'hui ? Maintenant, le peuple est-il vraiment plus heureux et plus prospère ? L'évidence s'impose : le peuple se retrouve aujourd'hui plus misérable, plus malheureux et plus arriéré qu'au départ. Comment a-t-on pu en arriver là ? C'est ce qu'il nous va falloir examiner en tout premier lieu. Que faut-il faire ? Telle est la deuxième question que nous devons étudier. Aujourd'hui, il est parfaitement oiseux de chercher à déterminer le bilan relatif des mérites et des erreurs de Mao Zedong. A l'origine, c'est lui-même qui a suggéré de calculer ce genre de bilan ; pour lui, il s'agissait précisément là d'une manœuvre de protection. La question que le peuple doit se poser maintenant est la suivante : sans le despotisme personnel de Mao Zedong, la Chine aurait-elle jamais pu tomber au point où nous la voyons aujourd'hui ? Ou bien faut-il croire que les Chinois seraient stupides, ou paresseux, ou dépourvus de tout désir d'améliorer leur sort ? Tout au contraire. Alors, que s'est-il donc passé ? La réponse est évidente : les Chinois ont emprunté une voie dans laquelle ils n'auraient jamais dû s'engager, et, s'ils l'ont suivie, c'est parce qu'un despote habile à faire du battage pour sa camelote les y a entraînés. Il ne leur laissait d'ailleurs guère le choix : vous ne marchez pas ? On va vous appliquer la dictature ! Et le peuple, tenu dans l'ignorance de toute alternative, a été persuadé que c'était là l'unique voie possible. Quelle supercherie ! Est-il encore pertinent de calculer combien de bons points il conviendrait d'attribuer à son auteur ?

Comment s'appelle donc cette voie ? A ce qu'il paraît, ça s'appelle « la voie socialiste ». Selon la définition des Pères du marxisme, sous le socialisme ce sont les masses populaires — que l'on appelle aussi « le prolétariat » — qui détiennent le pouvoir. Demandez donc aux ouvriers chinois : « A part le misérable salaire qu'on vous alloue chaque mois, juste pour vous empêcher de crever de faim, quelle est l'étendue de vos droits, sur qui, ou sur quoi, avez-vous pouvoir, de qui ou de quoi êtes-vous les maîtres ? » Ah, misère ! vous ne pouvez décider de rien — pas même de votre propre mariage ! Le socialisme est supposé garantir au producteur la jouissance des fruits de son travail une fois qu'il s'est acquitté de ses obligations envers la société. Mais pour vous, y a-t-il aucune limite au fardeau de vos obligations ? Ce qu'on vous octroie, n'est-ce pas précisément ce misérable salaire « juste suffisant pour maintenir la force de travail requise par la production » ? Le socialisme est supposé garantir à chaque citoyen le droit de recevoir une éducation et de développer ses talents individuels, et bien d'autres droits encore — mais nous ne voyons pas l'ombre de tout cela dans la vie qui nous est faite. La seule chose que nous voyions, c'est la « dictature du prolétariat » et cette nouvelle variante du « despotisme à la russe » qui s'appelle maintenant « despotisme à la chinoise ». Croyez-vous vraiment que cette voie socialiste corresponde aux besoins du peuple ? Croyez-vous vraiment que le despotisme contienne une recette de bonheur pour le peuple ? Est-ce vraiment là cette voie socialiste décrite par Marx et souhaitée par le peuple ? Manifestement pas. Mais qu'est-ce que c'est alors ? On en rirait si ce n'était à pleurer : ça ressemble précisément à ce social-féodalisme dont parlait déjà le *Manifeste* — autrement dit, c'est une forme de monarchie féodale affublée d'une défroque socialiste. A ce qu'il paraît, l'Union soviétique a déjà dépassé ce stade du social-féodalisme et a accédé maintenant au niveau supérieur du social-impérialisme. Les Chinois devront-ils donc eux aussi suivre ce même itinéraire ?

Certains estiment que notre passif devrait être imputé à ce règne de la tyrannie social-fasciste exercée par le social-féodalisme. Tout à fait d'accord ; mais dans ce domaine il ne saurait être question d'encore soupeser la part relative du bon et du mauvais. Expliquons-nous : le fascisme allemand, de si puante mémoire, s'appelait de son nom véritable « national-socialisme ». Lui aussi avait un tyran à sa tête, lui aussi engageait le peuple à se serrer la ceinture, lui aussi dupait le peuple en lui disant : « Vous êtes une grande nation ! » et surtout lui aussi avait supprimé la plus élémentaire démocratie, car il avait vu clairement ceci : la démocratie constituait pour lui le plus grand danger, c'était pour lui un ennemi invincible. C'est sur cette base-là que Staline et Hitler se sont serré la main et que le fameux pacte germano-soviétique a pu être signé. C'est sur cette base-là que les peuples allemand et russe ont été condamnés à l'esclavage et à la misère. Devons-nous, nous aussi, continuer à endurer cet esclavage et cette misère-là ? Si nous voulons y échapper, nous n'avons plus qu'une solution : la démocratie. Autrement dit : si nous voulons moderniser notre économie, notre science, notre défense, etc., il faut d'abord moderniser notre peuple. Il faut d'abord moderniser notre système social.

La cinquième modernisation.
Quelle démocratie ?

Laissez-moi poser une question : pourquoi voulons-nous la modernisation ? Certains ne trouvent-ils pas que la vie à l'époque du *Rêve dans le pavillon rouge*, c'était déjà bien joli ? Pensez un peu : lire des romans, écrire des poèmes, caresser des filles charmantes, trouver tous ses besoins satisfaits sans avoir à fournir d'effort… Aujourd'hui, ajoutez encore au tableau, pour mettre les choses à la page, la possibilité de voir des films étrangers. N'est-ce pas là une existence paradisiaque ? Je vous l'accorde. Mais encore faut-il que le peuple y ait sa part. Il faut que le peuple ait la possibilité de couler des jours vraiment heureux, qu'il jouisse d'avantages au moins comparables à ceux qu'on connaît à l'étranger. Il faut que la totalité du peuple jouisse de la prospérité, que cette prospérité soit répartie sur la population tout entière. Pareille prospérité ne pourra être atteinte que dans la mesure où le niveau des forces productives de la société aura été élevé. Tout ceci est bien évident, mais il y a toutefois un point important que l'on oublie souvent : quand les forces productrices auront augmenté, le peuple pourra-t-il jouir d'une vie prospère ? Et nous rencontrons ici le problème de la répartition et de l'exploitation.

Après la Libération, pendant plusieurs décennies, le peuple chinois a travaillé d'arrache-pied en se serrant la ceinture. Il a ainsi créé des richesses réelles. Mais où sont passées ces richesses ? Selon certains, elles auraient été employées à engraisser divers mini-despotismes, tel celui du Viêt Nam par exemple. D'autres disent qu'elles ont été employées à engraisser les Lin Biao, Jiang Qing et autres représentants de la nouvelle classe capitaliste. Les uns et les autres ont également raison. En tout cas, une chose est certaine, le peuple travailleur n'en a jamais vu la couleur : ces richesses ont en partie été gaspillées directement par nos « escrocs de la politique » de tout poil et de tout calibre, et en partie été offertes à leurs tristes compères vietnamiens et albanais. Mao Zedong, à la veille de sa mort, a été persécuté par sa douce moitié qui voulait lui extorquer quelques milliers de yuan. Mais bien avant cela, il avait lui-même allègrement dissipé les milliards accumulés au prix de la sueur et du sang du peuple chinois, sans apparemment en éprouver le moindre remords — et le plus beau est que ceci se passait au moment même où une population de mendiants en était réduite à construire le socialisme le ventre creux. Quant aux individus qui viennent encore encenser Mao Zedong dans leurs inscriptions sur le « mur de la Démocratie », si vraiment ils ont des yeux, comment ont-ils réussi à ne rien voir de tout cela ? Êtes-vous fermement décidés à rester aveugles ? Si vraiment vous ne vous êtes encore aperçus de rien, au lieu de perdre votre temps à rédiger des affiches, que n'employez-vous vos loisirs à faire un tour du côté de la gare de Pékin, ou aux alentours de la porte Yongding, ou simplement dans les rues ? Abordez les visiteurs qui débarquent de province, et demandez-leur si, dans leur coin, il est vrai que les mendiants aient disparu ? Et croyez-vous que nos mendiants soient d'accord avec la façon dont nous faisons cadeau, à je ne sais quels « amis du tiers-monde », d'un riz qui leur est plus cher que la prunelle de leurs yeux ? Mais qui se soucie de ce qu'ils peuvent penser ! Ce qui est tragique c'est que, dans notre soi-disant « République populaire », il n'y a que les repus, les nantis et les oisifs, ceux qui coulent une existence paradisiaque, qui aient autorité pour répartir les ressources. Ne serait-il donc pas absolument légitime pour le peuple de reprendre le pouvoir des mains de ces messieurs ?

Qu'est-ce que la démocratie ? La véritable démocratie, c'est la remise de tous les pouvoirs à la collectivité des travailleurs. Les travailleurs seraient-ils incapables de gérer les pouvoirs de l'État ? La Yougoslavie s'est engagée dans cette voie et nous montre que le peuple n'a nul besoin de despotes, grands ou petits, et que par lui-même il peut bien mieux diriger les affaires.

Qu'est-ce qu'une véritable démocratie ? C'est un système qui permet au peuple de choisir à son gré des représentants chargés d'administrer pour lui, en conformité avec ses volontés et ses intérêts. Le peuple doit en plus conserver le pouvoir de démettre et remplacer à tout moment ces représentants, pour empêcher que ceux-ci ne viennent à abuser de leurs fonctions pour se transformer en oppresseurs. Pareil système est-il praticable ? Les peuples d'Europe et d'Amérique jouissent précisément de ce type de démocratie. A leur gré, ils ont pu congédier leurs Nixon, de Gaulle et Tanaka, et si l'envie leur en prenait, ils pourraient aussi bien les réinstaller, sans que nulle force puisse influer sur ce libre exercice de leurs prérogatives démocratiques. Tandis que, chez nous, il suffit que, dans une simple conversation, vous exprimiez le moindre doute sur l'historique sublimité de notre « Grandiose Timonier » Mao Zedong, tout mort qu'il est déjà, pour que vous voyiez aussitôt béer devant vous le portail d'une prison où vous attendent toutes sortes de traitements dont les charmes passent l'imagination. Si on compare le « centralisme démocratique » des systèmes socialistes avec la démocratie des « classes exploiteuses » dans les régimes capitalistes, il y a de l'un à l'autre toute la différence de la nuit au jour !

Est-il vrai que, si les droits démocratiques étaient accordés au peuple, on risquerait de tomber dans le désordre et l'anarchie ? Au contraire : la presse de notre pays vient précisément d'exposer tous les scandaleux abus auxquels nos despotes, petits et grands, avaient pu se livrer grâce à l'absence de démocratie. Voilà le vrai désordre, voilà la vraie anarchie ! Le problème du maintien de l'ordre démocratique est un problème de politique intérieure que seul le peuple a compétence pour régler, et il n'a nul besoin que des messieurs féodaux, armés de pouvoirs spéciaux, s'en occupent à sa place, car le souci de ces gens-là n'est nullement de protéger la démocratie, mais bien de prendre prétexte de cette protection pour dépouiller le peuple de ses droits. Bien sûr, ce problème de politique intérieure ne sera pas résolu du jour au lendemain. Il faudra tout un processus de développement durant lequel, inévitablement, des erreurs se produiront, qui devront être constamment rectifiées. Mais c'est là notre affaire à nous, et ce système vaut mille fois mieux que l'arrogante tyrannie de notre présente aristocratie féodale, laquelle ne laisse aucun recours contre l'injustice. Quant aux gens qui s'inquiètent à l'idée que l'avènement de la démocratie pourrait entraîner le chaos, ils me font penser à ceux qui, au lendemain de la révolution républicaine de 1911, craignaient que, sans empereur, la Chine ne sombre dans le chaos. Leur conclusion, c'est : « Subissons patiemment l'oppression ! » Sans un tyran pour vous chevaucher l'échine, craignez-vous donc de vous envoler ?

A ceux qui nourrissent ce genre d'appréhensions, laissez-moi seulement dire très respectueusement ceci : nous voulons devenir maîtres de notre propre destinée, nous n'avons pas besoin de dieux ni d'empereurs, nous n'avons foi en nul sauveur, nous voulons avoir barre sur notre propre destinée. Nous ne voulons pas devenir de simples instruments entre les mains de despotes aux ambitions expansionnistes, qui pensent se servir de nous pour moderniser à leur seul profit. Ce que nous voulons, c'est la modernisation des conditions de vie du peuple. Si nous voulons réaliser la modernisation, c'est uniquement pour assurer la démocratie, la liberté et le bonheur du peuple. Sans cette « cinquième modernisation », toutes les autres modernisations ne sont qu'un nouveau mensonge.

Camarades, je vous lance cet appel : unissons-nous sous l'étendard de la démocratie. Ne vous laissez plus duper par les slogans d'« unité dans la stabilité » si chers à nos despotes. Le totalitarisme fasciste ne peut que nous apporter la catastrophe. Ne vous faites plus d'illusions sur le compte de ces gens-là. La démocratie est notre seul espoir. Si nous renonçons à nos droits démocratiques, c'est comme si nous nous remettions à nouveau nos propres chaînes. Ayez donc confiance en vos propres forces ! C'est nous qui créons l'histoire humaine. Envoyons au diable tous ceux qui se décernent à eux-mêmes les titres de « grandioses leaders » et de « Maîtres à penser » ; il y a plusieurs dizaines d'années déjà qu'ils escroquent le peuple de ses droits les plus précieux.

Je suis fermement convaincu de ceci : si elle est mise sous la gestion du peuple lui-même, la production ne pourra que se développer, car les producteurs produiront dans leur propre intérêt ; la vie deviendra belle et bonne, car tout sera orienté vers l'amélioration des conditions d'existence des travailleurs ; la société sera plus juste, car tous les droits et pouvoirs seront détenus de façon démocratique par l'ensemble des travailleurs.

Je ne me fais pas d'illusions : cet idéal ne sera pas atteint sans efforts, et ce n'est pas grâce à l'intervention de quelque héros providentiel que le peuple peut espérer y parvenir. Mais je sais bien que le peuple chinois ne se laissera pas décourager par les innombrables difficultés qu'il rencontrera dans la poursuite de cet objectif. L'essentiel est que le peuple chinois ait une claire vision du but et une juste évaluation des obstacles, et, sans hésitation, il saura écraser les dérisoires insectes qui croient pouvoir lui barrer la route.

En avant vers la modernisation :
établissement de la démocratie

Si le peuple chinois veut la modernisation, il faut d'abord qu'il réalise la démocratie, qu'il modernise le système social de la Chine. La démocratie n'est pas, comme la décrit Lénine, la simple conséquence d'un certain développement de la société. Elle n'est pas simplement la résultante nécessaire d'un certain degré de développement des forces productrices et des relations de production : elle est aussi la condition dont dépend la survie même des forces de production et des relations de production dans cette phase de développement supérieur. Sans la démocratie, la société tomberait dans un état de stagnation et la croissance économique rencontrerait d'insurmontables obstacles. Aussi, comme le montrent les précédents historiques, un système social démocratique a toujours constitué la condition préalable de tout développement — ou de toute modernisation. Sans cette condition préalable, sans cette indispensable prémisse, non seulement il est impossible de faire le moindre progrès, mais même il devient difficile de simplement conserver les résultats acquis à un niveau de développement donné : la meilleure preuve en est fournie par la situation dans laquelle nous voyons maintenant réduit notre admirable pays après ces trente dernières années.

Pourquoi l'histoire de l'humanité est-elle orientée vers le progrès ? — ou ce que l'on peut également appeler la « modernisation » ? C'est parce que l'humanité a besoin de tous les avantages que seule peut lui procurer une société développée ; c'est parce que les conséquences sociales de ces avantages constituent pour elle le plus sûr moyen d'atteindre son objectif n° 1 dans la recherche du bonheur, et qui est la liberté et la démocratie. La lutte des temps modernes est un effort pour conquérir le maximum de liberté et de démocratie que peut concevoir l'humanité.

Pourquoi, tout au long de l'histoire des temps modernes, tous les réactionnaires se sont-ils toujours ligués contre la démocratie ? Parce que c'est la démocratie qui fait toute la force de leurs adversaires — les masses populaires —, tandis qu'à eux, les oppresseurs, elle ne laisse aucune chance de brimer le peuple. Les pires réactionnaires ne haïssent rien tant que la démocratie ; cette vérité est clairement illustrée par les exemples historiques de l'Allemagne, de l'Union soviétique et de la « Chine nouvelle ». Ceux qui s'opposent à la démocratie sont les pires ennemis de la paix et de la prospérité des sociétés ; ceci encore une fois ressort clairement de l'histoire de l'Allemagne, de l'Union soviétique et de la Chine nouvelle. Les peuples aspirent au bonheur, les sociétés souhaitent se développer ; la lutte qu'ils mènent pour atteindre leurs objectifs consiste essentiellement en une lutte contre les ennemis de la démocratie — les despotes fascistes. Ceci se voit clairement dans l'histoire contemporaine de l'Allemagne, de l'Union soviétique et de la Chine. Dans cette lutte, la victoire de la démocratie sur la dictature crée automatiquement les meilleures conditions de développement pour la société et permet à ce développement de se réaliser avec la plus grande rapidité. De ceci, l'histoire des États-Unis nous fournit la preuve la plus éclatante.

Toute lutte menée par le peuple pour s'assurer le bonheur, la paix et la prospérité doit nécessairement commencer par une lutte pour la conquête des droits démocratiques. De même, l'objectif prioritaire d'un peuple qui lutte pour résister à l'oppression et à l'exploitation doit être l'établissement de la démocratie. Engageons toutes nos forces dans cette bataille pour instaurer la démocratie ! La volonté populaire est démocratique ; le despotisme sous toutes ses formes, la dictature et le totalitarisme constituent son ennemi le plus immédiat et le plus redoutable.

L'ennemi nous laissera-t-il instaurer la démocratie ? Évidemment pas. Il va chercher par tous les moyens à entraver le progrès de la démocratie. Une de ses méthodes les plus efficaces est de tromper et d'aveugler le peuple : ainsi tous les despotes fascistes répètent au peuple : « Vous jouissez des meilleures conditions qui existent au monde. »

La démocratie va-t-elle survenir d'elle-même au terme d'une évolution naturelle et nécessaire ? Nullement. Sur cette voie, la moindre victoire coûtera un prix terrible ; ne nous faisons pas d'illusions, elle ne s'obtiendra qu'au prix de sacrifices sanglants. Les adversaires de la démocratie tentent constamment de duper le peuple en lui disant : « L'avènement ou la disparition de la démocratie sont des phénomènes qui obéissent à une nécessité interne, il n'y a donc pas lieu de se dépenser en efforts pour provoquer son apparition. »

Voyez plutôt ce qu'enseigne l'Histoire — l'Histoire véritable, pas celle qui est rédigée par des scribes appointés par le gouvernement : la démocratie authentique, la seule valable, est nourrie dans sa fibre et sa racine par le sang des martyrs, comme elle est arrosée aussi par celui des tyrans. Chaque pas en avant vers la démocratie doit surmonter les contre-attaques furieuses des forces de la réaction. Le fait que la démocratie réussisse à vaincre tous ces obstacles montre combien elle est chère au peuple ; elle incarne tous ses espoirs, ce qui lui confère l'élan irrésistible d'une lame de fond. Le peuple chinois n'a peur de rien ; une fois qu'il aura clairement vu l'orientation à prendre, ses tyrans cesseront d'être invincibles.

La lutte pour la démocratie peut-elle mobiliser le peuple chinois ? La Révolution culturelle lui a fait prendre conscience pour la première fois de sa propre force, quand il a vu tous les pouvoirs réactionnaires trembler devant lui. Mais à ce moment-là, comme le peuple n'avait pas encore une claire notion de la route à suivre, le courant démocratique ne réussit pas à dominer. Aussi il fut aisé pour le tyran de récupérer, manipuler et détourner la plupart de ces luttes ; il neutralisa le mouvement en usant tour à tour de séductions, de provocations, de mensonges et de répression violente. Comme, à cette époque, le peuple nourrissait encore un respect religieux pour les despotes, il se retrouva le jouet impuissant et la victime du tyran en place ainsi que des autres tyrans en puissance.

Mais aujourd'hui, douze ans après, le peuple a enfin identifié son objectif, il discerne clairement la vraie direction à prendre, il a enfin reconnu son véritable guide : l'étendard de la démocratie. Le « mur de la Démocratie » à Xidan est devenu son premier bastion dans la lutte contre toutes les forces de la réaction. Cette lutte est promise à une victoire certaine ; comme le dit un refrain bien connu : « Le peuple saura certainement se libérer » — mais cette fois, ce vieux slogan se trouve investi d'une signification nouvelle. Le sang coulera, il y aura de nouveaux martyrs, la persécution se fera encore plus sinistre, mais les forces de la réaction ne réussiront plus jamais à faire disparaître l'étendard de la démocratie dans leur brouillard empoisonné. Unissons-nous au pied de cet étendard grand et vrai, marchons de l'avant pour assurer la paix et le bonheur du peuple, pour conquérir nos droits et notre liberté, et pour faire de notre société une société vraiment moderne !

Affiché sur le « mur de la Démocratie »
le 5 décembre 1978

L'HUMEUR, L'HONNEUR, L'HORREUR

Essais sur la culture et la politique chinoises
(1991)

Avant-propos

Le prince de Ligne avait émigré au moment de la Révolution, mais, sous l'Empire, il aurait aisément pu revoir sa terre, à laquelle il était profondément attaché. Vers la fin de sa vie, comme on lui demandait ce qui le retenait encore de mettre fin à son exil, il répondit simplement : « L'humeur, l'honneur, l'horreur. »

Les sinologues sont de pauvres diables qui ne sauraient avoir grand-chose de commun avec un grand seigneur de génie (et, certes, il n'y a pas de danger qu'ils prennent jamais la vaste Chine pour leur petit Belœil), mais quand même, après Tian'anmen, la réplique du prince devrait éveiller chez eux un singulier écho.

En tout cas, elle définit assez bien la triple inspiration des essais qui sont rassemblés ici.

S. L.
Octobre 1990

L'ATTITUDE DES CHINOIS A L'ÉGARD DU PASSÉ[1]

> Le Tibre seul qui vers la mer s'enfuit
> Reste de Rome. Ô mondaine inconstance !
> Ce qui est ferme est par le temps détruit
> Et ce qui fuit, au temps fait résistance.
>
> Joachim du Bellay, *Les Antiquités de Rome*.

La Chine est la plus ancienne civilisation vivante de notre planète[2]. Une aussi unique continuité implique naturellement des relations particulièrement complexes entre un peuple et son passé. Il semble en fait qu'il y ait un paradoxe à la base de cette remarquable longévité culturelle : le respect des valeurs spirituelles et morales des Anciens paraît s'être combiné le plus souvent avec une indifférence et une curieuse négligence (pouvant aller à l'occasion jusqu'à un iconoclasme pur et simple) envers l'héritage matériel du passé. (Quant à savoir si la continuité spirituelle de la Chine fut assurée en dépit de, ou *grâce à*, une destruction partielle des expressions matérielles de sa civilisation, il s'agit là d'une autre question qui ne pourra être que brièvement évoquée plus loin.)

Le présent essai voudrait seulement tenter une première exploration de ces phénomènes parallèles de préservation spirituelle et de destruction matérielle que l'on peut observer tout au long de l'histoire de Chine. Comme il s'agit d'un vaste sujet, on se contentera d'esquisser ici quelques-uns des thèmes et orientations qu'une étude plus approfondie devrait éventuellement poursuivre. Ici, je n'ai nullement l'ambition d'offrir une réponse, mais simplement de formuler une question.

Présence spirituelle et absence physique du passé

Carl Gustav Jung a raconté dans son autobiographie comment, dans ses vieux jours, il avait tenté de se rendre à Rome où il n'était encore

1. Paru dans *Commentaire*, vol. 10, n° 39, automne 1987.
2. Les civilisations de l'Égypte, du Moyen-Orient, de la Perse et de l'Inde ne sont pas moins anciennes, mais leur continuité a été interrompue. Seule la tradition juive pourrait offrir un exemple similaire de ce phénomène de continuité spirituelle que je m'efforce d'étudier ici.

jamais allé. Il avait toujours différé ce voyage, craignant que l'émotion d'une rencontre avec le cœur vivant de l'antique culture de l'Occident ne lui cause un choc trop violent. Finalement, comme il achetait ses billets dans une agence de voyages à Zurich, il eut un bref évanouissement. En conséquence, il décida sagement de renoncer à cette expédition — et il ne vit jamais Rome[1].

La plupart des sinologues ne sont pas dotés d'antennes aussi subtiles que celles de Jung, et pourtant, même sans posséder une pareille sensibilité, il serait difficile pour quiconque a étudié la Chine classique d'approcher la Chine d'aujourd'hui sans être constamment touché, ému, bouleversé par l'extraordinaire aura qui semble émaner d'une terre aussi profondément imprégnée d'histoire.

En Chine, on sent partout la présence du passé. Quelquefois, cette présence se manifeste dans les endroits les plus imprévus où elle frappe le visiteur avec une intensité accrue : les affiches de cinéma, les réclames de machines à laver, d'appareils de télévision ou de pâtes dentifrices qui couvrent les murs des rues sont rédigées dans une langue écrite qui est demeurée pratiquement inchangée depuis plus de deux mille ans. Dans les jardins d'enfants, les marmots psalmodient des poèmes Tang qui furent composés il y a quelque douze cents ans. Dans les gares, la seule consultation des horaires de trains peut devenir une expérience enivrante pour un historien de la culture : l'imagination est électrisée par tous ces noms de villes auxquels demeure attachée la glorieuse mémoire de tant de dynasties passées. Tout récemment, des archéologues ont découvert dans une tombe vieille de plus de vingt siècles, parmi les mets qui avaient été ensevelis avec le défunt, un plat de raviolis en tout point semblables à ceux que vous pouvez déguster aujourd'hui encore dans les échoppes au coin des rues. Pareils exemples pourraient être multipliés à l'infini.

Et en même temps, toutefois, le paradoxe veut que ce même passé qui semble tout pénétrer, qui s'exprime parfois dans les lieux les plus inattendus, et avec une aussi surprenante vigueur, demeure aussi curieusement insaisissable. Cette même Chine chargée de tant d'histoire et d'un tel poids de souvenirs est aussi singulièrement dépourvue de monuments anciens. Le passé est physiquement absent du paysage chinois à un point qui peut déconcerter le voyageur occidental cultivé, surtout s'il aborde la Chine avec les critères que l'on adopte naturellement dans un entourage européen. En Europe, en effet, malgré toutes les guerres et les destructions, la succession des âges a laissé une série de jalons monumentaux : les ruines de l'Antiquité grecque et romaine, les grandes cathédrales médiévales, les palais de la Renaissance, les monuments de l'époque baroque — tous ces témoins architecturaux forment une chaîne ininter-

1. C. G. Jung, *Ma vie : souvenirs, rêves et pensées*, Gallimard, Paris, 1973, p. 330.

rompue qui perpétue la mémoire du passé au cœur même de nos cités modernes. En Chine, par contre, si l'on excepte un très petit nombre d'ensembles célèbres (d'une antiquité d'ailleurs fort relative), ce qui frappe le visiteur, c'est la *monumentale absence* du passé. La plupart des villes chinoises, y compris et surtout celles qui furent d'anciennes capitales ou de prestigieuses métropoles culturelles, présentent aujourd'hui une façade qui, sans pouvoir être qualifiée de neuve ou de moderne (car, si la modernisation est un objectif que s'est maintenant assigné la Chine, on est encore loin du compte en ce qui regarde sa réalisation !), se révèle curieusement dénuée de tout caractère traditionnel. Dans l'ensemble, ces villes apparaissent simplement comme les produits passablement délabrés d'une industrialisation de la fin du XIXe siècle. Le passé qui continue à animer la vie chinoise de tant de façons saisissantes, inattendues et subtiles semble donc habiter les gens plutôt que les pierres. Ce passé est à la fois spirituellement actif et physiquement invisible.

Toutefois, quand je signale cette évacuation des vestiges matériels du passé, ce n'est pas pour condamner une fois de plus l'iconoclasme des gardes rouges et les destructions systématiques de la « Révolution culturelle ». Durant les dernières années de l'ère maoïste, il est vrai que ces déprédations sauvages ont créé un véritable désert culturel ; en beaucoup d'endroits, elles ont entraîné la disparition presque totale des antiquités locales. Cette barbarie doit être décrite et stigmatisée, mais, comme j'ai déjà effectué cette tâche ailleurs, je n'y reviendrai pas ici. Remarquons seulement que, si dans tant de villes il fut possible à des bandes d'écoliers de piller, brûler et raser en si peu de temps la quasi-totalité des monuments du cru, ce fut dans une large mesure parce que, au départ, il ne restait déjà plus grand-chose à détruire. Bien peu de monuments en effet avaient survécu aux désastres du passé, et, en conséquence, les vandales maoïstes ne trouvèrent plus que de rares cibles sur lesquelles dépenser leur énergie. Dans cette perspective d'ailleurs, on aurait peut-être tort de considérer la « Révolution culturelle » comme une sorte d'aberration accidentelle. Replacée dans un plus large contexte historique, elle pourrait bien apparaître comme la dernière en date des manifestations d'un très ancien phénomène d'iconoclasme massif qui fut récurrent tout au long des âges. Sans même devoir remonter bien haut dans le temps, on observera, par exemple, qu'au milieu du XIXe siècle l'insurrection des Taiping entraîna des dévastations bien plus radicales encore que celles de la « Révolution culturelle ». Mais je reviendrai plus loin sur cette question de la destruction périodique de l'héritage du passé, qui semble avoir marqué toute l'histoire de Chine. L'étrange nudité du paysage monumental chinois ne saurait donc être simplement portée au compte du chaos politique de la fin de l'ère maoïste. Il s'agit d'un trait beaucoup plus profond et permanent, et qui frappa d'ailleurs les visiteurs occidentaux du XIXe siècle et du début du XXe siècle.

Parmi ces voyageurs, il serait difficile de trouver un témoin mieux qualifié et plus éloquent que Victor Segalen (1878-1919). Poète, sinologue et archéologue, Segalen séjourna longuement en Chine à la fin de l'empire et effectua deux expéditions dans les vieilles provinces de l'intérieur. Dans un poème en prose intitulé « Aux dix mille années » (1912)[1], il a réussi à exprimer de façon mémorable le paradoxe qui semble résumer l'attitude des Chinois à l'égard du passé (les réflexions que je propose ici ne sont d'ailleurs qu'une sorte de commentaire de ce texte).

Le poème de Segalen est une méditation sur la manière dont la Chine a entrepris de vaincre le temps. Segalen oppose l'exemple de l'architecture chinoise à celui des autres grandes architectures du passé. Les monuments du monde non chinois — de l'Égypte ancienne à l'Occident moderne — s'efforcent de défier les siècles d'une manière active et agressive : il s'agit de bâtir pour l'éternité, en adoptant les matériaux et les procédés qui permettront de résister le mieux à l'érosion du temps. Mais, ce faisant, les constructeurs ne peuvent que différer leur inéluctable défaite. Les Chinois, en revanche, ont compris que « rien d'immobile n'échappe aux dents affamées des âges ». Aussi choisissent-ils de céder à l'impact du temps pour mieux l'infléchir et le neutraliser. La réflexion de Segalen part d'une observation concrète : l'architecture chinoise est effectivement faite de matériaux périssables, elle possède une sorte de « built-in obsolescence », elle se dégrade rapidement et requiert de fréquentes reconstructions. De cette constatation technique, il déduit une conclusion philosophique : en fait, les Chinois ont *transféré* le problème — l'éternité ne doit pas habiter l'architecture, elle doit habiter l'archi-

1. *Aux dix mille années*

« Ces barbares écartant le bois, et la brique et la terre, bâtissent dans le roc afin de bâtir éternel !

Ils vénèrent des tombeaux dont la gloire est d'exister encore : des ponts renommés d'être vieux et des temples de pierre trop dure dont pas une assise ne joue.

Ils vantent que leur ciment durcit avec les soleils ; les lunes meurent en polissant leurs dalles ; rien ne disjoint la durée dont ils s'affublent, ces ignorants, ces barbares !

Vous ! fils de Han, dont la sagesse atteint dix mille années et dix mille milliers d'années, gardez-vous de cette méprise.

Rien d'immobile n'échappe aux dents affamées des âges. La durée n'est point le sort du solide. L'immuable n'habite pas vos murs, mais en vous, hommes lents, hommes continuels.

Si le temps ne s'attaque à l'œuvre, c'est l'ouvrier qu'il mord. Qu'on le rassasie : ces troncs pleins de sève, ces couleurs vivantes, ces ors que la pluie lave et que le soleil éteint.

Fondez sur le sable. Mouillez copieusement votre argile. Montez les bois pour le sacrifice ; bientôt le sable cédera, l'argile gonflera, le double toit criblera le sol de ses écailles :

Toute l'offrande est agréée !

Or, si vous devez subir la pierre insolente et le bronze orgueilleux, que la pierre et le bronze subissent les contours du bois périssable et simulent son effort caduc :

Point de révolte : honorons les âges dans leurs chutes successives et le temps dans sa voracité. »

V. Segalen, *Stèles*, Paris, Crès, 1922, p. 29-31.

tecte. La nature transitoire du monument est comme une offrande faite à «la voracité du temps», et c'est au prix de ce sacrifice que le constructeur assure la permanence de son dessein spirituel.

Le goût des antiquités et ses limites

Dans l'ensemble, il ne serait pas faux de dire que les Chinois ont largement négligé de conserver et de protéger les expressions *matérielles* de leur culture — mais c'est une affirmation qui doit être nuancée de quelques réserves.

Le goût des antiquités — ce qu'on appelle *antiquarianism* en anglais — a connu une considérable vogue en Chine. Il ne s'agit pas seulement de la passion des objets antiques, mais aussi de tous ses corollaires : le développement de l'archéologie, l'activité des collectionneurs et des antiquaires, l'industrie des faussaires ; et, en esthétique, toutes les modes archaïsantes : la notion selon laquelle l'ancienneté d'une œuvre constitue un facteur de beauté, la poésie du passé, le thème littéraire de la méditation sur les ruines, etc. Ce riche sujet mériterait une étude spécialisée. Ici, je voudrais seulement signaler les deux limitations fondamentales que ce phénomène a présentées en Chine : premièrement, cet intérêt pour les choses de l'Antiquité n'est apparu que relativement tard ; deuxièmement, il n'a jamais visé qu'une catégorie d'objets fort restreinte.

En ce qui regarde le premier point : bien que certains aspects du goût antique — surtout en littérature — fussent déjà apparus vers la fin des Tang (après la crise de la rébellion d'An Lushan en 756), cette mode ne s'est vraiment imposée que sous les Song, à partir du XIe siècle. En termes européens, ceci peut paraître une époque relativement ancienne, mais, dans l'histoire de Chine, il s'agit en fait du commencement des Temps modernes.

Les Song ont fait preuve d'une curiosité passionnée pour l'Antiquité, et cet intérêt s'est exprimé de multiples façons : dans les premières manifestations de l'archéologie savante, dans le développement des études et des collections de bronzes antiques, et dans les grandes compilations systématiques d'épigraphes anciennes. En outre, les goûts, les modes et l'esthétique de l'époque ont reflété un véritable culte pour les formes artistiques du passé. Mais ce qui doit être souligné ici, c'est que cette vogue antique a correspondu en fait à une situation hautement anormale : elle résultait en effet d'une crise spirituelle et représentait un besoin neuf de définir et d'affirmer une identité culturelle chinoise. L'empire Song, il ne faut pas l'oublier, était un monde menacé, un empire mutilé. Non seulement son territoire s'était dangereusement rétréci, mais, pour la première fois, il ne s'agissait plus simplement pour l'empereur de contenir sur les frontières des bandes de nomades en maraude, il devait traiter avec de véritables souverains étrangers, et ces redoutables voisins étaient maintenant pourvus d'institutions permanentes et d'une culture relativement développée ; de ce fait, leur existence même mettait directement en question la notion chinoise traditionnelle selon laquelle la Chine constituait le centre du monde. A partir du XIe siècle, la foi qu'avaient eue les Chinois dans le caractère universel de leur civilisation fut profondément ébranlée par la crise politico-militaire permanente qui résultait de ces menaces étrangères, et c'est dans ce contexte particulier que, pour la première fois dans l'histoire de Chine, une vaste évasion culturelle prit place à contre-courant du temps : les intellectuels chinois effectuèrent un repli dans leur glorieuse Antiquité et entreprirent un inventaire méthodique des splendeurs de leur passé (des historiens modernes ont qualifié ce phénomène de « culturalisme chinois [1] » ; ils y voient un prodrome du nationalisme qui devait se manifester plusieurs siècles plus tard en réaction contre l'occupation mandchoue et les agressions occidentales).

Dans cette perspective, la passion de l'Antiquité apparaît donc essentiellement comme la recherche d'un refuge spirituel, la quête d'un réconfort moral. Dans l'exploration et la contemplation de leur passé, les intellectuels chinois trouvaient une assurance qui leur faisait cruellement défaut à une époque où l'avenir même de leur civilisation était devenu incertain.

En ce qui regarde le second point (le fait que l'intérêt pour les antiquités demeurait finalement circonscrit à un domaine assez limité) : traditionnellement, les esthètes, collectionneurs et connaisseurs chinois ne se sont guère intéressés qu'à la calligraphie et la peinture ; par la suite, ils ont également étendu leur attention aux bronzes et à quelques autres catégories d'antiquités. Toutefois, il faut aussitôt observer que la peinture n'est en fait qu'une extension de la calligraphie — ou, à tout le moins, qu'il lui a d'abord fallu adopter les instruments et les techniques de la calligraphie avant de pouvoir retenir l'attention des esthètes. Quant aux bronzes, leur valeur était essentiellement déterminée par la présence d'épigraphes [2]. En conclusion, ce ne serait pas une simplification

---

1. Voir J. Gernet, *Le Monde chinois*, Paris, Armand Colin, 1972, p. 256-257.

2. On trouve une illustration frappante de cette conception dans les émouvants souvenirs de Li Qingzhao, *Jin shi lu houxu* (1132). Le mari de Li était passionné d'antiquités et avait accumulé de très riches collections. Après l'effondrement des Song du Nord, durant l'exode vers la Chine méridionale, Li dut convoyer seule ces précieuses collections. Retenu par ses fonctions officielles, son mari lui avait donné des instructions précises avant de partir, indiquant quels objets pouvaient être éventuellement abandonnés, et lesquels devaient être préservés à tout prix. Les possessions qui pouvaient être sacrifiées en cas d'urgence comprenaient, en premier lieu, les livres imprimés (par opposition aux ouvrages manuscrits) ; puis les albums de peintures (par opposition aux peintures individuelles) ; puis les bronzes *dépourvus d'épigraphes* ; puis les livres imprimés par le collège impérial ; puis les peintures de qualité moyenne… Les objets les plus précieux — outre les objets liturgiques relevant du culte des ancêtres, qui ne pouvaient être abandonnés en aucune circonstance — comprenaient : les bronzes antiques *pourvus d'épigraphes*, les peintures et

excessive de dire qu'en Chine le goût des antiquités est toujours resté étroitement lié au prestige de la chose écrite.

Une étude sur le culte de l'Antiquité en Chine devrait naturellement inclure un chapitre consacré à l'histoire des collections d'art[1].

Les plus anciennes collections attestées par les sources historiques étaient celles des souverains archaïques. Ces collections étaient composées d'objets symboliques, présentant des vertus magiques et cosmologiques, et dont la possession signifiait et garantissait la possession du pouvoir politique. Progressivement, ces collections magico-cosmologiques de « cartes et documents » (*tu ji* ou *tu shu*) évoluèrent en collections artistiques de calligraphies et de peintures (*shu hua*). Cette transition eut lieu vers la fin de l'époque Han (notons d'ailleurs l'ambiguïté du mot *tu* qui signifie à la fois « carte » et « image » : à l'origine, posséder la carte-image d'un territoire équivalait à posséder le contrôle de ce territoire. Dans la Chine préimpériale, quand un État cédait une portion de son territoire à un État voisin, cette transaction s'effectuait en livrant la carte-image du territoire en question.)

Il est significatif de noter que, même après que les collections magico-cosmologiques se furent transformées en collections esthétiques, le souvenir de leur fonction originelle ne disparut jamais complètement. Par exemple, un empereur Tang qui était un esthète et collectionneur fervent, ayant appris que l'un de ses ministres possédait d'anciennes peintures extrêmement rares, « invita » ce personnage à offrir ces œuvres à la collection impériale. Inutile de dire que le ministre se hâta d'obtempérer — mais, ce qui est intéressant, c'est que l'empereur accusa personnellement réception du présent en prenant la peine d'écrire une lettre où il soulignait que, s'il acceptait les peintures en question, ce n'était nullement pour satisfaire une frivole curiosité de connaisseur, mais bien afin d'assumer la plénitude de ses responsabilités de souverain[2].

Dans une certaine mesure, les collections impériales conservèrent d'ailleurs jusqu'à notre époque leur rôle archaïque de légitimation du

calligraphies de haute qualité, ainsi que des manuscrits originaux d'écrivains anciens (*Li Qingzhao ji jiaozhu*, Pékin, Renmin wenxue chubanshe, 1979, p. 179-181).

1. La meilleure étude sur la façon dont on collectionnait les peintures et les calligraphies en Chine est celle de R. H. Van Gulik, *Chinese Pictorial Art as Viewed by the Connoisseur*, Rome, 1958 (rééditée par Hacker Art Books, New York, 1981). Sur le sujet particulier des collections impériales, voir L. Ledderose, « Some observations on the imperial art collections in China », in *Transactions of the Oriental Ceramic Society*, 1978-1979, vol. 43, p. 33-46. On consultera également Anna Seidel, « Kokuhô : note à propos du terme "trésor national" en Chine et au Japon », *Bulletin de l'École française d'Extrême-Orient*, 69 (1981), p. 229-261, et Hubert Durt, « Buddhist Archaeology : Religions and National Treasures », séminaire donné à la Upper Midwest Conservation Association, Minneapolis Institute of Arts.

2. Les protagonistes de cet épisode qui survint en 818 étaient l'empereur Xianzong et le grand-père du célèbre historien d'art Zhang Yanyuan. Ce dernier a raconté l'affaire dans son *Lidai ming hua ji* (Pékin, Renmin meishu chubanshe, 1963, 1, p. 10-11. Voir également W. Acker, *Some T'ang and pre-T'ang Texts on Chinese Painting*, Leiden, Brill, 1954, p. 138-141).

pouvoir politique. Ainsi par exemple, Chiang Kaï-shek, dont les inclinations artistiques n'avaient jamais été particulièrement notables, fit un effort énorme, au moment de se replier à Taiwan, pour y déménager l'ancienne collection impériale de Pékin. En prenant cette initiative, il entendait conférer un supplément de validité à la théorie selon laquelle, même en exil, c'était lui qui demeurait le seul détenteur du pouvoir légitime. Et c'est bien ainsi du reste que ses adversaires interprétèrent son geste : la présence de la collection impériale à Taiwan a toujours constitué un exaspérant défi politique pour le gouvernement de Pékin. Quant aux dirigeants communistes eux-mêmes, dont on devine pourtant bien que l'esthétique n'est pas la préoccupation majeure, ils n'eurent rien de plus pressé, une fois au pouvoir, que de reconstituer une collection « impériale » à Pékin — d'une part, en « invitant » de riches particuliers à faire présent de leurs collections à l'État (la méthode n'était pas neuve, comme on l'a vu dans l'épisode Tang évoqué plus haut) et, d'autre part, en rachetant sur les marchés d'art internationaux de célèbres peintures chinoises classiques [1].

Tout au long de l'histoire, les collections impériales ont réussi à réaliser une extraordinaire concentration de chefs-d'œuvre anciens, aboutissant à certains moments à un véritable monopole de l'héritage artistique du passé. Deux importantes conséquences ont résulté de cette situation.

1. A moins d'avoir accès aux collections impériales — et seule une infime minorité de hauts fonctionnaires jouissait de ce privilège —, il était pratiquement impossible pour la plupart des artistes, esthètes, connaisseurs et critiques d'acquérir une connaissance directe et complète de l'art ancien. Dans ce domaine, même les historiens d'art devaient le plus souvent se contenter de manier seulement des notions abstraites, des stéréotypes non vérifiés et des informations purement littéraires [2]. Quand on parcourt les abondants témoignages écrits que les collectionneurs et connaisseurs ont accumulés au fil des âges, on est constamment frappé par le fait que, lorsque ces auteurs mentionnent les peintures les plus anciennes qu'ils ont eu l'occasion d'examiner personnellement, il s'agit rarement d'ouvrages exécutés plus de deux siècles avant eux. De plus, il n'est pas rare de rencontrer (surtout avant les Ming) des critiques et des artistes influents qui confessent n'avoir jamais eu la chance de contempler des œuvres authentiques d'artistes célèbres qui les avaient

1. C'est à ce moment, par exemple, que « Les fêtes nocturnes de Han Xizai » par Gu Hongzhong (Xᵉ siècle) et « La fête de Qingming au bord de la rivière » par Zhang Zeduan (XIIᵉ siècle) regagnèrent la Chine. (Ces deux peintures sont conservées maintenant dans le musée de l'Ancien Palais à Pékin.)

2. Le fait qu'un auteur décrive en termes évocateurs le style pictural d'un artiste donné n'implique pas qu'il ait effectivement vu des peintures de cet artiste ; parfois, dans un autre passage du même ouvrage, il pourra même lui arriver de confesser explicitement qu'il n'a jamais eu pareille occasion.

précédés d'une centaine d'années à peine [1]. (Pareille situation se montra particulièrement propice à l'activité des faussaires qui purent ainsi développer une industrie florissante ; malheureusement, la place manque ici pour traiter de cette fascinante question [2].)

2. C'est précisément parce que chaque dynastie avait réussi à effectuer une telle concentration de trésors artistiques que l'héritage culturel de la Chine subit à tant de reprises des destructions aussi massives. La chute d'une dynastie s'accompagnait presque infailliblement du pillage et de l'incendie du palais impérial ; ainsi, d'un seul coup, la crème de la production artistique des siècles antérieurs s'évanouissait chaque fois en fumée. Les effarantes dimensions de ces désastres répétés ont été décrites en détail par les historiens anciens.

Ici, on pourrait peut-être ouvrir une parenthèse : tout en déplorant les pertes gigantesques qui furent ainsi infligées au patrimoine artistique de la Chine — et de l'humanité —, ne faudrait-il pas aussi se demander s'il n'y aurait pas une certaine relation entre l'inépuisable génie créateur dont la civilisation chinoise fit preuve tout au long des âges, et le phénomène périodique de table rase qui empêcha cette culture d'étouffer sous le poids des trésors accumulés par les siècles ? A l'instar des individus, les civilisations ont probablement besoin elles aussi d'une certaine marge d'oubli créateur. Un excès de souvenirs risque de résulter en une forme d'inhibition, une mémoire infaillible et totale peut constituer une

1. Par exemple, Mi Fu (1051-1107) qui fut l'un des connaisseurs les plus avertis de son époque, et qui bénéficiait d'un accès privilégié aux meilleures collections de tout l'empire, a avoué que, durant sa vie entière, il n'avait jamais vu que *deux* peintures authentiques de Li Cheng, le plus important peintre de paysage du xe siècle (Li Cheng mourut en 967, soit moins d'un siècle avant la naissance de Mi Fu). (Mi Fu, « Hua shi », in *Meishu congkan*, Taipei, 1956, vol. I, p. 88. Voir également N. Vandier-Nicolas, *Le Houa-che de Mi Fou*, Paris, Presses universitaires de France, 1964, p. 32-33.) Pareils exemples abondent ; il resterait seulement à en faire une compilation systématique.

2. Non seulement l'activité des faussaires constituait une industrie florissante, mais elle remplissait aussi un important rôle artistique et socioculturel. Chaque famille lettrée se *devait* de posséder une collection de peintures et de calligraphies ; inutile de dire que bon nombre de ces familles n'avaient pas les moyens matériels de se procurer des œuvres anciennes dont, en tout état de cause, il n'existait d'ailleurs qu'un stock très limité. Les faussaires venaient donc répondre à cette demande et suppléaient cette carence du marché en fournissant la possibilité d'édifier des collections « imaginaires » qui, simultanément, se conformaient à divers stéréotypes stylistiques, et contribuaient à diffuser et perpétuer ces mêmes stéréotypes. Dans ce sens, les faux finirent par jouer un rôle assez semblable à celui qui est rempli maintenant dans notre société moderne par les reproductions photographiques et les diverses formes de gravures en couleurs. En Chine, cette fonction culturelle des faux s'est d'ailleurs prolongée jusqu'à nos jours : j'ai vu d'éminents intellectuels qui, réduits à la pauvreté, tiraient une joie considérable et un réel réconfort moral de l'étrange assortiment de faux grossiers qui continuait à leur tenir lieu de collection. (On songe à la fameuse collection de Balzac, avec ses Giorgione grotesques, ses ridicules Raphaël et ses Michel-Ange macaroniques — ces croûtes bizarres opéraient comme un stimulant puissant sur son imagination visionnaire.)

Finalement, il faut aussi ajouter que les faux chinois atteignaient souvent un très haut niveau de qualité esthétique et technique. Quelques-uns des meilleurs artistes de chaque époque (y compris la nôtre) se sont adonnés sans scrupules à cette industrie.

malédiction : on se rappelle, par exemple, ce conte de Jorge Luis Borges décrivant le cauchemar d'un malheureux qui, à la suite d'un accident, était devenu incapable de *rien* oublier. Son cerveau en était arrivé à ressembler à une sorte d'immense et absurde dépotoir où tout s'accumulait et d'où rien ne pouvait plus être évacué. Cet amoncellement hétéroclite avait fini par entièrement paralyser son intelligence et son imagination, en sorte qu'il ne lui était plus possible d'exercer aucune activité mentale — car penser, c'est éliminer[1].

Contexte idéologique : le culte du passé dans la pensée chinoise

Comme on vient de le souligner, le goût des antiquités en Chine est toujours demeuré limité, et dans le *temps* (il n'est apparu que tardivement), et dans son *aire d'application* (il ne s'est guère intéressé qu'aux diverses manifestations de la chose écrite).

Ces limites peuvent paraître paradoxales. Théoriquement, la culture chinoise aurait dû présenter un milieu particulièrement propice au développement d'un véritable culte du passé. D'une part, en effet, le confucianisme — qui constituait l'idéologie dominante — valorisait l'Antiquité ; en second lieu, depuis l'époque la plus reculée, la Chine a fait montre d'une conscience exceptionnellement aiguë de l'Histoire — elle possède, d'ailleurs, une tradition historiographique dont la continuité est unique au monde.

En ce qui regarde le culte confucéen du passé[2], il faut aussitôt formuler deux réserves importantes.

Premièrement, dans la pensée chinoise ancienne, le culte du passé était loin de constituer un dogme universellement accepté. En fait, durant la période préimpériale, la querelle des Anciens et des Modernes a occupé une part considérable des débats philosophiques de l'âge d'or de la pensée chinoise (du VIe au IIIe siècle av. J.-C.). Vers la fin de cette période, c'est d'ailleurs l'école moderne qui prit l'ascendant, fournissant ainsi les bases idéologiques sur lesquelles fut établi le premier Empire chinois (la fameuse décision du Premier Empereur de brûler tous les livres et d'enterrer vifs les lettrés marqua précisément l'apogée de ce mouvement pour oblitérer le passé). Peu auparavant, le dernier (et le plus agile) des grands penseurs confucéens, Xun Zi, avait déjà transigé avec les forces modernistes et essayé d'adapter la tradition confucéenne aux courants dominants de l'époque[3].

1. Jorge Luis Borges, « Funes the Memorious », *Labyrinths*, Harmondsworth, Penguin, 1981, p. 87-95.

2. Sur ce sujet, voir également Wang Gungwu, « Loving the Ancient in China », *in* I. McBryde (éd.), *Who Owns the Past ?*, Oxford University Press, Melbourne, 1985.

3. Le voyage que fit Xun Zi dans l'État totalitaire de Qin au moment où la puissance de celui-ci était en pleine ascension rappelle singulièrement ces pèlerinages politiques que les intellectuels occidentaux effectuèrent durant les années 30 dans l'Union soviétique de Staline. Les conclusions que Xun Zi tira de sa visite (*Xun Zi*, XVI : « Qiang guo »)

Deuxièmement, s'il est vrai que Confucius considérait l'Antiquité comme le dépôt de toutes les valeurs humaines et estimait, dès lors, que la mission du Sage était non de créer du neuf, mais seulement de transmettre l'héritage des Anciens, en pratique, son programme était toutefois beaucoup moins conservateur qu'on ne pourrait le supposer à première vue (et d'ailleurs Confucius joua un rôle profondément révolutionnaire en son temps) : l'Antiquité qu'il invoquait était en effet une Antiquité *perdue* que le Sage avait à redécouvrir et réinventer. Le contenu concret de cette Antiquité était donc singulièrement fluide ; il n'était pas susceptible de définition objective ni ne pouvait se laisser circonscrire par une tradition historique déterminée. Le même paradoxe se retrouvera par la suite chez presque tous les grands réformateurs confucéens au cours des âges : d'une part, on les voit qui condamnent les pratiques de leur temps au nom des enseignements du passé — mais d'autre part, quand on examine de plus près ces conventions sémantiques, on s'aperçoit qu'elles signifient exactement l'inverse de ce qu'elles semblent dire : ce que ces penseurs entendaient par « Antiquité » désignait un âge d'or mythique, c'est-à-dire, en fait, une utopie *future*, tandis que ce qu'ils appelaient « usages modernes » visait l'héritage du passé récent, c'est-à-dire le *passé réel.*

En ce qui concerne la grande tradition historiographique et l'exceptionnel sens historique que cultiva la Chine, il n'y a qu'une seule observation à formuler ici, en relation directe avec notre sujet. Il est bien vrai que, depuis plus de deux mille ans, les historiens chinois ont fait preuve de méthodes étonnamment modernes et scientifiques, mais cela ne doit pas nous faire perdre de vue que leur objectif n'était, lui, nullement scientifique, mais bien philosophique et moral. Très tôt, avant même l'époque de Confucius, les Chinois ont conçu la notion qu'il ne pouvait exister qu'une seule forme d'immortalité : celle que confère l'Histoire. Autrement dit, la survie ne doit pas se chercher dans une surnature ni ne saurait s'appuyer sur les monuments et les choses — *l'homme ne survit que dans l'homme*, c'est-à-dire, en pratique, dans la mémoire de la postérité, par le truchement de la chose écrite [1].

pourraient être résumées par la fameuse déclaration de Lincoln Steffens rentrant d'URSS : « J'ai vu l'avenir et ça marche. »

1. Je me réfère ici à un célèbre passage du *Zuo zhuan* (24e année du duc Xiang) rapportant un dialogue qui eut lieu entre Shusun Bao et Fan Xuanzi. Fan avait demandé : « Qu'est-ce que l'immortalité ? Se pourrait-il qu'elle consiste en la transmission continue de certains titres au sein d'une même famille ? » Et il avait invoqué l'exemple de ses propres ancêtres qui avaient occupé de hautes fonctions depuis la dynastie Xia. « Non, répondit Shusun, cela c'est seulement une question de privilège héréditaire qui se rencontre partout, et dont la transmission dépend seulement de la continuité d'une lignée familiale. L'immortalité véritable consiste à imposer sa vertu, à imposer ses actions et à imposer ses paroles [de façon qu'elles survivent auprès de la postérité] — tandis qu'une simple capacité à détenir les plus hautes dignités ne saurait être considérée comme une protection contre l'anéantissement. » L'interprétation philosophique que je propose ici de ce passage est inspirée de Qian Mu, *Zhongguo lishi jingshen* (Guomin chubanshe, Taibei, 1954, p. 94-95).

Cela nous ramène à notre point de départ : l'intuition poétique de Segalen, selon laquelle la pérennité chinoise n'habite pas les pierres, mais les gens. La permanence n'est pas ce qui nie la transformation, mais ce qui l'informe. Le continuité n'est pas assurée par l'immortalité des objets inanimés, elle se réalise dans la fluidité des générations successives [1].

Un cas exemplaire : la « Préface du Pavillon des orchidées »

Au terme de cet exposé théorique, il pourrait être utile d'examiner, en guise de conclusion, un cas exemplaire illustrant la façon dont une tradition spirituelle trouve à s'incarner dans des œuvres.

L'exemple que je propose de considérer est tiré de la calligraphie, discipline qui — on l'a déjà souligné — représente l'art suprême aux yeux des Chinois. L'ouvrage particulier que je veux évoquer ici est lui-même traditionnellement considéré comme le chef-d'œuvre absolu de cet art suprême. Dans toute l'histoire de l'art chinois, il n'existe probablement aucune autre œuvre individuelle qui possède un prestige comparable ou qui ait exercé une influence aussi vaste et durable. Il s'agit véritablement de la pierre angulaire de l'art calligraphique ; presque tous les principaux artistes des siècles ultérieurs se sont référés à cette œuvre, et définis par rapport à elle.

Cette calligraphie archicélèbre est le *Lan ting xu*, ou « Préface du Pavillon des orchidées » ; elle est due à Wang Xizhi (307-365), le plus grand calligraphe de tous les âges [2].

Tout d'abord, rappelons brièvement les circonstances de la composition. En 353, à l'occasion d'une fête du Printemps, un groupe de lettrés se rendit en excursion à un site renommé pour sa beauté, et qui était appelé le « Pavillon des orchidées ». Cette réunion raffinée se déroula sous le signe de l'amitié, de la poésie et du vin. A la fin de la journée, on rassembla tous les poèmes qui avaient été improvisés par les participants, et Wang Xizhi composa une préface pour ce recueil. Cette préface consiste en un court essai de quelque trois cent vingt mots. Wang Xizhi avait été particulièrement inspiré ce jour-là ; dans la calligraphie de sa préface, il se surpassa. Dans la suite, il essaya à plusieurs reprises de retrouver l'élan de sa création originale et il fit littéralement des centaines de tentatives pour reproduire son propre chef-d'œuvre, mais il ne réussit jamais à égaler la miraculeuse beauté de ce premier jet.

Comment cette calligraphie fut-elle préservée et transmise au cours des siècles ? Ici l'histoire se corse et présente des détours et des rebondissements dignes d'un roman policier.

---

1. En relation avec cette notion, il faudrait étudier la question du culte des ancêtres — pierre angulaire de la société et de la civilisation chinoises.

2. Sur ce sujet, voir l'ouvrage magistral de L. Ledderose, *Mi Fu and the Classical Tradition of Chinese Calligraphy* (Princeton University Press, 1979), auquel je fais ici de nombreux emprunts.

Après la mort de Wang Xizhi, le manuscrit autographe du « Pavillon des orchidées » demeura, semble-t-il, dans la famille du calligraphe et fut conservé par ses descendants. Pendant les premiers deux cents ans de son existence, nulle mention n'est faite de l'œuvre ; apparemment, aucun connaisseur n'eut la chance de la voir.

Deux siècles et demi plus tard, le « Pavillon des orchidées » parvint entre les mains d'un moine qui en fit des copies qu'il distribua, jetant ainsi les bases sur lesquelles devait s'édifier la réputation posthume de Wang Xizhi.

Trois siècles plus tard, le style calligraphique de Wang Xizhi suscita l'admiration enthousiaste de l'empereur Tang Taizong. Taizong se mit à collectionner avidement ses œuvres et réussit à en rassembler un ensemble presque exhaustif (2 290 autographes qui furent ultérieurement tous dispersés et perdus). Mais la pièce essentielle — le « Pavillon des orchidées » — continuait obstinément à lui échapper. Après des manœuvres tortueuses, usant de duperie et de violence, un de ses émissaires finit par ravir le chef-d'œuvre à son dernier propriétaire, lequel en mourut de désespoir[1].

Taizong, qui chérissait passionnément cette calligraphie, en fit faire des copies (copies-calques et copies à main levée). Ces copies furent ensuite gravées sur pierre, et des estampages furent exécutés à partir de ces stèles. Finalement, les pierres originales disparurent ou furent détruites, mais de nouvelles stèles furent gravées à partir des estampages originaux. Comme ceux-ci finirent par disparaître à leur tour, de nouveaux estampages furent tirés des stèles ultérieures — et avec le temps, l'étude du pedigree de ces copies de copies de copies et l'établissement de leur arbre généalogique devinrent une discipline spécialisée d'une vertigineuse complexité.

Entre-temps, depuis bien des années déjà, la calligraphie autographe de Wang Xizhi avait cessé d'être accessible : à sa mort (en 649), Tang

1. La rumeur courait que le manuscrit du « Pavillon des orchidées » devait se trouver entre les mains d'un moine appelé Biancai, mais ce dernier niait en être le détenteur. L'empereur Taizong chargea le censeur Xiao Yi de faire enquête. Déguisé en lettré itinérant, Xiao Yi vint demander l'hospitalité du moine et réussit à gagner sa confiance. Il lui fit voir divers autographes de Wang Xizhi provenant de la collection impériale, et dont il s'était muni en guise d'appât. Excité par cette vue, Biancai se targua de pouvoir lui montrer quelque chose de bien plus fort encore, et, fourrageant entre les solives du plafond de sa hutte où elle était cachée, il produisit la version originale du « Pavillon des orchidées ». Devant ce chef-d'œuvre, Xiao Yi affecta l'indifférence et feignit même de douter de son authenticité. Indigné, Biancai sortit en claquant la porte. Xiao Yi en profita pour s'emparer de la calligraphie et pour enfiler ses habits de cour. Biancai revint peu après et découvrit la véritable identité de son visiteur. Ce dernier l'informa que le « Pavillon des orchidées » ferait dorénavant partie des collections impériales. Foudroyé par cette nouvelle, Biancai s'évanouit. Quand il reprit connaissance, il s'avéra qu'il ne pouvait plus rien avaler : le choc de cette violente émotion avait provoqué une contraction de son gosier. Incapable d'absorber aucun aliment solide, il mourut quelques mois plus tard. Cette célèbre anecdote a fourni le sujet d'innombrables peintures.

Taizong avait ordonné que le manuscrit original du « Pavillon des orchidées » soit enterré avec lui dans sa tombe de Zhaoling, à une trentaine de kilomètres au nord de l'actuel Sian, où il doit se trouver aujourd'hui encore, si les annales impériales ne nous ont pas menti.

Par un remarquable paradoxe, c'est seulement *après* qu'elle eut définitivement disparu dans la sépulture impériale que cette œuvre (dont seul un nombre infime de calligraphes avaient jamais vu l'original) commença à exercer sa plus grande influence, par le truchement de diverses copies indirectes et incertaines. Elle finit par connaître son rayonnement le plus large au début de l'époque Song (XIe siècle) — sept cents ans après Wang Xizhi. Elle fut popularisée alors par un calligraphe de génie, Mi Fu, qui, sous couvert de suivre et d'illustrer les modèles stylistiques de Wang, proposait en fait ses propres créations. Même le public lettré était largement incapable de faire la part des choses et de reconnaître la production de Mi sous l'étiquette de Wang, car, à l'époque, il ne restait déjà presque plus aucune œuvre originale de ce dernier, à part quelques rares et minuscules fragments d'authenticité d'ailleurs douteuse. Or, c'est précisément à partir de ce moment que le prestige et l'influence du « Pavillon des orchidées » se mirent à croître de façon décisive ; comme L. Ledderose l'a bien résumé : « Il semble assez inconfortablement symptomatique que ce soit cette calligraphie perdue du "Pavillon des orchidées" qui ait fini par s'imposer comme l'œuvre la plus célèbre de toute l'histoire de la calligraphie chinoise... Ce qui est encore plus ahurissant, c'est que le "Pavillon des orchidées" non seulement fut encensé, mais encore il devint un modèle stylistique : les calligraphes l'ont étudié pendant des siècles sans qu'aucun d'entre eux ait jamais vu l'original [1]. »

Mais cette histoire devait encore connaître un ultime et ironique rebondissement. En 1965, le célèbre savant et archéologue Guo Moruo lança une véritable bombe dans les milieux universitaires chinois, ouvrant un débat passionné qui n'est pas encore clos. Selon les découvertes de Guo, non seulement la calligraphie du « Pavillon des orchidées » telle qu'elle a été préservée dans ses copies Tang et Song refléterait un style très postérieur à celui de Wang Xizhi, mais le texte lui-même ne pourrait pas avoir été composé par lui. Autrement dit, Wang Xizhi n'aurait jamais écrit le « Pavillon des orchidées » — le modèle sublime qui a inspiré tout le développement technique et esthétique de la calligraphie chinoise *n'aurait en fait jamais existé* !

Sans préjuger de la validité de cette conclusion (l'argumentation de Guo n'est pas sans faille), on peut toutefois y puiser un important élément de réflexion concernant le problème plus vaste qui nous occupe ici : *la force vitale, la capacité quasi illimitée de métamorphose et*

1. L. Ledderose, *op. cit.*, p. 20.

d'adaptation dont la tradition chinoise a fait preuve depuis quelque trois mille cinq cents ans proviennent peut-être de ce que cette tradition ne s'est jamais laissé prendre au piège des choses, où elle aurait risqué de se pétrifier et de mourir[1].

Un lettré de l'époque Ming a laissé la description d'un curieux jardin qui pourrait, en un sens, nous donner une assez bonne image de la culture chinoise. Il s'agit du jardin Wuyou, c'est-à-dire le « Jardin-qui-n'existe-pas » ; commençant par observer que la plupart des jardins célèbres du passé ont complètement disparu et ne survivent que sur papier, dans des descriptions littéraires, notre auteur se demandait pourquoi il serait nécessaire pour un jardin d'avoir d'abord existé dans la réalité. Ne pourrait-on pas lui épargner ce stade préalable de l'existence réelle, et sauter directement à la condition finale d'existence littéraire — laquelle, après tout, constitue l'aboutissement commun de tous les jardins ? Quelle différence y a-t-il en effet entre un jardin fameux qui n'existe plus et ce jardin-ci qui n'a jamais existé, puisque l'un et l'autre en fin de compte n'existeront pour la postérité que par le même truchement de la chose écrite[2] ?

Les Occidentaux qui visitent la Chine semblent avoir été souvent irrités à un point confinant à l'obsession par ce qu'ils appellent « l'art chinois de la mise en scène », voire tout simplement « les supercheries » et « les mensonges chinois ». Même des observateurs intelligents et perspicaces n'ont pas entièrement échappé à cette tentation. Dans un article spirituel écrit par un universitaire de valeur[3], je suis tombé sur une anecdote qui me semble présenter une portée beaucoup plus profonde que l'auteur ne le soupçonnait lui-même. Un grand monastère bouddhiste près de Nankin était célèbre pour la pureté et l'orthodoxie de sa règle. Les moines y observaient une tradition strictement conforme aux usages originaux des monastères indiens ; ainsi, à la différence des autres monastères chinois où une collation est servie le soir, ici, en guise de dîner, les moines ne recevaient qu'un bol de thé. Des savants étrangers en visite avaient relevé la chose et admiré l'austérité de cette coutume. Mais ces visiteurs avaient été naïfs : si seulement ils avaient eu la curiosité de regarder dans le bol des moines, ils auraient pu constater que ce qu'on leur servait sous le nom de « thé » était en fait une bouillie de riz fort substantielle, identique à celle qui constitue l'ordinaire du soir dans tous

1. Ceci est la façade positive du phénomène, mais il présente aussi un côté négatif. A l'époque moderne et contemporaine, les progressistes et les révolutionnaires chinois se sont sentis positivement étranglés par cette apparente invincibilité de la tradition, et par cette façon meurtrière qu'elle avait de tout informer. Lu Xun, l'écrivain qui exprima avec le plus d'éloquence la nécessité de combattre l'empire du passé, ne se faisait aucune illusion sur l'issue de cette lutte : il voyait le passé de la Chine comme un adversaire perpétuellement élusif, un fantôme invisible et immatériel, une ombre indestructible.

2. Liu Shilong, « Wuyou yuan ji », in *Wan ming bai jia xiao pin*, p. 104-107.

3. Holmes Welch, « The Chinese Art of Make-Believe », in *Encounter*, mai 1968.

les monastères chinois. Simplement, dans ce monastère-ci, par respect pour une tradition ancienne, il était convenu d'appeler cette bouillie « le bol de thé ».

Au fond, on peut se demander si, dans une certaine mesure, la tradition chinoise n'est pas une sorte de « bol de thé » qui, sous un nom ancien, vénérable et constant, en vient parfois à contenir toutes sortes de choses, et finalement n'importe quoi, sauf du thé. Sa permanence est d'abord et avant tout une permanence des noms, recouvrant la nature fluide et infiniment changeante de son contenu.

Si cette observation devait se révéler exacte, il pourrait évidemment en résulter d'intéressantes conséquences dans d'autres domaines. Ainsi, par exemple, libre à vous d'en tirer un pronostic quant à l'avenir chinois du marxisme-léninisme et de la Pensée de Mao Zedong. Mais, en ce qui me concerne ici, je n'ai essayé de traiter que du passé.

Post-scriptum

Après avoir fini de rédiger cet essai, j'ai découvert avec retard un remarquable article de F.W. Mote, « A Millenium of Chinese Urban History : Form, Time and Space Concepts in Soochow [1] ». Il suffira de lire les conclusions que le professeur Mote a tirées il y a quinze ans d'une étude de l'urbanisation chinoise ancienne pour constater que mes idées sont à la fois moins originales et plus solides qu'elles n'auraient pu paraître à première vue.

Ayant cité un auteur occidental qui avait observé au début du XXe siècle qu'il n'y avait pas de ruines anciennes à Suzhou, Mote ajoute ce commentaire : « Son observation est essentiellement exacte. Mais alors Suzhou est-elle une ville d'anciens monuments, ou est-elle une ville qui tire sa conscience du passé de quelque chose d'autre ? Dans notre tradition, nous avons tendance à assimiler la présence de l'Antiquité à celle d'objets matériels authentiquement anciens. La Chine ne possède pas de ruines comparables au Forum romain, ni même à Angkor Vat — qui est plus récent de mille ans. Elle ne possède pas de monuments anciens, demeurés continuellement en usage, comme le Panthéon de Rome, ou Sainte-Sophie à Istanbul. Elle n'en possède pas, non qu'elle aurait été incapable de bâtir en pierres taillées, comme le croyait du Bose, mais bien à cause d'une différence d'attitude. La Chine avait une autre conception de la façon de réaliser un accomplissement monumental ; elle avait une autre conception de la façon d'accomplir un monument qui dure. » Ensuite, pour illustrer cette vue, Mote esquisse l'histoire de la grande pagode de Suzhou. Celle-ci remonte au IIIe siècle, mais elle fut modifiée, détruite et reconstruite à plusieurs reprises au cours des âges. Dans son état présent, il ne s'agit plus que d'une construction du

1. *Rice University Studies*, vol. 59, n° 4, 1973.

XXe siècle : « Cette histoire est typique des monuments anciens de Chine. Avec un pareil pedigree, aucun bâtiment ne pourrait réellement passer pour authentiquement antique, pas même aux États-Unis, et certainement pas à Rome. Il ne pèserait certainement pas d'un grand poids parmi les *Pierres de Venise* de Ruskin. »

Mote conclut : « Je ne veux nullement dire — je le souligne — que la Chine n'aurait pas été obsédée par son passé. Au contraire, elle a étudié son passé, elle y a puisé, elle s'en est servie pour concevoir et nourrir son présent d'une manière qui n'a d'équivalent dans aucune autre civilisation. Mais ses anciennes cités comme Suzhou étaient libérées du temps en tant qu'objets purement matériels. C'étaient des dépôts du passé dans un sens très particulier : elles incarnaient ou suggéraient des associations dont la valeur résidait ailleurs. Leur passé était *un passé de mots, et non de pierres*[1]. La Chine a conservé la plus vaste et la plus longue documentation du passé qui existe au monde. Elle a constamment réexaminé ce passé tel qu'il a été préservé par les écrits, et elle l'a fait agir sur le présent. Mais elle n'a pas construit d'Acropole, elle n'a pas préservé de Forum romain. Et pourtant, ni les matériaux ni les techniques ne lui faisaient défaut : mais il est caractéristique que les monuments de pierre taillée que les Chinois conçurent pour durer furent, dans l'Antiquité, des sépultures voûtées cachées sous terre et, dans la période impériale plus tardive, des ponts. Ces voûtes et ces ponts avaient une autre forme d'utilité ; mais il n'était pas nécessaire de faire appel à ces méthodes-là lorsqu'il s'agissait de concevoir un monument public qui pût durablement témoigner des accomplissements humains.

« *La civilisation chinoise n'a pas logé son histoire dans des bâtiments*[1]. Même ses plus grandioses palais et ses ensembles urbains ne se sont attachés avant tout qu'à projeter une certaine vision ; ils distribuent un espace bien plus qu'ils ne comportent des constructions — ces dernières d'ailleurs se présentent souvent comme des éléments adventices et dénués de permanence. La civilisation chinoise, semble-t-il, n'a jamais considéré que son histoire était violée ou spoliée quand ses monuments historiques venaient à s'effondrer ou à brûler : il suffisait qu'ils puissent être remplacés ou réparés de façon à exercer à nouveau leur fonction. Bref, nous pouvons dire que *le véritable passé de Suzhou est un passé de l'esprit*[1], ses moments impérissables sont des moments de l'expérience humaine. *Les seules incarnations vraiment durables des éternels moments humains sont leurs incarnations littéraires*[1]. »

Mote illustre ce dernier point en invoquant l'exemple concret du Pont des Érables de Suzhou qui est devenu un lieu poétique de l'histoire littéraire : « Dans tout le matériel psycho-historique qui est associé au Pont des Érables, *le pont en tant qu'objet est sans grande importance*[1]… Pas

1. C'est moi qui souligne.

un seul poème ne se réfère à sa présence physique. Ce pont en tant qu'idée figurait dans la conscience de tous les Chinois… pourtant, la réalité qu'il présentait pour eux était moins celle des pierres de son arche que celle des impérissables associations qui lui étaient attachées — *ces moments éternels incarnés dans les mots* [1]. L'objet matériel est tout à fait secondaire. Quiconque voudrait atteindre l'immortalité dans l'esprit des hommes cherchera moins à édifier un grand monument de pierre qu'à cultiver ses talents humains de façon à pouvoir s'exprimer par des mots impérissables, ou au moins à faire l'objet d'une allusion dans l'œuvre immortelle d'un poète ou d'un essayiste. »

1987

1. C'est moi qui souligne.

L'« EXOTISME » DE SEGALEN [1]

Les œuvres qu'un écrivain n'a pas écrites ont-elles de l'importance ?

Julian Barnes, *Le Perroquet de Flaubert.*

Au fond, je ne sais pas si les fervents admirateurs de Segalen se réjouissent vraiment de sa remarquable résurrection : rééditions populaires, expositions, colloques internationaux — ces manifestations nombreuses et spectaculaires font passer un rude courant d'air dans la chapelle et viennent en troubler l'intimité recueillie. Les fidèles éprouvent un secret malaise en voyant l'objet de leur dévotion ainsi arraché à cette profondeur d'ombre et de silence d'où il leur parlait si bien, et soudain promené sur les boulevards dans un joyeux tumulte de grosses caisses et d'oriflammes. Leur malaise n'est peut-être pas entièrement dépourvu de justification, et il ne faudrait pas nécessairement y voir la manifestation d'une mentalité de Jockey Club culturel qui n'aurait d'autres ressources, pour gonfler son importance, que de pratiquer obstinément le blackboulage du vulgaire. En effet, le bon sens peut se demander s'il est vraiment souhaitable de multiplier une œuvre rare, et le bon goût, s'il est opportun de vulgariser une poésie hautaine, ou de divulguer un auteur secret. Une diffusion imprudente et massive d'écrits raffinés et difficiles peut nuire à ceux-ci. Evelyn Waugh disait qu'un livre ne devrait jamais être proposé à un nombre de lecteurs excédant celui des personnes vraiment capables de le lire avec profit. Ce principe ne rencontre peut-être pas les intérêts commerciaux *immédiats* de l'édition et de la librairie (lesquelles sont souvent tentées d'adopter la philosophie de ces commis voyageurs qui voudraient persuader tous les chauves de s'acheter des peignes), mais à long terme il pourrait s'avérer salutaire pour la protection et la survie d'un certain type d'artistes fragiles et discrets. A l'égard de ces derniers en effet, on se demande parfois s'il n'y aurait pas avantage à procéder comme on fait pour les

1. Ce texte a paru dans *Lire*, n° 139, avril 1987, puis comme présentation à *Stèles*, de Victor Segalen, Éditions de la Différence, collection « Orphée », 1989.

oiseaux-lyres, les aigles-chauves et autres volatiles menacés d'extinction, et si on ne devrait pas carrément interdire pour un temps l'accès de leur montagne aux autocars de touristes.

Aussi je ne suis pas sûr que Henry Bouillier, l'excellent biographe de Segalen [1], rende vraiment service à ce dernier quand il s'efforce de nous le présenter comme « un poète de génie » ou un artiste promis à occuper « la place la plus haute » à côté de « Vermeer et Nerval ». Si, sur la foi d'une telle recommandation, un lecteur de bonne volonté avait la curiosité d'ouvrir pour la première fois, disons, par exemple, *Odes* et *Thibet* qu'une collection de poche vient très démocratiquement de mettre à la portée de toutes les bourses [2], il y a tout lieu de craindre qu'il n'aille se croire victime d'une sorte de mystification.

*

Accomplir une œuvre et accomplir une vie semblent parfois deux entreprises mutuellement incompatibles. Sinon, comment expliquer que tant d'écrivains admirables soient de pauvres types, et que tant d'hommes admirables soient de pauvres écrivains ? C'est que les grands artistes, dirait-on, créent *contre* eux-mêmes, ils réalisent leur œuvre au prix et à rebours de leur existence. Leur vie devient l'envers de leur création, ce n'en est plus que le résidu minable, quelquefois même malpropre. Il vaut donc mieux ne pas y aller voir de trop près (Proust, par exemple, nous avait bien mis en garde contre ce genre de curiosité, et d'ailleurs le loisir qu'on pourrait consacrer à lire sa minutieuse biographie par Painter serait probablement mieux employé à relire la *Recherche du temps perdu*).

Avec des personnalités du calibre de Segalen, nous nous trouvons devant une situation inverse. C'est l'homme que nous voudrions mieux connaître, et si les moindres de ses écrits réussissent toujours à nous passionner, c'est avant tout pour ce supplément de lumière qu'ils peuvent jeter sur son itinéraire.

Non que l'œuvre de Segalen soit médiocre — loin de là. N'empêche, si l'on met à part la perfection solitaire de *René Leys* — miraculeux accident que rien ne laissait présager et que rien n'aurait pu prolonger — et la mémorable justesse d'une ou deux « stèles », il faut bien reconnaître que ses autres écrits ne s'imposent généralement pas d'eux-mêmes ; ils se lisent plutôt comme les fragments d'un long journal de bord où l'on déchiffre l'émouvante et progressive transmutation d'un « voyage au loin » en un « voyage au fond de soi ». Ce qui nous retient chez lui, ce n'est pas « la littérature » (« faire de la littérature » lui apparaissait d'ailleurs comme une lugubre inanité, et il commença à étudier le chinois précisément pour se garder de cette ornière), mais bien cette façon dont

1. H. Bouillier, *Victor Segalen*, Mercure de France (nouvelle édition revue et corrigée).
2. V. Segalen, *Odes* suivies de *Thibet*, Paris, Gallimard/Poésie.

l'exploration qu'il avait amorcée dans l'espace s'est prolongée dans l'esprit. Bouillier cite une phrase d'Alfred Jarry qui résume admirablement cette entreprise : Segalen est un homme que, « logiquement, la recherche de l'extrême lointain dans des mondes exotiques ou abolis mena à l'absolu ».

Pour aborder Segalen, il n'existe pas de guide plus complet et plus sûr que Bouillier. On brocarde parfois les universitaires en observant que ce sont des gens qui, sachant tout, ne comprennent rien. Appartenant moi-même à la confrérie, je suis, hélas, bien placé pour savoir combien nous méritons quelquefois ce reproche, mais je ne suis pas sûr que ce soit nécessairement un handicap pour un biographe, au contraire. Un bon biographe ne fait au fond que l'instruction d'un procès dont le jugement est finalement rendu par le lecteur : la mission du premier est donc de livrer au second un dossier contenant l'information la plus précise et la plus étendue possible — et, à cet égard, le travail de Henry Bouillier est une réussite exemplaire, même si certains de ses jugements de valeur peuvent occasionnellement paraître sujets à caution (ils demeurent du reste fort discrets). Comme la matière dont il traite est exceptionnellement attachante — tant du fait de la personnalité de Segalen lui-même que de la diversité des mondes dans lesquels il évolua : la France littéraire et artistique de la fin du XIXe siècle, la Polynésie de Gauguin, la Chine au crépuscule de l'Empire mandchou —, son livre se dévore d'une haleine.

Victor Segalen (1878-1919) était un être frêle, myope, nerveux, doué d'une sensibilité vive et d'une infatigable curiosité intellectuelle ; rêveur et homme d'action, esthète et aventurier, il était animé d'une volonté de fer ; malgré sa santé fragile, il réussit à remplir sa brève existence d'une activité remarquablement variée : il fut tour à tour — ou simultanément — marin, poète, anthropologue, voyageur, sinologue, médecin, archéologue… Né à Brest, dans un milieu petit-bourgeois d'une piété étouffante, il nourrit très tôt un virulent désir de liberté, de bonheur, d'horizons vastes et inconnus. Plus tard, il aura beau rejeter la province bigote de son enfance et de sa jeunesse, il en restera profondément marqué. En toute justice, il faut ajouter que ses parents et ses maîtres le firent bénéficier d'une excellente éducation classique, ainsi que d'une précieuse initiation à la musique et à la littérature. Des considérations d'ordre familial et pratique l'amenèrent à embrasser une carrière de médecin de la marine, profession qu'il exerça pendant quelques années avec beaucoup de conscience, bien qu'il n'aimât pas la médecine et qu'il souffrît du mal de mer ! Passionné de musique, de littérature et d'art, doué pour l'amitié, il établit de féconds échanges avec divers grands aînés et contemporains : J.-K. Huysmans, Saint-Pol Roux, Remy de Gourmont, Daniel de Monfreid, Pierre Louÿs, Jules de Gaultier, Debussy et Claudel.

Sa première affectation professionnelle l'envoya en Polynésie. Il découvrit là un paradis à l'agonie, ainsi que l'œuvre de Gauguin qui venait d'y mourir. Il connut dans les îles une forme de bonheur — ou était-ce simplement la jeunesse ? — dont le souvenir ne devait plus jamais le quitter. Bien des années plus tard, dans une lettre à un ami, il évoquait ainsi cette expérience : « Je t'ai dit avoir été heureux sous les tropiques. C'est violemment vrai. Pendant deux ans en Polynésie, j'ai mal dormi de joie. J'ai eu des réveils à pleurer d'ivresse du jour qui montait… J'ai senti l'allégresse couler dans mes muscles. J'ai pensé avec jouissance ; j'ai découvert Nietzsche ; je tenais mon œuvre, j'étais libre, convalescent, frais et sensuellement assez bien entraîné… Toute l'île venait à moi comme une femme… »

Il en ramena son premier livre, *Les Immémoriaux*, où se manifestait déjà sa volonté de prendre le contre-pied de cette littérature d'« impressions coloniales » tellement en faveur à l'époque. A l'inverse des écrivains-touristes, il cherche à peindre moins l'impact du milieu sur le voyageur que celui du voyageur sur le milieu : « Je ne suis décidément pas fait pour ces visions brèves qui ravissent Loti et par le moyen desquelles il ravit ensuite ses lectrices. Il me faut savoir, outre ce qu'apparaît le pays, ce que le pays pense… » Les Loti & Cie « ont dit ce qu'ils ont vu, ce qu'ils ont senti en présence des choses et des gens inattendus dont ils allaient chercher le choc. Ont-ils révélé ce que ces choses et ces gens pensaient en eux-mêmes et d'eux ? Car il y a peut-être du voyageur au spectacle un autre choc en retour dont vibre ce qu'il voit. »

Un concours de circonstances le mit pour la première fois en contact avec l'univers chinois : il comprit aussitôt qu'il tenait enfin là ce que, sans le savoir, il avait au fond toujours cherché. Il obtint de se faire détacher par la marine à Pékin en qualité d'élève interprète. Jusqu'à sa mort, la Chine aimantera le meilleur de son activité. Il entreprit deux expéditions aventureuses dans l'intérieur du pays et effectua un long séjour d'études à Pékin — séjour que vint interrompre la Première Guerre mondiale. Rentré en France, le ressort nerveux qui lui avait permis si longtemps d'ignorer la limite de ses forces sembla se briser soudain : il mourut d'un mystérieux épuisement de tout son être en 1919 ; il avait quarante et un ans. De son vivant, il n'avait publié que *Les Immémoriaux* et, à compte d'auteur, deux plaquettes de poèmes en prose inspirés par la Chine, *Stèles* et *Peintures*. Ses autres œuvres ne parurent qu'après sa mort.

Contrairement à ce que suggère un cliché un peu niais, Segalen ne fut pas exactement un « amoureux de la Chine ». Si l'on excepte quelques moments d'exaltante aventure durant ses équipées archéologiques, on ne peut même pas dire qu'il s'y soit particulièrement plu. Il l'a confessé lui-même : par comparaison avec l'expérience polynésienne, « ici, vrai, les sens ne sont pas heureux ». Pékin n'avait que le mythique prestige de son

« impérialité » pour racheter « la tristesse morne de ses orgies sales aux chanteuses rauques ». Quant à Tianjin (Tientsin) où il dut longuement résider, c'était pire : il y retrouvait toute l'horreur « provinciale, suisse ou belge ». Il est d'ailleurs caractéristique de noter qu'il ne noua *aucun* contact dans les milieux intellectuels chinois de l'époque — l'idée même ne l'en effleura jamais. Le présent de la Chine l'indifférait, et il n'en perçut pas la dynamique profonde. Simplement, la redingote et le faux col de Sun Yat-sen lui semblaient déplorablement prosaïques. La république elle-même n'était qu'une lamentable faute de goût ; la révolution qui l'avait établie, et dont il avait été personnellement le témoin en 1911, ne lui avait paru qu'« une de ces émeutes que la Chine absorbe, digère et éructe de temps à autre comme un immense intestin ses borborygmes et ses vents ».

Certes, il fit un effort sérieux pour apprendre le chinois et il acquit des connaissances historiques plus que respectables pour son époque ; sa contribution à l'archéologie chinoise demeure considérable. Toutefois, ce n'est pas dans le domaine scientifique que réside son apport le plus original. Segalen a vécu avec un exceptionnel mélange d'intelligence et de sensibilité la classique attraction que la Chine exerce sur tous ceux qui l'approchent. Ce que la Chine lui a apporté, c'est la confirmation d'une attitude éthique et esthétique dont il avait eu une première intuition à son retour d'Océanie, et que, par une sorte de défi, il avait choisi d'appeler « exotisme » — détournant ainsi à son profit et rechargeant d'un sens neuf un terme qu'avaient tristement dévoyé les Loti, Farrère & Cie.

La fascination unique que la Chine semble exercer sur tous ceux qui l'abordent pourrait en un sens se comparer à l'attraction qui rapproche les sexes : elle suscite en effet toute une luxuriante imagerie qui suggère une romanesque touffeur de magie et de mystère, mais elle repose en fait sur une réalité élémentaire — du point de vue occidental, la Chine est tout simplement *l'autre pôle de l'expérience humaine*. Toutes les autres grandes civilisations sont soit mortes (Égypte, Mésopotamie, Amérique précolombienne), ou trop exclusivement absorbées par les problèmes de survie dans des conditions extrêmes (cultures primitives), ou trop proches de nous (cultures islamiques, Inde) pour pouvoir offrir un contraste aussi total, une altérité aussi complète, une originalité aussi radicale et éclairante que la Chine. C'est seulement quand nous considérons la Chine que nous pouvons enfin prendre une plus exacte mesure de notre propre identité et que nous commençons à percevoir quelle part de notre héritage relève de l'humanité universelle, et quelle part ne fait que refléter de simples idiosyncrasies indo-européennes. La Chine est cet Autre fondamental sans la rencontre duquel l'Occident ne saurait devenir vraiment conscient des contours et des limites de son Moi culturel. Comme nous le rappelle son biographe, après la publication de *Stèles* et de *Peintures*, rien n'agaçait tant Segalen que d'entendre des amis lui dire : « Comme vous avez bien compris la Chine ! » Effectivement, il l'avait sans doute assez bien comprise, mais là n'était pas la question — car pour Segalen, on l'a déjà souligné, le voyage en Chine était finalement un « voyage au fond de la connaissance de soi ».

*

Si l'on devait dire de n'importe quel écrivain que la plus significative de ses œuvres est celle qu'il n'a pas écrite, ceci devrait assurément passer pour un compliment ambigu. Mais Segalen n'est pas n'importe quel écrivain ; en fait, il semble singulièrement approprié que le centre invisible de toute son entreprise soit précisément constitué par cet « Essai sur l'exotisme », ouvrage inexistant auquel il rêva durant toute sa carrière sans jamais lui donner forme.

Pendant quinze ans, en effet (depuis 1904 jusqu'à sa mort), il annonça de façon répétée qu'il allait écrire ce livre auquel il attachait une importance capitale. Mais au lieu d'en amorcer la rédaction, ou au moins d'accumuler des matériaux à cette fin, il se contenta d'évoquer à plusieurs reprises, dans ses carnets et dans sa correspondance, le *désir* qu'il avait d'exécuter un tel projet — sans pour autant entreprendre de le réaliser. Or, Segalen était tout sauf un paresseux ou un velléitaire ; quand on considère sa capacité de travail et son inlassable activité, l'étrange inertie dont il fit preuve en ce qui regarde le plus ancien, le plus constant et le plus essentiel de tous ses projets donne à réfléchir. L'*Essai sur l'exotisme*, qui est aujourd'hui republié en Livre de Poche (avec une excellente introduction de Gilles Manceron, et, en annexe, trois autres textes de Segalen, dont ses émouvantes réflexions sur Gauguin), pourrait être sous-titré : « Description d'un livre qui ne devait pas être écrit ». Segalen était convaincu que chacun de nous n'est apte à exprimer qu'une seule chose, mais cette chose-là ne saurait être dite, car c'est elle qui oriente toute notre action. La véritable mise à exécution de l'*Essai sur l'exotisme*, en fait, c'est tout simplement l'œuvre entier de Segalen ; quant aux quelques dizaines de pages qui nous sont maintenant livrées sous ce titre, elles n'en représentaient que le programme.

*

En choisissant d'appeler « exotisme » le principe qui devait guider sa route, Segalen entreprenait délibérément de récupérer un terme qu'il savait discrédité : « Il eût été habile d'éviter un vocable si dangereux, si chargé, si équivoque. En forger un autre, en détourner, en violer de mineurs. J'ai préféré tenter l'aventure, garder celui-ci qui m'a paru bon, solide encore, malgré le mauvais usage, et tenter, en l'épouillant une bonne fois, de lui rendre toute sa valeur première. » Sa tâche initiale serait donc « avant tout de déblayer le terrain. Jeter par-dessus bord tout ce que la notion contient de mésusé et de rance, la dépouiller de tous ses oripeaux : le casque colonial, le palmier, le chameau, etc. Mais, par Hercule ! quel nauséabond déblaiement ! »

Dans ce grand nettoyage, il s'agirait en premier lieu de se débarrasser de la littérature kaléidoscopique et gyrovague des touristes et des chasseurs d'images à l'affût de couleur locale propre à leur chatouiller l'âme. Ces collectionneurs de cartes postales restent en effet prisonniers de leur Moi monotone, enfermés dans leur subjectivité comme un ivrogne dans sa torpeur éthylique ; ces « proxénètes de l'exotisme » se saoulent de spectacles où le sujet, devenu mystiquement inconscient de l'altérité de l'objet, se mélange obscènement à lui.

Le véritable exotisme, lui, se fonde au contraire sur un sentiment aigu de la différence, de la distance, de la séparation, de la rupture — c'est un mur, une digue qui barre le fleuve de la conscience pour en élever le niveau, intensifier la force et accumuler l'énergie.

Non seulement « la connaissance exotique est connaissance que quelque chose n'est pas soi-même », mais surtout « le pouvoir d'exotisme est le pouvoir de concevoir autre ». Au seuil de sa carrière, Segalen trouva ce programme résumé pour lui dans une éloquente relique : il acheta à Tahiti, dans la vente aux enchères des possessions de Gauguin qui venait de disparaître, la toute dernière toile qu'ait peinte l'artiste, le *Village breton sous la neige* — vision hivernale des pays du Nord que Gauguin avait conçue avant de mourir sous l'azur des tropiques [1].

Le « sentiment du divers » est stimulé par l'inadaptation, la singularité, le désir, le rêve, l'imagination, le sacrifice ; inversement, il est menacé et anéanti par l'habitude, la proximité, l'adaptation, la possession, l'assouvissement et, surtout, par l'envahissement de l'homogénéité, dont la montée annonce l'avènement du « Royaume du Tiède — ce moment de bouillie visqueuse sans inégalités, sans chutes, sans ressauts, figuré d'avance grossièrement par la dégradation du divers ethnographique ». Segalen le précise : « L'exotisme n'est donc pas une adaptation ; n'est donc pas la compréhension parfaite d'un hors-soi-même qu'on étreindrait en soi, mais la perception aiguë et immédiate d'une incompréhensibilité éternelle. Partons de cet aveu d'impénétrabilité. Ne nous flattons pas d'assimiler les mœurs, les races, les nations, les autres ; mais au contraire réjouissons-nous de ne le pouvoir jamais, nous réservant ainsi la perdurabilité du plaisir de sentir le Divers. »

Au départ, Segalen avait été fort influencé par Jules de Gaultier et sa théorie du « bovarysme » dont l'axiome de base était : « Tout être qui se conçoit, se conçoit nécessairement autre qu'il n'est… Je conçois autre, et

1. A la suite de Segalen, les critiques ont généralement considéré que cette peinture devait être la toute dernière œuvre de Gauguin. Maintenant, toutefois, des historiens ont remis cette notion en question, en se basant en particulier sur un examen de la palette de l'artiste, laquelle a été conservée dans l'état où il l'avait laissée à sa mort. Selon eux, le *Village breton* serait au contraire une œuvre des tout débuts, que Gauguin aurait conservée auprès de lui pour des raisons sentimentales.

sitôt le spectacle est savoureux.» Le rôle que Gaultier assignait à l'«erreur créatrice» dans la constitution de la réalité psychologique, Segalen va l'attribuer, lui, à la perception du Divers. Mais, évidemment, le vrai précurseur ici ne fut pas tant le théoricien du bovarysme que le père de *Madame Bovary* : bien plus profondément que Jules de Gaultier, c'est Flaubert qui fait figure d'inspirateur. Ainsi, par exemple, quand Segalen écrit : «Le sacrifice considéré comme la dégustation positive du Divers : dans la débauche, se priver tout d'un coup de la chair — dégustation de la débauche», on croirait lire un commentaire de la remarquable lettre que Flaubert écrivait d'Égypte à Louis Bouilhet (13 mars 1850) et qui aurait en fait pu servir de tout premier manifeste de l'exotisme :

> Nous marchions tranquillement dans les bazars le nez en l'air, respirant l'odeur de santal qui circulait autour de nous, quand, au détour d'une rue, voilà tout à coup que nous tombons dans le quartier des garces. Figure-toi cinq ou six rues courbes avec des maisons hautes de quatre pieds environ, bâties de limon gris desséché. Sur les portes, des femmes debout, ou se tenant assises sur des nattes. Les négresses avaient des robes bleu ciel, d'autres étaient en jaune, en blanc, en rouge — larges vêtements qui flottent au vent chaud. Des senteurs d'épices avec tout cela ; et sur leurs gorges découvertes, de longs colliers de piastres d'or qui font que, lorsqu'elles se remuent, ça claque comme des charrettes. Elles vous appellent avec des voix traînantes : «Cawadja, cawadja...» Leurs dents blanches luisent sous leurs lèvres rouges et noires ; leurs yeux d'étain roulent comme des roues qui tournent. Je me suis promené en ces lieux et repromené, leur donnant à toutes des batchis, me faisant appeler et raccrocher ; elles me prenaient à bras-le-corps et voulaient m'entraîner dans leurs maisons... Mets du soleil par là-dessus. Eh bien ! je n'ai pas baisé, exprès, par parti pris, afin de garder la mélancolie de ce tableau et faire qu'il restât plus profondément en moi. Aussi je suis parti avec un grand éblouissement que j'ai gardé. Il n'y a rien de plus beau que ces femmes vous appelant. Si j'eusse baisé, une autre image serait venue par-dessus celle-là et en aurait atténué la splendeur.

(Les prostituées occupent une place particulière chez Flaubert : tandis que l'amante incarne la *réalité* de l'amour, et donc est fatalement destinée à décevoir, la prostituée, elle, offre une *représentation* de l'amour, c'est-à-dire un support pour le rêve. La lettre à Bouilhet annonce vingt ans à l'avance l'inoubliable conclusion de *L'Éducation sentimentale* — au soir de leur vie, Frédéric et Deslauriers réalisent que le meilleur moment de leur existence avait été, dans leur adolescence, cette tentative qu'ils avaient faite sans succès pour visiter une maison de passe dont s'enfiévrait leur imagination. Le fait que cette conclusion dérisoire moque le monde réel ne doit pas nous faire oublier son envers — qui constitue, lui, une déchirante célébration de la vie rêvée.)

Les déplacements dans l'espace fournissent la forme la plus évidente mais aussi la plus superficielle de l'exotisme. Segalen en convenait lui-même : «L'une des manifestations les plus simples, les plus grossières du Divers à l'homme est sa réalisation géographique dans les climats, les faunes et les flores. C'est en réalité la seule qui soit connue sous ce nom [d'exotisme]. C'est le Divers vulgarisé, le Divers à la portée de tous », et pour sa part, il ajoute que sa propre quête commença elle aussi par les voyages — approche qu'il qualifie d'« enfantine », encore qu'elle eût « donné cette œuvre pure, *Les Immémoriaux* ». Mais il était lui-même un produit du XIXᵉ siècle, et toute la littérature de cette époque est imprégnée du mythe selon lequel le voyage aurait le pouvoir de métamorphoser le voyageur. Dans les romans de Balzac et de Dickens, dans les nouvelles de Mérimée, et même chez la comtesse de Ségur, on rencontre constamment des personnages qui, après une longue absence, reviennent des antipodes, basanés et barbus, méconnaissables et nantis d'un destin neuf. Cette foi naïve dans la vertu transformatrice des voyages a d'ailleurs eu la vie dure, et a persisté presque jusqu'à notre époque. Ainsi, par exemple, le père Teilhard de Chardin, qui était allé attendre quelqu'un à la gare de Pékin et observait les voyageurs à l'arrivée de l'express transmongol, découvrit avec étonnement que la traversée des steppes et des déserts de l'Asie centrale n'avait nullement réussi à transfigurer tous ces braves faciès d'épiciers et de notaires : « … En retombant dans les touristes, vive impression du fait que l'Espace ne transforme pas, n'enrichit pas… Rien ne distinguait dans le train (sauf quelque dénomination extrinsèque) celui qui revenait de Mongolie de ceux qui rentraient de leur hôtel de Pékin. Sans doute celui qui revient de loin peut, grâce à une révélation de l'Espace, avoir gagné une zone supérieure de l'Esprit (initiation). Mais ce n'est pas là le résultat immédiat de son déplacement. Un explorateur sans pensée, après le circuit le plus étonnant, retombe à zéro quand il regagne son point de départ. » Aujourd'hui, il ne serait même pas nécessaire d'interviewer un cosmonaute qui redescend de la Lune pour se persuader de cette mélancolique évidence : un simple bain de foule dans le hall d'arrivée de n'importe quel aéroport international devrait suffire. Et pourriez-vous encore « pâlir au nom de Vancouver » maintenant que votre concierge passe ses vacances à l'île de Pâques ? La boucle est bouclée, nous retrouvons la millénaire vérité des classiques : « *Caelum non animum mutant qui trans mare currunt* [1]… »

Mais quoi qu'il en soit, en son temps, Segalen connut et savoura l'ivresse du voyage — et il en a parlé mieux que personne (« … il y a tant de bel ascétisme dans tout départ… »). La Chine toutefois devait lui en faire percevoir les limites : « Ce n'est pas le moindre mérite de ce grand continent, exotique à l'extrême, que de m'avoir fait éclater mon exotisme même. » C'est là, aux prises avec « la plus antipodique des matières », avec « un exotisme exaspéré » qu'il découvrit la possibilité d'approfondir et de dépasser sa conception du Divers : « Je conviens de nommer Divers tout ce qui est Autre. » Il s'agit d'atteindre « un exotisme universel » qui

1. « Ceux qui traversent les océans changent de cieux, mais non d'idées » (Horace).

puisse égaler « en catholicisme la conception géante de Claudel, sa participation à la Mer, à l'Eau, à l'Esprit »... Si l'exotisme n'est rien moins que « la loi fondamentale de l'intensité de la sensation... la différence dans laquelle s'exalte l'existence », il devient aussi inépuisable que la vie même — et, dès lors, on peut entrevoir un remède à la menace de l'*entropie* dont le cauchemar a hanté Segalen, comme du reste bien d'autres penseurs, de Gobineau jusqu'à Lévi-Strauss.

L'entropie est, en physique, la loi de la déperdition constante de l'énergie. Dans un monde en voie d'homogénéisation totale, ne s'appliquerait-elle pas également à l'exotisme? Segalen avait projeté de consacrer le dernier chapitre de son essai à « la dégradation de l'exotisme » : il n'y a aucune certitude que « l'exotisme du monde soit une quantité stable ou progressive... Ceci est une question non résolue, et qui sera éclaircie non point par la lecture du livre, mais par son écriture même. »

De ce point de vue, l'exotisme dans l'espace, qui, on vient de le souligner, est la forme la plus grossière du Divers, en est aussi la plus précaire. Déjà, à un niveau élémentaire, le vulgaire tourisme le détruit inéluctablement. En fait, l'espace exotique s'est trouvé condamné à disparaître du jour où la Terre a cessé d'être plate : « Le premier voyage autour du monde dut en être le plus désenchanté. Fort heureusement, Magellan mourut avant le retour. Son pilote, lui, accomplit simplement son métier sans se douter de l'effroyable chose : *il n'y avait plus d'Extrême-lointain...* C'est là que le tourisme a commencé, dès que l'on sut le monde-boule. »

Un peu comme le héros du roman d'Edgar Poe, Arthur Gordon Pym, qui, à la fin de son étrange dérive sur l'océan méridional, s'enfonçait progressivement dans un néant brumeux, pâle et doux, notre monde n'est-il pas en train de s'engloutir dans un tiède magma d'indifférenciation? Le fade cauchemar d'un univers de plus en plus homogène où finalement « l'un est l'autre » n'est-il pas en train de nous aspirer dans sa suavité informe? Paraphrasant le vers fameux de Kipling[1], on pourrait résumer la profession de foi exotique de Segalen en disant au contraire : « L'un est l'un, et l'autre est l'autre. » Et pourrait-il exister une altérité plus riche et féconde que celle de la femme pour l'homme, et de l'homme pour la femme? Segalen se proposait donc de faire dans son essai une place spéciale à « l'exotisme de la femme » ; il stigmatise le féminisme, ainsi que « ceux-là qui ont transformé le geste de chair en geste d'hygiène : ils ont tout perdu au change et gagné seulement cette paisible homogénéité où vient mourir la saveur du Divers ».

1. « *Oh East is East and West is West, and never the twain shall meet*
Till Earth and Sky stand presently at God's Great Judgment Seat... »
(Kipling est souvent mécompris, mais Segalen, qui l'avait lu attentivement, le rangeait au nombre des véritables « Exotes ».)

Mais, pour Segalen, il y a bien plus profond encore que cet exotisme du sexe, et plus essentiel. L'exotisme culmine finalement dans « l'être pensant qui se retrouve face à face avec lui-même, et se découvre autre, et se réjouit dans sa diversité ». Aussi l'exotisme ultime sera-t-il un retour au point de départ, non comme celui du « touriste de la Terre-boule », mais comme celui du voyageur qui a voyagé « au bout de la connaissance de soi ». On pourrait peut-être en trouver une parabole dans la fameuse fantaisie de Chesterton, où l'on voyait un yachtman anglais mal calculer sa navigation, et découvrir l'Angleterre en croyant avoir débarqué dans une île des mers du Sud. Sur le mode grave, une idée similaire a inspiré les vers de T. S. Eliot :

> Nous continuerons à explorer sans trêve
> Et le terme de toutes nos explorations
> Sera d'arriver à notre point de départ
> Et de le connaître pour la toute première fois [1].

Ainsi Gauguin, enchaîné sous le soleil des Marquises, contemplait finalement un *Village breton sous la neige*. Ainsi Segalen est rentré de Chine pour revenir mourir dans la vieille forêt de Brocéliande ; à la fin de sa vie, il envisageait d'écrire *Les Immémoriaux* de Bretagne…

1987

1. « *We shall not cease from exploration*
And the end of all our exploring
Will be to arrive where we started
And to know the place for the first time. »

PROPOS DE HUANG BINHONG SUR LA PEINTURE

Tous les connaisseurs en conviennent : Huang Binhong (1864-1955) fut un des plus grands peintres de notre siècle. En Occident, que son nom ne soit guère connu que d'une minorité de spécialistes est hélas une preuve éloquente du provincialisme de notre culture et du caractère incomplet de notre humanisme.

J'ai longtemps rêvé d'écrire une introduction à son œuvre ; maintenant, ne sachant si j'aurai finalement l'occasion de mener ce projet à bien, je voudrais au moins en sauver ce fragment — quelques propos du maître que j'avais choisis dans la masse considérable de ses écrits et que j'avais traduits du chinois.

Chez Huang Binhong, théorie et pratique, éthique et esthétique, tradition et modernité sont organiquement confondues. Les Propos *de Huang sont à l'image de son art ; il adopte une convention traditionnelle (la forme des "propos sur la peinture" a été cultivée par d'innombrables peintres lettrés depuis un bon millier d'années), mais il y injecte une expérience personnelle et originale, directement liée à la sereine audace de sa propre création.*

Il y a trois sortes de peintures :

– Celles qui sont totalement ressemblantes — ce sont des duperies au moyen desquelles les charlatans se font un nom.

– Celles qui sont totalement non ressemblantes — elles se prétendent libres et inspirées, mais constituent une autre forme de charlatanerie.

– Celles qui sont à la fois totalement ressemblantes et totalement non ressemblantes : elles seules sont de vraies peintures.

*

En peinture, la vraie ressemblance est la ressemblance que l'on atteint par la non-ressemblance.

*

Quand il travaille d'après nature, le peintre doit savoir quoi éliminer. Quand il travaille de mémoire, le peintre doit savoir quoi conserver. Ce processus d'élimination et de conservation est tantôt régi par la nécessité, et tantôt il est laissé au choix de l'artiste. Seul qui a compris ceci peut prendre le pinceau.

*

Dans la nature, les forces cosmiques produisent les dix mille créatures en un ensemble désordonné. Seule l'intervention de l'artiste peut en combler les lacunes.

*

Quand ils parlaient de peinture, les Anciens disaient : « Le Créateur universel s'introduit dans la peinture ; le peintre usurpe le rôle du Créateur universel. » Cette « usurpation » est ce qu'il y a de plus difficile à accomplir.

Le Créateur universel se manifeste dans la Nature ; n'importe qui peut en percevoir les formes et apparences visibles, lesquelles se laissent facilement saisir. Mais le Créateur universel possède également esprit et résonance, lesquels constituent la beauté intérieure du monde, et cela, le vulgaire ne saurait le percevoir. La vraie peinture est celle-là seule qui réussit à capturer cette beauté intérieure. Quant à la peinture qui se contente d'empiler formes et apparences, comme on alignerait des pots de fleurs, elle ne mérite pas le nom de peinture.

*

Montagnes et rivières relèvent de la Nature ; peintures et images relèvent de l'art. Quand montagnes et rivières sont transposées en peinture, l'art exige qu'elles soient entièrement dépourvues d'artifice. C'est pour cette raison que les montagnes et rivières de la peinture ont quelque chose de merveilleux, qui l'emporte sur les montagnes et rivières véritables. Les montagnes et rivières de la peinture sont passées au crible du peintre ; elles y ont acquis une qualité qu'on ne trouve pas dans la Nature.

*

Les grands maîtres d'autrefois travaillaient en harmonie avec les rythmes de la Création cosmique, mais, en plus, ils éliminaient le superflu, ils retenaient l'essentiel. Aussi, quand les Anciens disent d'un site naturel qu'il est « beau comme une peinture », cela implique précisément que la Nature *n'est pas* aussi belle que la peinture.

*

Dans les théories picturales des Anciens, il est constamment question des « règles qui résident dans l'absence de règles », de « l'ordre qu'on trouve au milieu du chaos », « l'équilibre du déséquilibre », « la ressemblance de la non-ressemblance », « la nécessité tout à la fois de se soumettre à la discipline et de lui échapper ». Ce sont là les principes suprêmes de l'art de peindre, et on fera bien de les méditer en profondeur.

*

En peinture, il faut se garder de quatre défauts :
– le caprice ;
– la suavité ;
– la vulgarité ;
– la timidité.

Le « caprice » consiste à manier le pinceau de façon incorrecte. La « suavité » caractérise une peinture dépourvue de beauté intérieure. La « vulgarité » est le produit d'une vision banale et d'un style terre à terre.

La « timidité » consiste à rester prisonnier des ornières traditionnelles et à ne s'appliquer qu'à la copie.

*

En peinture, ce qu'il faut éviter à tout prix, c'est de produire un effet
mort,
plat,
raide,
bourbeux,
mince,
petit,
coulant,
léger,
superficiel,
suave,
facile,
flottant,
gracieux,
rutilant.

Ce qu'il faut atteindre, c'est un effet
lourd,
grand,
altier,
massif,
solide,
essentiel,
savoureux,
vieux,

fruste,
vivant,
pur,
rare,
harmonieux,
viril.

*

Une bonne peinture est ordonnée dans son désordre et désordonnée dans son ordre ; elle est totalement imprégnée d'énergie dynamique, et ce courant énergétique l'investit d'une présence active, et lui confère une qualité musicale ; elle est habitée d'une vie autonome. Tandis que dans les œuvres académiques, au contraire, les grandes montagnes ne sont qu'une somme de cailloux empilés les uns sur les autres ; graphisme et lavis sont analytiquement dissociés ; il n'y a pas de circulation interne du flot énergétique — en conséquence, la peinture reste inerte.

*

Un peintre qui joint deux lignes n'est pas comme un charpentier qui joint deux lignes. Pour le charpentier, il ne s'agit que d'assurer la solidité de sa construction ; pour le peintre, il s'agit d'assurer la continuité de l'influx énergétique.

*

Quand on peint, il faut s'identifier mentalement à son sujet — Shitao avait bien compris cela. Si vous peignez un pin du mont Huang, vous devez connaître le caractère et l'humeur de ce pin du mont Huang. Le même principe est valable également pour la poésie.

*

Quand vous travaillez d'après nature, vous ne pouvez saisir que l'*ossature* du paysage. Pour saisir son dynamisme vital, il vous faut en plus fermer les yeux et méditer profondément. Tout le problème est de saisir l'*esprit* du paysage.

*

Pendant que l'on peint, il faut que l'esprit soit étroitement concentré ; on ne peut lui laisser la bride sur le cou ni l'abandonner aux envols de sa fantaisie. Il faut contrôler le débit d'encre de chaque coup de pinceau, et tenir le pinceau en stricte lisière.

Quand on se promène dans la Nature, il faut à la fois s'abandonner aux libres ivresses de l'inspiration et conserver le recueillement silencieux d'un vieux moine en train de rapetasser son froc.

ZHOU ENLAI, OU LE SILLAGE D'UNE BARQUE VIDE [1]

Seul parmi les dirigeants maoïstes, Zhou Enlai avait une élégance d'Ancien Régime, du charme, de l'esprit et du style. Il fut certainement l'un des plus brillants comédiens de notre siècle Il avait un talent pour proférer des mensonges énormes avec une angélique suavité. Eût-il jamais été dans la pénible obligation de vous planter un poignard dans le dos, il se serait acquitté de cette tâche avec tant de gentillesse que vous vous seriez encore senti obligé de l'en remercier. Il donna un visage humain — très photogénique, d'ailleurs — au communisme chinois. Tout le monde l'adorait. On lui a pardonné les tours les plus pendables. Il n'est pas étonnant que les politiciens du monde entier aient tous été confondus d'admiration pour lui. Que des intellectuels se soient joints à ce culte est plus curieux ; n'empêche, ils ont quelques circonstances atténuantes.

Zhou avait un perpétuel besoin de séduire. Je ne parle pas ici de son comportement envers les dames, dont on nous assure qu'il fut toujours irréprochable, et qui d'ailleurs ne nous regarde en rien — je veux seulement dire qu'à ses yeux même le plus infime, bête et débile des interlocuteurs pouvait encore justifier une mobilisation spéciale de toutes les ressources de son célèbre magnétisme personnel. Je parle d'expérience — une expérience que des milliers et des milliers de visiteurs enthousiastes partagèrent au fil des années, instituteurs venus de Zanzibar, syndicalistes de Tasmanie, femmes progressistes de Laponie ; le pape lui-même ne consacre pas autant d'heures à s'entretenir avec d'aussi hétéroclites processions de pèlerins. Zhou fut également le suprême Zelig de la politique : il faisait montre de tolérance, d'urbanité et de souplesse quand il avait affaire à de courtoises personnalités libérales d'Occident ; il savait suer le venin et cracher le feu pour se mettre au diapason de haineux chefs d'État du tiers-monde [2] ; il devenait cultivé et raffiné en présence d'artistes ; il était pragmatique avec les

1. Paru dans *Commentaire*, vol. 8, nº 30, été 1985.

2. Sur cet aspect moins connu de sa personnalité, voir le témoignage de Mohamed Hassanein Heikal, *Les Documents du Caire*, Paris, Flammarion, 1972.

pragmatistes, philosophique avec les philosophes, et kissingérien avec Kissinger.

A côté de ses étranges et absorbantes obligations mondaines, il avait à diriger et administrer la nation la plus populeuse du globe. Il devait quotidiennement résoudre un bon millier de problèmes, car il lui fallait trancher de tout et se substituer sans cesse à une bureaucratie timorée qui, pour limiter les risques, se refusait toujours à prendre aucune initiative. Il expédiait les affaires de l'État avec la suprême efficacité d'un vieux souverain taoïste qui sait que l'on doit « gouverner un vaste empire comme on cuit un petit poisson ». Finalement, il n'avait même plus le temps de dormir, et pourtant il paraissait toujours avoir tout le loisir du monde. Il s'occupait des détails les plus infimes avec le soin méticuleux d'une ménagère maniaque et, en même temps, il faisait montre d'une ampleur de vision qui impressionna les plus grands hommes d'État de notre époque.

Quoiqu'il occupât en permanence le centre de la scène, son activité publique n'était encore qu'une sinécure par comparaison avec l'activité secrète — bien plus intense, absorbante et décisive — qu'il poursuivait de façon ininterrompue dans les coulisses ténébreuses de la politique intérieure du Parti : là, il avait à exécuter de prodigieuses acrobaties pour ne pas dégringoler de son mât de cocagne — il s'agissait constamment d'éliminer des rivaux dans l'impitoyable lutte pour le pouvoir, d'éviter des embûches, de désamorcer des conspirations meurtrières ourdies contre lui par de vieux camarades, etc. Sa tâche devint de plus en plus surhumaine, comme il dut s'employer à lui tout seul à conférer, pour l'édification d'une audience internationale complètement abusée, une façade d'intelligence, de décence et de raison à un régime dont la cruauté, la sottise et la folie devaient finalement exploser au grand jour durant la dernière décennie de l'ère maoïste.

La réputation de Zhou risque au bout du compte d'être affectée par le déboulonnage de la statue de Mao — ce qui est un paradoxe, puisque, en fin de carrière, Mao avait essayé de se débarrasser de lui. N'empêche, les intellectuels chinois sont peut-être un peu injustes lorsqu'ils l'accusent maintenant d'avoir joué auprès de Mao un rôle comparable à celui que tint Albert Speer auprès de Hitler. On ne pourrait dire que Zhou fut simplement le subordonné de Mao : la situation était plus compliquée. Bien des années avant que Mao n'accédât au pouvoir suprême, Zhou avait en fait dirigé le parti communiste chinois derrière l'écran de divers leaders en titre, que leur malchance ou leur incompétence firent successivement tomber en disgrâce. Zhou lui-même était sorti quasiment indemne de chacune de ces crises, faisant ainsi preuve de cette prodigieuse capacité de survie qui allait demeurer le trait dominant de toute sa carrière politique. Il mit au point les recettes qui devaient le rendre définitivement insubmersible : n'exercer le pouvoir que par personne interposée ; ne jamais occuper la première place ; quand l'opposition se montre la plus forte, céder aussitôt. Ses compétences supérieures le rendirent indispensable et irremplaçable ; en même temps, il se fit délibérément insaisissable : en aucune circonstance, on n'aurait pu précisément définir sa ligne politique ni l'associer à telle ou telle faction en particulier. Il ne manifesta jamais d'idées personnelles ni n'exprima de vues théoriques par écrit. Quelles étaient ses véritables positions ? A quoi croyait-il, en fin de compte ? Apparemment, sa politique s'identifiait invariablement avec celle du leader du moment, et sa seule ambition était de servir celui-ci (quel qu'il fût) avec un dévouement total.

Toutefois, l'éclat de son intelligence, la vivacité de son esprit, son magnétisme personnel, son éloquence et son autorité démentaient constamment cette sorte d'effacement terne et neutre qu'il cultivait avec tant d'application dans l'exercice de ses charges publiques. L'énigme de Zhou tient dans ce paradoxe : avec tous ses exceptionnels talents, il paraissait essentiellement *creux*. Il y a quelque deux mille trois cents ans, Zhuang Zi, ayant à conseiller un souverain, lui fit observer que, lorsqu'une petite barque dérive dans le chemin d'un lourd bateau, l'équipage de celui-ci lancera immédiatement force insultes à l'adresse de l'intrus ; mais, s'il s'avère ensuite que la barque est *vide*, la colère des matelots tombera aussitôt, et, simplement, ils s'emploieront silencieusement à manœuvrer pour éviter l'abordage. Et Zhuang Zi concluait que, pour un souverain qui doit naviguer sur les eaux turbulentes de la politique, l'essentiel serait d'apprendre tout d'abord à *devenir une barque vide*.

Dans toute l'Histoire, peu d'hommes d'État se sont montrés aussi experts que Zhou Enlai dans l'exercice de cet art subtil. C'est là que résidait le secret de sa survie perpétuelle. Il était apparemment prêt à consentir à tous les compromis. Une fois, comme les communistes se trouvaient dans la nécessité de collaborer à nouveau avec les nationalistes, un cadre du Parti à l'échelon local se rebella contre cette honteuse fraternisation avec des bouchers fascistes et, plein d'indignation, demanda à Zhou : « Faut-il donc que nous devenions de vulgaires concubines ? » Zhou lui répondit froidement : « Si c'est nécessaire, il faut que nous soyons prêts à devenir des prostituées. » Mais il ne recherchait pas la survie comme une fin en soi : il s'agissait de survivre afin de vaincre. Il combinait la plus totale fluidité avec une capacité de résistance absolue : ainsi, l'eau épouse instantanément la forme de n'importe quel récipient sans jamais abdiquer un seul atome de sa nature intime, et finalement a raison de tout. A cet égard, le contraste entre le destin posthume de Mao et celui de Zhou est éclairant : la momie de Mao est en train de pourrir dans un monument énorme et grotesque au cœur même de Pékin, comme pour mieux assister, de cette place d'honneur, au démantèlement de toute son œuvre. Quant à Zhou, une fois de plus il se volatilisa — très littéralement cette fois, puisqu'il eut la prudente sagesse de demander que ses cendres soient dispersées du haut des airs —, mais, au-delà de la mort, c'est encore et toujours lui qui gouverne la Chine aujourd'hui, par l'intermédiaire des successeurs qu'il s'était préparés.

Durant un demi-siècle, Zhou a façonné l'histoire de Chine ; il a présidé aux destinées d'un quart de l'humanité pendant plus de vingt-cinq ans. Malgré cela, à la différence des autres dirigeants chinois, il n'a, semble-t-il, jamais succombé à l'ivresse du pouvoir ni à l'ambition d'exercer l'autorité suprême. Il traversa d'innombrables épreuves, crises, humiliations et périls ; à plusieurs reprises, il servit avec une fidélité stoïque des dirigeants qui ne possédaient ni son talent ni son expérience. Contre vents et marées, il maintint sans faiblir son engagement au service du communisme chinois. D'où tirait-il sa force spirituelle ? Quelle était sa motivation profonde ? Comme beaucoup d'intellectuels bourgeois de sa génération, dans sa jeunesse il fut animé d'un patriotisme intense. Étudiant en Europe, à l'époque de ses vingt ans, il semble avoir assimilé une fois pour toutes le salut de la Chine à la victoire du communisme. Nous ne savons rien de plus sur son évolution spirituelle. L'énigme de Zhou se double ainsi d'un tragique paradoxe : cet homme, qui avait choisi de se consacrer corps et âme au service de la Chine, devint finalement le pilier d'un régime qui parvint à tuer plus d'innocents Chinois en vingt-cinq années de paix que toutes les forces combinées des impérialismes étrangers en un siècle d'agressions endémiques.

*

Sur Zhou Enlai, il existe trois ouvrages de base — deux en anglais et un en chinois. L'ouvrage de Kai-yu Hsu, *Chou En-lai : China's Grey Eminence* (New York, 1968), est le plus populaire des trois. Surtout vers la fin, le livre souffre d'une certaine mièvrerie sentimentale, mais il n'en reste pas moins que son auteur a effectué un prodigieux travail de détective en réussissant à retrouver et à interviewer divers parents, anciens condisciples et amis de Zhou, dispersés un peu partout dans le monde. Ces entretiens lui ont permis de reconstituer les années de jeunesse de Zhou avec un maximum de détails. Le livre de Li Tien-min, *Chou En-lai* (Taipei, 1974), est sec et concis ; il traite moins de l'homme que de son activité politique, sur laquelle il apporte une information claire et solide. Yan Jingwen dans son *Zhou Enlai ping zhuan* (« Biographie critique de Zhou Enlai ») (Hong Kong, 1974) combine le point de vue humain et psychologique de Hsu avec le flair politique de Li ; son livre est parfois trop dispersé, bavard et anecdotique, mais en même temps il abonde en vues pénétrantes ; peut-être est-ce finalement le plus stimulant des trois.

Toutefois, ces trois livres souffrent d'une même carence : leur traitement de la période d'après 1949 est assez rudimentaire, et ils n'ont évidemment pas pu aborder les dernières années — particulièrement dramatiques — de la carrière de Zhou. En principe, il devrait donc y avoir place, sinon pour une nouvelle biographie de Zhou Enlai, au moins pour une monographie qui viendrait mettre à jour ces études plus anciennes. Je crains que le livre de Dick Wilson [1] ne puisse combler cette lacune. Sans doute l'auteur lui-même ne nourrissait-il pas cette ambition ; comme son titre le suggère modestement, il s'occupe seulement de raconter une histoire, et non d'écrire l'Histoire. La première moitié du livre n'est pas mauvaise, mais, comme elle répète essentiellement le contenu de ses prédécesseurs, on ne peut pas dire qu'elle soit particulièrement utile. A quoi bon récrire l'ouvrage de Kai-yu Hsu ? Le lecteur fera aussi bien de se référer directement au texte original. (En un endroit au moins, Wilson se trompe en paraphrasant une anecdote de Hsu. Il place arbitrairement dans la bouche de Zhou Enlai des paroles prononcées en fait par Shao Lizi (p. 81). L'anecdote de Hsu — rapportée également par Yan — devient absurde dans la version qu'en donne Wilson ; ce dernier n'a manifestement pas compris l'épisode que racontait Hsu.) En toute justice, il faut pourtant reconnaître que Wilson a su faire un usage pertinent et utile de diverses sources plus récentes auxquelles les précédents biographes n'avaient pu avoir accès. Cependant, chaque fois qu'il quitte ses trois guides, il s'aventure dangereusement ; ainsi par exemple, à l'appui d'une double anecdote qui me paraît bien fantaisiste, il invoque un ouvrage japonais, basé lui-même sur une source chinoise (Nishikawa citant He Changgong). Si Wilson s'était seulement donné la peine de vérifier directement cette information douteuse auprès de la source chinoise elle-même, il aurait pu constater que les deux citations japonaises ne reposaient sur rien.

La seconde moitié du livre (traitant de la période d'après 1949) est franchement décevante ; elle se réduit pratiquement à une simple énumération des apparitions publiques de Zhou Enlai. L'auteur ne manifeste nulle compréhension véritable du jeu complexe des luttes politiques qui se déroulèrent durant cette période mouvementée et dramatique. Un seul exemple devrait suffire pour illustrer la façon qu'a Wilson de voir les choses à l'envers : « Le pragmatisme de Liu Shaoqi semblait dangereux aux yeux de Zhou Enlai, car Liu paraissait prêt, sous la double pression des difficultés économiques et du conservatisme bureaucratique, à abandonner tout simplement le socialisme. » Il y a bien des années, durant un été chaud, il s'est effectivement trouvé des gardes rouges à peine sortis de l'enfance pour croire sincèrement que Liu Shaoqi et Deng Xiaoping s'étaient juré de liquider le socialisme et de rétablir le capitalisme. Qu'en 1984, sous le règne du même Deng Xiaoping, il puisse encore exister de respectables pékinologues pour nourrir de pareilles croyances devrait être un inépuisable sujet d'émerveillement.

1984

1. Dick Wilson, *Chou : The Story of Zhou Enlai*, 349 pages, Londres, Hutchinson, 1984.

BEL AUTOMNE A PÉKIN[1]

Dans la correspondance de Tchekhov, il y a un passage où l'écrivain donne des conseils à un acteur qui jouait dans une de ses pièces le rôle d'un homme désespéré. Comme cet acteur avait tendance à charger son personnage — poussant des cris, se tordant les mains et roulant des yeux tragiques —, Tchekhov le met en garde et lui fait remarquer qu'un homme vraiment désespéré *se tient fort tranquille et se contente de siffloter pensivement à l'embrasure de la fenêtre.*

Ce principe esthétique du « less is more » est bien connu des Chinois qui l'ont cultivé depuis longtemps et poussé jusqu'à un point de raffinement remarquable. Chez eux, la méthode du sous-entendu expressif a trouvé d'innombrables illustrations picturales et littéraires. Dans le domaine classique, l'un des plus beaux exemples en pourrait être donné par un court poème de Xin Qiji (XIIe siècle) dont je vous demande de me croire sur parole quand je vous dis qu'il est sublime (pour que la démonstration soit vraiment convaincante, il faudrait qu'un poète le traduise ; pour ma part, je ne puis, hélas, que le paraphraser en prose) : après avoir expliqué comment, dans sa jeunesse, quand il ignorait encore le goût de la tristesse, il aimait à prendre des poses romantiques sur de hauts balcons d'où il déclamait les chagrins qu'il s'était inventés à seule fin de composer des poèmes originaux, le poète confesse qu'aujourd'hui, comme la vie lui a finalement fait vider jusqu'à la lie sa coupe d'amertume, il se retient désormais de parler, ou, s'il lui faut absolument ouvrir la bouche, c'est seulement pour dire (et c'est le dernier vers du poème) :

Le temps est frais ; quel bel automne !

Pour avoir les toutes dernières nouvelles du bel automne de Pékin, il faut lire les *Six Récits de l'École des cadres* de Yang Jiang[2]. Yang Jiang est une vieille dame très distinguée, auteur de pièces de théâtre et traduc-

1. Paru dans *Libération*, 5 décembre 1983.
1. Traduit du chinois par I. Landry et Zhi Sheng, Paris, Christian Bourgois, 1983.

trice de Cervantès en chinois. Elle est l'épouse de Qian Zhongshu, savant, historien de la littérature et romancier de réputation mondiale — un esprit que, sans aucune hyperbole, on peut qualifier de génial. A la fin de la « Révolution culturelle », à l'instar de leurs collègues universitaires, eux aussi coupables d'être éduqués et intelligents, Yang et Qian furent séparés de force et déportés aux champs. Dans le contexte politique de l'époque, considérant leur âge à tous deux et la fragilité de leur santé, il était raisonnable de croire qu'ils mourraient l'un et l'autre en cassant des pierres et en coltinant du purin. En fait, un nouveau caprice des autorités les ramena à Pékin deux années plus tard, et les imprévisibles vicissitudes de la politique devaient même finalement permettre à Yang Jiang d'écrire et de publier ses souvenirs de déportation huit ans après ces événements.

Ces *Six Récits* sont écrits dans une langue simple et familière ; l'auteur y raconte d'une voix égale, avec une inflexion d'humour, sans jamais hausser le ton, les modestes déboires et les menus bonheurs qui, sur fond de boue et de marasme, formèrent la trame quotidienne de son exil. Dans un bagne, les moindres petits accidents de l'existence acquièrent une saveur et une signification que, dans l'indifférence de la liberté, nous cessons trop souvent de percevoir. Philip Roth, parlant de l'Europe de l'Est, a bien résumé cette situation : « En Occident, tout est permis et rien n'a d'importance ; là, rien n'est permis et tout a de l'importance. »

Ce mince petit livre se laisse lire d'une traite, avec facilité. Mais, paradoxalement, il est lourd du poids de tout ce qu'il tait. Sa densité ne tient pas seulement à ce relief unique que les incidents et les choses acquièrent dans le vide de la captivité ; elle résulte également d'un colossal *sous-entendu*. Yang Jiang est bien de ces artistes qui savent comment exprimer plus en disant moins ; mais par-dessus le marché, chez elle, cette réserve esthétique, traditionnelle et subtile, se double encore d'une litote politique. N'oublions pas que la Chine « populaire » a inventé la censure suprême — celle-ci n'est pas exercée par des bureaux spécialisés (lesquels n'existent pas en Chine) : de façon bien plus économique et efficace, la responsabilité en est directement confiée à chaque écrivain personnellement.

Yang Jiang fut embarquée dans un désastre dont les proportions terrifiantes paralysent l'imagination, mais dont aujourd'hui, en Chine, il serait dangereux pour quiconque d'explorer les vraies origines et les implications. La décision lunatique, prise par Mao, de déporter en masse tous les intellectuels *du seul fait qu'ils étaient intellectuels* (plus de *vingt millions* de personnes furent frappées par cet ordre) n'a probablement pas d'équivalent dans l'Histoire — si l'on excepte, bien entendu, la déportation des Juifs européens par les nazis, et celle de la population éduquée des villes cambodgiennes par les Khmers rouges (ces derniers s'efforçaient du reste d'appliquer le principe maoïste). Yang Jiang limite délibérément sa description au champ étroit et concret d'une expérience individuelle, et celle-ci même n'est suggérée que par un choix de petites notations fragmentaires et détachées. Le contexte de démence collective dans lequel cette expérience s'est inscrite n'est évoqué que par réfraction, il n'est jamais peint de face. La seule toile de fond des *Six Récits* est donc réduite au minuscule décor dans lequel l'auteur crut tout un temps qu'elle allait finir ses jours : nous ne voyons sur scène que le châlit branlant où étaient rassemblées toutes les possessions qui lui restaient, dans la promiscuité d'une baraque, ou encore le petit coin de potager bourbeux où elle s'efforçait vainement de faire pousser quelques navets (que lui volaient d'ailleurs aussitôt les paysans affamés des alentours). Ce petit monde clos n'est traversé que par quelques personnages familiers. Son mari, par chance, habite un camp voisin ; au hasard des corvées, les vieux amoureux réussissent à se revoir régulièrement et à bavarder quelques minutes en cachette à l'angle d'une haie. L'action véritable, elle, se déroule tout entière en dehors du livre : de temps à autre, de façon indirecte, une rumeur assourdie vient des coulisses — la nouvelle du suicide d'un parent cher ou d'un collègue nous est livrée, comme par mégarde, dans une incidente au détour d'un paragraphe, et rappelle l'existence de cet invisible monde extérieur en train de s'engloutir dans la violence et la folie. Mais, chaque fois, l'auteur coupe court à ces évocations et revient aussitôt aux dérisoires et touchantes petites vicissitudes de la vie quotidienne du camp : la mésaventure du vieux poète qui avait oublié un savon dans sa gamelle de soupe, la construction des latrines, aussitôt pillées par les paysans des environs, l'adoption, puis l'abandon forcé d'un petit chien…

L'art supérieur de Yang Jiang n'avait certes pas besoin de confirmation officielle ; les autorités communistes l'ont pourtant complimentée et donnée en exemple, car, disent-elles, son ouvrage « *témoigne d'une blessure, sans pour autant proférer de plainte* ». En effet. Ce dernier trait rappelle irrésistiblement l'une des anecdotes politiques les plus amèrement chinoises qui soient : à l'époque Tang, le jeune frère d'un fonctionnaire prend congé de son aîné pour gagner le poste officiel auquel il vient d'être nommé. Il promet d'être circonspect et d'une soumission patiente dans ses contacts avec ses supérieurs. « S'ils me crachent à la figure, je me contenterai de m'essuyer le visage sans dire un mot. — Oh non ! ne fais surtout pas ça ! s'écrie l'aîné, épouvanté. Ils pourraient prendre ton geste pour de l'insolence. *Laisse le crachat sécher de lui-même.* » Le propos est passé en proverbe dans la langue courante (*tuo mian zi gan*) ; il recouvre une réalité toujours actuelle dont le tranquille sourire de Yang Jiang fournit une déchirante illustration.

1983

NOUVELLE ARITHMÉTIQUE[1]

Certaines cultures n'ont pas d'histoire. Peut-être n'en sont-elles que plus heureuses — mais c'est difficile à dire, puisque d'ordinaire nous oublions de leur poser la question avant de les anéantir. Certaines cultures ont une histoire linéaire, comme la nôtre, par exemple. Nous allons vigoureusement de l'avant, nous fonçons de plus en plus vite ; malheureusement, nous ne savons pas vers quoi au juste. Espérons que ce ne sera pas un mur, ou un trou noir. D'autres peuples encore, comme les Chinois, semblent avoir une histoire cyclique. Ceci simplifie la tâche des historiens ; mais si ces derniers peuvent jouir du spectacle en paisibles badauds, pour les infortunés passagers de ce carrousel, l'expérience finit par engendrer le tournis et la nausée.

On m'a demandé de parler de la nouvelle répression qui vient de frapper les intellectuels chinois après la chute de Hu Yaobang. N'ayant que trop publié déjà sur les affaires politiques de Chine, mon premier mouvement fut de décliner cette invitation. Chesterton, qui avait beaucoup écrit au sujet de la question irlandaise durant la première partie de sa carrière, remarqua à la fin de sa vie qu'il n'avait plus rien à dire sur le sujet, car il n'avait à se dédire de rien. Toutefois, nous ne pouvons pas décevoir l'attente de nos amis sans leur fournir au moins un mot d'explication. Et, d'autre part, il serait présomptueux de croire que les gens ont lu ce que nous avons écrit, ou qu'ils ont retenu ce qu'ils ont lu.

Le schéma général de l'histoire est assez simple. Le Vieux Leader (qu'à l'étranger on considère habituellement comme un grand humaniste, un esprit ouvert, éclairé et progressiste) voudrait se débarrasser du personnage qu'il avait lui-même promu à la dignité de dauphin. Pour provoquer la chute de son héritier désigné, il fabrique quelques désordres en manipulant le mécontentement général et permanent d'une jeunesse idéaliste. Ces jeunes gens finissent par s'apercevoir qu'ils ont été utilisés, mais, quand ils veulent enfin agir pour leur propre compte, il est trop tard, et ils se font écraser. L'ordre est rétabli par la méthode qui consiste à

1. Paru dans *The New Republic*, 2 mars 1987.

« tuer un poulet pour faire peur aux singes ». Le poulet est fourni par les milieux culturels, car, après tout, écrivains et artistes ne sont jamais indispensables (il suffit d'en conserver quelques spécimens pour les besoins des échanges culturels et des congrès internationaux ; pour le reste, avec le communisme à tous les étages, qui donc aurait encore besoin de culture ?). Donc, dans les grandes villes, on humilie, on bâillonne, on met au pilori une série d'intellectuels éminents ; dans les coins reculés des provinces, le jeu de massacre peut se dérouler à la bonne franquette, car il n'y a pas de témoins étrangers, et il ne faut pas se gêner ; les autorités locales désireuses de manifester leur zèle profitent de l'occasion pour expédier quelques charretées de leurs ennemis personnels au poteau d'exécution.

Tel est le canevas de base ; il suffit de le raconter une seule fois. Supprimez-y les noms de personnes, remplissez les blancs avec des noms nouveaux et, tous les dix ans à peu près, vous pourrez recycler le même scénario.

Mais un de ces Experts-qui-nous-expliquent-la-Chine m'a confié qu'il n'était pas d'accord avec cette façon de voir les choses. « Non, non, me dit-il, la Chine ne tourne pas simplement en rond, elle évolue vraiment. Cette évolution peut être lente et difficile, mais elle n'en est pas moins réelle. Certes, de temps à autre, il y a des reculs ; mais si l'on considère tous ces zigzags d'une bonne distance (cet avantage fait généralement défaut aux victimes, j'en conviens), il apparaît clairement qu'un incontestable progrès a été effectué. Voyez d'ailleurs l'exemple de l'Union soviétique. Divers gains obtenus dès l'époque de Khrouchtchev demeurent irréversibles, et c'est plus vrai encore avec Gorbatchev. Un retour au stalinisme pur — ou au maoïsme pur — est maintenant inconcevable. »

Il a raison, bien sûr. Cependant, son allusion à l'Union soviétique m'a remis en mémoire une histoire que Yuri Krotkov racontait dans son *Red Monarch*. Un certain pays était gouverné par un tyran fou et sanguinaire. L'axiome fondamental de l'idéologie officielle spécifiait que *deux plus deux font six*. La population vivait dans une terreur permanente. Finalement, le tyran vint à mourir ; un autre tyran lui succéda, qui n'était pas tout à fait aussi fou, ni aussi fort. Il fallut procéder à divers ajustements. On révisa l'axiome fondamental, et on proclama que dorénavant *deux plus deux feraient cinq*. Cette réforme idéologique provoqua un grand remous dans les milieux intellectuels. Un jeune et brillant mathématicien eut l'inspiration de repenser tout le problème par lui-même. Après plusieurs mois de fiévreuses recherches, il découvrit qu'en fait *deux plus deux font quatre* ! Très excité, il s'apprêtait à publier sa découverte quand, un beau matin, deux individus en gabardine grise vinrent frapper à sa porte et lui demandèrent doucement : « Alors, camarade, vous n'êtes pas content ? Vous voudriez peut-être qu'on retourne à l'époque où *deux plus deux faisaient six* ? »

1987

L'ART D'INTERPRÉTER DES INSCRIPTIONS INEXISTANTES ÉCRITES A L'ENCRE INVISIBLE SUR UNE PAGE BLANCHE[1]

I

Dans tout débat, le meilleur signe que vous avez gagné, c'est quand vous voyez votre adversaire qui commence à s'approprier vos idées, tout en croyant sincèrement qu'il vient lui-même de les inventer. Pareille situation procure de douces satisfactions. Je crois que cette sorte d'expérience était coutumière pour le père Ladany, le savant jésuite qui publiait à Hong Kong le périodique *China News Analysis*. Loin des feux de la rampe et de toutes les lumières crues du cirque médiatique, il a joui jusqu'à sa mort (survenue en septembre dernier) d'une illustre obscurité. Tous les « China Watchers » dévoraient avidement ses écrits ; beaucoup le pillaient, mais, en général, ils avaient grand soin de ne jamais reconnaître leur dette ni de mentionner son nom. Le père Ladany observait cette comédie avec un détachement sardonique. Il aurait probablement convenu que ce qu'Ezra Pound avait dit de la poésie pourrait s'appliquer aussi bien à la vérité historique : il est essentiel qu'elle soit écrite — peu importe par qui.

China News Analysis était une référence obligatoire pour tous ceux qui voulaient être au courant de la politique chinoise — chercheurs, journalistes, diplomates. Dans le monde universitaire, toutefois, sa lecture représentait pour beaucoup de spécialistes de sciences politiques ce qu'un penchant à la boisson pourrait constituer pour un ayatollah, ou une addiction à la pornographie pour un évêque : un besoin tyrannique qu'il fallait satisfaire dans le plus grand secret. Les Experts-qui-nous-expliquaient-la-Chine grinçaient des dents en lisant ses commentaires incisifs ; ils détestaient sa lucidité et son cynisme, et, en même temps, ils ne pouvaient se permettre de manquer un seul numéro de son périodique, car, pour troublantes et scandaleuses que fussent ses conclusions, les informations qu'il procurait étaient tout simplement irremplaçables. Ce qui rendait *China News Analysis* si cruellement indispensable, c'était le principe simple et original (la vraie originalité est généralement simple) qui le commandait : toutes les informations sélectionnées, présentées et

1. Paru dans *The New York Review of Books*, vol. XXXVII, n° 15, 11 octobre 1990.

analysées dans ses pages étaient puisées exclusivement dans les sources chinoises officielles (presse et radio). Cette règle austère privait parfois le périodique de Ladany de la vie et de la couleur qu'auraient pu procurer des sources moins orthodoxes, mais elle lui permettait d'édifier ses conclusions dévastatrices sur des bases irréfutables.

Ce qui avait inspiré sa méthode, c'était la constatation que même la propagande la plus menteuse doit conserver une certaine forme de relation avec la réalité — alors même qu'elle manipule et déforme la vérité, elle continue d'une façon à s'appuyer sur celle-ci. Dès lors, du moment qu'on peut parvenir à débrouiller et redresser les mensonges officiels, il devrait être possible de rétablir un certain nombre de faits objectifs. Pareille opération, inutile de le dire, requiert un doigté à peine moins subtil que celui qui, dans les *Voyages de Gulliver*, permettait aux Grands Académiciens de Lagado d'extraire des rayons de soleil à partir de concombres et de retrouver des aliments en distillant des excréments.

L'analyste qui veut obtenir son information par un tel procédé doit successivement franchir trois obstacles de plus en plus épineux.

Premièrement, il doit avoir une maîtrise courante de la langue chinoise. Pour l'homme de la rue, il semblera qu'une telle condition préalable relève de l'élémentaire bon sens, mais, une fois que l'on quitte le niveau de la rue pour accéder aux sphères élevées du monde universitaire, le sens commun cesse d'être vraiment commun : si étrange que cela puisse paraître, le fait est que, durant l'ère maoïste, la majorité des experts ès affaires chinoises savaient à peine trois mots de chinois. (Je m'empresse d'ajouter qu'il s'agit là essentiellement d'un phénomène du passé ; aujourd'hui, heureusement, les jeunes universitaires sont beaucoup mieux éduqués.)

En second lieu, tandis qu'il procède à un examen exhaustif de la documentation chinoise officielle, l'analyste doit absorber des quantités industrielles de la matière la plus indigeste qui soit. Essayez de mâcher du boudin de rhinocéros ou d'avaler de la sciure de bois par seaux entiers, et vous aurez une idée de ce que c'est que de dépouiller jour après jour de la littérature communiste chinoise. De plus, tout le temps qu'il est soumis à cette torture, l'analyste ne peut laisser son attention fléchir un seul moment ; il doit conserver un esprit alerte et vif ; avec l'œil d'un aigle capable d'apercevoir un lapin solitaire au milieu d'un désert, il doit parcourir les étendues arides des pages du *Quotidien du peuple* et fondre instantanément sur les rares informations significatives qui se cachent sous des montagnes de propos vides et de clichés creux. Il doit savoir extraire un lait substantifique à partir de flasques discours, de slogans desséchés et de statistiques flatulentes. Il doit être capable de retrouver des épingles dans des meules de foin de dimensions himalayennes. Il doit combiner le flair d'un limier, l'obstination d'un bœuf et la patience d'un bénédictin avec l'intuition d'un Sherlock Holmes et le savoir d'un encyclopédiste.

Troisièmement — et ceci constitue le problème le plus délicat —, il doit interpréter le jargon communiste et traduire en langage ordinaire ces messages codés, cette langue hérissée de devinettes, symboles, rébus, cryptogrammes, allusions, pièges et autres farces et attrapes. Comme ces vieillards sagaces, à la campagne, qui peuvent prédire le temps qu'il fera rien qu'en observant à quelle profondeur creusent les taupes et à quelle hauteur volent les hirondelles, il doit lire les signes annonciateurs des tempêtes et des dégels politiques, et déchiffrer un vaste assortiment de signaux bizarres ; ainsi par exemple, tantôt le Leader suprême va prendre un bain dans le fleuve Bleu, ou bien, tout à coup, il écrit un nouveau poème, ou il organise un tournoi de ping-pong — pareils événements ont chaque fois des implications cruciales qu'il s'agit de mesurer et de soupeser. Il doit soigneusement noter toutes les célébrations d'anniversaires, les non-célébrations d'anniversaires, et les célébrations de non-anniversaires ; dans les cérémonies officielles, il doit vérifier la liste des participants et observer l'ordre dans lequel leurs noms apparaissent. Dans les journaux, les dimensions, les caractères d'impression et la couleur des titres, aussi bien que l'emplacement et la composition des photos et des illustrations, peuvent fournir des indications d'une importance décisive. Tous ces éléments obéissent en effet à des lois complexes, aussi strictes et précises que les règles iconographiques qui gouvernent l'emplacement, le vêtement, la couleur et les attributs symboliques des figures d'anges, d'archanges, de patriarches et de saints dans une basilique byzantine.

Pour retrouver son chemin dans un tel labyrinthe, il ne suffit pas d'être agile, il faut aussi posséder une énorme expérience. La politique communiste chinoise est un lugubre carrousel (comme j'ai déjà eu plusieurs fois l'occasion de le faire remarquer), et, pour vraiment apprécier le déjà-vu de ses dernières révolutions, vous devez l'avoir regardé tourner durant un demi-siècle. Le problème de la plupart de nos politiciens et commentateurs, c'est qu'ils ont la mémoire courte, ce qui les rend généralement incapables de replacer personnalités et événements dans une juste perspective historique. Ainsi par exemple, en 1979, quand la « République populaire » commença à réviser son code de droit pénal, il s'est trouvé de bonnes âmes en Occident pour applaudir à cette initiative, croyant qu'elle annonçait que la Chine allait vraiment instaurer un État de droit. Ce que ces braves gens négligèrent d'observer cependant — et qui aurait justement pu leur indiquer la véritable nature et l'exacte portée de l'initiative en question —, c'est que ces nouvelles dispositions légales avaient été introduites par Peng Zhen — un des bouchers les plus notoires du régime, l'homme qui, trente ans plus tôt, avait organisé la sanglante terreur qui avait accompagné la réforme agraire.

Ou encore, après la mort de Mao, politiciens et commentateurs furent prompts à saluer en Deng Xiaoping une sorte de champion de la libéralisation. Le volume des *Œuvres choisies* de Deng qui fut publié à cette époque aurait dû leur mettre la puce à l'oreille — moins par ce qu'il incluait que par ce qu'il passait sous silence. S'ils avaient été capables de le lire comme il faut lire tout document communiste, c'est-à-dire en prêtant d'abord attention à ses omissions, ils auraient pu redécouvrir de remarquables professions de foi stalino-maoïstes, et s'ils avaient un peu médité là-dessus, quelques années plus tard, le massacre de Tian'anmen n'aurait pas dû les prendre tellement au dépourvu.

Il y a plus d'un demi-siècle déjà, Lu Xun (1889-1936), dont le génie prophétique ne cesse d'étonner, a écrit une page qui explique assez bien la nature particulière du casse-tête que la politique chinoise présente à ses observateurs :

> Il y avait une fois un pays dont les dirigeants avaient réussi à complètement écraser le peuple, et pourtant ils continuaient à croire que le peuple constituait leur plus dangereux ennemi. Ces dirigeants publièrent de gros recueils de règlements, mais aucun de ces volumes ne pouvait être effectivement utilisé, car, pour les interpréter, il fallait se référer à un mode d'emploi qui, lui, n'avait jamais été rendu public. Ce mode d'emploi contenait toutes sortes de définitions fort originales. Ainsi par exemple, « libération » signifiait en réalité « exécution capitale » ; « fonctionnaire du gouvernement » signifiait « parent, ami, ou laquais d'un politicien influent », et ainsi de suite. Les dirigeants promulguèrent également des codes de lois qui étaient merveilleusement modernes, complexes et complets. Toutefois, au commencement de chaque volume, il y avait une page blanche ; cette page blanche ne pouvait être déchiffrée que par ceux qui connaissaient le mode d'emploi — lequel n'existait pas. Les trois premiers articles invisibles du mode d'emploi inexistant étaient libellés comme suit : « Art. 1 : certains cas doivent être traités avec une indulgence particulière. Art. 2 : certains cas doivent être traités avec une sévérité particulière. Art. 3 : cela n'est pas applicable dans tous les cas. »

A moins de savoir comment déchiffrer des inscriptions inexistantes tracées à l'encre invisible sur une page blanche, nul ne devrait se mêler d'analyser la politique communiste chinoise. En fait, très peu de gens ont maîtrisé cet art subtil, et, non sans raison, le père Ladany était généralement considéré comme leur doyen.

II

Après trente-six ans de « China Watching », le père Ladany avait finalement pris sa retraite, et il employa les dernières années de sa vie à dresser le bilan de son exceptionnelle expérience dans un livre, *The Communist Party of China and Marxism 1921-1985 : a Self-Portrait* (Hurst, Londres, et Hoover Institution, Stanford). Dans le cadre de ces quelques pages, il n'est naturellement pas possible de faire justice à un volume qui analyse de façon minutieuse et détaillée soixante-cinq années d'une turbulente histoire. Il pourrait cependant être utile de résumer ici quelques-unes de ses principales conclusions.

Le parti communiste est essentiellement une société secrète. Dans ses méthodes et sa mentalité, il présente une troublante ressemblance avec la pègre [1]. Il redoute le grand jour ; pour croître et se développer, il a besoin des ténèbres ; il vit d'intrigues et de mensonges ; il impose sa loi par le chantage, la conspiration et la terreur. La « légalité communiste » est une contradiction dans les termes, puisque le Parti est au-dessus des lois — ainsi, par exemple, les membres du Parti ne sont pas passibles de poursuites judiciaires : ils ne peuvent être traduits devant un tribunal à moins d'avoir été préalablement expulsés du Parti (qu'un juge acquitte un accusé serait inconcevable : si on est accusé, c'est qu'on est coupable). Alors que même Mussolini et Hitler ont initialement obtenu le pouvoir à la suite d'un vote démocratique, nul parti communiste n'a jamais reçu des électeurs un mandat pour gouverner.

En Chine, le chemin qui conduisit les communistes à la victoire demeure partiellement enveloppé de mystère. Aujourd'hui encore, bien des archives restent inaccessibles, même pour les historiens du Parti, et il y a des chapitres entiers de cette histoire qui continuent à présenter des énigmes insolubles ; les comptes rendus des séances de certaines conférences décisives sont introuvables ; pour plusieurs épisodes cruciaux, il est impossible d'identifier les acteurs et de reconstituer la succession des événements ; à certaines périodes, on ne sait même pas exactement qui dirigeait le Parti !

Comme Ladany le souligne, un régime communiste repose sur trois piliers : la dialectique, le pouvoir du Parti et la police secrète. (Quant au marxisme, il ne constitue guère qu'un ornement facultatif ; la plupart du temps, le régime peut fort bien s'en passer.)

La dialectique, c'est le gai savoir qui permet au Chef suprême d'avoir toujours raison, car, même quand il a tort, il a tort au bon moment, en sorte qu'il a raison d'avoir tort ; l'ennemi, par contre, même quand il a raison, il a raison au mauvais moment, ce qui fait qu'il a tort d'avoir raison.

Avant de conquérir le pouvoir, le Parti a besoin de chaos politique pour se développer. Face à un gouvernement déliquescent, ses talents d'organisation et de propagande lui assureront la victoire finale, même s'il ne dispose au départ que d'une base minuscule. En 1945, les communistes ne contrôlaient qu'une seule bourgade, Yan'an, et quelques arpents de territoire au fin fond d'une province déshéritée. Quatre ans plus tard, la Chine entière leur appartenait. Au moment de la prise du pouvoir par

1. Observant ce même phénomène sous un angle est-européen, Kazimierz Brandys a fait des considérations semblables dans ses admirables *Carnets* (Paris, Gallimard).

les communistes, le Parti ne comptait que trois mille membres à Pékin ; à Shanghai, ville de neuf millions d'habitants, il n'y avait que huit mille membres du Parti. Dans une période de désintégration sociale et économique, il suffit d'une toute petite poignée d'hommes — moins de 0,01 % de la population dans le cas de la Chine — pour lancer des appels éloquents, pour soulever l'indignation populaire contre des autorités brutales et corrompues, pour mobiliser la générosité et l'idéalisme de la jeunesse, pour se rallier le soutien de milliers d'étudiants, et finalement pour présenter un minuscule mouvement communiste comme l'incarnation de la volonté de la nation entière.

Ce qui est encore plus remarquable, c'est que, avant 1949, partout où la population avait été directement exposée à leur gouvernement, les communistes étaient devenus extrêmement impopulaires. Durant la guerre civile, dans certaines régions de Chine du Nord, ils avaient adopté des mesures radicales pour instaurer leur réforme agraire, et comme Ladany le rappelle :

> Non seulement les propriétaires terriens, mais tous ceux que l'on croyait potentiellement hostiles furent brutalement traités ; quand on se promenait dans les plaines de la Chine du Nord, on pouvait apercevoir des mains qui se dressaient hors du sol — les mains de gens qui avaient été enterrés vivants… Heureusement pour les communistes, la propagande gouvernementale était si mal organisée que la population des régions non occupées par les communistes ne sut rien de ces atrocités.

Dès que le pays entier fut tombé entre leurs mains, les communistes eurent tôt fait d'étendre au reste de la nation le traitement qu'ils avaient jusqu'alors réservé à un usage interne ; la terreur systématique précédemment utilisée pour purger le Parti et pour discipliner la population des zones « libérées » fut appliquée à une échelle nationale, tout d'abord pour accompagner la réforme agraire, puis pour mener à bien la « campagne de suppression des contre-révolutionnaires ». A la fin de 1951, 80 % de toute la population chinoise avaient eu à participer à des réunions d'accusation, ou à assister à des mises à mort rituelles et à des exécutions publiques. Ces sinistres liturgies suivaient un processus soigneusement réglé qui, encore une fois, rappelait les méthodes en vigueur dans le monde des gangsters ; durant ce cérémonial, des questions stéréotypées étaient adressées à la foule qui devait rugir en chœur son approbation ; l'objet de ces séances était de transformer les spectateurs en acteurs et de les forcer à s'associer collectivement au meurtre de victimes innocentes ; ces dernières étaient sélectionnées non pas en fonction de leurs actes, mais de leur personnalité — ou, quelquefois, pour la simple raison qu'il fallait remplir un certain quota d'exécutions capitales, dont le chiffre avait été préalablement fixé de façon arbitraire par les autorités du Parti.

A partir de ce moment, tous les deux ou trois ans, une nouvelle campagne allait être lancée, avec son accompagnement habituel de séances d'accusation, de confessions publiques et d'exécutions exemplaires. Le commencement de chaque campagne était généralement marqué par une vague de suicides ; beaucoup de ceux qui, lors d'une campagne précédente, avaient été publiquement humiliés, ou avaient dû endurer des tortures physiques ou psychologiques de la part de leurs collègues, voisins ou parents, préféraient sauter par la fenêtre ou se jeter sous un train plutôt que d'avoir à se soumettre une nouvelle fois à ces épreuves.

Ce qui est étrange, c'est qu'en organisant ces périodiques vagues de terreur les communistes montraient qu'ils étaient singulièrement incapables de comprendre la mentalité de leur propre peuple. Comme l'histoire l'a abondamment illustré, les Chinois sont doués d'une extraordinaire patience ; ils peuvent endurer stoïquement les brimades d'un gouvernement brutal et rapace, du moment que ce dernier n'interfère pas trop dans leurs affaires familiales et dans leur vie privée, et aussi longtemps qu'il peut maintenir une certaine stabilité dans la vie publique. A ce double égard, les communistes rompirent le pacte tacite qui avait toujours existé entre gouvernants et gouvernés. Ils envahirent l'existence des gens d'une manière encore plus radicale et dévastatrice qu'en Union soviétique. Ce qu'on devait appeler le « lavage de cerveau » est essentiellement une méthode communiste *chinoise*, et cette technique remonte en fait à la toute première période de consolidation du pouvoir maoïste à Yan'an.

Pour mieux apprécier les caractères spécifiques du maoïsme, il suffit de comparer les camps chinois de « rectification par le travail » avec le goulag soviétique. Dans les camps sibériens, les conditions matérielles et physiques étaient plus sauvages que dans beaucoup de camps chinois, mais les pressions mentales et psychologiques étaient relativement moins sévères du côté soviétique. Dans les camps de Sibérie, les détenus pouvaient encore, dans une certaine mesure, se sentir spirituellement libres, et réussissaient parfois à conserver une certaine forme de vie intérieure, tandis que le contrôle total et permanent des paroles et des pensées, la transformation effective et le conditionnement de la conscience individuelle rendaient les camps maoïstes beaucoup plus inhumains.

L'habitude maoïste de lancer sans répit de nouvelles campagnes politiques n'était pas seulement cruelle, elle engendra aussi une instabilité permanente qui, finalement, ruina le crédit moral du Parti, détruisit les structures de la société, paralysa l'économie, provoqua des famines sur une grande échelle et faillit aboutir à la guerre civile. En 1949, une majorité de la population avait simplement espéré jouir d'un minimum d'ordre et de paix, que les communistes auraient aisément pu lui accorder. S'ils avaient gouverné avec modération et s'ils s'étaient abstenus de susciter les inutiles bouleversements de ces campagnes répétées, ils auraient pu jouir longtemps d'un réel soutien populaire, ce qui, à son tour, aurait assuré la possibilité d'un progrès économique régulier — mais Mao était obsédé par le danger imaginaire d'une révolte, il avait une crainte irrationnelle de toute opposition intérieure, et cette faille psychologique l'amena à user de méthodes qui se montrèrent finalement catastrophiques.

L'histoire aurait pu tourner de façon tout à fait différente si les premiers dirigeants du parti communiste chinois n'avaient pas été décimés en 1927 par la terreur blanche de Chiang Kaï-shek, ou éliminés ensuite par leurs propres camarades dans les purges successives du Parti. Cette première génération avait été composée d'intellectuels sensibles aux valeurs humanistes, d'esprits ouverts, cosmopolites et orientés vers la modernité ; aussi longtemps que leur soleil avait occupé le firmament politique, l'étoile de Mao n'avait eu aucune chance de briller ; si déluré et ambitieux qu'il eût été, le jeune paysan autodidacte demeurait incapable de rivaliser avec ces personnalités prestigieuses. Mais leur soudaine liquidation modifia entièrement la course de la révolution chinoise — en un sens, on peut dire qu'elle y mit le point final. En tout cas, elle offrit à Mao une ouverture inespérée. Initialement, son ascension fut marquée de contretemps, mais dès 1940, à Yan'an, il se trouva enfin en mesure de neutraliser tous ses rivaux et de refondre le Parti selon ses propres conceptions. Et c'est cette brigade maoïste composée de provinciaux frustes et de soldats illettrés, formée dans l'isolement d'une des régions les plus arriérées de Chine, qui devait finalement établir son pouvoir sur la nation tout entière — et, comme l'ajoute Ladany, « c'est cela qui explique pourquoi aujourd'hui, dans la République populaire, on trouve partout des crachoirs ».

L'anti-intellectualisme de Mao avait des racines profondes ; il n'avait jamais oublié comment, dans sa jeunesse, des intellectuels lui avaient fait cruellement sentir ses insuffisances et son insignifiance. Dans la suite, il en vint à les mépriser pour leurs hésitations et leurs incertitudes ; la compétence et l'autorité des sommités académiques l'exaspéraient ; il se méfiait de leur indépendance d'esprit et haïssait leur sens critique. Dans l'atmosphère de caserne de Yan'an, bourgade inculte et reculée, sans art et sans livres, au milieu de soudards et de paysans, il fut facile d'isoler les intellectuels ; obligés de se livrer à d'humiliantes séances d'autocritique, ils devinrent des cibles exemplaires durant les terrifiantes purges de 1942-1944. Ainsi fut pris le pli le plus caractéristique et le plus durable du communisme chinois : la persécution des intellectuels. Les vétérans de Yan'an conservèrent toujours une aversion innée des gens qui pensent ; cette tradition philistine reçut une impulsion nouvelle en 1957 quand, dans le sillage de la campagne des « Cent Fleurs », l'élite culturelle de la Chine se trouva mise au pilori ; puis, neuf ans plus tard, la « Révolution culturelle » vint marquer un point d'apogée dans la guerre que Mao avait déclarée à l'intelligence : des coups féroces furent portés à tous les intellectuels, à l'intérieur et à l'extérieur du Parti ; pratiquement tout le système d'éducation nationale fut gelé pendant dix ans, aboutissant à la production d'une génération d'illettrés.

Les gens éduqués étaient considérés impropres par nature à devenir membres du Parti ; spécialement au niveau local, les autorités responsables manifestaient une extrême répugnance à les admettre dans le Parti, car les vieux cadres se sentaient directement menacés par tout nouveau venu qui présentait des signes de supériorité intellectuelle. Des chiffres officiels publiés en 1985 fournissent une éloquente image du niveau d'éducation au sein du parti communiste — qui, lui-même, est censé constituer l'élite privilégiée de la nation : 4 % des membres du Parti ont reçu une éducation universitaire (qu'ils n'ont pas nécessairement achevée) contre 30 % en Union soviétique ; 42 % des membres du Parti n'ont reçu qu'une éducation primaire ; 10 % sont illettrés...

Le premier domaine où l'anti-intellectualisme maoïste exerça ses ravages fut — chose remarquable — celui des études marxistes. Quand, après quinze ans de pratique révolutionnaire, le Parti éprouva finalement le besoin d'acquérir quelques rudiments de théorie marxiste (à ce moment, presque aucun ouvrage de Marx n'avait encore été traduit en chinois !), Mao, qui, lui-même, était encore un débutant dans cette discipline, décida de placer tous les développements doctrinaux sous son strict contrôle personnel. A Yan'an, à l'instar d'un instituteur novice qui s'est approprié le seul livre disponible, et s'arrange simplement pour conserver une leçon d'avance sur sa classe, il plagia hâtivement deux ou trois petits manuels soviétiques d'introduction élémentaire au stalino-jdanovisme, en se contentant d'agrémenter sa version, ci et là, de quelques touches de couleur folklorique chinoise. Comment ces ouvrages rudimentaires et banals purent un temps acquérir aux yeux du monde le prestige et l'autorité d'une philosophie originale demeure un profond mystère. Ce doit être l'un des plus remarquables cas d'autosuggestion collective qu'ait enregistré le XXe siècle.

Sous un seul rapport, toutefois, la « Pensée de Mao Zedong » présentait une originalité véritable et osa s'avancer sur un terrain où Staline lui-même ne s'était pas aventuré : Mao dénonça explicitement le concept d'humanité universelle ; alors que le tyran soviétique s'était borné à simplement *pratiquer* l'inhumanité, Mao, lui, dota cette pratique d'une base théorique et développa la notion, sans parallèle dans les autres pays communistes du monde, selon laquelle seul le prolétariat est pleinement investi de la nature humaine. Nier l'humanité d'autrui est l'essence même du terrorisme ; des millions de Chinois devaient bientôt mesurer les implications concrètes de cette philosophie.

Après l'établissement de la « République populaire », dans une première période, le régime se contenta de traduire et de reproduire des manuels soviétiques d'introduction élémentaire au marxisme. L'Académie chinoise des sciences avait bien une section de philosophie et de sciences sociales, mais elle ne produisit rien durant les années 50, pas même des ouvrages de théorie marxiste. Dans tout le pays, une seule université, celle de Pékin, avait un département de philosophie ; on n'y étudiait que les écrits de Mao.

Quand l'URSS dénonça Staline et rejeta son *Histoire du parti communiste — cours abrégé*, les Chinois furent sidérés : ce petit opuscule contenait pratiquement tout ce qu'ils savaient du marxisme. Puis la rupture sino-soviétique mit un terme aux importations intellectuelles en provenance de l'URSS, et on décida commodément que la pensée de Mao représentait le plus haut développement de la philosophie marxiste-léniniste. Pour combler le vide idéologique, les Pensées de Mao se mirent alors à enfler et à acquérir des fonctions polyvalentes ; leur étude servit à la fois de récompense pour les gens méritants, de châtiment pour les criminels et de remède pour les malades. Les Pensées avaient réponse à toutes les questions, et solution à tous les problèmes ; elles effectuèrent même divers miracles qui furent dûment enregistrés ; les Pensées acquirent une hallucinante ubiquité : elles étaient diffusées dans les rues et dans les champs, dans les trains et les écoles, dans les bureaux et les usines ; elles furent mises en musique, on en fit des chansons et des danses ; elles étaient calligraphiées partout — sur des falaises et sur des éventails, sur des ponts, sur des médailles, sur des cendriers, sur des barrages, sur des théières, sur des locomotives ; elles étaient imprimées en première page de tous les journaux (cela pouvait d'ailleurs créer certains problèmes pratiques : dans un pays pauvre, où tous les papiers sont recyclés à des fins diverses, il fallait toujours user d'une grande circonspection quand on emballait des épiceries, ou que l'on se torchait le derrière, et veiller à ne pas le faire avec ces omniprésentes Pensées de Mao — ce qui aurait naturellement constitué un crime capital). En un sens, Mao est à Marx ce que le vaudou est au christianisme ; aussi n'est-il pas étonnant que cette inflation de la Pensée de Mao ait empêché tout développement des études marxistes en Chine.

Nul tyran ne peut impunément abjurer l'humanité et persécuter l'intelligence. En fin de compte, il récolte la stupidité et la folie. Quand il visita Moscou en 1957, Mao déclara qu'il n'y avait pas lieu de craindre une guerre atomique, car, dans une pareille éventualité, il ne périrait qu'une moitié de l'humanité. Cette remarquable déclaration offrit un bon échantillon du génie qui allait concevoir le « Grand Bond en avant » et la « Révolution culturelle ». Ces aventures devaient coûter un prix astronomique en vies humaines : les famines qui résultèrent du « Grand Bond » creusèrent dans la démographie chinoise un « trou noir » où il apparaît maintenant que près de cinquante millions de victimes durent se volatiliser. Les violences de la « Révolution culturelle » affectèrent quelque cent millions de personnes. Si, dans l'ensemble, les horreurs maoïstes sont bien connues, ce qui n'a peut-être pas été suffisamment souligné, c'est leur ahurissante *sottise.* Une seule anecdote pourrait bien suggérer le style de cette macabre farce[1] : un jour, comme Bo Yibo était en train de nager en compagnie de Mao, ce dernier lui demanda à combien se monterait la production de fer et d'acier pour l'année suivante. Au lieu de répondre, Bo Yibo dit à Mao qu'il allait faire un demi-tour dans l'eau. Mao entendit de travers et crut qu'il avait répondu : « Le double. » Peu après, lors d'une réunion des dirigeants du Parti, Bo Yibo eut la surprise d'entendre Mao qui annonçait que la production de fer et d'acier doublerait l'année suivante !

Cette anecdote paraît fort vraisemblable à la lumière de toute l'information dont nous disposons concernant l'attitude de Mao à l'époque du « Grand Bond » : nous savons qu'il avait avalé les gigantesques et grotesques falsifications concoctées par ses propres services de propagande, et qu'il avait accepté sans discussion la plaisante suggestion que des miracles étaient en train de se produire dans les campagnes chinoises ; ainsi, il croyait tout bravement que le rendement du coton et du grain pourrait augmenter de 300 à 500 %. Et Liu Shaoqi lui-même ne se montra guère plus avisé : lors d'une tournée d'inspection au Shandong en 1958, comme on lui disait que des augmentations fabuleuses avaient été effectuées dans la production agricole, il déclara : « Tout cela est devenu possible maintenant qu'on s'est débarrassé des savants, et que le peuple ose agir ! » La production d'acier, qui avait été de 5,3 millions de tonnes en 1957, atteignit prétendument 11 millions de tonnes en 1958, et on prévoyait qu'elle atteindrait 18 millions en 1959. La production de grain, qui avait été de 175 millions de tonnes en 1957, atteignit — sur papier — 375 millions de tonnes en 1958, et on escomptait qu'elle serait de 500 millions en 1959. Le Comité central entérina solennellement cette pantalonnade (Wuchang, 6e session plénière, décembre 1958) et projeta des exploits encore plus grandioses. Zhou Enlai, qui ne passait pourtant pas pour un idiot, répéta et soutint ces chiffres extravagants, et annonça que tous les objectifs définis par le second plan quinquennal (1958-1962) avaient été atteints dès la première année du plan ! Toutes les personnalités dirigeantes du régime applaudirent à ces fariboles. Li Fuchun et Li Xiannian déversèrent des flots de statistiques du « Grand Bond », qui étaient autant de mensonges. Qu'était-il advenu de leur sens commun ? Seul Chen Yun eut le courage de garder le silence.

Il y a quelques années seulement, la presse chinoise officielle finit par livrer des détails de la famine qui avait résulté de toute cette démence, confirmant ainsi les informations que d'innombrables témoins oculaires avaient révélées bien plus tôt.

---

1. Cette anecdote figure dans l'ouvrage de Liu Binyan, Ruan Ming et Xu Gang, *Tell the World* (New York, Pantheon).

Dès 1961, Ladany publia dans *China News Analysis* une compilation de témoignages fournis par des voyageurs chinois revenant des quatre coins du pays :

> Tous font état du manque de nourriture et de la faim ; ventres enflés, manque de protéines et maladies du foie sont répandus. Les fausses couches se multiplient, résultat des déficiences alimentaires des femmes enceintes. Il y a peu de naissances. Comme certains travailleurs l'expliquent, ils ont à peine assez de nourriture pour tenir sur leurs jambes, où pourraient-ils encore trouver la force de penser au sexe ? Les paysans sont trop faibles pour travailler ; certains s'effondrent dans les champs et meurent sur place. Les administrations des villes et les écoles envoient leurs employés la nuit dans les villages pour acheter de la nourriture, ou pour en obtenir en échange de vêtements et de meubles. A Shenyang, la presse locale a rapporté des cas de cannibalisme. Des mères désespérées étranglent leurs enfants qui pleuraient de faim. Dans certains endroits, les paysans affluent en ville en quête de nourriture ; de nombreux villages sont entièrement abandonnés… On dit aussi que les paysans ont creusé des fosses où ils cachent de la nourriture. Dans certaines régions, la population a été décimée par la famine.

Selon le quotidien *Guang ming* (27 avril 1980), dans le Nord-Ouest, la famine causa une catastrophe écologique : dans leurs tentatives désespérées pour cultiver un peu de nourriture, les paysans détruisirent pâturages et forêts. La moitié des pâturages et un tiers des forêts disparurent entre 1959 et 1962 — la région souffrit un dommage permanent. *Le Quotidien du peuple* (14 mai 1980) déclara que le désastre du « Grand Bond » avait affecté cent millions de personnes dont la santé avait été définitivement compromise par une sous-alimentation chronique. (Remarquez qu'à l'époque les experts ès affaires chinoises, un peu partout dans le monde, refusaient de croire que la famine sévissait en Chine. Un commentateur de la BBC, par exemple, déclara de façon typique qu'il était impensable qu'une famine pût se produire à grande échelle dans un pays aussi bien organisé.)

Aujourd'hui, afin de contenir la vague de mécontentement populaire qui menace d'engloutir son pouvoir, Deng Xiaoping s'efforce d'invoquer à nouveau l'autorité de Mao. Le fait qu'il essaie maintenant de recourir à ce revenant-là donne une bonne idée de son désespoir. Si l'on considère l'histoire de ces soixante dernières années, on peut facilement imaginer quelle sorte de réponse les Chinois réservent à un pareil appel.

Les tentatives de Deng pour relancer et promouvoir l'étude du marxisme ne sont pas moins impopulaires. Le marxisme a acquis une fort mauvaise réputation en Chine — ce qui est assez compréhensible, mais peut-être un peu injuste : après tout, on n'en a encore jamais vraiment fait l'essai.

1990

APRÈS LE MASSACRE DE TIAN'ANMEN

LE COMMENCEMENT DE LA FIN [1]

Les récents événements de Pékin rappellent irrésistiblement la célèbre épigramme de Bertolt Brecht : « Le peuple a perdu la confiance du gouvernement. Le gouvernement a décidé de dissoudre le peuple et d'en désigner un autre. »

Malgré son atroce conclusion du 4 juin, le soulèvement de Pékin demeurera certainement comme l'un des tournants de l'histoire de la Chine du XXe siècle ; il a sonné le glas du totalitarisme et a marqué pour la nation la plus populeuse de la terre un nouveau jalon dans sa longue marche vers la démocratie.

Les manifestations de mai avaient pu paraître confuses et vagues à certains égards ; c'était le prix inévitable de leur spontanéité. Néanmoins, elles ont accompli un résultat décisif : elles ont fait éclater une fois pour toutes la fiction qui s'incarnait dans le mot même de « République *populaire* de Chine ». Suivant une convention orwellienne qui exige généralement que des rois cannibales se parent du titre de « Guide éclairé », que des bandes d'assassins soient appelées « fronts de libération », et que tout despotisme sanguinaire s'orne du nom de « république démocratique », le régime communiste chinois avait apposé l'étiquette « populaire » sur presque tous les organes et institutions de l'État et du gouvernement, comme pour mieux souligner que le peuple *réel* en devait être rigoureusement évacué. Exclu de partout, trouvant toutes les avenues barrées, le peuple a fini, ce printemps, par se rassembler spontanément au cœur de la capitale, sous le ciel, sur la place Tian'anmen. Et là, il offrit au monde entier un spectacle remarquable à l'issue duquel on devait voir comment un gouvernement communiste pouvait, après s'être aliéné la nation entière, entreprendre de faire la guerre à ses propres citoyens.

En occupant la place Tian'anmen, les manifestants avaient choisi un emplacement riche d'Histoire. C'est à ce même endroit en effet que, soixante-dix ans plus tôt, le 4 mai 1919, la Chine moderne est véritablement née, lors d'une manifestation d'étudiants brutalement réprimée

1. Paru dans *Politique internationale*, n° 45, automne 1989.

par le gouvernement de l'époque. Le « mouvement du 4-Mai » dénonçait déjà l'oppression et la corruption des dirigeants ; il exigeait la modernisation et la démocratie. De génération en génération, son esprit a continué d'inspirer toutes les forces jeunes et vives du pays.

La quête de la démocratie constitue le fil conducteur qui traverse toute l'histoire de Chine durant notre siècle. Mao Zedong lui-même, cherchant à se concilier un plus large soutien populaire avant de s'emparer du pouvoir, se sentit obligé de se déguiser pour un temps en un démocrate dans la ligne du « 4-Mai ». Inutile de le rappeler, ces promesses maoïstes furent promptement et cruellement trahies ; mais l'ancienne vision démocratique, toujours jeune, ne s'est jamais effacée — comme en témoignèrent successivement les manifestations du 5 avril 1976 contre la tyrannie du régime de Mao, peu avant la mort de ce dernier ; le « Printemps de Pékin », en 1979 ; et le « mur de la Démocratie » avec ses héros et ses martyrs (Wei Jingsheng et tant d'autres, engloutis maintenant dans le goulag chinois)[1].

Deng Xiaoping et ses comparses voudraient bien pouvoir maudire la « Révolution culturelle » de façon globale et définitive — car c'est elle qui a marqué la fin de leur univers politique. Mais, dans leur haine même, ils nous signalent involontairement une vérité : sans cette expérience préalable de la « Révolution culturelle », jamais le mouvement démocratique n'aurait pu se développer avec autant de vigueur et avec autant d'ampleur. D'ailleurs, Wei Jingsheng, qui devait s'illustrer comme l'un des porte-parole les plus courageux, les plus lucides et les plus éloquents du « Printemps de Pékin », avait été, dix ans auparavant, un chef de gardes rouges : il ne s'agit pas là d'une coïncidence.

Il y a quarante ans, le régime maoïste détruisit tout le cœur du vieux Pékin pour aménager devant le Palais impérial un immense désert de bitume, stérile et vide. Il s'agissait de créer une scène géante où l'on puisse convoquer les masses pour toutes les liturgies de l'État et les célébrations rituelles du culte du Chef suprême. Maintenant, par un paradoxe ironique, cet espace qui avait été conçu pour la plus grande gloire du Despote et pour l'atomisation ultime de ses sujets s'est trouvé récupéré par la nation d'une façon qui subvertit merveilleusement son dessein originel. Jamais encore la démocratie directe n'avait trouvé un aussi vaste champ pour son exercice. Dans l'Antiquité, en cas de nécessité, tous les Athéniens pouvaient facilement se rassembler sur

1. Sur la grande manifestation du 5 avril 1976 à Pékin, la toute première dénonciation populaire et spontanée du despotisme maoïste, voir Claude Cadart et Cheng Ying-hsiang, *Les Deux Morts de Mao Tsé-toung*, Paris, Le Seuil, 1977. Sur le « Printemps de Pékin » et Wei Jingsheng, voir Huang San, *Un bol de nids d'hirondelles ne fait pas le Printemps de Pékin*, Paris, Christian Bourgois, 1980, et aussi Victor Sidane, *Le Printemps de Pékin*, Paris, Gallimard, collection Archives, 1980. Sur Wei Jingsheng, voir ci-dessus, *La Forêt en feu*, « Wei Jingsheng : la cinquième modernisation », p. 722, note 1, « Post-scriptum de 1997 ».

l'Agora, car, après tout, Athènes n'était qu'une grosse bourgade. Mais, à notre époque, en quel autre pays du monde serait-il possible pour *un million* de citoyens de converger tous ensemble au cœur de leur capitale et, là, de défier l'État et la loi martiale, pendant des jours et des semaines ?

Qu'une telle foule ait pu se rassembler spontanément et paisiblement pendant si longtemps, et ait pu manifester avec tant de modération, relève vraiment du miracle. Par contraste, l'incapacité du gouvernement à examiner et à discuter les demandes pourtant raisonnables des manifestants (lutte contre la corruption, respect des droits constitutionnels les plus élémentaires, liberté d'expression et d'information — et, tout simplement, amorce d'un dialogue entre dirigeants et dirigés) paraît d'autant plus brutalement obtuse.

Comme l'Histoire l'a déjà montré tant de fois, ce dont une révolution a besoin pour réussir, c'est moins d'une certaine qualité d'intelligence du côté des révolutionnaires que d'une certaine quantité de bêtise du côté gouvernemental. A cet égard, les dirigeants communistes ont fait preuve de plus d'aveuglement et d'imbécile obstination qu'il ne serait nécessaire pour assurer la victoire de dix révolutions. Ils ont scellé leur destin.

Mais à quoi d'autre aurait-on pu s'attendre de la part de bureaucrates staliniens notoires, tels que Deng Xiaoping et Li Peng ? Pour eux, « les masses » n'ont jamais été, par définition même, que des troupeaux dociles et sans visage, des figurants muets que les commissaires peuvent déplacer à leur gré, d'un côté à l'autre de la scène, comme de vulgaires accessoires. Que ces « masses » pussent tout à coup ouvrir la bouche de leur propre initiative n'était pas seulement choquant et scandaleux : c'était tout bonnement une aberration. Qu'est-ce qu'un ventriloque pourrait bien penser si sa poupée devait soudain lui adresser la parole ?

Un éminent dissident polonais avait remarqué, il y a quelque temps déjà, que le pire cauchemar de tous les dirigeants communistes serait de voir l'Occident prendre un jour conscience — si confusément que ce soit — du degré de fragilité atteint par les pouvoirs totalitaires. En fait, ils n'ont sans doute aucune raison de faire de tels cauchemars, non que leurs calamiteux régimes ne soient effectivement vulnérables (ils le sont au plus haut point !), mais simplement parce que, chaque fois que leur fragilité se trouve exposée dans toute sa nudité, nous nous empressons de détourner pudiquement les yeux pour leur épargner tout embarras. Bon nombre de nos dirigeants, loin d'être touchés par l'ardente et courageuse quête de la démocratie poursuivie par le peuple chinois, semblent surtout préoccupés par la crainte de voir un milliard de Chinois partir à la dérive si l'on devait soudain les affranchir de la rigide sécurité de leurs fers. A part des discours pieux et quelques creux messages de sympathie, je doute que les démocrates chinois trouvent beaucoup de soutien dans un monde occidental qui, au bout du compte, se montre surtout soucieux de renouer de fructueuses relations d'affaires avec leurs maîtres.

Les démocrates chinois sont donc seuls ; mais, dans leur propre pays, ils ont acquis une popularité sans précédent ; ce qu'ils ont accompli, toute la force des chars ne saurait le défaire, et la férocité même avec laquelle le gouvernement cherche à écraser leur mouvement ne fait que souligner davantage le caractère irréversible de son développement

Ne nous faisons toutefois pas d'illusions : à court terme, les perspectives sont sinistres. Ce régime, dont la faillite est maintenant totale dans tous les domaines, possède cependant encore une compétence éminente dans une seule sphère très particulière : la répression policière. Les organes de la Sécurité apparaissent comme les seuls bénéficiaires — avec les militaires — des sanglantes opérations de juin ; mais, à longue échéance, la terreur brute et nue ne pourra évidemment fournir aucune réponse au problème de la Chine.

En fait, le fond de la question, c'est que, depuis plusieurs années déjà, le régime est *mort*. Ce qui ne signifie pas nécessairement qu'on va pouvoir l'enterrer demain. Quand Qin Shihuang, le fondateur de l'Empire chinois, vint à mourir durant un voyage en province en 210 av. J.-C., les membres de son entourage furent frappés d'épouvante ; ils n'osèrent pas révéler la nouvelle, tant ils craignaient de voir l'empire se désintégrer aussitôt. Ils décidèrent donc de faire comme si de rien n'était. Mais, comme on était en été, ils placèrent un chargement de poisson avarié dans le chariot impérial afin de masquer l'odeur du corps en décomposition. De quelle cargaison malodorante le communisme chinois devra-t-il maintenant se munir pour poursuivre son voyage sans but ?

Juin 1989

L'AVEUGLEMENT DU RÉALISME [1]

— *Le massacre de Pékin, qui a sidéré le monde entier, aurait-il dû surprendre ?*

— Non. Pour les communistes chinois, le massacre a toujours constitué une méthode de gouvernement. Les bouchers de Pékin sont vraiment en droit de s'étonner de la vigueur des réactions occidentales : pourquoi aujourd'hui cette indignation soudaine, alors que dans le passé on a constamment ignoré de plus énormes atrocités ? La seule nouveauté des massacres, c'est qu'ils se sont déroulés sous les yeux de la presse et de la télévision étrangères. Le 4 juin 1989, ce ne sont pas les mœurs communistes chinoises qui ont soudain empiré, c'est le regard de l'Occident qui est enfin devenu plus lucide.

1. Interview de *Libération*, 16 novembre 1989.

— *Les dirigeants chinois, même très impopulaires, ont-ils les moyens coercitifs de se maintenir au pouvoir ?*

— La force du communisme sous Staline ou sous Mao Zedong provenait de ce que la terreur n'était pas simplement faite de répression ; elle était aussi accompagnée d'une mobilisation idéologique active et efficace ; ainsi le facteur négatif de la répression se doublait-il de l'impulsion dynamique d'une foi fanatique. Aujourd'hui, par contre, le communisme a fait faillite, plus personne n'y croit, l'idéologie est morte, le cynisme est total, la corruption est généralisée, la démoralisation est profonde. Sur un billion de Chinois, pourrait-on en trouver un seul qui fût prêt à donner sa vie pour Deng Xiaoping et son régime ? Cette seule idée fait rire. Le vrai contrôle totalitaire requiert la participation active et spontanée de la population. Sans cette coopération des victimes, la terreur policière est privée de son pouvoir le plus redoutable. Bien sûr, sa brutalité n'en est pas diminuée pour autant ; simplement, cette brutalité est beaucoup moins efficace.

— *Les arguments que donne Alain Peyrefitte pour justifier la dureté du régime (population énorme qu'il est difficile de nourrir, espace géographique immense, pas de tradition démocratique en Chine, etc.) sont-ils acceptables selon vous ?*

— Ce qui est surtout inacceptable chez Alain Peyrefitte — puisque vous le mentionnez —, c'est l'empressement avec lequel il s'est précipité à Pékin pour mettre un puissant haut-parleur au service de l'un des mensonges les plus ignobles de notre époque. A ce propos, il est d'ailleurs révélateur de noter que c'est précisément chez les hommes de *droite* que l'on a trouvé une volonté instinctive d'aider les bouchers de Pékin à se refaire, contre toute évidence, des apparences de respectabilité. Ainsi, des gens comme Nixon et Kissinger se sont aussitôt employés à solliciter la compréhension indulgente de l'Occident pour les dirigeants chinois. Pourquoi ? Pour justifier leur attitude, ces étranges avocats invoquent les impératifs de la *Realpolitik* : il faut tenir compte des intérêts stratégiques à long terme de l'Occident ; rompre les ponts avec Pékin, disent-ils, ne serait pas dans l'intérêt d'un mouvement de libéralisation en Chine, etc. Mais ce qui est remarquable, c'est qu'il n'y a rien de moins réaliste, en fait, que cette *Realpolitik*-là. Elle s'appuie sur un postulat qui relève de la pure fantasmagorie ; elle suppose en effet que Deng Xiaoping et Li Peng auraient encore un quelconque avenir politique. Ce genre d'aveuglement n'est pas neuf, hélas : il y a près d'un siècle déjà que les tenants de la *Realpolitik*, enfermés dans leurs songeries exotiques, commettent les mêmes bourdes en ce qui regarde la Chine. Ainsi, il y a quatre-vingts ans, nos politiciens « réalistes » pariaient bravement sur l'avenir d'une dynastie mandchoue moribonde et condamnée, tandis qu'ils refusaient leur soutien aux « rêveurs » de la révolution républicaine. Puis ils ont apporté leur chaleureux appui à

Chiang Kaï-shek, au moment même où son régime achevait de perdre toute crédibilité. Ensuite ils ont attendu, pour découvrir le « génie » de Mao, que celui-ci ait donné, aux dépens du peuple chinois, la pleine mesure de ses folies criminelles. Et maintenant ils volent au secours de Deng Xiaoping et de Li Peng, comme le pouvoir de ces tyrans est à la veille de s'effondrer. Ah, il est diablement fort, leur réalisme ! Claude Roy a justement observé : « Le vrai clivage entre droite et gauche réside dans le privilège que s'accordent ou se refusent les hommes d'être des chefs. » En fait, ce qui inspire l'attitude des Nixon, Kissinger et, « *si parva licet componere magnis* », d'un Peyrefitte, ce n'est pas la *Realpolitik*, mais bien ce qu'on pourrait appeler l'« Internationale des Chefs » — phénomène qui transcende toute idéologie. On se demande d'ailleurs pourquoi ces gens ont besoin d'un interprète pour bavarder avec Li Peng : au fond, ils parlent naturellement le même langage.

Maintenant, revenons-en à votre question.

Avec ses dimensions et sa population, la Chine est-elle vraiment gouvernable ? C'est là une question que beaucoup d'intellectuels chinois se posent avec angoisse. Déjà, au début du siècle, Sun Yat-sen s'était demandé si une forme de fédération largement décentralisée n'aurait pas mieux répondu aux exigences de la réalité chinoise. Maintenant, si, même pour le meilleur des gouvernements concevables, le problème chinois paraît presque insoluble, comment voudriez-vous que le totalitarisme, qui est le plus coûteux, le plus extravagant, le plus paralysant, le plus destructeur et le plus dangereux de tous les systèmes — car ses moindres erreurs sont dramatiquement amplifiées par l'absence de freins et de débat critique —, réussisse à apporter une solution ? Que l'on considère la catastrophe maoïste : si de gigantesques aberrations comme le « Grand Bond en avant » ou la « Révolution culturelle » — dont les ravages ont excédé les pires fléaux naturels — ont pu avoir de tels effets sur une pareille échelle, c'est parce qu'elles disposaient dans leur exécution d'une machine politique affreusement efficace. Un gouvernement simplement incompétent, faible ou corrompu n'aurait jamais pu réussir à ruiner la Chine de façon aussi radicale !

— *Selon vous, la Fédération pour la démocratie en Chine, qui s'est créée récemment à Paris, a-t-elle des chances d'atteindre les objectifs qu'elle s'est fixés ?*

— L'élite intellectuelle chinoise en exil se trouve investie maintenant d'une responsabilité particulièrement importante, car, en Chine même, toutes les têtes pensantes sont suspectes, ou ont été éliminées. La répression qui fait rage en ce moment a frappé quelques-uns des esprits les plus brillants et les plus originaux de la nouvelle génération intellectuelle — je pense à un homme comme Liu Xiaobo, par exemple, et à tant d'autres encore. Il s'agit d'ailleurs là d'une tragédie dont les conséquences sont incalculables et risquent de compromettre l'avenir immédiat du pays.

La démocratie représente la seule voie possible pour la Chine. L'aspiration démocratique informe toute l'histoire de la Chine du XXe siècle — ignorez ce courant, de plus en plus populaire, de plus en plus puissant, et vous vous interdisez de rien comprendre à la dynamique de la Chine contemporaine. En tout cas, comme l'expérience l'a amplement démontré, le totalitarisme est une extravagance que la Chine n'a plus les moyens de se permettre.

Le régime communiste est condamné. Mais cette dernière constatation ne doit pas engendrer un optimisme facile. Le poison risque de survivre à la bête : l'héritage d'un tel régime peut, à certains égards, se révéler plus redoutable que son règne. Si l'effondrement du présent gouvernement paraît inéluctable, il est à craindre cependant que, après quarante ans de gabegie économique, dans cette situation actuelle de surpopulation et de misère, avec une population dangereusement abrutie par quatre décennies de terreur politique et de violence systématique, de pires horreurs n'aillent encore survenir.

LA MALÉDICTION DE L'HOMME QUI POUVAIT APERCEVOIR LES PETITS POISSONS AU FOND DE L'OCÉAN [1]

Après les massacres de Tian'anmen, à plusieurs reprises, je me suis entendu demander de but en blanc : « Pourquoi la plupart de nos experts s'étaient-ils aussi constamment fourvoyés au sujet de la Chine ? Qu'est-ce qui vous avait permis, à vous et à une poignée d'observateurs critiques, de voir les choses comme elles étaient, et pourquoi est-ce que personne ne vous avait écoutés ? »

On m'a plusieurs fois offert d'écrire sur ce thème, mais j'ai tout d'abord décliné ces invitations. L'idée de me percher sur une pile de cadavres chinois pour glousser triomphalement : « Je vous l'avais bien dit ! je vous l'avais bien dit ! », comme une poule qui vient de pondre, n'est pas particulièrement attrayante. De plus, pour la première fois depuis plusieurs décennies, il s'est fait en Occident une unanimité remarquable et vraiment impressionnante sur la question chinoise. Il y a lieu de s'en réjouir ; c'est d'ailleurs bien la seule chose réconfortante que l'on puisse trouver dans le présent marasme. Avec une pareille unanimité, il devrait même devenir possible d'exercer une pression utile sur l'opinion publique, et donc aussi sur nos politiciens. Ce n'est certainement pas le moment de régler de vieux comptes ou de raviver d'anciennes polémiques

1. Paru dans *The New York Review of Books*, vol. XXXVI, n° 12, 20 juillet 1989.

En fait, ce ne devrait jamais être le moment de se livrer à d'aussi stériles entreprises ; quand il s'agit d'arriver à la vérité, il ne saurait y avoir de retardataires, et l'Évangile nous a enseigné que les travailleurs de la onzième heure avaient droit au même salaire que ceux qui avaient besogné dans la vigne depuis l'aube.

Toutefois, si nous considérons le problème sous un angle plus universel et philosophique, il y a une question qu'il pourrait être réellement intéressant de poser : comment et pourquoi nous efforçons-nous habituellement de nous protéger *contre* la vérité ?

Il serait assez injuste de demander, par exemple, pourquoi Shirley MacLaine et le professeur Fairbank[1] ont pu prononcer leurs tristement fameux éloges de la Chine maoïste (on se rappelle qu'à un moment où la Chine était plongée dans un abîme de malheur, d'oppression et de terreur, l'éminent historien de Harvard avait eu l'aplomb d'écrire : « Dans l'ensemble, la révolution maoïste est l'événement le plus heureux dont ait bénéficié la Chine depuis bien des siècles »). Il serait plus pertinent de demander : « Pourquoi sommes-nous perpétuellement disposés à investir les Shirley MacLaine et les professeur Fairbank d'une telle autorité intellectuelle et morale ? » Car, après tout, la seule autorité qu'ils posséderont jamais est celle-là même que nous leur aurons concédée.

Essentiellement, les gens croient ce qu'ils *souhaitent* croire. Ils cultivent leurs illusions par idéalisme — et aussi par cynisme. Ils suivent leurs visions parce qu'ils ont soif de religion — et aussi parce qu'ils y trouvent leur avantage. Ils cherchent une croyance qui puisse leur inspirer l'âme — et aussi leur remplir le ventre. Ils croient, par générosité et par intérêt. Ils croient, parce qu'ils sont bêtes et parce qu'ils sont malins. Simplement, ils croient pour vivre. Et c'est précisément parce qu'ils veulent vivre que parfois ils étrangleraient volontiers quiconque serait assez insensible, cruel et inhumain pour les priver de ces mensonges qui soutiennent leur existence.

Quand on me dit maintenant que j'avais vu diantrement juste sur la question chinoise, pareil compliment (car, la plupart du temps, il s'agit d'un compliment, semble-t-il) peut difficilement flatter ma vanité. En effet, comme cela me force à réexaminer les raisons qui m'avaient amené à adopter ma position — à l'origine, assez impopulaire et solitaire —, non seulement je ne trouve guère matière à me réjouir, mais encore j'ai tout lieu d'appréhender l'avenir : je crois que mon compte est bon.

Ne nous faisons pas d'illusions : pour l'essentiel, les informations que j'ai rapportées ces vingt dernières années, pour déplaisantes et inappétissantes qu'elles eussent été, n'avaient rien de confidentiel, ni même

1. Cet article, publié originellement aux États-Unis, puise naturellement ses illustrations dans la faune américaine. Le lecteur français n'aura pas de peine, si ça l'amuse, à substituer à ces échantillons étrangers des équivalents indigènes.

d'original. Il était aisé de les rassembler, il n'était même pas nécessaire de leur donner la chasse : elles accouraient à vous, et elles se présentaient avec une évidence aussi simple et directe qu'un coup de poing sur le nez. Personnellement, ma première rencontre avec le communisme en action date de 1967, à Hong Kong, quand je trouvai sur le pas de ma porte le corps d'un courageux journaliste chinois : quelques secondes auparavant, il avait été horriblement mutilé par des assassins communistes et il était en train d'agoniser. Après cette première introduction élémentaire à la politique communiste, le reste de mon éducation ne fut pas compliqué. Pendant les deux ou trois années qui suivirent, je me contentai d'écouter attentivement les propos de quelques amis chinois intelligents et cultivés, et de lire deux quotidiens chinois au petit déjeuner. Ce modeste bagage intellectuel devait finalement me permettre d'écrire quatre livres sur les affaires chinoises contemporaines — livres qui, apparemment, devaient être assez sensés et solides, puisque leur contenu s'est trouvé confirmé par les développements ultérieurs de l'Histoire, et par les dépositions d'innombrables témoins chinois.

Et pourtant, j'ose l'affirmer : dans ces quatre livres — qui passèrent un temps pour choquants, scandaleux et hérétiques —, il serait impossible de trouver une seule révélation, une seule vue originale, une seule idée personnelle. D'un bout à l'autre, je m'y étais contenté de traduire et de retranscrire des notions qui, aux yeux de n'importe quel intellectuel chinois raisonnablement informé, constituaient des vérités élémentaires, simplement conformes aux exigences de la conscience et du sens commun — il s'agissait là de réalités, certes tragiques, mais aussi parfaitement *banales*. La seule compétence technique requise pour effectuer cette tâche de compilation — compétence que l'on pourrait difficilement qualifier d'exceptionnelle, puisqu'elle est partagée par plus d'un billion de personnes — était une bonne connaissance de la langue chinoise. En un sens, avec mes humbles recopiages, j'étais devenu le parfait Bouvard et Pécuchet de la politique chinoise.

Il paraît particulièrement approprié d'évoquer ici les diligents et consciencieux imbéciles de Flaubert. Si, en effet, un individu très moyennement doué (et dont le courage, hélas, est plutôt inférieur à la moyenne) a pu accomplir une tâche à laquelle ses collègues, généralement mieux avisés, n'auraient jamais envisagé de toucher, une seule conclusion s'impose : pour exécuter cette besogne, il fallait aussi être d'une stupidité peu commune.

Chez diverses peuplades primitives, les idiots et les fous font l'objet d'un respect particulier et jouissent de certains privilèges. Comme leur infirmité les exempte des contraintes courantes de la prudence et de la sagesse, on peut leur pardonner de dire la vérité — activité qui, de la part d'un esprit sain, ne saurait être tolérée. Car la vérité, par sa nature même, est laide, sauvage et cruelle ; elle jette le trouble, elle fait peur, et elle tue.

Si, dans certaines situations exceptionnelles, il est parfois permis d'y avoir recours, on ne peut jamais l'administrer que par toutes petites doses, et en usant des plus rigoureuses précautions prophylactiques. Quiconque serait disposé à la diffuser au petit bonheur, ou à la déverser sur la voie publique en quantités massives, à l'état brut, est un individu dangereux et irresponsable dont il convient de contrôler les impulsions, tant dans l'intérêt de sa sécurité propre que dans celui de l'harmonie sociale.

La sagesse chinoise ancienne avait déjà perçu cette notion. Dans le livre de Lie Zi (IIIe siècle av. J.-C.), il y a une parabole concernant un homme qui avait un singulier talent : il pouvait identifier les voleurs à première vue — mis en présence de qui que ce soit, il lui suffisait d'examiner un certain point entre l'œil et le sourcil, et il voyait immédiatement s'il s'agissait d'un voleur. Le roi décida naturellement de le nommer ministre de la Justice, mais, avant même qu'il ait pu entrer dans ses nouvelles fonctions, les voleurs du royaume se liguèrent et le firent assassiner. Ceci montre bien que la lucidité constitue en fait un funeste handicap ; les gens qui en sont affectés finissent généralement mal. Ce phénomène est passé en proverbe — les Chinois l'appellent « la malédiction de l'homme qui peut apercevoir les petits poissons au fond de l'océan ».

Et pourtant, il arrive de temps à autre — on vient de le voir à Pékin — que la vérité brise tout à coup ses entraves. Comme un fleuve qui rompt ses digues, elle balaie toutes nos défenses, elle fait violemment irruption dans nos vies, elle inonde nos confortables logis, et elle abandonne, échoués au beau milieu des rues, sous les yeux de tous, les poissons qui se cachaient dans les profondeurs.

Ces raz de marée sont terrifiants ; heureusement, ils ne surviennent que rarement et ne durent jamais longtemps. Tôt ou tard, les eaux se retirent. D'habitude, de braves ingénieurs se mettent aussitôt à l'œuvre et commencent à reconstruire les digues. Les récentes tentatives déployées par la propagande de Pékin pour expliquer que personne n'a été tué sur la place Tian'anmen semblent inspirées par un zèle légèrement excessif (rappelant les efforts de ces bonnes âmes qui, probablement pour restaurer notre confiance dans la nature humaine, s'ingéniaient à démontrer que les gaz d'Auschwitz n'avaient servi qu'à tuer des puces). Mais donnez-leur encore un peu de temps et vous verrez que leurs soins attentionnés finiront bien par adoucir le choc que nous avait causé cette soudaine agression de la vérité.

Chaque fois qu'il s'agit d'observer une minute de silence dans une cérémonie, ne jetons-nous pas tous des coups d'œil discrets à notre montre ? Combien de temps exactement devrait durer un « intervalle décent » avant qu'on puisse reprendre les affaires comme avant avec les bouchers de Pékin ? Les despotes séniles qui ont pris la décision de massacrer la jeunesse, l'intelligence et l'espoir de la Chine peuvent avoir mal calculé bien des choses — sur un point cependant, ils ne se sont pas trompés : ils ont très exactement prévu que nous ne serions pas capables de maintenir notre indignation bien longtemps.

Les hommes d'affaires, les politiciens, les touristes universitaires qui sont déjà en train de boucler leurs valises en vue de leur prochaine visite à Pékin ne sont pas nécessairement des gens cyniques (encore que j'en connaisse un qui vient d'annoncer que le seul objet de son voyage serait d'effectuer un pèlerinage à la place Tian'anmen pour y pleurer les martyrs !), et il se peut même qu'ils aient un argument valable quand ils font remarquer que, en s'asseyant à nouveau au banquet des assassins, ils renforcent en fait les courants réformistes en Chine. On aimerait seulement qu'ils aient l'estomac moins robuste.

Ah, humanité ! Misère de nous tous…

Juin 1989

RÉPONSE A ALAIN PEYREFITTE [1]

Il me semble que les propos d'Alain Peyrefitte [2] se passent de commentaires — ou, sinon, il faudrait conclure avec Baudelaire à « l'épouvantable inutilité d'expliquer quoi que ce soit à qui que ce soit ».

La thèse de M. Peyrefitte, en effet, est d'une choquante simplicité. Selon lui, les notions de droits de l'homme, de liberté et de démocratie ne sauraient avoir d'application en Chine, car il s'agit d'inventions occidentales qui n'ont pas de racines dans la tradition chinoise. A l'en croire, les Chinois n'auraient que faire de ces valeurs étrangères ; elles ne les intéresseraient en rien ; leur développement en Chine serait entièrement artificiel et ne résulterait que d'une impudente ingérence occidentale.

Cette thèse repose 1° sur une logique curieuse, 2° sur une remarquable ignorance des cent cinquante dernières années de l'histoire de la Chine et 3° sur un énorme tour de passe-passe sémantique.

En ce qui concerne le premier point : les Chinois n'ont pas inventé la machine à vapeur ni le moteur à explosion. Faut-il en conclure que les transports et communications en Chine ne sauraient avoir pour tout avenir que la brouette et le mulet ?

En ce qui concerne le second point : la quête de la démocratie en Chine a toujours été œuvre chinoise ; il y a plus d'un siècle qu'elle mobilise les esprits les plus brillants, les plus courageux et les plus influents du pays entier, et son écho dans les masses ne fait que s'élargir. Loin de chercher à « imposer des valeurs occidentales à la Chine », l'Occident s'est toujours ingénié à soutenir les tyrannies vétustes et corrompues contre lesquelles se dressaient les démocrates chinois — et M. Peyrefitte s'inscrit lui-même dans cette cynique tradition qui prend toujours sa myopie pour du réalisme.

En ce qui concerne le troisième point : quand M. Peyrefitte se fait

1. Paru dans *La Lettre de Reporters sans frontières*, septembre 1990.

2. *La Lettre de Reporters sans frontières* avait publié une interview d'Alain Peyrefitte (n° 16, 1990). La rédaction de cette revue m'invita à commenter ces propos. Un développement du présent texte a ensuite servi de préface à l'ouvrage collectif *Tremblement de terre à Pékin* (Paris, Gallimard).

l'interprète des Chinois, de qui s'agit-il exactement ? Du million d'hommes et de femmes qui s'étaient spontanément rassemblés sur la place Tian'anmen au printemps de l'an dernier pour clamer leur exigence démocratique, ou d'une demi-douzaine de momies sanguinaires et terrifiées qui s'accrochent farouchement à leur despotisme d'un autre âge ? Hélas, le peuple chinois a osé se mettre en marche sans demander l'avis de M. Peyrefitte ; ce qui cloche chez ces gens-là, c'est qu'ils n'ont manifestement pas lu *L'Empire immobile* ; sur le problème de la Chine, comment de tels ignorants pourraient-ils avoir voix au chapitre ?

En Occident, à court terme, la vanité des politiciens et la rapacité des hommes d'affaires pourront trouver avantageux d'adopter les thèses de M. Peyrefitte. A longue échéance, toutefois, une politique dont les vues sont également dépourvues de justesse et de justice doit nécessairement conduire au déshonneur et à la faillite.

UNE EXCURSION EN HAUTE PLATITUDE [1]

Les *Impressions d'Asie*, de Bernard-Henri Lévy

Dans son aimable insignifiance, l'essai de M. Lévy semble confirmer l'observation d'Henri Michaux : « Les philosophes d'une nation de garçons-coiffeurs sont plus profondément garçons-coiffeurs que philosophes. » Quiconque a jamais dû essuyer, pendant la durée d'une tonte, la faconde d'un figaro inspiré en aura fait l'expérience : des propos qui manquent de sérieux ne sont pas nécessairement drôles pour autant. Le livre de M. Lévy amuse *parfois* (« le voyageur de l'avenir n'aura pas vraiment le choix : il sera kantien, ou il ne sera pas » ; ou encore : « Il y a Taipeh région du monde, et il y a Taipeh région de l'Être. On avait failli oublier qu'il y a aussi une ontologie de Taipeh »..., etc.). Mais ces moments de franche gaieté sont trop rares pour qu'on puisse vraiment ranger cet ouvrage dans la catégorie des livres humoristiques.

Comme tout le monde s'en doute maintenant, l'Asie n'existe pas. C'était une invention d'un XIXe siècle eurocentrique et colonial. M. Lévy, qui est fort intelligent et qui a beaucoup voyagé, aurait quand même pu s'en apercevoir : qu'y a-t-il de commun entre, disons, le Bangladesh et le Japon, sinon le fait — peu significatif en définitive — qu'ils ne sont ni l'un ni l'autre européens ? Dans son exotisme désuet, le titre choisi par M. Lévy semblait donc présenter une sorte de défi ironique, et l'on aurait pu croire que l'intention de l'auteur était d'ordre satirique. Mais non, en fait — il nous en prévient d'entrée de jeu —, il voulait seulement faire écho aux *Impressions d'Afrique* de Roussel !

S'il était demeuré vraiment cantonné sous cette enseigne-là, il ne nous resterait plus qu'à tirer l'échelle — car alors son ouvrage s'imposerait (ou tomberait) pour des raisons purement esthétiques, avec lesquelles les réalités culturelles, politiques, économiques et sociales de l'Extrême-Orient n'ont évidemment rien à voir. Toutefois, il se montre aussitôt infidèle à son propre projet : il débarque de son bateau, il quitte sa chambre d'hôtel, il descend dans la rue, il parle aux gens, il regarde les paysages, il visite les monuments. (Une fois seulement, il fait une

1. Paru dans *Lire*, no 125, février 1986.

soudaine crise de « rousselisme » aigu : à Pékin, par une coquetterie d'esthète, il se pique de ne mettre le pied ni dans la Cité interdite ni aux tombeaux des Ming. Tant pis pour lui, d'ailleurs. Mais il ne s'est agi là que d'un accès passager. Le reste du temps, il semble s'être acquitté assez consciencieusement de son métier de touriste.)

Tout compte fait, on se demande parfois s'il n'aurait pas eu avantage à rester cloîtré dans une cabine hermétiquement close et capitonnée, car, au contact des réalités de la rue, sa prose a fâcheusement tendance à enfler, et, comme un ballon gonflé d'air chaud, elle s'élève bientôt jusqu'à la zone des Hautes Platitudes (« si cette impression [de la douceur de vivre taiwanaise] se vérifiait, ce serait évidemment la plus nette, la plus claire, la plus accablante condamnation du communisme ») — région dont elle ne redescendra plus, sauf pour quelques rafraîchissantes plongées dans un brouillard de volapük (ainsi, sur les rues de Tokyo la nuit : « la villéité de Shinjuku [...] est comme une espèce de nouvel espace encore, mais latéral celui-là, transversal et comme interstitiel, qui n'aurait plus vraiment de lieu ni de frontière, puisqu'il sert à traverser tous les lieux, à excéder toutes les frontières. Je l'appelle, cet espace abstrait, impalpable, immatériel, l'espace numéro quatre » ; ou encore, sur des inscriptions publicitaires en chinois et en japonais : « ces idéogrammes indéchiffrés et tout hérissés d'obscurité, et dont l'opacité même, l'absence absolue de sens, l'étrange statut, au fond, de signes vides et de signifiants sans signifié, restituent la ville, soudain, à son inassignable altérité »).

Notez par ailleurs que l'attitude fondamentale de notre voyageur est mieux qu'irréprochable : elle est sympathique et respectable. Ainsi par exemple, invité par l'Institut des langues étrangères de Pékin à faire aux étudiants une causerie sur la philosophie européenne, M. Lévy a vraiment réussi à électrifier ses auditeurs, simplement en disant tout haut ce que ceux-ci pensaient tout bas : « Le marxisme apparaît comme une des pensées totalitaires les plus effroyables du XXe siècle. » Ce jour-là, à Pékin, il a spontanément compris que, pour vraiment toucher un auditoire, il n'est pas nécessaire d'être subtil et dans le vent, il suffit d'être simple et vrai. Dommage que, rentré à Paris, la plume à la main, il ait oublié le plus clair de cette expérience. Mais on entrevoit encore, ci et là, ce qu'il aurait pu faire de son livre, si seulement il avait été moins encombré de son propre personnage.

Un critique a reproché à ce livre de contenir vingt-quatre portraits de l'auteur. (Pour ma part, j'en ai compté vingt-sept[1].) Et pourtant, tout bien

1. C'est d'ailleurs un jeu amusant de les compter, car, sur certaines photos, le héros embusqué dans l'encoignure d'une porte, ou tournant le coin d'une rue passante, joue à cache-cache avec le lecteur. Et il n'est pas impossible que j'en aie moi-même laissé échapper quelques-uns. (Son éditeur pourrait organiser un grand concours : cherchez et comptez tous les B.-H.L. de l'album — avec, comme premier prix, un week-end à Macao.)

réfléchi, là n'est peut-être pas le cœur du problème ; après tout, imagineriez-vous *Tintin en Amérique* sans Tintin ? Au fond, il n'y a pas de règles : comme le faisait remarquer Henry James, en littérature *tout* est permis — aussi longtemps que vous intéressez le lecteur. En principe, il ne devrait donc pas être impossible d'écrire un livre sur le thème « L'Extrême-Orient et Moi » — tout dépend de la nature et du calibre du « Moi » en question. En d'autres mots, pour emprunter le langage de l'auteur, on pourrait peut-être dire que le problème de ce dernier se situe dans l'ordre de l'Être. Pour que des *Impressions d'Asie* de M. Lévy puissent vraiment intéresser, au départ, il faudrait d'abord que M. Lévy fût. Et sitôt qu'il aura remédié à cette carence ontologique, il nous captivera, même avec des *Impressions de Pontoise*.

Cela dit, je n'ai pas encore abordé l'essentiel. Si vous aviez eu l'intention d'offrir ce livre à votre grand-tante favorite, ne laissez surtout pas ma critique vous détourner de cet achat. Il y a d'ailleurs tout à parier que, dès que vous aurez feuilleté cet album, vous déciderez de le garder pour vous. Il faut remarquer en effet que le texte de M. Lévy sert simplement de commentaire à quelque trois cents photos dues à un certain Guy Bouchet. Cet artiste au sujet duquel l'éditeur ne nous dit pas un mot, et dont le nom ne figure même pas sur la couverture (encore moins le portrait), a réussi à capturer avec une sûreté et une intuition de poète le génie des lieux à Pékin et à Canton, à Taipeh, à Hong Kong et à Macao, à Séoul et à Tokyo. Ces photos sont mieux que belles, elles sont intelligentes, elles sont éloquentes, elles sont pénétrantes. Mais elles vérifient aussi le vieil axiome de Daumier : « Quand l'image est bonne, elle se passe de légende. »

1986

R U S S I
MO
AFGHANISTAN
Dihua (Ouroumtchi)
Région Autonome du XINJIANG
GANSU
CACHEMIRE
QINGHAI
Xining
PAKISTAN
Région Autonome du TIBET
BHOUTAN
SIKKIM
Lhassa
NÉPAL
SICHU
I N D E
Kunmi
YUNN
BIRMANIE
BANGLADESH
(PAKISTAN ORIENTAL)
LA
THAÏLANDE

(URSS)
OLIE
Région Autonome de MONGOLIE INTÉRIEURE
HEILONGJIANG
Haerbin
JILIN
Changchun
Shenyang
LIAONING
CORÉE DU NORD
CORÉE DU SUD
JAPON
Huhehaote
BEIJING (Pékin)
Tianjin (Tientsin)
Yinohuan
Région Autonome du NINGXIA
Taiyuan
HEBEI
Jinan
SHANXI
SHANDONG
nzhou
Xi'an
Zhengzhou
JIANGSU
SHÂNXI (SHENXI)
HENAN
ANHUI
Nanjing (Nankin)
Hefei
Shanghaï
HUBEI
engdu
Wuhan
Hangzhou
ZHEJIANG
Nanchang
HUNAN
Changsha
JIANGXI
Fuzhou
Guiyang
FUJIAN
UIZHOU
Région Autonome du GUANGXI
GUANGDONG
Nanning
Guangzhou (Canton)
Hong Kong
TAÏWAN
HAINAN
PHILIPPINES
VIETNAM

INDEX

D

E-F

G

H

I-J

K

L

M

N

O-P

Q

R

S

T

U-V

W

X

Y

Z

TABLE DES MATIÈRES

LA FORÊT EN FEU
Essais sur la culture et la politique chinoises

L'HUMEUR, L'HONNEUR, L'HORREUR
Essais sur la culture et la politique chinoises

ACHEVÉ D'IMPRIMER POUR
LES ÉDITIONS ROBERT LAFFONT
SUR BOOKOMATIC
MAURY EUROLIVRES
45300 MANCHECOURT

Imprimé en France

DÉPÔT LÉGAL : MAI 1998

N° D'ÉDITEUR : L 08539 (E02)